KB015624

제4판 머리말

제3판이 출간된 지 2년이 지났다. 그동안 독점규제법에도 상당한 변화와 발전이 있었다. 가장 큰 변화는 2020년 4월에 동법이 개정된 것이지만, 법원 판례와 공정위 실무에도 적지 않은 변화와 발전이 있었다. 법 개정은 주로 공정위 조사의 적법절차를 강화하고, 조사권한의 재량을 축소하며, 사건처리의 투명성을 제고하는 등 전반적인 법집행 절차를 정비한 것이다. 그리고 판례와 실무의 발전은 불공정거래행위의 금지와 부당지원행위의 금지 및 특수관계인에 대한 부당한 이익제공 금지 분야에서 나타나고 있다. 제4판에서는 이러한 변화와 발전을 비롯하여 독점규제법 전반에서 나타난 이론과 실무의 변화와 발전을 충실히 반영하려고 노력하였다.

이 책이 독점규제법에 관심을 가지고 공부하는 학생들과 이 분야의 연구와 실무에 종사하는 전문가들에게 좋은 길잡이가 될 수 있게 되기를 간절히 바라며, 이 책의 편집을 맡아서 수고해 주신 법문사 편집부 김제원 이사에게 깊이 감사드린다.

2020년 8월

권오승, 서 정

제3판 머리말

이 책은 독점규제 및 공정거래에 관한 법률(이하 "독점규제법")에 관한 체계적인 해설서로서 2016년에 초판을 출간한 이래 두 차례의 개정을 거친 것이다. 독점규제법은 1980년에 제정되어 1981년 4월 1일부터 시행되고 있는 우리나라 경제질서의 기본법으로서 지난 37년간 괄목할 만한 변화와 발전을 거듭해 왔다. 독점규제법은 그동안 법률의 개정이 27차례나 이루어졌고, 판례와 학설은 물론이고 공정위의 실무도 크게 발전하였다. 2017년에 제2판이 출간된 이후에도 2차례나 개정되었고, 최근에는 공정거래위원회(이하 "공정위")가 '공정거래법 전면개편안'을 마련하여 그 입법화 작업을 추진하고 있다. 저자들은 제2판에서 우리나라 경제가 많이 발전하였고 시장경제에 관한 국민들의 인식도 성숙한 만큼 독점규제법도 그에 걸맞게 개정되어야 한다는 취지에서 독점규제법의 현대화가 필요하다고 주창한 바 있는데, 그러한 주장이 수용되어 사회적 논의로 발전한 것에 대하여 매우 기쁘게 생각한다. 모쪼록 이 책이 독점규제법의 현대화에 다소라도 이바지할 수 있게 되기를 간절히 바란다.

제3판을 준비하는 과정에서 저자들은 특히 다음과 같은 사항을 유의하였다. 첫째, 헌법상 경제질서와 독점규제법의 관계에 관한 논의를 보강하였다. 독점규제법은 경제질서의 기본법으로서 다른 경제규제법과는 구별되는 헌법적 근거를 가지고 있다. 그럼에도 불구하고 이러한 점에 대한 인식이 매우 부족한 것으로 보였기 때문이다. 특히 독점규제법상 경제력집중의 억제에 관한 여러 제도들이 그때그때의 정치적 상황에 따라 쉽게 개폐될 수 있는 것으로 오해되는 경향이 있어서 그 헌법적 근거를 분명하게 설명하려고 노력하였다. 둘째, 독점규제법 위반행위를 체계적으로 분류하여 각 위반행위들의 유형과 요건을 알기 쉽게 설명하려고 노력하였다. 특히, 독점규제법의 해석에 있어서 위반행위의 폐해요건인 부당성의 의미를 규명하는 데에 어려움을 겪는 경우가 자주 있기 때문에, 부당성 판단의 표지에 관한 설명을 보완하였다. 셋째, 독점규제법의 주요 개정사항과 최신 판례들을 반영하고, 동법 시행령과 공정위의 고시나 지침 등의 개정 사항도 충실히 반영하였다. 마지막으로, 독점규제법의 이론과 실무에 관하여 매우 복잡하고 어려운 내용들을 독자들이 알기 쉽게 이해할 수 있도록 하기 위하여 열심히 노력하였다.

제3판을 출간하는 과정에서, 저자들은 법문사 편집부 김제원 이사와 정주미 박사로부터 많은 도움을 받았다. 김 이사는 원고를 꼼꼼히 읽어 가면서 편집과 아울러 교정 작업도 충실히 수행해 주었고, 정 박사는 법령의 개정사항과 새로운 판례들을 정리하여 주고 원고를 처음부터 끝까지 읽으면서 오·탈자를 바로잡아 주었다. 두 분의 도움에 진심으로 감사드린다. 그 밖에도 이 책의 출간을 직접·간접으로 지원해 주신 여러분들께 깊이 감사드린다. 끝으로, 이 책이 독점규제법에 관한 연구와 실무에 종사하는 여러분들에게 좋은 길잡이가 되는 동시에, 우리나라 경제질서의 기본인 시장경제의 선진화를 통하여 국민경제의 발전에 기여할 수 있게 된다면 그보다 더 큰 영광이 없을 것이다.

2018년 8월

권오승, 서 정

제2판 머리말

초판이 출간된 지 1년이 지났다. 지난 1년 동안 우리나라는 대규모 촛불시위와 대통령의 탄핵 및 그에 따른 대통령 선거와 새 정부의 출범 등으로 많은 우여곡절을 겪었다. 특히 선거 과정에서 경제정의의 실현에 대한 국민들의 욕구가 봇물처럼 쏟아져 나왔고, 그 중심에는 재벌개혁과 독점규제 및 공정거래에 관한 법률(이하 "독점규제법")을 비롯한 공정거래 관련 법률의 실효성 있는 집행에 관한 요구가 자리를 잡고 있었다. 독점규제법은 우리나라 경제질서의 기본인 시장경제의 기능을 확보하기 위한 법률이라는 점에 관한 인식이 확산됨에 따라, 저자들은 이를 연구하는 사람으로서의 책임감을 더욱 무겁게 느끼고 있다.

초판은 학계와 실무계로부터 좋은 평가를 받았고 저자들도 따뜻한 격려와 아울러 많은 조언도 받았다. 이를 토대로 하여 제2판을 준비하던 중 마침 2017년 4월에 독점규제법의 개정이 이루어졌다. 비록 독점규제법의 개정에 관한 많은 논의가 아직 마무리되지 않고 현재 진행 중에 있지만, 주요한 법개정 사항을 신속하게 반영하는 것이 저자들의 책무라고 생각하여 개정을 서두르게 되었다.

제2판에서는 특히 다음과 같은 세 가지 사항에 유의하였다. 첫째, 2017년 4월의 법개정 사항을 충실히 반영하였다. 이번 법 개정을 통하여 대기업집단 규제를 자산 규모별로 차별화하고, 조사를 받은 사업자 등의 법위반 사실이 인정되지 아니하는 경우에도 의결서를 작성하도록 하고, 자료제출요구에 불응할 때 이행강제금을 부과할 수 있도록 하며, 조사에 필요한 자료・물건에 대한 제출명령 불이행 및 조사 거부・방해행위에 대해 형벌을 부과하도록 하였는데, 이러한 개정사항을 충실히 반영하였다. 둘째, 지식재산권의 행사에 관한 부분을 보강하여 별도의 장으로 독립시켰다. 우리나라의 산업구조가 고도화되면서 다른 선진국의 경우와 마찬가지로 지식재산권의 행사와 관련한 경쟁법적 이슈가 꾸준히 제기되고 있고, 이와 관련하여 많은 논문들이 발표되고 있다. 이러한 실무와 학계의 발전 동향을 정리하여 제2편 제8장에 기술하였다. 셋째, 독점규제법의 현대화에 관한 논의를 포함시켰다. 독점규제법은 그동안 우리나라 경제질서의 확립에 이바지한 바가 크지만, 아직 명실공히 경제질서의 기본법으로서 제 기능을 다하지는 못하고 있다. 따라서 동법의 실효성 제고방안을 모색하기 위하여 제3편에 제7장을 신설하여 독점규제법이 안고 있는 제반 문제점을 주로 법적・제도적인 측면에 초점을 맞추어서 진단하고 그 해결 방안을 모색함으로써, 장차 이에 관한 논의가 활발하게 전개될 수 있는 계기를 마련하고자 하였다. 위 세 가지 주요 개정사항 이외에도 최신 판례들을 반영하고 시행령, 고시 등의 개정 내용도 제2판에 반영하였다.

제2판을 출간하는 과정에서 저자들은 법문사 편집부 김제원 이사와 김·장법률사무소 공정거래팀의 전규형 변호사로부터 많은 도움을 받았다. 김 이사는 원고를 꼼꼼히 읽어 가면서 편집과 아울러 교정 작업도 도와주었고, 전 변호사는 원고를 처음부터 끝까지 읽으면서 오류를 바로잡는 것은 물론 본인의 실무경험을 토대로 많은 조언을 해주었다. 두 분의 도움에 진심으로 감사드린다. 그 밖에도 이 책의 출간을 직접·간접으로 도와주신 모든 분들께 깊이 감사드린다. 끝으로, 이 책이 독점규제법의 연구와 실무에 종사하는 분들에게 좋은 길잡이가 되는 동시에, 우리나라 경제질서의 기본인 시장경제의 선진화에 이바지할 수 있게 되기를 간절히 바란다.

2017년 8월

권오승, 서 정

머 리 말

이 책은 독점규제 및 공정거래에 관한 법률(이하 "독점규제법")에 관한 체계적인 해설서이다. 우리나라에서 독점규제법이 시행된 지 어언 35년이 지났다. 우리나라 경제가 그동안 괄목하게 성장·발전한 것처럼 독점규제법의 위상도 상당히 높아졌다. 과거에는 상상할 수 없었을 정도로 많은 법률가들이 독점규제법을 다루고 있고, 법학도들 사이에서도 독점규제법에 대한 관심이 점차 높아지고 있다. 이는 매우 고무적인 일이다. 그러나 독점규제법이 시장경제의 기본법으로서 제 역할을 다 하려면 아직 가야 할 길이 멀다.

이러한 상황에서 저자들은 지난 35년간 독점규제법을 둘러싸고 일어난 이론적인 논의와 법집행의 경험을 정리하고, 향후 독점규제법의 '현대화' 작업을 위한 기본적 토대가 될 수 있는 책을 저술할 필요가 있다는 점에 의견을 같이하고, 지난 1년간 공동작업을 통하여 그 결실을 보게 되었다. 시중에는 이미 독점규제법에 관한 체계서가 몇 권 나와 있지만, 그들은 대체로 법학도들을 위한 교재이거나 실무가를 위한 해설서라는 점을 감안하여, 이 책에는 독점규제법에 관한 이론과 실무를 균형 있게 반영하려고 노력하였다. 따라서 이 책이 독점규제법을 공부하는 학생들은 물론이고, 이를 연구하는 연구자들과 법집행의 실무에 종사하는 실무자들에게도 좋은 길잡이가 될 수 있기를 기대한다. 저자들 중 한 사람은 평생 동안 독점규제법을 비롯한 경제법을 연구해 오면서 공정거래위원회 위원장으로서 법집행에도 관여한 경험이 있고, 다른 한 사람은 판사와 변호사로서 법집행의 실무에 종사하면서 동법을 이론적으로 연구한 경험이 있다. 이에 저자들은 각자의 장점을 살려가면서 이론과 실무를 조화시키려고 노력하였다.

저자들은 이 책을 집필하는 과정에서 특히 다음 세 가지 사항에 중점을 두었다. 첫째, 우리나라 독점규제법의 현재 모습을 있는 그대로 독자들에게 정확하게 전달하고자 노력하였다. 독점규제법에 관한 법원의 판례, 공정위의 고시와 지침 및 심결례와 다양한 학설들을 충실히 소개하도록 노력하였다. 반면, 외국의 이론이나 판례는 이를 무비판적으로 수용하는 것을 지양하고, 우리나라의 법과 실무에 직접적인 관련이 있는 한도 내에서 제한적으로 다루었다. 둘째, 독점규제법의 내용을 전체적·통일적으로 설명하고자 노력하였다. 우리나라 독점규제법에는 경제력집중의 억제 등과 같이 다른 나라의 경쟁법에서는 찾아 볼 수 없는 고유한 규정들이 있는데, 이러한 부분에 대해서도 이를 이질적인 요소로 취급하지 않고, 현행법의 주요 내용으로 보아 이를 체계적으로 설명하려고 노력하였다. 그리고 독점규제법은 경쟁제한성이나 부당성 등과 같은 불특정 개념을 많이 사용하고 있는데, 이러한 개념들의 규범적 의미가 위반행위의 유형별로 달라져서는 안 되기 때문에 이를 통일적으로 설명하려고 노력하였다. 셋째, 우리나라 독점규제법의 내용을 있는 그대로 기술하는 데에 그치지 않고, 이를 글로벌 스탠더드에 부합시키기 위한 노력, 즉 '현대화' 작업에도 기여할 수 있도록 노력하였다. 우리나라 독점규제법은 그동안 많은 발전을 거듭하여 국제적으로도 상당히 높은 평가를 받고 있지만, 아직도 해결해야 할 과제들이 많이 남아 있는 것이 사실이다. 예를 들어, 독과점 규제의 본령이라고 할 수 있는 시장지배적 사업자의 지위남용에 대한 감시와 규제는 미진한 반면에, 불공정거래행위의 경우에는 사적 분쟁의 성격이 강한 불공정거래행위에 대해서까지 과도한 규제가 이루어지고 있는 것이 그 단적인 예라고 할 수 있다. 또한 독점규제법 위반행위에 대한 피해자의 구제에도 부족한 점이 많이 있다.

저자들은 사제지간이다. 대학에서 교수와 학생으로 만나 독점규제법을 비롯한 경제법을 함께 연구하면서 지난 24년간 이어 온 학문적인 교류와 인간적인 유대가 이 책의 출간으로 결실을 맺게 된 것을 매우 기쁘게 생각한다. 우리는 오랫동안 학문적인 교류를 유지해 왔기 때문에, 독점규제법에 관한 기본적인 이론이나 시각에는 큰 차이가 없지만, 구체적인 쟁점에 관해서는 간혹 의견이 다른 부분도 있었다. 이는 학문의 세계에서는 너무나 당연한 자연스러운 현상이라고 할 수 있다. 그러나 독자들의 이해를 돕기 위하여, 그러한 경우에는 가급적 중립적인 입장에서 양자의 견해를 정리하려고 노력하였다.

이 책을 출판하는 과정에서 저자들은 법문사 편집부 김제원 부장과 창의법률사무소의 서유라 연구원으로부터 많은 도움을 받았다. 김 부장은 원고를 꼼꼼히 읽어 가면서 편집과 아울러 교정 작업도 도와주었고, 서 연구원은 원고를 처음부터 끝까지 읽으면서 교정하는 작업을 도와주었다. 두 분의 도움이 없었더라면 이 책은 아마 아직 햇빛을 보지 못하였을 것이다. 그 밖에도 우리는 일일이 열거할 수 없을 정도로 많은 분들의 도움을 받았다. 이 책이 출간되기까지 직접 · 간접으로 도와주신 모든 분들께 이 자리를 빌려 깊은 감사의 말씀을 드린다.

2016년 8월
공저자 씀

차　례

제 1 편　총　설

제 2 편 실체법적 규제

제 3 편 독점규제법의 집행

약 어 표

■ 법령 등 약어표

법령	약어
독점규제 및 공정거래에 관한 법률	독점규제법 / 공정거래법 / 법
독점규제 및 공정거래에 관한 법률 시행령	독점규제법 시행령 / 공정거래법 시행령 / 법 시행령
하도급거래 공정화에 관한 법률	하도급법
가맹사업거래의 공정화에 관한 법률	가맹사업법
대규모유통업에서의 거래 공정화에 관한 법률	대규모유통업법
표시·광고의 공정화에 관한 법률	표시광고법
부정경쟁방지 및 영업비밀보호에 관한 법률	부정경쟁방지법
채무자 회생 및 파산에 관한 법률	채무자회생법
시장지배적지위 남용행위 심사기준	남용행위 심사기준
기업결합의 신고요령	기업결합 신고요령
기업결합 시정조치 부과기준	시정조치 부과기준
부당한 공동행위 자진신고자 등에 대한 시정조치 등 감면제도 운영고시	감면고시
부당한 지원행위의 심사지침	부당지원행위 심사지침
경품류제공에 관한 불공정거래행위의 유형 및 기준	경품고시
대규모소매업에 있어서의 특정불공정거래행위의 유형 및 기준	대규모소매업 고시
병행수입에 있어서의 불공정거래행위의 유형고시	병행수입 고시
신문업에 있어서의 불공정거래행위 및 시장지배적 지위남용 행위의 유형 및 기준	신문 고시
재판매가격유지행위 심사지침	재판가 심사지침
지식재산권의 부당한 행사에 대한 심사지침	지재권 심사지침
공정거래위원회 회의운영 및 사건절차 등에 관한 규칙	사건절차규칙
공정거래위원회 조사절차에 관한 규칙	조사절차규칙
동의의결제도 운영 및 절차 등에 관한 규칙	동의의결 규칙
공정거래위원회의 시정조치 운영지침	시정조치 지침
과징금부과 세부기준 등에 관한 고시	과징금 고시
독점규제 및 공정거래에 관한 법률 등의 위반행위의 고발에 관한 공정거래위원회의 지침	고발지침
노동조합 및 노동관계조정법	노동조합법
私的獨占の禁止及び公正取引の確保に關する法律(일본)	독점금지법

■ 기관 약어표

공정거래위원회	공정위
지방법원	지법(예: 서울중앙지법)
고등법원	고법(예: 서울고법)
Department of Justice (미국)	DOJ
Federal Trade Commission (미국)	FTC
European Court of Justice (EU)	ECJ
Court of First Instance (EU)	CFI
公正取引委員會 (일본)	공취위

■ 문헌 약어표

곽상현·이봉의, 기업결합규제법, 법문사, 2012	곽상현 / 이봉의(2012)
권오승, 경제법(제12판), 법문사, 2015	권오승(2015)
권재열, 경제법(사정판), 법원사, 2005	권재열(2005)
김형배, 공정거래법의 이론과 실제, 삼일, 2019	김형배(2019)
박상용·엄기섭, 경제법원론(개정판), 박영사, 2006	박상용 / 엄기섭(2006)
박세일, 법경제학(개정판), 박영사, 1995	박세일(1995)
신동권, 독점규제법(제2판), 박영사, 2016	신동권(2016)
신현윤, 경제법(제5전정판), 법문사, 2012	신현윤(2012)
양명조, 경제법(제2판), 신조사, 2014	양명조(2014)
이남기·이승우, 경제법(제3판), 박영사, 2001	이남기 / 이승우(2001)
이봉의, 공정거래법, 박영사, 2022	이봉의(2022)
임영철, 공정거래법(개정판), 법문사, 2008	임영철(2008)
정재훈, 공정거래법 소송실무, 육법사, 2014	정재훈(2014)
정호열, 경제법(제5판), 박영사, 2016	정호열(2016)
F. Rittner(권오승 역), 독일경쟁법, 법문사, 1997	Rittner(1997)
ABA Section of Antitrust Law, Antitrust Law Developments (6th ed.), 2007	ABA(2007)
ABA Section of Antitrust Law, Antitrust Law Developments (9th ed.), 2022	ABA(2022)
Alison Jones and Brenda Sufrin, EU Competition Law: Text, Cases, and Materials (5th ed.), Oxford, 2014	Jones / Sufrin(2014)
Andrew I. Gavil, William E. Kovacic & Jonathan B. Baker, Antitrust Law in Perspective: Cases, Concepts and Problems in Competition Policy, Thomson West, 2003	Gavil et al.(2003)
E.T. Sullivan & J.L. Harrison, Understanding Antitrust and Its Economic Implication (2nd ed.), LexisNexis, 1994	Sullivan/Harrison(1994)
Herbert Hovenkamp, Federal Antitrust Policy: The Law of Competition and its Practice (3rd ed.), Thomson/West, 2005	Hovenkamp(2005)

제 1 편

총　론

제 1 장

헌법상 경제질서와 독점규제법

제 1 절 헌법상의 경제질서

I. 경제질서의 기본원칙

경제질서는 한 나라의 경제가 운용되는 방식 또는 구조를 의미한다. 우리나라 헌법이 지향하는 경제질서는 사적 자치의 원칙과 사유재산제의 보장 및 자유로운 경쟁을 기본원리로 하는 자본주의적 시장경제를 기본으로 하고, 동시에 그 모순과 폐해를 극복하여 사회조화를 실현하기 위하여 국가가 경제활동에 대한 규제와 조정을 할 수 있는 수정된 시장경제, 즉 사회조화적 시장경제(또는 사회적 시장경제)이다.[1] 헌법재판소도 "우리나라 헌법상의 경제질서는 사유재산제를 바탕으로 하고 자유경쟁을 존중하는 자유시장경제질서를 기본으로 하면서도 이에 수반되는 갖가지 모순을 제거하고 사회복지·사회정의를 실현하기 위하여 국가적 규제와 조정을 용인하는 사회적 시장경제질서로서의 성격을 띠고 있다."고 판시하였다.[2]

구체적으로, 헌법 제119조 제1항에서는 "대한민국의 경제질서는 개인과 기업의 경제상의 자유와 창의를 존중함을 기본으로 한다."고 규정하여, 우리나라 경제질서가 자유시장경제를 기본으로 하고 있음을 선언하고 있다. 헌법 제10조 제1문에서는 "모든 국민은 인간으로서의 존엄과 가치를 가지며, 행복을 추구할 권리를 가진다."고 규정하고 제15조에서는 "모든 국민은 직업선택의 자유를 가진다."고 규정하여 사적자치(私的自治)의 원칙

1) 사회적 시장경제질서의 헌법적 연원은 제2차 세계대전 이후 독일에서 찾을 수 있다. 독일을 제2차 세계대전으로 몰아넣은 나치즘은 경제운영에서 국가에 의한 강제적인 자원 배분과 통제 방식을 전면적으로 채택하였다. 이에 따라 경제주체들 간의 협력과 고권적 통제가 제도화되고, 민간 부문의 자율적 조정 여지가 실질적으로 제한되었다. 이러한 반시장적 경제질서 하에서는 시장경쟁을 보호하는 경쟁법이 아니라 시장경쟁을 억제하는 법률이 시행된다. 독일에서 1933년 제정된 강제카르텔법(Zwangskartellgesetz)은 국가는 대부분의 산업에 걸쳐서 카르텔을 강제로 창설할 수 있고 이를 통하여 경제활동의 대부분을 국가가 통제하는 것이 가능하게 되었다. 사회적 시장경제질서는 위와 같은 나치즘의 중앙통제적 경제질서를 극복하기 위한 대안으로서 모색되었다. 독일은 종전 이후 시장의 가격기능에 대한 신뢰를 바탕으로 개인의 자유와 사회의 균형을 결합한 사회적 시장경제질서를 마련하였다.

2) 헌법재판소 1996.4.25. 선고 92헌바47; 헌법재판소 2001.6.28. 선고 2001헌마132.

을 기초로 하고 있음을 선언하고 있다. 그리고 제23조 제1항에서는 "모든 국민의 재산권은 보장된다."고 규정하여 사유재산제를 기본으로 하는 자본주의(資本主義)를 채택하고 있음을 밝히고 있다.

한편, 헌법 제119조 제2항에서는 "국가는 균형있는 국민경제의 성장 및 안정과 적정한 소득의 분배를 유지하고, 시장의 지배와 경제력남용을 방지하며, 경제주체간의 조화를 통한 경제의 민주화를 위하여 경제에 관한 규제와 조정을 할 수 있다."고 규정하고 있다. 우리나라의 경제질서는 국가가 경제에 대하여 아무런 규제나 간섭도 하지 않는 순수한 의미의 자본주의적 시장경제, 즉 이른바 자유방임적 시장경제가 아니다. 위 헌법 규정은 "경제적 자유에 내재하는 경제력 집중 또는 시장 지배적 경향으로 말미암아 반드시 시장의 자유가 제한 받게 되므로 국가의 법질서에 의한 경쟁질서의 형성과 확보가 필요하고, 경쟁질서의 유지는 자연적인 사회현상이 아니라 국가의 지속적인 과제"라는 점에 대한 인식에서 비롯하였다.[3] 즉, 국가가 시장의 기능을 유지하는 동시에 시장실패를 교정하기 위하여 경제에 대하여 규제와 조정을 할 수 있는 이른바 수정된 자본주의적 시장경제, 즉 사회조화적 시장경제질서임을 천명한 것이라고 할 수 있다.[4] 그리고 헌법 제123조 이하에서는 "농업과 어업의 보호·육성"(123조 1항), "지역 간의 균형있는 발전"(123조 2항), "중소기업의 보호·육성"(123조 3항), "소비자보호운동의 보장"(124조), "대외무역의 육성"(125조) 등을 구체적으로 규정하고 있다.

■ 사유재산제 보장의 의미와 한계

자본주의 체제에서 재산권의 보장은 각 개인의 재산권에 대한 단순한 법적 보장을 의미하는 주관적 공권의 차원을 넘어서, 개인과 기업의 경제상의 자유와 창의를 존중하는 자유시장경제질서의 전제조건이 되고 있다. 다시 말하자면 이것은 우리 헌법이 생산수단의 소유에 관하여 국유나 공유제를 채택하지 않고 사유재산제를 채택하고 있다는 것을 밝히는 기본적인 가치판단(價値判斷, Wertentscheidung)의 의미도 가지고 있다.[5] 헌법재판소는 우리 헌법이 "국민 개개인에게 자유스러운 경제활동을 통하여 생활의 기본적 수요를 스스로 충족시킬 수 있도록 하고 사유재산의 자유로운 이용·수익과 그 처분 및 상속을 보장해 주는 것이 인간의 자유와 창의를 보전하는 지름길이고 궁극에는 인간의 존엄과 가치를 증대시키는 최선의 방법이라는 이상을 배경으로 하고 있[다]"고 지적하였다.[6]

3) 헌법재판소 1996.12.26. 선고 96헌가18; 대법원 2007.11.22. 선고 2002두8626 전원합의체 판결.
4) 권오승, 경제법(제13판), 법문사(2019), 41-42면 참조.
5) 한태연, 헌법학, 법문사(1983), 1035면.
6) 헌법재판소 1989.12.22. 선고 88헌가13; 헌법재판소 1997.8.21. 선고 94헌바19 등.

그런데 우리 헌법은 사유재산권을 무제한적으로 보장하고 있는 것이 아니라, 재산권의 내용과 한계는 법률로 정하도록 하고(헌법 23조 1항 후문), 재산권의 행사는 공공복리에 적합하도록 해야 한다고 규정함으로써(헌법 23조 2항), 재산권의 사회성도 강조하고 있다. 일반적으로 재산권의 종류는 그 대상에 따라 일반재산권, 지식재산권 및 토지재산권 등으로 나누어지는데, 토지재산권의 경우에는 재산권의 사회성이 더욱 강조되고 있다.[7] 특히 농지에 관하여는 국가가 경자유전(耕者有田)의 원칙이 달성될 수 있도록 노력해야 하며, 농지의 소작제도는 금지된다. 그러나 농업생산성의 제고와 농지의 합리적인 이용을 위하거나 불가피한 사정으로 발생하는 농지의 임대차와 위탁경영은 법률이 정하는 바에 의하여 인정된다(헌법 121조). 그리고 자연자원에 대하여는 부분적인 사회화를 전제로 한 특허를 인정하고 있으며(헌법 120조 1항), 국토와 자원의 균형있는 개발과 이용을 위하여 필요한 계획을 수립할 수 있도록 하고 있다(헌법 120조 2항). 한편 국가는 국민 모두의 생산 및 생활의 기반이 되는 국토의 효율적이고 균형있는 이용·개발과 보전을 위하여 법률이 정하는 바에 의하여 그에 관한 필요한 제한과 의무를 과할 수 있다(헌법 122조). 또한 국방상 또는 국민경제상 긴절한 필요로 인하여 법률이 정하는 경우를 제외하고는, 사영기업을 국유 또는 공유로 이전하거나 그 경영을 통제 또는 관리할 수 없다(헌법 126조).

Ⅱ. 시장경제의 원칙

1. 시장경제의 장점

사람들의 경제활동은 생산, 소비, 그리고 교환으로 크게 나누어진다. 자급자족 경제에서는 생산과 소비만 이루어질 뿐이다. 무인도에서 혼자 사는 로빈슨 크루소의 자급자족 경제에서, 로빈슨 크루소는 자신의 소비를 위한 생산에 대부분의 시간을 보내고, 타인의 소비를 위한 생산활동은 하지 않을 것이다. 이처럼 자급자족 경제에서는 자원배분의 문제가 비교적 간단하다. 그런데 여러 사람이 함께 모여 사는 사회에서 자원배분의 문제는 커다란 변화를 겪게 된다. 우리가 일상으로 누리는 편익은 대부분 다른 사람들의 노력과 노동에서 나온 것이다. 어떤 사람이 타인으로부터 재화나 용역 등을 얻는 방법으로 세 가지를 생각해 볼 수 있다. 먼저, 타인의 자비에 기대어 자원을 얻는 것이다. 부모의 보살핌을 받는 미성년 자녀의 모습이 대표적인데, 이 방법은 범위가 제한적이고 항상 유지되기도 어렵다. 둘째, 타인을 무력 혹은 권력 등으로 복속시켜 본인에게 자원을 공급하도록 하는 것이다. 노예 제도가 대표적인데 도덕적으로 정당하지 않으며 개인의 창의와 능

---

7) 토지의 공개념은 토지에 대한 가중된 사회적·공공적 구속성을 의미한다.

력을 발휘하는데 효율적이지도 않기 때문에 강제노동에 기초한 약탈적 경제시스템은 사라지고 있다. 마지막으로, 각자가 가지고 있는 자원을 타인과 자발적으로 교환함으로써 상호 이익을 취하는 것이다. 인간은 분업과 교환을 기초로 서로가 서로에게 기여하여 물질적 삶을 개선하고 있으며, 이를 가능하게 해주는 제도적 토대가 바로 시장이다.[8] 그리고 시장경제(market economy)란 시장을 통한 상품이나 용역의 거래를 중심으로 하여 성립하는 경제를 의미하고, 달리 말하면 자발적 교환에 기초한 경제를 뜻한다.

시장경제에서는 자신이 필요로 하는 재화의 생산에 자신의 모든 노동력을 투입할 필요가 없다. 그보다는 자신이 보다 효율적으로 생산할 수 있는 재화의 생산에 노동력을 투입하고 그 재화를 다른 사람들이 생산한 재화와 교환하여 더 큰 후생을 얻을 수 있다. 로빈슨 크루소의 세상에서는 그가 부르는 노래가 교환(거래)의 대상이 될 수 없지만, 우리가 사는 세상에서는 유명한 가수의 팬들이 그 가수의 노래를 듣기 위해서 돈을 주고 콘서트 티켓을 구입한다. 교환을 통해 후생 증가를 기대할 수 없는 사람은 자발적 교환에 참여하지 않을 것이다. 즉, 아무리 유명한 가수의 노래라고 하더라도 관심이 없다면 굳이 콘서트에 가지는 않을 것이다. 콘서트에 가는 사람들은 현장에서 노래를 듣는 것이 자신이 지불하는 대가보다 더 가치있다고 생각하기 때문에 티켓을 구매하는 것이다. 자신이 가지고 있는 재화보다 다른 사람이 가지고 있는 재화의 가치가 더 크다고 판단되는 경우에만 자발적 교환이 이루어질 것이기 때문에, 결국 이러한 자발적 거래는 교환에 참여하는 모든 사람들의 후생을 증가시켜 준다.

시장은 수요와 공급의 양 측면에서 서로 대립하는 이해가 만나서 상품이나 용역의 교환이 이루어지는 장(場)이고, 가격은 시장에서 형성되는 재화의 교환비율을 의미한다. 시장의 특징은 상충되는 이익의 조정 과정, 즉 가격의 형성을 참여자들의 자율에 맡기는 메커니즘에 있다. 어떤 상품의 가격이 오르면 공급자는 생산을 늘리고 수요자는 소비를 줄인다. 누구의 지시나 계획에 따른 것이 아니고 시장참여자들이 자신의 이익을 극대화하기 위하여 스스로 결정을 한다. 시장경제 시스템은 기본적으로 시장참여자들 간의 끊임없는 교류를 통해 공급과 수요가 결정되기 때문에 다른 시스템보다 덜 낭비적이다. 또한, 시장은 소비자들의 선택을 받지 못하는 기업가들에게 자원이 더 이상 배분되지 않도록 유도한다는 점과 혁신을 통해 자원의 절약이 가능하게 된다는 점에서 비록 완벽하지는 않지만 다른 자원배분 시스템보다는 우월하다고 평가할 수 있다. 시장경제가 담보하는 높은 생산력이 시장참여자들의 물질적 생활수준을 전반적으로 향상시킨다는 점은 역사적으로 증명되었다. 특히 우리나라는 불행한 남북분단으로 인한 체제경쟁을 몸소 체험하였는데, 같은 민족임에도 우리나라와 북한의 대비되는 경제적 성과는 계획경제에 대비

8) 시장은 "여러 가지 상품을 사고파는 일정한 장소"라는 의미와 "상품으로서의 재화와 서비스의 거래가 이루어지는 추상적인 영역"이라는 의미가 존재하는데, 여기에서 말하는 시장은 후자이다.

한 시장경제의 수월성을 잘 보여주고 있다.[9] 시장경제에서는 공동체 구성원의 사익 추구가 분권적 가격 메커니즘을 통하여 공동체 전체의 부를 극대화하는 방향으로 작용한다. 아담 스미스는 이러한 원리를 '보이지 않는 손(invisible hand)'이라고 표현하였다.

분산되고 특정인의 의지에 따라 통제되지 않는 수많은 다양한 주체들이 시장에 참여하여 각자의 이익에 따라 행동할 때에 발생하는 자생적 질서가 바로 시장경제질서이다. 따라서 자율적 조정 권한을 개인에게 귀속시키는 것은 시장이 기능하기 위한 전제조건에 해당하며, 이를 충족하기 위하여 시장친화적 제도를 보장할 필요가 있다. 시장친화적 제도란 재산권 확립, 계약의 자유와 거래의 공정을 보장하는 법체계, 자유로운 시장진입이 가능한 경제환경 등을 들 수 있다. 시장경제질서는 개인의 자율을 존중한다는 점에서 인간의 존엄성에 기여하는 경제질서로서 도덕적 측면에서 우월한 의미를 가진다. 또한, 각 개인에게 자신의 생활을 자율적으로 영위할 수 있는 자유권과 기타의 기본적인 인권을 보장하려면 원칙적으로 분산적인 질서가 필요한데, 시장경제는 분권화된 사회시스템을 구축함에 있어 유리한 측면이 있다.[10]

■ 사회시스템으로서 시장경제의 장점

잘 작동하는 시장이 사회정의의 실현에 유용한 도구라는 점도 간과해서는 안 된다.[11] 시장에서 신분, 종교, 출신지역, 정치적 성향, 개인적 취향 등 참여자들의 개인적 특질은 그다지 고려되지 않고, 수요자들이 원하는 상품이나 용역을 제공하는 자들이 우대받을 뿐이다. 시장의 원리에 잘 적응하고 따르는 자는 더 많은 경제적 부를 누릴 수 있고, 이에 적응하지 못하는 자들에게는 적은 경제적 혜택이 돌아가게 된다. 이러한 시장의 비개인적 특질은 능력은 있으나 사회적 소수에 속하여 차별받기 쉬운 사람들을 보호하고, 다수의 재능이 사회 전체를 위해 사용될 수 있도록 도와준다. 전근대적 통제사회에서는 관습이나 권력자에 의하여 사회적 신분이 결정되고 그러한 신분이 세습되지만, 시장경제에서는 경쟁의 선별과정을 통해 사회적 신분이 결정된다. 시장경제의 발전은 인간의 활동을 신분적 구속 하에 두고 있던 봉건제도의 청산을 의미하고, 이로부터 자유로운 인격의 존재로서 개인이 거래의 주체로 등장하는 계기를 마련하였다. 사회적 신분이 자신의 능력과 운에 의해서 결정되는 사회는 계급사회(태어날 때부터 신분이 결정됨)나 통제사회(권력자의 손에 의해 신분이 정해짐)와 비교할 때 자유를 향한 진보된 사회시스템이라고 평가할 수 있다.

---

9) 우리나라는 일찍이 수출주도형 발전전략을 택해 국제시장을 통한 교역(교환)활동에 적극적으로 나섰지만, 북한은 자력갱생 정책을 내세우면서 외부와의 교환활동에 소극적이었다. 이와 같이 시장과 교역에 대한 대비되는 태도가 두 체제의 경제적 성과에 현격한 차이를 가져오게 되었다. 같은 맥락에서 좀처럼 낙후에서 벗어나지 못하던 중국이 개혁개방 정책의 채택 이후 외부와의 활발한 교역활동을 통해 국제적 분업체계에 참여하면서 급격한 경제성장을 이룬 것도 결코 우연이 아니다.

10) 헬무트 라이폴트 저 · 권오승 역, "경제체제의 사회이론적 기초", 경희법학 제24권 제1호(1989), 112면.

11) 미국의 반트러스트법 현대화 위원회(Antitrust Modernization Commission)는 "일반적으로 공공정책으로서 가격, 비용, 진입에 관한 산업규제보다 자유시장경쟁이 선호되어야 한다. (중략) 일반적으로 의회는 경쟁이

2. 시장경제의 한계

시장경제가 우월한 시스템이라는 사실이 곧 시장경제가 아무런 흠이 없는 완전한 시스템이라는 것을 의미하는 것은 아니다. 시장경제도 여러 측면에서 한계와 아울러 문제점을 드러내고 있다. 우선 시장경제가 정상적으로 기능하기 위해 여러 전제조건이 충족될 필요가 있다. 이러한 조건이 충족되지 않으면 시장은 사회 전체에 유익한 방향으로 경제를 조정하는 기능을 제대로 수행하지 못하게 된다. 시장의 불완전성이나 상품·서비스의 특성 등으로 인하여 '보이지 않는 손'이 제대로 작동하지 못하여 시장에 의한 자원배분이 최선의 상태에 이르지 못하는 상태를 시장실패라고 한다. 시장실패를 초래하는 대표적인 원인으로 불완전한 경쟁으로 인해 시장을 소수의 구매자나 판매자가 통제할 경우, 환경오염이나 공공장소의 흡연과 같이 거래되는 상품이나 용역에 외부성이 존재하고 시장가격이 그 외부성을 제대로 반영하지 못할 경우, 거래당사자가 불완전한 정보를 가지거나 정보의 불균형으로 인하여 비합리적인 거래가 이루어지는 경우 등을 들 수 있다. 따라서 시장이 정상적으로 작동하도록 하기 위해 국가가 시장경쟁을 보호하고 독과점이나 부당공동행위 등과 같은 경쟁을 제한하는 행위를 규제할 필요가 있다. 우리 헌법은 시장의 지배와 경제력의 남용을 방지하기 위한 국가의 경제에 관한 규제와 조정 권한을 인정하고 있고(헌법 119조 2항), 이를 구체화한 법률이 바로 독점규제법이다.

한편, 시장이 잘 작동하는 경우에도 분배의 불균형은 피할 수가 없다. 또한, 사회에는 교환의 대상으로서 상품화하기 어려운 가치들도 존재한다. 시장기구 그 자체만으로는 해결할 수 없는 사회조화적 요구가 존재하고, 국가는 이러한 사회조화적 요구를 실현하기 위하여 시장원리 이외의 방법을 사용할 필요가 있다. 이것은 시장경제 그 자체만으로는 달성할 수 없는 경제적·사회적 가치를 실현하기 위한 개입으로서, 그 내용은 각국의 역사나 전통, 경제적인 여건이나 사회적인 상황에 따라 달라질 수 있다.[12)]

우리 헌법은 균형있는 국민경제의 성장 및 안정과 적정한 소득분배의 유지, 경제주체간의 조화를 통한 경제민주화의 실현도 국가의 경제활동 규제의 사유로 들고 있다(헌법 119조 2항). 이러한 국가의 경제규제에 대해서 대법원은 "경제활동의 규제는 필연적으로 그 규제를 당하는 경제주체나 그와 같은 방향의 이해관계를 가지고 있는 이해관계인에게 불이익과 불편함을 수반하게 된다. 따라서 헌법이 지향하는 것처럼 여러 경제주체가 조

달성할 수 없는 중요한 사회적 이익을 경제적 규제가 달성할 수 있다고 하는 주장에 대하여 회의적이어야 한다. (중략) 정부가 경제적 규제를 채택할 경우에 그 경제적 규제와 함께 경쟁법을 가능한 최대한도로 지속적으로 적용하여야 한다. 특히 규제가 경쟁적 목표를 달성하기 위하여 경쟁의 존재나 시장의 힘의 작용에 의존할 경우에 경쟁법은 반드시 적용되어야 한다."고 제안을 하였다. Antitrust Modernization Commission, Report and Recommendations(2007), 338면.

12) 보다 자세한 내용은 권오승, "경제적 경쟁에 있어서 국가의 역할", 서울대학교 법학 제45권 제1호(2004), 159면 이하 참조.

화롭게 공존하고 상생하는 경제질서를 구축하고 공공복리를 실현하기 위하여 법률로써 어느 경제주체의 경제활동의 자유 등을 제한하게 되더라도 그 제한이 정당한 목적과 합리적인 수단에 의하고 있고, 개인의 자유와 권리의 본질적인 내용을 침해하는 것이 아니라면 해당 경제주체는 이를 수인하여야 한다."고 판시하였다.[13)]

(1) 균형있는 국민경제의 성장 및 안정

구체적으로 국가는 산업간의 불균형을 시정하기 위하여 농업과 어업을 보호·육성하기 위한 농·어촌종합개발과 그 지원 등 필요한 계획을 수립·시행해야 할 의무를 부담한다(헌법 123조 1항). 그리고 국가는 농수산물의 수급균형과 유통구조의 개선에 노력하여 가격안정을 도모함으로써 농·어민의 이익을 보호하는 노력도 한다(헌법 123조 4항). 그 외에 국가는 대외무역을 육성하며, 이를 규제·조정할 수 있다(헌법 125조). 그리고 국가는 과학기술의 혁신과 정보 및 인력의 개발을 통하여 국민경제의 발전에 노력하여야 하며(헌법 127조 1항), 국가표준제도를 확립한다(헌법 127조 2항).

국가는 지역간의 균형있는 발전을 도모하기 위하여 지역경제를 육성할 의무를 진다(헌법 123조 2항). 다만, 입법자가 개인의 기본권침해를 정당화하는 입법목적으로서 지역경제의 육성을 주장하기 위해서는 문제되는 지역의 현존하는 경제적 낙후성이라든지 아니면 특정한 입법조치를 취하지 않을 경우 발생할 수 있는 지역간의 심한 경제적 불균형과 같은 납득할 수 있는 구체적이고 합리적인 이유가 있어야 한다.[14)]

국가는 중소기업을 보호·육성해야 할 의무를 진다(헌법 123조 3항). 헌법은 중소기업이 국민경제에서 차지하는 비중에 비추어 그 지위가 열악하기 때문에 '중소기업의 보호'를 국가경제정책의 목표로 명문화하고, 대기업과의 경쟁에 있어서 불리한 위치에 놓여 있는 중소기업의 지원을 통하여 경쟁상의 불리함을 제거하고 가능하면 균등한 경쟁조건을 형성함으로써 대기업과의 경쟁이 가능하게 하려고 한다. 다만, 중소기업의 보호는 원칙적으로 경쟁질서를 침해하지 않는 범위 내에서 이루어져야 한다. 대기업 및 재벌기업과의 경쟁에서 중소기업이 불리하다면, 불리한 경쟁조건을 개선해서 가능한 한 균등한 경쟁조건을 형성하는 수단을 통하여 조정하는 방법을 모색하는 것이 마땅하다. 따라서 현재 상태의 유지를 법률의 형태로 보장함으로써 중소기업을 대기업과의 경쟁에서 제외하는 방법은 바람직한 것이 못된다.[15)]

---

13) 대법원 2015.11.19. 선고 2015두295 전원합의체 판결.

14) 헌법재판소 1996.12.26. 선고 96헌가18에 따르면, 전국 각도에 균등하게 하나씩의 소주제조기업을 존속케 하려는 주세법에서는 수정되어야 할 구체적인 지역간의 차이를 확인할 수 없고, 따라서 1도1소주제조업체의 존속유지와 지역경제의 육성간에 상관관계를 찾아볼 수 없으므로 "지역경제의 육성"은 기본권의 침해를 정당화할 수 있는 공익으로 고려하기 어렵다.

15) 헌법재판소 1996.12.26. 선고 96헌가18 사건에서 헌법재판소는 자도소주 구입명령제도(소주판매업자가 매월 소주류 총구입액의 100분의 50 이상을 자도소주로 구입하도록 하는 명령제도)는 오로지 일정 주류시장의 중소기업을 경쟁으로부터 보호하는 것을 목적으로 하는 것으로밖에 볼 수 없고, 달리 구입명령제도의 정당성

(2) 적정한 소득의 분배

국가는 근로자를 보호하기 위하여 사회적·경제적 방법으로 근로자의 고용의 증진과 적정임금의 보장에 노력해야 하며, 법률이 정하는 바에 의하여 최저임금제를 시행해야 한다(헌법 32조 1항). 근로조건의 기준은 인간의 존엄성을 보장하도록 법률로 정하도록 하고(헌법 32조 3항), 여자와 연소자의 근로에 대하여는 특별한 보호를 한다(헌법 32조 4항, 5항).

(3) 경제주체간의 조화를 통한 경제민주화의 실현

국가는 경제주체간의 조화를 통한 경제의 민주화를 실현하기 위하여 경제에 관한 규제와 조정을 할 수 있다. 경제민주화의 의미에 관해서는 여러 의견이 존재하나, 경제적 자원과 경제권력이 소수의 경제주체에 독점 또는 집중되지 않고 분산된 상태를 의미하는 것으로 이해할 수 있다. 국가는 농·어민과 중소기업의 자조조직을 육성하여야 하며, 그 자율적인 활동과 발전을 보장한다(헌법 123조 5항). 또한, 국가는 소비자를 보호하기 위하여 건전한 소비행위를 계도하고 생산품의 품질향상을 촉구하기 위한 소비자보호운동을 법률이 정하는 바에 의하여 보장한다(헌법 124조).

Ⅲ. 경쟁보호의 필요성

1. 시장경제의 운영원리로서 경쟁

경쟁(競爭, competition, Wettbewerb)은 한정된 자원을 차지하기 위해 각 개체들이 경합하는 상태를 의미한다. 인간뿐만 아니라 동물들도 생존을 위해 경쟁을 한다. 경쟁은 삶의 본질적 특질이며 결코 없어질 수 없다. 인간은 경제적 자원뿐만 아니라, 명예, 권력, 사랑 등을 얻기 위해 경쟁한다. 인간은 경쟁이라는 제도를 통해서 자신의 능력을 고양하고 사회후생의 증진에 기여하고 있다. 그러나 경쟁으로 점철된 우리의 삶은 매우 고단하고, 과도한 경쟁이 인간의 삶을 파멸로 이끌 수도 있다. 수많은 목숨을 앗아간 전쟁도 따지고 보면 국가간 경쟁에서 비롯된 것이다. 경쟁의 긍정적 측면에도 불구하고, 우리가 경쟁에 관하여 부정적 인식을 갖게 되는 이유이다.

그런데 경쟁이 시장경제 시스템과 결합하면서 닫힌 경쟁에서 열린 경쟁으로 그 성격이 변화하고 경쟁의 긍정적 측면이 훨씬 부각된다는 점에 주목할 필요가 있다. 시장경쟁은 스포츠와 같은 닫힌 경쟁이 아니라 열린 경쟁이다. 축구 경기에서의 경쟁을 생각해 보자. 축구 경기에는 상대방보다 더 많은 골을 넣는다는 분명한 하나의 목표가 주어져

을 인정할 수 있는 근거를 찾아 볼 수 없다고 보았다.

있고 단지 그 기준에 의해서 승자와 패자가 명확히 구별된다. 반면, 시장에서는 겉으로 드러난 경쟁의 주체는 기업들이지만, 기업들로 하여금 경쟁을 추진케 하는 존재는 소비자들이다. 소비자들은 다수이며 그들의 선호는 서로 다르기 때문에 시장에 공급되는 재화는 가격, 품질, 기능 등 여러 가지 측면에서 매우 다양하다.[16] 시장경쟁에 참여한 기업들은 다양한 방법으로 자신만이 가지고 있는 능력을 발휘하여 다양한 소비자들의 기호를 충족시키려고 노력한다. 어떤 기업은 싼 가격에 대량으로 공급하는 것에 집중하고, 다른 기업은 비싸지만 희소한 고급제품을 공급하고자 하고, 또 다른 기업은 그 틈새를 찾아 공략하기도 한다.[17] 이러한 시장경쟁의 과정에서 마차에서 자동차로의 전환 또는 피처폰에서 스마트폰으로 전환과 같이 대중의 삶을 송두리째 바꿔버리는 파괴적 혁신(disruptive innovation)도 종종 이루어진다. 시장에서 성패를 가르는 기준은 매우 다양하며, 시장경쟁의 승자는 거래상대방을 가장 행복하게 만들면서 자신의 수익을 극대화할 수 있는 능력을 가진 모두가 될 수 있다. 설령 시장경쟁에서 패하더라도 패자는 폐기되는 것이 아니라 차선 혹은 그 다음의 위치로 이동할 뿐이다. 닫힌 경쟁은 제로 섬(zero sum) 게임인 경우가 많지만, 시장경쟁은 플러스 섬(plus sum) 게임이다.

또한, 시장경쟁은 유동적이고 시대의 변화에 쉽게 적응한다. 입시경쟁처럼 사전에 미리 정해진 합격과 불합격의 기준이 있는 것도 아니다. 단지 끊임없이 변화하는 시장수요를 효과적으로 충족시키는 자를 지속적으로 발견하는 과정일 뿐이다. 시장경쟁은 수요자의 다양한 선호가 존중되고 그 선호를 공급자의 창의와 혁신을 통해 다양한 방법으로 만족시켜 나감으로써 전반적 사회후생을 높이는 일련의 과정이다. 이러한 의미에서 하이에크(F. Hayek)는 경쟁을 끊임없는 시도 및 발견과정이라고 정의하고 있다.[18] 물론 시장경제가 아닌 계획경제에서도 경쟁은 일어날 수 있다. 그러나 이 경우 경쟁은 계획을 하는 정부의 선택을 받기 위한 경쟁이지 재화를 소비하는 소비자들의 선택을 받기 위한 경쟁이 아니다. 따라서 이러한 경쟁에서 승리하는 기업들이 소비자의 후생을 증대시킨다는 보장이 없다.

한편, 시장경쟁은 계약의 자유와 거래의 공정을 실질적으로 보장한다. 시장에서 기업들 간에 경쟁이 존재한다는 것은 거래의 상대방에게 선택의 기회가 주어진다는 의미이다. 즉, 영세한 소비자와 거대한 대기업을 단순 비교하면 양자 사이에 대등한 거래가 이루어질 가능성은 낮지만, 시장에서 경쟁이 활발하게 이루어져서 소비자가 대기업이 제안

16) 물론 경쟁을 통하여 재화가 표준화되거나 유사하게 되는 경우도 많이 있다. 그러나 재화가 표준화되는 경우에도 기업들은 생산공정이나 경영기법, 디자인이나 판매전략 등 어떤 형태든지 차별화를 유지하면서 경쟁을 한다. 또한 브랜드 간의 구분이 거의 없어질 정도로 상품의 차이가 사라질 때쯤에는 기존 상품에 도전하는 차별화 상품이 등장한다.

17) 시장경쟁을 시장에서 '다름'을 찾아내는 과정이라고 설명하기도 한다. 배진영, "시장경제에서 경쟁의 의미와 기능", 자유와 시장 제3권 제1호(2011. 10), 15-19면.

18) Viktor J. Vanberg, Hayek Lesebuch, Mohr Siebeck(2011) 참조.

하는 거래를 거부하고 다른 기업과도 거래를 할 수 있다면 소비자와 대기업 사이의 경제력의 차이에서 발생하는 힘의 불균형은 그만큼 완화될 것이다.[19] 또한, 시장에서 경쟁이 지속적으로 작동한다면 경제주체들 사이에서 끊임없는 조정이 이루어지게 될 것이다. 즉, 경쟁은 불공정한 거래를 발생시킬 수 있는 일방의 경제력을 해체하는 방향으로 영향을 미친다. 따라서 건전한 경쟁이 지속적으로 이루어지는 시장경제 시스템을 유지하는 것은 경제적 약자의 보호에도 유용하게 된다.

■ **시장경제에서 경쟁과 협력**

시장경제라고 하면 경쟁만을 떠올리기 쉬운데, 실상 시장경제에서는 경쟁과 협력이 모두 공존한다. 시장에서 거래되는 상품들은 기본적으로 여러 사람들의 분업을 통해서 생산된다. 우리가 일상적으로 사용하는 휴대폰이나 자동차를 생산하기 위해 얼마나 많은 사람들이 서로 협력하고 있을지를 상상해 보라. 다른 지역에 살고 다른 종교를 믿고 다른 정치적 견해를 가진 낯선 사람들이 하나의 상품을 생산하기 위한 거대한 협력체계에 참여하고 있다. 시장경제는 그 자체로 그러한 협력을 제도화한 기구라고 말할 수 있다. 그런데 국가가 시장경제를 유지하기 위하여 경쟁법은 제정하여 시행하면서 왜 협력법은 만들지 않는가 하는 의문이 생길 수도 있다. 이에 대한 대답은 경쟁이 소비자후생 증진을 위해서 반드시 필요하지만 협력보다 더 침해되기 쉬운 제도라는 점에서 찾을 수 있다. 시장참여자들의 입장에서 보면, 협력의 혜택은 자신에게 직접 돌아오기 때문에 굳이 법으로 강제하지 않고 협력 여부를 스스로의 판단에 맡겨도 큰 문제는 없다. 반면, 경쟁은 다른 사람들에게 혜택이 되는 것은 분명하나 막상 경쟁을 해야 하는 당사자의 입장에서는 피곤하기 때문에 이를 회피하고 싶은 경우가 많다. 이러한 이유로 시장참여자들 스스로 경쟁을 회피하여 시장의 정상적 기능이 작동하지 못하도록 함으로써 부당한 사적 이익을 추구할 유인이 항상 존재한다. 아담 스미스는 1776년에 저술한 국부론에서 "동업자들이 오락이나 기분전환을 위해 만나는 경우에도, 그들의 대화는 공중(公衆)에 반대되는 음모나 가격인상을 위한 모종의 책략으로 끝나지 않을 때가 거의 없다."고 갈파하였는데,[20] 이러한 경향은 현재에도 계속되고 있다. 따라서 사회전체의 공익을 위하여 경쟁을 보호하는 법이 반드시 필요한 것이다.

2. 경쟁의 3대원칙

이상의 논의에서 우리는 바람직한 시장경쟁이 이루어지기 위한 3대원칙을 도출할 수 있다. 우선, 시장에 참여하려는 의사와 능력을 가진 사람은 누구나 시장에 참여할 수 있

19) 계약 자유의 원칙이 제대로 기능하기 위해서는 계약당사자들이 스스로 결정할 수 있는 대등한 지위가 전제되어야 한다. 만일 계약당사자들 중 일방이 사회경제적으로 압도적 강자의 지위에 서게 되면 계약 자유의 원칙은 강자의 이익을 용인하는 형식논리로 전락할 수 있다. 따라서 사회는 계약 자유와 함께 거래의 공정성이 보장될 수 있도록 하여야 하는데, 경쟁원리가 잘 작동하는 시장경제가 이러한 역할을 할 수 있다.

20) 아담 스미스(김수행 역), 국부론(상), 비봉출판사(2007), 168면.

도록 시장이 모든 사업자들에게 개방되어야 한다(open market). 그런데 실제로는 시장의 진입을 제한하는 요소들이 많이 있다. 일반적으로 시장진입을 제한하는 요소에는 정부의 인가나 허가 등과 같은 법적인 제한과 대규모의 시설투자와 같은 사실적인 제한이 있다. 따라서 시장개방의 원칙을 실현하기 위해서는 이러한 진입제한을 폐지 또는 완화할 필요가 있다.

그리고 시장에 참여해서 사업활동을 하고 있는 사업자들이 아무런 제한을 받지 않고 자유롭게 경쟁을 할 수 있어야 한다(free competition). 그런데 실제의 시장에는 사업자들 간에 자유로운 경쟁을 제한하는 요인들이 많이 있다. 일반적으로 자유로운 경쟁을 제한하는 요인으로서 독과점, 기업결합, 공동행위 등이 있다. 따라서 자유로운 경쟁을 실현하기 위해서는 이러한 경쟁제한적인 시장의 구조나 행태를 규제할 필요가 있다.

끝으로, 경쟁은 공정하게 이루어져야 한다(fair competition). 다시 말하자면 사업자들 간의 경쟁은 그들의 사업상의 장점들(merits)을 중심으로 이루어져야 한다. 이를 급부경쟁 혹은 성과경쟁이라고 부르기도 한다. 시장에서 사업자들 간의 경쟁은 가격, 품질, 다양성, 혁신 등의 정당한 수단을 통해서 보다 많은 고객의 선택을 받으려는 노력으로 나타나야지, 불공정한 수단이나 기만적인 방법으로 표현되어서는 안 된다.

3. 시장경쟁을 보호하기 위한 규제의 필요성

시장경제는 경쟁을 통하여 그 기능을 수행하지만, 정작 시장에서 경쟁해야 할 주체들은 경쟁의 배제 또는 제한을 통해 독점을 추구하려는 것이 엄연한 현실이다. 경쟁이 제한된 시장에서는 사업자가 보유하는 경제력이 다른 경쟁사업자에 의하여 충분히 저지되지 못하고, 독점사업자가 보유하는 우월한 경제력은 자유경쟁과 공정거래의 전제조건을 무너뜨릴 수 있다.[21] 즉, 시장경쟁이 갖는 우월한 장점이 시장경쟁에 참여하는 자들에 의하여 소멸할 위험이 항상 존재한다.

그런데 과거 자유방임주의는 카르텔 등 경쟁을 배제하는 일련의 행위마저 사적자치, 계약자유의 명분으로 보호하는 잘못을 저질렀고, 이로 인해 시장의 기능이 저하되고 시장에 대한 불신이 야기되었다. 이 지점에서 자유방임적 시장경제는 오히려 경쟁이 제거된 독점상태를 회피할 수 없다는 역설에 직면하게 된다. 시장경제에 대한 맹신자들은 이러한 경우에도 시장의 자율적 조정기능에 의하여 새로운 사업자들이 시장에 진입하여 독점상태가 자연스럽게 해소될 것이라고 주장한다. 그런데 현실에서는 그러한 경우도 있기는 하지만, 반대로 독점사업자가 자신의 우월한 경제력을 이용하여 경쟁제거 상태를 계속적으로 유지하고 시장기능의 정상적 작동을 지속적으로 방해하는 경우도 존재한다. 이

21) 조혜신 · 강보선, "온라인 플랫폼 사업자의 이용약관에 대한 경쟁법적 규제 – 독일 Facebook 사건의 시사점을 중심으로 –", 경쟁법연구 제43권(2021), 104-105면.

러한 상태에 이르게 되면 자율적인 조정의 장(場)으로서 시장의 본질적 기능은 제한될 수밖에 없다.

따라서 사람들은 고전적 자유방임주의가 보여준 한계를 극복하는 과정에서 경쟁이 유지될 수 있는 제도적 환경을 마련하는 것을 국가의 책무로서 인식하기 시작하였다. 자유로운 경쟁을 근간으로 하는 경제질서는 스스로 형성되어지는 것이 아니라, 경쟁질서의 확립 및 유지는 정부가 담당해야 하는 중요한 역할이라고 바라보게 된 것이다. 예를 들어, 질서자유주의자인 뢰프케(W. Röpke)는 시장을 자생식물이 아닌 재배식물에 비유하며 식물이 제대로 자라려면 밭을 갈고 거름을 주고 잡초를 제거해야 하듯이 시장도 방임하지 말고 가꾸어야 한다고 주장하였다.[22] 여기에서 밭은 경제주체의 자유 및 자기책임과 인간적·윤리적 행위를 의미하며, 거름을 주고 잡초를 제거하는 것은 시장경제의 핵심요소를 침해하는 개인이나 집단 그리고 정치권력에 대한 국가의 제재를 의미한다. 요컨대, 질서정책적 관점[23]에서 시장지배와 경제력남용의 방지를 위한 국가의 규제는 시장질서의 형성 및 유지를 위한 필수적 조정으로서 정당화되고, 다른 여타의 경제규제들보다 우월한 위치에 놓이게 된다.[24]

이러한 관점에서 헌법 제119조 제2항은 시장의 지배와 경제력남용의 방지를 위하여 국가가 경제에 관한 규제와 조정을 할 수 있다고 규정하고 있다.[25] 시장의 지배와 경제력의 남용 방지를 위한 제한이 계약 자유 원칙의 본래적 기능을 회복시키기 위한 국가적 과제라는 인식은 헌법재판소 및 법원에 의하여 규범적으로 확인되었다. 헌법재판소는 "국가목표로서의 독과점규제는 스스로에게 맡겨진 경제는 경제적 자유에 내재하는 경제력 집중적 또는 시장 지배적 경향으로 말미암아 반드시 시장의 자유가 제한받게 되므로 국가의 법질서에 의하여 공정한 경쟁질서를 형성하고 확보하는 것이 필요하고 공정한 경

---

22) 뢰프케는 "종래의 자유주의적 사고나 행동의 근본적인 오류는 시장경제가 독자적으로 존립하고 자생적으로 발전하는 과정이라고 생각한데 있다. 시장경제는 스스로 자생하는 것이 아니라 오히려 방임해 두면 부패될 수 있으며, 부패된 독소로 인해 사회전체에 나쁜 영향을 미치게 된다. 시장경제는 자생식물이 아니고 그 성장과 성숙에는 많은 배려와 손질이 필요한, 즉 묘판을 만들고 거름을 주고 잡초를 뽑아 주어야 하는 재배식물과 유사한 것이다."고 하였다. 황준성, "독일형 질서자유주의와 영미형 신자유주의의 비교", 경상논총 제24집(2001), 221면. 이와 같이 독일의 질서자유주의는 시장경제를 적극 지지하는 점에서 영미형 신자유주의와 유사하지만, 시장에서 유효한 경쟁과 유효한 가격체계의 형성이 자동적으로 달성되지 않는다고 보는 점에서 차이가 있다.

23) 질서정책이란 경쟁시장의 틀을 형성하기 위해 필요한 제반조건을 마련하는 정책을 의미한다.

24) 공정위가 독과점적 시장구조가 장기간 유지되고 있는 상품이나 용역의 공급시장 또는 수요시장에 대하여 경쟁을 촉진하기 위한 시책을 수립·시행하여야 하고, 그 시책을 추진하기 위하여 필요한 경우에는 관계 행정기관의 장에게 경쟁의 도입 또는 그 밖에 시장구조의 개선 등에 관하여 필요한 의견을 제시할 수 있고, 이 경우 관계 행정기관의 장은 공정위의 의견을 검토한 후 검토결과를 공정위에 송부하여야 한다(법 4조). 이는 시장지배와 경제력남용의 방지를 위한 규제의 우월성에 근거한 것으로 이해된다.

25) 미국이나 독일과 같이 독점규제법의 제정과 집행에 비교적 긴 역사를 가진 나라들에 있어서도 헌법에 독점규제와 관련한 직접적인 수권규정은 존재하지 않는다. 그러나 브라질이나 포르투갈 헌법 등과 같이 헌법에 독과점 규제에 관한 명문의 조항을 두고 있는 국가도 있다. 조혜수, "헌법과 독점규제법", 독점규제법 30년(권오승 편), 법문사(2011), 8면.

쟁질서의 유지는 자연적인 현상이 아니라 국가의 지속적인 과제라는 인식에 그 바탕을 두고 있다."고 한다.[26] 대법원 역시 "사유재산제도와 경제활동에 관한 사적자치의 원칙에 입각한 시장경제질서를 기본으로 하는 우리나라에서는 원칙적으로 사업자들에게 계약체결 여부의 결정, 거래상대방 선택, 거래내용의 결정 등을 포괄하는 계약의 자유가 인정되지만, 시장의 지배와 경제력의 남용이 우려되는 경우에는 그러한 계약의 자유가 제한될 수 있다 할 것이고, 이러한 제한 내지 규제는 계약자유의 원칙이라는 시민법 원리를 수정한 것이기는 하나 시민법 원리 그 자체를 부정하는 것은 아니며, 시민법 원리의 결함을 교정함으로써 그것이 가지고 있던 본래의 기능을 회복시키기 위한 것으로 이해할 수 있다."고 판시하였다.[27]

4. 민주주의 체제의 기반 보장

정치원리로서 민주주의는 국가의 주권이 국민에 있고 국민에 의하여 정치가 행해지는 것을 말한다. 시장경제는 경제적 자원의 생산과 배분을 시장을 통하여 경제주체들의 자율적 조정에 맡기는 것을 말한다. 그런데 정경유착이라고 불리는 정치권력과 독점적 자본의 결탁은 민주주의와 시장경제를 동시에 위협하고 궁극적으로 시민들의 생활을 파탄으로 이끌 우려가 있다. 정치권력의 비호를 받은 경제주체는 시장에서의 경쟁압력을 회피하여 쉽게 독점적 지위를 확보할 수 있으며, 독점자본의 지원을 받는 정치권력 역시 국민의 의사를 무시하고 독재의 길을 걸을 가능성이 높다. 이러한 현상이 발생하면 결과적으로 국가의 중요한 의사결정이 소수의 지배집단에 의하여 왜곡될 수 있다.[28] 제2차 세계대전을 일으켜서 타국민은 물론 자국민에게까지 심대한 고통을 끼친 나치즘의 독일[29]이나 제국주의 일본에서 정경유착 현상이 심각하였던 것은 결코 우연이 아니다.

이러한 이유로 경쟁법의 제정과 시행 과정에서 민주주의 체제의 기반 보장이라는 측면이 깊게 고려되었다. 미국에서 19세기 후반에서 20세기 초반 사이 자본주의가 급속히 확산되면서 막대한 재산을 축적하는 기업가와 은행가가 등장하였다. 자유방임주의 이념에 따라 산업에 대한 국가의 개입이나 통제가 제대로 이루어지지 않고 있던 시절이기 때

26) 헌법재판소 1996.12.26. 선고 96헌가18; 헌법재판소 2002.7.18. 선고 2001헌마605.

27) 대법원 2007.11.22. 선고 2002두8626 전원합의체 판결.

28) 국민주권주의는 경제적·사회적불평등이 입헌 민주주의와 양립할 수 있는 한도 내에서 규제될 것을 요구한다. 국민들 사이에 일정 수준 이상의 평등이 확보되지 않으면 주권이 강력한 경제적·사회적 권력을 소유한 일부의 구성원에게 있게 되므로 국민주권은 하나의 허울로 전락하며, 이 경우 '입헌민주주의'라는 이름하에서 실제로 작동하고 있는 사회의 기본구조는 금권정, 과두정 혹은 참주정이 되기 때문이다." 정태창, "롤즈의 공정으로서의 정의가 현대입헌민주주의의 위기에 대해 갖는 실천적 함의", 철학사상 제9권(2011), 184면.

29) 독일의 프라이부르크(Freiburg) 학파는 나치즘의 탄생이 자유방임적 경제체제로 인해 지나치게 성장한 사적 경제 권력으로 인해 유발된 경쟁제한으로 정치와 경제권력이 집중된 결과라고 파악하였다. 그래서 프라이부르크 학파는 사회안정과 발전을 촉진하기 위하여 사적 권력의 형성을 억제할 수 있는 경쟁질서의 창조를 주창하였다.

문에 사회의 양극화 현상이 심각하였고 소수 자본가들[30]의 불공정하고 부패한 행태에 대한 대중들의 반감은 깊어졌다.[31] 1890년 셔먼법의 제정 당시 경제력 집중에 대한 우려와 의심이라는 정치적 동기가 큰 역할을 하였다.[32] 1938년 미국의 루스벨트(Franklin D. Roosevelt) 대통령은 독점금지 교서에서 '소수자가 아닌, 전체를 위해 인간의 자유를 최대한으로 보장할 수 있도록 정치상의 민주주의와 영리적 자유기업이 서로 조장하고 보호할 수 있는 생활방법을 신봉한다'고 하였다. 미국의 연방대법원 역시 "셔먼법은 자유로운 경쟁을 거래규칙으로 보존하는 것을 목적으로 하는 포괄적인 경제적 자유의 헌장(charter of economic liberty)으로 설계된 것이다. 동법은 제한 없는 경쟁적 힘의 상호작용이 우리의 경제적 자원의 최적 배분, 최저 가격, 최고 품질 그리고 최대의 물질적 진보를 낳을 것이고, 동시에 민주주의적 정치사회 제도의 보장으로 이어지는 환경을 제공할 것이라는 것을 전제로 한다."고 판시하여,[33] 시장경쟁의 보호가 경제적 후생 증진은 물론이고 궁극적으로 민주주의 체제의 기반이 될 것이라는 믿음을 표명하였다.[34]

독일의 질서자유주의자들은 제반 질서의 상호의존(Interdepedenz der Ordnung) 원칙을 주장한다. 제반 질서의 상호의존 원칙이란 인간의 사회생활 전체를 구성하는 다양한 질서 사이에는 불가분의 상호의존 관계가 존재함을 강조하는 것이다. 예를 들어 경제는 중앙에서 관리하면서 기타의 부문에서 자유를 기대할 수 없으며, 그 반대로 정치 분야에서 자유를 억압하는 비민주적 행위가 이루어지면서 경제에서 자유를 기대할 수 없다는 것이다.[35] 이와 같이, 시장지배와 경제력남용의 방지를 통해서 시장의 경쟁기능을 보호하는 작업은 독점적 자본의 영속화를 막고 공동체 구성원의 정치적 의사결정 과정에서 균등한 참여를 보장함으로써 민주주의 체제의 기반을 보장하는 실질적 기초가 될 수 있다.

30) 당시 산업을 지배하여 막대한 재산을 축적한 사업가와 은행가를 가리키는 경멸적인 의미로 강도 귀족(robber baron)이라는 용어가 사용되었다.

31) 지철호, 독점규제의 역사, 홀리데이북스(2020), 17-41면.

32) 셔먼법의 제안자인 셔먼 의원은 "우리가 정치권력으로서의 왕을 감내하지 않을 것이라면, 우리는 일상용품의 생산, 운송 및 판매에 대한 왕도 감내해서는 안 된다. 우리가 황제에 복속하지 않을 것이라면, 우리는 경쟁을 막고 상품의 가격을 고정하는 힘을 갖는 거래의 독재자(autocrat of trade)에 복속해서도 안 된다."고 주장하였다. Cong. Rec. Vol. 21, 95(1890).

33) Northern Pacific R. Co. v. United States, 356 U.S. 4(1958).

34) 반독점주의자로서 1916년부터 1939년까지 미국 연방대법관으로 재직한 브랜다이스(Brandeis) 판사는 "우리는 선택을 해야 한다. 우리는 민주주의를 가질 수 있거나, 소수의 손에 집중된 부를 가질 수 있지만, 그 둘 모두를 가질 수는 없다(We must make our choice. We may have democracy, or we may have wealth concentrated in the hands of a few, but we can't have both)"고 말한 것으로 알려졌다. 오늘날 미국에서 경쟁법의 목적을 소비자 후생보다는 경제력 집중 방지를 통한 민주주의의 보호에서 찾는 학문적, 정치적 움직임을 신브랜다이스 운동(new Brandeis movement)이라고 부른다.

35) 황준성, "독일형 질서자유주의와 영미형 신자유주의의 비교", 경상논총 제24집(2001), 225면.

Ⅳ. 경쟁보호의 방법

경쟁의 개념에 대하여는 그동안 수많은 학자들이 이를 정의하기 위하여 끊임없이 노력해 왔음에도 불구하고, 아직 만족할 만한 정의를 내리지 못하고 있다. 일반적으로 법학자들은 주로 법률상의 표현, 법적 연관성 및 입법취지 등을 기초로 하여 경쟁을 정의하고자 하는 반면, 경제학자들은 경쟁에 대한 이론적 또는 경험적인 사회과학적 인식을 기초로 하여 이를 정의하려고 한다. 그 가운데 강학상 많이 논의되고 있는 것이 완전경쟁과 유효경쟁의 개념이다.

1. 완전경쟁

완전경쟁(perfect competition)은 하나의 이론적인 모델(theoretical model)로서, 그것이 실현되기 위해서는 다음과 같은 조건들이 갖추어져야 한다. ① 모든 판매자가 완전히 동일한 제품을 생산하기 때문에, 그 가격이 동일하다고 가정하면 고객이 어떤 판매자로부터 구입하든지 아무런 차이가 없다. ② 그 시장에서 각 판매자가 차지하는 비중이 아주 작기 때문에 어떤 판매자가 생산량을 증감하거나 그 시장에서 퇴출되더라도 당해 시장에서 활동하는 다른 판매자들의 결정에 영향을 미치지 않는다. ③ 모든 자원은 완전히 유동적이고 대체적이며 모든 판매자는 필요한 투자에 동일하게 접근할 수 있다. ④ 그 시장에 참여한 모든 참가자는 가격, 생산량 및 그 시장의 다른 조건에 대하여 완전한 정보를 가지고 있다. 완전경쟁 모델은 위 4가지 전제조건 하에서 효용 및 이윤극대화와 파레토 최적인 일반균형을 이끌어 낸다. 주류경제학자들은 완전경쟁 모델이 시장 묘사를 위한 출발도구로서 유용하다는 이유로 이를 즐겨 사용하고 있다.

그런데 완전경쟁을 바람직한 시장경쟁의 모습으로 생각해서는 안 된다. 완전경쟁 조건은 현실적으로 가능하지 않고 실제의 시장에서는 그대로 실현될 수 없기 때문에, 완전경쟁이 실현되는 시장을 현실세계에서는 찾아보기가 어렵다. 현실세계에서는 완전경쟁에 근사한 상황조차 찾기 어려우므로, 완전경쟁을 경쟁법의 지향점으로 파악하는 것은 타당하지 않다.[36] 예를 들어 완전경쟁 모델에서 기업들이 동질적 제품을 생산하고 주어진 가

36) 그럼에도 불구하고 각국의 경쟁법 중에서는 시행 초기에 완전경쟁의 실현을 목표로 한 경우도 있었다. 예컨대, 독일에서는 1952년에 마련된 경쟁제한방지법 초안이 완전경쟁의 실현을 그 목표로 하고 있었다. 동 법안은 우선 하나의 이상적인 시장형태로서 완전경쟁, 즉 수없이 많은 힘없는 공급자와 수요자들로 구성된 시장을 추구해야 하며, 이러한 목표가 실현되지 않는 곳에는 어디서나 국가의 감독이 그것을 대신해야 한다는 것을 기초로 하고 있었다. 독일에서도 학계에서는 1930년대에 이미 완전경쟁은 이를 실현할 수 없는 것이라는 점이 어느 정도 인식되어 있었지만, 입법자들은 질서자유주의의 이론에 매료되어 이를 반영할 수 없었던 것으로 보인다. 그러나 시간이 지남에 따라 그것이 불가능할 뿐만 아니라 반드시 바람직한 것도 아니라는 점이 점차 인식되기 시작하였다. 독일의 경우에도 1957년부터 경쟁제한방지법을 시행하면서 이러한 점을 점차 깨닫게 되었다. Rittner(1997), 143면 참조.

격에 수동적으로 대응한다는 전제는 기업들이 기술혁신, 제품 차별화 등 다양한 방식으로 경쟁에 임하는 현실을 반영하지 못한다. 또한 시장경쟁은 시장에서 가장 중요한 매개역할을 하는 가격정보를 만들어 내어 효율적인 자원배분을 가능하게 만들어주는데, 완전경쟁 모델은 경쟁과 가격 변화의 연관성을 제대로 포착하지 못하는 한계가 있다. 또한 모든 시장참여자들이 완전한 정보를 가지고 있다는 가정도 허구적이다. 이러한 이유로 오늘날 완전경쟁 모델은 경쟁법의 집행에 별다른 도움을 주지 못하고 있으며, 경쟁법도 더 이상 완전경쟁 모델을 이상적 시장경쟁의 모습으로 간주하지 않는다.

2. 유효경쟁

유효경쟁(workable competition)은 완전경쟁의 충분한 조건을 갖추고 있지 않더라도 기업 간에 실질적인 경쟁이 일어나 시장가격이 비용으로부터 크게 괴리되지 않는 상태를 말한다.[37] 유효경쟁이 무엇인지에 관해서 일의적인 합의는 존재하지 않지만, 대체로 다음 세 가지의 기준이 제시된다. 첫째, 구조기준으로서 거래자의 수는 규모의 경제가 허용하는 범위 내에서 가능한 한 많아야 하고, 시장 진입에 인위적인 장벽이 없어야 하며, 품질은 가격에 따라 차별화될 수 있어야 한다. 둘째, 행위기준으로서 기업 간에 담합이 존재하지 않아야 하고, 불공정하거나 배타적, 약탈적인 행동이 없어야 하며, 지속적이고 유해한 가격차별이 없어야 한다. 셋째, 성과기준으로서 기업의 생산과 판매가 효율적으로 이루어져야 하고, 생산량과 품질이 소비자의 수요에 따라 결정되어야 하며, 이윤은 투자, 효율성, 기술혁신을 보상할 수 있는 수준만 확보해야 하고, 소비자의 요구를 가장 잘 만족시키는 기업이 성공해야 한다.

유효경쟁은 완전경쟁 모델이 현실에 존재하지도 않고, 그에 근거한 이론이 경쟁정책을 위한 신뢰할만한 지침도 제공하지 못한다는 비판에서 그 대안으로 나타나게 되었다. 일부 판례는 경쟁을 실질적으로 제한한다는 것은 시장에서의 유효한 경쟁을 기대하기 어려운 상태를 초래하는 행위라고 판시하여 유효경쟁의 개념을 수용하기도 하였다.[38] 그렇지만, 유효경쟁의 존부를 판단하는 기준에 관한 최소한의 합의가 존재하지 않기 때문에 유효경쟁이론 역시 경제이론의 영역에서 큰 기여를 하지 못하였다는 비판도 존재한다.[39]

3. 경쟁과정의 보호

스포츠 경기에서 볼 수 있는 결정론적인 경쟁의 개념을 경제적 경쟁, 즉 사회 전체의 경쟁원리로 이해해서는 안 된다. 결정론적인 경쟁은 다양한 구성원들로 형성된 자유로운

---

37) 유효경쟁의 아이디어는 1940년에 J.M. Clark라는 경제학자가 처음 주창하였다.
38) 대법원 1995.5.12. 선고 94누13794 판결.
39) 이문지, "공정하고 자유로운 경쟁은 목적인가 아니면 수단인가?", 상사법연구 제16권 제2호(1997), 630면.

시민사회가 지향하는 경쟁개념이 아니기 때문이다. 따라서 개인의 자유와 창의를 존중하는 시장경제에서는 결정론적인 경쟁개념은 인정될 수 없고, 오로지 비결정론적인 경쟁개념만 인정된다. 시장경제가 지향하는 경쟁은 매우 복합적인 현상이기 때문에 이를 제대로 규명하기 위해서는 법학자 및 경제학자를 비롯한 여러 사회과학자들이 학제적으로 상호보완적인 연구를 하지 않으면 안 된다. 그러나 이러한 공동연구를 실제로 수행하기는 매우 어렵기 때문에 법학자들은 이에 대하여 큰 기대를 걸지 않고 있다. 경제학자들은 바람직한 시장형태로서 예컨대 완전경쟁이나 넓은 과점과 같은 특정한 시장모델을 설정하는 경우가 있지만, 이러한 시장모델은 더 이상 추구해야 할 바람직한 목표가 아닐 뿐만 아니라, 실현 가능한 목표도 아니라는 점이 밝혀졌다. 따라서 경쟁의 개념은 이를 특정한 시장모델로 파악할 것이 아니라 법적으로 보호해야 할 하나의 질서원리로 파악하는 것이 바람직할 것이다. 이와 같은 관점에서 보면, 독점규제법이 사업자들의 자의적인 제한으로부터 보호하고자 하는 경제적 경쟁은 다음과 같은 두 가지 의미를 가진다. 첫째로, 경쟁은 본질적으로 생산요소들을 조정하는 원리로서 국가에 의하여 규율되는 제도이다. 둘째로, 경쟁은 각 개인이 다른 사람들과 경제적인 생활관계를 형성, 유지 또는 변경할 수 있는 자유의 표현이다.

우리가 경쟁의 개념을 필요로 하는 이유는 완전경쟁과 같은 특정한 경쟁개념을 이상형으로 하여 그것을 실현하기 위해서가 아니라, 시장집중이나 일반집중이 더 이상 시장원리에만 맡겨 놓을 수 없을 정도로 그 한계를 넘어선 경우에 국가가 부득이 규제를 통하여 간섭하지 않을 수 없는 한계점을 찾아내기 위한 것이다. 따라서 경쟁정책에 있어서 중요한 것은 경쟁의 개념을 적극적으로 정의해 놓고 이를 실현하려는 것이 아니라 경쟁 그 자체는 무한히 변모·발전해 나가도록 놓아두고, 소극적으로 경쟁을 제한하는 현상들만 찾아내어 이를 배제함으로써 경쟁의 발전적 잠재력을 유지 또는 보호해 나가려는 것이다. 이러한 이유에서 각국의 경쟁법은 경쟁의 개념에 대하여는 이를 적극적으로 규정하지 않고 이를 제한하는 경쟁제한행위들만 개별적으로 포착하여 규제하고 있는 것이다.[40]

제2절 독점규제법의 목적

I. 경제질서의 기본법으로서 독점규제법

시장경제체제를 채택하고 있는 나라에서는 자유롭고 공정한 경쟁을 유지하기 위하여 이를 제한하는 독과점에 의한 시장의 지배나 기업결합 또는 부당한 공동행위 등과 같은

40) Rittner(1997), 151면 참조.

경쟁제한행위를 규제하고 있다. 이러한 규제는 시장경제의 본질적 기능을 유지하기 위한 제도이기 때문에, 각 나라의 규제 내용도 대체로 비슷하다. 이러한 규제가 독점금지법, 반트러스트법(Antitrust Law), 경쟁법(Competition Law) 등의 이름으로 불리며 각국에서 규범화되어 있다. 우리나라에서는 1980년 12월에 공정하고 자유로운 경쟁을 촉진하기 위하여 「독점규제 및 공정거래에 관한 법률」(이하 "독점규제법" 또는 "공정거래법"이라 함)이 제정되어 1981년 4월 1일부터 시행되고 있는데, 이 법률을 통상 '경제질서의 기본법'이라고 한다.[41] 헌법재판소는 '독점규제와 공정거래유지'라는 경제정책적 목표를 개인의 경제적 자유를 제한할 수 있는 정당한 공익의 하나로 인정하고 있다.[42] 그리고 대법원은 "시장의 지배와 경제력 남용의 방지 등을 위한 경제규제 행정 영역에서는, 규제대상인 경쟁시장이 갖는 복잡다양성과 유동성으로 인해 사전에 경제분석 등을 거쳤다고 하여 장래의 규제 효과가 확실히 담보되기는 어렵고, 만약 규제의 시기가 늦춰져 시장구조가 일단 왜곡되면 원상회복이 어려울 뿐 아니라 그 과정에서 중소사업자들이 중대한 피해를 입을 우려가 있으므로, 장래의 불확실한 규제 효과에 대한 예측판단을 기초로 한 규제 입법 및 그에 따른 규제 행정이 이루어질 수밖에 없게 된다."는 점을 수긍하고 있다.[43]

각국에서는 경쟁법의 공정한 집행을 보장하기 위해서 준입법적·준사법적 권한을 가진 독립적인 규제기구를 설치하여 운영하고 있다.[44] 우리나라에서는 1981년 독점규제법을 시행할 당시에는 동법의 시행을 경제의 기획과 운영에 관한 행정을 총괄하는 경제기획원장관이 담당하도록 하고 있었으나, 1990년 제2차 법개정으로 그 권한이 독립적인 규제기관인 공정거래위원회(이하 "공정위"라 함)로 이관되었다. 공정위는 동법의 규정에 위반하는 행위가 있는 경우에는 당해 사업자 또는 사업자단체에게 시정조치를 명하거나 과징금을 부과할 수 있다. 사업자 등은 공정위의 행정처분에 대하여 법원에 불복할 수 있기 때문에 공정위의 행정적 집행은 최종적으로 법원의 통제를 받게 된다. 독점규제법 위반에 대한 수사는 검찰에 의하여 이루어지지만, 원칙적으로 공정위의 고발이 있어야 논할 수 있다. 따라서 우리나라 독점규제법의 공적 집행은 공정위 중심주의에 입각하고 있다.

사업자들 간의 경쟁제한행위는 원래 당사자나 그 상대방 외에는 이를 쉽게 인지할 수 없기 때문에 공적 집행만으로는 이를 효과적으로 규제할 수 없는 경우가 많으며 그 규제 비용도 상당히 많이 든다. 따라서 각국에서는 피해자의 권리구제를 강화하고 민사적 집

---

41) 항간에서는 독점규제법을 경제헌법이라고 부르는 사람들도 있으나, 이 용어는 적절하지 않은 것으로 보인다. 왜냐하면 일반적으로 경제헌법이라는 용어는 헌법상의 경제질서를 의미하는 것으로 이해되고 있는데, 그것과 혼동할 우려가 있기 때문이다. 권오승, "독점규제법은 경제질서의 기본법이다", 경쟁법연구 제23권(2011), 143면 이하 참조.

42) 헌법재판소 2002.7.18. 선고 2001헌마605.

43) 대법원 2015.11.19. 선고 2015두295 전원합의체 판결.

44) 예컨대, 미국의 연방거래위원회(Federal Trade Commission), 독일의 연방카르텔청(Bundeskartellamt), 일본의 公正取引委員會 등을 들 수 있다.

행을 활성화하기 위해 많은 노력을 기울이고 있다. 우리나라에서도 2004년 12월의 법 개정에서는 민사소송과 관련하여 공정위의 시정조치 전치주의를 삭제하는 한편 손해액 인정제도를 도입하였고, 2007년 8월의 법 개정에서는 한국공정거래조정원의 설립과 분쟁조정제도를 도입하였다. 그러나 우리나라에서 독점규제법 위반행위의 피해자들의 권리구제는 여전히 어려움이 많기 때문에 문제점으로 지적되고 있다.

■ **이 책에서 사용하는 법률의 약칭**

「독점규제 및 공정거래에 관한 법률」의 약칭과 관련하여 학계에서는 독점규제법이라고 부르는 경우가 많은 반면, 실무계나 일반인 사이에서는 공정거래법이라는 표현이 많이 사용된다. 정부가 정한 공식 약칭은 공정거래법이다. 그런데 이 법률의 규제대상은 독점과 경쟁제한행위 및 불공정거래행위 등인데 그 중심은 독점과 경쟁제한행위라고 할 수 있다. 그리고 거래의 공정성은 법률을 통해 직접적으로 달성하는 것이 용이하지 않고 오히려 이를 무리하게 추구할 경우 시장경제에 어긋나는 과도한 국가개입이 발생하는 부작용이 생길 수 있다. 이러한 측면에서 공정거래법이라는 표현은 동법의 약칭으로서 부적절한 측면이 있다. 시장지배와 경제력 남용의 방지라는 동법의 목적, 시장에서 경쟁을 유지하고 불공정한 거래가 발생하지 않는 거래환경을 조성한다는 동법의 취지, 외국에서 사용되는 경쟁법의 명칭[45] 등에 비추어 볼 때 독점규제법이라는 표현을 사용하는 것이 보다 적절해 보인다. 이러한 이유로 이 책에서는 기본적으로 독점규제법이라는 표현을 사용하기로 하되, 판례 인용 등 필요에 따라서 공정거래법이라는 약칭을 함께 사용한다.

Ⅱ. 목적 조항의 구조

일반적으로 경쟁법의 입법례를 살펴보면 별도의 목적 조항을 두는 경우와 그렇지 않은 경우로 나누어진다. 전자로는 우리나라, 일본, 중국 등이 있고, 후자로는 미국, EU, 독일 등이 있다. 우리 독점규제법 제1조는 "이 법은 사업자의 시장지배적 지위의 남용과 과도한 경제력의 집중을 방지하고, 부당한 공동행위 및 불공정거래행위를 규제하여 공정하고 자유로운 경쟁을 촉진함으로써, 창의적인 기업활동을 조성하고 소비자를 보호함과 아울러 국민경제의 균형 있는 발전을 도모함을 목적으로 한다."고 규정하고 있다(법 1조).[46]

45) 각국마다 경쟁법의 규정방식과 명칭은 조금씩 다르다. 미국에서는 셔먼법, FTC법 등 복수의 법률을 반트러스트법(antitrust law)이라고 통칭하고, EU에서는 경쟁법(competition law), 일본에서는 독점금지법, 독일에서는 경쟁제한방지법(Gesetz gegen Wettbewerbsbeschränkungen)이라고 한다.

46) 우리나라 독점규제법의 목적 조항은 일본 독점금지법 제1조의 목적 조항과 구조 및 내용 면에서 유사하다. 동법 제1조는 "이 법률은 사적 독점, 부당한 거래제한 및 불공정거래방법을 금지하고, 사업 지배력의 과도한 집중을 방지하며, 결합, 협정 등의 방법에 의한 생산, 판매, 가격, 기술 등의 부당한 제한 그 밖에 일체의 사업 활동의 부당한 구속을 배제함으로써, 공정하고 자유로운 경쟁을 촉진하여, 사업자의 창의를 발휘시키고

이 목적 조항의 구조를 살펴보면, 우선 동법이 사용하는 대표적인 규제 수단을 예시하고, 그 다음에 목적을 규정하고 있다. 그런데 목적 부분은 다시 직접적인 목적과 궁극적인 목적으로 나누어진다. 동법은 직접적으로는 공정하고 자유로운 경쟁의 촉진을 목적으로 하고 있으며, 이를 통하여 궁극적으로는 창의적인 기업활동의 조성, 소비자의 보호 및 국민경제의 균형있는 발전을 도모하고자 한다. 이 목적 조항의 구조를 도표로 나타내면 다음 [그림 1-1]과 같다.[47)]

[그림 1-1] 현행 독점규제법상 목적조항의 구조

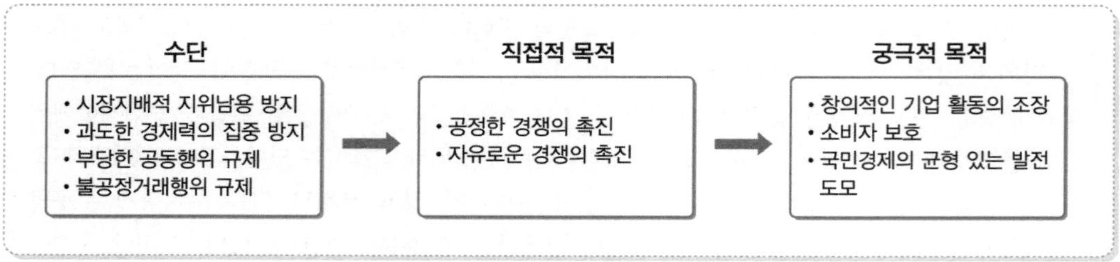

수단		직접적 목적		궁극적 목적
• 시장지배적 지위남용 방지 • 과도한 경제력의 집중 방지 • 부당한 공동행위 규제 • 불공정거래행위 규제	→	• 공정한 경쟁의 촉진 • 자유로운 경쟁의 촉진	→	• 창의적인 기업 활동의 조장 • 소비자 보호 • 국민경제의 균형 있는 발전 도모

■ **외국에서 경쟁법의 목적에 관한 논의**

우리 독점규제법과 달리 미국이나 EU, 독일 등의 경쟁법은 별도의 목적 조항을 두고 있지 않다. 이로 인해 이들 나라나 지역에서는 경쟁법의 목적이 무엇인지에 관한 여러 학문적 논의가 전개되었다. 예컨대, 1890년 통과된 미국 셔먼법에 대하여 ① 거대기업을 중심으로 사적 영역이 비대화됨에 따라 힘의 균형을 유지하기 위한 차원에서 입법되었다는 주장,[48)] ② 소비자들로부터 독점사업자들에게 부가 이전되는 것을 막기 위한 소득재분배가 목적이었다는 주장, ③ 중소기업이나 농민들과 같은 계층의 보호가 목적이라는 주장, ④ 경제적 효율성의 달성이 목적이라는 주장 등 다양한 시각이 제기되었다.[49)] 이 중에서 정치·사회적 분권화와 경제적 효율성을 모두 경쟁법의 목적으로 보는 하버드 학파(Harvard School)와 경제적 효율성만을 가지고 경쟁법의 목적을 설명하려는 시카고 학파(Chicago School)가 미국의 판례와 실무의 형성에 많은 영향을 미쳤다. 한편, EU의 경우에는 경쟁을 통한 소비자 후생의 증진 이외에 역

사업 활동을 번창하게 하여, 고용 및 국민 실소득의 수준을 높이고, 이로써 일반소비자의 이익을 확보함과 아울러 국민 경제의 민주적이고 건전한 발달을 촉진함을 목적으로 한다."고 규정되어 있다.

47) 신영수, "독점규제법의 목적에 관한 재고", 경북대 법학논고 제37집(2011), 372면.

48) United States v. Columbia Steel Co.(1948) 사건에서 4인의 소수의견은 "산업의 권력은 분산되어야 한다. 그것은 많은 사람들의 손에 흩어져서 사람들의 재산이 소수의 재력가들(a few self-appointed men)의 변덕, 정치적 편견, 정서적 안정에 의해 좌우되지 않도록 되어야 한다. 그들이 사악한 사람이 아니라 존경할 만하고 사회를 생각하는 사람이라는 사실은 무관하다. 이것이 바로 셔먼법의 철학이자 명령이다. 그것은 정부만 가져야 하는 큰 권력이 민간의 손에 집중되는 것에 반대하는 이론에 근거한 것이다."는 견해를 피력하였다.

49) E. Thomas Sullivan, The Political Economy of The Sherman Act: The First One Hundred Years, Oxford University Press(1991) 참조.

내 단일시장의 통합이 경쟁법의 중요한 목적 중 하나로 이해되고 있고, 이러한 이유로 회원국의 기업에 대한 보조금 지급도 규제의 대상이 된다.50) 이처럼 경쟁법의 목적은 각국이 처한 경제적 상황이나 시대적 배경에 따라서 조금씩 다르고 또 변화도 생기지만, 자유롭고 공정한 경쟁을 보호한다는 점은 대체로 공통된다.

Ⅲ. 규제의 대상

일의적 기준에 따라 승패가 결정되는 게임이나 운동경기의 닫힌 경쟁과는 달리, 시장의 경쟁은 다양한 전개 가능성을 내포하고 있는 열린 경쟁이다. 열린 경쟁을 어느 한 가지 특정한 형태로 정의할 경우에는 오히려 그것이 내포하는 다양한 가능성을 제한하고 그 의미를 축소할 우려가 있다. 따라서 독점규제법은 경쟁이 무엇인지를 적극적으로 정의하려고 노력하기보다는 오히려 소극적으로 경쟁제한적인 행위들을 정의하고 이를 규제하는 태도를 취하고 있다. 법 제1조는 시장지배적 지위의 남용, 과도한 경제력의 집중, 부당한 공동행위, 불공정거래행위의 4가지 대표적 규제대상을 언급하고 있다. 다만, 독점규제법은 그 외에도 기업결합의 제한, 재판매가격유지행위 및 특수관계인에 대한 부당한 이익제공의 금지, 사업자단체 행위 등에 관한 규제의 내용도 포함하고 있다. 따라서 위 규제 대상에 관한 부분은 예시적 규정으로서 동법의 주요한 규제수단을 소개하는 정도의 의미를 가진다고 할 수 있다. 다만, 과도한 경제력의 집중 방지의 경우에는 이를 단순히 규제수단에 머무르는 것으로 볼 것인지 아니면 독점규제법의 목적으로 파악하여야 할 것인지에 관해서 논의가 있는데, 뒤에서 살펴보는 것처럼 경제력 남용을 방지하는 것은 독점규제법의 목적이자 규제수단이라고 이해해야 할 것이다.

Ⅳ. 직접적인 목적

1. 자유롭고 공정한 경쟁

독점규제법은 자유롭고 공정한 경쟁51)의 촉진을 목적으로 한다. 우리나라 헌법상의 경제질서는 시장경제를 기본으로 하고 있다(헌법 119조). 그리고 시장경제가 수요와 공급을 조절하는 본래의 기능을 다하기 위해서는 개방된 시장(open market), 자유로운 경쟁(free competition)과 공정한 경쟁(fair competition)이라고 하는 시장경쟁의 3대원칙이 실

50) Richard Whish & David Bailey, Competition Law, Oxford(7th ed., 2011), pp. 23-24.

51) 법문에는 "공정하고 자유로운 경쟁"이라고 규정하고 있지만, 시장경제에 있어서 자유로운 경쟁은 공정한 경쟁의 토대로서 기능하기 때문에, 이 책에서는 자유롭고 공정한 경쟁이라고 서술하기로 한다.

현되어야 한다. 즉 자유롭고 공정한 경쟁이란 누구든지 참여할 수 있도록 개방되어 있는 시장에서, 사업자들이 아무런 제한 없이 자유롭게 경쟁할 수 있으며, 그 경쟁의 수단이나 방법은 품질과 가격을 중심으로 공정하게 이루어지는 것을 의미한다. 헌법재판소는 "국가경쟁정책은 시장지배적 지위의 남용방지, 기업결합의 제한, 부당한 공동행위의 제한 등을 통하여 시장경제가 제대로 기능하기 위한 전제조건으로서의 가격과 경쟁의 기능을 유지하고 촉진하려는 것"이라고 하였다.52) 이처럼 시장경제가 정상적으로 작동하기 위하여는 그 전제조건으로 자유롭고 공정한 경쟁이 제대로 이루어지고 있어야 하는데, 독점규제법은 이러한 경쟁이 제대로 작동하여 시장경제가 제대로 기능을 하도록 하는 법규범이라고 할 수 있다.53)

목적 조항이 자유롭고 공정한 경쟁을 '보호'하는 데에 그치지 않고, 한 걸음 더 나아가 적극적으로 이를 '촉진'하는 것을 목적으로 삼고 있는 것이 옳은지에 대하여 의문을 제기하는 견해도 있다.54) 촉진이라는 표현을 사용함으로써 자칫 특정한 경쟁의 모습을 추구하는 것으로 오인할 우려도 있고 또 촉진하려다가 오히려 경쟁을 저해할 우려도 있기 때문이다. 따라서 입법론으로는 경쟁의 '촉진'이라는 표현을 경쟁의 '보호'라는 표현으로 바꾸는 것이 바람직할 것이다.

2. 경제력집중의 방지

일반적으로 경제력의 집중(concentration of economic power)이라 함은 경제적 자원과 수단을 소유·지배할 수 있는 힘이 소수의 경제주체에게 집중되는 현상을 가리킨다. 이러한 경제력집중은 자원배분의 효율성을 저해할 뿐만 아니라 적정한 소득분배 또는 사회적 형평을 저해하고, 나아가 정치적·사회적 힘의 집중을 초래하여 정치적 민주화와 사회적 조화를 해칠 우려가 있다.

독점규제법 제1조는 과도한 경제력집중의 방지를 자유롭고 공정한 경쟁을 촉진하기 위한 수단 내지 방법의 하나로 규정하고 있기 때문에, 이를 문리적으로만 해석하면 경제력집중의 방지는 경쟁촉진의 수단이지 동법의 목적이 아니라고 할 수 있다. 따라서 우리나라의 대규모기업집단이 안고 있는 문제, 그 중에서도 특히 일반집중의 문제는 독점규제법의 목적과 범위를 벗어나는 것이 아닌가 하는 의문이 제기될 수도 있다. 그렇지만 우리나라 대규모 기업집단에 의한 경제력집중의 문제는 시장집중의 문제뿐만 아니라 일반집중, 사익편취 등 다양한 문제를 야기하고 있다. 특히, 우리나라에서는 소수의 기업집

52) 헌법재판소 2002.7.18. 선고 2001헌마605.

53) 미국 연방대법원은 United States v. Topco Associates(1972) 사건에서 "일반적으로 반트러스트법, 특히 셔먼법은 자유 기업의 마그나 카르타(Magna Carta)이다. 권리장전이 우리의 근본적인 개인 자유를 보호하는 것만큼이나 그것은 경제적 자유와 자유 기업 시스템의 보존에 중요하다."고 판시하였다.

54) 신영수, "독점규제법의 목적에 관한 재고", 경북대 법학논고 제37집(2011), 396면.

단, 즉 재벌에 경제력이 과도하게 집중되어 있기 때문에 이러한 문제는 더욱 심각하다고 할 수 있다. 또한 독점규제법의 헌법적 근거가 되는 헌법 제119조 제2항은 국가에 "경제력의 남용을 방지"할 권한과 책무를 부여하고 있다. 그리고 독점규제법은 소수의 기업집단에 의한 경제력집중을 억제하기 위한 직접적 규정을 두고 있다. 이와 같이 재벌 중심으로 운영되는 우리나라의 경제구조와 현실 및 경제력남용의 방지를 헌법적 가치로 인정하고 있는 우리나라의 규범체계에 비추어 볼 때, 경제력집중의 억제 역시 현행 독점규제법의 목적에 포함된다고 새기는 것이 타당할 것이다.[55] 그러나 입법론으로는 경제력 남용의 억제를 독점규제법의 목적으로 명시하거나 이를 위한 규제를 별도의 단행법으로 독립시키는 것이 바람직할 것이다.

V. 궁극적인 목적

1. 개　　요

독점규제법 제1조는 자유롭고 공정한 경쟁을 촉진함으로써, 창의적인 기업활동을 조성하고 소비자를 보호함과 아울러 국민경제의 균형있는 발전을 도모함을 목적으로 한다고 규정하고 있다. 따라서 이를 문리적으로 해석하면, 독점규제법은 자유롭고 공정한 경쟁의 촉진을 통한 창의적인 기업활동의 조성, 소비자보호 및 국민경제의 균형있는 발전에 궁극적 목적이 있는 것으로 이해될 수도 있다. 그러나 과연 위와 같은 가치들을 독점규제법의 궁극적인 목적으로 인정하는 것이 타당한지에 대해서는 의문이 제기되고 있다.

2. 창의적인 기업활동의 조성

자유롭고 공정한 경쟁이 이루어지게 되면, 사업자는 경쟁으로 인해 시장으로부터 도태되지 않도록 하기 위해 열심히 노력할 것이고, 그 결과 "창의적인 기업활동"이 조성되는 효과를 기대할 수 있을 것이다. 그러나 창의적인 기업활동의 조성이 독점규제법의 궁극적인 목적이라고 할 수 있는지에 대하여는 수긍하기 어려운 점이 있다. 왜냐하면 독점규제법이 직접적인 목적으로 하고 있는 자유롭고 공정한 경쟁이 유지되고 있으면, 사업자들은 그러한 경쟁에서 살아남고 또 승리하기 위해서 원가절감이나 기술개발 등과 같은 창의적인 기업활동을 전개하지 않을 수 없기 때문이다. 따라서 창의적인 기업활동의 조성은 시장에 자유롭고 공정한 경쟁이 유지되고 있으면 자연스럽게 실현되는 가치라고 이해하는 것이 바람직할 것이다.[56]

---

55) 사회 · 정치적 형평성 목적의 구체적 척도로서 과도한 경제력집중의 방지를 통한 소공급자의 보호 가치가 함께 인정된다는 견해로는 김두진(2020), 17-20면.

56) 시장경제 제도가 가지는 장점으로서는 창의적인 기업활동의 조성 이외에도, 산업의 발전, 고용의 증대 및

3. 소비자의 보호

시장경제에 있어서 소비자는 두 가지 지위를 가진다. 하나는 주권자(집단으로서의 소비자)이고, 다른 하나는 보호의 대상(개체로서의 소비자)이다. 일반적으로 소비자보호(consumer protection)라는 용어는 매우 다양한 의미로 사용되고 있기 때문에 이를 일의적으로 정의할 수는 없지만, 통상적으로는 소비자피해의 구제 또는 예방이라는 의미로 사용되고 있다.[57] 그런데 독점규제법이 소비자피해의 구제 또는 예방을 목적으로 하고 있다고 하기는 어렵기 때문에, 소비자보호를 동법의 궁극적 목적으로 규정하고 있는 것에 대해서는 의문이 제기될 수 있다.[58] 그러나 소비자보호라는 의미를 소비자후생(consumer welfare) 또는 소비자주권(consumer sovereignty)의 실현이라고 하는 의미로 이해할 수도 있다. 시장은 상품이나 서비스를 공급하는 사업자들과 그것을 구입하여 소비하는 소비자들로 구성된다. 사업자는 영리추구를 위하여 상품이나 서비스를 시장에 공급하고, 소비자는 자기의 욕망 충족을 위하여 시장에서 사업자들이 공급하는 상품이나 서비스를 구입하여 소비하게 된다. 따라서 사업자가 그 사업에서 성공을 거두려면 보다 많은 소비자들의 선택을 받아야 한다. 그리고 이를 위해서는 사업자가 소비자가 원하는 상품이나 서비스를 소비자가 원하는 가격이나 거래조건으로 공급하려고 노력하지 않으면 안 된다. 그러므로 사업자는 무엇을 얼마만큼 생산하여 어떠한 가격이나 거래조건으로 누구에게 얼마만큼 공급할 것인지를 소비자의 선택이나 결정에 따르게 되며, 그 사업의 성패도 결국 소비자의 선택에 따라 좌우된다. 그런데 이러한 소비자주권이 실현되기 위해서는 시장에 자유롭고 공정한 경쟁이 유지되고 있어야 하고, 소비자들은 충분한 정보를 가지고 합리적인 선택을 할 수 있어야 한다. 따라서 독점규제법은 소비자후생 또는 소비자주권이 실현될 수 있는 전제조건의 하나인 자유롭고 공정한 경쟁을 유지하기 위한 법률이라는 의미에서는 소비자(보호)법으로서의 기능도 담당하고 있다고 할 수 있다.

4. 국민경제의 균형있는 발전

국민경제가 균형있게 발전하기 위해서는 산업간, 지역간, 기업간에 불균형이 발생하지 않아야 한다. 그런데 독점규제법은 자유롭고 공정한 경쟁의 유지·촉진을 통하여 자원배

국민의 실질적인 소득수준의 향상 등이 있다.

57) 소비자법 영역에 속하는 법률에서 규정하는 소비자 보호란 약관을 이용한 계약이나 방문판매, 전자상거래 등 개별적인 거래관계에서 발생하는 소비자 피해를 사전예방 또는 사후구제하기 위한 것이다. 이때의 소비자 보호란 유효경쟁이 이루어지고 있는 경우에도 판매방식의 특성이나 정보의 비대칭성, 소비자의 구조적 열위로 인하여 야기될 수밖에 없는 소비자피해를 해소한다는 의미로 이해할 수 있다. 이봉의·전종익, "독점규제법 제3조의2 제1항 제5호 후단 소비자이익 저해행위 금지의 위헌성 판단: 명확성의 원칙을 중심으로", 법학 제49권 제3호(2008), 264면.

58) 박세일(1995), 542면 참조.

분의 효율성을 제고하려는 제도이기 때문에, 동법이 실효성을 확보하게 되면 경쟁력이 있는 기업은 더욱 번창하고 그렇지 못한 기업은 자연히 도태하는 결과가 발생할 수 밖에 없다. 이것은 산업이나 지역의 경우에도 마찬가지이다. 따라서 국가가 국민경제의 균형있는 발전을 도모하기 위해서는 자유롭고 공정한 경쟁을 유지하는 것만으로는 부족하고, 효율성이 떨어지거나 약한 산업(예컨대 유치산업이나 사양산업) 또는 경쟁력이 없거나 약한 기업(중소기업)도 경우에 따라서는 적극적으로 보호·육성할 필요가 있다. 그런데 이러한 조치들은 대체로 경쟁제한적인 성격을 띠는 산업규제법이나 중소기업보호법을 통하여 실현되는데, 이들은 독점규제법이 추구하는 목적에 위배되거나[59] 충돌될 가능성이 있기 때문에 양자 간의 조화나 조정이 필요하게 된다. 이러한 관점에서 보면, 국민경제의 균형있는 발전은 독점규제법의 궁극적인 목적이라고 하기보다는 오히려 경쟁정책을 포함하는 넓은 의미의 경제정책의 궁극적인 목표로서 독점규제법의 집행이 머물러야 할 한계라고 하는 것이 타당할 것이다.[60]

Ⅵ. 직접적 목적과 궁극적 목적의 관계

1. 문제의 소재

목적 조항과 관련하여 독점규제법의 직접적 목적(자유롭고 공정한 경쟁)과 궁극적 목적(창의적인 기업활동의 조성, 소비자 보호, 국민경제의 균형 있는 발전) 사이에 충돌이 생기는 경우에 양자의 우선순위는 어떻게 되는가 하는 문제가 제기된다. 이는 어떤 경쟁제한행위의 결과가 소비자 보호 내지 국민경제의 균형있는 발전에 부합한다고 볼 여지가 있는 경우에 독점규제법 차원에서 그 행위를 어떻게 평가할 것인가 하는 문제와 연결된다. 예컨대, 중소기업들이 가격인상 합의를 하는 경우에 그것이 경쟁을 제한하지만 대기업에 비하여 열등한 지위에 놓여 있는 중소기업들의 이익을 보장함으로써 국민경제의 균형있는 발전에 부합한다고 볼 여지는 없는가 하는 것이다.

2. 학설의 논의와 판례의 태도

이에 대하여 학설 중에는 궁극적 목적이 우선하여야 한다는 견해[61]도 있으나, 다수설

---

59) 헌법재판소 1996.12.26. 선고 96헌가18(주세법 제38조의7 등에 대한 위헌제청). "헌법 제119조 제2항은 독과점규제라는 경제정책적 목표를 개인의 경제적 자유를 제한할 수 있는 정당한 공익의 하나로 명문화하고 있다. 독과점규제의 목적이 경쟁의 회복에 있다면 이 목적을 실현하는 수단 또한 자유롭고 공정한 경쟁을 가능하게 하는 방법이어야 한다. 그러나 주세법의 구입명령제도는 전국적으로 자유경쟁을 배제한 채 지역할거주의로 자리잡게 되고 그로써 지역 독과점현상의 고착화를 초래하므로, 독과점규제란 공익을 달성하기에 적정한 조치로 보기 어렵다."

60) 이와 달리, 국민경제의 균형있는 발전만이 사실상 독점규제법의 궁극적 목적이며, 창의적인 기업활동의 조성이나 소비자보호는 이를 보다 구체적으로 표현한 것에 지나지 않는다는 견해도 있다. 양명조(2014), 68면.

은 직접적 목적이 우선하여야 한다고 본다.[62] 헌법재판소 역시 "중소기업의 보호는 원칙적으로 경쟁질서의 범주 내에서 경쟁질서의 확립을 통하여 이루어져야 한다."는 대전제에서 "중소기업육성이라는 공익은 경쟁질서의 테두리 안에서 실현해야 한다는 것은 독점규제법도 간접적으로 표현하고 있다."고 판시하였다.[63] 또한, 헌법재판소는 같은 결정에서 "중소기업 또한 대기업과 마찬가지로 경쟁에서 능력을 인정받고 시장에서의 자신의 위치를 관철해야 한다. 단지 대기업 및 재벌기업과의 경쟁에서 중소기업이 불리하다면, 불리한 경쟁조건을 완화하고 되도록이면 균등한 경쟁조건을 형성하는 수단을 통하여 조정함이 마땅하다."고 판시하였다.[64] 이는 자유경쟁질서의 유지가 우선이며, 중소기업의 보호라는 공익 또한 자유경쟁질서 안에서 발생하는 중소기업의 불리함을 국가의 지원으로 보완하여 바람직한 경쟁을 유지하고 촉진시켜야 한다는 시각이다.

반면, 법원은 몇몇 예외적 사례에서 경쟁제한성이 인정되는 행위임에도 불구하고 독점규제법 제1조 목적 조항의 궁극적 목적을 원용하여 경쟁제한행위의 위법성을 부정하는 경우가 있었다. 예컨대, 법원은 가격 공동결정행위로 일정한 거래분야의 경쟁이 제한되는 결과가 초래되었더라도 법 제40조 제2항 각 호에 정해진 목적 등에 이바지하는 효과가 상당히 커서 소비자를 보호함과 아울러 국민경제의 균형있는 발전을 도모한다는 법의 궁극적인 목적에 실질적으로 반하지 않는다고 인정되는 예외적인 경우에는 부당하지 아니하다고 판단하였다.[65] 그러나 위 판결에 대해서는 법 제40조 제2항의 예외 요건 이외에 이른바 불문의 예외를 인정하는 것과 결과적으로 다름이 없고, 그 판단기준조차 모호한 궁극적 목적을 이유로 부당성을 부인하는 것은 법률에 명시된 금지 및 예외 요건의 존재의의를 상실케 하는 위험한 해석론이라는 비판이 있다.[66]

3. 검 토

목적 조항의 궁극적 목적을 근거로 경쟁제한행위의 위법성을 부정하는 법원의 태도는 타당하지 않다. 우선, 법원의 판례는 목적 조항인 법 제1조의 구조에 반한다는 비판을 피하기 어렵다. 동조에 따르면, 소비자 보호 내지 국민경제의 균형있는 발전 등 궁극적 목

61) 이건호, "카르텔법의 역할에 따른 공정거래법의 목적이해", 경제법연구 제6권 제1호(2007), 39면.

62) 이봉의, "공정거래법의 목적과 경쟁제한행위의 위법성", 경제법판례연구 제1권(2004), 15-19면; 이기종, "공정거래법의 목적", 비교사법 제14권 제3호(하)(2007), 1091면.

63) 헌법재판소 1996.12.26. 선고 96헌가18. 헌법재판소는 능력에 의한 경쟁을 원칙으로 하는 독점규제법에서는, 단지 중소기업의 경쟁력향상을 위한 경우에 한하여 공동행위와 사업자단체의 경쟁제한행위를 예외적으로 허용할 뿐, 중소기업을 경쟁으로부터 직접 보호하는 지원조치는 이를 찾아볼 수 없다고 지적한다.

64) 헌법재판소 1996.12.26. 선고 96헌가18.

65) 대법원 2008.12.24. 선고 2007두19584 판결. 같은 취지의 판결로 대법원 2005.8.19. 선고 2003두9251 판결; 대법원 2005.9.9. 선고 2003두11841 판결. 한편, 구법 제19조 제2항은 공정위의 인가에 관한 규정인데, 해당 사안은 모두 사업자가 위 조항에 따른 공정위의 인가를 받지 않은 사례이기 때문에 구법 제19조 제2항이 직접 적용되지는 않았다.

66) 이봉의, "독점규제법의 목적과 경쟁제한행위의 위법성", 공정거래법 판례선집(2011), 17-18면.

적은 1차적으로 자유롭고 공정한 경쟁이라는 직접적 목적을 통하여 달성될 수 있는 것이다. 따라서 목적 조항이 의도하는 바는 자유롭고 공정한 경쟁을 통한 궁극적 목적의 달성에 있고, 경쟁의 제한을 통한 궁극적 목적의 달성은 아니라고 할 것이다. 따라서 직접적 목적에 반하는 경쟁제한행위라도 궁극적 목적에 부합하면 적법할 수 있다는 논리전개는 목적 조항에 나타난 입법자의 의사에 반한다고 할 것이다. 또한, 소비자보호 내지 국민경제의 균형있는 발전과 같은 궁극적 목적은 그 외연이 매우 넓고 포괄적이어서 적절한 위법성의 판단기준이 되기 어렵다. 개별 구체적 사안에서는 위법성 판단 시 정당화 사유를 고려하는 과정이 마련되어 있고, 궁극적 목적이 지향하는 가치는 심사과정에서 정당화 사유의 요소로서 고려될 수 있기 때문에 굳이 법 제1조의 궁극적 목적을 근거로 위법성을 조각하는 것은 바람직하지 않다.

물론, 독점규제법의 직접적 목적과 궁극적 목적이 상충되는 경우도 있으며, 국가의 경제정책상 전자보다 후자를 우선해야 할 경우를 완전히 배제할 수는 없을 것이다. 그런데 경쟁정책은 헌법상 기본질서의 형성과 관련되는 것이기 때문에, 다른 경제정책에 대하여 규범적 우월성이 인정된다. 따라서 만일 헌법이 기본원칙으로 삼는 시장경제질서를 희생하면서까지 달성할 필요가 있는 가치라면, 이를 별도의 구체적 입법조치를 통해 시장경제질서의 예외로 허용하는 것이 타당할 것이다. 따라서 이러한 구체적 입법근거가 없는 경우까지 만연히 다의적이고 포괄적인 독점규제법의 궁극적 목적 조항에 의존하여 시장경제질서에 반하는 경쟁제한행위의 위법성을 부정하는 것은 지양할 필요가 있다. 요컨대 독점규제법 제1조에 동법의 궁극적 목적으로 규정되어 있는 내용들은 실상 법의 궁극적 목적이라고 하기에는 적합하지 않은 것들이다. 그런데 법 규정들을 해석·적용하는 데에 중요한 기준이 되는 법의 목적규정에 이러한 내용들이 포함되어 있게 되면, 법의 해석과 적용에 혼란이 발생할 우려가 있다. 따라서 이러한 문제점을 근본적으로 해결하기 위해서는 제1조의 목적규정 중에서 궁극적 목적에 해당되는 부분을 삭제하는 것이 바람직할 것이다.

제2장

독점규제법의 연혁

Ⅰ. 개　요

우리나라에서 독과점을 규제하는 법률을 제정하기 위한 입법의 노력이 최초로 시작된 것은 1963년 9월이었으며, 1975년에 「물가안정 및 공정거래에 관한 법률」이 제정될 때까지 국회에 제출된 법률안은 모두 3개였다. 1963년에 이른바 '삼분폭리사건(三粉暴利事件)'으로 독과점의 폐해에 대한 사회적 비난이 고조되기 시작하자, 같은 해 9월에 정부는 「공정거래법초안」을 마련하였으나, 이른바 성장우선론에 밀려 국회에 제출하지도 못하였다. 1966년에는 개발인플레이션으로 인하여 물가가 불안해지자, 정부는 이에 대한 대응책으로 「공정거래법안」을 마련하여 국회에 제출하였으나 뜻을 이루지 못하였다. 그리고 1967년에는 거의 동일한 법안을 다시 국회에 다시 제출하였으나 이른바 시기상조론(時機尙早論)에 밀려서 폐기되고 말았다. 그 후 1968년에 신진자동차(주)의 코로나승용차 밀수폭리설로 인하여 독과점의 폐해를 규제할 필요성이 다시 제기되기 시작하자, 정부는 1969년에 다시 「독점규제법안」을 마련하여 국회에 제출하였으나 7대 국회의 회기만료로 인하여 자동 폐기되었다. 그리고 1971년에는 정부가 국제통화체제의 불안 등 세계경제여건의 혼란에 따른 물가상승에 대처하기 위하여, 종래의 법안을 수정·보완한 「공정거래법안」을 다시 국회에 제출하였으나, 10·17선언에 의한 국회의 해산으로 인하여 유산되고 말았다.

한편, 1972년 말부터 시작된 제1차 '오일 쇼크'로 인하여 물가상승이 더욱 심각해지자, 정부는 물가안정을 경제정책의 최우선 과제로 삼게 되었으며, 당시 물가상승을 주도하고 있는 주범이 독과점기업이라는 판단 아래 독과점기업의 가격남용행위와 기타의 경쟁제한행위를 규제하기 위한 법률을 제정하고자 하였다. 이에 1975년에는 당시 시행되고 있던 「물가안정에 관한 법률」에다가 「공정거래법안」의 일부 조항을 첨가하여 「물가안정 및 공정거래에 관한 법률안」을 국회에 제출하였으며, 이 법률안이 국회를 통과하여 1976년 3월 15일부터 시행되었다. 그런데 이 법률은 물가안정이라고 하는 단기적인 과제와 공정한 거래질서의 확립이라고 하는 장기적인 과제를 하나의 법률에 포섭하고 있으면서,

그 실제운용에 있어서는 주로 단기적인 과제인 물가안정에 역점을 두고 있었기 때문에 공정거래는 물가안정을 위한 수단 정도로 인식되었다.

그러다가 1970년대 말부터는 인플레 심리의 만연, 시장기능의 왜곡, 독과점의 심화 등과 같은 정부주도형 경제성장정책의 부작용이 하나씩 드러나기 시작하였다. 이에 정부는 경제운용의 기본방식을 정부주도에서 민간주도로 바꾸고, 시장기능을 회복하여 기업활동의 자유와 창의성을 보장하고, 자원배분의 효율성과 소득분배의 공정화를 실현하기 위하여, 1980년 말에 「독점규제 및 공정거래에 관한 법률」을 제정하여 1981년 4월 1일부터 시행하게 되었다. 이로써 우리나라에서도 드디어 경제질서의 기본법인 독점규제법이 탄생하게 되었다.

독점규제법은 그 후 여러 차례의 개정을 거쳐서 오늘에 이르고 있다. 그런데 그동안 공정위가 동법을 집행해 온 과정을 돌이켜 보면, 공정위는 동법의 시행 초기에는 불공정거래행위와 부당한 공동행위 등과 같은 거래행태를 규율하는데 치중해 오다가, 1990년대 중반 이후에는 재벌에 의한 경제력집중의 억제와 하도급거래의 공정화에 주력해 왔으며, 특히 1997년 IMF 외환위기 이후에는 기업의 구조조정이 활발하게 전개됨에 따라 기업결합의 규제에도 관심을 가지게 되었고, 2006년 이후에는 시장지배적 사업자의 지위남용과 독과점적 시장구조의 개선에도 관심을 가지게 되었다. 그 결과, 동법은 불공정거래행위와 부당한 공동행위를 금지함으로써 경쟁제한적인 행태를 개선하고 공정한 거래질서를 확립하는 데에는 상당한 기여를 하였다는 평가를 받고 있지만, 시장지배적 지위의 남용금지와 경제력집중의 억제 등을 통하여 독과점적인 시장구조를 경쟁적인 시장구조로 개선하고 과도한 경제력집중을 억제함으로써 자유로운 경쟁질서를 확립하는 데에는 큰 기여를 하지 못하였다는 평가를 받고 있다.

Ⅱ. 독점규제법의 제정 전

1. 1966년의 공정거래법안

우리나라에서 공정거래법의 제정을 위한 노력이 최초로 제기된 것은 1963년이었다. 1960년대에 들어와서 정부가 경제개발 5개년계획을 추진하면서 독과점의 문제가 국민들의 관심을 끌기 시작하였다. 특히 1963년에 발생한 이른바 "삼분폭리사건(三粉暴利事件)"을 계기로 하여 독과점의 문제가 사회문제의 하나로 대두되었다. 그 결과, 1963년 9월부터 바야흐로 공정거래법의 제정에 관한 논의가 시작되었다. 그 후 경제기획원에서는 소비자보호와 물가억제 및 거래전반에 관한 부당한 제한 등을 규제하기 위하여 오랫동안 그 방안을 모색해 오다가, 1964년 3월 10일 당시 서울대학교 상과대학의 「한국경제문제연구소」에 공정거래제도에 관한 연구를 위촉하였는데, 동 연구소는 주로 네덜란드의 「경제경쟁법」을 참고로 하여 이른바 공정거래법 시안을 작성・보고하였다. 동 보고서를 접수한 경제기획원은 「공정거래법기초위원회」를 구성하여 토의를 거듭한 끝에, 전문 29개조로 된 제1차 시안을 마련하였다. 동 시안의 입법취지는 다음과 같은 것이었다. 즉, 우리나라의 독점 또는 과점기업의 생산품가격은 좀처럼 내리지는 않고 계속 오르기만 하는 경향이 뚜렷하여 관리가격 또는 카르텔 가격에 의한 부당한 독점이윤을 취득하고 있는 한편, 독점기업들은 이러한 독점이윤을 유지하기 위하여 적극적으로 유통시장에 개입해서 스스로 재판매가격을 설정하여 시장을 광범위하게 지배하고 있었다. 그리고 대부분의 독점기업은 상업자본적 성질을 가지고 있었기 때문에, 기업을 장기적인 전망을 가지고 운영하기보다는 거래과정에서 발생하는 상업이윤에 더욱 민감하여, 독점을 확대하거나 경쟁제한 등의 방법에 의한 시장지배를 기도하고 있었다. 그러나 이와 같은 독점과 경쟁제한은 다른 기업의 활동, 특히 중소기업의 발전을 저해할 뿐만 아니라 소비자에게 부당한 부담을 전가하게 된다. 이에 정부는 「물가조절에 관한 임시조치법」과 같은 직접적인 통제수단을 동원하는 것보다는 공정하고 자유로운 경쟁과 거래를 조장하는 것이 자유경제체제를 보다 충실히 구현하는 것이 된다는 판단 아래, 부당한 가격과 거래제한행위에 대하여 공적인 규제를 가함으로써 자유로운 경쟁을 확보하여, 국민전체의 복지향상과 국민경제의 건전한 발전에 기여하기 위하여 이 법을 제정하기로 하였다.

이와 같은 입법취지에 따라 성안된 동 시안의 주요골자는 다음과 같았다. 즉, ① 폐해규제주의에 입각하여 부당한 가격 및 거래조건을 규제하기 위하여, 경제기획원장관 소속하에 권한의 독립성을 가진 공정위를 설치하고, ② 거래에 실질적인 영향을 미치는 사업자 또는 사업자단체의 협정 또는 공동행위의 결정을 신고하게 하며, 신고된 사항이 부당한 가격 또는 거래조건에 해당된다고 인정될 때에는, ⓐ 1차적으로 교섭에 의하여 이러한 상태를 배제하기 위하여 노력하고, ⓑ 교섭에 의하여 배제할 수 없을 때에는 유지명령(留止命令)을 발할 수 있고, ③ 공정위의 결정에 대하여 불복이 있을 때에는 서울고법에 불복의 소를 제기할 수 있으며, 또 대법원에 상고할 수도 있다. 그러나 이들 불복의 소나 상고의 제기는 공정위의 결정의 효력을 정지시키지는 않으며, ④ 이 법의 규정에 위반한 자는 1년 이하의 징역 또는 벌금형에 처하고, ⑤ 동법 위반에 의하여 얻은 이익은 판결에 의하여 국고에 환수하도록 규정하였다.[1]

그러나 동 시안은 법안내용의 잘잘못을 따지기에 앞서, 그 필요성 여부에 대하여 찬반양론이 갈리게 되었는데,[2] 당시에는 우리나라의 경제사정이 기업의 육성과 자본형성을 위하여 소비자의 희생이 불가피하고, 상업자본의 비대와 유통시장의 지배가 요구되는 경

1) 김성두, 재벌과 빈곤, 백경문화사(1965), 190-191면.
2) 위의 책, 183-189면 참조.

제발전의 한 과도기에 놓여 있다고 보는 입장이 우세하였으며, 따라서 독점이윤을 조장함으로써 기업인의 투자의욕을 자극하고 이윤추구의 극대화를 뒷받침해 주는 정책을 펴서 자본축적을 쉽게 그리고 빨리 할 수 있도록 해야 한다는 반대론이 우세하여 동법의 제정을 위한 노력은 중단되고 말았다.

그 후 1966년 경제기획원은 이를 보완하여, 경제활동에 있어 '공정하고 자유로운 경쟁'을 확립하여, 일반소비자의 이익을 보호함과 아울러 사업자의 기업활동을 촉진시킬 목적으로 전문 44개조의 「공정거래법안」을 성안하여 공표하였다. 그 주요골자는 ① 경쟁제한을 내용으로 하는 계약, 즉 카르텔행위를 금지하고, ② 시장지배적 지위의 남용을 금지하며, ③ 이러한 금지에 해당하는지의 여부를 심사하는 기관으로서 공정위를 설치하는 것이었다. 그런데 업계에서는 동 법안이 너무 광범위한 기업통제를 목적으로 하고 있으며, 광범위한 사업규제조치로 인하여 기업활동이 저해될 우려가 있다는 이유로 동법의 제정을 반대하였다.[3] 따라서 이 법안은 국회에 제출되기는 하였으나 심의 · 제정에는 이르지 못하였다.[4]

2. 1969년의 독점규제법안

1968년 국정감사에서 드러난 신진자동차공업 주식회사의 폭리문제를 계기로 하여, 정부는 동년 11월 25일 차관회의에 「소비자보호요강안(消費者保護要綱案)」을 상정하였는데, 이는 법률을 제정하지 않고 정부지침으로 대신해 보려고 한 것이었다. 소비자보호요강안에 열거된 정부의 권한에 관한 주요골자는 다음과 같았다. 정부는 ① 소비자보호조치를 위한 연차보고를 매년 국무회의에 제출하고, ② 부당한 가격과 상품유통의 저해 및 일정한 한도 이상의 시장지배력을 가진 독과점기업의 부당행위를 규제하며, ③ 정찰제를 실시하도록 독려하고, ④ 상품의 검사제도를 정비 · 확충하며, ⑤ 소비자단체의 육성을 강화하도록 하였다. 나아가 정부는 소비자보호를 위한 종합시책으로서 다음과 같은 사항을 관장토록 하고 있었다. ⓐ 상품 및 용역에 의한 소비자의 생명과 신체 및 재산에 대한 위해방지, ⓑ 상품과 용역의 계량상 불이익의 제거, ⓒ 상품 및 용역의 가격과 품질 및 규격에 관한 사항, ⓓ 공정거래 및 부당이익 방지에 관한 사항, ⓔ 소비자의 자조노력 보조와 정부시책에 대한 소비자의 의견반영 등이었다.[5]

그리고 같은 해 11월 27일에 경제기획원에서는 독과점규제법의 성안이 완료되었음을 공포하였으며, 12월 19일에는 전문 29개조 및 부칙 3항으로 된 「독점규제법시안」을 공표하였다.[6] 이는 카르텔을 원칙적으로 금지하는 태도를 취하고 있는 공정거래법안(1966

3) 강민주, "공정거래법안에 문제점이 많다", 법전월보 통권 제23호(1966.6), 10-11면 참조.
4) 권태준, "공정거래법안의 분석 평가", 정경연구 제3권 제10호(1967.10), 204면 이하 참조.
5) 김철수, 헌법학연구, 지학사(1969), 375면 참조.
6) 이는 당시 법제처 배기민 법제관에 의하여 서독의 「경쟁제한방지법」을 참고로 하여 작성된 것이다. 김부남,

년)과는 달리, 독과점 그 자체는 규제하지 않고 독과점에서 발생하는 폐해만을 규제하려는 것으로서, 그 주요골자는 다음과 같았다. ① 남용방지주의에 입각하여 제품의 값이 비쌀 때에 한하여 그 폐해만을 규제하며, ② 규제대상인 과점사업의 범위를 기업(사업자)의 수가 5 이하, 또는 사업자의 수가 6 이상인 경우에는 한 사업자가 동종의 상품 또는 용역에 대한 국내 총생산능력의 100분의 20 이상을 점유하는 사업으로 하고, ③ 이상과 같은 사업자의 카르텔행위가 공익에 반하여 경쟁을 실질적으로 제한하는 경우에는 독점규제위원회의 심의를 거쳐 이 카르텔행위에 대한 시정명령권을 경제기획원장관에게 부여하며, ④ 사업자는 정부의 가격시정명령에 대하여 고등법원에 제소할 수 있는 권한을 가지고, ⑤ 독과점업체는 상품 및 용역의 판매가격과 원가·생산·거래조건 및 판매조직 등을 경제기획원장관에게 신고하여야 하며, ⑥ 독점사업자가 할 수 없는 행위의 유형을 정하고, ⑦ 경제기획원장관은 위반행위의 유지, 위법한 방법으로 체결된 계약의 일부 또는 전부의 무효화 및 가격 또는 거래조건의 지정 등의 시정명령을 발할 수 있으며, ⑧ 판매상품에 대한 가격표시제를 채택하였으며, ⑨ 경제기획원장관에게 독과점 및 카르텔행위에 대한 조사를 실시할 수 있는 강제처분권을 주고, ⑩ 독점규제위원회는 경제기획원 소속하에 두도록 한 것이었다.

이와 같은 독점규제법시안에 대하여 1969년 2월 10일 경제기획원은 공청회를 개최하고 법제처의 검토를 거쳐서, 4월 8일 정부는 전문 22조 및 부칙으로 구성된 「독점규제법안」을 국무회의에 상정하고 법안을 확정하여 국회에 제출하였다. 여기서 원안과 달라진 점은 원안에서는 독점사업자를 제2조 제2항 각 호에 해당하는 사업자로서 대통령이 지정하는 업체라고 하였는데, 이를 독점사업을 영위하는 자 중에서 경제기획원장관이 확인·공고하는 자로 규정한 점이었다. 이에 야당인 신민당은 정부안과는 별도의 대안으로서, 전문 32조 및 부칙으로 된 「독점규제법안」을 국회에 제출하였다. 이 안의 주요골자는 ① 규제대상인 독점사업의 범위를 정부안의 시장점유율(100분의 20)보다 높여서 100분의 30 이상으로 하여 그 범위를 축소하고, ② 독점규제위원회를 국무총리 소속하에 두고 그 구성에 있어서 국회의원도 그 위원으로 하며, ③ 독점규제위원회의 권한을 보다 강화한 점 등이었다. 이러한 독점규제법안을 중심으로 각계에서 활발한 논의가 전개되었는데, 그 내용을 살펴보면 대체로 관계·학계와 소비자 측에서는 이에 찬성하고 업계에서는 반대하였다. 그러나 이 법안도 7대 국회에서 심의를 하지 못하고 회기종료로 인하여 자동 폐기되었다.

독과점규제정책에 관한 연구, 서울대학교 석사학위논문(1972), 51면.

3. 1971년의 공정거래법안

독점 및 부당한 거래제한에 관한 법률을 제정하기 위한 노력과 시비는 1971년에 다시 시작되어서, 경제기획원은 같은 해 9월 10일 전문 30개조의 「공정거래법안」을 성안·공표하기에 이르렀고, 동 법안은 같은 해 10월 15일 제73차 국무회의를 통과하여 국회에 제출되었다. 이 법안은 기업의 독점 및 경쟁제한행위의 폐단을 방지하고 불공정한 거래를 제거하여, 기업경영의 합리화와 소비자보호를 실현하기 위한 것이었다. 독과점의 규제에 대하여 1966년의 공정거래법안이 원인규제주의를, 1969년의 독점규제법안이 폐해규제주의를 취했으나, 이 법안은 공식적으로는 원인 및 폐해규제주의의 절충형을 취했다고 설명하지만, 사실은 폐해규제주의로 일관하고 있었다. 즉, 이 법안은 독점사업자를 "대통령령이 정하는 바에 따라 경제기획원장관이 공정위의 심의를 거쳐 지정한 업체"라고 규정하여 일단 독과점을 용인한 점과 카르텔 등 경쟁제한행위를 등록케 함으로써 이를 인정하고 있는 점 등이 바로 폐해규제주의의 표현이라고 할 수 있다. 그리고 이 법안은 금지행위에 관하여 열거주의를 채택하고 있는 점이 종전의 법안과 다른 점이라고 할 수 있다.

동 법안의 주요내용으로서는 ① 독점사업에 관하여 ⓐ 3인 이하의 사업자, ⓑ 공급에 있어서 100분의 30 이상의 시장점유율, ⓒ 경제적 지위가 현저히 우월하여 실질적 경쟁이 제한될 우려가 있는 사업 중에서, 경제기획원장관이 공정위의 심의를 거쳐 지정한 것에 한하며, ② 지정된 독점사업자는 원가, 판매, 조직 등에 관한 독점사업의 내용을 신고해야 할 의무를 지는 한편, ③ 부당한 가격의 결정 또는 유지, 부당한 생산 및 출고조절 등의 행위를 금지하고 있으며, ④ 이러한 금지행위를 위반한 사업자에 대하여 경제기획원장관은 공정위의 심의를 거쳐 시정명령, 무효선언 등 적절한 조처를 할 수 있고, ⑤ 이러한 업무의 집행을 위하여 공정위를 설치하도록 되어 있었는데, 위원의 구성에 있어서는 당연직 규정을 두지 않음으로써, 극단적인 경우에는 위원장 이하 위원 전원을 민간대표로 구성할 수도 있게 한 점이 그 특색이라고 할 수 있다. 그러나 위원의 구성에 있어서 당연직 규정을 두지 않은 것이 반대로 관제 위원회적인 색채를 더하는 원인을 제공할 가능성도 있었다. 그런데 이 법안도 이른바 10.17선언에 의한 국회의 해산으로 유산되고 말았다.

4. 물가안정 및 공정거래에 관한 법률

공정거래법을 제정해야 할 필요성에 대하여 학계·관계·소비자측에서는 대체로 이를 지지하는 데 반하여, 대기업을 중심으로 한 업계에서는 반대함으로써, 전술한 바와 같이 여러 차례의 입법을 위한 시도가 있었으나 뜻을 이루지 못하였다. 그런데 1975년 12월 31일에는 오일쇼크로 인하여 발생한 물가상승을 막기 위한 「물가안정 및 공정거래에 관한 법률」이 제정·공포되어, 1976년 3월 15일부터 시행되었다. 동법에는 독과점사업자에 대한 가격규제, 불공정거래행위의 금지 및 경쟁제한행위의 금지 등과 같은 공정거래에 관한 규정들이 포함되어 있었다. 그리고 1976년 3월 29일에는 동법 제5조 제4항의 규정에 의한 「독과점사업 및 독과점사업자의 범위와 기준에 관한 규정」이 제정·공포됨으로써, 물가안정 및 공정거래에 관한 법률과 그 부속법령에 관한 일련의 법령 제정 작업이 완비되었다.

동법은 본문 32개조와 부칙 4개조로 구성되어 있었는데, 그 주요골자는 다음과 같았다. 우선 물가안정에 관한 것으로는 ① 긴요물품의 가격 등에 대한 최고가격의 지정, ② 가격표시, ③ 공공요금에 대한 규제, ④ 독과점가격의 신고, ⑤ 긴급수급조정조치 등을 규정하고 있었고, 공정거래에 관한 것으로는 ① 독과점사업자에 대한 가격규제, ② 불공정거래행위의 금지, ③ 경쟁제한행위의 금지 등을 규정하고 있었다.

이 법은 미국과 유럽 및 일본의 독점금지법을 참고로 하여 제정된 것이지만, 그 입법정신이나 목적에는 상당한 차이가 있었다. 즉, 미국의 독점금지법은 자본주의의 발달에 따른 기업집중과 그 독과점의 폐단을 제거하고 공정한 거래질서를 확립함으로써 자유경쟁체제를 함양하는 것을 목표로 하고 있고, 독일의 경쟁제한방지법은 독과점을 원인적으로 규제하기보다는 그 경제적 폐해만을 소극적으로 배제하고 있으며, 일본의 독점금지법은 미국식 법체계를 이식한 것이지만, 집중에 대한 태도는 근본적으로 독일의 법과 유사하였으며, 그 후 급성장정책을 실현한다는 명목 하에 크게 변형되어 왔다. 그런데 우리나라의 물가안정 및 공정거래법은 과거 포괄적인 산업규제법이 제정되지 않은 상태에서 대기업에 대한 집중적인 지원을 통하여 고도성장을 추진해 오던 중, 경제가 비교적 자립적 구조 위에 올라서게 되자 독과점의 폐해를 시정하기 위하여 도입된 것으로서, 특히 단기적인 물가안정에 역점을 두고 있었다. 즉, 외국의 독점금지법은 각국의 구체적인 사정에 따라 그 내용이 서로 다르기는 하지만, 어느 것이나 자본주의의 시장구조를 개선하려는 것인 반면에, 우리나라의 물가안정 및 공정거래법은 시장구조의 개선보다는 시장행태의 개선을 목적으로 하고 있어서 본원적인 효과가 적었다고 할 수 있다.[7)]

Ⅲ. 독점규제법의 제정과 개정

1. 독점규제법의 제정

정부주도형 경제성장정책은 경제규모가 작고 해외 경제여건이 비교적 안정적이었던 1970년대 초반까지는 상당히 큰 성과를 거두었으나, 그 이후에는 경제규모가 확대되고

7) 이규억, 시장구조와 독과점규제, 한국개발연구원(1977), 205면 참조.

경제구조가 복잡해진 반면에 해외 경제여건이 불안해짐에 따라, 인플레심리의 만연, 시장기능의 왜곡, 독과점의 심화 등과 같은 부작용과 문제점을 드러내기 시작하였다. 따라서 정부는 경제운용의 기본방식을 정부주도에서 민간주도로 전환함으로써 경제체질을 개선하려고 노력하였다. 그런데 민간주도형 경제의 기본이 자유경제체제이고 자유경제의 생명이 시장의 기능에 달려 있기 때문에, 시장의 기능을 회복하기 위해서 정부가 사업자들이 시장에서 자유롭고 공정한 경쟁을 할 수 있도록 배려하지 않으면 안 되었다. 이에 정부는 1980년 말에 사업자의 시장지배적 지위의 남용과 과도한 경제력의 집중을 방지하고 부당한 공동행위와 불공정거래행위를 규제함으로써, 공정하고 자유로운 경쟁을 촉진하기 위하여 「독점규제 및 공정거래에 관한 법률」(이하 "독점규제법"이라 함)을 제정하여[8] 1981년 4월 1일부터 시행하게 되었다.[9]

동법은 당초 전문 60개조와 부칙 8개조로 구성되었다. 그리고 동법은 원래 시장경제의 기능을 유지하기 위하여 자유롭고 공정한 경쟁을 제한하는 경쟁제한행위나 불공정거래행위를 규제하는 것을 주된 목적으로 하였다. 동법의 운용기관은 경제기획원장관으로 하고 동법의 시행과 관련하여 경제기획원장관의 결정과 처분을 돕기 위하여 5인의 위원으로 구성된 심의·의결기구로서 공정위를 두었다.

2. 독점규제법의 개정

독점규제법은 제정 후 6년이 지난 1986. 12. 31. 제1차 개정이 이루어진 이래로 2차례의 전부개정을 포함하여 여러 차례 개정이 이루어졌다. 그 결과 제1조 목적조항만이 제정법의 모습을 그대로 유지하고 있을 뿐이고, 제정법의 나머지 규정들은 모두 개정이 되었다. 그 중에서도 빈번한 개정의 대상이 된 것은 경제력집중 억제에 관한 규정들인데, 이는 경제력집중 억제의 수단이 정치적 지형과 경제적 상황에 따라 많은 변화를 겪었기 때문이다. 그 외에 사건처리절차 내지 법집행에 관한 규정도 비교적 많이 개정된 편이다.[10] 이하에서는 타법개정의 경우를 제외한 독점규제법의 전부 내지 일부개정의 주요내용을 살펴보기로 한다.

(1) 제1차 일부개정

1986년 12월의 제1차 개정에서는 과도한 경제력집중의 억제를 위한 규제가 포함되었다. 과도한 경제력의 집중을 억제하기 위해서 지주회사의 설립을 금지하고, 기업집단의

---

8) 이 법률은 1980년 12월 23일에 국가보위입법회의에서 의결되어 12월 31일에 공포되었다.

9) 최초의 독점규제법의 기본 구조와 규제 내용의 개괄로서, 홍명수, "한국 독점규제법의 현재와 미래", 경쟁법연구 제12권(2005), 167-170면 참조.

10) 독점규제법의 연혁에 관하여 보다 자세한 내용은 신영수, "독점규제법의 변천과 발전", 독점규제법 30년(권오승 편), 법문사(2011), 119면 이하 참조.

개념을 도입하여 대규모기업집단에 속하는 계열회사의 상호출자를 금지하고, 계열회사가 다른 회사에 출자할 수 있는 출자총액을 순자산의 40%로 제한하는 규정을 신설하였다. 그리고 부당한 공동행위에 대한 규제를 종래의 등록제에서 원칙적 금지주의로 전환하고, 기업결합의 제한과 관련하여 주식취득의 신고기준을 10%에서 20%로 상향조정하는 등 동법의 운영과정에서 나타난 문제점을 보완함으로써 동법의 실효성을 제고하기 위하여 노력하였다.

(2) 제2차 전부개정

1990년 1월의 제2차 개정은 전부개정으로서 법조문 전반에 걸친 재편작업이 이루어졌다. 우선 동법의 운용기관을 경제기획원장관에서 공정위로 바꾸는 동시에 공정위를 경제기획원 소속하의 독립규제기관으로 개편하여 그 독립성과 전문성을 강화하였다. 공정위의 위원도 종래 5명에서 7명으로 증원하였다.[11] 그리고 종래 문제점으로 지적되어 온 동법의 미비점, 예컨대 금융업 및 보험업을 영위하는 회사를 상호출자금지의 적용제외대상에서 배제하여 상호출자금지의 적용을 받게 하고, 법 위반행위에 대한 억제력을 강화하기 위하여 벌칙을 크게 강화하였다.

(3) 제3차 일부개정

1992년 12월의 제3차 개정에서는 대규모기업집단에 대한 편중여신과 그로 인한 경제력집중을 막기 위하여 대규모기업집단에 속하는 계열회사 상호간의 채무보증을 자기자본의 200%로 제한하는 제도를 도입하였다. 그 밖에 출자총액제한 제도의 예외인정의 범위를 확대하고 부당한 공동행위에 대한 규제요건을 완화하는 등 동법의 문제점을 보완하였다.

(4) 제4차 일부개정

1994년의 제4차 개정에서는 출자총액제한 제도를 강화하여 출자총액의 한도를 순자산의 40%에서 25%로 인하하였다. 대신 사회간접자본시설에 대한 민간자본의 유치를 촉진하고 소유분산과 재무구조의 개선을 유도하기 위하여 일정한 요건을 갖춘 기업에 대하여는 출자총액제한을 적용하지 않도록 하였다. 그리고 종래 상품의 판매나 용역의 제공 등 공급자의 공동행위만을 규제하도록 되어 있던 공동행위의 규제범위를 구매와 관련된 수요자의 공동행위에까지 확대하고, 국제계약의 체결에 대한 신고의무제를 폐지하는 동시에 자율적인 심사청구제도를 도입하였으며, 과징금제도를 대폭 확대·강화하였다. 한편 1994년 12월에는 정부조직법의 개정을 통하여 공정위의 독립성을 강화하고 조직도 확대하였다.[12]

11) 공정위는 그 위원을 증원하는 동시에 그 사무를 처리하기 위하여 사무처를 설치하게 되었다.

(5) 제5차 일부개정

1996년 12월의 제5차 개정에서는 공정위로 하여금 독과점적 시장구조를 개선하기 위한 시책을 수립 · 시행할 수 있게 하고, 기업결합규제의 적용범위를 모든 사업자로 확대하였으며, 부당한 공동행위에 대한 자진신고자 감면제도를 도입하였다. 또한 경제력집중억제제도의 실효성을 제고하기 위하여 대규모기업집단 소속 계열회사에 대한 채무보증의 한도액을 자기자본의 200%에서 100%로 인하하는 동시에, 부당한 내부거래에 대한 규제의 대상을 종래 상품이나 용역의 거래에서 가지급금 · 대여금 · 인력 · 부동산 · 유가증권 · 무체재산권에까지 확대하였다. 그리고 과징금제도를 개선하였고, 공정위가 정부조직법에 의한 중앙행정기관임을 명확히 규정하는 동시에 위원의 수를 7명에서 9명으로 증원하였으며, 공정위의 회의를 효율적으로 운영함으로써 사건을 신속하게 처리하기 위하여 공정위의 회의를 전원회의와 소회의로 구분하여 운영할 수 있게 하였다.[13)]

(6) 제6차 일부개정

1998년의 제6차 개정은 우리나라가 1997년 말 사상 유례가 없는 금융 · 통화의 위기를 맞이하여 국제통화기금(IMF)으로부터 구제금융을 받으면서 그들이 요구한 조건을 실현하기 위하여 실시한 일련의 비상적 경제관련 입법의 연장선에서 이루어졌다. 대규모기업집단의 구조조정을 통하여 국제경쟁력을 강화하기 위하여 결합재무제표의 도입, 지배구조의 선진화, 외국인에 대한 적대적 M&A의 허용 등이 추진됨에 따라 대규모기업집단이 무분별한 사업다각화를 추구할 가능성이 적어졌기 때문에 출자총액제한제도는 더 이상 유지할 실익이 없을 뿐만 아니라, 국내기업을 외국기업보다 차별하는 문제가 있다는 등의 이유로 이를 폐지하였으며, 반면 무리한 차입경영의 원인을 제공하고 있는 계열사 상호간의 채무보증을 전면적으로 금지하게 되었다.

(7) 제7차 일부개정

1999년 2월 제7차 개정에서는 독점규제법이 경제질서의 기본법으로서 제 역할을 충실히 수행할 수 있도록 하기 위하여 법적용이 배제되는 사업자의 범위와 행위 유형을 축소하는 동시에, 시장지배적 사업자의 지정 · 고시제도를 폐지하는 대신에 시장지배적 사업자의 추정제도를 도입하는 등 제도적인 미비점을 보완하였다. 그리고 기업의 구조조정을 차질없이 추진할 수 있도록 하기 위하여 지주회사를 제한적으로 허용하였고, 대규모기업집단의 계열회사간 부당한 지원행위를 효과적으로 차단하기 위하여 금융거래정보요구권을 2년간 한시적으로 도입하였다. 또 부당한 공동행위금지제도와 불공정거래행위금

---

12) 공정위를 종래 경제기획원장관 소속하의 기관에서 국무총리 소속하의 독립된 중앙행정기관으로 격상시켰다.
13) 이동규, 독점규제 및 공정거래에 관한 법률 개론, 행정경영자료사(1997), 49-73면 참조.

지제도를 개선하고, 기업결합의 예외인정기준을 합리화하였으며, 이의신청 절차를 개선하고 이해관계인의 자료열람 요구권을 신설하는 등 권리구제를 원활하게 하였다.

(8) 제8차 일부개정

1999년 12월 제8차 개정에서는 경제위기가 어느 정도 극복되고 국민경제가 안정화의 단계에 접어들게 되자, 기업의 구조조정이 법과 제도의 틀 속에서 예측 가능한 상태에서 이루어질 수 있는 여건을 마련하기 위하여 1998년에 폐지되었던 출자총액제한제도를 다시 도입하였고, 대규모내부거래에 대해서는 이사회의 의결 및 공시의무를 부과하는 동시에 부당지원행위에 대한 과징금 부과한도를 매출액의 5% 이내로 상향조정하였다.

(9) 제9차 일부개정

2001년 1월 제9차 개정에서는 기업의 구조조정을 촉진하기 위하여 회사의 분할 또는 분할합병을 통하여 지주회사로 전환되거나 지주회사를 설립하는 경우에도 부채비율의 제한 등을 일정기간 유예하였으며, 벤처기업을 활성화하기 위하여 벤처기업을 자회사로 두는 벤처지주회사에 대하여는 자회사 주식소유 비율에 관한 제한을 적용하지 않기로 하였다. 그리고 지주회사의 설립 또는 전환의 요건을 완화하고, 금융거래정보 요구권의 시한을 3년간 연장하였으며, 부당한 공동행위의 자진신고자 면책규정에 "증거제공을 통하여 공정위의 조사에 협조한 자"를 추가하는 등 동법의 실효성을 제고하기 위하여 동법을 개정하였다.

(10) 제10차 일부개정

2002년 제10차 개정에서는 지배력의 확장을 위한 과도한 출자는 계속 억제하되, 기업의 경쟁력 강화와 핵심역량으로 집중하기 위한 출자는 자유롭게 할 수 있도록 출자총액제한제도를 개선하고, 기업의 책임·투명경영을 유도하기 위하여 상호출자 및 채무보증금지대상 기업집단을 조정하는 등 제도의 운영과정에서 나타난 일부 미비점을 개선·보완하였다.

(11) 제11차 일부개정

2004년 12월 제11차 개정에서는 카르텔의 억지력을 제고하기 위하여 과징금 부과의 한도를 관련 매출액의 5%에서 10%로 높였으며, 기업결합에 대한 심사절차를 개선하기 위하여 대규모회사의 주식취득에 의한 기업결합의 경우에는 대금납입일 이전에 신고하도록 하는 반면에 기업결합 당사회사 중 일방이 소규모 기업인 경우에는 신고의무를 면제하도록 하고, 또 경쟁제한성이 있고 사안이 복잡한 기업결합의 경우에는 심사기간을 60일에서 90일로 연장하였다. 그리고 독점규제법을 외국사업자에게도 적용할 수 있는 역외적용의 근거를 신설하는 동시에, 외국사업자에 대한 문서 송달에 관한 규정을 신설하였다.

한편, 대기업집단에 소속된 비상장·비등록 회사(금융, 보험사 제외)의 소유 및 지배구조와 재무구조 및 경영활동에 관한 중요사항에 대한 공시의무를 강화하였고, 출자총액제한제도에 대하여 졸업기준을 도입하는 동시에 적용제외 또는 예외인정제도를 보완하였다. 그리고 대기업집단에 소속된 금융·보험회사에 대하여 예외적으로 인정되고 있는 의결권 행사의 범위를 현행 30%에서 2006년 4월 1일부터 3년 동안 매년 5%씩 단계적으로 축소하는 동시에, 부당내부거래를 효과적으로 조사하기 위하여 금융거래정보요구권을 3년 시한으로 다시 도입하면서 그 남용을 방지하기 위하여 그 발동요건과 통제장치를 강화하였다. 또한 독점규제법 위반행위로 인하여 손해를 받은 피해자가 손해배상을 쉽게 받을 수 있도록 하기 위하여, 법원이 변론의 전 취지와 증거조사 결과를 감안하여 손해액을 인정할 수 있는 제도를 도입하였고, 경쟁사업자나 소비자 등 시장참여자의 법위반에 대한 감시기능을 강화하기 위하여 법위반행위 신고자에 대한 포상금 제도를 새로 도입하였다.

(12) 제12차 일부개정

2005년 3월 제12차 개정에서는 남북교류협력법상 협력사업자로 승인된 회사(동법 16조)로서 일정한 기준에 해당하는 회사의 주식을 취득 또는 소유하는 경우에는 출자총액제한 규정의 적용을 받지 않도록 하였다.

(13) 제13차 일부개정

2007년 4월 제13차 개정에서는 법령용어 순화 차원의 조문정비가 이루어지고 기업지배구조 및 회계투명성이 제고됨에 따라 대기업집단에 대한 규제를 일부 완화하였다. 지주회사의 부채비율을 200%로 상향조정하고, 지주회사의 자회사에 대한 주식보유기준과 자회사의 손자회사에 대한 주식보유기준을 각각 50% 이상에서 40% 이상으로 인하하는 한편, 출자총액제한 기업집단의 범위를 자산총액기준 6조원에서 10조원 이상으로 상향하고 출자한도도 역시 순자산의 25%에서 40%로 인상하였다.

(14) 제14차 일부개정

2007년 8월 제14차 개정에서는 사업관련성이 없는 손자회사의 보유를 허용하고, 부당한 공동행위의 추정요건을 현실에 맞게 개선하였으며, 한국공정거래조정원과 그 산하기관인 공정거래조정협의회의 설립을 통하여 공정거래분야에 분쟁조정제도를 도입함으로써 피해구제의 실효성과 법집행의 효율성을 조화하고자 하였다.

(15) 제15차 일부개정

2007년 10월 제15차 개정에서는 출자총액제한을 받는 대기업이 수도권을 제외한 지방에 있는 기업에 출자할 경우에는 출자총액제한제도의 예외를 인정하도록 개정하였다.

(16) 제16차 일부개정

2009년 3월 제16차 개정에서는 출자총액제한제도가 다시 폐지되었다. 대신에 일정한 규모 이상의 상호출자제한 기업집단에 속하는 회사에 대하여 그 집단의 일반현황, 주식 소유현황, 특수관계인과의 거래사항 등에 대한 공시제도를 새로 도입하였다. 그리고 대규모회사의 기업결합 사전신고의무에 대한 부담을 완화하기 위하여 신고기한을 폐지하고, 실제 기업결합일 이전에는 언제든지 신고할 수 있도록 하였다.

(17) 제17차 일부개정

2011년 12월 제17차 개정에서는 「대한민국과 미합중국 간의 자유무역협정 및 대한민국과 미합중국 간의 자유무역협정에 관한 서한교환」의 합의사항에 따라 동의의결제를 도입하고, 동의의결의 절차, 동의의결의 취소사유, 이행확보 수단 등을 규정하였다.

(18) 제18차 일부개정

2012년 3월 제18차 개정에서는 공정거래위원장을 국회 인사청문 대상에 포함시켰고, 체납과징금에 대한 가산금 요율을 대통령령으로 정하도록 하며, 사업자단체의 부당한 공동행위에 대한 과징금 상한액을 상향조정하고, 공정위의 조사를 거부·방해·기피한 자를 처벌하도록 하는 한편, 기업결합 사후신고에 대한 심사기간을 30일로 명시하고, 한국공정거래조정원의 업무범위를 확대하였다.

(19) 제19차 일부개정

2013년 7월 제19차 개정에서는 고발요청권 등에 관한 규정이 신설되었다. 전속고발권과 관련하여 공정위가 고발 권한을 소극적으로 행사함으로써 경쟁제한행위나 불공정거래행위에 미온적이라는 비판이 있었다. 또한, 검찰총장에게 고발요청권을 부여하고 있으나 실제 검찰총장의 고발 요청은 거의 이루어지지 않고 있는 실정이었다. 이에 공정위가 고발 요건에 해당하지 않는다고 결정하더라도 감사원장, 조달청장, 중소기업청장이 사회적 파급효과, 국가재정에 끼친 피해 정도, 중소기업에 미친 영향 등 다른 사정을 이유로 공정위에 고발을 요청할 수 있도록 하여 고발요청권을 확대하는 한편, 검찰총장을 포함하여 고발요청권을 가진 해당 부처가 공정위에 고발을 요청하는 경우 공정위로 하여금 고발하도록 하고, 담합의 자진신고자 또는 조사협조자에 대해서는 고발을 면제할 수 있도록 하였다.

(20) 제20차 일부개정

2013년 8월 제20차 개정에서는 부당지원행위의 성립요건을 완화하고, 부당지원을 통해 실제 이득을 얻은 수혜자에 대해서도 과징금을 부과하는 한편, 공정한 거래를 저해하는지 여부가 아닌 특수관계인에게 부당한 이익을 제공하였는지 여부를 기준으로 위법성을 판단하는 특수관계인에 대한 부당이익제공 금지규정을 신설하였다.

(21) 제21차 일부개정

2014년 1월 제21차 개정에서는 대기업집단 계열회사 간 신규순환출자를 금지하였다. 다만, 회사의 합병·분할, 부실기업 구조조정 과정에서 채권단 합의에 따른 계열사의 출자나 증자로 신규순환출자가 발생하거나 기존 순환출자가 강화되는 경우 등을 순환출자 금지의 예외로 규정하고 일정기간 이내에 이를 해소하도록 하였다. 기존 순환출자를 포함한 순환출자의 자발적 해소를 유도하기 위하여 상호출자제한기업집단에 속하는 회사로 하여금 순환출자 현황을 공시하도록 하였다.

(22) 제22차 일부개정

2014년 5월 제22차 개정은 남양유업의 물량밀어내기 사태 등이 사회적으로 큰 문제가 된 가운데 거래관계에서 우월적 지위에 있는 사업자가 자행하는 불공정거래행위에 대한 규제의 필요성이 높아지는 분위기에서 이루어졌다. 사업자가 분쟁조정을 신청하거나 불공정거래행위를 신고한 자 등에 대하여 거래상의 보복조치를 하는 것을 금지하고, 이를 위반한 자에 대한 시정조치 명령, 과징금 및 형벌 부과를 규정하였다.

(23) 제23차 일부개정

2015년 1월 제23차 개정에서는 신고인이 위법 또는 부당한 방법의 증거수집, 허위신고, 거짓진술, 증거위조 등의 방법으로 포상금을 지급받은 경우 지급된 포상금을 환수할 수 있는 근거 규정을 신설하였다. 또한 과징금의 납부기한 연장 내지 분할납부와 관련하여 당초 납부기한 등이 연장된 사유가 소멸하더라도 이를 취소할 수 없다는 문제가 있었다. 이에 납기연장 및 분할납부사유가 해소되어 과징금납부의무자가 과징금을 일시에 납부할 수 있다고 인정되는 때에는 공정위가 납기연장 및 분할납부를 취소할 수 있도록 하였다.

(24) 제24차 일부개정

2015년 7월 제24차 개정에서는 「국가공무원법」 개정사항을 반영하여 공정위의 상임위원(위원장과 부위원장 제외)을 일반직공무원 중 임기제공무원에 보하도록 하였다.

(25) 제25차 일부개정

2016년 3월 제25차 개정에서는 상호출자제한기업집단 내에 속하는 금융·보험사의 국내계열사를 대상으로 한 의결권 행사 제한에 있어 적용하는 발행주식총수에서 의결권이 없는 주식이 제외됨을 명확히 하고, 상호출자제한기업집단 소속 회사의 공시 항목에 지주회사 등이 아닌 계열회사의 현황과 금융업·보험업을 영위하는 회사의 계열회사에 대한 의결권 행사 여부를 추가하고, 청산 중에 있거나 1년 이상 휴업 중인 모든 회사의 회계감사 의무를 면제하고, 일반지주회사의 자회사가 금융·보험사를 손자회사로 지배하는 것에 대한 과징금 부과 근거를 마련하였다. 또한, 부당한 공동행위를 자진신고한 사업자가 시정조치 및 과징금을 면제 또는 감경 이후에 반복적으로 부당한 공동행위를 하는 문제를 개선하고자 부당한 공동행위를 자진신고하여 시정조치 또는 과징금을 감경 또는 면제받은 자가 새로운 위반행위를 하는 경우 담합 등을 자진신고하더라도 감면받은 날부터 5년 이내에는 시정조치 또는 과징금의 감경 또는 면제를 하지 않도록 하였다. 사업자단체 금지행위 조항을 위반한 사업자에 대한 정액과징금이 다른 위반행위보다 낮게 설정되어 있어 이를 5억원에서 10억원으로 상향조정하여 형평을 맞추도록 하였다. 그리고 부당한 공동행위, 불공정거래행위 및 재판매가격유지행위에 해당하는 국제계약의 체결을 제한하고 있으나, 1998년부터 현재까지 해당 조항에 근거한 시정조치가 전혀 이루어지지 않았고, 현행법의 국외행위에 대한 적용 규정으로 이 문제를 해결할 수 있어 국제계약의 체결제한 조항은 실익이 없으므로 이를 삭제하였다. 분쟁조정 신청 시 시효의 중단을 규정하고, 분쟁조정에 있어 분쟁당사자가 기간 연장에 동의하였음에도 60일 도래로 인해 조정을 종료하는 것이 비효율적임을 고려하여 쌍방이 동의하는 경우 분쟁조정기간을 현행 60일에서 90일로 연장하고, 분쟁조정협의회의 분쟁조정 결과에 재판상 화해의 효력을 부여하였다. 한편, 과징금 부과처분이 법원에서 패소한 경우 적법하게 부과된 금액에 대해서도 환급가산금을 지급하고 있어 국가재정의 손실을 초래하고 있다는 점을 감안하여 환급가산금을 지급함에 있어 새로 부과하기로 결정한 과징금을 공제한 금액에 대해서만 지급하도록 하였다.

(26) 제26차 일부개정

2017년 4월 제26차 개정에서는 상호출자제한 기업집단과 공시대상 기업집단을 구분하여 자산 규모별 대기업집단 규제를 차등화하여 운영하고, 공정위의 사건처리의 절차적 투명성을 높이고 법집행의 신뢰성 제고를 위해 조사를 받은 사업자 등의 법위반 사실이 인정되지 아니하는 등의 경우에도 의결서를 작성하도록 하고, 공정위의 실효적인 법위반 사실의 조사를 위해 자료제출요구 불응시 이행강제금을 부과할 수 있도록 하며, 조사에 필요한 자료·물건에 대한 제출명령 불이행 및 조사 거부·방해행위에 대해 형벌을 부과하도록 하였다.

(27) 제27차 일부개정

2017년 10월 제27차 개정에서는 금융업 또는 보험업의 범위를 한국표준산업분류에 따르도록 하되, 일반지주회사는 금융업 또는 보험업을 영위하는 회사에서 제외하도록 하여 규제목적과 법조항 간의 정합성을 달성하도록 하였다.

(28) 제28차 일부개정

2018년 6월 제29차 개정에서는 현행법상 "기명날인"해야 하는 사항을 "기명날인하거나 서명"으로 가능하도록 하여 행정의 효율성과 이용자의 편의성을 제고하였다.[14)]

(29) 제29차 일부개정

2018년 9월 제29차 개정은 신고사건 중 공정위가 직접 조사하는 것이 적합하다고 인정되는 경우 등을 제외한 사건을 직권으로 분쟁조정 절차에 의뢰할 수 있도록 하여 분쟁의 간이한 해결을 도모하고, 부당한 공동행위 및 금지되는 보복조치를 한 사업자·사업자단체에 대하여 3배 이내 배상제도를 도입하여 피해자의 실질적 구제에 기여하고자 하였다.

(30) 제30차 일부개정

2020년 5월 제30차 개정은 공정위 조사의 적법절차를 강화하고, 조사 권한의 재량을 축소하며, 사건처리의 투명성을 제고하는 등 전반적인 법집행 절차를 정비하려는 목적에서 이루어졌다. 이를 위하여 현장 조사를 할 때 조사 공문 교부 의무화, 의견 제출·진술권 보장, 피심인 등의 자료 열람 복사 요구권 확대, 처분 시효 기준일 명확화, 동의의결 이행 관리 제도 도입 등이 이루어졌다. 당초 정부가 발의한 공정거래법 전부개정안 중에서 절차법제 관련 사항 위주로 법 개정이 이루어진 것이다.

(31) 제31차 전부개정

2020년 12월 제31차 개정은 사상 두 번째로 이루어진 전부개정이다. 문재인 정부 출범 이후 2018년 개정안의 입법이 추진되었으나, 재계 등 이해관계자의 반발로 결국 입법하지 못하였다. 그런데 2020년 총선 이후 정치환경의 변화에 따라 정부는 2018년 개정안의 내용이 거의 반영된 전부개정안을 2020년 8월 국무회의에서 의결하였다. 그리고 입법과정에서 당초 정부안에 포함되어 있던 경성담합에 대한 전속고발권 폐지가 제외되고 일반지주회사의 기업형 벤처캐피탈(CVC: Corporate Venture Capital) 소유 허용이 포함되는

14) 공문서 작성 시 도장을 서명으로 대체하는 경향을 반영하여 각종 조서를 작성할 때 기명날인과 함께 서명도 허용하는 내용으로 2007년에 「형사소송법」이 개정된 바 있으며, 최근 들어서는 더욱 서명이 보편화되어 가는 추세이므로 인감증명 또는 전자인증 등 특별한 경우를 제외하고는 기명날인 외에 서명도 함께 허용할 필요가 있다.

등으로 일부 변경된 전부개정안 대안이 2020년 12월 국회를 통과하였다.

위와 같은 전부개정을 통하여 법조문 전반에 걸친 개편작업이 이루어져 독점규제법의 조문이 130개조로 바뀌었고, 그동안 여러 차례의 개정 과정에서 발생한 조문들의 배열 및 편제상의 부적절성이 시정되었다. 실체적 측면에서 살펴보면, 최근의 경제환경 및 시장상황이 크게 변화하였고 공정경제에 대한 사회적 요구도 높아짐에 따라 과징금 부과상한을 상향하고, 불공정거래행위에 대해서는 사인의 금지청구제도를 도입하는 등 민사, 행정, 형사적 규율수단을 종합적으로 개선하며, 경제력 집중 억제시책을 합리적으로 보완·정비하여 대기업집단의 일감몰아주기와 같은 잘못된 행태를 시정하고 기업집단의 지배구조가 선진화될 수 있도록 하는 한편, 벤처기업에 대한 투자 활성화를 위해 일반지주회사가 CVC를 소유할 수 있도록 허용하되 안전장치를 마련함으로써 기업형 벤처캐피탈이 경제력 집중 및 편법승계의 수단으로 악용되는 것을 방지하였다. 전부개정의 주요내용을 정리하면 다음 〈표 2-1〉과 같다.

〈표 2-1〉 2020년 전부개정의 주요내용

구분	항목	개정 내용
경쟁 보호	거래금액 기반 기업결합 신고 기준 도입	• 피취득회사 매출액(또는 자산총액)이 현행 신고기준(300억 원)에 미달하더라도 거래금액(인수가액)이 큰 경우 신고의무 부과
	공동행위에 관한 규율	• 정보교환행위를 담합으로 규율할 수 있도록 법률상 추정조항과 금지되는 행위유형을 보완하고 중첩되는 공동행위 인가요건 정비
	재판매가격유지행위 금지	• 재판매가격유지행위의 정의규정을 명확히 하고 예외 관련 규정을 정비
	시장분석 및 시장연구	• 독과점 시장분석의 근거를 명확화하고, 경쟁제한 규제개선에 대한 소관부처 검토·회신 근거 신설 • 공정거래조정원의 연구기능 강화
경제력 집중 억제	기업집단 지정기준 변경	• 상호출자제한기업집단 지정 기준을 현행 자산총액 10조 원에서 GDP의 0.5%에 연동하는 방식으로 개편
	지주회사 자·손자회사 의무 지분율 요건 강화	• 신규 지주회사의 자·손자회사 및 기존 지주회사의 신규편입 자·손자회사의 지분율 요건을 상장 30%, 비상장 50%로 상향
	기업형 벤처캐피탈(CVC) 제한적 보유 허용	• 일반지주회사가 지분 100%를 보유한 완전자회사로서 중소기업창업투자회사 및 신기술사업금융전문회사 소유 허용
	벤처 지주회사 규제 완화	• 벤처기업에 대한 투자와 M&A가 활성화될 수 있도록 벤처지주회사 설립요건 및 행위제한 규제 완화
	공익법인 의결권 제한	• 상호출자제한기업집단 소속 공익법인이 보유한 계열사 지분의 의

		결권 행사를 원칙적으로 금지하되, 상장 계열사에 한해 특수관계인 합산 15% 한도 내에서 의결권 행사 허용
	금융·보험사 의결권 제한	• 적대적 M&A 방어와 무관한 계열사간 합병을 의결권 허용사유에서 제외
	기존 순환출자에 대한 의결권 제한	• 상호출자제한기업집단으로 신규 지정되는 집단의 기존 순환출자에 대해 의결권 제한
	해외 계열회사 공시	• 동일인에게 국내계열회사에 출자한 해외계열회사의 주식소유 현황 등에 대한 공시의무 부과
	사익 편취 규율 대상 확대	• 제공주체 회사의 지분기준을 20%로 일원화하고, 이들 회사가 50% 초과 보유한 자회사도 규제대상에 포함
법집행	사인의 금지청구제 도입	• 불공정거래행위(부당지원행위 제외)의 피해자가 직접 법원에 해당 행위의 금지·예방을 청구할 수 있도록 함
	분쟁조정 신청 대상 확대	• 시정조치를 한 사건도 분쟁조정을 신청할 수 있도록 함
	과징금 부과 수준 상향	• 법위반 억지력 강화를 위해 과징금 상한을 2배로 상향
	형벌 규정 정비	• 형벌 부과 사례도 없고 법체계상 맞지 않는 기업결합 및 일부 불공정거래행위 등에서 형벌조항 폐지
	자료제출 명령제 도입	• 담합·불공정거래행위에 대한 손해배상소송 시 손해액 입증을 용이하게 하기 위한 법원의 자료제출 명령제 도입
	변호인 조력권	• 공정위 조사·심의를 받는 사업자, 사업자단체 등에 대한 변호인 조력권 규정
	진술조서 작성	• 당사자 진술에 대한 진술조서 작성 의무화
	서면 실태조사	• 일정한 거래분야의 서면실태조사에 관한 근거규정 마련

제3장

외국의 입법례

제1절 경쟁법에 있어서 국가적 기준과 세계적 기준

경쟁법은 시장경제의 기본법이기 때문에, 시장경제를 채택하고 있는 나라에서는 대체로 우리나라의 독점규제법과 유사한 독점금지법 또는 경쟁법을 가지고 있다. 그리고 1980년대 말 구소련이 해체된 이후에는 이른바 체제전환으로 인하여 시장경제를 채택하는 나라들이 대폭 증가하고 있기 때문에, 독점금지법 또는 경쟁법을 채택하고 있는 나라들도 크게 늘어나고 있다. 그런데 각국의 경쟁법은 그 나라의 경제발전의 정도나 경제여건, 시장경제의 성숙도 또는 경쟁에 대한 국민들의 인식수준 등에 따라 다양한 모습으로 발전하고 있다. 반면, 최근에는 국경을 넘는 거래가 크게 증가함에 따라 세계 시장을 무대로 활동하는 기업들이 출현하고, 세계 경제가 점차 세계화(globalization) 내지 지역별 블록화하는 경향을 보이고 있기 때문에, 각국의 독점금지법 또는 경쟁법도 점차 수렴화하는 경향을 보이고 있다. 그 결과, 독점금지법 또는 경쟁법에 관한 논의도 각국의 국가적 기준(national standard)과 아울러 세계적 기준(global standard)에 대해서도 관심을 가지게 되었으며, 최근에는 지역별 블록화 현상과 관련하여 지역적 기준(regional standard)에 관해서도 논의가 되고 있다.

1980년에 제정된 우리나라 독점규제법은 1947년 일본의 독점금지법에 이어 아시아에서 두 번째로 도입된 경쟁법이다. 독점규제법의 제정과 개정 과정에서 미국, 유럽, 독일, 일본 등 선행입법의 형식과 특징을 적절히 조합하여 후발입법 국가가 누릴 수 있는 장점을 반영하고,[1] 경제력집중 억제 규제 등 우리 경제현실에 부합하는 독자적 규제방안을 도출함으로써 비교적 단기간에 상당한 국제적 위상을 확보함은 물론이고 다른 후발 국가의 입법 및 법집행의 모델로서 영향력을 갖추어 가고 있다.[2] 여기서는 우리나라 독점규

1) 우리나라는 독점규제법의 제정을 목전에 두고 유럽 각국을 방문하여 독점규제 제도의 운영실태를 파악했는데, 특히 독일의 독점규제 정책이 경제를 부흥시킨 중요한 요인의 하나였다고 파악했다. 지철호, 독점규제의 역사, 홀리데이북스(2020), 144면.

2) 신영수, "독점규제법의 변천과 발전", 독점규제법 30년(권오승 편), 법문사(2011), 160면.

제법에 관한 이해를 돕는 동시에 독점금지법 또는 경쟁법에 관한 세계적 기준을 파악하는데 도움을 주기 위하여, 역사가 가장 오래 되고 경험이 가장 많은 미국의 반트러스트법과 유럽의 경쟁법에 대하여 그 형성과 발전과정 및 주요내용 등에 대하여 비교법적으로 검토해 보고자 한다.[3)]

제 2 절 미국의 반트러스트법

Ⅰ. 미국 반트러스트법의 기원

1890년에 제정된 셔먼법(Sherman Act)은 기존에 존재하지 않았던 전혀 새로운 법이었다. 당시에는 반트러스트법(antitrust law)은 물론이고 반트러스트에 관한 사고 자체가 없었다. 의회는 대중으로부터의 정치적 압력에 대응하기 위하여, 종래 다른 목적으로 활용되어 오던 보통법상의 두 개념을 연방법의 규정으로 채택하였다. 즉, 연방법으로 거래제한(restraints of trade)과 독점화(monopolization)를 금지하고, 이를 위반할 때에는 제재를 가하도록 하였다.[4)] 셔먼법의 문언은 지나치게 광범위해서 이 법을 어떻게 해석해야 할 것인지에 대한 기준도 사실상 없었다. 의회는 이 법을 적용할 새로운 기관이나 절차를 창설하지도 않았으며, 법집행 방법론을 제시하지도 않았다. 그 결과, 셔먼법은 연방기관 또는 사인(私人)이 종전까지 다른 절차에서 했던 바와 같이 연방법원에 제소하는 방법으로 집행될 수밖에 없었다. 법원은 의회로부터 아무런 가이드라인도 제공받지 못한 상태에서 중요한 역할을 맡게 되었고, 판사들은 반트러스트법의 목적, 규범을 고안해 내는 한편, 법집행기관의 역할까지 수행해야 했다.

Ⅱ. 고전적 반트러스트법

미국의 법원과 법률가들은 셔먼법의 간략한 문언에 의미를 부여하고 총체적인 법규범을 발전시켰으며 법집행 기관들의 역할들을 분장해 나갔던 바, 이러한 작업은 1975년에 이르러 완성되었다. 이 체제를 고전적 반트러스트법이라고 한다.

1. 정치 · 경제적 상황

미국에서는 경쟁(competition)이 오랫동안 핵심적 가치로서 사회적으로 뿌리 깊고 광

3) David J. Gerber, Global Competition: Law, Markets, and Globalization, Oxford University Press(2010); 이동율 역, 국제경쟁법, 박영사(2014) 참조.
4) 지철호, 독점규제의 역사, 홀리데이북스(2020), 38-41면.

범위한 지지를 받아 왔다. 이러한 현상은 다른 나라나 지역에서는 거의 찾아볼 수 없는 것이다. 경쟁은 거의 항상 긍정적인 정치, 사회적 가치로서 지지를 받아 왔다. 이로 인해 반트러스트는 미국에서 거의 종교에 준하는 지위를 얻었다. 경쟁법 체제가 발전하기 위해서는 경쟁문화의 육성이 중요한데, 미국에서는 이미 경쟁문화가 우월적 지위를 점하고 있었다. 미국 시장은 거대하고, 단일하며, 풍요로운 시장이었으므로, 전반적으로 충분한 경쟁이 기능할 수 있었다.

2. 경쟁법의 목적에 대한 생각

미국 반트러스트법 체제에서는 일반 법원의 역할이 중요하다. 법원의 핵심 업무는 반트러스트법의 목적을 제시하는 것인데, 이는 추상적 규범의 형태가 아니라 개별 구체적인 사건의 판단과정에서 이루어진다. 법원은 한 세기를 넘는 기간 동안 변화하는 상황에 대응하면서 정치·사회·경제적 가치의 토대를 만들어 냈고, 이에 터잡아 반트러스트법에 관한 결정을 내리고 거기에 정당성을 부여했다. 이러한 방식으로 고안된 반트러스트법의 목적들은 시간이 지남에 따라 변화해 왔고, 최근까지도 완전히 구조화되어 정리되지 않은 채 축적되고 있다. 예컨대 적정한 소비자가격, (특히 중소규모의 기업들을 위한) 공정성, (잠재적 경쟁자를 포함한) 경쟁사업자에 대한 기회균등, 경제적 자유가 반트러스트법의 목적으로 포함된 사례가 여럿 있다. 이러한 목적들을 전부 또는 일부 저해하는 것처럼 보이는 행위들에 대해 비교적 쉽게 '경쟁제한적'이라는 평가가 내려졌다.

3. 실체규범: 법원칙과 규칙들

법원은 반트러스트법의 내용을 형성하는 데에도 핵심적인 역할을 담당했다. 미국 반트러스트법의 중요한 특징은 실체규범이 일관성 없고 불명확한 판례들에 의하여 도출된다는 점이다. 입법부는 정치적 대의명분을 내세우면서 과도하게 모호한 내용의 법률을 제정했고, 사법부는 광범위한 사법적 판단을 내려야 하는 부적절한 임무를 수행하게 된 결과, 반트러스트법의 내용은 모호해졌다. 미국 반트러스트법의 개념은 개별 구체적인 상황에서 당사자들 간의 분쟁을 해결하기 위하여 고안된 것으로서 다른 나라의 경쟁법 체제와 같이 추상적인 형태로 제시되지 않는다. 이로 인해 기업들은 사업활동 과정에서 반트러스트법을 위반하지 않기 위해 전문변호사들에게 비용을 지출하지 않으면 안 되었다.

(1) '거래제한' 개념의 적용

셔먼법 제1조는 '거래를 제한하는' 합의를 금지하고 있다.[5] 그러나 거래제한의 의미가

---

5) Every contract, combination in the form of trust or otherwise, or conspiracy, in restraint of trade or commerce among the several States, or with foreign nations, is declared to be illegal.

무엇인지, 이러한 합의의 금지를 통하여 어떠한 목적을 달성하려는 것인지에 대하여 아무런 설명도 하지 않고 있다. 따라서 미국 법원은 법제정 직후부터 셔먼법 제1조를 어떻게 적용할 것인지를 고민해 왔다. 셔먼법 제1조에 관한 개념들은 시간에 따라 상당한 변화를 경험해 왔고, 반트러스트법 체계 내에 상당한 불확실성과 혼동을 초래한 주된 원인이 되었다.[6]

미국 법원들은 '거래제한'이라는 모호한 개념을 구체적 사례에 적용하기 위해 합리의 원칙(rule of reason)과 당연위법(per se illegal)의 원칙과 같은 개념들을 고안해 냈다. 셔먼법 제정 직후 법관들은 '거래제한'이라는 문언이 지나치게 광범위하여 개별 사례에 그대로 적용하기 어렵다는 것을 알게 되었다. 이에 법관들은 부당하게(unreasonably) 거래를 제한하는 합의들만 셔먼법 제1조에 규정된 '거래제한'에 해당된다고 결정하였는데, 이 결정이 합리의 원칙의 기원이다. 합리의 원칙을 적용함에 있어서 법원은 기본적으로 문제되고 있는 행위가 초래하는 경쟁제한적 효과와 경쟁촉진적 효과를 비교형량해서, 전자가 후자를 능가하면 그 행위는 '거래를 제한하는' 행위가 된다고 보았다. 반대로 반트러스트 소송에 막대한 비용이 지출되고 그 결과를 사전에 예측하기 어렵다는 점에 대응하기 위해, 법원은 당연위법이라는 개념을 고안해 냈다. 이에 따르면 특정한 유형의 행위들(경쟁사업자들 간의 가격에 관한 합의)은 그 성질상 명백히 불합리하므로 당해 행위로 인해 실제로 어떠한 효과가 발생했는지에 관해 전면적으로 분석할 필요가 없다. 그 결과, 특정한 유형의 행위에 대한 위법성 평가가 간소화되었고, 원고의 소송비용을 현저히 낮추고 승소가능성을 제고함으로써 법집행의 효율성을 제고했다. 당연위법으로 인정되는 행위 유형들은 1960년대까지 지속적으로 증대되었는데, 이러한 추세는 1970년대 이후 법경제학 혁명(law and economics revolution)으로 바뀌게 되었고, 대부분의 행위 유형들이 당연위법의 범주에서 제외되었다.

(2) 수평적 합의와 수직적 합의

셔먼법은 사업자들 간의 합의를 세부적으로 유형화하거나 구별하지 않았지만, 법원은 이를 수평적 합의와 수직적 합의로 나누고, 양자에 대한 분석을 달리하게 되었다. 반트러스트법의 역사상 카르텔(cartel)이라고 불리는 수평적 합의가 그 주된 규제대상이 되었다. 법원은 가격에 영향을 미치거나 시장을 분할하는 합의 등과 같은 몇몇 유형의 수평적 합의들을 당연위법으로 인정했다. 고전적 반트러스트법 기간 동안 법원은 수직적 합의를 수평적 합의와 유사한 관점에서 분석해 왔다. 법원은 정태적 관점에서 경쟁을 정량적 문제로 개념화하여 만약 합의로 인하여 어떤 경쟁요소가 소멸되면 경쟁제한적이라는 결론을 내려 왔다. 이상과 같은 논리를 기초로 하여 여러 유형의 수직적 합의에 대해 수평적

---

6) 지철호, 독점규제의 역사, 홀리데이북스(2020), 45-52면.

합의를 유추함으로써 당연위법으로 판단해 왔다. 예컨대 재판매가격유지행위, 제조업자의 유통업자에 대한 판매구역 할당을 당연위법으로 판단하였다.

(3) 독점화 행위

반트러스트법이 본래 규제하고자 했던 악(evil)은 독점 또는 보다 정확히 말하자면, 소비자에게 해악을 끼치고 경쟁을 제한하는 독과점기업의 경제력이었다. 셔먼법은 이러한 행위를 포착, 금지하기 위해 '독점화'라는 개념을 사용하였다.[7] 셔먼법 제정자들은 독점 그 자체를 금지하지 않고 독점에 이르는 과정에 초점을 맞추어 경쟁에서 정당하게 승리하는 것 이외의 방법으로 독점을 달성하려는 행위를 금지하기로 결정하였다. 이들은 법원에게 합법적인 독점과 위법한 독점화 행위를 구분하는 임무를 부여했다. 법원은 결국 독점화 행위에 적용할 일반 규칙(rule)을 고안해 냈는데, 이에 따르면 독점화는 기업이 특정 시장에서 독점력을 보유하고 있는 상황에서 이를 유지, 확대하기 위해 배제적 행위(exclusionary conduct)를 할 경우에 인정된다. 법원은 약탈적 가격설정, 거래거절, 지식재산권을 활용한 경쟁 방해 등과 같은 몇몇 독점화 행위를 인정하였다. 그러나 법원은 수십 년간의 노력에도 불구하고 독점화에 관해 일관되고 현실에 적용할 수 있는 법원칙을 발전시키지는 못하였다. 따라서 많은 나라가 독과점기업의 행위에 관한 미국의 접근방식을 받아들이지 않고, 시장지배적 지위남용이라는 개념을 더 선호하게 되었다.

(4) 기업결합

셔먼법 제정자들은 기업결합을 규제의 대상에 포함시키지 않았지만, 거대 기업이 미국의 정치·경제의 발전에 막대한 영향을 미치고 있기 때문에 이에 대한 규제를 하기 위하여 1914년 클레이튼법(Clayton Act)을 통하여 기업결합에 관한 규제를 추가하게 되었다. 그러나 이 법률은 수십 년 동안 거의 활용되지 않았다. 기업결합 규제의 효율화를 위하여 1976년 Hart-Scott-Rodino Premerger Notification Act를 통하여, 대규모 기업결합의 당사자들에게 그 기업결합의 효력발생 이전에 이에 관한 정보를 연방정부에 보고하도록 하였다.

기업결합의 규제는 다른 영역에 대한 규제와는 구별되는 중요한 차이점이 있다. 첫째는 이 분야에서는 사인의 소제기가 제한되어 있어서 법원의 역할도 상당히 제한되어 있다는 점이다. 여기서는 사인보다는 법을 집행하는 공적 기관이 문제를 제기할 가능성이 높기 때문에 공적 기관의 법해석이 더 중요하게 된다. 둘째는 클레이튼법이 기업결합의 경쟁제한성을 판단함에 있어서 맹아기준(incipiency standard)을 적용함에 따라 경쟁을 상

---

7) Every person who shall monopolize, or attempt to monopolize, or combine or conspire with any other person or persons, to monopolize any part of the trade or commerce among the several States, or with foreign nations, shall be deemed guilty of a felony.

당히 제한하거나 독점이 형성되는 방향으로 나아갈 경향이 있다고 인정되는 기업결합이 금지될 수 있다. 그리고 기업결합에 대한 판단은 기본적으로 광범위하고 모호한 경제적 평가이다. 이와 같은 기업결합규제의 특징은 미국 반트러스트법에 관한 일반적인 설명이 기업결합규제에서는 그대로 적용될 수 없다는 것을 의미한다. 특히 당연위법의 원칙은 기업결합의 심사에는 적용되지 않는다.

경제력집중 이슈가 1950년대와 1960년대에 많이 논의됨에 따라 법원은 이 이슈에 민감하게 반응했고, 경제력집중의 증대로 미국 경제와 사회의 기본구조에 많은 변화가 발생함에 따라 기업결합에 대한 관심도 증대되었다. 1960년대 법원은 수평적 결합으로 시장점유율이 조금이라도 증가하면 이를 금지하려는 입장을 취하였는데, 이는 시장점유율의 상승이 시장구조를 더욱 집중시키는 추세를 나타낸다고 생각했기 때문이다. 수직적 결합에 관하여 법원과 행정부는 수평적 결합과 동일한 분석방법에 따라 경쟁제한성을 시장구조의 관점에서 파악하여, 시장에서 경쟁사업자가 감소됨으로써 경쟁 자체가 저해된다는 견해를 취하였다. 규제당국과 법원은 혼합결합 규제에 대해서도 수평적 결합과 동일한 논리를 적용하여, 혼합결합으로 결합당사자들의 시장지위나 역량이 상당한 수준으로 제고될 경우 경쟁제한성을 인정할 수 있다고 판단하였다. 물론 이러한 논리가 법원으로부터 최종적으로 승인되지는 않았지만, 1960년대와 1970년대 초반에 이러한 논리에 따라 혼합결합을 금지하면 어떠한 결과가 초래될 것인지에 대하여 많은 우려가 있었다.

4. 반트러스트의 역학관계: 법적용과 집행

미국 반트러스트법 체제를 구성하는 조직의 기본골격은, 1914년에 연방거래위원회(Federal Trade Commission, 이하 "FTC"라고 함)가 추가된 것을 제외하고는, 셔먼법 제정 이후 별다른 변화가 없었다. 법원은 여전히 반트러스트법에 관한 주된 결정을 내리고 있는데, 이러한 결정은 경쟁법의 특성을 고려한 맞춤형 절차가 아닌 민·형사 소송에서 활용되는 일반소송절차에 따라 이루어지고 있다. 그리고 사인에 의한 소송이 매우 중요하다.

(1) 법집행: 공적 집행과 사적 집행

미국 반트러스트법은 서로 다른 두 개의 메커니즘에 의해 집행된다. 하나는 정부의 행정기능을 활용하는 반면, 다른 하나는 일반법원을 통한 사적 소송을 활용한다. 공적 집행은 상호 독립되어 있으면서 가끔은 서로 경쟁관계에 있는 두 개의 연방기구, 즉 법무부(Department of Justice, 이하 "DOJ"라고 함)와 FTC에 의해 집행된다.[8] DOJ는 반트러스

---

8) 이중의 공적 집행기관의 존재에 대해서 자동차에서 이중 브레이크를 설치하면 안전성이 높아지는 것처럼 이중 조직을 통해 오류 발생을 최소화하여 행정의 신뢰성과 안전성을 높여주는 장점이 있다는 주장과 관할권의 혼선, 비용중복, 일관성 없는 업무처리 등의 단점이 있다는 주장이 대립하고 있다. 지철호, 독점규제의 역사, 홀리데이북스(2020), 92-94면. 한편, 구체적인 사안에 대하여 양 기관 중 어떤 기관이 이를 담당할 것

트법을 직접 적용할 수 없으므로 일반법원에 소를 제기해야 한다. 따라서 DOJ는 법집행의 목적 달성을 전적으로 법원에 의존하지 않을 수 없다. FTC는 직접 행정명령을 발할 수 있지만, 법원이 당해 명령의 실체적 당부까지 판단할 수 있으므로 역시 일반법원에 법집행의 목적 달성을 의존할 수밖에 없다. FTC와 DOJ의 중요한 차이점은 ① FTC법 제5조[9]의 집행권한은 FTC만이 가지고 있고, DOJ는 셔먼법의 독점적 집행권을 가지고 있다는 점, ② DOJ만이 경쟁법 위반행위에 대하여 형사처벌을 할 수 있는 권한이 있다는 점, ③ FTC는 DOJ가 가지고 있지 않은 고유의 행정심절차(administrative adjudicative procedures)가 있다는 점 등이다.[10]

사적 집행은 공적 집행의 메카니즘과 병행하여 작동하는데 동일한 실체법 원칙이 적용되고 동일한 법원이 활용되며 대부분의 경우 절차도 동일하다. 공적 집행과 사적 집행은 많은 지점에서 상호작용하고 다양한 방식으로 상호 영향을 미친다. 반트러스트법은 사적 소송을 장려하는 강력한 인센티브(3배 배상제도)를 제시하고 있으며, 미국 법조 직역의 공격적 성향과 소송문화도 사적 집행을 활성화하는 요소가 되고 있다. 미국 법원은 단순히 경쟁당국을 견제하는 제한적인 역할에 그치지 않고, 반트러스트법 체제의 핵심으로서 법의 목적과 내용을 결정하고 법원칙과 규칙을 결정하는데 주된 역할을 담당한다.

(2) 절차: 일반 소송절차에 의한 법집행

반트러스트법의 집행은 일반 법원의 일반 소송절차에 따라 이루어질 수밖에 없다. 이는 반트러스트 소송절차들이 반트러스트법과 무관한 이슈에 의해 변화될 수도 있고, 이러한 변화로부터 상당한 영향을 받을 수 있음을 의미한다. 예컨대 1940년대 이후 이른바 증거개시 권한(discovery rights)이 극적으로 확대되었는데, 이로 인해 소송당사자는 상대방 당사자, 나아가 경우에 따라서는 사건 당사자가 아닌 제3자에게까지 광범위한 정보를 요구할 수 있게 되었다. 이러한 절차적 변화는 반트러스트 소송의 범위를 엄청나게 확대했고, 실체법 내용까지 변화시키기에 이르렀으며, 경제학적 분석의 중요성을 결정적으로 제고하는데 크게 기여했다. 이러한 변화는 반트러스트법 소송을 훨씬 더 복잡하게 하고 더 많은 비용이 들도록 하였다.

인지에 대하여는 산업에 대한 전문성 및 인적자원을 고려하여 결정된다고 하는데, 경험적으로 DOJ는 주로 통신, 은행, 철강, 항공운송, 주류산업, 컴퓨터산업 등에 대하여 우선적인 권한을 가지고, FTC는 주로 유류 및 가스관, 식료품 및 그 유통산업, 유선방송, 섬유산업 등에 주된 집행권한을 가지고 있다고 한다.

9) FTC법 제5조는 15. U.S.C. §§41-58에 규정되어 있는 동법의 가장 핵심적인 내용이라 할 수 있다. 즉, 이는 불공정한 방법에 의한 경쟁(unfair methods of competition)과 거래와 관련한 불공정하거나 기만적인 행위(unfair or deceptive acts or practices in or affecting commerce)를 금지하는 것이라 할 수 있는데, FTC는 이를 통하여 많은 권한을 행사하고 있다.

10) 김용상, "미국 경쟁법의 구조와 집행", 경쟁저널 제163호(2012), 81면.

(3) 반트러스트 커뮤니티

반트러스트 커뮤니티에서는 법률가들의 역할이 가장 중요하다. 우선, 민간 영역에서 소송을 수행하는 변호사들이 핵심적인 역할을 수행한다. 그리고 사실상 모든 법관들, 교수들, 행정부 관료들이 변호사 출신으로서 관련 업무를 수행한 경험이 있으므로 변호사들의 역할은 더욱 중요해진다. 또한 반트러스트법 영역의 법률가 출신 고위 관료들은 대부분 현직으로 임명되기 전까지 반트러스트법 실무에 종사한 경험이 있고, 또 퇴직 후 민간영역으로 돌아가 관련 실무를 수행하는 것이 보통이다. 따라서 법률가들의 이해관계, 관점, 가치관은 반트러스트법 체제에서 중심적인 역할을 수행한다. DOJ와 FTC의 고위 관료들도 반트러스트 커뮤니티 내에서 일정한 지위를 갖고 있기는 하나 그 지위는 다른 나라에 비하여 상당한 차이가 있다. 고전적 반트러스트법 기간동안 로스쿨 교수들이 반트러스트 커뮤니티에서 주된 역할을 수행해 왔다. 반면, 경제학자들은 전반적으로 그 수가 많지 않았고 영향력도 미미했다. 그들은 제2차 세계대전 이후 법집행기관 내에서 종전보다 중요한 역할을 하긴 했지만, 1970년대 법경제학 혁명 이전까지는 반트러스트 커뮤니티를 주도하지는 못했다.

Ⅲ. 미국 반트러스트법의 변화: 법경제학 혁명

1970년대에 접어들면서 미국 반트러스트법 체제에 일부 변화가 생겼는데, 이는 미국 반트러스트법이 세계에서 수행하는 역할에 심대한 영향을 미쳤다. 그러나 미국 반트러스트법 체제의 대부분은 종전과 동일하다. 미국 반트러스트법 체제의 핵심이라고 할 수 있는 셔먼법 및 기타 기본적인 조직적 · 절차적 특징은 그대로 유지되고 있다. 다만, 반트러스트법의 규범적 기초 및 그에 따른 실체법적인 내용, 즉 반트러스트법의 목적과 내용에 관한 기본적 사고방식에 변화가 일어났다.

1970년대 초 오일쇼크로 인해 미국 반트러스트법과 정책이 미국 내에서만 영향을 미친다는 생각은 완전히 설득력을 잃고 전 세계에 영향을 미치게 되었다. 당시 미국 기업들은 안정적으로 유지되던 환율에 기반해 해외사업을 통하여 많은 이익을 얻고 있었으나, 1974년 변동환율제의 도입은 달러가치의 급락으로 이어졌고, 이에 유럽과 일본 기업들은 미국에 대한 투자를 확대하였고, 그 후 10년간 미국 시장은 외부로부터의 경쟁 압력에 노출되었다. 국제 정치 · 경제구도의 극적인 변화는 반트러스트법에 관한 강력한 이론적 움직임과 결합해서 반트러스트법 영역에서 가히 혁명(revolution)이라 부를 수 있을 정도의 근본적인 변화로 이어졌다.

1. 새로운 방향이 제시한 매력

1950년대와 1960년대의 기간 동안 경제학 및 반트러스트법에 막대한 영향을 미쳤던 이론은 이른바 '하버드 학파'(Harvard School)로 알려진 이론이었다. 이 이론은 시장 구조, 즉 시장 참여자들 상호간의 구조적 관계에 주목하여 산출량을 예측하고 반트러스트 규범을 평가한다. 이에 따르면 반트러스트법은 시장의 경쟁을 소멸시키거나 시장집중도를 높이는 방법을 통해 시장력(market power)을 형성, 제고하는 행위를 규제해야 한다. 이 이론을 지지하는 학자들은 일반 원칙을 고안, 적용하기보다 사안에 따라 시장에 존재하는 세부적 특징을 강조하는 개별주의적 경향을 보인다. 미국 반트러스트법제에 대하여 1960년대에 이미 그 법제가 제대로 확립되지 못했다는 점, 충분한 예측가능성이 담보되지 않는다는 점 등을 지적하는 비판이 있었다. 그러나 이러한 비판들은 미국 기업들이 외국의 경쟁사업자들과의 경쟁압력으로부터 위기의식을 느끼기 전까지는 충분한 정치적 지지를 얻지 못하였다. 그런데 미국 기업이 처한 경제적 상황이 급변함에 따라 반트러스트법에 대한 불만이 급증하게 되었다. 그 핵심은 미국 기업들이 자국의 반트러스트법으로 인해 과도한 비용을 부담하고 있다는 것이었다. 미국 기업들은 과거 어느 때보다 강한 어조로 자국의 반트러스트법으로 인해 국제적인 경쟁에서 손해를 보고 있다고 비판하였다. 이와 같은 불만표출 이후, 새롭게 등장한 이론은 법과 경제에 관하여 정립된 논리를 활용해서, 기존의 반트러스트법의 목적, 수단에 관한 이론적 대안을 제시했다. 새 이론은 쉽게 활용할 수 있었고, 쉽게 이해할 수 있었으며, 상당한 설득력이 있었다. 이러한 지적 발전은 외국으로부터의 경쟁압력이 증대함에 따라 급속도로 많은 반향을 불러일으켰다. 이는 '법경제학 혁명'(law and economics revolution)이었다.

법경제학 혁명이 제시하는 핵심명제는 두 가지이다. 첫째는 경제학이 반트러스트법의 근거가 되어야 한다는 것이고, 둘째는 경제학 중에서도 특정 유형의 경제학이 이 역할을 해야 한다는 것이다. 이 경제학의 유형은 신고전주의 경제학(neoclassical economic theory)에 기반한 것으로서 통상 '시카고 학파'(Chicago School)라 불린다. 1970년대에 널리 받아들여진 신고전주의 경제학은 일반적으로 적용될 수 있는 이론 발굴에 초점을 맞춘다. 신고전주의 경제학은 합리적인 경제적 주체를 상정하고 공식을 활용한 모델과 계량적 방법을 이용한다. 신고전주의 경제학의 득세로 경제학자들은 보다 정교한 이론적 도구를 얻게 되었고, 이를 활용하여 학계에서 위치를 확보하고 사람들로부터 신뢰를 얻게 되었다. 시카고 학파는 시장이 건전하고 스스로의 정화작용(self-control)을 통해 독과점기업의 시장지위를 제거할 수 있다고 믿었다. 이에 시카고 학파는 정부가 시장에 개입하면 전체적으로 해로운 결과가 초래될 것이라고 역설하였다. 반트러스트법 영역에서는 경쟁제한성 판단을 위해 가격이론을 광범위하게 활용하는 입장을 취하게 되었다. 시카고 학파는 가격이론의 용어와 방법론을 활용해서 특정 행위의 경쟁제한성 유무를 판단한다. 시카고 학파는 특정 행위가 시장 가격에 어떠한 영향을 미치는지에 초점을 맞춘다. 가격이론은 가격 인상이나 산출량 감소의 방지가 반트러스트법의 유일한 목적이 되어야 한다고 주장한다. 반트러스트법에서 이러한 이론을 따라야 하는지에 대하여 경제학자들 간에 의견이 분분했지만, 그 기본적 이론 자체는 반트러스트법의 주류적인 이론이 되었다.

시카고 학파가 제시한 이론은 놀라울 만큼 빠른 속도로 연방법원과 미국 반트러스트법 커뮤니티 전체를 지배하게 되었다. 그 이유는 다음과 같다. ① 시카고 학파의 이론은 그 자체가 매력적이었다. 기존의 고전적 접근방법은 유연성과 현실 적응성의 면에서 강점을 갖고 있었지만, 국제적 경쟁압력이 급속히 증대됨에 따라 빠른 속도로 그 매력을 잃어 버렸다. ② 법정책적 관점에서 시카고 학파가 제시한 새로운 접근 방법은 정부조치를 보다 정교하게 분석할 수 있게 하는 도구를 제공했다. 새로운 접근 방식은 논리적으로 더 일관될 뿐만 아니라, 실제로 반트러스트법의 다양한 영역에 존재했던 기존의 규제를 감소시키는 데에도 기여했다. ③ 정치적 요소이다. Reagan 대통령의 재임기간 동안 '기업을 내버려 두라'라는 구호는 정치적으로 많은 지지를 받았다. 그리고 Reagan 대통령은 새로운 접근방식을 지지하는 다수의 법관들을 연방법원의 판사로 임명하였다. ④ 이러한 변화는 많은 경제학자들에게 인센티브로 작용하기도 했다.

2. 반트러스트법 목적의 재정립

법경제학 혁명을 지지하는 사람들은 반트러스트법이 판례법에서 도출할 수 있는 모든 가치를 추구해야 한다는 고전적인 인식에 대하여 문제를 제기하며 반트러스트법의 목적을 보다 좁혀야 한다고 주장하였다. 이들은 기존의 반트러스트법 목적에 관한 인식이 지나치게 모호하고 예측가능성이 떨어진다고 평가한다. 더욱이 기존 인식에 따를 경우 실제로는 경쟁촉진적인 행위까지 규제하게 되는 과도한 집행의 우려도 있다고 본다. 이들은 신고전주의 경제학이 의사결정에 관한 명확한 가이드라인을 제시하고 반트러스트법 자체의 일관성을 확보하는 수단이 될 것이며, 경쟁촉진행위를 규제하는 것을 방지할 수 있을 것이라고 주장하였다. 이와 같은 근본적인 사고의 변화는 곧 법원에 의해 받아들여졌고, 이로 인해 반트러스트법의 내용 역시 직접적으로 변하게 되었다.

시카고 학파는 경제적 효율의 증진과 신고전주의 경제학이 정의하고 있는 내용에 따른 '소비자후생'(consumer welfare)의 증대가 반트러스트법의 유일한 목적이 되어야 한다고 보고 있는데, 두 개념들은 모두 특정 행위가 가격, 산출량에 어떠한 효과를 미치는지에 주목한다. 만약 어떤 행위가 시장가격을 경쟁적 가격 이상으로 올리면 경쟁제한성이 추정되지만, 그러한 가격인상 효과를 발생시키지 않으면 경쟁제한적 행위로 인정되어서는 안 된다. 특정행위가 가격에 미치는 영향을 평가하기 위해 경제학 모델과 계량적 방법이 활용되는데, 이러한 접근방법은 반트러스트법에 관한 결정에 있어서 계산가능하고, 개념적으로 일관된 근거를 제공할 수 있으며, 적어도 경제학적 관점에서 경쟁촉진적인 행위로 볼 수 있는 행위에 대한 규제를 막을 수 있다.

이러한 이론의 세부 내용에 대해서 많은 이견이 제기되었다. 반론들 중 일부는 시카고 학파의 접근방식을 뒷받침하는 경제적 합리성의 개념에 대해 문제를 제기하였다. 이들은 경제학자들이 소비자후생 기준을 적용하는 과정에서 의존하고 있는 합리적 행동 모형이 지나치게 편협한 것이라고 주장한다. 게임이론(game theory)이나 행동경제학(behavioral economics)과 같은 경제분석이론들이 이러한 주장을 기초로 하여 새롭게 제시된 이론들에 해당된다.

3. 방법론의 수정

반트러스트법의 목적이 이상과 같이 변화함에 따라 반트러스트법의 방법론도 변화해 왔다. 전통적인 방법론인 선례에 대한 분석이 여전히 중요하긴 하지만, 이제는 경제학이 주된 문제제기와 그에 대한 답변 제공을 주도하고 있다. 소비자후생기준을 적용함에 있어 핵심적인 이슈는 특정행위가 가격에 어떤 영향을 미치는가 하는 것이다. 이를 위해서는 일관되고 반복가능한 방식으로 시장을 획정하고, 시장가격 수준에 영향을 미칠 수 있는 요소들을 평가하며, 그 행위로 발생하는 효과를 평가할 수 있는 데이터를 수집, 해석하는 등 사실관계에 대한 조사가 필요하다. 이와 같은 작업들은 경제학적 방법론을 필요로 한다. 법률가들은 이와 같은 방법론을 적용하는 과정에서 그 역할이 제한될 수밖에 없다.

4. 반트러스트 법규범들에 대한 재검토

반트러스트법의 목적과 방법론의 변화는 정도의 차이는 있지만 반트러스트법의 모든 영역에 심대한 영향을 미쳤다. 이로 인하여 두 가지 패턴들이 생성되었다. ① 당연위법의 범주에 속했던 많은 행위유형들이 거기서 제외되었다. ② 수평적 합의, 수평적 기업결합에 대한 관심이 증대된 반면, 수직적 합의, 수직적 기업결합, 단독행위에 대한 관심이 감소하였다.

또한, 경제분석으로 인해 특정행위의 유형에 초점을 맞춰 결론을 내리는 규칙(form-based rules)이 소멸되었다. 경제학자들은 대부분의 반트러스트법 영역에서 특정행위의 배경이 되는 경제적 상황을 폭넓게 확인하지 않고서는 그 행위가 어떠한 효과를 초래하는지 정확하게 예측하기 어렵다는 점을 설득력 있게 증명해 냈다. 이에 경제학자들은 수평적 합의와 같은 일부 행위 유형을 제외하고는 당연위법의 원칙을 폐기해야 한다고 주장했으며, 법원은 이러한 분석을 수용해서 당연위법에 해당하는 행위 유형을 점진적으로 줄여 나갔다. 당연위법 행위유형의 소멸, 축소는 엄청난 영향을 미쳤다. 먼저 공적・사적인 집행비용이 급증했다. 소송비용의 증대와 함께 법집행의 예측가능성도 낮아졌다. 이러한 고비용과 낮은 예측가능성으로 인하여 공적・사적 집행은 모두 위축되었다.

(1) 수평적 합의와 수직적 합의

수평적 합의는 이상과 같은 일련의 변화에 별다른 영향을 받지 않았다. 그럼에도 불구하고 가격에 관한 합의, 경쟁사업자들 간 시장분할 합의와 같은 수평적 합의의 핵심적인 유형들에 대한 당연위법의 원칙이 다소 완화되었다. 1990년대 카르텔 규제는 법집행의 효율성을 제고하기 위한 절차를 혁신하는데 초점을 맞추었다. 특히 미국은 리니언시(leniency) 프로그램을 개발하여 많은 성공을 거두었다. 수직적 합의는 법경제학 혁명에 의해 가장 큰 영향을 받았으며, 그 결과 이 분야에서는 당연위법의 원칙이 소멸하게 되었다. 연방대법원은 1977년 Continental TV Inc. v. GTE Sylvania 판결에서 제조업자가 유통업자의 판매지역을 제한한 것에 대하여 경제분석의 관점에서 당연위법 원칙의 적용이 정당화될 수 없다고 판시하였으며, 2007년 Leegin Creative Leather Products, Inc. v. PSKS, Inc. 판결에서 재판매가격유지 행위에 대한 당연위법도 폐기하였다.

(2) 독점화 행위

경제학에 기반한 분석방법은 단독행위의 규제에도 많은 영향을 미쳤다. 법원은 고전적 반트러스트법 기간 동안에도 독점화라는 모호한 기준을 적용하기 위해 일관되고 작동가능한 규칙을 찾는데 상당한 어려움을 겪어 왔다. 법경제학 혁명조차도 이러한 상황을 개선하지 못했다. 이로 인해 법집행기관이나 법원이 단독행위에 대한 규제여부 및 그 강도를 결정함에 있어서 어떠한 요소들을 고려해야 할 것인지에 대한 불확실성이 높아졌다. 시카고 학파의 분석에 따르면, 시장이 건전하게 작동한다면 설령 어떤 사업자가 약탈적 가격설정을 시도하더라도 다른 사업자들이 시장에 진입할 것이므로 해당 사업자가 가격인상을 통해 손실을 회복할 수 없을 것이라는 점을 전제하고 있다. 따라서 법원도 역시 이러한 논리에 기반해 약탈적 가격설정을 주장하는 원고에게 피고가 약탈적 가격설정으로 입은 손실을 회복할 수 있다는 점을 합리적으로 기대할 수 있다는 것을 입증하도록 요구하게 된다. 그렇지만 이와 같은 보수적 태도는 미국 시장의 구조적 독점화를 막지 못하였다는 비판에서 자유롭지 못하다. 또한, 포스트 시카고 학파는 기업이 약탈적 가격설정을 할 상당한 전략적 인센티브를 갖게 되는 상황이 있음을 증명했다. 포스트 시카고 학파는 시카고 학파가 의존하고 있는 인간행동의 합리성 및 단기간의 이익극대화에 관한 가설들을 적용할 때에는 매우 신중해야 한다고 주장한다. 일부 학자들은 어떤 행위가 경쟁사업자의 제거를 추구하고 있는지 여부에만 주목하면 경쟁사업자의 비용을 인상시키는 전략과 같은 경쟁제한적 행위를 제대로 포착하지 못할 수 있다고 주장한다.

(3) 기업결합

경제학에 기반한 새로운 분석방법으로 인하여 몇몇 유형의 기업결합 검토기준들에 상당한 변화가 발생하였다. 이에 따르면 일반적으로 기업결합은 경쟁사업자들 간의 결합(수평적 기업결합)이 아닌 한 경쟁촉진적인 것으로 추정된다. 합리적인 기업은 기업결합을 통해 자원 활용의 효율성을 증대하고 경쟁력을 강화할 것이라고 생각되지 않는다면 기업결합을 하지 않을 것이기 때문이다. 경쟁사업자와의 결합을 제외하면, 기업결합은 일반적으로 경제에도 효율적인 결과를 초래할 것이다. 이러한 견해는 법집행기관들 내부에서 지배적인 견해가 되었고, 그 결과 수십 년 동안 수직적 기업결합과 혼합적 기업결합에 대한 법집행이 현저히 감소했다. 그러나 포스트 시카고 학파는 수평적 기업결합 이외의 다른 유형의 기업결합이 시카고 학파가 추정한 바와 같이 경쟁제한성 문제를 발생시키지 않는지에 대하여 의문을 갖고 있다. 그리고 단기적 효율성이 아닌 다른 전략적 이유로 기업결합을 하는 것과 같은 특수한 상황에서 시카고 학파가 의존하고 있는 합리성에 관한 추정들이 유효하지 않음을 규명해 냈다.

(4) 법, 경제학 그리고 반트러스트법의 역학관계

경제학이 핵심적 역할을 함에 따라 반트러스트법 커뮤니티의 구조와 그 내부의 역학관계에 변화가 발생하였다. 경제학자들은 반트러스트법 커뮤니티의 중심을 차지하게 되었다. 전적으로 경제적 관점에서 반트러스트법의 목적을 인식해야 하는 상황에서, 경제학자들은 반트러스트법의 의미와 그 적용방법을 결정하는데 권위를 얻게 되었다. 법원과 규제기관이 경쟁법에 관해 결정하는 과정에서 경제이론과 이를 발전, 적용하는 문헌들은 최소한 과거의 판례법만큼 중요해졌다. 법률 실무에 종사하는 변호사들은 반트러스트법 체제에서 여전히 중요한 역할을 담당하고 있지만, 이들의 업무 수행 방식에는 일부 변화가 발생하였다. 즉, 오늘날의 변호사들은 사건에 관련되는 정보 유형을 파악, 평가, 해석하는 것과 같은 핵심적인 작업을 수행하는 과정에서 경제학자들에게 의존하지 않을 수 없게 되었다. 그 결과, 경제학자들과 법률가들이 한편으로는 서로 협력하면서 종종 갈등하는 복잡한 관계가 형성되었다.

Ⅳ. 미국 반트러스트법에 대한 평가

미국 반트러스트법은 전세계 경쟁법에서 아주 중요한 역할을 담당하고 있다. 우선 미국 반트러스트법은 국제경쟁법 영역에 참여하는 거의 모든 사람들에게 공통의 참조대상이 되는 동시에 다른 경쟁법 체제를 비교·평가하는 기준으로도 활용되고 있다. 그리고 보다 구체적인 차원에서 규범적인 역할을 하기도 하며, 미국의 풍부한 경험은 자료의 원천이 되기도 한다. 많은 나라가 미국 반트러스트법을 경쟁법의 모델로 생각하고 이를 적극적으로 활용하고 있는데, 그 이유는 무엇인가? 우선, 미국 반트러스트법이 역사가 가장 오래 되었고 오랜 기간 동안 시행착오를 겪으면서 잘 정비되어 있기 때문이다. 둘째로, 미국 경제의 성공, 특히 1990년대와 2000년대 초반의 경제적 성공은 미국 반트러스트법을 모델로 삼을 수 있는 인센티브를 제공한다. 셋째로, 미국 반트러스트법은 경쟁법에 관한 세계적 기준의 대리변수로 생각되고 있다. 넷째로, 미국의 정치·경제적 역량도 미국 반트러스트법의 영향을 제고하는 역할을 담당한다. 미국은 독일과 일본과 같은 나라에서 군정을 종식하고 시장경제와 민주주의를 확산하는 임무의 일환으로 반트러스트법의 도입을 적극 추진했다. 끝으로 미국 민간 영역의 힘과 영향도 정부와 유사한 역할을 담당한다. 1990년대 이후로 미국의 관료들과 법률가들은 자국의 경험을 토대로 세계 여러 나라에서 국제경쟁법 관련 논의를 주도해 왔다.

그렇지만, 미국 반트러스트법 커뮤니티의 사고방식이 가지는 특징 중의 하나는 그 시야가 좁다는 것이다. 미국 반트러스트법 관련 관료, 학자, 법률가들은 다른 나라의 경쟁법을 살펴보거나 그로부터 무엇을 배울 인센티브가 별로 없었다. 이로 인하여 미국 반트러스트법 커뮤니티의 구성원들은 미국 반트러스트법의 기본원칙과 접근방식에 만족하고 그것이 옳다는 생각을 가지고 있다. 그리고 그들은 미국에게 옳은 것은 다른 나라들에게도 옳다는 생각을 가지고 있다. 이러한 생각은 미국의 국력, 영향력과 결합해서 거만하게 비춰지기도 한다. 미국이 세계에서 가장 오랫동안 경쟁법을 운용해 왔고 일련의 시행착오를 겪으면서 정비해 왔기 때문에, 미국의 반독점법 운용 경험은 유용하게 활용될 수 있고, 국제경쟁법 발전의 모델이 될 수도 있다. 그러나 미국의 경험을 다른 나라 및 국제경쟁법의 발전을 위해 활용하기 위해서는 미국 반트러스트법 체제의 고유한 특성과 각국의 시스템과 법체제의 고유의 특성에 대하여 세심한 주의를 기울일 필요가 있다.

제3절 유럽의 경쟁법

I. 초기 유럽 경쟁법의 발전

유럽 경쟁법에 관한 대부분의 기본적인 생각들은 1890년대에 빈(Wien)에서 고안되었다.[11] 합스부르크 왕조가 이끄는 정부가 오스트리아 경제를 진작시키고 당시 급속하게

11) 당시 빈은 여러 학문, 철학, 예술 분야의 창의적인 생각이 넘쳤던 곳이다.

발전하고 있던 독일을 따라 잡기 위한 방법을 모색하기 위하여 법으로 경쟁과정을 보호하는 아이디어에 관한 연구를 시작하였다. 이들은 법과 경제적 자유를 강조하는 고전적 자유주의로부터 많은 영향을 받아, 법과 경제적 자유를 통합해 경제성장을 촉진하고자 하였다. 이들은 법으로 경제적 과정(economic process)을 보호하려는 아이디어를 고안해 냈다. 경제를 일종의 과정(process)으로 인식하기 시작하면 이러한 과정을 보호하기 위해 법을 활용하려는 아이디어는 쉽게 받아들일 수 있게 된다. 오스트리아 정부는 이와 같은 생각에 따라 경쟁을 보호하려는 법안을 제안하였다. 법안의 실질적 내용은 주로 경쟁과정에 대한 잘 정립된 개념과 경쟁 보호의 주된 목표가 소비자 후생이라는 인식에 초점을 맞추고 있었다. 그러나 이 법안은 결국 입법에까지는 이르지 못하였다.

제1차 세계대전의 발발로 인하여 경쟁법과 같은 이슈는 별다른 관심을 끌지 못했지만, 1920년대에 발생한 악명 높은 인플레이션 위기에 대응하는 과정에서 전쟁 이전에 논의되었던 경쟁법에 관한 아이디어 중 일부가 1923년 독일에서 '경제력남용방지령'이라는 모습으로 법제화되었다. 독일의 경쟁법은 유럽 최초의 경쟁법이었다. 독일의 경쟁법은 종래 논의된 바에 따라 행정부의 기관이 경쟁법에 관한 주된 결정을 내리도록 했는데, 이는 그 후 유럽 경쟁법의 핵심적인 특징이 되었다.

Ⅱ. 개별국가의 경쟁법과 유럽 모델의 발전

제2차 세계대전 이후 유럽에서 재개된 경쟁법의 발전을 위한 노력은 다음과 같은 세 가지 방식으로 이루어졌다. 첫째는 독일에서 발전한 경쟁법이고, 둘째는 대부분의 다른 국가에서 발전한 경쟁법이며, 셋째는 유럽 공동체의 경쟁법이다. 이러한 세 가지 방식은 그 이후 유럽 통합의 과정에서 결국 통합되었다.

1. 독일 경쟁법

독일 경쟁법은 가장 심도 있는 지식 기반과 가장 강력한 정치적 지지를 받고 있었고, 유럽의 다른 나라들과 유럽 전체의 경쟁법의 발전에도 많은 영향을 미쳤다. 독일 경쟁법은 독일식 질서자유주의(ordoliberalism)와 프라이부르크 학파의 사상을 기초로 하고 있는데, 이들은 법을 활용해서 경쟁과정을 보호하고, 이를 통해 대규모의 경제력을 갖춘 기업들을 통제하고자 하였다. 이들은 법을 통하여 국가나 대규모 경제력을 보유한 사적 주체로부터 경제적 자유와 경쟁을 보호할 수 있는 방안을 모색하였다. 이들이 주장했던 핵심적 원칙은 정부가 경쟁과 경제적 자유에 입각한 경제체제를 형성하고 이러한 질서를 지키기 위하여 노력해야 한다는 것이었다.

(1) 경쟁법의 제정

제2차 세계대전 후 미국이 독일을 점령했던 기간에 프라이부르크 학파가 전면에 등장하게 되었다. 프라이부르크 학파에 속한 많은 사람들이 독일 경제정책을 입안, 집행하는 부서에서 고위직을 차지하게 되었다. 이들은 종래의 독일 정치체제와는 근본적으로 다른 '새로운 독일'을 발전시키고자 했던 소장 변호사, 경제학자, 행정가들로 구성된 그룹의 핵심이 되었다.[12] 이들 그룹은 경쟁보호를 중시했고, 경쟁법 제정이 최우선적 추진사항에 포함되었다. 또한, 경쟁법의 입법은 미국측 주둔군의 우선적인 추진사항으로서, 주둔군은 1947년에 독일에서 카르텔을 금지하는 법률을 제정, 시행하였다.[13]

한편, 독일 관료들은 이미 1947년부터 미국의 점령이 종료되면 독일식의 경쟁법을 제정하려는 방안을 강구하게 되었다. 이 과정에서 독일식 질서자유주의를 지지하는 사람들과 대기업측 인사들 간에 논쟁이 벌어졌고, 그 논쟁은 10년 이상 지속되었다. 기업인들은 경쟁법이 자신들의 사업활동을 제약할 것을 우려했다. 그러나 어떠한 형태로든 경쟁법 도입이 불가피하다는 것을 인식하자, 특정행위를 무조건적으로 금지하는 것보다 행정부가 재량권 행사를 통해 규제 여부를 결정하도록 하는 보다 온건한 경쟁법이 제정되도록 하는데 역량을 집중했다. 그러나 질서자유주의자들은 행정부의 재량의 여지를 배제하고, 특정한 유형의 행위를 단순 금지하는 보다 강력한 내용의 경쟁법 도입을 강하게 주장하였다. 이러한 논쟁이 진행되는 동안 미국 관료들은 독일 질서자유주의자들을 지지하고, 독일 정부에게 경쟁법 도입을 요구하면서 이를 독일 주둔을 종료하는 합의 내용의 일부로 포함시킬 것을 주장했다. 다만, 미국 정부는 경쟁법의 구체적인 내용에 대해서는 특별한 요구를 하지 않았다. 미국 정부는 독일 주둔 시 자신들이 집행했던 법을 그대로 유지하라고 요구하지 않고 독일 정부가 독자적으로 경쟁법이라는 새로운 법영역을 발전시키도록 하였다. 그 결과, 1957년에 전반적으로 질서자유주의자들의 주장을 반영하여 경쟁을 법적인 질서원리(rechtliche Ordnungsprinzip)로 보호하려고 하는 경쟁제한방지법(GWB)을 제정하였는데, 이것이 유럽 최초의 경쟁법이다.

독일 경쟁법은 독일 질서자유주의자들의 생각에 미국 반트러스트법의 경험과 과거 독일 경쟁법의 경험 등 여러 가지 요소를 모두 통합, 반영한 혼합물이었다. 독일 경쟁법은 경쟁법 원칙의 집행을 위해 주로 행정부의 메커니즘에 의존했지만, 전쟁 전의 유럽식 경쟁법 모델과는 중요한 측면에서 차이가 있었다. 그 중에서 가장 중요한 것은 이 법이 경쟁법을 본질적으로 사법적(judicial) 시스템으로 보았다는 점이다. 행정부 관료들이 경쟁법

12) Ludwig Erhard는 이러한 노력을 지지했던 핵심인물로서, 미국 점령기에는 경제정책 집행부의 수장을, 그 이후에는 경제부처의 수장, 수상까지 역임하면서 20여 년 동안 독일 경제정책의 결정에 가장 큰 영향력을 미쳤다.

13) 자세한 경위는 지철호, 독점규제의 역사, 홀리데이북스(2020), 130-131면 참조.

에 관한 기본적인 의사결정을 하기는 하지만, 이들은 사법적 방법과 절차에 따라 의사결정을 내려야 했다.

(2) 실체법 규범과 법원칙

독일 경쟁법의 지도 이념은 사인이 경제력을 활용하여 경쟁을 제한하고 경쟁과정을 왜곡하는 것을 방지하는 것이었다. 그 핵심적인 생각은 질서자유주의자들에 의하여 완전경쟁(complete competition)이라고 불리는 상태, 즉 어떤 개별 기업도 가격 기타 경쟁조건을 임의로 조정하지 못하는 경쟁상태를 유지해야 한다는 것이었다. 본래 독일 경쟁법은 교통, 농업, 보험과 같은 주요 산업에 적용되지 않았는데, 이들에 대하여는 다른 규제체제들이 적용되었다. 그러나 이러한 적용제외들은 그 후 점진적으로 감소되었다.

당초 독일 경쟁법에는 세 가지의 실체법적 규범이 있었다. 가장 중요한 것은 카르텔 금지였다. 그러나 산업합리화, 표준화 합의와 같은 몇 가지 유형의 합의에 대하여는 예외가 인정되었다. 둘째로 경쟁을 제한할 수 있는 다른 합의에 대한 규제였다. 끼워팔기, 라이선스계약, 배타조건부거래 등과 같은 합의들이 여기에 해당된다. 이러한 합의들은 전적으로 금지되는 것이 아니라 개별 구체적인 상황에 따라 상이한 경쟁효과를 초래한다는 것을 인식하고, 카르텔과는 다른 접근방식을 채택하였다. 셋째로 경제력 남용에 대한 규제이다. 독일 경쟁법은 남용행위의 유형을 법에 구체적으로 규정하는 대신, 연방카르텔청(Bundeskartellamt)으로 하여금 시장지배적 기업이 경제력을 남용하여 경쟁과정을 저해하는 행위를 하지 못하도록 하고, 이를 준수하지 않을 경우 과징금을 부과할 수 있게 했다.

(3) 방법론과 법집행기관

연방카르텔청의 기본 역할은 특정한 정책 방향을 결정, 실행하는 것보다 경쟁을 법적인 질서원리로서 보호하기 위한 목적으로 제정된 법률을 해석, 적용하는 것이다. 연방카르텔청의 조직은 경제영역별로 나누어진 다수의 심결부(decision section)로 구성되어 있으며, 그 결정은 법원과 유사한 절차에 따라 이루어진다. 연방카르텔청의 조치에 대해서는 연방고등법원에 항소할 수 있고, 그 법원의 결정에 대해서는 연방대법원에 상고할 수 있다. 연방카르텔청는 관료주의가 지배하는 행정부로부터 상당한 독립성을 갖고 있고, 따라서 정치적 압력으로부터도 매우 자유로운 편이다. 그럼에도 불구하고 독일 경쟁법은 연방경제부 장관의 허가를 통하여 정치적 영향을 미칠 수 있는 경우를 구체적으로 규정해 놓고 있다. 독일 경쟁법은 사인이 일반 법원에 손해배상청구 또는 금지청구를 할 수 있게 하고 있지만, 이는 개인에 대한 보호를 의도하고 있다고 인정되는 일부 소수 조항, 예컨대 가격차별이나 보이콧 등과 같은 규정에 대해서만 인정하고 있다.

(4) 경쟁법의 실효성과 권위의 확립(1958~1973년)

독일에서는 경쟁법이 정치, 경제, 법률생활에서 급속히 중요해졌다. 그 이유는 첫째로, 경쟁법이 지향하는 생각과 법목적에 대한 광범위한 지지 기반, 즉 경쟁법을 적극적으로 수용하려 했던 사회분위기를 들 수 있다. 이는 사회적 시장경제라는 관념과 일체를 이루는 부분이었다. 그 기본생각은 시장은 사회의 일부로서 사회가 요구하는 바를 구현해야 하지만, 동시에 사회도 경쟁을 지지해야 한다는 것이었다. 경쟁법의 문언과 구조는 이와 같은 임무를 수행하기 위해 고안되었다. 경쟁법 문언은 특정행위의 객관적 특징에 주목하는 대신 문제되는 행위가 어떠한 경제적 효과를 미치는지에 초점을 맞추었다.

그러나 경쟁법의 권위와 효력을 확립하는 핵심적인 주체는 연방카르텔청이었다. 연방카르텔청은 경쟁법 체제를 작동시킬 주된 책임을 지고 있었고, 경쟁법과 경쟁당국의 역할에 대한 존중과 확신을 발전시켜야 했다. 독일의 행정부 주도의 전통으로 인해 연방카르텔청의 행위는 존중되고 권위를 인정받아야 한다고 여겨졌고, 이는 연방카르텔청의 임무 수행을 지지하는 요소로 작용했다. 그리고 연방카르텔청 소속 관료들은 자신들의 업무를 중요한 임무로 여겼으며, 그들의 임무를 조심스럽게 수행하는 접근방식을 채택하였다. 그들은 교육과 협상을 통하여 기업의 지도자들이 이 법을 받아들이고 지지하도록 설득하였다. 연방카르텔청의 사법부적 특성은 사업자들이 연방카르텔청과 경쟁법의 전반적인 역할을 점진적으로 수용하게 한 중요한 요인이 되었다.

그리고 독일 경제의 발전은 당연히 연방카르텔청의 임무 수행에 힘을 실어 주었다. 이러한 경제적 성공의 대부분이 Ludwig Erhard의 사회적 시장경제 정책의 결과이고, 경쟁법이 이러한 정책들의 핵심 요소라는 인식이 광범위하게 퍼져 있었다. 법원도 역시 연방카르텔청의 임무 수행을 지지했다. 이상과 같은 요소들로 인하여 연방카르텔청은 독일 사회에서 권위를 얻었고 경쟁법의 위상도 제고되었다. 무엇보다도 연방카르텔청은 경쟁법의 준수를 이끌어 내었다. 기업들은 초기에는 카르텔 금지에 반발하고 경쟁법을 무력화하기 위해 노력했지만, 이제는 전반적으로 경쟁법에 협력하는 태도를 보이고 이를 준수하고 있다.

(5) 경쟁법 체제의 개선(1960년대 후반부터 2004년까지)

1960년대 말에 이르자 종래 독일 경제의 재건에 많은 기여를 한 것으로 인정되었던 경쟁법에 대하여 의문이 제기되기 시작하였다. 기업대표들은 장기간에 걸쳐 질서자유주의의 완전경쟁 모델이 시대에 뒤떨어진 것으로서 비현실적이라고 주장하였다. 그들은 독일 기업들이 급속히 강화되는 국제 경쟁에서 완전경쟁의 개념에 입각한 독일 경쟁법으로 인해 생존에 필요한 규모의 경제 실현에 어려움을 겪고 있다는 점을 강조했다. 그리고 경쟁정책 분야에서는 미국 경제학자인 John M. Clark가 고안한 유효경쟁(workable competition)과 역동적인 과정으로서 경쟁(competition as a dynamic progress)이라는 관념이 유행하게 되었다. Clark는 사업자의 경제력 획득은 용인하되, 이들이 독점적 지위에서 경쟁을 저해하지 못하도록 하는 데 주력하는 경쟁정책을 옹호하였다. 그의 주장의 핵심은 경제력 집중이 오히려 경쟁을 강화하는 경우가 많다는 것이었다. 따라서 경쟁법은 모든 경제력집중을 근절하기보다는 경쟁을 저해하는 행위를 통제하고 독점이 발생할 수 있는 경제력집중을 금지하는 데 집중해야 한다는 것이었다. 독일 정부는 이러한 주장을 받아들여 1973년 법 개정을 통해 기업결합의 규제를 도입하고, 시장지배적 사업자에 대한 규제를 강화하는 반면, 중소기업자들은 카르텔 규제에 대한 우려 없이 자유롭게 상호 협력할 수 있게 하였다. 그 후에도 독일 경쟁법은 여러 번 개정되었지만, 전체적으로 보면 경쟁법 체제는 그 기본골격을 그대로 유지하고 있고, 연방카르텔청도 전반적으로 대중으로부터 많은 지지를 받고 있으며, 최고 수준의 인재를 채용할 수 있을 정도로 높은 위상을 유지하고 있다.

2. 독일 이외 유럽의 경쟁법

(1) 고전적인 행정부 주도 모델

독일 이외의 다른 서부 유럽 국가들은 비록 유럽 통합의 과정에서 합쳐지기는 했지만, 초기에는 독일과 달리 세계 대전 이전의 모델인 행정부 주도 모델을 채택하였다. 초기 행정부 주도 모델에서 관료들은 상대적으로 모호하게 규정되어 있는 경쟁법을 집행하면서 상당한 영향력을 행사할 수 있었는데, 이들의 결정은 거의 사법심사의 대상이 되지 않았고, 설사 심사의 대상이 되더라도 그 범위는 행정법 원칙의 위반 여부라는 좁은 범위로 제한되었다. 이런 모델에서 경쟁법은 전체 경제정책의 일부에 불과했으며, 경쟁법에 관한 실체법적 행위 규범은 일반론에 그치거나 모호하게 규정되는 경향이 있어서 당해 규범의 적용대상이 될 수 있는 행위가 무엇인지에 대해 실질적인 정보를 제공하지 못하였다. 그리고 행정부 주도 모델에서는 관료들이 일차적인 의사결정권한을 행사한다. 사인에 의한 경쟁법 소송은 거의 허용되지 않았고, 설령 허용된다고 하더라도 매우 예외적으로만 가능할 뿐이었다. 행정부 결정에 대해서는 행정부 내의 재판부서나 이를 전담하기 위해 특별히 설립된 특별위원회 또는 법원에 의한 심사를 받는 것이 통례였다. 이와 같은 행정부 주도 모델은 정치가들, 관료들에게 광범위한 재량권을 부여해 주었기 때문에 그들에게 이익이 되었다. 그리고 이러한 모델은 일반 대중들에게는 강력한 기업들이 규제를 받고 있다는 인상을 주면서도, 실제로는 기업들에게 별다른 영향을 미치지 않았기 때문에 기업들도 여기에 반대하지 않았다.

종전 이후 수십 년 동안 각국 정부는 국제경쟁력의 강화를 위해 자국 내의 경제력 집중과 강력한 대기업 육성의 필요성을 인정하고 이를 지지해 왔다. 대기업이 초래할 수도 있는 폐해는 그들이 가져올 효용에 비하면 중대한 문제로 생각되지 않았으므로, 대기업 형성을 초래하는 기업결합에 대한 규제는 극도로 위축되었다. 이 기간 동안 유럽 개별 국가의 경쟁법 집행의 가장 두드러진 특징은 경쟁법에 대한 정치적 지지가 전반적으로 미약했다는 점이다. 그리고 유럽 개별 국가의 경쟁법 체제들은 법보다는 경제정책적 고려에 따라 작동하는 경향을 보였으며, 경쟁법 체제에서 법률 문언과 절차들은 전반적으로 사법적 의사결정보다는 경제정책의 집행을 위한 도구로 활용되었다.

(2) 행정부 주도 모델의 사법화

1960년대 이후 유럽의 모든 경쟁법 체제들은 점진적으로 행정부의 단기적, 재량적 정책판단에 의존하던 방식에서 탈피해서 방법론적 근거를 갖춘 법원칙을 적용하고 특정한 행위 유형을 금지하는 방향으로 나아갔다. 여기서는 이를 사법화(juridification)라 한다. 예컨대 행정부의 의사결정에 대해 단순히 재량권의 일탈·남용 여부만을 심사하는 것이 아니라 실체법적 관점에서 그 결정의 당부를 판단하도록 하고, 행정부 소속 법원이 아닌 일반 법원으로 하여금 사법심사를 하도록 하며, 경쟁당국에 보다 많은 자율성을 부여하는 것이다. 이러한 사법화 과정과 함께 경쟁제한적 행위에 대한 경쟁당국의 규제수단도 상당히 발전했으며 경쟁법의 적용범위도 확대되었다. 경쟁이 중요하다는 인식과 경쟁제한적인 요소로부터 경쟁을 보호해야 한다는 인식의 증대가 사법화 과정을 이끌었다. 유럽 통합이 진행되고 1990년대 경제적 세계화가 본격적으로 진행됨에 따라 정부가 종전처럼 경제발전을 통제할 수 없다는 점이 분명해졌고, 경쟁이 경제발전을 견인함에 따라 경쟁의 보호가 중요해졌다. 그리고 경쟁제한적인 행위에 대한 규제의 필요성이 인식되기 시작함에 따라 경쟁법에 대한 정치적 지지도 점차 강화되었다.

그 밖에 두 가지의 외부적인 요인들도 사법화 과정을 지지했다. 하나는 독일의 경쟁법 경험이다. 독일의 경쟁법은 1950년대 중반에 이미 사법적 요소를 강화했던 바, 독일 경제가 급속히 성장하자 주변 국가들은 경쟁과정을 보호하려 했던 독일의 노력이 경제성장에 어느 정도 기여했을 것이라고 생각했다. 그 결과 독일 경쟁법에 대한 관심이 높아졌고, 프랑스와 같은 나라들은 독일 경쟁법의 아이디어와 법집행의 실무를 차용하기도 하였다. 그보다 더욱 중요한 요소는 EU 경쟁법이 보다 안정적으로 발전하고 강력해졌다는 점이다. 1970년대에 이르자 일부 회원국들은 경쟁법 체제에 관한 결정을 내림에 있어서 EU 경쟁법을 참고하기 시작했는데, EU 경쟁법은 사법적 요소를 더욱 강화한 체제였고, EU 법원은 그 체제 내에서 핵심적인 역할을 담당했다.

Ⅲ. EU 경쟁법

EU 경쟁법은 각국의 경쟁법 경험에서 유래했으면서 각국의 경쟁법에 급속도로 영향을 미치기도 했다. 경쟁조항은 1957년 EEC를 창설한 로마조약에 포함되었다. 프랑스, 이탈리아, 독일과 베네룩스 3국은 로마조약 체결을 통해 상호간의 무역장벽을 철폐해 공동시장(common market)을 형성하려 했고, 이를 저해할 우려가 있는 사인의 행위를 억제하기 위해 경쟁조항을 조약에 포함시켰다. 그러나 경쟁조항들은 매우 간략했고 이 조항들이 실제로 어떠한 기능을 할 수 있을지는 매우 불확실했다. 그런데 몇 년 지나지 않아 경쟁법은 로마조약에 기반한 법체제의 핵심적인 요소가 되었고 새롭게 형성되는 EU 법체제의 지주가 되었다. EU 경쟁법 체제는 행정부 모델에 따른 절차와 메커니즘을 활용하여 EU 집행위원회의 역할을 결정하고 경쟁법을 발전시켜 왔다. 이런 의미에서 EU 경쟁법 체제는 행정부 주도 모델을 따르면서도 이를 유럽사법재판소(European Court of Justice, 이하 "ECJ"라고 함)와 유럽제1심재판소(Court of First Instance, 이하 "CFI"라고 함)가 주된 역할을 담당하는 사법적 프레임워크에 포함시켰다. 이러한 구조는 부분적으로 독일 경쟁법의 영향을 받은 것이다.

1. 경쟁법의 목적

EU 경쟁법은 최초로 도입될 당시부터 전반적으로 유럽 기업의 경쟁력을 제고하기 위한 수단으로 인식되었다. 경쟁법은 경쟁제한적 요소를 제거하고, 유럽 시장의 효율성을 제고하며, 소비자를 이롭게 하고, EU 기업들의 생산성을 제고할 수 있는 도구로 생각되었다. 이러한 연유로 EU 경쟁법은 유럽통합 및 경쟁제한적 행위로부터 경쟁의 보호라는 두 가지 목적을 표방해 왔다. 우선, 유럽 통합은 EU 경쟁법의 발전이 지향하는 핵심 목적이었으며, 경쟁법에 관한 다수의 리딩 케이스들이 이러한 입장을 반영하고 있다. 그러나 유럽 시장의 통합이라는 목적은 그 중요성이 점진적으로 감소하게 되었다. 경쟁법의 또 다른 목적인 경쟁보호는 초기에는 그 의미가 분명하지 않았지만 시간이 지나면서 그 구체적 의미가 형성되어 갔다. 초기의 경쟁보호는 질서자유주의자들의 사고와 경험으로부터 많은 영향을 받았다. 질서자유주의적 관점에서는 경제력을 갖춘 기업들이 시장의 원활한 작동을 저해하고 있으므로 이들 기업의 지위(경제력) 자체를 규제함으로써 완전경쟁(complete competition)에 가까운 상황을 만드는 것을 경쟁법의 핵심목표로 해야 한다고 보았다. 경쟁보호에 관한 또 다른 생각은 경제적 자유에 초점을 맞추었다. 주로 독일 측 학자들은 경제적 자유가 경쟁법 적용의 핵심목표가 되어야 한다고 주장했던 반면, 다른 학자들은 경제적 자유가 경쟁법에 관한 의사결정에 유용한 지침이 되지 못한다고 주장했다. 그런데 1960년대 후반부터 유효경쟁(workable competition)이라는 개념이 영향을 미치기 시작했다. 경쟁법이 시장 참여자들을 배제하거나 경쟁하지 못하도록 방해하는 행위를 금지함으로써 유효경쟁이 이루어질 수 있는 조건을 확립, 보존해야 한다는 것이다. 여러 가지 법목적을 추구하는 것은 EU 경쟁법의 발전과정에서 오랜 기간 동안 바람직한 것으로 생각되었다. 그러나 1960년대 후반부터 EU 경쟁법이 효율성을 더 중시해야 하고 따라서 경제학에 기반한 미국 반트러스트법과 유사한 태도를 취해야 한다는 생각이 제시되었다. 이들은 경제적 효율성이 유럽 통합이라는 경제적 목표에 가장 잘 부합하는 경쟁법의 목적이라고 주장했다.

2. 법집행 기관

EU 집행위원회(European Commission)는 EU 경쟁법을 해석, 적용할 일차적 임무를 수행한다. 집행위원회 관료들의 열정, 판단력, 효과적인 업무수행은 EU 경쟁법에 내용과 집행력을 부여했고, 유럽 통합을 이끄는 핵심동력으로 작용했다. EU 집행위원회의 경쟁법 전담기관인 경쟁총국(Directorate General for Competition, 이하 "DG Comp"이라 함)은 행정부의 재량권 행사보다는 법률 적용에 기반한 절차를 발전시켰다. 그 결과, 전 유럽이 집행위원회를 신뢰하고 위원회가 지향하는 목적을 지지하기에 이르렀다. 그리고 ECJ는 경쟁법에 대한 EU 집행위원회의 접근방식을 전반적으로 지지했다. DG Comp은 충분한 역량을 가진 조직으로서 특별한 사정이 없는 한 각료이사회(Council of Minister)[14]의 승인 없이 활동할 수 있다. 다만, 주요한 경쟁법 결정에 대하여는 반드시 EU 집행위원회 전체회의의 승인을 받아야 하고, 일부의 경우에는 각료이사회의 승인도 받아야 했다. EU 집행위원회는 EU 경쟁법의 발전 및 집행이 어디에 중점을 두고 어떻게 형성되어야 하는지를 결정하는데 중심적인 역할을 담당했다.

3. 실체법 규범

현재 EU 경쟁법의 실체법적 내용은 유럽기능조약(Treaty on the Functioning of the European Union, 이하 "TFEU"라고 함) 제101조, 제102조(구 로마조약 제81조, 제82조)에 근거하고 있다. 제101조는 경쟁을 제한하는 합의를 금지하고 있으며,[15] 제102조는 시장지

14) EU 체제에서 최고의 정치적 권위를 보유한 기관이다.

15) The following shall be prohibited as incompatible with the common market: all agreements between undertakings, decisions by associations of undertakings and concerted practices which may affect trade between Member States and which have as their object or effect the prevention, restriction or distortion of competition within the common market, and in particular those which:
(a) directly or indirectly fix purchase or selling price or any other trading conditions;
(b) limit or control production, markets, technical development, or investment;
(c) share markets or source of supply;
(d) apply dissimilar conditions to equivalent transactions with other trading parties, thereby placing

배적 지위의 남용행위를 금지하고 있다.[16)]

(1) 공동행위

초기에 EU 집행위원회는 카르텔 합의에 제101조 제1항을 적용하는데 조심스럽게 접근했다. 그 이유 중의 하나는 많은 사람들이 카르텔 금지를 생소하게 여기고 의아해 했기 때문이었다. 법원은 제101조 제1항의 경쟁제한의 개념을 매우 광범위하게 해석하였고, 그로 인해 경쟁의 자유를 제한하는 사업자들 간의 모든 합의가 이 규정의 적용 대상에 포섭되었다. 제101조 제3항에서 카르텔 금지의 예외를 인정하고 있고, 집행위원회는 예외와 관련하여 일괄인가(block exemption)와 비규제 확인(negative clearance)과 같은 절차적 제도들을 발전시켰다. 기업들은 이를 통해 자신들이 관여하는 합의가 집행위원회의 규제대상이 될 것인지에 관해 비교적 신뢰할 수 있는 정보를 얻을 수 있었다. 일괄인가의 인정 여부는 전반적으로 형식적 요건을 충족했는지 여부, 즉 계약조항의 문언에 따라 좌우되었다.

(2) 시장지배적 지위의 남용

EU 집행위원회는 시장지배적 지위남용행위의 개념을 해석, 적용함에 있어서 훨씬 더 조심스러운 태도를 보였다. 집행위원회는 1958년 이후 10년 이상 이 이슈를 연구하고, 전문가들로부터 자문을 받았으며, 규제를 정당화할 수 있는 확실한 이론적 근거를 찾기 위해 노력해 왔다. 그 결과 1960년대 말부터 시장지배적 사업자의 지위남용행위를 규제하기 시작하였다. 집행위원회는 ECJ와 함께 여러 사건들을 처리하면서 지배력(dominance)과 남용(abuse) 등 핵심 개념을 정의하였다. 시장지배적 지위의 남용행위 규제는 EU와 미국이 대립하는 몇 안 되는 분야 중의 하나이다. EU에서 시장지배적 사업자는 자신이 보유한 경제력을 남용하지 않을 특별의무(special responsibility)를 부담한다고 보고 있다. 따라서 시장지배적 사업자는 일반사업자보다 엄격한 기준을 적용받게 된다. 시장지배적 지위남

---

them at a competitive disadvantage;

(e) make the conclusion of contracts subject to acceptance by the other parties of supplementary obligations which, by their nature or according to commercial usage, have no connection with the subject of each contracts.

16) Any abuse by one or more undertakings of a dominant position within the internal market or in a substantial part of it shall be prohibited as incompatible with the internal market insofar as it may affect trade between Member States. Such abuse may, in particular, consist in:

(a) directly or indirectly imposing unfair purchase or selling prices or other unfair trading conditions;

(b) limiting production, markets or technical development to the prejudice of consumers;

(c) applying dissimilar conditions to equivalent transactions with other trading parties, thereby placing them at a competitive disadvantage;

(d) making the conclusion of contracts subject to acceptance by the other parties of supplementary obligations which, by their nature or according to commercial usage, have no connection with the subject of such contracts.

용은 과거에 국영 독점기업이었다가 민영화된 기업들이 시장지배적 지위를 확보하게 되는 일이 빈번해짐에 따라 1990년대 경쟁법의 핵심적인 화두가 되었다.

(3) 기업결합

EU 집행위원회는 1970년대부터 기업결합 규제 여부를 논의했지만, 1989년에야 비로소 기업결합을 규제하게 되었다. 이 때 도입된 기업결합 규제는 특정한 기업결합이 EU내에서 시장지배적 지위를 형성 또는 강화할 것으로 예상될 경우 집행위원회가 이를 금지할 수 있도록 하였다. 기업결합의 위법성을 판단하기 위해서는 정교한 분석이 필요한데, 기업결합 규제를 도입했을 당시에는 독일 경쟁당국의 관료들만이 그러한 분석을 한 경험을 갖고 있었기 때문에, EU 경쟁법에서 독일의 리더십이 더욱 강화되었다.

4. EU 경쟁법의 변화

(1) 절차법적 변화

소련의 붕괴로 인하여 EU의 회원국 수가 증가할 가능성이 높아짐에 따라 DG Comp을 비롯한 다수 총국들의 업무량 증대가 예상되었다. 이러한 변화에 대응하기 위해 DG Comp은 각 회원국에게 EU 경쟁법을 집행하고 사인에 의한 소제기의 인센티브를 제고하는데 더욱 노력하도록 독려하였다. EU 집행위원회는 1999년 4월 경쟁법 절차의 현대화에 관한 백서를 발표하였다. 집행위원회는 2000년 9월 그 백서의 논의에 기초해서 절차 개정안을 제안했으며, 최종 제안인 Regulation 1/2003은 2002년 12월 16일 각료이사회를 통과하여 2004년 5월 1일부터 발효되었다. 각 회원국이 EU 경쟁법을 적용할 1차적인 임무를 부담하고, 집행위원회는 일부 제한적인 상황에서만 경쟁법을 집행할 것임을 분명히 했다. 각 회원국의 관계는 각 경쟁당국 관료들 간의 네트워크 형태로 체계화되고, 집행위원회는 이 네트워크의 논의를 주도, 통제하는 역할을 담당하게 되었다.

(2) 실체법적 변화

1980년대 유럽 학계에서는 보다 미국식 접근방식에 따라 경쟁법을 바꾸어야 한다는 주장이 나타나기 시작하였다. 그런데 1990년대에 미국 경제는 성장하고 유럽 경제는 침체하는 상황이 발생하자, 유럽에서는 미국 경제의 발전을 따라잡기 위해 미국 반트러스트법보다 엄격한 EU 경쟁법을 바꾸어야 한다는 생각이 급속히 확산되었다. 사람들은 점차 시카고 학파의 이론에 관심을 갖기 시작하였고, EU 집행위원회의 일부 관료들도 이 이론을 진지하게 받아들이기 시작했다. 그리고 동유럽 국가들의 EU 가입이 임박하면서 신규 가입국들의 다수가 오랫동안 경쟁과정을 중시하지 않는 경제를 운용해 왔으므로, 이들 국가의 경쟁당국 관료들이나 법원이 경쟁의 보호나 발전이 아닌 다른 목적을 위해 경쟁법을 집행할 것이라는 우려가 나타나게 되었다. 이러한 상황에서 보다 경제학적인 분석방식은 팽창하는 EU 전체의 경쟁법 분석방법을 통합할 뿐만 아니라, 개별국가가 경쟁 보호 이외의 목적으로 경쟁법을 악용하는지를 점검하는 데에도 활용될 수 있을 것으로 생각되었다.

특히 시카고 학파 이론의 입장에서 유럽의 수직적 거래제한 규제를 비판하는 주장이 설득력을 얻기 시작하였다. 수직적 거래제한의 경쟁제한적 효과는 당사자 간의 합의가 행해지는 개별 구체적인 경제적 상황에 따라 결정되므로 이에 대해 형식적 접근방식을 채택하는 것은 타당하지 않다는 것이었다. 행위의 유형(form-based)보다는 행위의 효과(effect-based)에 초점을 맞추어 규제 여부를 판단하는 것이 타당하다는 주장이 설득력을 얻게 되었다. 효과 기반의 접근방식을 채택할 경우 법률적 결론은 경제적 관점에서 제반 사실관계에 대한 분석을 통해서만 도출될 수 있다. 1997년 EU 집행위원회는 수직적 거래제한의 규제에 관한 새로운 가이드라인을 제안하였다. 이 가이드라인은 수직적 거래관계에서 체결되는 계약의 적법성 여부를 계약의 유형에만 의존해서 결정하지 않고 계약체결의 배경이 되는 개별 구체적인 사실관계, 즉 시장의 특성, 당사자들의 관계, 계약 당사자들의 시장력 등과 같은 요소에 따라 어떤 효과가 발생했는지를 고려해서 결정할 것이라는 입장을 천명하였다. 이 가이드라인은 집중적인 공개토론을 거친 후 정식으로 제정되어 EU 경쟁정책의 주요한 변화로 자리매김하였다. 수직적 거래제한 분야에서 이러한 기본제안이 성공적으로 실행되자, 경쟁법의 다른 영역에서도 이러한 방식을 활용해야 한다는 목소리가 높아졌다. 이에 EU 집행위원회는 2001년 수평적 합의에 대해서도 유사한 가이드라인을 제정하였으며, 이를 통해 신고전주의적 관점에 따른 '소비자후생'을 주된 기준으로 활용할 것임을 천명했다. 그리고 TFEU 제101조 제3항의 적용여부와 관련하여 종래에는 여러 가지 사유들을 고려해서 그 적용여부를 결정했지만, 이제는 단일한 분석방법을 적용하게 되었다. 이 분석방법은 집행위원회가 2002년에 제정한 기업결합 수정안의 기초가 되기도 하였다.

단독행위(시장지배적 지위남용행위)의 규제는 새로운 접근방식이 제대로 영향을 미치지 못한 분야가 되었다. 집행위원회 내의 DG Comp는 discussion paper를 통해 단독행위 규제에 있어서도 다른 분야와 마찬가지로 완전히 효과기반 접근방식을 채택하려 하였으나, 이에 대하여는 다른 분야와 달리 강력한 저항이 있었기 때문에, 그 논의는 아직도 완결되지 못하고 있다. 집행위원회는 단독행위에 관한 가이드라인을 발표하고자 했으나, 이에 대한 충분한 지지를 얻지 못하여, 2008년에 일반적 관점에서 기본적인 법집행원칙의 개요를 설명한 guidance paper를 발표하였다.

제4장

독점규제법상 기본개념

제1절 총 설

독점규제법은 시장경제질서 전체의 관점에서 보았을 때 허용할 수 없는 특정행위들을 열거하여 금지하고 있다. 그리고 경제력집중 억제를 위한 규제 등 사전규제적 성격을 갖는 일부 금지행위에 대해서는 별도의 폐해요건을 두고 있지 않지만, 독점규제법상 대부분의 위법행위는 기본적으로 ① 행위주체, ② 행위요건, ③ 폐해(또는 효과)요건의 3가지 요소로 성립된다. 이 가운데 행위요건은 각 위법행위 유형별로 다양한데, 해당 규정에서 상세한 유형을 열거하고 필요한 경우 시행령에서 좀 더 자세히 규정하고 있다. 독점규제법상 주요 위법행위의 유형과 성립요건은 다음 〈표 4-1〉에서 정리한 것과 같다.

〈표 4-1〉 독점규제법상 주요 위법행위의 유형과 성립요건

위법행위 유형	행위주체	행위요건	폐해요건
시장지배적 지위남용	시장지배적 사업자	남용행위	부당성
기업결합	누구든지	기업결합	일정한 거래분야에서 경쟁을 실질적으로 제한
부당한 공동행위	사업자	합의	부당성 (경쟁을 제한)
불공정거래행위	사업자	불공정거래행위	부당성 (공정한 거래를 저해할 우려)
특수관계인에 대한 부당한 이익제공	공시대상 기업집단에 속하는 회사	이익제공	부당성
사업자단체 금지행위	사업자단체	부당한 공동행위, 불공정거래행위 등	부당성
재판매가격유지행위	사업자	재판매가격유지행위	추정됨

경쟁보호를 위한 규범에 있어서 대부분의 행위주체는 사업자, 시장지배적 사업자, 사업자단체이다. 독점규제법에 있어서 기본이 되는 행위주체는 사업자이다. 그리고 위 사업자의 개념에서 파생하는 개념으로서 시장지배적 사업자, 사업자단체가 있다. 한편, 기업결합의 경우에는 행위주체가 '누구든지'로 되어 있어 행위주체의 범위가 넓으나, 이는 기업결합의 경우에 대부분의 행위가 회사에 의해서 이루어지고, 임원겸임 등 자연인이 행위주체가 될 수 있는 예외적인 경우가 있기 때문에 이를 포섭하기 위하여 '사업자'라는 표현 대신 '누구든지'라는 표현을 사용하는 것으로 이해된다. 결국 기업결합의 경우에도 대부분의 수범자는 사업자이다. 특수관계인에 대한 부당한 이익제공의 경우에는 행위주체가 공시대상 기업집단에 속하는 회사로 한정된다. 이는 특수관계인에 대한 부당한 이익제공은 통상의 경쟁제한행위와는 구별되는 것으로서 경제력집중의 억제와 관련이 있는 사후규제이기 때문이다. 한편, 사전규제인 경제력집중 억제의 경우에는 사업자 개념을 사용하지 않고, 상호출자제한 기업집단, 공시대상 기업집단에 속하는 회사 및 지주회사와 그 자회사, 손자회사, 증손회사 등에 대하여 일정한 의무를 부과하고 있다. 이는 경제력집중 억제 규제는 시장에 참여하는 모든 경제주체에 대한 보편적 규제가 아니라 경제력집중을 야기할 수 있는 소수의 대규모기업집단에 대해서만 적용되는 특수한 규제이기 때문이다. 이 장에서는 다수의 행위에서 행위주체의 요건이 되는 사업자 개념에 관해서 살펴보기로 하고, 시장지배적 사업자, 사업자단체 등의 특수한 개념은 제2편 실체법적 규제의 해당 부분에서 살펴보기로 한다.

행위요건과 관련하여 독점규제법은 시장지배적 지위남용, 경쟁제한적 기업결합, 경제력집중, 부당한 공동행위, 불공정거래행위, 특수관계인에 대한 부당한 이익제공, 사업자단체 금지행위, 재판매가격유지행위 등을 규제하고 있다. 이러한 행위들은 입법자가 과거의 역사적 경험과 경제이론을 토대로 경쟁과정을 저해할 우려가 있어 보이는 행위유형들을 1차적으로 추출한 것이다. 재판매가격유지행위와 같이 해당 행위에 관하여 정의 규정이 존재하는 경우도 있지만(법 2조 20호), 시장지배적 지위남용, 기업결합, 부당한 공동행위, 불공정거래행위, 특수관계인에 대한 부당한 이익제공, 사업자단체 금지행위 등 대부분의 금지행위는 별도의 정의 규정 없이 각 해당 장에 그에 해당하는 행위유형을 한정적으로 열거하고 있다.

독점규제법상 금지되는 행위가 존재한다고 하더라도, 어떤 경제행위가 사회전체에 미치는 경제적 효과는 복잡하기 때문에 그것이 곧바로 해롭다고 단정하기는 어렵다. 따라서 입법자는 사전적 예방차원에서 금지하는 경제력집중 억제에 관한 일부 행위들을 제외하고, 나머지 행위유형들에 대해서는 경쟁제한 등의 구체적 폐해가 발생하거나 발생할 우려가 있는 경우에 한하여 위법한 행위로 보고, 그러한 폐해가 인정되지 않는 경우에는 위법하지 않는 것으로 본다. 그러한 폐해의 내용은 대체로 경쟁제한성이지만, 입법자가 의도적으로 다른 기준을 사용한 경우도 존재한다. 예컨대, 재판매가격유지행위에 대해서는 폐해가 존재하는 것으로 추정하고, 불공정거래행위에 대해서는 공정거래저해성이라는 경쟁제한성보다 넓은 기준을 사용한다. 반면, 경제력집중에 관한 많은 사전 규제는 폐해의 발생을 사전에 예방하기 위한 것으로서, 수범자에게 일정한 작위 또는 부작위 의무를 부과하고 그러한 의무를 위반하는 경우에 곧바로 위법으로 본다는 점에서 차이가 있다. 위법성의 판단에 관해서는 다음 장에서 자세히 살펴보기로 한다.

제2절 행위의 주체

독점규제법은 시장에 참가하는 자가 준수해야 할 행위규범이다. 이러한 입법취지에 비추어 시장에서 사업활동을 하지 않는 자는 규제대상에서 제외할 필요가 있다.[1] 이를 위하여 독점규제법은 사업자라는 개념을 사용하고 있다. 기본적으로 사업자에 해당되어야 동법의 위반 여부의 심사를 받게 되어, 시정조치 및 과징금 납부명령의 대상이 되고, 민사상 손해배상책임의 주체가 된다. 즉, 독점규제법은 누구에게나 적용되는 것이 아니라 그가 자연인이든 법인이든 간에 사업자로서의 특성을 갖추고 있는 자, 즉 사업자에게 적용하는 것을 원칙으로 하고, 기업결합 등 예외적인 경우에 한하여 사업자 이외의 자에게도 적용된다.[2] 이것은 독점규제법이 기본적으로 사업자를 중심으로 한 경쟁관계나 거래관계에서 이루어진 행위에 대하여 적용된다는 의미이다.[3]

Ⅰ. 사 업 자

1. 사업자의 개념

사업자는 "제조업, 서비스업 또는 그 밖의 사업을 하는 자"이다(법 2조 1호).[4] 판례는 사업자를 자기의 계산으로 재화나 용역을 공급하는 경제활동을 하면서 그 활동과 관련된

1) 독일 경쟁제한방지법이 수범자를 인(人)이나 상인(商人)이 아닌 사업자로 규정한 것이 일정한 범주의 행위주체를 동법의 인적 적용범위에서 제외하려는 의도였다고 한다. 신동권(2016), 33면.

2) 기업결합의 경우에 당해 사업자는 기업결합 당사회사를 의미하지만, 기업결합 당사회사에 대한 시정조치만으로는 경쟁제한으로 인한 폐해를 시정하기 어렵거나 기업결합 당사회사의 특수관계인이 사업을 영위하는 거래분야의 경쟁제한으로 인한 폐해를 시정할 필요가 있는 경우에는 그 특수관계인도 사업자에 포함된다(법 16조 1항).

3) 이는 상법이 상인을 중심으로 한 법률관계를 규율대상으로 하는 것과 유사한 맥락에서 이해할 수 있다. Rittner(1997), 174면 이하 참조.

4) 이 규정은 1999년에 개정된 것이다. 종래에는 동법이 사업자를 실질적으로 정의하지 않고 동법의 적용을 받는 사업분야에 대해서만 규정하고 있었다. 그에 따라 독점규제법은 제조업·서비스업 등 12개 사업에 대해서만 적용되고 농업·어업·광업 등 5개 사업에는 적용되지 않았다. 그러다가 1999년 법개정으로 독점규제법은 사업의 분야를 묻지 않고 모든 사업자에게 적용되게 되었다.

각종 결정을 독자적으로 할 수 있는 자로 보고 있다.[5)] 사업을 행하는 자는 자연인, 법인, 법인격 없는 사단이나 조합 등 여러 가지 모습을 띨 수 있기 때문에 그 법적 형태는 문제되지 않는다. 사업자의 개념은 경제학상의 기업(undertaking, Unternehmung)에서 유래된 것으로서, 매우 추상적인 차원에서 특히 가계 내지 소비자에 대응하는 개념으로 이해되고 있다. 한편, 사업자 중에서 "일정한 거래분야의 공급자나 수요자로서 단독으로 또는 다른 사업자와 함께 상품이나 용역의 가격, 수량, 품질, 그 밖의 거래조건을 결정·유지 또는 변경할 수 있는 시장지위를 가진 사업자"를 시장지배적 사업자라고 하는데, 이에 관해서는 제2편 제1장에서 상론하기로 한다.

사업자란 결국 사업을 행하는 자를 말한다. 따라서 사업자의 개념을 이해하기 위해서 먼저 사업의 의미를 규명할 필요가 있다. 일반적으로 사업이라 함은 타인에게 일정한 경제적 이익을 제공하고 그것에 상응하는 반대급부를 받는 행위를 계속적·반복적으로 하는 것을 말한다. 여기에서 영업성과 독립성의 요소를 추출할 수 있다.

(1) 영업성

사업자는 영업활동을 전제로 한다. 따라서 자선행위나 단순한 기부행위와 같이 반대급부를 받지 않는 행위는 포함되지 않는다. 자연인의 사적인 소비를 위한 행위도 사업이라고 볼 수 없다. 국가나 지방자치단체의 고권적인 행위는 영업성이 없기 때문에 독점규제법의 적용대상이 아니다. 반면, 이들이 사경제의 주체로서 반대급부를 받고 경제적 이익을 제공하는 행위를 한다면 사업자의 행위로서 법적용 대상에 포섭된다. 협의의 소비자, 즉 경제적으로 단지 수요자로만 등장하는 자연인과 그들의 단체인 소비자단체 역시 사업자로 파악되지 않는다. 따라서 소비자단체의 보이콧은 원칙적으로 독점규제법상 불공정거래행위에 해당되지 않는다.

(2) 독립성

사업을 행한다는 것은 자기의 계산 하에 사업을 영위하는 것을 의미한다. 근로자는 근로관계가 지속되는 동안 기업에 편입되고 그 기업과 경제적 동일체가 되기 때문에 사업자의 개념에 해당되지 않는다.[6)] 다만, 사업자의 이익을 위한 행위를 하는 임원, 종업원(계속하여 회사의 업무에 종사하는 사람으로서 임원 이외의 사람), 대리인 및 그 밖의 자는 사업자단체에 관한 규정을 적용할 때에는 사업자로 본다(법 2조 1호 후문).

2. 영리성을 요하지 않음

영업성과 영리성은 구분되어야 한다. 사업은 반드시 영리목적에 국한되지 않는다. 사

5) 서울고법 2003.5.27. 선고 2001누15193 판결; 대법원 2005.12.9. 선고 2003두6283 판결.
6) 동지: 이봉의(2022), 103면.

업자의 의무가 법령에 규정되어 있는지 그리고 그 목적이 공익성을 띠는지의 여부도 문제되지 않는다.[7] 따라서 의사나 변호사 등과 같은 자유업자 내지 개인사업자의 경우에도 사업자로서 독점규제법의 적용을 받는다는 데에는 이견이 없다. 학문, 예술 및 스포츠 활동도 그 자체는 경제활동이 아니므로 독점규제법의 적용대상이 아니지만, 프로선수 혹은 극단(劇團)의 경우처럼 그들의 능력을 경제적으로 이용하여 사업자로서 활동하는 것으로 인정되는 경우에는 마찬가지로 독점규제법의 적용을 받는다. 건축물의 설계, 공사감리 등의 서비스를 제공하고 그 대가로 보수를 받는 행위를 계속적·반복적으로 행하는 건축사의 업은 경제적 이익을 공급하고 그것에 대응하는 경제적 이익의 반대급부를 받는 경제행위에 해당하는 것으로서 독점규제법의 적용대상이 된다.

3. 절대적 사업자와 상대적 사업자

사업자는 구체적인 경제활동 측면에서 기능적, 상대적으로 파악되는 개념이다. 따라서 사업자는 절대적 사업자와 상대적 사업자로 나눌 수 있다. 절대적 사업자란 「상법」상의 모든 회사와 기타 개인사업자를 말한다. 이러한 절대적 사업자는 항상 그리고 모든 관점에서 사업자이기 때문에, 그가 수요측면에서 사무실용 비품이나 원재료 등을 구입하는 경우에도 사업자로 취급된다. 따라서 이들이 가장 일반적이고 중요한 독점규제법의 적용대상이 된다. 반면, 상대적 사업자는 어느 특정한 활동영역에 대해서만 사업자로 취급되는 개인이나 단체를 말한다. 자연인은 그가 상품이나 서비스의 공급자로서 독립적으로 활동하는 한도 내에서는 독점규제법의 적용을 받는 사업자가 되지만, 사적인 소비자나 노동자로서 활동하는 경우에는 그렇지 않다. 그리고 사업가적 목적을 추구하지 않는 사법상의 법인이나 권리능력 없는 사단도 그들이 부분적으로나마 재화를 공급하고 그 대가를 받는 활동을 하는 한도 내에서는 사업자로 취급된다. 그러나 구체적인 경우에 있어서 이러한 활동을 정확히 규정하기란 어렵다.

4. 국가, 지방자치단체, 공기업

국가나 지방자치단체의 고권적인 활동은 사경제주체로서의 활동이 아니므로 원칙적으로 독점규제법의 적용을 받지 않는다. 그러나 국가나 지방자치단체가 일정한 경제주체의 하나로서 타인과 거래행위를 하는 경우에는 그 한도 내에서 독점규제법상 사업자로서 동법의 적용을 받게 된다. 여기서 중요한 것은 사적인 거래에 참여하고 있는지 아니면 고권적으로 행위하고 있는지 여부이다. 대법원은 국가나 지방자치단체도 사경제의 주체로서 타인과 거래행위를 하는 경우에는 그 범위 내에서 사업자에 포함된다고 하면서, 서울

---

7) 공정위 1987.3.25. 재결 제87-1호 참조.

특별시에 대하여 전동차의 제작 납품·구매계약의 주체로서 사업자성을 인정하였다.[8] 국가나 지방자치단체가 전액 출자하여 설립한 공기업[9]이나, 시립병원 등과 같은 영조물이 유상의 공공서비스를 제공한다면 그들도 독점규제법상 사업자로서 동법의 적용을 받게 된다.[10]

5. 사업자의 행위

자연인인 사업자의 행위에 대하여 해당 사업자에 그 책임을 귀속시키는 작업은 별다른 어려움이 없다. 그런데 대부분의 사업자는 회사 등 법인이나 조합 등 단체의 형태를 취하고 있다. 법인은 자연인과 같이 물리적으로 행위를 할 수 있는 실체가 아니라 법에 의해 인격이 부여된 법적 실체에 불과하므로 임원, 종업원, 대리인 및 그 밖의 자를 통해 행위를 하게 된다. 임직원이나 대리인 등이 사업자의 업무와 관련하여 하는 행위는 그 경제적 결과가 사업자에 귀속되고 제3자 역시 이를 사업자를 위한 행위로 인식하게 된다. 따라서 명백히 사업자의 이익에 반하거나 업무와 무관한 개인적인 행위인 경우와 같은 특별한 사정이 없는 한, 경쟁법의 집행에 있어서 임직원 등의 업무관련 행위는 사업자의 행위로 보아 해당 사업자에 경쟁법에 따른 책임을 귀속시키게 된다.

Ⅱ. 사실상 하나의 사업자

1. 논의의 배경

사업자는 영업활동을 독립적으로 수행하는 하나의 경제적 단위이다. 회사 내부의 임직원 혹은 사업부서 사이에서 이루어지는 가격결정의 협의는 하나의 경제적 단위의 내부에서 이루어지는 활동에 불과하기 때문에 독점규제법의 규율대상이 아니다. 그런데 여기서 한 가지 의문이 제기될 수 있다. 하나의 회사 내부의 사업부서들 간의 행위가 경쟁법의 규율대상에서 제외된다면, 모회사와 100% 완전자회사 내지 그 자회사들 상호 간의 관계도 경제적 실질의 측면에서 보면 사업부서의 관계와 다르지 않으므로 마찬가지로 하

---

8) 대법원 1990.11.23. 선고 90다카3659 판결.

9) 공기업이란 행정주체가 행정목적을 달성하기 위한 물적 수단으로써 기업의 형식으로 이루어진 것을 말한다. 한국가스공사, 한국토지주택공사, 한국도로공사 등이 예에 속한다. 공기업은 태생적으로 공공적 성격과 기업적 성격의 양면성을 추구하고 있다. 신동권(2016), 35면.

10) 독일에서는 다음과 같은 국가와 지방자치단체의 활동에 관하여 이들을 사업자로 취급하고 있다. 첫째로, 국가와 지방자치단체가 예컨대 자기 소유의 광고판이나 항구 등을 임대하거나, 국유림에서 벌채한 목재를 판매하는 경우와 같이 사업자와 유사한 행위를 하는 경우이다. 둘째로, 국립극장이나 시립도서관 또는 시립병원 등과 같은 영조물이 제공하는 공공서비스가 유상으로 제공되는 경우이다. 셋째로, 국가기관의 단순한 사무용품 구입에서부터 국방부의 군수품 조달에 이르기까지 국가와 지방자치단체의 모든 수요활동에 대해서 경쟁법이 적용된다. 끝으로, 국가와 지방자치단체가 회사의 주식 또는 지분을 취득함으로써 지배적인 영향력을 행사하게 되는 경우에도 사업자로 취급된다.

나의 사업자로 취급해야 하지 않는가 하는 점이다. 구체적으로 A회사가 자신의 사업부문을 분사하여 B 회사를 설립하는 경우에 A 회사와 B 회사를 하나의 사업자로 보아야 하지 않는가? 이것이 이른바 경제적 단일체 이론의 출발점이다. 경제적 단일체 이론은 별개의 법인격을 지닌 회사라고 하더라도 양자 사이에 독립적으로 활동할 가능성이 존재하지 않는다면, 그들은 독립성이 없으므로 별개의 사업자로 보기 어렵고, 따라서 하나의 사업자로 인식해야 한다는 이론이다.[11)]

2. 경제적 단일체 이론의 근거

경제적 단일체 이론은 독립성이 없는 기업에 대해서까지 엄격하게 독점규제법을 적용할 경우, 기업 활동의 자유를 지나치게 침해하고 나아가 효율성을 저해할 우려가 있다는 점을 근거로 한다. 예컨대, A 기업이 수도권, 충청권, 호남권, 영남권 등 각 지역별로 특화된 영업 전략을 구사하기 위하여 100% 자회사인 B, C, D, E 기업을 설립하였다고 하자. 이와 같이 밀접한 관계에 있는 A 내지 E 기업 간의 모든 경영활동을 마치 전혀 별개의 독립적 기업들 간의 관계와 동일하게 취급하여 독점규제법을 적용할 경우에는 그들의 사업활동에 지장이 초래될 우려가 있다. A기업이 제품의 가격결정, 마케팅, 유통망 및 물류 운영, 원재료 구매, 연구개발 등을 자회사를 설립하여 수행할 것인지, 아니면 A기업이 직접 수행할 것인지는 전적으로 그 회사의 경영판단의 영역에 속하는 것으로서, A기업이 조직구성을 어떻게 하느냐에 따라 시장의 경쟁성과에 직접적 영향을 미치는 것은 아니다. 즉, 사업자의 조직구성 그 자체는 경쟁에 영향을 미치지 않는다. 그런데 조직구성의 선택에 따라서 경쟁법 적용 여부가 달라진다면, 오히려 경쟁법이 사업자의 조직구성을 사실상 강제하는 결과가 발생하여 본말이 전도될 우려가 있다.[12)] 따라서 복수 기업들 간에 경영상 독립성이 없는 경우라면 하나의 사업자로 취급하여 국가의 불필요한 경영간섭을 줄이고 조직선택에 관한 자율과 창의를 존중하는 것이 바람직할 것이다.[13)]

3. 외국에서 경제적 단일체 이론의 적용

경제적 단일체 이론에 관한 미국 법원의 입장은 1984년 Copperweld 판결을 계기로 바뀌게 되었다. 이 판결 이전에는 비록 자회사라고 하더라도 법적으로는 모회사로부터 독립된 주체인 이상 단순히 자회사가 모회사의 지배하에 있다는 이유만으로 셔먼법 제1

11) 경제적 단일체 이론에 관한 상론은 서정, "복수의 법인격 주체에 대한 경제적 단일체 이론의 적용", 시장경제와 사회조화(2015), 74면 이하 참조.

12) 기업결합의 한 방식으로 주식취득이 허용되는데, 만일 사실상 지배관계에 있는 모자회사간의 협조 행위가 사후적으로 부당한 공동행위의 적용대상이 된다면 기업결합 방식을 선택함에 있어 주식취득 방식이 아닌 합병이나 영업양수의 방식을 취해야 하는 불합리가 발생할 수도 있다.

13) 홍명수, "부당한 공동행위 성립에 있어서 경제적 단일체 문제의 검토", 법학연구 제54권 제1호(2013), 123면.

조의 책임이 배제되지 않는다는 이른바 기업내 공모이론(intra-enterprise conspiracy)이 유지되었다. 그러나 미국 연방대법원은 Copperweld 판결에서 모회사와 100% 완전소유 자회사는 셔먼법 제1조의 적용에 관해 단일체를 구성하며, 형식적으로 법인격이 분리되었다고 하더라도 공동의 목적과 지배가능성 등을 고려할 때 그들 사이에서는 공모가 성립할 수 없다고 판단하였다.[14)]

한편, EU 법원은 오래 전부터 경제적 단일체로 인정되는 복수의 회사들 간에는 카르텔의 금지(TFEU 제101조)가 적용되지 않는다는 판례를 형성해 왔다. 대표적으로 Viho Europe BV v. Commission 사건에서 모회사와 100% 자회사가 경제적 동일체를 구성하여 자회사들이 시장에서의 행위를 결정함에 있어서 실질적인 자치를 누리지 못하고 그들을 통제하는 모회사의 지시만을 수행하여야 하는 경우, 자회사들 간에 역내시장을 분할하는 모회사의 정책에는 TFEU 제101조가 적용될 수 없다고 판시하였다.[15)]

4. 독점규제법상 경제적 단일체 이론의 수용

우리나라에서도 경제적 단일체 이론은 수용되고 있으나, 그 수용이 체계적이고 논리적이지 못한 측면이 있다. 시장지배적 지위남용에 관해서는 다수의 사업자를 하나의 사업자로 인정하는 명문의 규정이 존재하고 그 범위도 계열회사로 상당히 넓게 인정하고 있다. 그리고 부당한 공동행위에 관해서는 법령상 명문의 규정은 없지만, 공정위 예규로서 사실상 하나의 사업자 개념을 인정하고 있다. 그러나 부당지원행위에 관해서는 판례가 일관되게 경제적 단일체 이론을 부정하고 있다.

(1) 시장지배적 지위남용의 경우

시장지배적 사업자의 정의 및 추정과 관련된 규정을 적용함에 있어서 해당 사업자와 그 계열회사를 하나의 사업자로 본다(영 2조 2항). 따라서 시장지배적 사업자와 관련해서 모회사와 100% 완전자회사는 물론이거니와 동일인이 사실상 지배하고 있다고 인정되는 계열회사들의 경우에도 하나의 사업자로 본다.

(2) 부당한 공동행위의 경우

부당한 공동행위에 관하여, 공정위 예규인 「공동행위 심사기준」은 다수의 사업자를 실질적·경제적 관점에서 사실상 하나의 사업자로 볼 수 있는 경우에 그들 간에 이루어진 공동행위에 관한 합의(단, 입찰담합은 제외)에는 부당한 공동행위에 관련된 법 조항을

---

14) Copperweld Corporation v. Independence Tube Corporation, 467 U.S. 752(1984).

15) Viho Europe BV v. Commission, C-73/95 [1996] ECR I-5457, para. 16-17. 나아가, Akzo Nobel NV v. Commission 사건(ECJ 2009.9.10. 선고 C-97/08)에서, 모회사가 자회사의 100% 지분을 가질 경우, 자회사에 결정적인 영향력을 행사할 것임이 일견 추정된다고 판단하였다.

적용하지 아니한다고 규정하고 있다. 공동행위 심사기준에 따르면, 다수의 사업자가 사실상 하나의 사업자에 해당하는 경우란, ① 사업자가 다른 사업자의 주식을 모두 소유한 경우(동일인 또는 동일인관련자가 소유한 주식을 포함)이거나, ② 사업자가 다른 사업자의 주식을 모두 소유하지 아니한 경우라도 주식 소유 비율, 당해 사업자의 인식, 임원겸임 여부, 회계의 통합 여부, 일상적 지시 여부, 판매조건 등에 대한 독자적 결정 가능성, 당해 사안의 성격 등 제반사정을 고려할 때, 사업자가 다른 사업자를 실질적으로 지배함으로써 이들이 상호 독립적으로 운영된다고 볼 수 없는 경우(다만, 관련시장 현황, 경쟁사업자의 인식, 당해 사업자의 활동 등을 고려할 때 경쟁관계에 있다고 인정되는 경우는 제외)를 의미한다.

(3) 부당한 지원행위의 경우

판례는 부당한 지원행위에 대해서 경제적 단일체 이론의 적용을 부정하고 있다. 대법원은 모회사가 주식의 대부분을 소유하고 있는 자회사라 하더라도 양자는 법률적으로는 별개의 독립된 거래주체라 할 것이고, 부당지원행위의 객체를 정하고 있는 구법 제23조 제1항 제7호의 '특수관계인 또는 다른 회사'의 개념에서 자회사를 지원객체에서 배제하는 명문의 규정이 없으므로 모회사와 자회사 사이의 지원행위도 규율대상이 된다고 판시하였다.[16)]

(4) 개선방안

이상과 같이 우리나라에서는 경제적 단일체 이론이 각 행위유형에 따라 달리 수용되고 있기 때문에 일관성이 없다. 시장지배적 지위남용행위의 경우에는 그 인정범위가 광범위한 반면, 부당한 공동행위의 경우에는 그보다 좁고, 부당지원행위의 경우에는 전혀 인정되지 않고 있다. 이로 인해 수범자들의 예측가능성이 떨어지는 문제점이 발생하고 있다.[17)] 이러한 문제점을 해결하기 위해서 경제적 단일체 이론의 적용범위에 관한 진지한 논의를 통해 체계적으로 규범화할 필요가 있다.

제3절 행위요건

사업자들이 서로 경쟁을 하는 주된 동인(動因)은 이윤추구, 나아가 독점이윤의 취득에 있다. 그리고 독점이윤의 취득을 위해서 사업자는 시장에서 어느 정도의 지배력을 확보할 필요가 있다. 만일 사업자의 이윤추구행위를 모두 금지하게 되면 오히려 사업자의 경

---

16) 대법원 2006.12.7. 선고 2004두11268 판결.
17) 서정, "복수의 법인격 주체에 대한 경제적 단일체 이론의 적용", 시장경제와 사회조화(2015), 97-98면.

쟁할 동기나 인센티브를 감소시키는 모순에 빠질 우려도 있다. 따라서 각국의 경쟁법은 시장지배력의 취득 그 자체를 금지하는 것이 아니라 특정한 행위를 통하여 시장지배력을 취득하거나 이를 남용하는 것만 금지하고 있다. 그런데 경쟁제한은 사업자들 간의 경쟁의 자유를 제한하는 것으로서, 이는 주로 가격, 공급량, 생산, 투자, 거래조건, 판로, 시장진입 등과 같은 시장요소들과 관련되어 나타난다. 경쟁제한의 모습은 매우 다양할 뿐만 아니라 끊임없이 변모해 가고 있다. 그 결과, 경쟁제한의 구체적인 모습을 일의적으로 정의하는 것은 불가능하고, 일정한 기준을 가지고 그 유형을 분류할 수 있을 뿐이다.

독점규제법은 금지되는 행위유형을 시장지배적 지위남용, 기업결합, 부당한 공동행위, 불공정거래행위, 사업자단체의 금지행위, 재판매가격유지행위 등으로 나누어 규정하고 있다. 그리고 경제력집중 억제를 위해서는 사전규제 방식을 채택하여 수범자에게 사전에 일정한 작위 내지 부작위 의무를 부과하고 이를 위반하면 위법한 것으로 취급하고 있다. 금지행위에 관하여 미국이나 EU 등에서는 행위에 관한 포괄적 정의가 있거나 예시적 열거의 방식이 많이 사용되고 있는 반면, 우리 독점규제법이 한정적 열거주의를 채택하고 있다. 그 주요한 이유는 대부분의 위법행위에 대하여 형사벌 및 과징금 등의 제재가 따르기 때문이다. 한정적 열거주의는 예측가능성이 높고 수범자에게 행동준칙을 제시한다는 장점이 있으나, 경제환경의 변화에 따라 발생하는 새로운 유형의 위법행위에 대처하기 어렵다는 단점이 있다.[18] 개별 행위요건의 구체적 내용에 관해서는 제2편 실체법적 규제에서 살펴보기로 한다.

제 4 절 일정한 거래분야 내지 관련시장

I. 개 요

1. 경쟁법의 적용을 위한 도구 개념

일정한 거래분야라 함은 거래의 객체별, 단계별 또는 지역별로 경쟁관계에 있거나 경쟁관계가 성립될 수 있는 분야를 말한다(법 2조 4호). 법문에서 분명히 나타나듯이 현재 경쟁관계에 있는 분야뿐만 아니라 경쟁관계가 성립될 수 있는 분야도 포함된다. 일정한 거래분야를 강학상 관련시장(relevant market)이라고 한다. 관련시장은 경쟁법의 적용을 위한 조작적 개념(operational concept)이다. 예를 들어, 콜라를 제조하는 사업자는 단 하

18) 2020년 법 개정 과정에서 신유형 경쟁제한행위에 대한 탄력적 규율을 위해 포괄적인 남용금지를 규정하고 대표적인 행위유형을 예시하는 방식으로 개편하자는 의견이 제시되었으나, 형벌조항 등을 고려하여 현행처럼 한정적으로 열거해야 한다는 반대 의견도 있어서, 결국 입법에는 반영되지 못하였다.

나만 존재하지만, 오렌지 주스를 제조하는 사업자는 99개가 존재한다고 할 경우에, 콜라 제조업자는 독점사업자인가 아니면 치열한 경쟁에 노출된 사업자인가? 만일 콜라와 오렌지 주스가 별개의 상품시장에 속한다면 콜라 제조업자는 독점사업자로서 그 행위에 대해서 엄격한 법적 검토가 필요하겠지만, 양자가 하나의 상품시장에 속한다면 콜라 제조업자는 이미 시장의 강한 경쟁압력에 노출되어 있기 때문에 규제의 필요성은 줄어들게 된다. 위 사례에서 관련상품시장을 어떻게 획정하느냐에 따라서 콜라 제조업자의 행위에 대한 평가가 달라짐을 알 수 있다. 이와 같이, 관련시장 획정은 검토의 대상이 되는 사업자의 행위를 제약하는 잠재적, 실제적 경쟁자들의 범위를 결정하는 작업이라고 할 수 있다. 즉, 독점규제법상 관련시장 개념은 그 자체가 문제된 행위의 위법성을 판단하는 직접적 요소는 아니지만, 경쟁제한성, 시장지배적 지위와 같은 구성요건의 판단 및 관련매출액의 산정 등에 사용되는 유용한 도구 개념이다.

2. 관련시장 개념의 기능

(1) 경쟁제한성 판단을 위한 도구

경쟁제한성은 법이 금지하는 다수의 행위의 위법성 여부를 판단하는 중요한 개념표지이다. 예컨대, 일정한 거래분야에서 경쟁을 실질적으로 제한하는 기업결합, 경쟁을 제한하는 공동행위는 금지되며, 시장지배적 지위남용이나 불공정거래행위의 경우에도 경쟁제한성이 위법성 판단의 표지가 되는 경우가 많다. 따라서 사업자의 어떤 행위가 경쟁제한성을 가지는지 여부는 당해 행위로 인하여 일정한 거래분야에서 경쟁이 감소하여 가격·수량·품질 기타 거래조건 등의 결정에 영향을 미치거나 미칠 우려가 있는지를 살펴, 개별적으로 판단한다.[19] 이와 같이 일정한 거래분야, 즉 관련시장은 경쟁제한성의 판단을 위한 도구개념으로 기능한다.

(2) 시장지배적 지위 판단의 고려요소

시장지배적 사업자라 함은 일정한 거래분야의 공급자나 수요자로서 단독으로 또는 다른 사업자와 함께 상품이나 용역의 가격, 수량, 품질, 그 밖의 거래조건을 결정·유지 또는 변경할 수 있는 시장지위를 가진 사업자를 말한다. 이 경우 시장지배적 사업자를 판단할 때에는 시장점유율, 진입장벽의 존재 및 정도, 경쟁사업자의 상대적 규모 등을 종합적으로 고려한다(법 2조 3호). 시장점유율 등의 요소를 파악하기 위해서는 관련시장의 획정이 필요하기 때문에, 관련시장은 시장지배적 지위 판단의 고려요소로서 기능한다.[20]

---

19) 대법원 2002.3.15. 선고 99두6514, 6521 판결; 대법원 2006.11.9. 선고 2004두14564 판결.

20) 그 외에도, 일정한 시장점유율을 기준으로 정해져 있는 안전지대 해당 여부를 확인하기 위해 관련시장 획정이 필요할 수도 있다. 이러한 행위 유형에는 간이심사대상 기업결합, 경쟁제한성 위주로 위법성을 판단하는 불공정거래행위가 포함된다.

다만, 관련시장 획정을 그르쳤다고 하여 곧바로 시장지배적 지위의 판단이 위법하게 되는 것은 아니라는 점에 유의할 필요가 있다. 설령 공정위가 관련시장의 획정을 그르쳤다고 하더라도 제대로 관련시장을 획정한 경우에 사업자의 시장지배적 지위가 인정된다면 시장지배적 지위에 관한 공정위의 판단은 결국 적법하게 될 것이다.[21)]

(3) 관련매출액 산정의 한계

관련매출액은 위반사업자가 위반기간 동안 일정한 거래분야에서 판매한 관련 상품이나 용역의 매출액 또는 이에 준하는 금액을 말한다(영 13조 1항 본문). 관련 상품의 범위는 위반행위로 인하여 직접 또는 간접적으로 영향을 받는 상품의 종류와 성질, 거래지역, 거래상대방, 거래단계 등을 고려하여 정한다(영 [별표 6]). 이와 같이 관련매출액은 관련시장에서 판매한 관련 상품 등의 매출액이므로, 관련 상품 등의 범위는 관련시장의 한계를 넘을 수 없다.

(4) 검 토

규제대상이 되는 사업자의 입장에서 보면, 관련시장이 넓게 획정될수록 경쟁제한성이나 시장지배적 지위에 해당할 가능성이 낮아지는 반면, 관련매출액의 규모는 커질 수 있고, 규제당국이나 피해를 호소하는 경쟁사업자의 입장에서는 그 반대가 성립한다. 그렇기 때문에 개별 구체적 사안에서 관련시장의 획정과 관련하여 많은 논쟁이 발생하고 있다. 관련시장을 어떻게 획정하느냐에 따라 경쟁구조가 다르게 파악될 수 있고, 그에 따라 문제된 행위의 위법성 평가, 관련매출액 등이 달라질 수 있기 때문에 관련시장의 획정에 대해서는 신중한 접근이 필요하다.

3. 경제분석이 반드시 필요한지 여부

관련시장의 획정은 경쟁제한성, 시장지배적 지위와 같은 구성요건의 판단 및 관련매출액 산정 등에 유용한 도구개념이고 이에 대한 입증책임은 기본적으로 공정위가 부담하므로, 공정위는 원칙적으로 관련시장을 획정할 필요가 있다. 그리고 관련시장을 어떻게 획정하는가에 따라 당해 행위에 대한 위법성 평가가 달라질 수 있기 때문에 관련시장 획정에 엄밀한 경제분석 등이 동원되는 경우가 자주 있다. 그런데 관련시장 획정을 위한 경제분석은 종종 많은 시간과 노력을 요하고, 사건처리 지연의 원인으로 지목되기도 한

---

21) 퀄컴Ⅰ 사건에서 법원은 퀄컴의 조건부 리베이트 제공행위의 관련지역시장을 CDMA2000 방식 모뎀칩의 국내 공급시장 및 RF칩의 국내 공급시장으로 획정한 공정위의 조치에 위법이 없다고 보면서, 설령 관련지역시장을 세계시장으로 획정하더라도 그 시장에서 원고 퀄컴의 시장지배적 지위를 인정하는 데에 아무런 문제가 없고, 그 지위 남용행위를 통해 봉쇄하려는 표적인 시장이 모뎀칩 및 RF칩에 관한 국내 공급시장인 이상 그 시장을 기준으로 경쟁제한성 유무를 평가하면 족하다고 판단하였다. 대법원 2019.1.31. 선고 2013두14726 판결.

다. 생각건대, 가격담합을 비롯한 경성 공동행위와 같이 당해 행위의 속성상 경쟁제한성이 쉽게 인정되는 경우에는, 관련시장을 정밀하게 획정할 필요성이 적다고 할 것이다. 경성 공동행위와 같이 경쟁제한효과가 쉽게 인정되는 행위에 대해서까지 경쟁당국으로 하여금 관련시장 획정에 관해 엄밀한 분석을 제시하도록 요구하는 것은 불필요한 행정력과 사법자원의 낭비를 초래할 수 있고,[22] 경쟁제한행위를 적발하여 이를 시정해야 할 경쟁당국의 기능과 역량을 위축시킬 수 있다. 따라서 판례는, 이러한 경우 관련지역시장을 획정하면서 공동행위 가담자들의 정확한 시장점유율을 계량적으로 산정하지 않았거나, 공정위가 적법한 관련시장의 범위보다 협소하게 시장획정을 한 잘못이 있음이 밝혀져 적법한 시장획정을 전제로 한 정확한 시장점유율이 산정되어 있지 않더라도, 예상되는 시장점유율의 대략을 합리적으로 추론해 볼 때 경쟁을 제한하거나 제한할 우려가 있음이 인정되지 않을 정도로 그 시장점유율이 미미하다는 등의 특별한 사정이 없다면, 경쟁제한성 판단의 구체적 고려 요소를 종합하여 경쟁제한성을 인정할 수 있다고 판시하였다.[23]

4. 행위유형별 관련시장 획정기준의 차이

규제대상이 되는 행위가 무엇인지에 따라 관련시장의 획정기준이 달라져야 할까? 이와 관련하여, 장래 발생할 경쟁제한효과가 문제되는 경우(기업결합)와 이미 발생한 경쟁제한효과가 문제되는 경우(부당한 공동행위, 시장지배적 지위남용행위 등)에 관련시장의 획정기준을 달리 보아야 하는가에 대하여 논란이 있다. 이 문제는 5개 음료 업체들이 가격인상 합의를 한 음료 담합 사건에서 구체적으로 부각되었다. 이 사건에서 공정위는 관련상품시장을 음료시장 전체라고 획정하였다. 그런데 공정위는 종전에 음료업체 간의 기업결합 사건에서 관련 상품시장이 과실음료시장, 탄산음료시장, 기타음료시장으로 구분된다고 판단한 바 있다.[24] 따라서 부당한 공동행위와 기업결합 사건에서 관련시장의 획정을 달리 하는 것이 타당한지에 대하여 다툼이 있었다.

(1) 구분설

구분설의 논거는 다음과 같다. 관련시장의 획정은 사업자들 사이에 경쟁의 경계를 특정하고 구분하는 수단이고 경쟁정책이 적용될 수 있는 기본 틀의 설정을 가능하게 하는 것이므로, 독점규제법상 관련시장의 획정을 필요로 하는 당해 행위가 무엇인지에 따라

---

22) 예컨대, BMW딜러 담합 사건은 경쟁제한성이 쉽게 인정되는 경성 공동행위가 문제된 사건이었음에도 관련시장 획정 문제 때문에 2008년 공정위의 최초 처분(공정위 2008.12.15. 의결 제2008-323호)이 있은 뒤 5년 8개월 넘게 다투어지다가 2014년 대법원 판결(대법원 2014.8.26. 선고 2014두7237 판결)로 종결되었다.

23) 대법원 2015.10.29. 선고 2012두28827 판결. 대법원은 이 사건 합의의 관련지역시장은 '서울 지역'이 아니라 '서울시 전체와 이에 인접한 경기도 일부 지역'으로 볼 여지가 크지만, 경쟁제한성을 인정한 결론에는 위법이 없다고 판단하였다.

24) 공정위 2000.4.26. 의결 제2000-70호; 공정위 2009.4.15. 의결 제2009-097호.

달리 취급되어야 한다. 부당한 공동행위의 경우에는 이미 발생한 담합에 대한 위법성을 사후에 판단하는 것으로서 관련시장을 획정함에 있어 무엇보다도 행위자의 의도와 목적, 공동행위로 이미 경쟁제한효과가 발생한 영역 내지 분야 등을 일차적인 판단기준으로 삼는다는 점에서 기업결합의 경우와 차이가 있다. 음료 담합 사건에서 서울고법은 구분설의 입장을 채택하였다.

(2) 비구분설

비구분설의 논거는 다음과 같다. ① 독점규제법상 총칙에 해당하는 정의규정에서 '일정한 거래분야'라는 개념이 규제유형 전반에 적용되는 것임을 전제로 하였으므로, 관련시장이 규제유형별로 달리 정해진다고 보기는 어렵다. ② 공정위의 「시장지배적 지위 남용행위 심사기준」과 「기업결합 심사기준」에서 관련시장 획정기준 내지 고려요소를 규정하고 있고,[25] 「공동행위 심사기준」과 「불공정거래행위 심사지침」은 「기업결합 심사기준」에서 정한 관련시장 획정기준을 준용하고 있다. 위 기준들에 의하면 각 행위유형별로 관련시장의 획정이 본질적으로 다르지 않다. ③ 대법원이 시장지배적 지위 남용행위 사건,[26] 경쟁제한적 기업결합 사건,[27] 부당한 공동행위 사건[28]에 대한 판결에서 설시한 관련시장 획정기준은 구체적인 표현에서 일부 차이가 있으나 그 기본적인 내용은 수요대체성과 공급대체성 등을 고려하여 관련시장을 획정하여야 한다는 것으로서 사실상 동일하다. 음료 담합 사건에서 대법원은 비구분설의 입장을 채택하였다.[29]

(3) 검 토

독점규제법의 규정 체계, 사업자들의 예측가능성, 기존의 심결례 및 판례의 태도 등을 종합하면, 관련시장 획정의 기준은 경쟁제한행위 유형 전반에 걸쳐 공통된다고 보아야 할 것이므로, 비구분설이 타당하다고 생각된다. 구분설이 지적하는 사항은 해당 행위로 인하여 장차 나타날 경쟁제한효과를 사전에 미래지향적으로 평가하는 경우와 이미 발생한 행위가 가지는 경쟁제한효과를 사후에 과거 회고적으로 판단하는 경우에 판단방법과 절차에 어느 정도 차이가 나타날 수 있다는 것으로서, 관련시장 획정의 문제라기보다는 경쟁제한성 평가의 문제로 보인다.

---

25) 시장지배적 지위 남용행위 심사기준은 'II. 일정한 거래분야의 판단기준'에서 별도의 항목을 두고 있으나, 「기업결합 심사기준」의 해당 내용과 크게 다르지 않다.
26) 대법원 2007.11.22. 선고 2002두8626 전원합의체 판결.
27) 대법원 2008.5.29. 선고 2006두6659 판결; 대법원 2009.9.10. 선고 2008두9744 판결 등.
28) 대법원 2002.3.15. 선고 99두6514, 6521 판결; 대법원 2006.11.9. 선고 2004두14564 판결; 대법원 2009.4.9. 선고 2007두6793 판결 등.
29) 대법원 2013.2.14. 선고 2010두28939 판결 및 대법원 2013.2.14. 선고 2011두204 판결; 대법원 2013.4.11. 선고 2012두11829 판결.

5. 관련시장의 유형

관련시장은 거래의 객체별 · 단계별 또는 지역별로 경쟁관계에 있거나 경쟁관계가 성립될 수 있는 분야를 말한다. 객체별로 경쟁관계에 있는 상품(용역을 포함하며, 이하 같다)의 범위를 가리키는 관련상품시장(relevant product market)과 지역별로 경쟁관계에 있는 지역을 가리키는 관련지역시장(relevant geographical market)의 개념이 가장 널리 사용된다. 그리고 제조, 도매, 소매 등 거래단계별로 관련시장이 획정될 수도 있다. 특수한 경우로서 거래상대방별 혹은 일정한 시점을 기준으로 관련시장이 획정될 수도 있다.[30] 이하에서는 관련상품시장과 관련지역시장에 관해서 먼저 설명하고, 묶음시장, 양면시장, 혁신시장 등 특수한 시장에 관하여 살펴보기로 한다.

Ⅱ. 관련상품시장

1. 의 의

관련상품시장은 거래되는 상품의 가격이 상당기간 어느 정도 의미 있는 수준으로 인상 또는 인하될 경우 그 상품의 대표적 구매자 또는 판매자가 이에 대응하여 구매 또는 판매를 전환할 수 있는 상품의 집합을 의미한다.[31] 여기서 말하는 전환가능성은 단순히 '기능'상의 전환가능성이 아니라 '가격 변동에 따른' 전환가능성이라는 점에 주의하여야 한다.[32] 소주와 맥주는 사람을 취하게 한다는 '기능'적 측면에서는 유사하다. 그렇지만 소비자 선호도 면에서는 차이가 있어 소주 가격이 인상됨에 따라 맥주로 구매가 전환되는 비율(혹은 그 반대의 비율)은 낮기 때문에, 소주와 맥주는 별개의 관련상품시장으로 획정된다.[33] 반면, 타이어용 카본블랙과 산업고무용 카본블랙 사이에는 용도, 수요자, 운송 및 포장방법에 다소 차이가 있지만, 산업고무용 카본블랙의 가격이 상당한 기간 의미 있

---

30) 시간적 관련시장의 대표적 적용사례로는 박람회나 올림픽 등 대규모 행사를 들 수 있다. 한편, 농업협동조합중앙회의 배타조건부 거래행위가 문제된 사건에서는, 정부가 2003년경부터 식량작물용 화학비료에 대한 가격보조를 단계적으로 축소하여 오다가 2005년 7월경부터 식량작물용 화학비료 전비종에 대한 가격보조를 완전히 폐지함으로써 식량작물용 화학비료 시장이 완전경쟁체제에 돌입한 점 등을 근거로 "2005년 7월경 이후 식량작물용 화학비료 유통시장"이 관련상품시장으로 획정되었다(대법원 2009.7.9. 선고 2007두22078 판결 참조).

31) 대법원 2006.11.9. 선고 2004두14564 판결; 대법원 2007.11.22. 선고 2002두8626 전원합의체 판결; 대법원 2008.5.29. 선고 2006두6659 판결; 대법원 2009.4.9. 선고 2007두6793 판결; 대법원 2009.9.10. 선고 2008두9744 판결; 대법원 2011.6.10. 선고 2008두16322 판결; 대법원 2012.4.26. 선고 2010두11757 판결; 대법원 2013.2.14. 선고 2010두28939 판결 및 대법원 2013.2.14. 선고 2011두204 판결.

32) 따라서 같은 제품이라고 하더라도 그것이 서로 다른 용도에 사용되거나 용도에 따라 다른 기능을 담당하고 있는 경우에는 별개의 관련시장을 구성할 수 있다. 예컨대 Hoffmann-La Roche사건에서 생체에 사용되는 비타민시장과 산업적인 용도에 사용되는 비타민시장을 구별하였다. Case 85/76 Hoffmann-La Roche v. Commission(1979) ECR 514-7.

33) 공정위 2006.1.24. 의결 제2006-90호.

는 수준으로 인상될 경우에 그 구매자는 이에 대응하여 타이어용 카본블랙으로 구매를 전환할 수 있고, 반대로 타이어용 카본블랙의 가격이 인상될 경우에도 그 구매자가 산업고무용 카본블랙으로 구매를 전환할 수 있기 때문에, 타이어용 카본블랙과 산업고무용 카본블랙은 함께 하나의 '고무용 카본블랙 시장'으로 획정된다.[34]

2. 고려요소

관련상품시장의 범위는 거래에 관련된 상품의 가격, 기능 및 효용의 유사성, 구매자들의 대체가능성에 대한 인식 및 그와 관련된 구매행태는 물론 판매자들의 대체가능성에 대한 인식 및 그와 관련한 경영의사결정 형태, 사회적·경제적으로 인정되는 업종의 동질성 및 유사성 등을 종합적으로 고려하여 판단하여야 하며, 그 외에도 기술발전의 속도, 그 상품의 생산을 위하여 필요한 다른 상품 및 그 상품을 기초로 생산되는 다른 상품에 관한 시장의 상황, 시간적·경제적·법적 측면에서의 대체의 용이성[35] 등도 함께 고려하여야 한다.[36] 즉, 관련상품시장의 획정은 수요대체성에 주된 초점을 두고, 공급대체성[37]이나 잠재적 경쟁 등 제반요소를 부수적으로 고려하여 판단한다.

3. 질적 기준과 양적 기준

관련상품시장 획정에서는 수요와 공급의 합리적 대체가능성이 고려되는데, 대체가능성에 관한 심사방식은 크게 질적 기준에 의한 방식과 양적 기준에 의한 방식으로 구분할 수 있다.

---

34) 대법원 2009.9.10. 선고 2008두9744 판결. 그런데 미국의 경우 "Bass Brothers Enters"(1984년) 사건에서 고무용과 특수용을 통합하여 하나의 시장(카본블랙 시장)으로 획정한 바 있고, 일본의 경우 "Tokai Carbon/Mitsubish/Chemicals"(2005년) 사건에서 타이어용, 일반 산업용, 중고급 착색용, 도전용(導電用) 등 매우 세분화하여 관련시장을 획정한 바 있는 등 경제상황 및 경쟁당국에 따라서 관련시장 획정에 관한 입장이 상이하게 나타나고 있다.

35) 시장획정 과정에서 두 상품이 직접적인 대체재가 아니더라도 때때로 같은 시장에 포함될 수가 있다. 이러한 경우는, 예를 들어 상품 B가 상품 A와 상품 C의 직접적인 대체재이나, 상품 C는 상품 A의 직접적 대체재가 아니며 상품 A도 상품 C의 직접적 대체재가 아닌 경우에 발생한다. 이 경우, A부터 B, B로부터 C로 흐르는 '연쇄적 대체성'이 존재한다. 이처럼 A와 C가 공통되는 B와의 관계에 의해 제약받는 경우에는 직접적인 대체관계가 없어도 A와 C는 같은 시장에 있는 것으로 고려될 수 있다.

36) 대법원 2007.11.22. 선고 2002두8626 전원합의체 판결.

37) 공급대체는 작지만 비일시적이고 유의미한 가격인상에 대응하여 일정 기간 이내(대체로 1년 이내)에 새로운 공급이 일어날 가능성이 있고, 진입 또는 퇴출에 대한 중요한 매몰비용의 지출이 없는 경우에 가능한 것으로 본다. 수요측면에서 대체성이 없으나 공급측면에서 대체성이 있을 수도 있다. 미국의 Calnetics 사건에서 지방법원은 Volkswagen의 에어컨은 다른 자동차용 에어컨과는 다른 별개의 관련시장을 형성한다고 판시하였으나, 제9항소법원은 원심이 공급의 교차탄력성을 고려하지 않았다는 이유로 이를 파기하면서, Volkswagen의 에어컨은 일단 제조된 뒤에는 Volkswagen에만 사용할 수 있지만, 자동차의 에어컨을 제조하는 시설은 쉽게 다른 모델의 자동차용 에어컨의 제조를 위하여 전환될 수 있다고 하여 자동차용 에어컨 시장을 하나의 관련시장으로 보았다. Calnetics Corp. v. Volkswagen of America, Inc., 348 F. Supp. 606 (C.D. Cal. 1972).

(1) 질적 기준에 의한 방식

질적 기준에 의한 방식은 상품의 기능, 가격, 효용 등의 상품 자체의 속성을 기준으로 직관적인 판단에 기초하여 대체가능성을 판단하여 시장을 획정하는 방식을 말한다. 이 경우 구체적인 수치나 자료를 제시하지는 않는다.[38] 구매자들의 대체가능성에 대한 인식 및 그와 관련한 구매행태는 물론 판매자들의 대체가능성에 대한 인식 및 그와 관련된 경영의사결정 형태도 중요한 질적 고려요소가 된다. 예컨대 A 상품을 생산하는 甲과 乙 사이의 기업결합에 대해 B 상품을 생산하는 丙이 격렬한 반대의사를 표명하거나, A 상품의 생산자가 가격 또는 마케팅 전략 등을 수립하면서 B 상품 제조업체의 동향을 예의주시한다면, A, B 상품간 경쟁관계에 관해 합리적 추론이 가능할 것이다.

질적 기준에 의해서 관련시장이 획정된 사례들을 살펴보면 다음과 같다. 행정전산망용 PC는 정부의 각 부처를 고객군으로 하여 그 표준가격이 미리 정해져 있는데다가 조달청의 입찰과정을 통하여 실질적으로 연간 구입단가가 결정되고 낙찰 후 구체적인 구매단계에까지 경쟁관계가 성립되어 있기 때문에, 행정전산망용 PC 시장은 일반 민수용 판매분야와는 구별되는 별개의 관련상품시장을 구성한다.[39] 마이크로소프트사의 끼워팔기 사건에서는 관련상품시장을 ① PC서버 운영체제에 국한할 것인지, 아니면 ② 클라이언트용 서버 운영체제 또는 중대형 서버 운영체제까지 확장하여야 할 것인지가 다투어졌다. 공정위[40]와 법원[41]은 PC 서버 운영체제와 중대형 서버운영체제는 용도, 기능 및 가격에 큰 차이가 있고, PC 서버 운영체제를 사용하고 있는 소비자가 중대형 서버 운영체제를 이용하려면 많은 금전적, 시간적 학습 비용 등이 필요하고, 서버 운영체제의 공급자들도 양자를 구분하여 판매 전략 등 경영계획을 수립하고 이에 따라 공급을 하고 있는 점 등을 근거로 하여, PC 서버 운영체제와 중대형 서버 운영체제는 수요와 공급 측면에서 서로 대체관계가 없다고 판단하였다.

(2) 양적 기준에 의한 방식

양적 기준에 의한 방식은 대체가능성에 관하여 일정한 분석틀을 사용하여 산출된 수량적 데이터를 시장획정의 기준으로 사용한다. 가상의 독점사업자를 전제하고 그가 가격

38) 예컨대 유럽법원은 United Brands사건에서 바나나는 다른 과일과 구별되는 몇 가지의 특성을 가지고 있기 때문에 바나나 시장을 하나의 상품시장으로 보아야 한다고 판단하였다. 바나나는 연중 언제나 구입할 수 있고, 어린아이와 노인 및 환자들과 같은 인구의 중요한 층에 대하여 계속적인 수요를 충족시킬 수 있으며, 바나나의 성수기에는 다른 과일들이 경쟁에 그다지 큰 영향을 미치지 않는다는 특징을 가지고 있다. 이러한 사정이 다른 과일을 구입할 수 있는 시기에는 바나나의 가격과 수요가 떨어진다는 사실보다 더 중요한 의미를 가진다고 한다. Case 27/76 United Brands v. Commission(1978) ECR 207, 273.

39) 서울고법 1996.2.13. 선고 94구36751 판결.

40) 공정위 2006.2.24. 의결 제2006-042호.

41) 서울중앙지법 2009.6.11. 선고 2006가합24723 판결(항소취하로 확정).

을 인상하였을 때에도 여전히 이윤을 얻을 수 있는 최소한의 시장을 찾는 방식(가상적 독점사업자 테스트, Hypothetical Monopolist Test)이 대표적이다.[42] 그 중에서도 SSNIP(small but significant non-transitory increase in price) 테스트가 가장 일반적으로 사용된다.

(가) SSNIP 테스트

SSNIP 테스트는 어떤 상품 또는 상품들의 집합의 가상적 독점사업자가 작지만 유의미하고 일시적이지 않은 가격인상(SSNIP)을 단행하여 이윤을 증가시킬 수 있는 상품 또는 상품들의 집합을 관련시장으로 정의하는 것이다. 표준적인 가격인상은 통상 5% 내지 10%를 고려하고, 그 기간은 1년으로 보되,[43] 산업의 성격 및 회사의 상황을 고려하여 변수를 조정하기도 한다. 만약 그러한 가격인상으로 이윤을 얻을 수 없다면, 경쟁압력이 심한 상태이므로 관련시장을 당해 시장으로 한정할 수 없고 다른 대체상품을 찾아서 이를 포함하는 것으로 넓혀 나가야 한다. 그러나 만약 그러한 가격인상을 해도 여전히 이윤을 얻을 수 있다면 대상 상품에 대한 대체가능성이 없는 것이므로 관련시장을 그 상품만의 시장으로 확정할 수 있다. 예컨대, 콜라의 가격을 인상하였더니 그 소비자들이 사이다를 구매하기 때문에 콜라의 독점공급자가 이윤을 얻을 수 없다면, 콜라와 사이다는 대체관계(즉, 상호간에 효과적인 경쟁상태)에 있는 것이므로, 콜라와 사이다를 하나의 상품집합(탄산음료)에 넣고 다시 SSNIP 테스트 과정을 반복하게 된다. 탄산음료의 가격을 인상하였으나 소비자들이 계속 탄산음료를 구매하고 커피를 구매하지 않는다면, 탄산음료와 커피음료를 별개의 시장으로 판단하게 된다.

SSNIP 테스트가 관련시장 획정을 위해 널리 사용되고 있으나, 몇 가지 한계도 존재한다. 우선 SSNIP 테스트는 금전적 대가가 지급되는 것을 전제로 하므로 금전적 대가의 지급이 없는 상품이나 용역의 대체가능성을 측정할 수는 없다.[44] 또한, SSNIP 테스트의 경우에 가격인상치를 부여하는데 기준이 되는 경쟁가격을 산출하기가 어렵기 때문에 이른바 '셀로판 오류(cellophane fallacy)'가 발생할 우려가 있다는 점도 지적된다. SSNIP 테스트의 이러한 한계 때문에 경쟁제한성이 쉽게 판단될 수 있는 사안에서까지 무리하게 SSNIP 테스트를 고집할 필요는 없을 것이다.[45]

---

42) 가상적 독점사업자 테스트 외에 대체가능성 여부를 판단할 수 있는 기준으로 가격동조화 심사기준이 있다. EU위원회는 Nestle/Perrier 사건에서 생수시장에서는 탄산수와 비탄산수를 불문하고 상당한 가격동조화 현상이 있지만 생수와 일반 탄산음료 사이에는 가격동조화 현상이 희박하다는 점을 지적하면서 생수시장과 일반 탄산음료시장을 별개 시장으로 획정하였다. 그런데 가격동조화 심사기준에 관해서는 가격동조화가 우연적이거나 일시적인지 아니면 실제로 관련성이 있는지를 단정적으로 판단할 수 없다는 한계가 지적되고 있다.

43) 곽상현, "기업결합과 관련시장의 획정", 저스티스 제93호(2006), 70면.

44) 네이버, 구글 등 온라인 플랫폼 사업자들은 소비자들에게 다양한 무료서비스를 제공하는데, 이처럼 상품이나 용역이 무료로 제공되는 경우에는 SSNIP 테스를 통해서 대체가능성을 측정하기가 곤란할 수 있다. 이러한 경우에 경쟁당국은 작지만 중요하고 일시적이지 않은 품질저하(small but significant non-transitory decrease in qaulity, 이른바 SSNDQ)의 효과를 측정하는 방안과 온라인 플랫폼이 다면시장으로서 금전적 대가를 지급하는 다른 측면과 연결되어 있다면 SSNIP 기준을 그 유료 측면에 적용하는 방안을 고려할 수 있다.

■ 이른바 '셀로판 오류'

SSNIP 테스트는 완전경쟁상태에서의 가격인상을 전제로 하는데, 실제로 구할 수 있는 가격 정보는 완전경쟁이 아닌 상태의 가격일 경우가 있다. 예컨대 경쟁상황에서 소주는 한 병에 1,000원, 맥주는 한 병에 2,000원에 판매된다면, SSNIP 테스트는 소주가 1,000원에서 1,050원으로 인상될 경우에 소주 구매자가 맥주로 구매를 전환할 것인지에 관해 조사를 하게 된다. 그리고 이 경우에는 소주 구매자가 맥주 구매로 전환할 가능성은 높지 않을 것이다. 그런데 소주 시장이 이미 독점화되어 있어서 실제로는 소주 한 병이 1,950원에 거래된다고 가정하자. 이 상황에서 만일 소주 가격이 1,950원에서 2,000원으로 인상되면 상당수의 소주 구매자가 맥주로 구매를 전환하게 될 것이다. 그런데 1,950원이라는 소주가격이 경쟁가격이 아니라는 사실을 고려하지 못하면, 사실은 대체재가 아닌 소주와 맥주가 SSNIP 테스트 과정에서 대체재로 판단되는 오류가 발생할 수 있다. 이와 같이 SSNIP 테스트에서 경쟁가격을 사용하지 아니하는 경우에 발생하는 오류를 셀로판 오류라고 부른다. 셀로판 오류라는 명칭은 미국 연방대법원이 미국 내 셀로판의 공급이 독점되어 있다는 사실을 간과한 채, 셀로판과 다른 연질의 포장물질 사이에 존재하는 소비자의 대체성, 즉 높은 수요의 교차탄력성에 관한 증거에만 근거하여, 관련시장을 셀로판뿐만 아니라 기름종이 등을 포함하는 연질의 포장물질로 넓게 획정한 오류에서 기인한다.[46] 반대로 현재가격이 경쟁가격보다 낮다면 시장지배력이 없는 자가 시장지배적 사업자로 오판될 위험도 있는데, 이를 '역셀로판 오류'라고 부른다. SSNIP 테스트 과정에서 이러한 오류들을 피하기 위해서 경쟁가격을 기준가격으로 사용하여야 할 것이다.

(나) 임계손실 분석

SSNIP 테스트를 구체적으로 적용하는 방법으로서 임계손실 분석(Critical Loss Analysis)이 많이 사용된다. 이는 가상적인 독점기업의 가격인상이 무력화될 정도의 임계손실을 계산하는 것으로서, 임계손실은 가격인상 시에 손실을 보지 않고 감내할 수 있는 매출감소율의 최대치를 의미한다. 구체적으로 살펴보면, 후보 상품군에 대하여 SSNIP 테스트가 이루어지면, 가상적 독점사업자의 입장에서는 가격이 상승하여 이윤이 증가하는 효과(+ 효과)와 다른 상품군으로 판매량이 이탈하여 이윤이 감소하는 효과(− 효과)가 동시에 나타날 것이다. 임계손실 분석은 이러한 두 가지 효과를 비교하는 것이다. 이때 임계손실(Critical Loss)은 가상의 독점자가 가격인상 시 손실을 보지 않고 감내할 수 있는 매출감소율의 최대치(임계치)를 의미하는 것으로 가격인상 전후의 이윤이 같게 되는 매출감소분을 말한다. 예상손실(Predicted Loss)[47]은 가격인상에 반응하여 구매자들의 이탈로 인하여 잃게 되는 매출감소분을 의미한다. 예상손실은 수요함수 또는 소비자 설문조사 등을 통

---

45) 주진열, "독점규제법상 시장지배적 사업자 개념과 관련 문제", 경쟁법연구 제33권(2016), 39면.
46) United States v. E.I. Du Pont de Nemours & Co., 351 U.S. 377(1956).
47) 실제손실(Actual Loss)이라고 칭하는 경우도 있다.

해서 도출된다. 만일 예상손실이 임계손실보다 작으면 SSNIP의 단행으로 인해 가상적 독점사업자의 이윤이 증가한다는 것이고, 이는 후보 상품군 내 상품들을 대체할 다른 상품이 없다는 것을 의미하므로 관련상품시장을 후보 상품군 내의 상품으로 확정하게 된다. 반대로 예상손실이 임계손실보다 크면 후보 상품군 내 상품들을 대체할 후보 상품군 밖의 상품들이 존재하고 그들이 충분한 경쟁압력을 행사한다는 것을 의미하기 때문에, 후보 상품군 내의 상품들과 가장 가까운 상품(들)을 추가하여 새로운 후보 상품군을 구성하고, 임계손실 분석을 다시 수행하게 된다. 임계손실 분석은 정량적 분석방법이라는 장점 때문에 관련시장 획정의 실무에서 많이 사용되고 있다. 반면, ① 비용 및 시간이 과다하게 소요되는 점, ② 임계손실 및 예상손실의 값을 도출하는 과정에서 수치왜곡의 가능성이 존재한다는 점, ③ 묶음상품 등의 시장획정에는 적합하지 않다는 점 등이 그 한계로 지적된다.

임계손실 분석이 사용된 대표적 사례로서 맥주업체인 하이트맥주와 소주업체인 진로 사이의 기업결합 사건을 들 수 있다. 이 사건에서 하이트맥주는 소주와 맥주가 동일한 상품시장이 아니라고 주장한 반면, 하이트맥주의 경쟁사인 OB맥주는 소주와 맥주가 동일한 상품시장이고 따라서 하이트맥주와 진로의 기업결합은 경쟁제한적이라고 주장하였다. 공정위는 하이트맥주가 제시한 임계매출 감소 분석결과를 채택하였다. 이에 따르면 소주와 맥주 모두 예상손실이 임계손실보다 작아서 관련시장을 확대할 필요가 없는 것으로 나타났다.[48] 이와 같은 분석결과를 토대로, 공정위는 소주와 맥주를 별개의 상품시장으로 획정하였다.[49]

(3) 판례의 태도

판례는 관련시장의 획정에 관하여 질적 기준에 의한 방식과 양적 기준에 의한 방식을 모두 수용하고 있다. 관련시장은 "거래대상인 상품의 기능 및 효용의 유사성, 구매자들의 대체가능성에 대한 인식 및 그와 관련한 경영의사결정형태 등을 종합적으로 고려"하여 판단한다는 판결[50]은 질적 기준에 의한 방식을 따른 것이다. 그런데 최근에는 양적 기준에 의한 방식, 보다 구체적으로 SSNIP 테스트를 채택한 판결들이 점차 늘어나고 있다.

48) 소주가격이 5% 인상될 경우 소주시장에서 가상적 독점기업의 예상 매출감소율은 5.6%인 반면, 임계 매출감소율은 14.3%로서 임계매출감소율이 예상 매출감소율보다 크기 때문에 가상적 독점기업은 가격인상을 통한 이윤증대가 가능하고, 소주가격이 10% 인상될 경우에도 임계 매출감소율이 예상 매출감소율보다 커서 동일한 결론에 도달하였다. 맥주의 경우에도 맥주가격이 5% 인상될 경우 맥주시장에서 가상적 독점기업의 예상 매출감소율은 13.2%인 반면, 임계 매출감소율은 15.3%로 임계 매출감소율이 예상 매출감소율보다 크기 때문에 가상적 독점기업의 가격인상을 통한 이윤증대가 가능하고, 맥주가격이 10% 인상될 경우에도 임계 매출감소율이 예상 매출감소율보다 커서 동일한 결론에 도달하였다.

49) 공정위 2006.1.24. 의결 제2006-90호.

50) 대법원 2009.4.9. 선고 2007두6892 판결; 대법원 2012.4.26. 선고 2010두18703 판결. 한편, "거래대상인 상품의 기능 및 용도, 이에 대한 구매자들의 인식 및 그와 관련한 경영의사결정형태 등"을 종합적으로 고려하여 판단하여야 한다고 한 판결도 있다. 대법원 2006.11.9. 선고 2004두14564 판결.

관련상품시장은 "거래되는 상품의 가격이 상당기간 어느 정도 의미 있는 수준으로 인상 또는 인하될 경우에 그 상품의 대표적 구매자 또는 판매자가 이에 대응하여 구매 또는 판매를 전환할 수 있는 상품의 집합"을 의미한다고 판시한 포스코 판결은 SSNIP 테스트를 적극적으로 수용한 사례이다.[51)]

다만, 관련시장의 획정에 정량적 경제 분석이 필수적인 조건은 아니라는 점을 유의할 필요가 있다. 판례는 "어느 공동행위의 관련시장을 획정할 때 반드시 실증적인 경제 분석을 거쳐야만 하는 것은 아니고, 이러한 경제 분석 없이 관련시장을 획정하였더라도 문제가 된 공동행위의 유형과 구체적 내용, 그 내용에서 추론할 수 있는 경제적 효과, 공동행위의 대상인 상품이나 용역의 일반적인 거래현실 등에 근거하여 그 시장획정의 타당성을 인정할 수 있다."고 하였다.[52)] 요컨대, 질적 기준이나 양적 기준 어느 하나만을 고집할 필요는 없고 어느 방법에 의하더라도 그 관련시장의 획정이 논리적으로 타당하고, 경험칙에 비추어 합리적이라고 인정되면 이를 수용할 수 있다고 할 것이다. 다만, 기업결합과 같이 장래 발생할 경제적 효과를 논하는 경우에는 관련시장의 획정을 좀 더 엄밀하게 할 필요가 있고, 부당한 공동행위와 같이 행위의 경제적 효과가 이미 발생하였거나 명백한 경우에는 좀 더 간편한 방법으로 관련시장을 획정해도 무방하다고 할 것이다.

4. 구체적 획정 사례

(1) 별개의 시장으로 획정한 사례

판례에 따르면 ① 중고 피아노 시장과 신품 피아노 시장,[53)] ② 신규분양 아파트와 기존 아파트나 분양 후 입주 전 아파트의 분양권,[54)] ③ 벼 등 농작물에 시비되는 식량작물용 화학비료와 주로 과수 및 원예작물에 시비되는 원예용 화학비료,[55)] ④ 오픈마켓 운영시장과 종합쇼핑몰 시장 또는 '포털사이트 등 광고시장'[56)]은 별도의 관련상품(용역)시장

---

51) 대법원 2007.11.22. 선고 2002두8626 전원합의체 판결; 자동차 딜러 담합에 관한 대법원 2012.4.26. 선고 2010두11757 판결; 음료담합에 관한 대법원 2013.2.14. 선고 2010두28939 판결 및 대법원 2013.2.14. 선고 2011두204 판결도 같은 취지이다. 다만, 자동차 딜러 담합에 관한 대법원 2012.4.26. 선고 2010두18703 판결은 관련시장 획정에 관하여 질적 기준에 의한 방식을 따르고 있다.

52) 대법원 2014.11.27. 선고 2013두24471 판결; 대법원 2015.10.29. 선고 2012두28827 판결.

53) 대법원 2008.5.29. 선고 2006두6659 판결. 공급측면의 경우 중고 피아노는 신품 피아노와 달리 가격이 상승하더라도 공급량이 크게 증가될 수 없다고 보이는 점, 수요측면의 경우에도 가격과 구매수량에 더 민감한 수요층(중고 피아노)과 제품 이미지, 품질, 사용기간 등에 더 민감한 수요층(신품 피아노)으로 그 대표적 수요층이 구분되어 신품 피아노의 가격이 상승하더라도 신품 피아노를 구입하려는 소비자들이 그 의사결정을 바꿔 중고 피아노로 수요를 전환할 가능성은 크지 않다고 보이는 점, 원고들이 그동안 신품 피아노의 가격결정, 마케팅 등과 같은 영업전략을 수립함에 있어 중고 피아노의 시장규모 등을 고려했다는 자료가 없는 점 등에 비추어 중고 피아노는 신품 피아노와 상품용도, 가격, 판매자와 구매자층, 거래행태, 영업전략 등에서 차이가 있고 상호간 대체가능성을 인정하기 어렵다는 이유로, 피고가 이 사건 기업결합의 관련 시장을 국내의 업라이트 피아노, 그랜드 피아노, 디지털 피아노의 각 신품 피아노 시장으로 획정한 것은 정당하다고 판단하였다.

54) 대법원 2009.4.9. 선고 2007두6892 판결.

55) 대법원 2009.7.9. 선고 2007두22078 판결.

으로 구분된다고 하였다. 또한, 공정위는 ① 캔커피, 컵커피, PET커피,[57] ② 시유 시장, 발효유 시장을 별개의 관련시장으로 보았다.[58] 한편, 음료의 경우에 대법원은 전체 음료에는 먹는 샘물부터 두유류, 기능성음료, 스포츠음료, 차류를 비롯하여 탄산음료, 과실음료, 커피까지 포함되어 있는데, 이들 음료상품들은 그 기능과 효용 및 구매자들의 대체가능성에 대한 인식의 면 등에서 동일한 관련상품시장에 포함된다고 쉽게 인정하기는 부족하다고 판단하였다.[59]

(2) 동일한 시장으로 획정한 사례

열연코일 시장은 그 자체로 하나의 관련상품시장을 구성하며, 별개로 이를 세분하여 자동차냉연강판용 열연코일 시장을 별도의 관련상품시장으로 상정할 수 없다.[60] 타이어용 카본블랙과 산업고무용 카본블랙은 함께 하나의 '고무용 카본블랙 시장'으로 획정되고,[61] 실크벽지와 합지벽지도 단일시장에 속하고,[62] 화학비료도 하나의 관련상품시장으로 획정되었다.[63]

Ⅲ. 관련지역시장

1. 의 의

관련지역시장은 일반적으로 서로 경쟁관계에 있는 사업자들이 위치한 지리적 범위를 말한다. 구체적으로 다른 모든 지역에서의 가격은 일정하나 특정 지역에서만 상당기간 어느 정도 의미 있는 가격의 인상 또는 인하가 이루어질 경우 당해 지역의 대표적 구매자 또는 판매자가 이에 대응하여 구매 또는 판매를 전환할 수 있는 지역 전체를 의미한다.[64]

2. 고려요소

관련지역시장의 범위는 거래에 관련된 상품의 가격과 특성 및 판매자의 생산량, 사업능력, 운송비용, 구매자의 구매지역 전환가능성에 대한 인식 및 그와 관련한 구매자들의 구매지역 전환행태, 판매자의 구매지역 전환가능성에 대한 인식 및 그와 관련한 경영의사결정 행태, 시간적 · 경제적 · 법적 측면에서의 구매지역 전환의 용이성 등을 종합적으

56) 대법원 2011.6.10. 선고 2008두16322 판결.
57) 공정위 2011.10.14. 의결 제2011-180호.
58) 공정위 2011.5.2. 의결 제2011-051호.
59) 대법원 2013.4.11. 선고 2012두11829 판결.
60) 대법원 2007.11.22. 선고 2002두8626 전원합의체 판결.
61) 대법원 2009.9.10. 선고 2008두9744 판결.
62) 대법원 2014.6.26. 선고 2012두19687 판결.
63) 대법원 2014.11.27. 선고 2014두24471 판결.
64) 대법원 2007.11.22. 선고 2002두8626 전원합의체 판결.

로 고려하여 판단하여야 할 것이며, 그 외에 기술발전의 속도, 관련 상품의 생산을 위하여 필요한 다른 상품 및 관련 상품을 기초로 생산되는 다른 상품에 관한 시장의 상황 등도 함께 고려하여야 할 것이다.[65]

3. 구체적 획정 사례

(1) 전국시장으로 획정된 사례

우리나라는 국토가 좁고 교통수단이 비교적 잘 정비되어 있어서 관련지역시장이 전국으로 획정되는 경우가 많다. 학생복은 전국적으로 동일한 기능과 용도를 갖는 상품인 점, 학생복의 스타일이 학교에 따라 다르기는 하나 이는 경우에 따라 바뀔 수 있는 점, 학생복 업체가 서로 다른 스타일의 학생복을 매우 용이하게 공급할 수 있는 점, 원고 등 학생복 3사의 학생복 공급에 관한 의사결정이 전국적인 차원에서 이루어지고 각 총판·대리점들도 학생복 3사의 지시나 권고에 따라 전국적으로 유사한 영업방침을 갖고 있는 점 등을 근거로 관련지역시장을 전국의 학생복 판매시장으로 획정한 사례가 있다.[66] 또한, 대법원은 국내에서 열연코일의 가격이 상당기간 어느 정도 인상되더라도 이에 대응하여 국내 구매자들이 동북아시아 지역으로 열연코일의 구매를 전환할 가능성은 없다는 이유에서 열연코일에 관한 동북아시아시장을 관련지역시장에 포함시킬 수 없다고 판단하였다.[67] 고무용 카본블랙의 경우 수입품의 점유율이 1% 미만으로 매우 미미할 뿐 아니라 향후에도 수입물량이 쉽게 증가되지 않을 것으로 보이는 점 등에 비추어 고무용 카본블랙에 대한 관련 지리적 시장을 국내 시장으로 획정하였다.[68]

(2) 전국시장보다 좁게 획정된 사례

그러나 특정 지역별로 진입장벽이 형성되어 있는 경우에는 해당 지역으로 관련지역시장이 획정될 수 있다. 종합유선방송사업자와 같이 특정 지역별로 인·허가가 이루어지는 경우가 그 대표적인 사례이다. 예를 들어, HCN이 대구중앙케이블티비 북부방송을 인수한 사건에서는 HCN의 계열회사와 대구중앙케이블티비 북부방송의 방송허가구역인 대구 북구 지역으로 지역시장이 획정되었다.[69]

제품의 지역적 특색이 진입장벽으로 작용하는 경우도 있다. 소주가 그 대표적 사례이다. 무학의 대선주조 주식취득 사건에서 관련지역시장은 부산·경남지역 시장으로 획정

65) 대법원 2007.11.22. 선고 2002두8626 전원합의체 판결; 대법원 2009.9.10. 선고 2008두9744 판결; 대법원 2019.1.31. 선고 2013두14726 판결.
66) 대법원 2006.11.9. 선고 2004두14564 판결.
67) 대법원 2007.11.22. 선고 2002두8626 전원합의체 판결.
68) 대법원 2009.9.10. 선고 2008두9744 판결.
69) 공정위 2006.11.6. 의결 제2006-256호.

되었다.[70] 부산지역에서는 2001년에 대선이 84.4%의 점유율을 차지하여 독점적 지위에 있었고, 경남지역에서는 무학이 84.3%의 점유율을 차지하여 독점적 지위를 점하고 있었다. 서울고법은 구매전환가능성에 관하여 그 가능성은 유통업체가 아니라 최종소비자의 입장에서 분석해야 하고,[71] 부산 및 경남지역의 소비자들이 소주가격이 인상된다고 하더라도 해당지역을 벗어나 구매하기는 어렵다고 보았다. 또한, 다른 지역 소주업체의 공급가능성에 관하여 사실상 및 제도적 진입장벽으로 인해 타지역 소주업체가 해당지역에 공급을 증가시키거나 새로이 진입하기가 어렵다고 평가하였다. 그 후 맥주업체인 하이트맥주와 소주업체인 진로 사이의 기업결합 사건에서 공정위는 소주의 관련지역시장을 하이트맥주의 계열 소주회사인 하이트주조가 소재한 전북지역으로 한정하지 않고, 자도주가 압도적인 우위를 차지하고 있는 부산·경남, 경북, 전남, 제주 지역시장과 그 외의 전국시장으로 획정하였다.[72]

백화점, 할인점, 자동차운전전문학원처럼 일정한 지역별로 소비자들의 소비활동이 이루어지고 관련 사업자들도 일정한 범위까지만 동일상권으로 인식하는 경우에는 관련지역시장이 그 범위에 한정되는 지역시장으로 좁게 획정된다. 예를 들어, 신세계가 월마트를 인수한 사건에서 할인점은 서울특별시, 광역시 및 그 인접도시의 경우 월마트의 각 지점으로부터 반경 5㎞, 그 외 지방의 경우 월마트의 각 지점으로부터 반경 10㎞ 내의 범위로 관련지역시장이 획정되었다.[73] 그리고 호텔롯데가 파라다이스 면세점을 인수하기 위하여 기업결합 사전심사를 요청한 사건에서 공정위는 면세점의 관련지역시장을 부산·경남지역 시장으로 획정하였다.[74] 서울에서 자동차운전전문학원을 운영하는 사업자들의 가격담합이 문제된 사안에서 대법원은 관련지역시장을 '서울시 전체와 인접한 경기도 일부 지역'으로 판단하였다.[75]

---

70) 서울고법 2004.10.27. 선고 2003누2252 판결.

71) 유통업체들은 상품의 생산자와 최종소비자를 연결해주는 역할을 하고 있으며, 유통업체들의 수요라는 것은 최종소비자에 의하여 유도되는 파생적 수요에 불과하기 때문이다.

72) 공정위 2006.1.24. 의결 제2006-90호.

73) 관련 상품시장에 속하는 사업자들을 중심으로 일정한 반경(radius)의 원을 그릴 때 중첩되는 원들이 있고 그 중첩의 정도가 상당한 경우 동일한 지역시장으로 판단하였다. 공정위 2006.11.14. 의결 제2006-264호.

74) 피심인은 부산지역 거주자들 중 일부는 해외여행 시 인천국제공항을 통해 출국하기 때문에 인천공항면세점도 부산 시내면세점과 동일 시장에 포함되어야 한다고 주장하였다. 그러나 공정위는 부산·경남지역 거주자들이 지역 내 면세점을 집중적으로 이용하고 있는 점, 부산 시내면세점 이용자 중 인천공항을 경유하는 비율이 25% 미만인 점, 인천공항과 부산시내면세점 간에 10% 이상의 가격 차이가 존재하는 점, 사업자들의 인식 등을 종합적으로 고려하여 인천공항면세점을 제외하였다. 공정위 2009.10.8.자 보도자료 참조.

75) 대법원 2015.10.29. 선고 2012두28827 판결. 11개 운전전문학원 대부분이 서울 외곽지역에 위치하고, 수강생들은 자신의 거주지 또는 활동지와 가까운 학원을 선택하는 경향이 있고, 서울지역에 고루 분포된 원고 사업자들은 서울에 인접한 경기도 지역 운전학원과 셔틀버스, 대중교통의 편의성 여하에 따라 직접적 경쟁관계에 있다고 볼 여지 있고, 지방경찰청 단위의 운전전문학원 관리감독 여부는 수강생들의 학원선택에 영향을 미치는 요소로 보기 어렵다는 점이 고려되었다.

(3) 전국시장보다 넓게 획정된 사례

인터넷과 기술, 교통의 발달로 인해 소프트웨어 등과 같이 상품의 특성상 국내시장에 국한하기 어려운 경우, 국제카르텔이 문제되는 경우처럼 국내시장보다 더 넓은 지역시장으로 획정하는 것도 가능하다. 마이크로소프트의 시장지배적지위 남용행위가 문제된 사안에서 공정위는 PC서버 운용체제 및 인텔호환 PC 운영체제에 관하여 각 관련지역시장을 세계시장으로 획정하였다.[76] 또한, 세계 2, 3위 HDD 업체 간의 기업결합 사건에서 공정위는 HDD의 지리적 시장을 세계시장으로 획정하였다.[77]

Ⅳ. 특수한 시장

1. 묶음시장

(1) 의 의

다수의 상품을 생산 또는 판매하는 기업의 경우에는 처음부터 그 상품군을 관련시장 획정의 출발점으로 삼을 수 있다. 이러한 방식으로 정의되는 상품시장을 묶음시장(Cluster Market)이라고 한다.[78] 묶음시장의 대표적인 사례로 은행, 신용카드, 슈퍼마켓 등을 들 수 있다. 묶음시장은 상품을 묶음으로 거래하는 것에 대한 거래 당사자의 선호 또는 상품의 결합 판매로 인한 비용 감소 등의 편의에 기초하여, 대체재가 아니며 전체의 구성부분으로서 의미가 있는 상품들의 집합을 하나의 시장으로 파악하는 개념이다.

묶음시장의 이론적 근거는 거래의 보완성(transactional complementarity)에서 찾을 수 있다. 거래의 보완성이란 어떤 소비자가 상품을 구매할 때 특정 사업자로부터 여러 상품을 함께 구입할 때 발생하는 편의성을 의미하는데, 이로 인하여 일괄구매(one-stop shopping) 현상이 발생하게 된다. 고객들은 A 은행이 제공하는 개별 금융상품 및 서비스가 B, C 은행 등 다른 금융기관이 제공하는 같은 종류의 금융상품 및 서비스와 경쟁관계에 있다고 인식하기보다는, 은행이 제공하는 금융상품과 서비스를 전체적으로 파악하여 A, B, C 은행 중에서 어느 은행을 이용할 것인지를 결정하는 경향이 있기 때문에, 각 금융상품별로 시장을 획정하지 않고 은행들이 경쟁하는 하나의 관련시장을 획정할 수 있다.[79] 즉, 묶음시장은 ① 소비자가 각각의 상품을 개별적으로 구매하는 것보다 일괄적으로 구매함

76) 공정위 2006.2.24. 의결 제2006-42호.
77) 공정위 2012.2.3. 의결 제2012-17호.
78) 군집시장이라고 부르기도 한다.
79) 미국에서는 United States v. Philadelphia National Bank(1963) 판결에서 연방대법원이 묶음상품 접근방식을 채용한 이래 다수의 사건에서 같은 방식을 사용하여 은행 합병의 경쟁제한성을 판단한 바 있으나, 최근 미국을 비롯한 해외의 경쟁당국들은 묶음시장 접근방식보다 개별시장 접근방식을 사용하고 있다.

으로써 상당한 정도의 거래비용을 절감하고 구매의 편익을 얻는 거래의 보완성이 존재하고, ② 생산과정에서 범위의 경제가 존재하거나 상품을 별도로 공급하기 위해 소요되는 분리비용이 크기 때문에 일괄공급을 통해 총공급 가격을 인하시킬 수 있고, ③ 묶음상품을 구성하는 개별상품에 대한 소비자의 수요가 해당 개별상품의 가격변화보다는 묶음상품 전체의 가격변화에 더 민감하게 반응하는 경우에 고려될 수 있을 것이다.[80)]

(2) 묶음시장을 인정한 사례

신용카드가 현금서비스의 단기금융기능과 할부서비스의 할부구매기능을 가지고 있다고 하더라도 각 기능을 분리하여 그 기능에 대응하는 관련시장을 세분하여 상정할 것은 아니고, 각 신용카드 사업주체들이 경쟁을 통한 하나의 관련시장(신용카드 시장)을 형성한다.[81)] 자동차정비용 부품에 대해서도 묶음시장이 인정되었다. 현대모비스(원고)의 시장지배적 지위 남용행위 사건에서 공정위는 관련시장을 국내 정비용 자동차부품 제조·판매시장 '전체'로 획정하였다. 이에 대하여 원고는 관련시장을 '품목별' 정비용 자동차부품 제조·판매시장으로 보아야 한다고 주장하였다.[82)] 법원은 원고와 대리점간 거래대상은 품목별이 아닌 정비용 부품 전체이고, 대리점/품목지원센터가 일부 부품만 비순정품을 거래하고 있다고 하더라도, 원고는 해당 부품에 국한하지 않고 부품 전체에 대하여 불이익을 가하였다는 점 등을 근거로 관련상품시장을 정비용 부품시장 전체라고 판단하였다.[83)]

(3) 묶음시장을 부정한 사례

반면, NHN의 시장지배적 지위 남용행위 사건은 묶음시장이 인정되지 않은 사안이다. NHN은 '네이버'로 잘 알려진 인터넷 검색·광고·전자메일·뉴스제공·전자상거래 등의 서비스를 제공하는 인터넷 포털 사업자이다. NHN은 2006. 4.부터 2007. 3.까지 동영상 콘텐츠 공급업체(CP)들과 동영상 콘텐츠에 대한 색인 데이터베이스 제공 계약을 체결하면서, NHN의 검색결과로 보여지는 동영상 정보서비스에 NHN과 협의 없이 광고를 게재할 수 없다는 내용의 거래조건을 설정하였다. 이와 같은 계약조건에 따라 CP들은 자신들이 제공하는 동영상에 광고를 게재하지 못하게 되었다. 공정위는 NHN의 이러한 행위가 부당하게 다른 사업자의 사업활동을 방해한 행위에 해당한다고 보고, 그러한 판단의 전제로서 관련상품시장을 1S-4C 서비스[84)]를 묶음으로 제공하는 인터넷 포털 서비스 이용

80) 김형배(2019), 100면.
81) 대법원 2006.9.22. 선고 2004두7184 판결.
82) 원고는 품목별 부품시장 중 순정품과 경쟁할 비순정품이 존재하지 않는 시장에서는 경쟁사업자가 없어 경쟁사업자 배제가 성립할 여지가 없고, 16개 품목별 부품시장에서는 원고의 시장점유율이 평균 20.9%에 불과하여 시장지배적 사업자가 아니라고 주장하였다.
83) 서울고법 2012.2.1. 선고 2009누19269 판결 및 대법원 2014.4.10. 선고 2012두6308 판결.
84) 1S-4C는 Search(검색), Contents(뉴스/게임/금융), Communication(이메일/메신저), Community(블로그/홈페이지) 및 Commerce(온라인쇼핑)을 의미한다.

자 시장으로 획정하였다.[85] 그러나 법원은 관련상품시장을 '인터넷 포털 서비스 이용자 시장(1S-4C)'으로 판단한 것은 부당하다고 판단하였다.[86] 법원의 논거는 다음과 같다. ① 이 사건 광고제한행위는 동영상 콘텐츠 공급업체(contents provider)의 동영상 콘텐츠에 대한 색인 데이터베이스 제공계약을 체결하면서 원고의 검색결과로 보이는 동영상 플레이어 내 동영상 시청에 방해가 되는 선광고(先廣告)만을 원고와 협의 없이 게재할 수 없도록 한 것으로 원고의 검색서비스를 통하여 동영상 콘텐츠 공급업체와 이용자를 중개해 주는 과정에서 이루어진 점, ② 원고가 관련상품시장에서 시장지배력을 가지고 이를 남용하는 행위를 하였는지 여부를 판단함에 있어서는 원고가 동영상 콘텐츠 공급업체와 자신의 이용자들을 중개하는 시장에서 시장지배력을 가지는지 여부와 그 지위를 남용하는 행위를 하였는지 여부를 판단하여야 할 것이고, 이는 동영상 콘텐츠 공급업체들이 이용자들을 자신의 사이트로 유인함에 있어 원고와 같은 인터넷 포털사업자에게 얼마나 의존하고 있는지 여부와 직결되는 문제인 점, ③ 동영상 콘텐츠의 이용은 원고와 같이 1S-4C 서비스를 모두 제공하는 인터넷 포털사업자뿐만 아니라 그 중 검색서비스만을 제공하는 인터넷 사업자의 인터넷 검색서비스를 통해서도 충분히 가능하고, 그 서비스의 효용이나 성능, 소요되는 비용은 1S-4C 서비스를 제공하는 인터넷 포털사업자와 별다른 차이가 있을 수 없는 점 등을 종합하여 보면, 공정위가 이 사건 관련시장을 인터넷 포털 서비스 이용자시장으로 획정한 것은 부당하다.

(4) 유통업에 대한 시장획정

유통업의 경우 소비자의 소비행태나 유통사업자가 창출하는 부가가치는 상품 그 자체가 아니라 유통환경의 특성이 가미된 서비스이므로, 관련시장 획정에 있어서는 상품의 물리적 기능과 효용의 유사성이 아닌 유통서비스에 대한 구매자들의 인식이나 구매행태가 중요하게 고려되어야 한다. 따라서 유통업에서는 물리적으로 동일한 상품일지라도 판매하는 유통채널의 특성에 따라 다른 시장으로 획정하는 것이 일반적이다.[87] 예컨대, 할인점은 다른 유통업태와 판매상품이 어느 정도 중복되는 측면이 있으나, 상품가격, 상품

---

85) 공정위 2008.8.28. 의결 제2008-251호. 이러한 공정위의 시장획정에 대해서는, 사업의 양 측면 중 이용자 측면만 고려하였다는 점에서 양면시장의 특성을 충분히 고려한 것이라고 보기는 어렵고, 또한 이용자 측면만을 고립된 요소로 고려하고 다른 측면과의 연결성을 고려하지 않다 보니 이용자 측면과 다른 측면인 CP와의 연결성의 관점에서 중요성을 갖는 인터넷 검색서비스와의 경쟁관계를 파악하지 못한 문제가 있다는 비판이 제기되었다. 홍대식, "플랫폼 경제에 대한 경쟁법의 적용", 법경제학연구 제13권 제1호(2016), 100면.

86) 서울고법 2009.10.8. 선고 2008누27102 판결 및 대법원 2014.11.13. 선고 2009두20366 판결.

87) Staples가 동종업태의 Office Depot를 인수하려는 사안에 대하여 미국 FTC가 예비적 금지명령(Preliminary Injunction)을 청구한 사건(이하 "Staples 사건"이라 함)에 대한 판결에서도 Staples만이 존재하는 지역 내에서 Wal-Mart, Costco 등 대형 사무용품 전문매장이 아닌 다른 소매업체가 Staples와 동일한 사무용품을 판매하고 있더라도 이는 Staples의 가격책정에 큰 영향을 주지 못하는 반면, Staples의 가격책정은 동일 지역 내 다른 대형 사무용품 전문매장의 존재 여부에 매우 크게 영향을 받으므로, '대형 사무용품 전문매장'만으로 관련시장을 획정해야 한다고 판단하였다. FTC v. Staples, Inc., 970 F. Supp. 1066 (D.D.C. 1997).

구색, 서비스, 매장규모, 소비자 접근도(입지), 이용편이성 등 다양한 측면에서 뚜렷이 구별된다. 신세계-월마트 기업결합 사건에서 서울고법은 위와 같은 법·제도적 측면, 할인점의 특성, 소비자의 인식, 외국의 사례[88] 등을 종합적으로 고려하여 이 사건 기업결합에 있어서의 상품시장을 3,000㎡ 이상의 매장면적을 갖추고 식품·의류·생활용품 등 일괄구매(One-stop Shopping)가 가능한 다양한 구색의 일상 소비용품을 통상의 소매가격보다 저렴하게 판매하는 유통업태인 '대형할인점 시장'으로 획정하였다.[89]

2. 양면시장

(1) 의 의

양면시장이란 별개로 구분되며 일정한 관련성을 가지지 않는 복수의 구매자 그룹을 매개하는 플랫폼을 의미한다. 양면시장이 성립하기 위해서는 ① 상호 연결을 필요로 하는 둘 이상의 서로 구분되는 고객군이 존재하고, ② 한 면의 고객군은 다른 면의 고객군의 규모가 클수록 더욱 높은 효용을 얻을 수 있어야 하며, ③ 높은 거래비용으로 서로 다른 고객군들이 자체적인 노력으로 직접 거래가 어려워 플랫폼을 이용하여야 한다. 양면시장의 예로서는 중개/거래연결(인터넷 쇼핑몰, 중개업체, 결혼정보회사 등), 광고기반 미디어(방송, 신문, 잡지, 인터넷 포털 등), 소프트웨어 플랫폼, 지급제도(이체, 지로, 지급카드)를 들 수 있다. 양면시장에서 어느 한 그룹에 속하는 구매자의 편익은 해당 플랫폼의 다른 구매자 그룹의 크기에 의존(간접 네트워크 효과)하게 된다. 따라서 양면시장에서는 사업자가 시장의 한 측에 대한 요금을 인상하고 다른 측에 대한 요금을 그만큼 인하함으로써 거래량에 영향을 주는 것이 가능하다. 예를 들어 결혼정보회사에서 여성 회원이 많을수록 남성 회원이 몰린다면, 여성 회원에게는 낮은 가격을 적용하고 남성 회원에게는 높은 가격을 적용할 수 있다.

■ 플랫폼과 네트워크 효과

네트워크 효과는 어떤 상품에 대한 수요가 형성되면 이것이 다른 사람들의 상품 선택에 영향을 미치는 현상을 말한다. 네트워크 효과는 직접적 네트워크 효과와 간접적 네트워크 효과로 구분할 수 있다. [그림 4-1]에서 보듯이, 플랫폼 내에서 한쪽 면에 있는 이용자가 같은 면의 이용자에게 영향을 주면서 플랫폼의 가치를 변화시키는 현상을 직접적 네트워크 효과라고 하고, 플랫폼 내의 한쪽 면에 있는 이용자가 다른 면의 이용자에게 영향을 주는 것을 간접적 네

88) 미국, EU의 경우에 하이퍼마켓, 슈퍼마켓, 디스카운트 스토어 등 우리나라의 할인점과 유사한 유통업태들을 유의미한 경쟁이 있는 동일 시장으로 보고 있고, 전문점, 백화점, 소형가게, 재래시장, 도매업과는 별개의 시장으로 획정하고 있다.

89) 서울고법 2008.9.3. 선고 2006누30036 판결(확정).

트워크 효과라라고 한다.

[그림 4-1] 플랫폼과 네트워크 효과[90)]

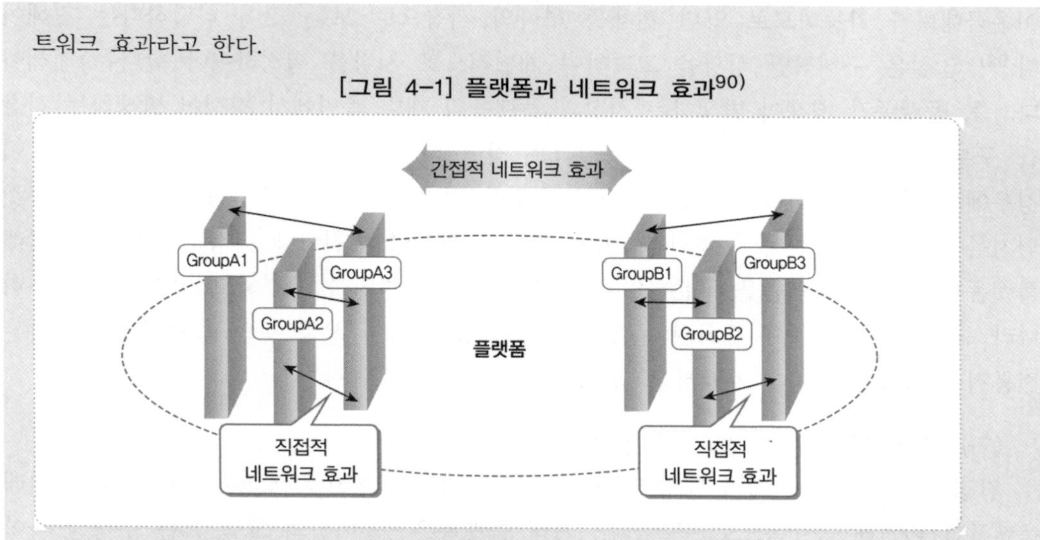

플랫폼 사업자는 긍정적 네트효과를 활용한다. 긍정적 네트워크 효과는 어느 사업자 또는 기술이 시장 내에서 우위를 점해 갈수록 그 시장 내에서 힘의 균형은 이들 사업자 또는 기술로 기울어지게 되며, 이에 따라 해당 사업자 또는 기술이 지배하게 되는 결과를 말한다. 긍정적 네트워크 효과가 발생하는 경우 한 면의 고객군은 같은 면이나 다른 면의 고객군의 규모가 클수록 더욱 높은 효용을 얻는다. 따라서 긍정적 네트워크 효과가 발생하는 시장에서는 '쏠림 현상(tipping)'이 발생하기 쉽다.

(2) 시장획정의 방법

양면시장에 대해서는 관련시장 획정에 있어서 가상적 독점사업자 테스트를 적용하기가 어렵다. 위 결혼정보회사 사례에서 여성 회원과 남성 회원에게 단일한 가격이 적용되지 않는 것처럼 양면시장의 경우 SSNIP 테스트를 적용할 단일한 가격이 존재하지 않기 때문이다. 또한 간접 네트워크 효과를 고려하지 않을 경우 SSNIP 테스트가 어느 한 구매자 그룹의 수요에 미치는 영향이 과소 추정될 수 있다. 위 결혼정보회사 사례에서 여성 회원에 대한 가격을 인상할 경우 여성 회원은 1명이 이탈하는 데 그치더라도 그 여파로 남성 회원은 10명이 이탈할 수도 있기 때문이다.

양면시장에 관한 관련시장 획정을 어떻게 할 것인가에 관해서 크게 3가지 견해가 제시될 수 있다. ①설은 서로 상이한 서비스를 제공하고 있으므로 개별 측면별로 시장을 획정하되, 상호작용을 고려하여야 한다는 견해이다.[91)] ②설은 양면의 가격구조를 통해서

90) 박미영, "온라인 플랫폼 규제를 위한 플랫폼 작용의 이해 필요성", 유통법연구 제5권 제2호(2018), 120면.
91) 심재한, "온라인플랫폼의 관련시장획정에 관한 연구", 경영법률 제29집 제2호(2019), 482면.

이윤극대화가 가능하므로 양면 전체를 하나의 시장으로 보는 것이 타당하다는 견해이다.[92] ③설은 구체적인 상황을 고려하여 개별적으로 시장을 획정하여야 한다는 견해이다. 즉, 플랫폼간 경쟁이 발생하는 시장과 플랫폼의 개별 측면에서 경쟁이 발생하는 시장을 구분하여, 사안에 따라 시장을 획정하는 것이 타당하다는 입장이다.[93] 그렇다면, 이 경우에 양면시장을 하나의 관련시장으로 획정할 것인지, 별개의 관련시장으로 획정할 것인지를 구분하는 기준은 무엇인가? 이에 관하여 외국의 법원이나 경쟁당국은 소위 거래 플랫폼과 비거래 플랫폼을 구분하여 시장을 획정하는 방안을 제시하고 있다. 반면, 우리나라 공정위는 플랫폼에 대하여 문제되는 상품 등과 다른 상품 등의 대체성을 평가하는 전통적 시장획정 방법을 채택하고 있다.

(가) 거래 플랫폼과 비거래 플랫폼의 구분

간접적 네트워크 효과가 양방향으로 작용하는지 단방향으로 작용하는지에 따라 거래 플랫폼과 비거래 플랫폼으로 구분한다. 거래 플랫폼은 둘 이상의 고객 그룹 구성원 사이를 중개하여 두 이용자 그룹 사이에서 직접적 거래가 이루어지도록 하는 플랫폼으로서 간접적 네트워크 효과는 양방향으로 발생한다. 소비자와 입점업체를 연결하는 오픈마켓이 대표적인 예이다. 이 경우에 플랫폼의 각 면을 포괄하는 양면을 단일시장으로 획정한다.[94] 반면, 비거래 플랫폼은 양면 이용자들이 비정형적인 상호작용을 통하여 가치를 얻는 플랫폼으로서 간접적 네트워크 효과는 한 방향으로만 영향을 미친다. 예컨대, 신문 구독자와 광고주를 연결하는 신문사, 검색엔진 사용자와 광고주를 연결하는 검색엔진이 여기에 해당한다. 이 경우에 플랫폼의 각 면을 별개의 시장으로 획정한다.

---

92) 최승재, 경쟁전략과 법, 한국학술정보(2009), 95-97면.

93) 이경원, "인터넷 오픈마켓 시장에서의 인수합병시 쟁점사항 검토", 공정거래위원회 연구용역보고서(2008), 2면; 황창식, "다면적 플랫폼 사업자에 대한 공정거래규제 – 양면시장 이론의 경쟁법적 적용 및 대법원의 티브로드 강서방송 판결 등의 사례분석을 중심으로 –", 정보법학 제13권 제2호(2009), 112면; 홍대식·정성무, "관련시장 획정에 있어서의 주요 쟁점 검토 – 행위 유형별 관련시장 획정의 필요성 및 기준을 중심으로 –", 경쟁법연구 제23권(2011), 326면.

94) 미국에서 Amex 카드가 가맹점에 대하여 Amex 카드보다 수수료율이 낮은 다른 신용카드 사용을 권유하는 행위를 금지하는 계약조항(권유금지 조항)이 셔먼법 제1조 위반(수직적 거래제한)에 해당하는지 여부가 문제가 되었다. 이 사건에서는 플랫폼인 신용카드 사업에 관한 시장의 획정이 주된 쟁점으로 떠올랐다. 미국 연방대법원의 Amex 판결에서 5인의 다수의견은 거래플랫폼과 비거래플랫폼의 구분을 수용하였다. 다수의견은 신용카드 시장은 신용카드 가맹점과 신용카드 회원이라는 상이하지만 서로 밀접한 관계에 있는 두 개의 시장에서 서비스를 제공하는 양면 거래 플랫폼에 해당하므로 신용카드 단일 시장으로 획정하는 것이 타당하다고 판시하였다. 그리고 권유금지조항의 위법성을 주장하기 위해서는 대가맹점 측면 및 대고객 측면에서의 경쟁제한효과를 함께 고려하여 경쟁제한성을 입증하여야 한다. 그런데 관련시장 전체에 미치는 효과가 아닌 대가맹점 측면에서의 경쟁제한효과에 관한 제한적 증거만 제시되어 원고가 입증에 실패하였다고 판단하였다. 그 외에 권유금지 조항은 브랜드 간 경쟁을 촉진하는 효과가 있음도 인정하였다. 이에 대하여 4인의 소수의견은 다수의견이 문제되는 상품 등과 다른 상품 등의 대체성을 평가하여 관련시장을 획정하는 전통적인 시장 획정방법론을 배척한 것은 부당하다는 입장을 표명하였다. Ohio v. American Express Co., 585 U.S. __ (2018).

(나) 전통적 시장획정 방법

사례가 많지는 않지만 우리 공정위는 양면시장에서 개별 면을 별도의 시장으로 획정할 수 있는지 여부는 기본적으로 각 면에서 제공되는 서비스의 대체서비스에 대한 분석에 따라 결정하는 전통적 방법을 취하고 있다.

[그림 4-2] 공정위의 양면시장 획정 기준

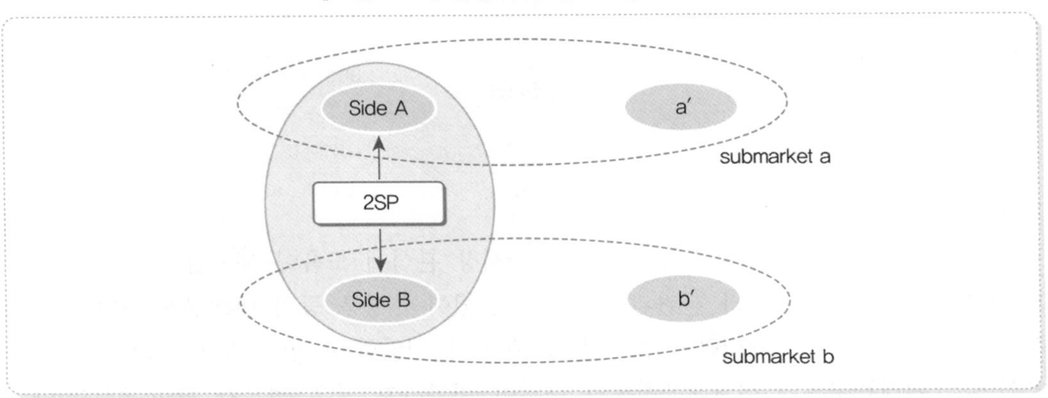

구체적으로 [그림 4-2]에서 만약 2SP 사업자가 A면, B면에서 제공하는 서비스가 하나의 서비스에 의해서 모두 대체될 수 있다면, 굵은 실선으로 그려진 타원과 같이 A면에서 제공되는 a 서비스와 B면에서 제공되는 b 서비스를 묶어서 하나의 시장으로 획정할 수 있다. 그러나 만약 A면에서 제공되는 a 서비스는 a' 서비스에 의해 대체될 수 있고, B면에서 제공되는 b 서비스는 b' 서비스에 의해 대체될 수 있는 반면에, a', b'는 각각 b, a 서비스를 대체할 수 없다면 A면에서 제공되는 a 서비스와 B면에서 제공되는 b 서비스는 각각 별개의 시장으로 획정되는 것이 타당하다고 한다. 위와 같은 법리에 따라서 공정위는 이베이-지마켓 기업결합 심결에서 [그림 4-3]과 같이 관련시장을 온라인쇼핑 시장(소비자 측면)과 오픈마켓 운영시장(판매자 측면)으로 구분하여 획정하였다.[95] 구매자는 가격비교를 통하여 오픈마켓과 종합쇼핑몰 간에 손쉽게 구매전환이 가능하지만, 판매자는 오픈마켓에서 종합쇼핑몰로 전환하기 어렵기 때문이다.[96]

---

95) 공정위 2009. 6. 25. 의결 제2009-146호.

96) 이베이-지마켓 시장지배적 지위남용 사건에서는 오픈마켓 운영시장과 종합쇼핑몰 시장을 하나의 관련시장으로 볼 수 있는지가 문제되었다. 공정위는 오픈마켓 운영시장과 종합쇼핑몰 시장 사이에는 그 거래형태, 입점조건, 구매자의 인식과 시장유형의 선택 등에서 차별성이 크다고 보아 해당 행위가 이루어진 시장을 오픈마켓 운영시장으로 획정하였고, 법원도 위 판단을 수긍하였다(대법원 2011.6.10. 선고 2008두16322 판결).

[그림 4-3] 이베이-지마켓 기업결합 심결의 시장획정

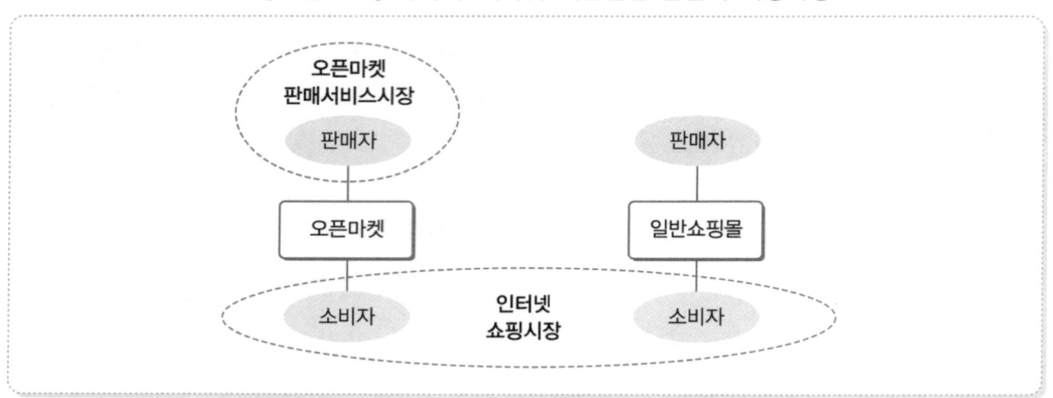

(다) 검 토

거래플랫폼과 비거래플랫폼의 구분은 양면시장 분석에 도움이 되지만, 몇 가지 한계도 존재한다. 우선 플랫폼과 관련된 시장획정에 있어서 상품 등의 대체성에 기반한 전통적 시장획정 방법론을 채택하지 않아야 할 논거가 빈약한 측면이 있다. 그리고 구체적 사안에서 거래플랫폼과 비거래플랫폼의 구분이 명확하지 않은 경우가 많이 존재한다는 한계도 있다. 또한, 경쟁제한성 평가에 있어서 관련시장 획정의 방법을 바꾸지 않더라도 플랫폼 사업의 양면적 속성을 고려할 여지도 있다. 위와 같은 난점을 고려할 때 전통적 시장획정 방법론을 채택하되, 플랫폼 사업의 특수성을 적극적으로 고려하는 방안이 타당하다고 생각된다. 다만, 플랫폼을 전통적 시장획정 방법론에 따라 처리할 경우에, 플랫폼의 한 측면의 현상에만 매몰되어 자칫 간접적 네트워크 효과를 기반으로 하는 플랫폼 고유의 특성을 간과하기 쉬운데 이 점은 경계할 필요가 있다.[97)]

■ **티브로드 강서방송 I 사건**

티브로드 강서방송 I 사건[98)]은 플랫폼 사업자가 관련된 시장의 획정에 관하여 생각해 볼 여러 논점이 있는 사건이다. 유료방송시장은 [그림 4-4]에서 보듯이 방송프로그램을 공급하는 프로그램 제공 사업자(Program Provider, 이하 "PP사업자"라고 함), 유료방송사업자, 시청자로 구성된다. 유료방송사업자에는 종합유선방송사업자(System Operator, 이하 "SO사업자"라고 함), 위성방송 사업자, IPTV 사업자 등이 있는데, 이들은 PP사업자로부터 공급받은 방송채널(프로그램)을 묶음상품의 형태로 시청자에게 제공하고 수신료를 받는다는 점에서 플랫폼사업자로서의 성격을 갖는다.

97) 서정, "플랫폼의 시장획정과 시장지배력에 관한 쟁점", 경쟁법연구 제42권(2020), 14면.
98) 티브로드 강서방송의 시장지배적 지위 남용행위 여부가 문제된 사건은 부당한 사업활동 방해행위 조항이 적용된 사건과 현저한 소비자이익 저해행위 조항이 적용된 사건 2가지가 있다. 전자를 티브로드 강서방송 I

[그림 4-4] 유료방송시장의 구조

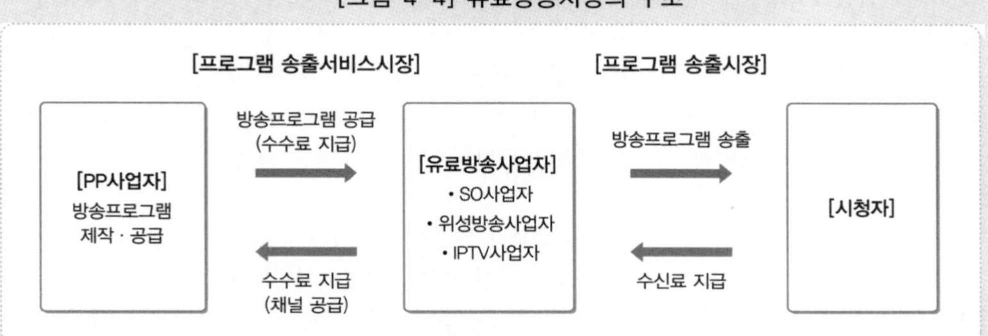

이 사건에서 관련시장의 획정을 두고 여러 주장이 표출되었다. 우선 양면시장의 각 면을 묶어서 하나의 시장으로 볼 것인지 아니면 각 면별로 별개의 시장으로 볼 것인지에 관해서 의견이 나뉘었는데, 공정위와 법원은 후자의 입장을 채택하였다.[99] 다만, 이 경우에도 문제되는 관련상품시장을 ①－i 유료방송사업자와 PP사업자 사이에서 성립하는 프로그램 송출서비스시장으로 보아야 한다는 주장, ①－ii 프로그램 송출서비스시장을 다시 유료방송사업자가 PP사업자로부터 프로그램을 구매하는 시장과 유료방송사업자가 PP사업자에게 채널을 판매하는 시장으로 나눠서 이 사건에서는 후자로 보아야 한다는 주장, ② 유료방송사업자와 시청자 사이에서 성립하는 프로그램 송출시장으로 보아야 한다는 주장으로 나뉘었다. 관련지역시장에 관해서는 ⓐ 서울 강서구 지역으로 획정해야 한다는 주장과 ⓑ 전국시장으로 획정해야 한다는 주장이 제기되었다.

공정위는 이 사건의 관련상품시장을 프로그램 송출시장으로, 관련지역시장을 서울 강서구 지역으로 획정하였다(위 ②, ⓐ). 이에 근거하여, 티브로드 강서방송의 시장지배적 지위를 인정하고 그 행위가 그 시장에서 부당하게 다른 사업자의 사업활동을 방해한 행위에 해당한다고 보았다.[100] 그러나 공정위의 위와 같은 시장획정에 따르면 문제된 SO사업자와 PP사업자 사이에서 발생한 채널변경 행위는 공정위가 획정한 관련시장(즉, 서울 강서구 지역의 프로그램 송출시장) 밖에서 벌어진 것이어서, 관련시장과 행위가 서로 무관하다는 비판이 있었다.[101] 서울고법은 합병 후 티브로드 강서방송(원고)과 같은 플랫폼사업자와 우리홈쇼핑 등 사이에는 프로그램 송출서비스시장이 형성되고, 이 시장은 관할 지역을 할당받은 전국의 많은 플랫폼사업자들이 TV홈쇼핑사업자 등에게 송출채널을 제공하고 그 수수료를 지급받는 것 등을 주요 거래내용으로 하는 시장으로서 전국적 범위에 이른다고 판단하였다(위 ①－i, ⓑ).[102] 그러나 서울고법의 시장획정에 따르면 티브로드 강서방송은 관련지역시장인 전국시장에서 차지하는 비중이

사건, 후자를 티브로드 강서방송 II 사건이라고 부른다.

99) 전자의 주장으로는 최승재, "티브로드 사건과 양면시장이론의 적용 가능성", 경쟁저널 제143호(2009), 88면.

100) 공정위 2007.3.28. 의결 제2007-152 및 제2007-153호.

101) 주진열, "티브로드 사건에 대한 고찰: 시장지배력 전이 이론을 중심으로", 경쟁법연구 제25권(2012), 270면.

102) 서울고법 2007.11.8. 선고 2007누10541 판결.

미미하여 시장지배적 지위가 인정되지 않게 된다. 그런데 서울고법은 티브로드 강서방송이 서울 강서구 지역의 프로그램 송출시장(위 ②, ⓐ)에서 가진 시장지배력을 전이하여 위 ①-i, ⓑ 시장에서 행사하였다는 시장지배력 전이 이론을 동원하여 공정위 처분을 정당하다고 보았다. 반면, 대법원은 서울고법과 같이 관련시장을 전국의 프로그램 송출서비스시장이라고 보고(위 ①-i, ⓑ), 시장지배력 전이를 부정하여 티브로드 강서방송의 시장지배적 지위가 인정되지 않는다고 판단하였다.[103)]

그런데 이 사건에서 일반 방송채널과 홈쇼핑 방송채널의 차이점에 주목할 필요가 있다. PP사업자들 입장에서 보면 시청자가 많을수록 긍정적이다. 반대로 시청자들 입장에서 보면 일반 방송채널이 많은 것은 긍정적이지만 홈쇼핑 방송채널이 많은 것은 별로 긍정적이지 않다. 다시 말해 유료방송사업자가 제공하는 같은 플랫폼이지만 간접적 네트워크 효과가 작용하는 모습은 다르다. 일반 방송채널의 경우에는 간접적 네트워크 효과가 쌍방향으로 작용하는 거래 플랫폼에 해당하지만, 홈쇼핑 방송채널의 경우에는 간접적 네트워크 효과가 단방향으로 작용하여 비거래 플랫폼에 해당한다. 실제로 일반 PP사업자는 SO사업자에게 방송 프로그램을 판매하고 그 대가로서 수수료를 받는 반면(즉, 일반 PP사업자가 공급자임), 홈쇼핑사업자들은 SO사업자에게 수수료를 지급하고 특정 채널에 대한 사용권을 취득한다(즉, SO사업자가 공급자임). 따라서 이 사건에서 관련상품시장을 홈쇼핑사업자들에 대한 프로그램 송출서비스 시장으로 획정하고 검토를 했으면 좋았을 것이다.

(3) 혁신시장

혁신 기반 산업에서는 제조·판매 시장에서의 경쟁과 구별되는 ① 연구·개발·제조·판매를 모두 수행하는 기업 간 경쟁, ② 제품 출시를 완료하여 제조·판매 중인 기업과 제품 출시 전 연구·개발 활동 중인 기업 간 경쟁, ③ 아직 제품 출시는 되지 않았으나 시장 형성을 목표로 이루어지는 연구·개발 경쟁 등이 이루어질 수 있다. 그런데 관련시장을 제조·판매 시장으로만 파악하면, 연구·개발 활동과 제조·판매 활동 등이 경쟁으로 인식되지 않거나 과소평가될 수 있다. 「기업결합 심사기준」은 산업 특성상 연구·개발 등 혁신활동이 필수적이거나 지속적인 혁신경쟁이 이루어지고 결합당사회사 중 한쪽 이상이 그 경쟁에서 중요한 사업자인 경우, 근접한 혁신활동이 이루어지는 분야(혁신시장)를 별도로 획정하거나 제조·판매 시장 등과 포괄하여 획정할 수 있다고 규정하고 있다.

---

103) 대법원 2008.12.11. 선고 2007두25183 판결. 대법원은 서울고법과 달리 "별개의 시장인 프로그램 송출시장에서의 시장지배적 사업자가 곧바로 프로그램 송출서비스시장에서도 시장지배적 사업자가 되는 것이 아니며, 또한 위 양시장의 거래내용, 특성, 시장지배적 지위남용행위의 규제목적, 내용 및 범위 등을 비롯한 여러 사정을 종합적으로 고려하면, 프로그램 송출시장에서 시장지배적 사업자인 원고의 시장지배력이 프로그램 송출서비스시장으로 전이된다고 볼 만한 근거를 찾아 볼 수도 없다. 따라서 이 사건 채널변경행위가 이루어진 이 사건 관련 시장에서 원고가 시장지배적 사업자의 지위에 있다고 볼 수는 없다."고 판단하였다.

제5장

위법성의 판단

제1절 총 설

독점규제법상 금지되는 특정 행위가 존재한다고 하여 그 행위가 곧바로 위법한 것은 아니고, 시장경제질서 전체의 관점에서 해당 행위의 위법성에 관하여 별도의 심사가 이루어져야 한다. 입법례에 따라 특정 행위가 존재하면 곧바로 위법한 것으로 취급하는 경우도 있으나, 우리 법은 경제력집중 억제를 위한 사전적 규제의 경우를 제외하고 개별 행위에 대하여 시장경제질서에 대한 일정한 폐해를 위법성 인정의 요건으로 요구하는 경우가 대부분이다. 독점규제법이 개별 금지행위에 관한 위법성 요건을 규정하는 방식은 추상적 표지와 구체적 폐해를 기준으로 4가지 유형으로 나누어 볼 수 있다. 즉, ① 추상적 표지와 그에 관한 구체적 폐해를 같이 규정한 경우, ② 추상적 표지만 규정한 경우, ③ 구체적 폐해만 규정한 경우, ④ 둘 다 규정하지 않은 경우가 있다. 그런데 위법성 요건에 관한 명시적 규정이 없는 ④의 경우에도 판례는 입법목적 등을 고려하여 불문의 폐해요건이 존재하는 것으로 해석하는 것이 일반적이다. 한편, 폐해요건이 충족된다고 하여 곧바로 위법한 것은 아니고 실체적, 절차적 정당화 사유가 존재하는 경우에는 위법성이 조각될 수 있다. 가장 전형적인 정당화 사유는 경쟁제한효과를 능가하는 효율성 증대효과의 존재를 들 수 있다.

위법성 요건의 추상적 표지로서 주로 부당성이라는 표현이 사용된다. 부당(不當)의 사전적 의미는 "이치에 맞지 아니함"이므로, 부당하다는 것은 일반적으로 법의 이념에 비추어 적당하지 않은 것을 말하지만, 구체적으로는 그 용례에 따라 다의적으로 사용된다. 예컨대, 민법 제741조의 '부당이득'에서의 부당은 법률상 원인 없이 타인의 손실로 인해 이익을 얻는 것을 뜻하고, '행정처분이 위법은 아니지만 부당하다'고 하는 경우처럼 법규위반은 아니지만 제도의 목적상 타당하지 않다는 의미로도 사용된다. 그러나 독점규제법상 부당성은 위와 같이 민법이나 행정규제법에 상대되는 개념은 아니고, 독점규제법에 특유한 위법성의 징표이다. 다만, '부당'과 같은 정서적 혹은 정치적 호소력이 강한 불확정개념은 자칫 판단자의 입장에서 심정적으로 부정적이라고(negative) 생각되는 모든 행태가 독점규제법의 입법취지 및 목적이나 그 부정적인 이유나 정도 등에 관한 충분한 고려 없이 위법행위로 판단될 염려가 있다. 따라서 독점규제법에 열거된 개별 행위의 위법성을 판단함에 있어서 우선 그 판단의 표지를 확정하고 그 표지의 규범적 의미를 탐구하여 구체화할 필요가 있다. 법령의 해석은 어디까지나 법적 안정성을 해치지 않는 범위 내에서 구체적 타당성을 찾는 방향으로 이루어져야 한다. 이를 위해서는 가능한 한 원칙적으로 법령에 사용된 문언의 통상적인 의미에 충실하게 해석하고, 나아가 당해 법령의 입법 취지와 목적, 그 제정 및 개정의 연혁, 법질서 전체와의 조화, 다른 법령과의 관계 등을 고려하는 체계적·논리적 해석방법을 추가적으로 동원함으로써, 위와 같은 타당성 있는 법령 해석의 요청에 부응하도록 해야 한다.[1)]

법에 위법성 요건으로서 추상적 표지(부당성)와 그 구체적 폐해의 내용을 같이 규정한 사례(①의 경우)로서 부당한 공동행위, 불공정거래행위, 특수관계인에 대한 부당한 이익제공을 들 수 있다. 부당한 공동행위의 경우에 법 제40조 제1항은 '부당하게 경쟁을 제한'하는 행위라고 규정하여 부당성의 구체적 폐해가 경쟁제한성임을 밝히고 있다. 불공정거래행위의 경우에는 법 제45조 제1항의 제10호[2)]를 제외한 각 호에서 "부당하게"라는 표현을 사용하고 있는데 본문에서 '공정한 거래를 해칠 우려'가 있는 행위라고 하여, 부당성의 판단표지는 공정거래저해성으로 이해된다.[3)] 특수관계인에 대한 부당한 이익제공의 경우에도 법 제47조 제1항은 "특수관계인에게 부당한 이익을 귀속시키는 행위"라고 규정하여 부당성의 판단표지가 특수관계인에 대한 부당이익의 귀속임을 밝히고 있다. 이와 같이 법문에 구체적인 폐해의 내용이 명시된 경우에는 입법자의 의사를 존중하여 그러한 판단표지를 중심으로 부당성을 판단하여야 할 것이다.

다음으로, 위법성 요건의 추상적 표지로서 부당성이 제시되고 있지만, 정작 법문에는 부당성의 구체적 폐해가 제시되지 않은 사례(②의 경우)경우도 존재한다. 가령, 시장지배적 지위남용의 경우 각 남용행위의 유형에서 "부당하게"라는 표현을 사용하고 있을 뿐,[4)] 부당성의 구체적 판단표지는 제시되지 않고 있다. 이로 인하여 시장지배적 지위남용의 경우에 부당성의 판단표지가 무엇인지에 관하여 논란이 생기게 되었다. 따라서 입법취지와 행위의 성격 등을 종합적으로 고려하여 해석론으로서 폐해요건을 찾아야 할 것이다.

---

1) 대법원 2012.7.5. 선고 2011두19239 전원합의체 판결.

2) 제10호는 "공정한 거래를 해칠 우려가 있는 행위"이므로 나머지 각 호와 마찬가지로 공정거래저해성이 폐해요건으로 해석된다.

3) 대법원 2001.6.12. 선고 99두4686 판결; 대법원 2002.2.5. 선고 2000두3184 판결 등.

4) 법 제5조 제1항은 남용행위를 ① 가격을 '부당하게' 결정·유지 또는 변경하는 행위, ② 상품의 판매 또는 용역의 제공을 '부당하게' 조절하는 행위, ③ 다른 사업자의 사업활동을 '부당하게' 방해하는 행위, ④ 새로운 경쟁사업자의 참가를 '부당하게' 방해하는 행위, ⑤ '부당하게' 경쟁사업자를 배제하기 위하여 거래하거나 소비자의 이익을 현저히 저해할 우려가 있는 행위라고만 규정하고 있을 뿐이다.

판례는 남용행위를 배제남용과 착취남용으로 구분하여 부당성의 근거를 전자는 경쟁제한성에서 찾고 있고,[5] 후자는 과도하거나 현저한 독점적 이익의 실현에서 찾고 있다.[6]

위법성 요건에 관하여 추상적 표지 없이 바로 구체적 폐해를 규정한 사례(③의 경우)도 있다. 기업결합에 관해서 법 제9조는 일정한 거래분야에서 경쟁을 실질적으로 제한하는 기업결합을 원칙적으로 금지한다(1항). 즉, 기업결합에 대해서는 부당성이라는 표현을 사용하지 않고 있지만, 경쟁제한성을 위법성 요건으로 한다는 점에서 경쟁제한성을 폐해요건으로 하는 다른 대부분의 금지행위와 동일한 해석론이 적용될 수 있을 것이다.

반면, 법문에 위법성 판단에 관한 추상적 징표 및 구체적 징표가 제시되지 않은 사례(④의 경우)도 있다. 이와 관련하여 법 제2조 제20호의 재판매가격유지행위의 정의규정에 착안하여 재판매가격유지행위의 위법성을 강제성에서 찾아야 한다는 견해도 있다.[7] 그런데 강제성은 재판매가격유지행위의 개념에 이미 내포된 요소이므로, 강제성을 부당성의 표지로 파악한다면 재판매가격유지행위가 존재하면 그 행위는 당연히 위법하다는 결론에 이르게 된다. 그렇지만, 재판매가격유지행위가 중소기업이나 신규 시장진입자들에 의하여 시장 개척수단으로 활용되는 등 경쟁촉진적 측면도 있기 때문에, 이러한 해석론은 자유경쟁의 보호라는 법의 목적에 반할 수 있다. 이러한 점을 고려하여 판례는 재판매가격유지행위가 존재하더라도 해당 행위가 상표간 경쟁을 촉진하여 결과적으로 소비자후생을 증대하는 등 정당한 이유가 있는 경우에는 이를 예외적으로 허용하여야 한다고 판단하였다.[8] 2020년 개정법은 이러한 판례의 취지를 반영하여 "효율성 증대로 인한 소비자후생 증대효과가 경쟁제한으로 인한 폐해보다 큰 경우 등 재판매가격유지행위에 정당한 이유가 있는 경우" 등을 위법성 조각사유로 인정하고 있다(법 46조). 따라서 재판매가격유지행위의 경우에는 해당 행위가 존재하면 경쟁제한이라는 폐해의 존재가 추정되나, 사업자가 정당한 이유를 입증하는 경우에는 그러한 추정이 복멸된다.

사업자단체의 금지행위의 경우에 법 제51조 제1호 및 제4호의 위반행위는 그 내용이 부당한 공동행위, 불공정거래행위, 재판매가격유지행위를 하는 것이므로 해당 위법행위의 해석론을 원용할 수 있을 것이다. 반면 동조 제2호 및 제3호는 사업자단체에 특유한 위

5) 대법원 2007.11.22. 선고 2002두8626 전원합의체 판결 등.
6) 대법원 2010.5.27. 선고 2009두1983 판결 등.
7) 이봉의, "독점규제법상 재판매가격유지행위의 성격과 규제체계에 관한 소고", 서울대학교 법학 제48권 제4호(2007), 247-248면.
8) 대법원 2011.3.10. 선고 2010두9976 판결. 대법원은 "공정거래법의 목적은 경쟁을 촉진하여 소비자후생을 증대하기 위한 것이고, [구법] 제29조 제1항이 재판매가격유지행위를 금지하는 취지도 사업자가 상품 또는 용역에 관한 거래가격을 미리 정하여 거래함으로써 유통단계에서의 가격경쟁을 제한하여 소비자후생을 저해함을 방지하기 위한 것이다. 이러한 공정거래법의 입법 목적과 재판매가격유지행위를 금지하는 취지에 비추어 볼 때, 최저재판매가격유지행위가 해당 상표 내의 경쟁을 제한하는 것으로 보이는 경우라 할지라도, 시장의 구체적 상황에 따라 그 행위가 관련 상품시장에서의 상표 간 경쟁을 촉진하여 결과적으로 소비자후생을 증대하는 등 정당한 이유가 있는 경우에는 이를 예외적으로 허용하여야 할 필요가 있다."고 판시하였다.

법행위 유형이다. 제3호는 구성사업자의 사업내용 또는 활동을 부당하게 제한하는 행위로서 '부당하게'라는 표현을 사용하고 있고, 제2호는 일정한 거래분야에서 현재 또는 장래의 사업자 수를 제한하는 행위로서 위법성 판단의 표지가 아예 제시되지 않고 있다. 위 제3호의 부당성의 내용이 무엇인지에 관하여 대법원의 다수의견은 "결의가 구성사업자의 사업활동에 있어서 공정하고 자유로운 경쟁을 저해하는 경우"에 금지행위에 해당한다고 보아 경쟁제한성을 폐해요건으로 보았다.[9] 법문에 폐해요건이 명시적으로 규정되지 아니한 경우에 독점규제법의 입법 취지 및 목적, 헌법상 경제질서 조항, 금지행위의 성격 등을 종합적으로 고려하여 폐해요건을 설정하여야 할 것인데, 자유공정경쟁의 보호라는 입법목적을 고려할 때 1차적으로 경쟁제한성을 폐해요건으로 보는 것이 타당할 것이다. 따라서 위 제2호의 금지행위의 경우에도 마찬가지로 경쟁제한성이 인정되어야 위법하다고 평가할 수 있을 것이다. 금지행위별 위법성의 판단표지에 관한 이상의 논의를 정리하면 〈표 5-1〉과 같다.

〈표 5-1〉 금지행위별 위법성의 판단표지

금지행위 유형	법문상의 표현	판단표지
시장지배적 지위남용	"부당하게"	배제남용: 경쟁제한성 착취남용: 독점이익의 현저성
기업결합	"경쟁을 실질적으로 제한"	경쟁제한성
부당한 공동행위	"부당하게 경쟁을 제한"	경쟁제한성
불공정거래행위	"부당하게" / "공정한 거래를 저해할 우려"	공정거래저해성
특수관계인에 대한 부당한 이익제공	"부당한 이익을 귀속"	부당이익귀속성
사업자단체 금지행위	"부당하게 경쟁을 제한", "부당하게" 등	행위유형별로 경쟁제한성 또는 공정거래저해성
재판매가격유지행위	"다음 각 호의 어느 하나에 해당하는 경우에는 그러하지 아니하다"	정당한 이유의 부존재 (경쟁제한성은 추정)

이하에서는 금지행위 전반에 공통적으로 적용되는 폐해요건인 경쟁제한성에 관하여 살펴보고, 현저성, 공정거래저해성, 이익의 귀속 등 개별 행위유형에 특유한 폐해요건에 대해서는 제2편 실체법적 규제의 해당 부분에서 논의하기로 한다.

9) 대법원 2003.2.20. 선고 2001두5347 전원합의체 판결.

제2절 경쟁제한성

I. 경쟁의 제한

1. 의 의

독점규제법은 "경쟁을 실질적으로 제한하는" 또는 "경쟁을 제한하는"이라는 표현을 사용하고 있다. "경쟁을 실질적으로 제한하는 행위"라 함은 일정한 거래분야의 경쟁이 감소하여 특정 사업자 또는 사업자단체의 의사에 따라 어느 정도 자유로이 가격·수량·품질 기타 거래조건 등의 결정에 영향을 미치거나 미칠 우려가 있는 상태를 초래하는 행위를 말한다(법 2조 5호). 즉, 시장에서 경쟁이 감소하여 소수 사업자들에게 시장력[10]이 형성·유지·강화되고, 그들이 집중된 시장력을 바탕으로 어느 정도 자유로이 가격이나 수량 등의 거래조건에 영향을 미칠 수 있는 상태가 되거나 그러한 우려가 있는 것을 강학상 경쟁제한성이라고 부른다. 경쟁제한성은 그 거래행위의 목적 및 태양, 사업자의 시장점유율, 경쟁사업자의 시장진입 내지 확대기회의 봉쇄 정도 및 비용증가 여부, 거래의 기간, 관련시장에서의 가격 및 산출량 변화 여부, 유사품 및 인접시장의 존재 여부, 혁신저해 및 다양성 감소 여부 등[11] 내지 해당 상품의 특성, 소비자의 제품선택 기준, 해당 행위가 시장 및 사업자들의 경쟁에 미치는 영향 등[12] 여러 사정을 종합적으로 고려하여 판단한다.

■ 일정한 거래분야에서 경쟁의 실질적 제한과 경쟁의 제한의 의미

일정한 거래분야에서 경쟁을 실질적으로 제한하는 기업결합은 금지된다. 법 제2조 제5호에 따르면, "경쟁을 실질적으로 제한하는 행위"란 일정한 거래분야의 경쟁이 감소하여 특정 사업자 또는 사업자단체의 의사에 따라 어느 정도 자유로이 가격, 수량, 품질, 그 밖의 거래조건 등의 결정에 영향을 미치거나 미칠 우려가 있는 상태를 초래하는 행위를 말한다. 한편, 부당한 공동행위의 폐해요건은 종래 기업결합의 경우와 마찬가지로 "일정한 거래분야에서 경쟁을 실질적으로 제한하는"으로 되어 있었으나, 1999년의 개정 이후 "경쟁을 제한하는"으로 바뀌었다.

---

10) 시장력(market power)이란 "사업자가 시장의 가격이나 거래조건 등 시장의 성과에 어느 정도 영향을 미칠 수 있는 힘"을 의미하는데, 이는 경제학에서 주로 사용되는 용어이다.

11) 대법원 2009.7.9. 선고 2007두22078 판결은 시장지배적 지위남용행위로서 배타조건부거래의 부당성 판단 시 위와 같은 요소를 고려하도록 판시하고 있는데, 이러한 요소들은 부당성의 핵심요소인 경쟁제한성의 판단에 그대로 적용되는 것들이다.

12) 대법원 2013.11.14. 선고 2012두19298 판결; 대법원 2014.2.27. 선고 2012두24498 판결; 대법원 2017.1.12. 선고 2015두2352 판결 등 참조.

문언만 보면 "경쟁을 제한하는" 행위는 "일정한 거래분야에서 경쟁을 실질적으로 제한하는" 행위보다는 그 범위가 더 넓고 완화된 기준이 적용된다고 새길 여지가 있다. 그러나 실제로는 양자를 구분할 실익은 크지 않다는 이유로, 양자를 동일한 의미로 새기는 견해가 많다.[13] 판례 역시 양자를 같은 의미로 새기고 있어, 해당 공동행위가 법 제40조 제1항이 정한 경쟁제한성을 가지는지는 해당 공동행위로 인하여 일정한 거래분야에서의 경쟁이 감소하여 가격·수량·품질 기타 거래조건 등의 결정에 영향을 미치거나 미칠 우려가 있는지를 살펴서 개별적으로 판단한다.[14]

2. 경쟁제한의 방법

강학상으로 경쟁제한효과를 초래하는 행위를 배제적(exclusive) 방법과 협조적(collusive) 방법으로 구분하여 설명한다. 배제적 방법은 특정사업자가 기존 경쟁사업자를 시장에서 배제하거나 잠재적 경쟁사업자의 신규진입을 방해함으로써 경쟁을 제한하는 것이다. 원료 시장을 독점하면서 동시에 완제품도 생산하는 A 기업이 완제품만 판매하는 B 기업에 대하여 정당한 이유 없이 원료 공급을 중단하는 경우를 예로 들 수 있다.[15] 사업자의 배제행위의 결과로 경쟁사업자가 시장에서 퇴출되거나 진입이 저지되는 경우는 물론이고 그 행위로 인하여 경쟁사업자의 시장 진입 내지 확대의 기회가 봉쇄되거나 비용이 증가하였다면 그러한 행위가 없었을 경우와 비교하여 경쟁제한성은 인정될 수 있을 것이다.

[그림 5-1] 경쟁제한의 방법

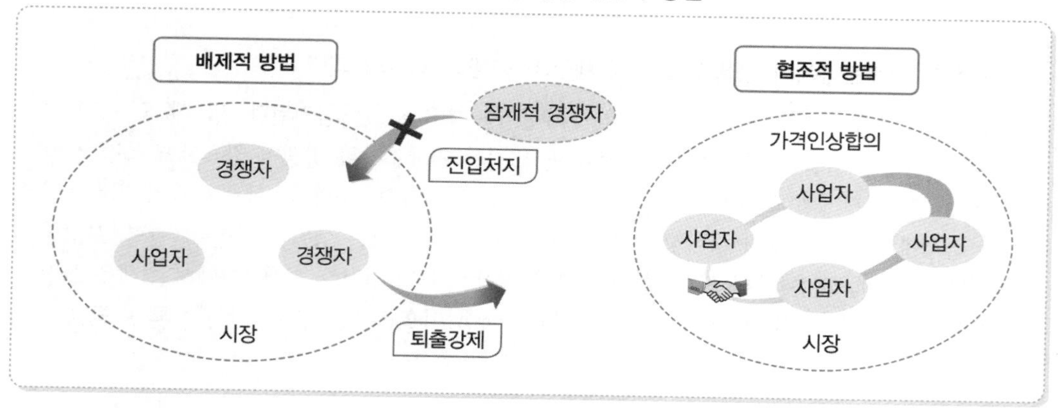

13) 정호열(2016), 320면; 이봉의, "공정거래법상 '카르텔'의 부당성 판단", 사법 제2호(2007), 127면; 조성국, "미국 카르텔 규제법리의 발전과 우리나라에 주는 시사점", 중앙법학 제9집 제1호(2007), 367면.
14) 대법원 2013.11.14. 선고 2012두19298 판결; 대법원 2014.2.27. 선고 2012두24498 판결; 대법원 2017.1.12. 선고 2015두2352 판결 등 참조.
15) 대법원 2009.7.9. 선고 2007두22078 판결.

협조적 방법은 경쟁사업자들 상호간에 경쟁 회피에 협조함으로써 경쟁을 제한하는 것이다. 예컨대, 다수의 경쟁사업자들이 가격을 인상하기로 합의하고 이를 실행함으로써 경쟁을 제한하는 경우이다. 가격인상 합의를 통하여 다수의 경쟁사업자가 마치 하나의 사업자처럼 행동한다면 이들 합의에 참여한 사업자들이 공동으로 시장력을 행사하여 경쟁을 제한하게 될 것이다. 이상의 설명을 정리하면 [그림 5-1]과 같다.

어떤 행위가 경쟁제한성이 있는지를 살펴보기 위해서는 배제적 방법에 의한 경쟁제한효과와 협조적 방법에 의한 경쟁제한효과의 발생 가능성을 살펴보아야 할 것이다. 다만, 카르텔과 같은 공동행위의 경우에는 주로 협조적 방법에 의한 경쟁제한성이 문제가 되고, 시장지배적 지위남용(특히, 이른바 배제남용)이나 불공정거래행위 등과 같은 단독행위의 경우에는 주로 배제적 방법에 의한 경쟁제한성이 문제된다. 그렇지만, 공동행위의 경우에도 특정한 경쟁사업자에 대한 집단적 보이콧(boycott)과 같이 협조적 방법과 배제적 방법의 결합을 통해서 경쟁제한성이 나타날 수도 있다. 그리고 기업결합의 경우에는 경쟁제한성을 판단함에 있어서 배제적 방법으로 야기될 수 있는 단독효과[16] 내지 시장 봉쇄효과[17]와 협조적 방법에 의하여 야기될 수 있는 협조효과[18] 등을 종합적으로 고려하고 있다.

■ **배제적 방법을 통한 경쟁제한과 경쟁을 통한 경쟁자배제의 구분**

배제적 방법을 통한 경쟁제한과 관련하여 혼동하기 쉬운 것이 경쟁을 통한 경쟁자배제이다. 피상적으로 이해하면 시장에서 사업자의 어떤 행위로 인하여 경쟁자가 불리한 위치에 놓이게 되면 경쟁이 제한된 것이 아닌가 하는 의구심을 가질 수도 있다. 그러나 양자의 개념은 구분할 필요가 있다. A 기업이 양질의 상품을 저렴한 가격에 판매하면 그와 경쟁하는 B 기업은 불리할 수 있고 나아가 시장에서 퇴출될 우려도 있지만, A 기업의 행위는 소비자들에게 혜택을 가져오는 경쟁을 촉진하는 행위이지 경쟁을 제한하는 행위가 아니다. 많은 경쟁제한행위가 경쟁자배제를 초래하는 것은 사실이지만,[19] 그렇다고 해서 어떤 행위로 인하여 경쟁사업자가 배제되었다는 이유만으로 그 행위의 경쟁제한성을 속단해서는 안 될 것이다. 다시 말해, 경쟁자배제와 경쟁제한 사이의 상관관계를 전자의 후자에 대한 인과관계로 오인하는 오류를 범해서 독점규제법이 경쟁의 보호가 아닌 경쟁자 보호를 위한 규제로 이용되는 것을 경계할 필요가 있

16) 기업결합 후 당사회사가 단독으로 가격인상 등 경쟁제한행위를 하더라도 경쟁사업자가 당사회사 제품을 대체할 수 있는 제품을 적시에 충분히 공급하기 곤란한 사정이 있는 경우에는 해당 기업결합이 경쟁을 실질적으로 제한할 수 있다.

17) 수직형 기업결합을 통해 당사회사가 경쟁관계에 있는 사업자의 구매선 또는 판매선을 봉쇄하거나 다른 사업자의 진입을 봉쇄할 수 있는 경우에는 경쟁을 실질적으로 제한할 수 있다.

18) 기업결합에 따른 경쟁자의 감소 등으로 인하여 사업자간의 가격·수량·거래조건 등에 관한 협조(공동행위뿐만 아니라 경쟁사업자 간 거래조건 등의 경쟁유인을 구조적으로 약화시켜 가격인상 등이 유도되는 경우를 포함)가 이루어지기 쉽거나 그 협조의 이행여부에 대한 감시 및 위반자에 대한 제재가 가능한 경우에는 경쟁을 실질적으로 제한할 가능성이 높아질 수 있다.

다. "다른 사업자를 다소 불리하게 한다는 이유만으로 경쟁제한을 규제 대상으로 삼는 법률에 위반된 것으로 처분한다면 이는 그 규제를 경쟁의 보호가 아닌 경쟁자의 보호를 위한 규제로 만들 우려가 있을 뿐 아니라, 기업의 사업활동을 부당하게 위축시켜 결과적으로는 경쟁력 있는 사업자 위주로 시장이 재편되는 시장경제의 본래적 효율성을 저해하게 될 위험성이 있[기]" 때문이다.[20] 물론, 시장에서 자연스러운 경쟁행위로 인식되는 대부분의 행위는 독점규제법상 금지행위에 포섭되지 않기 때문에 과도한 규제의 위험은 크지 않다. 그럼에도 불구하고, 금지행위 중에서 과연 그 행위가 시장경제질서 전체의 관점에서 긍정적인지 부정적인지에 관해 판단이 쉽지 않은 행위유형도 존재하는 것이 사실이다. 예컨대, 가격할인 행위는 원칙적으로 경쟁에 긍정적으로 평가되지만, 그 정도와 방법이 이례적이어서 다른 경쟁사업자의 생존 자체를 위협하고 장기적으로 시장구조를 독과점화할 우려가 있다면 경쟁제한성에 관한 검토가 필요하게 된다. 다만, 이때에도 경쟁제한성 평가의 목적은 경쟁의 보호에 있는 것이지 경쟁자의 보호에 있는 것이 아니라는 점을 항상 유념해야 할 것이다.

3. 경쟁제한효과

경쟁제한성은 추상적 개념이라서 시장에서 구체적으로 나타나는 행위의 효과를 살펴보지 않고 사업자의 행위에 경쟁제한성이 존재하는지를 판단하는 것은 쉽지 않다. 이때 경쟁제한성을 추단할 수 있는 시장에서 발현되는 효과들이 있는데, 이를 경쟁제한효과라고 한다. 판례는 경쟁제한효과로서 "가격상승, 산출량 감소, 혁신저해, 유력한 경쟁사업자의 수의 감소, 다양성 감소 등"을 예시하고 있다. 아래에서는 경쟁제한효과의 구체적 징표들에 관하여 살펴보기로 하자.

(1) 가격상승 또는 산출량 감소

일정한 거래분야에 속한 상품·용역 또는 직·간접적으로 영향을 받는 인접시장에 속한 상품·용역의 가격이 상승하거나 산출량이 감소할 우려가 있는지 또는 이러한 현상이 당해 행위로 인하여 실제로 발생하고 있는지 여부를 고려한다. 가격상승 또는 산출량 감소의 효과가 시장에 실제 나타나기까지는 상당한 기간(산업 또는 위반행위의 특성 등에 따라 상이함)이 소요되는 것이 일반적이라는 점을 고려한다. 가격상승 또는 산출량 감소 효과는 아래에서 설명하는 봉쇄효과, 경쟁자의 비용 상승 등 다른 경쟁제한효과의 궁극적 결과일 수 있다.

---

19) 예컨대, 배제남용은 경쟁자배제를 통하여 경쟁제한효과를 가져온다.
20) 대법원 2007.11.22. 선고 2002두8626 전원합의체 판결.

(2) 상품 · 용역의 다양성 제한

사업자가 공급하는 제품과 경쟁관계(잠재적 경쟁관계를 포함한다) 또는 보완관계에 있는 저렴한 상품 · 용역을 구매할 기회가 제한되는 등 다양한 상품 · 용역을 구매할 기회가 제한 또는 축소되는지 여부를 고려한다. 당해 행위로 인해 유력한 경쟁사업자의 수가 감소하는 경우에도 구매자가 선택할 수 있는 상품 · 용역의 다양성이 저해되는 결과를 초래할 수 있다. 상품 · 용역의 다양성 제한은 혁신 저해 등 다른 경쟁제한효과의 궁극적인 결과일 수 있다. 시장지배적 사업자가 대형마트와 배타적 거래 계약을 체결함으로써 경쟁사업자가 시장지배적 사업자보다 상대적으로 저렴한 키위를 대형마트에서 판매하지 못하도록 하여, 대형마트를 이용하는 소비자들이 구매할 수 있는 키위의 다양성을 제한한 경우에는 경쟁제한효과가 인정될 수 있다.

(3) 혁신 저해

소비자에게 유익한 기술 · 연구 · 개발 · 서비스 · 품질 등의 혁신 유인을 저해하는지 여부를 고려한다. 혁신 저해는 봉쇄효과, 경쟁자의 비용상승 등 다른 경쟁제한효과의 궁극적인 결과일 수 있다. 예컨대 PC운영체제 시장의 시장지배적 사업자가 PC운영체제와 별개 제품인 응용소프트웨어 프로그램을 PC운영체제에 결합하여 판매함으로써, 독립 응용소프트웨어 프로그램 개발자들의 소프트웨어 개발 유인을 축소시킨 경우 경쟁제한효과가 인정될 수 있다.

(4) 봉쇄효과

경쟁사업자의 시장진입 내지 확대기회가 봉쇄되거나 또는 봉쇄될 우려가 있는지 여부를 고려한다. 경쟁사업자에 대한 봉쇄효과는 유력한 경쟁사업자의 수를 감소시키고, 시장지배적 사업자에 대한 경쟁의 압력을 저하시켜 결과적으로 가격상승, 산출량 감소, 상품 · 용역의 다양성 제한, 혁신 저해 등의 경쟁제한효과를 초래할 수 있다. 이때 봉쇄효과의 크기를 고려함에 있어서는, 당해 행위로 특정 시점에서 경쟁사업자의 접근이 차단 또는 곤란해진 정도와 함께, 당해 봉쇄효과가 경쟁사업자(잠재적 경쟁사업자를 포함한다)의 성장 및 신규진입에 미칠 중요성, 시장점유율 변화 추이, 다른 사업자와 거래시 평판에 미칠 영향 등 동태적 측면을 종합적으로 고려한다. 경쟁사업자에 대한 봉쇄효과가 시장에 실제 나타나기까지는 상당한 기간(산업 또는 위반행위의 특성에 따라 상이함)이 소요될 수 있음을 고려해야 한다. 예컨대 화학비료 유통시장에서 상당한 점유율을 가진 A 회사가 화학비료 제조업체들과 배타조건부 거래 계약을 체결하여 화학비료를 A에게만 공급하도록 한 경우, A 회사 이외의 비료판매업체들이 화학비료 유통시장에서 봉쇄(배제)되는 효과를 초래한 경우 경쟁제한효과가 인정될 수 있다.

(5) 경쟁사업자의 비용상승 효과

당해 행위로 인해 경쟁사업자(잠재적 경쟁사업자 포함)의 비용이 상승하거나 또는 상승할 우려가 있는지 여부를 고려한다. 경쟁사업자의 비용이 인위적으로 상승하면, 시장지배적 사업자에 대한 경쟁의 압력이 저하되므로, 결과적으로 일정한 거래분야 또는 인접시장의 가격상승, 산출량 감소, 상품・용역의 다양성 제한, 혁신 저해 등의 경쟁제한효과를 초래할 수 있다. 경쟁사업자의 비용상승 효과를 판단함에 있어서는 당해 행위로 인해 경쟁사업자에게 효율적인 유통・공급경로가 차단되거나, 생산・유통에 필요한 적정한 자원 확보가 방해되거나 또는 인위적인 진입장벽이 형성되는 등의 사유로 인해 경쟁사업자가 이러한 장애를 극복하는데 상당한 비용과 기간이 소요되는지 여부를 주로 고려한다. 예컨대 자동차제조 회사가 자신이 직접 운영하는 직영판매점과 경쟁관계에 있는 판매대리점(독립사업체)의 거점이전 승인을 지연・거부하거나 판매인원 채용등록을 지연・거부하여, 직・간접적으로 자신의 경쟁사업자인 판매대리점의 비용상승을 초래하는 경우 경쟁제한효과가 인정될 수 있다.

4. 경쟁제한의 우려

(1) 우려에 대한 입증

경쟁제한성은 경쟁제한의 효과가 실제로 발생한 경우는 물론이고 그러한 우려가 있는 경우에도 인정된다. 시장지배적 지위남용이나 부당한 공동행위 등과 같은 위법행위는 행위가 발생한 이후에 공정위나 법원이 폐해요건을 사후적으로 심사하기 때문에 경쟁제한효과의 발생 여부를 살펴보는 것이 가능한 경우도 있지만, 기업결합의 경우에는 공정위가 사전심사를 하기 때문에 폐해요건의 심사는 해당 기업결합으로 인하여 경쟁제한효과가 발생할 '우려'가 있는지에 집중될 수밖에 없다. 이와 관련하여 경쟁제한효과가 생길 우려의 정도를 어느 수준으로 입증하기를 요구하는지가 법집행에 영향을 미칠 수 있다. 만약 입증의 정도를 지나치게 높은 수준으로 요구한다면 대부분의 행위가 적법하게 되어 과소집행의 위험이 커지게 되고, 반대로 입증의 정도를 지나치게 낮은 수준으로 요구한다면 대부분의 행위가 위법하게 되어 과잉집행의 위험이 커지기 때문이다. 또한, 경쟁제한의 우려는 사업자들이 보유한 지배력과도 관련이 있다. 사업자의 시장지배력이 클수록 당해 행위로 인한 경쟁제한의 우려가 커지고, 반대로 시장지배력이 작을수록 경쟁제한의 우려가 작아진다고 할 수 있다.[21] 따라서 시장지배적 사업자의 행위는 일반사업자의 행위에 비하여 경쟁제한성이 인정될 가능성이 높다.

독점규제법이 금지하는 행위들 중에서 특정한 유형의 행위는 그러한 행위가 존재한다

21) 대법원 2009.7.9. 선고 2007두22078 판결.

는 사실만으로 곧바로 경쟁제한성을 추단할 수 있기 때문에 그 행위의 효과에 대한 별도의 분석은 필요하지 않다는 견해가 있다. 예를 들어 가격카르텔과 같은 경성 공동행위[22]는 가격 인상이라는 행위의 목적 자체가 경쟁제한성에 대한 직접적 증거가 되기 때문에 그러한 합의만 입증되면 경쟁제한성은 그 속성으로서 추정된다는 것이다.[23] 경성 공동행위에 관한 이러한 주장은 상당한 설득력이 있다.[24]

(2) 입증의 방법

근래 경쟁제한효과 또는 효율성 증대효과 등과 같은 행위의 경제적 효과에 대한 판단에 있어서 이른바 '보다 경제적인 접근(more economic approach)'이 강조되면서 경제분석을 활용하는 빈도가 늘어나고 있다. 경제분석이란 사업자의 행위가 시장, 경쟁사업자, 소비자 등에 미치는 영향 및 정도에 대하여 경제학 등에 기초하여 이론적 또는 실증적으로 분석하는 것을 말한다. 공정위와 피심인들의 경제분석 활용이 증가함에 따라 자연히 소송에서도 원고와 피고 모두가 경쟁제한성의 존재 여부를 증명하는 방법으로 경제분석을 이용하는 경우가 늘어나고 있다. 법원은 소송당사자들이 제시한 경제적 분석의 증거 내지 법원이 선정한 감정인의 감정결과에 기초하여 경쟁제한성 여부를 판단하고 있다. 그런데 동일 사항에 관하여 상반되는 수 개의 감정평가가 있고, 그 중 어느 하나의 감정평가에 오류가 있음을 인정할 자료가 없는 이상 법원이 각 감정평가 중 어느 하나를 채용하여 사실을 인정하였다 하더라도 그것이 경험법칙이나 논리법칙에 위배되지 않는 한 위법하다고 할 수 없다.[25]

경제분석은 복잡한 현실경제를 일정한 가정을 전제로 하여 단순화한 분석 모델을 통해 분석하는 것이기 때문에 경제분석 모델 자체에 항상 오류가 발생할 가능성이 내재되어 있고, 경제분석은 분석자의 개인적 가치관이나 실수 또는 특정 의도에 따라 분석 결과가 왜곡될 가능성도 배제할 수 없다는 한계가 있다. 경제분석의 오류를 줄이기 위한 노력의 일환으로서 「경제분석 의견서 제출 등에 관한 규정」을 제정하여 운용하고 있다.[26] 물론 이러한 시도가 경제분석에 내재하고 있는 근본적 불확실성을 제거해줄 수는

---

22) 경성 공동행위는 EU에서 사용된 강학상 용어로 경쟁제한성이 농후하여 TFEU 제101조에 위배될 가능성이 큰 담합을 의미하는 것으로 사용되어 온 용어이다. 당연위법의 원칙과 경성 공동행위는 그 용법과 출현배경이 다르나, 당연위법 원칙이 적용되는 행위 유형 대부분이 경성 공동행위에 집중된 까닭에 이를 연계하여 논의하는 경향이 일반화되었다.

23) 허선·이황, "가격담합 등 경성카르텔의 위법성 판단요건 – 경쟁제한성에 대한 공정위 심의를 중심으로 –", 경쟁저널 제117권 제7호(2005), 29-51면.

24) EU에서 '목적에 의한 거래제한'(restraint by object)은 미국식의 당연위법과 유사한 측면도 있지만 미국과 달리 반박이 가능한 추정(rebuttal presumption)이라는 점에서 차이가 있다. David Bailey, "Presumptions in EU Competition Law", E.C.L.R. Issue 9(2010), pp. 22-23.

25) 대법원 2008.11.13. 선고 2008다45491 판결; 대법원 2017.1.12. 선고 2015두2352 판결 등 참조.

26) 미국은 위 문제를 과학적 증거 법리에 따라 해결하고자 시도해 왔고, EU 경쟁당국은 경제적 증거에 관한 모범관행(Best Practices for the Submission of Economic Evidence and Data Collection in Cases Concerning the Application of Article 101 and 102 TFEU and in Merger Cases)을 공표하였다.

없겠지만, 경제적 증거의 신뢰성을 평가하는데 어느 정도 유용하게 이용될 수는 있을 것이다.

5. 혁신시장의 경쟁제한

최근 정보기술(IT) 분야의 혁신의 결과로 컴퓨터, 소프트웨어, 멀티미디어, 모바일(mobile) 통신, 인터넷 등이 서로 복잡하게 얽혀 있는 새로운 개념의 상품이나 서비스가 빠른 속도로 개발되고, 전 세계의 IT 혁신을 주도하고 있는 애플(Apple), 아마존(Amazon), 마이크로소프트(Microsoft), 구글(Google), 페이스북(Facebook) 등과 같은 다국적기업들의 일부 영업 관행에 대하여 경쟁법의 차원에서 복잡한 논의가 전개되고 있다.[27] 전통적인 상품・서비스 시장과는 달리 혁신시장의 경우에는 급격한 시장쏠림 현상이 나타나고 있지만, 그러한 현상이 바로 IT 혁신・경쟁의 본질적 속성인지 아니면 경쟁제한행위에 해당하는지를 판단하기가 어렵다. 이러한 이유로 동일한 사안에 대해서조차 국가별로 경쟁당국이나 법원의 판단이 다르고, 학자들 간에도 견해가 일치하지 않는 경우가 많이 있다.[28] 그동안 경쟁제한성을 통일적으로 설명하기 위하여 일반적인 기준이 여러 가지로 제시되었으나, 어느 하나의 일반적인 기준을 적용하여 모든 유형의 행위에 대한 경쟁제한성을 평가하기는 어렵기 때문에 각 행위의 유형별로 적절한 판단기준을 발전시켜 나가는 것이 바람직할 것이다.[29]

■ **혁신시장 기업결합의 경쟁제한성 판단기준**

산업의 특성상 연구・개발 등 혁신활동이 필수적이거나 지속적인 혁신경쟁이 이루어지는 경우 근접한 혁신활동이 이루어지는 혁신시장을 별도로 획정할 수 있다. 그런데 혁신시장은 제조・판매가 아직 이루어지지 않은 경우 매출액 등에 기반한 시장 점유율 산정 및 시장집중도 파악이 곤란할 수 있다. 따라서 혁신시장에서는 연구개발비 지출 규모, 혁신활동에 특화된 자산 및 역량의 규모, 해당분야 특허출원 또는 피인용 횟수, 혁신경쟁에 실질적으로 참여하는 사업자의 수 등을 참고하여 시장집중도를 산정할 수 있다. 그리고 기업결합 후 결합당사회사가 연구・개발 등 혁신활동을 감소시킬 유인 및 능력을 보유하는 경우 관련시장에서의 혁신경쟁을 실질적으로 제한할 수 있다. 혁신저해 효과는 ① 결합당사회사가 관련 분야에서 중요한 혁

---

27) 우리나라의 경우 2005년 공정위는 마이크로소프트사가 '윈도우'에 윈도우미디어서비스(Window Media Service), 윈도우미디어플레이어(Window Media Player), 윈도우메신저(Window Messenger)를 결합하여 판매한 행위는 시장지배적 지위 남용행위인 끼워팔기에 해당한다고 보아, 분리명령과 아울러 과징금을 부과하였다. 공정위 2006.2.24. 의결 제2006-042호. 이에 마이크로소프트 측이 불복하여 제소하였으나, 2007년에 소를 취하하였고 공정위도 이에 동의하여 사건이 종결되었다.

28) 주진열, "최근 독점규제법 주요 판례에 나타난 비교법경제학적 쟁점 분석", 경쟁법연구 제23권(2011), 348면.

29) 서정, "배제남용행위의 위법성 판단 기준", 공정거래법의 쟁점과 과제(2010), 106-110면.

신사업자인지 여부, ② 과거 및 현재 결합당사회사가 수행한 혁신활동의 근접성 또는 유사성, ③ 기업결합 이후 실질적으로 혁신경쟁에 참여하는 사업자의 수가 충분한지 여부, ④ 결합당사회사와 경쟁사업자 간 혁신역량의 격차, ⑤ 결합당사회사 한쪽이 혁신활동을 통하여 다른 쪽의 상품 시장에 진입할 수 있는 잠재적 경쟁사업자인지 여부 등을 종합적으로 고려하여 판단한다.

6. 주관적 요건

경쟁제한성을 인정함에 있어서 사업자의 주관적 의도가 필요한지에 대하여 다투어지고 있다. 이를 부인하는 견해는 경쟁제한성은 일정한 거래분야의 경쟁이 감소하여 특정 사업자 또는 사업자단체의 의사에 따라 어느 정도 자유로이 가격·수량·품질 기타 거래조건 등의 결정에 영향을 미치거나 미칠 우려가 있는 상태를 초래하기만 하면 인정되는 객관적 개념으로서 주관적 요건은 필요가 없다고 주장한다. 그러나 이를 인정하는 견해는 경쟁제한효과 이외에 경쟁제한의 의도나 목적과 같은 주관적 요건도 필요하다고 주장한다. 그런데 우리 대법원은 포스코 판결에서 후자의 입장을 취하였다.[30] 포스코 사건에 대한 대법원 판결은 "시장지배적 사업자의 거래거절행위가 그 지위남용행위에 해당한다고 주장하는 피고로서는 그 거래거절이 상품의 가격상승, 산출량 감소, 혁신 저해, 유력한 경쟁사업자의 수의 감소, 다양성 감소 등과 같은 경쟁제한의 효과가 생길만한 우려가 있는 행위로서 그에 대한 의도와 목적이 있었다는 점을 입증하여야 할 것"이라고 하여, 공정위가 경쟁제한의 효과 이외에 의도나 목적도 입증할 것을 요구하고 있으나, 이러한 판례의 태도가 독점규제법상 경쟁제한성의 객관적 성격에 부합하는지에 대하여는 의문이 제기되고 있다. 다만, 동 판결은 "현실적으로 경쟁제한효과가 나타났음이 입증된 경우에는 그 행위 당시에 경쟁제한을 초래할 우려가 있었고 또한 그에 대한 의도나 목적이 있었음을 사실상 추정할 수 있다."고 판시하고 있다.

그러나 독점규제법상 경쟁제한성은 객관적 개념으로서(법 2조 5호), 주관적 의도나 목적을 요구할 법문상의 근거가 없다. 그럼에도 대법원의 판례가 이를 별도로 요구하고 있는 것은 쉽게 납득하기 어렵다.[31] 참고로 우리나라 독점규제법과는 달리, 경쟁제한성에 관하여 명문의 정의규정이 두지 않고 있는 EU의 경우에도 TFEU 제102조의 남용 개념을 시장지배적 지위에 있는 사업자가 시장의 구조에 영향을 미치는 행위에 관한 객관적인 개념으로 이해하고 있으며, 그 사업자가 경쟁자를 배제하거나 경쟁을 약화시키려는 주관

30) 대법원 2007.11.22. 선고 2002두8626 전원합의체 판결.

31) 정호열(2016), 173면; 신동권(2011), 180-181면; 이황, "공정거래법상 단독의 위반행위 규제의 체계-시장지배적 지위 남용행위로서의 거래거절행위의 위법성, 그 본질과 판단 기준", 사법 제5호(2008), 237-238면.

적 의도에 의존하는 것은 아니라고 한다.[32] 미국의 경우에는 셔먼법 제2조의 독점화 행위에 대해서 주관적 요건을 요구하고 있기는 하지만, 이는 독점사업자가 배제적 행위를 하는 것에서 추인될 수 있다고 한다.[33] 따라서 우리 법원이 경쟁제한성 판단 시에 주관적 요건을 객관적 요건과 독립된 별개의 요건으로 설정한 것은 적절하지 않다. 그러므로 주관적 요건은 경쟁제한효과가 발생할 우려가 있는지 여부가 명확하지 않은 경우에 다른 요소들과 함께 고려하는 종합적인 고려요소 중의 하나로 보면 그것으로 충분하다고 할 것이다.

대법원은 농협중앙회 판결에서 주관적 요건에 관한 포스코 판결에 대한 비판을 받아들여서, "시장지배적 지위 남용행위로서의 배타조건부 거래행위는 거래상대방이 경쟁사업자와 거래하지 아니할 것을 조건으로 그 거래상대방과 거래하는 경우이므로, 통상 그러한 행위 자체에 경쟁을 제한하려는 목적이 포함되어 있다고 볼 수 있는 경우가 많을 것"이라고 판시하였다.[34] 이는 주관적 요건의 입증을 쉽게 함으로써 포스코 판결의 법리를 사실상 완화한 것으로 보이지만,[35] 특정 행위유형에 따라서 경쟁제한의 의도나 목적을 일반적으로 인정하는 것은 적절하지 않다고 생각된다.[36]

7. 상표간 경쟁제한과 상표내 경쟁제한

경쟁은 서로 경쟁관계에 있는 제조업체나 유통업체들 간의 경쟁을 의미하는 상표간 경쟁(interbrand competition)과 동일한 제조업체의 상품을 유통하는 유통업자들 간의 경쟁을 의미하는 상표내 경쟁(intrabrand competition)으로 구분된다.[37] 예컨대, 세탁기에 관하여 삼성, LG 등과 같은 다수의 경쟁 상품들이 존재하는데 이들 간의 경쟁은 상표간 경쟁이다. 반면, 삼성이라는 특정 브랜드 제품에 관하여 그 상품을 취급하는 많은 대리점들 사이에도 경쟁이 존재하는데 이들간의 경쟁은 상표내 경쟁이다.

상표간 경쟁이 제한되는 경우에는 비교적 쉽게 경쟁제한성을 인정할 수 있다. 반면, 상표내 경쟁이 제한되는 경우에는 그것에 대한 평가가 상표간 경쟁의 정도에 따라 달라질 수 있다. 예컨대 프랜차이즈 사업의 경우, 어떤 치킨 프랜차이즈에 관하여 본사가 가

32) Jones/Sufrin(2014), pp. 372-378 참조.
33) Hovenkamp(2005), pp. 302-303; ABA(2007), pp. 242-243 참조.
34) 대법원 2009.7.9. 선고 2007두22078 판결.
35) 동지: 황태희, "시장지배적 사업자의 배타조건부 거래행위", 공정거래법 판례선집(2011), 65-66면; 이민호·주현영, "시장지배적 지위 남용행위의 '부당성'에 관한 연구", 사법 제22호(2012), 107면.
36) 이 판결에 대하여 시장지배적 사업자(점유율 80%)의 배타조건부거래의 상대방의 시장점유율(점유율 2%)이 대단히 낮은 경우 거래의 목적 등을 고려하지 않고 어떻게 경쟁제한의도를 인정할 수 있을지 의문이라는 지적도 있다. 주진열, "수요자의 배타조건부거래(구매)와 시장지배력 남용 문제", 경쟁법연구 제34권(2016), 207면.
37) 상표내 경쟁에 관한 논의는 이호영, "독점규제법상 상표 내 경쟁제한행위의 규제에 관한 연구: 미국 판례 및 학설과의 비교법적 고찰을 중심으로", 서울대학교 박사학위논문(2003) 참조.

맹점에서 판매하는 제품의 가격, 품질, 매장 디스플레이 등을 일괄적으로 정할 경우에 상표내의 경쟁은 제한된다. 그러나 그러한 행위가 다수 브랜드가 경쟁하는 치킨 시장에서 자신의 브랜드 제품을 차별화하기 위한 전략적 선택에서 나온 것이라면 그로 인하여 상표간 경쟁이 촉진될 수도 있기 때문에, 단지 상표내 경쟁이 제한되었다는 사실만을 이유로 섣불리 경쟁제한성을 가진다고 속단해서는 안 된다. 따라서 대법원은 "상표 내의 경쟁을 제한하는 것으로 보이는 경우라 할지라도, 시장의 구체적 상황에 따라 그 행위가 관련 상품시장에서의 상표 간 경쟁을 촉진하여, 결과적으로 소비자후생을 증대하는 등 정당한 이유가 있는 경우에는 이를 예외적으로 허용하여야 할 필요가 있다."고 판시하였다.[38] 즉, 경쟁제한성을 판단함에 있어서는 그 행위가 상표간 경쟁과 상표내 경쟁에 미치는 효과를 종합적으로 고려할 필요가 있다.

8. 관련시장 획정의 요부

경쟁제한성은 일정한 거래분야의 경쟁감소를 전제로 하는데, 경쟁제한성을 판단함에 있어서 반드시 일정한 거래분야, 즉 관련시장의 획정이 이루어져야 하는지에 대하여 의문이 제기될 수 있다.[39] 이에 관해서는 이를 부정하는 견해[40]와 긍정하는 견해[41]가 대립하고 있다. 부정설은 시장획정이 그 자체로서 목적이 아니라 경쟁제한효과를 판단하기 위한 하나의 도구에 불과하다는 점을 근거로 한다. 그러나 긍정설은 한국의 법집행 현실상 카르텔을 위시한 법위반 행위에 대해 제재수단으로 과징금 등 행정적 제재가 주를 이루고 있는데 관련매출액을 산정하기 위해서 일정한 거래분야의 획정이 필요하고, 시장획정 단계를 생략할 경우 과잉규제의 오류가 발생할 수 있다는 점을 그 논거로 제시한다. 법원은 경쟁제한성을 따져보기 위한 전제로서 경쟁이 이루어지는 분야, 즉 관련시장의 획정을 요구하여 긍정설을 따르고 있다.[42] 이에 따라 공정위도 먼저 관련시장의 획정 작업을 수행해서 이를 법위반 여부의 판단과정에 적용하는 것이 최근의 경향이다.[43]

생각건대, 관련시장은 경쟁제한성을 판단하기 위한 도구개념에 불과하므로 해당 행위

---

38) 대법원 2010.12.23. 선고 2008두22815 판결.

39) 2010년 개정된 미국 DOJ/FTC 수평적 합병 가이드라인(Horizontal Merger Guideline)은 만약 경쟁제한효과를 직접 판단할 수 있는 증거가 있다면 반드시 시장획정을 해야 하는 것은 아님을 밝히고 있다.

40) 이호영, "공정거래법상 '경성카르텔'의 경쟁제한성 판단 방법에 관하여", 법조 제657호(2011), 283면 이하.

41) 주진열, "최근 독점규제법 주요 판례에 나타난 비교법경제학적 쟁점 분석", 경쟁법연구 제23권(2011), 352-353면; 신영수, "경성카르텔의 위법성 판단과 관련시장의 획정", 법조 제661호(2011), 209면.

42) 대법원 2002.3.15. 선고 99두6514, 6521 판결; 대법원 2006.11.9. 선고 2004두14564 판결; 대법원 2009.3.26. 선고 2008두21058 판결; 대법원 2012.4.26. 선고 2010두18703 판결; 대법원 2012.4.26. 선고 2010두11757 판결.

43) 「불공정거래행위 심사지침」에 따르면, 불공정거래행위에 관해서 시장력(market power)이 있는 사업자에 의해 경쟁제한요건 행위가 행해져야 경쟁제한효과가 발생하므로 행위주체가 시장력을 보유하고 있는지를 판단하여야 한다. 이를 위해서는 우선 적절한 관련시장을 획정하여야 하고, 획정된 관련시장에서 시장력이 있는지 여부를 판단하여야 한다.

의 경쟁제한성이 명백하다면 굳이 경쟁제한성 판단을 위하여 별도로 관련시장을 획정할 필요는 없다고 할 것이다. 예컨대 입찰에 참여한 사업자들이 투찰가격을 100만원씩 올려서 적기로 합의하였다면 그 자체로 경쟁제한성은 쉽게 인정될 것이기 때문에, 경쟁제한성 입증을 위하여 별도로 관련시장 획정 작업을 하지 않아도 무방할 것이다.[44] 그렇지만, 해당 행위의 효과가 양면적이어서 경쟁제한성에 관한 면밀한 검토가 필요한 경우라면 그 판단의 전제로서 관련시장 획정이 요구될 것이다.

Ⅱ. 경쟁제한성 판단에서 경제학 이론의 역할

독점규제법의 집행은 경제 사조(思潮)의 변화에 많은 영향을 받고 있다. 동일한 행위에 대하여 경제이론에 따라 경쟁제한적이라는 평가가 나오기도 하고 경쟁촉진적이라는 평가가 나오기도 하는 등 전혀 상반된 평가를 내리는 경우도 있다. 따라서 독점규제법을 집행함에 있어서는 경제학 이론의 내용과 그 한계를 숙지할 필요가 있다. 그동안 경쟁법의 집행에 많은 영향을 미친 주요 경제이론들을 소개하면 다음과 같다.[45]

1. 주요 경제이론

(1) 구조주의 이론(Structural School)

구조주의 이론은 독과점적 시장구조에서는 경쟁제한적 행위가 자주 발생한다는 산업조직이론에 바탕을 두고 있다. 구조주의 이론은 독과점 기업이 행하는 끼워팔기, 배타적 거래, 거래거절, 재판매가격유지행위, 수직적 기업결합 등을 경쟁제한적인 행위라고 본다. 미국에서는 구조주의 이론이 1930년대 후반부터 1950년대까지 독점규제 정책에 큰 영향을 미쳤다. 구조주의이론의 주창자들 대부분이 1950년대에 하버드대 교수들이었기 때문에, 아래의 시카고 학파에 대응하여 이를 하버드 학파(Harvard School)라고 부르기도 한다.

(2) 시카고 학파(Chicago School)

1970년대 후반부터 오늘날까지 미국의 반트러스트법 해석론에 가장 큰 영향을 미치고 있는 경제이론은 시카고 학파의 이론이다. 시카고 학파의 이론은 구조주의 이론과는 달리 개별 기업행위의 경쟁제한효과에 초점을 맞추어 경쟁제한성을 판단할 것을 주장한다. 시카고 학파는 하드코어(hardcore) 카르텔을 제외하고는 문제된 행위의 객관적인 경쟁제한효과, 특히 생산량 감소와 가격 상승으로 인한 소비자후생의 저해에 대한 엄격한

44) 입법론으로 경성 공동행위 등과 같은 일부 행위유형에 대하여는 관련시장 획정 없이 경쟁제한성을 추정하는 방안이 제시되고 있다. 양명조(2014), 278면.
45) 주진열, "공정거래법상 경쟁제한성 요건의 증명방법에 관한 연구", 사법 제22호(2012), 26-36면.

증명을 요구한다. 시카고 학파는 독점금지법의 과소집행 오류를 초래하였다는 비판을 받고 있음에도 불구하고 다른 경제이론에 비해 경쟁제한효과의 규범적 판단기준을 비교적 간단·명료하게 제시하고 있다는 장점이 있다.

(3) 포스트 시카고 학파(Post-Chicago School) 이론

포스트 시카고 학파는 구조주의와 유사하게 시장의 구조를 중시하며 주로 게임(전략적 행동)이론을 이용하여 경쟁제한적 행위를 설명한다. 동 이론은 특히 경쟁자의 비용 상승(raising rival's cost)과 봉쇄효과(foreclosure)를 초래하는 행위를 독점금지법 위반으로 인정해야 한다고 주장한다.[46] 포스트 시카고 학파는 시카고 학파 이론이 셔먼법의 과소집행을 초래하였다고 비판하면서 독과점 기업의 끼워팔기, 배타적 거래, 거래거절, 재판매가격유지행위, 수직적 기업결합 등을 사실상 당연위법으로 규율할 것을 주장하고 있다.

2. 경제이론이 실무에 미치는 영향

동일한 사안이라고 하더라도 구조주의 이론이나 포스트 시카고 학파 이론은 경쟁제한성을 인정하는 반면, 시카고 학파의 이론은 경쟁제한성을 부정할 수 있다. 경쟁법 집행기관들 사이에서도 어떠한 경제이론에 바탕을 두고 법을 집행하는지에 따라 결론이 달라지기도 한다. 특히 배제적 방법이 사용된 행위의 경쟁제한성을 평가함에 있어서 각 이론들 간의 차이점이 두드러진다. 예를 들어, 국내 오픈마켓 운영시장에서 시장지배적 사업자인 주식회사 이베이지마켓(행위 당시에는 '인터파크지마켓')이 엠플온라인과 거래하고 있던 7개 사업자들에게 G마켓에서의 판매가격을 인하하거나 엠플온라인에서의 판매가격을 인상할 것, 엠플온라인과의 거래를 중단할 것 등을 요구한 사안을 보기로 하자. 공정위는 인터파크지마켓이 시장지배적 지위를 유지·강화하기 위하여 7개 사업자들에게 요구 및 협박을 해서 자신의 경쟁사업자인 엠플온라인과의 거래를 중단하게 한 것으로서 경쟁제한성을 인정하였다.[47] 그러나 대법원은 경쟁제한성을 부정하였다.[48] 위와 같이 동일한 행위의

---

46) 대법원 2009.7.9. 선고 2007두22078 판결은 시장지배적 지위남용행위로서 배타조건부거래의 부당성을 판단함에 있어 고려요소로서 "경쟁사업자의 시장 진입 내지 확대 기회의 봉쇄 정도 및 비용 증가 여부"를 제시하고 있는데, 이는 포스트 시카고 학파의 아이디어를 수용한 것이라고 평가할 수 있다.

47) 공정위 2007.12.18. 의결 제2007-555호.

48) 대법원 2011.6.10. 선고 2008두16322 판결. 이 사건에서 대법원이 경쟁제한효과가 발생할 우려가 있는지에 대하여 의심을 품은 이유는, ① 인터파크지마켓의 이 사건 행위로 인하여 7개 사업자가 엠플온라인과 거래를 중단한 기간은 주로 1, 2개월이고, 짧게는 14일, 길게는 7개월 보름 남짓에 불과한 점, ② 그 기간 중 국내 오픈마켓시장의 시장점유율 2위 사업자인 인터파크지마켓이 7개 사업자로부터 얻은 판매수수료 총액이 약 2,500만원에 불과하였고, 인터파크지마켓보다 시장점유율이 훨씬 낮은 엠플온라인에게는 7개 사업자와 위 기간 거래중단이 없었으면 얻을 수 있었던 판매수수료가 그보다 더 낮았을 것으로 보이는 점, ③ 이 사건 행위의 상대방은 7개 사업자들로서 G마켓에 입점한 약 23만 개의 판매업체를 기준으로 하더라도 그 비율이 극히 미미하고, 국내 오픈마켓 전체 시장을 기준으로 하면 그 비율은 더 낮았을 것으로 보이는 점, ④ 2006년 기준 7개 사업자가 G마켓을 통하여 상품 등을 판매한 거래금액의 비중은 G마켓의 전체 상품판매 거래금액의 0.24%에 불과한 점 등이다.

경제적 효과에 대해서 공정위와 대법원의 판단이 다른 까닭은 기본적으로 배제행위로 인한 시장 봉쇄효과에 대한 평가가 다른 것이고, 그 근저에는 공정위는 구조주의 내지 포스트 시카고 학파의 시각에서 바라보고 있는 반면, 대법원은 시카고 학파 이론의 영향을 받고 있음을 부정하기 어려울 것이다. 또한, 상방(upstream)시장의 독과점 기업이 하방(downstream)시장에서 소매업도 겸하면서 다른 소매업자에게는 차별적으로 비싼 가격에 원재료를 공급하여 이들이 이윤을 많이 남기지 못하도록 하는 이른바 이윤압착(margin squeeze) 행위에 대해서 미국 법원은 이를 경쟁법 위반이 아니라고 보는 반면,[49] 우리나라[50]와 EU[51]에서는 이를 위법으로 보고 있다. 여기에서도 그 밑바탕이 되는 경제이론이 다르기 때문에 결론에 영향을 미치고 있는 것으로 보인다.

3. 검　토

경제이론들이 일관된 법해석의 기준을 항상 제공해줄 수 있는 것은 아니고, 실증적 경제분석이 구체적 사건에 나타난 쟁점들을 완벽하게 해결해 줄 수 있는 것도 아니다. 현실경제의 복잡성과 인간의 지식의 한계로 인해 복잡한 시장경제 현상을 한 치의 오차도 없이 완벽하게 설명해 줄 수 있는 경제이론은 없다고 하여도 과언이 아니다. 경쟁제한성이 없는 행위를 경쟁제한성이 있는 것으로 오판하여 금지하거나(과잉집행 오류), 또는 경쟁제한성이 있는 행위를 경쟁제한성이 없는 것으로 오판하여 금지하지 않는 것(과소집행 오류) 모두 사회적으로 바람직하지 않은 것이다. 따라서 독점규제법 사안에 관하여 규범적 판단을 할 때에는 각각의 경제이론의 장점과 한계를 충분히 숙지하고 당해 사안에 가장 합당한 이론을 적용하여 적절한 판단을 하기 위하여 부단히 노력할 필요가 있다.

■ 음성오류와 양성오류

경쟁제한행위를 정당한 성과경쟁으로 오판하여 이를 허용하는 경우를 Ⅰ종 오류(Type I error) 내지 음성오류(false negative)라고 하고, 반대로 정당한 성과경쟁을 경쟁제한행위로 오판하여 이를 금지하는 경우를 Ⅱ종 오류(Type II error) 내지 양성오류(false positive)라고 한다. 음성오류는 경쟁법의 과소집행의 문제이고, 양성오류는 경쟁법의 과잉집행의 문제이다. 포스코 판결의 다수의견은 "경쟁제한적인 의도나 목적이 전혀 없거나 불분명한 전략적 사업활동에 관하여도 다른 사업자를 다소 불리하게 한다는 이유만으로 경쟁제한을 규제 대상으로 삼는 법률에 위반된 것으로 처분한다면 이는 그 규제를 경쟁의 보호가 아닌 경쟁자의 보호를 위한 규제로 만들 우려가 있을 뿐 아니라, 기업의 사업활동을 부당하게 위축시켜 결과적으로는

49) Pacific Bell Telephone Co. v. linkLine Communications, Inc., 129 S.Ct. 1109(2009).
50) 공정위 2015.2.23. 의결 제2015-49호.
51) Deutsche Telekom v. Commission (Case T-271/03) [2008] ECR II-477.

경쟁력 있는 사업자 위주로 시장이 재편되는 시장경제의 본래적 효율성을 저해하게 될 위험성이 있다."고 설시하고 있는데, 이는 양성오류의 위험을 지적한 것이다. 경쟁법 집행에서 발생하는 음성오류와 양성오류는 모두 사회적으로 바람직하지 않지만, 그 중에 어느 것이 더 해로운 것인지에 관해서는 견해가 다를 수 있다. 동일한 사안에 관하여 미국과 EU가 상반된 결론에 이르는 경우도 간혹 있는데, 흔히 미국은 양성오류에 더 많은 주의를 기울이는 반면,[52] EU는 음성오류에 더 많은 주의를 기울이는 경향이 있다고 한다.[53]

Ⅲ. 경쟁제한성과 부당성의 관계

1. 개 요

경쟁제한성과 부당성의 관계에 대하여 경쟁제한성과 부당성을 나누어 분석하려는 시도[54]와 부당성과 경쟁제한성을 하나의 요건으로 통합하여 접근하려는 시도가 있다.[55] 그런데 독점규제법의 법문에 비추어 볼 때 양자의 개념은 이를 분리해서 판단하는 것이 타당할 것이다. 왜냐하면 경쟁제한성은 해당 행위에 의하여 관련시장에서 거래조건 등의 결정에 영향을 미치거나 미칠 우려가 있는지에 관한 사실인정의 문제인 반면에(법 2조 5호),[56] 부당성은 그러한 행위를 금지할 것인지의 여부를 결정하는 규범적 판단의 문제이기 때문이다. 판례는 시장지배적 사업자의 배제남용 사건에서 "시장에서의 독점을 유지·강화할 의도나 목적, 즉 시장에서의 자유로운 경쟁을 제한함으로써 인위적으로 시장질서에 영향을 가하려는 의도나 목적을 갖고, 객관적으로도 그러한 경쟁제한의 효과가 생길 만한 우려가 있는 행위로 평가될 수 있는 행위로서의 성질을 갖는 거래거절행위를 하였을 때에 그 부당성이 인정될 수 있다."고 한다.[57] 따라서 경쟁제한성이 인정되면 다른 정당화 사유가 존재하지 않는 한 원칙적으로 부당성이 인정될 것이다.[58] 요컨대 경쟁제한성이 폐해요건인 행위의 경우 경쟁제한성은 부당성의 필수조건으로서 경쟁제한의 폐

---

52) 미국 연방대법원은 Trinko 판결에서 반트러스트법의 개입으로 인한 약간의 편익이 존재하더라도 그것을 개입에 따른 비용과 형량하지 않을 수 없다는 점을 지적하면서, 잘못된 추론과 그로 인한 처벌은 "반트러스트법이 보호하고자 하는 바로 그 행위를 억지한다는 점에서 특별히 폐해가 크다."고 판시하였다. Verizon Communications, Inc. v. Law Offices of Curtis V. Trinko, LLP, 540 U.S. 398 (2004).

53) 그 예로서 EU에서 충성할인(loyalty rebate)과 같은 일부 남용행위에 대해 당연위법(per se illegal)과 유사한 원칙을 채택한 점, TFEU 제102조의 적용범위를 기업결합이나 집단적 지배까지 확대한 점, 집단적 지배의 개별적 남용가능성을 인정하고 있는 점 등을 들 수 있다.

54) 정호열(2016), 321면, 이봉의, "공정거래법상 '카르텔'의 부당성 판단", 사법 제2호(2007), 138-139면.

55) 이호영, 독점규제법(2010), 211-217면.

56) 대법원 2002.3.15. 선고 99두6514, 6521 판결; 대법원 2011.5.26. 선고 2008도6341 판결 등.

57) 대법원 2007.11.22. 선고 2002두8626 전원합의체 판결.

58) 노경필, "부당한 공동행위에서의 경쟁제한성과 부당성", 공정거래법 판례선집(2011), 219-220면.

해가 인정되지 않으면 부당성은 성립될 여지가 없다.[59] 그러나 경쟁제한성이 인정되는 경우라고 하더라도 효율성 증대효과가 더 큰 경우라든지 다른 정당화 사유가 존재하는 경우에는 부당성이 인정되지 않는다.[60] 따라서 독점규제법상 부당성의 규범적 의미는 경쟁제한행위가 존재하고 이를 정당화할 위법성 조각사유가 존재하지 않는다는 의미로 이해할 수 있다.

2. 부당성의 판단방법

(1) 합리의 원칙과 당연위법의 원칙

사안별로 경쟁제한효과와 효율성 증대효과를 비교형량하여 부당성을 판단하는 방법을 이른바 합리의 원칙(rule of reason)이라고 부른다. 이는 해당 행위의 경쟁제한효과와 경쟁촉진효과는 물론 각종 경제효과를 입증하여 이를 비교형량의 평가에 따라 그 행위의 부당성을 판단하는 방법이다. 반면, 당연위법의 원칙은 미국 판례법상 형성된 절차적 내지 증거법적 원칙으로서, 특정한 행위의 존재가 확인되기만 하면 그에 대한 시장분석과 당사자에 대한 정당성 항변기회의 부여 없이 곧바로 위법성을 확정한다는 원칙이다.[61] 경쟁제한효과나 경쟁촉진효과의 존부 및 그 규모에 관해서 경제학자 등 전문가의 판단을 참고하는 경우가 많은데, 이들이 분석 과정에서 사용한 가정에 따라서 동일한 행위의 경제적 효과에 대해 상반된 평가가 이루어지기도 해서, 사건처리가 지연되고 비생산적 논쟁이 이루어지는 경우도 있다. 이에 과거 경험적 측면에서 어떤 행위가 존재하면 경쟁제한효과는 자명한 반면 이를 상쇄하는 효율성 증대효과는 미미한 경우에 그 행위의 위법성을 인정하여 입증부담을 경감하기 위한 목적으로 당연위법의 원칙이 활용되어 왔다.

우리 법상 부당성 판단은 원칙적으로 합리의 원칙을 채택하고 있다고 할 것이다. 한편, 미국의 당연위법의 원칙을 우리 독점규제법에 수용할지 여부에 관하여 논의가 있었다. 그러나 우리나라에서 현행법의 해석상 당연위법의 원칙을 수용할 수 있는 법문상의 근거를 찾기는 어렵다. 1999년의 법 개정에서 구법 제19조 제1항의 문구가 "일정한 거래분야에서 경쟁을 실질적으로 제한하는"에서 "부당하게 경쟁을 제한"으로 바뀐 것을 계기로 하여 당연위법의 원칙이 수용되었다고 주장하는 견해도 있었으나,[62] 현재는 여기에 특별한 의미를 부여하지 않는 쪽으로 의견들이 수렴되고 있다.[63] 더욱이 미국에서도 수직적 제한을 위시하여 종래 당연위법의 대상행위들 중의 상당수가 합리의 원칙의 적용영

59) 신영수, "경성카르텔의 위법성 판단과 관련시장의 획정", 법조 제661호(2011), 221면.
60) 이봉의, "질서정책적 과제로서의 경쟁 – 과거와 미래 –", 경쟁법연구 제23권(2011), 208면.
61) 미국 판례법상 당연위법의 원칙은 '간주' 또는 '의제'의 효과가 있다고 볼 수 있다.
62) 이남기 · 이승우(2001), 191면; 홍명수, "카르텔규제의 문제점과 개선방안에 관한 고찰", 경쟁법연구 제11권(2005), 249면.
63) 정호열(2016), 320면; 이봉의, "공정거래법상 '카르텔'의 부당성 판단", 사법 제2호(2007), 127면; 조성국, "미국 카르텔 규제법리의 발전과 우리나라에 주는 시사점", 중앙법학 제9집 제1호(2007), 367면.

역으로 넘어온 점에 비추어 볼 때, 당연위법의 원칙을 수용할 필요성은 축소되었다고 할 수 있다. 대신 경성 카르텔과 같이 행위의 성격상 경쟁제한성이 자명한 행위에 대해서는 경제분석과 같은 복잡한 입증방법을 취하지 않더라도 간이하게 경쟁제한성을 인정할 수 있을 것이다.

(2) 부당성에 대한 입증책임

부당성에 대한 입증책임은 기본적으로 공정위가 부담한다. 다만, 일반적으로 경쟁제한성이 입증된 경우에는 부당성도 사실상 추정되기 때문에, 공정위는 경쟁제한성의 입증에 주력을 하고, 경쟁제한성이 입증된 경우에 당해 사업자는 효율성 증대효과 등과 같은 정당화 사유에 대한 반증을 제시함으로써 그 추정을 깨기 위해 노력해야 할 것이다.

제3절 정당화 사유

Ⅰ. 개 요

경쟁제한행위라고 하더라도 그로 인한 효율성 증대효과가 더 커서 시장경제질서 전체의 관점에서 이를 허용할 필요가 있거나 다른 공익적 사유로 인하여 경쟁제한행위를 수인해야 하는 경우도 있다. 이러한 정당화 사유가 존재하는 경우에는 비록 경쟁제한성이 인정되더라도 그 행위를 위법하다고 평가하기 어렵다. 경쟁제한행위에 대한 정당화 사유로는 경제전반의 효율성 증대로 인하여 친경쟁적 효과가 매우 큰 경우가 대표적이다.[64] 이는 자유공정경쟁을 보호하기 위한 독점규제법의 입법목적에서 자연스럽게 도출되는 정당화 사유라고 할 것이다. 법에 명시적으로 규정된 정당화 사유로는 공정위의 인가를 받은 공동행위(법 40조 2항)와 회생이 불가능한 회사와의 기업결합(법 9조 2항 2호)을 들 수 있다. 이러한 행위들은 경쟁제한성을 능가하는 경쟁촉진요인이 없음에도 불구하고 입법자의 결단에 의하여 행위의 정당성을 인정하는 것이다. 그 외에 법령에 근거한 정부기관의 행정지도에 따라 적합하게 이루어진 경우도 경쟁제한행위가 정당화될 여지가 있다.

정당화 사유와 비슷해 보이지만 그 취지가 다른 것으로 적용제외가 있다. 적용제외란 본래 일정한 분야나 행위에 대해서는 독점규제법의 적용 그 자체를 제외한다는 의미이다. 우리나라는 시장경제를 경제질서의 기본으로 삼고 있기 때문에 독점규제법이 모든 산업분야에 적용되는 것이 원칙이지만, 산업분야나 행위에 따라서는 시장기능에만 맡겨 놓을 수 없는 경우도 있기 때문에, 입법자는 법 제13장에서 독점규제법의 적용제외를 인

64) 대법원 2009.7.9. 선고 2007두26117 판결; 대법원 2021.12.30. 선고 2020두34797 판결.

정하고 있다. 따라서 적용제외는 개별 사안에서 경쟁제한행위를 정당화할 특별한 사정이 있는 경우를 의미하는 것이 아니라, 처음부터 특정 경제영역에 대해서 경쟁원리를 명확하게 배제 또는 제한하고 있는 것이다. 그러므로 적용제외의 범주에 속하는 사업자의 행위에 대해서는 독점규제법상 개별 금지요건의 충족 내지 위법성 유무를 따질 필요 없이 바로 허용된다는 점에서 경쟁제한행위에 해당하지만 정당화 사유가 존재해서 적법한 행위로 인정되는 행위와는 구별된다.

Ⅱ. 구체적 사유

1. 효율성 증대효과

(1) 효율성에 관한 고려의 필요

사업자들 간의 경쟁은 다양한 형태로 이루어지므로 단순히 정태적 가격경쟁에 국한되는 것은 아니다. 새로운 기술이나 상품의 개발, 새로운 판매방식, 새로운 시장개척 등과 같이 기업의 생산·판매를 증진시킬 수 있는 창의적인 혁신활동(innovation)도 역시 경쟁의 일환이다. 가령 마차가 자동차로 대체되거나 유선 전화기가 휴대폰으로 대체되는 것도 경쟁의 결과이다. 어떤 기업이 혁신적인 방법으로 해당 시장을 독점하는 경우를 생각해 보자. 단순히 특정 사업자의 의사에 따라 어느 정도 자유로이 가격·수량·품질 기타 거래조건 등의 결정에 영향을 미치거나 미칠 우려가 있는 상태를 초래하는 경우에 경쟁제한성이 인정되고, 경쟁제한행위는 모두 위법이라고 피상적으로 이해한다면, 독점을 야기한 그 기업의 혁신활동마저 위법이라는 불합리한 판단이 내려질 수 있다. 그러나 기업의 혁신활동은 사회경제적으로 경쟁을 촉진하고 소비자의 후생을 증대시키는 것이 분명하다. 따라서 단순히 어떤 행위로 인하여 특정사업자의 시장지배력이 형성·유지·강화되었다고 하여 곧바로 그 행위가 위법하다고 단정할 수는 없고, 해당 행위로 인한 경쟁제한효과가 어느 정도 인정되더라도 효율성 증대효과가 더 큰 경우에는 그 행위를 허용하는 것이 자유공정경쟁을 보호하는 취지에 부합하게 된다.

기업결합에 관해서는 독점규제법에 경쟁제한효과와 효율성 증대효과의 비교형량 관계가 명확하게 표현되어 있다. 즉, 법 제9조는 경쟁을 실질적으로 제한하는 기업결합을 원칙적으로 금지하지만(1항), 해당 기업결합 외의 방법으로는 달성하기 어려운 효율성 증대효과가 경쟁제한으로 인한 폐해보다 큰 경우에는 예외적으로 그 기업결합을 허용하고 있다(2항). 이에 따라 대법원은 "당해 기업결합으로 인한 특유의 효율성 증대효과를 판단함에 있어서는 기업의 생산·판매·연구개발 등의 측면 및 국민경제의 균형발전 측면 등을 종합적으로 고려하여 개별적으로 판단하되, 이러한 효율성 증대효과는 가까운 시일 내에

발생할 것이 명백하여야 한다."는 기준을 제시하고 있다.[65)]

시장지배적 지위남용, 부당한 공동행위, 불공정거래행위 등의 경우에는 효율성 증대효과에 관한 고려가 법문상 명확하게 표현되어 있지는 않지만, 부당성 판단 시에 기업결합의 경우와 마찬가지로 효율성 증대효과와 비교형량 작업이 이루어질 수 있다는 점에 대하여는 별다른 의문이 없다.[66)] 부당한 공동행위의 경우 해당 공동행위가 경쟁제한적 효과 외에 경쟁촉진적 효과도 함께 가져오는 경우에는 양자를 비교·형량하여 경쟁제한성 여부를 판단하여야 한다. 여기에서 경쟁제한적 효과는 공동행위의 내용, 공동행위에 가담한 사업자들의 시장점유율, 공동행위 가담 사업자들 사이의 경쟁제한의 정도 등을 고려하고, 경쟁촉진적 효과는 해당 공동행위로 인한 제반 비용감소 등 효율성 증대 효과 및 소비자 후생 증가 등을 포괄적으로 감안하되 합리적인 관점에서 그러한 경쟁촉진적 효과를 발생시키는 데 해당 공동행위가 필요한지 여부 등을 종합적으로 고려하여야 한다.[67)] 그리고 「불공정거래행위 심사지침」은 '부당하게'를 요건으로 하는 행위유형은 당해 행위의 외형이 있다고 하여도 그 사실만으로 공정거래저해성이 있다고 인정되는 것은 아니며, 원칙적으로 경쟁제한성·불공정성(unfairness)과 효율성 증대효과·소비자후생 증대효과 등을 비교 형량하여 경쟁제한성·불공정성의 효과가 보다 큰 경우에 위법한 것으로 본다고 규정하고 있다.

(2) 효율성의 내용

효율성의 내용으로는 우선 규모의 경제, 범위의 경제, 위험 배분, 지식·경험의 공동활용에 의한 혁신 속도 증가, 중복 비용의 감소 등 경제적 효율성을 들 수 있다. 이러한 효율성 증대는 사업자간 경쟁을 촉진시켜 상품의 가격 하락, 품질·유통속도의 제고 등 소비자 편익의 증가로 연결될 수 있다. 창작자의 정당한 권리를 보호하여 다양성과 혁신을 촉진하거나[68)] 투자자의 정당한 이익을 보호하고 무임승차를 방지하는 것[69)]도 효율성

---

65) 대법원 2008.5.29. 선고 2006두6659 판결.

66) 이승택, "우리 공정거래법상의 부당성의 의미 및 그 법률상 지위: 대법원 판례를 중심으로", 사법논집 제49집(2009), 150면.

67) 대법원 2013.11.14. 선고 2012두19298 판결; 대법원 2017.1.12. 선고 2015두2352 판결 등 참조.

68) 대법원은 시장지배적 사업자인 SKT가 자사의 MP3폰에 DRM를 장착하여 자사가 운영하는 멜론사이트를 통하여 다운받은 MP3 파일만 재생될 수 있도록 함으로써 '다른 사업자의 사업활동을 방해하는 행위'에 해당하는지가 문제가 된 사안에 대하여 부당성을 인정하지 않았는데, 여기서 부당성을 인정하지 않은 근거 중 하나로 SKT가 자신의 MP3폰과 음악파일에 DRM을 탑재한 것은 인터넷 음악서비스 사업자들의 수익과 저작권자의 보호 및 불법 다운로드 방지를 위한 것으로서 정당한 이유가 있다고 보이는 점을 들었다. 대법원 2011.10.13. 선고 2008두1832 판결.

69) 개별 은행과 금융결제원의 전산망을 상호 연결하여 고객이 다른 은행의 현금지급기(CD기)를 이용할 수 있게 하는 시스템인 CD공동망의 참가은행들이 공동으로 특정 은행의 CD공동망 이용을 제한한 행위가 불공정거래행위로서의 공동의 거래거절행위에 해당되는지 여부가 문제된 사안에서 경쟁자의 거래기회 박탈로 인한 폐해와 당해 사업자들의 투자이익 보호의 필요성 등 사이에서 형량이 이루어졌다. 이 사건에서 대법원은 "CD공동망의 운영에 있어서는 전산망 구축과 유지에 상당한 비용과 노력을 투자한 참가은행들의 의사가 존중되어야 하는 점, 신용카드회사가 CD공동망을 이용함으로써 참가은행들보다 부당하게 경쟁우위에 설 가능

의 요소로 평가할 수 있다. 그러나 산출량 감축, 시장 분할 또는 단순한 시장지배력의 행사에 의해 발생하는 비용절감 등은 효율성 증대효과로 주장할 수 없다. 또한, 제품·서비스의 품질 저하 등 소비자의 이익 감소를 통해 달성되는 비용절감도 효율성 증대효과로 주장될 수 없다.

그런데 향후 발생할 경제적 효과를 사전에 예측해야 하는 기업결합 심사[70]의 경우에는 효율성의 범위를 넓게 인정하고 있다. 독점규제법은 기업결합의 경쟁제한성과 효율성 등에 관한 기준을 공정위에 위임하고 있다(법 9조 4항). 이에 따라 공정위가 마련한「기업결합 심사기준」에서는 기업결합으로 인한 효율성 증대효과에 관하여 생산·판매·연구개발 등에서의 효율성 증대효과와 국민경제 전체에서의 효율성 증대효과를 들고 있다. 전자와 관련하여 규모의 경제, 생산설비의 통합, 생산공정의 합리화 등을 통해 생산비용을 절감할 수 있는지 여부, 판매조직을 통합하거나 공동활용하여 판매비용을 낮추거나 판매 또는 수출을 확대할 수 있는지 여부, 시장정보의 공동활용을 통해 판매 또는 수출을 확대할 수 있는지 여부, 운송보관시설을 공동사용함으로써 물류비용을 절감할 수 있는지 여부, 기술의 상호보완 또는 기술·인력·조직·자금의 공동활용 또는 효율적 이용 등에 의하여 생산기술 및 연구능력을 향상시키는지 여부, 기타 비용을 현저히 절감할 수 있는지 여부를 고려하여 판단한다. 그리고 후자의 경우에는 고용의 증대에 현저히 기여하는지 여부, 지방경제의 발전에 현저히 기여하는지 여부, 전후방 연관산업의 발전에 현저히 기여하는지 여부, 에너지의 안정적 공급 등 국민경제생활의 안정에 현저히 기여하는지 여부, 환경오염의 개선에 현저히 기여하는지 여부를 고려하여 판단한다. 다만, 이는 효율성에 관한 판단이라기 보다는 공익에 관한 별도의 고려라고 보아야 할 것이므로, 회생불가 회사와의 기업결합의 경우와 같이 법률에 예외적 허용사유로 규정하는 것이 바람직할 것이다.[71]

(3) 비교형량

비교형량 작업은 그 행위로 인한 경쟁제한의 폐해와 효율성 증대의 편익을 비교형량하여 긍정적 효과가 부정적인 폐해보다 더 큰지 여부를 판단하는 것이다. 구체적 사건에서 효율성 증대효과는 실증분석자료 또는 경제적 증거에 의존하게 된다. 비교형량의 구체적 방법을 살펴보면, 구체적 수치가 제시된 소수의 사례도 있지만,[72] 대부분의 경우에

성이 크고, 위와 같은 공동의 거래거절로 인하여 신용카드시장에서 다른 거래처를 용이하게 찾을 수 없어 거래기회가 박탈되었다고는 할 수 없는 점 등에 비추어, 참가은행들의 위 가상계좌서비스에 대한 공동의 거래거절행위는 그 거래거절에 정당한 사유가 있으므로 ... 공정한 경쟁을 저해할 우려가 있는 부당한 공동거래 거절행위에 해당하지 않는다."고 판단하였다. 대법원 2006.5.12. 선고 2003두14253 판결.

70) 대부분의 기업결합 심사는 필연적으로 추측이라는 성격을 가지는데 이는 기업결합이 진행되지 않을 경우 발생 가능성이 높은 상황과 비교하여 기업결합이 진행되는 경우 발생가능성이 높은 상황을 평가하는 작업이다.

71) 동지: 주진열, "기업결합규제와 효율성 항변 판단기준에 대한 법경제학적 고찰", 경제법연구 제9권 제1호(2010), 91면.

추상적 형량이 이루어진다.[73]

그런데 비교형량과 관련하여 어려운 문제는 효율성 증대효과와 경쟁제한효과를 서로 비교할 수 있는 정확한 기준에 관한 합의가 없다는 점이다.[74] 이와 관련하여 경제학계에서 소비자후생이 기준으로 제시되고 있으나,[75] 아직 소비자후생의 측정에 관한 통일된 견해는 존재하지 않는다. 한편, 대법원은 컨테이너 운송료담합 사건에서 가격담합은 원칙적으로 부당하지만, 이 사건 담합의 경우 "정부가 컨테이너 운임의 덤핑을 방치할 경우 출혈가격경쟁이 발생하여 이로 인한 전국적인 산업분규, 물류의 차질 및 교통안전 위해 등의 문제가 발생할 수 있고, 이를 해결하기 위하여 추가되는 사회적 비용은 육상화물 운송시장에서의 가격경쟁으로 인한 소비자 후생 증대효과에 비교하여 적다고 볼 수 없는 점 등에 비추어 볼 때, 친경쟁적 효과가 매우 커 공동행위의 부당성이 인정되지 않을 여지가 있다."고 판시하였다.[76] 그러나 이 판결에 대해서는 공동행위의 친경쟁적 효과라고 지적한 것들을 과연 친경쟁적이라고 볼 수 있는지 의문이고 비교형량 방법이 적절한지에 대해서도 비판이 제기되고 있다.[77]

---

72) 예컨대, 기업결합 사안인 동양제철화학의 콜럼비안 캐미컬스 주식취득사건에서 원고들은 자신들의 기업결합으로 인해 총 197억 3,300만원의 효율성 증대효과가 있다고 주장하였으나, 법원은 그 중 일부인 총 88억 9,700만원을 효율성 증대효과액으로 인정하고, 이 정도의 효율성 증대효과로 인한 국내 고무용 카본블랙 시장에서의 가격인하 효과는 크지 않으므로, 이 사건 기업결합으로 인한 효율성 증대효과가 경쟁제한으로 인한 폐해보다 크다고 인정하기에는 부족하다고 판단하였다. 서울고법 2008.5.28. 선고 2006누21148 판결 및 대법원 2009.9.10. 선고 2008두9744 판결.

73) 예컨대, 수입차인 렉서스 딜러사들의 가격담합 사건에서 법원은 ① 이 사건 수입차시장에서 렉서스 자동차의 시장점유율 합계가 25.6%에 이르는 점, ② 이 사건 공동행위는 렉서스 자동차의 할인판매를 제한하는 등 가격을 고정하는 것으로, 그에 따라 딜러 할인율이 줄어 결과적으로 소비자가 렉서스 자동차를 구매하기 위하여 높은 가격을 지급하게 된 점, ③ 이 사건 공동행위는 국내에서 렉서스 자동차를 판매하는 딜러 전부가 참여한 것으로 그에 따라 브랜드 내(Intra-brand) 경쟁에 의한 가격할인 가능성이 사실상 완전히 제한된 점, ④ 이 사건 공동행위는 2005년 렉서스 자동차의 판매실적이 좋았음에도 불구하고, 딜러들의 수익은 오히려 악화됨에 따라 이를 타개하기 위한 목적에서 시작된 것으로 그 주된 목적은 경쟁을 회피하여 원고들의 수익을 증대하고자 함에 있는 점, ⑤ 원고들은 고객을 가장하여 타 딜러 판매전시장을 방문하는 이른바 미스테리 쇼핑 등의 방법으로 이 사건 공동행위의 실행 여부를 점검하고, 위반 사례를 적발할 경우 이메일 등을 통해 공유하였으며, 합의를 위반한 직원들에 대한 제재기준을 마련해 공동으로 시행하였던 점, ⑥ 이 사건 공동행위에 별다른 경쟁촉진적 효과가 있다고 보이지 않고, 원고들 주장과 같이 원고들 사이의 무임승차를 방지하고 건전한 투자를 유도함으로써 다른 수입차와의 브랜드 간(Inter-brand) 경쟁을 촉진하고 소비자에게 다양한 서비스를 제공하는 등 일부 경쟁촉진적 효과가 있다고 하더라도 앞서 본 경쟁제한효과를 상쇄할 정도라고 보기 어려운 점 등의 사정을 들어 부당성을 인정하였다. 대법원 2017.1.12. 선고 2015두2352 판결.

74) 미국의 기업결합 사건에서도 효율성 증대효과(원가절감으로 인한 가격경쟁력 증대)와 경쟁제한효과(가격인상으로 인한 소비자 후생 침해) 중 어느 하나가 다른 것에 비해 압도적으로 크다고 확신할 수 있는 경우는 많지 않으며, 대부분의 사안에서는 어느 효과가 다른 효과보다 큰지 여부가 극히 모호하다고 한다. Hovenkamp (2005), p. 501.

75) 동양제철화학의 콜럼비안 캐미컬스 주식취득사건에 관한 대법원 2009.9.10. 선고 2008두9744 판결에서 대법원이 효율성 증대로 인한 가격인하 효과에 주목을 하고 있는 점에 비추어 소비자후생(소비자잉여)을 기준으로 삼았다는 평가로서 나영숙, "기업결합규제의 효율성 항변 적용에 있어 후생기준의 검토", 경쟁법연구 제20권(2009), 163면.

76) 대법원 2009.7.9. 선고 2007두26117 판결.

77) 이 판결은 산업분규 예방 등 경쟁제한행위를 허용할만한 공익상의 사유가 존재한다는 점을 지적하고자 하였던 것으로 보인다. 그러나 이러한 공익상의 사유로 인한 면책은 입법을 통해 이루어져야 할 사항임에도 이

2. 법에 규정된 정당화 사유

경쟁법이 추구하는 목적이 반드시 경쟁 보호에 국한되어야만 하는지 아니면 다른 공익적 요소도 함께 고려하여야 하는지 여부는 해당 국가의 사회적·정치적 가치판단에 의해 결정될 문제이다. 우리 독점규제법을 살펴보면 행위 자체로는 경쟁제한성을 능가하는 효율성 증대효과를 기대하기 어렵지만, 다른 공익상의 사유로 정당성을 인정하는 명문의 규정이 존재한다. 대표적으로 회생이 불가능한 회사와의 기업결합(법 9조 2항 2호)이나 공정위의 인가를 받은 공동행위(법 40조 2항)를 예로 들 수 있다. 전자에 관해서는 제2편 제2장에서, 후자에 관해서는 제2편 제3장에서 자세히 설명하기로 한다.

3. 정치적 행위

경쟁제한행위라고 하더라도, 그것이 정부의 의사결정에 영향을 미치려는 의도에서 행해지는 정치적 행위라면 비록 법률상 명문의 규정은 없지만, 헌법상 표현의 자유, 청원권 등 기본권 보장 차원에서 허용될 것인지의 여부가 문제된다. 헌법에 보장된 국민의 정치적 권리의 보장과 시장경제질서의 유지라는 헌법적 가치의 교량이 문제되는 영역이다. 참고로 미국에서는 입법부, 행정부, 사법부를 포함한 정부기관에 대한 정치적 영향력 행사를 위한 노력은 그것이 경쟁을 감소시키려는 의도를 가지고 있다고 하더라도 반트러스트법을 위반한 것이 아니라는 이른바 '노어 면제(Noerr-Pennington Immunity)' 법리가 인정되고 있다.[78)] 그러나 미국 이외의 국가에서 '노어 면제' 법리가 공식적으로 채택된 사례는 아직 없는 것으로 알려져 있다.[79)]

우리 법원은 정부에 대한 청원 목적의 행위에 대한 경쟁법 적용 면제를 인정하지 않고 있다.[80)] 그렇지만, 순수한 정치적, 사회적 이슈에 대하여 입법이나 정부의 정책으로 해결할 문제를 제기한 사업자나 사업자단체에 대하여 경쟁당국이 경쟁법을 적용하는 방식으로 개입하는 것은 바람직하지 않다.[81)] 이에 관하여 우리 법원은 정치적 행위 그 자

를 무리하게 부당성 판단의 비교형량 사유로 언급함으로써 혼란을 가중시켰다는 학계의 비판(예컨대 이봉의, "공정거래법상 공동행위의 부당성과 '특별한 사정'", 경제법판례연구 제8권(2013), 26면)을 자초한 면이 있다. 결국 파기환송심에서 위 대법원 판결의 판시에 따라 비교형량을 한 결과 위 운송료 담합의 부당성은 인정되었다. 서울고법 2010.4.29. 선고 2009누21019 판결.

78) Eastern Railroad Presidents Conference v. Noerr Motor Freight, Inc., 365 U.S. 127(1961); Mine Workers v. Pennington, 381 U.S. 657(1965).

79) ABA(2022), p. 1433.

80) 서울고법 2009.11.18. 선고 2008누34452 판결 및 대법원 2012.5.24. 선고 2010두399 판결. 그 밖에도 교복 제조업자들이 다른 사업자의 공동구매 입찰 참여를 방해하기 위하여 사전 합의 하에 입찰에 참여하기도 하고 이로 인하여 입찰을 무산시키기도 한 사안에서, 원고 등의 위와 같은 행위는 정부와 학교 등의 공동구매에 관련된 정책결정에 대하여 정당하게 반대의견이나 대안을 제시하는 수준을 넘어서 적극적으로 방해하기 위한 공동행위로서 부당성이 인정된다고 보았다. 대법원 2006.11.9. 선고 2004두14564 판결.

81) 심재한, "사업자단체의 공정거래법 위반행위에 대한 법적용의 제문제", 경제법연구 제7권 1호(2008), 18면; 이선희, "2021년 경쟁법 중요판례평석", 인권과 정의 505호(2022), 205면; 나지원, "사업자단체의 금지행위

체를 정당화 사유로 인정하지는 않지만, 대신 경쟁제한성 판단의 고려요소들 중에서 행위의 목적과 경위, 효과에 중요한 비중을 두어 검토함으로써 결과적으로 정치적 목적을 가진 행위에 대한 독점규제법의 적용에 대하여 신중한 태도를 취하고 있다. 예컨대, 정부 의료정책에 반대하는 대한의사협회 집단휴업에 대한 전원합의체 판결에서 별개의견(3인)과 반대의견(5인)이 집단휴업 행위에 경쟁저해성이 인정되지 않는다고 보았다.[82] 특히 이 판결의 반대의견은 "대한의사협회의 행위의 목적은 정부의 의료정책에 대한 항의에 있는 것이지 구성사업자인 의사들 사이의 경쟁을 제한하여 이윤을 더 얻겠다는 데 있는 것이 아님이 분명하므로, 위 '부당성'의 판단 기준에 비추어 볼 때 대한의사협회가 정부의 정책에 대하여 항의의사를 표시하는 과정에서 구성사업자 상당수로 하여금 영업의 기회를 포기하게 하였다는 점을 들어 바로 대한의사협회의 행위를 구성사업자 사이의 공정하고 자유로운 경쟁을 저해하는 행위로서 허용될 수 없는 행위라고 단정하기는 어렵다."고 보았는데,[83] 이는 정치적 의사표시를 독점규제법의 규제영역에서 제외하려는 시도로 평가할 수 있다. 그 후에 대법원은 정부의료정책에 반대하는 다른 집단휴업 사건에서 다음에서 보는 것처럼 위 집단휴업의 경쟁제한성과 부당성을 모두 부정함으로써,[84] 경쟁당국이 사업자나 사업자단체의 정치적 의사표시에 관여하는 것에 대하여 경계의 시각을 내비쳤다.

■ **대법원 2021.9.9. 선고 2016두36345 판결**

1) 원고가 결의한 이 사건 휴업은 의료수가의 인상 등 구성사업자들의 경제적인 이익을 직접적으로 추구하거나 상호 경쟁관계에 있는 구성사업자들 사이의 경쟁을 제한하여 의료서비스의 가격・수량・품질 기타 거래조건 등의 결정에 영향을 미치기 위한 목적에서 이루어진 것으로 보기 어렵다. 오히려, 이 사건 휴업은 원고와 보건복지부가 2014. 1. 17. J협의회를 구성하여 총 5차례에 걸쳐 원격의료 및 영리병원 허용정책에 관한 협상을 진행한 후 2014. 2. 18. 발표한 제1차 의・정 협의결과에 대한 수용 여부에 관한 것인 점 등 앞서 본 사실관계와 원심판결 이유에 의하여 알 수 있는 이 사건 휴업의 경위나 태양 등 제반 사정에 비추어 보면, 이 사건 휴업은 헌법상 결사의 자유를 향유하는 원고가 구성사업자들을 대표하여 정부의 의료정책인 원격의료제나 영리병원제 도입과 관련하여 정부에 의견을 전달하고 교섭하는 과정에서 원고의 구성사업자들이 집단적으로 진료의 제공을 거부하는 방식으로 정부 정책에 반대하기 위한 목적에서 이루어진 것으로 보는 것이 상당하다.

와 부당성 판단", 경쟁법연구 제46권(2022), 351면.

82) 전원합의체 판결에서는 결론별로 판단이 이루어져 결과적으로 대한의사협회의 집단휴업 행위가 위법으로 판단되었으나, 쟁점별로 판단이 이루어졌다면 그 결론이 바뀌었을 것이라는 지적이 있다. 정병기・김병규・홍동표, "의료 서비스 시장에서 발생한 집단 행위의 사업자단체 금지 행위 해당 여부 판단 기준", 경쟁저널 제211호(2022), 80면.

83) 대법원 2003.2.20. 선고 2001두5347 전원합의체 판결.

84) 대법원 2021.9.9. 선고 2016두36345 판결.

> 2) (중략) 그런데 이 사건 휴업은 단 하루 동안만 진행되었고, 실제 휴업 참여율이 그다지 높지 않으며 응급실과 중환자실 등 필수 진료기관은 휴업에서 제외되었다. 이러한 휴업의 기간, 참여율, 구체적인 범위와 내용 등에 비추어 보면 비록 이 사건 휴업 당일 의료서비스의 공급량이 전체적으로 일부 감소하였다고 하더라도 이 사건 휴업으로 의료소비자의 의료서비스 이용에 있어서의 대체가능성에 영향을 미쳤다고 볼 정도에 이르지 아니하였고, 달리 의료서비스의 품질 기타 거래조건 등에 영향을 미쳐 의료서비스시장에서 경쟁제한성이 인정될 정도라고 단정하기 어렵다. (중략) 나아가 앞서 본 이 사건 행위의 목적이나 경위, 경쟁제한성의 정도 등을 종합적으로 고려할 때 원고의 이 사건 행위가 소비자를 보호함과 아울러 국민경제의 균형 있는 발전을 도모한다는 공정거래법의 궁극적인 목적에 실질적으로 반하는 행위라고 볼 수 없으므로, 부당성이 인정된다고 보기도 어렵다.

4. 기타 정당화 사유

그 밖에 법령에 근거한 정부기관의 행정지도에 따라 적합하게 이루어진 경우라든지, 기타 공익상 사유가 존재하는 경우에도 경쟁제한행위가 정당화될 수 있는지에 관한 논의가 있다.[85] 이는 주로 공동행위의 부당성 인정 여부와 관련해서 검토가 이루어지기 때문에 제2편 제3장에서 상세히 살펴보도록 하겠다.

85) 이승택, "우리 공정거래법상의 부당성의 의미 및 그 법률상 지위: 대법원 판례를 중심으로", 사법논집 제49집(2009), 141면 이하.

제 2 편

실체법적 규제

제1장

독과점에 대한 규제

제1절 총 설

Ⅰ. 독과점규제의 근거

독과점은 국민경제에 긍정적인 영향을 미치는 경우도 있지만 부정적인 영향을 미치는 경우도 있다. 우선, 독과점이 국민경제에 미치는 긍정적인 영향으로는 규모의 경제를 실현하는데 기여하고, 연구개발이나 원가절감을 통하여 효율성을 제고할 수 있다는 점 등을 들 수 있다. 규모의 경제란 생산규모가 확대되어 평균생산비가 줄어드는 것을 말한다. 예컨대 어떤 기업이 특정한 상품을 아주 낮은 비용으로 생산할 수 있는 혁신적 공정을 개발하였는데 그 공정을 이용하기 위해서는 현재 시장에 공급되고 있는 해당 상품의 절반 이상을 생산할 수 있는 공장을 지어야 한다고 가정할 때, 국민경제 전체의 이익을 위하여 그 기업에게 독과점을 인정할 수도 있을 것이다. 또한 기업이 독점이윤으로 축적한 자금을 연구개발에 투자하여 신제품을 개발하거나 원가절감을 통한 가격인하의 노력에 성공하여 효율성을 제고하는 경우에는 독과점이 경제성장을 촉진하고 소비자후생을 증진하는 원동력이 될 수도 있다. 경제개발의 초기단계에는 이러한 논리에 의하여 독과점을 용인하거나 권장하는 경우도 있다.

반면, 독과점의 부정적 영향은 정태적 측면과 동태적 측면에서 살펴볼 수 있다. 먼저 정태적 측면에서 살펴보면, 독과점기업이 그 시장지배력을 이용하여 상품이나 용역의 공급량을 줄이고 가격을 올리는 경우에 소비자후생이 감소된다. 그런데 이러한 소비자후생의 감소분 중에는 독과점기업에게 이전되는 부분도 있지만, 어느 누구에게도 이전되지 않고 사라지는 부분, 즉 이른바 자중손실(deadweight loss)도 있다.[1] 그리고 동태적 측면에서 보면, 독과점기업은 부당염매나 과다한 광고·선전 등을 통하여 경쟁사업자를 배제하거나 시장진입을 봉쇄함으로써 자원의 효율적인 배분을 저해할 우려가 있다. 또 다른

1) Hovenkamp(2005), p. 19.

사업자의 사업활동을 부당하게 방해하거나 불공정한 거래행위 등을 통하여 공정한 거래를 저해하거나 소비자의 권익을 침해할 우려도 있다.

Ⅱ. 독과점규제의 체계

독과점을 규제하는 방법에는 두 가지가 있다. 하나는 독과점의 형성 그 자체를 사전에 방지하는 방식이고, 다른 하나는 독과점으로 인한 폐해를 사후에 규제하는 방식이다. 독점규제법상 독과점의 사전방지수단으로는 기업결합 규제를 들 수 있으며, 사후규제수단으로는 시장지배적 지위남용행위의 금지를 들 수 있다. 우리나라 독점규제법은 사후규제수단으로 EU나 독일의 예를 따라 시장지배적 지위에 있는 사업자의 지위남용행위를 금지함으로써 경쟁사업자를 방해 또는 배제하거나 소비자이익을 저해하는 등 독과점의 폐해를 막고 있다.

그런데 우리나라 독점규제법이 외국의 입법례에 비추어 특이한 것으로는 공정위로 하여금 독과점적 시장구조의 개선을 위한 시책을 수립하여 시행하도록 하고 있는 점(법 4조)이다. 우리나라의 경우에는 미국, EU, 일본 등에 비하여 경제의 규모가 크지 않고, 정부가 이른바 개발연대에 고도성장을 달성하기 위하여 소수의 능력 있는 기업을 집중적으로 지원하는 불균형 성장정책을 추진해 온 결과, 많은 산업분야가 독과점화되어 있을 뿐만 아니라 그것이 장기간 고착되어 있는 경우가 많다. 이러한 상황에서는 공정위가 단순히 사후적으로 시장지배적 사업자의 지위남용행위를 금지하는 것만으로는 독과점적인 시장구조를 경쟁적인 시장구조로 개선하기가 매우 어렵다. 따라서 1996년 독점규제법의 개정을 통하여 공정위에게 독과점적인 시장구조가 장기간 유지되고 있는 시장에 대하여 경쟁을 촉진하기 위한 시책을 수립하여 시행할 의무를 부과하였다. 이것은 공정위가 단순히 시장지배적 지위남용행위를 금지하는데 그치지 않고, 보다 적극적으로 독과점적인 시장구조를 경쟁적인 시장구조로 개선하기 위한 정책을 수립하여 시행할 수 있는 권한과 아울러 의무를 부담하게 되었다는 점에서 특별한 의의가 있다.

제2절 시장지배적 지위의 남용금지

Ⅰ. 개 요

1. 폐해규제주의

독점규제법은 독과점적인 지위의 형성 그 자체는 금지하지 않고 시장지배적 사업자의 남용행위만 금지하고 있다.[2)] 시장지배적 사업자란 일정한 거래분야의 공급자나 수요자로서 단독으로 또는 다른 사업자와 함께 상품이나 용역의 가격, 수량, 품질, 그 밖의 거래조건을 결정·유지 또는 변경할 수 있는 시장지위를 가진 사업자를 말한다(법 2조 3호). 그들이 그 지위를 남용하여 부당한 방법으로 경쟁사업자들의 사업활동을 위축시키게 되면 시장경쟁이 감소하여 자원배분이 왜곡되고 소비자후생이 감소될 수 있다. 또한 사업자가 정당한 방법으로 지배력을 얻었다고 할지라도 지나치게 공급량을 줄이고 가격을 인상하거나 소비자의 이익을 해칠 경우에 거래상대방이나 소비자의 권익이 침해되어 여러 가지 폐해가 발생하게 된다. 이러한 폐해의 발생을 원천적으로 봉쇄하기 위해서는 시장지배적 지위의 형성 그 자체를 금지하는 방법도 고려할 수 있다. 그러나 시장에서 지배적인 지위를 차지하고 있는 사업자들 중에는 치열한 경쟁과정에서 품질개발이나 원가절감 등과 같은 효율성 증대를 통하여 그러한 지위를 취득한 사업자들도 있다. 따라서 어떤 사업자에게 시장지배적 지위가 존재한다는 것 그 자체를 일률적으로 비난하는 것은 타당하지 않다. 이에 독점규제법은 시장지배적 지위는 인정하면서 사업자가 그 지위를 부당하게 남용하는 행위만 금지하는 폐해규제주의를 채택하고 있다.

시장지배적 지위의 남용행위는 ① 시장지배적 사업자가, ② 법에 열거된 남용행위를 하고, ③ 그 행위가 부당한 경우에 인정된다. 그리고 공정위는 「시장지배적 지위남용행위 심사기준」(이하 "남용행위 심사기준"이라 함)[3)]이라는 고시를 제정하여, 시장지배적 사업자의 지위남용행위의 세부 유형 및 기준을 정해 놓고 있다.[4)] 그런데 법이 열거한 남용행위를 분류해 보면, 시장지배적 사업자가 시장에서 경쟁사업자를 부당하게 배제하거나 그럴 우려가 있는 행위와 자신이 확보한 지배력을 과도하게 사용하여 거래상대방에게 경제적 불이익을 가하는 행위로 구분해 볼 수 있다. 그 행위의 폐해를 전자는 경쟁제한성에서 포착한 것으로서 배제남용이라고 부르고, 후자는 지나치게 과도한 독점력의 행사에서 포착한 것으로서 착취남용으로 부른다. 양자는 그 규제의 근거가 다르기 때문에 위법성 판단의 기준도 달라지게 된다.

2. 시장지배적 사업자의 특별의무

외관상 동일한 행위라 하더라도 그것이 시장지배적 사업자에 의한 것이라면 이미 구조적으로 자유로운 경쟁이 제약되고 있는 시장에서 이루어진 행위이므로, 일반사업자의 행위보다 더 엄격한 기준이 적용되어야 한다는 의견이 있을 수 있다. 이러한 아이디어를 규범적으로 발전시킨 것이 시장지배적 사업자의 특별한 의무 내지 책임이라는 개념이다.

---

2) 미국의 셔먼법 제2조는 독점화 또는 독점화 기도를 금지하고, 유럽의 TFEU 제102조는 시장지배적 지위의 남용행위를 금지한다.

3) 개정 2012.8.13. 공정위 고시 제2012-52호.

4) 동 심사기준에서는 남용행위 이외에 관련시장의 획정과 지배력의 판단기준에 대해서도 기준을 제시하고 있다.

(1) 특별의무 긍정설

시장지배적 사업자에 대한 규제는 일차적으로 시장지배적 사업자가 존재함으로써 이미 구조적으로 자유로운 경쟁이 제약되고 있는 시장에서 시장지배력을 보유한 사업자의 행태나 성과를 문제 삼는 것이고, 이 경우 그 보호대상인 경쟁도 잔존경쟁(remaining competition)이 될 수밖에 없다. 그렇기 때문에, 시장지배적 사업자는 자유롭고 공정한 경쟁을 저해하지 않도록 하기 위한 이른바 특별한 책임(special responsibility)을 지고, 거래상대방이나 경쟁사업자를 배려해야 할 특별한 배려의무(spezielle Sorgepflicht)를 부담하게 된다. 그 취지는 단순히 거래상대방이나 경쟁사업자를 보호하려는 것이 아니라 경쟁의 기능적 전제조건인 제3자의 경쟁상 자유를 충실히 보호하기 위한 것이다.

EU 법원에서는 시장지배적 사업자는 공동시장에서 순수하고 왜곡되지 않은 경쟁을 해치는 행위를 하지 말아야 할 특별책임을 지고 있다고 하여 특별의무를 긍정하고 있다.[5] EU에서는 특별책임을 긍정하는 입장에서 시장지배적 사업자의 배제행위를 시장에서 경쟁사업자를 완전히 배제하거나 경쟁사업자의 사업활동을 제한하는 경우는 물론이고 이를 방해하는 경우[6]까지 포함하는 것으로 폭넓게 이해하고 있다. 이와 같이 EU에서는 경쟁사업자 또는 거래상대방의 '경쟁의 자유(Wettbewerbsfreiheit)'를 강조하기 때문에, 끼워팔기나 충성리베이트와 같은 일정한 행위유형에 대하여 사실상 당연위법과 유사한 엄격한 태도를 취하고 있다.

우리나라의 포스코 판결[7]에서 박시환 대법관은 소수의견으로 "시장경제질서에서 시장지배적 사업자가 존재한다는 자체가 이미 공정거래법이 추구하는 공정하고 자유로운 경쟁으로부터 상당히 벗어날 수 있는 상태를 의미한다. 이와 같이 시장지배적 사업자가 시장경제질서에서 차지하는 의미에 비추어 볼 때 시장지배적 사업자가 거래거절행위를 하는 경우, 그 거래거절행위가 비록 경쟁을 제한할 우려에까지 이르지 않더라도 그 '지위남용행위'로써 행하여진 경우에는 독점규제의 측면에서 이를 규제하여야 할 필요성이 있다."고 하였는데, 이러한 견해는 경쟁제한성이 인정되지 않더라도 시장지배적 사업자의 남용행위를 규제하여야 한다는 것으로서 시장지배적 사업자에게 특별의무보다 더 강한 의무를 인정하는 것으로 볼 수 있다.

---

5) 시장지배적 사업자에게 이와 같은 특별한 책임을 최초로 인정한 ECJ의 판결로서 Case 322/81, NV Nederlandsche Banden-Industrie Michelin v. Commission (1983) ECR 3461, para.57 참조.

6) 독일이나 EU에서는 배제남용 대신 방해남용의 개념이 자주 사용된다. 방해남용이란 다른 사업자의 경쟁가능성을 침해하는 행위 혹은 다른 사업자의 경쟁능력을 훼손하는 행위를 말한다. 조혜신, "독점규제법상 방해남용에 관한 연구", 서울대학교 박사학위논문(2011), 20-22면.

7) 대법원 2007.11.22. 선고 2002두8626 전원합의체 판결.

(2) 특별의무 부정설

EU와 달리 미국 등에서는 시장지배적 사업자의 특별의무를 부정하는 것이 일반적이다. 시장지배적 사업자도 경쟁수단 내지 경쟁행위를 선택함에 있어서 일반사업자와 마찬가지로 자유롭게 자신의 효율성에 기초한 수단을 활용할 수 있고, 그것이 비록 경쟁사업자 등 제3자에게 불리한 효과를 갖는 경쟁수단이라 할지라도 법은 이를 수용할 수밖에 없다. 시장지배적 사업자라고 해서 시장의 구조나 경쟁사업자의 존속을 보장할 일반적인 책임을 지는 것은 아니다. 효율적인 경쟁자가 시장에서 승자가 되었을 때 그로 인하여 제재를 받아서는 아니 된다. 효율성을 강조하는 미국 학계와 실무의 영향을 받아서, 유럽에서도 종래 유럽경쟁법이 시장지배적 지위남용과 관련해서 사실상 당연위법과 유사한 엄격한 태도를 취해 왔는데, 이러한 태도가 오히려 경쟁을 제한하거나 효율성을 감소시키는 등의 부작용을 초래할 수 있기 때문에, 소비자후생의 관점에서 정당화될 수 없다는 비판도 제기되고 있다.

우리나라 판례는 특별의무를 부정하는 입장에 서 있다. 포스코 판결[8]에서 다수의견은 위의 소수의견이 언급한 시장지배적 사업자에 대한 특별한 규제의 필요성을 인정하지 않았고, 오히려 "시장지배적 사업자가 개별 거래의 상대방인 특정 사업자에 대한 부당한 의도나 목적을 가지고 거래거절을 한 모든 경우 또는 그 거래거절로 인하여 특정 사업자가 사업활동에 곤란을 겪게 되었다거나 곤란을 겪게 될 우려가 발생하였다는 것과 같이 특정 사업자가 불이익을 입게 되었다는 사정만으로는 그 부당성을 인정하기에 부족"하다고 하였다.

(3) 검 토

경쟁질서를 존중하고 경쟁을 저해하지 말아야 할 의무는 시장지배적 사업자는 물론 일반사업자에게도 적용되는 보편적 의무이다. 다만, 동일한 행위라고 하더라도 시장지배적 사업자의 행위가 일반사업자의 행위보다 시장에 미치는 영향이 큰 것이 사실이다. 이러한 측면에서 시장지배적 지위의 남용규제는 시장에서 차지하는 비중이 큰 사업자일수록 그 행동으로 인해 시장에 미치는 영향이 크고, 따라서 그 책임도 커진다는 아이디어를 규범화한 것으로 이해할 수 있다. 그러나 별도로 시장지배적 사업자에 대하여 특별의무까지 인정하는 것에 관해서 우리나라에서는 아직 규범적 공감대가 형성되지 않은 것으로 보인다.

---

8) 대법원 2007.11.22. 선고 2002두8626 전원합의체 판결.

Ⅱ. 시장지배적 사업자

1. 의 의

시장지배적 사업자란 일정한 거래분야의 공급자나 수요자로서 단독으로 또는 다른 사업자와 함께 상품이나 용역의 가격, 수량, 품질, 그 밖의 거래조건을 결정·유지 또는 변경할 수 있는 시장지위를 가진 사업자를 말한다(법 2조 3호 1문).[9] 즉, 시장지배적 사업자는 시장을 주어진 조건으로 받아들이는 것이 아니라 시장의 구조나 행태 또는 성과에 영향을 미칠 수 있는 능력을 가지고 있는 사업자를 말한다. 시장지배적 사업자는 공급자는 물론 수요자인 경우도 포함한다.

한편, 미국에서는 시장지배력이 있는 사업자를 ① 상품이나 용역의 공급량을 줄이고 그 가격을 경쟁가격보다 높이 책정함으로써 초과이윤을 얻을 수 있거나, ② 거래거절이나 차별적 취급 등을 통하여 경쟁사업자를 시장에서 배제하거나 방해할 수 있는 능력을 가지고 있는 사업자라고 한다.[10] ①은 가격 등 결정능력을 갖춘 경우로서 착취남용과 관련이 있고, ②는 경쟁자 배제능력을 갖춘 경우로서 배제남용과 관련이 있다. 그런데 일반적으로 ②보다는 ①이 더 큰 지배력을 요하는 것으로 본다. 그런데 우리 독점규제법의 시장지배적 사업자의 개념은 기본적으로 ①의 가격 등 결정능력을 갖출 것을 상정하고 있다. 개념적으로만 보면 우리나라의 시장지배적 사업자의 범위는 미국 등 다른 나라의 기준보다 훨씬 좁은 것 아닌가 하는 의문이 제기될 수도 있다. 그렇지만, 우리나라 독점규제법은 시장지배적 사업자는 단독은 물론 다른 사업자와 함께 가격 등 결정능력을 갖는 경우도 포함하고 있고, 금지행위 태양의 측면에서도 착취남용은 물론 배제남용도 규제하고 있고, 시장점유율에 근거한 시장지배적 사업자의 추정 요건을 보면 단독으로는 가격 등 결정능력을 갖추지 못한 것이 분명한 사업자도 시장지배적 사업자로 추정될 수 있음을 알 수 있다. 따라서 현행 규정에 의하더라도 가격 등 결정능력을 갖추지는 못하였지만 경쟁자 배제능력은 갖춘 사업자를 시장지배적 사업자에 포섭하는 것은 가능하다고 해석된다. 다만, 입법론으로는 시장지배적 사업자의 정의에 경쟁자 배제능력을 갖춘 사업자도 포함하는 것이 논리적으로 명확할 것이다.

---

9) 2020년 법 개정 논의시에 시장지배적 사업자의 가격 등 결정 능력의 정도와 관련하여 '경쟁을 실질적으로 제한하는 행위'의 정의개념과 균형을 고려하여 '어느 정도 자유로이'라는 문구를 추가하는 방안이 검토되었으나, 결국 기존 규정을 그대로 유지하는 것으로 되었다.

10) Hovenkamp(2005), p. 79.

2. 시장력과 시장지배력

경제학에서는 시장력(market power)이라는 용어를 많이 사용한다. 시장력이란 "사업자가 시장의 가격이나 거래조건 등 시장의 성과에 어느 정도 영향을 미칠 수 있는 힘"을 의미한다. 공정위도 「불공정거래행위 심사지침」에서 시장력이라는 개념을 사용하고 있다. 「불공정거래행위 심사지침」에 따르면, 관련시장에서의 시장점유율이 30% 이상인 경우에 행위주체의 시장력이 인정되고, 시장점유율이 20%이상 30% 미만인 경우에도 시장집중도, 경쟁상황, 상품의 특성 등 제반사정을 고려하여 시장력이 인정될 수 있다. 반면, 시장지배력은 일정한 거래분야의 공급자나 수요자로서 단독으로 또는 다른 사업자와 함께 상품이나 용역의 가격, 수량, 품질, 그 밖의 거래조건을 결정·유지 또는 변경할 수 있는 힘이다(법 2조 3호). 일정한 거래분야에서 ① 1 사업자의 시장점유율이 100분의 50 이상이거나 ② 3 이하의 사업자의 시장점유율의 합계가 100분의 75 이상인 경우에(단, 시장점유율이 100분의 10 미만인 자는 추정에서 제외) 그 사업자가 시장지배적 사업자로 추정된다(법 6조). 이와 같이 양자 사이에는 정도의 차이가 존재하고, 시장지배력은 시장력이 존재함을 전제로 이보다 더 강한 힘을 의미한다.

경제학자들이 사용하는 표현 중에 독점력(monopoly power)이라는 용어가 있는데, 혹자는 이를 시장력과 동일한 의미로 사용하기도 하고, 혹자는 이를 상당한 정도(substantial degree)의 시장력으로 정의하여 두 개념을 구분하기도 한다. 독점력이 후자의 의미라면 독점규제법상 시장지배력과 유사한 표현으로 이해할 수 있다. 한편, EU에서는 지배력(dominance)이라는 개념을 사용한다. 이는 "한 사업자가 경쟁자들, 고객들, 궁극적으로 모든 소비자들에 대해 상당 정도 독립적으로 행동할 수 있는 능력을 보유함으로써 관련시장에서 유효경쟁을 저해할 수 있는 경제적 지위"로 정의된다.[11] 이러한 EU의 지배력 개념은 독점규제법상 시장지배력과 유사한 것으로 이해된다.

3. 시장지배력의 판단시 고려요소

시장이 경쟁적이어서 소비자들이 여러 가지 선택지를 가지고 있는 경우라면, 사업자가 상품 등의 가격을 올리거나 품질이 낮은 상품 등을 제공하면 소비자들은 다른 상품 등을 선택할 것이다. 따라서 어떤 사업자가 시장지배력을 보유하고 있다는 의미는 위와 같은 행위가 다른 경쟁사업자들의 존재나 행위에 의해서 통제되지 않는다는 것을 의미한다. 구체적인 경우에 있어서 사업자가 의미 있는 시장지배력을 가지고 있는지 여부를 판

11) "[A] position of economic strength enjoyed by an undertaking which enables it to prevent effective competition being maintained on the relevant market by affording it the power to behave to an appreciable extent independently of its competitors, customers and ultimately of consumers" (EC Case 27/76, United Brands v. Commission, [1978] ECR 207).

단하기 위해서는 그 사업자가 당해 시장에서 차지하고 있는 지위나 비중을 심사, 평가하지 않으면 안 된다. 그런데 이러한 시장지배력을 직접 측정하기란 매우 어렵기 때문에, 시장지배적 사업자에 해당하는지 여부를 판단할 때에는 다양한 요소를 종합적으로 고려할 필요가 있다. 여기에는 시장점유율, 진입장벽의 존재 및 정도, 경쟁사업자의 상대적 규모 등(법 2조 3호 2문)과 함께 경쟁사업자들 간의 공동행위의 가능성, 유사품 및 인접시장의 존재, 시장봉쇄력, 자금력 등을 종합적으로 고려하게 된다.

(1) 시장점유율

시장점유율은 오랜 기간 시장지배력의 징표로서의 역할을 담당해 왔다. 독점규제법은 일정한 거래분야에서 당해 사업자의 시장점유율을 근거로 시장지배적 사업자로 추정하고 있지만(법 6조), 시장점유율이 시장지배력을 표상하는 객관적 징표가 될 수 없다는 비판도 있다. 시장점유율에 관해서는 뒤에서 따로 설명한다.

(2) 진입장벽의 존재 및 정도

당해 시장에 대한 신규진입이 가까운 시일 내에 용이하게 이루어질 수 있는 경우에는 시장지배적 사업자에 해당될 가능성이 낮아질 수 있다. 그런데 신규진입의 가능성을 평가함에 있어서는 ① 법적·제도적인 진입장벽의 유무, ② 필요 최소한의 자금규모, ③ 특허권 기타 지식재산권을 포함한 생산기술조건, ④ 입지조건, ⑤ 원재료조달조건, ⑥ 유통계열화의 정도 및 판매망 구축비용, ⑦ 제품차별화의 정도, ⑧ 수입의 비중 및 변화추이, ⑨ 관세율 및 각종 비관세장벽을 고려한다. 그리고 최근 3년간 당해 시장에 신규 진입한 사업자, 당해 시장에 참여할 의사와 투자계획 등을 공표한 사업자, 현재의 생산시설에 중요한 변경을 가하지 아니하더라도 당해 시장에 참여할 수 있는 등 당해 시장에서 상당기간 어느 정도 의미있는 가격인상이 이루어지면 중대한 진입비용 또는 퇴출비용의 부담없이 가까운 시일 내에 당해 시장에 참여할 것으로 판단되는 사업자가 있는 경우에는 신규진입이 용이한 것으로 볼 수 있다.

(3) 경쟁사업자 및 거래상대방의 상대적 규모

당해 사업자에 비해 경쟁사업자의 규모가 상대적으로 큰 경우에는 시장지배적 사업자에 해당될 가능성이 낮아질 수 있다. 우선, 경쟁사업자의 상대적 규모를 평가함에 있어서는 ① 경쟁사업자의 시장점유율, ② 경쟁사업자의 생산능력, ③ 경쟁사업자의 원재료 구매비중 또는 공급비중, ④ 경쟁사업자의 자금력을 고려한다. 예컨대 시장점유율이 51%인 사업자라고 하더라도, (i) 같은 시장에 49%의 점유율을 가진 1개의 경쟁사업자가 있는 경우, (ii) 16%, 16%, 17%의 점유율을 가진 3개의 경쟁사업자들이 있는 경우, 또는 (iii) 1%의 점유율을 가진 49개의 경쟁사업자들이 있는 경우에는 그 사업자의 시장지배력이 각각 다를 것이고, 경쟁사업자와의 격차가 클수록 시장지배력도 커질 가능성이 높다. 그리고 당해 시장에 대량구매사업자나 대량공급사업자가 존재하는 경우(대량구매사업자나 대량공급사업자가 당해 사업자의 계열회사인 경우를 제외한다)에는 시장지배적 사업자에 해당될 가능성이 낮아질 수 있다. 여기서 "대량구매사업자나 대량공급사업자"라 함은 당해 사업자의 구매액이나 공급액이 당해 시장의 국내 총공급액에서 차지하는 비율이 독점규제법 제6조(시장지배적 사업자의 추정)에 규정된 시장점유율 요건에 해당되는 자를 말한다.

(4) 경쟁사업자간의 공동행위의 가능성

사업자간의 가격·수량 기타의 거래조건에 관한 명시적·묵시적 공동행위가 이루어지기가 용이한 경우에는 시장지배적 사업자에 해당될 가능성이 높아진다. 그런데 사업자간의 공동행위 가능성을 평가함에 있어서는, ① 최근 수년간 당해 거래분야에서 거래되는 가격이 동일한 거래분야에 속하지 않는 유사한 상품이나 용역의 평균가격에 비해 현저히 높았는지 여부, ② 국내에서 거래되는 가격이 수출가격이나 수입가격(관세, 운송비 등을 감안한다)에 비해 현저히 높은지 여부, ③ 당해 거래분야에서 거래되는 상품이나 용역에 대한 수요의 변동이 작은 경우로서 경쟁관계에 있는 사업자가 수년간 안정적인 시장점유율을 차지하고 있는지 여부, ④ 경쟁관계에 있는 사업자가 공급하는 상품의 동질성이 높고, 경쟁관계에 있는 사업자간의 생산, 판매 및 구매조건이 유사한지 여부, ⑤ 경쟁관계에 있는 사업자의 사업활동에 관한 정보수집이 용이한지 여부, ⑥ 과거 부당한 공동행위가 이루어진 사실이 있었는지 여부를 고려한다.

(5) 유사품 및 인접시장의 존재

유사품 및 인접시장이 존재하여 당해 시장에 영향을 미치는 경우에는 시장지배적 사업자에 해당될 가능성이 낮아진다. 그런데 유사품 및 인접시장의 존재를 판단함에 있어서는, ① 기능 및 효용측면에서 유사하나 가격 또는 기타의 이유로 별도의 시장을 구성하고 있다고 보는 경우에는 생산기술의 발달가능성, 판매경로의 유사성 등 그 유사상품이나 용역이 당해 시장에 미치는 영향, ② 거래지역별로 별도의 시장을 구성하고 있다고 보는 경우에는 시장 간의 지리적 근접도, 수송수단의 존재여부, 수송기술의 발전가능성, 인접시장에 있는 사업자의 규모 등 인근 지역시장이 당해 시장에 미치는 영향을 고려한다.

(6) 시장봉쇄력

당해 사업자(계열회사를 포함한다)의 원재료 구매비율이나 공급비율(원재료 구매액이나 공급액/원재료의 국내 총공급액)이 독점규제법 제6조(시장지배적 사업자의 추정)에 규정된 시장점유율 요건에 해당되면 시장지배적 사업자에 해당될 가능성이 높아진다.

(7) 자금력

당해 사업자의 자금력이 다른 사업자에 비해 현저히 크다면 시장지배적 사업자에 해당될 가능성이 높아진다. 자금력을 평가함에 있어서는 자본 또는 부채의 동원능력, 매출액, 이윤, 순이익률, 현금흐름, 자본시장에의 접근가능성, 계열회사의 자금력 등을 고려한다.

(8) 기타 고려요인

사업자가 거래선을 당해 사업자로부터 다른 사업자에게로 변경할 수 있는 가능성, 시장경쟁에 영향을 미치는 당해 사업자의 신기술 개발 및 산업재산권 보유여부 등을 고려할 수 있다.

4. 시장지배력의 입증

사업자가 시장지배력을 보유하고 있는지 여부는 이를 직접적으로 입증하는 방법과 간접적으로 추론하는 방법이 있다. 사업자가 시장지배력을 실제로 행사하고 있다는 직접적 증거가 있는 경우에는 이를 토대로 곧바로 시장지배적 지위를 인정할 수 있다. 그러나 실제로는 시장지배력을 뒷받침하는 직접적 증거가 있는 경우가 드물다. 이러한 이유 때문에, 전통적으로 시장지배력의 판단에는 1단계로 관련시장을 획정하고, 2단계로 시장점유율, 진입장벽의 존재 및 정도, 경쟁사업자의 상대적 규모 등과 같은 정황으로부터 시장지배력을 추론하는 간접적 방법이 많이 사용되고 있다. 물론 직접증거와 정황증거가 함께 제시되는 경우에는 시장지배력의 판단을 가장 잘 할 수 있을 것이다.

5. 시장지배적 사업자의 추정

(1) 시장점유율에 근거한 추정

독점규제법은 시장지배적 지위의 입증의 곤란을 완화하기 위하여 법률상 추정조항을 두고 있다.[12] 그에 따라 일정한 거래분야에서 ① 1 사업자의 시장점유율[13]이 100분의 50 이상인 경우(CR1 기준),[14] ② 3 이하의 사업자의 시장점유율의 합계가 100분의 75 이상인 경우(CR3 기준)에는 그 사업자를 시장지배적 사업자로 추정하되, ②의 경우 시장점유율이 100분의 10 미만인 자는 추정에서 제외한다. 그리고 일정한 거래분야에서 연간 매출액 또는 구매액이 40억원 미만인 사업자는 이 추정규정의 적용에서 제외된다(법 6

12) 위 조항은 1996년 12월 개정 당시 독일 경쟁제한방지법상 유사한 추정조항을 모델로 도입된 것이다. 주진열, "플랫폼기업결합 규제론에 대한 고찰", 경쟁법연구 제46권(2022), 8면.

13) 시장점유율을 금액기준으로 산정하기 어려운 경우에는 물량기준 또는 생산능력기준으로 산정할 수도 있다(영 2조 1항 단서).

14) 집중도(Concentration Ratio, CR)란 어떤 특정 산업에서 상위 k개 업체가 차지하는 시장점유율을 의미한다. CR은 보편적으로 CRk로 표현된다(예: CR3).

조).[15] 공정위는 독점규제법 제6조의 추정요건을 적극 활용하고 있으며, 반대로 이에 해당하지 않는 사업자를 시장지배적 사업자로 인정하는 것에는 소극적이다.[16]

시장점유율에 근거하여 시장지배력을 추정할 경우에 점유율 산정의 기초가 되는 관련시장의 획정을 그르치게 되면 시장지배력의 추정도 잘못될 위험성이 크다. 상품 간 대체의 정도는 조금씩 다르지만, 관련시장의 획정은 A 상품과 B 상품이 같은 시장에 속하거나 다른 시장에 속한다고 하는 일도양단의 선택을 하여야 한다. 이 과정에서 오류의 가능성을 내포하고 있다. 그러므로 시장점유율에 근거하여 시장지배력을 추정하게 될 경우에는 관련시장의 획정 단계에서 발생하는 오류를 제거하는 것이 중요하다.

(2) 시장점유율 추정 기준의 검토

독점규제법 제6조의 시장점유율 추정 기준은 다른 나라의 기준에 비하여 낮은 편이기 때문에, 실제로는 시장지배력이 없거나 미미한 사업자도 시장지배적 사업자로 추정될 가능성이 있다. 미국이나 EU의 경우에도 시장점유율이 시장지배력을 인정하는 중요한 기준으로 활용되고 있기는 하지만, 그 기준이 되는 점유율은 우리나라의 경우와 차이가 있다. CR1 기준과 관련하여 미국 법원은 시장점유율이 70%를 초과할 때에는 거의 독점력을 추정하기에 충분한 것으로 보고, 시장점유율이 50%에서 70% 사이일 때에는 불확실성이 존재하고, 시장점유율이 50% 미만일 때에는 사실상 독점력을 인정하지 않는다.[17] 한편, EU 법원은 특정 사업자가 50% 이상의 시장점유율을 가지면 시장지배력을 가진 것으로 추정되지만,[18] 40% 이상 50% 미만인 경우에는 다른 요소들을 함께 고려하여 결정하며,[19] 40% 미만인 경우에는 시장지배적 지위를 인정한 사례를 찾아보기 어렵다고 한다.[20]

---

15) 여기서 연간 매출액 또는 구매액이라 함은 "해당 사업자가 시장지배적 지위의 남용금지에 위반한 혐의가 있는 행위를 종료한 날이 속하는 사업연도의 직전 사업연도 1년 동안에 공급하거나 구매한 상품 또는 용역의 금액"을 말하고, 이때 해당 행위가 인지일이나 신고일까지 계속되는 경우에는 인지일이나 신고일을 당해 법 위반행위의 종료일로 본다(영 11조).

16) 현재까지 공정위가 독점규제법 제6조의 추정 요건에 해당하지 않는 사업자를 시장지배적 사업자로 인정한 사례로는 BC카드의 시장지배적 지위 남용행위 사건(공정위 2001.3.28. 의결 제2001-40호)을 들 수 있을 뿐이다. 그러나 이 사건에서 대법원은 시장지배적 지위를 부정하였다(대법원 2005.12.9. 선고 2003두6283 판결).

17) United States v. Aluminum Co. of America, 148 F.2d 416 (2d Cir. 1945) 사건에서 Learned Hand 판사는 90%의 시장점유율은 시장지배력을 인정하기에 충분하지만 33%는 인정하기에 부족하고, 64%의 시장점유율은 시장지배력을 인정하기에 충분한지에 대해서는 확신이 없다고 판시하였다.

18) Case 85/76 Hoffmann-La Roche v. EC Commission.

19) ECJ는 United Brands 판결에서, 시장점유율 45%의 사업자도 시장지배력을 인정하였는데, 2위 경쟁사업자에 비하여 거의 2배의 점유율을 가진 점이 고려된 것으로 보인다. Case 27/76, United Brands v. Commission. 또한 British Airways 사건에서 EU 일반법원은 39.7%의 시장점유율만으로도 시장지배력을 인정하였는데, 이 경우는 British Airways의 시장점유율이 2위인 경쟁사업자에 비하여 7배에 달하였다. Case T-219/99, British Airways v. Commission. 다만, 이러한 EU 법원의 태도에 대해서는 미국에 비하여 시장지배력을 추정하는 시장점유율이 너무 낮다는 비판도 제기되고 있다. Jones/Sufrin(2014), p. 329.

20) EU 집행위원회는 동 위원회의 경험상 관련시장에서 사업자의 시장점유율이 40% 미만인 경우에는 시장지배력이 존재하지 않을 가능성이 높다고 기술하고 있다. Guidance on the Commission's Enforcement Priorities in Applying Article 82 of the EC Treaty to Abusive Exclusionary Conduct by Dominant Undertakings [2009] OJ C 45/2, para. 14.

그런데 우리나라 독점규제법은 CR3 기준으로 75%(단, 10% 미만인 사업자는 제외)를 규정하고 있기 때문에, 비교법적으로 보면 그 추정요건이 매우 완화되어 있음을 알 수 있다.[21] 예컨대 극단적으로 시장점유율 11%의 3위 사업자라도 시장지배적 사업자로 추정될 수 있다. 그러나 이 정도의 시장점유율만 가지고서는 객관적으로 시장지배력이 있다고 평가하기는 어려울 것이다. 따라서 시장점유율이 낮은 사업자에 대해서는 진입장벽의 존부, 경쟁사업자 및 거래상대방의 상대적 규모 등 다른 요소를 참작하여 추정의 복멸을 적극적으로 인정할 필요가 있을 것이다.[22]

(3) 시장점유율에 근거한 추정의 한계

한편, 시장점유율이 시장지배력을 표상하는 객관적 징표가 될 수 있는지에 관하여 의문이 제기되고 있다는 점에 유의할 필요가 있다. 시장점유율은 오랫동안 시장지배력의 징표로서 역할을 담당해 왔으나, 경제학적으로 시장점유율과 시장지배력의 인과관계에 관한 논의는 아직도 부족한 실정이다. 어떤 사업자가 법령에 의하여 독점적 지위를 인정받아서 100%의 시장점유율을 차지하고 있는 경우에 그 사업자는 법으로 보호되는 진정한 독점력을 행사한다고 할 수 있다. 그러나 시장에 진입장벽이 없는 경우에는 단지 시장점유율이 높다는 것만으로 그 사업자가 그 시장에서 독점력을 가지고 있는지가 분명하지 않을 수 있다. 예를 들어 어떤 마을에 단 하나만 있는 구멍가게의 시장점유율은 100%이겠지만, 유명 브랜드의 편의점이나 슈퍼마켓이 입점할 경우에는 그 존립 자체가 위태로워지게 되는 경우를 쉽게 예상할 수 있다. 이러한 경우에는 단지 그 구멍가게의 높은 시장점유율에 근거하여 시장지배력을 추단하는 것은 적절하지 않다.

이처럼 시장점유율은 정태적인 측정수치에 불과하여 시장에서 진행되는 동태적 발전과 잠재적 경쟁을 반영하지 못하는 한계를 가지고 있다. 따라서 시장점유율 그 자체를 시장지배력의 원인으로 단정하지 말고, 진입장벽과 같이 시장지배력의 근간이 되는 원인을 분석하거나 일정한 변화의 가능성을 분석도구로서 적극 활용할 필요가 있다. 예컨대, 시간이 경과함에 따라 사업자간의 시장점유율에 상당한 변화가 있다는 것은 진입 또는 확장에 관한 장벽이 낮다는 것을 의미한다. 시장구조와 시장지배력의 상관관계를 정확하게 분석하기 위해서는 관련시장이 양면시장에 해당하는지, 네트워크 효과의 발생 여부, 상품차별화 가능성, 브랜드 로열티, 장기계약 여부 등 다양한 요소를 종합적으로 고려할 필요가 있다.

---

21) 2020년 법 개정 과정에서 CR1 기준은 40%로 낮추는 대신, 현재의 CR3 기준은 3이하 사업자들 간에 실질적인 경쟁이 존재하지 않는 경우에만 적용하는 방안에 관하여 진지한 검토가 이루어졌으나, 결국 입법에는 반영되지 못하였다.

22) 나아가 입법론으로는 CR3 기준은 “2 이하의 사업자의 시장점유율의 합계가 75% 이상. 다만, 이 경우에 시장점유율이 25% 미만인 경우는 제외한다.”로 개정하는 것이 바람직할 것이다. 권오승, “독점규제법의 현대화”, 경쟁법연구 제33권(2016), 139-140면 참조.

그 밖에도, 시장점유율을 기준으로 한 시장지배력의 추정이 과연 수요측면에서의 지배력을 추론하는 데에도 적절한지에 대하여는 의문이 제기되고 있다. 왜냐하면, 수요측면에서는 거래관계의 특성과 수요자 중심의 시장구조로 인하여 공급측면에 비하여 낮은 점유율만으로도 충분히 시장지배력을 가질 수 있기 때문이다.[23]

6. 시장지배적 지위와 관련한 쟁점들

(1) 공동의 시장지배(collective dominance)

독점규제법은 시장지배적 사업자의 정의 규정(법 2조 3호)에서 "단독으로 또는 다른 사업자와 함께" 상품이나 용역의 가격, 수량, 품질, 그 밖의 거래조건을 결정할 수 있는 시장지위라는 표현을 사용하고 있는데, 여기서 "다른 사업자와 함께"가 무엇을 의미하는지가 문제된다. EU에서는 TFEU 제102조 본문의 "하나 또는 다수의 사업자에 의한 시장지배적 지위의 남용(Any abuse by one or more undertakings of a dominant position)"이라는 표현과 이에 대한 판례법상의 해석론에 기초하여 "공동의 시장지배"라는 개념이 발전해 왔다. EU의 법원은 공동의 시장지배력을 인정하기 위한 요건으로서, ① 개별 구성원들은 다른 구성원들이 어떠한 전략을 채택하여 행동하는지 알 수 있을 것(단순히 상호의존적 사업조정행위가 자신들에게 이익이 된다는 것을 인식하는 정도만으로는 부족함), ② 암묵적인 협동, 상호의존적인 사업조정의 상황은 상당한 시간이 지나도 유지될 수 있을 것(시장에서 각 과점적 사업자들이 공통의 전략을 채택하는 것이 모두에게 이익이 되어 이를 유지해야 할 유인이 있어야 함), ③ 현재 또는 미래의 경쟁자들에 의한 예측 가능한 반응으로 인하여 현재의 공동 전략으로부터 예상되는 결과가 달라지지 않을 것을 제시하고 있다.[24]

우리나라에서도 현행 독점규제법의 해석상 '공동의 시장지배력'이라는 개념을 인정할 필요가 있고, 특히 독점규제법 제6조 제2호의 추정요건 역시 경쟁법 이론상 공동의 시장지배력을 상정한 것으로 이해해야 한다는 주장이 있다.[25] 그러나 우리 대법원은 동 요건이 시장을 독점의 형태로 지배하고 있거나 과점의 형태로 지배하고 있는 개별사업자를 의미하는 것이지, 개별적으로는 그러한 지위를 갖고 있지 않는 여러 사업자들이 집단적으로 통모하여 독점적 지위를 형성한 경우까지를 의미하는 것은 아니라고 판시하였다.[26] 이와 같이 EU에서 인정되는 공동의 시장지배 개념은 우리나라에서는 수용되지 않고 있다.

(2) 2차 시장(Aftermarket)에서 시장지배적 지위

2차 시장이란 상품을 팔고 난 다음에 그 상품과 관련하여 여러 파생적 수요가 발생하

23) 이봉의, "공정거래법상 수요지배력의 남용", 상사판례연구 제14권 제0호(2003), 161면 이하 참조.
24) Case T-342/00, Airtours v. Commission [2002] ECRⅡ-2585.
25) 이호영, "경쟁법상 '공동의 시장지배력' 개념에 관한 연구", 법학논총 제26집 제2호(2009), 225-226면.
26) 대법원 2005.12.9. 선고 2003두6283 판결 참조.

게 되는 현상에 착안하여 이를 하나의 관련시장으로 보면서 등장한 개념이다. ① 자동차의 경우 정비, 액세서리 용품, 중고차 매매와 관련된 시장, ② 프린터의 경우 잉크카트리지 판매나 유지보수와 관련된 시장, ③ 디지털카메라의 경우 메모리나 부속장비, 디지털 인화 서비스와 관련된 시장 등이 대표적인 2차 시장에 해당된다. 경쟁법적 관점에서 논의가 되는 부분은 1차 시장이 경쟁적일 경우에 1차 시장에 속한 상품과 관련된 2차 시장에서 해당사업자의 시장지배력을 인정할 수 있는지 여부이다. 소비자의 입장에서 1차 시장에서 특정 브랜드 상품을 구매할 경우 비록 1차 시장은 경쟁적이라고 하더라도 2차 시장에서는 그 브랜드에 구속되어(locked in) 해당 브랜드 사업자의 시장지배력 행사에 영향을 받을 수 있다는 우려가 제기된다. 2차 시장에서 시장지배력의 인정과 관련하여, ① 소비자들이 2차 시장에서의 구속 가능성까지 고려하여 1차 시장에서 상품 구매를 결정할 것이므로 1차 시장이 경쟁적이라면 2차 시장에서 시장지배력을 인정할 수 없다는 부정설과, ② 1차 시장의 경쟁이 2차 시장의 가격에 미치는 영향은 작고 소비자들의 구속효과로 인하여 2차 시장에서 사업자들은 시장지배력을 갖게 된다는 긍정설이 대립하고 있다.

미국과 EU에서는 2차 시장에서의 사업자의 행위가 경쟁법에 위반되는지 여부가 다투어져 왔다. 미국 연방대법원은 Kodak이 자사의 복사기 등의 부품을 독립수리업체들에게 공급하기를 거부한 사건에서 Kodak이 1차 시장에서는 독점적 사업자가 아니라 하더라도 2차 시장에서는 시장지배력이 있으므로 Kodak의 부품 공급거부행위는 위법이라고 판단하였다. 즉, 1차 시장(복사기 시장)이 경쟁적이라 하더라도 2차 시장(수리 시장)이 독과점 상황이라면 2차 시장의 독과점사업자는 시장지배력이 있다는 판단이다.[27] EU 법원도 1차 시장이 경쟁적이라 하더라도 사업자가 자신의 부품시장에서 시장지배력을 가질 수 있다고 판단하였다.[28]

이 문제에 대하여는 구체적 시장상황에 비추어 개별적으로 판단하여야 할 것이다. 만일 1차 시장이 경쟁적이고 2차 시장에서 상품에 관한 정보가 소비자에게 투명하게 전달된다면 소비자들은 2차 시장에서 사업자의 가격책정 전략까지 고려하여 1차 시장에서 구매를 결정할 것이므로 사업자가 2차 시장에서 시장지배력을 행사하는 일은 쉽게 일어나지 않을 것이다. 반면, 2차 시장이 투명하지 않고 1차 시장에서 상품을 구매할 때 소비자에게 알려지지 않은 숨겨진 비용이 존재하는 경우라면 비록 1차 시장이 경쟁적이라고 하더라도 사업자가 2차 시장에서 시장지배력을 행사하여 높은 가격을 책정하는 것이 가능할 것이다.

---

27) Eastman Kodak Co. v. Image Technical Services, Inc., 504 U.S. 451 (1992).
28) Case 22/78, Hugin Kassaregister AB v. EC Commission [1978] ECR 1869.

(3) 시장지배력 전이 이론

시장지배력 전이 이론은 특정 시장에서 시장지배력을 가지고 있는 사업자가 인접 시장에서도 그 시장지배력을 전이하여 행사할 수 있다는 이론이다. 티브로드 강서방송 I 사건[29]에서 시장지배력 전이 이론의 적용 여부가 다투어졌다. 원고(지에스디방송 및 강서방송)는 서울 강서구를 방송권역으로 하는 SO사업자로서 복수종합유선방송사업자(Multiple System Operator)인 티브로드의 계열회사이었다. 원고는 각각 우리홈쇼핑과 프로그램 송출계약을 체결하고 거래하였는데 우리홈쇼핑의 채널은 지에스디방송의 경우 채널 8번, 강서방송의 경우 채널 15번으로 상이하였다. 그런데 정부 시책에 따라 두 사업자가 서로 다르게 송출하던 TV 홈쇼핑 사업자들의 채널을 동일하게 조정할 필요가 발생하였다. 원고는 우리홈쇼핑과 채널 변경을 위한 협상 과정에서 송출수수료 인상을 요구하였으나 받아들여지지 않았고, 그 직후 우리홈쇼핑의 채널이 모두 채널 18번으로 변경되었다.

이 사건에서 원고는 법원이 획정한 관련시장에서 시장지배적 지위가 인정되지 않았기 때문에 원고의 위 행위를 시장지배적 지위남용으로 볼 수 있을지가 문제되었다. 서울고법은 "원고는 프로그램 송출시장에서의 시장지배적 지위를 전이하여 인접시장인 프로그램 송출서비스시장에서의 거래상대방으로서 다른 사업자인 우리홈쇼핑에게 이 사건 채널 변경행위를 통하여 시장지배적 사업자의 지위남용행위를 하였다."고 하여, 원고가 시장지배적 지위에 있는 다른 시장에서의 지배력을 해당 시장으로 전이하여 행사하였다고 판단하였다.[30] 그러나 대법원은 프로그램 송출시장에서 시장지배적 사업자인 원고의 시장지배력이 프로그램 송출서비스시장으로 전이된다고 볼 만한 근거를 찾아 볼 수 없다고 판단하였다.[31] 대법원은 시장지배력 전이 여부 판단을 위해 고려될 수 있는 사정으로 양 시장의 거래내용, 특성, 규제목적, 내용 및 범위 등을 열거하였다. 이 사건에서 대법원의 입장은 시장지배력 전이라는 개념 자체를 부정하지는 않았지만, 그것을 인정하기 위해서는 개별 요소들을 따져봐야 한다는 태도로 이해된다.

(4) 하나의 사업자

(가) 계열회사의 경우

시장지배적 사업자에 관한 정의조항과 시장지배적 사업자의 추정조항을 적용함에 있어서 당해 사업자와 그 계열회사는 이를 하나의 사업자로 본다(영 2조 2항). 이는 제1편 제4장에서 살펴본 사업자의 개념과 관련하여 경제적 단일체 이론의 영향을 받은 것이다.

---

29) 티브로드 강서방송의 시장지배적 지위 남용행위 여부가 문제된 사건은 부당한 사업활동 방해행위 조항이 적용된 사건과 현저한 소비자이익 저해행위 조항이 적용된 사건 두 가지가 있다. 전자를 티브로드 강서방송 I 사건, 후자를 티브로드 강서방송 II 사건이라고 부른다.

30) 서울고법 2007.11.8. 선고 2007누10541 판결.

31) 대법원 2008.12.11. 선고 2007두25183 판결.

따라서 시장지배적 지위를 판단함에 있어서 가장 중요한 매출액이나 시장점유율을 산정할 때에 계열회사가 동일한 관련시장에서 얻은 매출액이나 시장점유율을 합산하여 시장지배적 지위의 유무를 판단하게 된다.

(나) 비계열회사의 경우

BC카드 사건에서 대법원은 별개의 법인이라도 "실질적으로 단일한 지휘 아래 종속적으로" 사업을 영위하고 있다면 하나의 사업자로 인정될 수 있는 가능성을 열어 두었다.[32] 공정위는 BC카드와 12개 회원은행, 엘지카드, 삼성카드가 IMF 외환위기 이후 조달금리의 상승 및 위험도의 증가 등을 이유로 현금서비스 및 할부수수료율과 연체이자율을 인상한 이후 원가요인의 현저한 변동으로 인하여 이들 수수료율을 대폭 인하할 수 있음에도 불구하고 이를 오히려 인상 또는 그대로 유지하거나 소폭 인하하는데 그친 행위를 시장지배적 지위의 남용행위로 보아 제재하였다.[33] 그러나 법원은 가격결정의 주체인 BC카드와 12개 회원은행을 하나의 시장지배적 사업자로 본 부분을 받아들이지 않았다.[34] 별도의 독립된 사업자들이 각기 자기의 책임과 계산하에 독립적으로 사업을 하고 있을 뿐 손익분배 등을 함께 하고 있지 않다면 그 사업자들이 다른 사업자들과 함께 시장지배적 사업자에 해당하는 것은 별론으로 하고, 그 사업자들을 통틀어 하나의 사업자에 해당한다고 볼 수는 없다는 것이다.

(다) 책임의 귀속

계열회사나 별개의 법인격 주체가 하나의 사업자로 인정될 경우에 그 남용행위의 책임귀속과 관련하여 하나의 사업자로 간주되는 특정 계열회사의 행위에 대하여 다른 계열회사도 시정조치나 과징금을 비롯하여 민사적, 형사적 책임을 지는지 여부는 분명하지 않다. 법 시행령 제2조 제2항이 시장지배적 사업자의 정의규정(법 2조 3호)과 추정에 관한 규정(법 6조)만을 한정해서 규정하고 있는 점을 고려할 때, 추정조항 이외에는 경제적 동일체에 관한 규정을 적용할 수 없다고 해석하는 것이 타당하다. 다만, 입법론으로는 엄격한 요건 하에 경제적 동일체에 속하는 계열회사에 대하여 법위반행위에 대한 공동의 책임을 인정하는 방안도 검토할 필요가 있다.

---

32) 대법원 2005.12.9. 선고 2003두6283 판결.
33) 공정위 2001.3.28. 의결 제2001-40호.
34) 대법원 2005.12.9. 선고 2003두6283 판결.

Ⅲ. 지위 남용행위

1. 지위 남용행위의 분류

시장지배적 사업자는 그 지위를 남용하는 행위, 즉 남용행위를 하여서는 아니 된다. 시장지배적 지위남용행위는 매우 다양한 모습으로 나타나고 있는데, 법 제5조 제1항은 남용행위의 유형을 5가지로 나누어 규정하고 있다. 그리고 남용행위의 유형 및 기준은 시행령에 위임하고 있다(법 5조 2항). 그런데 법률상 남용행위의 구분은 그 기준이 명확하지 않고, 특히 남용행위의 부당성 판단과 관련하여 구체적인 기준을 제시하지 못하고 있다는 아쉬움이 있다. 이러한 이유로 강학상 남용행위를 착취남용(exploitative abuse)과 배제남용(exclusionary abuse)으로 나누어 설명하고 있다. 착취남용은 그 행위가 시장지배력의 행사로서 직접적으로 거래상대방이나 소비자의 이익을 침해하는 것이고, 배제남용은 시장에서 현재 또는 잠재적 경쟁사업자를 배제하거나 배제할 우려가 있는 행위를 함으로써 자유로운 경쟁을 제한하여 간접적으로 소비자의 이익을 침해하는 것이다.[35] 예를 들어, 시장지배적 사업자가 과도하게 높은 독점가격을 설정하거나 공급물량을 줄이는 등의 방법으로 소비자에게 '직접적'으로 피해를 끼치는 행위는 착취남용에 해당한다. 그러나 시장지배적 사업자가 거래거절, 배타조건부 거래, 끼워팔기, 부당염매 등의 수단을 동원하여 경쟁사업자를 시장에서 배제하거나 경쟁사업자의 사업활동을 방해하는 방법으로 시장의 경쟁구조를 악화시켜 궁극적으로 소비자의 이익을 침해하는 행위는 배제남용에 해당한다.[36] 이러한 분류는 EU 및 독일에서 유래된 것이고, 미국에서는 착취남용을 별도로 규제하지 않는다.

2. 착취남용과 배제남용의 관계

착취남용은 이미 확보된 시장지배력의 행사를 통하여 과도한 독점적 이익을 실현함으로써 거래상대방이나 소비자의 이익을 침해하는 것이고, 배제남용은 경쟁사업자를 배제하는 방법으로 시장지배력을 형성·유지·강화함으로써 장래 착취남용을 위한 기반을 조성하는 행위라는 점에서 구별된다. 즉, 착취남용은 독점력의 행사로 인하여 과도한 독점적 이익의 실현을 통하여 거래상대방이나 소비자의 이익을 해치는 것에서 행위의 부당성을 포착하는 것이고, 배제남용은 경쟁사업자에 대한 배제적 방법을 통하여 독점력을 형

---

35) 김두진, "시장지배적지위의 남용", 비교사법 제14권 제1호(2007), 243면; 이봉의·전종익, "독점규제법 제3조의2 제1항 제5호 후단 소비자이익 저해행위 금지의 위헌성 판단: 명확성의 원칙을 중심으로", 법학 제49권 제3호(2008), 264면 참조. 독일 학계의 영향을 받아 '배제남용' 대신 '방해남용'이라는 표현을 사용하는 학자들도 있다.

36) D.G. Goyder, EC Competition Law(4th ed.), Oxford(2003), p. 283.

성 · 유지 · 강화하는 것에서 행위의 부당성을 포착하는 것이다. 이와 같이 착취남용과 배제남용은 남용행위의 부당성을 포착하는 국면이 다르기 때문에, 양자가 배타적인 개념은 아니며 오히려 동일한 행위가 착취남용과 배제남용의 양쪽 모두에 해당하는 경우도 있을 수 있다. 예를 들어, 시장지배적 사업자의 가격차별 행위와 관련하여 높은 가격이 책정된 소비자 집단에 대해서는 사업자의 과도한 독점력 행사에 해당된다면 착취적일 수 있고, 경쟁사업자에 대해서는 지나치게 낮은 가격을 책정하여 경쟁사업자의 거래기회를 상실시킬 우려가 있다면 배제적일 수 있다.[37)]

가격남용행위와 관련하여, 혹자는 독점규제법이 가격을 높게 책정해도 문제 삼고 낮게 책정해도 문제 삼아서 도대체 종잡을 수가 없다는 불평을 하기도 하는데, 이는 착취남용과 배제남용의 성격에 대한 이해가 부족하기 때문에 나오는 지적이라고 할 수 있다. 지나치게 높은 가격의 책정을 문제 삼는 것은 과도한 독점적 이익을 실현하는 착취남용에 해당하는지 여부를 살피는 것이고, 지나치게 낮은 가격의 책정을 문제 삼는 것은 부당한 방법으로 경쟁사업자를 배제함으로써 시장을 독과점화하는 배제남용에 해당하는지를 살피는 것이다.

3. 착취남용과 배제남용의 부당성 판단

착취남용과 배제남용을 구별하는 실익은 양자의 부당성을 포착하는 기준이 다르기 때문이다. 그런데 현행 독점규제법상 남용행위의 유형에 관한 분류가 착취남용과 배제남용의 구별과 반드시 일치하지 않기 때문에 혼선이 발생하기도 한다. 예를 들어 법 제5조 제1항 제3호의 "다른 사업자의 사업활동을 부당하게 방해하는 행위"는 일반적으로 배제남용으로 분류된다. 그런데 위 규정을 구체화한 법 시행령 제9조 제3항 제4호의 기타 사업활동의 방해로서 공정위가 고시한 행위의 유형 중에는 "부당하게 거래상대방에게 불이익이 되는 거래 또는 행위를 강제하는 행위"와 같이 착취남용에 가까운 행위유형도 일부 포함되어 있다. 이러한 혼선으로 인하여 실무에서는 전형적 착취남용 사건에 배제남용의 부당성 판단기준을 잘못 적용하는 경우도 있는데, 이를 막기 위해서는 남용행위의 본질을 정확하게 파악할 필요가 있다.

---

37) 공정위는 에스케이텔레콤의 멜론 사건에서 에스케이텔레콤의 문제되는 행위가 착취남용과 배제남용 양쪽 모두에 해당한다고 보았다. 문제된 행위는 에스케이텔레콤이 자기의 이동통신서비스를 이용하는 고객 중 MP3폰 소지자들에 대하여 자기가 운영하고 있는 음악사이트인 멜론에서 구매한 음악파일만 재생할 수 있도록 한 DRM(Digital Rights Management)을 폐쇄적으로 운영한 행위였다. 공정위는 이 사건의 행위가 MP3 파일에 대한 소비자의 선택권을 침해하고 불이익을 가져옴으로써 소비자의 이익을 현저히 침해할 우려가 있는 동시에(착취남용), MP3 파일 다운로드서비스 시장에서 경쟁사업자의 사업활동을 곤란하게 하는 행위(배제남용)로 보아 시정조치를 내렸다(공정위 2007.2.6. 의결 제2007-044호). 그러나 법원은 착취남용과 관련하여 현저성에 관한 입증이 부족하고, 배제남용과 관련하여 경쟁제한의도나 목적이 인정되지 않고 저작권 보호 등을 위한 정당화 사유가 존재한다는 점을 근거로 부당성을 인정하지 않았다(대법원 2011.10.13. 선고 2008두1832 판결).

■ **티브로드 강서방송Ⅰ 사건**

티브로드 강서방송Ⅰ 사건은 착취남용을 배제남용의 부당성 판단기준에 맞춰서 판단하려다 보니 무리한 법 해석이 이루어진 사례이다. 서울 강서지역에서 종합유선방송사업을 영위하던 티브로드 GSD방송과 티브로드 강서방송은 정부의 SO통합시책에 따라 통합하게 되었는데, 이 과정에서 서로 다른 채널로 송출하던 TV홈쇼핑 사업자들의 방송채널을 통일하게 되었다. 합병회사인 티브로드 강서방송은 프로그램 송출계약기간 중에 우리홈쇼핑과 채널변경을 위한 협상을 전개하면서 송출수수료의 인상을 요구하였는데, 우리홈쇼핑이 이를 거부하자 그 채널을 비선호채널로 변경하였다.

이 사건에서 공정위는 티브로드 강서방송이 취한 행위는 그들이 허가받은 권역 내에서 차지하는 시장지배적 지위를 이용하여 부당하게 거래상대방에게 불이익이 되는 행위를 강요한 부당한 사업활동 방해행위로 보아 시정조치를 하였다.[38)] 그리고 서울고법은 공정위의 조치를 수긍하였다.[39)] 그러나 대법원은 원고 티브로드 강서방송의 행위에 대해서 현실적으로 경쟁제한의 결과가 나타났다고 인정할 만한 사정에 이르지 못하고, 기록에 의하여 알 수 있는 여러 사정을 종합하더라도, 원고가 시장에서의 독점을 유지·강화할 의도나 목적, 즉 시장에서의 자유로운 경쟁을 제한함으로써 인위적으로 시장질서에 영향을 미치려는 의도나 목적을 갖고, 객관적으로도 그러한 경쟁제한의 효과가 생길 만한 우려가 있는 행위로 평가될 수 있는 불이익 강제행위를 하였다고 보기도 어렵다고 하여 부당성을 인정하지 않았다.[40)]

그런데 이 사건의 본질은 티브로드 강서방송이 서울 강서지역 시장에서 보유하고 있는 자신의 독점력을 행사하여 가격(송출수수료)의 인상을 요구하였으나, 그 요구가 수용되지 않자 거래상대방인 우리홈쇼핑에 비선호채널 배정이라는 경제적 불이익을 가한 것이다. 이 사건에서 티브로드 강서방송의 행위는 경쟁사업자를 배제하여 시장에서 자신의 독점력을 형성·유지·강화하려는 배제남용과는 거리가 멀고, 오히려 자신이 가진 독점력을 행사하여 가격을 올리려고 하였으나 거래상대방이 거부하자 불리한 채널을 배정한 행위로서 착취남용에 해당할지를 검토할 사안이다. 계약자유의 원칙상 거래의 협상과정에서 거래상대방에게 가격인상을 요구하고 상대방이 이를 수용하지 않으면 거래를 단념하거나 가격인상시보다 못한 급부를 제공하는 것은 용인될 수도 있기 때문에, 이 사건에서 관건은 티브로드 강서방송의 위와 같은 행위의 부당성을 인정할 수 있는지, 즉 과도하거나 현저한 독점적 이익의 실현행위로서 계약자유의 한계를 벗어난 것으로 평가할 수 있는지 여부에 있다. 그러나 대법원이 티브로드 강서방송의 행위에 대해 적용한 잣대는 아쉽게도 포스코 판결[41)]이 제시한 배제남용에 관한 부당성 판단기준이었다. 이는 행위의 본질을 잘못 파악하였기 때문에 발생한 오류라고 생각된다.[42)]

---

38) 공정위 2007.3.19. 의결 제2007-143, 145호 등 참조.
39) 서울고법 2007.11.8. 선고 2007누10541 판결.
40) 대법원 2008.12.11. 선고 2007두25183 판결.
41) 대법원 2007.11.22. 선고 2002두8626 전원합의체 판결.
42) 동지: 강수진, "시장지배적 지위남용행위에 있어서 관련 시장 획정과 부당성", 법률신문(2009.3.23.); 조성국, "시장지배적 지위남용행위에 대한 위법성 판단기준 연구 – 최근 대법원 판결을 중심으로", 경쟁법연구 제19

Ⅳ. 착취남용

1. 착취남용 규제에 관한 논쟁

(1) 논의의 배경

배제남용은 시장의 경쟁구조를 악화시켜 궁극적으로 소비자의 이익을 침해하기 때문에 그 규제의 정당성에 대해서는 별다른 이론이 없다. 따라서 대부분의 국가에서 시장지배적 지위 남용행위 금지의 핵심 과제는 배제남용이 되고 있다. 반면, 착취남용에 관해서는 시장지배력의 행사 그 자체를 규제하는 것이 시장에서 지배력을 획득하기 위한 사업자들의 노력이나 동기를 억제할 수 있다는 점에서 규제에 반대하는 주장도 제기된다. EU[43]와 독일 및 우리나라 등에서는 착취남용을 규제하고 있지만, 미국에서는 착취남용을 규제하지 않고 있다. 이와 같이 착취남용의 규제에 대해서는 나라마다 그 태도가 다를 뿐만 아니라 법정책적으로 찬반 양론이 대립하고 있다.

(2) 착취남용 규제에 관한 찬반론

우선, 착취남용을 규제하지 말아야 한다는 반대론의 논거는 다음과 같다. ① 시장에 심각한 진입장벽이 없는 한 독점가격은 새로운 사업자들의 신규진입을 유인하는 요인이 되므로 착취남용을 규제하지 않더라도 시장의 자기조정 능력에 따라 시장이 경쟁상태로 바뀔 가능성이 높고(오히려 착취남용을 규제하면 신규진입의 인센티브가 감소할 수 있다), ② R&D나 혁신을 위해서 독점사업자의 초과이윤을 보장할 필요가 있으며, ③ 시장지배력의 합법적인 행사와 불법적인 행사는 본질적으로 정도의 차이에 불과하기 때문에 명확한 한계설정이 어렵고, ④ 착취남용에 대해서는 적절한 시정조치를 부과하는 것도 쉽지 않으며, ⑤ 착취남용을 규제하면 경쟁당국이나 법원이 가격규제자(price regulator)로 변질될 우려가 있다.[44]

반면, 착취남용을 규제할 필요가 있다는 찬성론의 논거는 다음과 같다. ① 시장에는 장기간에 걸쳐서 상당한 진입장벽이 존재하고, 특히 규제산업에서 가격에 대한 사전규제가 존재하지 않는 경우에 착취남용의 가능성이 높아지고, ② 착취남용 규제가 곧 초과이윤을 금지하는 것은 아니며, ③ 비용산정 등 착취남용 규제의 집행상의 난점은 약탈가격

권(2009), 394면; 강상욱, "시장지배적 지위남용행위로서의 불이익 강제행위에 관한 소고", 경쟁법연구 제33권(2016), 96-97면.

43) TFEU 제102조 (a)호는 금지되는 행위로서 "directly or indirectly imposing unfair purchase or selling prices or other trade terms"를 규정하고 있다.

44) 착취남용 규제를 하고 있는 유럽에서도 위와 같은 난점을 들어 착취남용 활용에 회의적인 시각이 존재한다. 박세환, "착취남용의 관점에서 온라인 플랫폼 사업자를 규율하는 방안에 대하여", 경쟁법연구 제43권(2021), 34-35면.

등 다른 경쟁제한행위에서도 마찬가지로 발생하는 문제이고, ④ 착취남용 규제는 명백하고 현저한 경우에 한하여 예외적으로만 금지하는 비상수단이므로 경쟁당국이나 법원이 가격규제기관으로 변질될 우려가 크지 않다.

(3) 검 토

우리나라의 산업구조는 1960년대 이래 독특한 경제성장과정을 거치면서 대부분의 주요한 산업분야가 안정적인 과점구조를 가지고 있어서 독과점사업자가 직접적으로 소비자의 이익을 침해하는 착취적 남용행위를 할 우려가 있고, 특히 종전의 국·공영기업에 의한 독점체제에서 비교적 근래에 민영화가 이루어졌거나 진행 중인 산업이나 규제산업의 경우에는 높은 진입장벽으로 인하여 활발한 신규진입을 기대할 수 없어서 독과점사업자의 지위가 오랫동안 안정적으로 유지되고 있는 경우가 많다. 이러한 상황에 비추어 볼 때, 착취남용의 규제는 비록 그 집행상 어려움이 있다고 하더라도 이를 정교하게 발전시켜나가는 것이 바람직할 것이다.[45] 다만, 독점적 이익 실현행위를 규제하는 것은 시장의 자율적 조정기능에 대한 믿음에 기본적으로 배치되는 것이고, 장기적 관점에서 볼 때 정부의 통제가 시장의 기능에 맡기는 것보다 더 나은 결과를 가져온다는 확실한 보장도 없다는 점을 고려할 때, 경쟁당국으로서는 착취남용에 대한 직접적 규제보다는 시장구조의 개선(법 4조)과 배제남용의 규제에 더 많은 노력을 경주할 필요가 있다.

(4) 독점규제법상 착취남용 규제에 관한 이해

우리 독점규제법은 명문으로 시장지배적 사업자의 착취남용에 관한 규정을 두고 있으므로, 현행법상 착취남용이 금지된다는 점에 대해서는 이론이 없다. 그리고 판례는 시장지배적 사업자의 지위남용행위의 규제 목적에 "시장지배적 사업자의 과도한 독점적 이익 실현행위로부터 경쟁시장에서 누릴 수 있는 소비자의 이익을 보호"하는 것이 포함된다고 하여, 시장지배적 사업자의 과도한 독점적 이익 실현행위가 규제대상이 된다는 점을 분명히 하고 있다.[46] 그런데 독과점사업자의 독점력 행사에 대한 규제는 전기사업법이나 도시가스사업법 등과 같은 특별법, 그리고 그 법률에 의하여 설립된 별도의 규제기관에 의한 요금인가 등 사전규제가 이루어지고 있기 때문에 이에 더하여 독점규제법에서 착취남용을 규율하는 것은 중복규제에 해당하지 않는가 하는 의문이 생길 수 있다. 그런데 이러한 사전규제와 사후규제가 추구하는 공통된 목표는 자유롭고 공정한 경쟁이 이루어지고 있는 시장에서 나타날 수 있는 것과 유사한 시장성과를 실현하려는 것이다. 즉, 사

---

45) 이호영, "공정거래법상 시장지배적 사업자 규제의 쟁점과 과제", 저스티스 제104호(2008), 91-92면; 이봉의, "독과점시장과 착취남용의 규제 – 독점규제법 제3조의2 제1항 1호를 중심으로 –", 경쟁법연구 제22권(2010), 124-127면.

46) 대법원 2010.5.27. 선고 2009두1983 판결.

전적 산업규제도 경쟁법의 기본원리와 배치될 수 없기 때문에 시장지배적 사업자의 행위에 대해서 경쟁법적 판단이 배제되는 것은 아니라고 할 것이다. 따라서 독과점사업자에 대해서는 해당 산업분야에 전문성을 가진 기관의 사전규제를 원칙으로 하되, 독점규제법에 의한 착취남용 규제는 그러한 사전규제가 없거나 사전규제를 보충하여 이루어지는 것으로 이해할 수 있다.

2. 착취남용의 행위유형

(1) 부당한 가격결정

시장지배적 사업자는 상품의 가격이나 용역의 대가(이하 "가격"이라 함)를 부당하게 결정·유지 또는 변경하는 행위를 해서는 안 된다(제1호). 시장지배적 사업자가 그 지위를 이용하여 가격을 마음대로 결정하게 되면, 그 거래상대방은 물론이고 최종소비자의 이익이 침해될 우려가 있다. 따라서 독점규제법은 시장지배적 사업자가 가격을 부당하게 결정·유지 또는 변경하는 행위를 금지하고 있다.

부당한 가격결정은 "정당한 이유없이 상품의 가격이나 용역의 대가를 수급의 변동이나 공급에 필요한 비용(같은 종류 또는 유사한 업종의 통상적인 수준의 것에 한정한다)의 변동에 비하여 현저하게 상승시키거나 근소하게 하락시키는 경우"를 말한다(영 9조 1항).[47] 상품의 가격이나 용역의 대가는 원칙적으로 현금결제에 적용되는 가격을 기준으로 하되, 거래관행상 다른 가격이 있는 경우에는 그 가격을 적용한다. 수급의 변동은 당해 품목의 가격에 영향을 미칠 수 있는 수급요인의 변동을 말한다. 이 경우 상당기간동안 당해 품목의 수요 및 공급이 안정적이었는지 여부를 고려한다. 공급에 필요한 비용의 변동은 가격결정과 상관관계가 있는 재료비, 노무비, 제조경비, 판매비와 일반관리비, 영업외비용 등의 변동을 말한다. 동종 또는 유사업종은 원칙적으로 당해 거래분야를 위주로 판단하되, 당해 거래분야 위주의 판단이 불합리하거나 곤란한 경우에는 유사시장이나 인접시장을 포함한다. 통상적인 수준의 비용인지 여부의 판단에는 각각의 비용항목과 전체 비용을 종합하여 판단하되, 당해 사업자의 재무상황, 비용의 변동추세, 다른 사업자의 유사항목 비용지출상황 등을 종합적으로 고려한다. 현저하게 상승시키거나 근소하게 하락시키는 경우는 최근 당해 품목의 가격변동 및 수급상황, 당해 품목의 생산자물가지수, 당해 사업자의 수출시장에서의 가격인상률, 당해 사업자가 시장에서 가격인상을 선도할 수 있는 지위에 있는지 여부 등을 종합적으로 고려하여 판단한다. 한편 부당한 가격결정 행위는 기존의 가격을 유지 또는 변경하는 행위만을 의미하기 때문에, 신제품에 대한 가격결

47) 공정위는 시장지배적 사업자가 상품이나 용역의 가격을 부당하게 결정·유지 또는 변경하였다고 볼 만한 상당한 이유가 있을 때에는, 관계행정기관의 장이나 물가조사업무를 수행하는 공공기관에 대하여 상품 또는 용역의 가격에 관한 조사를 의뢰할 수 있다(영 10조).

정은 이 규정에 포섭되지 않는다.

가격책정의 부당성을 판단하기가 어렵기 때문에 그간 공정위가 부당한 가격결정을 이유로 규제한 사례는 불과 몇 건에 지나지 않는다. 부당한 가격결정으로 금지된 최초의 사례로는 제과업체 3사가 제품의 가격은 그대로 둔 채 제품의 용량을 감소시켜서 가격을 인상한 것과 동일한 결과를 초래한 행위가 있다.[48] 현대자동차가 기아자동차의 주식 인수로 시장지배력을 강화한 후, 다른 사업자와 경쟁이 되는 승용차 부문의 가격은 인상하지 않고, 경쟁이 되지 않는 트럭과 버스 부문을 중심으로 가격을 인상한 행위에 대하여 규제한 예도 있다.[49]

(2) 부당한 출고조절

시장지배적 사업자는 상품의 판매 또는 용역의 제공을 부당하게 조절하는 행위를 해서는 안 된다(제2호). 구체적으로 정당한 이유없이 최근의 추세에 비추어 상품 또는 용역의 공급량을 현저히 감소시키는 경우 및 정당한 이유없이 유통단계에서 공급부족이 있음에도 불구하고 상품 또는 용역의 공급량을 감소시키는 경우가 금지된다(영 9조 2항). 여기에서 최근의 추세는 상당기간 동안의 공급량을 제품별, 지역별, 거래처별, 계절별로 구분하여 판단하되, 제품의 유통기한, 수급의 변동요인 및 공급에 필요한 비용의 변동요인을 감안한다. 공급량을 현저히 감소시킨다 함은 당해 품목의 생산량이나 재고량을 조절함으로써 시장에 출하되는 물량을 현저히 감소시키는 것을 말한다. 이 경우 ① 공급량을 감소시킨 후 일정기간 이내에 동 품목의 가격인상이 있었는지 여부, ② 공급량을 감소시킨 후 일정기간 이내에 당해 사업자(계열회사를 포함한다)의 동 품목에 대한 매출액 또는 영업이익이 증가하였는지 여부, ③ 공급량을 감소시킨 후 일정기간 이내에 당해 사업자(계열회사를 포함한다)가 기존 제품과 유사한 제품을 출하하였는지 여부, ④ 원재료를 생산하는 당해 사업자(계열회사를 포함한다)가 자신은 동 원재료를 이용하여 정상적으로 관련 제품을 생산하면서, 타사업자에 대해서는 동 원재료 공급을 감소시켰는지 여부를 고려하되, 직영대리점이나 판매회사의 재고량 및 출하량을 합산한다. 한편, 유통단계에서 공급부족이 있다고 함은 주로 성수기에 최종 소비자가 소비하기 전의 각 유통과정에서 품귀현상이 있음을 말한다.

그런데 사업자가 시장의 사정이나 경기의 변동에 따라 상품이나 용역의 생산량 또는 판매량을 조절하는 것은 자연스러운 현상이다. 따라서 시장지배적 사업자가 상품이나 용역의 판매 또는 제공을 조절하는 경우에도 당해 상품의 수급상황, 생산능력 또는 원자재

---

48) 공정위 1992.1.15. 의결 제92-1, 92-2호, 92-3호.

49) 공정위 1999.9.3. 의결 제99-130호. 경쟁시장이라고 할 수 있는 수출시장에서는 가격의 인상이 거의 없거나 하락하였음에도 불구하고, 국내시장에서 가격을 과도하게 인상한 점과 경쟁시장이었던 신형모델 출시 시점과 독과점으로 전환된 이후 금번 가격인상 시점 간에 가격인상폭이 비용변동폭보다 큰 점 등을 고려하였다.

조달사정 등에 비추어 그 조절행위가 통상적인 수준을 벗어나지 않는 경우에는 문제가 되지 않고, 통상적인 수준을 현저하게 벗어나서 가격의 인상이나 하락의 방지에 중대한 영향을 미치거나 수급의 차질을 초래할 우려가 있는 경우에만 부당한 출고조절로서 금지된다.[50]

지금까지 공정위가 부당한 출고량조절을 지위남용행위로 보아 금지한 사례는 그다지 많지 않으며, 금지한 사례들은 모두 IMF 외환위기 이후 환율인상과 원자재가격 폭등, 일시적인 가수요가 복합적으로 작용하여 출고량조절이 이루어진 것이라는 공통성을 갖고 있다. 우선, 남양유업 사건에서는 공정위가 조제분유의 출고량 감소를 문제 삼았으나,[51] 법원은 공정위의 결정을 취소하였다.[52] 대두유의 출고량감소가 문제되었던 신동방사건과 제일제당사건에서는 대법원이 각각 상이한 결론을 내렸다. 대법원은 상품의 판매 등을 조절하는 행위가 부당한지 여부는 당해 상품의 수급 등 유통시장의 상황, 생산능력이나 원자재 조달사정 등 사업자의 경영환경에 비추어 그 조절행위가 통상적인 수준을 벗어나서 가격의 인상이나 하락의 방지에 중대한 영향을 미치거나 수급차질을 초래할 우려가 있는지 여부에 따라 판단하여야 한다는 법리를 제시하고 있다. 신동방사건에서는 출고량 감소의 폭이 크고 출고량 감소 이후 영업이익이 급증한 점 등을 고려하여 부당성을 인정한 반면,[53] 제일제당사건에서는 재고량이 한 달 치에 불과하고 출고량 감소의 정도가 미미할 뿐만 아니라 출고량 감소 이후 영업이익도 적자 또는 약간의 흑자에 그쳤다는 점 등을 고려하여 가격인상을 목적으로 출고를 조절하였다고 볼 수 없다는 이유로 그 부당성을 인정하지 않았다.[54]

(3) 부당한 소비자이익의 저해

(가) 의 의

시장지배적 사업자는 부당하게 소비자의 이익을 현저히 저해할 우려가 있는 행위를 해서는 안 된다(5호 후단). 시장지배적 사업자는 그 지위를 이용하여 거래조건 등을 자기에게 일방적으로 유리하게 설정함으로써 소비자의 이익을 침해할 수도 있다. 부당한 소비자이익의 저해는 전술한 부당한 가격결정 및 부당한 출고조절에 준하는 착취남용에 관한 일반규정이다. 즉, 위 제5호 후단의 규정은 다양한 모습으로 발생하는 착취남용의 형태에 대응하기 위한 것으로서 거래조건 등에 관한 착취행위 등 제1호와 제2호에 포섭될 수 없는 경우를 보충하기 위한 일반규정으로서의 의미를 갖는다고 할 수 있다.[55]

---

50) 대법원 2002.5.24. 선고 2000두9991 판결.
51) 공정위 1998.6.9. 의결 제98-112호.
52) 대법원 2001.12.24. 선고 99두11141 판결.
53) 공정위 1998.11.4. 의결 제98-252호; 대법원 2000.2.5. 선고 99두10964 판결.
54) 대법원 2002.5.24. 선고 2000두9991 판결.
55) 동지: 이봉의 · 전종익, "독점규제법 제3조의2 제1항 제5호 후단 소비자이익 저해행위 금지의 위헌성 판단:

(나) 명확성 원칙의 위배 여부

법 시행령 및 남용행위 심사기준은 법 제5조 제1항 제1호 내지 제5호 전단에서 규정하고 있는 남용행위에 대하여는 각 세부 유형 및 기준을 정하고 있으나, 위 제5호 후단의 규정에 관하여는 아무런 규정을 두지 않고 있다. 이로 인하여 제5호 후단의 규정이 헌법상 명확성의 원칙에 위반된다는 문제제기가 있었다. 그러나 대법원은 위 제5호 후단의 규율 대상인 시장지배적 사업자의 소비자 이익저해행위는 "그 내용이 지극히 다양하고 수시로 변하는 성질이 있어 이를 일일이 열거하는 것은 입법기술적으로 불가능한 점, 위 규정은 '시장지배적 사업자의 소비자 이익을 저해할 우려가 있는 행위의 존재', '소비자 이익 저해 정도의 현저성' 및 '그 행위의 부당성'이 인정될 경우에 적용되는 바, 그 요건에 관한 판단은 [법]의 입법 목적을 고려하고, 위 [제5조] 제1항이 규정한 여러 유형의 시장지배적 지위남용행위 등과 비교하는 등 체계적·종합적 해석을 통하여 구체화될 수 있는 점, 위 규정의 수범자는 시장지배적 사업자로서 일반인에 비하여 상대적으로 규제대상 행위에 관한 예측가능성이 큰 점 등을 고려하면, 위 규정이 헌법상 법치주의 원리에서 파생되는 명확성의 원칙을 위반한다고 볼 수 없다."고 판단하였다.[56)]

(다) 소비자 이익을 저해할 우려가 있는 행위

법은 소비자의 개념을 따로 정의하고 있지 않지만, 소비자기본법 제2조 제1호는 "소비자라 함은 사업자가 제공하는 물품 또는 용역(시설물을 포함한다. 이하 같다)을 소비생활을 위하여 사용(이용을 포함한다. 이하 같다)하는 자 또는 생산활동을 위하여 사용하는 자로서 대통령령이 정하는 자를 말한다."고 규정하고 있다. 이에 대하여 소비자의 개념을 최종 소비자만을 가리킨다고 좁게 보는 견해도 있으나,[57)] 그와 같이 제한할 필요는 없을 것이다.[58)] 소비자 이익은 소비자의 경제적 이익은 물론이고 소비자의 자유로운 선택권이나 부수적인 편의성 등 비경제적 이익도 포함한다.[59)] 따라서 소비자 이익을 저해하는 행위는 여러 가지 형태를 띨 수 있고, 과도하게 높은 가격인상이나 제품의 품질 또는 다양

명확성의 원칙을 중심으로", 법학 제49권 제3호(2008), 265면; 김정중, "소비자이익 저해행위의 성립요건 중 현저성과 부당성의 판단 기준", 대법원판례해설 84호(2010), 18면; 윤인성, "'부당하게 소비자의 이익을 현저히 저해할 우려가 있는 행위'에 관한 소고", 행정판례연구 제16-2집(2011), 201면; 이완희, "시장지배적 지위남용행위로서 다른 사업자의 사업활동을 부당하게 방해하는 행위에 해당하는지 여부", 대법원판례해설 제89호(2011), 908면; 강우찬, "'소비자이익의 현저한 저해행위'의 판단방법", 공정거래법 판례선집(2011), 107면; 양대권, "'부당한 소비자이익의 현저한 저해행위'에 관한 고찰", 경쟁법연구 제33권(2016), 103면.

56) 대법원 2010.5.27. 선고 2009두1983 판결.

57) 홍대식, "인터넷 플랫폼 시장에서의 경쟁법 적용을 위한 소비자 선택 기준", 경쟁법연구 제27권(2013), 259면; 양대권, "'부당한 소비자이익의 현저한 저해행위'에 관한 고찰", 경쟁법연구 제33권(2016), 103면.

58) 동지: 조혜신·강보선, "온라인 플랫폼 사업자의 이용약관에 대한 경쟁법적 규제 – 독일 Facebook 사건의 시사점을 중심으로 –" 경쟁법연구 제43권(2021), 114-115면.

59) 동지: 황태희, "소비자 이익 저해행위의 부당성 판단 기준", 공정거래법 판례선집(2011), 76면; 양대권, "'부당한 소비자이익의 현저한 저해행위'에 관한 고찰", 경쟁법연구 제33권(2016), 109면.

성 저하, 사업자가 이용자의 적절한 동의 없이 데이터를 수집하고 활용하는 행위[60]와 같은 소비자 선택권 침해 등을 그 예로 들 수 있다.

(라) 구체적 사례

가격 측면에서는 물론 비가격 측면에서 이루어지는 소비자에 대한 착취행위도 모두 포섭된다. 그동안 소비자이익 저해행위로 인정된 행위는 서울특별시 태권도협회가 태권도 체육관 관장들이 부담해야 할 보험료를 승품·승단 심사비에 포함하여 응심자들로부터 징수하거나 태권도 체육관 관장들의 경조사 시에 지급하는 경조사비 등을 승품·승단 심사비에 포함하여 응심자들로부터 징수한 행위,[61] 서버 및 PC용 운영체제시장에서 시장지배력을 갖고 있는 마이크로소프트(MS)가 윈도우미디어플레이어(WMP)나 메신저를 운영체제와 결합하여 판매함으로써 소비자들로 하여금 운영체제를 구입하기 위해서는 원하지 않는 메신저 등을 함께 구입토록 강제한 행위[62] 등이 있다.

3. 착취남용의 부당성 판단기준

(1) 현저성의 의의

착취남용은 사업자가 이미 보유한 시장지배력을 행사하여 거래상대방에게 지나치게 높은 가격이나 불공정한 거래조건을 요구함으로써 과도한 독점적 이익을 실현하는 행위이다. 시장지배적 사업자가 가격을 올리거나 공급을 줄이는 행위를 하는 것은 시장지배적 사업자가 이미 그러한 힘을 가지고 있기 때문이다. 즉, 착취남용의 본질은 이미 경쟁이 제한된 상태에서 사업자가 자신의 시장지배력을 행사하여 과도한 독점적 이익을 실현하는 것이고, 이를 규제하는 목적은 시장지배적 사업자의 과도한 독점적 이익 실현행위로부터 경쟁시장에서 누릴 수 있는 소비자의 이익을 보호하고자 하는 데 있다. 따라서 착취남용의 부당성은 자유시장경제질서에서 독점력의 행사는 어느 범위까지 허용되는가 하는 문제로 귀결된다.

독점사업자는 경쟁상태보다 높은 가격을 설정하거나 공급량을 감소시키는 방법으로 독점이윤을 추구하기 마련이다. 그리고 이러한 독점이윤은 다른 사업자들이 해당 시장에 참여하게 되는 동기가 될 수 있다. 따라서 독점적 이윤 추구행위 그 자체를 금지하게 되면 독점사업자는 물론 다른 경쟁사업자들의 시장진입이나 사업활동을 위축시키는 결과를 초래할 수도 있다. 그렇기 때문에, 시장지배적 사업자라고 하더라도 독점이윤 추구행위는

60) 강정희, "데이터 수집과 그 제한의 한계", 경쟁법연구 제46권(2022), 153면.
61) 공정위 2003.8.13. 의결 제2003-099호.
62) 공정위 2006.2.24. 의결 제2006-042호. 그 밖에도 이 사건에서는 결합판매를 통한 다른 사업자의 사업활동 방해 및 불공정거래행위의 하나인 끼워팔기가 모두 인정되었다. 한편, MS는 공정위의 결정에 불복하여 제기한 소를 2007.10.10. 취하함으로써 동 심결이 그대로 확정되었다.

원칙적으로 허용할 필요가 있다. 다만, 착취남용은 일반적으로 시장지배적 사업자가 거래상대방에 대하여 유효경쟁이 이루어지는 시장에서라면 관철되기 어려운 가격 혹은 거래조건을 부과하고 그것이 지나치게 과도한 경우에 한하여 규제의 정당성이 인정된다. 따라서 착취남용에 있어서 부당성의 핵심징표는 그 행위가 사회적으로 용인되는 이익추구의 범위를 현저하게 벗어났는지 여부, 즉 현저성에서 찾아야 할 것이다.

부당한 출고조절에 대하여 판례는 "상품의 판매 등을 조절하는 행위가 부당한지 여부는 당해 상품의 수급 등 유통시장의 상황, 생산능력, 원자재 조달 사정 등 사업자의 경영사정에 비추어 그 조절행위가 통상적인 수준을 현저하게 벗어나서 가격의 인상이나 하락의 방지에 중대한 영향을 미치거나 수급 차질을 초래할 우려가 있는지 여부에 따라 판단하여야 한다."고 판시하였다.[63] 또한, 부당한 소비자이익 저해행위의 부당성에 관하여, 판례는 "시장지배적사업자의 행위의 의도나 목적이 독점적 이익의 과도한 실현에 있다고 볼 만한 사정이 있는지, 상품의 특성·행위의 성격·행위기간·시장의 구조와 특성 등을 고려하여 그 행위가 이루어진 당해 시장에서 소비자 이익 저해의 효과가 발생하였거나 발생할 우려가 있는지 등을 구체적으로 살펴서 판단하여야 한다. 다만, 시장지배적 사업자의 소비자 이익을 저해할 우려가 있는 행위가 존재하고, 그로 인한 소비자 이익 저해의 정도가 현저하다면, 통상 시장지배적사업자가 과도한 독점적 이익을 취하고자 하는 행위로서 부당하다고 볼 경우가 많다."고 판시하였다.[64] 즉, 소비자의 이익을 현저히 저해할 우려가 있는 행위가 존재하면 원칙적으로 부당성이 인정된다고 할 수 있다.

(2) 현저성의 입증

현저성이라는 개념 자체가 비교의 개념을 내포하고 있으므로, 문제된 행위와 비교할 만한 가격 또는 거래조건 등을 찾아서 그 차이가 현저한지 여부를 판단하여야 할 것이다. 이 때 문제가 된 거래조건만 따로 떼어서 비교하는 것은 바람직하지 않고, 해당 거래를 이루는 모든 거래조건을 종합적으로 고려할 필요가 있다. 구체적으로, 소비자의 이익을 현저히 저해할 우려가 있는지 여부는 당해 상품이나 용역의 특성, 이익이 저해되는 소비자의 범위, 유사 시장에 있는 다른 사업자의 거래조건, 거래조건 등의 변경을 전후한 시장지배적 사업자의 비용 변동 정도, 당해 상품 또는 용역의 가격 등과 경제적 가치와의 차이 등 여러 사정을 종합적으로 고려하여 구체적·개별적으로 판단한다.[65] 이에 따르면, 유사시장의 거래조건을 비교(해당 행위로 인하여 변경된 거래조건을 유사 시장에 있는 다른 사업자의 거래조건과 비교)하거나 가격과 비용을 분석(해당 행위로 인한 가격상승의 효과를 해당 행위를 전후한 시장지배적 사업자의 비용 변동의 정도와 비교)하는 등 구체적 사안

---

63) 대법원 2002.5.24. 선고 2000두9991 판결.
64) 대법원 2010.5.27. 선고 2009두1983 판결.
65) 대법원 2010.2.11. 선고 2008두16407 판결; 대법원 2010.5.27. 선고 2009두1983 판결.

에 따라 적합한 방법을 사용할 수 있을 것이다.

거래조건의 비교에 있어서는 민법상의 임의법규, 신의성실의 원칙, 약관규제법, 개인정보보호법[66] 등 계약공정의 기준도 참고가 될 수 있다.[67] 계약당사자 중 일방이 시장지배적 사업자로서 계약내용을 일방적으로 정할 수 있는 강력한 힘의 우위를 가지고 있고, 그로 인하여 소비자에게 법적으로 인정되는 권리를 자의적으로 다루는 경우라면 소비자이익 저해의 정도가 현저하다고 볼 수 있을 것이다. 따라서 문제가 된 거래조건이 위와 같은 계약공정의 기준에 반하는지 여부는 착취남용의 부당성 판단에서 고려요소가 된다.

(3) 현저성 판단에 관한 구체적 사례

공정위는 씨제이케이블넷 소속 3개 종합유선방송사업자들이 다채널유료방송시장에서 자기의 시장지배적 지위를 부당하게 이용하여 인기채널을 저가 묶음상품에서 제외시킴으로써 고객으로 하여금 고가의 묶음상품에 가입하도록 유도하는 등 거래조건을 자기에게 일방적으로 유리하게 설정한 행위에 대하여 시정조치를 하였다.[68] 그러나 법원[69]은 이 사건에서 이 행위로 인하여 소비자이익이 현저히 침해되었다고 인정되지 않는다는 이유로 공정위의 처분을 취소하였다.

티브로드 강서방송 II 사건에서 종합유선방송사업자인 주식회사 티브로드 강서방송 등은 공급하는 상품 중 최저가에 해당하는 단체계약 상품에 대하여 신규계약을 중지하고 기계약된 단체계약은 계약만료 시점에 계약의 갱신을 거부하는 방법으로 순차적으로 단체계약의 공급을 폐지하여 단체계약 가입자로 하여금 일반 상품에 가입하도록 유도하였다. 공정위는 이러한 단체계약 갱신거부행위를 부당하게 소비자의 이익을 현저히 저해하는 행위라고 보았고,[70] 서울고법도 이러한 공정위의 판단을 지지하였다.[71] 그러나 대법원은 수신료 상승률이나 유료방송시청 중단의 정도는 단지 해당 행위를 전후하여 소비자이익이 변화된 정도에 불과한 것으로서 유사시장에서의 거래조건 등과 비교한 내용이 아니므로 해당 행위가 소비자의 이익을 현저히 저해하였거나 저해할 우려가 있는 행위에 해당한다고 볼 징표라고 보기 어렵다고 판시하였다.[72]

---

66) 온라인 플랫폼 사업자의 부당한 개인정보 수집행위가 착취남용 행위에 해당할 수 있다는 견해로는 이호영, “빅데이터의 경쟁법적 함의에 관한 연구”, 법경제학연구 제15권 제3호(2018), 303면; 최난설헌, “디지털 시장에서의 독과점 규제 적용 가능성에 대한 검토 – 독일의 Facebook 사례를 중심으로 –”, 법학논총 제42권 제2호(2018), 420-421면; 신영수, “빅데이터의 경쟁제한효과에 대한 법적 판단기준 연구”, 법학논고 제69집(2020), 361, 369면.

67) 동지: 조혜신 · 강보선, “온라인 플랫폼 사업자의 이용약관에 대한 경쟁법적 규제 – 독일 Facebook 사건의 시사점을 중심으로 –” 경쟁법연구 제43권(2021), 119면.

68) 공정위 2007.8.20. 의결 제2007-405, 406호, 407호.

69) 서울고법 2008.8.20. 선고 2007누23547 판결; 대법원 2010.2.11. 선고 2008두16407 판결.

70) 공정위 2007.10.8. 의결 제2007-457, 459, 460, 462, 467, 468, 487호.

71) 서울고법 2008.12.18. 선고 2007누29842 판결.

72) 대법원 2010.5.27. 선고 2009두1983 판결.

(4) 현저성과 부당성의 관계

판례는, “소비자 이익의 저해 정도가 현저하다면, 통상 시장지배적 사업자가 과도한 독점적 이익을 취하고자 하는 행위로서 부당하다고 볼 경우가 많을 것”이라고 한다.[73] 따라서 가격결정, 출고조절, 소비자이익 저해 등의 착취남용이 존재하고 나아가 그 정도가 현저하다면 이를 기초로 그 행위의 부당성을 인정할 수 있을 것이다. 반면, 어떤 행위로 인한 소비자 이익 저해 정도가 현저하다는 점을 명확히 하지 아니한 상태에서 그 행위의 부당성을 판단하는 것은 잘못이다. 한편, 착취남용에 있어서 현저성이 인정되는 경우라도, 사업자는 정당한 사유에 관한 주장·입증을 통하여 부당성(위법성)판단에서 벗어날 수 있다.

Ⅴ. 배제남용

1. 개 요

배제남용과 방해남용이라는 용어는 서로 혼용되기도 하지만, 엄밀히 말하자면 양자는 구별되는 것이다. 미국에서는 배제남용이라는 용어를 사용하고 있지만, 독일에서는 방해남용이라는 용어가 주로 사용되고 있다. 배제남용은 시장지배적 사업자가 현실적·잠재적 경쟁사업자를 시장에서 배제할 수 있는 정도의 남용행위를 의미하는 반면에, 방해남용은 다른 사업자의 사업활동을 방해하여 성과경쟁에 의한 사업활동을 곤란하게 하는 정도의 행위를 말한다. 따라서 방해남용은 배제남용보다 넓은 개념으로 이해된다.[74] 이러한 개념상의 차이는 경쟁침해의 의미에 대한 관점의 차이에서 비롯된 것이다. 양자 모두 시장지배적 지위남용행위가 ‘경쟁자에 대한 침해’가 아니라 ‘경쟁에 대한 침해’를 규제하는 것이 되어야 한다는 점에 대해서는 이견이 없다. 그러나 배제남용은 경쟁에 대한 침해를 시장의 성과에 영향을 미치는 비효율적인 침해를 의미하는 것으로 이해하지만, 방해남용은 여기에 더하여 유효경쟁 또는 성과경쟁을 불필요하게 방해하는 경쟁과정에 대한 침해(harm to the competition process)까지 포함하는 것으로 넓게 이해하고 있다.[75]

포스코 판결이 나오기 전까지는 우리나라 독점규제법상 시장지배적 지위남용을 배제남용으로 볼 것인지 방해남용으로 볼 것인지에 관해서 명확하게 정리가 되지 않았다.[76]

---

73) 대법원 2010.5.27. 선고 2009두1983 판결.

74) 조혜신, “독점규제법상 방해남용에 관한 연구”, 서울대학교 박사학위논문(2011), 20-22면.

75) Eleanor M. Fox, Abuse of Dominance and Monopolization: How to Protect Competition without Protecting Competitors, in European Competition Law Annual 2003, Hart Publishing(2006), pp. 71-76.

76) 독점규제법은 당초(1980.12.31. 법률 제3320호)에는 “기타 경쟁을 실질적으로 제한하거나”로 규정하고 있었

그런데 포스코 판결에서는 이를 방해남용에 가깝게 해석하려는 소수의견도 제기되었으나, 다수의견은 우리 독점규제법에서 규제하는 시장지배적 지위남용의 성격을 배제남용으로 파악하였다.[77] 이를 계기로 하여 독점규제법에서 금지하는 남용행위가 배제남용인지 방해남용인지에 관한 성격 논쟁은 일단락되었다고 할 수도 있을 것이다. 그렇지만, 포스코 판결이 배제남용의 위법성 판단기준으로 제시한 경쟁을 저해할 '우려'에 관한 입증의 정도를 어떻게 결정하느냐에 따라 배제남용의 규제범위는 넓어질 수도 있고 좁아질 수도 있다. 즉, 포스코 판결을 계기로 하여 시장지배적 지위남용의 성격을 배제남용과 방해남용 중에서 어느 것으로 볼 것인가 하는 논쟁이 경쟁제한성에 관한 입증수준에 관한 논의로 전환되었다고 볼 수 있다.

2. 배제남용의 행위유형

(1) 다른 사업자의 사업활동 방해

시장지배적 사업자는 다른 사업자의 사업활동을 부당하게 방해하는 행위를 해서는 안된다(3호). 여기서 다른 사업자란 ① 당해 시장지배적 사업자와 경쟁관계에 있거나 경쟁관계가 성립할 수 있는 사업자뿐만 아니라, ② 전·후방관계에 있는 사업자[78] 또는 거래상대방의 지위에 있는 사업자를 모두 포함하는 넓은 개념이다. ①의 경우에는 배제남용으로서의 성격이 분명하지만, ②의 경우에는 착취남용에 해당할 여지도 있다. 그리고 사업활동을 부당하게 방해하는 행위라 함은 직접 또는 간접으로 아래의 행위를 함으로써 다른 사업자의 사업활동 등을 어렵게 하는 경우를 말한다. 간접적이라 함은 특수관계인 또는 다른 자로 하여금 당해 행위를 하도록 하는 것을 말한다. 다른 사업자의 사업활동을 어렵게 하는지 여부를 판단함에 있어서는 다른 사업자의 생산, 재무, 판매활동을 종합적으로 고려하여야 하며, 여기에는 사업활동이 실제로 어려워진 경우는 물론이고 어려워질 우려가 있는 경우도 포함된다.

(가) 원재료의 구매 방해

정당한 이유없이 다른 사업자의 생산활동에 필요한 원재료의 구매를 방해하는 행위가 해당한다. 원재료에는 부품과 부재료를 포함하며, 원재료의 구매를 방해한다는 것은 원재료의 구매를 필요한 양 이상으로 현저히 증가시키거나, 원재료 공급자로 하여금 당해 원재료를 다른 사업자에게 공급하지 못하도록 강제 또는 유인하는 것을 말한다.

는데, 1999.2.5. 개정시(법률 제5813호)에 이 부분을 "부당하게 경쟁사업자를 배제하기 위하여 거래하거나"로 개정하였다.

77) 대법원 2007.11.22. 선고 2002두8626 전원합의체 판결.

78) 대법원 2010.3.25. 선고 2008두7465 판결은 시장지배적 사업자의 판매대리점을 다른 사업자로 보고 있다.

(나) 필수적인 인력의 채용

정상적인 관행에 비추어 과도한 경제상의 이익을 제공하거나 제공할 것을 약속하면서 다른 사업자의 사업활동에 필수적인 인력을 채용하는 행위가 해당한다. 다른 사업자의 사업활동에 필수적인 인력이라 함은 당해 업체에 장기간 근속하였거나 많은 비용을 투입하여 특별히 양성한 기술인력(기능공 포함[79]), 또는 당해 업체에서 특별한 대우를 받았거나, 당해 업체의 중요 산업정보를 소지하고 있어 이를 유출할 가능성이 있는 기술인력을 말한다.

(다) 필수요소의 거절, 중단 및 제한

정당한 이유없이 다른 사업자의 상품 또는 용역의 생산・공급・판매에 필수적인 요소의 사용 또는 접근을 거절・중단하거나 제한하는 행위가 여기에 해당된다. 이것은 2001년 개정된 시행령에 포함된 것으로서, 이른바 필수설비 이론(essential facilities doctrine)[80]을 수용한 것이다.

1) 필수설비 이론

필수설비 이론은 독점사업자가 소유하고 있는 경쟁에 필수적인 설비를 경쟁자 혹은 다른 수직적 하부사업자 등에게 제공할 의무가 있다는 이론이다. 필수설비 이론은 본래 미국에서 논의가 시작된 것인데, 현재는 미국보다는 EU에서 적극적으로 활용되고 있다.[81] EU에서는 본래 공적 자금으로 개발된 철도와 같은 운송 인프라와 통신과 같은 네트워크 인프라 등에서 필수설비 이론이 적용된다. 이러한 분야에서 설비를 중복으로 만드는 것이 현실적으로 비경제적이기 때문에 설령 민영화되어 경쟁체제로 전환되더라도 새로운 경쟁사업자들에게 기존 설비에 대한 접근이 충분히 보장될 필요가 있다.[82] 나아가 EU에서는 지식재산권의 라이선스 거절에 관해서도 필수설비 이론의 적용에 적극적인 태도를 취하고 있다.[83]

그러나 필수설비 이론에 관해서는 어떤 사업자가 상당한 노력을 기울여 취득한 자산(필수설비)을 다른 경쟁사업자가 사용할 수 있게 된다면 혁신을 위한 인센티브가 사라지게 되어 공익에 반하게 된다는 반론 제기도 만만치 않다. 또한 필수설비 이론은 사실상의 체약강제를 의미하기 때문에 계약의 자유, 소유권 보장, 직업의 자유 등 헌법적 원리

79) 다만, 기능공 포함은 당해 업체에 커다란 타격을 줄 정도로 다수의 기능공이 스카웃되는 경우를 말한다.

80) 필수설비 이론에 관한 자세한 설명은 신동권, "시장지배적 지위의 남용금지와 필수설비이론", 공정거래와 법치(2004), 199면 이하; 이봉의, "공정거래법상 필수설비법리의 현황과 과제", 상사판례연구 제19집 제1권(2006), 3면 이하 참조.

81) 유럽법원은 'essential facility'라는 표현을 명시적으로 사용하지는 않으나, 필수설비 이론과 거의 유사한 법리를 적용하고 있다.

82) Jones/Sufrin(2014), pp. 513-526.

83) Jones/Sufrin(2014), pp. 526-548.

들과 충돌할 우려도 있다.[84] 필수설비 이론을 적용할 경우, 어떠한 자산을 언제 어떠한 조건으로 어느 범위의 경쟁사업자에게 제공할 것인지에 관하여 경쟁당국이나 법원이 판단을 하여야 하는데, 그렇게 할 경우 경쟁당국이나 법원이 가격규제자가 되어 버릴 우려가 있다는 비판도 있다. 미국 연방대법원은 이러한 이유로 필수설비 이론의 요건만으로 독점자의 거래거절행위에 대해 위법성을 인정하는 것을 거부하였다.[85]

2) 필수요소의 개념

필수요소는 ① 당해 요소를 사용하지 않고서는 상품이나 용역의 생산·공급 또는 판매가 사실상 불가능하여 일정한 거래분야에 참여할 수 없거나, 당해 거래분야에서 피할 수 없는 중대한 경쟁열위상태가 지속될 것(필수성), ② 특정 사업자가 당해요소를 독점적으로 소유 또는 통제하고 있을 것(독점적 통제성), ③ 당해 요소를 사용하거나 이에 접근하려는 자가 당해 요소를 재생산하거나 다른 요소로 대체하는 것이 사실상·법률상 또는 경제적으로 불가능할 것(대체불가능성)의 요건을 충족하여야 한다.

3) 필수요소의 사례

필수요소는 네트워크, 기간설비 등 유·무형의 요소를 포함한다.[86] 일반적으로 필수설비의 예로서는 통신, 가스, 전력, 철도망과 같은 네트워크와 항만, 항공시설, 철도역사, 스포츠 경기장, 라디오나 TV 방송국 등과 같은 기간설비를 들 수 있다. 신용카드회사들이 공동으로 구축한 신용카드 가맹점 공동망은 필수설비적 성격을 가진 시설에 해당한다.[87] 표준필수특허와 같은 지식재산권도 여기에 포함된다. 삼성전자가 애플코리아에 대하여 제기한 침해금지청구소송에서 삼성전자가 보유한 표준필수특허가 필수설비로 인정되었고,[88] 퀄컴 Ⅱ 사건에서 퀄컴의 표준필수특허도 필수요소로 인정되었다.[89]

반면 판례는 한국부동산정보통신의 부동산거래정보망은 필수설비에 해당하지 않는다고 보았다.[90] 또한 신문 배달망은 필수설비에 해당하지 않는다는 외국 사례도 있다.[91]

---

84) 신동권(2011), 157면.

85) Verizon Communications, Inc. v. Law Offices of Curtis V. Trinko, LLP, 540 U.S. 398(2004).

86) 필수요소의 개념 요건과 관련하여 서울고법은 "일반적으로 그 시설(요소)을 이용할 수 없으면 경쟁상대가 고객에게 서비스를 제공할 수 없는 시설(요소)을 말하는 것으로서 경쟁상대의 활동에 불가결한 시설(요소)을 시장지배적 기업이 전유하고 있고, 그것과 동등한 시설(요소)을 신설하는 것이 사실상 불가능하거나 경제적 타당성이 없어 그러한 시설(요소)에의 접근을 거절하는 경우 경쟁상대의 사업수행이 사실상 불가능하거나 현저한 장애를 초래하게 되는 설비(요소)를 의미한다."라고 판시하였다. 서울고법 2003.4.17. 선고 2001누5851 판결.

87) 공정위 2001.3.28. 의결 제2001-39호; 대법원 2005.8.19. 선고 2003두5709 판결.

88) 서울중앙지법 2012.8.24. 선고 2011가합39552 판결.

89) 공정위 2017.1.20. 의결 제2017-25호.

90) 대법원 2007.3.30. 선고 2004두8514 판결. 서울동북지역정보운영위원회가 한국부동산정보통신을 통하여 부동산중개업자들의 부동산거래정보망에 접근하지 못하게 한 사안에서, 법원은 서울 노원지역 부동산중개업자들이 원고 한국부동산정보통신의 부동산거래정보망에 가입하지 않더라도 다른 사업자의 부동산거래정보망에 가입하여 부동산중개업을 수행할 수 있다 할 것이므로, 원고 부동산정보통신의 부동산거래정보망은 이 사건 거래거절을 당한 자들이 부동산중개업을 영위하기 위하여 반드시 이용하여야 하는 필수설비라고 할 수 없다

원재료의 경우에는 기타의 사업활동 방해 중 거래거절 및 차별적 취급에 별도의 규정이 있으므로 필수요소의 개념에 포함되지 않는 것으로 보는 것이 타당할 것이다.[92]

4) 다른 사업자에 대한 거절 등

다른 사업자라 함은 필수요소의 보유자 또는 그 계열회사가 참여하고 있거나 가까운 장래에 참여할 것이 예상되는 거래분야에 참여하고 있는 사업자를 말한다. 즉, 필수요소를 보유한 자 또는 그 계열회사와 현실적 또는 잠재적 경쟁관계에 있는 사업자를 말하며, 이러한 사업자에 대하여 당해 필수요소의 사용이나 접근 등을 거절하는 경우가 주로 문제가 된다.

거절·중단 또는 제한하는 행위라 함은 필수요소에 대한 접근이 사실상 또는 경제적으로 불가능할 정도의 부당한 가격이나 조건을 제시하거나, 기존의 사용자에 비하여 현저하게 차별적인 가격이나 배타조건, 끼워팔기 등과 같은 불공정한 조건을 제시하는 등 실질적으로 거절·중단 또는 제한하는 것과 같은 효과를 발생시키는 행위를 말한다. 여기서 문제가 되는 것은 적정한 대가의 제공 여부이다. 다른 사업자가 보유하고 있는 필수요소를 사용하거나 이에 접근하려는 자는 그 필수요소의 보유자에게 적정한 대가를 제공해야 한다. 적정한 대가를 제공함에도 불구하고 그 사용이나 접근을 거부하는 경우에는 남용행위가 성립될 수 있고, 비록 사용이나 접근을 허용하더라도 과도한 대가를 요구하여 사용이나 접근을 사실상 곤란하게 할 경우에도 남용행위가 성립되는 것은 마찬가지이다.

■ **필수요소 제공에 대한 정당한 보상**

경쟁상대방도 필수요소를 이용할 수 있도록 강제하는 것은 그 거래분야에서의 공정한 경쟁을 촉진하고 불필요한 중복투자를 방지하여 소비자후생을 제고하고자 함에 있다. 그렇지만 필수요소에 대한 제공의무가 인정된다고 하더라도 그것을 이용하기 위해서는 적정한 대가의 제공이 필요하다. 그렇다면 필수요소의 제공에 대한 정당한 보상은 어느 정도 수준이 되어야 할 것인가? 이는 개별 사안마다 다양한 요소를 고려하여 판단되어야 할 것이지만, 신용카드 공동망 이용이 문제된 사안이 참고가 될 수 있을 것이다. 이 사건에서 법원은 가입신청자가 그 시설을 구축한 사업자들과 같은 조건으로 이용하기 위하여 지급하여야 할 적정한 가입비는, ① 신용카드 가맹점을 상호 공동으로 이용할 수 있도록 하는 시스템 자체를 구축하는 데 소요된 비용과 그 시설 내의 가맹점 망과 유사한 가맹점 망을 구축하고자 할 경우 소요되는 비용을 합한 금액에 신청인의 그 시설에 대한 이용의 정도, 신청인의 자체 가맹점이 그 시설 내의 가맹점 망

고 판단하였다.

91) Case C-7/97, Oscar Bronner GmbH & Co. KG v. Mediaprint [1998] ECR I-7791.

92) 신동권, "시장지배적 지위의 남용금지와 필수설비이론", 공정거래와 법치(2004), 211면 참조.

형성에 기여할 것으로 예상되는 정도 등을 고려한 적정한 분담비율을 곱하여 산정한 금액과, ② 신청인도 그 시설을 구축한 사업자들과 공동으로 시설을 이용할 수 있도록 하는 데 소요되는 추가비용을 합산한 금액이 일응의 기준이 될 수 있을 것이라고 판시하였다.[93)]

5) 거절 등의 정당한 이유

필수요소의 사용이나 접근을 거절하더라도 여기에 정당한 이유가 있는 경우에는 남용행위가 성립되지 않는다. 정당한 이유가 있는지를 판단함에 있어서는 ① 필수요소를 제공하는 사업자의 투자에 대한 정당한 보상이 현저히 저해되는 경우(다만, 경쟁의 확대로 인한 이익의 감소는 정당한 보상의 저해로 보지 않음),[94)] ② 기존 사용자에 대한 제공량을 현저히 감소시키지 않고서는 필수요소의 제공이 불가능한 경우, ③ 필수요소를 제공함으로써 기존에 제공되고 있는 서비스의 질이 현저히 저하될 우려가 있는 경우, ④ 기술표준에의 불합치 등으로 인하여 필수요소를 제공하는 것이 기술적으로 불가능한 경우, ⑤ 서비스를 이용하는 고객의 생명이나 신체의 안전에 위험을 초래할 우려가 있는 경우 등을 고려한다.[95)]

(라) 기타 사업활동의 방해

그 밖에 부당한 방법으로 다른 사업자의 사업활동을 어렵게 하는 행위로서 공정위가 고시하는 행위가 해당된다. 예컨대 ① 부당하게 특정한 사업자에 대하여 거래를 거절하거나 거래하는 상품 또는 용역의 수량이나 내용을 현저히 제한하는 행위,[96)] ② 거래상대

93) 대법원 2005.8.19. 선고 2003두5709 판결. 이 사안은 여신전문금융업협회 및 7개 신용카드회사가 동 신용카드 회사들이 구축한 신용카드 공동이용망에 가입·이용하고자 하는 신한카드에 대하여 가입비를 요구한 사안이다. 대법원은 신한은행이 이 사건 공동이용망 내의 가맹점망과 유사한 가맹점망을 구축하는 데 소요되는 비용 자체로 가입비를 산정한 안진회계법인의 가입비 산정방법은 적절한 산정방법이라고 할 수 없다고 판단하였다.

94) 부당한 공동행위에 관한 사안이지만 국민은행 등 7개 은행이 공동으로 (주)하나은행에 대하여 CD공동망(개별 은행과 금융결제원의 전산망을 상호 연결하여 고객이 다른 은행의 현금지급기를 이용할 수 있게 하는 시스템)을 통한 입출금거래서비스를 제한한 사건에서 거래거절의 정당성이 인정되었다. 이 사건에서 공정위는 피심인들이 삼성카드의 가상계좌서비스에 필요한 하나은행의 CD공동망 이용을 제한함으로써 신용카드업 시장에서 경쟁을 실질적으로 제한하거나 제한할 우려가 있다고 보아 시정명령을 내렸다. 그러나 법원은 CD공동망의 운영에 있어서는 전산망 구축과 유지에 상당한 비용과 노력을 투자한 참가은행들의 의사가 존중되어야 하는 점, 신용카드회사가 CD공동망을 이용함으로써 참가은행들보다 부당하게 경쟁우위에 설 가능성이 크고, 위와 같은 공동의 거래거절로 인하여 신용카드시장에서 다른 거래처를 용이하게 찾을 수 없어 거래기회가 박탈되었다고는 할 수 없는 점 등에 비추어, 거래거절에 정당한 사유가 있다고 보아 부당성을 인정하지 않았다. 서울고법 2003.10.23. 선고 2002누1641 판결 및 대법원 2006.5.12. 선고 2003두14253 판결.

95) 외국의 판례와 학설은 가용능력의 부족을 가장 중요한 이유로 보고 있으며, 그 밖에 시설의 안전성이나 경영상의 이유도 정당한 이유가 될 수 있다고 한다. 이봉의, "공정거래법상 필수설비법리의 현황과 과제", 상사판례연구 제19집 제1권(2006), 14면.

96) EU에서는 거래거절 사안에 대해 효과형량 심사를 채택하고 있다. EU 집행위원회는 어떤 회사라도 자신의 거래상대방을 선택할 권리 및 자신의 재산을 자유롭게 처분할 수 있는 권리를 가지며, 혁신의 동기를 보장할 필요가 있기 때문에 경쟁법에 근거한 개입은 신중하게 이루어져야 한다고 하면서, 다만 ① 거래거절이 하류시장에서 효과적으로 경쟁하는데 필수적인 상품 또는 용역에 관한 것이고, ② 거래거절이 하방시장에서

방에게 정상적인 거래관행에 비추어 타당성이 없는 조건을 제시하거나 가격 또는 거래조건을 부당하게 차별하는 행위,[97] ③ 부당하게 거래상대방에게 불이익이 되는 거래 또는 행위를 강제하는 행위,[98] ④ 거래상대방에게 사업자금을 대여한 후 정당한 이유없이 대여자금을 일시에 회수하는 행위, ⑤ 다른 사업자의 계속적인 활동에 필요한 소정의 절차(관계기관 또는 단체의 허가, 추천 등)의 이행을 부당한 방법으로 어렵게 하는 행위, ⑥ 다른 사업자의 행위가 자기의 특허권을 침해하지 않는다는 사실을 알면서도 다른 사업자의 경쟁능력을 침해하기 위하여 다른 사업자를 상대로 특허권침해의 소송을 제기하는 행위 등이다.

기타 사업활동 방해와 관련해서는 시장지배적 사업자가 판매업자나 대리점에 대하여 경쟁사업자와의 거래를 중단하도록 요구하거나 경쟁사업자의 상품판매를 직접 방해한 행위를 하여 공정위로부터 시정조치를 받은 예가 있다.[99] 한국전기통신공사가 거래처인 대우통신(주)에 대하여 자신의 경쟁사업자인 데이콤에게 유리한 '082 전화기'의 생산·판매의 중단을 요구한 행위도 위법으로 판단되었다.[100]

(2) 부당한 시장진입 제한

시장지배적 사업자는 새로운 경쟁사업자의 참가를 부당하게 방해하는 행위를 해서는 안 된다(4호). 구체적으로 직접 또는 간접적으로 아래의 행위를 함으로써 새로운 경쟁사업자의 신규진입을 어렵게 하는 경우가 여기에 해당된다. 새로운 경쟁사업자라 함은 일정한 거래분야에 신규로 진입하려고 하는 사업자 및 신규로 진입하였으나 아직 판매를 개시하지 않고 있는 사업자를 말한다. 신규진입을 어렵게 하는 경우를 판단함에 있어서는 다른 사업자의 생산·재무·판매활동 등을 종합적으로 고려하되, 신규진입을 어렵게 할 우려가 있는 경우를 포함한다.

(가) 배타적 거래계약 체결

정당한 이유없이 거래하는 유통사업자와 배타적 거래계약을 체결하는 행위가 해당한다. 유통사업자라 함은 최종소비자가 아닌 거래상대방을 말한다. 배타적 거래계약이라

의 유효한 경쟁을 제거할 우려가 있으며, ③ 공급거절의 부정적 결과가 공급할 의무를 부과하는 것의 부정적 결과보다 중대하여 거래거절이 소비자 피해를 발생시킬 우려가 있는 경우에는 개입할 수 있다는 입장이다. Guidance on the Commission's enforcement priorities in applying Article 82 of the EC Treaty to abusive exclusionary conduct by dominant undertakings, para. 86.

97) CDMA 표준특허기술을 보유한 시장지배적 사업자가 휴대폰 제조사에 대하여 자신이 제공하는 모뎀칩을 사용하는지 여부에 따라서 로열티 부과율 등의 거래조건을 달리 정한 것은 여기에 해당한다. 대법원 2019.1.31. 선고 2013두14726 판결(퀄컴Ⅰ 사건).

98) ③ 행위 유형은 착취남용에 해당하므로, 나머지 배제남용 유형과는 구별된다. 따라서 입법론적으로는 착취남용 행위와 배제남용 행위를 구분하여 규정하는 것이 바람직할 것이다.

99) 공정위 1990.7.6. 시정권고 제90-14호; 공정위 1993.7.22. 의결 제93-106호; 공정위 1995.4.1. 의결 제95-42호; 공정위 1998.3.11. 의결 제98-51호.

100) 공정위 1997.1.30. 의결 제97-6호.

함은 유통사업자로 하여금 자기 또는 자기가 지정하는 사업자의 상품이나 용역만을 취급하고 다른 사업자의 상품이나 용역은 취급하지 않을 것을 전제로 상품이나 용역을 공급하는 것을 말한다.

(나) 권리 등의 매입

정당한 이유없이 기존 사업자의 계속적인 사업활동에 필요한 권리 등을 매입하는 행위가 해당한다. 계속적인 사업활동에 필요한 권리는 특허권·상표권 등의 지적재산권, 행정관청 또는 사업자단체의 면허권 등 인·허가, 기타 당해 거래분야에서 관행적으로 인정되는 모든 권리를 포함한다.

(다) 필수요소의 거절, 중단 및 제한

정당한 이유없이 새로운 경쟁사업자의 상품 또는 용역의 생산·공급·판매에 필수적인 요소의 사용 또는 접근을 거절하거나 제한하는 행위가 해당한다. 관련 내용은 앞에서 설명한 것을 참고하기 바란다.

(라) 기타 신규진입의 방해

이외에 새로운 경쟁사업자의 신규 진입을 어렵게 하는 행위로서, 정당한 이유없이 신규진입 사업자와 거래하거나 거래하고자 하는 사업자에 대하여 상품의 판매 또는 구매를 거절하거나 감축하는 행위, 경쟁사업자의 신규진입에 필요한 소정의 절차(관계기관 또는 단체의 허가, 추천 등)의 이행을 부당한 방법으로 어렵게 하는 행위, 당해 상품의 생산에 필수적인 원재료(부품, 부자재 포함)의 수급을 부당하게 조절함으로써 경쟁사업자의 신규진입을 어렵게 하는 행위, 지식재산권과 관련된 특허침해소송, 특허무효심판 기타 사법적·행정적 절차를 부당하게 이용하여 경쟁사업자의 신규진입을 어렵게 하는 행위가 해당된다.

(3) 부당한 경쟁사업자 배제

시장지배적 사업자는 경쟁사업자를 배제하기 위한 부당한 거래행위를 해서는 안 된다(5호 전단). 부당한 경쟁사업자 배제행위의 유형에는 부당염매 내지 부당고가매입과 배타조건부거래가 해당한다. 이들 행위는 시장지배적 지위남용행위뿐만 아니라 불공정거래행위의 유형으로도 규제되고 있는데, 불공정거래행위에 관한 상세한 내용은 제4장에서 다루기로 한다.

(가) 부당염매 내지 부당고가매입

1) 의 의

부당하게 상품 또는 용역을 통상거래가격에 비하여 낮은 대가로 공급하거나 높은 대가로 구입하여 경쟁사업자를 배제할 우려가 있는 경우를 말한다. 통상거래가격은 자유롭고 공정한 경쟁이 이루어지고 있는 시장에서 정상적으로 이루어지는 거래의 경우 일반적으로 형성될 수 있는 가격, 좀 더 구체적으로는 시장지배적 사업자가 부당하게 경쟁사업자를 배제하기 위하여 거래함으로써 시장지배적 지위를 남용하는 행위가 존재하지 않는 정상적인 거래에서 일반적으로 형성되었을 가격을 뜻한다고 보아야 한다.[101)]

낮은 대가의 공급 또는 높은 대가의 구입 여부를 판단함에 있어서는 통상거래가격과의 차이의 정도, 공급 또는 구입의 수량 및 기간, 당해 품목의 특성 및 수급상황 등을 종합적으로 고려한다. 경쟁사업자를 배제할 우려가 있는 경우를 판단함에 있어서는 당해 행위의 목적, 유사품 및 인접시장의 존재여부, 당해 사업자 및 경쟁사업자의 시장지위 및 자금력 등을 종합적으로 고려한다. 공정위는 시장지배적 지위 남용행위의 유형적 특징이나 구체적인 모습, 관련 시장의 구조, 가격 결정방법과 변화 추이, 공급 또는 구입의 수량과 기간, 해당 상품이나 용역의 특성과 수급상황 등을 종합적으로 고려하여 합리적인 방법으로 시장지배적 사업자가 설정한 특정 공급이나 구입의 대가가 통상거래가격에 비하여 낮거나 높은 수준으로서 부당하게 경쟁자를 배제할 우려가 있는지를 증명하면 된다.[102)]

■ **통상거래가격의 산정 사례**

기업메시징서비스란 기업의 컴퓨터에서 이동통신사업자의 무선통신망을 통하여 사용자의 휴대폰단말기로 신용카드 승인 알림 등 문자메시지를 전송해주는 서비스이다. 기업메시지는 '기업고객 → 기업메시징사업자 → 이동통신사업자 → 휴대폰 이용자'의 경로로 전송된다. 기업메시징서비스를 위해서 문자 메시지를 보내야 하므로 기업메시징사업자는 국내 모든 이통통신사업자와 전송서비스 계약을 체결하고 요금을 지급한다. 따라서 기업메시징서비스에 있어서 문자전송서비스 요금은 필수 원재료 구입비용에 해당한다. 기업메시징서비스 사건에서 원고는 무선통신망을 보유하여 전송서비스도 제공하면서 기업메시징서비스업을 영위하는 사업자 중 하나이다. 원고는 기업메시징서비스를 판매하면서 자신이 타 이동통신사로부터 구입하는 전송서비스 이용요금보다 낮고, 또한 자신이 다른 기업메시징사업자에게 제공하는 전송서비스 최저 이용요금 단가보다 낮은 수준인 8원대부터 판매하고 있다. 이와 같이 (필수 원재료인) 전송서비스 최저 판매단가보다 낮은 가격으로 기업메시징서비스를 판매한 원고의 행위가 통상거래가격에 비하여 낮은 대가로 공급한 행위에 해당하는지 여부가 쟁점이 되었다. 이에 관하여 공정위는 이동통신사업자의 가입자 점유율을 기준으로 각 이동통신사업자의 전송서비스 이용요금을 가중평균하는 방식으로 객관적으로 가정할 수 있는 최저 수준의 통상거래가격을 산정하여 원고가

101) 대법원 2021.6.30. 선고 2018두37700 판결. 통상거래가격은 '약탈적 가격설정'뿐만 아니라 '이윤압착' 등과 같이 다양한 유형으로 나타날 수 있는 시장지배적 사업자의 가격과 관련된 배제남용행위를 판단하기 위한 도구 개념이다. 따라서 그 의미는 모법 조항의 의미와 내용, 그리고 입법목적에 합치하도록 해석하여야 한다.

102) 대법원 2021.6.30. 선고 2018두37700 판결.

공급한 기업메시징서비스의 판매가격이 통상거래가격보다 낮은 수준이라고 판단하였다.[103] 대법원은 공정위의 위와 같은 입증방식이 불합리하다고 단정할 수 없고, "기업메시징서비스의 통상거래가격은 적어도 기업메시징서비스 시장에서 원고의 경쟁사업자들인 기업메시징사업자들의 필수 원재료인 전송서비스의 구입비용을 상회할 것으로 추단"된다고 판시하였다.[104]

2) 약탈적 가격설정

미국에서는 시장지배적 사업자의 약탈적 가격설정(predatory pricing)을 금지하고 있다. 약탈적 가격설정은 시장지배적 사업자가 경쟁사업자를 배제하기 위하여 비용[105] 이하의 낮은 가격을 설정하여 단기간의 이윤을 포기하는 대신 경쟁자를 시장으로부터 배제시키는 행위를 의미한다. 시카고 학파는 시장이 건전하게 작동한다면 설령 어떤 사업자가 약탈적 가격설정을 시도하더라도 다른 사업자들이 시장에 진입할 것이므로 해당 사업자가 추후 가격인상을 통해 손실을 회복할 수 없을 것이라는 점을 들어 약탈적 가격설정 규제에 부정적 입장을 표명하였다. 시카고 학파의 영향을 받은 미국의 연방대법원은 약탈적 가격설정에 관하여 시장지배적 사업자가 자신의 한계비용 이하로 가격을 설정한 것과 경쟁자 배제 이후 약탈적 가격설정으로 입은 손실을 회복할 수 있다는 점을 합리적으로 기대할 수 있다는 것을 입증할 것을 요구하고 있다.[106] 그러나 포스트 시카고 학파는 설령 약탈적 가격설정으로 인한 손실을 회복하지 못하더라도 기업이 약탈적 가격설정을 할 상당한 전략적 인센티브를 갖는 상황이 있음을 들어 위와 같은 미국 판례의 태도를 비판하고 있다.

반면, 우리 법상 부당염매의 경우에는 ① 통상거래가격에 비하여 낮은 대가로 공급할 것과 ② 경쟁사업자를 배제할 우려가 있을 것이 행위요건이다.[107] 그리고 염매의 판단기준은 사업자의 비용이 아니라 통상거래가격이다. 통상거래가격은 비용과는 구별되는 '가격'의 일종이므로, 이를 '비용'으로 새긴다면 법문언에 명백히 반하는 해석이 된다.[108] 따라서 우리 법의 부당염매는 미국법의 약탈적 가격설정보다 그 범위가 넓다고 할 수 있다.

3) 이윤압착

시장지배적 사업자가 공급망의 연쇄를 따라 두 개의 서로 다른 생산단계에서 모두 사

---

103) 공정위 2015.2.23. 의결 제2015-49호.

104) 대법원 2021.6.30. 선고 2018두37700 판결.

105) 이론적으로 한계비용(marginal cost)을 기준으로 하는 것이 타당한데 현실적으로 이를 산출하는 것이 곤란하므로 대신 평균가변비용(average variable cost)을 많이 사용한다.

106) 신영수, "부당염매의 위법성 판단과 경쟁사업자", 경제법판례연구 제1권(2004), 281면.

107) EU 경쟁법상 약탈적 가격설정에 해당하는지 여부를 판단함에 있어서도 추후에 손실을 회수할 수 있는 현실적 가능성은 요건이 아니다. Case C-333/94 P, Tetra Pak International SA v. Commission.

108) 대법원 2021.6.30. 선고 2018두37700 판결.

업을 영위하는 수직통합된(vertically integrated) 사업자로서 상류시장(upstream market, "상위시장"이라고도 한다)에서 하류시장(downstream market, "하위시장"이라고도 한다) 사업자의 생산 활동에 필수적인 원재료나 투입요소 등(이하 "원재료 등"이라 함)을 공급함과 동시에 하류시장에서 원재료 등을 기초로 상품 또는 용역(이하 "완제품"이라 함)을 생산·판매하는 경우 시장지배적 지위 남용행위의 한 유형으로서 이윤압착이 문제될 수 있다. 이윤압착이란 위와 같이 수직통합된 상류시장의 시장지배적 사업자가 상류시장 원재료 등의 판매가격(이하 "도매가격"이라 함)과 하류시장의 완제품 판매가격(이하 "소매가격"이라 함)의 차이를 줄임으로써 하류시장의 경쟁사업자가 효과적으로 경쟁하기 어려워 경쟁에서 배제되도록 하는 행위를 가리킨다.[109)]

[그림 1-1] 이윤압착 행위의 구조[110)]

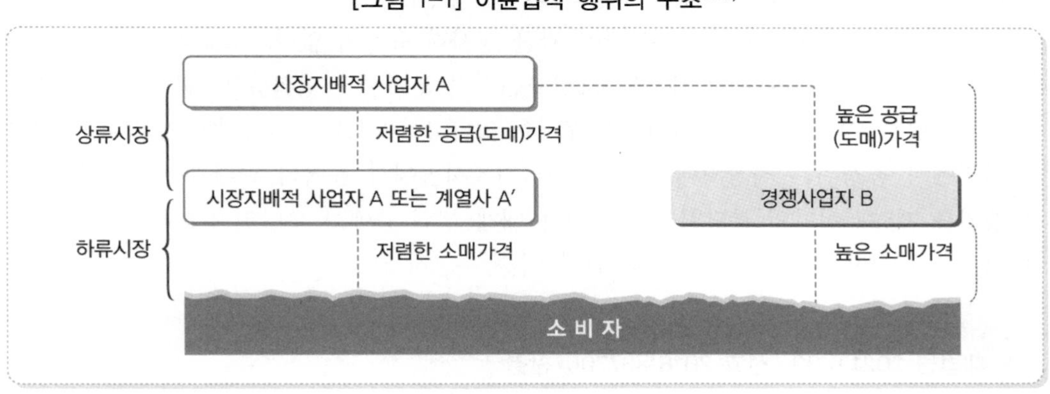

상류시장에서 원재료 등의 공급자로서 시장지배적 지위를 보유한 수직통합 사업자가 하류시장에서 완제품 사업도 영위하는 경우 일반적으로 원재료 등의 공급에 관하여 하류시장에서 경쟁사업자에 비하여 유리한 조건을 갖출 수 있다. 반면, 하류시장의 경쟁사업자는 시장지배적 사업자로부터 완제품 제조에 필요한 원재료 등을 공급받아야 하므로 시장지배적 사업자의 원재료 등에 관한 도매가격 설정에 따라 자신의 생산비용이 직접적으로 달라질 수 있는 구조적인 의존관계가 형성될 수 있다. 이와 같은 관련시장의 구조에서 시장지배적 사업자는 원재료 등의 도매가격을 높이거나 완제품의 소매가격을 낮추든지, 아니면 두 방법을 함께 시행하여, 도매가격과 소매가격의 차이를 줄일 수 있다. 이때 ① 수직 통합된 시장지배적 사업자가 설정한 도매가격이 소매가격보다 높아 소매가격과

109) 이윤압착의 경우에는 수직적으로 통합된 사업자에게서 나타나고 반드시 하부 시장에서의 시장지배력이 요구되는 것은 아니며 낮은 가격이 지속가능하다는 것이 특징이다. OECD, Margin Squeeze, DAF/COMP (2009) 36, 41.

110) 황태희, "시장지배적 사업자의 이윤압착 행위의 부당성 판단", 사법 제38호(2016), 705면.

도매가격의 차이가 음수(−)이거나, ② 도매가격과 소매가격의 차이가 시장지배적 사업자 자신의 하류시장 비용조차 충당할 수 없을 정도로 너무 작으면, 위와 같은 시장지배적 사업자로부터 원재료 등을 공급받아야 하는 하류시장의 경쟁사업자로서는 하류시장에서 생산에 필요한 비용을 충당하고 적정한 이윤도 얻으면서 효과적으로 경쟁할 수 없게 되고, 그러한 압박이 일정한 기간 동안 지속되면 결국 시장에서 배제될 가능성이 있다.[111] 따라서 시장지배적 사업자의 이윤압착 행위를 금지하여 하류시장에서 경쟁하는 사업자들의 경쟁기반을 유지시켜줘야 한다는 것이 이윤압착에 대한 규제의 근거이다. 그러나 수직적으로 통합된 시장지배적 사업자가 경쟁사업자에게 적정한 이윤을 보장해주어야 한다는 것은 소비자에게 불리한 가격인상을 수반할 수 있고, 가격을 낮게 책정하는 것은 경쟁의 핵심이므로 시장지배적 사업자의 가격할인을 금지하는 것은 과잉규제에 해당할 수 있다는 이유로 이윤압착의 규제에 부정적 의견도 존재한다.[112]

그런데 독점규제법령에는 이윤압착에 관한 명시적 규정이 없다. 그렇지만, 학계에서는 종래부터 이윤압착 행위가 법 제5조 제1항 제3호의 부당한 사업활동 방해[113] 혹은 제5호 전단의 부당한 경쟁사업자 배제에 해당될 수 있다고 해석을 하였다.[114] 기업메시징서비스 사건에서 공정위는 시장지배적 사업자가 하류시장에서 용역의 판매가격을 낮게 책정한 행위를 제5호 전단의 부당한 경쟁사업자 배제 행위 중에서 부당염매에 해당한다고 보아 처분을 내렸고,[115] 법원은 아래와 같이 이를 수긍하였다.

■ **대법원 2021.6.30. 선고 2018두37700 판결**

… 수직 통합된 상류시장의 시장지배적 사업자가 그 지위를 남용하여 이윤압착행위를 함으로써 하류시장의 경쟁사업자가 부당하게 경쟁에서 배제될 우려가 있어 공정한 경쟁의 기반이

---

111) 대법원 2021.6.30. 선고 2018두37700 판결.

112) EU에서는 이윤압착 행위를 거래거절의 일종으로 보고 규제를 하고 있다. EU 최고법원은 이윤압착 행위는 그 사업자가 설정한 가격 수준이 절대적으로 높거나 낮아서 발생하는 착취남용과는 구별되어야 한다고 전제하고, 수직적으로 연관성 있는 두 가격의 차이가 불공정하여 하류시장의 경쟁사업자를 배제할 우려가 있는 것과 관계가 있다고 하였다. 또한, 하류시장에서의 반경쟁적 효과는 추정되는 것이 아니라 그러한 가격설정으로 하류시장의 진입 내지 성장이 저해될 수 있다는 가능성을 중심으로 그 효과가 입증되어야 한다고 밝혔다. Case 280/08 P, Deutsche Telekom AG v. European Commission.
반면 미국의 경우 이윤압착 규제에 대해서 전반적으로 소극적이다. 2009년 linkLine 사건에서 연방대법원은 이윤압착 행위에 대하여 수직적으로 통합된 사업자가 상류시장에서 거래의무를 지지 않는 경우 이윤압착 행위를 별개의 독자적인 위법행위 유형으로 인정할 수 없고, 다만 가격책정이 약탈적 가격설정의 요건을 충족시키는 경우에는 위법한 독점화 행위로 인정할 수 있다고 판단하였다. Pacific Bell Telephone Company v. linkLine, 555 U.S. 438 (2009).

113) 이윤압착을 상류시장에서 생산요소의 가격을 하류시장의 경쟁사업자가 경쟁할 수 없는 수준으로 책정한다는 측면에 초점을 맞추면 거래거절에 준하는 것으로 볼 수 있을 것이다.

114) 황태희, "시장지배적 사업자의 이윤압착 행위의 부당성 판단", 사법 제38호(2016), 705면; 이호영, "이윤압착행위에 대한 공정거래법의 적용에 관한 연구", 법경제학연구 제16권 제3호(2019), 348-350면.

115) 공정위 2015.2.23. 의결 제2015-49호.

> 유지될 수 없다면, 이윤압착행위는 공정한 경쟁을 통한 시장성과에 기초를 둔 이른바 '성과경쟁'이라는 정당한 경쟁방법에 해당한다고 보기 어렵다. 따라서 하류시장에서 완제품의 소매가격을 낮추는 형태로 이루어지는 시장지배적 사업자의 이윤압착행위가 '부당하게 상품 또는 용역을 통상거래가격에 비하여 낮은 대가로 공급하여 경쟁자를 배제시킬 우려가 있는 거래'로 평가될 수 있다면 ... 시장지배적 지위 남용행위로 보아 규제할 필요가 있다.

(나) 배타조건부거래

1) 의 의

부당하게 거래상대방이 경쟁사업자와 거래하지 아니할 것을 조건으로 그 거래상대방과 거래하는 경우를 말한다. 여기서 경쟁사업자와 거래하지 아니할 조건은, 시장지배적 사업자에 의하여 일방적·강제적으로 부과된 경우에 한하지 않고 거래상대방과의 합의에 의하여 설정된 경우도 포함된다. 또한 경쟁사업자와 거래하지 아니할 것을 조건으로 거래하는 행위는 그 조건의 이행 자체가 법적으로 강제되는 경우만으로 한정되지 않고, 그 조건 준수에 사실상의 강제력 내지 구속력이 부여되어 있는 경우도 포함된다. 따라서 실질적으로 거래상대방이 조건을 따르지 않고 다른 선택을 하기 어려운 경우 역시 여기에 포함된다.[116)]

제조사가 순정품만 판매하도록 의무를 부과하면서 이를 위반한 대리점에는 부품공급가격을 할증하고 기존 할인혜택을 폐지하는 등 거래조건에서 불이익을 주고 대리점 계약갱신을 거절하거나 계약을 해지할 수 있도록 하는 경우에는 배타조건부 거래행위에 해당한다.[117)] 또한, ① 식량작물용 화학비료의 일종인 BB비료는 자신과 전속 거래하도록 하고, ② 나머지 화학비료에 대하여도 자신이 정한 대농민 공급기준가격과 달리 일반에 판매할 경우에는 사전통보 없이 농협중앙회가 구매가격을 임의로 조정할 수 있도록 하는 한편, ③ 자신과 계약하였거나 이와 유사한 비료를 일반에 시판할 때에는 모든 종류의

116) 그 이유는 다음과 같다. 먼저 법령 문언이 그 조건 준수에 법적·계약적 구속력이 부여되는 경우만을 전제한다고 보기는 어렵다. 나아가 당연히 배타조건부 거래행위의 형식적 요건에 해당된다고 널리 인정되는 이른바 '전속적 거래계약'처럼 경쟁사업자와 거래하지 않기로 하는 구속적 약정이 체결된 경우와, 단순히 경쟁사업자와 거래하지 아니하면 일정한 이익이 제공되고 반대로 거래하면 일정한 불이익이 주어지는 경우 사이에는 경쟁사업자와 거래하지 않도록 강제되는 이익의 제공이 어느 시점에, 어느 정도로 이루어지는지에 따른 차이가 있을 뿐이고, 그와 같은 강제력이 실현되도록 하는 데에 이미 제공되었거나 제공될 이익이나 불이익이 결정적으로 기여하게 된다는 점에서는 실질적인 차이가 없다. 그러므로 여기에 더하여 경쟁제한적 효과를 중심으로 시장지배적 지위 남용행위를 규제하려는 법의 입법 목적까지 아울러 고려하여 보면, 결국 조건의 준수에 계약에 의한 법적 강제력 내지 구속력이 부과되는지 여부에 따라 배타조건부 거래행위의 성립요건을 달리 보는 것은 타당하지 않다. 따라서 경쟁사업자와 거래하지 않을 것을 내용으로 하는 조건의 준수에 이익이 제공됨으로써 사실상의 강제력 내지 구속력이 있게 되는 경우라고 하여 '경쟁사업자와 거래하지 아니할 것을 조건으로 거래하는 행위'에 형식적으로 해당되지 않는다고 볼 수는 없다. 대법원 2019.1.31. 선고 2013두14726 판결.

117) 서울고법 2012.2.1. 선고 2009누19269 판결; 대법원 2014.4.10. 선고 2012두6308 판결.

비료에 대하여 구매계약을 해지할 수 있도록 하는 전속거래계약을 체결한 행위는 배타조건부 거래행위에 해당한다.[118] 시장지배적 사업자가 제조사들에게 경쟁사업자들과 거래하지 않을 것을 조건으로 하여 리베이트를 제공하기로 한 행위에는 실질적인 구속력이 인정된다.[119] 반면, 제조사가 대리점에 순정품을 취급하도록 하였으나, 이러한 대리점의 의무위반에 관한 불이익을 정하는 조항을 두지 아니하여 어떤 불이익을 강제할 수 있었다고 보기 어려운 경우에는 대리점과의 사이에서 배타조건부거래 자체가 성립하지 않는다.[120]

2) 조건부 리베이트 제공행위

조건부 리베이트(conditional rebates)는 사업자가 일정 기준 이상의 특정 제품 또는 용역을 구매하는 것을 조건으로 구매자에게 제품 등의 구매대가를 감액하는 일체의 행위를 말한다.[121] 조건부 리베이트는 충성 리베이트(loyalty rebates, fidelity rebates)로 지칭되기도 한다. 조건부 리베이트는 항공사 마일리지, 커피숍의 일정량 이상 구매에 대해서 공짜 쿠폰 제공 등 일상 거래에서 많이 볼 수 있다. 조건부 리베이트는 한편으로 구매자에 대하여 가격할인의 성격을 가지지만, 다른 한편으로 구매자가 다른 사업자와 거래하지 않을 것을 유도함으로써 경쟁사업자를 배제한다는 점에서 배타적 성격도 가진다. 전자의 성격이 부각된다면 경쟁촉진적 관행으로 인정될 수 있지만, 후자의 성격이 부각된다면 경쟁제한적 관행으로 인정될 것이다. 이와 같이 조건부 리베이트 제공행위는 경제적으로 가격인하 효과를 갖는 반면(친경쟁적 효과), 고객이 그 사업자와의 거래관계에 고착될 유인을 제공하고 이로 인하여 다른 경쟁사업자들을 시장에서 배제하는 효과(반경쟁적 효과)를 초래할 수도 있으므로 경쟁법적으로 면밀한 분석이 필요하다.

■ 대법원 2019.1.31. 선고 2013두14726 판결(퀄컴 I 사건)

가격은 구매자가 상품 또는 용역의 구매 여부를 결정하는 데 고려하는 가장 중요한 요소 중 하나로, 시장경제체제에서 경쟁의 가장 기본적인 수단이다. 경쟁사업자들 사이의 가격을 통한 경쟁은 거래상대방과 일반 소비자 모두에게 이익이 될 수 있으므로 시장에서의 자유로운 가격 경쟁은 일반적으로 보호되어야 한다. 그런데 리베이트 제공행위는 단기적으로 거래상대방에게 이익이 될 수도 있을 뿐 아니라 그로 인한 비용의 절감이 최종소비자에 대한 혜택으로 돌아갈 여지가 있다. 또한 이는 실질적으로 가격 인하와 일부 유사하기도 하므로 일반적인 가격 할인과 같은 정상적인 경쟁수단과 구별하기가 쉽지 않은 측면이 있다. 이러한 관점에서 보

118) 대법원 2009.7.9. 선고 2007두22078 판결.
119) 대법원 2019.1.31. 선고 2013두14726 판결(퀄컴 I 사건).
120) 서울고법 2012.2.1. 선고 2009누19269 판결; 대법원 2014.4.10. 선고 2012두6308 판결.
121) 배현정, "독점규제법상 시장지배적 사업자의 로열티 리베이트 규제에 관한 연구", 고려대학교 박사학위논문(2010), 8-9면.

면, 시장지배적 사업자의 조건부 리베이트 제공행위가 그 자체로 위법하다고 단정할 수는 없다. 반면, 시장지배적 사업자가 제공하는 리베이트의 제공조건, 내용과 형태에 따라 그로 인한 경쟁제한적 효과 역시 커질 수 있다. 예컨대, 리베이트가 조건 성취 후에 제공되는 '사후적·소급적' 리베이트일수록, 그 제공되는 이익이 구매물량과 비례하여 '누진적'으로 커질수록 그 구매전환을 제한·차단하는 효과는 커지므로, 조건부 리베이트로 인한 경쟁제한적 효과 역시 커질 수 있다. 또한 단순히 일정 구매량에 대응하는 리베이트 제공보다는 구매자 자신이 특정 기간 시장 전체에서 구매한 구매물량 중 일정 비율을 리베이트 제공자로부터 구매하도록 강제하는 경우에는 그 경쟁제한적 효과가 더욱 클 수 있다. 게다가 표준기술을 보유한 시장지배적 사업자가 배타조건의 준수 대가로 특정 상품이나 용역의 구매에 대한 경제적 이익을 제공함과 동시에 표준기술에 대한 사용료도 함께 감액해주는 등으로 복수의 경제적 이익을 제공하는 경우에는 구매자들의 합리적인 선택이 왜곡될 수 있고 그 구매전환을 제한·차단하는 효과가 한층 더 커진다.

그런데 독점규제법령은 조건부 리베이트 제공행위를 명시적으로 규율하는 규정을 두고 있지 않다. 이러한 이유로 조건부 리베이트 제공행위가 법령에 명시된 행위요건 중에서 부당염매(약탈적 가격설정) 또는 배타조건부거래에 해당할 수 있는지에 관하여 논의가 있었다. 그러나 부당염매에 포섭하는 것은 가격할인의 측면에 초점을 맞춘 것이나 조건부 리베이트 고유의 배타적 속성이 간과된다는 점에서 과소집행 우려가 있다.[122] 한편, 배타조건부거래에 포섭하는 것에 대해서는 조건부 리베이트가 본질적으로 구매자를 구속하지 않고 유도하는 행위이므로 양자를 달리 취급해야 한다는 주장도 있으나,[123] 배타조건부거래는 거래 상대방이 경쟁사업자와 거래하지 않을 것을 명시적으로 거래조건에 설정하지 않아도 '사실상' 배타조건부 거래관계가 형성되었다면 성립할 수 있으므로, 배타조건부거래에 포섭할 수 있다고 보아야 할 것이다. 즉, 시장지배적 사업자가 제시한 조건에 위반될 경우 거래중단, 공급량 감소, 채권회수, 판매장려금 지급중지 등 불이익이 가해진다면 그 조건은 구속 효과를 가진다고 볼 수 있을 것이다.[124] 공정위와 법원도 조건부 리베이트 제공행위를 배타조건부거래의 한 유형으로 포섭하여 분석하고 있다.

---

122) 동지: 홍명수, "독점규제법상 리베이트 규제의 검토", 법과 사회 제34권(2008), 387면; 장품, "조건부 리베이트의 경쟁제한성 판단기준", 저스티스 제165호(2018), 266면.
123) 이창훈, "로열티 리베이트의 행위유형 포섭에 대한 소고", 경쟁저널 제176호(2014), 43면.
124) 장품, "조건부 리베이트의 경쟁제한성 판단기준", 저스티스 제165호(2018), 267면.

3. 배제남용의 부당성 판단기준

(1) 경쟁제한성

제1편에서 살펴본 바와 같이 경쟁제한성은 시장에서 자유롭고 공정한 경쟁이 감소하여 소수 사업자들에게 시장지배력이 형성·유지·강화되고, 그들이 집중된 시장지배력을 바탕으로 가격이나 수량 등의 거래조건에 영향을 미칠 수 있는 상태가 되거나 그러한 우려가 있는 것을 말한다. 배제남용은 시장지배적 사업자가 기존 경쟁사업자의 시장 퇴출 혹은 잠재적 경쟁사업자의 시장진입 방해를 위하여 위법한 수단을 사용하는 행위이므로 그 부당성의 판단기준은 경쟁제한성으로 파악하는 것이 자연스럽다. 그런데 독점규제법은 시장지배적 지위남용과 관련하여 법문에 부당성 판단표지를 명시적으로 언급하지 않고 있기 때문에, 포스코 판결이 선고되기 전까지는 그 기준을 무엇으로 보아야 할 것인지에 관해서 불확실성이 존재하였다. 포스코 판결 선고 이전에만 하더라도 실무에서는 형식주의의 영향이 커서, 시장지배적 사업자가 법에 열거된 행위요건을 충족하면 부당성은 원칙적으로 인정된다는 인식도 강하였다. 포스코 판결은 그 이후에 많은 논란을 낳고 있지만 배제남용의 부당성 판단기준을 경쟁제한성으로 분명히 밝혔다는 점에서 큰 의미가 있다고 할 수 있다.

■ 형식주의적 접근과 효과주의적 접근

형식주의적 접근이란 사업자의 행위가 독점규제법이 금지하는 행위유형에 해당하기만 하면 그 효과를 별도로 분석하지 않고 부당성을 인정하는 것이다. 예를 들어 시장지배적 사업자가 배타조건부거래를 한 사실이 인정되면 해당 행위의 경제적 효과를 별도로 분석할 필요 없이 이를 시장지배적 지위남용으로 인정하는 것이다. 다른 나라의 경우와 달리 우리 독점규제법은 행위요건을 비교적 상세히 열거하고 있는데, 이러한 규정의 형식도 일단 행위요건을 충족하면 쉽게 부당성을 인정할 수 있다는 형식주의적 접근의 근거가 되었다. 반면, 효과주의적 접근이란 행위요건을 충족하더라도 그 행위의 경제적 효과를 별도로 살펴서 폐해요건의 충족 여부를 따져서 부당성을 인정하는 것을 말한다. 형식주의적 접근에 대해서는 과연 '경쟁사업자 내지 거래상대방에 대한 피해'가 곧바로 '경쟁에 대한 피해'라고 단정할 수 있는지에 대해 의문이 제기되었고, 이것이 효과주의적 접근이 설득력을 얻게 되는 배경이 되었다. 배제남용에 관해서 포스코 판결은 효과주의적 접근을 채택하였다.

(2) 포스코 판결

(가) 사안의 개요

국내 유일의 일관제철업체인 포스코가 현대하이스코의 냉연강판공장의 완공을 전후하여 현대하이스코가 시험가동 또는 제품생산을 위해서 냉연강판의 제조에 필수적인 열연코일(hot coil)의 공급을 수차례 요청하였음에도 이를 거절한 행위가 문제되었다. 공정위는 이를 기타의 부당한 사업활동 방해행위로 보아 금지하였다.[125)] 서울고법도 공정위 처분을 인용하였다.[126)] 그러나 대법원은 그 거래거절로 인하여 거래상대방이 받은 구체적인 불이익 이외에 현실적으로 경쟁제한의 결과가 나타났다고 인정할 만한 증거가 없다는 이유로 그 행위의 부당성을 부인하였다.[127)]

(나) 포스코 판결 다수의견의 요지

시장지배적 사업자의 지위남용행위로서의 거래거절의 부당성은 '독과점적 시장에서의 경쟁촉진'이라는 입법목적에 맞추어 해석하여야 할 것이므로, 시장지배적 사업자가 개별 거래의 상대방인 특정사업자에 대한 부당한 의도와 목적을 가지고 거래거절을 한 모든 경우 또는 그 거래거절로 인하여 특정 사업자가 사업활동에 곤란을 겪게 되었다거나 곤란을 겪게 될 우려가 발생하였다는 것과 같이 특정 사업자가 불이익을 입게 되었다는 사정만으로는 그 부당성을 인정하기에 부족하고, 그 중에서도 특히 시장에서의 독점을 유지·강화할 의도나 목적, 즉 시장에서의 자유로운 경쟁을 제한함으로써 인위적으로 시장질서에 영향을 가하려는 의도나 목적을 갖고, 객관적으로도 그러한 경쟁제한의 효과가 생길 만한 우려가 있는 행위로 평가될 수 있는 행위로서의 성질을 갖는 거래거절행위를 하였을 때에 그 부당성이 인정될 수 있다고 할 것이다.

그러므로 시장지배적 사업자의 거래거절행위가 그 지위남용행위에 해당한다고 주장하는 피고로서는 그 거래거절이 상품의 가격상승, 산출량 감소, 혁신 저해, 유력한 경쟁사업자의 수의 감소, 다양성 감소 등과 같은 경쟁제한의 효과가 생길 만한 우려가 있는 행위로서 그에 대한 의도와 목적이 있었다는 점을 입증하여야 할 것이고, 거래거절행위로 인하여 현실적으로 위와 같은 효과가 나타났음이 입증된 경우에는 그 행위 당시에 경쟁제한을 초래할 우려가 있었고 또한 그에 대한 의도나 목적이 있었음을 사실상 추정할 수 있다 할 것이지만, 그렇지 않은 경우에는 거래거절의 경위 및 동기, 거래거절행위의 태양, 관련시장의 특성, 거래거절로 인하여 그 거래상대방이 입은 불이익의 정도, 관련시장에서의 가격 및 산출량의 변화 여부, 혁신 저해 및 다양성 감소 여부 등 여러 사정을 종합적으로 고려하여 거래거절행위가 위에서 본 경쟁제한의 효과가 생길 만한 우려가 있는 행위로서 그에 대한 의도나 목적이 있었는지를 판단하여야 할 것이다. … (중략) …

원심은 원고가 강관용 열연코일을 자동차용으로 전환하여 공급하는 것을 포함하여 참가인에게 자동차냉연강판용 열연코일을 공급하는 것은 고부가가치 최종제품인 자동차용

---

125) 공정위 2001.4.12. 의결 제2001-068호.

126) 서울고법 2002.8.27. 선고 2001누5370 판결.

127) 대법원 2007.11.22. 선고 2002두8626 전원합의체 판결.

냉연강판의 판매를 포기하고 경쟁자인 참가인의 자동차강판제조용 원료공급업체로 전락하는 것이라는 취지의 입장을 표방하여 온 사실, 원고는 자기보다 먼저 냉연강판을 생산해 온 연합철강이나 동부제강에게는 냉연용 열연코일을 공급하여 왔음에도 자기가 냉연강판을 생산한 이후에 냉연강판시장에 진입하게 된 참가인에게만은 냉연용 열연코일의 공급을 거부하고 있는 사실, 그리하여 참가인은 냉연용 열연코일의 구매를 전적으로 수입에 의존할 수밖에 없는 상황에서 열연코일 수입에 따른 추가비용부담(운임, 관세, 하역비 등), 거래의 불안정성(물량의 안정적 확보 곤란, 원료 혼용에 따른 생산성 저하, 과다한 운송기간에 따른 시장변화에 대한 신속한 적응 곤란, 환리스크 등) 등으로 인하여 사업활동에 상당한 어려움을 겪고 있고, 또 열연코일의 국내 구매가 불가능하다는 사정으로 인하여 외국으로부터 열연코일 수입시 구매력이 약해지고 거래조건 협상이 불리해지는 여건에 처해 있는 사실을 인정한 다음, 원고의 참가인에 대한 거래거절행위는 열연코일시장에서의 자기의 시장지배적 지위를 이용하여 냉연강판시장에 새로 진입한 경쟁사업자인 참가인에 대하여 냉연강판 생산에 필수적인 열연코일의 거래를 거절함으로써 열연코일시장에서의 시장지배적 지위를 남용하여 냉연강판시장에서 경쟁사업자인 참가인의 사업활동을 방해하고 자기의 시장지배적 지위를 계속 유지·강화하려는 의도 하에 행해진 행위로서, 이는 시장에서의 경쟁촉진을 통해 소비자 후생을 극대화하고 국민경제의 발전을 도모한다는 법 취지에 어긋날 뿐만 아니라, 참가인에게 단순한 불편이나 경제적 손실의 정도를 넘어 경쟁자로서 충분하게 기능할 수 없을 정도의 장애를 초래하여 경쟁저해의 결과를 가져 온 것이라 할 것이므로, 원고의 참가인에 대한 거래거절행위는 시장지배적 사업자가 특정 사업자의 사업활동을 어렵게 하는 부당한 행위에 해당한다고 판단하였다.

그러나 앞서 본 바와 같이, 시장지배적 사업자의 거래거절로 인하여 관련시장에서 상품의 가격상승 등 현실적으로 경쟁제한의 효과가 나타난 경우에는 그에 대한 우려가 있는 행위로서 시장지배적 사업자에게 경쟁제한의 의도나 목적이 있었음을 사실상 추정할 수 있다고 할 것인데, 원심이 들고 있는 사정들은 모두 원고의 이 사건 거래거절행위에 의하여 참가인이 입게 된 구체적 불이익에 불과한 것들로서 현실적으로 경쟁제한의 결과가 나타났다고 인정할 만한 사정에 이르지 못할 뿐만 아니라, 오히려 원심에 제출된 증거들에 의하면, 원고의 이 사건 거래거절행위에도 불구하고 참가인은 일본으로부터 열연코일을 자신의 수요에 맞추어 수입하여 냉연강판을 생산 판매하여 왔고, 냉연강판공장이 완공되어 정상조업이 개시된 2001년 이후부터는 지속적으로 순이익을 올리는 등 냉연강판 생산·판매사업자로서 정상적인 사업활동을 영위하여 왔던 사실을 알 수 있으며, 또한 원고의 이 사건 거래거절행위 이후 국내에서 냉연강판의 생산량이 줄었다거나 가격이 상승하는 등 경쟁이 제한되었다고 볼 만한 자료도 나타나 있지 않으므로, 경쟁 저해의 결과를 초래하였다는 원심의 판단을 수긍하기 어렵다.

또한 이 사건 거래거절행위는 냉연강판시장에 원재료인 냉연용 열연코일을 공급하던 원고가 냉연강판시장에 진입한 이후에도 경쟁사업자에 해당하는 기존의 냉연강판 제조업체들에게는 계속적으로 냉연용 열연코일을 공급하여 오다가 새로이 냉연강판시장에 진입한 경쟁사업자인 참가인에 대하여 신규공급을 거절한 것인바, 비록 원고가 열연코일시장에서의 시장지배적 지위를 이용하여 후방시장인 냉연강판시장에서의 신규 경쟁사업자에게 영향을 미칠 수 있는 거래거절행위를 한 것이긴 하나, 이는 원재료 공급업체가 새로이 냉연강판시장에 진입하면서 기존의 냉연강판 제조업체에 대한 원재료의 공급을 중단하여 경쟁사업자의 수를 줄이거나 그의 사업능력을 축소시킴으로써 경쟁제한의 결과를 낳는 경우와는 달리, 원고와 기존 냉연강판 제조업체들에 의하여 형성된 기존의 냉연강판시장의 틀을 유지하겠다는 것이어서 그 거래거절에 의하여 기존 냉연강판시장의 가격이나 공급량 등에 직접적으로 영향을 미치지는 아니하므로, 참가인의 신규 참여에 의하여 냉연강판시장에서 현재보다 소비자에게 유리한 여건이 형성될 수 있음에도 참가인이 원고 외의 다른 공급사업자로부터 열연코일을 구입할 수 없어, 거래거절에 의하여 신규 참여가 실질적으로 방해되는 것으로 평가될 수 있는 경우에 이르지 않는 한, 그 거래거절 자체만을 가지고 경쟁제한의 우려가 있는 부당한 거래거절이라고 하기에는 부족하다고 보아야 할 것이다. 오히려 이 사건에서는 앞서 살펴 본 바와 같이, 원고의 거래거절행위에도 불구하고 참가인은 일본으로부터 열연코일을 자신의 수요에 맞추어 수입하여 냉연강판을 생산·판매하여 왔고 순이익까지 올리는 등 정상적인 사업활동을 영위하여 옴으로써 결국 냉연강판시장의 규모가 확대되었다고 할 것이다. 따라서 이와 같은 사정과 아울러 이 사건 거래거절행위로 인하여 거래거절 당시 생산량 감소나 가격 상승과 같은 경쟁제한효과가 발생할 우려가 있었다는 사정에 관한 자료도 없는 점에 비추어 보면, 위에서 본 바와 같이 원심이 들고 있는 이 사건 거래거절로 인하여 참가인이 입게 된 불이익에 관한 사정들만으로는 이 사건 거래거절행위를 거래거절 당시 경쟁제한의 효과가 생길만한 우려가 있는 행위로 평가하기에는 부족하다고 봄이 상당하다.

(다) 포스코 판결의 의미

포스코 판결 이전에는 독점규제법이 배제남용이 아니라 독일식의 방해남용을 규제하는 것이라는 주장도 있었고, 또한 시장지배적 사업자가 행위요건을 충족하면 부당성이 인정된다는 형식주의적 접근(form based analysis)과 위의 각 행위가 있더라도 행위로 인한 경쟁제한효과를 별도로 따져서 부당성 여부를 판단해야 한다는 효과주의적 접근(effect based analysis) 사이의 논쟁이 있었다. 그런데 포스코 판결을 긍정적으로 보는 입장에서는, 이 판결은 시장지배적 사업자의 남용행위가 방해남용이 아니라 배제남용이라는 점을 분명히 하였고, 배제남용의 부당성 판단기준을 경쟁제한성에 초점을 맞추는 효과주의적 접근을 채택하였다는 점에서 의의가 크다고 한다.[128] 반면, 포스코 판결이 경쟁제한성의 요건으로서 객관적 요건 이외에 주관적 요건도 함께 요구한 점에 대하여는 글로벌 스탠다드에 부합하지 않는다는 비판이 가해지고 있다.[129]

한편, 포스코 판결에 대해서는 시장의 성과에 대한 영향을 감지하기 어려운 경쟁과정에 대한 침해 행위에 대해서는 이를 시장지배적 지위남용으로 규율하기 어렵게 되었다는 비판도 있다. 그렇지만, 포스코 판결은 배제남용으로 인하여 경쟁제한효과가 발생한 경우에는 물론이지만, 설령 아직 그러한 효과가 발생하지 않았다고 하더라도 그러한 우려가 있는 경우에도 부당성을 인정할 여지를 열어두고 있기 때문에, 단기적으로 시장성과를 감지하기 어려운 행위라고 하여 곧바로 면죄부가 주어지는 것은 아니다. 따라서 포스코 판결 이후에는 당해 남용행위로 인하여 시장에서 경쟁제한효과가 발생할 우려가 있는지 여부에 대한 '입증'이 중요한 과제가 되고 있다.[130] 이는 시장에 대한 깊은 이해와 분석이 전제되지 않으면 안 되는 것이기 때문에 경쟁당국이나 사업자 모두에게 중요한 과제를 남겨 두었다고 할 수 있는데, 아무래도 그 입증책임을 지는 경쟁당국의 부담이 더 커진 것으로 볼 수 있다.

(3) 경쟁제한성의 판단

(가) 일반원칙

배제남용 행위의 부당성은 시장지배적 사업자가 시장에서 독점을 유지·강화할 의도나 목적, 즉 시장에서의 자유로운 경쟁을 제한함으로써 인위적으로 시장질서에 영향을 미치려는 의도나 목적을 갖고, 객관적으로도 그러한 경쟁제한의 효과가 생길 우려가 있다고 평가할 수 있는 행위를 하였을 때 인정된다. 이를 위해서는 그 행위가 상품의 가격상승, 산출량 감소, 혁신 저해, 유력한 경쟁사업자의 감소, 다양성 감소 등과 같은 경쟁제한의 효과가 생길 우려가 있는 행위로서 그에 대한 의도와 목적이 있었다는 점이 증명되어야 한다. 그 행위로 현실적으로 위와 같은 효과가 나타났음이 증명된 경우에는 행위당시에 경쟁제한을 초래할 우려가 있고 그에 대한 의도나 목적이 있음을 사실상 추정할

---

128) 이황, "공정거래법상 단독의 위반행위 규제의 체계 – 시장지배적 지위 남용행위로서의 거래거절행위의 위법성, 그 본질과 판단 기준", 사법 제5호, 사법발전재단(2008.9), 256-257면.

129) EU에서는 ECJ가 Hoffman-La Roche 사건에서 TFEU 제102조의 남용 개념은 시장지배적 지위에 있는 사업자가 시장의 구조에 영향을 미치는 행위에 관한 객관적인 개념이며, 그 사업자가 경쟁자를 배제하거나 경쟁을 약화시키려는 주관적 의도에 의존하는 것이 아니라고 판시하였다. Jones/Sufrin(2014), pp. 372-378 참조. 그리고 미국에서도 셔먼법 제2조의 독점화의 주관적 요건은 일반적 의도(general intent)를 의미하는 것으로서, 이는 독점 사업자가 배제적 행위를 하는 것에서 추인될 수 있으며, 주관적 의도는 문제되는 행위의 성격이 모호한 경우에 그 행위가 경쟁제한효과를 낳을 것인지를 추론하는데 도움을 줄 수 있는 정도의 역할을 하는 것으로 보고 있다. Hovenkamp(2005), pp. 302-303; ABA(2007), pp. 242-243 참조.

130) EU에서는 배제남용의 핵심을 "반경쟁적 봉쇄(anticompetitive foreclosure)"에서 찾고 있다. 당해 행위로 인하여 반경쟁적 봉쇄효과가 "발생할 우려(is likely to)"가 있다는 "납득할 만한(cogent and convincing)" 증거가 있는 경우에 개입한다는 점에서 우리나라의 포스코 판결과 유사한 태도를 취하고 있다고 할 수 있다.

수 있다. 그렇지 않은 경우에는 행위의 경위와 동기, 행위의 양태, 관련 시장의 특성, 유사품과 인접시장의 존재 여부, 관련 시장에서의 가격과 산출량의 변화 여부, 혁신 저해와 다양성 감소 여부 등 여러 사정을 종합적으로 고려하여 그 행위가 경쟁제한의 효과가 생길 우려가 있고 그에 대한 의도나 목적이 있었는지를 판단하여야 한다.[131]

가격상승 또는 산출량 감소, 상품·용역의 다양성 제한, 혁신 저해, 봉쇄효과, 경쟁사업자의 비용 상승 효과 등의 판단요소는 상호 배타적이지 않다. 즉 여러 경쟁제한효과 또는 그 우려가 동시에 발생할 수도 있고, 어느 한 판단요소가 다른 판단요소의 원인 또는 결과가 될 수도 있다. 예를 들어 소비자가 구매할 수 있는 상품·용역의 다양성 감소는 결국 일정한 거래분야에서 경쟁의 압력을 저하시켜 가격상승 또는 산출량 감소를 초래할 수 있다. 그리고 경쟁제한효과를 판단함에 있어서는 일정한 거래분야에서 시장지배적 지위 남용 혐의 행위가 없었을 경우의 시장상황과 비교하거나, 유사시장 또는 인접시장과 비교하는 방법을 활용할 수 있다. 한편, 판례는 부당성은 개별 남용행위의 유형과 특징도 고려하여 판단하고 있다. 이에 따라 배제남용 행위 중 몇몇 유형에 대해서는 부가적 판단기준이 제시되고 있는데, 아래에서 살펴 보기로 한다.

(나) 배타조건부 거래행위

배타조건부 거래행위가 부당한지 여부는, 배타조건부 거래행위로 인하여 대체적 물품 구입처 또는 유통경로가 봉쇄·제한되거나 경쟁사업자 상품으로의 구매전환이 봉쇄·제한되는 정도를 중심으로,[132] 그 행위에 사용된 수단의 내용과 조건, 배타조건을 준수하지 않고 구매를 전환할 경우에 구매자가 입게 될 불이익이나 그가 잃게 될 기회비용의 내용과 정도, 행위자의 시장에서의 지위, 배타조건부 거래행위의 대상이 되는 상대방의 수와 시장점유율, 배타조건부 거래행위의 실시 기간 및 대상이 되는 상품 또는 용역의 특성, 배타조건부 거래행위의 의도 및 목적과 아울러 소비자 선택권이 제한되는 정도, 관련 거래의 내용, 거래 당시의 상황 등 제반 사정을 종합적으로 고려하여야 한다.[133] 그리고 시장지배적 지위 남용행위로서의 배타조건부 거래행위는 거래상대방이 경쟁사업자와 거래하지 아니할 것을 조건으로 그 거래상대방과 거래하는 경우이므로, 통상 그러한 행위 자체에 경쟁을 제한하려는 목적이 포함되어 있다고 볼 수 있는 경우가 많을 것이라고 한다.[134]

---

131) 대법원 2007.11.22. 선고 2002두8626 전원합의체 판결; 대법원 2019.1.31. 선고 2013두14726 판결 등 참조.

132) 판례가 경쟁사업자의 시장 진입 내지 확대 기회의 봉쇄 정도 및 비용 증가 여부를 제시하고 있는데, 이는 포스트 시카고 학파의 아이디어를 수용한 것이라고 볼 수 있다.

133) 대법원 2009.7.9. 선고 2007두22078 판결; 대법원 2019.1.31. 선고 2013두14726 판결.

134) 대법원 2009.7.9. 선고 2007두22078 판결.

(다) 조건부 리베이트 제공행위

조건부 리베이트 제공행위는 배타조건부거래의 한 유형이므로, 원칙적으로 배타조건부거래에 관한 부당성 판단기준인 반경쟁적 봉쇄효과에 초점을 맞춰 분석을 하여야 할 것이다. 그런데 조건부 리베이트 제공행위는 가격요소가 없는 다른 배타조건부거래와 달리 가격할인의 긍정적 측면도 분명히 존재하기 때문에 부당성 판단에 있어서는 봉쇄효과와 가격할인효과를 종합적으로 고려하여 접근할 필요가 있다. 따라서 다양한 형태의 조건부 리베이트 제공행위의 부당성을 판단할 때에는, 리베이트의 양면적 성격과 배타조건부 거래행위의 부당성 판단 기준을 염두에 두고, 리베이트의 지급구조, 배타조건의 준수에 따라 거래상대방이 얻게 되는 리베이트의 내용과 정도, 구매전환 시에 거래상대방이 감수해야 할 불이익의 내용과 정도, 거래상대방이 구매전환이 가능한지 여부를 고려하였는지 여부 및 그 내용, 리베이트 제공 무렵 경쟁사업자들의 동향, 경쟁사업자의 시장진입 시도 여부, 리베이트 제공조건 제시에 대한 거래상대방의 반응, 거래상대방이 리베이트가 제공된 상품 내지 용역에 관하여 시장지배적 사업자에 대한 잠재적 경쟁자가 될 수 있는지 여부, 배타조건부 거래행위로 인하여 발생할 수도 있는 비용 절감 효과 등이 최종소비자들에게 미치는 영향 등을 아울러 고려하여야 한다.[135]

그렇지만 조건부 리베이트 제공행위가 가격할인의 성격을 가지고 있다고 하여 약탈적 가격설정의 판단기준을 적용해야 하는 것은 아니라는 점에 유의할 필요가 있다. 조건부 리베이트 제공행위로 인한 부정적 효과 때문에 그러한 행위가 반드시 소비자 후생증대에 기여하지는 않는 점, 장기간의 계약을 체결함으로써 부당한 배타조건부 거래행위에 해당하게 되는 경우에 그 계약체결을 위하여 반대급부로 제공된 이익이 비용 이하에 해당하는지 여부를 반드시 고려해야 한다고 볼 수는 없는 점 등을 고려하면, 이른바 약탈적 가격설정과 비교하여 그 폐해가 발생하는 구조와 맥락이 다른 조건부 리베이트 제공행위를 그와 마찬가지로 보아 동일한 부당성 판단 기준을 적용할 수는 없다. 따라서 이러한 부당성 인정의 전제조건으로, 리베이트 제공이 실질적으로 비용 이하의 가격으로 판매한 경우에 해당하여야 한다는 점이나 시장지배적 사업자와 동등한 효율성을 가진 가상의 경쟁사업자 또는 실제 경쟁사업자들이 리베이트 제공에 대하여 가격 및 비용 측면에서 대처하는 데 지장이 없었다는 점 등에 관하여 회계적 · 경제적 분석 등을 통한 공정위의 증명이 필수적으로 요구되는 것은 아니다.[136]

---

135) 대법원 2019.1.31. 선고 2013두14726 판결.

136) 한편 사업자는 조건부 리베이트 제공행위의 사실상 구속력이나 부당성 증명을 위하여 위와 같은 경제분석을 사용하여 그 결정의 신뢰성을 높이는 것은 권장될 수 있다. 나아가 통상의 경우 사업자는 경제분석의 기초가 되는 원가자료나 비용 관련 자료, 리베이트의 설계방식과 목적 · 의도와 관련한 자료 등은 보유하고 있으므로, 경제분석의 정확성이나 경제분석에 사용된 기초자료의 신뢰성 · 정확성과 관련한 모호함이나 의심이 있는 상황에서는, 사업자가 그 기초자료나 분석방법 등의 신빙성을 증명함으로써 조건부 리베이트 제

(라) 이윤압착

먼저, 행위자가 수직 통합된 사업자로서 상류시장에서 시장지배적 지위가 인정되어야 하고, 하류시장에서도 시장지배적 지위에 있는지 여부, 각 시장에서 시장지배력의 정도, 상류시장의 원재료 등의 특성과 그 원재료 등이 하류시장에서 판매하는 완제품의 생산·공급·판매에 필수적인 요소이거나 원재료 등에 해당하는지 여부와 그 정도, 원재료 등과 완제품의 기능적 연관성과 비교 가능성, 대체가능성, 두 시장의 신규나 재진입에 관한 법률적·제도적 또는 사실적·경제적 진입 장벽의 존재와 정도, 시장지배적 사업자와 경쟁사업자의 시장점유율, 상대적 규모의 차이, 관련 공법적 규제의 내용 등을 고려할 필요가 있다. 다음으로, 원칙적으로 시장지배적 사업자가 설정한 도매가격과 소매가격의 차이와 시장지배적 사업자의 비용을 기초로 하되 특별한 사정이 있는 경우에는 예외적으로 경쟁사업자의 비용을 바탕으로 이윤압착의 정도를 검토해 보아야 한다. 나아가 행위가 지속된 기간, 해당 거래의 대상이 되는 완제품의 특성, 해당 거래의 규모나 매출액에서 차지하는 비중, 거래 당시의 구체적인 시장 상황 등을 고려할 때 시장지배적 사업자가 해당 가격으로 거래할 경우 하류시장 경쟁사업자로서는 정상적으로 사업을 영위하기 어려워 유력한 현실적 또는 잠재적 경쟁사업자의 시장진입이나 확대의 기회가 봉쇄되거나 봉쇄될 우려가 있는지 여부와 그 정도, 하류시장에서 경쟁사업자의 비용이 증대되는 등으로 경쟁에서 배제될 우려가 있는지 여부와 그 정도, 시장지배적 사업자의 지배적 지위가 강화되는지 여부와 그 정도, 그로 인하여 장기적으로 소비자 폐해가 발생할 우려가 있는지 여부를 중점적으로 살펴보아야 한다. 나아가, 하류시장에서 완제품의 소매가격을 낮게 설정하는 방식으로 이윤압착행위가 이루어지는 경우 거래상대방의 비용이 절감됨으로써 최종소비자 가격이 인하될 가능성이 있으므로, 그 부당성을 판단할 때에는 단기적으로 발생할 수 있는 소비자후생 증대효과도 아울러 고려할 필요가 있다. 이윤압착 유형의 시장지배적 지위 남용행위로 경쟁사업자가 배제될 우려는 위와 같이 상류시장과 하류시장이 연결되어 있는 관련 시장의 구조적 특징과 시장지배적 사업자의 지위에 기반을 둔 '도매가격과 소매가격의 차이'에서 비롯되는 것이므로 이를 상류시장과 하류시장에서 발생할 수 있는 문제로 각각 분리함을 전제로 부당성을 판단할 필요는 없다.[137)]

(4) 경쟁제한성의 입증

배제남용의 경쟁제한성 입증의 수준과 관련하여 법원은 구체적으로 어떠한 요소들을 고려하는지를 살펴보기 위하여 아래에서 몇 가지 사례들을 분석한다.

공행위의 사실상의 구속력이나 부당성에 관한 공정위의 일응의 합리적 증명을 탄핵할 수는 있다.

137) 대법원 2021.6.30. 선고 2018두37700 판결.

(가) 사업활동 방해 사건

유사한 성격의 사업활동 방해행위의 경쟁제한성에 대하여 법원은 상반된 판결을 선고하였다. 현대자동차와 기아자동차는 그 판매대리점[138]에 대하여 그들이 거점을 이전하거나 판매인원을 채용할 때에 자신의 승낙을 받거나 심사를 거치도록 하는 등의 방법으로 판매대리점의 사업활동을 제한하였다.[139] 공정위는 국내 승용차 및 5톤 이하 화물차 판매시장에서 시장지배적 지위를 차지하고 있는 현대/기아자동차 회사의 이러한 행위는 시장지배적 사업자의 사업활동 방해행위에 해당된다고 보아 시정조치를 내리고 과징금을 부과하였다.[140] 그런데 법원은 서울고법과 대법원은 위 행위에 대하여 현대자동차의 경우에는 경쟁제한성을 인정한 반면, 기아자동차의 경우에는 경쟁제한성을 인정하지 않았다.

1) 현대자동차에 대한 경쟁제한성 판단

국내 승용차 판매시장 및 5톤 이하 화물차(트럭) 판매시장에서 시장지배적 사업자인 원고는 별다른 합리적인 사유 없이 노동조합과의 협의 지연 또는 노동조합의 반대 등을 이유로 9건의 판매대리점 거점 이전 승인을 지연하거나 거부하고 약 170건의 판매대리점 판매 인원 채용등록을 지연하거나 거부하는 등 이 사건 사업활동 방해행위를 하였는데, 이는 원고가 판매대리점의 거점 이전 및 판매인원 채용으로 인하여 직영판매점의 경쟁력이 약화될 것을 우려하였기 때문인 사실, 판매대리점의 판매를 결정하는 주된 요소는 전시장 거점, 판매인원 수, 판매인원의 판매력으로서, 상권에 대한 고려와 함께 고객의 방문을 유도하기 위한 장소의 선택, 방문 고객을 위한 차량 전시장의 확보는 판매대리점 영업활동에 있어 중요한 환경요소이고, 판매인원의 증감에 따라 판매실적이 정비례하며, 또한 판매 경로 중 방문 고객에 대한 판매가 12.3% 내지 40%를 차지하고, 판매인원을 통한 판매가 60% 내지 87.7%를 차지하는 사실, 이에 따라 판매대리점으로서는 거점을 이전해야만 하는 상황에서 이전이 지연되거나 유능한 판매인원을 확보하지 못하게 되면 같은 지역 내에서 경쟁하고 있는 직영판매점에 비하여 경쟁력이 약화될 수밖에 없는 사실, 원고의 시장점유율은 높은데 경쟁사업자의 수는 적고 경쟁사업자의 시장점유율은 낮아 원고의 판매대리점들이 다른 자동차 판매회사의 판매대리점으로 전환할 가능성도 제한되어 있는 사실, 이 사건 사업활동 방해행위의 대상이 된 판매대리점은 400여 개 판매

138) 이 사건 판매대리점은 자동차 회사의 명의와 계산으로 자동차 회사를 대리하여 자동차를 판매하고 그에 따른 판매수수료를 받는 상법 제87조 이하에 규정된 대리상(그 중 체약대리상) 또는 이와 유사한 계약에 해당된다.

139) 판매대리점의 판매가 늘어나면 결과적으로 자동차 회사의 판매도 늘어나기 때문에 양자의 이해관계가 일치하는 측면이 있다. 반면, 현대자동차와 기아자동차는 자동차를 생산한 후 판매대리점을 통하여 이를 판매할 뿐만 아니라, 자신도 직영판매점(지점)을 통하여 자동차를 판매하고 있기 때문에 직영판매점과 판매대리점은 이들이 생산한 자동차라는 같은 브랜드 상품을 판매함에 있어서 상호 경쟁관계, 이른바 브랜드내 경쟁(intrabrand competition) 관계에 놓여 있어서 이해관계가 상반되는 측면이 있다.

140) 공정위 2007.5.18. 의결 제2007-281호.

대리점 중 100여 개로서 20%가 넘는 사실, 이 사건 사업활동 방해행위로 인하여 소비자로서는 판매대리점보다 직영판매점을 더 선택할 수밖에 없게 되고 이로 인해 서비스 질 제고 및 가격인하 유인이 축소될 수 있는 사실을 알 수 있다. ... 원고의 이 사건 사업활동 방해행위는 국내 승용차 판매시장 및 5톤 이하 화물차(트럭) 판매시장에서 직영판매점과 판매대리점의 자유로운 경쟁을 제한함으로써 인위적으로 시장질서에 영향을 가하려는 의도나 목적을 갖고, 객관적으로도 그러한 경쟁제한의 효과가 생길 만한 우려가 있는 행위로 평가될 수 있[다].[141]

2) 기아자동차에 대한 경쟁제한성 판단

국내 승용차 판매시장 및 5t 이하 화물차(트럭) 판매시장에서 시장지배적 사업자인 원고는 직영점과의 이격거리 미달, 노동조합의 반대 등을 이유로 3개 판매대리점의 거점이전 신청을 지연하거나 거부하였고, 이로 인하여 3개 판매대리점이 영업활동을 방해받게 되었음은 인정된다고 할 것이나, 원고의 위와 같은 방해행위로 인하여 상품의 가격 상승, 산출량 감소, 혁신 저해, 유력한 경쟁사업자 수의 감소, 다양성 감소 등과 같은 경쟁제한 효과가 발생하였다고 볼 아무런 증거가 없고, 원고가 시장에서의 독점을 유지·강화할 의도나 목적을 가지고 위와 같은 방해행위를 하였다고 볼 증거도 없[다].[142]

3) 분 석

위의 두 사건에서 현대자동차와 기아자동차는 판매대리점의 거점이전 신청을 지연하거나 거부하는 등의 행위를 동일하게 하였지만, 법원은 현대자동차에 대해서는 경쟁제한성을 인정한 반면, 기아자동차에 대해서는 이를 인정하지 않았다. 그 이유는 현대자동차의 경우에는 지연, 거부의 대상이 된 건수가 179건에 달한 반면, 기아자동차의 경우에는 3건에 불과하다는 양적인 차이가 존재하였고, 현대자동차의 경우에는 이러한 지연, 거부의 사유가 직영판매점의 경쟁력 약화를 우려했다는 점이 입증된 반면 기아자동차의 경우에는 그러한 입증이 제대로 이루어지지 않았던 것으로 보인다.[143]

(나) 경쟁사업자 배제 사건

국내 오픈마켓 운영시장에서 39.5%에 이르는 시장점유율로 시장지배적 지위를 차지하고 있는 이베이지마켓이, 그 시장에 새로 진입한 후발업체인 엠플온라인이 공격적인 사업전략으로 급성장하게 되자, 자신이 운영하는 지마켓에 입점한 사업자들 중 엠플온라인의 쇼핑몰에도 입점하였던 7개 우량 사업자들에게 지마켓에서의 판매가격을 인하하거

---

141) 서울고법 2008.4.16. 선고 2007누16051 판결 및 대법원 2010.3.25. 선고 2008두7465 판결.
142) 서울고법 2008.9.11. 선고 2007누30897 판결 및 대법원 2010.4.8. 선고 2008두17707 판결.
143) 위 2008두7465 판결에 관한 설명은 박재우, “독점규제 및 공정거래에 관한 법률 제3조의2 제1항 제3호의 시장지배적 사업자의 지위남용행위로서 ‘사업활동 방해행위의 부당성’ 판단 기준”, 대법원판례해설 83호(2010 상반기), 880면 이하 참조.

나 엠플온라인에서의 판매가격을 인상할 것, 엠플온라인과의 거래를 중단할 것 등을 요구하고, '엠플온라인 쇼핑몰에 올려놓은 상품을 내리지 않으면 지마켓 메인 화면에서 빼버린다'는 등의 위협을 가하였다. 그 결과, 이들은 엠플온라인과의 거래를 중단하게 되었고, 엠플온라인은 결국 매출부진을 이기지 못하고 그 시장에서 퇴출되고 말았다.

공정위는 이베이지마켓의 행위가 '부당하게 경쟁사업자를 배제하기 위하여 거래하는 행위'라고 판단하여 시정조치를 내렸다.[144] 그리고 서울고법도 이 사건에서 이베이지마켓의 행위가 유력한 경쟁사업자를 시장에서 배제하는 효과를 거두었을 뿐만 아니라 다른 신규 사업자의 시장진입에도 부정적인 영향을 미쳐 자신의 시장지배적 지위를 유지·강화시켰으므로 부당하다고 판단하였다.[145] 그러나 대법원은 거래중단의 기간이 1∼2개월 정도에 그치고 그 규모도 크지 않은 점 등으로 미루어 과연 엠플온라인이 이베이지마켓의 이 사건 행위로 인하여 매출부진을 이기지 못하고 오픈마켓 시장에서 퇴출된 것인지, 나아가 다른 신규 사업자의 시장진입에 부정적인 영향을 미쳤는지 명백하지 않다고 보았다.[146]

(다) 조건부 리베이트 제공 사건

대법원은 퀄컴이 국내 휴대폰 제조사인 엘지전자와 삼성전자에 공히 리베이트를 제공한 부분에 대해서는 조건부 리베이트 제공행위의 부당성을 인정하였다. 반면, 퀄컴이 엘지전자에 대하여만 RF칩 리베이트를 제공한 기간에 관하여는 ① '엘지전자가 국내 CDMA2000 방식 휴대폰 제조시장에서 40% 이상의 시장점유율을 갖는다'는 전제가 잘못된 이상 엘지전자에 대한 RF칩 리베이트 제공으로 인하여 국내 CDMA2000 방식 RF칩 시장에서 최소 40% 이상의 시장봉쇄 효과가 발생하였다고 단정할 수 없는 점, ② 설령 엘지전자가 국내 RF칩 구매시장에서 40% 이상의 점유율을 차지하였다고 가정하더라도, 엘지전자가 퀄컴으로부터 구매한 RF칩 전량이 리베이트로 인하여 구매하게 된 것이라고 단정할 수 없으므로 곧바로 40%의 봉쇄효과를 인정하기도 어려운 점, ③ 퀄컴이 위 기간 중 삼성전자와 팬택에 대하여는 RF칩 리베이트를 제공한 바 없는 점, ④ 위 기간 중 퀄컴의 RF칩 시장점유율이 계속하여 줄어들었던 점 등 제반 사정을 종합하여 부당성을 부정하였다. 배타조건부 거래행위에서 시장 봉쇄효과의 크기가 경쟁제한성 판단에 영향을 미침을 알 수 있다.

(라) 이윤압착 사건[147]

대법원은 다음과 같은 사유를 들어 이윤압착 행위의 부당성을 인정하였다. ① 원고는

144) 공정위 2010.10.22. 의결 제2010-120호.
145) 서울고법 2008.8.20. 선고 2008누2851 판결.
146) 대법원 2011.6.10. 선고 2008두16322 판결.
147) 대법원 2021.6.30. 선고 2018두37700 판결.

수직통합사업자로서 전송서비스 시장과 기업 메시징서비스 시장 모두에서 시장지배적 지위에 있다. 원고는 전기사업통신법상 기간통신사업자로 이 사건 처분 당시 전송서비스시장에는 법률적·제도적 진입장벽이, 기업메시징서비스 시장에는 사실적·경제적 진입장벽이 존재한다고 볼 수 있다. ② 원고의 행위와 같이 수직 통합된 시장지배적 사업자가 전송서비스 최저 판매단가 미만으로 기업메시징서비스를 판매하는 상황이 지속되는 경우라면, 독자적인 무선통신망을 갖추지 못한 통상적인 경쟁사업자가 위와 같은 전송서비스 최저 판매단가로 전송서비스를 구입하였다고 가정할 때 손실을 보지 않고서는 기업메시징서비스를 제대로 공급하기 어려우므로 기업메시징서비스 시장에서 가격경쟁 자체가 구조적으로 어렵다. 또한 원고와 같이 상류시장에서 무선통신망을 보유한 수직 통합된 시장지배적 사업자가 상류시장 원재료 등의 도매가격을 하류시장 완제품의 소매가격보다 높게 설정하여 소매가격과 도매가격의 차이가 음수(−)가 되는 경우라면, 독자적인 무선통신망을 보유하지 않은 통상적인 기업메시징서비스 시장의 경쟁사업자들이 위와 같은 가격 조건에서는 특별한 사정이 없는 한 기업메시징서비스 시장에서 효과적으로 경쟁하기 어려워, 결국 퇴출되거나 재판매사업자로 전환함으로써 경쟁에서 배제될 개연성이 크다고 볼 수 있다. 이러한 판단을 하기 위해서 도매가격과 소매가격의 차이가 양수인 경우와 달리 별도로 원고의 하류시장 비용을 분석해야 하는 것은 아니다. 기업메시징서비스 시장의 경쟁사업자들이 원고와 동등하거나 심지어 좀 더 효율적으로 사업을 한다고 하더라도 결과가 달라지지 않을 것이다. 이와 같이 소매가격과 도매가격의 차이가 음수(−)가 되는 경우라면 상류시장과 하류 시장 모두에서 시장지배적 지위를 보유한 수직 통합된 사업자인 원고로서도 도매가격과 소매가격의 차이에 따른 이윤압착으로 기업메시징서비스 시장의 경쟁사업자가 배제될 개연성을 충분히 예상할 수 있으므로 통상 그 행위 자체에 경쟁을 제한하려는 의도와 목적이 있다고 추정할 수 있다. ③ 기업메시징서비스 시장에서 원고의 경쟁사업자들이 직면하게 되는 비용상의 열위는 이동통신망을 보유한 원고나 케이티와 같이 수직 통합된 시장지배적 사업자가 존재하는 관련 시장의 구조와 특징에 기인한 것일 뿐이다. 원래 기업메시징서비스는 2000년대 초반 보조참가인이 처음으로 기술을 개발하여 그 시장이 형성되기 시작한 것이다. 이러한 사정에 비추어 보더라도 무선통신망을 보유하지 못한 기업메시징사업자가 기업메시징서비스 공급 자체에서 '비효율적인 경쟁자'라고 볼 수는 없으므로, 원고의 행위를 규제하는 것이 비효율적인 경쟁자에 대한 가격보호에 해당한다고 할 수 없다. ④ 원고가 이 사건 행위를 하던 기간 동안 기업메시징서비스 가격이 하락하고 그 시장규모가 성장하였다고 하더라도, 중·장기적으로 기업메시징서비스 시장의 경쟁사업자가 배제됨으로써 나타날 수 있는 가격인상이나 서비스 품질 저하 등의 우려, 시장에서 유력한 현실적 또는 잠재적 경쟁사업자가 배제됨으로써 다양성이 감소되어 혁신이 저해될 우려와 이로 인하여 거래상대방의 선택의 기회가 제한될 우려를 비교하면, 이 사건 행위로 단기적으로 발생할 수 있는 소비자후생 증대효과가 이 사건 행위의 경쟁제한적 효과를 상쇄할 정도라고 단정할 수 없다.

(마) 검 토

대법원은 초기에는 경쟁제한효과의 실재를 요구하는 등 경쟁제한성에 관하여 높은 입증수준을 요구하였다. 현대자동차와 기아자동차의 시장지배적 지위남용 사건을 보면, 현대자동차와 기아자동차의 행위는 행위의 양이나 규모 면에서 차이가 있지만, 행위의 본질적 측면에서 보면 유사한 것으로 평가될 여지도 있다. 또한, 만연히 행위의 양과 규모의 차이를 근거로 경쟁제한성을 부정할 것은 아니다. 예를 들어 시장지배적 사업자가 조기에 적발되어 남용행위의 규모가 작은 것에 불과하다면 경쟁제한성을 부정할 수는 없을 것이다. 이베이지마켓의 시장지배적 지위남용 사건의 경우에도 대법원이 지적한 것처럼 경쟁제한효과가 현실화되지는 않은 것으로 보이지만, 그 행위에 경쟁제한의 우려조차 없는 것인지는 의문이다. 지마켓의 행위는 경쟁사업자를 배제하려는 목적 이외에 별다른 경제적 목적을 찾기가 어렵다. 이와 같이 사업자가 자신의 경제적 이익을 희생하거나 경제적으로 비합리적인 선택을 하면서까지 남용행위를 하였다면 경쟁제한성을 인정할 수 있을 것이다. 경쟁제한성의 입증에 과도한 기준을 요구하는 것은 그 객관적 요건을 경쟁제한의 '우려'에서도 찾고 있는 포스코 판결의 취지에 부합하지 않고, 실무적으로 시장지배적 사업자에 관한 규제를 어렵게 하여 '불공정거래행위 규제로의 도피 현상'을 가속화시키고 있다는 비판을 면하기 어렵다. 그런데 최근 판례의 경향은 경쟁제한성 판단에 봉쇄효과, 경쟁사업자의 비용 상승 효과 등 경쟁제한의 다양한 판단요소를 종합적으로 고려하고 있고, 경쟁제한효과가 인정되는 경우에도 소비자후생 증대효과 사이의 비교형량을 거쳐 정당한 성과경쟁과 부당한 남용행위를 구분하는 노력을 경주하고 있다. 이처럼 판례가 합리적이고 체계적인 부당성 판단기준을 제시하고 있는 것은 경쟁법의 과잉 또는 과소집행의 오류를 줄이고 규범의 예측가능성을 높힌다는 측면에서 바람직한 현상이다.

(5) 정당화 사유

(가) 개 요

일반적으로 배제남용으로서 경쟁제한성이 인정되면 부당성도 사실상 추정된다. 그렇지만, 그 행위에 객관적 정당화 사유가 존재하는 경우에는 부당성이 조각될 수 있다. 시장지배적 지위남용에 있어서 정당한 이유는 크게 효율성(efficiencies)에 관한 주장과 그 밖의 정당한 이유로 나누어 볼 수 있다.[148] 그 중에서 효율성은 문제되는 행위로 인하여

148) EU에서 항변사항으로 인정되는 것은 객관적 정당성(objective justification defense)과 효율성이다. 객관적 정당성 내지 객관적 필요성(objective necessity)이라 함은 보건(health)이나 안전(safety)과 같은 것을 의미한다. EU 집행위원회는 기본적으로 보건이나 안전의 기준을 설정하는 것은 공공기관의 권한이기 때문에, 시장지배적 사업자가 자신의 상품보다 위험하다거나 안전하지 못하다는 이유로 경쟁자의 상품을 배제하는

발생할 경쟁제한의 효과를 완화하거나 제거할 수 있는 성질의 것이므로 직접적으로 비교형량하기에 적합할 것이다. 그러나 효율성 이외의 그 밖의 정당한 사유는 경쟁제한의 효과를 직접적으로 완화하거나 제거하는 효과를 낳지는 않지만, 이러한 사유가 있는 경우에도 부당성을 조각할 수 있는 것으로 볼 수 있다.149)

(나) 효율성 심사의 필요성

1) 정당한 성과경쟁과 부당한 배제남용의 구분의 필요

애플과 삼성의 스마트폰 제품이 등장함에 따라 노키아 등 종래의 휴대폰 제조업자들이 점차 시장에서 퇴출되었다. 이러한 경우 시장에서 경쟁사업자들이 퇴출되었다고 하더라도 그것이 소비자후생에 부정적인 결과를 초래하는 것은 아니다. 오히려 원가절감이나 기술혁신을 통한 독점의 형성은 시장경제의 자연스러운 현상이고 그 과정에서 경쟁자가 시장에서 배제되는 것은 어쩔 수 없는 일이다. 그렇기 때문에 단순히 경쟁사업자가 배제되었다는 이유만으로 경쟁제한성이 없는 행위를 규제하는 것은 시장의 경쟁을 보호하는 것이 아니라 경쟁사업자를 보호하는 과도한 시장개입이 될 우려가 크다.

그런데 어떤 사업자가 새롭고 매력적인 제품을 내세워 시장에서 성공하는 긍정적인 경우나 자본력을 배경으로 극단적인 염가판매를 실시하여 시장에서 성공하는 부정적인 경우나 다른 경쟁사업자들이 시장에서 퇴출되거나 곤란을 겪는 것은 마찬가지이다. 그렇지만 규범적으로 전자는 적법하고 권장되는 행위이고 후자는 위법하고 금지되는 행위이다. 문제는 많은 경우에 시장에서 경쟁자 배제의 모습에만 주목하면 양자를 구별하기가 어렵다는 점이다. 예컨대, X 기업과 Y 기업이 원래 100원에 판매하던 A 상품을 어느 날부터 X 기업이 90원에 판매하기 시작하였고, 이로 인하여 Y 기업이 도산의 위기에 처한 경우를 생각해 보자. X 기업의 가격인하는 효율성의 결과인가 아니면 약탈적 가격설정인가? 두 가지 경우를 모두 생각해 볼 수 있다. ① 원래 A 상품의 제조비용이 95원이었으나 X 기업이 A 상품의 생산비용을 80원으로 낮춘 후 그 상품을 90원에 판매함으로써(즉, X 기업은 10원의 수익을 얻음) Y 기업을 배제하고 시장을 독점하는 경우와, ② X 기업의 생산비용은 95원 그대로 있는 상태에서 A 상품을 90원에 판매함으로써(즉, X 기업은 5원의 손실을 감수함) Y 기업을 배제하고 시장을 독점하는 경우이다. ①의 경우에는 생산비용이 95원에서 80원으로 감소한 효율성의 증대로 인한 혜택이 가격인하의 형태로 소비자

것에 대해서는 엄격한 입장을 취하고 있다. Guidance on the Commission's enforcement priorities in applying Article 82 of the EC Treaty to abusive exclusionary conduct by dominant undertakings, para. 29. 한편, 효율성 항변은 ① 효율성이 당해 행위로부터 발생할 것, ② 당해 행위는 효율성에 필수불가결할 것, ③ 효율성이 장기적 반경쟁적 효과를 능가할 것, ④ 당해 행위가 시장에서 모든 경쟁을 제거하지 않을 것 등의 요건들을 모두 충족하는 경우에 허용된다. 위 Guidance para. 30.

149) 동지: 이민호 · 주현영, "시장지배적 지위 남용행위의 '부당성'에 관한 연구: 판례를 중심으로", 사법 제22호 (2012), 125면.

들에게 돌아가게 된 것이다. 그러나 ②의 경우에는 X 기업의 행위로 인하여 단기적으로 소비자들이 가격인하의 혜택을 받는 것처럼 보이지만 X 기업이 가격인하로 인한 손실을 보고 있기 때문에 Y 기업이 퇴출되고 나면 X 기업이 가격인상 등 다른 방법을 통해서 그것을 벌충하려 할 것이고, 독과점 시장구조도 고착되었다. 따라서 장기적으로는 소비자들에게 피해가 돌아갈 우려가 크다.

이처럼 행위자의 시장지위 강화 혹은 경쟁자의 배제 여부만 놓고 행위의 부당성을 판단하게 되면 사업자의 정당한 성과경쟁 행위를 자칫 배제남용 행위로 오판할 위험이 존재한다. 따라서 성과경쟁과 배제남용을 구별하는 기준은 행위의 효율성 증대효과와 경쟁제한효과를 함께 고려하여 그 행위가 소비자후생에 궁극적으로 미치는 영향이 되어야 할 것이다.[150] 그리고 사업자의 행위로 인하여 소비자후생이 증가하였는지 여부를 판단하는 기준에 관해서 여러 논의가 있는데 아래에서 살펴보기로 하자. 한편, 성과경쟁과 배제남용의 공통점과 차이점을 정리하면 〈표 1-1〉과 같다.

〈표 1-1〉 성과경쟁과 배제남용의 비교

행위	경쟁자에 미치는 효과	행위자의 시장지위	소비자후생
성과경쟁	배제효과	강화	증가 (효율성 증대효과 > 경쟁제한효과)
배제남용	배제효과	강화	감소 (효율성 증대효과 < 경쟁제한효과)

2) 성과경쟁과 배제남용을 구분하기 위하여 제시된 기준들

① 효과형량 심사

효과형량 심사(Effects-Balancing Test)는 문제된 행위가 소비자에게 미치는 전반적 효과 내지 소비자후생에 대한 순효과에 집중한다. 즉, 특정한 행위의 경쟁제한효과(가격 등에 대한 잠재적 부정적 효과)와 효율성 증대효과를 비교형량하여, 소비자 피해를 방지할 수 있을 정도로 충분한 성과의 개선을 가져오지 않은 채 경쟁을 감소하는지의 여부를 판

150) 미국 연방대법원은 Aspen Skiing 사건에서 어떤 행위가 셔먼법 제2조 하에서 배제적인지 여부의 결정은 궁극적으로 배제된 경쟁자에 대한 효과뿐만 아니라 소비자에 대한 효과 및 그 행위가 경쟁을 불필요하게 제한하는 방법으로 저해하는지에 달려 있다고 판단하였다. Aspen Skiing Co. v. Aspen Highlands Skiing Corp., 472 U.S. 585 (1985). EU 집행위원회는 2008년 12월 공표된 '시장지배적 사업자의 배제적 남용행위에 대해 제82조를 적용함에 있어 집행우선순위에 관한 지침(Guidance on the Commission's enforcement priorities in applying Article 82 of the EC Treaty to abusive exclusionary conduct by dominant undertakings)'에서 배제남용에 대한 집행활동의 목표를 시장지배적 사업자가 반경쟁적 방법으로 경쟁자들을 봉쇄함으로써 유효경쟁을 저해하고 결과적으로 소비자후생에 부정적 영향을 미치지 않도록 보장하는 데 있다고 밝히고 있다. 여기서 반경쟁적 봉쇄라 함은 시장지배적 사업자의 행위의 결과로서 실제적 혹은 잠재적 경쟁자들의 공급 내지 시장에 대한 유효접근이 방해되거나 제거되어 지배적 사업자가 소비자들의 희생 하에 이익을 얻으면서 가격을 인상할 수 있는 상태를 말한다.

단하는 것이다. 효과형량 심사는 경쟁법의 주된 관심사인 소비자에게 미치는 후생효과를 기준으로 위법성을 판단한다는 장점이 있다. 그렇지만 이러한 효과형량 심사에 대해서는 실제로 그 효과의 비교형량이 쉽지 않다는 비판도 제기되고 있다.[151] 우리 공정위와 법원은 부당성 판단에 관하여 기본적으로 효과형량 심사의 방식을 채택하고 있다.[152] 즉, 경쟁제한효과에 해당하는 요소(가격상승 또는 산출량 감소, 상품·용역의 다양성 제한, 혁신저해, 봉쇄효과, 경쟁사업자의 비용 상승 효과 등)와 효율성 증대효과에 해당하는 요소(가격인하, 비용절감 등)를 종합적으로 고려하고 양자를 비교형량하여 소비자후생에 미치는 순효과를 판단하는 방식이 많이 사용된다.[153]

② 불균형성 심사

불균형성 심사(Disproportionality Test)는 효과형량 심사의 변형으로서, 친경쟁적 효과와 반경쟁적 효과를 모두 가지고 있는 행위에 대해서 반경쟁적 피해가 친경쟁적 편익을 상당한 정도로 압도할 경우에만 위법으로 보는 것이다. 불균형성 심사는 배제남용 규제에 있어서 과잉금지(양성오류)의 위험이 과소금지(음성오류)의 위험보다 더 크다는 인식을 기초로 하고 있다. 이러한 심사의 장점으로는 사업자들에게 예측가능성을 부여함으로써, 적극적인 경쟁활동을 조성할 수 있다는 점을 들 수 있다. 그렇지만 불균형성 심사는 효과형량 심사와 비교할 때 경쟁당국이나 피해자에게 입증책임을 과도하게 부과한다는 비판으로부터 자유롭지 못하다.[154]

---

151) 반면, 실제로 효과형량 작업이 필요한 사례는 많지 않을 것이라는 반론도 있다. 미국 Microsoft 사건에서 실제로 Microsoft의 책임이 인정된 대부분의 행위는 DOJ가 반경쟁적 효과를 입증하는 데 성공하고, Microsoft는 적법한 친경쟁적 정당화 사유를 제시하지 못한 경우이었다. 또한 Microsoft의 책임이 인정되지 않은 행위는 DOJ가 아예 반경쟁적 효과를 입증하지 못하였거나, Microsoft의 효율성 항변을 제대로 반박하지 못한 경우이었다. 이처럼 실제 사안에서는 경쟁당국이 경쟁제한효과를 입증하는데 실패하거나 사업자가 효율성 증대효과를 입증하는데 실패하는 경우도 많고, 이 경우에 양자의 효과에 관한 형량 작업은 필요하지 않게 된다.

152) 미국의 경우 Microsoft 사건의 항소심 법원이 효과형량 심사에 의거 Microsoft사의 행위의 위법성을 판단하였다. 항소심 법원은 먼저 원고 DOJ가 독점자의 행위가 반경쟁적 효과, 즉 경쟁과정을 저해하고 따라서 소비자를 해한다는 점을 보여야 하고, 둘째로 원고가 위와 같이 당해 행위가 셔먼법 제2조 위반이라는 일응의(prima facie) 입증을 한 경우에, 독점자는 당해 행위에 대한 친경쟁적 정당화 근거를 제시할 수 있고, 마지막으로 원고는 당해 행위의 반경쟁적 폐해가 친경쟁적 혜택을 능가함을 보여야 한다고 입증책임을 분배하였다. United States v. Microsoft Corp., 253 F.3d 34, 58 (D.C. Cir. 2001).

153) 기업메시징서비스 사건에서 다음과 같은 판시가 효과형량 심사의 전형적 판단구조이다. "원고가 이 사건 행위를 하던 기간 동안 기업메시징서비스 가격이 하락하고 그 시장규모가 성장하였다고 하더라도, 중·장기적으로 기업메시징서비스 시장의 경쟁사업자가 배제됨으로써 나타날 수 있는 가격인상이나 서비스 품질 저하 등의 우려, 시장에서 유력한 현실적 또는 잠재적 경쟁사업자가 배제됨으로써 다양성이 감소되어 혁신이 저해될 우려와 이로 인하여 거래상대방의 선택의 기회가 제한될 우려를 비교하면, 이 사건 행위로 단기적으로 발생할 수 있는 소비자후생 증대효과가 이 사건 행위의 경쟁제한적 효과를 상쇄할 정도라고 단정할 수 없다." 대법원 2021.6.30. 선고 2018두37700 판결.

154) 미국에서 부시 행정부 당시 DOJ가 DOJ 보고서를 발간하면서 불균형성 심사를 원칙으로 채택한 바 있으나, 오바마 행정부의 DOJ는 위 보고서를 공식적으로 철회하였다.

③ 이익희생 심사 및 경제적 비합리성 심사

이익희생 심사(Profit-Sacrifice Test) 내지 경제적 비합리성 심사(No-Economic-Sense Test)는 성과경쟁과 배제남용을 구별하는 객관적 기준을 사업자의 내부에서 찾는다. 먼저 이익희생 심사는 문제된 행위를 그 사업자가 행하였을 경우 배제효과가 없는 다른 행위와 비교하여 수익성이 있는지를 살핀다. 만일 당해 행위가 다른 행위에 비하여 상대적으로 수익성이 없다면, 사업자는 시장지배력을 공고히 하고 상실한 이익을 나중에 회복할 생각으로, 단기적 이익을 희생하고 배제적인 사업계획에 투자한 것으로 평가할 수 있을 것이다.[155] 다음으로, 경제적 비합리성 심사는 문제된 행위로부터 발생한 비배제적 이익과 그 사업자가 다른 적법한 행위로부터 얻었을 이익을 비교함으로써(but for scenario) 위법성 여부를 따진다. 만일 당해 행위의 비배제적 이익이 크다면 그 행위는 배제효과가 있더라도 경제적 합리성을 가질 수 있기 때문에 적법하다고 할 것이다. 반면 당해 행위의 비배제적 이익이 작다면 그 행위 자체로는 경제적 합리성을 갖지 못하며, 따라서 위법일 가능성이 높다. 이와 달리 배제효과를 제외하고도 당해 행위가 회사의 이익에 공헌하였다면 경제적 합리성을 갖는 것으로 보는 완화된 입장도 있다. 요컨대, 이익희생 심사 내지 비합리성 심사에서는 행위 당시에 경쟁자 배제효과 이외에 별다른 경제적 합리성을 제시할 수 없다면, 사업자로서는 방어하기가 어려울 것이다.

그렇지만 이익희생 심사 내지 비합리성 심사에 대해서는 위법성 판단기준을 낮춤으로써 과소집행의 우려를 높였다는 비판이 제기되고 있다. 문제된 행위가 사업자에 대하여 이익을 가져오는 동시에 경쟁사업자의 비용을 증가시키는 경우에도 적법한 것으로 보아야 한다는 난점도 있다. 또한 이 기준이 경쟁법이 달성하고자 하는 궁극적 목표인 소비자후생에는 직접적 관련성이 없다는 점도 문제로 지적되고 있다. 이익희생 심사 내지 비합리성 심사에 대해서는 사업자 측에서도 비판이 있는데, 먼저 친경쟁적 투자활동도 위법으로 평가될 수 있다는 과잉집행에 대한 우려이다. 예를 들어 신제품 개발이나 공장 신설 등은 현재 수입의 희생을 전제로 하는데, 이러한 친경쟁적 투자와 반경쟁적 희생을 제대로 구별하기가 어렵다는 것이다. 또한 but for 테스트 과정에서 기업의 경영판단을

155) 미국 연방대법원의 Aspen Skiing 판결은 사업자 행위의 위법성을 판단함에 있어 이익희생 심사를 적용한 사안이다. 이 사건에서 Corolado주 Aspen 지역의 4개 스키장 중 3개 스키장을 운영하는 지배적인 사업자인 피고가 나머지 1개 스키장과의 공동 스키패스(ski pass) 발급을 거부한 행위가 문제되었다. 법원은 피고의 협력거부가 소비자들에게 피해를 입힌 점, 피고 행위의 동기가 효율성에 있지 않은 점, 오히려 피고가 중소경쟁자의 배제를 위해 자신의 단기적 이익과 소비자들에 대한 평판까지 희생하려 한 점을 인정하고, 피고에게 책임을 인정한 배심의 평결을 유지하였다. Aspen Skiing Co. v. Aspen Highlands Skiing Corp., 472 U.S. 585 (1985). EU의 Guidance 역시 약탈행위와 관련하여 이익희생 심사를 채택하고 있다. Guidance에 따르면 집행위원회는 시장지배적 사업자가 장기적으로 경쟁사업자들을 배제하기 위하여 단기적으로 손실감수 내지 이익상실을 의도적으로 하였다는 증거가 있으면 개입할 수 있다는 입장이다. Guidance on the Commission's enforcement priorities in applying Article 82 of the EC Treaty to abusive exclusionary conduct by dominant undertakings, para. 86.

사후적으로 심사함으로써 경영활동의 위축을 초래할 우려가 있다는 비판도 있다.

④ 동등효율 경쟁자 심사

동등효율 경쟁자 심사(Equally Efficient Competitor Test)는 문제된 행위가 시장에서 동등하게 효율적이거나 더 효율적인 경쟁자를 배제할 것을 요구한다. 이 심사는 어떤 기업이 그 경쟁자보다 낮은 비용으로 생산할 수 있는 능력을 갖춰서 그에 따라 가격책정을 하였다는 이유만으로 처벌받아서는 안 된다는 점에 근거를 두고 있다.[156] 동등효율 심사의 장점은 기업으로 하여금 그들의 효율성을 충분히 활용할 수 있게 하는 동시에 효율적인 경쟁자에 의한 경쟁을 보호한다는 점이다. 또한 기업이 스스로 평가할 수 있는 수단, 즉 자신의 비용에 근거하여 사전에 행위의 위법성을 판단할 수 있게 해준다. 동등효율 경쟁자 심사는 가격 관련 배제남용 사건에서 많이 채택되고 있는데, 그 이유는 가격할인에 대한 사업자의 재량을 폭넓게 인정하는 동시에 효율적인 경쟁자가 시장에서 도태되는 것을 방지함으로써 법집행상 발생할 수 있는 오류를 줄일 수 있고, 위법행위에 대한 비교적 명확한 기준을 제시함으로써 사업자들의 예측가능성을 높일 수 있는 장점이 있기 때문이다. 반면, 동등효율 경쟁자 심사는 덜 효율적인 경쟁자를 보호대상에서 제외함으로써 음성오류, 즉 과소집행의 위험이 있다는 비판이 있다. 다시 말해, 독점사업자가 독점가격을 책정하고 있는 상황이라면, 덜 효율적인 경쟁자의 시장진입도 가격을 낮출 수 있기 때문에 경쟁촉진을 위해서 이들을 보호할 필요성도 있다는 것이다. 그 이외에 여러 상품(multi products)이 관련된 사건(예컨대 끼워팔기 내지 묶음판매)이나 배타조건부거래 등에서는 가격과 비용을 어떻게 배분하는가에 따라 결론이 달라질 수 있기 때문에 명확성이 떨어진다는 것도 문제점으로 지적된다.

우리 판례는 가격할인과 경쟁사업자 배제의 성격이 혼재하는 가격기반 경쟁자 배제행위에 대해서 동등효율 경쟁자 심사를 적용할지에 관해서 개별 사안에 따라 다른 입장을 취하고 있다. 예컨대, 이윤압착 행위에 대해서는 가격 남용행위인 부당염매에 포섭하면서, 시장지배적 사업자의 경쟁사업자를 '비효율적인 경쟁자'라고 볼 수는 없으므로, 시장지배적 사업자의 이윤압착 행위를 규제하는 것이 비효율적인 경쟁자에 대한 가격보호에 해당한다고 할 수 없다고 하여, 동등효율 경쟁자 심사를 고려하여 판단을 하고 있다.[157] 반면, 조건부 리베이트 제공행위에 대해서는 비가격 남용행위인 배타조건부거래로 포섭하면서, 리베이트 제공이 실질적으로 비용 이하의 가격으로 판매한 경우에 해당하여야 한다는 점이나 시장지배적 사업자와 동등한 효율성을 가진 가상의 경쟁사업자 또는 실제

156) 이와 관련하여, 미국의 Posner 판사는 "덜 효율적인 신규 진입자에게 가격우산을 씌워주도록 기업에게 요구하는 것은 터무니없는 것이다. … 우리는 효율성을 원하기 때문에, 독점자가 그의 가격을 그의 비용 수준까지 떨어뜨리는 것(비용 이하로 떨어뜨리는 것은 제외)과 같이 오로지 덜 효율적인 경쟁자들만 배제하는 행위는 소송의 대상이 될 수 없다."고 한다.

157) 대법원 2021.6.30. 선고 2018두37700 판결.

경쟁사업자들이 리베이트 제공에 대하여 가격 및 비용 측면에서 대처하는 데 지장이 없었다는 점 등에 관하여 회계적·경제적 분석 등을 통한 공정위의 증명이 필수적으로 요구되는 것은 아니라고 하였다.[158)]

⑤ 검 토

경쟁수단의 다양성만큼이나 배제수단도 역시 다양하고 위에서 언급된 기준들도 각각 장점과 아울러 단점을 가지고 있는 만큼, 과연 현재까지 제시된 기준들 중에서 모든 배제행위에 대해서 집행오류의 최소화와 집행의 용이성 내지 예측가능성의 요청을 동시에 충족할 수 있는 단일의 기준이 존재하는지는 의문이다. 특히 배제남용 행위가 경쟁제한 효과를 발생시키는 태양이 각각의 행위에 따라 서로 다르기 때문에 하나의 통일적 기준을 추구하기보다는 개개의 행위에 알맞은 최적화된 기준을 찾아내는 것이 보다 현실적일 것으로 판단된다. 이 경우에 정당한 성과경쟁행위와 부당한 배제행위를 소비자 혹은 사회전체의 후생에 미치는 영향에 따라 판단한다는 관점에서 볼 때, 효과형량 심사가 기본적으로 고려될 필요가 있을 것이다. 다만, 효과형량 심사의 경우 그 형량이 쉽지 않고 예측가능성이 떨어진다는 문제점도 지적되고 있으므로, 이를 보완하기 위하여 가격관련 남용행위의 경우에는 동등효율 경쟁자 심사와 같은 보다 명확한 심사기준을 적극 고려할 수 있을 것이다.

(다) 그 밖의 정당화 사유

남용행위에 경쟁제한성이 존재하더라도 그 행위가 지식재산권의 보호 등 정당한 사유가 존재하는 경우에는 부당성이 인정되지 않을 수 있다. 그러나 자유공정경쟁의 보호라는 독점규제법의 입법목적에 비추어 볼 때, 경쟁제한적 남용행위의 부당성을 부정하는 것은 극히 신중하게 접근할 필요가 있다. 법원이 시장지배적 사업자의 경쟁제한적 남용행위를 정당한 것으로 인정한 사례로는 에스케이텔레콤의 멜론 사건을 들 수 있다.[159)] 에스케이텔레콤은 자기의 이동통신서비스를 이용하는 고객 중 MP3폰 소지자들에 대하여 자기가 운영하고 있는 음악사이트인 멜론에서 구매한 음악파일만 재생할 수 있도록 DRM(Digital Rights Management)[160)]을 폐쇄적으로 운영하였다. 공정위는 이 사건 행위가

---

158) 대법원 2019.1.31. 선고 2013두14726 판결.

159) 서울고법 2007.12.27. 선고 2007누8623 판결; 대법원 2011.10.13. 선고 2008두1832 판결. 이 사건은 착취남용(소비자이익 저해)과 배제남용(경쟁사업자 사업활동 방해)이 함께 문제가 된 사안이다. 그런데 법원은 착취남용과 관련하여 현저성에 관한 입증이 부족하고, 배제남용과 관련하여 경쟁제한의 의도나 목적이 인정되지 않으며, 저작권 보호 등을 위한 정당화 사유가 존재한다는 점을 근거로 부당성을 인정하지 않았다. 구체적으로 법원의 판단은 ① DRM 기술은 저작권 보호 등을 위하여 필요하므로 DRM을 탑재한 행위에는 정당한 이유가 있는 점, ② 이로 인하여 소비자들이 컨버팅 등의 불편을 입었으나 이는 부득이한 것으로 현저한 이익이 침해되거나 부당하여 불법에까지 이른다고 보이지는 않는 점, ③ 이 사건 행위로 인하여 현실적으로 경쟁제한의 효과가 일정한 정도로 나타났지만, DRM의 특성과 필요성 및 개발경위 등에 비추어, 원고의 이 사건 행위에 있어서 경쟁제한의 효과에 대한 의도나 목적이 있었음을 추단하기 어려운 점 등을 감안하였다.

MP3폰을 디바이스로 하는 이동통신서비스시장에서 그 회사가 갖고 있는 시장지배적 지위를 남용하여 별개 상품인 음악파일을 구입하도록 소비자에게 강제하는 결과를 초래하였고, MP3 파일에 대한 소비자의 선택권을 침해하고 불이익을 가져옴으로써 소비자 이익을 현저히 침해할 우려가 있는 동시에, MP3 파일 다운로드서비스 시장에서 경쟁사업자의 사업활동을 곤란하게 하는 행위에 해당한다고 판단하고 시정조치를 내렸다.[161] 그러나 법원은 그 행위가 끼워팔기에 준하는 것으로서 다른 사업자의 사업활동을 방해하였다고 볼 여지가 충분하기는 하지만, 부당성을 인정하기는 어렵다고 하였다. 법원은 "DRM의 특성과 필요성 및 그 개발경위에 비추어 볼 때 경쟁제한효과를 야기할 의도나 목적이 있었다고 보기는 어렵다."고 하였다. 그렇지만, 이 사건의 행위로 인하여 현실적으로 경쟁제한의 효과가 발생하였다고 인정되었기 때문에, 위와 같은 판시는 경쟁제한효과가 존재하는 경우 그에 대한 경쟁제한 의도를 추정할 수 있다고 한 판례 법리에 부합하지 않는다는 비판이 있다.[162]

Ⅵ. 제 재

1. 시정조치

공정위는 남용행위가 있을 때에는 그 시장지배적 사업자에게 가격의 인하, 해당 행위의 중지, 시정명령을 받은 사실의 공표[163] 또는 그 밖에 필요한 시정조치를 명할 수 있다(법 7조 1항). 한편, 시장지배적 사업자의 지위남용행위에 대한 시정조치로서는 법 제7조에 열거된 행태적 조치 이외에도, 기업의 분할이나 시장진입 제한의 완화 등과 같은 구조적 시정조치가 필요한 경우도 있을 것이다. 그런데 법 제7조의 해석을 통해서는 공정위가 구조적 시정조치를 명하기가 어렵기 때문에, 이러한 문제를 해결하기 위해서는 기업의 분할이나 시장진입 제한의 완화 등과 같은 구조적 조치를 추가하여, 공정위가 필요한 경우에는 독과점적 시장구조를 개선하기에 가장 적합한 구조적 조치를 명할 수 있도록 하는 것이 바람직할 것이다.

2. 과 징 금

공정위는 시장지배적 사업자가 남용행위를 한 경우에는 그 사업자에게 관련매출액(상품 또는 용역의 대가의 합계액을 재무제표 등에서 '영업수익' 등으로 기재하는 사업자의 경우에

160) 본래 DRM은 음악저작권을 보호하고 음악파일의 무단복제 등을 방지하기 위하여 필요한 기술이다.
161) 공정위 2007.2.6. 의결 제2007-044호.
162) 오승한, "IP 권리자의 주관적 경쟁제한의도와 정당성 항변", 시장경제와 사회조화(2015), 329면.
163) 종래 '법위반 사실에 대한 공표명령'이 헌법재판소의 위헌결정(헌법재판소 2002.1.31. 선고 2001헌바43)으로 효력을 상실함에 따라 2004년 12월의 법개정으로 '시정명령을 받은 사실의 공표명령'으로 변경되었다.

는 그 영업수익)의 6%를 초과하지 않는 범위에서 과징금을 부과할 수 있다(법 8조 본문). 여기서 관련매출액은 법위반사업자가 위반기간 동안 일정한 거래분야에서 판매한 관련 상품이나 용역의 매출액 또는 이에 준하는 금액을 말한다. 다만, 법위반행위가 상품이나 용역의 구매와 관련하여 이루어진 경우에는 관련 상품이나 용역의 매입액을 말한다. 그 밖에 관련매출액의 산정에 관하여 필요한 사항은 공정위가 정한다(영 13조 1항).

한편, 매출액이 없거나 매출액의 산정이 곤란한 경우로서 ① 영업을 개시하지 아니하거나 영업중단 등으로 영업실적이 없는 경우, ② 위반기간 또는 관련 상품이나 용역의 범위를 확정할 수 없어 관련매출액 등의 산정이 곤란한 경우, ③ 재해 등으로 매출액산정자료가 소멸 또는 훼손되는 등 객관적인 매출액 산정이 곤란한 경우에는 20억원을 초과하지 않는 범위 내에서 과징금을 부과할 수 있다(법 8조 단서, 영 15조).

3. 벌 칙

시장지배적 사업자가 동법 제5조를 위반하여 남용행위를 한 경우에는 3년 이하의 징역 또는 2억원 이하의 벌금에 처하며(법 124조 1항 1호), 공정위의 시정조치 등에 응하지 아니한 경우에는 2년 이하의 징역 또는 1억 5천만원 이하의 벌금에 처한다(법 125조 1호). 다만, 형사소추에는 원칙적으로 공정위의 고발이 있어야 한다(법 129조). 그 이유는 어떤 사업자가 시장지배적 지위를 가지고 있는지, 그리고 그 사업자의 행위가 지위남용에 해당되는지를 판단하기 위해서는 시장의 구조와 행태를 분석하는 등 공정위의 전문적인 판단을 거쳐야 하기 때문이다. 지금까지 공정위가 시장지배적 사업자의 지위남용을 이유로 고발한 예는 그다지 많지 않다. 1998년 공정위가 남양유업 등 3개 시장지배적 사업자의 부당한 출고조절행위에 대하여 법위반의 정도가 객관적으로 명백하고 중대하여 경쟁질서를 현저히 저해하는 것으로 판단하여 시정명령 외에 검찰에 고발한 바 있으나,[164] 공정위의 시정명령 중 2건이 대법원에 의하여 취소됨으로써[165] 형사처벌이 이루어지지는 않았다.

제 3 절 독과점적 시장구조의 개선

I. 도입의 배경

우리나라에서는 독점규제법이 시행된 지 상당한 세월이 지났음에도 불구하고, 많은

164) 공정위 1998.6.9. 의결 제98-112호; 공정위 1998.11.4. 의결 제98-251호 및 제98-252호.
165) 대법원 2001.12.24. 선고 99두11141 판결; 대법원 2002.5.24. 선고 2000두9991 판결.

산업분야에서 독과점적인 시장구조가 크게 개선되지 않고 있을 뿐만 아니라 일부 산업의 경우 과거 개발연대의 각종 인·허가 등 제도적인 진입장벽과 전략산업의 육성을 위한 산업정책, 유치산업의 보호를 위한 수입제한 등 정부주도 및 규제중심의 경제운용방식으로 인하여 그러한 독과점 구조가 점차 고착화·심화되고 있는 것으로 보인다. 따라서 독점규제법은 이러한 시장구조를 개선하기 위하여 공정위에게 독과점적 시장구조가 장기간 유지되고 있는 상품이나 용역의 공급시장 또는 수요시장에 대하여 경쟁을 촉진하기 위한 시책을 수립하여 시행할 의무를 부과하고 있다. 1996년의 법 개정에 의하여 공정위가 독과점적 시장구조가 장기간 유지되고 있는 상품이나 용역에 대하여 유효경쟁을 촉진하기 위한 정책을 수립하여 시행할 권한과 의무를 부담한 이후에는 공정위의 성격이 단순한 사건처리기관에 그치지 않고, 시장구조의 개선을 위한 시책을 수립하여 시행하는 정책기관의 성격도 함께 가지게 되었다.

그런데 독과점적 시장구조의 개선시책은 기존의 시장지배적 지위남용행위의 금지와는 다른 몇 가지의 특징을 가지고 있다. 우선, 기존의 독과점규제는 이미 형성된 독과점적 시장구조는 일단 인정하고 그 상황에서 문제되고 있는 시장지배적 사업자의 지위남용행위만을 금지하고 있는데 반하여, 이 시책은 보다 적극적으로 독과점적 시장구조 그 자체를 개선하기 위하여 특히 문제가 심각한 업종을 사전에 지정하여 원재료 조달단계에서부터 최종소비단계에 이르기까지 모든 단계의 행태를 정밀하게 조사·분석하여 문제점을 진단하고 이를 개선하기 위한 방안을 마련함으로써 독과점시장의 잠재적 경쟁압력을 경쟁시장의 수준으로 제고시켜서 시장성과가 최대한 발휘될 수 있도록 하려는 것이다. 둘째로 기존의 시장지배적 지위남용행위 금지는 주로 신고에 의존하여 법위반행위를 조사하고 적발하여 이를 시정하는 등 개별사건 위주의 폐해규제방식으로 운영되어 왔는데 반하여, 이 시책은 공정위가 능동적으로 독과점적 시장구조가 고착화된 업종을 중심으로 심층적인 조사와 분석을 통하여 그 원인을 찾아내어 이를 시정할 수 있는 방안을 강구할 수 있도록 하려는 것이다.

■ 금난전권과 신해통공

우리 역사에서 시장구조 개선시책이 성공적으로 시행된 사례로서 조선시대의 신해통공을 들 수 있다.[166] '금난전권(禁亂廛權)'은 원래 시전상인들에게 세폐나 방물 등 일정한 국역을 담당케 하는 대가로 주어지던 특권으로서, 시장 상인의 난립을 금지하는 권한을 의미한다. 이 권한은 국가의 필요한 물건을 보급하는 육의전(六矣廛) 등 시전 상인의 손실을 보전하기 위해 부

166) 신해통공의 경위와 경쟁법적 의의에 관해서는 김성훈, "독과점에 대한 규제", 독점규제법 30년(2011), 170-172면 참조.

여한 독점권이다. 그런데 18세기에 이르러 조선의 경제규모가 커짐에 따라 자연스럽게 많은 상인들, 즉 난전이 생겼다. 독점상인들은 그 기득권을 유지하기 위해서 한편으로는 권문세가와 결탁하고 다른 한편으로는 난전을 단속하는 일에 전념했다. 그로 인하여 서울의 물건 값이 엄청나게 치솟게 되었다. 이에 좌의정 채제공은 금난전권의 폐지를 건의하였고 정조는 그 건의를 수용하여 1791년 신해통공(辛亥通共) 조치를 취하였다. 신해통공 조치에는 영세상인을 핍박하는 난전 단속행위를 '반좌법(反座法)' 위반으로 처벌한다는 내용이 포함되어 있었다. 반좌법은 육의전 상인 이외의 자가 난전을 금하겠다고 나설 경우에는 처벌하는 것이었다. 그러나 신해통공의 개혁조치에는 기득권의 저항도 만만치 않았다. 노론의 김문순은 독점상인 중 몇몇은 국가의 수요에 부응하고 있음에도 불구하고 일괄적으로 독점권을 폐지하면 이들의 역할을 누가 대신할 수 있느냐며 반대하였고, 채제공에게 하소연하려 오는 사람이 문을 메웠고 울음소리가 거리에 차고 원망하여 저주하는 사람이 무리로 일어났다고 한다. 그러나 신해통공은 결국 성공하였다. 신해통공을 시행한 다음 달에 채제공은 "어물 등의 물가가 갑자기 전보다 싸졌다."고 보고했고 5개월 후에는 "장작 값이 옛날의 수준으로 돌아갔다."고 보고했다. 정약용도 신해통공의 결과 "일반 백성들이 모두 시행하기에 불편하다고 말했지만 1년 정도 시행해보니 물품과 재화가 모두 모여들고 백성들의 씀씀이가 풍족하게 되어 백성들이 크게 기뻐했다."고 평가했다. 신해통공의 사례는 시장구조 개선의 혜택은 궁극적으로 사회 전체에 돌아가지만 기득권 세력의 많은 반발이 따른다는 점, 따라서 시장구조 개선시책은 사회적 지지를 기반으로 장기적으로 꾸준히 시행되어야 한다는 점을 시사한다.

Ⅱ. 구체적 내용

공정위는 독과점적 시장구조가 장기간 유지되고 있는 상품이나 용역의 공급시장 또는 수요시장에 대하여 경쟁을 촉진하기 위한 시책을 수립・시행하여야 한다(법 4조 1항). 공정위는 이러한 시책을 추진하기 위하여 필요한 경우에는 관계 행정기관의 장에게 경쟁의 도입 또는 그 밖에 시장구조의 개선 등에 관하여 필요한 의견을 제시할 수 있다. 이 경우 관계 행정기관의 장은 공정위의 의견을 검토한 후 검토결과를 공정위에 송부하여야 한다(법 4조 2항).[167] 한편 공정위는 이러한 시책을 추진하기 위하여 시장구조의 조사 및 공표 내지 특정 산업의 경쟁상황 분석, 규제현황 분석 및 경쟁촉진 방안 마련의 업무를 수행할 수 있다(법 4조 3항). 과거에는 공정위의 업무범위가 시장구조의 조사에 국한되었으나, 2020년 법 개정시에 확대되었다. 그리고 공정위는 사업자 및 사업자단체에 대하여 위 업무를 수행하기 위하여 필요한 자료의 제출을 요청할 수 있다(법 4조 4항).

167) 관계행정기관의 회신의무는 2020년 법 개정시에 추가되었다.

그러한 사무는 공정위가 직접 담당할 수도 있지만 이를 다른 기관에 위탁할 수도 있다(법 4조 5항).

Ⅲ. 시장구조 개선시책의 추진경과

공정위는 1996년 말 일정한 기준[168]에 해당하는 품목을 시장구조 '우선개선대상품목'으로 선정하였고, 1997년에는 자동차(3개 품목), 타이어, 판유리 등 5개 품목, 1998년에는 철강(5개 품목), 맥주 등 6개 품목, 1999년에는 에어컨, 세탁기, 엘리베이터 등 10개 품목에 대해서, 그러한 품목의 시장에 참여하고 있는 사업자들의 원재료 수급단계에서부터 최종소비단계에 이르기까지 거래단계별로 각종 경쟁제한요소를 심층 분석하였다. 그리고 공정위는 이 과정에서 밝혀진 경쟁제한행위, 즉 거래단계별로 기존 독과점 사업자가 자기의 우월적 지위를 계속 유지하기 위하여 다른 사업자의 사업활동을 부당하게 방해하거나 신규진입을 저해하는 경우, 독점 제조업자가 국내 유통구조를 독점함으로써 수입물품의 유통을 어렵게 하는 행위, 원재료 독점사업자가 그 품목의 공급조절을 통해서 다음 단계의 제품시장을 독점하는 행위 등에 대하여 시정명령을 내렸다.

한편 새로운 사업자의 진입을 제한하는 정책이나 제도에 대해서 그 존치의 필요성을 재검토한 뒤에 불필요하다고 판단되는 것에 대해서는 관계부처와 협의하여 이를 개선하였다. 2000년에는 신용카드시장에 대한 시책을 추진하여 BC카드, 삼성카드, LG캐피탈의 부당한 수수료 유지행위, 한국여신전문금융업협회와 7개 전문계 카드사의 신규사업자에 대한 신용카드가맹점 공동이용망의 이용거절행위를 적발하여 시정명령과 함께 과징금을 부과하였다.

2001년부터는 공정위가 국민경제적 비중이 크거나 국민생활과 밀접한 분야 중에서 법 위반의 빈도가 높고, 소비자불만이 큰 6개 분야, 즉 건설, 의료·제약, 예식·장례식업, 신문·잡지 및 방송, 정보통신, 사교육 분야를 대상으로 하여 산업별, 시장별 구조, 정부규제 및 거래행태 등에 대한 조사를 실시하여 종합적인 개선방안을 마련하였고, 그 후에는 독과점적 시장구조가 고착화된 규제산업 등의 시장구조개선을 위한 전담부서를 지정하는 등 이른바 산업별 시장구조 개선시책을 보다 체계적으로 추진하였다. 그리고 2009년에는 새로운 사업자의 시장진입을 제한하는 규제에 대하여 그 타당성과 존치의 필요성을 재검토하여, 예컨대 주류납세 병마개사업자를 2개에서 3개로 확대하였고, 해운

---

168) 다음 4가지 기준에 중복하여 해당하는 품목을 선정하였다. 즉 ① 산업정책, 수입다변화 등 정부정책에 의해 진입이 규제되고 있는 경우, ② 국내가격이 외국가격보다 높은 것으로 보아 수입품의 경쟁압력이 제대로 작동하지 않는 것으로 판단되는 경우, ③ 최근 2년간 사업자간의 가격인상률이 동일하여 사업자간의 유효경쟁이 존재하는지 의심스러운 경우, ④ 수익률(경상수익률, 영업이익률)이 제조업평균보다 높아 독과점 이윤을 실현하고 있다고 추정되는 경우.

산업의 진입규제를 완화하는 성과를 거두기도 하였다. 그러나 최근에는 공정위가 독과점적 시장구조를 개선하기 위한 시책을 수립하여 시행하는 과제를 이행하는 데에 적극적인 관심을 보이지 않고 있는데, 이는 매우 아쉬운 태도로서 하루속히 시정되기를 바란다.

제2장

기업결합의 제한

제1절 총　설

I. 기업결합 제한의 취지

기업결합이라 함은 기업 간의 자본적·인적·조직적인 결합을 통하여 기업 활동을 단일한 관리체제하에 통합시킴으로써 개별기업의 경제적인 독립성을 소멸시키는 행위를 말한다. 기업결합은 규모의 경제를 실현하고 자원배분의 효율성을 제고하여 경제발전에 기여할 수 있는 장점을 가지고 있다. 반면, 기업결합은 시장에 참여하는 사업자의 수를 감소시켜서 관련시장의 구조를 독과점적으로 전환할 우려가 있고, 특히 일부 기업결합은 특정 기업의 시장지배력을 형성·강화하거나 경쟁사업자들 간의 담합 가능성을 높일 우려가 있다. 그런데 기업결합은 그것이 일단 완료된 이후에는 그에 따른 독과점의 폐해를 시정하기가 쉽지 않다. 따라서 기업결합으로 인한 경쟁제한적 효과가 효율성 증대효과를 능가하는 경우에는 심사를 통해서 이를 미연에 방지할 필요가 있다. 즉, 기업결합 규제의 근본적 목적은 경쟁적 시장구조를 유지하기 위한 것이다.[1] 기업결합을 아무런 제한 없이 허용할 경우에는 관련시장의 구조가 악화되어 사업자의 경쟁제한적 행위가 발생할 가능성이 높아지게 되고, 또 일단 시장구조가 악화되고 나면 이를 다시 기업결합 전의 상태로 회복하기가 매우 어렵다는 전제 하에 경쟁제한적 기업결합을 규제하고 있다.

기업결합에 대한 규제는 다른 규제와 구별되는 몇 가지의 특징을 가지고 있다. 우선, 대부분의 경쟁법적 규제가 사업자의 행위를 사후적으로 규제하는 행태규제인데 반하여, 기업결합의 규제는 시장의 구조가 경쟁제한적인 구조로 전환하는 것을 사전에 예방하는 사전적 규제이다.[2] 따라서 해당 기업결합의 경쟁제한성을 판단하기 위해서 그 기업결합

1) 구법은 불공정한 방법에 의한 기업결합을 금지하고 있었으나, 이는 시장구조규제와 무관할 뿐만 아니라 대체로 증권거래법상의 규제와 중복되며, 그간 금지사례가 한 건도 없었다는 등의 이유로 2007년 8월 삭제하였다. 곽상현·이봉의(2012), 44-45면.

2) 홍대식, "기업결합 심사기준의 개정내용에 대한 검토 – 경쟁제한성 판단기준을 중심으로", 법조 제622호(2008), 149면.

이 장차 시장의 구조에 어떠한 영향을 미칠 것인지에 대한 예측을 필요로 한다. 장차 시장에 나타날 영향을 예측하여 그 위법성을 판단하여야 하므로 다른 유형의 법 위반행위에 대한 규제에 비해 본질적으로 불확실성이 높을 수밖에 없다.[3] 그리고 기업결합에 대한 공정위의 시정조치가 나오면 거래당사자들이 그에 따라 거래를 포기하는 경우가 많고, 이에 대하여 적극적으로 다투는 사례가 많지 않다. 이러한 이유로 기업결합의 규제는 독점규제법의 다른 영역보다 공정위의 심결례를 중심으로 법리가 형성되는 경향이 있다.

Ⅱ. 기업결합 규제의 체계

독점규제법은 제3장에 "기업결합의 제한"이라는 제목 하에 기업결합 규제에 관한 기본적인 사항을 정하고 있다. 기업결합에 대한 규제 체계는 기업결합의 신고, 기업결합의 심사, 시정조치 등의 부과의 3단계로 이해할 수 있다. 우선, 1단계로 기업결합을 하는 사업자는 자신이 도모하는 행위가 신고대상인 기업결합에 해당하는 경우에는 이를 공정위에 신고해야 한다. 공정위는 원칙적으로 모든 기업결합에 대하여 시장에 미치는 경제적 효과를 심사해야겠지만, 상당수 기업결합은 시장에 미치는 영향이 미미하고, 특히 기업결합에 참여하는 기업들의 규모가 작을수록 그러한 경향은 커질 것이다. 따라서 시장에 별다른 영향이 없는 기업결합에 대해서까지 일일이 살펴보는 것은 무용한 노력의 낭비에 그칠 수 있다. 이에 기업부담을 줄이고 행정의 효율을 높이기 위해 공정위는 경쟁제한의 가능성이 있는 일정 규모 이상의 기업결합에 대해서 신고를 받는다.

2단계로 공정위는 신고를 받은 기업결합 등에 대하여 일정한 거래분야에서 경쟁을 실질적으로 제한하는지 여부를 심사한다. 경쟁제한성이 인정되는 경우에는 사업자가 주장하는 효율성 증대효과가 경쟁제한으로 인한 폐해보다 큰 기업결합에 해당되는지, 회생이 불가능한 회사와의 결합인지를 판단하여 최종적으로 기업결합의 허용 여부를 결정하게 된다. 그리고 누구든지 경쟁제한적 기업결합의 제한을 회피하려는 탈법행위를 하여서는 아니된다(법 13조). 다만, 탈법행위의 유형 및 기준은 대통령령으로 정하게 되어 있으나, 법 시행령은 기업결합의 탈법행위에 관하여 아무런 규정을 두지 않고 있다.

3단계로 기업결합 심사결과 경쟁제한성이 인정되지 않거나 위법하지 않다고 판단되면 공정위는 기업결합을 승인한다. 그러나 기업결합이 위법하다고 판단될 경우에는 공정위가 당해 기업결합에 대하여 적절한 시정조치를 취할 수 있다. 시정조치에는 구조적 시정

---

3) 따라서 법집행의 경험이 축적되지 않으면 기업결합의 규제는 쉽게 접근하기 어려운 특성이 있다. 우리나라의 경우에도 1997년까지는 공정위가 경쟁제한적 기업결합으로 규제한 사례가 불과 3건에 불과하였으나, 1997년 경제위기 이후 기업결합이 활발하게 이루어지고 공정위의 법집행의 경험이 쌓임에 따라 1998년부터는 매년 기업결합의 규제 사례가 나타나고 있다. 이민호, "기업결합에 대한 규제", 독점규제법 30년(2011), 243면.

조치와 행태적 시정조치가 있다. 그리고 공정위는 사업자가 정해진 기한 내에 시정조치를 이행하지 않는 경우에는 이행강제금을 부과할 수 있다.

기업결합의 규제에 관한 세부사항은 공정위의 고시와 예규 등에서 다루고 있다. 기업결합 신고에 관한 사항은 「기업결합의 신고요령」(이하 "기업결합 신고요령"이라 함), 「기업결합 신고규정 위반사건에 대한 과태료부과기준」에서 규정하고 있으며, 경쟁제한성 및 예외요건의 판단기준에 대해서는 「기업결합 심사기준」에서 규정하고 있고, 시정조치에 대해서는 「기업결합 시정조치 부과기준」(이하 "시정조치 부과기준"이라 함), 「기업결합 관련시정조치 불이행에 따른 이행강제금 부과기준」에서 규정하고 있다.

■ 글로벌 M&A와 각국의 기업결합 규제

오늘날 다국적기업들은 국경을 초월하는 사업을 영위하고 있으나, 기업결합의 심사는 개별 국가의 단위로 이루어지고 있다. 이러한 이유로 우리나라 기업 간의 기업결합이 해외 경쟁당국의 심사대상이 되기도 하고, 외국 기업 간의 기업결합이 우리 공정위의 심사대상이 되기도 한다. 실제로 공정위는 2012년에 1건(Western Digital-Viviti Technologies),[4] 2013년에는 2건(ASML-Cymer,[5] Media Tek-Mstar[6])의 역외적 기업결합에 대하여 시정조치를 부과한 바 있고, 2015년에는 1건(MS-Nokia)의 역외적 기업결합에 대하여 동의의결을 내린 바 있다. 그런데 동일한 기업결합이라 하더라도 각국 경쟁당국의 평가가 서로 달라서 글로벌 M&A가 무산되는 사례도 종종 발생하고 있다. 예를 들어 P3 네트워크[7]는 해당 기업결합에 관하여 미국 연방해사위원회, EU 집행위원회로부터 조건 없는 승인을 받았음에도 불구하고, 2014년 6월 중국 상무부가 기업결합 불허 결정[8]을 내림에 따라 기업결합이 무산되었다.[9] 경쟁법이 전 세계적으로 확산되고 점차 수렴되어 가고 있기는 하지만, 다른 한편으로 각국의 시장상황이 다르고, 경쟁에 관한 가치판단에 차이가 있으며, 간혹 경쟁규범이 자국 기업에 대한 보호수단으로 이용되는 경우도 있어서, 동일한 기업결합에 대하여 각국 경쟁당국의 심사결과에 차이가 발생할 가능성도 배제할 수 없다.

---

4) 공정위 2012.2.3. 의결 제2012-17호.
5) 공정위 2013.6.26. 의결 제2013-118호.
6) 공정위 2013.6.10. 의결 제2013-110호. 대만의 SoC칩 설계·제조업자인 Media Tek이 MStar를 인수한 사안이다. Media Tek은 우리나라에 현지법인을 두고 제품판매 및 기술지원서비스를 제공해온 반면, MStar는 국내에 지점을 두고 기술지원서비스만을 제공해왔다. 공정위는 13개 관련시장을 중심으로 형성되는 일련의 결합 중에서 DTV용 SoC칩 시장에서 발생하는 수평결합에 대하여 경쟁제한성을 인정한 후 행태적 시정조치를 부과하였다.
7) P3 네트워크는 세계 3대 해운사인 머스크라인(덴마크), MSC(스위스), CMA CGM(프랑스)이 아시아-유럽, 대서양, 태평양 항로에서 공동으로 노선을 운행하기 위해 설립 예정이었던 합작법인이다. 전통적으로 선박과 선복(여객을 탑승시키거나 화물을 싣도록 구획된 장소)만을 공유한 느슨한 형태의 해운동맹(shipping alliances)과 달리, P3 네트워크는 선박·선복뿐만 아니라 연료, 항만까지 공유하는 합작회사였다.
8) 중국 상무부는 아시아-유럽 간 노선 중 결합당사 3사의 수송능력이 전체의 47%에 달하여 시장의 진입장벽을 높이고, 항만과 경쟁 해운사들의 협상력(bargaining power)을 더욱 저하시킬 것으로 판단하였다.
9) 이에 따라 P3 네트워크는 2014년 7월 우리나라 공정위에 제출한 기업결합 신고도 철회하였다.

제2절 기업결합의 유형

Ⅰ. 제한되는 기업결합의 범위

독점규제법은 누구든지[10] 직접 또는 특수한 관계에 있는 자(이하 "특수관계인"이라 함)[11]를 통하여 일정한 거래분야에서 경쟁을 실질적으로 제한하는 기업결합을 하여서는 아니 된다고 규정하고 있다(법 9조 1항). 그런데 독점규제법은 기업결합의 개념에 관하여 별도의 정의규정을 두지 않고, 제한되는 기업결합의 수단과 방법을 열거하고 있을 뿐이다. 동법에서 제한하는 기업결합의 방식에는 주식의 취득 또는 소유, 임원겸임, 합병, 영업양수, 새로운 회사설립에의 참여가 있다.

그런데 기업결합의 핵심적 징표는 기업 간의 자본적·인적·조직적인 결합을 통한 단일한 관리체제하에 통합되는 것에 있다. 즉, 기업결합이 성립하기 위한 본질적 요소는 지배관계의 형성인데 이에 관해서는 법에 별도의 규정을 두지 않고 있다. 독점규제법이 기업결합의 개념요소를 분명히 밝히지 않은 채 기업결합의 수단과 방법에 관해서만 열거하고 있기 때문에 규제대상이 되는 기업결합의 범위가 지나치게 넓어지는 것이 아닌가 하는 의문이 제기될 수 있다. 예컨대 어떤 회사가 다른 회사의 주식을 단 1주만 취득하거나, 종업원 중 단 한 명이 다른 회사의 임원지위를 겸하는 경우에도 문리적으로만 해석하면 독점규제법상 제한되는 기업결합에 해당할 수 있기 때문이다. 이러한 입법태도에 대해서는 지배관계와 무관하게 기업결합을 규정함으로써 규제대상인 기업결합의 범주를 지나치게 확대하고, 절차의 경제 및 법적 안정성을 훼손한다는 비판이 제기되고 있다.[12] 다만, 비판론이 지적하는 문제점은 기업결합 신고의무의 범위를 제한하고 공정위가 지배관계의 형성 여부를 기업결합 심사시 고려요소로 반영함으로써 실무적으로 이를 해소하고 있다.

10) 독점규제법은 당초 기업결합의 규제를 받는 자를 자본금 50억원 또는 자산총액 200억원 이상에 해당하는 회사로 제한하고 있었다. 그러나 이러한 규모에 해당하지 않는 사업자에 의한 기업결합인 경우에도 경쟁제한성이 인정될 수 있기 때문에 1996년 12월 법 개정을 통하여 이러한 제한을 삭제하였다.

11) 독점규제법은 사업자가 직접 실행하는 기업결합뿐만 아니라 '대통령령이 정하는 특수관계인'을 통하여 실행하는 기업결합도 규제하고 있다. 동법 시행령은 특수관계인의 범위를 ① 당해 회사를 사실상 지배하고 있는 자, ② 동일인관련자(단, 기업집단으로부터의 제외규정에 의하여 동일인관련자로부터 분리된 자는 제외), ③ 경영을 지배하려는 공동의 목적을 가지고 당해 기업결합에 참여하는 자로 규정하고 있다(영 14조).

12) 곽상현·이봉의(2012), 45면.

Ⅱ. 기업결합의 분류

1. 기업결합 수단에 따른 분류

(1) 주식의 취득 또는 소유

다른 회사의 주식을 취득하거나 소유하는 행위를 말한다. 주식이란 회사에 대한 사원의 법률상의 지위를 가리킨다. 주식회사 이외의 회사에 있어서는 회사에 대한 사원의 법률상의 지위가 출자지분에 따라 결정되므로, 여기서 말하는 주식에는 출자지분도 포함되는 것으로 이해된다.[13] 독점규제법에 따른 주식의 취득 또는 소유는 취득 또는 소유의 명의와 관계없이 실질적인 소유관계를 기준으로 한다(법 10조).

(2) 임원겸임

어떤 회사의 임원 또는 종업원이 다른 회사 임원의 지위를 겸임하는 행위를 말한다. 임원이란 이사, 대표이사, 업무집행을 하는 무한책임사원, 감사나 이들에 준하는 사람 또는 지배인 등 본점이나 지점의 영업전반을 총괄적으로 처리할 수 있는 상업사용인을 말한다(법 2조 6호). 여기서 이사는 「상법」상의 이사로서 법인등기부상에 이사로 등기된 자를 의미한다.[14] 종업원이라 함은 계속해서 회사의 업무에 종사하는 자로서 임원 이외의 자를 말한다(법 2조 1호).

(3) 다른 회사와의 합병

회사의 합병은 둘 이상의 회사가 법적인 단일체를 형성하는 행위를 말한다. 합병은 법적으로 단일한 법인격이 형성된다는 점에서 영업의 양수와 구별된다. 일반적으로 회사의 합병에는 흡수합병(merger)과 신설합병(consolidation)이 있다. 흡수합병은 한 기업이 다른 기업에 흡수되어 소멸되는 것을 말하고, 신설합병은 기존의 기업들이 모두 소멸하고 제3의 새로운 기업이 설립되는 것을 말한다. 기업결합의 규제대상이 되는 합병에는 흡수합병과 신설합병이 모두 포함된다.

(4) 영업의 양수 등

다른 회사의 영업의 전부 또는 주요부분을 양수·임차하거나 경영을 수임하거나 또는 다른 회사의 영업용 고정자산의 전부 또는 주요부분을 양수하는 행위를 말한다. 영업의

---

13) 1999년 2월의 법개정에서 구법 제7조 제1항 제1호의 규정, 즉 '다른 회사의 주식(지분을 포함한다. 이하 같다)의 취득 또는 소유' 중에서 '(지분을 포함한다. 이하 같다)'라는 부분을 삭제하였기 때문에 의문의 여지가 있으나, 기업결합규제의 취지상 여전히 출자지분도 포함되는 것으로 해석하는 것이 타당할 것이다.

14) 대법원 2008.10.23. 선고 2008두10621 판결.

양수는 사실상 합병과 유사한 효과를 가져오지만 종래의 회사들이 그대로 독립적인 법인격을 유지하게 된다는 점에서 합병과 구별된다. 영업이란 회사의 사업 목적을 위하여 조직화되고 유기적 일체로서 기능하는 재산권의 집합을 말하며, 판매권, 특허권·상표권 등 무체재산권, 기타 인·허가와 관련되어 재산상의 가치가 있는 것을 포함한다. 주요부분이라 함은 양수 또는 임차 부분이 독립된 사업단위로서 영위될 수 있는 형태를 갖추고 있거나 양수 또는 임차됨으로써 양도회사 매출의 상당한 감소를 초래하는 경우로서, 영업양수금액[15]이 양도회사의 직전 사업연도 종료일 현재 재무상태표상 자산총액의 100분의 10 이상이거나 50억원 이상인 경우를 말한다. 경영의 수임이란 영업의 양도·양수회사 간에 경영을 위탁하는 계약체결 등을 통하여 수임인이 경영권 행사의 주체로서 활동하는 것을 말한다.

(5) 새로운 회사설립에의 참여

기존 기업들이 새로운 회사설립에 참여하는 행위를 말한다. 대표적으로 합작회사(joint venture)의 설립에 지분참여를 하는 경우를 들 수 있다. 그런데 일반적으로 어떤 시장에 참여하는 사업자의 수가 증가하면 증가할수록 그 시장의 경쟁이 강화되는 경향이 있다. 따라서 새로운 회사의 설립은 일반적으로 경쟁의 측면에서 긍정적 요소가 존재한다. 그러나 새로운 회사의 설립에 참여하는 것이 공동의 지배관계를 형성하여 참가기업들 간의 경쟁 및 나아가 관련시장에서의 경쟁을 제한하는 수단으로 이용될 우려도 있기 때문에 새로운 회사설립에 참여하는 행위도 기업결합규제의 대상에 포함되는 것이다. 예컨대 일정한 거래분야에서 상호 경쟁관계에 있는 유력한 기업들이 원재료의 공동구입 또는 제품의 공동판매를 전담하는 합작회사를 설립하여 실질적인 경쟁을 제거하고자 하는 경우가 여기에 해당된다. 다만, 특수관계인만 참여하고 그 이외의 자는 참여하지 않는 경우 또는 상법 제530조의2 제1항의 규정에 의하여 분할에 따른 회사설립에 참여하는 경우[16]에는 조직의 변경이 시장경쟁에 유의미한 영향을 미치지 아니하므로 기업결합의 규제대상이 되지 않는다.

한편, 새로운 회사설립이 존재하여야 하므로, 기업들이 영업의 주요부분을 공동으로 수행하거나 관리하여 그 실질이 기업결합에 준하더라도 새로운 회사를 신설하지 않는 이상 그러한 협정은 기업결합 심사대상이 되지는 않는다. 항공사들 사이에 공동운항협정이 그러한 예이다. 입법론으로는 회사의 설립이 없더라도 기업들이 영업의 주요부분을 공동수행·관리하는 조인트 벤처도 기업결합 심사 대상에 포함시켜야 할 것이다.[17]

---

15) 영업양수금액에는 양수목적물인 영업부문 또는 영업용 고정자산에 대한 양수대금 이외에 관련 부채의 인수시 그 부채금액을 포함하며, 영업의 전부 또는 주요부분을 임차하거나 경영수임의 경우에는 임차료 또는 수임료의 연간 총금액을 위 양수금액에 준하여 적용한다.

16) 기존 회사가 특정한 사업부분을 분리하여 새로운 회사를 설립하는 경우와 같은 단순분할을 말한다.

2. 결합당사회사 상호 간의 관계에 따른 분류

기업결합은 당사회사 상호간의 관계에 따라 수평형 기업결합, 수직형 기업결합, 혼합형 기업결합으로 구분된다. 이는 기업결합의 경쟁제한성 심사에 있어서 중요한 의미를 가지는 분류이다. 왜냐하면 각 결합의 유형에 따라 경쟁제한성을 판단하는 기준이 달라지기 때문이다. 한편, 기업이 여러 시장에서 활동하는 경우가 있는데, 그러한 경우에는 하나의 기업결합이 수평결합, 수직결합 또는 혼합결합의 성격을 중첩적으로 가질 수도 있다. 이 경우 공정위는 관련시장별로 이들 결합의 다양한 경쟁제한 가능성을 모두 고려하게 된다. 예컨대, 하이트맥주와 진로의 기업결합 사건에서는 '먹는 샘물'시장과 '소주'시장의 경우 수평형 기업결합이 성립하였고, 맥주와 소주에 관하여는 혼합형 기업결합이 성립하였는데, 경쟁제한성은 혼합결합의 측면에서만 인정되었다.[18]

(1) 수평형 기업결합

수평형 기업결합 내지 수평결합(horizontal merger)은 시장에서 판매하는 상품 또는 용역에 관하여 경쟁관계에 있는 회사들 간의 결합을 말한다. 예컨대 서울시 관악구 지역에서 경쟁관계에 있는 종합유선방송사업자들 간의 기업결합,[19] 승용차 시장에서 현대자동차가 기아자동차의 주식을 취득한 경우,[20] 이동통신 시장에서 에스케이텔레콤이 신세기통신의 주식을 취득한 경우,[21] 피아노 시장에서 삼익악기가 영창악기의 주식을 취득한 경우[22] 등이 여기에 해당된다. 이것은 관련시장 안에서 서로 경쟁관계에 있는 기업들 간의 결합으로서 경쟁제한효과가 가장 두드러지게 나타나는 경우이다. 수평결합은 결합당사회사들 사이의 경쟁을 제거하고 실질적인 시장지배력을 창출하여 결합회사로 하여금 가격을 인상하고 생산량을 감축할 수 있는 힘을 부여할 수 있으며, 경쟁회사의 수가 줄어들어 시장집중도가 높아짐에 따라 시장참여자들 사이에 명시적 혹은 묵시적 담합의 가능성을 높일 수 있다.

(2) 수직형 기업결합

수직형 기업결합 내지 수직결합(vertical merger)은 원재료의 생산에서 상품 또는 용역의 생산 및 판매에 이르는 생산과 유통과정에 있어서 인접하는 단계에 있는 회사들 간의 결합을 말한다. 국내 완성차 시장에 참여하고 있는 현대자동차와 국내 자동차용 멀티미

17) 동지: 김형배(2019), 448면.
18) 공정위 2006.1.24. 의결 제2006-009호.
19) 공정위 2006.2.3. 의결 제2006-10호.
20) 공정위 1999.4.7. 의결 제99-43호.
21) 공정위 2000.5.16. 의결 제2000-76호.
22) 대법원 2008.5.29. 선고 2006두6659 판결.

디어 시장 및 전자제어장치 시장에 참여하고 있는 현대오토넷 사이에는 원재료 수급관계가 존재하므로 양자의 결합은 수직결합에 해당된다.[23] 나일론 제조사인 동양나일론이 나일론 원료인 카프로락탐의 공급업체인 한국카프로락탐의 주식을 취득한 경우[24]나 정유사인 에스케이가 송유관사업자인 대한송유관공사의 주식을 취득한 경우[25] 등도 마찬가지이다. 수직결합은 종전에 분리되어 있던 두 회사 사이의 거래를 내부화하고, 그로 인하여 거래비용을 절감할 수 있다는 이점이 있다. 그러나 결합당사회사가 내부거래에 치중하게 되고 그 결과 공급처나 고객에 대한 접근을 봉쇄하여 경쟁자를 배제하여 독과점적 지위를 형성하고 시장지배의 수단으로 이용되는 등 경쟁제한의 폐해를 초래할 수 있다.

(3) 혼합형 기업결합

혼합형 기업결합 내지 혼합결합(conglomerate merger)은 수평형 또는 수직형 기업결합 이외의 기업결합을 말한다. 혼합결합은 다시 순수한 혼합결합, 지역확장형 혼합결합, 상품확장형 혼합결합으로 나누어진다. 순수한 혼합결합은 건설회사가 김치제조회사를 결합하는 경우와 같이 경쟁관계가 전혀 없는 기업들 간의 결합이다. 지역확장형 혼합결합은 동일한 상품을 서로 다른 지리적 시장에서 공급하는 기업들 간의 결합이다. 상품확장형 혼합결합은 다른 상품시장에 속하지만 동일한 생산·판매기술이 적용되는 상품을 생산하는 기업들 간의 결합이다. 예컨대, 소주와 맥주는 동일한 상품시장으로 획정되지 아니하므로 하이트맥주의 진로 주식취득 사건은 상품확장형 혼합결합에 해당한다.[26]

제3절 기업결합의 신고

Ⅰ. 제도의 취지

공정위는 경쟁제한적인 기업결합을 스스로 인지하여 금지할 수 있다.[27] 그렇지만 공정위가 시중에서 일어나는 기업결합을 하나도 빠짐없이 인지하여 감독하고 심사한다는 것은 현실적으로 불가능하다. 따라서 공정위의 효율적인 기업결합의 심사를 위하여 일정한 규모 이상의 회사가 기업결합을 하는 경우에는 이를 공정위에 신고하도록 하는 신고의무를 부과하고 있다. 신고의무는 공정위의 조사착수를 위한 단서제공의 의미를 갖는

---

23) 공정위 2005.11.22. 의결 제2005-231호.
24) 공정위 1996.4.22. 의결 제96-51호.
25) 공정위 2001.6.29. 의결 제2001-90호.
26) 공정위 2006.1.24. 의결 제2006-9호. 이 사건은 혼합결합으로서 처음으로 시정조치가 내려진 사안이다.
27) 공정위는 MS-Nokia 사건의 심사보고서에 사건의 단서를 직권인지로 명시한 적이 있다고 한다. 이봉의, "공정거래법상 국제적 M&A에 대한 역외적 관할권", 경쟁법연구 제33권(2016), 170면.

다.[28]

법상 기업결합 신고요건과 심사요건에는 차이가 있다. 예컨대, 취득회사가 피취득회사의 발행주식 총수의 20%(상장법인의 경우에는 15%) 이상만 취득하면 원칙적으로 공정위에 신고하여야 한다(법 11조 1항 1호). 그런데 단지 20%(상장법인의 경우 15%)의 주식을 취득하는 것으로는 피취득회사에 대한 지배관계가 형성되지 않는 경우도 많을 것이다.[29] 요컨대 신고요건은 그 결합내용을 공정위에 사전에 알리도록 하는 의무를 부과하기 위한 절차적 요건으로서, 지배력과 경쟁제한성의 존부를 판단하는 심사요건과는 다르다는 점에 유의할 필요가 있다.

Ⅱ. 신고의무자

1. 회사의 분류

기업결합 신고대상회사라 함은 자산총액 또는 매출액(계열회사의 자산총액 또는 매출액을 합산한 금액을 말함)의 규모가 3천억원 이상인 회사를 말한다(법 11조 1항, 영 18조 1항). 기업결합 신고대상회사의 자산총액 또는 매출액의 규모는 기업결합일 전부터 기업결합일 후까지 계속하여 계열회사의 지위를 유지하고 있는 회사의 자산총액 또는 매출액을 합산한 규모를 말한다. 기업결합 신고대상회사의 자산총액 또는 매출액 규모에 해당하지 아니하는 회사는 기업결합신고대상회사 외의 회사로 칭한다. 한편, 대규모회사는 자산총액 또는 매출액의 규모가 2조원 이상인 회사를 말한다(법 9조 1항, 영 15조 3항). 상대회사란 자산총액 또는 매출액의 규모가 300억원 이상으로서 기업결합 신고대상회사의 거래상대방이 되는 다른 회사를 말한다(법 제11조 1항, 영 18조 2항). 소규모피취득회사란 상대회사의 자산총액 또는 매출액 규모에 해당하지 아니하는 회사를 말한다(법 11조 2항).

자산총액 또는 매출액의 규모는 기업결합일 전부터 기업결합일 이후까지 계속하여 계열회사의 지위를 유지하고 있는 회사의 자산총액 또는 매출액을 합산한 규모를 말한다. 다만, 영업양수의 경우 영업을 양도(영업의 임대, 경영의 위임 및 영업용 고정자산의 양도를 포함한다)하는 회사의 자산총액 또는 매출액의 규모는 계열회사의 자산총액 또는 매출액을 합산하지 아니한 규모를 말한다(법 11조 12항, 9조 5항). 자산총액 또는 매출액은 기업결합일이 속하는 사업연도의 직전 사업연도 종료일 현재의 재무제표에 표시된 금액을 의미한다. 다만, 기업결합일이 속하는 사업연도 중 신주 및 사채의 발행으로 자산총액이 증

28) 곽상현 · 이봉의(2012), 47면.

29) 주식취득의 경우 지배관계는 주식소유비율이 50% 이상이거나, 그 미만인 경우에는 주식분산도, 주주상호간의 관계, 취득회사 등과의 원재료의존관계나 자금관계 등을 종합적으로 고려하여 취득회사 등이 피취득회사의 경영전반에 실질적인 영향력을 행사할 수 있다고 판단되는 경우에만 인정된다.

가된 경우에는 '직전 사업연도 재무상태표에 표시된 자산총액+증가된 금액'을 자산총액으로 본다. 따라서 A사가 2018년 3월 20일 B사의 주식 20%를 취득한 사안에서, A사의 2017년 사업연도 자산총액은 2,800억원이었고, 2018년 1월 유상증자를 통해 자산총액이 300억원 증가하였다면, 신고요건의 판단기준인 자산총액은 3,100억원이 된다.[30]

2. 기업결합 신고대상회사의 신고의무

(1) 기업결합 상대방이 상대회사인 경우

기업결합 신고대상회사 또는 그 특수관계인이 상대회사에 대하여 ① 다른 회사의 발행주식 총수의 20%(상장법인[31]은 15%) 이상을 소유하게 되는 경우, ② 다른 회사의 발행주식 총수의 20%(상장법인은 15%) 이상을 이미 소유한 자가 그 회사의 주식을 추가로 취득하여 최다출자자가 되는 경우, ③ 다른 회사와의 합병 또는 영업의 양수 등을 하거나, ④ 상대회사 또는 그 특수관계인과 공동으로 새로운 회사설립에 참여하여 그 회사의 최다출자자가 되는 경우에 신고의무가 발생한다.[32] 한편, 임원겸임의 경우(계열회사의 임원을 겸임하는 경우는 제외한다)에는 기업결합 신고대상회사가 대규모회사인 경우에 한해서 신고의무가 발생한다(법 11조 1항).

(2) 기업결합 상대방이 소규모취득회사인 경우

기업결합 상대방이 소규모취득회사인 경우에는 기업의 규모에 비추어 시장에 미치는 경쟁효과가 미미한 경우가 대부분이므로 원칙적으로 기업결합 신고의무는 발생하지 않는다.

그렇지만, 자산총액이나 매출액이 미미할지라도 이용자가 많아서 시장에 지대한 영향을 미치는 기업도 존재하고 이러한 무형적 가치를 가진 기업에 대해서 자산이나 매출규모에 비하여 아주 높은 가격으로 인수, 합병 거래가 성사되기도 한다.[33] 이러한 유형의 기업결합을 공정위가 사전에 파악하여 심사할 수 있도록 2020년 법 개정시에 상대회사가 소규모취득회사라고 하더라도 거래금액 등이 일정요건을 충족하는 경우에는 신고대상으로 하는 규정을 새로 마련하였다. 이는 불확실한 미래 경쟁을 미리 제거하기 위해 스타트업을 인수하여 미래 경쟁기술을 사장(死藏)시키는 행위를 의미하는 이른바 '킬러 인수'(killer acquisition)에 대한 심사를 강화하기 위한 목적으로 이해된다.[34] 이에 따라서 비록

---

30) 공정위, 기업결합신고 가이드북(2018), 13면.

31) 자본시장법에 따른 주권상장법인을 의미한다.

32) 위 ①, ②, ④에 따른 주식의 소유 또는 인수의 비율을 산정하거나 최다출자자가 되는지를 판단할 때에는 해당 회사의 특수관계인이 소유하고 있는 주식을 합산한다(법 11조 5항).

33) 2014년 페이스북(Facebook)이 와츠앱(WhatsApp)을 190억 달러(한화 약 20조원)에 인수하였는데, 유럽 여러 국가에서 수십만 명의 와츠앱 이용자가 있었고 거래금액이 상당하였음에도 단지 자산과 매출의 규모가 미미하다는 이유로 기업결합 신고대상에서 제외되는 일이 발생하였다. 이를 계기로 독일 등에서 기업결합 신고요건에 거래금액을 추가하는 입법적 조치를 취하였다.

34) 최난설헌, "디지털 경제에서의 스타트업 인수에 대한 경쟁법적 이해", 경쟁법연구 제46권(2022), 239-240면.

기업결합의 상대방이 소규모취득회사라고 할지라도 다음의 거래대금 요건과 상당한 수준의 국내활동 요건을 모두 갖춘 기업결합을 하는 경우에는 기업결합 신고대상회사에게 신고의무가 발생한다(법 11조 2항). 우선 거래대금 요건은 기업결합의 대가로 지급 또는 출자하는 가치의 총액(당사회사가 자신의 특수관계인을 통하여 지급 또는 출자하는 것을 포함한다)이 6천억원 이상인 경우를 말한다(영 19조 1항). 그리고 상당한 수준의 국내활동 요건은 소규모피취득회사 또는 그 특수관계인이 국내 시장에서 상품 또는 용역을 판매·제공하거나,[35] 국내 연구시설 또는 연구인력을 보유·활용하거나,[36] 그 밖에 이에 준하는 경우로서 기업결합의 신고에 필요하다고 공정위가 정하여 고시하는 경우로서 상당한 수준으로 활동하는 경우를 말한다.

이 경우에 신고의무가 발생하는 기업결합 유형은 기업결합 신고대상회사 또는 그 특수관계인이 ① 다른 회사의 발행주식 총수의 20%(상장법인은 15%) 이상을 소유하게 되는 경우, ② 다른 회사의 발행주식 총수의 20%(상장법인은 15%) 이상을 이미 소유한 자가 그 회사의 주식을 추가로 취득하여 최다출자자가 되는 경우, ③ 다른 회사와의 합병 또는 영업의 양수 등을 하거나, ④ 소규모피취득회사 또는 그 특수관계인과 공동으로 새로운 회사설립에 참여하여 그 회사의 최다출자자가 되는 경우이다. 임원겸임의 경우에는 신고의무가 발생하지 않는다.

3. 기업결합 신고대상회사 외의 회사의 신고의무

기업결합 신고대상회사 외의 회사인 경우에는 원칙적으로 신고의무가 발행하지 않는다. 그러나 예외적으로 다음과 같이 기업결합 상대방의 규모가 기업결합 신고대상회사에 상당한 경우에는 기업결합 신고대상회사 외의 회사에게도 신고의무가 발생한다. 즉, 기업결합신고대상회사 외의 회사로서 상대회사의 규모에 해당하는 회사 또는 그 특수관계인이 기업결합 신고대상회사에 대하여 ① 다른 회사의 발행주식 총수의 20%(상장법인은 15%) 이상을 소유하게 되는 경우, ② 다른 회사의 발행주식 총수의 20%(상장법인은 15%) 이상을 이미 소유한 자가 그 회사의 주식을 추가로 취득하여 최다출자자가 되는 경우, ③ 다른 회사와의 합병 또는 영업의 양수 등을 하거나, ④ 기업결합 신고대상회사 또는 그 특수관계인과 공동으로 새로운 회사설립에 참여하여 그 회사의 최다출자자가 되는 경우에는 신고의무가 발생한다. 한편, 임원겸임의 경우(계열회사의 임원을 겸임하는 경우는 제

반면 킬러 인수는 근거가 없는 가정에 불과하다는 비판도 있다. 주진열, "플랫폼기업결합 규제론에 대한 고찰", 경쟁법연구 제46권(2022), 28-42면.

35) 구체적으로 기업결합 신고의 기산일이 시작되는 날을 기준으로 직전 3년간 국내 시장에서 월간 100만 명 이상을 대상으로 상품 또는 용역을 판매·제공한 적이 있는 경우를 말한다(영 19조 2항 1호).

36) 구체적으로 기업결합 신고의 기산일이 시작되는 날을 기준으로 직전 3년간 국내 연구·개발 시설을 임차하거나 연구 인력을 활용하여 왔으며 관련 예산이 연간 300억원 이상인 적이 있는 경우를 말한다(영 19조 2항 2호).

외한다)에는 기업결합 상대방이 대규모회사인 경우에 한해서 신고의무가 발생한다(법 11조 1항).

4. 외국회사가 포함된 기업결합

공정위의 심사대상이 되는 기업결합은 원칙적으로 국내시장에 영향을 미치는 것이어야 한다(법 3조). 그런데 외국회사 사이의 기업결합이거나 국내회사가 외국회사를 기업결합하는 경우라면 그러한 기업결합으로 영향을 받는 시장은 대체로 외국의 시장일 가능성이 높다. 국내시장에 영향이 없는 기업결합에 대해서까지 신고의무를 부과하는 것은 기업결합 당사회사의 부담을 가중시키고 우리 경쟁당국에 불필요한 행정적 부담만 야기할 우려가 있다. 따라서 이러한 기업결합에 대해서는 원칙적으로 신고의무가 발생하지 않는다. 그렇지만, 기업결합에 참여하는 외국회사가 국내에서 일정규모 이상의 매출을 올리고 있다면, 이는 해당 기업결합이 국내시장에 영향을 미친다는 일응의 징표가 될 수 있다.[37) 이러한 취지에서 기업결합 신고대상회사와 상대회사가 모두 외국회사이거나 기업결합 신고대상회사가 국내회사이고 상대회사가 외국회사인 경우에는 신고의무 발생요건을 국내기업 사이의 기업결합보다 더 엄격하게 규정하고 있다. 즉, 외국회사가 포함된 위와 같은 기업결합에 대해서는 국내기업 사이의 기업결합에 관한 신고요건에 덧붙여 그 외국회사 각각의 국내매출액[38)]이 300억원 이상인 경우에만 신고대상이 되는 것으로 하였다(영 18조 3항).[39)] 즉, 외국회사 및 그 계열회사의 국내매출액이 300억원에 미치지 못하는 경우에는 외국회사들 사이의 기업결합이나 국내회사의 외국회사에 대한 기업결합에 관한 신고의무는 발생하지 않는다. 이때 외국회사는 외국에 주된 사무소를 두고 있거나 외국 법률에 따라 설립된 회사를 말한다.

그런데 외국회사의 국내매출액이 없거나 300억원 미만이어서 신고의무가 발생하지 않는 경우에 공정위가 해당 기업결합의 경쟁제한성을 심사할 수 있는지에 관하여 논란이 있다. 부정설은 신고의무가 존재하지 않는 외국기업간 기업결합에 대해서는 신고를 전제로 하는 이행금지의무(standstill obligation)도 발생하지 않는 것으로 해석하는 것이 합리적이라고 한다.[40)] 반면 긍정설은 당사회사의 일방이 국내에 아무런 매출액을 갖지 않더라도 향후 국내시장에서 경쟁을 제한할 우려가 있을 수 있고, 따라서 공정위는 여전히

---

37) 독일 연방카르텔청은 글로벌 M&A 심사시 판단의 기준이 되는 「국내 영향 평가에 대한 가이드라인」을 마련하고 있는데, 우리 공정위도 예측가능성 보장이라는 측면에서 이를 적극적으로 고려할 필요가 있다.

38) 국내매출액이란 해당 외국회사가 기업결합일 전부터 기업결합일 후까지 계열회사 지위를 유지하고 있는 회사의 대한민국에 대한 매출액을 합산한 액수(계열회사간 거래내역은 제외하며, 당사회사가 대한민국에 직접 판매하지 않더라도 최종적으로 대한민국에서 매출이 발생함이 용이하게 예상되는 거래내역은 포함)를 말한다.

39) 해당 외국회사는 국내 매출액이 없더라도 외국회사의 계열회사가 국내 매출액 300억원 이상이면 신고대상이 된다.

40) 이봉의, "공정거래법상 국제적 M&A에 대한 역외적 관할권", 경쟁법연구 제33권(2016), 171, 177면.

국내매출액 요건을 충족하지 못하는 기업결합을 직권으로 심사할 실익이 있다고 본다.[41] 공정위는 긍정설의 입장에 따라 ASML-Cymer 사건,[42] MS-Nokia 사건[43]에서 신고의무 없는 외국회사들 간의 기업결합에 대해서도 심사를 진행하였다.

5. 신고의무의 면제

기업결합에 대한 신고의무는 창업 또는 투자촉진 등의 정책적 목적을 달성하기 위하거나 중복신고를 방지하기 위한 목적에서 면제되기도 한다. 우선 다른 법률에 의하여 특정회사에 대한 출자를 장려하고 있고 그러한 투자에 경쟁제한효과가 별로 없다고 판단되는 경우에는 신고의무를 면제하고 있다. ①「벤처투자 촉진에 관한 법률」 제2조 제10호 또는 제11호에 따른 중소기업창업투자회사 또는 벤처투자조합이「중소기업창업 지원법」 제2조 제2호에 따른 창업자(이하 "창업자"라 함) 또는「벤처기업육성에 관한 특별조치법」 제2조 제1항에 따른 벤처기업(이하 "벤처기업"이라 함)의 주식을 20%(상장법인은 15%) 이상으로 소유하게 되거나 창업자 또는 벤처기업의 설립에 다른 회사와 공동으로 참여하여 최다출자자가 되는 경우, ②「여신전문금융업법」 제2조 제14호의3 또는 제14호의5에 따른 신기술사업금융업자 또는 신기술사업투자조합이「기술보증기금법」 제2조 제1호에 따른 신기술사업자(이하 "신기술사업자"라 함)의 주식을 20%(상장법인은 15%) 이상으로 소유하게 되거나 신기술사업자의 설립에 다른 회사와 공동으로 참여하여 최다출자자가 되는 경우, ③ 기업결합 신고대상회사가 자본시장법 제9조 제18항 제2호에 따른 투자회사,「사회기반시설에 대한 민간투자법」에 따라 사회기반시설 민간투자사업시행자로 지정된 회사 또는 위 회사에 대한 투자목적으로 설립된 투자회사(「법인세법」 제51조의2 제1항 제6호에 해당하는 회사로 한정한다),「부동산투자회사법」 제2조 제1호에 따른 부동산투자회사의 주식을 20%(상장법인은 15%) 이상으로 소유하게 되거나 그 회사의 설립에 다른 회사와 공동으로 참여하여 최다출자자가 되는 경우가 여기에 해당한다(법 11조 3항).

다음으로, 관계 중앙행정기관의 장이 다른 법률에 따라 미리 해당 기업결합에 대하여 공정위와 협의한 경우에도 중복신고를 방지하기 위하여 신고의무를 면제한다(법 11조 4항). 다른 법률에 따라 관계 중앙행정기관의 장이 공정위와 협의하였다면, 그에 따라 공

---

41) 미국에서도 HSR법상 신고의무가 없는 기업결합에 대해서 DOJ나 FTC가 직권으로 문제 삼은 예가 적지 않다. 이중배·원홍식, "HSR법상 합병신고의무가 없는 M&A가 '프리패스'일까?", 경쟁저널 제185호(2016), 96면 이하.

42) 공정위 2013.6.26. 의결 제2013-118호. 이 사건은 미국회사로서 리소그래피 시스템을 생산하는 ASML이 주요 원재료가 되는 광원을 생산·판매하는 Cymer의 주식 전부를 인수한 사안이다. 공정위는 해당 기업결합의 경쟁제한성을 인정하여 행태적 시정조치를 내렸다. 그런데 ASML의 경우 2011년을 기준으로 국내시장에서 97.8%의 점유율로 제1위인 사업자로서 국내 리소그래피시장에서의 매출액이 약 10억 유로에 달하였다. 반면, Cymer의 경우 자신이 생산한 광원을 네덜란드와 일본에 있는 리소그래피 시스템 제조회사에게 직접 판매하고 있어 국내시장에서 광원판매로 인한 매출이 존재하지 않았다.

43) 이 사건은 동의의결로 종결되었다.

정위가 당해 기업결합 사실을 인지하고 그에 대한 경쟁제한성 여부를 판단할 것이므로 별도로 신고할 필요가 없기 때문이다.[44)]

Ⅲ. 기업결합의 유형별 신고요건

1. 주식의 취득 또는 소유

기업결합 규제에서 주목하는 현상은 주식의 취득 또는 소유 그 자체가 아니라 그로 인하여 지배관계를 형성하는지 여부이다. 따라서 모든 주식 취득에 대해서 신고의무가 발생하는 것은 아니고, 취득회사가 주식을 일정 수준 이상 취득함으로써 피취득회사의 지배권을 확보할 수 있는 수준에 이르러야 비로소 신고의무가 발생한다. 구체적으로, ① 다른 회사의 발행주식 총수의 20%(상장법인은 15%) 이상을 소유하게 되는 경우(법 11조 1항 1호),[45)] ② 다른 회사의 발행주식 총수의 20%(상장법인은 15%) 이상을 이미 소유한 자가 당해 회사의 주식을 추가로 취득하여 최다출자자가 되는 경우(법 11조 1항 2호)에 한하여 신고의무가 발생한다. 한편, 주식취득 후 같은 날 또는 신고기간 내에 재매각하는 경우 내지 금융기관이 다른 회사 주식의 공모를 대행한 결과 발생한 실권주를 인수하는 경우(6개월 내에 재매각되는 경우에 한함)와 같이 연속적 기업결합에서는 최종 취득자에게만 신고의무가 발생한다.

(1) 일정 지분 이상 소유

20%(상장법인은 15%) 이상을 소유하게 되는 경우라 함은 20% 미만의 소유상태에서 20% 이상의 소유상태로 바뀌는 경우를 말한다. 따라서 예컨대 주식을 20% 미만으로 소유하는 동안은 신고의무가 발생하지 않으나, 20%선에 도달하는 시점에 신고의무가 발생한다. 유상증자 시 실권주의 발생으로 인하여 상대적으로 주식소유비율이 상승하는 경우나 주식의 무상증여에 따라 주식소유비율이 상승하는 경우 등 어떠한 이유로든지 주식소유비율이 20% 이상으로 상승하는 경우(의결권이 회복되는 경우도 포함)에는 신고의무가 발생한다. 기업결합의 제한에 관해서 발행주식의 총수를 산정할 때 「상법」 제344조의3 제1항 및 제369조 제2항·제3항의 의결권 없는 주식의 수는 제외한다. 다만, 의결권 없는 주식 취득이라 하더라도 총회 의결 등으로 의결권이 회복되는 경우에는 사후 신고의무가 발생한다.

44) 「금융산업의 구조개선에 관한 법률」, 「금융지주회사법」, 「전기통신사업법」 등에 그러한 예외 규정이 있다.
45) 양도담보 목적의 주식취득은 신고대상에 해당한다고 본다. 그리고 유상증자시 실권주의 발생으로 인하여 상대적으로 주식소유비율이 상승하는 경우나 주식의 무상증여에 따라 주식소유비율이 상승하는 경우(의결권 없는 주식이 총회 의결 등으로 인해 의결권이 회복되는 경우를 포함)도 포함한다.

(2) 최다출자자

최다출자자가 되는 경우란 최다출자자가 아닌 상태에서 주식 추가취득으로 최다출자자가 되는 경우를 의미한다. 따라서 위와 같이 20% 이상을 소유하여 신고를 한 경우라도, 추가 취득에 의해 최다출자자가 되는 경우에는 별도의 신고의무가 발생한다. 그러나 최초의 20% 취득으로 이미 최다출자자가 된 경우에는 그 이후 추가취득을 하더라도 신고의무는 발생하지 않는다.

(3) 특수관계인 소유 주식

주식의 소유 또는 인수비율 산정이나 최다출자자에 해당되는지 여부를 판단할 경우에는 당해회사의 특수관계인이 소유하고 있는 주식을 모두 합산한다(법 11조 5항). 상장회사인 甲사의 주식을 각각 A사 5%, B사 10%, C사 7%, D사 16%를 취득하였는데, A, B, C는 계열회사라고 하자. 이 경우에 A, B, C는 특수관계인 관계에 있으므로 합하여 최다출자자(총 22%)가 되고, D 역시 상장법인에 대하여 15% 이상의 지분을 보유하게 된다. 따라서 기업결합 신고의무는 A, B, C, D 모두에게 발생한다. 이 경우에 동일한 기업집단에 소속된 A, B, C는 그 중 하나의 회사를 기업결합 신고대리인으로 정하여 그 대리인이 신고할 수 있다.

(4) 펀드의 주식 취득 등

펀드란 자본시장법상 투자신탁 형태의 집합투자기구를 가리킨다. 투자신탁은 법률행위의 주체가 될 수 없는 추상적인 자산의 집합체로서, 투자신탁에 대한 지분 소유자(수익자, 투자자)와 신탁재산에 대한 의사결정 주체, 곧 운용지시자(집합투자업자, 위탁자, 자산운용사)와 자산의 보유·관리·처분명의자(신탁업자, 수탁자, 은행 등)가 다르기 때문에 신고의무가 발생할 경우 누가 신고를 해야 하는지가 문제된다. 공정위는 집합투자(펀드)는 실질 소유자와 의사결정자가 분리되어 있고, 엄격한 자산운용 제한으로 기업결합 규제의 실익이 없고, 그 신고의무 주체를 확정하기도 어려우므로 기업결합의 신고대상이 아니라고 본다. 다만, 사모펀드로서 소수의 수익자가 있는 경우에는 기업결합의 신고대상이라고 보고 있다.[46]

2. 임원겸임

대규모회사의 임원 또는 종업원이 계열회사 아닌 다른 회사의 등기임원이 되는 경우에 신고의무가 발생한다. 즉, 임원겸임에 관한 신고의무는 대규모회사에만 적용된다. 대규모회사는 자산총액 또는 매출액의 규모가 2조원 이상인 회사를 말한다(영 15조 3항).

46) 공정위, 기업결합 신고 가이드라인(2012), 56면.

대규모회사 외의 자가 임원겸임을 하는 것은 기업결합의 규제대상에 포함되지 않는다(법 9조 1항 단서). 또한, 계열회사 이외의 다른 회사의 등기임원이 되는 경우에만 신고의무가 발생하므로, 계열회사의 임원을 겸임하는 경우나 다른 회사의 직원을 겸임하는 경우에는 신고의무가 면제된다(법 11조 1항 3호). 임원의 수, 직위의 변동 없이 단지 자연인만 변경되는 경우에도 신고의무가 발생하지 않는다.

3. 다른 회사와의 합병 또는 영업의 양수 등

다른 회사와의 합병 또는 영업의 양수 등에 해당하는 행위를 하는 경우에는 이를 신고해야 한다(법 11조 1항 4호). 합병은 신설, 흡수, 분할 합병하는 경우를 모두 포함한다. 신고회사는 흡수합병의 경우에는 존속회사, 신설합병의 경우에는 신설회사가 된다. 합병 이전에 신고할 때 흡수합병의 경우에는 존속예정 회사가 단독으로 신고하고, 신설합병의 경우에는 결합당사회사가 연명으로 신고한다. 계열회사간 합병일 경우에는 간이신고의 대상이 된다.

영업의 양수는 다른 회사 영업의 전부 또는 주요부분을 양수하거나 임차하거나 경영을 수임하거나 다른 회사의 영업용 고정자산의 전부 또는 주요부분을 양수하는 것을 말한다. 주요부분이란 ① 양수 또는 임차 부분이 독립된 사업단위로 영위될 수 있는 형태를 갖추고 있거나, 양수 또는 임차됨으로써 양도회사의 매출의 상당한 감소를 초래하는 경우로서, ② 영업양수금액이 양도회사의 직전 사업년도 종료일 현재 재무상태표상의 자산총액의 10% 이상이거나 50억원 이상인 경우를 의미한다. 그런데 매출액 또는 자산총액의 기준 금액에 비추어 볼 때 영업양수의 기업결합 신고요건은 지나치게 낮은 것으로 보인다. 따라서 이를 주식취득에 준하여 300억원 정도로 상향조정하는 것이 바람직할 것이다.[47)]

4. 새로운 회사설립에의 참여

특수관계인 외의 자는 참여하지 않은 경우나 「상법」 제530조의2 제1항에 따른 분할에 따른 회사설립은 법에서 제한되는 기업결합에 해당되지 않음은 전술한 것과 같고, 따라서 신고의무도 발생하지 않는다. 예컨대, 계열회사 관계인 A, B, C사가 각각 30%, 40%, 30%를 출자하여 甲사를 설립하는 경우는 신고대상에 해당하지 않는다. 그 이외에 새로운 회사의 설립에 참여하여 그 회사의 최다출자자가 되는 경우에는 신고의무가 발생한다(법 11조 1항 5호). 새로운 회사에 참여하여 최다출자자가 되는 경우에는 인수비율을 불문하고 신고의무가 발생한다. 따라서 회사설립 참여회사인 D, E, F사가 각각 40%,

47) 동지: 이민호, "기업결합에 대한 규제", 독점규제법 30년(2011), 228면.

40%, 20%의 지분을 취득하는 경우에 최다출자자인 D, E사에게 모두 신고의무가 발생한다.[48] 지분율이 20% 미만이라 하더라도 최다출자자인 경우에는 신고의무가 발생한다. 최다출자자가 되는지 여부를 판단함에 있어서는 특수관계인간 출자하는 주식을 모두 합산하므로, 예컨대, 甲사를 설립하기 위하여 G사가 15%, H사가 25%, I사가 15%, J사가 45%를 각각 취득한 경우 G, H, I가 계열회사라면 총 55%로 최다출자자이고, 기업결합 신고의무는 G, H, I사에게 동시에 발생한다. 최다출자자인 신고회사와 회사설립에 참여한 특정 상대회사 간 당사회사의 규모요건이 충족할 경우 회사설립에 참여한 나머지 회사의 동 요건 충족 여부를 불문하고 모든 참여회사를 상대회사로 하여 신고하여야 한다.

Ⅳ. 신고시기

1. 사전신고

기업결합에 따른 시장구조의 변화는 일단 그것이 발생하고 나면 이전의 상태로 회복하기가 매우 어렵다는 특징이 있다. 특히 대규모회사에 의한 기업결합이 이루어지면 경쟁제한성이 문제되는 경우가 많고 그에 따른 폐해 또한 가볍지 않다는 점에 착안하여 기업결합의 당사회사 중 하나 이상의 회사가 대규모회사인 기업결합에 대해서는 임원겸임의 경우를 제외하고 원칙적으로 이를 사전에 신고하도록 하고 있다. 그리고 기업결합 신고대상회사의 소규모피취득회사에 대한 기업결합 중에서 거래금액 등을 충족하여 예외적으로 신고의무가 발생하는 경우에도 사전신고 대상이다(법 11조 6항 단서). 사전신고 의무를 부담하는 자는 이행금지의무를 부담한다. 따라서 공정위의 심사결과를 통지받기 전까지 각각 주식소유, 합병등기, 영업양수 계약의 이행행위 또는 주식인수행위를 해서는 안 된다(법 11조 8항).[49]

2. 사후신고

대규모회사인 경우에도 임원겸임은 절차상 주주총회의 선임절차를 거쳐야 할 뿐만 아니라 사후에 복귀명령을 내리더라도 결합 이전의 상태로 복원하기가 어렵지 않기 때문에 사후에 신고하도록 하고 있다.[50] 그리고 대규모회사가 다른 회사의 주식을 소유하게 되거나 최다 출자자가 되는 경우에도 그것이 증권시장에서 경쟁매매[51]를 통하여 주식을 취

48) 공정위, 기업결합신고 가이드북(2018), 11면.

49) 심사결과를 통지받기 전에 기업결합을 완성하거나 당사회사 사이에 민감한 영업정보를 교환하는 등의 행위를 미국에서 속칭 'gun jumping'이라고 한다. gun jumping이 발생하는 경우에는 신고의무자의 이행금지의무 위반이 문제될 뿐만 아니라 당사회사가 경쟁관계에 있다면 정보교환 담합 등도 성립할 여지가 있다.

50) 곽상현 · 이봉의(2012), 27면.

51) 매매 당사자 간의 계약이나 합의에 따라 수량, 가격 등을 결정하고, 그 매매의 결제를 증권시장을 통하여

득하는 경우나 유상증자의 결과 실권주(失權株)의 발생으로 주식소유비율이 증가하는 경우 또는 자기의 의사와 무관하게 다른 회사의 이사회 또는 주주총회의 결정을 통하여 행하여지는 주식의 소각 또는 감자에 따라 주식소유비율이 증가하는 경우 등 공정위가 정하여 고시하는 경우는 사후신고의 대상이 된다(영 20조 2항). 대규모회사가 아닌 회사의 기업결합 신고도 원칙적으로 사후신고의 대상이다. 사후신고는 해당 기업결합일[52]로부터 30일 이내[53]에 공정위에 하여야 한다(법 11조 6항 본문).

V. 신고절차

1. 일반신고와 간이신고

공정위는 기업결합 신고요령에서 기업결합의 신고절차를 일반신고와 간이신고로 구분하여 규정하고 있다.[54] 우선 일반신고의 경우 기업결합을 신고하고자 하는 자는 공정위가 정하여 고시하는 바에 따라 신고의무자 및 상대방 회사의 명칭 · 매출액 · 자산총액 · 사업내용과 해당 기업결합의 내용 및 관련시장 현황 등을 기재한 기업결합 신고서에 신고내용을 입증하는 데에 필요한 관련서류를 첨부하여 공정위에 제출하여야 한다(법 11조 1항, 영 18조 6항).

한편, 경쟁제한의 우려가 거의 없는 기업결합에 대해서는 일반신고 대신에 보다 간편한 간이신고를 이용할 수 있다. 간이신고대상 기업결합은 ① 기업결합의 상대회사가 특수관계인(경영을 지배하려는 공동의 목적을 가지고 기업결합에 참여하는 자는 제외)인 경우, ② 대표이사를 겸임하는 경우를 제외하고 상대회사 임원총수의 3분의 1 미만의 임원을 겸임하는 경우, ③ 자본시장법에 따른 기관전용 사모집합투자기구(PEF)의 설립에 참여하는 경우, ④ 「자산유동화에 관한 법률」에 따른 유동화전문회사를 기업결합하는 경우, ⑤ 「선박투자회사법」에 따른 선박투자회사의 설립에 참여하는 경우이다. 이 경우에는 기업결합 신고요령이 정하는 간이한 방식의 신고로 대신할 수 있으며, 공정위의 홈페이지를 통한 인터넷 신고를 원칙으로 한다.

하는 방법으로 주식을 취득하는 경우(이른바 블록딜)는 제외한다.

52) 해당 기업결합일이란 ① 주식소유나 주식소유비율의 증가 시 (i) 주식회사의 주식을 양수하는 경우에는 원칙적으로 주권을 교부받은 날, (ii) 주식회사의 신주를 유상취득하는 경우에는 주식대금의 납입기일의 다음 날, (iii) 주식회사 외의 회사의 지분을 양수하는 경우에는 지분양수의 효력이 발생하는 날, (iv) 그 외에 감자 또는 주식의 소각이나 그 밖의 사유로 주식소유비율이 증가하는 경우에는 주식소유 비율의 증가가 확정된 날을 말하고, ② 임원겸임의 경우에는 임원의 선임이 의결된 날, ③ 영업양수의 경우에는 원칙적으로 영업양수대금의 지급을 완료한 날, ④ 합병의 경우에는 합병등기일, ⑤ 새로운 회사설립에 참여하는 경우에는 배정된 주식의 주식대금의 납입기일의 다음 날을 말한다(영 17조).

53) 기산점 판단 시에 초일은 산입하지 않는다.

54) 공정위가 기업결합을 승인하는 사건의 경우, 2014년 기준 간이신고의 경우는 대략 2주일 정도, 일반신고의 경우는 대략 한 달 정도의 심사기간이 소요된 것으로 알려져 있다.

2. 공동신고

신고의무자가 둘 이상인 경우에는 공동으로 신고하여야 한다. 다만, 공정위가 신고의무자가 소속된 기업집단에 속하는 회사 중 하나의 회사의 신청을 받아 해당 회사를 기업결합신고 대리인으로 지정하는 경우에는 그 대리인이 신고할 수 있다(법 11조 11항).

3. 신고절차 등의 특례

관계 중앙행정기관의 장이 다른 법률의 규정에 따라 미리 공정위와 협의한 경우에는 기업결합의 신고에 관한 규정을 적용하지 않는다(법 11조 4항). 그런데 수범자인 사업자로서는 실제로 그러한 협의가 이루어지기까지 그 기업결합을 공정위에 추가로 신고하지 않아도 되는지 여부가 명확하지 않은 점이 있었다. 이에 2007년 8월 개정법은 수범자의 편의를 도모하기 위한 특례를 인정하였다. 즉, 종합유선방송사업자인 법인의 합병(방송법 15조 1항 1호), 종합유선방송사업자의 최다액출자자가 되려고 하거나 종합유선방송사업자의 경영권을 실질적으로 지배하려는 경우(방송법 15조의2 1항), 법인의 설립이나 합병 또는 최다액출자자의 변경 등(이하 "법인설립 등"이라 함)에 관한 승인・변경허가 추천 등(이하 "승인 등"이라 함)을 신청하는 자는 법인설립 등이 법 제11조 제1항에 따른 신고대상에 해당하는 경우에는 승인 등의 주무관청(방송통신위원회를 포함)에 승인 등을 신청할 때 기업결합신고서류를 함께 제출할 수 있도록 하였다(법 12조 1항). 승인 등의 신청인이 주무관청에 기업결합 신고서류를 제출하였을 때에는 그 서류가 주무관청에 접수된 날을 기업결합 신고를 한 날로 본다(법 12조 2항). 주무관청이 기업결합 신고서류를 제출받았을 때에는 지체 없이 공정위에 기업결합 신고서류를 송부하여야 한다(법 12조 3항).

한편, 기업결합의 사전신고를 하여야 하는 자는 공정위에 기업결합 신고를 할 때에 법인설립 등의 승인 등에 관한 서류를 함께 제출할 수 있다(법 12조 4항). 이때에는 공정위가 지체 없이 법인설립 등의 승인 등에 관한 서류를 주무관청에 송부하여야 한다(법 12조 5항).

Ⅵ. 임의적 사전심사 요청 제도

기업결합을 하고자 하는 자는 신고기간 전이라도 그 행위가 경쟁을 실질적으로 제한하는 행위에 해당하는지에 대하여 공정위에 심사를 요청할 수 있다(법 11조 9항). 이것은 만약 그 행위가 경쟁에 미치는 영향이 커서 법에 위반될 우려가 있으면 사업자에게 이를 미리 포기하도록 하는 대신에, 그 영향이 적은 경우에는 이를 신속하게 실행할 수 있도록 배려하려는 취지이다. 통상 당사회사들 간에 어느 정도 구체적인 의사의 합치가 존재하는 경우(양해각서 등을 체결한 경우)에 임의적 사전심사를 요청하게 된다. 공정위는 사전심사 요청을 받은 날로부터 30일 이내에 그 결과를 심사 요청자에게 통지하여야 한다. 다만, 공정위가 필요하다고 인정할 경우에는 90일의 범위에서 그 기간을 연장할 수 있다(법 11조 10항).

당사회사는 임의적 사전심사를 받았다고 하더라도 신고시기가 도래하면 정식신고를 해야 한다. 취득회사가 임의적 사전심사를 요청하여 경쟁제한성이 없음을 통지 받은 후 동일한 기업결합에 관해 정식으로 기업결합의 신고를 하는 경우에는 간이심사대상 기업결합에 해당하게 된다.[55] 간이심사대상 기업결합은 경쟁제한성이 없는 것으로 추정되고, 공정위는 원칙적으로 신고내용의 사실여부만을 심사하여 적법한 신고서류의 접수 후 15일 이내에 심사결과를 신고인에게 통보하여야 한다.

Ⅶ. 신고의무 위반에 대한 제재

법정의 기간 내에 기업결합의 신고를 하지 아니하거나 허위의 신고를 한 경우 또는 사전신고 시 이행금지의무를 위반한 경우에는 사업자에 대하여 1억원 이하, 회사의 임원 또는 종업원 기타 이해관계인에 대하여 1천만원 이하의 과태료에 처한다(법 130조 1항 1호).

제 4 절 기업결합의 심사

Ⅰ. 개 요

기업결합 규제의 목적은 둘 이상의 기업이 기업결합을 통하여 하나의 관리체제 하에 통합됨으로써 야기하는 경쟁제한적 효과를 방지하려는 것이다. 이를 위하여 공정위는 ① 해당 결합으로 인하여 결합당사회사 사이에 지배관계가 형성되는지, ② 관련시장에서 경쟁제한적인 기업결합에 해당되는지(법 9조 1항), ③ 경쟁제한적인 기업결합에 해당한다면 그에 대한 예외사유인 효율성 증대 또는 회생이 불가능한 회사의 결합인지 여부 등(법 9조 2항)에 관하여 심사를 하게 된다. 위 ②의 사항을 판단하기 위하여 공정위는 관련시장을 획정하고, 이에 터잡아 시장의 집중상황을 분석하고, 경쟁제한성 및 그 완화요인을 검토·평가하는 작업을 진행한다. 그리고 위 ② 및 ③에 관한 기준은 공정위가 정하여 고

55) 다만, 임의적 사전심사를 요청한 이후 사실관계나 시장상황 등에 중대한 변경이 발생하는 경우에는 간이심사대상 기업결합에 해당하지 않는다.

시한다(법 9조 4항). 이에 따라 공정위 고시로서 「기업결합 심사기준」이 마련되어 있다. 「기업결합 심사기준」은 기업결합의 유형을 경쟁제한성이 없는 것으로 추정되는 기업결합과 그 외의 기업결합으로 구분하여 전자는 간이심사대상으로 하고 후자는 일반심사대상으로 하고 있다.

Ⅱ. 심사의 방법

1. 간이심사

간이심사대상 기업결합은 경쟁제한성이 없는 것으로 추정되는 기업결합을 말한다. 간이심사대상 기업결합은 ① 기업결합 당사회사[56]가 서로 특수관계인에 해당하는 경우, ② 당해 기업결합으로 취득회사와 피취득회사 간에 지배관계가 형성되지 않는 경우, ③ 혼합형 기업결합의 경우에 대규모회사가 아닌 자가 대규모 회사가 아닌 자와 혼합형 기업결합을 하는 경우 또는 관련시장의 특성상 보완성 및 대체성이 없는 혼합결합을 하는 경우, ④ 기업결합이 경영목적이 아닌 단순투자활동임이 명백한 경우,[57] ⑤ 취득회사가 임의적 사전심사를 요청하여 공정위로부터 법에 위반되지 아니하는 것으로 통지받은 기업결합을 신고한 경우(다만, 임의적 사전심사를 요청한 이후 사실관계나 시장상황 등에 중대한 변경이 발생하는 경우는 제외한다), ⑥ 피취득회사가 외국회사(외국에 주된 사무소를 두고 있거나 외국법률에 의해 설립된 회사)이고 국내 시장에 미치는 영향이 없는 경우[58]이다. 간이심사의 경우 공정위는 원칙적으로 신고내용의 사실여부만 심사하여 별도의 시장조사 없이 적법한 신고서류의 접수 후 15일 이내에 심사결과를 신고인에게 통보한다.

기업의 부담절감과 공정위의 심사 효율화를 위해 현행 간이심사대상을 보다 적극적으로 확대할 필요가 있다. EU 집행위원회는 수평결합의 경우 결합당사회사들의 시장점유율 합계가 20% 미만인 경우, 수직결합의 경우 결합당사회사 각각의 시장점유율이 30% 미만인 경우에는 간이심사대상으로 정하고 있다. 또한, 결합당사회사들의 시장점유율 합계가 20~50% 범위에 해당하는 수평결합이라 할지라도, 기업결합으로 인한 시장점유율의 증가분이 작은 경우에도 간이심사대상에 포함시키고 있다.[59] 이와 같이 간이심사대상이 확대될 경우, 기업결합 심사에 소요되는 기업들의 부담이 경감되는 것은 물론이고, 공정위

56) 취득회사와 피취득회사를 말하고, 회사설립에의 참여의 경우 출자한 취득회사 모두가 당사회사이다.

57) 기관전용 사모집합투자기구(PEF)의 설립에 참여하는 경우, 유동화전문회사를 기업결합한 경우, 기타 특정 사업의 추진만을 목적으로 설립되어 당해 사업 종료와 함께 청산되는 특수목적회사를 기업결합한 경우, 「부동산투자회사법」에 따른 부동산투자회사가 동법의 업무 범위 내에서 부동산 등을 투자 · 운용하기 위해 기업결합을 하는 경우를 말한다.

58) 과거에는 회사설립에의 참여만 간이심사대상으로 하였으나, 2021년 「기업결합 심사기준」을 개정하여 주식취득, 합병, 임원겸임, 영업양수도 등 다른 결합 유형도 모두 간이심사대상에 포함하였다.

59) EU 집행위원회의 간이심사 절차 규칙(the notice on simplified procedures) 참조.

도 보다 중요한 기업결합 사건의 심사에 전념하여 집행자원의 효율적인 활용이 가능하게 될 것이다.

2. 일반심사

간이심사대상 기업결합 이외의 기업결합은 일반심사대상에 해당한다. 일반심사대상 기업결합에 관하여 공정위는 신고 후 30일 이내에 심사를 하고 그 결과를 해당 신고자에게 통지하여야 한다. 다만, 공정위가 필요하다고 인정할 경우에는 90일의 범위에서 그 기간을 연장할 수 있다(법 11조 7항).[60] 다만, 제출된 신고서 또는 첨부서류가 미비한 경우에 공정위는 해당 서류의 보정을 명할 수 있고, 그 보정에 소요되는 기간은 120일의 기간에 산입되지 않는다(영 18조 7항). 그 결과 실무적으로는 120일보다 긴 장기간의 심사가 진행되는 경우가 있다.

그런데 위 심사기간에 관한 규정을 단순한 훈시규정으로 볼 것인지에 관한 논의가 있다. 기업결합에 관한 최종 판단이 나오기 전까지 당사자들의 불안정한 법적 상태가 계속된다는 점을 고려할 때 이를 단순히 훈시규정으로 보기는 어렵고, 이 기간 내에만 시정조치를 취할 수 있는 것으로 보는 것이 타당할 것이다(법 14조 1항). 다만, 현실적인 측면에서 기업결합 당사회사는 해당 기업결합에 대해 공정위의 단순 승인 가능성이 있는 경우는 공정위의 심사절차에 적극적으로 조력하는 편이나, 경쟁제한성이 존재하는 경우 자발적으로 시정방안을 제출할 권한 또는 의무가 없어 공정위의 기업결합 심사절차에 소극적인 태도를 보이는 경향이 있다. 그리고 경영상황, 고용구조 등에 관하여 경쟁당국과 기업 사이에 정보의 비대칭이 존재하는 점 등을 고려할 때, 공정위가 위 기간 내에 시장현실에 맞는 적절한 시정조치 방안까지 고안하는 것에는 많은 어려움이 따르게 된다.[61] 이러한 문제점을 해소하기 위한 제도의 보완이 필요할 것이다.

Ⅱ. 지배관계의 형성

결합당사회사 간의 지배관계의 형성은 기업결합의 존부를 판단하는 개념요소이다. 어떤 사업자가 다른 사업자에 대한 지배력을 갖게 될 경우에 비로소 그들이 하나의 경제단위(a single economic entity) 내지 경제적 단일체로서 시장에 참여하고 있다고 평가할 수

60) 반면 주요 외국 경쟁당국들은 기업결합 심사를 두 단계로 나누어서 경쟁제한의 우려가 예견되지 않는 경우에는 1단계에서 심사를 마무리하고, 그와 같은 염려가 있는 경우에는 2단계 심사로 넘어가서 깊이 있게 조사를 하는 경우가 많다. 우리나라의 경우에도 2단계로 나누어서 일반심사를 하는 것이 바람직할 것이다. 동지: 이민호, "기업결합에 대한 규제", 독점규제법 30년(2011), 227면; 김윤정, "공정거래법상 기업결합 신고 및 심사제도의 효율화 방안", 경쟁법연구 제46권(2022), 80-81면.

61) 김윤정, "공정거래법상 기업결합 신고 및 심사제도의 효율화 방안", 경쟁법연구 제46권(2022), 58면.

있다. 따라서 지배관계의 형성을 판단하는 기준을 합리적이고 명확하게 마련할 필요가 있다.[62] 회사의 합병이나 영업의 주요부분 양수의 경우에는 그 행위로 인하여 지배관계가 형성되는 것이 보통이기 때문에, 지배관계의 형성에 관한 판단이 그다지 어렵지 않다. 그러나 주식취득, 임원겸임 또는 새로운 회사설립에의 참여의 경우에는 취득회사 또는 그 특수관계인이 종국적으로 피취득회사에 대하여 실질적인 영향력을 행사할 수 있는지 여부에 관해 다툼이 발생하는 경우가 자주 있다. 따라서 아래에서는 위 3가지 유형을 중심으로 지배관계 형성에 관한 판단기준을 살펴보기로 한다.

1. 주식취득

(1) 지분이 50% 이상인 경우

주식취득의 경우에는 우선, 취득회사의 주식소유비율을 기준으로 하여 그 비율이 50% 이상이면 그 자체로서 지배관계가 형성되는 것으로 본다.

(2) 지분이 50% 미만인 경우

(가) 판단기준

주식소유비율이 50% 미만인 경우에는 ① 각 주주의 주식소유비율, 주식분산도, 주주상호간의 관계,[63] ② 피취득회사가 그 주요 원자재의 대부분을 취득회사 등으로부터 공급받고 있는지 여부, ③ 취득회사 등과 피취득회사간의 임원겸임관계, ④ 취득회사등과 피취득회사간의 거래관계, 자금관계, 제휴관계 등의 유무를 종합적으로 고려하여 취득회사 등이 피취득회사의 경영전반에 실질적인 영향력을 행사할 수 있는 경우 지배관계가 인정된다. 또한, 취득회사 등에 의해 단독으로 지배관계가 형성되지는 않지만, 다른 자(피취득회사의 주식을 공동으로 취득하려는 자 또는 기존 주주)와 공동으로 피취득회사의 경영전반에 실질적인 영향력을 행사할 수 있는 경우에도 지배관계가 형성된 것으로 본다. 이 경우 주식 또는 의결권의 보유비율, 임원의 지명권 보유여부, 예산, 사업계획, 투자계획 및 기타 주요 의사결정에 대한 거부권 보유여부, 의결권의 공동행사 약정 존재여부, 사업수행에 필요한 주요 행정권한 보유여부 등을 종합적으로 고려하여 판단한다.

62) 곽상현 · 이봉의(2012), 48면.

63) 공정위는 경쟁제한성이 인정된 동양나이론(주)의 한국카프로락탐 주식취득사건에서 시정조치를 선택함에 있어 동양나이론이 기업결합 심사과정에서 한국카프로락탐의 주식 중 20.38%를 초과하는 주식은 이미 매각하였기 때문에 별도로 당해 주식처분명령은 하지 않는다고 밝혔다. 즉, 동양나이론이 기존에 이미 한국카프로락탐의 주주였음을 고려하여 실질적인 지배관계가 강화되지 않을 정도의 범위 내에서 주식을 보유하는 것은 허용하였다. 공정위 1996.4.22. 의결 제96-51호.

(나) 지배관계가 인정된 사례

1) 무학의 대선주조 주식취득

무학의 대선주조 주식취득사건[64]에서는 무학 및 그 특수관계인이 대선주조의 주식 41.21%를 취득하여 최대주주가 되었는데, 주식취득 당시 대선주조의 2대 주주는 15.08%의 주식을 보유하고 있었고, 소수 주주들이 나머지 주식을 분산하여 보유하고 있었다. 무학은 적대적인 입장에 있던 대선주조의 이사 및 감사를 해임하려고 하였으나 그것이 대선주조의 주주총회에서 부결되었다. 그 후 대선주조의 이사 등은 대선주조의 주식 50.59%를 취득하여 제3자에게 매각함으로써 대선주조의 경영권이 제3자에게 이전되었다. 서울고법은 1대 주주와 2대 주주의 지분보유비율에 상당한 차이가 있고 주식분산도가 높으며, 주주총회에서 일반주주들의 우호성 여부는 변동 가능하다는 점 등을 종합적으로 고려하여 무학이 대선주조에 대하여 지배권행사가 가능하다고 보았다. 또한 서울고법은 대선주조의 이사 등이 과반수 주식을 취득하여 제3자에게 매각한 것은 공정위의 처분 이후 사정변경에 불과한 것이고 달리 주식이 위장 분산되어 있었다고 인정할 명확한 증거가 없다고 판단하여 지배관계를 부인하는 무학의 주장을 받아들이지 않았다.

2) 호텔롯데 등의 평촌개발 설립

호텔롯데 등이 평촌개발을 설립하여 해태음료의 영업을 양수한 사건[65]에서 호텔롯데와 그 계열회사는 평촌개발의 주식 19%를, 일본 회사인 광인쇄는 평촌개발의 주식 51%를 취득하였다. 그런데 이 사건에서 공정위는 광인쇄의 일본 롯데의 계열회사에 대한 거래의존도가 11.5%여서 롯데의 우호세력이 될 가능성이 있고, 광인쇄가 자금의 출처를 명확히 밝히지 못한 반면 호텔롯데 등이 인수업무를 주도한 것으로 판단된다는 점을 종합적으로 고려하여 광인쇄와 호텔롯데 등은 해태음료를 인수하게 될 평촌개발의 경영을 지배하려는 공동의 목적이 있으므로 특수관계인이라고 보았다. 이를 근거로 공정위는 호텔롯데 등이 평촌개발을 지배하는 관계에 있다고 보았다.

(3) 지배관계가 인정되지 않는 경쟁사업자의 지분 인수

A 회사가 경쟁사인 B회사의 지분을 5% 정도 취득함으로써 소수주주가 되었다고 가정하자. 이러한 경우에 A 회사의 B 회사에 대한 지배관계를 인정하기는 어렵다. 그런데 양사는 경쟁관계에 있으므로 A 회사가 B 회사의 지분을 취득함으로써 두 경쟁사업자들 사이에 협조효과가 발생할 가능성이 높아지게 된다. 이에 미국의 2010년 수평결합지침에서는 소수지분을 취득하여 지배관계가 형성되지는 않더라도 상대회사에 대하여 영향력을

---

64) 공정위 2003.1.28. 의결 제2003-027호; 공정위 2003.8.27. 재결 제2003-028호; 서울고법 2004.10.27. 선고 2003누2252 판결.

65) 공정위 2000.4.26. 의결 제2000-70호.

발휘하거나, 경쟁의 유인이 감소하거나, 경쟁에 민감한 정보의 취득을 통해서 경쟁제한성이 나타날 수 있음을 명시하고 있다. 그렇지만 지배관계가 형성되지 않은 경우에 위와 같은 협조효과가 반드시 나타난다고 단정하기도 어렵다. 따라서 이러한 경우에도 기업결합 심사를 통해서 사전규제를 할 것인지, 아니면 별도의 사전 심사 없이 실제 협조효과가 나타나는 경우에 부당한 공동행위로 금지하는 사후규제를 할 것인지는 정책적 판단의 문제가 된다. 우리 법은 후자의 입장을 취하고 있다.

2. 임원겸임

임원겸임의 경우에는 ① 취득회사 등의 임・직원으로서 피취득회사의 임원의 지위를 겸임하고 있는 자(이하 "겸임자"라 함)의 수가 피취득회사 임원총수의 3분의 1 이상인 경우로서 취득회사 등이 피취득회사의 경영 전반에 실질적인 영향력을 행사할 수 있는 경우 또는 ② 겸임자가 피취득회사의 대표이사 등 회사의 경영 전반에 실질적인 영향력을 행사할 수 있는 지위를 겸임하고 있는 경우에는 지배관계가 형성되는 것으로 본다. 그 밖에 주식소유에 대한 지배관계의 판단기준이 적용 가능한 경우에는 이를 준용한다.

3. 새로운 회사설립에의 참여

2 이상의 회사가 공동으로 새로 설립되는 다른 회사의 주식을 취득하는 이른바 합작회사의 설립에 관하여는 참여회사 중 2 이상 회사의 신설회사에 대한 지배관계가 형성되어야 한다. 기업결합 당사회사와 신설회사 간의 지배관계 형성여부는 주식소유에 대한 지배관계 판단기준을 준용한다.

Ⅲ. 경쟁제한성의 판단

1. 개 요

독점규제법은 일정한 거래분야에서 경쟁을 실질적으로 제한하는 기업결합, 즉 경쟁제한적인 기업결합을 원칙적으로 금지하고 있다(법 9조 1항). 따라서 어떤 기업결합이 경쟁을 실질적으로 제한하는지 여부를 판단하기 위해서는 그 기업결합이 없었을 경우의 시장상황과 그 기업결합으로 인하여 나타날 시장상황을 비교하여, 그 기업결합이 당해 시장에서 유효경쟁을 기대하기가 어려운 상태를 초래할 것인지 여부를 판단해야 한다. 그런데 기업결합이 경쟁에 미치는 효과에 관한 평가는 시장상황의 변화에 따라서 달라지기도 한다.[66] 구체적으로 기업결합의 경쟁제한성에 관한 심사는 관련시장의 획정 → 경쟁제한

66) 미국에서 FTC는 사무용품 공급 수퍼스토어(office supply superstores; OSS) 업체인 Staples사와 Office Depot사의 기업결합을 금지하였다(FTC v. Staples, Inc., 970 F. Supp. 1066 (D.D.C. 1997)). 그런데 그로

성의 판단(시장집중 상황의 분석 및 경쟁제한성 완화요인의 고려) → 효율성 증대효과 및 회생불가회사 항변의 검토 순으로 이루어진다.

2. 관련시장의 획정

어떤 기업결합이 경쟁제한적인 기업결합에 해당되는지 여부를 판단하기 위해서는, 우선 그 기업결합이 영향을 미칠 수 있는 일정한 거래분야, 즉 관련시장을 획정해야 한다.[67] 따라서 다른 규제와 마찬가지로 기업결합의 규제에 있어서 관련시장의 획정이 중요한 의미를 가지게 된다. 통상적으로는 관련시장의 획정이 선행되고 그 다음에 획정된 관련시장 내에서 경쟁제한성 또는 효율성 등을 검토하게 될 것이다. 그러나 기업결합 심사의 최종적 목적은 경쟁제한성의 판단에 있고, 관련시장의 획정은 그를 위한 절차이지 그 자체가 목적은 아니라는 점에 유의할 필요가 있다.[68] 관련시장을 어떻게 획정하든지 간에 경쟁제한성의 판단에는 아무런 차이가 없을 경우에는 굳이 관련시장을 엄밀히 획정하기 위하여 시간과 노력을 들일 필요가 없을 것이다.[69] 관련시장의 획정에 관한 상세한 내용은 제1편 제4장을 참고하기 바란다.

3. 경쟁제한성의 판단

경쟁을 실질적으로 제한하는 기업결합 또는 경쟁제한적인 기업결합이라 함은 당해 기업결합에 의해 일정한 거래분야에서 경쟁이 감소하여 특정한 기업 또는 기업집단이 어느 정도 자유로이 상품의 가격, 수량, 품질 기타 거래조건이나 혁신, 소비자선택 가능성 등의 결정에 영향을 미치거나 미칠 우려가 있는 상태를 초래하거나 그러한 상태를 상당히 강화하는 기업결합을 말하고, 경쟁제한성 또는 경쟁을 실질적으로 제한한다함은 그러한 상태를 초래하거나 그러한 상태를 상당히 강화하는 것을 말한다.[70] 경쟁제한성에 관한 상세한 내용은 제1편 제5장을 참고하기 바란다.

그런데 기업결합의 경쟁제한성을 판단하기 위해서는 그 기업결합이 장차 시장에 어떠한 영향을 미칠 것인지에 대한 예측을 해야 한다. 경쟁이 실질적으로 제한되는지 여부는

부터 16년이 지난 2013년 FTC는 그 사이에 사무용품 공급시장이 상당히 변화하였음을 이유로 2, 3위 OSS 업체인 Office Depot사와 OfficeMax사의 기업결합을 승인하였다.

67) 대법원 2008.5.29. 선고 2006두6659 판결.

68) 경제분석의 기법이 발달함에 따라 사안에 따라서 관련시장의 획정이 선행되지 않더라도 경쟁제한성을 바로 입증하는 것이 가능하게 되었다. 미국 DOJ와 FTC의 2010년 수평결합지침은 경쟁제한성 판단이 반드시 관련시장의 획정에 의존할 필요가 없다고 명시하고 있다.

69) 동지: 이민호, "기업결합에 대한 규제", 독점규제법 30년(2011), 233면.

70) 판례는 경쟁을 실질적으로 제한한다는 것은 시장에서의 유효한 경쟁을 기대하기 어려운 상태를 초래하는 행위, 즉 일정한 거래 분야의 경쟁상태가 감소하여 특정 사업자 또는 사업자단체가 그 의사로 어느 정도 자유로이 가격·수량·품질 및 기타 조건을 좌우할 수 있는 시장지배력의 형성을 의미하고, 시장에서 실질적으로 시장지배력이 형성되었는지 여부는 해당 업종의 생산구조, 시장구조, 경쟁상태 등을 고려하여 개별적으로 판단하여야 한다고 판시하였다. 대법원 1995.5.12. 선고 94누13794 판결.

시장의 집중상황과 함께, 단독효과와 협조효과, 시장의 봉쇄효과, 현재 또는 잠재적 경쟁의 배제, 해외경쟁의 도입수준 및 국제적 경쟁상황, 신규진입의 가능성, 유사품 및 인접시장의 존재여부 등을 종합적으로 고려하여 판단한다. 기업결합에 대한 심사는 장차 시장에 나타날 영향을 예측하여 그 위법성을 판단하여야 하는 사전심사이므로 다른 위법행위에 대한 사후심사와 비교할 때 본질적으로 불확실성이 높을 수밖에 없고 많은 시간과 노력을 요하게 된다. 이러한 어려움을 완화하기 위하여 시장구조 및 집중도에서 착안한 안전지대 및 경쟁제한성 추정 제도를 운영하고 있다.

(1) 시장집중도

시장집중도의 분석은 기업결합이 경쟁에 미치는 영향을 분석하는 출발점으로서 의미를 가진다. 시장집중도와 시장점유율은 경쟁제한성이 문제되지 않는 사건들을 일차적으로 걸러내는 '필터'로서 역할과 경쟁제한성을 추단하는 '추정'기준으로서 역할을 모두 한다. 시장점유율이라 함은 일정한 거래분야에 공급된 상품의 총금액 중에서 당해 회사가 공급한 상품의 금액이 점하는 비율을 말한다.[71] 시장의 집중도를 평가하는 지표로 집중도(CR)와 허핀달-허쉬만 지수(Herfindahl-Hirschman Index, HHI)를 들 수 있다. CR은 상위 k기업의 시장점유율을 합산한 수치이고, 통상 CRk의 방식으로 표기된다. CR 기준은 기업결합의 경쟁제한성 추정에 사용되고 있다.[72] HHI는 관련시장에 참여하고 있는 모든 사업자들의 시장점유율을 제곱하여 합한 숫자이다. 예컨대, 시장에 A, B, C기업의 3개 사업자가 존재하고, A기업의 점유율이 a%, B기업의 점유율이 b%, C기업의 점유율이 c%라면, HHI는 $a^2+b^2+c^2$가 된다. HHI가 높을수록 시장집중도도 높아지게 된다. 안전지대 평가시에는 HHI를 활용한다. 시장집중도를 평가함에 있어서는 최근 수년간의 시장집중도의 변화추이를 고려한다. 최근 수년간 시장집중도가 현저히 상승하는 경향이 있는 경우에는 시장점유율이 상위인 사업자가 행하는 기업결합은 경쟁을 실질적으로 제한할 가능성이 높아지게 된다. 이 경우 신기술 개발, 특허권 등 향후 시장의 경쟁관계에 변화를 초래할 요인이 있는지 여부도 함께 고려하게 된다.

(2) 안전지대

「기업결합 심사기준」에 따르면, 기업결합 후 일정한 거래분야에서 시장집중도 및 그 변화의 정도가 다음의 어느 하나에 해당되는 경우, 즉 ① 수평형 기업결합으로서 결합 후

71) 시장점유율은 기업결합 신고 당시의 직전사업연도 1년간의 판매액(직전사업연도 종료직후로서 직전사업연도의 판매액을 알기 곤란한 경우에는 직전전사업연도 1년간의 판매액을 말한다)을 사용하여 산정한다. 다만, 시장점유율을 금액기준으로 산정하기 곤란하거나 부적절한 경우에는 물량기준 또는 생산능력기준으로 산정할 수 있다. 또한 당해 연도에 영업을 시작한 경우 등 필요한 경우 1년 이상 또는 미만의 기간을 기준으로 하여 산정할 수도 있다.

72) 미국의 경우에는 경쟁제한성 추정시에 HHI를 사용하고 있다.

HHI가 1,200에 미달하거나, HHI가 1,200 이상 2,500 미만이면서 그 증가분이 250 미만이거나 또는 HHI가 2,500 이상이고 그 증가분이 150 미만인 경우, ② 수직형 또는 혼합형 기업결합으로서 당사회사가 관여하고 있는 일정한 거래분야에서 HHI가 2,500 미만이고 당사회사의 시장점유율이 25/100 미만인 경우 또는 일정한 거래분야에서 당사회사가 각각 4위 이하 사업자인 경우에는 경쟁을 실질적으로 제한하지 않는 것으로 추정된다. 이상의 기업결합의 안전지대를 정리하면 〈표 2-1〉과 같다.

〈표 2-1〉 기업결합의 안전지대

구 분	내 용
수평결합	− HHI가 1,200 미만 − HHI가 1,200 이상 2,500 미만이면서 그 증가분이 250 미만 − HHI가 2,500 이상이면서 그 증가분이 150 미만
수직·혼합 결합	− 당사회사가 속한 시장의 HHI가 2,500 미만이고 당사회사의 시장점유율이 25% 미만 − 당사회사가 각각 4위 이하의 사업자

(3) 경쟁제한성의 추정

독점규제법은 일정한 요건을 갖춘 기업결합에 대하여는 경쟁제한성을 추정하는 제도를 도입하였다. 법 제9조 제3항 제1호의 추정요건은 시장점유율의 합계라는 표현을 사용하고 있는 점에 비추어 볼 때 수평결합에 적용되는 것으로 보아야 하고, 동항 제2호의 추정요건은 수직결합과 혼합결합에도 적용될 수 있다.[73)]

(가) 시장지배적 사업자의 요건에 해당하는 기업결합 등

1) 요 건

기업결합에 참여한 당사회사(새로운 회사설립에의 참여의 경우에는 회사설립에 참여하는 모든 회사를 말한다)의 시장점유율(계열회사의 시장점유율을 합산한 점유율)의 합계가 다음 요건을 모두 갖춘 경우에는 그 기업결합이 일정한 거래분야에서 경쟁을 실질적으로 제한하는 것으로 추정한다(법 9조 3항 1호).

① 시장점유율의 합계가 시장지배적 사업자의 추정요건에 해당할 것
② 시장점유율의 합계가 해당 거래분야에서 제1위일 것
③ 시장점유율의 합계와 시장점유율이 제2위인 회사(당사회사를 제외한 회사 중 제1위인 회사를 말한다)의 시장점유율의 차이가 그 시장점유율의 합계의 25/100 이상일 것

73) 이민호, "기업결합에 대한 규제", 독점규제법 30년(2011), 229면.

예컨대 시장점유율이 A 회사 40%, B 회사 30%, C 회사 20%, D 회사 10%라고 하자. A 회사와 C 회사 사이에 기업결합이 이루어진 경우에 당사회사인 AC 회사의 시장점유율 합계는 60%가 되어 시장지배적 사업자의 추정요건 및 해당 거래분야에서 1위에 해당하고, 그 점유율 합계와 2위 회사인 B 회사의 점유율의 차이(30%)가 결합 당사회사의 점유율의 합계의 25/100(15%) 이상에 해당하여 경쟁제한성은 추정된다. 반면, B 회사와 C 회사 사이에 기업결합이 이루어진 경우에 당사회사인 BC 회사의 시장점유율 합계는 50%가 되어 시장지배적 사업자의 추정요건 및 해당 거래분야에서 1위에 해당하지만, 그 점유율 합계와 2위 회사인 A 회사의 점유율의 차이(10%)가 당사회사의 점유율의 합계의 25/100(12.5%) 이상에 해당하지 않기 때문에 경쟁제한성은 추정되지 않는다.

2) 적용범위

기업결합 이전에 이미 위 조항에서 규정한 경쟁제한성 추정요건이 충족되었던 경우에도 기업결합에 관한 경쟁제한성 추정규정이 적용되는가 하는 의문이 제기될 수 있다. 그런데 서울고법은 이미 경쟁제한성의 추정요건이 충족된 시장에서 기업결합이 이루어지면 경쟁자가 줄어들어 시장이 더욱 집중화됨으로써 경쟁을 제한할 개연성이 더욱 높아진다고 보이는 점 등을 근거로 하여, 이미 경쟁제한성의 추정요건이 충족된 시장에서의 기업결합에 대해서도 위 추정규정은 적용된다고 판시하였다.[74]

3) 구체적 사례

공정위는 에스케이텔레콤과 신세기통신의 결합사건[75]과 코오롱과 고합의 결합사건[76] 등 다수의 사례에서 위 규정에 따라 경쟁제한성을 추정하였다. 그런데 최근 공정위나 법원의 실무는 법 제9조 제3항의 추정 조항에 단순히 의존하기보다는 시장의 제반요소를 검토하여 적극적으로 경쟁제한성의 존부를 판단하는 경향이 있다. 예컨대, 법원은 동양제철화학의 콜럼비안 케미컬즈 주식취득사건에서 원고 오씨아이 주식회사(이하 "원고 오씨아이"라 함) 및 콜럼비안 케미컬즈 코리아 주식회사(Columbian Chemicals Korea, 이하 "CCK"라 함)의 시장점유율 합계가 법상 경쟁제한성 추정요건을 충족할 뿐만 아니라, CCK와 금호타이어 주식회사 사이에 카본블랙 장기공급계약이 체결되어 있다는 사유만으로 이 사건 기업결합으로 인한 시장집중도가 크게 감소되지는 않으며, 해외경쟁의 도입 가능성도 그다지 높지 않고, 이 사건 관련시장에 대량구매사업자가 존재하기는 하지만 그 존재가 이 사건 기업결합에 의하여 제한되는 경쟁을 회복시키는 정도는 아니며, 이 사건 기업결합 후 국내 고무용 카본블랙 시장에서 경쟁사업자들 사이의 공동행위 가능성이 증가하거

74) 서울고법 2008.9.3. 선고 2006누30036 판결(확정).
75) 공정위 2000.5.16. 의결 제2000-76호.
76) 공정위 2002.12.23. 의결 제2002-365호.

나 원고 오씨아이-CCK(이하 "결합회사"라 함)가 가격인상과 같은 시장지배적 지위남용행위를 할 가능성이 높다는 이유로, 이 사건 기업결합은 관련시장에서의 경쟁을 실질적으로 제한하는 행위에 해당한다고 판단하였다.[77)]

또한, 대법원은 삼익악기의 영창악기 주식취득사건에서 경쟁제한성 추정요건에 해당하는 것 이외에도 "신규진입의 가능성이 거의 없으며, 해외 경쟁의 도입 가능성이나 인접시장 경쟁압력의 정도 역시 매우 적고, 특히 이 사건 기업결합으로 인하여 국내의 양대 피아노 생산·판매업체는 사실상 독점화되고 직접적인 대체재 관계에 있던 두 제품이 하나의 회사 내에서 생산·판매되므로 소비자의 입장에서는 제품선택의 폭이 줄어들고 생산자의 입장에서는 이를 이용하여 가격인상을 통한 이윤증대의 가능성이 커지게 되므로, 이 사건 기업결합은 관련시장에서의 경쟁을 실질적으로 제한하는 행위에 해당한다."고 판단하였다.[78)]

4) 추정규정에 관한 입법론

위 추정규정은 기업결합의 경쟁제한성을 판단하는 데에는 다소 도움이 될 수 있을지 모르지만, 기업결합 규제의 실효성을 제고하는 데에는 큰 기여를 하지 못한 것으로 평가된다. 왜냐하면 이 추정규정에 따르면 기업결합 당사회사들의 시장점유율의 합계가 비록 시장지배적 사업자의 추정요건에 해당된다고 하더라도, 그것만으로는 경쟁제한성이 추정되지 않고 다시 당해 거래분야에서 제1위에 해당되고 또 제2위인 회사와의 차이가 그 합계의 25/100 이상이 되어야 비로소 경쟁제한성이 추정되기 때문이다. 이는 결국, 기업결합을 통하여 시장지배적 사업자가 출현하더라도 그것만으로는 경쟁제한성이 추정되지 않고 또 다른 요건이 충족되어야 한다는 것을 의미하기 때문이다. 따라서 기업 결합규제의 실효성 제고를 위하여, ①, ②, ③의 요건을 누적적인 요건으로 할 것이 아니라, ①의 요건과 ②, ③의 요건을 선택적인 요건으로 보아 그 중의 어느 하나만 충족되면 경쟁제한성이 추정되는 것으로 개정하는 것이 바람직할 것이다.[79)]

(나) 대규모회사에 의한 기업결합

자산총액 또는 매출액(계열회사의 자산총액 또는 매출액을 합산한 규모)이 2조원 이상인 대규모회사가 직접 또는 특수관계인을 통하여 행한 기업결합이 다음 요건을 갖춘 경우에는 일정한 거래분야에서 경쟁을 실질적으로 제한하는 것으로 추정한다(법 9조 3항 2호). 이 추정규정은 대규모사업자가 중소기업들로 구성되어 있는 시장에 침투하는 것을 막기 위하여 마련된 것이다.

---

77) 대법원 2009.9.10. 선고 2008두9744 판결.
78) 대법원 2008.5.29. 선고 2006두6659 판결.
79) 권오승(2015), 205면 참조.

① 「중소기업기본법」에 따른 중소기업의 시장점유율이 3분의 2 이상인 거래분야에서의 기업결합일 것
② 해당 기업결합으로 5/100 이상의 시장점유율을 가지게 될 것

공정위는 포스코 및 포스틸의 포스코아 주식취득사건[80]에서 이 규정을 적용하여 경쟁제한성을 추정하였다. 반면, 공정위가 위 추정요건을 충족하는 혼합결합 사안에서 경쟁제한성을 인정하지 않은 사례도 있다.[81]

(다) 추정의 복멸

경쟁제한성이 추정되더라도 기업결합 당사회사는 경쟁제한성 완화요인을 제시하여 추정을 번복할 수 있다. 경쟁제한성 완화요인으로는 ① 해외경쟁의 도입수준 및 국제적 경쟁상황, ② 신규진입의 가능성, ③ 유사품 및 인접시장의 존재, ④ 강력한 구매자의 존재 등을 들 수 있다. 이에 관한 입증책임은 기업결합 당사회사에 있다.

신세계의 월마트코리아 주식취득사건에서 포항 지역시장과 관련하여 경쟁제한성의 추정이 복멸되었다. 포항지역은 이 사건 기업결합으로 인하여 경쟁사업자의 수가 4개에서 3개로 감소하였고 결합당사회사의 점유율도 74.3%로서 제1위 사업자가 되어 기업결합으로 인한 경쟁제한성이 추정되는 시장이었다.[82] 그러나 서울고법은 그 후 2개의 대형할인점이 신규 출점하여 경쟁사업자의 수는 오히려 5개로 늘어나고 결합당사회사의 점유율도 43.7%로 대폭 감소할 것으로 예상되고 있어 신규 출점으로 인한 시장집중도의 완화 정도가 상당하다고 보이는 점, 대형할인점 업계의 2001년부터 2005년까지 시장점유율 변동 추이 및 대형할인점 업체의 2003년부터 2005년까지의 매출액 증가율 및 영업이익률 변동 추이, 공동행위의 가능성이 상당하다고 보기는 어려운 점, 그동안 이마트가 독점지역에서 시장지배력을 남용해 왔다고 인정할 만한 뚜렷한 자료가 없는 점 등을 근거로 경쟁제한성의 추정이 복멸되었다고 판단하였다.[83]

4. 기업결합 유형별 경쟁제한성의 검토

기업결합의 경쟁제한성은 취득회사 등과 피취득회사 간의 관계를 고려하여 수평형 기업결합, 수직형 기업결합, 혼합형 기업결합 등 유형별로 구분하여 판단한다.

---

80) 공정위 2007.7.3. 의결 제2007-351호.

81) 공정위 2010.4.22.자 보도자료(공정위, 아사 아블로이코리아의 삼화정밀 인수 승인); 신동권(2016), 271면.

82) 공정위는 기업결합 심사 당시 포항지역에 홈에버 포항점만이 신규 출점할 것으로 예상하였으나, 실제로는 홈플러스 죽도점과 홈에버 포항점이 신규 출점하였고, 기존의 메가마트도 롯데마트 포항점으로 전환되는 등 공정위의 예상과 달리 시장상황이 전개되었다.

83) 서울고법 2008.9.3. 선고 2006누30036 판결(확정).

(1) 수평형 기업결합

수평형 기업결합에서 실질적 경쟁제한성의 유무를 판단하는 경우에는 경쟁제한성 추정요건의 충족 여부 이외에도 해외경쟁의 도입수준 및 국제적 경쟁상황, 신규진입의 가능성, 경쟁사업자들 사이의 공동행위 가능성, 유사품 및 인접시장의 존재 여부 등을 종합적으로 고려하여 개별적으로 판단하여야 한다.[84] 수평형 기업결합의 경쟁제한성은 단독효과와 협조효과를 중심으로 검토한다.[85]

(가) 단독효과

1) 의 의

결합당사회사가 단독으로 시장지배력을 행사하거나 경쟁을 제한할 수 있는 가능성을 단독효과(unilateral effects)라고 한다. 기업결합후 당사회사가 단독으로 가격인상을 하더라도 경쟁사업자가 당사회사의 제품을 대체할 수 있는 제품을 적시에 충분히 공급하기 곤란한 사정이 있는 경우에는 당해 기업결합이 경쟁을 실질적으로 제한할 수 있다. 또한, 상품이 차별화된 시장에서 결합당사회사의 제품이 상대적으로 유사하고 다른 경쟁사업자의 제품은 유사성이 떨어지는 경우에, 결합당사회사의 시장점유율이 다소 낮더라도 단독효과가 발생할 수 있다.[86]

2) 판단기준

단독효과는 ① 결합당사회사의 시장점유율 합계, 결합으로 인한 시장점유율 증가폭 및 경쟁사업자와의 점유율 격차, ② 결합당사회사가 공급하는 제품들 간 수요대체가능성의 정도 및 동 제품 구매자들의 타 경쟁사업자 제품으로의 구매 전환가능성, ③ 경쟁사업자의 결합당사회사와의 생산능력 격차 및 매출증대의 용이성 등을 종합적으로 고려하여 판단한다. 그리고 이러한 판단기준을 적용함에 있어서는 시장의 특성도 함께 감안하여야 한다. 예컨대 차별적 상품시장에 있어서는 결합당사회사들 간 직접경쟁의 정도를 측정하는 것이 보다 중요하고 그에 따라 시장점유율보다는 결합당사회사의 제품 간 유사성, 구매전환 비용 등을 보다 중요하게 고려하게 된다.

■ **차별화된 시장에서 단독효과의 판단**

차별화된 상품시장에서, 어떤 상품들은 매우 밀접한 대체재로서 치열하게 경쟁하는 반면,

84) 대법원 2009.9.10. 선고 2008두9744 판결.
85) 기업결합의 경쟁제한성 판단에 관하여 보다 자세한 사항은 이민호, “기업결합의 경쟁제한성 판단기준: 수평결합을 중심으로”, 서울대학교 박사학위논문(2012) 참조.
86) Hovenkamp(2005), pp. 512-516 참조.

다른 상품들은 대체성이 떨어져서 경쟁이 치열하지 않을 수 있다. 예컨대, 고가형 상품은 저가형 상품들보다는 다른 고가형 상품들과 더 직접적으로 경쟁하게 된다. 따라서 기업결합을 하는 기업들이 판매하는 상품들 간의 직접적 경쟁의 정도가 단독효과를 평가함에 있어서 중요한 고려요소가 된다. 차별화된 시장에서 단독효과를 평가하기 위하여 실무에서는 구매전환율(diversion ratio), 가격인상압력(upward pricing pressure, UPP) 등의 평가 방법이 사용되고 있다.[87] 구매전환율은 A 상품의 가격인상에 따라 A 상품의 구매를 포기한 소비자들 중에서 B 상품으로 구매를 전환한 비율을 의미한다. 구매전환율이 높은 상황에서 기업결합을 하면 A 상품의 매출감소가 B 상품의 매출증가로 만회되기 때문에 가격인상 유인이 높게 된다.[88] UPP 분석은 결합 후 당사회사의 가격인상 가능성을 분석하는 방법론으로서, 결합 전 서로 경쟁하며 각자 자신의 이윤을 극대화하는 가격을 설정하던 기업들이 결합 이후 공동의 이윤을 극대화함에 따라 가격인상 유인을 갖게 되는지 여부를 수치를 통해 보여준다. 어떤 시장에서 경쟁하는 甲 기업과 乙 기업이 있다고 가정하자. 경쟁상태에서 甲 기업이 가격을 인상하면 이로 인해 이탈하는 고객 또는 구매를 전환하는 고객 중 일부가 乙 기업의 제품을 구매할 것이기 때문에 甲 기업은 가격을 인상하기 어렵다. 이때 甲 기업과 乙 기업이 기업결합을 하게 될 경우, 결합당사회사는 결합 전 甲 기업의 가격인상에 대해 乙 기업으로 구매를 전환하는 고객들로부터 발생하는 매출 감소를 흡수할 수 있게 되므로 결합 당사회사가 가격을 인상하더라도 이와 같은 추가 이윤을 얻을 수 있어 가격인상 유인을 갖게 된다. 즉, 기업결합 이전에는 경쟁회사인 상대회사의 이윤을 고려하지 않고 가격의 인상에 따라 증가하는 자사의 이윤의 크기(A)와 판매량 감소에 따라 감소하는 자사의 이윤의 크기(B)만 고려하여 A−B>0인 경우에만 가격인상을 단행하지만, 기업결합 이후에는 A−B 이외에 자사 상품의 판매량 감소가 상대회사의 판매량을 증가시켜 상대회사에 증가하는 이윤의 크기(C)도 고려하게 되므로, A−B+C>0이기만 하면 가격을 상승할 유인이 발생하게 된다. 이와 같이 UPP 분석은 결합 당사회사의 상품 간에 대체성이 클 경우 가격인상 유인이 클 것이라는 직관에 기반하여 개발된 분석으로서 별도의 시장획정 없이 이루어진다. UPP 분석에서는 UPP 값이 양수이면 가격인상 가능성이 있고 그 값이 음수이면 가격인상 가능성이 없음을 의미한다.[89]

---

87) 미국의 2010년 수평결합지침은 1992년 수평결합지침을 개정한 것인데, 특히 여러 경제분석 기법을 지침에 받아들인 점이 주목할 만하다. 동 수평결합지침에서는 단독효과를 측정하기 위하여 구매전환율, 마진율, UPP지표 등을 사용하고 있다. 미국 수평결합지침에 관한 경제학적 설명으로는 김현종, "미국 수평기업결합 가이드라인의 주요 개정사항에 대한 경제학적 검토", 2010년 하반기 법·경제분석그룹(LEG) 연구보고서(2010) 참조.

88) 공정위는 홈플러스의 홈에버 기업결합 사건에서 피취득회사인 홈에버 고객을 대상으로 취득회사로의 구매전환율을 측정함으로써 경쟁제한성을 판단하였다. 예컨대, 홈에버가 영업을 중단하는 경우 대체 대형마트가 어디인지를 질문하여, 홈플러스 비율이 높은 경우 경쟁제한성이 있는 것으로 판단하는 것이다. 공정위 2008.10.27. 의결 제2008-285호.

89) 공정위는 SKT의 CJ헬로비전 기업결합 사건에서 UPP 분석을 통해서 경쟁제한성을 판단하였다. SO 사업자인 CJ헬로비전은 IPTV 사업자 중 가장 유력한 SK브로드밴드와 결합함으로써 케이블TV 요금 인상을 억제하던 경쟁압력이 크게 약화되었다. 결합당사회사가 제출한 설문조사에 따르면, CJ헬로비전의 케이블TV 요금이 10% 인상될 경우 가장 많은 가입자가 SK브로드밴드 IPTV로 전환하는 것으로 나타났다. 이는 CJ헬로비전 케이블TV의 가장 가까운 대체재는 SK브로드밴드 IPTV라는 의미이다. 또한, 방송요금 인상가능성에 대해

3) 구체적 사례

대법원은 삼익악기의 영창악기 주식취득사건에서 "이 사건 기업결합으로 인한 (중략) 시장점유율 합계는 이 사건 관련시장에서의 실질적 경쟁제한성 추정요건에 해당할 뿐만 아니라, 신규진입의 가능성이 거의 없으며, 해외 경쟁의 도입 가능성이나 인접시장 경쟁 압력의 정도 역시 매우 적고, 특히 이 사건 기업결합으로 인하여 국내의 양대 피아노 생산·판매업체는 사실상 독점화되고 직접적인 대체재 관계에 있던 두 제품이 하나의 회사 내에서 생산·판매되므로 소비자의 입장에서는 제품선택의 폭이 줄어들고 생산자의 입장에서는 이를 이용하여 가격인상을 통한 이윤증대의 가능성이 커지게 되므로, 이 사건 기업결합은 관련시장에서의 경쟁을 실질적으로 제한하는 행위에 해당한다."고 하여 단독효과에 의한 경쟁제한성을 수긍하였다.[90]

공정위는 기업결합으로 인하여 독점력을 행사할 수 있을 정도의 시장점유율을 획득하는 경우에는 단독효과를 고려하여 경쟁제한성을 판단하고 있다. 이러한 사례로서 질레트의 로케트전기 주식취득사건[91]을 들 수 있다. 공정위는 시장점유율을 중시하고 저가정책을 펴서 가격인상의 장애가 되었던 로케트전기를 질레트가 결합함으로써 기업결합 후에 결합당사회사는 경쟁력 있는 세 개의 상표를 배타적으로 사용할 권리를 모두 가지고, 유통조직을 통합함에 따라 소비자나 대리점단계에서 상품을 선택할 여지가 없을 정도로 시장지배력이 강화되어 1차 망간, 알카전지의 가격인상을 용이하게 도모할 수 있는 지위를 갖게 되었다고 판단하였다. 그 밖에 아이앤아이스틸의 한보철강공업 영업양수사건[92]에서와 같이 단독효과와 협조효과를 함께 인정한 사례도 있다.

(나) 협조효과

1) 의 의

기업결합에 따른 경쟁자의 감소 등으로 인하여 사업자간의 가격·수량·거래조건 등에 관한 협조(공동행위뿐만 아니라 경쟁사업자간 거래조건 등의 경쟁유인을 구조적으로 약화시켜 가격인상이 유도되는 경우를 포함)가 이루어지기 쉽거나 그 협조의 이행여부에 대한 감시 및 위반자에 대한 제재가 가능한 경우에는 경쟁을 실질적으로 제한할 가능성이 높아질 수 있다. 공정위는 과거에 과점시장에서 수평결합으로 인하여 경쟁사업자의 수가 감소했다는 것만으로 쉽게 협조효과를 인정하기도 하였다.[93] 그러나 점차 상품의 특성, 경쟁사업자들의 생산능력, 경쟁사업자들의 수 및 시장점유율, 과거 공동행위의 전력 등 제반

UPP 분석을 실시한 결과 UPP 지수는 모두 양수의 값이 나왔다. 공정위 2016.7.18. 의결 제2016-213호.

90) 대법원 2008.5.29. 선고 2006두6659 판결.

91) 공정위 1998.12.18. 의결 제98-282호.

92) 공정위 2004.11.17. 의결 제2004-285호.

93) 예컨대, LG화학 등의 현대석유화학 주식취득사건, 공정위 2003.9.4. 의결 제2003-146호.

시장상황을 종합적으로 고려하여 협조효과의 유무를 판단하는 태도를 취하게 되었다.[94]

2) 판단기준

사업자간의 협조가 용이해지는지 여부는 경쟁사업자들 간 협조의 용이성, 이행감시 및 위반자 제재의 용이성 및 경쟁상대회사의 전력 등을 고려하여 판단한다.

① 경쟁사업자들 간 협조의 용이성

경쟁사업자들 간 협조의 용이성은 시장상황, 시장거래, 개별사업자 등에 관한 주요 정보가 경쟁사업자 간에 쉽게 공유될 수 있는지 여부, 관련시장내 상품간 동질성이 높은지 여부, 가격책정이나 마케팅의 방식 또는 그 결과가 경쟁사업자간에 쉽게 노출될 수 있는지 여부, 관련시장 또는 유사 시장에서 과거 협조가 이루어진 사실이 있는지 여부, 경쟁사업자, 구매자 또는 거래방식의 특성상 경쟁사업자들 간 합의 내지 협조가 쉽게 달성될 수 있는지 여부 등을 고려하여 판단한다.

② 이행감시 및 위반자 제재의 용이성

이행감시 및 위반자 제재의 용이성은 공급자와 수요자간 거래의 결과가 경쟁사업자간에 쉽고 정확하게 공유될 수 있는지 여부, 공급자에 대하여 구매력을 보유한 수요자가 존재하는지 여부, 결합당사회사를 포함해서 협조에 참여할 가능성이 있는 사업자들이 상당한 초과생산능력을 보유하고 있는지 여부 등을 고려하여 판단한다.

③ 독행기업

결합상대회사가 결합 이전에 상당한 초과생산능력을 가지고 경쟁사업자들 간의 협조를 억제하는 등의 경쟁적 행태를 보여 온 사업자를 독행기업(maverick)이라고 한다. 기업결합으로 인하여 독행기업이 사라지게 되면 그들 간의 협조로 인해 경쟁이 실질적으로 제한될 가능성이 높아질 수 있다.

3) 구체적 사례

코오롱과 고합의 결합사건[95]에서는 관련시장의 1위와 3위 사업자가 수평결합을 하였다. 공정위는 2위 업체인 효성이 기업결합 당사회사들의 시장지배력 남용을 견제하기보다는 가격인상 등을 통해 이에 동조할 가능성이 높아 소비자후생을 감소시킬 우려가 있다고 판단하였다. 이것은 의식적 병행행위 등을 통하여 협조효과가 나타날 가능성이 높다고 본 것으로 이해된다.

(다) 구매력증대에 따른 효과

당해 기업결합으로 인해 결합당사회사가 원재료 시장과 같은 상부시장에서 구매자로

---

94) 예컨대, 아이앤아이스틸의 한보철강공업 영업양수사건, 공정위 2004.11.17. 의결 제2004-285호.
95) 공정위 2002.12.23. 의결 제2002-365호.

서의 지배력이 형성 또는 강화될 경우 구매물량의 축소 등을 통하여 경쟁이 실질적으로 제한될 수 있는지를 고려한다. 이러한 경쟁의 실질적인 제한 가능성 판단에 있어서는 위 단독효과 및 협조효과의 기준을 준용한다.

(2) 수직형 기업결합

수직형 기업결합이 경쟁을 실질적으로 제한하는지 여부에 대해서는 시장의 봉쇄효과, 협조효과 등을 종합적으로 고려하여 판단한다.96)

(가) 시장의 봉쇄효과

1) 의 의

수직형 기업결합을 통해 당사회사가 경쟁관계에 있는 사업자의 구매선 또는 판매선을 봉쇄하거나 다른 사업자의 진입을 봉쇄할 수 있는 경우에는 경쟁을 실질적으로 제한할 수 있다. 봉쇄효과는 포스트 시카고 학파에 의하여 재조명되고 있다. 포스트 시카고 학파는 시장의 구조를 중시하며 주로 게임(전략적 행동)이론을 이용하여 경쟁제한적 행위를 설명한다. 동 이론은 특히 경쟁자의 비용 상승(raising rival's cost)과 봉쇄효과(foreclosure)를 초래하는 행위를 금지하여야 한다고 주장한다.

2) 판단기준

시장의 봉쇄 여부는 다음과 같은 사항들을 고려하여 판단한다.

① 원재료 공급회사(취득회사인 경우 특수관계인 등을 포함한다)의 시장점유율 또는 원재료 구매회사(취득회사인 경우 특수관계인 등을 포함한다)의 구매액이 당해시장의 국내 총공급액에서 차지하는 비율
② 원재료 구매회사(취득회사인 경우 특수관계인 등을 포함한다)의 시장점유율
③ 기업결합의 목적
④ 수출입을 포함하여 경쟁사업자가 대체적인 공급선・판매선을 확보할 가능성
⑤ 경쟁사업자의 수직계열화 정도
⑥ 당해 시장의 성장전망 및 당사회사의 설비증설 등 사업계획
⑦ 사업자간 공동행위에 의한 경쟁사업자의 배제가능성
⑧ 당해 기업결합에 관련된 상품과 원재료 의존관계에 있는 상품시장 또는 최종산출물 시장의 상황과 그 시장에 미치는 영향

96) 「기업결합 심사기준」의 수직결합 및 혼합결합에 관한 경쟁제한성 판단기준은 미국 DOJ의 1984년 기업결합지침(Merger Guidelines)의 영향을 많이 받은 것으로 보인다. 미국은 그 후 수평결합지침을 제정 및 개정하였으나, 수직결합 및 혼합결합에 관해서는 새로운 지침을 제정하지 않았다. 한편, EU는 2007년 비수평결합 심사지침(Guidelines on the assessment of non-horizontal mergers under the Council Regulation on the control of concentrations between undertakings)을 제정하였다. 여기에서는 수직결합과 혼합결합의 경쟁제한성을 비협조효과와 협조효과로 나누어 설명하고 있다.

⑨ 수직형 기업결합이 대기업간에 이루어지거나 연속된 단계에 걸쳐 광범위하게 이루어져 시장진입을 위한 필요최소자금의 규모가 현저히 증대하는 등 다른 사업자가 당해 시장에 진입하는 것이 어려울 정도로 진입장벽이 증대하는지 여부

3) 구체적 사례

동양나이론(주)의 한국카프로락탐 주식취득사건[97]에서 동양나이론은 나일론시장에서 1위 사업자로 시장점유율이 48%이었다. 한국카프로락탐은 동양나이론, 코오롱, 고려합섬의 3개사에 나일론 원료인 카프로락탐을 공급하고 있었는데, 그 비중은 국내 총수요 중 약 34% 정도에 해당하였다. 한국카프로락탐은 수입품 가격에 비하여 상대적으로 저렴한 가격에 카프로락탐을 공급하고 있었다. 이 사건에서 공정위는 봉쇄효과 이론에 기반하여 당해 기업결합이 경쟁을 실질적으로 제한할 것이라고 인정하였다. 이것은 동양나이론이 한국카프로락탐의 경영을 실질적으로 지배할 경우 한국카프로락탐이 생산하는 카프로락탐의 배정비율, 가격 등을 자신에게 유리하게 변경할 가능성이 크다고 본 것이다.

에스케이의 대한송유관공사 주식취득사건[98]은 정부의 민영화방침에 따라 송유관서비스 판매시장[99]에서 독점기업인 대한송유관공사의 정부보유 주식 중 36.1%를 기존 주주인 정유 5사에 매각함으로써 에스케이가 동사의 지분 35.04%를 소유하게 된 사안이다. 공정위는 석유제품시장에서 1위인 에스케이가 송유관을 통한 유류수송시장에서 독점기업인 대한송유관공사의 경영을 지배하게 되면 경쟁사업자에 대하여 수송의 거부, 수송물량의 제한, 수송우선순위의 차별 등의 경쟁제한효과가 발생할 우려가 있다고 보았다.

포스코 및 포스틸의 포스코아 주식취득사건[100]은 국내 전기강판 시장에서 실질적인 독점사업자인 포스코가 계열회사인 포스틸을 통하여 포스코아 주식의 과반수를 취득한 사건이다. 포스코가 공급하는 전체 전기강판의 51% 정도가 코어제조사업자들에게 공급되고 있었는데, 포스코아는 코어제조사업자로서 국내 전체 코어제품 생산량의 35% 정도를 생산하고 있었다. 공정위는 다른 전기강판공급사가 코어제조사업자를 구매처로 확보하기가 어렵고(고객 봉쇄효과), 다른 코어제조사업자들이 원재료인 전기강판의 대체공급선을 확보하기도 어렵다고 보아(투입물 봉쇄효과), 시장 봉쇄효과를 인정하였다.

마이크로소프트 및 노키아의 기업결합 사건에서 공정위는 해당 기업결합의 잠재적 봉쇄효과와 관련하여 안드로이드 OS에 사용되는 자신의 특허 실시료를 과도하게 인상하여 윈도우 단말기와 경쟁관계에 있는 안드로이드 단말기 제조업자의 생산비용을 증가시키거

97) 공정위 1996.4.22. 의결 제96-51호.
98) 공정위 2001.6.29. 의결 제2001-90호.
99) 공정위는 송유관시설이 필수설비에 해당하거나 이에 준하는 시설로서의 특성을 가진다고 인정하였다. 그러나 이에 반대하는 견해도 제기되었다. 이상승, "역 셀로판오류: 대한송유관공사 기업결합사건에서의 공정위의 시장획정", 산업조직연구 제11집 제3호(2003), 95면 이하 참조.
100) 공정위 2007.7.3. 의결 제2007-351호.

나 새로운 사업자의 시장 진입을 저지할 수 있다는 우려에 초점을 맞추었다.[101] 그 밖에 공정위는 현대자동차의 코리아정공 주식취득사건[102] 등에서 수직적 기업결합에 대하여 경쟁제한성을 인정하였다.

(나) 협조효과

수직형 기업결합의 결과로 경쟁사업자간의 협조 가능성이 증가하는 경우에는 경쟁을 실질적으로 제한할 수 있다. 경쟁사업자간의 협조 가능성의 증가여부는 ① 결합이후 가격정보 등 경쟁사업자의 사업활동에 관한 정보입수가 용이해지는지 여부, ② 결합당사회사 중 원재료구매회사가 원재료공급회사들로 하여금 공동행위를 하지 못하게 하는 유력한 구매회사였는지 여부, ③ 과거 당해 거래분야에서 부당한 공동행위가 이루어진 사실이 있었는지 여부 등을 고려하여 판단한다. 마이크로소프트 및 노키아의 기업결합 사건에서 공정위는 해당 기업결합의 잠재적 협조효과와 관련하여 결합 이전에 특정 단말기 제조업자와 체결한 사업제휴계약이 경쟁에 부정적인 영향을 미칠 가능성을 고려하였다.[103]

(3) 혼합형 기업결합

혼합형 기업결합이 경쟁을 실질적으로 제한하는지 여부는 잠재적 경쟁의 저해효과, 경쟁사업자 배제효과, 진입장벽 증대효과 등을 종합적으로 고려하여 판단한다.

(가) 잠재적 경쟁의 저해

혼합형 기업결합이 일정한 거래분야에서 잠재적 경쟁을 감소시키는 경우에는 경쟁을 실질적으로 제한할 수 있다. 잠재적 경쟁의 감소 여부는 다음 사항들을 고려하여 판단한다.

① 상대방 회사가 속해 있는 일정한 거래분야에 진입하려면 특별히 유리한 조건을 갖출 필요가 있는지 여부

② 당사회사 중 하나가 상대방 회사가 속해 있는 일정한 거래분야에 대해 다음 요건의 어느 하나에 해당하는 잠재적 경쟁자인지 여부

(i) 생산기술, 유통경로, 구매계층 등이 유사한 상품을 생산하는 등의 이유로 당해 결합이 아니었더라면 경쟁제한효과가 적은 다른 방법으로 당해 거래분야에 진입하였을 것으로 판단될 것

(ii) 당해 거래분야에 진입할 가능성이 있는 당사회사의 존재로 인하여 당해 거래분야의 사업자들이 시장지배력을 행사하지 않고 있다고 판단될 것

---

101) 공정위 2015.8.24. 의결 제2015-316호.
102) 공정위 2002.6.18. 의결 제2002-111호.
103) 공정위 2015.8.24. 의결 제2015-316호.

③ 일정한 거래분야에서 결합당사회사의 시장점유율 및 시장집중도 수준
④ 당사회사 이외에 다른 유력한 잠재적 진입자가 존재하는지 여부

(나) 경쟁사업자의 배제

당해 기업결합으로 당사회사의 자금력, 원재료 조달능력, 기술력, 판매력 등 종합적인 사업능력이 현저히 증대되어 당해 상품의 가격과 품질 이외의 요인으로 경쟁사업자를 배제할 수 있을 정도가 되는 경우에는 경쟁을 실질적으로 제한할 수 있다.

(다) 진입장벽의 증대

당해 기업결합으로 시장진입을 위한 필요최소자금의 규모가 현저히 증가하는 등 다른 잠재적 경쟁사업자가 시장에 새로 진입하는 것이 어려울 정도로 진입장벽이 증대하는 경우에는 경쟁을 실질적으로 제한할 수 있다.[104]

(라) 포트폴리오 효과

1) 의 의

포트폴리오 효과(portfolio effects)는 순수하게 회사의 포트폴리오 크기로 인해 발생하는 경제적 효과이다. 즉, 결합당사회사가 한 품목에서의 시장지배력을 지렛대로 사용하여 끼워팔기 또는 결합판매 등을 통해 다른 품목에서도 시장지배력을 강화시킬 수 있는 효과를 말한다.[105] 독점규제법이나 「기업결합 심사기준」에서는 포트폴리오 효과에 대한 명시적인 규정을 두고 있지 않다. 그러나 포트폴리오 효과는 미국이나 EU[106]의 기업결합

104) 미국 연방대법원은 1967년 Procter & Gamble(P&G) 판결에서 시장지배력의 참호(entrenchment)이론에 의거해 P&G가 Clorox를 취득하는 것이 클레이튼법 제7조 위반이라고 판결하였다. 이 사건은 대형 가정용품 메이커인 P&G가 가정용표백제 제조사였던 Clorox사를 매수한 데 대해 FTC가 제소한 사건이었다. P&G는 가정용 표백제는 생산하고 있지 않았는데, 독자적으로 시장에 신규 진입하는 것보다는 결합에 의해 진출하는 것이 유리하다고 판단하여 1957년 액체표백제의 제조업자인 Clorox와 결합하였다. Clorox사는 당시 미국에서 가정용 표백제 생산량의 절반 가까이(48.8%. 당시 업계 제2위의 시장점유율은 15.7%)를 차지하고 있던 업계 1위 사업자였다. 미국 연방대법원은 "이미 지배적인 기업을 강력한 취득기업으로 대체하는 것은 진입장벽을 높이고 보다 작은 기업들의 적극적인 경쟁을 단념시켜 이 산업의 경쟁적 구조를 크게 해칠 수 있다."고 하면서, Colrox가 P&G의 거대자본 및 광고료의 대량구매할인 혜택을 향유하고 광고와 판촉에서 다제품 기업의 이점을 얻는다는 것을 진입장벽을 높일 수 있는 요소로 제시하였다. FTC v. Proctor & Gamble Co., 386 U.S. 568 (1967).

105) 끼워팔기 또는 결합판매 전략을 통해 경쟁자를 봉쇄할 수 있는 역량은 관련 합병의 당사자들 중 하나 이상이 하나 이상의 관련 시장에서 상당한 수준의 시장지배력을 가지고 있을 경우에 적용될 수 있다. 예를 들어, 한 회사의 '필수구비'(must-have) 품목은 이러한 시장에서의 지위를 다른 시장으로 전이하는데 사용될 수 있다. 만약 고객들이 합병회사(merging party)의 제품을 매우 중요하게 여기고 당해 고객들이 적절한 대체재를 선택할 수 없다면, 위 제품은 '필수구비' 품목으로 간주된다.

106) EU 경쟁당국은 초기 혼합형 기업결합 사례인 Guinness 결정을 필두로 하여 혼합결합에 있어서 경쟁제한적 요소로서 '종합적 사업능력의 확대'에 초점을 맞추었다. Guinness 사건은 기업결합의 당사회사들이 모두 세계적 주류사업자로서, 맥주와 증류식 고도주를 생산하는 Guinness와 다양한 브랜드의 고도주를 생산하는 Grand Metropolitan이 결합하여 GMG Brands plc('GMG')를 설립한 사안이다. EU 집행위는 그리스 시장에서 럼주의 공동 유통을 포기하는 조건을 부과하여 이 사건 기업결합을 승인하였다. 동 결정을 보면, 기업결합을 통하여 여러 개의 브랜드를 보유함에 따라 ① 유통망에 대하여 더 많은 범위의 상품을 공급할 수 있고, 유통망과의 관계에서 차지하는 비중이 커지게 된다는 점, ② 가격정책, 판촉활동 및 할인 등에서

심사에서 검토가 되고 있으며, 우리 공정위도 혼합결합 사례에서 포트폴리오 효과를 검토하였다.

2) 구체적 사례

공정위는 하이트맥주와 진로의 기업결합 사건[107]에서 맥주상품과 소주상품간의 결합을 혼합결합으로 보았다. 이 사건에서 하이트 맥주는 대규모회사이며, 진로의 시장점유율이 50% 이상이고, 하이트맥주가 과거 소주업체인 보배 등을 인수하는 등 소주시장에 진입하려는 시도를 지속적으로 하고 있었으며, 소주시장에서의 기타 경쟁자들보다 월등히 큰 매출액 및 규모를 갖고 있으므로 잠재적 경쟁제한성이 인정된다고 판단하였다. 특히 공정위는 종합적 사업능력의 증대로 인한 경쟁사업자 배제 가능성을 판단함에 있어서 끼워팔기의 가능성에 주목하였다.

에스케이텔레콤의 하나로텔레콤 인수사건[108]에서 공정위는 이 사건 기업결합을 통하여 에스케이텔레콤과 하나로텔레콤의 종합적 사업능력이 증대되고, 에스케이텔레콤은 이동전화시장에서의 지배력을 유선통신시장 및 결합상품시장으로 전이시키며, 이동전화시장에서의 지배력을 더욱 확대함으로써 가격과 품질 이외의 요인으로 경쟁사업자를 배제할 가능성이 높다고 판단하였다. 특히 기업결합 당사회사들이 소비자선호도가 높은 결합상품의 제공과 주파수 특성에 기인한 비용우위를 이용하여 낮은 가격에 결합상품을 제공함으로써 경쟁사업자를 배제하고 이동전화시장에서의 지배력을 강화하게 될 것이라고 판단하였다. 또한 에스케이텔레콤이 하나로텔레콤에 자금을 지원하거나 서비스를 제공하면서 하나로텔레콤에게만 배타적 제공 또는 차별적 거래를 함으로써 다른 경쟁사업자를 배제하게 될 위험이 있다고 보았다. 이러한 공정위의 판단은 포트폴리오 효과 이론에 근거한 것이다.

(4) 정보자산을 수반하는 기업결합

정보자산이라 함은 다양한 목적으로 수집되어 통합적으로 관리, 분석, 활용되는 정보의 집합을 말한다. 기업결합 후 결합당사회사가 정보자산을 활용하여 시장지배력을 형성·강화·유지하는 경우 관련시장에서의 경쟁이 실질적으로 제한될 가능성이 있다. 이 경우 기업결합의 유형별 경쟁제한성 판단 요건을 고려하되, ① 결합을 통하여 얻게 되는

훨씬 큰 유연성을 가지며, 판촉 및 영업에서 규모 및 범위의 경제를 달성할 수 있다는 점, ③ 끼워팔기(tying)를 할 수 있는 잠재력이 커지며 유통망에 대한 공급거절의 명시적 혹은 묵시적 협박이 더욱 강력한 힘을 가지게 된다는 점을 경쟁제한성 인정의 근거로 삼았다. Guinness/Grand Metropolitan, Case COMP/M.938 (1997). 이러한 경쟁제한성 판단은 미국의 Procter & Gamble 판결과 유사한 기준에 따른 것으로 볼 수 있다. 그러나 Guinness 결정에 대해서는 사업자가 더 넓은 포트폴리오 상품을 제공하게 된 것이 무엇이 잘못인지를 명확하게 설명하지 못하였다는 비판이 있다.

107) 공정위 2006.1.24. 의결 제2006-9호. 혼합결합으로서 처음으로 시정조치가 내려진 사안이다.

108) 공정위 2008.3.13. 의결 제2008-105호.

정보자산이 다른 방법으로는 이를 대체하기 곤란한지 여부, ② 해당 결합으로 인하여 결합당사회사가 경쟁사업자의 정보자산 접근을 제한할 유인 및 능력이 증가하는지 여부, ③ 결합 이후 정보자산 접근 제한 등으로 인하여 경쟁에 부정적인 효과가 발생할 것이 예상되는지 여부, ④ 결합당사회사가 정보자산의 수집·관리·분석·활용 등과 관련한 서비스의 품질을 저하시키는 등 비가격 경쟁을 저해할 가능성이 높아지는지 여부 등을 추가로 고려하여 판단할 수 있다.

■ **공정위 2021.2.2. 의결 제2021-032호 딜리버리히어로 에스이 등 4개 배달앱 사업자의 기업결합 제한규정 위반행위에 대한 건**

본 건 결합을 통해 결합당사회사가 추가로 얻게 되는 정보 자산의 유형은 소비자 정보, 음식점 정보, 거래정보, 배달 정보 등 4가지로 구분할 수 있다. (중략)

첫째, 본 건 기업결합으로 인해 상호 간에 치열하게 전개되던 음식점 확보 경쟁이 사라지고 전국에 소재한 배달 음식점들에 대한 최신 판매정보, 매출·영업 실적정보, 이용자들의 평가 등의 정보가 결합당사회사로 집중되면, 결합당사회사와 개별 음식점간의 정보의 비대칭성이 한층 심화되고, 결합당사회사는 이러한 비대칭성을 이용하여 음식점에 제공하는 정보자산 관련 서비스의 품질을 저하시킬 가능성이 있다. (중략)

한편, 본 건 결합 이후 결합당사회사는 집중된 정보자산을 머신러닝(machine learning) 알고리즘 등을 통해 분석하여 고품질의 마케팅 정보로 가공 후 이를 음식점들에게 유료서비스로 전환할 가능성도 존재한다. 특히, 본 건 결합으로 결합당사회사상호간에 프랜차이즈 음식점 유치 경쟁이 감소하고 프랜차이즈 본부에 대한 협상력이 강화되면 결합당사회사는 자사 주문채널까지 별도로 보유하고 있는 대형 프랜차이즈 본부에게 무료로 마케팅 정보를 제공할 유인이 더욱 적어질 것이므로 프랜차이즈 음식점에 대한 마케팅 정보제공 서비스의 유료화 가능성은 더욱 큰 것으로 판단된다. 위와 같이 결합당사회사가 음식점에 무료로 제공하는 정보의 수준을 저하시키더라도 결합당사회사와 쿠팡이츠, 위메프오 등 경쟁사업자가 보유한 음식점 수, 주문수, 마케팅 정보자산 등의 규모의 차이가 현저하므로, 음식점들이 결합당사회사의 배달앱으로 이탈할 가능성도 현실적으로 크지 않을 것으로 판단된다. 따라서 본 건 결합 후 결합당사회사는 그동안 음식점들에게 보다 유용한 마케팅 정보를 제공하기 위해 투입하던 비용과 노력을 줄임으로써 음식점들에 대한 정보제공 측면의 비가격경쟁이 저해될 우려가 있다.

5. 경쟁제한성 완화요인

경쟁제한성 완화요인으로 해외경쟁의 도입수준 및 국제적 경쟁상황, 신규진입의 가능성, 유사품 및 인접시장의 존재, 강력한 구매자의 존재 등과 같은 사항을 종합적으로 고려하여야 한다.

(1) 해외경쟁의 도입수준 및 국제적 경쟁상황

(가) 해외경쟁의 도입수준

일정한 거래분야에서 상당기간 어느 정도 의미 있는 가격인상이 이루어지면 상당한 진입비용이나 퇴출비용의 부담 없이 가까운 시일 내에 수입경쟁이 증가할 가능성이 있는 경우에는 기업결합에 의해 경쟁을 실질적으로 제한할 가능성이 낮아질 수 있다. 해외경쟁의 도입은 신규진입의 특수한 형태라고 할 수 있다. 그런데 해외경쟁의 도입가능성을 평가함에 있어서는 ① 일정한 거래분야에서 수입품이 차지하는 비율의 증감 추이, ② 당해 상품의 국제가격 및 수급상황, ③ 우리나라의 시장개방의 정도 및 외국인의 국내투자 현황, ④ 국제적인 유력한 경쟁자의 존재여부, ⑤ 관세율 및 관세율 인하계획 여부, ⑥ 국내가격과 국제가격의 차이 또는 이윤율 변화에 따른 수입 증감 추이, ⑦ 기타 각종 비관세장벽을 고려하여 판단한다.

삼익악기의 영창악기 주식취득사건에서 일본산 피아노 및 중국산 피아노의 수입이 증가하여 경쟁제한성을 완화할 수 있는지 여부가 쟁점이 되었다. 그런데 서울고법은 일본산 및 중국산 피아노는 국산 피아노와 시장점유율, 가격, 품질, 브랜드 인지도(선호도), 유통망 확보정도 등에서 차이가 있어 기업결합 이후에 국내 시장에서 결합당사회사의 시장지배력을 억제할 수 있는 유효한 해외경쟁요소로 보기에는 미흡하다고 판단하였다.[109]

(나) 국제적 경쟁상황

한편, 당사회사의 매출액 대비 수출액의 비중이 현저히 높고 당해 상품에 대한 국제시장에서의 경쟁이 상당한 경우 또는 경쟁회사의 매출액 대비 수출액의 비중이 높고 기업결합 후 당사회사의 국내가격 인상 등에 대응하여 수출물량의 내수전환 가능성이 높은 경우에는 기업결합에 의해 경쟁을 실질적으로 제한할 가능성이 낮아질 수 있다. 공정위는 LG화학 등의 현대석유화학 주식취득사건[110]에서 경쟁사업자들의 매출액 대비 수출액의 비중이 높아 결합당사회사가 국내가격을 인상할 경우 수출물량의 내수전환이 이루어질 가능성이 있다고 보았다.

(2) 신규진입의 가능성

(가) 의 의

당해 시장에 대한 신규진입이 가까운 시일 내(통상 1∼2년 내)에 용이하게 이루어질 수 있는 경우에는 기업결합으로 감소되는 경쟁자의 수가 다시 증가할 수 있으므로 경쟁을 실질적으로 제한할 가능성이 낮아질 수 있다. 신규진입의 가능성을 평가함에 있어서

109) 서울고법 2006.3.15. 선고 2005누3174 판결 및 대법원 2008.5.29. 선고 2006두6659 판결.
110) 공정위 2003.9.4. 의결 제2003-146호.

는 ① 법적·제도적인 진입장벽의 유무, ② 필요최소한의 자금규모, ③ 특허권 기타 지식재산권을 포함한 생산기술조건, ④ 입지조건, ⑤ 원재료조달조건, ⑥ 경쟁사업자의 유통계열화의 정도 및 판매망 구축비용, ⑦ 제품차별화의 정도 등을 고려한다. 구체적으로 당해 시장에 참여할 의사와 투자계획 등을 공표한 회사가 있거나, 현재의 생산시설에 중요한 변경을 가하지 않더라도 당해 시장에 참여할 수 있는 등 당해 시장에서 상당기간 어느 정도 의미 있는 가격인상이 이루어지면 중대한 진입비용이나 퇴출비용의 부담 없이 가까운 시일 내에 당해 시장에 참여할 것으로 판단되는 회사가 있는 경우에는 신규진입이 용이한 것으로 볼 수 있다.

(나) 판단기준

신규진입이 경쟁제한효과를 감소시킬 수 있는지 여부를 판단함에 있어서는 신규진입이 적시에 이루어질 수 있는지(적시성), 얻을 수 있는 이윤을 고려할 때 신규진입이 일어날 개연성이 있는지(개연성), 충분한 정도로 신규진입이 있을 것인지(충분성)를 고려하여야 한다. 그런데 신규진입이 충분하기 위해서는 기업결합으로 인한 경쟁제한의 우려가 억제될 수 있을 정도의 규모와 범위를 갖추어야 하며, 특히 차별화된 상품시장에서는 결합당사회사의 제품과 근접한 대체상품을 충분히 공급할 수 있는 능력과 유인이 존재하는지를 고려해야 한다.

(다) 구체적 사례

신세계의 월마트코리아 주식취득사건에서 서울고법은 신규진입을 논거로 인천·부천지역과 안양·평촌지역에서 경쟁제한성을 인정하지 않았다.[111] 인천·부천지역은 신규출점을 고려하지 않으면 이 사건 기업결합으로 인하여 경쟁사업자의 수가 7개에서 6개로 줄어들고 결합당사회사가 제1위 사업자가 되지만, 신규 출점을 고려하면 경쟁사업자의 수는 7개로 회복되고 결합당사회사의 예상점유율도 제2위가 되며, 이 사건 기업결합 당시보다 5개가 늘어난 27개의 대형할인점이 존재하게 된다. 또한, 안양·평촌지역에서 신규 출점을 고려하지 않으면 이 사건 기업결합으로 인하여 경쟁사업자의 수가 5개에서 4개로 줄어들고 결합당사회사는 37.3%의 점유율로서 제1위 사업자가 되지만, 신규 출점을 고려하면 경쟁사업자의 수는 5개로 회복되고 결합당사회사의 예상점유율도 32.6%로 낮아져 기존 제1위 사업자의 점유율 33.1%에 마치지 못하게 되며, 이 사건 기업결합 당시보다 1개 또는 2개가 늘어난 7~8개의 대형할인점이 존재하게 된다. 서울고법은 이러한 사실관계를 전제로 이 사건 기업결합으로 인하여 시장집중도에 커다란 변화가 있다고 보기 어렵고, 공동행위의 가능성 등에 대한 입증도 충분하다고 볼 수 없어 경쟁제한성이 있다고 보기는 어렵다고 평가하였다.

111) 서울고법 2008.9.3. 선고 2006누30036 판결(확정).

그리고 이베이의 인터파크 지마켓 주식취득사건[112]에서, 공정위는 오픈마켓 시장에서 경쟁제한성을 인정하였으나,[113] 중장기적으로 시장의 역동적 구조 및 신규진입 가능성 등에 비추어 볼 때 경쟁압력이 강해 가격인상 가능성이 크게 제한될 것으로 판단하고, 구조적 시정조치 대신에 3년간 거래수수료율 인상을 제한하는 등의 행태적 시정조치를 부과하였다.

(3) 유사품 및 인접시장의 존재

기능 및 효용의 측면에서 유사하나, 가격 기타의 사유로 별도의 시장을 구성하고 있다고 보는 경우에는 생산기술의 발달가능성, 판매경로의 유사성 등 그 유사상품이 당해 시장에 미치는 영향을 고려한다. 그리고 거래지역별로 별도의 시장을 구성하고 있다고 보는 경우에는 시장 간의 지리적 접근도, 수송수단의 존재 및 수송기술의 발전가능성, 인접시장에 있는 사업자의 규모 등 인근지역시장이 당해 시장에 미치는 영향을 고려한다.

(4) 강력한 구매자의 존재

결합당사회사로부터 제품을 구매하는 자가 기업결합 후에도 공급처의 전환, 신규 공급처의 발굴 및 기타의 방법으로 결합기업의 가격인상 등 경쟁제한적인 행위를 억제할 수 있는 때에는 경쟁을 실질적으로 제한할 가능성이 낮아질 수 있다. 이 경우에는 그 효과가 다른 구매자에게도 적용되는지 여부를 함께 고려해야 한다.

Ⅳ. 정당화 사유

독점규제법은 경쟁제한적인 기업결합을 원칙적으로 금지하지만, 공정위가 ① 해당 기업결합 외의 방법으로는 달성하기 어려운 효율성 증대효과가 경쟁제한으로 인한 폐해보다 크다고 인정하는 경우 또는 ② 회생이 불가능한 회사와의 기업결합으로서 일정한 요건에 해당된다고 인정하는 경우에는 이를 허용하고 있다(법 9조 2항). 이것은 효율성 증대의 효과가 크거나 회생이 불가능한 회사의 구제와 같은 공익적인 목적의 실현을 위해 경쟁제한적인 기업결합을 예외적으로 허용하려는 취지이다. 다만, 효율성 증대 또는 회생불가회사의 정당화 요건을 충족하는지 여부에 대한 입증책임은 해당 사업자가 부담한다.

1. 효율성 증대를 위한 기업결합

「기업결합 심사기준」은 기업결합으로 인한 효율성 증대효과를 구체적으로 생산·판

112) 공정위 2009.6.25. 의결 제2009-146호.
113) 오픈마켓 시장에서 2008년 옥션과 지마켓의 시장점유율 합계는 거래금액 기준으로 87.5%, 수수료 기준으로 90.8%에 달하였다.

매 · 연구개발 등에서의 효율성 증대효과와 국민경제 전체에서의 효율성 증대효과로 구분하여 판단하도록 하고 있다.

(1) 효율성 증대의 의미

(가) 생산 · 판매 · 연구개발 등에서의 효율성 증대효과

1) 의 의

효율성 항변을 인정하는 이유는 기업결합으로 인해 경쟁제한적인 폐해가 발생할 수 있다고 하더라도 효율성 증대효과가 클 경우에는 기업결합 당사회사의 비용이 하락하여 가격인하나 생산량의 증대 등을 통해 궁극적으로 소비자의 복지가 증대될 수 있기 때문이다. 따라서 여기서 효율성이란 생산적 효율성을 말하는 것으로서, 기업으로 하여금 보다 적은 생산요소를 투입하여 보다 많은 상품을 만들거나 보다 품질이 좋은 상품을 만들도록 하는 비용절감을 뜻한다. 생산 · 판매 · 연구개발 등에서의 효율성 증대효과는 다음 사항을 고려하여 판단한다.

① 규모의 경제, 생산설비의 통합, 생산공정의 합리화 등을 통해 생산비용을 절감할 수 있는지 여부
② 판매조직을 통합하거나 공동 활용하여 판매비용을 낮추거나 판매 또는 수출을 확대할 수 있는지 여부
③ 시장정보의 공동활용을 통해 판매 또는 수출을 확대할 수 있는지 여부
④ 운송 · 보관시설을 공동 사용함으로써 물류비용을 절감할 수 있는지 여부
⑤ 기술의 상호보완 또는 기술인력 · 조직 · 자금의 공동활용 또는 효율적 이용 등에 의하여 생산기술 및 연구능력을 향상시키는지 여부
⑥ 기타 비용을 현저히 절감할 수 있는지 여부

2) 구체적 사례

국내 유명한 피아노 제조회사들 사이에 기업결합이 이루어진 사안에서 법원은 원고들 주장의 효율성 증대효과 대부분이 이 사건 기업결합으로 인한 특유의 효율성 증대효과에 해당한다고 보기 어려울 뿐만 아니라, 국내 소비자후생 등과 관련이 없으므로 효율성 증대효과로 인정하기에 부족하다고 판단하였다.[114] 소주회사들 사이의 기업결합 사건에서 서울고법은 "무학이 이 사건 기업결합을 통하여 판매 · 물류 · 원재료비 절감효과를 누릴 수 있다고 하더라도, 그러한 효율성이 반드시 이 사건 기업결합이 아니면 달성하기 어려운 것으로 보기 어려울 뿐 아니라 (중략) 불필요한 마케팅비용의 절감 역시 경쟁제거에 따른 반사적 이익에 불과하다."고 판단하였다.[115] 동양제철화학의 콜럼비안 케미컬즈 주

114) 대법원 2008.5.29. 선고 2006두6659 판결.

식취득사건에서 법원은 이 사건 기업결합으로 인하여 총 88억 9,700만원 정도의 효율성 증대효과가 발생할 수 있다는 사실은 인정하였으나, 위와 같은 효율성 증대효과가 경쟁제한으로 인한 폐해보다 크다고 할 수 없다고 판단하였다.[116]

(나) 국민경제의 균형발전

판례는 "당해 기업결합으로 인한 특유의 '효율성 증대효과'를 판단할 때에는 기업의 생산·판매·연구개발 등의 측면 및 국민경제의 균형발전 측면 등을 종합적으로 고려하여 개별적으로 판단"하여야 한다고 하여 국민경제의 균형발전 측면을 효율성 증대효과의 일부로서 인정하고 있다.[117] 그리고 「기업결합 심사기준」은 국민경제 전체에서의 효율성 증대효과로서 ① 고용의 증대에 현저히 기여하는지 여부, ② 지방경제의 발전에 현저히 기여하는지 여부, ③ 전후방 연관산업의 발전에 현저히 기여하는지 여부, ④ 에너지의 안정적 공급 등 국민경제생활에 현저히 기여하는지 여부, ⑤ 환경오염의 개선에 현저히 기여하는지 여부를 고려하여 판단한다고 규정하고 있다.

그러나 여기서 말하는 국민경제 전체에서의 효율성은 엄밀히 말하자면 효율성이 아니라 공익성이라고 할 수 있다. 그것은 시장의 기능만으로는 달성하기 어려운 가치들이다. 이러한 공익적 요소 또는 산업정책적 요소를 공정위가 기업결합 심사단계에서 고려하도록 한 것에 대해서는 비판이 있다. 왜냐하면 이러한 요소들은 경쟁제한의 폐해와는 차원이 다른 문제로서 공정위가 이를 적절히 평가하기는 어렵기 때문이다.[118]

(2) 보충성

기업결합의 효율성 증대효과로 인정받기 위해서는 그러한 효과가 당해 기업결합 이외의 방법으로는 달성하기 어려운 것(기업결합 특유의 효율성을 의미한다)이어야 한다. 즉, ① 설비확장, 자체기술개발 등 기업결합이 아닌 다른 방법으로는 효율성 증대를 실현시키기가 어려울 것, ② 생산량의 감소, 서비스질의 저하 등 경쟁제한적인 방법을 통한 비용절감이 아닐 것 등의 기준을 충족하여야 한다.

(3) 명백성

효율성 증대효과는 가까운 시일 내에 발생할 것이 명백하여야 하며,[119] 단순한 예상 또는 희망사항이 아니라 그 발생이 거의 확실한 정도라는 점을 입증할 수 있는 것이어야 한다. 그리고 당해 결합이 없었더라도 달성할 수 있었을 효율성 증대부분은 포함하지 않

115) 서울고법 2004.10.27. 선고 2003누2252 판결.
116) 서울고법 2008.5.28. 선고 2006누21148 판결 및 대법원 2009.9.10. 선고 2008두9744 판결.
117) 대법원 2008.5.29. 선고 2006두6659 판결; 대법원 2009.9.10. 선고 2008두9744 판결.
118) 이민호, "기업결합에 대한 규제", 독점규제법 30년(2011), 236면.
119) 대법원 2008.5.29. 선고 2006두6659 판결; 대법원 2009.9.10. 선고 2008두9744 판결.

는다.

(4) 비교형량

끝으로 기업결합의 예외를 인정하기 위해서는 이와 같은 효율성 증대효과가 기업결합에 따른 경쟁제한의 폐해보다 커야 한다. 효율성 증대효과에 대한 입증책임은 사업자에게 있지만, 경쟁제한의 폐해가 효율성 증대효과보다 크다는 점에 관한 입증책임은 공정위가 부담한다.[120] 동양제철화학의 콜럼비안 케미컬즈 주식취득사건에서 법원은 이 사건 기업결합으로 인하여 총 88억 9,700만원 정도의 효율성 증대효과가 발생할 수 있으나, 위와 같은 효율성 증대효과액은 2005년 기준 연간 국내 고무용 카본블랙 시장의 매출액 규모인 2,695억원에 비하여 3.3% 정도에 불과하므로 이로 인한 가격인하 효과가 크지 않다고 보이고, 따라서 원고가 주장하는 사유만으로는 이 사건 기업결합으로 인한 효율성 증대효과가 경쟁제한으로 인한 폐해보다 크다고 할 수 없다고 판단하였다.[121]

(5) 예외가 인정된 사례

공정위는 1999년에 현대자동차가 기아자동차와 아시아자동차의 주식을 취득한 사건에서 관련시장을 승용차, 버스, 트럭으로 나누어, 승용차와 버스시장에서는 당해 기업결합에 대하여 예외를 인정하였다.[122] 공정위는 이 기업결합으로 승용차, 버스, 트럭의 3개 국내시장에서 모두 경쟁을 실질적으로 제한할 우려가 있다고 보았다.[123] 그러나 공정위는 기아자동차가 법정관리상태에서 자생적으로 회생하기 곤란하다고 판단되고 당해 기업결합 이외에는 기아자동차의 회생을 위한 다른 방법이 있다고 보기 어려운 반면, 이 사건 기업결합으로 당사회사는 규모의 경제 및 생산비용 절감효과로 효율성 증대효과를 얻을 수 있다는 점에서 산업합리화를 위한 기업결합에 해당된다고 보았다. 또한 당해 기업결합은 국제경쟁력 강화에도 기여할 것으로 인정하였다. 나아가 공정위는 이러한 긍정적 효과를 경쟁제한의 폐해와 비교형량하였는데, 먼저 승용차시장 및 버스시장의 경우, 이들 시장에서도 경쟁제한적인 효과가 나타나는 것은 분명하지만 경쟁사업자인 대우의 시장점유율이 상당하다는 점, 그리고 내수시장보다 수출시장이 자동차 판매에 있어서 더 큰 비중을 갖고 있다는 점을 고려해 볼 때, 경쟁제한의 효과가 어느 정도 완화되고 있다고 볼 수 있고 따라서 이들 시장에서는 산업합리화나 국제경쟁력 강화에 따르는 효과가 더 크다고 보아 예외를 인정하였다.[124] 그런데 당시의 예외인정 기준은 현행의 기준과 달랐고,

---

120) 동지: 신동권(2016), 266면.

121) 서울고법 2008.5.28. 선고 2006누21148 판결 및 대법원 2009.9.10. 선고 2008두9744 판결.

122) 공정위 1999.4.7. 의결 제99-43호.

123) 다만, 승용차와 버스시장의 경우 경쟁사업자인 대우가 각각 36.8%와 25.8%의 비율로 시장을 점유하고 있어 어느 정도 경쟁제한의 폐해를 억제할 요인이 내재하고 있다는 점도 고려되었다.

124) 그러나 트럭 시장의 경우에는 이러한 경쟁제한적 폐해를 완화할 요인이 보이지 않았기 때문에 산업합리화

경제위기 이후에 기아자동차의 도산 위기 속에서 적절한 인수자를 찾기 어려워지자 경쟁제한의 우려가 있음에도 불구하고 자동차 산업의 유지 및 발전을 위해서 예외를 인정한 사례로서, 이 사건은 선례가 될 수 있는 사례라고 보기는 어렵다.

2. 회생불가회사와의 기업결합

(1) 예외 인정의 취지

회생이 불가능한 회사란 회사의 재무구조가 극히 악화되어 지급불능의 상태에 처해 있거나 가까운 시일 내에 지급불능의 상태에 이를 것으로 예상되는 회사를 말한다. 예외 인정의 논거는 회생이 불가능한 회사가 시장에서 퇴출되거나 경쟁사업자에게 인수되거나 모두 시장의 경쟁구조가 악화되는 것은 피할 수 없는데, 후자의 경우에는 기업결합을 통하여 회생불가회사의 인력과 설비를 활용할 수 있다는 점에서 전자보다는 사회적으로 바람직하다는 것이다. 예외 인정의 요건은 ① 상당한 기간 재무상태표상의 자본총계가 납입자본금보다 적은 상태에 있는 등 회생이 불가능한 회사와의 기업결합으로서, ② (i) 기업결합을 하지 아니하는 경우 회사의 생산설비 등이 해당 시장에서 계속 활용되기 어려운 경우 및 (ii) 해당 기업결합보다 경쟁제한성이 적은 다른 기업결합이 이루어지기 어려운 경우에 해당하는 경우이다. 위 요건들을 충족한다는 점은 당해 사업자가 입증하여야 한다(법 9조 2항 2호, 영 16조).

(2) 회생불가회사의 판단

「기업결합 심사기준」에 따르면, 구체적으로 회생불가회사(회생이 불가한 사업부문의 경우에도 마찬가지임)의 판단은 다음 사정을 고려하여 판단한다.

① 상당기간 재무상태표상의 자본총액이 납입자본금보다 작은 상태에 있는 회사인지 여부

② 상당기간 영업이익보다 지급이자가 많은 경우로서 그 기간 중 경상손익이 적자를 기록하고 있는 회사인지 여부

③ 채무자회생법 제34조 및 제35조의 규정에 따른 회생절차개시의 신청 또는 동법 제294조 내지 제298조의 규정에 따른 파산신청이 있은 회사인지 여부

④ 당해 회사에 대하여 채권을 가진 금융기관이 부실채권을 정리하기 위하여 당해 회사와 경영의 위임계약을 체결하여 관리하는 회사인지 여부

나 국제경쟁력 강화의 효과가 경쟁제한의 폐해보다 더 크다고 볼 여지가 없었고, 따라서 예외를 인정하지 않았다.

(3) 구체적 사례

삼익악기의 영창악기 주식취득 사건에서 상대회사인 영창기업이 회생불가기업인지 여부가 다투어졌다. 법원은 "이 사건 기업결합 당시 영창악기의 자금사정이 열악하였다고 보이기는 하나 영창악기가 지급불능 상태에 있었거나 가까운 시일 내에 지급불능 상태에 이르러 회생이 불가능한 회사라고 단정하기 어려운 점, 영창악기가 국내외에서 높은 브랜드 인지도를 보유하고 상당한 판매실적을 기록하고 있는 사정 등에 비추어 영창악기가 관련 시장에서 퇴출될 것이라고 보기는 어려워 '생산설비 등이 당해 시장에서 계속 활용되기 어려운 경우'라고 단정하기 어려운 점, 실제로 원고들 이외의 다른 회사들이 영창악기에 대하여 증자참여 내지 인수를 제안했던 사정 등에 비추어 제3자의 인수가능성이 없어 '이 사건 기업결합보다 경쟁제한성이 적은 다른 기업결합이 이루어지기 어려운 경우' 이었다고 단정하기 어려운 점"을 들어 회생불가회사의 항변을 배척하였다.[125)]

제5절 제 재

Ⅰ. 시정조치

1. 의 의

공정위는 경쟁제한적 기업결합의 제한 또는 탈법행위의 금지의 규정을 위반하거나 위반할 우려가 있는 행위가 있을 때에는 해당 사업자 또는 위반행위자에게 법에 규정한 시정조치를 명할 수 있다(법 14조 1항). 독점규제법이 기업결합을 규제하는 목적은 일정한 거래분야에서 경쟁을 실질적으로 제한하는 기업결합으로 인하여 시장구조가 자유공정경쟁을 기대하기 어려운 독과점적인 구조로 바뀌는 것을 예방하기 위한 것이다. 따라서 기업결합에 대한 시정조치는 일정한 거래분야에서 경쟁을 실질적으로 제한하는 기업결합이 이루어지기 전에 존재하였던 경쟁상태를 회복하기 위한 것이다. 이러한 시정조치에는 해당 행위의 중지(1호), 주식의 전부 또는 일부의 처분(2호), 임원의 사임(3호), 영업의 양도(4호), 시정명령을 받은 사실의 공표(5호), 기업결합에 따른 경쟁제한의 폐해를 방지할 수 있는 영업방식 또는 영업범위의 제한(6호), 그 밖에 법 위반상태를 시정하기 위하여 필요한 조치(7호)가 있다. 경쟁제한적 기업결합에 대하여 시정조치를 부과하기 위한 기준은 공정위가 정하여 고시한다(법 14조 3항). 이에 따라 공정위는 시정조치 부과기준을 마련하여 시행하고 있다.

---

125) 서울고법 2006.3.15. 선고 2005누3174 판결 및 대법원 2008.5.29. 선고 2006두6659 판결.

공정위는 기업결합에 대하여 시정조치를 부과할 것인지 여부 및 어떠한 내용의 시정조치를 부과할 것인지에 관하여 폭넓은 재량권을 가지고 있다.[126] 기업결합을 전면적으로 금지하지 않고 일정한 조건을 붙여 허용하는 형태의 시정조치를 명할 수도 있는데 실무에서는 이를 조건부 승인이라 부른다. 공정위에 위와 같은 재량권을 부여한 까닭은 경쟁제한적인 폐해를 방지하되 기업결합이 가져오는 생산 또는 경영상 효율성 증대효과를 누릴 수 있도록 하기 위해서는 경쟁당국의 전문적 판단이 필요하기 때문이다. 그렇지만, 한편에서는 공정위가 과도하게 개입적인 시정조치를 취한 나머지 기업결합이 추구하는 효율성을 감소시킨다는 비판이 제기되고 있으며, 다른 한편에서는 공정위의 시정조치가 당해 기업결합이 초래하는 경쟁제한효과를 충분히 제거하지 못한다는 비판도 제기되고 있다. 따라서 시정조치는 기업결합의 사실관계를 적절히 반영하여 사안별로 검토하여 부과하여야 하며, 그 기업결합이 야기하는 경쟁제한의 우려를 효과적으로 시정할 수 있어야 한다. 공정위는 해당 기업결합이 야기할 수 있는 모든 경쟁제한의 우려를 시정할 수 있는지 여부, 시정조치의 집행 및 감독이 쉽게 이루어질 수 있는지 여부, 빠른 시일 내에 경쟁제한의 우려를 없앨 수 있는지 여부 등을 종합적으로 고려하여 판단하여야 한다. 그리고 공정위는 시정조치의 부과 및 집행에 있어 영업비밀이 침해되지 않는 범위에서 결합당사회사뿐만 아니라 경쟁사업자, 소비자, 공급자, 관련 전문가 등 이해관계자로부터 의견을 수렴할 수 있다.

2. 시정조치의 유형

(1) 구조적 조치와 행태적 조치

구조적 조치라 함은 금지조치, 자산매각조치, 지식재산권 조치 등 결합당사회사의 자산이나 소유구조를 변경시키는 시정조치를 말한다. 행태적 조치란 일정 기간을 정하여 결합당사회사의 영업조건, 영업방식, 영업범위 또는 내부경영활동 등을 일정하게 제한하는 시정조치를 말한다. 법 제14조 제1항에 예시된 시정조치들 중에서 기업결합 당사회사 또는 위반행위자에 대하여 당해 행위의 금지, 주식의 전부 또는 일부의 처분, 임원의 사임, 영업의 양도는 구조적 조치에 해당하고, 시정명령을 받은 사실의 공표, 기업결합에 따른 경쟁제한의 폐해를 방지할 수 있는 영업방식 또는 영업범위의 제한은 행태적 조치에 해당하며, 그 밖에 법 위반상태를 시정하기 위하여 필요한 조치는 양자 모두를 아우르는 것으로 이해된다.

기업결합에 의해 지배적 지위가 형성 또는 강화된 경우에 유효한 경쟁을 회복하기 위한 효과적인 방법은 기업의 분할을 통하여 새로운 경쟁단위를 출현시키거나 기존의 경쟁

126) 대법원 2009.9.10. 선고 2008두9744 판결.

자를 강화시키는 것이고, 구조적 조치가 행태적 조치에 비하여 상대적으로 그 내용이 분명하고 확실하며, 일반적으로 정부가 관여할 필요가 없다는 점[127]에서 우월하다는 견해가 있다.[128] 반대로 구조적 조치는 불가역적인 조치로서 잘못 부과될 경우 시장에 미치게 될 부정적인 영향이 심대하므로, 과연 구조적 조치가 행태적 시정조치에 비하여 우월한 것인지에 대하여 의문을 제기하고,[129] 행태적 조치가 동태적·역동적 시장상황을 반영하고 경쟁제한효과만을 제거할 수 있는 정교한 시정조치를 설계할 수 있기 때문에 바람직하다는 주장도 있다.[130]

시정조치 부과기준에 따르면 공정위는 시정조치를 부과하는 경우에는 원칙적으로 구조적 조치를 부과하며, 행태적 조치는 구조적 조치의 효과적 이행을 보완하기 위한 차원에서 병과(竝科)하여야 하고,[131] 구조적 조치가 불가능하거나 효과적이지 아니한 경우 등에는 행태적 조치만을 부과할 수 있다는 입장을 취하고 있다. 그리고 공정위가 시정조치를 부과하는 경우에는 시정조치로 인한 시장의 왜곡 또는 비효율성, 시정조치의 집행 및 감시비용, 기업결합의 효율성 감소 등 해당 시정조치의 이행에 따라 생겨날 수 있는 잠재적 비용을 고려하여야 한다. 수평결합과 관련하여 공정위는 처음에는 주로 주식처분명령과 같은 구조적 조치를 취하였다. 그러나 1997년 경제위기 이후 경쟁제한성이 상당할 것으로 보이는 수평결합에 대해서도 행태적 조치를 부과하였다. 그러다가 경제위기를 극복한 2002년 말 이후에는 다시 주식매각이나 자산분리매각 등의 구조적 조치를 원칙적으로 부과하게 되었다. 그런데 2008년 이후에는 다시 행태적 조치를 부과하는 경우가 많아지고 있다. 한편, 수직결합과 혼합결합의 경우에는 구조적 조치를 취한 사례는 찾아보기가 어렵다.[132]

(2) 구조적 조치의 유형

(가) 금지조치

금지조치란 해당 기업결합 전체를 실현할 수 없게 하거나 이미 실현된 기업결합을 원상회복시킴으로써 일정한 거래분야의 경쟁상황을 기업결합 전의 상태로 만드는 시정조치

127) 미국 연방대법원은 "매각은 반독점 시정조치 중에서 가장 중요한 것이다. 그것은 가장 단순하고 상대적으로 관리하기에 용이하며 확실하다. 법원은 클레이튼법 제7조의 위반이 인정되는 경우 이를 우선적으로 염두에 두어야 할 것이다."라고 판시하였다. United States v. E.I. du Pont de Nemours & Co., 366 U.S. 316, 326(1961).

128) 선진 경쟁당국은 구조적 시정조치를 행태적 시정조치보다 선호하고 있다. Rosenthal/Thomas, European Merger Control, C. H. Beck(2010), S. 241.

129) 이인환, "경쟁제한적 기업결합에 대한 시정조치에 관한 연구", 경쟁법연구 제22권(2010), 214-215면.

130) 윤세리·강수진, "최근 기업결합 규제 사례의 검토 – 2008년 2009년 사건에 대한 실무적 평석", 세계화시대의 기업법(2010), 547-548면.

131) 영업양수에 의한 기업결합에 대한 시정조치로서 설비의 매각과 함께 양수인에 대하여 일정기간 동안 한 중간원재료의 공급을 명한 사례가 있다. 공정위 2004.11.17. 의결 제2004-285호.

132) 이민호, "기업결합에 대한 규제", 독점규제법 30년(2011), 239-240면.

를 말한다. 금지조치는 기업결합 전체를 금지하거나 또는 원상회복시키지 않고는 해당 기업결합의 경쟁제한 우려를 시정하기 어려운 경우 또는 결합당사회사의 자산이 불가분의 일체를 이루고 있어 분리매각을 할 수 없거나 분리매각시 효과적인 경쟁상황을 회복하기 어려운 경우에 부과한다.

(나) 자산매각조치

자산매각조치란 결합당사회사의 자산을 결합당사회사로부터 분리하여 독립적인 제3자에게 매각하도록 하는 시정조치를 말한다. 자산매각조치는 기업결합의 전부를 금지하지 않고 결합당사회사의 특정자산만 매각하더라도 경쟁제한의 우려를 없앨 수 있는 경우에 부과된다. 이 경우에는 매각대상자산, 매각기한, 부대의무 등을 구체적으로 명시한다. 공정위는 설비의 매각을 명하면서 그 매수인에 대하여 일정기간 동안 중간재의 공급의무를 부과하거나,[133] 기계설비의 매각을 명하면서 일정기간 동안 내수시장의 판매를 위한 설비의 신·증설의 금지 및 국외제품의 수입·판매의 금지를 명하기도 하였다.[134]

1) 주식처분명령

일반적으로 주식의 취득으로 인하여 지배관계가 형성된 경우에 있어서 주식처분 조치는 그러한 지배관계를 해소할 수 있을 정도에 이르면 족한 것이지 굳이 전부를 처분하도록 할 필요는 없다. 그러나 기업결합의 목적이 경쟁사업자에 대한 적대적 인수의 성격을 띠고 있고, 나아가 경영간섭을 통하여 경쟁관계를 제한할 우려가 있는 경우에는 예외적으로 주식의 전부처분을 명하는 것도 가능하다. 공정위로부터 주식처분명령을 받은 자는 그 명령을 받은 날로부터 해당 주식에 대하여 의결권을 행사할 수 없다(법 15조). 주식처분을 명한 사례로는 동양화학의 한국과산화공업 주식취득사건,[135] 송원산업의 대한정밀화학 주식취득사건[136]과 무학의 대선주조 주식취득사건[137] 등이 있다. 무학사건에서 공정위는 무학이 대선에 대하여 소유하고 있는 주식의 전부를 처분하도록 명하였고, 서울고법[138]은 공정위의 주식전부 처분명령이 재량권의 일탈 내지 남용이 아니라고 판시하였다.

2) 영업양도 명령

영업양도 명령은 그 성격상 주식처분명령과 선택적으로 또는 병과하여 부과될 수 있

133) 공정위 2004.11.17. 의결 제2004-285호.
134) 공정위 2000.2.25. 의결 제2000-38호.
135) 공정위 1982.1.13. 의결 제82-1호. 우리나라 최초로 기업결합에 대하여 경쟁제한성을 인정하여 시정조치를 명한 사건이다.
136) 공정위 1982.12.15. 의결 제82-24호.
137) 공정위 2003.1.28. 의결 제2003-027호; 공정위 2003.8.27. 재결 제2003-028호; 서울고법 2004.10.27. 선고 2003누2252 판결.
138) 서울고법 2004.10.27. 선고 2003누2252 판결.

다. 한편, 법 제14조 제1항에서는 기업결합 당사회사에 대하여 영업의 양도를 내용으로 하는 시정조치를 명할 수 있다고 규정하고 있다. 따라서 공정위가 영업의 양도를 내용으로 하는 시정조치를 명하고자 하는 경우 해당 기업결합을 통해 취득된 영업만이 시정조치의 대상이 되는지 여부가 문제될 수 있다. 기업결합을 통해 사업자가 취득하게 된 영업은 물론 사업자가 기업결합 이전에 보유하고 있던 영업이라 하더라도 그 영업의 양도를 내용으로 하는 시정조치가 당해 기업결합에 따른 경쟁제한성을 해소하기 위한 것으로 사업자에게 발생하는 침해를 최소화하는 것이라면 허용될 수 있다고 보는 것이 타당할 것이다.

공정위는 동양제철화학의 콜럼비안 케미컬즈 주식취득사건[139]에서 국내 고무용 카본블랙 시장에 경쟁제한성이 있다고 판단하고, 1년 이내에 콜럼비안 케미컬즈의 손자회사인 콜럼비안 케미컬즈 코리아 주식의 전부를 제3자에게 처분하거나 동양제철화학의 포항공장, 광양공장 중 한 곳의 카본블랙 생산설비를 제3자에게 매각할 것을 명령하였다. 또한 공정위는 이랜드리테일 등의 한국까르푸 주식취득사건[140]에서는 경쟁제한성이 인정되는 3개 지역의 3개 지점을, 신세계의 월마트코리아 주식취득사건[141]에서는 4개 지역의 4~5개 지점을 각각 6개월 이내에 매각하라고 명령하였다.

3) 지식재산권 조치

지식재산권 조치란 결합당사회사의 지식재산권을 제3자에게 매각하거나 실시하도록 하는 등의 방식으로 지식재산권의 소유 또는 사용에 일정한 제한을 가하는 시정조치를 말한다. 지식재산권을 매각하거나 실시권을 부여하는 등의 지식재산권 조치는 기업결합으로 인한 경쟁제한의 우려가 주로 지식재산권의 집중 또는 중첩 등으로부터 생기는 경우에 부과된다. 지식재산권 조치는 자산매각조치의 한 유형으로 볼 수 있는데, 공정위는 지식재산권 통합에 따른 시장지배력 형성을 효과적으로 차단하기 위한 목적에서 시정조치 부과기준에서 이를 독립적인 내용으로 규정해 놓고 있다.

(다) 임원의 사임

임원의 사임은 구조적 조치들 중에서 당사회사에게 주는 부담은 적지만, 그 반면에 시정효과도 크지 않을 수 있다. 공정위가 실제로 임원의 사임을 단독의 시정조치로서 사용한 경우는 없고, 대체로 가격인상 제한이나 경쟁제한행위의 금지와 같은 다른 시정조치에 보충적으로 사용하였다. 현대자동차의 코리아정공 주식취득사건[142]에서 공정위는 비계열 부품회사에 대한 차별적 취급의 금지 등의 경쟁제한행위의 금지와 함께 임원겸임의 금지

139) 공정위 2006.8.7. 의결 제2006-173호.
140) 공정위 2006.11.6. 의결 제2006-261호.
141) 공정위 2006.11.14. 의결 제2006-264호.
142) 공정위 2002.6.18. 의결 제2002-111호.

를 명하였고, 용산화학의 코리아피티지 주식취득사건[143]에서 역시 배타적 거래, 거래조건의 차별 및 부당한 거래가격의 인상 금지와 함께 임원겸임의 금지 및 해소를 명하였다.

(3) 행태적 조치

독점규제법 제14조 제1항에 열거된 조치들 중에서 영업방식 또는 영업범위의 제한이 대표적인 행태적 조치에 해당된다. 행태적 조치는 구조적 조치를 보완하기 위하여 필요한 범위에서 구조적 조치와 병과하는 것을 원칙으로 한다. 그러나 예외적으로 ① 해당 기업결합의 경쟁제한 우려를 치유하기에 적절한 구조적 조치가 없거나 구조적 조치를 부과하는 것이 효과적이지 않은 경우, ② 구조적 조치를 이행할 경우 해당 기업결합으로부터 기대되는 효율성 증대 등 친경쟁적인 요소의 상당부분이 없어지는 경우에는 행태적 조치만 부과할 수도 있다.[144] 공정위는 그동안 가격인상의 제한이나 시장점유율의 제한 등과 같은 행태적 조치를 종종 사용해 왔다. 이는 경쟁제한적 기업결합을 금지하지 않고 산업정책적인 고려에서 허용하다 보니 부득이하게 취해진 것으로 보인다. 그러나 관련시장에서 사업자들의 가격인상 추이 또는 시장점유율을 지속적으로 파악하여야 하는 등 당해 시장에 대한 당국의 규제적인 개입을 필요로 하는 시정조치는 경쟁당국으로 하여금 특정한 사업부문에 대한 규제기능을 수행하게 한다는 점에서 바람직하지 않다고 생각된다.

(가) 가격인상의 제한

가격인상을 제한한 사례로 하이트맥주의 진로 주식의 취득사건[145]을 들 수 있다. 이 사건에서 공정위는 5년간 하이트맥주가 생산·판매하는 모든 맥주 상품과 진로가 생산·판매하는 모든 소주 상품 각각의 출고원가(제세 제외)를 소비자 물가상승률 이상으로 인상할 수 없도록 하고, 환율 또는 원재료 가격의 급격한 변동, 천재지변 등의 특별한 사유로 인하여 그 이상으로 인상하여야 할 필요가 있는 경우에는 사전에 공정위와 협의하도록 명령하였다. 그 밖에 질레트의 로케트전기 주식취득사건,[146] 현대자동차의 기아자동차 및 아시아자동차공업 주식취득사건,[147] 호텔롯데 등이 평촌개발을 설립하여 해태음료의 영업을 양수한 사건[148]에서도 가격인상을 제한하였다. 그러나 가격의 제한에 대해서 시

---

143) 공정위 2003.9.24. 의결 제2003-154호.

144) 행태적 조치만을 부과할 경우에는 ① 해당 행태적 조치로써 효과적인 경쟁상황을 회복하기에 충분한지 여부, ② 해당 행태적 조치의 이행 여부를 감독하기 위하여 공정위가 지속적으로 개입할 필요가 있는지 여부, ③ 해당 행태적 조치가 가격·생산량·시장점유율 등 영업의 본질적 내용 및 그 결과에 대한 직접적 규제로서 시장왜곡을 초래할 가능성이 없는지 여부를 종합적으로 고려하여야 한다.

145) 공정위 2006.1.24. 의결 제2006-9호.

146) 공정위 1998.12.18. 의결 제98-282호. 공정위는 5년간 피취득회사인 (주)로케트코리아의 공급가격을 듀라셀 알카전지의 미국내 연평균 소비자가격의 27.5%를 초과하지 않도록 하되, 시장점유율이 50%에 미달하는 경우에는 동 기간동안 가격제한을 적용하지 않는다는 내용의 시정조치를 명하였다.

147) 공정위 1999.4.7. 의결 제99-43호. 공정위는 화물운송용 차량의 국내가격 인상률을 수출가격 인상률 이하로 유지하도록 하되, 동종 차량에 대한 경쟁사업자의 국내시장점유율이 5%에 달하는 경우에는 동 가격인상제한을 적용하지 않기로 하는 시정조치를 명하였다.

정조치에 의해 허용되는 가격인상의 한계는 그 상한(ceiling)이 아니라 오히려 하한(floor)으로 기능하게 될 가능성이 있으며, 그 결과 가격 규제가 없었다면 발생할 수 있었을 가격의 인하나 가격경쟁이 현실화되지 않을 위험이 있다는 비판이 있다.[149)]

(나) 시장점유율의 제한

결합회사가 관련시장에서 압도적인 제1위 사업자가 됨에도 불구하고, 공정위가 구조적 시정조치를 내리지 않고 시장점유율 제한 조치를 내린 경우가 있다. 시장점유율을 제한한 사례로는 델피니엄 엔터프라이즈 피티이 엘티디의 한솔제지 신문용지 사업부문 및 신호제지 신문용지 사업부문 양수사건[150)]과 에스케이텔레콤의 신세기통신 주식취득사건[151)]이 있다. 그러나 이러한 시정조치는 시장점유율을 한시적으로 일정한 수준 미만으로 낮추더라도 당해 기업결합이 계속 유지되는 한 그 기간이 지난 뒤에는 언제라도 그 수준 이상으로 확대할 수 있어서 그 실효성을 기대하기가 어렵다. 뿐만 아니라 시장점유율을 일정한 범위로 제한하게 되면, 그 사업자는 가격을 낮추어서 공급량을 늘리는 경쟁을 할 수 없게 된다. 따라서 이러한 제한은 경쟁의 원리에 부합되지 않는 조치로서, 당해 사업자에게는 물론이고 소비자의 복지에도 도움이 되지 않는 조치로서 바람직하지 않다.[152)]

(다) 경쟁제한행위의 금지

공정위는 결합회사의 향후 사업활동에 관하여 일정한 경쟁제한적 행위를 금지하거나 관련시장에서 경쟁을 유지하기 위한 작위의무를 부과하였다. 예컨대, 에스케이의 대한송유관공사 주식취득사건[153)]에서 송유관이용상 석유수송신청의 거부, 물량의 제한, 수송순위의 차등, 수송요율 등의 차별, 영업정보의 유출 등의 경쟁제한행위를 금지하는 내용을 피취득회사의 정관에 규정하도록 하였다. 하이트맥주의 진로 주식의 취득사건[154)]에서도 기타의 시정조치와 함께 주류도매상에 대한 거래강제나 거래상 지위의 남용을 금지하는 시정조치를 내렸다.

현대자동차 등의 현대오토넷 주식취득사건[155)]에서는 현대자동차로 하여금 자신 및 그

---

148) 공정위 2000.4.26. 의결 제2000-70호. 공정위는 가격인상의 제한 및 일정기간 동안의 거래업체 변경금지와 함께 임원의 선임에 관여하는 것을 금지하였다.

149) 이인환, "경쟁제한적 기업결합에 대한 시정조치에 관한 연구", 경쟁법연구 제22권(2010), 221면.

150) 공정위 1998.11.20. 의결 제98-269호. 결합회사들의 점유율합계가 56.2%에 이르렀음에도 불구하고 동 기업결합을 승인하면서 결합회사의 매 반기별 신문용지의 국내 판매량의 합계가 국내 전체 판매량의 50%를 초과하지 못하도록 하였다.

151) 공정위 2000.5.16. 의결 제2000-76호. 결합회사의 점유율이 56.9%에 달함에도 불구하고 동 기업결합을 승인하면서 향후 1년 6월 이내에 시장점유율을 50% 이내로 축소하도록 명하였다.

152) 동지: 최수희, "기업결합에 대한 행태적 시정조치와 구조적 시정조치 – 공정거래위원회의 심결례를 중심으로 –", 공정거래와 법치(2004), 249면.

153) 공정위 2001.6.29. 의결 제2001-90호.

154) 공정위 2006.1.24. 의결 제2006-9호.

155) 공정위 2005.11.22. 의결 제2005-231호.

계열회사가 자동차용 멀티미디어 부품과 자동차용 전자제어장치 부품을 개발 또는 구매함에 있어 비계열 부품업체에 대하여 부당하게 거래를 거절하거나 가격·물량 등 거래조건의 결정시 차별하여 취급하는 행위를 하지 않도록 하기 위한 가이드라인 등 구체적인 방안을 수립·시행하라고 명하였다. 또한 현대자동차에 대하여 3년간 각 회계연도 종료 후 3개월 이내에 자신 및 그 계열회사에 위 부품을 납품한 부품업체의 명단, 부품명, 납품업체 선정기준 및 선정이유, 납품금액을 공정위에 보고하도록 하며, 자신 및 그 계열회사의 위 부품 개발에 부품업체가 참여한 경우에는 참여한 업체의 명단, 관련 부품명, 참여업체의 선정기준 및 선정이유, 부품개발기간을 공정위에 보고하도록 하는 시정명령을 내렸다.

포스코 및 포스틸의 포스코아 주식취득사건[156]에서는 포스코와 포스틸에 대하여 정당한 이유없이 거래상대방에 대하여 기업결합전의 물량보다 축소하여 배정하거나 거래를 거절하는 행위, 정당한 이유없이 포스코아에게 우선적으로 물량을 배정하는 행위, 가격, 거래조건, 거래내용 등에 관하여 거래상대방에 대하여 부당하게 포스코아와 차별하여 취급하는 행위, 거래상대방에 대하여 포스코의 재고물량 강제구매, 수입구매금지 등 부당한 조건을 부가하여 거래하는 행위, 거래상대방에 대하여 포스코아의 코아제품을 부당하게 구입하도록 하는 행위를 하지 못하도록 명령하였다.

(라) 기타 시정조치

공정위는 시정조치로서 그 밖에 다양한 행태적 조치를 명하고 있다. 현대홈쇼핑의 관악유선방송국 주식취득사건[157]에서 관악케이블TV방송과 관악유선방송국에 대하여 2년간 서울지역 종합유선방송사업자 및 위성방송사업자의 상품별 이용요금 부과현황 자료를 자체채널을 통해 방송하고, 요금고지서에 게재하며, 인터넷 홈페이지를 통해 종합유선방송 가입자들에게 고지하도록 명령하였다. 그리고 관악케이블TV방송과 관악유선방송국은 2년간 종합유선방송 이용요금을 변경하는 경우 그 변경내역을 공정위에 보고하도록 명하였다. 포스코 및 포스틸의 포스코아 주식취득사건[158]에서 포스코와 포스틸은 전기강판을 국내 코아제조·판매업체에게 공급함에 있어 포스코아로 하여금 대행하게 하거나 포스코아를 통하여 판매하는 행위를 하지 못하도록 함과 동시에 이행여부를 감시하기 위하여 국내 전기강판 구매 코어제조업자 및 독립적인 거래감시인 등으로 구성되는 이행감시협의회를 공정위와 합의하에 설치하도록 하였다. 그리고 이행감시협의회의 운영결과를 향후 5년간 매 반기별로 공정위에 서면으로 보고하도록 하였다.

156) 공정위 2007.7.3. 의결 제2007-351호.
157) 공정위 2006.2.3. 의결 제2006-10호.
158) 공정위 2007.7.3. 의결 제2007-351호.

3. 시정조치에 관한 재량권의 한계

공정위는 시정조치에 관하여 상당한 재량권을 행사하게 된다. 그러나 공정위에 부여된 재량권이 적절하게 행사되지 못할 경우 시장에서의 법적 안정성과 예측가능성이 침해될 우려가 있으므로, 공정위의 재량권에는 일정한 한계가 존재한다.[159)]

(1) 비례의 원칙과 최소침해의 원칙

시정조치는 해당 기업결합이 야기하는 경쟁제한의 우려를 시정하고 효과적으로 경쟁상황을 회복하거나 유지하는데 필요한 최소한도로 부과되어야 한다. 공정위가 주식의 처분이나 영업의 양도를 내용으로 하는 시정조치를 명하는 경우 그 시정조치는 원칙적으로 당해 기업결합에 따른 경쟁제한성을 해소하는 데 필요한 부분만을 대상으로 하는 것이어야 하며, 처분을 명하지 않더라도 기업결합 규제의 목적을 달성하는 데에 아무런 장애가 없거나 경쟁제한성이 인정되지 않는 부분에 대해서까지 처분을 명하는 것은 재량권의 남용에 해당하는 것으로서 허용될 수 없다.

신세계의 월마트코리아 주식취득사건에서 공정위는 월마트지점의 양도명령을 하면서 양도대상자를 각 지역시장내서 백화점을 제외한 대형종합소매업에서 2005년도 매출액 기준 상위 3사에 속하지 않은 업체로 제한하였는데, 이러한 제한이 비례의 원칙에 위반되는지 여부가 다투어졌다. 서울고법은 대구 시지·경산지역의 경우에는 당초부터 경쟁사업자가 신세계측 이마트와 월마트밖에 없었으므로(매출액 기준 상위 3사에 속하는 업체가 존재하지 않았으므로), 월마트의 지점을 누가 양수하든 간에 그로 인한 경쟁제한 배제효과는 동일하여 굳이 양도대상에서 매출액 기준 상위 3사를 제외하여야 할 합리적인 이유를 찾기 어렵고, 매출액 기준 상위 3사를 제외하고 양도대상자를 물색하는 것은 그리 쉽지 않을 것으로 보이고, 또 매각기간이 정해져 있는 상황에서 그와 같이 양도대상자까지 제한하면 원고는 불리한 매각조건을 감수할 수밖에 없어 상당한 경제적 손실을 입을 가능성이 크다는 점에서 양도대상자를 제한한 것은 비례의 원칙에 위반되어 위법하다고 판단하였다.[160)]

(2) 명확성의 원칙

시정조치는 그 이행 여부를 객관적으로 판단할 수 있을 정도로 명확하고 구체적이어야 하며, 이행할 수 있는 것이어야 한다.

---

159) 이봉의, "공정거래법상 재량의 원인과 그 한계", 경성법학 제12호(2003), 21면.
160) 서울고법 2008.9.3. 선고 2006누30036 판결(확정).

4. 시정조치 부과의 상대방

기업결합 당사회사에 대한 시정조치만으로는 경쟁제한으로 인한 폐해를 시정하기 어렵거나 기업결합 당사회사의 특수관계인이 사업을 영위하는 거래분야의 경쟁제한으로 인한 폐해를 시정할 필요가 있는 경우[161]에는 그 특수관계인에게도 시정조치를 부과할 수 있다(법 14조 1항). 공정위는 포인트닉스, 엠디하우스 등의 유비케어 주식취득사건에서 취득회사의 특수관계인에게 시정명령을 내렸다.[162] 이 경우에 현재 공정위 규제절차에서는 기업결합 당사회사 이외에 특수관계인은 당사자로서의 절차적 권리를 보장받지 못하고 있는데, 이 부분은 개선이 필요하다고 생각된다.[163]

5. 다른 기관이 처분을 한 경우에 공정위의 시정조치 가부

다른 법률의 규정에 의하여 관계 중앙행정기관의 장이 해당 기업결합에 대하여 공정위와 사전협의를 거쳐 처분을 한 경우에[164] 공정위가 이와 별도로 그 사업자에 대하여 직접 시정조치를 명할 수 있는지 여부가 문제된다. 에스케이텔레콤의 하나로텔레콤 인수사건[165]에서 에스케이텔레콤은 전기통신사업법에 따라 정보통신부에 주식소유 인가신청서를 제출하였고 정보통신부는 공정위와 사전협의를 거쳐서 인가처분을 하였다. 그러나 공정위는 정보통신부의 처분이 경쟁제한성을 치유하기에 충분하지 않은 경우에는 공정위가 독자적으로 시정조치를 명할 수 있다고 보아 별도의 시정조치를 내렸다.

6. 시정조치의 이행

(1) 공정위의 이행감독

공정위는 결합당사회사의 시정조치 이행여부를 확인하기 위하여 일정한 기간을 정하여 정기적으로 그 이행내역을 보고하도록 할 수 있으며, 결합당사회사에 대하여 자료열람, 현장조사 등 필요한 조사를 할 수 있다.

(2) 수탁관리인 제도

자산이나 주식을 매각하도록 명하는 경우에 그 매각이 이루어질 때까지 해당 영업부문 또는 피인수기업이 독립적으로 운영되도록 할 필요가 있다. 이러한 경우에 공정위가

---

161) 예컨대 기업결합 당사회사인 A, B의 영업구역은 겹치지 않아 경쟁제한의 우려가 없지만, 그들의 자회사인 A', B'가 동일한 영업구역에서 경쟁을 하고 있어 결합 후 독점이 발생하는 경우, A와 B간의 기업결합은 허용하되 그 자회사인 A'와 B'에 대해 경쟁제한성을 해소하기 위한 시정조치를 부과할 수 있다.
162) 공정위 2004.4.6. 의결 제2004-79호.
163) 동지: 이민호, "기업결합에 대한 규제", 독점규제법 30년(2011), 241면.
164) 규제산업에 해당하는 금융, 방송, 통신산업 등과 관련하여 이러한 절차가 마련되어 있다.
165) 공정위 2008.3.13. 의결 제2008-105호.

지정하는 수탁관리인으로 하여금 해당 영업부분 또는 피인수회사를 독립적으로 운영하도록 하는 수탁관리인(trustee) 제도의 활용을 고려할 수 있다. 수탁관리인 제도는 미국이나 EU의 경쟁당국이 기업결합 사건 등에서 사용하고 있다. 다만, 법 제14조 제1항에서 수탁관리인의 선임을 가능한 시정조치의 유형으로 명시하지 않고 있고, 해당 영업부분 또는 피인수기업을 독립적으로 운영할 권한을 보유하기 위해서는 상법이나 기타 관련법령에 대한 특칙이 필요하기 때문에 현행법상 위와 같은 구조적 시정조치의 이행을 위한 수탁관리인의 선임이 허용되는지에 관해서는 의문이 있다. 따라서 수탁관리인의 자격, 선임, 권한 등에 관한 상세한 규정을 법에 마련해 둘 필요가 있다.[166)]

(3) 이행감시인 제도

행태적 시정조치를 명하는 경우에 공정위가 가진 인력과 자원의 현실적 한계 때문에 시정조치의 이행을 감시하는 것이 쉽지 않을 우려가 있다. 이 문제는 이행감시인 제도를 활용하면 상당부분 해결될 수 있을 것이다. 그런데 이행감시인은 결국 당사회사가 선임하고 그에 대한 보수를 지급하게 되므로 공정위는 그 선임과정에 개입하여 자격이 있고 당사회사로부터 독립적인 이행감시인이 선임되도록 하고, 선임된 이행감시인이 정상적인 업무를 수행할 수 있도록 충분한 권한과 적정한 책임을 부여하도록 해야 할 것이다.[167)] 포스코 및 포스틸의 포스코아 주식취득사건[168)]에서는 시정조치의 이행여부를 감시하기 위하여 국내 전기강판 구매 코어제조업자 및 독립적인 거래감시인 등으로 구성되는 이행감시협의회를 공정위와 합의하에 설치하도록 하였다. 그리고 이행감시협의회의 운영결과를 향후 5년간 매 반기별로 공정위에 서면으로 보고하도록 하였다.

7. 시정조치에 대한 이해관계인의 불복

공정위가 문제된 기업결합을 승인하거나 이에 대해 시정조치를 명하였으나, 그 시정조치가 경쟁사업자 내지 거래상대방 등 기업결합 당사회사의 이해관계인이 보기에는 경쟁제한성을 해소하기에 충분하지 않다고 판단되는 경우에, 이해관계인이 이를 다툴 수 있는가? 독점규제법은 이해관계인이 시정조치를 다툴 수 있는 방법에 관해서 침묵하고 있으나, 이를 허용할 필요가 있을 것이다.[169)]

---

166) 이민호, "기업결합에 대한 규제", 독점규제법 30년(2011), 243면.

167) 이호영, "독점규제법상 기업결합에 대한 시정조치의 개선", 저스티스 제90호(2006), 222면.

168) 공정위 2007.7.3. 의결 제2007-351호.

169) 유럽에서는 기업결합에 대한 이해관계인이 EU 집행위원회의 기업결합 승인 결정에 대해 취소소송을 제기하여 기업결합 승인의 취소를 이끌어낸 바 있다. Case T-464/04, Independent Music Publishers and Labels Association(Impala) v. Commission of the European Communities, OJ 2006, C 224. 이 사안은 위원회가 Sony Corporation of America와 Bertelsmann AG가 Sony BMG라는 합작기업을 설립한 기업결합을 승인하자, 독립음반회사들의 이익을 증진하고자 구성된 국제단체인 Impala가 CFI에 위 승인결정의 취소를 구한 사안이다. CFI는 위원회의 기업결합 승인결정을 취소하는 판단을 하였으나 ECJ는 CFI의 판결

Ⅱ. 합병 또는 설립무효의 소 제기

공정위는 경쟁제한적인 기업결합의 제한 또는 이행금지의무 위반에 해당하는 회사의 합병 또는 설립이 있는 경우에는 해당 회사의 합병 또는 설립무효의 소를 제기할 수 있다(법 14조 2항). 그러나 실제로 그러한 소가 제기된 예는 아직 없다.

Ⅲ. 이행강제금

법은 당초에 경쟁제한적인 기업결합을 한 자에 대하여 과징금을 부과하도록 규정하고 있었다. 그러나 과징금은 행정제재벌적 성격과 아울러 부당이득환수의 성격도 갖고 있는데, 기업결합이 금지된 경우에는 그 기업결합을 통한 부당이득이 발생했다고 보기 어렵기 때문에, 기업결합에 대한 제재로서 과징금을 부과하는 것이 과연 적절한지에 대한 의문이 있었다. 이에 따라 1999년 2월의 개정을 통하여 과징금 부과 규정은 폐지되고 그 대신에 이행강제금제도가 도입되었다. 과징금의 부과와 같은 1회적인 제재만으로는 한계가 있으므로, 일정한 시정조치를 내리고 이에 따르지 않을 경우에는 시정조치 불이행 경과일에 비례하는 이행강제금을 부과하여 규제의 실효성을 제고하기 위한 취지이다. 즉, 기업결합에 대한 제재조치가 시정조치로 일원화되고, 그 시정조치의 실효성을 제고하기 위하여 이행강제금 제도가 신설되었다.

공정위는 경쟁제한적인 기업결합 제한 규정을 위반하여 시정조치를 부과받은 후 그 정한 기간 내에 이행하지 아니하는 자에게 이행기한이 지난 날부터 1일당 다음 금액에 1만분의 3을 곱한 금액을 초과하지 아니하는 범위에서 이행강제금을 부과할 수 있다.

① 주식취득이나 회사신설에 의한 기업결합의 경우에는 취득 또는 소유한 주식의 장부가격과 인수하는 채무의 합계액

② 합병에 의한 기업결합의 경우에는 합병의 대가로 교부하는 주식의 장부가격과 인수하는 채무의 합계액

③ 영업양수에 의한 기업결합의 경우에는 영업양수금액

한편, 임원겸임의 방식에 의한 기업결합을 한 자에게는 이행기한이 지난 날부터 매 1일당 200만원의 범위에서 이행강제금을 부과할 수 있다(법 16조 1항). 공정위는 「기업결합 관련 시정조치 불이행에 따른 이행강제금 부과기준」을 마련하여 시행하고 있다.

을 파기하였다. Case C-413/06 P, Bertelsmann AG and Sony Corporation of America v. Independent Music Publishers and Labels Association, OJ 2008, C 223.

이행강제금이 부과되기 전에 시정조치를 이행하거나 부작위 의무를 명하는 시정조치 불이행을 중단한 경우라도 과거의 시정조치 불이행기간에 대하여 이행강제금을 부과할 수 있다. 회사합병이 있는 경우에는 이행강제금의 부과처분을 받은 지위도 역시 이전이 된다.[170] 이행강제금의 부과·납부·징수·환급 등에 필요한 사항은 시행령에 위임을 하고 있다(법 16조 2항 본문). 법원은 이러한 시행령 규정이 법률유보원칙에 반하거나 법률의 위임범위를 일탈하였다고 보기 어렵다고 판단하였다.[171] 체납된 이행강제금은 국세체납처분의 예에 따라 징수한다(법 16조 2항 단서). 공정위는 이행강제금의 징수 또는 체납처분에 관한 업무를 국세청장에게 위탁할 수 있다(법 16조 3항).

Ⅳ. 벌　　칙

2020년 법 개정 이전에는 경쟁제한적인 기업결합을 한 자에 대하여 형벌조항을 두고 있었다. 그러나 경쟁제한적 기업결합이라는 판단은 그 기업결합으로 인하여 장차 발생할 수 있는 경쟁제한성에 대한 예측(prognosis)에 기초한 것인 반면, 형벌은 과거에 발생한 행위에 대한 회고적 제재이므로, 기업결합 그 자체를 형벌로 다스리는 것은 타당하지 않고, 위헌의 소지마저 있었다.[172] 그리고 실제로 경쟁제한적인 기업결합에 대해서 형사처벌을 한 사례도 없다. 이에 2020년 법 개정시 경쟁제한적 기업결합에 대한 형벌조항을 삭제하였는데, 이는 바람직한 개선이라고 평가할 수 있다.

---

170) 대법원 2019.12.12. 선고 2018두63563 판결. 이 사건의 사실관계는 다음과 같다. 경북방송은 2013년 3월경 공정위로부터 경북방송의 기업결합이 법에 위반된다는 이유로 피인수회사의 수신료를 일정기간 소비자물가 상승률을 초과하여 인상하는 행위를 금지하는 시정조치를 받았으나 시정조치를 이행하지 아니하였다. 이에 공정위는 2016년 11월경 경북방송이 시정조치를 이행하지 않았다는 이유로 이행강제금 부과처분을 하였으나 2017년 10월 불이행기간을 잘못 산정하였다는 이유로 이행강제금 부과처분이 취소되었다. 경북방송은 2016년 11월경 시정조치 불이행을 중단하였고, 원고는 2016년 12월경 경북방송을 흡수합병하였다. 공정위는 판결 취지에 따라 2018년 2월경 다시 원고에게 이행강제금 부과처분을 하였다.

171) 대법원 2019.12.12. 선고 2018두63563 판결.

172) 권오승, "독점규제법의 현대화", 경쟁법연구 제33권(2016), 154면 참조.

제3장

부당한 공동행위의 제한

제1절 총　　설

Ⅰ. 부당한 공동행위의 의의

1. 공동행위의 개념

공동행위라 함은 사업자가 다른 사업자와 공동으로 상품 또는 용역의 가격, 거래조건, 거래량, 거래상대방 또는 거래지역 등을 제한하는 행위를 할 것을 합의하는 것을 말한다. 합의는 계약, 협정, 결의 또는 그 밖의 어떠한 방법으로 하든지 그 방법은 묻지 않는다. 사업자들은 각자가 처한 여건과 형편이 서로 다르기 때문에 그들이 제공하는 상품이나 용역의 가격, 거래조건, 거래상대방이나 거래지역 등이 다를 수밖에 없다. 그런데 사업자들이 이러한 차이를 무시하고 그들의 사업활동을 인위적으로 조정, 통제하고자 할 때에 주로 이용하는 것이 공동행위이다. 각자가 자신의 이익을 추구하기 위하여 서로 다른 방향으로 활동하고 있던 2 이상의 경제주체들이 공동행위를 통해서 공통의 이익을 추구하는 하나의 경제적 단위로 통합됨에 따라 그들이 시장에 미치는 영향력이 특정한 방향으로 집중되는 현상이 나타나게 된다. 이러한 집중현상은 공동의 연구·개발과 같이 사회적으로 긍정적인 효과를 초래하는 경우도 있지만, 가격인상이나 입찰담합 등과 같이 부정적인 효과를 초래하는 경우도 있다. 그런데 독점규제법은 이러한 공동행위 중에서 부당한 공동행위, 즉 부당하게 경쟁을 제한하는 공동행위에 해당되는 경우에만 금지하고 있다. 부당한 공동행위는 통상 카르텔(cartel, Kartel)[1] 또는 담합(談合)이라고 한다.

다만, 카르텔은 기업결합과 달리 거기에 참가하는 사업자들 간에 지속적인 지배관계가 형성되는 것은 아니기 때문에, 스스로 붕괴될 수 있는 내재적 불안요소를 가지고 있

---

1) 카르텔(cartel)은 문서를 뜻하는 'carta'라는 라틴어에서 나온 단어로서, 원래 중세 교전국들 간 문서에 의한 휴전협정을 의미하는 것이었는데, 1880년대 독일에서 기업 간의 모임인 단체나 협회와 같은 의미로 'Kartell'이라는 단어가 사용되기 시작하였고, 이것이 1930년대 영미권에 'cartel'이라는 단어로 전파된 것이라고 한다.

다. 예컨대 산유국들로 구성된 석유수출국기구(OPEC)는 공식적이고 공개된 카르텔임에도 불구하고, 회원국들의 이해관계가 반드시 일치하는 것은 아니기 때문에 카르텔의 유지에 곤란을 겪는 경우도 있다고 한다. 이처럼 카르텔 참가자들의 규모와 비용구조가 서로 다르기 때문에 각자가 희망하는 적정한 가격수준과 산출량이 서로 다를 수밖에 없다. 예컨대 생산비용이 높은 기업은 높은 수준의 가격에서 합의하기를 원하지만 생산비용이 낮은 기업은 낮은 수준의 가격을 통해 공급량을 늘리기를 원할 것이다. 이와 같은 참가자들 간의 이해관계의 상충으로 인해서, 그들이 설령 합의에 이른다고 하더라도 그로부터 이탈하거나 기만하는 행위가 발생할 수 있다. 경제학자들은 카르텔이 지속적으로 유지되기 위해서는 ① 참가자들 사이에 공감대의 형성, ② 참가자들의 이탈 내지 기만행위(cheating) 방지, ③ 신규 경쟁자의 진입저지라는 세 가지 문제가 해결되어야 한다고 한다. 실제로 장기적으로 지속되는 카르텔의 경우를 보면, 대체로 위와 같은 문제들을 해결하기 위한 장치가 잘 작동하고 있다. 그런데 독점규제법은 부당한 공동행위의 성립요건으로서 ①의 요소만을 요구하고 있으므로, 설령 ②, ③의 요소가 존재하지 않는다고 하더라도 위법성은 인정된다. 만일 ②, ③의 요소들까지 존재하는 경우라면 위법성이 보다 중대하다고 평가할 수 있을 것이다.

2. 부당한 공동행위 제한의 취지

부당한 공동행위를 제한하는 이유는 사업자들이 합의 등의 협조적 방법을 통하여 시장경제의 전제조건인 자유경쟁을 제한하여 '경쟁의 부재' 상태를 초래하기 때문이다. 다시 말해 경쟁사업자들이 합의를 하면, 이들이 마치 하나의 독점사업자인 것처럼 시장지배력을 행사하게 되어 시장메커니즘의 정상적인 작동을 통해 결정되어야 할 가격, 수량 등의 요소들을 인위적으로 결정하게 되어 경쟁제한성이 인정되기 때문이다. 법원도 "가격에 관한 공동행위를 금지하는 이유는 합의된 가격의 고저 및 이로 인한 소비자들의 일시적인 이익의 유무를 불문하고 사업자가 자의적으로 가격을 지배하는 힘을 발휘하는 것을 허용하지 아니한다는 것"이라고 보았다.[2)]

3. 부당한 공동행위 제한의 체계

독점규제법은 제5장에서 '부당한 공동행위의 제한'에 관하여 규율하고 있는데, 여기에는 제40조에서 제44조까지 5개의 조문이 포함되어 있다. 우선, 법 제40조는 부당한 공동행위의 성립요건 등에 관하여 규정하고 있는데, 동조 제1항은 부당한 공동행위의 성립요건과 행위 유형, 제2항은 부당한 공동행위의 인가요건, 제3항은 인가기준 등에 관한 시

2) 서울고법 2010.1.27. 선고 2009누6539 판결(심리불속행 기각으로 확정).

행령 위임의 근거, 제4항은 부당한 공동행위의 사법상 효력, 제5항은 부당한 공동행위의 법률상 추정, 제6항은 부당한 공동행위 심사기준 고시 제정의 근거에 관하여 규정하고 있다. 공정위는 예규 형식으로 「공동행위 심사기준」을 제정하여 운용하고 있다. 그리고 법 제41조는 공공부문 입찰 관련 부당한 공동행위를 방지하기 위한 조치, 법 제42조는 시정조치, 법 제43조는 과징금, 법 제44조는 자진신고자 등에 대한 감면 등에 관하여 규정하고 있다.

4. 법집행의 최근 동향

우리나라를 포함하여 많은 나라에서 부당한 공동행위에 대한 제재를 강화하는 경향을 보이고 있는데, 그 이유는 다음과 같다. 첫째, 부당한 공동행위는 인위적으로 시장의 경쟁과정을 회피하는 것이기 때문이다. 사업자가 시장에서 정상적인 경쟁을 통해서 독점적 지위를 형성하기 위해서는 상당한 기간 동안 경쟁자들의 견제를 이겨낼 수 있는 혁신적이고 창의적인 전략을 구사할 필요가 있고, 그로 인한 효율성 증대는 그 혜택이 소비자에게도 돌아가게 된다. 반면, 부당한 공동행위는 이러한 경쟁과정을 거치지 않고 경쟁사업자들의 합의에 의해 즉시 형성되고, 개별 사업자가 경쟁을 통해서 독점적 지위에 오르는 경우보다 효율성 증대효과가 크지 않은 경향이 있다. 둘째, 부당한 공동행위는 이를 적발하기가 쉽지 않기 때문이다. 부당한 공동행위는 은밀히 행해지는데다가 거기에 참여하는 사업자들의 이해관계가 일치하는 경우가 많고, 외부에서는 이러한 합의를 적발하기가 쉽지 않다는 집행상의 난점이 있다. 그렇기 때문에 경쟁당국은 이에 대한 처벌수위를 높임으로써 일반 예방적 효과를 도모하고자 한다.

그런데 제재나 처벌의 강화는 부당한 공동행위를 억제할 수 있는 장점도 있지만, 부당한 공동행위가 수면 아래로 잠복하거나 참가사업자들이 증거를 숨기려고 하는 현상을 초래하는 등 부작용도 낳을 수 있다. 또한 합의가 은밀하게 묵시적으로 이루어진 경우에는 경쟁당국이 그 합의를 입증하기가 어렵기 때문에 정황적 증거에 의존할 수밖에 없는 경우가 많다. 이는 우리나라뿐만 아니라 다른 나라에서도 마찬가지로 경험하고 있는 공통적인 문제점이다. 이러한 '합의의 잠복현상'에 대한 대응방안은 ① 입증책임의 완화, ② 위법성 판단기준 완화, ③ 담합을 조성할 수 있는 조장행위(facilitating practice)의 규제, ④ 자진신고자 감면제도 등의 형태로 나타나고 있다.[3] 우리나라에서는 ①과 관련하여 독점규제법은 일정한 요건 하에 합의를 추정하는 규정을 두고 있고(법 40조 5항), 손해배상 소송에서 사업자 내지 사업자단체에게 고의 또는 과실이 없음을 입증하도록 하여 피해자의 입증책임을 경감하고 있다(법 109조 1항 단서). ②와 관련하여 독점규제법은 당연위법

3) 유해용, "부당공동행위 추정과 관련된 판례 연구(上)", 저스티스 제88호(2005), 118면.

의 원칙은 인정하지 않고 있지만, 그 대신에 법원과 공정위는 경성 공동행위의 부당성에 대한 입증부담을 완화하고 있다. ③과 관련하여 2020년 개정된 법은 정보교환 담합을 금지하는 규정을 신설하였다(법 40조 1항 9호). ④와 관련하여 독점규제법은 자진신고자 감면제도를 도입하여 운영하고 있으며(법 44조), 최근 들어 이 제도의 활용도가 높아지고 있다.

Ⅱ. 입법연혁

부당한 공동행위의 제한에 관한 규정은 많은 개정을 거쳤다. 그리고 이 과정에서 판례 및 심결례의 형성과 학계의 논의가 직·간접적으로 영향을 미쳤다. 대표적으로 "부당하게 경쟁을 제한하는"의 문구에 관한 해석론이라든지 합의의 추정과 관련한 해석론 등이 그러하다. 따라서 현재 논의되고 있는 여러 가지 논점들도 위와 같은 연혁을 염두에 두고 검토할 필요가 있다. 독점규제법은 1980년 제정 당초부터 부당한 공동행위를 규제해 오고 있다.[4] 입법 당시에는 사업자가 공동행위를 하고자 할 때에는 그 내용을 경제기획원에 등록하여야 하며, 등록하지 않고는 이를 행할 수 없도록 하는 등록제를 채택하고 있었다.[5] 그러나 1986년의 제1차 법 개정에서, 사업자는 다른 사업자와 공동으로 일정한 거래분야에서 경쟁을 실질적으로 제한하는 행위, 즉 부당한 공동행위를 하여서는 아니된다고 규정함으로써 부당한 공동행위를 원칙적으로 금지하는 태도를 취하게 되었으며,[6] 부당한 공동행위의 인가제와 합의 추정조항을 신설하였다.[7] 그 후 1992년 법 개정에서는

---

4) 외국의 사례를 살펴보면, 카르텔이 처음부터 규제되었던 것은 아니다. 오히려 초창기 카르텔은 계약으로서의 법적 효력을 인정받았다. 1888년 독일 바바리아 대법원은 벽돌제조업자 판결에서 위기(crisis) 카르텔은 독일법의 건전한 풍속에 반하지 아니한다고 하였고, 1887년 독일 대법원은 Saxon Woodpulp 판결에서 공모를 사회적으로 유용하다고 판결하였다. 제1, 2차 세계대전을 거치면서 전시경제하에서 카르텔이 조장되고 독일 나치 정권 하에서는 카르텔이 법으로 강제되기까지 하였다. 2차례의 세계대전 이후 시장경제가 정착되는 과정에서 카르텔 금지가 광범위하게 도입되었는데, 이는 역사적 경험을 토대로 카르텔을 통한 독점력 행사의 폐단을 방지하고자 한 것이었다.

5) 제정 당시에는 "사업자는 계약·협정·결의 기타 어떠한 방법으로도 다른 사업자와 공동으로 다음 각 호의 1에 해당하는 행위(이하 "공동행위"라 함)를 하고자 할 때에는 대통령령이 정하는 바에 의하여 그 공동행위의 내용을 경제기획원에 등록하여야 하며, 등록하지 아니하고는 이를 행할 수 없다."고 규정하고 있었다.

6) "사업자는 계약·협정·결의 기타 어떠한 방법으로도 다른 사업자와 공동으로 일정한 거래분야에서 경쟁을 실질적으로 제한하는 다음 각 호의 1에 해당하는 행위… 를 하여서는 아니 된다."고 규정하였다. 그 후 1992년 개정 시에 이 규정을 "사업자는 계약·협정·결의 기타 어떤 방법으로도 다른 사업자와 공동으로 일정한 거래분야에서의 경쟁을 실질적으로 제한하는 다음 각 호의 1에 해당하는 행위를 할 것을 합의… 하여서는 아니 된다."고 바뀌었다. 이 규정은 1999년 다시 "사업자는 계약·협정·결의 기타 어떠한 방법으로도 다른 사업자와 공동으로 부당하게 경쟁을 제한하는 다음 각 호의 1에 해당하는 행위를 할 것을 합의… 하여서는 아니 된다."로 변경되었다.

7) 추정조항의 신설 당시에는 "2 이상의 사업자가 일정한 거래분야에서 경쟁을 실질적으로 제한하는 제1항 각 호의 1에 해당하는 행위를 하고 있는 경우 동 사업자간에 그러한 행위를 할 것을 약정한 명시적 합의가 없는 경우에도 부당한 공동행위를 하고 있는 것으로 추정한다."는 내용으로 되어 있었다. 그러나 2007년의 개정에서 "2 이상의 사업자가 제1항 각 호의 어느 하나에 해당하는 행위를 하는 경우로서 해당 거래분야 또는 상품·용역의 특성, 해당 행위의 경제적 이유 및 파급효과, 사업자간 접촉의 횟수·양태 등 제반사정에 비

〈표 3-1〉 주요 개정사항

	구성요건적 측면	집행의 측면
제정법	실행행위를 금지	등록제 실시
1986년 개정	판단기준으로서 "일정한 거래분야에서의 경쟁을 실질적으로 제한하는"이라는 문구 추가	인가제 실시 추정조항 도입
1990년 개정	전면 개정(조문 위치가 법 제11조 이하에서 법 제19조 이하로 이동)	
1992년 개정	합의 자체를 금지	
1996년 개정		자진신고자 감면제도 도입
1999년 개정	판단기준을 "부당하게 경쟁을 제한하는"이라는 문구로 개정	
2007년 개정		추정조항 개정 공동행위 심사기준 근거 마련
2020년 개정	전면 개정(조문 위치가 법 제19조 이하에서 법 제40조 이하로 이동)	
	정보교환 담합을 금지되는 행위유형에 추가	추정조항 개정

종래 실행행위가 있는 경우에만 공동행위가 성립하는 것으로 규정되어 있던 것을 합의 그 자체만으로 공동행위가 성립하는 것으로 변경하였다. 1996년 법 개정에서 자진신고자 등에 대한 감면제도가 도입되었다. 한편 1999년 제7차 법 개정을 통하여 그 금지요건이 "일정한 거래분야에서 경쟁을 실질적으로 제한하는"에서 "부당하게 경쟁을 제한하는"으로 바뀌게 되었다. 그리고 2007년 법 개정에서는 합의 추정에 관한 규정을 개정하였고, 동 규정은 2020년 법 개정시 다시 개정되었다. 그리고 2020년 법 개정시에 정보교환 담합도 금지되는 공동행위의 유형에 추가되었다. 이상과 같은 주요 개정사항을 구성요건적 측면과 집행의 측면으로 나누어 정리하면 〈표 3-1〉과 같다.

Ⅲ. 부당한 공동행위의 성립요건

부당한 공동행위가 성립하기 위해서는 ① 행위주체요건으로서 복수의 사업자가 전제되어야 하고(다른 사업자와 공동으로), ② 행위요건으로서 일정한 행위에 관한 합의 또는 합의에 대한 교사행위가 있어야 하고(다음 각 호의 어느 하나에 해당하는 행위를 할 것을 합의하거나 다른 사업자로 하여금 이를 하도록 하는 행위), ③ 폐해요건으로서 당해 공동행위가 부당하게 경쟁을 제한하여야 한다(부당하게 경쟁을 제한하는). 이하에서 각 요건별로 살

추어 그 행위를 그 사업자들이 공동으로 한 것으로 볼 수 있는 상당한 개연성이 있는 때에는 그 사업자들 사이에 공동으로 제1항 각 호의 어느 하나에 해당하는 행위를 할 것을 합의한 것으로 추정한다."로 바뀌었다.

펴보기로 한다.

1. 복수의 사업자

(1) 사업자의 행위

부당한 공동행위가 성립하려면 2 이상의 사업자가 참여하여야 한다. 여기서 사업자는 공급자들은 물론이고 수요자들도 포함된다. 그러나 사업자 아닌 자들의 공동행위는 독점규제법의 적용대상이 아니다. 소비자는 사업자에 해당하지 않으므로 소비자들의 집단적 불매운동은 부당한 공동행위에 해당하지 않는다. 아파트 부녀회가 아파트를 일정 금액 이하로는 매도하지 않는 결의를 하는 경우에도 부녀회 소속 주부는 사업자가 아니므로 부당한 공동행위는 성립하지 않는다. 그러나 해당 아파트의 중개업자들이 그러한 결의를 한 경우라면 사업자의 행위이므로 부당한 공동행위에 해당한다.

사업자단체의 경쟁제한행위에 구성사업자들의 적극적인 행위가 개입되는 경우에는 그 사업자단체에 대하여 법 제51조 제1항의 규정에 의한 사업자단체의 책임을 물을 수 있고, 이와 별도로 사업자단체 구성사업자들에 대하여 부당한 공동행위의 책임을 물을 수도 있다.[8] 반면, 사업자단체가 스스로 사업자등록을 하고 직접 자신 명의로 낙찰을 받아 입찰계약을 체결한 경우에 해당 사업자단체는 담합입찰에 있어서 사업자단체가 아니라 사업자로서 행위를 하였다 할 것이고, 따라서 그 사업자단체의 행위에 대해서는 법 제40조 제1항이 적용된다.[9]

(2) 공동성

공동행위는 복수의 사업자들이 공동으로 하는 행위라는 점에서, 사업자가 단독으로 하는 시장지배적 지위의 남용이나 불공정거래행위 등과 구별된다. 부당한 공동행위에 참여한 사업자들 중에서 다수의 사업자들이 탈퇴하여 단 하나의 사업자만 남게 된 경우에는 복수의 사업자 요건을 갖추지 못하게 되어, 그 공동행위는 종료하게 된다. 예컨대, 담합에 참여한 甲, 乙, 丙 3개의 회사가 순차적으로 부당한 공동행위에 관한 합의를 파기하는 의사를 대외적으로 표시한 경우, 위 3개 회사 중 2개 회사가 담합에서 탈퇴하여 1개의 회사만 남게 되면 담합의 성립요건 중 '2 이상 사업자들 사이의 의사의 합치'라는 요건을 충족하지 못하게 되어 그 담합은 종료되었다고 보아야 하므로, 丙 회사의 위반행위의 종기는 乙 회사가 합의 파기의사를 대외적으로 표시함으로써 그 실행행위를 종료한 날로 보아야 한다.[10]

---

8) 서울고법 2010.10.27. 선고 2009누33920 판결(확정); 서울고법 2016.10.7. 선고 2014누70442 판결(확정).
9) 서울고법 2007.7.25. 선고 2007누2946 판결(심리불속행 기각으로 확정).
10) 대법원 2010.3.11. 선고 2008두15176 판결.

(3) 복수의 사업자 사이의 경쟁관계의 존부

(가) 기존의 논의

수평적 경쟁관계에 있는 사업자들 간의 합의에 대하여 부당한 공동행위가 성립한다는 점에 대해서는 이론이 없다. 이때 경쟁관계는 현실적 경쟁관계는 물론 잠재적 경쟁관계도 포함한다. 대법원은 "경쟁입찰에서는 특정한 사업자에게 입찰참가 의사가 있었다는 점만으로도 상대방에게 경쟁압력으로 작용하게 되므로, 단순히 특정한 사업자의 수주가능성이 낮다는 사정만을 근거로 하여 그의 경쟁의사를 부정하거나 그 입찰에서 경쟁관계가 성립할 수 없다고 쉽사리 단정할 수는 없다."고 하였다.[11)]

그러나 공동행위에 참여하는 사업자들 사이에 경쟁관계가 존재하지 않는 경우에도 부당한 공동행위가 성립할 수 있는지에 관해서는 논란이 있었다. 이는 수직적 거래관계에 있는 사업자들 간에 이루어진 합의에 대해서 법 제40조 제1항을 적용할 수 있는가 하는 문제와 연결된다. 긍정설은 법문의 해석상 공동행위의 성립을 수평적 경쟁관계에 있는 사업자들 간으로 제한할 이유가 없다는 점을 지적한다.[12)] 그러나 부정설은 수직적 거래관계는 불공정거래행위 규정 등에 의하여 별도로 규제되고 있으므로, 굳이 수직적 관계에 있는 사업자들 간의 합의에 대해서 법 제40조 제1항을 이중 적용할 실익이 없고, 집행기관도 그렇게 행동한 적이 없다고 주장한다.[13)]

공정위는 과거에 부정설에 가까운 입장을 취하여, 수평적 경쟁관계가 존재하지 않는 사업자에 대해서는 부당한 공동행위로 의율하는 것을 자제해 왔다. 그런데 부정설에 따를 경우에는 규제의 공백이 발생할 우려가 있다. 예컨대 흑연전극봉 담합을 사실상 주도한 유통업체인 미츠비시(Mitsubishi)사에 대해서 그 회사가 다른 담합사업자들(제조사들)과 수평적 경쟁관계에 있지 않으므로 부당한 공동행위로는 처벌할 수 없다는 결론에 이르게 되었다. 이러한 연유로 2004년 법 개정에서 다른 사업자로 하여금 부당한 공동행위를 행하도록 하는 행위를 금지한다는 문구를 추가하게 되었는데, 이는 부정설을 전제로 한 개정으로 이해된다.

(나) 현재의 실무

어떤 사업자가 카르텔 관리자로서 자신과 수평적 경쟁관계가 존재하지 않는(대개는 수직적 관계에 있는) 공급자나 구매자들 간의 카르텔을 조직하는 경우에 관하여 현재 공정

---

11) 대법원 2016.2.18. 선고 2013두19004 판결 및 대법원 2016.2.18. 선고 2013두21281 판결.

12) 이호영, "독점규제법상 상표내 경쟁제한행위의 규제에 관한 연구", 서울대학교 박사학위논문(2003), 262-265면; 이동규, 독점규제및공정거래에관한법률 개론(개정판, 1997), 268-269면; 노경필, "부당한 공동행위에서의 경쟁제한성과 부당성", 공정거래법 판례선집(2011), 170면.

13) 정호열, 경제법(제2판, 2008), 309면; 변동열, "공정거래법상 부당한 공동행위의 사법적 효력", 민사판례연구 31권(2009), 834-838면.

위의 실무는 경쟁관계가 존재하지 않는 가담 사업자에 대해서도 부당한 공동행위가 성립한다고 보고 있다.[14] 영화관람료 담합 사건에서 공정위는 담합에 관여한 수직적 관계의 사업자에 대해서 구법 제19조 제1항을 적용하였고, 법원도 이를 수긍하였다. 이는 영화배급업자와 영화상영업자가 모임을 통해 극장에서 허용되는 할인의 종류 및 범위를 정하고 이외의 모든 할인은 금지하겠다는 공문을 배급사가 극장에 발송한 후 이를 어기는 극장에 대해 제재하기로 합의한 사안이었다. 이 사건에서 영화배급업자인 원고는 가격담합은 수평적 경쟁제한행위인데, 자신은 영화상영업자와 수직적인 관계에 있을 뿐 경쟁관계에 있지 아니하므로 원고에 대한 관계에서는 부당한 공동행위가 성립하지 않는다는 주장을 하였다. 그러나 법원은 수평적 경쟁관계에 있지 아니한 사업자도 수평적 경쟁관계에 있는 다른 사업자들과 공동하여 부당한 공동행위를 할 수 있다고 판단하여 원고의 주장을 받아들이지 않았다.[15]

부산지역 온나라시스템 4개 업체 입찰담합 사건에서 화인 등 3개사와 수평적 경쟁관계에 있지 않은 원고 엘지엔시스의 책임 여부가 쟁점이 되었다. 법원은 원고가 경쟁자를 배제하고 독점공급 내지 안정적 매출을 꾀하며 그 과정에서 최대한의 이윤확보를 목적으로 낙찰자나 투찰가격을 정한 이 사건 합의에 참여할 경제적 유인이 충분히 존재하고, 원고는 이 사건 입찰에서 대기업의 입찰참여가 제한되자 원고의 경쟁자의 협력업체가 낙찰받게 되면 이 사건 입찰의 구성물품을 독점공급할 수 없게 될 것을 우려하였으므로, 원고가 화인 등 3개사의 이 사건 합의가 성사되도록 합의의 장소를 제공하는 등 적극적으로 지원하여 이 사건 합의가 공고하게 유지될 수 있었다고 봄이 상당하다고 판단하였다.[16] 이와 같이 현재의 실무는 수평적 경쟁관계에 있는 사업자들 사이의 부당한 공동행위에 그들과 경쟁관계가 없는 다른 사업자가 가담한 이른바 혼합카르텔의 경우에 수직적 관계에 있는 사업자에게도 부당한 공동행위의 책임을 인정하고 있다.

(다) 순수한 수직적 제한의 합의

그러나 제조업체와 유통업체가 재판매가격유지행위를 하기로 합의하는 경우와 같이 순수한 수직적 제한의 합의에 대하여 부당한 공동행위로 의율하는 문제에 관해서 공정위가 소극적 태도를 보이고 있다. 법문언을 문리적으로만 해석하면 긍정설이 지적한 바와 같이 적용대상을 수평적 경쟁관계에 있는 사업자들 간의 공동행위로 제한할 이유는 없다.[17] 그러나 독점규제법의 조문을 체계적으로 살펴보면 시장지배적 지위 남용, 불공정거

14) 다만, 공정위는 5개의 복수종합유선방송사업자들과 수직적 거래관계에 있는 1개의 방송채널사용사업자간에 부당한 공동행위가 성립할 수 있는지가 문제된 사안에서는 5개의 복수종합유선방송사업자들 간의 합의만을 인정하기도 하였다. 공정위 2011.8.24. 의결 제2011-153호.

15) 서울고법 2009.10.7. 선고 2009누2483 판결(심리불속행 기각으로 확정).

16) 서울고법 2015.4.23. 선고 2014누3886 판결(심리불속행 기각으로 확정).

17) 법 제40조 제1항에 상응하는 미국 셔먼법 제1조나 유럽 TFEU 제101조 등의 적용범위에는 수직적 합의도 포

래행위, 재판매가격유지행위 등 수직적 제한에 관한 별도의 규정들을 마련해 두고 있는데, 이들은 모두 단독행위에 대한 규제에 해당된다. 따라서 외국의 경우와는 달리 우리나라의 경우에는 입법자가 수직적 제한에 대해서는 이를 공동행위로 규제하지 않고 단독행위로 규제하려는 의도를 가지고 있었던 것이 아닌가 하는 추론도 가능하다. 공정위가 수직적 제한에 대해서 부당한 공동행위에 관한 규정을 적용하지 않은 것도 이러한 이해에 기초한 것으로 보인다.

따라서 우리나라에서는 수직적 제한에 대해서 이를 단독행위로 규제한다는 관행과 이해가 수십 년간 형성되어 온 상황이므로 이러한 실무관행을 일거에 뒤집는 것은 무리라고 생각된다.[18] 왜냐하면 수직적 제한에 대해서 부당한 공동행위에 관한 규정을 적용할 경우에 기존의 수직적 단독행위의 규제에 관한 규정들과의 관계가 모호해지는 측면이 있고, 특히 단독행위로 규율할 경우에는 위법행위의 피해자로 분류되는 거래상대방 등이 부당한 공동행위로 규율할 경우에는 공범자로 분류되어 그 법적 지위가 불안정하게 되는 문제가 있기 때문이다. 그렇다면, 우리나라에서 수직적 제한을 공동행위 형식으로 규제할지 여부 및 그 경우에 현재 단독행위 형태로 이루어지는 수직적 제한에 대한 규제와의 관계는 어떻게 설정할 것인지에 대해서는 입법론적인 관점에서 장기적으로 검토할 필요가 있지만, 그러한 입법이 이루어지기 전에는 현재의 법집행 관행을 존중하는 것이 바람직할 것이다.[19]

(4) 사실상 하나의 사업자

(가) 논의의 배경

공동행위에 참가하는 사업자들이 모회사와 자회사 혹은 같은 기업집단에 속하는 계열회사의 관계에 있는 경우에 이들을 복수의 사업자로 볼 수 있는가 하는 문제가 제기될 수 있다. 예컨대, A 회사가 B 회사를 100% 자회사로 설립하여 사업을 영위할 경우와 한

함된다. 미국 셔먼법 제1조는 "주간 또는 외국간의 거래 또는 통상을 제한하는 모든 계약, 트러스트, 기타 형태에 의한 결합 또는 공모는 위법이며, 이와 같은 위법한 계약을 체결하거나 결정 또는 공모에 가담한 자는 중죄를 범한 것으로 간주된다."고 규정하고 있다. EU에서 TFEU 제101조는 "회원국간의 통상에 영향을 줄 우려가 있고, 공동시장 내에서의 경쟁을 저해, 제한 또는 왜곡하는 것을 목적으로 하거나 그러한 효과를 초래하는 사업자간의 모든 협정, 사업자단체에 의한 결의 및 동조적 행위(all agreements between undertakings, decisions by associations of undertakings and concerted practices which may affect trade between Member States and which have as their object or effect the prevention, restriction or distortion of competition within the internal market)"를 금지한다.

18) 특허권자와 실시권자 사이에서 실시와 관련된 합의(역지불 합의)가 수직적 공동행위로서 규제 대상이 될 수 있는지와 관련하여, 서울고법은 구법 제19조 제1항이 수직적 공동행위를 배제하지 않는다는 입장을 개진하였다(서울고법 2012.10.11. 선고 2012누3028 판결). 그러나 대법원은 수직적 공동행위에 대한 직접적인 언급은 하지 않고, 특허 실시권자가 직접 발명을 통하여 특허권자가 될 수 있다는 점에서 양자 사이는 잠재적 경쟁관계로 볼 수 있다는 점에 근거하여 규제 대상이 될 수 있다고 보았다(대법원 2014.2.27. 선고 2012두24498 판결).

19) 동지: 김형배(2019), 512면.

기업의 내부에 A 사업부문과 B 사업부문을 두는 경우 사이에는 경제적 실질에 있어서는 별다른 차이가 없다. 그런데 이들이 동일한 상품에 관하여 동일한 가격을 책정하기로 하였다고 가정할 때, 전자의 경우에는 공동행위가 성립하고 후자의 경우에는 공동행위가 성립하지 않는다면, 독점규제법이 기업의 자율에 맡겨야 할 조직의 구성을 어느 한쪽으로 유도하는 결과가 초래될 수 있다는 비판이 제기될 수 있다.[20]

(나) 「공동행위 심사기준」의 규정

공동행위 심사기준은 복수의 사업자라고 할지라도 사실상 하나의 사업자로 인정되는 경우에는 그들 사이의 공동행위 성립을 부정하고 있다.[21] 즉, 다수의 사업자를 실질적·경제적 관점에서 사실상 하나의 사업자로 볼 수 있는 경우에는 그들 간에 이루어진 합의에 대하여는, 입찰담합의 경우를 제외하고는, 법 제40조 제1항을 적용하지 않는다. 그러나 그 합의에 다른 사업자가 참여한 경우에는 부당한 공동행위에 해당될 수 있다. 구체적으로, ① 사업자가 다른 사업자의 주식을 모두 소유한 경우(동일인 또는 동일인 관련자가 소유한 주식 포함)에는 당해 사업자 모두를 하나의 사업자로 보고, ② 사업자가 다른 사업자의 주식을 모두 소유하지 아니한 경우라도 주식소유 비율, 당해 사업자의 인식, 임원겸임 여부, 회계의 통합 여부, 일상적 지시 여부, 판매조건 등에 대한 독자적 결정 가능성, 당해 사안의 성격 등 제반 사정을 고려할 때, 그 사업자가 다른 사업자를 실질적으로 지배함으로써 이들이 상호 독립적으로 운영된다고 볼 수 없는 경우에는 사실상 하나의 사업자로 보되, 관련시장의 현황, 경쟁사업자의 인식, 당해 사업자의 활동 등을 고려할 때 경쟁관계에 있다고 인정되는 경우에는 그러하지 아니하다.

모토로라코리아의 총판 3사간 담합이 문제된 사안에서, 총판 중에서 한 업체는 총판 3사가 모토로라코리아의 지휘·관리·통제 하에 서로 유기적으로 역할을 분담하면서 일체화된 영업판매 시스템을 형성하였으므로 이들 총판 3사가 경제적 단일체를 구성하여 법상 '다른 사업자' 요건을 충족하지 못한다고 주장하였다. 그러나 법원은 총판 3사가 영업활동을 수행함에 있어 독자성이 있다고 보이는 점을 지적하면서, 위와 같은 주장사실만으로는 총판 3사가 경제적 단일체에 해당한다고 볼 수 없다고 판단하였다.[22]

---

20) 사실상 하나의 사업자에 대한 자세한 설명은 제1편 제4장의 논의를 참조하기 바란다.

21) 시장지배적 지위남용 사안인 비씨카드 사건에서 대법원은 별개의 법인이라도 "실질적으로 단일한 지휘 아래 종속적으로" 사업을 영위하고 있다면 하나의 사업자로 인정될 가능성을 열어 두었다. 대법원 2005.12.9. 선고 2003두6283 판결.

22) 서울고법 2009.9.10. 선고 2008누15277 판결(심리불속행 기각으로 확정).

2. 행위요건

(1) 합 의

(가) 의 의

공동행위가 성립하기 위해서는 우선, 사업자가 다른 사업자와 법 제40조 제1항 각 호의 어느 하나에 해당하는 행위를 하기로 하는 합의가 있어야 한다.[23] 즉, 합의의 존재가 행위요건 중에서 핵심 징표이다. 그런데 여기서 합의는 민사법의 합의와는 다른 더 넓은 개념임을 유의할 필요가 있다. 민사법에서는 합의라는 표현 이외에 계약이나 협의 등의 용어도 사용하는데, 그 중 가장 일반적인 계약은 일정한 법률효과인 권리의 발생·변경·소멸(즉 권리의 변동)을 목적으로 서로 대립하는 2인 또는 그 이상의 법률주체의 의사표시가 내용상 합치함으로써 이루어지는 법률행위를 의미한다. 그러나 독점규제법의 규범적 관심은 어떤 행위가 사실행위인지 법률행위인지 혹은 그것이 어떠한 법률효과를 의도한 것인지에 있지 아니하고, 단지 시장에 영향을 미치는 사업자의 인위적 행위가 존재하는지 그리고 그 행위가 시장경제질서 전체의 관점에서 수인하기 어려운 부정적 영향을 끼치는 것은 아닌지에 있다. 그리고 독점규제법상 개념은 이러한 규범 목적에 따라 정의되어야 한다. 즉, 독점규제법상 합의는 그것이 반드시 청약·승낙으로 이루어지는 법률적으로 유효한 계약일 필요는 없고, 의사의 연락 또는 일치가 있었다는 상호 인식이나 이해 또는 암묵적 양해, 즉 묵시적 합의까지 포함하는 넓은 개념이라고 보는 데에 학설[24]과 판례[25]가 일치하고 있다. 합의는 일정한 거래분야나 특정한 입찰에 참여하는 모든 사업자들 중에서 일부의 사업자들 사이에서만 이루어진 경우에도 성립될 수 있다.[26] 그리고 공급자들이 아닌 수요자들의 합의라 하더라도 그로 인하여 부당한 공동행위가 성립될 수 있다.

그리고 합의의 개념은 시장상황에 따른 사업자들의 자연스러운 독자적 행위와 그렇지 않은 인위적 행위를 경계지우는 기능도 수행한다. 각 사업자가 국내외의 경제사정이나 경영상황의 변화를 고려하여 독자적인 판단에 따라 합리적으로 대처한 결과 그들의 행위가 우연히 일치하게 되는 경우를 의식적 병행행위(conscious parallelism)라고 하는데, 그러한 경우에는 사업자들 사이에 의사의 연락이 존재하지 않기 때문에 합의가 인정되지

---

23) 미국의 판례는 합의를 공통의 목적 또는 결과를 향한 의사의 합치(meeting of minds)라고 하기도 하고(American Tobacco Co. v. United States, 328 U.S. 781(1946)), 공통의 계획에 대한 의식적인 참가(conscious commitment)라고 하기도 한다(Monsanto Co. v. Spray-Rite Service Corp., 465 U.S. 752 (1984)). EU에서는 두 당사자 사이의 의사의 합치(concurrence of wills)라고 정의한다(Bayer AG v. Commission, Case T-41/96 [2000] ECR Ⅱ-3383, [2001] 4 CMLR 176).

24) 권오승(2015), 271면; 신동권(2011), 422면; 양명조(2014), 289면; 임영철(2008), 219-220면; 정호열(2016), 326면 등.

25) 대법원 2002.3.15. 선고 99두6514, 6521 판결; 대법원 2007.12.13. 선고 2007두2852 판결 참조.

26) 대법원 1999.2.23. 선고 98두15849 판결.

않는다.[27] 따라서 합의가 성립하기 위해서 최소한 사업자들 간 의사연결의 상호성을 인정할 만한 사정에 대한 증명을 요한다.[28]

(나) 합의의 방법

합의는 '계약・협정・결의 또는 그 밖의 어떠한 방법'으로도 성립될 수 있다. 즉, 합의의 방법에는 제한이 없다.

1) 명시적 합의와 묵시적 합의

합의에는 명시적 합의뿐만 아니라 묵시적 합의도 포함된다. 명시적 합의는 구두의 합의나 문서에 의한 합의와 같이 언어적 수단을 통하여 이루어지는 합의를 말한다. 묵시적 합의는 언어를 통한 직접적 방법이 아닌 다른 수단, 예컨대 당사자의 거동과 같은 물리적 수단에 배태된 의사소통적 요소나 그 맥락에 비추어 합의가 이루어졌다고 인정될 수 있는 경우를 말한다.[29] 따라서 합의를 구성하는 사업자들 사이의 의사의 연락은 반드시 모든 참여사업자들이 일회적으로 모여서 의사결정에 참여하는 회의와 같은 명시적인 형태일 것이 요구되지 않고, 수회에 걸친 부분적인 의사교환을 통해 사업자들 사이에 그들이 공동으로 의사결정을 한다는 암묵적인 요해가 형성된 정도로도 충분하다.[30]

예컨대, 부당한 공동행위가 이루어지고 있는 영업을 양수한 사업자가 기존의 합의 사실을 알면서도 이를 받아들여 양도인과 동일하게 기존 합의를 실행하는 행위를 하였으며, 기존의 합의 가담자들도 양수인의 영업을 기존 합의에서 배제하는 등의 특별한 사정이 없이 종전과 마찬가지로 양수인과 함께 합의를 실행하는 행위를 계속하였다면, 양수인에게도 기존 합의 가담자들 사이의 부당한 공동행위에 가담하여 그들 사이에서 종전과 같은 부당한 공동행위를 유지・계속한다는 묵시적 의사의 합치가 있다고 본다.[31] 그리고 위와 같은 법리는 부당한 공동행위가 이루어지고 있는 사업부문을 분할하여 회사를 설립하는 경우 그 설립된 회사에도 동일하게 적용된다.[32]

---

27) 대법원 2008.9.25. 선고 2006두14247 판결.

28) 대법원 2013.11.28. 선고 2012두17421 판결; 대법원 2013.11.14. 선고 2012두20212 판결; 대법원 2013.11.14. 선고 2012두18844 판결 등(이상 13개 음원유통사업자들의 부당한 공동행위 사건); 대법원 2014.6.26. 선고 2012두23075 판결; 대법원 2014.6.26. 선고 2012두5015 판결(이상 7개 LPG 사업자들의 부당한 공동행위 사건); 대법원 2014.7.24. 선고 2013두16395 판결; 대법원 2014.7.24. 선고 2013두16401 판결; 대법원 2014.7.24. 선고 2013두16951 판결; 대법원 2014.7.24. 선고 2013두16944 판결; 대법원 2014.7.24. 선고 2014두3655 판결; 대법원 2014.7.24. 선고 2014두3853 판결(이상 16개 생명보험회사들의 부당한 공동행위 사건); 대법원 2015.1.29. 선고 2012두21840 판결; 대법원 2015.1.29. 선고 2013두18759 판결(이상 5개 석유제품사업자들의 부당한 공동행위 사건, 소위 '원적사 담합 사건') 등 참조.

29) 홍대식, "합의 증명의 요소로서의 사업자 간 의사연결의 상호성 - 정보교환을 중심으로 - ", 경쟁법연구 제30권(2014), 121-122면 참조.

30) 서울고법 2016.10.7. 선고 2014누70442 판결(확정).

31) 대법원 2007.12.13. 선고 2007두2852 판결; 대법원 2013.11.28. 선고 2012두17773 판결; 서울고법 2011.5.25. 선고 2010누13083 판결(확정).

32) 대법원 2014.7.10. 선고 2012두21246 판결.

2) 비진의 의사표시에 의한 합의

참가자 중 어느 한쪽이 비진의 의사표시를 하거나[33] 당초부터 합의를 이행할 의사가 없었더라도,[34] 합의의 성립에는 지장이 없다. A, B 회사가 투찰금액을 각각 100억원, 90억원을 써내어 B 회사가 낙찰받기로 담합을 하였지만, A 회사의 내심의 의사는 80억원으로 입찰하여 낙찰을 받을 의사를 가졌고 실제로 A 회사가 80억원에 입찰하여 낙찰을 받은 경우라고 하더라도, 이러한 사정은 A, B 회사 간 부당한 공동행위의 성립에 방해가 되지 않는다.[35] 설령 비진의 의사표시의 사업자에게 자신은 합의를 이행할 의사가 없었다고 하더라도 적어도 관련된 상대방의 적극적 경쟁행위를 저지할 방편으로(예컨대 위 사례에서 B 회사는 A 회사와의 합의에 근거하여 90억원 미만으로 투찰가격을 적어내지 않게 될 것이다) 합의를 할 의사는 존재하였고 그 경우에는 경쟁제한성이 인정되기 때문이다.

3) 타인을 통한 합의

해당 사업자가 직접 합의에 참여하지 않고, 대리점 등 타인을 통하여 간접적으로 합의에 참여하는 것도 가능하다. 예컨대 대림산업이 HDPE 제품을 생산한 후 그 판매를 계열회사인 대림코퍼레이션 등에 위탁하여 위 제품의 직접 판매를 담당하지 않은 사안에서, 법원은 대림산업이 HDPE 판매가격 담합에 지속적으로 참여한 것으로 볼 수 있는 여러 사정들을 고려하면 판매위탁자인 대림산업이 대림코퍼레이션 등을 통하여 이 사건 담합에 참여한 것으로 볼 수 있다고 판단하였다.[36] 또한 벽지협의회 모임에서 벽지 특판가를 인상하기로 합의한 사안에서, 법원은 비록 LG화학 관계자가 직접 위 모임에 참석하지 않고 LG화학의 특판대리점 중 하나가 참석하였다고 하더라도 LG화학 특판대리점의 특판가는 사실상 LG화학에 의하여 결정된 사실 등에 비추어 LG화학이 다른 벽지 사업자들과 특판가 인상합의를 한 것으로 보았다.[37] 외국항공사가 국내 항공운송 총대리점을 통하여 다른 항공사들과 가격인상 합의를 하는 것도 가능하다.[38]

---

33) 대법원 1999.2.23. 선고 98두15849 판결(입찰참가 사업자가 다른 경쟁업체인 원고회사를 설득해 입찰가 담합을 유도하였고 원고회사가 565억원의 가격으로 응찰하기로 약속하였으나, 원고회사는 내심으로는 530억원에 응찰하여 낙찰을 받을 의사를 가졌었고 실제로 합의와 달리 응찰을 한 행위에 대해서, 법원은 이러한 사정은 부당한 공동행위의 성립에 방해가 되지 아니한다고 판단하였다).

34) 서울고법 2006.9.14. 선고 2005누25587 판결(확정).

35) 다만, 위 사례에서 A 회사가 B 회사에 카르텔을 제의하였으나, B 회사가 이를 받아들이지 않은 경우에는 합의 자체가 성립하지 않았기 때문에, 이를 거절한 B 회사는 물론 제의한 A 회사도 부당한 공동행위로 처벌되지 않는다.

36) 대법원 2014.9.4. 선고 2012두22256 판결.

37) 대법원 2014.7.10. 선고 2012두21246 판결.

38) 대법원 2014.5.16. 선고 2012두16046 판결. 원고는 바미팅 참가 등의 행위는 자신의 GSA인 블루넷에어가 한 것일 뿐이고 원고가 GSA를 교사하였거나 그와 공모하지 않았다고 주장하였다. 그러나 법원은 ① 바미팅, 노선별 항공사 모임은 항공사의 영업과 관련된 의사를 결정할 수 있거나 그에 영향을 미칠 수 있는 지위에 있는 자가 참석하는 모임이었던 점(바미팅의 경우 그 명칭 자체가 항공운송"대표자"화물분과회의이다), ② 위 모임에서 논의되는 안건은 항공사의 할증료나 가격 계획 등 주요사항으로서 GSA가 독자적으로 결정할 수 있는 성질의 것이 아니었을 뿐 아니라 본사에서 알려주지 않을 경우 GSA의 직원으로서는 언급할 수도

(다) 합의의 내용

합의의 대상이 되는 행위는 법 제40조 제1항에 열거된 9가지 유형에 한정된다. 따라서 사업자들이 경쟁제한적인 행위를 하기로 합의를 할지라도, 그 행위가 위 9가지 유형에 해당하지 아니하면 제재를 받지 않는다. 과거에는 정보교환 행위에 관한 규제근거가 없었기 때문에 설령 경쟁제한적인 정보교환 합의가 존재하더라도 이를 금지할 수 없었다. 그러나 2020년 법 개정시에 정보교환 행위가 위 9가지 금지유형에 추가됨으로써 향후에는 경쟁제한적 정보교환 합의를 하면 부당한 공동행위가 성립하게 되었다. 금지되는 행위유형에 대해서는 뒤에서 따로 논의하기로 한다.

(라) 합의의 장소

합의의 장소는 반드시 국내일 필요는 없다. 국외에서 이루어진 행위라도 그 합의가 국내시장에 영향을 미치는 경우에는 독점규제법이 적용된다(법 3조). 따라서 사업자들이 외국에서 합의한 경우라도 그 경제적 효과가 국내에 미치는 이상 부당한 공동행위의 성립에는 지장이 없다. 실제로 비타민 담합,[39] 흑연전극봉 담합,[40] 복사용지 담합[41] 등과 같은 국제카르텔 사건은 그 합의가 외국에서 이루어졌지만, 우리나라에 영향을 미쳤기 때문에, 우리나라 공정위로부터 제재를 받았다.

(마) 합의에 관한 입증책임

판례는 최소한 사업자들 간 의사연결의 상호성을 인정할 만한 사정에 대한 증명이 있어야 하며, 그에 대한 증명책임은 그러한 합의를 이유로 시정조치 등을 명하는 공정위에게 있다고 판시하였다.[42] 그런데 부당한 공동행위는 갈수록 은밀하게 이루어지고 있기 때문에, 실무상으로 합의에 관한 입증을 둘러싸고 많은 어려움이 제기되고 있으며, 이를 극복하기 위한 논의도 다양하게 이루어지고 있다. 이 점에 관해서는 제2절에서 별도로

없는 내용들이었던 점, ③ 참석한 GSA의 직원은 모임에서 당해 항공사 이름으로 그 직원처럼 진술하고, 다른 참석자들도 GSA가 항공사를 대표해서 발언하고 결정할 수 있는 것으로 인식하였으며, 회의자료에도 항공사 명칭이나 코드를 기재하였을 뿐 GSA의 표시는 없었던 점, ④ 이 사건 공동행위로 인한 이익은 원고에게 귀속될 뿐이고 이로 인하여 블루넷에어에게 직접적 이익이 발생하지 않는 것으로 보이는 점 등을 고려하면, 원고가 블루넷에어를 통하여 이 사건 공동행위를 하였다고 인정함이 타당하다고 판단하였다.

39) 서울고법 2004.11.24. 선고 2003누9000 판결(확정).

40) 서울고법 2004.8.19. 선고 2002누6110 판결; 대법원 2006.3.24. 선고 2004두11275 판결.

41) 서울고법 2010.1.27. 선고 2009누6539 판결(심리불속행 기각으로 확정).

42) 대법원 2013.11.28. 선고 2012두17421 판결; 대법원 2013.11.14. 선고 2012두20212 판결; 대법원 2013.11.14. 선고 2012두18844 판결 등(이상 13개 음원유통사업자들의 부당한 공동행위 사건); 대법원 2014.6.26. 선고 2012두23075 판결; 대법원 2014.6.26. 선고 2012두5015 판결(이상 7개 LPG 사업자들의 부당한 공동행위 사건); 대법원 2014.7.24. 선고 2013두16395 판결; 대법원 2014.7.24. 선고 2013두16401 판결; 대법원 2014.7.24. 선고 2013두16951 판결; 대법원 2014.7.24. 선고 2013두16944 판결; 대법원 2014.7.24. 선고 2014두3655 판결; 대법원 2014.7.24. 선고 2014두3853 판결(이상 16개 생명보험회사들의 부당한 공동행위 사건); 대법원 2015.1.29. 선고 2012두21840 판결; 대법원 2015.1.29. 선고 2013두18759 판결(이상 5개 석유제품사업자들의 부당한 공동행위 사건, 소위 '원적사 담합 사건') 등 참조.

살펴보기로 한다.

(2) 행하도록 하는 행위

법 제40조 제1항 후단은 사업자가 다른 사업자로 하여금 부당한 공동행위를 하도록 하는 행위도 금지하고 있다.[43] 동 규정은 2004년 12월 개정 시에 추가된 것이다.[44] 그런데 부당한 공동행위를 하도록 하는 행위의 범위는 어디까지인가? 판례는 부당한 공동행위를 교사하는 행위 또는 이에 준하는 행위가 여기에 해당하고 단순 방조하는 행위는 여기에 해당하지 않는다고 판단하였다.[45] 교사의 대상이 되는 다른 사업자는 당해 부당한 공동행위에 참여하는 사업자이면 충분하고 그 공동행위에 참여하는 모든 사업자이어야 하는 것은 아니다.[46]

(3) 실행행위는 요건이 아님

독점규제법은 당사자들 간에 합의가 존재하기만 하면 그것으로 충분하고, 그 합의에 따른 실행행위가 이루어지지 않았다고 하더라도 이를 공동행위로서 규제하고 있다.[47] 독점규제법은 당초 공동행위의 성립요건으로서 당사자들 간의 경쟁제한에 관한 합의뿐만 아니라 행위의 일치라고 하는 실행행위까지 요구하고 있었다. 그러나 1992년 제3차 법 개정에서 사업자들 간에 경쟁제한에 대한 합의만 있으면 아직 행위의 일치가 나타나지 않은 경우에도 공동행위가 성립되는 것으로 개정하였다. 실행행위를 공동행위의 요건에서 제외한 이유는 다음과 같다. 첫째로, 공동행위는 사업자들 간의 자발적인 합의로서 그것이 성립되기만 하면 바로 실행되는 것이 보통이며, 만약 실행가능성이 없다고 판단된다면 그러한 합의가 아예 성립되지 않았을 것이기 때문이다. 둘째로, 만약 실행행위를 부당한 공동행위의 성립요건에 포함시키게 되면, 공정위는 사업자들이 공동행위를 하기로

---

43) 위 문구는 흑연전극봉 담합으로 미국에서 처벌받은 유통업체인 Mitsubishi사에 대해서 다른 담합사업자들(제조사들)과 수평적 경쟁관계에 없으므로 구법 제19조 제1항으로는 처벌할 수 없다는 해석론을 전제로, 수평적 경쟁관계에 있지 않지만 담합에 가담한 사업자는 교사범으로 처벌할 법적 근거를 마련하기 위해서 새로 포함된 것이다.

44) 당시 개정 법률안은 "다른 사업자로 하여금 부당공동행위를 하도록 교사한 사업자에 대해서도 법을 적용할 수 있는 근거를 마련"하였다고 설명하였다. 한편, 불공정거래행위에 대한 교사행위 금지는 1986년 12월 구법 제23조 제1항이 개정되면서 이미 규정되어 있었다.

45) 대법원 2009.5.14. 선고 2009두1556 판결(모토로라 사건); 대법원 2019.3.14. 선고 2018두59670 판결. 모토로라 사건은 모토로라 총판 3사의 입찰담합과 관련하여 위 담합에 직접 참여하지 않은 모토로라의 책임이 문제된 사안이다. 법원은 ① 사업자단체의 금지행위를 규정하고 있는 구법 제26조 제1항은 그 제4호에서 "다른 사업자로 하여금 불공정거래 등을 하게 하는 행위"와 "이를 방조하는 행위"를 구별하여 규정하고 있는 점, ② 구법 제19조 제1항 후단의 입법경위, ③ 법의 전반적인 체계, 그리고 ④ 구법 제19조 제1항 후단은 시정명령과 과징금 납부명령 등 침익적 행정행위의 근거가 되므로 언어의 가능한 의미 내에서 이를 엄격하게 해석할 필요가 있는 점 등에 비추어 보면, 다른 사업자로 하여금 부당한 공동행위를 교사하는 행위 또는 이에 준하는 행위를 의미하고, 다른 사업자의 부당한 공동행위를 단순히 방조하는 행위는 여기에 포함되지 않는다고 판단하였다.

46) 대법원 2017.9.12. 선고 2016두55551 판결.

47) 대법원 1999.2.23. 선고 98두15849 판결; 대법원 2001.5.8. 선고 2000두10212 판결.

합의한 사실을 인지한 뒤에도 그것이 실행될 때까지 기다려야 비로소 이를 규제할 수 있게 되는데, 그것은 부당한 공동행위를 금지하는 동법의 취지에 부합하지 않기 때문이다. 따라서 그 합의가 아직 실행되지 않고 있거나 또는 사업자들 중 일부가 자신의 이익을 위하여 합의한 내용을 준수하지 않거나 혹은 그러한 위반행위에 대해서 내부적 제재가 없었다고 하더라도 부당한 공동행위의 성립에는 아무런 지장이 없다.

3. 폐해요건

부당한 공동행위가 성립하려면 그 행위가 "부당하게 경쟁을 제한"하여야 한다. 법문의 표현에서 알 수 있듯이, 부당성의 핵심 표지는 경쟁제한성이다. 경쟁제한성과 부당성의 구체적 내용에 관해서는 항목을 바꾸어 자세히 살펴보도록 한다.

Ⅳ. 경쟁제한성과 부당성

1. 개 요

공동행위는 경쟁을 제한하는 경우도 있지만 효율성을 증대하는 경우도 있기 때문에, 독점규제법은 공동행위를 일률적으로 금지하지 않고 "부당하게 경쟁을 제한하는" 공동행위만 금지하고 있다. 그리고 법 문언에서 알 수 있듯이 부당성의 핵심 표지는 경쟁제한성이다. 경쟁제한성이란 사업자들이 공동으로 어떠한 행위를 함으로써 시장에서의 경쟁이 감소하여 공동행위 참여자의 의사에 따라 가격, 수량, 품질, 기타 거래조건의 결정 등에 영향을 미칠 우려가 있는 경우를 말한다. 모든 공동행위가 다 경쟁제한적인 것은 아니기 때문에, 합의가 존재하더라도 경쟁제한성은 별도로 평가하여야 한다. 한편, 경쟁제한성이 인정되더라도 정당화 사유가 존재하는 경우에는 부당성이 조각된다. 예컨대 공동행위의 효율성 증대효과가 경쟁제한효과보다 크거나, 공정위가 그 공동행위를 인가하였거나, 그 공동행위가 법령에 따른 정당한 행위에 해당되는 경우 등이 여기에 해당된다. 그러나 사업자의 단순한 사업경영상의 필요 또는 거래상의 합리성만으로는 부당성이 조각되지 않는다.[48)]

2. 부당하게 경쟁을 제한할 것

(1) 연 혁

독점규제법은 종래 "일정한 거래분야에서 경쟁을 실질적으로 제한하는" 공동행위를 금지한다고 규정하고 있었으나, 1999년의 법 개정을 통하여 "부당하게 경쟁을 제한하는"

48) 대법원 2004.11.12. 선고 2002두5627 판결.

공동행위를 금지한다고 개정하였다. 과거에는 기업결합의 경우와 마찬가지로 일정한 거래분야에서 경쟁을 실질적으로 제한하는 공동행위를 금지한다고 규정하였는데, 경성 공동행위의 경우에는 그것이 경쟁에 미치는 영향이 직접적인 데다가 대체로 부정적이기 때문에 기업결합의 경우처럼 경쟁제한성을 개별적으로 면밀히 심사할 필요가 없으므로, 부당한 공동행위의 위법성 요건을 기업결합과 동일하게 규정할 필요가 없다는 지적이 있었다. 1999년의 법 개정에서 이러한 취지를 반영하여 위법성 요건의 문언을 변경하여 "부당하게 경쟁을 제한하는" 공동행위를 금지하는 것으로 개정하게 되었다. 이러한 법 개정은 경성 공동행위와 연성 공동행위의 부당성 심사를 달리 할 수 있도록 하는 입법적 근거를 마련하였다는 점에서 긍정적으로 평가된다.

(2) 당연위법 원칙의 수용 여부

미국에서는 가격담합, 시장분할 협정, 집단 보이콧 등 일정한 유형의 합의에 관해서 합의의 존재만 입증되면 경쟁제한성에 대한 추가적인 입증이나 판단 없이 곧바로 위법성을 인정할 수 있도록 하고 있다. 이를 통상 당연위법(per se illegal)의 원칙이라고 한다. 당연위법의 원칙은 특정한 유형의 행위는 경쟁을 제한하는 효과가 있는 것이 보통이라는 경험칙과 그러한 행위유형에 대해서까지 높은 분석비용을 지불하면서 엄밀한 경쟁제한성 평가를 할 사회적 효용이 없다는 사법심사의 경제적 측면을 고려한 것이다. 따라서 당연위법의 원칙이 적용되는 행위유형에 대해서는 해당 행위의 경쟁제한성을 입증할 필요가 없고 해당 행위가 경쟁제한성이 없다는 반증도 허용되지 않는다. 이는 우리나라 법에서 사용되는 간주 또는 의제의 효과와 유사하다.[49)]

1999년의 법 개정에 대하여 부당한 공동행위에 대한 규제를 한층 더 강화할 목적으로 소위 미국 판례법상 인정되고 있는 당연위법의 법리를 받아들였다고 주장하는 견해도 있다.[50)] 그러나 대법원 판례가 미국식 당연위법의 원칙을 수용하고 있는 것은 아니다.[51)] 공동행위 심사기준도 경성 공동행위의 경쟁제한성에 관하여 입증부담을 완화하고 있을 뿐이지 입증을 면제하고 있는 것은 아니다. 따라서 현행법의 해석론으로서 미국식 당연위법의 원칙을 도입하였다고 보기는 어려울 것이다. 그 이유는 다음과 같다. 우선, 법 제40조 제1항이 명시적으로 부당한 경쟁제한을 요건으로 하는 이상 경성 공동행위의 경우에도 경쟁제한성에 대한 입증이 필요하지 않다고 보기는 어렵기 때문이다. 그리고 부당성 요건은 법 제40조 제1항 각 호에 열거된 모든 행위유형에 다 적용되는 것인데, 이들 행위유형의 전부에 대해서 당연위법의 원칙이 적용되는 것은 아니기 때문이다. 따라서 "부당하게 경쟁을 제한"이라는 표현만을 근거로 하여 미국법상의 당연위법의 원칙이 도

49) 임영철(2008), 227면.

50) 홍명수, "카르텔규제의 문제점과 개선방안에 관한 고찰", 경쟁법연구 제11권(2005.4), 249면.

51) 대법원 2008.8.11. 선고 2007두4919 판결(비씨카드수수료 담합); 대법원 2012.4.26. 선고 2010두11757 판결.

입되었다고 보는 것은 타당하지 않다.

(3) 부당성과 경쟁제한성의 관계

"부당하게 경쟁을 제한"이라는 법문에서 알 수 있듯이, 부당성의 핵심 표지는 경쟁제한성이다. 따라서 부당한 공동행위가 성립하려면, 우선 경쟁제한성이 인정되어야 한다. 예컨대 조직폭력배들의 범죄 결의는 비난가능성이 매우 큰 공동행위라고 할 수 있지만, 그들은 사업자가 아닌데다가 그 행위는 시장에서 경쟁을 제한할 우려가 없기 때문에 독점규제법상 부당한 공동행위에는 포섭되지 않는다. 따라서 경쟁제한성은 부당한 공동행위가 성립하기 위한 필요조건이라고 할 수 있다.

한편, 경쟁제한성이 인정되더라도 부당한 공동행위로서 제재를 받지 않는 경우가 있을 수 있다. 첫째, 공동행위의 경쟁제한효과보다 효율성 증대효과가 더 큰 경우에는 부당성이 인정되지 않는다. 둘째, 부당한 공동행위의 요건을 갖추고 있더라도 공정위의 인가를 받은 경우에는 그 위법성이 조각된다. 인가제도는 공동행위가 경쟁제한성이 있음을 전제로 하여, 산업합리화, 연구·기술개발, 불황의 극복, 산업구조의 조정, 거래조건의 합리화, 중소기업의 경쟁력향상 등과 같은 다른 사회경제적 이익과 비교형량을 통해서 그 행위를 예외적으로 허용하는 것이다. 셋째, 경쟁제한적인 공동행위라 하더라도 그것이 법령에 따른 정당한 행위에 해당되는 경우에는 위법성이 조각될 수 있다. 그 중에서 특히 문제가 되는 것이 행정지도에 따른 공동행위에 대하여 부당성을 인정할 것인지 여부이다. 넷째, 그 밖에도 판례는 사법심사 과정에서 제반 사회적 가치와의 비교형량을 통해 공동행위의 부당성을 부정하는 경우도 있다. 경쟁제한적 공동행위의 정당화 사유에 관해서는 제3절에서 별도로 논의하기로 한다.

3. 경성 공동행위와 연성 공동행위

(1) 경제적 효과에 따른 구분

공동행위를 그로 인하여 나타나는 경제적 효과에 따라 분류해 보면, 양 극단에 경쟁제한효과만 존재하는 공동행위와 효율성 증대효과만 발생하는 공동행위가 있고, 그 중간에 경쟁제한효과와 효율성 증대효과가 동시에 나타나는 다양한 유형의 공동행위가 있을 것이다. 그런데 공동행위의 부당성은 경쟁제한성을 필요조건으로 하므로, 독점규제법의 규제대상은 경쟁제한효과만 발생하거나 경쟁제한효과와 효율성 증대효과가 동시에 나타나는 공동행위가 될 것이다. 강학상 전자를 경성(硬性) 공동행위라고 부르고, 후자를 연성(軟性) 공동행위라고 부른다.

경성 공동행위에는 경쟁관계에 있는 사업자들 간에 가격을 결정 또는 변경하는 행위(가격담합), 산출량을 결정 또는 조정하는 행위(산출량담합), 거래지역 또는 거래상대방을 제한 · 할당하는 행위(시장분할), 입찰가격 또는 낙찰예정자를 사전에 결정하는 행위(입찰담합) 등이 포함된다. 가격 · 산출량의 결정 · 조정은 직접적으로 소비자로 하여금 높은 가격을 지불하게 하며, 시장 및 고객의 제한 · 할당도 소비자의 선택가능성을 제한하고 사업자들 간의 경쟁을 감소시켜 결국 가격 상승이나 산출량 제한을 초래하게 된다. 그리고 입찰가격 등을 사전에 결정하는 행위는 입찰참여 사업자들 간의 경쟁을 직접적으로 제한하여 낙찰가격을 상승시키게 된다. 이러한 행위는 그 성격상 경쟁을 직접 제한하는 효과를 발생시키는 반면, 이로 인하여 효율성이 증대되는 효과는 기대할 것이 별로 없다.

연성 공동행위로는 공동마케팅, 공동생산, 공동구매, 공동연구 · 개발, 공동표준개발 등을 예로 들 수 있다. 이런 종류의 공동행위는 자산 · 지식 · 기술 · 경험의 결합 또는 위험의 배분, 중복비용의 감소 등을 통해 효율성을 증대시키고 때로는 사업자가 개별적으로 수행하기 어려운 사업을 수행할 수 있게 하는 등 긍정적 효과를 낳을 수 있다. 그러나 참여사업자들의 시장지배력을 유지 · 창출 · 증가시켜서 가격 상승, 품질 · 산출량 · 혁신노력의 감소를 초래하는 등 경쟁제한효과를 발생시킬 수도 있다.

(2) 부당성의 심사

경제적 효과에 따라서 경성 공동행위와 연성 공동행위로 구분하는 것은 그 행위의 태양에 따라 부당성 심사를 달리할 것인지와 관련이 있다. 양자의 구분을 긍정하는 입장에서는 경성 공동행위에 대해서는 경쟁제한성과 부당성을 좀 더 쉽게 인정하는 반면, 연성 공동행위의 경우에는 경쟁제한효과와 효율성 증대효과의 비교형량에 좀 더 집중할 것이다. 그러나 양자의 구분을 부정하게 되면 행위의 태양과 관계없이 동일한 방법으로 심사가 이루어지게 될 것이다. 그런데 이 문제에 관하여 공정위와 법원은 서로 다른 태도를 취하고 있다.

(가) 공정위의 태도

공정위의 공동행위 심사기준은 경성 공동행위와 연성 공동행위의 구분을 적극적으로 받아들이고 있다.[52] 공동행위 심사기준은 공동행위의 위법성 심사를 공동행위의 성격 및 시장 분석(1단계), 경쟁제한효과 분석(2단계), 효율성 증대효과 분석(3단계), 경쟁제한효과와 효율성 증대효과의 비교형량(4단계)으로 나누어 단계별로 진행하도록 하고 있다. 경성 공동행위의 경우에는 1단계에서 심사를 마치지만, 연성 공동행위나 경제적 통합과 연관

52) 그러나 과거에 공정위는 연성 공동행위에 관해서 효율성 증대효과를 충분히 검토하지 않고 의결한 경우도 존재한다. 예컨대, 7개 액화가스 통합판매점들의 공동판매점 설립행위와 관련하여, 공정위는 이를 위법한 공동행위로 보았다(공정위 2000.3.14. 의결 제2000-44호). 그러나 이러한 공동판매점 설립행위 그 자체는 LPG 용기 보관상의 편이성, 유통효율화, 세무 등의 관련 업무통합관리를 위한 효율성 추구 및 공동의 LPG 구입이라는 점에서 구매 및 마케팅을 위한 협력행위로 볼 수도 있기 때문에, 공동판매점 설립행위의 경쟁제한효과와 효율성 증대효과를 보다 면밀히 따져 볼 필요가 있었을 것으로 생각된다.

되어 추진되는 경성 공동행위(강학상 '부수적 제한'이라고 함)의 경우에는 4단계를 모두 거치게 된다. 즉, 공정위는 행위유형에 따라 우선 경성 공동행위인지 연성 공동행위인지를 구분하고, 전자에 해당하면 경쟁제한성과 부당성을 추정하고, 후자에 해당하면 이른바 합리의 원칙(rule of reason)에 따라 경쟁제한효과와 효율성 증대효과를 비교형량하는 절차를 밟는 것을 원칙으로 한다.

(나) 법원의 태도

법원은 종래 공동행위 심사기준과 같은 행위유형의 구분 및 단계적 분석을 채택하지 않았으나, 최근에 들어서 점차 경성 공동행위와 연성 공동행위를 구분하는 경향을 보이고 있다. 과거에는 경성 공동행위인 입찰담합에 관해서 경쟁제한성 판단을 위한 비교형량이 필요하다고 하거나,[53] 경성 공동행위인 가격담합에 관해서 경제 전반의 효율성 증대로 인하여 친경쟁적 효과가 매우 큰 경우가 있을 수 있다는 표현을 사용한 경우가 있었다.[54] 또한, 초기의 판례 중에는 학습부교재의 생산·운송 및 판매에 대한 공동사업약정에 대해서 가격상승, 내용의 부실화, 부당한 판매조건의 강요 등 부당한 공동행위로 인한 폐해가 발생할 개연성이 매우 높아 경쟁을 실질적으로 제한한다고 보는 등 연성 공동행위에 대해서 지나치게 엄격한 태도를 취한 경우도 있었다.[55]

그러나 근래에 와서는 경성 공동행위와 연성 공동행위를 구분하는 판례들이 점점 더 많이 나타나고 있으며, 전형적 경성 공동행위인 가격담합에 관해서는 특별한 사정이 없는 한 부당하다고 보는 판결들이 주류를 이루고 있다.[56] 또한, 당해 공동행위가 경쟁제한적 효과 외에 경쟁촉진적 효과도 함께 가져오는 연성 공동행위의 경우에는 "양자를 비교·형량하여 경쟁제한성 여부를 판단"하여야 하고, "경쟁제한적 효과는 공동행위에 가담한 사업자들의 시장점유율, 공동행위 가담 사업자들 사이의 경쟁제한의 정도 등을 고려하고, 경쟁촉진적 효과는 당해 공동행위로 인한 효율성 증대가 소비자 후생의 증가로 이어지는 경우를 포괄적으로 감안하되, 당해 공동행위가 그러한 효과 발생에 합리적으로 필요한지 여부 등을 고려"하여야 한다는 것이 대법원의 입장이다.[57]

(다) 검 토

부당성 판단에 있어서 경쟁제한효과의 달성을 직접적 목적으로 하는 경성 공동행위와

53) 대법원 2014.4.30. 선고 2013두26798 판결.
54) 대법원 2009.7.9. 선고 2007두26117 판결.
55) 서울고법 1992.4.22. 선고 91구3248 판결 및 대법원 1992.11.13. 선고 92누8040 판결. 그렇지만, 이러한 공동사업약정은 일종의 연성 공동행위로서 효율성 증대효과(규모의 경제 실현, 거래비용 감소 등)가 있는지 여부에 대해서도 검토해 보았어야 한다는 아쉬움이 남는다.
56) 대법원 2005.8.19. 선고 2003두9251 판결; 대법원 2008.12.24. 선고 2007두19584 판결; 대법원 2009.3.26. 선고 2008두21058 판결; 대법원 2016.4.12. 선고 2015두50061 판결; 대법원 2021.12.30. 선고 2020두34797 판결.
57) 대법원 2013.11.14. 선고 2012두19298 판결.

경쟁제한효과와 효율성 증대효과가 동시에 존재하는 연성 공동행위를 동일하게 취급하는 것은 타당하지 않으며, 법집행 자원의 효율적 활용이라는 측면에서도 바람직하지 않다. 경성 공동행위는 이미 경험칙에 비추어 경쟁제한효과가 큰 행위유형이고, 연성 공동행위에 관해서는 경쟁제한효과와 효율성 증대효과의 정밀한 비교형량이 필요한 행위유형이기 때문이다. 따라서 앞으로는 가격담합, 입찰담합 등과 같은 전형적인 경성 공동행위에 대해서는 경쟁제한성에 관한 입증부담을 덜어주고, 그 대신에 연성 공동행위의 부당성 판단에 관해서는 좀 더 신중한 심사가 이루어지도록 노력할 필요가 있다.

4. 경쟁제한성의 판단

공동행위의 경쟁제한성은 "당해 상품의 특성, 소비자의 제품선택 기준, 당해 행위가 시장 및 사업자들의 경쟁에 미치는 영향 등 여러 사정을 고려하여, 당해 행위로 인하여 일정한 거래분야에서의 경쟁이 감소하여 특정 사업자 또는 사업자단체의 의사에 따라 어느 정도 자유로이 가격·수량·품질 기타 거래조건 등의 결정에 영향을 미치거나 미칠 우려가 있는지를 살펴 개별적으로 판단"한다.[58] 행위의 의도 자체가 경쟁제한효과의 발생을 목적으로 하는 경성 공동행위의 경우에는 구체적인 경제분석이 없더라도 시장상황에 대한 개략적인 분석을 통해 경쟁제한성을 인정할 수 있다. 경성 공동행위의 경우에는 공동행위 기간 중의 가격과 공동행위 종료 후의 가격을 비교하거나,[59] 공동행위 참가자와 비참가자의 가격을 비교하여[60] 경쟁제한효과를 입증하면 그것으로 충분하다. 한편, 입찰담합에서 예정가격 등이 공개되지 않는 전자입찰시스템 하에서 사업자들의 행위가 낙찰가격이나 낙찰자 결정에 아무런 영향을 미칠 수 없음이 입증되었다면 경쟁제한성이 부정된다는 예외적 하급심 판결도 있으나,[61] 입찰담합 금지는 입찰 자체의 경쟁뿐 아니라 입찰에 이르는 과정에서의 경쟁도 함께 보호하려는데 그 취지가 있으므로,[62] 경쟁제한성을 부정한 위 하급심 판결의 결론에는 의문이 있다.

연성 공동행위의 경우에는 경쟁제한효과와 효율성 증대효과를 비교하여 종합적으로 심사하는 것을 원칙으로 한다. 연성 공동행위의 경쟁제한효과를 판단함에 있어서 중요하게 고려하는 요소는 ① 공동행위 참여 사업자가 보유하고 있는 시장지배력의 정도와, ② 공동행위에 참여하고 있는 사업자간의 경쟁제한의 정도이다. 관련시장에서 사업자들이

---

58) 대법원 2006.11.9. 선고 2004두14564 판결; 대법원 2009.7.9. 선고 2007두26117 판결.

59) 비타민 담합 사건에서는, 비타민의 수입가격이 공동행위 전에 비해 공동행위 후에는 급격히 상승하였으며 공동행위가 종료된 이후에 다시 급격한 하락추세에 있는 사실이 경쟁제한효과 인정의 주요근거가 되었다. 서울고법 2004.11.24. 선고 2003누9000 판결(확정).

60) 흑연전극봉 담합 사건에서 공동행위 참가자로부터의 수입가격은 약 48.9% 상승한 반면, 공동행위에 가담하지 않은 업체로부터의 수입가격은 약 9.1% 상승하는데 그친 사실을 토대로 경쟁제한성이 인정되었다. 서울고법 2004.8.19. 선고 2002누6110 판결 및 대법원 2006.3.24. 선고 2004두11275 판결.

61) 서울고법 2008.10.23. 선고 2008누3465 판결(심리불속행 기각으로 확정).

62) 대법원 2016.4.12. 선고 2015두50061 판결.

보다 큰 시장지배력을 보유하고 있을수록, 그리고 참여사업자간 경쟁제한의 정도가 강할수록 당해 공동행위가 관련시장에서 경쟁제한효과를 발생시킬 우려는 증가하게 된다.

5. 사소성의 법리

(1) 개 념

공동행위에 참여한 사업자들이 시장에서 차지하는 지위가 미미하여 시장에 영향을 미칠 가능성이 크지 않은 경우에도 공동행위의 경쟁제한효과를 인정할 수 있을지 여부가 문제된다. 예컨대, 시장점유율이 지극히 낮은 사업자들 사이에 가격담합이 이루어진 경우에 그 행위에 경쟁제한성을 인정할 수 있는가? 관련시장 내에 공동행위에 참여한 사업자들보다 낮은 가격으로 소비자들이 원하는 상품을 충분히 공급할 수 있는 다른 공급자가 존재하는 경우에는 대부분의 소비자들은 공동행위에 참여하지 않은 공급자들로부터 상품을 구매하게 될 것이고, 그 결과 당해 공동행위가 시장에서 의미 있는 경쟁제한효과를 발생시키지 못하게 될 것이다. 따라서 이와 같은 경우에는 관련시장에서 경쟁이 제한되었다고 볼 수 없는 것이 아닌가 하는 의문이 제기될 수 있다.[63] 이것이 외국에서 이른바 사소성의 법리(de minimis doctrine)[64]라는 이름으로 논의되는 것이다. 사소성의 법리를 긍정하는 논거는 공동행위 참가자들의 합의된 목적(경쟁의 제한)이 달성되기 위해서는 구성사업자들에게 어느 정도의 시장력 내지 시장지배력이 전제되어야 하는데, 그것이 미미하다면 유효경쟁의 침해 가능성은 거의 없다는 것이다.[65]

(2) 사소성 법리의 수용 여부

(가) 경성 공동행위

대법원의 판례 중에는 이러한 사소성의 법리를 수용한 것으로 보이는 사례도 있다. 대법원은 경성 공동행위인 가격담합이 문제된 레미콘협회 사건에서, "협회의 레미콘운송시장에서의 시장점유율은 극히 미미한 … 점, … 레미콘운송시장의 경우 레미콘운송개인사업자들이 다수 존재하여 공급여력이 상당한 것으로 보이는 점 등… 을 종합하면, 이 사건 결의가 레미콘운송가격 기타 운송조건 등의 결정에 영향을 미치거나 미칠 우려가 있다고 볼 수 없[다]"고 판단하였다.[66] 그리고 제주도 관광협회 사건에서도 대법원은 동 협회의 행위가 부당하지 않다고 판단하면서, 방론으로서 제주도관광협회의 행위로 인하여 관련시장에서 경쟁이 제한되는 정도가 그리 크다고 볼 수 없다는 점을 지적하였다.[67]

---

63) 당연위법의 원칙이 적용되고 있는 미국에서도 시장지배적 지위에 있지 않은 사업자들에 의한 카르텔 등에 대해서는 당연위법을 적용해서는 안 된다는 주장들이 제기되고 있다. Mary L. Azcuenaga, Market Power as a Screen in Evaluating Horizontal Restraints, 60 Antitrust Law Journal 936(1992).

64) "de minimis non curat lex"(법은 사소한 것에 관여하지 않는다)라는 법언에서 따온 것이라고 한다.

65) 이를 긍정하는 견해로는 양명조(2014), 283-284면.

66) 대법원 2005.1.27. 선고 2002다42605 판결.

이러한 판례들은 경성 공동행위에 관해서 참여사업자들의 미미한 지위 등을 근거로 경쟁제한성을 부정하였다는 점에서 특기할 만하다. 그러나 위와 같은 취지의 판결들은 소수에 불과하고 다른 정당화 사유도 언급하기 때문에 대법원이 사소성의 법리를 완전히 수용한 것이라고 평가하기는 어려울 것이다. 그리고 경성 공동행위와 같이 경쟁제한적 의도가 분명한 행위에 대해서 이를 전면적으로 적용하는 것이 타당한지에 대해서는 여전히 논란의 여지가 있다.

(나) 연성 공동행위

공정위는 연성 공동행위에 관해서 20%의 안전지대를 인정함으로써 사소성의 법리를 수용하고 있다. 공동행위에 참여한 사업자(공동행위를 수행하기 위한 회사가 설립되는 경우에는 이 회사의 시장점유율을 포함한다)들의 시장점유율의 합계가 20% 이하인 경우에는 특별한 사정이 없는 한 당해 공동행위가 경쟁에 미치는 영향이 미미하기 때문에 당해 공동행위는 경쟁제한효과를 발생시키지 않는 것으로 판단된다.

6. 관련시장의 획정

(1) 관련시장 획정의 필요성

대법원은 부당한 공동행위에 해당하는지 여부를 판단하기 위해서는 먼저 경쟁관계가 문제될 수 있는 일정한 거래분야에 관하여 거래의 객체인 관련상품시장을 구체적으로 정하여야 한다고 판시하였다.[68] 이는 우리나라 독점규제법이 미국식 당연위법의 원칙을 수용하고 있지 않기 때문에, 당해 공동행위의 경쟁제한성을 판단하기 위해서는 그 행위로 인하여 경쟁이 제한되는 거래분야를 특정할 필요가 있다는 취지로 이해된다. 그러나 경성 공동행위에 대해서까지 기계적으로 관련시장을 획정해야 하는지는 의문이다. 이러한 비판에 대해서 판례는 경성 공동행위에 대해서는 관련시장 획정에 대한 공정위의 입증부담을 상당 수준 경감하는 쪽으로 대응하고 있는 것으로 보인다.[69]

(2) 관련시장과 경쟁제한의 정도

관련시장을 어떻게 획정하느냐에 따라 공동행위 참여사업자들의 시장지배력에 관한 평가가 달라질 수 있기 때문에, 그것은 경쟁제한성 인정에도 영향을 미친다. 즉, 관련시장의 획정과 경쟁제한성 평가는 관련성이 있다. 예컨대 가평시내에 5개 주유소가 존재하

---

67) 제주도관광협회가 송객수수료(관광객 유치 여행사 등에게 지급하는 금원)의 요율을 하향조정하기로 결의한 사안인데, 동 행위로 인한 경쟁제한효과는 인정되었지만 거래조건을 합리화하는 행위에 해당한다고 보아 부당성은 인정되지 않았다. 대법원 2005.9.9. 선고 2003두11841 판결.

68) 대법원 2012.4.26. 선고 2010두11757 판결.

69) 한편, 실무적으로는 과징금 산정의 기초가 되는 관련매출액의 산정을 위해 관련시장이 고려될 수 있다. 위반행위로 인하여 간접적으로 영향을 받는 상품의 범위도 결국 관련시장의 한계를 넘을 수는 없기 때문이다. 따라서 과징금을 부과하는 경우에는 관련매출액 산정을 위하여 관련시장의 획정이 필요하게 된다.

고 있는데, 그 5개 주유소가 휘발유 가격을 같은 폭으로 인상하면서 앞으로 휘발유 가격 인하 경쟁을 하지 않기로 합의하였다고 가정하자. 이 경우 5개 주유소의 주요 고객은 대부분 가평 시민들이고, 상기 주유소들 외에 가장 가까운 주유소는 반경 20km이상 떨어진 춘천 또는 대성리에 위치하고 있어서, 가평 시민들은 가격이 조금 저렴하다고 해서 춘천이나 대성리까지 가지는 않는 것으로 파악되었다. 이 경우에 관련지역시장은 가평시내 주유소 시장으로 획정이 된다. 이런 상황에서 가평시내 5개 주유소의 합의는 성격상 각 주유소들 간 가격, 서비스 등에 관한 경쟁을 직접적으로 제한하고 휘발유 가격을 상승시켜 해당 주유소에서 휘발유를 구입하는 소비자들에게 피해를 주기 때문에 보다 엄밀한 구체적인 경제분석이 없더라도 위법성의 정도가 무거운 부당한 공동행위로 판단될 수 있다.

한편, 이번에는 46번 춘천방향 국도변의 대성리와 가평 사이에 위치한 3개 주유소들이 위와 동일한 합의를 하였다고 가정하자. 이때, 3개 주유소의 주된 고객은 서울에서 춘천 인근으로 여행하는 서울시민일 가능성이 높다. 이들은 46번 국도를 통과하면서 이들 3개 주유소의 휘발유 가격이 비싸다고 생각할 경우 3개 주유소를 이용하지 않고 가평을 지나서 다른 곳에 위치하고 있는 주유소에서 휘발유를 구입할 수 있는 상황이다. 즉 관련지역시장이 46번 춘천방향 국도변 주유소인 경우이다. 이 경우에는 위 3개 주유소가 전체 지역시장에서 차지하는 비중이 낮을 수 있으므로 관련지역시장이 가평시내 주유소로 획정된 경우보다는 경쟁제한효과가 작을 수 있다.

(3) 관련시장 획정의 방법

(가) 기본원칙

부당한 공동행위 사안에서 관련시장의 획정을 어느 정도로 엄밀하게 해야 하는가? 연성 공동행위라면 경쟁제한효과와 효율성 증대효과의 비교형량이 필요하고, 두 효과의 엄밀한 비교를 위하여 실증적인 경제분석 등을 통하여 관련시장을 획정하는 것이 바람직할 것이다. 그러나 경성 공동행위, 특히 그 의도 자체가 가격인상 등과 같은 경쟁제한적인 요소를 내포하고 있는 이른바 하드코어(hard-core) 카르텔의 경우까지 엄밀한 경제분석 등을 통하여 관련시장을 획정할 필요는 없을 것이다.

(나) 구체적 사례

1) 수입자동차 딜러 담합 사건

이와 관련하여 수입자동차 딜러 담합 사건에 관한 대법원 판결을 둘러싸고 많은 논란이 있었다. 수입자동차 딜러 담합 사건은 특정 브랜드 수입자동차 딜러들 사이의 가격고정 합의가 문제된 사안이었다.[70] 서울고법은 관련상품시장을 "최소한 렉서스자동차와 대체관계에 있는 수입승용차 및 국산 고급승용차 시장 전체"라고 판단하였다.[71] 그러나 대법원은 위와 같은 원심의 결론이 충분한 증거에 의해서 뒷받침된 것이 아니라는 이유로 배척함과 아울러, "처분의 적법 여부에 대한 증명책임은 그 처분청인 피고에게 있[음]"을 전제로 공정위가 관련상품시장을 렉서스 자동차로 한정해야 하는 이유 내지 근거가 무엇인지를 증명해야 한다고 판시하였다.[72] 그런데 위 판결은 자칫 경성 공동행위에 대해서도 엄밀한 경제분석 등에 의하여 관련시장을 획정해야 한다는 취지로 받아들여질 수 있기 때문에, 이에 대하여 경성 공동행위 규제에 있어서 공정위에게 과도한 입증부담을 지운다는 비판이 있다.[73]

2) 비료 담합사건의 판결

위와 같은 비판을 고려한 것인지 여부는 알 수 없지만, 대법원은 남해화학의 비료담합 판결에서 공동행위의 다양한 양상을 어느 정도 염두에 둔 판시를 하였다. 대법원은 부당한 공동행위의 다양성과 그 규제의 효율성 및 합리성 등을 고려하면, 공정위가 어느 공동행위의 관련상품시장을 획정할 때 반드시 실증적인 경제 분석을 거쳐야만 한다고 요구할 수는 없다고 판시하였다.[74] 이 사건에서는 사업자들이 농협중앙회 등이 매년 말 실시한 8종의 화학비료 입찰에 관하여 합의한 행위가 문제되었다. 공정위는 실증적인 경제분석 없이 관련상품시장을 '일반화학비료 전체를 관련 상품으로 하는 입찰시장'으로 획정하였다. 그러나 사업자들은 관련상품시장을 '비종(肥種)별 입찰시장'으로 보아야 한다고 주장하였다. 대법원은, 공정위가 실증적인 경제분석을 거치지 아니한 채 관련상품시장을 획정하였더라도, 문제가 된 공동행위의 유형과 구체적 내용, 그 내용 자체에서 추론할 수 있는 경제적 효과, 공동행위의 대상인 상품이나 용역의 일반적인 거래현실 등에 근거하여 그 시장 획정의 타당성을 인정할 수 있다고 판시하였다.

(다) 요 약

판례의 입장을 요약하면 다음과 같이 정리할 수 있다. 부당한 공동행위의 경쟁제한성을 판단하기 위하여 관련시장의 획정은 필요하다. 다만, 경성 공동행위와 같이 그 경쟁제한성이 비교적 명백한 행위유형의 경우에는 관련시장을 획정할 때에 반드시 실증적인 경제 분석까지 거쳐야만 하는 것은 아니고, 문제가 된 공동행위의 유형과 구체적 내용, 그 내용 자체에서 추론할 수 있는 경제적 효과, 공동행위의 대상인 상품이나 용역의 일반적인 거래현실 등에 근거하여 그 시장 획정의 타당성을 인정할 수 있다.

---

70) 전형적 경성 공동행위인지 여부에 관한 다툼도 있었다. 즉, 브랜드 내의 경쟁제한효과는 있지만, 특정 브랜드를 취급하는 딜러간 공동행위가 다른 브랜드와의 경쟁(즉, 브랜드 간 경쟁)을 촉진하는지 여부에 관하여 다툼이 있었다.

71) 서울고법 2010.5.19. 선고 2009누1930 판결.

72) 대법원 2012.4.26. 선고 2010두11757 판결.

73) 이호영, "공정거래법상 '경성카르텔'의 경쟁제한성 판단방법", 법조 제657호(2011), 317-318면.

74) 대법원 2014.11.27. 선고 2013두24471 판결.

V. 부당한 공동행위의 세부 유형

1. 법 제40조 제1항 각 호

부당한 공동행위는 사업자들이 체결하는 합의의 내용이나 대상에 따라 다양한 모습을 띠게 되는데, 독점규제법은 그 유형을 9가지로 나누어서 규정하고 있다(법 40조 1항 각 호). 그런데 법 제40조 제1항 각 호의 성격을 어떻게 파악할 것인지에 대하여, 이를 열거규정(列擧規定)으로 보는 견해와 예시규정(例示規定)으로 보는 견해가 대립한다. 전자는 부당한 공동행위에 대한 규제도 국민의 생활에 부담을 주는 규제이기 때문에, 거기에 대한 구체적인 근거가 있어야 비로소 규제가 가능하므로 동 규정을 열거규정으로 보아 제한적으로 해석해야 한다는 주장이다.[75] 후자는 공동행위의 유형도 경제사정의 변화에 따라 점차 다양화·복잡화하고 있고 이러한 유형을 모두 법률에 규정하는 것은 불가능하므로, 현행법의 규정은 공동행위의 유형 중에서 중요한 것들을 예시한 것에 불과하다는 주장이다.[76] 생각건대, "다음 각 호의 어느 하나에 해당하는 행위"라고 규정하고 있는 문언에 비추어 볼 때, 이를 예시규정으로 보기는 어렵고 열거규정으로 보는 것이 타당할 것이다. 그러나 입법론으로는 끊임없이 변화·발전하고 있는 경제사정에 부응하여 점차 다양화·복잡화하고 있는 공동행위를 효과적으로 규제할 수 있도록 하기 위해서 공동행위의 유형을 법률에 한정적으로 열거하는 태도를 버리고 이를 포괄적으로 금지하는 일반규정을 도입하는 것이 바람직할 것이다. 다만, 이 경우에도 죄형법정주의의 관철이라는 측면에서 형벌조항이 적용되는 행위유형은 법에 구체적으로 열거할 필요성이 있다.

2. 행위유형별 검토

(1) 가격협정

가격협정이라 함은 사업자가 다른 사업자와 공동으로 상품이나 용역의 가격을 결정·유지 또는 변경하는 행위를 말한다(1호). 원래 시장경제에 있어서는 상품이나 용역의 가격은 수요와 공급의 원리에 따라 자유롭게 결정되게 된다. 그런데 사업자들이 공동행위에 의하여 상품이나 용역의 가격을 인위적으로 결정하게 되면, 그것은 사업자들 간의 가격경쟁을 제한하게 되므로 독점규제법에서 금지하고 있는 것이다. 가격협정은 가장 전형적인 공동행위로서 그것을 실시하는 것이 직접 각 당사자에게 이익이 되는 경우가 많기 때문에 성립하기도 쉽고 또 실시되는 경우도 많다. 실제로 가격협정은 공정위가 다룬 부

75) 신동권(2016), 514면; 이봉의(2022), 694면; 황태희, "공정거래법상 부당한 공동행위 규정에서의 '다음 각 호'의 의미", 경쟁법연구 제46권(2022), 285면.

76) 신현윤, 경제법(7판, 2017), 268면; 김형배(2019), 513면.

당한 공동행위 사건들 중에서 가장 높은 비중을 차지하고 있다.[77)]

여기서 가격이란 사업자가 제공하는 상품 또는 용역의 대가, 즉 사업자가 거래의 상대방으로부터 반대급부로 지급받는 일체의 경제적 이익을 의미한다. 당해 상품이나 용역의 특성, 거래내용 및 방식 등에 비추어 거래의 상대방이 상품 또는 용역의 대가로서 사업자에게 현실적으로 지급해야 하는 것이라면 그 명칭에 구애됨이 없이 모두 당해 상품 또는 용역의 가격에 포함된다.[78)] 가격협정은 일반적으로 가격인상을 목적으로 하지만, 현행가격의 유지나 최고 또는 최저가격의 설정을 목적으로 하는 경우도 있다. 가격협정의 방법으로는 확정가격을 정하는 방법과 인상률을 정하는 방법, 표준품목의 가격을 정하는 방법, 재판매가격을 정하는 방법, 리베이트(rebate)율이나 마진율을 정하는 방법, 운송비와 같은 부대비용을 정함으로써 가격의 구성요소에 합의하는 방법[79)] 등이 있다. 가격협정은 최종 거래가격을 결정하는 행위는 물론이고 최종가격을 결정하는데 필요한 요소를 결정하는 행위를 포괄하는 것으로서 최종가격은 물론 평균가격, 표준가격, 기준가격, 최고·최저가격 등 명칭 여하를 묻지 않는다.[80)] 가격인상협정에 있어서 협정으로 정한 가격의 인상이 현실적으로 실현될 수 없는 경우에도, 협정의 결과로서 어느 정도의 인상효과가 나타날 가능성이 있으면 부당한 공동행위가 된다. 그 이유는 협정에서 정한 기일에 가격이 일제히 인상되지는 않았지만, 일정한 기간 동안에 점진적으로 인상되거나 예정된 인상폭의 일부가 실현되거나, 또는 경쟁이 희박한 지역에서만 인상이 실현될 수도 있기 때문이다.

가격협정은 시장경제가 정상적으로 작동할 수 있게 하는 가격기구에 대한 직접적인 제약이 되기 때문에, 이를 엄격하게 규제하는 것이 세계적인 추세이다.[81)] 우리나라 대법원도 "사업자들이 공동으로 가격을 결정하거나 변경하는 행위는 그 범위 내에서 가격경쟁을 감소시킴으로써 그들의 의사에 따라 어느 정도 자유로이 가격의 결정에 영향을 미치거나 미칠 우려가 있는 상태를 초래하게 되므로, 그와 같은 사업자들의 공동행위는 특별한 사정이 없는 한 부당하다고 볼 수밖에 없다."고 판시하였다.[82)] 한편 가격협정에 있

---

77) 권오승 외, 사업자단체가 개입된 카르텔 유형 및 근절방안 연구(2004), 32면에 의하면, 1981년부터 2004년 7월까지 공정위에서 다루어진 부당한 공동행위 사건에서 가격협정에 관련된 사건은 약 76%에 이르고 있다.

78) 대법원 2001.5.8. 선고 2000두10212 판결.

79) 예컨대 사업자들 사이에 석도강판의 운송을 사업자가 담당하여 판매할 때에는 거래처까지의 실제 운송거리에 상관없이 사업자들 중 가장 가까운 생산공장과 거래처 간의 거리에 해당하는 협정 운송비를 징수하기로 하는 운송비 합의를 한 경우, 석도강판의 가격은 판매가격과 운송비를 합한 인도가격이고, 따라서 이러한 운송비 합의는 석도강판의 가격을 사업자들의 의도대로 결정하는 행위로서 부당한 공동행위에 해당한다(대법원 2001.5.8. 선고 2000두7872 판결).

80) 대법원 2002.6.14. 선고 2000두8905 판결.

81) 미국의 판례는 셔먼법 제1조의 거래제한을 해석함에 있어서, 가격에 관한 공동행위는 그 제한된 가격의 당부를 묻지 않고 그 자체로서 당연위법(per se illegal)이라고 한다. 가격협정에 관한 대표적인 판례로서는 United States v. Trenton Potteries Co., 273 U.S. 392, 47 S. Ct. 377, 71 L. Ed. 700(1927)이 있다. 그리고 독일의 경쟁제한방지법은 경쟁제한적인 카르텔을 원칙적으로 금지하는 일반조항을 두고 있는데, 가격협정은 전형적인 카르텔의 대표적인 예로 다루어지고 있다.

어서는 통상 준수해야 할 최저가격을 정하는 경우가 많지만 간혹 최고가격을 정하는 경우도 있다. 이 경우에는 최고가격의 결정이라고 하는 형식을 취하더라도 실제로는 그 수준으로 가격이 결정된다는 점과 이와 같은 가격결정력 자체가 바람직하지 않은 것이기 때문에 규제를 받게 되지만, 사안에 따라서는 친경쟁적 효과가 있는지를 검토해 볼 필요도 있다.

(2) 거래조건협정

거래조건협정이라 함은 사업자가 다른 사업자와 공동으로 상품 또는 용역의 거래조건이나 그 대금 또는 대가의 지급조건을 정하는 행위를 말한다(2호). 거래조건이란 상품 또는 용역의 품질, 거래의 장소, 거래의 방법, 운송조건 등과 같이 상품 또는 용역의 거래와 관련된 조건을 의미한다. 대금 또는 대가의 지급 조건이란 지급 수단, 지급 방법, 지급 기간 등과 같이 대금 또는 대가의 지급과 관련된 조건을 의미한다.

대법원은 손해보험회사들이 자동차보험 계약자들에게 무료로 제공하는 긴급출동서비스가 여기서 말하는 거래조건에 해당된다고 판시한 바 있으며,[83] 그 밖에 일정한 상품에 다른 상품을 끼워 파는 조건으로 거래하거나 일정한 경우에 특별할인이나 리베이트와 같은 유리한 판매조건을 부여할 것을 협정하는 것이 여기에 해당된다. 거래조건협정은 중소기업자들이 거대한 기업에 대항하기 위하여 체결하는 거래조건협정과 같이 경쟁제한적인 효과가 그다지 크지 않은 경우도 있을 수 있지만, 이러한 거래조건협정이 자유경쟁을 침해하는 경우에는 부당한 공동행위에 해당된다.

(3) 공급제한협정

공급제한협정이라 함은 사업자가 다른 사업자와 공동으로 상품의 생산·출고·수송 또는 거래의 제한이나 용역의 거래를 제한하는 행위를 말한다(3호). 공급제한협정은 가격협정을 이행하기 위한 수단으로도 사용된다. 그러나 공급제한은 수급에 직접 영향을 미치게 되므로 가격협정을 수반하지 않더라도 그 자체로 부당한 공동행위로 규제를 받는다.[84] 공급제한협정에는 상품 또는 용역의 거래에서 생산량, 판매량, 출고량, 거래량, 수송량 등을 일정한 수준 또는 비율로 제한하거나 사업자별로 할당하는 행위가 포함된다. 가동률, 가동시간, 원료구입 여부 또는 비율 등을 제한함으로써 실질적으로 생산·출고·수송을 제한하는 행위도 포함된다.

---

82) 대법원 2005.8.19. 선고 2003두9251 판결; 대법원 2007.9.20. 선고 2005두15137 판결; 대법원 2009.3.26. 선고 2008두21058 판결 참조.

83) 대법원 2006.11.23. 선고 2004두8323 판결.

84) 공급제한협정은 가격협정에 비하여 각 당사자의 이해관계가 서로 대립하기가 쉬운데다가 가격에 미치는 영향도 간접적이기 때문에, 가격협정보다 성립하기가 어려울 뿐만 아니라 그 유지에는 사업자단체에 의한 감시 등과 같은 강력한 조직을 필요로 하는 경우가 많다.

대법원은 석도강판을 제조·판매하는 4개사가 그 시장점유율을 합의한 행위를 부당한 공동행위로 인정하였다.[85] 공급제한협정에 해당하려면 용역의 제공이나 구매 등 거래를 일부 또는 전부 제한하는 행위이면 족하고, 일정한 거래분야에서 제한의 대상이 되는 용역과 대체 가능한 용역이 존재하는지 등을 고려하여 위 규정의 적용 여부를 가릴 것은 아니다.[86] 따라서 설령 관련시장에서 대체관계에 있는 재화 중 어느 한 재화만의 공급을 중단하기로 합의하는 경우라도 공급제한협정에 해당하므로 이에 관한 부당성 심사를 진행하여야 한다.

(4) 시장분할협정

시장분할협정이라 함은 사업자가 다른 사업자와 공동으로 거래지역 또는 거래상대방을 제한하는 행위를 말한다(4호). 시장분할협정은 가격협정의 보조수단으로 사용되는 경우가 많다. 시장분할협정은 사업자들 간의 판매경쟁을 제한하고, 시장의 개방성을 부당하게 제약하는 등 경쟁제한성이 크다. 이러한 이유로 OECD는 시장분할협정을 가격고정, 생산량제한 및 입찰담합과 함께 이른바 경성카르텔로 규정할 것을 권고하였다.[87]

시장분할협정은 거래지역을 제한하는 협정과 거래상대방을 제한하는 협정으로 나누어진다. 전자에는 사업자별로 거래지역을 정하는 행위, 특정 지역에서는 거래하지 않도록 하거나 특정 지역에서만 거래하도록 하는 행위 등과 같이 거래지역을 제한하는 행위가 포함된다. 후자에는 사업자별로 거래상대방을 정하는 행위, 특정사업자와는 거래하지 않도록 하거나 특정사업자와만 거래하도록 하는 행위 등과 같이 거래상대방을 제한하는 행위가 포함된다. 후자의 유형으로는 경쟁자와 신규거래를 금지하거나 고객등록제에 의하여 거래처의 고정화를 도모하는 거래처고정 카르텔 등이 있다.

(5) 설비제한협정

설비제한협정이라 함은 사업자가 다른 사업자와 공동으로 상품 또는 용역의 거래를 위한 설비의 신설 또는 증설이나 장비의 도입을 방해하거나 제한하는 행위를 말한다(5호). 이는 투자조정카르텔이라고 부르기도 하는데, 공급제한협정과 달리 생산량이나 판매량을 직접 제한하는 것은 아니다. 업계 전체 또는 개별 사업자별로 설비 총량 또는 신·증설 규모를 정하는 행위, 특정한 장비 도입을 제한하거나 또는 유도하는 행위 등이 포함된다. 설비제한협정은 미래의 공급제한으로 연결될 수 있지만, 예상되는 가까운 장래의 수요에 대하여 충분한 공급능력을 갖추고 있는 경우나 과잉설비를 폐기하는 경우에는 경쟁제한효과보다 효율성 증대효과가 크다고 인정될 여지가 있다.

---

85) 대법원 2022.9.29. 선고 2021두33722 판결 참조.
86) 대법원 2001.5.8. 선고 2000두10212 판결.
87) 공정위, 공정위 20년사(2001), 379면 참조.

(6) 상품의 종류 · 규격제한협정

상품의 종류 · 규격제한협정이라 함은 사업자가 다른 사업자와 공동으로 상품 또는 용역의 생산 · 거래 시에 그 상품 또는 용역의 종류 · 규격을 제한하는 행위를 말한다(6호). 특정 종류 또는 규격의 상품 또는 용역을 생산 또는 거래하지 않도록 하는 행위, 사업자별로 상품 또는 용역의 종류 또는 규격을 할당하는 행위, 새로운 종류 또는 규격의 상품 또는 용역의 생산 또는 공급을 제한하는 행위가 포함된다. 이것은 새로운 상품이나 다른 규격의 상품이 시장에 공급되어 자유로운 경쟁이 촉진되는 것을 제한하거나 또는 표준화된 상품에 대하여 국외자(outsider)의 시장진입을 배척함으로써 거래를 제한할 수 있다는 점에서 부당한 공동행위로서 규제되고 있다. 반면 표준화는 상품간 호환성을 제고하여 소비자의 불편을 해소하고 비용을 절감하고 상품간 비교를 용이하게 하는 효율성 증대효과가 존재한다. 따라서 제품의 표준화 내지 규격의 통일이 가격유지의 수단으로 악용되지 않고 경쟁의 합리화에 기여하는 경우에는 규제의 대상에서 제외된다.

이러한 측면에서 상품 등의 종류를 제한하는 행위와 상품 등의 규격을 제한하는 행위는 구별하여 평가할 필요가 있다. 후자 중에서 상품의 표준화와 관련이 있는 행위는 이로 인한 경쟁제한효과는 비교적 크지 않은 반면 효율성 증대효과를 기대할 수 있지만, 전자는 소비자의 선택권을 침해하여 경쟁제한효과가 인정되는 반면 효율성 증대효과가 크지 않은 경우가 많기 때문이다. 이러한 맥락에서 대법원은 하나로텔레콤 등 4개 통신회사가 소위 결합상품의 출시를 금지하기로 합의한 것에 대하여 시외전화 시장에서 경쟁을 부당하게 제한하기로 한 부당한 공동행위에 해당된다고 인정하였다.[88)]

(7) 영업의 공동수행 등

영업의 공동수행 등이라 함은 사업자가 다른 사업자와 공동으로 영업의 주요 부분을 수행 · 관리하거나 수행 · 관리하기 위한 회사 등을 설립하는 행위를 가리킨다(7호). 상품 또는 용역의 생산, 판매, 거래, 원자재의 구매, 기타 영업의 주요 부분을 공동으로 수행하거나 관리하는 행위, 이를 위해 회사 등을 설립하는 행위가 포함된다. 예컨대 상호 경쟁관계에 있는 다수의 사업자들이 상품 또는 서비스의 공동판매 혹은 원자재의 공동구입을 하는 경우가 여기에 해당된다. 프로야구 구단들이 KBO를 조직하여 프로야구 리그를 운영하는 것도 이러한 사례이다. 영업의 공동수행 등은 그 과정에서 참가기업들 간에 경쟁이 제한되거나 다른 경쟁사업자를 배제할 수 있기 때문에 규제되고 있다. 그러나 실패위험이 높고 대규모 자본이 소요되는 연구개발의 공동수행, 규모의 경제와 비용절감의 이점을 누릴 수 있는 공동생산, 공동판매, 공동구매, 공동광고 등에는 효율성 증대효과도

88) 대법원 2008.10.23. 선고 2007두2358 판결.

존재한다.

한편 사업자들이 새로운 회사를 설립하는 경우에는 그것이 기업결합의 한 유형으로서 규제대상이 될 수도 있다. 이와 같이 합작기업은 공동행위의 성격과 기업결합의 성격을 동시에 가지고 있기 때문에, 이를 공동행위로 규율할 것인지 아니면 기업결합으로 규율할 것인지를 판단하기가 어려운 경우가 많다. 새로이 설립된 회사가 지속적인 사업기반을 가지고 시장에 등장하여 '새로운 독립적인 계획단위'(neue selbständige Planungseinheit)로서 최소한 자신의 주체적인 영업활동에 관하여 자유로운 의사결정을 할 수 있는 경우에는 기업결합으로 규제하는 것이 옳지만, 그렇지 않은 경우에는 공동행위로 규제하는 것이 타당할 것이다.[89)]

(8) 입찰담합

입찰담합이란 입찰 또는 경매를 할 때 낙찰자, 경락자, 입찰가격, 낙찰가격 또는 경락가격, 그 밖에 대통령령으로 정하는 사항을 결정하는 행위를 말한다(8호). 이것은 2007년 8월 개정법에 의하여 추가된 행위유형이다. 입찰담합은 부당한 공동행위 중에서 비교적 많이 적발되는 행위유형이므로, 입찰담합에 관해서는 제4절에서 별도로 살펴보기로 한다.

(9) 기타 다른 사업자의 사업활동제한 내지 정보교환

위에서 열거한 것 이외의 행위로서 다른 사업자(그 행위를 한 사업자를 포함한다)의 사업활동 또는 사업내용을 방해·제한하거나 가격, 생산량, 그 밖에 일정한 정보를 주고받음으로써 일정한 거래분야에서 경쟁을 실질적으로 제한하는 행위도 금지한다(9호). 제9호는 위에서 설명한 유형에 해당하지 않는 공동행위 중에서 사업활동방해나 정보교환으로 포섭될 수 있는 행위를 구성요건으로 한다. 과거에는 다른 사업자의 범위에 그 행위를 한 사업자가 포함되는지에 관하여 의문이 있었는데, 2007년 법 개정시에 담합에 참여한 사업자를 포함하는 것으로 명시하였다. 그리고 2020년 법 개정시에는 정보교환 행위도 포함시켰다.

(가) 사업활동제한

공동행위 심사지침은 영업장소의 수 또는 위치를 제한하는 행위, 특정한 원료의 사용비율을 정하거나 직원의 채용을 제한하는 행위, 자유로운 연구·기술개발을 제한하는 행위, 공동행위 참여 사업자들이 공동행위에 참여하지 않은 다른 사업자의 사업활동 또는 사업내용을 방해하거나 제한하는 경우, 공동행위에 참여한 사업자들이 그 자신들의 사업활동 또는 사업내용을 제한하는 경우를 예시하고 있다. 의약품 도매상들이 대학병원의 의약품 입찰 실시 다음 날 낙찰받은 도매상은 기존 제약사와 거래를 해오던 다른 도매상

89) Volker Emmerich, Fälle zum Wettbewerbsrecht(4. Aufl.), C. H. Beck(2000), S.39.

에서 낙찰단가대로 의약품을 구매하고 병원에서 대금을 수령하면 그 도매상에게 낙찰단가대로 금액을 송금('도도매거래')하기로 합의하고 실행한 행위도 여기에 해당한다.[90]

(나) 정보교환

사업자들 사이의 정보교환 행위는 긍정적 요소와 아울러 부정적 요소를 동시에 가지고 있다. 시장에 상품이나 서비스의 수요와 공급 상황을 정확히 반영하는 정보가 공급되면 시장 참여자들의 효율적이고 경쟁적인 대응이 가능해져서 소비자와 공급자 모두에게 혜택을 줄 수 있다. 반면, 정보교환은 사업자들 사이에서 가격이나 수량 등의 의사결정에 관한 불확실성을 제거하여 담합을 용이하게 하거나 촉진할 수도 있다.

구법상으로 정보교환은 제1호 내지 제9호의 행위유형에 포함되어 있지 않았기 때문에 구법의 해석상 정보교환 행위 그 자체를 부당한 공동행위로 규율하는 것은 곤란하다고 보았다.[91] 그런데 2020년 법 개정을 통해서 일정한 정보교환 행위를 금지되는 부당한 공동행위의 유형에 포함시켰고, 위 금지규정에 해당하지 않는 정보교환에 대해서도 합의의 추정요건으로 규정하여, 정보교환 행위에 대한 규제를 강화하였다. 제9호에서 교환이 금지되는 정보는 가격, 생산량, 그 밖에 사업자간 교환시 경쟁을 제한할 우려가 있는 일정한 정보인데, 여기에는 ① 상품 또는 용역의 원가, ② 출고량, 재고량 또는 판매량, ③ 상품·용역의 거래 조건 또는 대금·대가의 지급 조건이 포함된다(영 44조). 다만, 공개된 정보나 과거의 정보를 교환하는 것은 경쟁제한효과가 인정되지 않는 경우가 대부분일 것이고, 현재 또는 장래에 관한 비공개 정보의 교환인 경우에도 경쟁제한효과와 효율성 증대효과가 혼재하는 연성 공동행위인 경우에는 부당성 판단을 신중하게 할 필요가 있다.

3. 행위유형간 관계

위에서 살펴본 부당한 공동행위 유형들이 상호 배타적 관계에 있는 것은 아니다. 하나의 합의가 여러 행위유형들을 포함하는 경우도 있기 때문이다. 예컨대, 입찰담합은 입찰과정에서 이루어지는 다양한 요소에 관하여 이루어질 수 있는데, 그 내용이 가격일 수도 있고, 공급량일 수도 있고, 거래조건일 수도 있으며, 이들 모두에 대한 것일 수도 있다. 이 경우에 입찰담합과 다른 유형의 담합이 동시에 성립하게 된다.[92] 합의를 어느 유

90) 공정위 2012.3.26. 의결 제2012-044호. 법원은 위 합의로 낙찰받지 못한 도매상도 낙찰도매상과 낙찰가대로 도도매거래를 함으로써 의약품을 납품할 수 있게 되므로 합의에 가담한 사업자들은 모두 사실상 낙찰자로서의 지위를 가지고 입찰에 참가한다고 볼 수 있어 가격경쟁으로 결정되는 낙찰자 선정의 의미를 무색하게 할 우려가 있는 점 등을 들어 입찰시장에서의 경쟁제한적 효과를 인정하는 한편, 마진 없는 도도매 거래를 할 수밖에 없었던 불가피성을 인정하기 어려운 점, 합의가 없었다면 입찰의 예정인하율보다 더 높은 낙찰인하율이 성립할 수 있었을 것으로 보이는 점 등을 들어 합의로 인한 경쟁제한적 효과보다 경쟁촉진적 요소가 더 크다고 볼 수 없으므로 위 합의가 입찰시장에서의 경쟁을 부당하게 제한하였다고 보았다. 서울고법 2012.12.7. 선고 2012누11234 판결 및 대법원 2015.6.11. 선고 2013두1676 판결.

91) 한서희, "동조적 행위로서 정보교환과 공정거래법상 합의", 경쟁법연구 제28권(2013), 69면.

92) 황태희, "공정거래법상 부당한 공동행위 규정에서의 '다음 각 호'의 의미", 경쟁법연구 제46권(2022), 295면.

형의 담합에 포섭하여 제재할지는 기본적으로 경쟁당국의 몫이라고 할 것이다.[93)]

Ⅵ. 부당한 공동행위의 수와 기간

1. 부당한 공동행위의 수

(1) 논의의 배경

사업자들이 일정한 기간에 걸쳐 수차례의 합의를 하거나 여러 가지 상품에 대해서 합의를 하는 경우에 부당한 공동행위의 수(數)는 어떻게 보아야 할 것인가? 이러한 공동행위를 하나의 행위로 볼 것인가 아니면 각각 별개의 행위로 볼 것인가 하는 것인데, 이것이 문제되는 이유는 다음과 같다.[94)] 첫째, 각 공동행위가 별개의 행위인지 혹은 전체적으로 1개의 행위인지에 따라 행위가 종료한 날이 달라질 수 있고, 그것은 처분시효 및 공소시효와 관련이 있다. 둘째, 독점규제법과 동법 시행령 및 고시 등이 개정되어 과징금 부과기준이 변경된 경우, 그 행위에 적용할 법령이 달라질 수 있다. 예컨대, 수 개의 담합행위가 이루어지는 과정에서 과징금 부과기준이 변경된 경우, 전체적으로 하나의 공동행위가 성립한다면 전체적으로 하나의 법령을 적용하게 될 것이지만, 각각 별개의 공동행위가 성립한다면 각각의 행위에 대하여 행위 시의 법령이 적용될 것이다. 셋째, 과징금 부과기준이 되는 관련매출액 산정이 달라질 수 있다. 관련매출액을 산정함에 있어서는 위반행위 개시일로부터 종료일까지 해당 상품 등의 매출액을 기준으로 하고 있으므로, 일정한 기간 동안의 합의 혹은 여러 상품 등에 대한 합의가 전체적으로 1개의 행위를 구성하게 되면 그 관련매출액의 규모가 더 커질 수 있다.

(2) 시간적 기준

사업자들이 일정한 기간에 걸쳐 수차례의 합의를 하는 경우, 부당한 공동행위의 수는 먼저 개별적인 합의들의 기본원칙을 담거나 그 토대가 되는 기본합의가 있었는지의 여부에 따라 판단하고, 만일 기본합의가 없는 경우에는 개별합의들이 단일한 의사에 기해 동일한 목적을 위해 단절 없이 계속 실행되어 왔는지의 여부에 따라서 판단을 한다.

(가) 기본합의가 존재하는 경우

사업자들이 부당한 공동행위의 기본적 원칙에 관한 합의를 하고, 이에 따라 그 합의를 실행하는 과정에서 수차례의 합의를 계속하여 온 경우에는 그와 같은 일련의 합의는 전체적으로 하나의 부당한 공동행위로 본다.[95)] 이는 기본원칙에 관한 합의 또는 각 합의

93) 손동환, "감정평가사협회의 공급 제한 담합 사건 외 대법원 판결", 경쟁저널 제213호(2022), 60면.
94) 이에 관한 상세한 논의는 강우찬, "부당한 공동행위의 수(數)와 기본합의", 공정거래법 판례선집(2011), 250-251면 참조.

의 구체적 내용이나 구성원 등에 일부 변동이 있었다고 하더라도 마찬가지이다. 기본합의가 존재하는 경우라면, 의사의 단일성 내지 목적의 동일성이 쉽게 인정되기 때문이다. 반면, 일부 가담자가 기본합의를 명시적으로 파기하였고, 그 후 기본합의의 내용에 있어서 기존의 기본합의와 상당한 차이가 있는 다른 합의가 이루어졌다면, 그 새로운 합의는 기존에 계속되던 합의와 구별되는 별개의 새로운 합의로 보아야 할 것이다.[96)]

구체적으로 흑연전극봉 담합 사건에서는 하나의 공동행위로 인정하는지의 여부에 따라 제척기간의 도과 여부가 달라질 수 있었다. 원고인 쇼와 덴코 케이케이 주식회사가 1992. 5. 21. 소외 회사들과 최고책임자급 회합을 가지면서 흑연전극봉 시장에서 경쟁을 제한할 목적으로 향후 계속적으로 가격의 결정, 유지 또는 변경행위 등을 하기로 하면서, 가격의 결정주체, 결정방법 등에 관하여 일정한 기준을 정하고, 향후 가격의 결정 등을 위하여 계속적인 회합을 가지기로 하는 등 기본적 원칙에 관한 합의를 하였다. 이에 따라 위 합의를 실행하는 과정에서 1997년 4월경까지 수회에 걸쳐 최고책임자급 회합과 실무자급 회합을 개최하여 구체적인 가격의 결정 등을 위한 합의를 계속하여 왔다. 원고는 1997년 4월경에 탈퇴하였으나 그 이후에도 1997년 말경까지 그 합의에 따른 가격을 유지하여 실질적으로 합의에 기한 실행행위를 계속하여 왔다. 대법원은 원고가 1992. 5. 21. 이래 소외 회사들과 공동으로 하였던 일련의 합의는 전체적으로 1개의 부당한 공동행위로 보아야 하고, 이 사건 부당한 공동행위는 1997년 말경까지는 계속되고 있었다고 할 것이므로, 피고가 이 사건에 대한 처분을 한 2002년 4월경에는 이 사건 부당한 공동행위가 종료한 날로부터 5년이 경과되지 않았다고 판단하였다.[97)]

또한, 사업자들이 공동행위에 관한 기본합의에 기초하여 공사입찰에 참여하면서 순차적으로 발주되는 공사에 관하여 사전에 낙찰예정자 및 투찰률을 정하고 한 번 낙찰 받은 경우에는 이후 발주되는 입찰에 입찰참여자로만 참여하는 등 기본적인 합의내용 및 실행방식을 유지하였는데, 적격심사제라는 발주방식의 특수성으로 인해 당초 위 사업자들의 예상과 달리 원고가 낙찰을 받은 경우에도, 이러한 동일한 공동행위의 일환으로 이루어진 것으로 인정되었다.[98)]

(나) 기본합의가 존재하지 않는 경우

하나의 부당한 공동행위로 인정되기 위하여 기본합의가 반드시 필요한 것은 아니다. 판례는 장기간에 걸친 수회의 합의가 단일한 의사에 기하여 동일한 목적을 수행하기 위한 것으로 그것이 단절 없이 계속 실행되어 왔다면 그 합의의 구체적인 내용이나 구성원

95) 대법원 2006.3.24. 선고 2004두11275 판결.
96) 서울고법 2015.7.24. 선고 2014누55412 판결(심리불속행 기각으로 확정).
97) 대법원 2006.3.24. 선고 2004두11275 판결.
98) 서울고법 2017.4.27. 선고 2016누31441 판결(심리불속행 기각으로 확정).

에 일부 변화 또는 변경이 있었다고 하더라도 이를 전체적으로 하나의 부당한 공동행위로 보아야 할 것이고, 그렇지 않다면 이를 각각 별개의 부당한 공동행위로 보아야 할 것이라고 한다.[99] 판례의 일반론에서 추출할 수 있는 요소는 단일한 의사, 동일한 목적, 단절 없는 계속 실행 등이다.[100] 다만, 구체적으로 어떠한 경우에 위와 같이 전체적으로 1개의 부당한 공동행위가 있었음을 인정할 것인지는 쉽지 않은 문제이다. 부당한 공동행위를 한 자에게 형사처벌을 할 수 있는 점을 고려하면 형법상 포괄일죄의 법리를 참고할 수 있을 것이다.

1) 하나의 부당한 공동행위로 인정한 사례

굴삭기 제조업체의 담합 사건은 2001. 5. 15. 영업담당자 모임 등을 통해 가격인상에 관하여 합의한 이래 약 4년간 그 대상인 굴삭기 및 휠로다 판매조건에 관한 합의를 지속하여 온 사안이었다. 그 사이 이 사건 회사들의 주요 기종별 판매가격과 전체 할인율 등의 판매조건에 일부 변동이 있었을 뿐 부당한 공동행위를 하려는 의사나 목적이 달라졌다고 보이지 아니하며 그 실행행위 또한 단절 없이 계속되어 왔다. 이에 따라 대법원은 위 담합행위를 개정 법령의 시행일 당시 아직 종료되지 않고 계속되고 있는 행위로 보아 개정 법령에 해당하는 법시행령과 피고의 과징금부과 세부기준 등에 관한 고시에 따른 부과기준율을 적용하여 과징금을 산정한 것은 정당하다고 판시하였다.[101] 그리고 세제사 담합 사건에서 대법원은 합의의 구체적 내용 및 구성원의 일부 변경이 있었다고 해도 일련의 합의가 1개의 행위를 구성하는데 영향을 받지 않는다고 판단하였다.[102] 나아가 법원은 담합 사건에서 ① 중간에 명시적 합의가 없거나,[103] ② 업체들의 구체적인 투찰행위가 없었거나,[104] ③ 중간에 일부 정상적인 입찰이 있었던 경우라고 하더라도,[105][106] 위 기간 중 합의가 단절되거나 파기되지 아니한 이상 전체적으로 하나의 부당한 공동행위가 성립한다고 보았다.

2) 별개의 부당한 공동행위로 인정한 사례

반면, 1998년에 합의가 이루어졌으나 수회의 입찰담합 중 1999. 10. 5. 입찰에서 합

---

99) 대법원 2008.9.25. 선고 2007두3756 판결; 대법원 2009.1.30. 선고 2008두16179 판결; 대법원 2009.6.25. 선고 2008두16339 판결.

100) 강우찬, "부당한 공동행위의 수(數)와 기본합의", 공정거래법 판례선집(2011), 254면.

101) 대법원 2008.9.25. 선고 2007두3756 판결.

102) 대법원 2009.6.25. 선고 2008두16339 판결.

103) 서울고법 2010.6.3. 선고 2009누2490 판결(심리불속행기각으로 확정).

104) 서울고법 2017.5.31. 선고 2016누51599 판결(확정).

105) 서울고법 2015.7.16. 선고 2014누70466 판결(확정). 사전 합의된 물량에 이의를 제기하는 사업자의 돌출행동에 의하여 경쟁입찰이 발생하였으나 그 직후 이전과 동일한 방식으로 합의가 이루어졌던 사안이다.

106) 서울고법 2017.9.14. 선고 2017누47917 판결(확정). 원고 등이 입찰에 참여할 사업자를 확인하지 못하거나 신규 참여업체가 있어 합의하지 못하는 등 특별한 사정이 있었기 때문에 경쟁 입찰이 일부 이루어진 사안이다.

의에 이르지 못해 경쟁입찰이 이루어졌고, 이후 한 달간 일련의 입찰에서도 계속적으로 경쟁입찰이 이루어졌으나, 2000년에 1999년처럼 합의가 불성립하여 경쟁입찰로 나아가는 상황을 방지하기 위한 새로운 장치들을 만들기 위한 합의를 한 사안에 대하여, 대법원은 1998년의 합의와 2000년 이후의 합의가 단일한 의사에 기하여 동일한 목적을 수행하기 위한 것이었다고 보기 어려운 바 양 합의는 별개로 보아야 한다고 판단하였다.[107] 또한, 공동행위 기간 중 실시된 29건의 관련 입찰 가운데 14건의 입찰에 관해서만 담합이 이루어졌고 나머지 15건의 입찰 또는 수의계약에서는 각 회사의 영업력 등을 바탕으로 치열한 경쟁이 이루어진 사안에 대해서, 대법원은 사업자들이 합의 시마다 발주 예정 상황과 각자 회사의 이해관계 등을 기초로 새로운 의사합치를 거쳐 공동행위를 하였다고 보는 것이 타당하다고 판단하였다.[108]

(다) 하나의 부당한 공동행위로 인정되는 경우의 효과

의사의 단일성과 목적의 동일성이 인정되면, 공동행위 기간 중에 각 사별로 시장점유율이나 가격수준 또는 기타 합의내용에 일부 변동이 있었고 새로운 사업자가 공동행위에 참가하였다는 사정만으로는 개별 행위로 인정되지 않는다. 또한, 부당한 공동행위의 합의가 성립함으로써 업체들 상호 간의 경쟁관계는 해소되었으므로 합의의 효력이 계속되는 한 그 사이에 명시적 합의가 없었다고 하더라도 부당한 공동행위가 단절되는 것은 아니다. 그리고 하나의 부당한 공동행위가 계속 되고 있는 사이에 법령이 개정된 경우에는 개정된 법령이 적용되는 것이 원칙이다.[109]

하나의 부당한 공동행위는 형사상 포괄일죄를 구성하는데, 포괄일죄에 있어서 그 일죄를 구성하는 개개의 행위에 대하여 구체적으로 특정하지 아니하더라도 그 전체 범행의 시기와 종기, 범행방법과 장소, 상대방, 범행횟수나 피해액의 합계 등을 명시하면 이로써 그 범죄사실은 특정되었다고 할 것이다. 따라서 포괄일죄로 기소된 피고인들에 대한 공소사실에 그 범행의 시기와 종기가 특정되어 있을 뿐만 아니라, 범죄일람표에는 그 합의 일시, 장소, 참석자 및 합의내용 등이 구체적으로 기재되어 있다면 공소사실은 특정되었다고 볼 수 있다.[110]

(3) 관련시장의 기준

서로 다른 관련시장에 속하는 수개의 상품을 대상으로 부당한 공동행위가 이루어진 경우에 당해 행위를 하나의 부당한 공동행위로 볼 것인지, 아니면 관련시장에 따라 복수의 부당한 공동행위로 볼 것인지에 관해서도 논의가 있다. 공정위의 실무는 관련시장별

---

107) 대법원 2015.2.12. 선고 2013두6169 판결.
108) 대법원 2016.12.27. 선고 2016두43282 판결.
109) 대법원 2007.12.13. 선고 2007두2852 판결.
110) 대법원 2012.9.13. 선고 2010도16001 판결.

로 별개의 부당한 공동행위로 처리하는 것이 일반적이나,[111] 하나의 부당한 공동행위로 처리한 사례도 존재한다.

엘리베이터 담합 사건에서 공정위는 ① 대한주택공사발주 엘리베이터 시장,[112] ② 민간수요처 및 관급수요처 발주 엘리베이터 시장,[113] ③ 엘리베이터 교체시장[114]을 각기 별개의 관련시장으로 보고, 각 관련시장별로 처분도 별도로 하고, 자진신고의 순위도 별도로 판단하였다. 그리고 석유화학제품 담합 사건에서도 공정위는 관련시장을 HDPE 시장, PP 시장, LDPE/LLDPE 시장으로 구분하고, 3개의 별도의 의결서를 작성하고 자진신고 순위도 별도로 판단하였다.[115] 또한, 삼성전자와 LG전자의 세탁기, 평판TV, 노트북PC 담합 사건에서 공정위는 세탁기 공동행위, 평판TV 공동행위, 노트북PC 공동행위는 각각 다른 상품을 공동행위의 대상으로 하였는데, 위 3개의 행위를 전체적으로 단일한 의사에 기하여 동일한 목적을 수행하기 위한 것으로서 단절 없이 계속 실행되어온 것으로 보기 어렵다는 이유로 각각 별개의 공동행위를 구성하는 것으로 보았다.[116] 반면, 음료 담합 사건에 관한 변경처분에서 공정위는 담합의 대상이 되는 관련시장을 과실·탄산·기타음료로 구분하였으나, 그들의 행위는 하나의 부당한 공동행위를 성립한다는 입장을 취하였다.[117]

2. 부당한 공동행위의 개시일

부당한 공동행위는 가격의 결정 등 부당하게 경쟁을 제한하는 행위를 하기로 하는 합의가 있으면 성립한다. 독점규제법은 당초 공동행위의 성립요건으로 합의뿐만 아니라 실행행위(행동의 일치)까지 요구하고 있었으나, 1992년 법 개정에서 합의만 있으면 아직 실행행위가 나타나지 않은 경우에도 공동행위가 성립하는 것으로 개정되었다. 따라서 현행법 하에서는 합의일을 위반행위의 개시일로 보아야 할 것이다. 그러나 합의일을 특정하기 어려운 경우에는 사업자별로 실행개시일을 위반행위의 개시일로 본다.[118]

---

111) 사업자들의 리니언시 순위는 그 상품시장별로 판단하여야 할 것이라는 주장으로, 이완희, "부당공동행위의 일부 기간에 대한 리니언시", 경쟁법연구 제26권(2012), 43면 참조.

112) 공정위 2008.9.24. 의결 제2008-269호(대한주택공사 발주 엘리베이터 구매계약 관련 7개 제조·판매사업자들의 부당한 공동행위에 대한 건).

113) 공정위 2008.9.25. 의결 제2008-268호(민간 및 관급 수요처 발주 엘리베이터 구매계약 관련 5개 엘리베이터의 제조·판매업자들의 부당한 공동행위에 대한 건).

114) 공정위 2008.9.25. 의결 제2008-267호(엘리베이터 교체계약 관련 3개 엘리베이터 제조·판매사업자의 부당한 공동행위에 대한 건).

115) 공정위 2007.6.5. 의결 제2007-300, 301호; 공정위 2008.3.5. 의결 제2008-082호. 이 사건은 석유화학사들이 1994. 4.경부터 2005. 4.경까지 11년여의 기간에 걸쳐 사장단회의, 영업본부장회의, 영업부장회의 또는 영업실무자 모임 등을 개최하여, PP, HDPE, LDPE, LLDPE 등 합성수지 4개 품목에 대해 가격을 공동으로 결정한 사안이다. 그런데 석유화학사들은 LDPE, LLDPE, HDPE, PP 제품 구분 없이 담합사실을 한꺼번에 자진신고하였다.

116) 공정위 2012.3.21. 의결 제2012-041호.

117) 공정위 2015.1.15. 의결 제2015-011호.

3. 부당한 공동행위의 종료일

부당한 공동행위의 종료일은 시정조치 등의 처분시효 내지 공소시효의 기산점, 과징금의 산정, 부칙 규정의 적용 등과 관련하여 실무상 중요한 의미를 가지고 있다. 이러한 이유로 부당한 공동행위의 종료일을 둘러싼 법적 공방이 종종 발생하고 있다.

(1) 상태범설과 계속범설

현행법상 부당한 공동행위는 합의가 있으면 성립하고, 합의에 따른 실행행위는 그 구성요건이 아니다. 이러한 상황에서 부당한 공동행위의 종료일 내지 공소시효 기산점과 관련하여 상태범설과 계속범설이 대립하고 있다.[119] 상태범설은 합의의 성립 시에 부당한 공동행위는 기수에 이르러 종료하고 그 이후에는 법익침해상태가 남는 것으로 본다. 구성요건적 행위가 시간적 계속을 요하는지에 따라서 인정되는 계속범의 본질적 의의에 비추어 부당한 공동행위를 계속범으로 보기는 어렵다는 입장이다.[120] 상태범설에 따르면, 합의의 시점이 부당한 공동행위의 종료일이자 공소시효의 기산점이 될 것이다. 계속범설은 부당한 공동행위를 계속범이라고 보고, 개개의 담합행위가 행해지고 있는 이상 위반행위의 계속을 인정하는 견해이다. 따라서 실행행위가 종료하는 시점이 부당한 공동행위의 종료일이자 공소시효의 기산점이 된다.[121]

실행행위가 부당한 공동행위의 요건이 아니라는 점은 상태범설의 지적이 맞지만, 사업자들 간의 합의는 일정기간에 걸친 실행행위의 계속을 전제로 하는 것이기 때문에, 실행행위가 지속되고 있는 이상 구성요건적 행위인 합의도 계속되고 있다고 할 것이다. 따라서 계속범설이 타당하다고 본다. 법원과 공정위도 부당한 공동행위의 종료일은 원칙적으로 그 합의에 기한 실행행위가 종료한 날로 보고 있다.[122]

(2) 실행행위의 종료

부당한 공동행위가 종료한 날은 원칙적으로 그 합의에 기한 실행행위가 종료한 날을 의미한다. 실행행위가 종료한 날이라 함은 합의가 더 이상 존속하지 않게 된 날을 의미

---

118) 구법 제19조 제5항은 외형상 일치된 행위가 경쟁제한성을 가질 때에 부당한 공동행위의 합의가 추정된다고 규정하고 있었다. 이 추정조항이 적용되는 사안과 관련하여, 대법원은 공동행위의 실행개시일은 위와 같은 행위의 외형상 일치와 경쟁제한성이라는 두 가지 간접사실이 모두 갖추어졌을 때가 될 것이고, 그 종료일은 위와 같은 행위의 외형상 일치와 경쟁제한성이라는 두 가지 간접사실 중 어느 하나라도 갖추지 못하게 되었을 때라고 판시하였다. 대법원 2008.2.15. 선고 2006두11583 판결.

119) 일본의 판결은 계속범설을 취하고 있다. 홍명수, 일본의 경쟁법 판례 분석(2008), 73면.

120) 홍명수, 위의 책, 74면.

121) 계속범에 있어서는 위법상태가 종료된 때가 시효의 기산점이 되며, 범죄가 기수로 된 이후에도 행위가 계속되는 동안 공범이 성립될 수 있다. 이재상, 형법총론, 박영사(2003), 73면.

122) 대법원 2006.3.24. 선고 2004두11275 판결; 대법원 2008.10.23. 선고 2007두12774 판결; 대법원 2013.11.28. 선고 2012두17773 판결.

하고, 합의가 더 이상 존속하지 않게 되었다고 함은 이러한 합의에 정해진 조건이나 기한이 있었는데 그 조건이 충족되거나 기한이 종료한 경우 또는 당해 사업자가 탈퇴하거나 당사자 사이에 합의를 파기하기로 한 경우 혹은 사업자들이 합의에 의하여 인상한 가격을 다시 원래대로 환원하는 등 위 합의에 명백히 반하는 행위를 함으로써 더 이상 위 합의가 유지되고 있다고 인정하기 어려운 사정이 있는 경우 등이 여기에 해당된다.[123) 실행행위가 종료한 날은 개별 사업자별로 판단하여야 할 것이고, 다른 가담자의 합의 탈퇴와 관련된 행위들은 그 외의 사업자의 합의 탈퇴여부와는 관련이 없다.[124) 예를 들어, 甲, 乙, 丙 3개 회사가 담합에 참여하였으나 그 후 甲의 합의 탈퇴가 인정된 경우에, 그러한 甲의 행위는 甲이 합의에서 탈퇴한 것으로 볼 수 있는 사정에 지나지 않을 뿐이고, 乙, 丙이 합의에서 탈퇴한 것으로 볼 수 있는 사정은 될 수 없다.[125) 아래에서 실행행위 종료가 인정될 수 있는 주요한 사유들을 살펴보기로 한다.

(가) 조건이나 기한이 있는 경우

합의에 정해진 조건이나 기한이 있는 경우에는 그 조건이 충족되거나 기한이 종료한 날이 종료일이 된다. 존속기간이 정해져 있어도 부당한 공동행위 참여자들에게 그 행위가 기간 만료 후에 자동 갱신되고 실행행위는 계속된다는 인식이 있는 경우에는, 형식적으로 기한이 도래하였다고 하더라도 부당한 공동행위는 종료하지 않았다고 볼 수 있다.

(나) 탈퇴 의사표시와 함께 합의에 반하는 행위를 한 경우

공동행위의 구성사업자가 합의 탈퇴의사를 명시적 내지 묵시적으로 표시하고 실제 그 합의에 반하는 행위를 한 경우에 실행행위는 종료한 것으로 본다. 합의에 반하는 행위와 관련하여 판례는 단순히 합의를 이행하지 아니하였다는 사정만으로는 합의가 존속하지 않게 되었다고 볼 수 없고,[126) 독자적 판단으로 가격을 담합이 없었으면 존재하였을 가격 수준으로 인하하는 등의 적극적 행위를 요구하고 있다.[127)

1) 가격의 인하

합의에 반하는 행위의 가장 전형적인 모습은 가격의 인하이다. 다른 사업자들의 가격 인상에도 불구하고 기존의 가격을 유지하는 것만으로는 합의에 반하는 행위를 한 것으로 볼 수 없다.[128) 가격인하는 담합이 없었더라면 존재하였을 가격 수준까지 이루어져야 하

---

123) 서울고법 2004.11.24. 선고 2003누9000 판결(확정).

124) 대법원 2008.12.24. 선고 2007두19584 판결. 같은 취지로서 서울고법 2012.4.12. 선고 2011누27584 판결(심리불속행 기각으로 확정).

125) 대법원 2008.12.24. 선고 2007두19584 판결.

126) 대법원 2008.9.25. 선고 2007두3756 판결.

127) 대법원 2008.10.23. 선고 2007두12774 판결; 대법원 2016.10.27. 선고 2015두49832 판결.

128) 대법원 2016.10.27. 선고 2015두49832 판결(아연도강판 담합 사건). 원심 판결(서울고법 2015.7.22. 선고 2013누45036 판결)은 포스코의 공동행위 종료시점을 2006년 7월 13일 또는 2006년 12월 중순으로 보았는

고 그에 미치지 못하거나 사업자간 기만행위(cheating)에 불과한 경우에는 실행행위의 종료로 인정되지 않는다. 법원이 합의의 탈퇴 내지 파기로 보기 어렵다고 본 사례로는 ① 사업자들이 합의에 따른 약관요금을 적용한 이후에 그 약관요금을 그대로 유지한 채 실제로 받아야 하는 약관요금보다 더 할인 면제해 준다는 유인책을 활용한 것에 그치는 경우,[129] ② 합의와 달리 실제 입찰에서 저가입찰을 한 경우,[130] ③ 원고 등이 일시적인 여건의 변화로 가격을 일부 인하한 경우 등이다.[131]

2) 후속 합의에 불참

법원은 장기간 지속된 1개의 공동행위와 관련하여 원고가 2005. 2. 합의에만 참여하였을 뿐 나머지 합의에는 원천적으로 가담 자체를 하지 않은 경우에 원고에 대해서는 전체 공동행위의 종료 시점이 아닌 원고가 가담한 2005. 2. 합의에 따른 실행행위가 최종적으로 종료된 때에 공동행위가 종료되었다고 봄이 타당하다고 판단하였다.[132]

(다) 탈퇴 의사표시만 한 경우

합의에 반하는 행위를 하는 것이 현저히 곤란한 객관적이고 구체적인 사유가 인정되는 경우에는 합의 탈퇴의 의사표시로 부당한 공동행위가 종료한 것으로 볼 수 있다. 합의에 반하는 행위를 하는 것이 현저히 곤란한 객관적이고 구체적인 사유가 인정되어야 하므로, 가격인하 등 합의에 반하는 행위를 할 수 있었음에도 불구하고 하지 않은 경우에는 합의 탈퇴의사의 표시만으로 공동행위가 종료한 것으로 볼 수 없다.[133] 그리고 탈퇴의 의사표시는 그 취지와 내용이 분명하여야 한다. 따라서 ① 원고가 담합모임에서 자신의 낙찰순위 상향조정을 요구하면서 그 요구가 수용되지 않을 때에는 합의를 따르지 않겠다고 선언한 것,[134] ② 원고가 공동행위에 참여한 다른 일부 사업자들에게 원고는 공동행위에 가담하지 않았다는 취지의 회신을 한 것,[135] ③ 언론보도를 통해 새로운 가격정책의 도입을 알린 것[136]만으로는 공동행위에서 탈퇴하겠다는 의사를 표시한 것으로

데, ① 포스코는 2006년 7월 13일경 독자적인 아연할증료 테이블을 적용하였고, 나머지 4개 사업자들이 2006년 12월경 아연할증료를 인상하였으나 포스코는 아연할증료를 그대로 동결하였으며, ② 포스코가 2006년 7월 13일경 독자적인 아연할증료 테이블을 적용하면서 이를 언론을 통해 알렸고, 2006년 12월 중순경 다른 회사들이 포스코의 독자적인 행위에 대응하는 조치를 취했으므로, 포스코는 나머지 사업자들에 묵시적으로 공동행위에서 탈퇴하겠다는 의사표시를 하였고 나머지 사업자들도 이를 인식하였다고 보아야 한다는 것을 그 이유로 들었다. 그러나 대법원은 전술한 사유를 들어 원심 판결을 취소하였다.

129) 대법원 2008.12.11. 선고 2007두2593 판결.

130) 서울고법 2012.4.25. 선고 2011누31002 판결(심리불속행 기각으로 확정).

131) 대법원 2016.10.27. 선고 2015두35871 판결; 대법원 2016.11.10. 선고 2015두35536 판결.

132) 서울고법 2016.6.29. 선고 2014누43020 판결(심리불속행 기각으로 확정).

133) 원고가 다른 제조사들에게 임직원들이 정보교환하거나 모임을 갖는 것을 금지하고 위반 시 엄중히 징계조치를 취하기로 하였다는 내부 방침을 포함한 서면을 발송하였더라도 이를 공동행위 파기의사를 밝힌 것으로 볼 수 없고, 상당한 정도의 가격인하 등 '합의에 반하는 행위'가 동반되지 않은 이상 종료되었다고 볼 수 없다. 서울고법 2012.8.30. 선고 2011누32739 판결 및 대법원 2013.2.15. 선고 2012두21413 판결.

134) 서울고법 2012.4.25. 선고 2011누31002 판결(심리불속행 기각으로 확정).

135) 대법원 2014.7.10. 선고 2012두21246 판결.

볼 수 없다.

(라) 합의의 사실상 파기

반복적인 가격경쟁 등으로 인하여 사실상 합의가 없었던 것과 같이 된 경우에는 그 시점을 종료일로 볼 수 있다. 합의에 참가한 각 사업자가 각자의 독자적인 판단에 따라 담합이 없었더라면 존재하였을 가격 수준으로 인하하는 경우 그 독자적인 가격 결정일을 합의에 기한 실행행위가 종료한 날로 본다. 예를 들어 부당한 공동행위에 참여한 각 학원들이 차례로 수강료를 인하하여 2011. 6. 11.경 7개 사업장 수강료가 410,000원에서 442,000원에 이르기까지 다양하게 책정되었고, 위 학원들의 인하금액이 공동행위에 참여하지 않았던 학원이 인하한 수강료보다 더 낮은 금액인 경우에, 2011. 6. 11. 무렵 부당한 공동행위가 종료된 것으로 인정하였다.[137] 또한, 합의에 참가한 사업자들 사이에 반복적인 가격경쟁이 있는 등 담합이 사실상 파기되었다고 인정할 수 있을 만한 행위가 일정 기간 계속되는 경우 그 행위가 발생한 날이 속한 달의 전월의 마지막 날에 합의에 기한 실행행위가 종료한 것으로 본 사례가 있다.[138]

(마) 영업의 양도

합의에 참가한 일부 사업자가 당해 영업을 제3자에게 양도하여 더 이상 그 영업을 영위하지 아니하였다면, 양수인이 영업을 양수한 이후 그 합의에 가담하여 이에 따른 실행행위를 하였다고 하더라도, 양도인이 양수인의 위반행위를 교사하였다거나 또는 양수인의 행위를 양도인의 행위와 동일시할 수 있는 등 특별한 사정이 없는 한 양도인의 실행행위는 영업양도 시점에 종료되었다고 할 것이고, 양도인에 대한 처분시효도 그 때로부터 진행된다고 보아야 할 것이다.[139]

(바) 1개 사업자만 남는 경우

담합에 참여한 甲, 乙, 丙 3개 회사가 순차적으로 부당한 공동행위에 관한 합의 파기

---

136) 대법원 2016.10.27. 선고 2015두49832 판결.

137) 대법원 2015.10.29. 선고 2012두28827 판결.

138) 대법원 2008.10.23. 선고 2007두12774 판결. 이 판결은 엘지화학 등 5개사가 가성소다 가격을 담합한 사건에 관한 것이다. 이 사건에서 ① 2002.10.의 공동행위 이후 평균가격이 13.6% 상승하였는데 2002. 12. 삼성을 제외한 4개사의 평균가격이 2.6% 하락하였고 삼성의 평균가격은 2003. 1.에 2.3% 하락하였다. ② 또한, 2003.4.의 공동행위 이후 평균가격이 12.1% 상승하였는데, 2003. 9. 한화의 평균가격이 3.4% 하락하였고 4개사의 평균가격은 각각 2003. 6.부터 같은 해 9월 사이에 1차례 또는 그 이상 하락하였다. ③ 2004. 9.의 공동행위 이후 평균가격이 22.8% 상승하였는데 한화는 2005.3., 엘지화학은 2005.2., 삼성은 2005. 3. 인하되었고 5개 사업자 모두 2005.3.까지 전월에 비해 1차례 또는 그 이상 실거래 평균가격이 인하되었다. 이러한 경우에 공정위와 법원은 이 사건 각 가격 결정의 합의는 합의에 참여한 사업자 전부가 가격을 인하하기 시작한 시점에 합의가 파기된 것으로 보아야 하고, 따라서 이 사건 각 합의에 기한 실행행위의 종료일을 2002.12.31, 2003.8.31. 및 2005.2.28.로 보았다. 같은 취지로서 서울고법 2015.5.14. 선고 2013누51352 판결; 서울고법 2015.6.10. 선고 2013누51505 판결(각 심리불속행 기각으로 확정).

139) 대법원 2014.12.24. 선고 2012두6216 판결.

의사를 대외적으로 표시한 경우, 위 3개 회사 중 2개 회사가 담합에서 탈퇴하여 1개의 회사만 남게 되면 부당한 공동행위의 성립요건 중 '2인 이상 사업자들 사이의 의사의 합치'라는 요건을 충족하지 못하게 되어 종료하게 된다.[140)]

(사) 심의일

부당한 공동행위가 공정위의 심의일까지 지속되는 경우에는 그 심의일에 그 공동행위가 종료된 것으로 본다.

(3) 합의 탈퇴시 탈퇴 의사표시의 요부

(가) 논의의 배경

공동행위 심사지침은 부당한 공동행위의 종료가 인정되기 위해서 구성사업자는 원칙적으로 합의 탈퇴의사를 명시적 내지 묵시적으로 표시하고 실제 그 합의에 반하는 행위를 하여야 하고, 다만 합의에 반하는 행위를 하는 것이 현저히 곤란한 객관적이고 구체적인 사유가 인정되는 경우에는 예외적으로 합의 탈퇴의 의사표시로 부당한 공동행위가 종료한 것으로 볼 수 있다고 규정하고 있다. 따라서 부당한 공동행위의 종료와 관련하여 합의 탈퇴의 의사표시는 반드시 필요한지 여부가 문제된다. 이에 대해서는 긍정설과 부정설이 대립한다.[141)] 부정설(실행행위의 종료만으로 충분하다는 견해)은 가격을 시장가격 수준으로 환원하면 담합으로 인한 경제적 폐해는 종료되는 점, 가격을 시장가격 수준으로 환원하는 행위는 명백히 합의에 반하는 행위이고, 이로써 사업자는 더 이상 합의를 유지하고 있지 않다고 볼 수 있으므로 명시적 탈퇴의사를 요구할 필요가 없다는 점을 그 논거로 든다. 반면, 긍정설(별도의 합의 탈퇴의 의사표시가 있어야 한다는 견해)은 사업자들이 합의에 반하는 행위라고 주장하는 가격할인 등이 실제로는 참가자들 사이의 기만행위(cheating)에 불과할 가능성이 있으므로 별도의 합의 탈퇴의 의사표시를 필요로 한다고 주장한다.

(나) 실무의 태도

법원과 공정위의 실무는 일반적으로 긍정설을 따르고 있다. 우선, 합의에 참가한 일부 사업자가 부당한 공동행위를 종료하기 위해서는 다른 사업자에 대하여 그 합의에서 탈퇴하였음을 알리는 명시적 내지 묵시적인 의사표시를 하고 독자적인 판단에 따라 담합이 없었더라면 존재하였을 가격 수준으로 인하하는 등 합의에 반하는 행위를 하여야 한다는 다수의 판결이 있다.[142)] 한편, 공정위 심결례 중에는 甲이 乙로부터 합의파기를 통보받

140) 대법원 2010.3.11. 선고 2008두15176 판결.

141) 김경란, "독점규제 및 공정거래에 관한 법률 제19조 제1항 제1호의 부당한 공동행위의 종기", 사법 제7호(2009), 196-200면 참조.

142) 대법원 2008.10.23. 선고 2007두12774 판결; 대법원 2009.5.28. 선고 2008두549 판결; 대법원 2011.4.14. 선고 2009두4159 판결; 대법원 2012.9.13. 선고 2012두12044 판결; 대법원 2014.5.16. 선고 2012두5466

고, 먼저 자신의 가격을 인하한 후 나중에 합의파기를 선언한 사안에서 甲의 부당한 공동행위 종료일을 가격인하를 단행한 날의 전일로 본 것이 있는데, 이는 합의가 사실상 파기된 상태에 이르렀기 때문에 예외적으로 별도의 탈퇴 의사표시가 없어도 종료를 인정한 것으로 보인다.[143)]

그렇지만, 자진신고와 관련된 사안에서는 자진신고 사업자는 자신신고로써 충분하고 별도로 합의 탈퇴의 의사표시까지 할 필요는 없다고 보는 부정설이 판례 및 심결례의 주류적 태도이다. 자진신고자는 원칙적으로 위원회의 동의 없이 제3자에게 행위사실 및 감면신청 사실을 누설하지 말아야 할 의무를 부담한다. 그런데 자진신고자가 대외적으로 탈퇴의 의사표시를 하게 되면, 누설금지 의무에 위반할 소지도 있고, 나아가 다른 사업자들은 자진신고 사실을 눈치 채고 증거인멸에 나설 우려가 있다.[144)] 이러한 자진신고자의 의무충돌 상황을 감안하여 판례는 자진신고 시점을 담합 탈퇴시 또는 종료시로 보고 있다.[145)] 국내 업체가 해외 및 국내 경쟁당국에 자진신고를 하였으나 별도로 국내외에서 합의탈퇴 의사표시를 한 바는 없었고 자진신고 사실을 알지 못했던 실무직원은 자진신고 이후에도 실무자급 다자회의에 계속하여 참석한 사안에서, 법원은 자진신고일을 부당한 공동행위의 종기로 인정하였다.[146)] 나아가 자진신고자 지위를 인정받지 못한 경우에도 자진신고를 한 때를 중단일로 인정하였다.[147)] 공정위도 공정위의 요청에 따라 자진신고일로부터 2개월 후에 합의파기 의사를 표시한 업체들에 대하여 공동행위의 종기를 자진신고일로 확정하였다.[148)] 다만, 사업자가 외국 경쟁당국에만 자진신고를 한 경우에는 위 자진신고일 시점을 곧바로 공동행위의 종기로 볼 수 없다.[149)] 한편, 자진신고 사업자의

판결 등 참조.

143) 공정위 2011.8.18. 의결 제2011-148호("피심인 제일벽지는 2009년 7월경 경쟁사업자로부터 합의파기를 통보받고 2009. 8. 1. 일반실크 벽지인 플레이스 실크, 플레이스 아동, J 벽지의 출하가를 6.6%~12.5%, 도지가를 7.9%~17.6% 인하하였으나, 2010. 9. 13. 비로소 합의파기를 선언하였다. 따라서 피심인 제일벽지의 경우, 피심인 DSG대동, 피심인 우리산업 등 6개사가 합의파기를 선언한 후에 스스로 가격인하를 단행하였던 점, 일부 상품의 가격인하 수준이 합의 이전과 유사한 수준이거나 그 이하인 점, 합의 파기를 선언한 6개사 중에는 이 사건 공동행위의 성립에 중요 역할(가격선도)을 담당한 1군 업체들이 포함되어 있는 점 등을 감안하여, 가격인하를 단행한 날의 전일인 2009.7.31.을 이 사건 공동행위의 종기로 본다.")

144) 미국의 경우에 공모자에게 도달할 것으로 예측되는 방식으로 포기의 의사를 알리는 방법 이외에 당국에 대하여 모든 사정을 정확히 밝히는 것도 합의의 목적에 배치되는 적극적 행위로 인정된다고 한다. 김경란, "독점규제 및 공정거래에 관한 법률 제19조 제1항 제1호의 부당한 공동행위의 종기", 사법 제7호(2009), 202면.

145) 대법원 2015.2.12. 선고 2013두987 판결; 서울고법 2015.10.8. 선고 2015누785 판결(확정).

146) 서울고법 2014.2.13. 선고 2011누46417 판결(심리불속행 기각으로 확정). 이 사건에서 미국 DOJ는 위 자진신고 당시 조사의 실효성을 위하여 자진신고 사업자들에게 DOJ의 조사 사실 및 자진신고 사실을 사내 소수의 고위 간부 및 사내 변호사에게만 알리고, 이와 관련하여 회사 지침 내지 공지를 내리거나 그 직원들이 조사 사실을 알 수 있도록 하지 말 것을 요청하였다.

147) 서울고법 2016.5.27. 선고 2015누50797 판결(심리불속행 기각으로 확정).

148) 공정위 2011.10.14. 의결 제2011-181호.

149) 대법원 2022.7.28. 선고 2020두48505 판결. 이에 대하여 자진신고된 국가의 감면요건에 담합 중단, 성실협조, 누설 금지 등의 요건을 두고 있는 경우라면 자진신고 요건 구비 여부를 우리 법을 기준으로 하는 것은 별론으로 하되, 외국에서의 자진신고로 담합이 종료되었다고 볼 여지도 충분하다는 견해로 손동환, "감정

공동행위가 자진신고일부터 중단된 것으로 보더라도 나머지 사업자들은 이를 모른 채 종전의 공동행위를 유지하여 왔다면 이들의 공동행위는 계속 유지되는 것으로 보아야 할 것이다.[150)]

Ⅶ. 부당한 공동행위의 인가

1. 의 의

독점규제법은 부당한 공동행위를 원칙적으로 금지하고 있다. 그러나 경쟁을 제한하는 공동행위라고 할지라도 공정위가 때로는 산업정책적인 고려나 사회조화적인 배려에 따라 이를 예외적으로 허용할 수 있는 가능성을 마련해 두고 있다. 그것이 바로 부당한 공동행위의 인가 제도이다. 일정한 공동행위에 대하여 법 적용을 면제하는 방식에는 개별면제와 일괄면제가 있다. 개별면제(individual exemption)란 사업자가 미리 신고한 개별적인 공동행위에 대해 경쟁당국이 법 적용 여부를 사전에 통지하여 주는 방식을 말하며, 일괄면제(block exemption)란 일정한 요건을 충족하는 공동행위에 대해 일괄적으로 법 적용을 면제해주는 방식을 말한다. 일괄면제 제도는 경쟁당국에 대한 사업자의 신고와 이에 대한 경쟁당국의 승인절차 없이 요건을 충족하기만 하면 자동적으로 규제를 면제해 준다는 측면에서, 사업자의 신고와 경쟁당국의 승인 절차를 필요로 하는 개별면제 제도와 차이가 있다.[151)] 우리 법상 부당한 공동행위의 인가제도는 개별면제 방식으로서, 부당한 공동행위가 불황극복을 위한 산업구조조정, 연구·기술개발, 거래조건의 합리화, 중소기업의 경쟁력향상 중 어느 하나에 해당하는 목적을 위하여 하는 경우로서 일정한 요건에 해당하여 공정위의 인가를 받은 경우에는 법 제40조 제1항은 적용하지 아니한다(법 40조 2항). 그리고 인가의 기준·방법·절차 및 인가사항변경 등에 관하여 필요한 사항은 시행령에 위임하고 있다(법 40조 3항).

2. 인가의 요건

(1) 불황극복을 위한 산업구조조정

불황이라 함은 수요가 지속적으로 감퇴되어, 상품의 가격이 효율적인 기업의 평균생산비 이하로 떨어짐으로써 상당수의 기업이 도산 내지 생산중단의 위험에 빠지게 되는 상황을 말한다. 각 기업이 생산성향상·경비절감 등과 같은 합리화의 수단만으로는 불황의 극복이 어려울 때에, 경기회복 후의 경쟁질서의 유지와 한계적인 기업의 보호를 위하

평가사협회의 공급 제한 담합 사건 외 대법원 판결", 경쟁저널 제213호(2022), 69면.

150) 서울고법 2014.2.13. 선고 2011누46394 판결(확정).

151) 김윤정, "공동행위 인가제도의 문제점 및 일괄면제제도 도입방안의 검토", 경쟁법연구 제34권(2016), 222면.

여, 공동으로 대처하는 경우가 존재한다. 이에 공정위는 ① 특정 산업 내 상당수 기업이 국내의 경제여건의 악화 등 불황으로 사업활동에 곤란을 겪을 우려가 있는 경우, ② 특정 산업의 공급능력이 현저하게 과잉상태에 있거나, 생산시설·생산방법의 낙후로 인해 생산능률이나 국제경쟁력이 현저하게 저하되어 있는 경우, ③ 기업의 합리화에 의하여서는 ① 내지 ②의 사항을 극복할 수 없는 경우, ④ 경쟁을 제한하는 효과보다 산업구조조정의 효과가 더 큰 경우에 한하여 이를 인가할 수 있다(영 45조 1항 1호).

(2) 연구·기술개발

연구 및 기술개발에는 막대한 자금과 시간이 소요될 뿐만 아니라 그에 따른 성과를 확신할 수 없는 점 등과 같은 많은 어려움이 있기 때문에, 여러 사업자들이 공동으로 이에 대처하는 것이 바람직할 경우도 있다. 그리고 연구·기술개발을 목적으로 하는 공동행위는 대부분 연성 공동행위에 해당하기 때문에, 이를 규제하기 위해서는 경쟁제한효과와 효율성 증대효과의 비교형량 과정을 거쳐야 한다. 따라서 공정위는 ① 해당 연구·기술개발이 산업경쟁력의 강화를 위하여 긴요하며 그 경제적 파급효과가 클 경우, ② 연구·기술개발에 소요되는 투자금액이 과다하여 한 사업자가 조달하기 어려운 경우, ③ 연구·기술개발성과의 불확실에 따른 위험분산을 위하여 필요한 경우, ④ 경쟁을 제한하는 효과보다 연구·기술개발의 효과가 클 경우에 한하여 이를 인가할 수 있다(영 45조 1항 2호).

(3) 거래조건의 합리화

거래조건의 합리화를 위한 공동행위는 다수의 사업자들이 거래조건의 합리화를 위한 노력을 공동으로 추진하는 경우를 말한다. 공정위는 ① 거래조건의 합리화로 생산능률의 향상, 거래의 원활화 및 소비자의 편익증진에 명백하게 기여하는 경우, ② 거래조건의 합리화 내용이 해당 사업분야의 대부분의 사업자들에 의하여 기술적·경제적으로 가능한 경우, ③ 경쟁을 제한하는 효과보다 거래조건의 합리화의 효과가 클 경우에 한하여 이를 인가할 수 있다(영 45조 1항 3호).

(4) 중소기업의 경쟁력향상

중소기업은 대기업에 비하여 자금력·기술수준·경영능력 등에 있어서 대체로 불리한 처지에 놓여 있기 때문에, 개별적인 차원에서는 경영의 합리화나 경쟁력의 향상을 도모할 수 있는 능력이 없는 경우가 많다. 따라서 중소기업들이 경쟁력을 향상하기 위하여 공동행위를 하는 경우에는 공정위가 이를 예외적으로 인가할 수 있다.[152] 공정위는 ①

---

152) 중소기업의 경쟁력 향상을 위한 공동행위에 대하여 자세한 설명은 권오승, "서독의 경쟁제한방지법상의 중소기업의 협동화촉진", 경희법학 제19권 제1호(1984), 37면 이하 참조.

공동행위에 의한 중소기업의 품질·기술향상 등 생산성 향상이나 거래조건에 관한 교섭력 강화 효과가 명백한 경우, ② 참가사업자 모두가 중소기업자인 경우, ③ 공동행위 외의 방법으로는 대기업과의 효율적인 경쟁이나 대기업에 대항하기 어려운 경우에 한하여 이를 인가할 수 있다(영 45조 1항 4호).

3. 인가의 한계

공정위는 당해 공동행위가 ① 해당 공동행위의 목적을 달성하기 위해 필요한 정도를 초과할 경우, ② 수요자 및 관련된 사업자의 이익을 부당하게 침해할 우려가 있는 경우, ③ 해당 공동행위에 참가한 사업자간에 공동행위의 내용에 관하여 부당한 차별이 있는 경우, ④ 해당 공동행위에 참가하거나 탈퇴하는 것을 부당하게 제한하는 경우의 어느 하나에 해당하는 경우에는 이를 인가할 수 없다(영 45조 2항).

4. 인가절차 등

공동행위의 인가를 받고자 하는 사업자는 인가신청서를 공정위에 제출하여야 한다(영 46조 1항). 공동행위의 인가를 받은 자가 인가사항을 변경하고자 할 때에는 그 변경사항과 관련된 서류에 인가증을 첨부하여 공정위에 변경신청을 하여야 한다(영 46조 6항). 공정위는 필요하다고 인정할 때에는 공동행위를 인가하기 전에 당해 신청내용을 공시하여 이해관계인의 의견을 들을 수 있다. 인가의 내용을 변경하는 경우에도 마찬가지이다. 이러한 공시기간은 30일 이내로 하며, 공시내용에 관하여 의견이 있는 이해관계인은 공시기간 내에 의견서를 공정위에 제출할 수 있다(영 46조 4항). 공정위가 공동행위의 인가신청을 받은 경우에는 그 신청일로부터 30일[153] 이내에 이를 결정하여야 한다. 다만, 공정위가 필요하다고 인정할 때에는 30일을 초과하지 않는 범위에서 그 기간을 연장할 수 있다(영 46조 3항). 공정위가 공동행위의 인가신청을 받아 이를 인가하는 경우에는 해당 신청인에게 인가증을 발급하여야 한다(영 46조 5항). 공동행위의 인가를 받은 사업자가 해당 공동행위를 폐지한 경우에는 그 사실을 지체없이 공정위에 신고하여야 한다(영 47조).

5. 인가제도 운영의 실무

1986년 법 개정으로 도입된 공동행위 인가제도는 그동안 활발하게 운영되지 않고 있다. 공정위가 실제로 공동행위를 인가한 예는 '밸브제조자 공동행위'가 있다. 이는 청동 및 황동 단조게이트 28종에 대하여 생산품목 및 규격제한, 생산품목별 생산물량의 배정, 원자재 공동구매 등에 관해 1988년 9월 7일 인가를 받았으며, 인가기간은 1988년 9월 7

153) 공정위가 공동행위 인가신청내용을 공시하는 경우에는 30일에 공시기간을 합산한 기간이 된다.

일부터 1993년 9월 7일까지 5년간이었다. 그리고 2002년 3월 전북레미콘 공업협동조합은 불황극복을 위한 공동판매, 공동시험연구소 설치 및 운용, 공동수송 등에 대한 인가를 신청하였으나, 공정위는 초과수요 상태의 지속, 거래가격의 평균생산비 하회 등 인가요건(불황극복 관련)을 충족하지 못한다고 판단하여 이를 불허하였다. 2007년 10월 광주, 전남레미콘 공업협동조합 소속 9개 레미콘 제조사업자가 산업합리화, 중소기업의 경쟁력 향상 등을 위하여 공동의 가격결정, 물량배정, 품질관리 등에 대해 인가를 신청하였으나, 공정위는 인가요건을 충족하지 못한다고 판단하여 이를 불허하였다.[154] 한편 2010년에 레미콘 업계가 ① 원재료 공동구매, ② 영업의 공동수행(공동수주, 물량배분, 공동운송 등), ③ 공동의 품질관리 및 연구개발에 대해서 인가 신청을 하였다. 공정위는 ①과 ②를 위한 공동행위는 불허하고, ③을 위한 공동행위를 2년간 허용하였으나,[155] 신청인들이 위 신청을 철회하여 인가의 효력은 발생하지 않았다.

이와 같이 공동행위의 인가 사례가 많지 않은 이유는, 한편으로 사업자들이 그동안 인가신청을 많이 하지 않았기 때문이고, 다른 한편으로 공정위가 인가 제도를 적극적으로 활용하지 않았기 때문이라고 할 수 있다. 사업자들의 인가신청이 부진한 이유는 사업자들이 인가 제도의 존재 자체를 제대로 알지 못하고 있거나, 혹은 인가의 취득가능성을 아주 낮게 평가하고 있거나, 아니면 인가신청의 과정에서 업계의 정보가 관계당국에 노출되는 것을 꺼리기 때문이 아닐까 생각된다. 실제로 2004년에 사업자의 의식을 조사한 결과에 따르면, 조사에 응한 사업자의 31.6%가 인가 제도의 존재 자체를 모르고 있었으며, 존재 자체는 알지만 그 내용을 모르거나 거의 모르는 사업자가 38.6%에 달하는 것으로 나타났다.[156] 따라서 공정위는 인가 제도의 의의, 내용과 절차 및 그 혜택을 널리 홍보하고 또 그 요건을 갖춘 경우에는 이를 적극적으로 인가해 줌으로써, 사업자들이 이 제도를 널리 활용할 수 있도록 유도할 필요가 있다.[157]

6. 일괄인가 제도의 도입 필요성

공동행위의 인가에 관한 사회적 수요가 있음에도 불구하고 인가기준이 불명확하고 그 절차가 까다롭기 때문에, 법 제40조 제2항이 제대로 활용되지 못하고 있는 것은 매우 아쉬운 일이라고 하지 않을 수 없다. 따라서 인가 제도를 활성화하기 위하여 EU의 일괄인가 제도의 도입을 검토할 필요가 있다. EU에서는 TFEU 제101조가 카르텔을 금지하고 있는데, 제1항에서는 수직적 거래제한을 포함하여 경쟁제한성이 있는 카르텔을 매우 폭

154) 상세는 지철호, "공동행위 인가제도", 경쟁법연구 제20권(2009), 247-248면 참조.
155) 공정위 2010.1.21.자 보도자료.
156) 권오승 외, 사업자단체가 개입된 카르텔 유형 및 근절방안 연구(2004), 49-50면 참조.
157) 동지: 신영수, "공동행위 인가제도에 대한 평가와 제도개선을 위한 몇 가지 방안", 영남법학 제40집(2015), 49면.

넓게 금지하면서, 제3항에서는 생산·판매의 개선이나 기술·경제발전에 기여하는 카르텔로서 소비자에게 그에 따른 적정한 이익이 귀속되는 경우에는 다소 폭넓은 요건 하에 예외를 인정하고 있다. 과거에는 개별면제와 일괄면제를 같이 운영하였으나, 개별적인 예외결정을 위한 사전신고의무를 폐지하고, '법률상 예외(legal exemption)'를 통하여 집행위원회의 예외결정 없이도 일정한 요건을 갖춘 계약이나 결의 등은 법적으로 유효하게 되었다.[158] 우리나라의 경우에도 인가사유를 보다 일반적, 추상적, 포괄적으로 규정하고 사전적 일괄인가를 허용하는 방안을 도입하는 것이 바람직할 것이다.[159]

Ⅷ. 부당한 공동행위의 사법상 효력

부당한 공동행위를 할 것을 약정하는 계약 등은 해당 사업자 간에는 그 효력을 무효로 한다(법 40조 4항). 따라서 부당한 공동행위는 당사자를 구속할 수 있는 법적 효력이 없다. 즉, 부당한 공동행위의 당사자는 다른 당사자가 그 계약 등을 준수하지 않는다고 하여 그 계약 등의 이행을 강제하거나 채무불이행의 책임을 추궁할 수 없다. 아마추어 야구선수였던 임선동이 일본 프로야구에 진출하려고 하자, 한국야구위원회 규약상의 프로야구 신인선수에 대한 드래프트(draft)제도에 따라 우선적으로 임선동에 대한 지명권을 행사한 엘지구단이 한국야구위원회에 요청하여 일본프로야구기구가 그 소속 구단으로 하여금 임선동과 입단계약을 체결하지 못하도록 하였다. 이 사건에서 법원은 이러한 지명권제도는 사업자에 해당하는 프로야구 구단들이 서로 합의하여 신인선수의 공급시장이라는 일정한 거래분야에서 선수 선발경쟁을 실질적으로 제한하는 행위로서 지명권제도에 관한 야구규약은 무효라고 판단하였다.[160]

그런데 법 제40조 제4항의 무효 조항은 부당한 공동행위에 해당하는 그 계약 등이 당사자인 사업자간에 상대적으로 무효가 된다는 의미이고, 그 계약 등을 기반으로 하여 다시 제3자와 체결한 계약의 효력에는 영향을 미치지 않는다. 예컨대 어떤 사업자가 다른 사업자와 공동으로 상품의 가격을 인상하기로 하는 가격협정을 체결한 경우에, 그 협정은 부당한 공동행위로서 무효이지만, 그 협정에 따라 인상된 가격으로 제3자와 체결한 매매계약의 효력에는 영향을 미치지 않는다. 따라서 그 제3자가 부당한 공동행위로 인하여 손해를 입었다고 하더라도 그 매매계약의 무효를 주장할 수는 없고, 독점규제법이나

158) EU에서는 개별인가 제도 하에서 집행위원회가 각 공동행위에 대해 위법성을 일일이 판단해서 그 결과를 알려주다 보니 집행위원회의 업무부담이 가중되는 어려움이 있었으므로 결국 2004년 5월 이후 개별인가 제도를 폐지하고 일괄인가 제도만을 운영하게 되었다고 한다. 김윤정, "공동행위 인가제도의 문제점 및 일괄면제제도 도입방안의 검토", 경쟁법연구 제34권(2016), 236면.

159) 동지: 이봉의, "공정거래법상 카르텔의 부당성 판단", 사법 제2호(2007), 140-141면; 김윤정, "공동행위 인가제도의 문제점 및 일괄면제제도 도입방안의 검토", 경쟁법연구 제34권(2016), 239-247면.

160) 서울남부지원 1995.12.28. 자 95카합4466 결정.

민법상의 손해배상을 청구할 수 있을 뿐이다. 그러나 입법론상 현행법 제40조 제4항의 태도가 타당한지는 의문이다. 왜냐하면 우리나라는 시장경제를 경제질서의 기본으로 삼고 있는데, 시장경제의 기본원리인 자유로운 경쟁을 제한하는 부당한 공동행위는 사회질서의 핵심적인 요소에 위반하는 행위이기 때문이다.[161] 참고로 독일에서는 부당한 공동행위를 금지하는 TFEU 제101조 제1항이나 경쟁제한방지법 제1조에 위반하는 합의나 협정은 절대적, 소급적 무효라고 한다.[162]

제2절 합의와 관련된 쟁점

Ⅰ. 개 요

사업자들 사이에 가격인상에 관한 부당한 공동행위가 성립하면 사업자들은 가격인상이라는 외형상 일치된 행위를 할 가능성이 높다. 그렇지만, 사업자들이 가격을 인상하였다고 해서 그것이 사업자들 사이에 가격인상에 관한 합의가 있었음을 뜻하지는 않는다. 원재료 가격이 올라서 각자 알아서 상품 가격을 올리다보니 그런 외형이 나타난 것에 불과할 수도 있기 때문이다. 경제학은 사업자 수가 적고 상품이 차별화되지 못한 과점시장 등에서는 이러한 일이 빈번하게 발생할 수 있다는 점을 논증하고 있다. 그렇기 때문에 시장에서 자연스럽게 발생하는 독자적인 행위와 인위적인 부당한 공동행위를 구분하는 규범적 작업이 필요하다. 이와 관련하여 독점규제법 제40조 제1항은 부당한 공동행위의 성립요소로서 합의라는 개념을 제시하고 있지만, 그 구체적 의미에 관해서 별도의 정의 규정을 두고 있지는 않다. 따라서 사업자들 사이의 합의를 인정하기 위한 본질적 요소는 무엇이며, 어느 경우에 그 요소를 충족하였다고 볼 것인지는 오롯이 해석론으로 남게 되었다. 이에 관하여 판례는 의사연결의 상호성이라는 기준을 제시하고 있다. 한편, 사업자간의 합의에 따른 행위와 사업자의 독자적 판단에 따른 행위 사이의 경계 영역은 일도양단으로 분명하게 구분되지 않고, 중간의 모호한 영역에서 논의되는 것이 의식적 병행행위와 동조적 행위이다. 즉, 의식적 병행행위나 동조적 행위를 해석론 또는 입법론으로 부당한 공동행위에 포섭시킬 수 있는가에 관해서 많은 논의가 진행되고 있다.

한편, 합의에 관해 개념적으로 이해를 하더라도, 실무에서 합의의 입증과 관련해서도 많은 논점이 존재한다. 합의는 사업자들의 내심의 의사와 관련이 되어 있고, 담합 참가자들은 합의의 증거를 남기지 않거나 없애려고 하기 때문에 합의서 등 객관적 물증이 남아

161) 권오승, "계약자유와 공정거래", 경쟁법연구 제40권(2019), 133면 참조.
162) Dreher/Kulka, Wettbewerbs- und Kartellrecht, 10. Aufl., Rdnr. 965; 이봉의, 독일경쟁법(2016), 95-96면 참조.

있는 극히 예외적인 경우를 제외하고는 그 입증에 어려움이 따른다. 이러한 이유로 합의에 관한 추정 제도가 운영이 되고 있고, 또 여러 정황증거들을 통해 합의를 입증하려는 노력이 계속되고 있다. 특히, 사업자 간의 정보교환을 토대로 합의를 인정할 수 있을지, 나아가 정보교환에 관한 합의를 처벌할 수 있을지에 관해서 검토가 필요하다.

Ⅱ. 상호의존성과 합의

1. 과점시장에서 사업자의 행동

(1) 죄수의 딜레마 상황

과점시장에서 사업자들의 외형상 유사한 행태가 독자적 판단에 의해서 이루어질 수도 있고 상호 합의에 의해서 이루어질 수도 있음을 소위 '죄수의 딜레마' 상황을 통해 설명해 보기로 하자. 간단한 죄수의 딜레마 모델로서 A, B 기업만 있는 복점시장을 가정해 보자. 두 기업은 높은 가격을 선택할 수도 있고, 낮은 가격을 선택할 수도 있다. 만약 두 기업이 모두 높은 가격을 책정하면 각각 5의 이익을 얻게 된다. 만약 한 기업은 높은 가격을 책정하고 다른 기업은 낮은 가격을 책정하면, 수요가 낮은 가격 쪽으로 몰리게 될 것이므로 높은 가격을 책정한 기업은 -3의 손실을, 낮은 가격을 책정한 기업은 10의 이익을 얻게 된다. 두 기업이 모두 낮은 가격을 책정하면 각각 2의 이익을 얻게 된다. 두 기업의 손익을 정리하면 다음 〈표 3-2〉와 같다.

〈표 3-2〉에서 두 기업이 결정은 한번만 하고(① 가정), 서로 협의를 하지 못한다면(② 가정), 모두 낮은 가격을 선택하게 될 것이다. A 기업의 입장에서 보면, B 기업이 어떠한 선택을 할지 예측할 수 없는 상황에서, B 기업이 높은 가격을 선택하든지 낮은 가격을 선택하든지 간에 각각의 상황에서 자신이 낮은 가격을 선택하는 쪽이 더 유리하기 때문이다. B 기업이 높은 가격을 선택한 경우, A 기업의 손익은 5(높은 가격) 또는 10(낮은 가격)이 되기 때문에 A 기업은 낮은 가격을 선택하는 것이 유리하다. B 기업이 낮은 가격을 선택한 경우, A 기업의 손익은 -3(높은 가격) 또는 2(낮은 가격)가 되므로 마찬가지로 A 기업은 낮은 가격을 선택하는 것이 유리하다. 따라서 A 기업은 낮은 가격을 선택하게 된다(이것은 B 기업도 마찬가지이다). 따라서 두 기업은 모두 높은 가격을 선택하는 쪽이 낮은 가격을 선택하는 쪽보다 서로에게 이익이 된다는 점을 알면서도 결국 낮은 가격을 선택하는 결과에 이르게 된다.[163] 그런데 A, B 기업이 낮은 가격을 선택하는 것은 그들에게는 바람직하지 않지만, 소비자들에게는 좋은 결과가 된다.[164]

163) 과점이론에서는 이를 1회 비협조적 내쉬균형(one shot, non-cooperative Nash equilibrium)이라고 부른다.
164) 죄수의 딜레마는 참여자 모두에게 이익이 되는 행동과 자신에게 이익이 되는 행동은 차이가 있다는 점과 참여자 서로에게 이익이 되는 행동이 자발적으로 발생하지 않는다는 점을 보여준다.

〈표 3-2〉 A, B 기업의 손익

		B 기업	
		높은 가격	낮은 가격
A 기업	높은 가격	(5, 5)	(−3, 10)
	낮은 가격	(10, −3)	(2, 2)

(2) 참여자들 간에 합의가 가능한 상황

위 사례에서 ②의 가정을 없애고 A, B 기업이 서로 합의를 할 수 있다고 하면, 두 기업은 모두 높은 가격을 선택하기로 합의할 것이고, 소비자들에게 바람직하지 못한 시장성과가 초래될 것이다.

(3) 참여자들 간에 반복 게임이 가능한 상황

위 사례에서 서로 합의를 하지 못한다는 ② 가정은 그대로 두고, 대신 결정을 한번만 해야 한다는 ① 가정을 없애면 어떻게 될까? 두 기업은 처음에는 모두 낮은 가격을 선택하겠지만, 게임이 반복됨에 따라 높은 가격을 선택하는 것이 서로에게 이익이 된다는 것을 인식하게 되어, 결국 어느 시점에서는 두 기업이 모두 높은 가격을 선택하게 될 것이다.[165] 즉, 반복게임을 통하여 발생하는 참여자들 간의 전략적 상호 의존성 때문에 참여자들 사이에 합의가 있었던 것과 같은 부정적 시장성과가 생길 수도 있음을 보여준다.

2. 합의 요건의 규범적 의미

위에서 우리는 과점시장에서는 참여자들 간에 합의가 있는 경우는 물론이고, 합의가 없더라도 참여자들 간에 반복적 게임이 가능하게 되면 전략적 상호 의존성의 결과로 합의가 있는 경우와 유사한 시장성과가 발생할 수 있음을 보았다. 순수하게 시장성과만 놓고 본다면 시장 참여자들 간 합의에 의한 것이든 상호 의존성에 의한 것이든 간에 그 결과는 소비자들에게 부정적이다. 그렇다면, 부정적 시장성과를 근거로 시장참여자들의 상호 의존적 행위까지 법으로 금지하면 되지 않을까? 그렇지만, 과점시장의 상호의존적 행태에 대해서 결과불법은 인정할 수 있을지 모르지만 행위불법은 인정하기 어렵다. 상호의존성은 과점시장에서 자연스럽게 생기는 현상인데, 사업자에게 그 결과에 대한 책임을 묻는 것은 행위자 책임주의에 반하게 된다. 시장에서 자연스럽게 이루어지는 상호의존적

165) 과점이론에서는 비협조적 내쉬균형(Nash, non-cooperative equilibrium)이라고 부른다. 이는 다른 경기자들이 택한 행동이 주어졌을 때 어떤 경기자도 자신의 행동을 바꿀 유인이 없는 상태에 있는 각 경기자들의 행동 조합을 의미한다. 비협조적 내쉬균형은 경쟁기업들이 상대방의 행동을 관찰하고 자신을 제외한 모든 경쟁기업들의 행동이 주어진 상황에서 모든 기업이 자신의 행동이 최적이라고 판단할 때 성립하는 균형이다. 이 개념은 1950년에 수학자인 John F. Nash, Jr.에 의해 소개되었고, 이 공로로 Nash는 1994년 노벨 경제학상을 공동 수상하였다.

행위를 규제하게 되면, 결국 사업자들은 외부적 결과에 의하여 처벌받는 셈이 되기 때문이다. 따라서 사업자들 사이의 합의가 존재하는 경우에만 부당한 공동행위로 규율하는 것은 시장에서 사업자들이 독자적으로 결정한 행위에 대해서 안전판을 제공하는 역할을 하게 된다.

3. 판례에 반영된 과점이론

대법원은 과점시장에서 발생할 수 있는 상호의존성의 문제를 지적하고 있다. 커피 담합 사건에서 "과점시장에서 사업자는 경쟁사업자가 책정한 가격에 적절히 대처하기 마련이고, 이 때 어느 사업자가 경쟁사업자의 가격을 모방하는 것이 자신의 이익에 부합할 것으로 판단되면 상호간의 합의 내지 암묵적인 양해 없이도 독자적으로 실행에 나갈 수 있을 것이므로, 과점시장에서 경쟁상품의 가격이 동일·유사하다는 사실은 그것만으로 사업자들의 합의 내지 암묵적인 양해를 추정하기에는 부족하다."고 판시하였다.[166] 그리고 화장지 담합사건에서 과점적 시장구조 하에서 시장점유율이 높은 선발업체가 독자적인 판단에 따라 가격을 결정한 후 후발업체가 일방적으로 이를 모방하여 가격을 결정하는 경우에는 특별한 사정이 없는 한 합의 추정은 번복된다고 하였다.[167] 한편 철근 담합사건에서 대법원은 신문 등을 통하여 가격인상에 관한 정보를 수집한 원고가 합계 약 87%의 시장점유율을 차지하는 다른 6개 회사들의 가격인상을 목격하고 이를 일방적으로 모방한 것으로 볼 수 있으므로, 원고의 1차 가격인상행위는 선발업체들의 가격인상을 단순히 모방한 행위로서 과점적 시장구조 하에서의 상호의존성에서 비롯된 병행적 가격책정에 해당한다고 보아, 합의 추정은 복멸되었다고 판단하였다.[168] 다만, 이들은 모두 추정조항이 개정되기 전의 구법 시절의 판결이다.

동 추정조항이 개정된 후에 대법원은 LPG 담합 사건의 현대오일뱅크 판결[169]에서 과점시장에서 사업자의 행위가 의사연락에 기인한 것인지 아니면 단순히 상호의존적 행태에 기인한 것인지를 구별하는 기준을 제시하였다.[170] 대법원은 커피 담합 사건의 판시에

---

166) 대법원 2002.3.15. 선고 99두6514, 6521 판결.

167) 대법원 2002.5.28. 선고 2000두1386 판결.

168) 대법원 2008.9.25. 선고 2006두14247 판결. 이 판결 취지에 찬동하는 평석으로 강상욱, "부당한 공동행위에 관한 추정의 복멸", 대법원 판례해설 제77호(2009), 793-844면. 한편, 구법 제19조 제5항이 적용되던 사건에서는 의식적 병행행위가 추정의 복멸사유에 해당되었는데, 동 조항이 개정된 이후에는 외형상 일치만으로는 합의를 추정할 수 없으므로, 의식적 병행행위가 추정 복멸사유로서의 기능은 더 이상 할 수 없게 되었다.

169) 대법원 2014.5.29. 선고 2011두23085 판결. 이 사건에서 LPG 사업자들 사이에서 가격의 외형상 일치가 존재하였음에도, 대법원은 현대오일뱅크와 나머지 LPG 사업자들을 구분하여 판단하였다. 나머지 LPG 사업자들의 경우 외형상 일치 이외에도 가격에 관한 의견교환을 하는 등 의사연결의 상호성을 인정할 만한 사정이 존재하였다. 그러나 현대오일뱅크의 경우에는 ① 가격에 관한 의견교환에 관한 별다른 증거는 없었고, ② 타사의 가격을 추종하는 것이 자신의 이익을 독자적으로 추구하는 행동으로 설명할 수 있었으며, ③ 담합의 내용과는 배치되는 저가 판매를 지속하였다는 등의 사정이 있었다. 대법원은 위와 같은 사정들을 근거로 하여 현대오일뱅크는 부당한 공동행위에 참가하지 않았다고 판단하였다.

덧붙여 "과점시장에서 경쟁상품의 가격이 동일·유사하게 나타나는 외형상의 일치가 상당한 기간 동안 지속되고 사업자들이 이러한 사정을 모두 인식하고 있다 하더라도, 이에 더하여 사업자들 사이에 가격결정과 관련된 명시적·묵시적 의사 연락이 있다고 볼 만한 추가적 사정이 증명되지 아니하면 가격결정에 관한 합의가 있다고 인정할 수 없다. 그리고 경쟁사업자들 사이에 가격결정에 관한 합의가 있었다고 하더라도 어느 사업자가 그러한 합의에 가담하였다고 볼 만한 사정은 제한적인 반면, 그 사업자가 시장 여건에 따라 자신의 이익을 극대화하기 위하여 독자적으로 행동하였다거나 또는 경쟁사업자들과 사이에 담합을 한 것과는 일반적으로 양립하기 어려운 행동을 하였다고 볼 만한 사정이 상당한 기간 동안 지속되는 등 경쟁사업자들과 사이에 의사 연락이 있었다고 보기 어려운 경우에는 그 사업자가 그 합의에 가담하였다고 인정할 수 없다."고 판시하였다.

Ⅲ. 의사연결의 상호성

부당한 공동행위는 둘 이상 사업자들 사이에 의사의 연락이 있을 것을 본질로 하므로, 단지 법 제40조 제1항 각 호에 열거된 행위가 일치하는 외형이 존재한다고 하여 당연히 합의가 있었다고 인정할 수는 없고, 사업자간 의사연결의 상호성을 인정할만한 사정에 대한 증명이 있어야 한다.[171] 그렇다면 구체적으로 어느 경우에 의사연결의 상호성이 인정되거나 부정되는지 살펴보기로 하자.

1. 의사연결의 상호성이 긍정된 사례

LPG 판매사업자들의 부당한 공동행위가 문제된 사안에서 법원은 사업자들 사이의 의사연락의 상호성을 긍정하였다. 법원은 ① 사업자가 경쟁자들에 대하여 계속적으로 자신의 판매가격을 개별적으로 사전 통지하는 것은 사업자가 일방적으로 가격을 결정한 후 구체적인 판매과정을 통하여 이를 공표하였는데 다른 사업자들이 시장에서 얻어진 정보를 토대로 스스로의 판단에 의하여 그 가격을 모방하는 경우와는 다르다고 보이고, ② 5~6년이라는 장기간동안 계절별 잉여물량의 변동에도 불구하고 다수의 사업자들이 LPG 판매가격이 거의 일치한 점과 원고가 위 공동행위 기간 중 계절적 비수기 등에 발생하는 잉여물량을 일반 충전소 판매가격보다 저렴한 가격으로 별도로 판매한 사정도 찾아보기 어려운 점은 이례적이며, ③ 수입 2사에 의하여 충전소 판매가격이 매월 통보되고 있는 상황에서 정기적·비정기적으로 계속적으로 열린 다수의 각 모임에서 각 사업자들이 그

---

170) 권오승, "부당한 공동행위에 있어서 공동성의 의의와 그 입증", 성헌 황적인선생님의 학문과 삶의 세계(2015), 94면 이하, 특히 226면 참조.

171) 대법원 2014.2.13. 선고 2011두16049 판결.

판매가격을 직접 논의하지 않았더라도 LPG 시장안정화, 경쟁 자제 및 고가유지 등을 논의한 것만으로도 가격담합의 효과를 충분히 거둘 수 있었다고 판단하였다.[172)]

그리고 한전발주 전력량계 구매입찰 관련 부당한 공동행위 사건에서 법원은 ① 사업자들이 물량배분을 쉽게 하려고 전력량계조합을 설립하고 조합체의 이름으로 입찰에 참여하기로 합의하면서 경쟁입찰의 형태를 유지하기 위하여 2개의 조합을 설립하면서 조합체의 구성원 사이에 배분물량을 비슷하게 유지하려고 원고 등 사업자가 2개 조합체의 구성원으로 나누어 가입한 사실, ② 그리고 원고도 개별적으로 입찰에 참여하지 않고 조합체의 이름으로 입찰에 참여하기로 하고 내부적으로 물량을 배분받기로 하면서 조합의 구성원으로 가입한 사실에 비추어 원고는 제1, 2조합이 참여하는 입찰절차에서 내부적으로 물량배분과 입찰단가에 관하여 서로 의사의 연락이 있었다고 추인하였다.[173)]

2. 의사연결의 상호성이 부정된 사례

음원유통사업자의 부당한 공동행위 건에서 법원은 온라인 음악서비스 사업자의 지위를 겸하고 있는 다른 사업자들과 달리 유니버설 뮤직이 음원사업자의 지위만을 가지고 있어 줄곧 음원 공급에 반대하는 태도를 견지해 왔다면, 유니버설 뮤직이 다른 음원사업자들과 의사의 일치가 있었다고 보기는 어렵다고 판단하였다.[174)] 대형 화물상용차 제조판매업자의 부당한 공동행위에 대한 건에서 법원은 "원고 등 7개사가 대형 상용화물차 가격의 인상 시기·폭뿐만 아니라 인상 여부조차 달리하는 경우가 상당 수 있었을 뿐만 아니라, 일부 유사한 시기에 가격을 인상한 경우에도 이는 배기가스 규제기준의 변경이나 신차 출시 등 다른 합리적인 이유로도 설명 가능하므로, 가격 결정에 관한 사업자간 의사연결의 상호성을 뒷받침할 만한 외형상의 일치가 있었다고 보기에도 부족하다고 판시하였다.[175)]

원고가 입찰 공고시까지 8개사 영업팀장 모임에 참석하고, 8개사는 공구분할과 관련하여 참여 희망공구에 관한 정보 교환 결과 6개사는 각자 희망공구의 입찰참가에 성공하

---

172) 대법원 2014.6.26. 선고 2012두4104 판결.

173) 서울고법 2015.8.28. 선고 2014누70626 판결(확정).

174) 대법원 2013.11.28. 선고 2012두17421 판결. 이 사건 합의를 주도한 주요 4개사가 음원사업자와 온라인 음악서비스 사업자의 지위를 겸하고 있는 것과 달리 원고는 음원사업자의 지위만을 가지고 있어 반드시 공동의 이해관계를 가졌다고 할 수 없어 이 사건 합의에 가담할 유인도 동일하다고 할 것만은 아니며, 원고는 협의회 회원사로서 회의에 참석하여 의견을 개진하기는 하였으나 줄곧 논-디알엠 상품에 대한 음원 공급에 반대하는 태도를 견지하여 왔고, 더구나 원고는 주요 4개사 합의 직후에 있었던 협의회 회의에 불참하였을 뿐 아니라 그 후 개최된 협의회 회의에서 다른 음원사업자들이 원고도 이 사건 합의에 가담하였는지 여부 등에 관하여 의문을 제기하기까지 하였고, 이에 원고의 신임 대표이사가 모든 의사결정은 영국 본사의 승인이 필요하다는 취지로 대답한 점 등에 비추어, 원고와 다른 음원사업자들 사이에 그와 같은 내용의 음원 공급에 관하여 묵시적이나마 의사의 일치가 있었다는 점이 증명되었다고 보기는 어렵고 원고의 논-디알엠 상품 공급은 원고의 경영 판단에 의한 것이라고 볼 여지가 충분하다고 법원이 판단한 사안이다.

175) 대법원 2016.12.29. 선고 2016두31098 판결.

였으나 원고와 B사는 동일한 4공구를 희망하고 서로 공구분할에 대한 조정을 보지 못하고 4공구 입찰에 들어간 사안에서 원고에게 공구분할 합의가 인정되는지가 문제가 되었다. 법원은 담합이 성립하기 위해서는 단순한 정보교환행위가 있는 것만으로는 부족하고, 당사자 사이에 의사연결의 상호성이 인정되어야 하는데, 본건 공사가 대안입찰방식의 공사로 발주처의 정책적 판단에 따라 1개사 1공구 입찰이 권고된 점, 원고가 처음부터 8개 공구 중 자신의 회사가 상대적으로 우월한 특수한 기술력이 요구되는 4공구 입찰에 참여하기로 결정하고, 같은 공구를 희망하는 B사와 입찰공구 조정을 하지 않았고, B사와의 입찰경쟁으로 인한 수주실패의 위험을 감수하면서까지 7개사와 공구분할을 합의할 필요성을 찾기 어려운 점 등을 종합하면, 원고가 본건 정보교환행위를 통하여 얻은 7개사의 정보를 토대로 7개사와 공구분할의 합의를 하였다고 인정하기에 부족하다고 판단하였다.[176]

3. Hub-and-Spoke 형태의 공동행위에서 의사연결의 상호성

'Hub-and-Spoke'[177] 형태의 공동행위는 다음 [그림 3-1]에서 보듯이 하나의 사업자(hub)가 수직적 관계에 있는 다수의 사업자들(spoke)과 각각 개별적인 수직적 합의나 수직적 정보교환행위를 하고 그러한 행위가 spoke 사업자들 사이에서 수평적인 경쟁제한 효과를 발생시켰지만 spoke 사업자들 상호간에 직접적 의사의 연락은 없는 경우를 말한다.[178] 공정위는 시판용 베어링 담합 사건에서 한국 내 피심인 3사 사이의 합의가 한국엔에스케이를 중심으로 셰플러코리아, 한화간 이루어지는 Hub-and-Spoke 카르텔 구조를 통해 이루어졌다고 판단하였다.[179]

Hub-and-Spoke 형태의 공동행위에서는 경쟁관계에 있는 spoke 간에 직접적인 의사연락은 없었지만 그럼에도 불구하고 hub에 해당하는 사업자와 spoke 사업자들 사이의 의사연락을 토대로 spoke에 해당하는 경쟁사업자간의 의사연락의 상호성을 인정할 수 있는지가 문제된다. spoke에 해당하는 경쟁사업자들 간에 직접적인 회합이나 의견교신이 없었다고 하더라도 이들 사이에 hub 사업자를 매개로 공동행위를 한다는 점에 관하여 인식이 존재하였다면 아래의 미국 법원의 사례와 같이 spoke 사업자들 사이에서도 의사연결의 상호성을 인정할 수 있을 것이다. 반면, 그러한 인식이 존재하지 않았다면 hub 사업자와 spoke 사업자 사이의 합의만을 토대로 공동행위의 존재를 인정하기는 어려울 것이다.

---

176) 대법원 2019.11.14. 선고 2016두43312 판결.
177) Hub-and-Spoke는 자전거 바퀴를 연상하면 된다. 'hub'는 바퀴의 중심축을 가리키고, 'spoke'는 바퀴살을 가리킨다.
178) 이에 관한 상세한 논의는 백대용, "허브 앤 스포크(Hub-and-Spoke) 담합의 개념 및 적용 요건 등에 관한 연구", 경쟁법연구 제32권(2015), 3면 이하 참조.
179) 공정위 2014.11.26. 의결 제2014-056호.

[그림 3-1] Hub-and-Spoke 담합의 구조

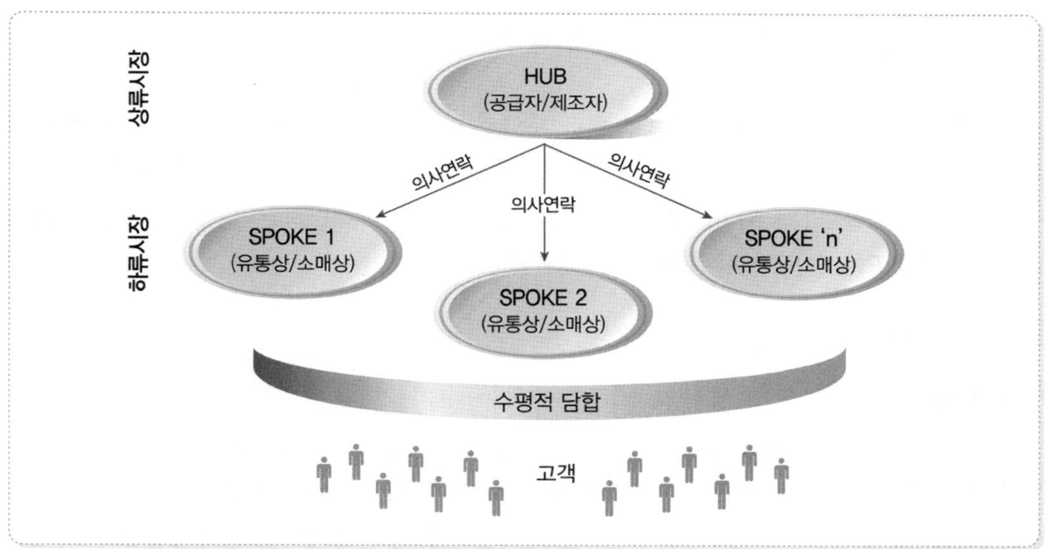

■ **미국에서 Hub-and-Spoke 형태의 공동행위 사례**

Interstate Circuit 사건이 대표적 사례인데, 이 사건에서 영화상영업자인 Interstate Circuit은 8개 영화배급업자들 각각에 대하여 서면으로 자신의 개봉관에서 상영되는 A급 영화에 대하여 추후 재개봉 시에 일정한 요금 이상으로 상영하고, 야간에 2편을 동시상영하지 못하도록 하는 몇 개의 조항을 포함시킬 것을 요구하였다. 이 사건에서는 Interstate Circuit등과 배급사간(수직적 합의), 그리고 배급사 상호간(수평적 합의) 공모를 하였는지 여부가 쟁점이 되었다. 전자는 입증에 큰 문제가 없었으나 후자는 배급사 상호간 의사연락에 관한 직접적인 증거를 발견하지 못하였다. 그러나 미국 연방대법원은 몇 가지 정황증거에 따라 수평적 합의가 추정된다고 판결하였다.[180] 그리고 이러한 구조는 Toys "R" Us 사건에서도 문제되었다. Toys "R" US은 미국 최대의 장난감 판매 사업자로서 장난감 제조사들의 생산량 중 30% 이상을 구매하는 가장 중요한 구매자이다. 그런데 Costco, Sam's Club 등 회원제 할인점이 저가에 장난감을 판매하면서 급속히 성장하자, Toys "R" Us는 자사가 보유하고 있는 시장에서의 영향력을 이용하여 10개 장난감 제조사들과 "개별적으로" 회원제 할인점과의 거래를 제한하는 내용의 합의를 하였다. 이에 대하여 미국 제7연방항소법원은 Toys "R" Us를 카르텔의 조정자로 평가하면서 Toys "R" Us 및 장난감 제조사들 사이의 합의를 인정하였다.[181]

180) Interstate Circuit, Inc. v. United States 306 U.S. 208(1939).
181) Toys "R" Us, Inc. v. F.T.C., 221 F.3d 928 (C.A.7 2000).

Ⅳ. 의식적 병행행위와 동조적 행위

사업자가 시장상황에 따라 독자적으로 판단하였으나 우연히 외형상 일치가 발생한 경우와 사업자가 다른 사업자와의 의사연락을 통하여 동일한 행위를 한 경우는 규범적으로 전혀 다른 평가를 받게 된다. 그런데 양자의 중간 정도에 해당하는 경우도 있는데, 의식적 병행행위 또는 동조적 행위가 그러한 예이다.

1. 의식적 병행행위

(1) 의 의

과점상태에서는 경쟁기업의 수가 적기 때문에 각 사업자가 경쟁사업자들의 반응이나 기대되는 행위 등을 비교적 쉽고 정확하게 예측할 수 있고, 따라서 경쟁사업자들이 자신의 이윤을 극대화하기 위해서 쉽게 병행적인 행위를 취하게 된다. 특정사업자가 가격인상을 선도하거나 가격인상 사실을 유포하면 다른 사업자들이 이에 따라 가격을 유사하게 인상하는 경우가 여기에 해당한다. 과점시장에서 사업자들 간에 동일한 행위가 병행적으로 이루어지고 사업자들이 이를 상호 인식하고 있는 경우를 의식적 병행행위(conscious parallelism)라고 한다.[182)]

(2) 규제 논의

시장의 성과 측면에서 보면, 과점시장은 경쟁시장에 미치지 못하므로, 과점시장의 문제를 경쟁법적으로 어떻게 다룰 것인지가 논의되고 있다. 그 일환으로 과점시장에서 나타나는 의식적 병행행위를 법 제40조 제1항에 따라 규율할 수 있는지에 관해서도 검토된다. 병행행위는 그 원인이 상호의존성으로 인한 것이든 상호 의사연락에 따른 것이든 간에 그 시장성과는 부정적이므로 양자를 모두 금지해야 한다는 주장도 있을 수 있다. 그러나 의식적 병행행위 그 자체를 규제하는 것은 타당하지 않다고 생각된다.[183)] 상호의존성의 산물인 병행행위를 합의의 규범적 범위에 포함시킨다면, 과점시장에서 경쟁사업자의 반응을 예상하여 가격을 올리거나 생산량을 줄인 경우에도 규제해야 한다는 결론에 이르게 되는데, 이는 쉽게 납득하기 어렵다. 또한 집행의 측면에서도 그 행위가 합의에 기인한 것이라면 그 합의를 금지시키면 되지만, 시장에서 자연스럽게 발생하는 병행행위라면 그러한 행위를 막을 방법이 없을 뿐만 아니라, 이를 굳이 금지하게 되면 사업자들

---

182) 경제학자들은 과점적 상호의존행위(oligopolistic interdependence)라고 부르기도 한다.

183) 미국 대법원은 의식적 병행행위가 셔먼법 적용대상이 아니라고 보았다. Theatre Enterprises v. Paramount, 346 US 537, 541("… but 'conscious parallelism' has not yet read conspiracy out of the Sherman Act entirely…").

이 억지로 경쟁하는 척 할 수밖에 없는 부자연스러운 상태가 초래될 우려가 있다. 따라서 과점시장의 상호의존성에서 비롯되는 병행행위는 그 행위를 하고 있는 개별 사업자에게 책임을 묻는 방법으로는 해소할 수 없고, 그러한 행위가 나타나는 시장구조를 개선하기 위한 정책적, 제도적 접근을 통하여 해결하는 것이 바람직할 것이다.

2. 동조적 행위

(1) 의 의

EU의 TFEU 제101조 제1항은 사업자간의 합의(agreement between undertakings), 사업자단체의 결의(decisions by associations of undertakings)는 물론이고 '동조적 행위(concerted practice)'도 규제의 대상에 포함시키고 있다. 동조적 행위의 개념은 명확하지 않으나, 일반적으로는 사업자들 간에 의도적으로 경쟁의 위험을 회피하기 위해 실질적으로 협력하는 행위를 말한다.[184] TFEU에서 동조적 행위를 규제 범위에 포함시킨 것은 비공식적인 협력수단을 포섭하기 위한 것이라고 한다.[185]

■ 병행행위와 동조적 행위의 구별

EU에서 규제하는 동조적 행위는 병행행위와는 구별되는 개념이다. 1993년의 Wood Pulp Ⅱ 사건[186]을 계기로 유럽재판소는 양자를 구별하고 있다고 평가된다. Wood Pulp Ⅱ 사건에서는 미국, 캐나다, 스칸디나비아의 목재 펄프 제조업자들의 카르텔이 문제되었다. 목재 펄프 시장은 제조업자와 고객 사이의 관계가 장기적인데, 제조업자들은 매 4분기마다 다음 4분기의 최고가격을 동시 또는 근접한 시기에 공표하여 고객을 위해 펄프의 필요량 확보를 보증하고 있었다. EU 집행위원회는 이러한 고지 및 가격인상 시스템에 의해 제조업자가 거래의 불확실성을 줄일 수 있어 동조적 행위가 있다고 인정하였다. 그러나 유럽사법재판소(ECJ)는 이러한 사전고지 시스템을 동조적 행위의 증거로 볼 수 없다고 판단하였다. 재판소는 병행행위가 동조적 행위의 결과라는 것이 '유일한 설득력 있는 설명(only plausible explanation)'인 경우에만 병행행위가 동조적 행위의 증거가 된다고 판시하였다. 재판소는 전문가에게 시장의 특성을 분석하도록 의뢰하였는데, 감정보고서는 동시 가격공표 시스템이 목재 펄프 시장의 특성(시장의 투명성)에 기초한 필연적인 결과로서 병행행위는 시장의 정상적 기능의 결과라고 보는 것이 동

184) 동조적 행위를 본질적으로 합의의 성립에는 이르지 않았지만, 의도적으로 경쟁의 위치로부터 벗어나기 위하여 실제적으로 협력을 하는 사업자들 사이의 조정의 형태라고 설명하기도 한다. 홍명수, "정보교환과 카르텔 규제", 법과 사회 제36호(2009), 284면.

185) EU에서는 합의와 동조적 행위가 대등한 요건으로 되어 있기 때문에, 직접적인 증거에 의하여 합의가 명백히 입증되지는 않지만 정황증거에 의하여 합의이든 동조적 행위이든 사업조정(coordination)의 형태로서의 부당한 공동행위가 인정되는 경우 "합의 또는 동조적 행위가 존재한다."는 정도로 표현하는 방식이 허용되고 있다.

186) Ahlstrom v. Commission (Wood Pulp Ⅱ) [1993] ECR Ⅰ-1307, [1993] CMLR 407.

조적 행위가 있다고 간주하는 것보다 설득력 있는 설명이라고 분석하였다. 재판소는 이러한 견해를 채용하여 위원회의 결정을 뒤집었다.

(2) 동조적 행위가 합의의 개념에 포함되는지 여부

(가) 긍정설

긍정설은 부당한 공동행위의 수단 내지 형식을 합의에 한정하고 있는 것에 대하여 '합의의 도그마'라는 표현을 사용하여 비판하면서, 현행법의 법문에 의하더라도 공동행위의 합의의 개념에 아직 합의의 성립에 이르지 않는 동조적 행위가 포섭되는 것으로 해석할 수 있다고 주장한다.[187] 하급심 판결 중에서도 긍정설을 따른 사례가 있었다. 우유 담합 사건에서 빙그레 판결은 사업자들이 여러 경로를 통하여 상호간에 빈번하게 접촉·교류하고 이를 통하여 의도적으로 가격정보를 교환하며 서로 교환된 정보를 이용하여 각자 행위내용을 조정하고 그 결과 일정한 행위가 외형상 일치하는 경우에는 사업자 각자의 독자적인 판단이 아니라 일련의 공조를 통한 행위라는 측면에서 단순한 의식적 병행행위가 아닌 '동조적 행위(concerted action)'에 해당하여 공동행위의 합의가 있었다고 판시하였다.[188]

(나) 부정설

부정설은 독점규제법은 합의를 요건으로 하고 있으므로 합의의 의미를 넓게 해석하더라도 동조적 행위까지는 포섭하기 어렵다고 주장한다. 또한, 동조적 행위의 개념이 반드시 명확한 것은 아니고 입법적인 근거가 부족한 상태에서 이를 통하여 합의를 인정할 때에는 동조적 행위의 개념을 두고 불필요한 혼동을 가져올 수 있다는 비판도 제기된다.[189] 그런데 대법원은 부정설을 따르고 있다. 개인생명보험 담합 사건에서 법원은 "사업자 사이의 정보교환행위와 같은 동조적 행위 자체를 담합행위의 일종으로 규제하는 외국 법제와 달리, … 공동행위가 성립하기 위해서는 사업자가 다른 사업자와 가격에 관한 정보를 서로 교환한 것만으로는 부족하고, 나아가 다른 사업자와 공동으로 가격결정 등 행위를 할 것을 합의하여야 하고, 이러한 합의는 적어도 가격결정 등 행위를 '공동으로 한다'는 점에 관한 의사일치는 있어야 한다. 따라서 현행법의 해석상 공동으로 가격결정 등 행위를 하기로 합의를 한 바가 없는 경우에 단순히 동조적 행위가 있었다는 이유만으로 부당한 공동행위가 있었다고 볼 수는 없다."고 판시하였다.[190]

---

187) 이호영, "독점금지법상 '합의의 도그마'에 대한 저항: 과점기업의 묵시적 사업조정의 규제를 중심으로", 경쟁법연구 제12권(2005), 57-59면; 홍명수, "정보교환과 카르텔 규제", 법과 사회 제36호(2009), 295-296면.

188) 서울고법 2012.1.12. 선고 2011누18467 판결(확정).

189) 정재훈(2014), 58면.

(다) 검 토

부정설의 지적과 같이 현행법의 해석론으로서 동조적 행위를 합의의 개념에 포섭시키는 것은 무리라고 생각된다. 입법론으로는 사업자들이 아직 합의의 성립에 이르지는 않았지만, 의도적으로 경쟁의 위험을 회피하기 위하여 실질적으로 협력하는 행위를 효과적으로 규제하기 위하여 동조적 행위도 규제의 범위에 포함시키자는 의견도 있다.[191]

■ 정보교환행위와 동조적 행위 규제에 관한 입법논의

2018년 독점규제법 전면개편 특별위원회는 정보교환행위와 동조적 행위의 규율과 관련하여 다양한 논의를 하였다. 정보교환에 대한 합의를 금지되는 합의 유형의 하나로 포함하자는 입장(1안), 정보교환행위로부터 합의를 보다 쉽게 추정할 수 있도록 추정조항을 개정하자는 의견(2안), 합의를 입증할 필요 없이 정보교환행위 자체를 금지하자는 입장(3안), EU처럼 동조적 행위 개념을 도입하여 정보교환행위를 규제하자는 의견(4안) 등이 제시되었다. 1안 및 2안 각각에 대해 다수 위원이 찬성의견을 표명하였고, 최종적으로 2020년 법 개정시에 위 1안과 2안이 반영되었다. 한편, 3안에 대해서는 찬성의견이 없었고, 4안에 대해서는 찬성이 다수였으나 합의가 없음에도 동조적 행위로 규제하는 경우 규제 범위가 과도하게 넓어진다는 반대의견도 제시되었다. 결국 위 3안과 4안은 법개정에 반영되지 않았다.[192]

Ⅴ. 합의의 입증

1. 직접적 증거와 정황적 증거

합의를 뒷받침하는 증거로는 직접적 증거(direct evidence)와 정황적 증거(circumstantial evidence)가 있다. 직접적 증거는 합의 내용과 참여한 기업들을 설명하는 자료나 참여자의 진술(구술 또는 기술) 등을 말한다. 예컨대 합의서, 협정, 의사록, 회의 노트 등을 들 수 있다.[193] 그 외에도 공식 회사 문건이나 임직원의 진술서, 진술조서도 직접적인 증거로 사용될 수 있다. 최근에 실무상으로는 자진신고 사업자에게 소속된 임직원의 진술이 직접

190) 서울고법 2013.7.17. 선고 2012누2186 판결 및 대법원 2014.7.24. 선고 2013두16944 판결. 개인생명보험 담합 사건에서 공정위는 생명보험회사가 아직 시장에 공개되지 않은 예정이율 등에 관한 정보를 교환하고 이를 바탕으로 각자의 예정이율 등을 정하는 것은 이른바 동조적 행위로서 법이 금지하는 공동행위에 해당한다고 주장하였다. 그런데 법원의 판결 내용을 살펴보면, 가격에 있어서 외형상 일치가 존재하지 않으며, 오히려 사업자들이 교환된 정보 외에 다른 여러 사정을 고려하여 각자 가격을 결정한 것으로 보인다. 이러한 사실인정에 따르면, 위 사안의 핵심은 동조적 행위라는 개념의 인정 여부가 아니라 합의에 관한 정황사실인 '정보교환+외형상 일치'의 입증에 있음을 알 수 있다.

191) 이봉의, "부당한 공동행위와 '합의' 도그마의 문제점", 경제법판례연구 제2권(2005), 273-275면 참조.

192) 송상민, "공정거래법 전면개편 특별위원회 최종보고서 개관", 경쟁저널 제196호(2018), 29-30면.

193) 외국에서는 이러한 증거들을 'smoking gun'이라고 표현하기도 한다. 직역하면 '연기나는 총'이란 뜻으로 범죄행위에 대한 결정적 증거라는 의미이다.

증거로 많이 활용되고 있다.

직접적 증거가 없거나 부족한 경우에는 정황적 증거에 의거하여 합의 사실을 인정할 수도 있다. 정황적 증거는 경험칙, 경제적 분석 혹은 다른 논리적 추론을 통하여 합의의 존재를 증명할 수 있는 증거를 말한다. 예를 들어 담합 참여가 의심되는 사업자들이 동일한 가격 인상을 할 경우, 가격 인상의 외형상 일치 그 자체는 합의에 관한 직접적 증거는 될 수 없지만, 합의의 존재를 추정하는 하나의 징표, 즉 정황적 증거는 될 수 있다.[194] 정황적 증거는 다시 의견교환 증거(communication evidence)와 경제적 증거(economic evidence)로 구분할 수 있다. 의견교환 증거는 (통화 내용은 알 수 없으나) 경쟁기업 간 전화통화한 기록, 같은 장소로 여행을 가거나 회의에 참석한 사실을 포함한다. 또한, 가격을 담합한 내용은 아니지만 가격, 수요, 설비가동률 등을 논의한 메모나 경쟁자의 가격에 대한 정보를 설명하는 내부 자료 등도 포함된다. 경제적 증거에는 담합이 용이한 시장구조나 담합을 조장하는 관행(facilitating practices) 등이 포함되고, 최근에는 전문가의 경제 분석도 많이 활용되고 있다. 그러나 일반적으로 경제적 증거에만 의존하여 부당한 공동행위가 인정되는 경우는 많지 않다. 왜냐하면 일방이 경제적 증거에 근거하여 담합을 추론(혹은 부정)할 경우 상대방이 반대되는 시장분석을 제시하여 그 경제적 증거를 탄핵하는 경우가 많기 때문이다.

2. 증거에 대한 신빙성의 판단

증거에 대한 판단은 자유심증주의의 원칙에 따른다. 그러나 사실인정이 논리와 경험법칙에 위배하여 자유심증주의의 한계를 벗어난 경우에는 위법이 된다. 렌터카 담합 사건에서 공정위는 다른 참가사업자들에 소속된 직원의 진술조서 및 내부문서와 행위의 결과로서의 낙찰의 내용을 종합하여 기아자동차가 합의에 참가한 사실을 인정하였다. 그러나 법원은 직접증거에 해당하는 진술조서 중 기아자동차가 합의에 참가하였다는 진술의 신빙성을 부정한 후 다른 정황증거들만으로는 기아자동차와 다른 참가사업자들 사이에 직접적인 의사소통 또는 접촉 사실을 인정하기 어렵다고 하여 합의를 인정하지 않았다.[195]

---

194) 다만, 대법원은 구법 제19조 제1항 각 호에 해당하는 행위의 외형상 일치가 있다고 하더라도 그러한 사정만으로 당연히 합의의 존재를 인정할 수는 없고, 사업자간 '의사연결의 상호성'을 인정할 수 있을 만한 사정이 증명되어야 하며, 그에 대한 증명책임은 그러한 합의를 이유로 시정조치 등을 명하는 공정위에 있다고 하였다. 대법원 2013.11.28. 선고 2012두17421 판결; 대법원 2013.11.14. 선고 2012두20212 판결; 대법원 2013.11.14. 선고 2012두18844 판결 등(이상 13개 음원유통사업자들의 부당한 공동행위 사건); 대법원 2014.6.26. 선고 2012두23075 판결; 대법원 2014.6.26. 선고 2012두5015 판결(이상 7개 LPG 사업자들의 부당한 공동행위 사건); 대법원 2014.7.24. 선고 2013두16395 판결; 대법원 2014.7.24. 선고 2013두16401 판결; 대법원 2014.7.24. 선고 2013두16951 판결; 대법원 2014.7.24. 선고 2013두16944 판결; 대법원 2014.7.24. 선고 2014두3655 판결; 대법원 2014.7.24. 선고 2014두3853 판결(이상 16개 생명보험회사들의 부당한 공동행위 사건); 대법원 2015.1.29. 선고 2012두21840 판결; 대법원 2015.1.29. 선고 2013두18759 판결(이상 5개 석유제품사업자들의 부당한 공동행위 사건, 소위 '원적사 담합 사건') 등 참조.

195) 서울고법 2005.4.21. 선고 2004누2273 판결 및 대법원 2005.8.25. 선고 2005두4625 판결.

라면 담합 사건의 경우에 자진신고자의 진술이 있었지만, 법원은 그러한 진술만으로는 부당한 공동행위 사실을 인정하기 어렵다고 판단하였다. 이 사건에서 서울고법은 제1차 인상에 대하여 삼양 측의 진술 및 원단위까지 일치한 출고가, 가격인상 전후 사업자들 간 정보교환을 토대로 합의를 인정하였다.[196] 그러나 대법원은 제1차 인상에 대하여 삼양 측의 진술 중 대표자회의와 관련된 진술은 전문진술(hearsay)로서 그 내용이 정확하지 않아 라면가격인상에 대한 공감 정도는 몰라도 구체적인 합의내용을 특정하기 어려울 뿐만 아니라, 라면협의회와 관련된 진술은 진술자가 직접 경험한 것이 아닐 가능성이 있어 그 신빙성을 인정하기 어렵다고 보아, 가격인상에 대한 합의가 있었다고 하더라도 그 내용이 분명하지 않고 향후 정보교환의 기초가 되는 합의에 해당한다고 볼 수 없다고 판단하였다.[197]

Ⅵ. 합의의 추정

1. 의　　의

추정이란 사실관계가 명확하지 않거나 간접적인 사실만 있는 경우라도 직접적인 사실이 있는 것으로 일단 정하여 그에 따라 법률효과를 발생시키는 것을 말한다. 독점규제법은 합의의 존재에 관한 입증곤란을 해소하고 공동행위에 대한 규제의 실효성을 제고하기 위해서 일정한 요건이 충족되면 합의를 추정할 수 있다는 규정을 두고 있다. 비교법적으로 '합의의 추정' 규정을 두는 것은 이례적인 일로서 우리 독점규제법의 특징 중 하나라고 할 수 있다. 이러한 합의의 추정 규정은 입증곤란으로 인하여 카르텔 참가자를 처벌하지 못하는 과소집행의 위험을 줄이기 위하여 고안된 제도이다.

2. 입법연혁

독점규제법은 1992년 제3차 개정을 통하여, "2 이상의 사업자가 일정한 거래분야에서 경쟁을 실질적으로 제한하는 행위를 하고 있는 경우에는 그 사업자들 사이에 부당한 공동행위의 수행을 약정한 명시적인 계약이 없는 경우에도 부당한 공동행위를 하고 있는 것으로 추정한다."(구법 19조 5항)고 규정함으로써, 그 합의를 법률상 추정하는 제도를 도입하였다. 즉, 행위의 외형상 일치만 인정되면 합의가 추정되도록 한 것이다.[198] 그러나

---

196) 서울고법 2013.11.8. 선고 2012누24223 판결.

197) 대법원 2015.12.24. 선고 2013두25924 판결; 대법원 2016.1.14. 선고 2013두26309 판결 및 대법원 2016.1.14. 선고 2014두939 판결.

198) 대법원 판례는 구법 제19조 제5항의 취지와 관련하여, 은밀하게 행하여지는 부당한 공동행위의 속성상 그러한 합의를 입증한다는 것이 그리 쉬운 일이 아니므로 공정위로 하여금 '사업자들의 합의'를 입증하는 것에 갈음하여 "2 이상의 사업자가 [구법] 제19조 제1항 각 호의 1에 해당하는 행위를 하고 있다는 사실"과

그러한 행위가 의식적 병행행위에 해당하는 경우에는 물론이고, 심지어 단순한 모방행위 또는 독자적인 경영판단에 따른 경우처럼 사업자들 간에 의사의 연락이 존재하지 않는 것이 거의 명백한 경우에도 합의의 존재가 추정되어, 사업자들에게 지나치게 과중한 입증부담을 지우는 불합리한 결과를 초래하게 된다. 그러한 경우에, 사업자들이 그 합의의 추정을 번복하려면 합의의 부존재를 입증해야 하는데, 이는 매우 어려운 작업이기 때문이다.[199] 이에 따라 위 추정 조항에 대해서는 비교법적으로 그 유례가 없을 정도로 추정의 범위가 과도하여 과잉집행의 위험이 크다는 비판이 줄곧 제기되어 왔다.[200]

입법자는 이러한 비판을 수용하여 2007년의 법 개정으로 동 조항을 다음과 같이 개정하였다. "2 이상의 사업자가 제1항 각 호의 어느 하나에 해당하는 행위를 하는 경우로서 해당 거래분야 또는 상품·용역의 특성, 해당 행위의 경제적 이유 및 파급효과, 사업자 간 접촉의 횟수·양태 등 제반사정에 비추어 그 행위를 그 사업자들이 공동으로 한 것으로 볼 수 있는 상당한 개연성이 있는 때에는 그 사업자들 사이에 공동으로 제1항 각 호의 어느 하나에 해당하는 행위를 할 것을 합의한 것으로 추정한다." 즉, 행위의 외형상 일치 이외에 여러 간접적 정황사실이 증명된 경우에 한하여 합의가 추정되는 것으로 바뀌었다. 그런데 종래에도 행위의 일치를 토대로 정황증거를 더하여 합의의 존재를 사실상 추정할 수 있었던 점에 비추어 볼 때, 개정된 추정규정이 독자적 의의를 가지는지에 대하여는 의문이 제기되었다. 이 조항이 단지 법집행상 합의의 입증곤란에 비추어 정황증거 등을 근거로 합의를 추정할 수 있다는 사실에 주의를 환기시키고 이를 입법적으로 확인하는 의미를 가질 뿐이라는 견해도 있었다.[201] 위와 같이 개정된 추정규정은 공동행위의 경우에는 그 특성상 행위의 일치와 일정한 정황사실만으로 합의의 존재를 추정할 수 있다는 점과 그러한 정황사실에는 어떠한 것들이 있는지를 제시하였다는 점에서만 그 의의를 찾을 수 있었다. 실제로 추정조항이 개정된 이후 부당한 공동행위에 관해서 구법 제19조 제5항이 적용되는 사례는 과거에 비해 현저히 줄었고,[202] 그 대신에 구법 제19조

그것이 "일정한 거래분야에서 경쟁을 실질적으로 제한하는 행위"라는 사실의 두 가지 간접사실만을 입증하도록 함으로써 부당한 공동행위에 대한 규제의 실효성을 확보하고자 함에 있다고 보았다. 대법원 2002.3.15. 선고 99두6514, 6521 판결.

199) 합의의 부존재는 소극적 사실이므로 그 증명이 사실상 불가능에 가깝다. 그래서 실무상으로는 합의의 부존재를 입증하는 대신, '합의의 존재'와는 반대되는 사실, 즉 그들의 행동의 일치가 합의에 기초한 것이 아니라 각자의 독자적인 경영판단의 결과라는 사실을 입증하여 그 추정을 복멸시키는 방법이 주로 활용되었다. 이때의 증거는 법관으로 하여금 요증사실(합의의 부존재)의 존재가 확실하다고 확신을 품게 하는 것이 되어야 하므로 본증(本證)에 해당하고, 반증(反證)이 아니다. 강상욱, "부당한 공동행위에 관한 추정의 복멸", 대법원 판례해설 제77호(2009), 840면.

200) 구법 제19조 제5항에 대해서는 기업의 경제적 자유를 침해한다는 이유로 위헌제청신청이 제기되기도 하였다. 그러나 대법원은 사업자가 추정을 복멸할 길이 열려 있다는 점에서 구법 제19조 제5항이 자기책임의 원리에 반하거나 과잉금지의 원칙에 위배되지 않는다고 보아, 위헌제청신청을 기각하였다. 대법원 2008.9.25. 자 2006아35 결정. 그 외에도 대법원 2004.10.28. 선고 2002두7456 판결도 유사한 취지로 판시하였다.

201) 이호영, 독점규제법(2010), 192면.

202) 4대강 담합 사건에서는 주위적으로 구법 제19조 제1항, 예비적으로 구법 제19조 제5항이 적용되었다. 공정

제1항을 적용하면서 사실상 추정에 의거하는 방식이 많이 활용되었다.

한편, 빈번하게 발생하는 정보교환행위가 합의의 추정사유에 해당하는지 여부가 불문명하여 해석상 논란이 있었다. 판례는 그 정보교환은 가격 결정 등의 의사결정에 관한 불확실성을 제거하여 담합을 용이하게 하거나 촉진할 수 있는 수단이 될 수 있으므로 사업자들 사이의 의사연결의 상호성을 인정할 수 있는 유력한 자료가 될 수 있지만, 그렇다고 하더라도 그 정보교환 사실만으로 부당하게 경쟁을 제한하는 행위에 대한 합의가 있었다고 단정할 수는 없다는 태도를 취하고 있다.[203] 2020년 법 개정에서는 정보교환행위가 합의의 독자적 추정요건으로 추가되었다.

3. 추정의 요건

개정된 법 제40조 제5항은 "제1항 각 호의 어느 하나에 해당하는 행위를 하는 둘 이상의 사업자가 [다음 중] 어느 하나에 해당하는 경우에는 그 사업자들 사이에 공동으로 제1항 각 호의 어느 하나에 해당하는 행위를 할 것을 합의한 것으로 추정한다."고 규정하여, 추정요건으로서 우선 ① 행위의 외형상 일치를 들고 있다. 그리고 추가적 추정요건으로서 기존의 ⓐ 해당 거래분야, 상품·용역의 특성, 해당 행위의 경제적 이유 및 파급효과, 사업자 간 접촉의 횟수·양태 등 제반 사정에 비추어 그 행위를 그 사업자들이 공동으로 한 것으로 볼 수 있는 상당한 개연성이 있을 때(1호, 추가적 사정) 이외에 ⓑ 제1항 각 호의 행위(제9호의 행위 중 정보를 주고받음으로써 일정한 거래분야에서 경쟁을 실질적으로 제한하는 행위를 제외한다)에 필요한 정보를 주고받은 때(2호, 정보교환)를 추가하였다. 따라서 ① 행위의 외형상 일치 + ⓐ 추가적 사정 혹은 ① 행위의 외형상 일치 + ⓑ 정보교환이 입증된 경우에 합의의 존재도 추정된다고 할 것이다. 이하에서 개별적 추정요건에 대해서 살펴보기로 한다.

(1) 행위의 외형상 일치

2007년 법 개정 전에는 행위의 외형상 일치만으로 합의의 존재가 법률상 추정되기도 하였으나, 현행법에서는 외형상 일치만으로 합의의 존재가 추정된다고 보기는 어렵다. 대법원도 구법 제19조 제1항 각 호의 하나에 해당하는 행위의 외형상 일치가 있다고 하더라도 그러한 사정만으로 당연히 합의의 존재를 인정할 수는 없고 사업자간 의사연결의 상호성을 인정할 수 있을 만한 사정이 증명되어야 하며, 그에 대한 증명책임은 그러한 합의를 이유로 시정조치 등을 명하는 공정위에 있다고 하였다.[204]

위 2012.8.31. 의결 제2012-199호.

203) 대법원 2014.7.24. 선고 2013두16951 판결; 대법원 2019.11.14. 선고 2016두43312 판결.

204) 대법원 2013.11.28. 선고 2012두17421 판결; 대법원 2014.5.29. 선고 2011두23085 판결.

(2) 추가적 사정

추가적 사정은 "해당 거래분야 또는 상품 · 용역의 특성, 해당 행위의 경제적 이유 및 파급효과, 사업자간 접촉의 횟수 · 양태 등 제반사정"을 말한다.[205] 그런데 이러한 추가적 사정들은 법 제40조 제1항을 적용하는 사안에서 사실상 추정이 이루어지는 경우에도 마찬가지로 고려될 수 있을 것이다. 규정의 취지는 복수 사업자들의 행위가 외형상 일치하고 추가적 사정에 비추어 그 일치가 공동행위의 합의에 의한 것으로 볼 수 있는 상당한 개연성이 있을 때에 그 행위는 합의에 의한 것으로 추정한다는 것이다. 이때 상당한 개연성은 50% 정도의 우월한 개연성보다는 높고 고도의 개연성보다는 낮은 증명정도를 말한다.[206] 이하에서는 추가적 사정의 요소들에 관하여 살펴본다.

(가) 해당 거래분야 또는 상품 · 용역의 특성

해당 거래분야의 경우 시장의 집중도가 높을수록, 진입장벽이 높을수록, 수직통합의 정도가 높을수록, 그리고 상품 · 용역의 특성의 경우 그것이 동질적일수록 담합이 용이하게 된다. 그 밖에 대체재의 부재, 대규모 유휴 생산설비, 비용에 근거하지 않은 가격결정, 시장점유율의 변동이 예상되는 상황에서 특이할 만큼 안정적인 시장점유율, 가격이 담합기간 이전과 이후보다 높았다는 사실 등도 고려될 수 있다. 당해 사업자들의 행위의 일치를 시장상황의 결과로 설명할 수 없는 경우, 당해 산업구조상 합의가 없이는 행위의 일치가 어려운 경우도 합의의 추정을 보강하기 위한 정황증거가 될 수 있다. 전자의 예로서 ① 수요공급조건의 변동, 원재료 공급원의 차이, 공급자와 수요자의 지리적 위치 등의 차이에도 불구하고 가격이 동일하고 경직되어 있는 경우, ② 원재료 구입가격, 제조과정, 임금인상률, 어음할인금리 등이 달라 제조원가가 각각 다른데도 가격변동 폭이 동일한 경우, ③ 시장상황에 비추어 보아 공동행위가 없이는 단기간에 높은 가격이 형성될 수 없는 경우를 들 수 있다. 후자의 예로서 ① 제품차별화가 상당히 이루어진 경우에

---

205) 미국에서 논의되고 있는 추가적 사정(plus factor)으로서 다음과 같은 것들이 있다. ① 공동행위를 할 합리적인 동기나 이유가 있는 경우, ② 공동행위가 아니면 취하지 않았을 자신의 이익에 배치되는 행동이 있는 경우, ③ 시장현상이 공동행위의 결과라고 설명하는 것 이외에는 달리 합리적으로 설명할 수 있는 방법이 없는 경우, ④ 과거에 독점금지법을 위반한 전례가 있는 경우, ⑤ 혐의를 받고 있는 당사자들 사이에 회의나 직접적인 교신이 존재하는 경우, ⑥ 피고가 공동행위를 조장하는 행위를 한 경우, ⑦ 산업의 특성이 경쟁의 회피를 어렵게 하는지의 여부, ⑧ 시장의 성과가 합의의 추정을 가능하게 하는지의 여부. 정경택, "공동행위 규제상의 문제점", 공정거래법강의(권오승 편, 1996), 291면 이하; 신영수, "의식적 병행행위의 규제논거", 경쟁법연구 제11권(2005), 313-314면; 유해용, "부당공동행위 추정과 관련된 판례 연구(上)", 저스티스 제88호(2005), 133면 참조.

206) 이황, "부당공동행위 관련 2007년 공정거래법 개정에 대한 평가와 전망", 경제법연구 제6권 2호(2007), 41면. 구체적 증명의 정도에 대하여 독일에서는 개연성의 정도를 50% 이상에서 100% 미만 사이에서 밑으로부터 우월한 개연성, 상당한 개연성, 고도의 개연성, 확실의 순으로 구별하고 있다고 하고, 미국에서는 우월한 개연성(preponderance of probability)은 50% 이상, 명백하고 확신을 주는 증거(clear and convincing proof)는 75% 이상, 합리적인 의심의 여지가 없는 정도의 증명(proof beyond reasonable doubt)은 90~95% 이상의 개연성을 의미한다고 한다. 이황, 위 논문 38면.

도 개별 사업자들의 가격이 일치하는 경우, ② 거래의 빈도가 낮은 시장, 수요자가 전문지식을 갖춘 시장 등 공급자의 행위 일치가 나타나기 어려운 여건에서 행위의 일치가 이루어진 경우를 들 수 있다.

(나) 해당 행위의 경제적 이유 및 파급효과

해당 행위가 사업자들이 모두 같은 방식으로 행동하기로 합의했을 때에만 사업자들의 이익에 부합하고, 단독으로 행동했을 때에는 사업자의 이익에 반한다는 사실은 합의를 추단케 하는 중요한 추가적 사정이 된다. 예를 들어, 원가상승 요인도 없고 공급과잉 또는 수요감소가 있음에도 불구하고 가격을 동일하게 인상하는 경우, 재고가 누적되어 있음에도 불구하고 가격이 동시에 인상된 경우가 여기에 해당된다.

반면, 각각의 사업자가 해당 행위를 하게 된 독자적인 이유가 있을 때나 합의에 참여할 동기가 없었을 때에는 합의의 존재를 추정하기 어렵다. 렌터카 담합 사건에서 기아자동차가 합의에 참가할 유인이 있는지 여부에 관하여 다툼이 있었는데, 법원은 "[기아자동차]에게 [공정위] 주장의 차종배정에 관한 공동행위를 할 만한 유인을 찾기 어려워, [기아자동차]가 묵시적으로 위 나머지 입찰회사들과의 부당공동행위에 동의하였다고 볼 여지도 없다."고 판단하였다.[207] 음원 담합 사건 중에서 유니버설 뮤직 판결도 해당 행위의 동기를 중요하게 고려하였다.[208] 담합에 가담한 다른 음원사업자들과 마찬가지로 유니버설 뮤직도 곡수 등을 제한한 Non-DRM 상품을 출시하였다는 점에서 행위의 외형상 일치는 존재하였다. 그러나 대법원은 ① 유니버설 뮤직이 음원사업자와 온라인 음악서비스 사업자의 지위를 겸하고 있는 다른 사업자들과 달리 음원사업자의 지위만을 가지고 있어 반드시 공동의 이해관계를 가졌다고 할 수 없고, 실제로도 이 사건 합의가 위 회사의 기존의 입장과 부합한다고는 볼 수 없는 측면이 있다는 점, ② 유니버설 뮤직이 음원공급계약을 체결한 것은 당시의 시장상황 등을 고려하여 영국 본사와의 협의 끝에 이루어진 경영판단에 의한 것이라고 볼 수 있는 점 등을 지적하면서, 묵시적 합의의 성립을 부정하였다.

(다) 사업자간 접촉의 횟수·양태 등 제반사정

사업자간 접촉의 횟수가 빈번하고 그 양태가 가격결정 등의 업무에 영향을 미칠 수 있는 임직원 간에 이루어졌다면 합의로 추정될 가능성이 커진다. 반면, 사업자들이 접촉을 하지 않았거나 의사소통이나 미팅에 대해 타당한 사업적 이유들을 제시하였다면, 사업자간 접촉이 있었다는 사실만으로는 합의를 추정하기에 부족할 것이다.[209] 음원 담합

207) 서울고법 2005.4.21. 선고 2004누2273 판결 및 대법원 2005.8.25. 선고 2005두4625 판결.
208) 대법원 2013.11.28. 선고 2012두17421 판결.
209) 대법원 2013.11.28. 선고 2012두17421 판결; 대법원 2014.5.29. 선고 2011두23085 판결.

사건의 유니버설 뮤직 판결에서 대법원은 유니버설 뮤직이 중요한 협의회의 회의에 불참한 점과 다른 음원사업자들이 동사가 이 사건 합의에 가담하였는지 여부 등에 관하여 의문을 제기한 점을 담합 부정의 근거로 고려하였다.[210] 현대오일뱅크 판결에서 대법원은 "LPG 수입사들이 원고에게 거래기간 동안 판매가격을 통보하였으나 그것이 원고와의 합의에 의하여 이루어진 것이라고 볼 만한 자료는 없고, 수입사 중 SK가스가 자신의 충전소 판매가격을 통보하면서 그 수신자란에 원고도 표시한 것은 SK가스의 일방적 행위이므로, 이러한 사정을 들어 원고와 다른 LPG 사업자 사이에 가격결정에 관하여 상호 의사 연락이 있었다고 볼 수는 없다."고 하였고, "원고의 임원 또는 팀장급 직원이 LPG 수입사 및 정유사들의 모임에 참석한 것은 피고가 주장하는 이 사건 합의기간 중 2회에 불과하므로, 그 모임에 참석한 것이 이 사건 합의와 관련이 있다고 단정하기는 어렵다."고 판시하였다.[211]

(3) 정보교환

(가) 구법 하에서 판례이론

구법 하에서 정보교환은 독자적 추정요건은 아니었다. 대법원은 정보교환이 증거로서 가지는 의미에 대하여 다음과 같은 3가지 사항을 제시하였다. ① "경쟁 사업자들이 가격 등 주요 경쟁요소에 관한 정보를 교환한 경우에, 그 정보교환은 가격 결정 등의 의사결정에 관한 불확실성을 제거하여 담합을 용이하게 하거나 촉진할 수 있는 수단이 될 수 있으므로, 사업자 사이의 의사연결의 상호성을 인정할 수 있는 유력한 자료"가 될 수 있다. ② 그러나 "정보교환 사실만으로 부당하게 경쟁을 제한하는 행위에 대한 합의가 있다고 단정할 수는 없다."[212] 따라서 ③ 정보교환이 인정되는 경우에 "관련시장의 구조와 특성, 교환된 정보의 성질·내용, 정보 교환의 주체 및 시기와 방법, 정보교환의 목적과 의도, 정보교환 후의 가격·산출량 등의 외형상 일치 여부 내지 차이의 정도 및 그에 관한 의사결정 과정·내용, 그 밖에 정보교환이 시장에 미치는 영향 등 모든 사정을 종합적으로 고려하여 위 합의가 있는지 여부를 판단하여야 한다."[213]

(나) 개정된 규정의 해석

그런데 2020년 법 개정으로 행위의 외형상 일치와 정보교환 행위가 존재하면 해당

210) 대법원 2013.11.28. 선고 2012두17421 판결.

211) 대법원 2014.5.29. 선고 2011두23085 판결.

212) 미국 연방대법원은 가격정보 교환은 그 자체만으로는 셔먼법 1조를 위반하는 당연위법이 아니라고 판결한 바 있다. Maple Flooring Manufacturers Association v. United States, 268 U.S. 563 (1925). 또한, 제9항소법원은 가격정보를 교환한 증거는 담합을 뒷받침할 수 있으나 결정적인 증거는 아니라고 판시하였다(In re Petroleum Prods. Antitrust Litigation, 906 F. 2d 432 (9th Cir. 1990)).

213) 이러한 판시는 대법원 2014.2.13. 선고 2011두16049 판결(소주 담합 사건); 대법원 2014.7.24. 선고 2013두16951 판결(생명보험 담합 사건) 등에서 반복되고 있다.

합의는 법률상 추정되게 되었다. 따라서 합의에 대한 입증책임을 부담하는 공정위나 피해자들은 정보교환 사실만 입증하면 되고, 정보교환과 관련된 "관련시장의 구조와 특성, 교환된 정보의 성질·내용, 정보 교환의 주체 및 시기와 방법, 정보교환의 목적과 의도, 정보교환 후의 가격·산출량 등의 외형상 일치 여부 내지 차이의 정도 및 그에 관한 의사결정 과정·내용, 그 밖에 정보교환이 시장에 미치는 영향 등 모든 사정"에 관한 추가 입증부담은 덜게 되었다.

반면, 합의사실을 부정하는 사업자 측에서 위와 같은 제반사정을 통하여 정보교환을 근거로 합의를 추정하는 것을 복멸하여야 하는 입증부담을 지게 되었다. 추정의 복멸에 관한 법리는 심결례와 판례의 축적을 통해 서서히 형성되겠지만, 구법 하에서 정보교환이 존재함에도 합의의 존재가 인정되지 않은 사례들은 위와 같은 추정의 복멸과 관련하여 참고는 될 수 있을 것이다. 구법 하에서 ① 정보교환이 가격결정 이후에 이루어졌고, 가격결정권한이 없는 자들 사이에서 이루어진 경우,[214] ② 원고가 공사의 입찰 공고시까지 공사와 관련하여 가진 8개사 영업팀장모임에 참석하고, 8개사는 공구분할과 관련하여 참여 희망공구에 관한 정보 교환 결과 6개사는 각자 희망공구의 입찰참가에 성공하였으나 원고와 G사는 동일한 4공구를 희망하고, 서로 공구분할에 대한 조정을 보지 못하고 경쟁입찰에 들어간 경우[215]에는 합의가 인정되지 않았다.

4. 합의의 추정과 복멸

(1) 법률상 추정

법 제40조 제5항은 법률상 추정 조항이다. 법률상 추정의 경우 요건사실을 추정하게 하는 간접사실 자체가 법문에 규정되어 있고, 그와 같은 간접사실의 존재가 입증되면 법규정에 의하여 추정의 효력이 발생한다. 법 제40조 제5항에 의하여 합의가 법률상 추정되는 경우에 상대방이 그 사실의 부존재를 법관에게 확신을 줄 정도로 입증해야 하므로 입증책임의 전환을 초래하게 된다. 즉, 사업자는 그 행위가 합의에 기한 것이 아님을 입증함으로써 추정을 복멸할 수 있다. 판례상 합의 추정을 복멸할 수 있는 사유로 인정된 것은 ① 행정지도에 기하여 외형상 일치하는 행위가 발생한 경우와 ② 담합과 양립하기 어려운 행동이 존재하는 경우이다.

한편, 법 제40조 제1항이 적용되는 사안에서 정황사실에 근거하여 합의가 사실상 추정될 수 있다. 사실상의 추정은 어떤 사실로부터 논리칙이나 경험칙을 활용하여 다른 사실을 추정하는 것을 말한다. 사실상의 추정에서 어떤 사실이 요건사실을 추정하게 하는 것인지의 여부는 법관의 판단 영역에 속하는 문제이다. 다만, 이 경우에는 요건사실이 사

---

214) 대법원 2002.3.15. 선고 99두6514, 6521 판결.
215) 대법원 2019.11.14. 선고 2016두43312 판결.

실상 추정되더라도 상대방은 법관이 추정되는 사실이 존재한다는 확신을 갖는 것을 방해하거나 동요시키는 반증만 제시하면 그 추정을 번복시킬 수 있다.

(2) 행정지도에 기한 외형상 일치

금융사업자나 통신사업자 또는 주류제조업자 등이 금융감독기관이나 통신규제기관 또는 국세청 등과 같은 감독 또는 규제기관의 행정지도에 따른 결과, 사업자들의 행동에 외형상 일치가 발생하는 경우가 있다.[216] 이러한 경우에 사업자들 사이에 가격인상과 같은 행위의 외형상 일치가 발생한 직접적 원인이 사업자들 간의 합의가 아니라 정부부처의 행정지도에 있다는 점이 증명된다면 행정지도를 이유로 추정의 복멸이 인정될 수 있다. 소주 담합 사건에서 9개 사업자들이 지속적으로 가격정보를 교환하고 협의하여 1위 사업자를 선두로 순차적으로 소주가격을 유사한 수준으로 인상한 것이 문제가 되었다. 대법원은 마치 가격인상에 관한 합의가 있었던 것처럼 보이는 외형이 존재하지만 각 지역별로 진로와 해당 지역업체가 시장을 과점하는 시장구조에서 국세청이 진로를 통하여 전체 소주업체의 출고가격을 실질적으로 통제 · 관리하고 있는 소주시장의 특성에 따라 나머지 소주업체들이 국세청의 방침과 시장상황에 대처한 것에 불과하므로 합의의 존재를 인정하기 어렵다고 판시하였다.[217] 그 후에 개인생명보험 담합 사건에서도 행정지도가 합의를 부정하는 요소로 고려되었다.[218]

그렇지만, 추정의 복멸이 인정되는 것은 행정지도와 행위의 외형상 일치 사이에 인과관계가 분명한 경우에 한한다. 증권사들이 채권 수익률을 담합한 것이 문제된 사안에서 법원은 구 건설교통부가 채권매출 대행기관인 증권사들에 대하여 채권 수익률 스프레드를 축소해 줄 것을 권고하였고, 이러한 행정지도가 증권사들이 신고수익률을 제출할 때에 영향력을 미쳤으리라는 점은 인정하였다. 그러나 법원은 증권사들이 위와 같은 행정지도에 반드시 따라야 할 의무는 없는 점, 행정지도의 내용은 스프레드를 축소해 줄 것에 그쳤고 그러한 행위가 매도대행증권사들에 의하여 공동으로 이루어질 것을 요구하지는 않은 점, 행정지도에 따르기 위해서는 소액채권업무의 특성상 인터넷 메신저 대화방 등을 통한 매도대행증권사들 사이의 협의가 불가피하였다고 주장하나, 매도대행 업무연락 및 실무협의를 위해 대화방 참여가 필수적이었다고 보기 어려운 점 등을 근거로 합의의 존재를 인정하였다.[219]

---

216) 한편, 행정지도에 따른 행위가 법 제116조의 법령에 따른 정당한 행위로서 독점규제법의 적용이 제외되는 것인지의 여부도 문제가 된다.
217) 대법원 2014.2.13. 선고 2011두16049 판결.
218) 대법원 2014.7.24. 선고 2013두16951 판결.
219) 서울고법 2014.5.23. 선고 2013누45012 판결(심리불속행 기각으로 확정).

(3) 담합과 양립하기 어려운 행동

LPG 담합 사건들 중에서 현대오일뱅크 사건의 판결은 사업자들 간 행위의 외형상 일치가 존재한다고 하더라도, 어느 사업자가 합의에 가담하였다고 볼 만한 사정은 제한적인 반면, 그 사업자가 시장 여건에 따라 자신의 이익을 극대화하기 위하여 독자적으로 행동하였다거나 또는 경쟁사업자들과 사이에 담합을 한 것과는 일반적으로 양립하기 어려운 행동을 하였다고 볼 만한 사정이 상당한 기간 동안 지속되는 등 경쟁사업자들과 사이에 의사 연락이 있었다고 보기 어려운 경우에는 그 사업자가 그 합의에 가담하였다고 인정할 수 없다고 판시하였다.[220] 이것은 직접 합의 추정의 복멸을 인정한 판결은 아니지만, 사업자가 담합과 양립하기 어려운 행동을 하였다는 사실을 통하여 합의 추정을 복멸할 수 있음을 보여준 판결이라고 할 수 있다.

5. 법 제40조 제5항과 법 제40조 제1항의 관계

법 제40조 제1항이 적용된 경우에는 사실상 추정에 그치는 대신에 형사처벌이 가능한 반면에, 법 제40조 제5항이 적용될 경우에는 법률상 추정이 되어 사업자에게 그 추정을 번복하기 위한 입증책임이 전환되는 효과가 발생하는 대신에 형사처벌을 할 수 없다는 차이가 있다.[221] 심판절차나 행정소송 진행 중 적용법령을 법 제40조 제1항에서 제5항으로, 혹은 그 반대로 변경하는 것이 허용되는지 여부가 문제될 수 있는데, 기본적 사실관계에 변화가 없는 한 허용된다고 보아야 할 것이다.[222]

제 3 절 부당성 판단에 관한 쟁점

- 연성 공동행위, 부수적 제한, 정당한 행위 -

Ⅰ. 개 요

경성 공동행위와는 달리, 연성 공동행위나 부수적 제한의 경우에는 경쟁제한효과와

---

220) 대법원 2014.5.29. 선고 2011두23085 판결. 이 사건에서 공정위는 사업자들 사이의 합의가 수입사들 사이의 10원 내외의 판매가격 차이에서 비롯되었다고 주장하였다. 그런데 현대오일뱅크는 스폿거래를 통하여 자신의 물량 중 20% 가량을 계속하여 충전소 판매가격보다 kg당 60원 저렴한 가격에 판매하여 왔다. 그로 인하여 이 사건 합의에 반하는 가격혼란이 초래될 위험이 있었음에도 현대오일뱅크의 이러한 행위는 줄곧 유지되어 왔다. 수입사들은 이러한 스폿거래 억제를 위하여 정유사들의 잉여물량을 구매해 주는 전략을 펼쳤음에도 불구하고 수입사들이 현대오일뱅크의 잉여물량을 구매해 준 적은 없었다. 대법원은 이러한 현대오일뱅크의 일련의 행동을 담합과 양립하기 어려운 사정으로 참작하였다.

221) 법 제40조 제5항에 기한 형사처벌이 가능하다는 견해로는 오금석, “정보 교환 관련 담합 행위 규율에 대한 검토”, 경쟁저널 제208호(2021), 27면.

222) 정재훈(2014), 73면.

효율성 증대효과를 동시에 가지고 있으므로 두 효과를 비교형량하여 부당성을 판단하여야 한다. 그동안 실무에서 종종 문제가 되는 연성 공동행위로는 경쟁사업자 간 공동수급체 구성, 이중적 유통관계의 형성, 오리지널 제약사와 제네릭 제약사 간의 소송상 화해 등을 들 수 있다. 부수적 제한은 외견상으로는 경성 공동행위처럼 보이지만, 그것이 효율성을 증대하는 경제적 통합과 연관되어 추진되는 경우를 말한다. 예컨대 지로시스템 구성사업자들 간의 수수료 합의는 외견상으로는 가격 담합(경성 공동행위)처럼 보이지만, 그것이 지로시스템이라는 경제적 통합체의 운영을 위하여 필수적이기 때문에 수수료 고정이 가져오는 경쟁제한효과와 지로시스템이 가져다주는 효율성 증대효과를 비교형량할 필요가 있다. 한편, 효율성 증대효과 이외에 다른 정당화 사유에 기하여 경쟁제한적 공동행위의 위법성이 조각될 수도 있다. 이러한 대표적 사유로서 공정위가 공동행위를 인가한 경우에 관해서는 제1절에서 이미 살펴보았다. 그 밖에도 행정지도, 공정위의 인가절차를 거치지 아니하였지만 법 제40조 제2항의 인가사유에 해당하는 경우, 정치적 행위 등에 관하여 논의가 있다.

Ⅱ. 연성 공동행위

1. 연성 공동행위에 대한 부당성 판단 기준

연성 공동행위는 경쟁제한효과와 효율성 증대효과가 동시에 발생하는 유형의 공동행위를 말한다. 연성 공동행위의 예로는 공동마케팅, 공동생산, 공동구매, 공동연구 · 개발, 공동표준개발 등을 들 수 있다. 이런 종류의 공동행위는 자산 · 지식 · 경험의 결합 또는 위험의 배분, 중복비용의 감소 등을 통해 효율성을 증대하고, 때로는 사업자가 개별적으로 수행하지 못했을 사업을 수행할 수 있도록 한다. 하지만 참여사업자들의 시장지배력을 유지 · 창출 · 증가시켜서 가격 상승, 품질 · 산출량 · 혁신노력의 감소를 초래하는 등 경쟁제한효과를 발생시킬 수도 있다. 「공동행위 심사기준」은 연성 공동행위에 관하여 보다 구체적인 4단계의 분석절차를 제시하고 있다. 우선, 1단계에서 당해 공동행위가 경성 공동행위인지 연성 공동행위인지에 관한 구분을 한다.

2단계에서는 경쟁제한효과를 분석한다. 공정위는 참여사업자들의 시장점유율이 20% 이하인 경우를 안전지대로 설정하였다. 따라서 참여사업자들의 시장점유율의 합계가 20% 이하인 경우에는 당해 공동행위로 인해 경쟁제한효과가 발생할 가능성이 없거나 경쟁제한효과가 발생하더라도 그 효과가 미미한 것으로 보고 심사를 종료한다. 반면, 시장점유율의 합계가 20%를 초과하는 경우에는 시장지배력, 참여사업자간의 경쟁제한 수준 등을 분석하여 경쟁제한효과의 발생여부 및 크기 등을 심사한다. 당해 공동행위가 경쟁제한효과를 발생시키는지의 여부는 참여사업자들의 시장지배력 보유와 참여사업자 간의 경쟁제한을 종합적으로 고려하여 결정한다. 참여사업자들 간 경쟁제한의 수준이 높더라도 참여사업자들이 공동행위를 통해서도 시장지배력을 보유하지 못하는 경우에는 당해 공동행위로 경쟁제한효과가 발생할 가능성이 낮으며, 참여사업자들이 공동행위를 통해 시장지배력을 보유하게 되더라도 참여사업자들 간 경쟁이 계속되고 있다면 당해 공동행위로 경쟁제한효과가 발생할 가능성은 감소된다.

2단계 분석 결과, 경쟁제한효과가 인정되는 경우에는 3단계의 효율성 증대효과 분석단계로 넘어간다. 공동행위는 규모의 경제, 범위의 경제, 위험 배분, 지식·경험의 공동활용에 의한 혁신 속도 증가, 중복 비용의 감소 등 경제적 효율성을 증대시킬 수 있다. 반면, 산출량 감축, 시장분할 또는 단순한 시장지배력의 행사에 의해 발생하는 비용절감 등은 효율성 증대효과로 주장할 수 없다. 또한, 제품·서비스의 품질 저하 등 소비자의 이익 감소를 통해 달성되는 비용절감도 효율성 증대효과로 주장할 수 없다. 그리고 경쟁을 촉진하는 효율성은 확실하게 실현될 수 있어야 한다. 또한, 당해 공동행위 이외의 방법으로는 효율성 증대효과를 달성하기 어렵다고 판단되는 경우에만 당해 공동행위의 효율성 증대효과를 인정한다. 효율성 증대효과를 주장하는 사업자는 당해 공동행위로 발생하는 효율성 증대효과를 판단하기 위한 충분한 자료를 제출하여야 하며, 그렇지 않은 경우에는 효율성 증대효과가 인정되지 않는다.

경쟁제한효과와 효율성 증대효과가 모두 인정되는 경우에는 4단계로서 두 효과의 비교형량을 하게 된다. 비교형량에 있어서는 효율성 증대효과가 당해 공동행위의 경쟁제한효과를 상쇄할 수 있는지 여부를 검토한다. 당해 공동행위가 허용되기 위해서는 관련시장에서 경쟁제한에 따른 폐해가 클수록 이를 상쇄하기 위한 효율성 증대효과도 커야 한다.

2. 효율성 증대효과

공동행위로 인하여 기대할 수 있는 효율성 증대효과로는 규모의 경제, 범위의 경제, 위험 배분, 지식·경험의 공동 활용에 의한 혁신속도의 증가, 중복 비용의 감소 등을 들 수 있다. 이러한 효율성증대는 사업자간 경쟁을 촉진시켜 상품의 가격 하락, 품질·유통속도의 제고 등 소비자 편익의 증가로 연결될 수 있다. 반면, 산출량 감축, 시장 분할 또는 단순한 시장지배력의 행사에 의해 발생하는 비용절감 등은 효율성 증대효과로 주장할 수 없다. 그리고 제품·서비스의 품질 저하 등 소비자의 이익 감소를 통해 달성되는 비용절감도 효율성 증대효과로 주장될 수 없다.

음원사업자들이 월 정액제 Non-DRM 상품 공급조건을 제한하기로 합의한 사건에서 사업자들은 해당 행위의 효율성 증대효과를 주장하였다. 그러나 법원은 "이 사건 합의에 음원매출액 기준으로 점유율 91%에 이르는 음원사업자들이 가담하였고, 이 사건 합의로

Non-DRM 상품이 단 두 종류로 제한됨으로써 상품의 거래조건을 통한 경쟁이 제한되고 소비자의 선택가능성이 제한되었으며, 이 사건 합의로 Non-DRM 상품의 출시가 앞당겨 졌을 수 있으나 당시 시장상황에 비추어 그 여지도 크지 않다고 할 것이므로, 이 사건 합의로 인한 경쟁제한적 효과보다 경쟁촉진적 효과가 더 크다고 볼 수 없다."고 판단하였다.[223]

3. 구체적 사례

(1) 공동수급체의 구성

(가) 비교형량의 필요

건설공사 등에서 경쟁관계에 있는 사업자들이 공동수급체(이른바 컨소시엄[224])를 구성하여 사업에 참여하는 경우가 있다. 공동수급체는 위험분산과 수주기회 확대를 위하여 널리 활용되고 있으며, 규모가 큰 입찰의 경우에는 발주자 측에서 공동수급체의 구성을 요청하는 경우도 있다. 공동수급체의 구성은 일종의 공동생산 약정에 해당하고, 경쟁에 미치는 효과는 양면적이다. 공동수급체를 통하여 경쟁사업자들이 경쟁을 회피하게 되면, 서로 경쟁하는 경우에 비하여 입찰가격이 높아지는 부정적 효과가 발생할 수 있다.[225] 경쟁자들 사이에 이루어진 공동수급체가 사실은 공동수급체를 가장한 경성 카르텔에 불과한 경우도 있다. 반면, 여러 회사가 공동수급체를 구성하여 입찰에 참가하는 경우 사실상 시공실적, 기술 및 면허 보유 등의 제한으로 입찰시장에 참여할 수 없거나 경쟁력이 약한 회사들이 공동수급체 구성에 참여함으로써 경쟁능력을 갖추게 되어 실질적으로 경쟁이 촉진될 수 있다. 또한, 공동수급체의 구성에 참여한 회사들로서는 대규모 건설공사에서 예측 불가능한 위험을 분산시키고 특히 중소기업의 수주 기회를 확대하며 대기업의 기술이전을 받을 수 있을 뿐만 아니라, 도급인에게는 시공의 확실성을 담보하는 기능을 하는 등 효율성을 증대하는 효과도 있다.

따라서 공동수급체의 구성과 관련하여 부당성을 판단함에 있어서는 합리의 원칙에 따라 경쟁제한효과와 효율성 증대효과를 비교형량할 필요가 있다. 판례는 "공동수급체 구성행위의 경쟁제한성 유무를 판단할 때에는, ... 비록 공정거래법 [제116조]에 규정된 법령에 따른 정당한 행위에는 해당하지 않더라도 국가를 당사자로 하는 계약에서 공동수급

223) 서울고법 2012.7.11. 선고 2011누25724 판결 및 대법원 2013.11.14. 선고 2012두19298 판결.

224) 컨소시엄은 공동의 목적을 성취하기 위하여 공동활동에 참여하거나 자신들의 자원을 공동이용하려는 복수의 개인, 회사, 조직 또는 정부의 단체 또는 이들 주체들의 결합을 의미한다. 김두진, "컨소시엄 방식에 의한 경매입찰의 경쟁법적 문제점", 경제법연구 제10권 제1호(2011), 163면.

225) 미국 연방대법원은 상호 경쟁관계에 있는 의사들이 의료재단을 통하여 각자 개별적으로 제공할 수 있는 의료서비스를 제공하면서 이에 대하여 책정할 수 있는 최고수가를 지정한 행위는 비록 일부 경쟁촉진적 근거를 제시할 수 있다고 하더라도 당연위법이라고 판시하였다. Arizona v. Maricopa County Medical Society, 457 U.S. 332(1982).

체를 구성하는 행위 자체가 위법한 것은 아닌 사정, 공동수급체 구성을 통해 얻을 수 있는 효과와 조달청의 업무처리 현황 등의 사정과 함께 당해 입찰의 종류 및 태양, 공동수급체를 구성하게 된 경위 및 의도, 공동수급체 구성원들의 시장점유율, 공동수급체 구성원들이 아닌 경쟁사업자의 존재 여부, 당해 공동수급체 구성행위가 입찰 및 다른 사업자들과의 경쟁에 미치는 영향 등을 제대로 심리하여 당해 공동수급체 구성행위로 입찰 경쟁이 감소하여 낙찰가격이나 기타 거래조건 등의 결정에 영향을 미치거나 미칠 우려가 있는지를 고려"해야 한다고 판시하였다.[226)]

(나) 지하철 7호선 담합 사건

지하철 7호선 담합 사건은 건설회사인 피고인들이 지하철 7호선 연장공사가 시행될 특정 공구의 입찰에 참가하면서 공동수급체를 구성하여 공동계약을 체결한 행위가 부당한 공동행위에 해당한다고 하여 기소된 사안이었다. 그런데 대법원은 국가를 당사자로 하는 계약에서 공동수급체를 구성하는 행위 자체가 위법한 것은 아닌 사정,[227)] 공동수급체 구성을 통해 얻을 수 있는 효과와 조달청의 업무처리 현황 등의 사정과 함께 "당해 입찰의 종류 및 태양, 공동수급체를 구성하게 된 경위 및 의도, 공동수급체 구성원들의 시장점유율, 공동수급체 구성원들이 아닌 경쟁사업자의 존재 여부, 당해 공동수급체 구성행위가 입찰 및 다른 사업자들과의 경쟁에 미치는 영향 등을 제대로 심리하여 당해 공동수급체 구성행위로 입찰 경쟁이 감소하여 낙찰가격이나 기타 거래조건 등의 결정에 영향을 미치거나 미칠 우려가 있는지"를 고려해야 한다고 판시하였다.[228)]

(다) 장보고-III 담합 사건

이 사건은 사업자들이 공동수급체를 구성하여 각 입찰 건별로 1개 회사만이 제안서를 제출하여 수의계약을 체결한 행위가 부당한 공동행위에 해당하는지가 문제되었다.[229)] 이

---

226) 대법원 2011.5.26. 선고 2008도6341 판결.

227) 국가를 당사자로 하는 계약에 관한 법률(이하 "국가계약법"이라 함) 제25조 제1항은 "각 중앙관서의 장 또는 계약담당공무원은 공사ㆍ제조 기타의 계약에 있어 필요하다고 인정할 때에는 계약상대자를 2인 이상으로 하는 공동계약을 체결할 수 있다."고 규정하고 있고, 국가계약법 시행령 제72조 제2항은 "각 중앙관서의 장 또는 계약담당공무원이 경쟁에 의하여 계약을 체결하고자 할 경우에는 계약의 목적 및 성질상 공동계약에 의하는 것이 부적절하다고 인정되는 경우를 제외하고는 가능한 한 공동계약에 의하여야 한다."고 규정하고 있어 공동수급체의 계약 방식을 인정하고 있다.

228) 대법원 2011.5.26. 선고 2008도6341 판결. 위 판결에 관한 평석은 이상현, "공공입찰에서 공동수급체 형성을 통한 공동입찰에 대한 입찰담합의 판단기준", 법조 제61권 제4호(2012. 4), 49면 이하 참조.

229) 공정위 2012.4.24. 의결 제2012-055호. 장보고-Ⅲ 사업은 2조 7,000억원을 투자하여 장보고-Ⅲ 잠수함을 국내 독자설계 및 건조로 확보하는 사업이다. 국방과학연구소(이하 "국과연"이라 함)는 자신들의 홈페이지를 통하여 2009. 2. 12. 장보고-Ⅲ 잠수함에 탑재될 전투체계 및 소나(sonar)체계 연구개발사업에 관한 총 5건의 입찰(이하 "이 사건 각 입찰"이라 함)을 위하여 '장보고-Ⅲ 전투체계 시제업체 1개 회사 선정을 위한 제안서 공모' 및 '장보고-Ⅲ 소나체계 중 체계종합 시제업체 1개 회사의 선정과 선측배열센서, 선체부착형능수동센서, 예인선배열시스템 시제협력업체 3개 회사 선정을 위한 제안서 공모'를 실시하였다. LIG, 한화, 삼성탈레스는 이 사건 각 입찰이 실시되자 각 입찰 건별로 1개 회사만이 제안서를 제출함으로써 유효경쟁이 성립하지 않아 유찰되게 하였고, 곧바로 입찰이 재공고 되었으나 다시 동일한 이유로 유찰되자,

사건에서 법원은 위 공동수급체 구성행위의 경쟁제한효과와 경쟁촉진효과에 관하여 다음과 같이 판단하고 있다. 우선, ① LIG와 삼성탈레스 및 LIG와 STX, 한화 사이의 이 사건 각 합의는 이 사건 각 입찰에 참여하는 사업자를 사전에 결정한 것에 해당하고, 이로 인하여 LIG 등은 이 사건 입찰 분야별로 각각 단독으로 참여하여 우선협상대상자의 지위를 취득하게 된 점, ② 만약 경쟁이 있었더라면 LIG 등은 더 낮은 가격을 제안하였을 것인 점,[230] ③ LIG 등의 제안가격은 가감이 없는 경우 계약금액으로 확정되며 추후의 양산단가에도 영향을 미치게 되므로 상당한 정도의 부당이익을 취득하였다고 볼 수 있는 점 등에 비추어 이 사건 각 합의에 따른 경쟁제한효과를 모두 인정하였다. 한편, 국과연 등이 기술적 위험도가 높은 잠수함 개발을 앞두고 사업자들에게 국내 기술력의 결집을 강조하였다고 하더라도 이를 사업자들끼리 합의하여 사전에 낙찰예정자를 결정해 달라는 뜻으로 해석할 수는 없는 점, 이 사건 각 입찰에서 주사업자가 협력업체를 둘 수 있도록 허용되었으나, 이는 주사업자의 부족한 부분을 보충하기 위해 협력업체를 둘 수 있다는 의미일 뿐이고 사전에 사업자들 사이의 합의로 낙찰예정자를 결정하는 것을 언제나 허용하는 것으로 볼 수는 없는 점 등의 사정을 들어, 이 사건 각 합의로 인한 경쟁제한적 효과보다 경쟁촉진적 효과가 더 크다고 볼 수 없다고 하였다.[231]

(라) 검 토

공동수급체 구성과 관련해서 우선 문제가 된 공동수급체가 사실은 정당한 조인트벤처를 가장한 입찰담합에 해당하는지 여부를 살펴보아야 할 것이다. 경쟁관계에 있는 사업자들이라고 하더라도 공동수급체의 구성은 기본적으로 허용될 것이나,[232] 입찰과정에서 경쟁관계에 있는 사업자들 사이에 입찰분야를 나누어 각 입찰분야별 참가자를 사전에 결정하였다면 부당한 공동행위가 성립할 수 있다.[233] 종전에 당해 사업자들이 각각 개별적으로 입찰하여 경쟁을 벌인 사례가 있는지 여부, 기술적 능력이나 사업수행능력 또는 자금력의 부족 등 공동수급체 구성을 정당화할 수 있는 사유가 존재하는지 여부, 공동입찰 이외에 상당한 사업상 통합이 이루어졌는지 여부가 중요하게 고려될 수 있을 것이다.

국과연은 각 회사가 제출한 제안서의 평가를 위해 이를 방위사업청(이하 "방사청"이라 함)에 제출하였다. 방사청은 2009. 5. 28. 각 입찰 건별로 제안서를 제출한 회사를 우선협상대상자로 선정하였고, 국과연은 이들과 기술, 조건 및 가격 등에 관한 협상을 진행한 다음 2009. 9. 30. 계약을 체결하였다.

230) 판결문에는 "높은 가격"이라고 기재되어 있으나 오기로 보인다.

231) 대법원 2016.2.18. 선고 2013두19004 판결 및 대법원 2016.2.18. 선고 2013두21281 판결. 대법원은 국과연이 제안요청서에서 부가한 해외협력 금지·제한 등의 조건으로 인하여 삼성탈레스가 소나체계 중 체계종합 입찰참가를, LIG가 전투체계 입찰참가를 각각 포기하였다고 볼 수는 없고, 위 각 입찰에서 상호경쟁관계에 있는 삼성탈레스와 LIG는 이 사건 협약을 체결하는 등으로 각 입찰의 참가자를 사전에 결정함으로써 경쟁을 제한하는 합의를 하고 그에 따라 상호 간에 위와 같이 입찰참가를 포기하게 된 것으로 봄이 타당하므로, 이러한 합의는 부당한 공동행위에 해당한다고 판단하였다.

232) 다만, 재정사업의 경우에 시공능력평가액 기준 상위 10대 업체들 상호 간에 공동수급체 구성을 금지하는 등 특별한 제한이 가해지기도 한다.

233) 대법원 2016.2.18. 선고 2013두21281 판결.

다음으로 진정한 공동수급체로 인정되는 경우라면 경쟁제한효과와 효율성 증대효과를 분석하고 양자를 비교형량할 필요가 있다. 경쟁제한적 효과를 평가하기 위하여는 당해 시장의 구조와 진입장벽, 참가사업자들의 시장력 등을 중요하게 고려하여야 할 것이다. 한편, 경쟁사업자간 조인트벤처라고 할지라도 참여사업자들이 보유한 보완적 생산자원이 경제적으로 통합되어 독자적으로 수행할 수 없는 사업을 수행할 수 있게 되거나 상당한 정도의 비용절감이 가능하게 되는 경우에는 효율성 증대효과가 인정될 수 있을 것이다.[234] 따라서 당해 공동수급체를 구성하게 된 경위와 의도가 불분명할수록, 공동수급체 구성원들의 시장점유율이 높을수록, 공동수급체 구성원들 이외의 경쟁자가 사실상 존재하지 않아 당해 공동수급체 구성행위가 다른 사업자와의 경쟁에 미치는 영향이 클수록, 부당성이 인정될 가능성이 높을 것이다. 반면, 당해 사업이 막대한 자본과 고난도의 기술을 요하거나, 시공실적, 기술 및 면허 보유 등의 제한이 많거나, 공동수급체 구성을 통해서 중소기업의 수주기회가 확대된다면 부당성을 인정하기는 어려울 것이다.

(2) 이중적 유통관계

(가) 비교형량의 필요

경쟁관계에 있는 사업자가 다른 경쟁사업자와 배타적 유통계약과 같은 수직적 거래관계를 맺는 경우가 있다. 예컨대 수입자동차업체인 乙이 수입하는 B브랜드 자동차에 관하여 국내시장 중 수도권은 乙이 직접 판매하고 그 외 지역은 국내 자동차생산업체인 甲의 유통망을 통해서 판매하기로 합의하는 경우가 여기에 해당된다. 이러한 경우에 수도권 지역에서 甲과 乙은 자동차 판매에 관하여 수평적 경쟁관계에 있지만, 그 외의 지역에서는 甲과 乙이 공급자 - 딜러의 수직적 협력관계가 된다. 이러한 경우에 甲과 乙 사이에는 이른바 이중적 유통관계(dual distributorship)가 성립된다.

법 제40조 제1항 제4호는 사업자들이 공동으로 거래지역 또는 거래상대방을 제한하는 행위를 금지하고 있으므로, 위와 같은 甲과 乙의 행위가 경성 공동행위로서 시장분할에 해당하는 것이 아닌가 하는 의문이 제기될 수 있다. 그러나 상표간 경쟁을 직접적으로 제한하는 시장분할과 상표내 경쟁을 제한하지만 상표간 경쟁은 촉진하는 이중적 유통관계는 구별할 필요가 있다. 시장분할은 A 브랜드 제품을 생산하는 甲과 B 브랜드 제품을 생산하는 乙이 각각 시장을 분할하여 특정 지역에서는 A 브랜드 제품이 독점하고 다른 지역에서는 B 브랜드 제품이 독점하는 상태를 초래하게 되므로, A 브랜드와 B 브랜드 간의 경쟁이 제한되는 효과가 발생한다. 반면, 이중적 유통관계에서는 A 브랜드와 B 브랜드 간의 경쟁은 전국 단위에서 이루어지고 있고, 다만 B 브랜드의 수도권 이외 지역

234) 이호영, "공공조달절차상 컨소시엄 입찰에 대한 경쟁법의 적용에 관한 연구", 한양대 법학논총 제28집 제1호(2011), 140-141면.

의 판매만 甲이 담당하는 것이다. 이 경우에 수도권 이외 지역에서는 甲이 A 브랜드와와 B 브랜드 제품을 모두 판매하기 때문에 브랜드간 경쟁이 덜 치열하고, B 브랜드에 관해서는 甲과 乙이 지역별로 독점을 하기 때문에 B 브랜드내의 경쟁이 제한되는 측면이 있다. 그렇지만 만일 이러한 이중적 유통관계가 없었더라면 독자적 유통망을 완비하지 못한 乙은 수도권 이외 지역의 판매를 아예 포기해야 할 수도 있으므로 이중적 유통관계로 인하여 수도권 이외 지역에서 A, B 브랜드간의 경쟁이 촉진되었다고 볼 수도 있다. 따라서 이중적 유통관계의 형성은 연성 공동행위로 분류되고, 상표내 경쟁제한효과와 상표간 경쟁촉진효과 사이의 비교형량이 필요하게 된다.[235)]

(나) GSK-동아제약 사건

이 사건에서는 GSK가 잠재적 경쟁사업자인 동아제약에 '발트렉스'의 독점판매권을 부여하는 내용의 공급계약을 체결한 것이 문제가 되었다. 양 당사자는 '조프란'에 관한 특허분쟁을 화해로 종결하면서, GSK가 동아제약에게 '발트렉스'의 독점판매권을 부여하는 내용의 공급계약을 포함하는 합의를 하였다. 공정위는 GSK가 '발트렉스'에 대한 독점판매 및 공급계약을 체결하면서 동아제약에게 '발트렉스'의 경쟁제품에 대한 제조 등을 금지한 것이 법 제40조 제1항 제9호의 합의에 해당된다고 보았다.

그러나 서울고법은 발트렉스에 관한 합의부분에 관해서 발트렉스는 바이러스성 피부병 치료제로서 항구토제인 조프란과는 효과 및 효능이 전혀 다른 의약품이므로 발트렉스에 대한 합의는 조프란에 대한 합의와는 관련상품시장을 달리하는 별개의 공동행위라고 하면서, 이는 설사 발트렉스에 대한 합의가 이 사건 합의의 일부를 구성하고 있다거나 조프란에 대한 합의의 대가로 이루어진 것이라 하더라도 달리 볼 수 없다고 판단하였다.[236)] 대법원도 이 사건 합의 중 '발트렉스'와 관련된 부분은 경쟁제한성에 대한 입증이 없다고 판단하였다. 대법원에 따르면, 공정위가 '발트렉스'의 관련상품시장을 획정하지 아니하였을 뿐만 아니라, 이 사건 합의 중 '발트렉스'의 경쟁제품에 관한 부분이 경쟁에 미치는 영향 등에 대하여 아무런 근거를 제시하지 아니한 채 그 부분 합의의 경쟁제한성을 인정한 것은 위법이라고 판단하였다.[237)]

본 사안은 상표권자가 자신의 제품 유통을 잠재적 경쟁관계에 있는 사업자에게 맡긴 경우로서 연성 공동행위인 이중적 유통관계로서 분석할 필요가 있다. GSK가 '발트렉스'에 관하여 ① 시장에서 직접 유통을 할지, ② 독점적 유통상에게 맡길 것인지, 아니면

235) 미국에서는 이중적 유통의 경우에 관해서 1980년대 후반 일부 하급심 법원들이 이중유통 상황에서의 거리제한 및 거래상대방 제한이 당연위법인 수평적 제한이라는 태도를 보인 적이 있었으나, 미국 연방대법원의 Sylvania 판결(Continental T.V. Inc. v. GTE Sylvania Inc.(1977)) 이후의 모든 판결은 유통업자와 경쟁관계에 있는 제조업자에 의한 거래제한은 합리의 원칙의 적용을 받는다고 판시하였다.

236) 서울고법 2012.10.31. 선고 2012누3035 판결.

237) 대법원 2014.2.27. 선고 2012두24498 판결; 대법원 2014.2.27. 선고 2012두27794 판결.

③ 유통상 간의 자유경쟁에 맡길 것인지는 기본적으로 GSK의 선택에 달려 있다. 그런데 이 사건에서 GSK는 ②의 방식을 선택하면서 그 유통상을 자신과 잠재적 경쟁관계에 있는 동아제약에게 맡겼다. GSK가 그러한 선택을 한 까닭은 잠재적 경쟁사업자인 동아제약과 시장을 분할하기 위한 목적일 수도 있고, '발트렉스' 제품의 판매와 관련하여 동아제약이 적합한 유통상이라고 판단하였기 때문일 수도 있다. 만일 전자의 경우라면 위 행위는 경쟁을 제한하는 것으로 평가될 수 있지만, 후자의 경우라면 '발트렉스' 관련시장에서 효율적 유통망을 구축함으로써 경쟁을 촉진한 것이거나 적어도 경쟁을 제한한 것으로는 볼 수 없을 것이다. 공정위는 전자의 경우로 보았지만, 법원은 공정위가 이중적 유통관계 형성에 관한 경쟁제한성 입증을 제대로 하지 않았다고 판단한 것이다.

법원이 지적한 것처럼, GSK가 동아제약에게 '발트렉스'에 관한 독점판매권을 부여한 사실만으로 곧바로 시장에서 경쟁이 제한되었다고 단정하기는 어렵다. 왜냐하면 GSK가 동아제약에 '발트렉스'의 독점판매권을 부여함으로써 '발트렉스' 브랜드 내에서 유통경쟁이 제한되는 측면은 있지만, 그러한 사실만으로 '발트렉스' 브랜드와 경쟁관계에 있는 다른 브랜드 사이의 경쟁이 촉진되었는지 아니면 제한되었는지에 관해서는 쉽게 판단할 수 없기 때문이다. 따라서 공정위가 '발트렉스' 브랜드와 경쟁관계에 있는 다른 제품에는 어떠한 것이 있는지, 그리고 GSK가 동아제약에 '발트렉스'의 독점판매권을 부여한 행위가 '발트렉스'가 속한 관련상품시장에서 경쟁에 어떠한 영향을 미쳤는지, 혹은 위 합의의 실질이 사실은 GSK가 동아제약과 '조프란' 관련시장과 '발트렉스' 관련시장을 분할한 것인지 등에 관해서 구체적인 시장분석과 검토의 노력을 경주했어야 할 것이다.

(다) 농약담합 사건

이 사건은 위 GSK-동아제약 사건과 유사한 구조인데 서울고법은 경쟁제한성을 인정하였다. 농약제조 · 판매사인 농협케미컬은 국내 시장에서 농약 품목인 모캡 입제를 독점적으로 생산해 오다가, 1999년 모캡 상표권자인 바이엘의 요청으로 입제 생산을 중단하고, 바이엘로부터 모캡 원제를 구입하되 계통 시장에서의 판매는 농협케미컬이 담당하고 시판 시장에서의 판매는 바이엘이 담당하기로 합의하였다. 공정위는 위와 같은 합의를 모캡 입제 판매시장 분할합의에 해당한다고 보았다.[238] 이 사건에서 농협케미컬은 바이엘로부터 모캡 입제 완제품을 구입하여 계통시장에 판매한 것은 상표권자인 바이엘의 고유하고 정당한 권리 행사에 해당하므로 부당한 공동행위에 해당하지 않는다고 주장하였다. 그러나 서울고법은 공정위와 마찬가지로 이를 시장분할로 보고, 상표권의 행사에 해당한다거나 상표제도의 본질적 목적에 들어맞는다고 보기는 어렵다고 판단하여 위법성을 인정하였다.[239] 그런데 본 사안은 상표권자가 자신의 제품 유통을 잠재적 경쟁관계에 있

---

238) 공정위 2012.9.3. 의결 제2012-225호.

는 사업자에게 맡긴 경우로서 연성 공동행위인 이중적 유통관계에 해당함에도 불구하고, 경쟁당국과 법원이 이를 만연히 경쟁사업자들 사이의 시장분할 합의로 보고 행위의 경제적 효과를 상세히 분석하지 아니한 것은 아쉬움으로 남는다.

(3) 표준기술의 선정

네트워크 효과가 중요한 산업에서는 산업 전체적으로 통용되는 표준이 선정되는 경우가 많다. 예컨대, 이동통신 분야에서 CDMA, WCDMA, LTE 등이나 컴퓨터 저장매체와 관련한 블루레이(Blu-ray), USB 등이 이러한 표준에 해당된다. 통상 관련 업계의 이해당사자들이 중심이 되어 임의로 특정한 표준을 설정하기 위해 공동기구인 표준화기구(Standard Setting Organization, SSO)를 구성하게 된다. 표준화기구 등은 일정한 기술 분야에서 중복투자를 방지하고 관련 분야의 기술개발을 촉진하기 위해 표준을 구성하는 기술들을 선별하여 지정한 후 이러한 기술들만을 사용하기로 합의하기도 한다. 그런데 이러한 표준기술 선정을 위한 사업자간의 합의가 독점규제법에 위반하는 것은 아닌가 하는 의문이 제기될 수 있다.

표준기술의 선정에는 다음과 같은 효율성 증대효과와 경쟁제한효과가 동시에 존재한다. 표준화의 긍정적 효과로는 첫째, 상호호환성의 증가로 인한 네트워크 외부성(network externality)을 들 수 있다. 표준화를 통해 제품의 호환성이 확보되면 해당 제품을 이용하는 다른 사용자의 수가 증가함에 따라 제품의 효용도 증가하게 된다. 둘째, 표준화는 생산자에게 시장 확대를 통한 규모의 경제를 가능하게 하여 비용절감 효과를 가져 올 수 있다. 셋째, 표준기술을 이용하는 하부시장에서 경쟁이 활성화되고 소비자의 제품 전환비용, 거래비용을 감소시켜 소비자 후생을 증진할 수 있다. 반면, 표준화는 첫째, 특정 기술이 표준필수특허로 채택되면서 표준 선정 이전에 실제로 또는 잠재적으로 대체관계에 있던 기술 간의 경쟁이 인위적으로 소멸하게 되고 해당 기술시장에 있어 일종의 진입장벽이 구축된다. 둘째, 지배적 표준기술을 보유한 기업은 표준화를 통해 표준필수특허 보유자로서 시장지배력이 강화되며 이를 기회주의적으로 활용하여 표준필수특허에 대해 라이선스를 거절하거나 비합리적인 실시 조건을 부가함으로써 표준의 실행을 어렵게 하는 행위, 즉 '특허억류(patent hold-up)'가 발생할 우려가 커진다. 셋째, 표준화기구가 특정 기술을 표준으로 선정하면 시장이 당해 표준에 고착(lock-in)되는 효과가 나타나, 부품사업자·네트워크 사업자 등 해당 산업의 참여자들의 매몰비용 증가 등으로 표준필수특허를 보유한 기업의 지배력이 남용될 우려가 증가한다. 이와 같이 표준화는 여러 참가자의 공동행위에 의하여 표준으로 선정되지 않은 기술을 시장에서 퇴출시키고 표준으로 선정된 특허의 특허권자만이 그 기술을 독점적으로 실시할 수 있는 경쟁제한효과를 가져올

239) 서울고법 2014.8.13. 선고 2013누1432 판결(확정).

수 있다.

이상에서 살펴 본 것과 같이, 표준기술의 선정은 경쟁제한효과와 효율성 증대효과가 공존하는 연성 공동행위에 해당된다. 그런데 대부분의 표준화기구들은 표준기술 선정과정에서 발생할 수 있는 경쟁제한효과를 방지하기 위하여 표준기술 선정에 앞서 관련된 특허정보를 미리 공개하도록 하고, 표준기술로 선정될 기술이 특허권으로 보호받는 경우에는 공정하고, 합리적이며, 비차별적인(Fair, Reasonable And Non-Discriminatory) 조건으로 실시 허락할 것을 사전에 선언하도록 하고 있다.[240] 위와 같이 표준화가 야기할 수 있는 경쟁제한효과를 방지하기 위한 장치를 마련한 경우에는 표준 선정을 위한 공동행위가 일반적으로 부당하지 않은 것으로 허용된다.

Ⅲ. 경제적 통합과 부수적 제한

1. 부수적 제한의 의의

부수적 제한 내지 부수적 약정이란 외견상 경성 공동행위처럼 보이지만, 효율성을 증대시키는 경제적 통합과 합리적으로 연관되어 추진되는 공동행위를 말한다.[241] 여기서 경제적 통합이라 함은 생산, 판매, 구매 또는 연구개발 등의 통합을 의미한다. 경제적 통합에 참여하는 사업자들이 중요한 자본, 기술 또는 상호보완적인 자산 등을 결합함으로써 효율성을 증대시키는 경우를 말한다. 따라서 효율성 증대효과를 기대하기 어려운 가격, 산출량, 고객 등에 대한 단순한 조정 또는 합의는 경제적 통합에 해당되지 않는다. 경제적 통합을 위한 부수적 제한의 예로서는 프로야구 구단들이 KBO를 조직하여 프로야구 리그를 운영하는 것을 생각할 수 있다. 리그의 조직과 운영 과정에서 구단들 사이에 많은 공동행위가 이루어지고 있는데, 그 중에서 일부는 일견 경성 공동행위로 보일 수도 있다. 예를 들어, 각 구단의 연고지를 배분한 것만 떼어놓고 보면 경성 공동행위 중 하나인 시장분할 합의로 보인다. 그렇지만 연고지 제도는 야구구단에 대한 팬들의 충성심을 불러일으키는 중요한 수단이기 때문에, 프로야구 리그의 운영이라는 경제적 통합을 위한 부수적 제한으로 보고 그 부당성을 평가하게 된다. 공동행위 심사기준은 공동마케팅협약에 수반된 가격의 공동결정 조항을 부수적 제한으로 예시하고 있다. 6개의 중소구두제조사업자들이 대형 구두제조사업자들에 대항하기 위한 생존전략의 일환으로 유통비용과 광고비용을 절감하고 제품의 상표가치를 제고하기 위해 '○○'이라는 상표로 공동

---

240) EU 및 미국 경쟁당국은 표준개발을 주도하는 ETSI와 같은 SSO가 그 경쟁제한효과를 방지할 수 있는 표준에 대한 접근성 확보조치 등을 완비하도록 요구해 왔다.

241) 미국에서의 부수적 제한에 대한 자세한 논의는 오승한, "합목적적 공동행위에 부속된 노골적 경쟁제한 약정의 위법성 판단", 경쟁법연구 제11권(2005. 4), 333-391면 참조.

마케팅을 수행하기로 합의하였다. 이 합의에는 제품을 동일한 가격으로 판매한다는 합의도 포함되어 있다. 그렇지만, 이 합의에 포함되어 있는 가격의 공동결정은 효율성 증대효과를 발생시키는 공동마케팅 수행에 합리적으로 필요한 제한으로 인정될 수 있다.[242] 마찬가지로, 저작권자들이 회원단체를 구성하여 공동으로 라이선스 협상을 벌이는 행위도 저작권자들 사이의 가격경쟁을 제한하는 측면이 있지만, 저작권자들이 협회를 구성하는 행위가 거래비용의 감소 등 효율성 증대효과를 가져오는 경우에는 부당한 공동행위에 해당되지 않는다.[243] 그 밖에 부수적 제한의 예로는 공동기술개발협약에 포함된 라이선스 가격 및 거래조건 공동결정이나 제3자 판매금지 조항 등을 들 수 있다.

2. 부수적 제한의 부당성 평가

부수적 제한은 한편으로는 경쟁제한효과가 인정되지만, 다른 한편으로는 경쟁법이 보호하려는 장기적 효율성 제고를 위한 경제적 통합의 수단이 되기도 한다. 따라서 부수적 제한이 일견 가격합의나 거래처 제한의 외양을 띠고 있다는 이유만으로 통상의 경성 공동행위와 동일하게 취급하는 것은 바람직하지 않으며, 친경쟁적인 목적의 달성을 위해 채택된 부수적 제한에 대해서는 합리의 원칙에 따라 비교형량의 과정을 거쳐서 판단할 필요가 있다. 공동행위 심사기준도 역시 부수적 제한의 경쟁제한성 평가를 연성 공동행위와 같은 방법으로 평가하도록 규정하고 있다. 문제되는 공동행위가 경쟁제한효과만 있는 공동행위로 분류되는 유형에 해당하더라도 효율성을 증대시키는 경제적 통합과 합리적으로 연관되어 추진되고, 효율성 증대효과라는 목적을 달성하기 위해 합리적으로 필요하다고 인정되는 경우에는 연관되는 경제적 통합의 경쟁제한효과와 효율성 증대효과 등을 종합적으로 고려하여 위법성 여부를 판단하게 된다.

---

242) 미국의 경우, 당연위법 원칙을 기계적으로 적용하다 보니 간혹 현실과 동떨어진 판결이 나오기도 하는데, Topco 판결이 그 예이다. 이 사안에서 Topco는 영세 자영 식료품상들이 조합을 구성해서 공동구매, 공동포장, 공동유통 등의 방법으로 비용을 절감해 다른 대형 연쇄점들(chain stores)과 경쟁하기 위해 만든 것인데, Topco가 구성원들에게 배타적 지역을 할당해 준 것이 셔먼법 제1조의 당연위법인지에 해당되는지가 쟁점이 되었다. 대법원 다수의견은 이를 당연위법이라고 판단하였다. United States v. Topco Associates, Inc., 405 U.S. 596(1972). 그렇지만 Topco 구성원들의 평균 시장점유율은 6% 정도에 불과하고, 상호간에 명백히 경쟁관계에 있다고 보기도 어렵고, 소규모 자영업자들 간의 연합으로 비용을 절감시켜 오히려 경쟁상대인 연쇄점과 효율적으로 경쟁할 수 있게 된 측면이 더 강하였기 때문에 이 판결에 대하여는 많은 비판이 가해지고 있다.

243) 이러한 대표적 사례가 미국의 Broadcast Music, Inc. v. CBS, Inc.이다. 미국에서 BMI 등 음악저작권자 회원 단체는 회원을 대신하여 CBS 등 방송국에 대하여 blanket license 사용료를 받아 회원들에게 배분해왔다. 미국 연방대법원은 blanket license의 사용료를 BMI 등이 책정한 것은 형식적으로 가격고정과 같지만, 작곡가들이 수많은 방송사들과 일일이 license 사용료를 협상하고 징수하고 위반행위를 감시해야 한다면 그 비용이 엄청날 것이며, 마찬가지로 방송사의 입장에서도 수많은 작곡가들과 일일이 협상하는 것은 불가능한 일이기 때문에, 거래비용의 절감이라는 효율성 증대효과가 경쟁제한효과를 능가하여 위법이 아니라고 판단하였다. Broadcast Music, Inc. v. CBS, Inc. 441 U.S. 1(1979).

3. 구체적 사례

(1) 지로수수료 담합 사건

지로제도란 일상거래에서 발생하는 정기적·계속적으로 이루어지는 채권·채무의 결제나 자금의 이전을 금융기관의 예금계좌를 통해 결제하는 시스템으로서, 대량의 정기적 자금거래에 이용되는 대표적인 대중적 지급결제제도이다. 지로제도는 전기요금, 통신요금 등과 같은 공과금의 징수에 많이 활용된다. 지로제도가 도입되기 전에 고객들은 이용기관의 주거래은행을 직접 방문하여 공과금을 납부해야 하는 불편이 있었다. 그런데 지로제도가 도입됨에 따라 고객들이 굳이 이용기관의 주거래은행을 방문할 필요 없이 가까운 곳에 있는 아무 은행이나 방문하여 지로납부를 하면 결제가 되는 편리함을 누릴 수 있게 되었다.

지로제도 하에서 지급은행은 지로이용기관(예컨대, 한전이나 통신사)으로부터 지료수수료를 받아서, 수납은행에 대해 수납업무에 대한 대가를 지급하고 그 나머지를 자신이 취득한다. 전자를 은행간 수수료라고 하고, 후자를 추가수수료라고 한다.[244] 따라서 '지로수수료 = 은행간 수수료 ± 추가수수료'의 등식이 성립한다. 지로시스템을 운영하기 위해서는 지급은행의 수납은행에 대한 비용보전 체계가 필요한데, 각 지급은행이 각 수납은행별로 개별 협상을 통하여 정산금액을 결정하려고 하면 엄청난 거래비용이 발생하여 비효율적인 결과가 초래될 것이므로, 거래비용을 줄이기 위해서 모든 은행들에 공통되는 통일된 수수료가 마련되어야 하고, 이를 위해 은행들은 금융결제원을 통해서 은행간 수수료를 공동으로 결정하고 있다.

본 사안에서 문제가 된 행위[245]는 은행들이 금융결제원에 은행간 수수료의 인상을 요청하기로 합의한 행위이다. 공정위는 당시 17개 은행들의 추가수수료가 모두 0원인 점에 착안하여, 위 은행간 수수료의 인상은 추가수수료의 변동에 의한 경쟁이 발생하는 것을 회피하고자 하는 은행들 간의 합의에 의한 것이라고 보아 과징금 부과 등 처분을 하였다.[246] 반면, 은행들은 지로제도의 적자보전을 위하여 금융결제원에 은행간 수수료의 인상을 공동으로 요청한 사실이 있을 뿐 추가수수료를 0원으로 하는 합의는 존재하지 않았다고 다투었다. 대법원은 은행들이 한 공동행위의 실질은 은행간 수수료 인상에 그칠 뿐, 여기에서 더 나아가 은행간 수수료 인상액만큼 지로수수료를 인상하기로 담합한 것

244) 외국에는 수납은행이 납부자인 고객으로부터 지로요금 수납에 소요되는 비용을 보전하기 위하여 고객수수료를 수취하기도 하는데, 우리나라에는 고객수수료가 존재하지 않는다.

245) 이에 관한 상세한 논의는 윤성운, "조인트 벤처에 부속된 경쟁제한약정의 위법성: 지로수수료 담합 관련 서울고등법원의 상반된 판결을 중심으로", 공정거래법의 쟁점과 과제(2010), 210-256면; 박종우, "지로수수료 인상 관련 공동행위 성립 여부", 경제법판례연구 제8권(2013), 27-55면.

246) 공정위 2008.6.25. 전원회의 의결 제2008-188호.

이라고 단정하기 어렵다고 보았다.[247] 대법원은 은행들의 은행간 수수료 인상 합의가 사회적 효용을 제공하는 지로제도의 유지를 위해 불가피하였다는 점을 인정하고, 나아가 은행간 수수료 인상합의가 지로수수료의 인상을 위한 방편이라고 보기 어렵다고 판단한 것이다. 지로체계는 경쟁사업자인 은행들 간에 형성된 일종의 조인트 벤처이고, 은행간 수수료의 공동결정은 외견상 경성 공동행위의 특성을 가지고 있지만 조인트 벤처의 유지를 위하여 필요한 것이기 때문에 부수적 제한에 해당된다. 한편, 이 사건에서는 은행들이 지로제도 운용으로 적자에 시달리는 사실이 명백하여 은행간 수수료 인상 합의의 경쟁제한성은 처음부터 크게 문제가 되지 않았다. 그러나 만일 은행들이 은행간 수수료를 비용 이상으로 과도하게 인상할 경우에는 그로 인한 경쟁제한효과와 효율성 증대효과의 비교형량이 필요할 것이다.[248]

(2) 비씨카드수수료 담합 사건

지로수수료 담합 사건과 비교해서 검토할 수 있는 사건으로 비씨카드수수료 담합 사건이 있다. 비씨카드수수료 담합 사건에서도 역시 조인트 벤처인 비씨카드의 수수료 공동인상이 문제되었다. 비씨카드 결제서비스의 구조와 수수료 체계는 다음과 같다. 먼저, 가맹점이 신용카드 회원과 거래를 하고 이에 대한 매출채권을 매입사인 신용카드사에 양도하면 매입사는 가맹점에게 대금을 지급하게 되는데, 이때 매입사가 가맹점으로부터 받는 수수료가 가맹점수수료이다. 매입사는 가맹점으로부터 받은 가맹점수수료 중 일부를 발급사에 지급하는데 이를 발급사보전수수료라고 한다. 가맹점수수료에서 발급사보전수

247) 대법원 2011.6.30. 선고 2009두10277 판결; 대법원 2011.7.28. 선고 2009두9963 판결 등. 대법원 판단의 근거는 다음과 같다. ① 지로제도는 일상생활에서 발생하는 채권·채무의 결제나 자금의 이전에 관하여 직접 현금이나 수표 등으로 주고받는 대신 금융기관의 예금계좌를 통하여 결제하는 것으로서, 정기적·계속적으로 이루어지는 대량의 자금거래에 폭넓게 이용되는 지급결제제도의 하나인 점, ② 지로수수료는 지급은행이 지로결제 제도의 이용기관과 지로수납 대행계약을 체결하여 이용기관의 각종 요금의 수납을 대행해 주는 대가로 이용기관으로부터 수취하기로 약정한 금액인 점, ③ 지로업무의 비용은 수납은행이 창구에서 수납하고 지로일계표를 작성하는 등의 수납 과정에서 대부분 발생하고, 지급은행이 금융결제망을 통해 입금된 지로결제금액을 이용기관 계좌로 입금하는 과정에서는 거의 발생하지 아니하는 점, ④ 지로업무처리 절차에서 지급은행과 수납은행이 일치하지 아니하는 경우 지급은행은 수납은행에 금융결제원이 정한 은행간 수수료를 지급함으로써 수납과정에서 소요되는 비용을 정산하는 점, ⑤ 서민의 보편적 결제제도로서 지로제도가 가진 공공적 성격 때문에 원고 등 지로제도에 참가한 금융기관은 지로수수료가 완전히 자율화된 이후에도 이를 대폭으로 또는 자주 인상하지 못하였고, 그 결과 지로수수료의 수준은 지로제도 도입 이래 수납원가에 미치지 못하는 적자산업으로 유지되어, 그 원가 보전율이 2000년 당시 60% 내외였고 그러한 사정이 원심 변론종결 당시에도 크게 다르지 아니한 점, ⑥ 이러한 상황에서 지급은행은 이용기관으로부터 수취한 지로수수료를 그대로 수납은행에 지급함으로써, '지로수수료=은행간 수수료'로 인식되다시피 하여 지로제도가 운영되어 왔고, 지급은행이 은행간 수수료 외에 추가수수료를 더하여 지로수수료를 징수한다는 것은 사실상 기대할 수 없었던 점, ⑦ 지로수수료가 수납원가에 훨씬 미치지 못하고 지로수수료를 그대로 은행간 수수료로서 수납은행에 지급하고 있는 상황에서 은행간 수수료가 인상될 경우, 지급은행은 은행간 수수료의 인상에 따른 손실의 누증을 막기 위하여 불가피하게 그 인상액만큼 지로수수료를 인상할 수밖에 없는 점, ⑧ 은행간 수수료의 공동결정행위는 지로망 내의 비용정산의 효율성 등으로 인해 위법하다고 볼 수 없는 점 등이다.

248) 지로제도의 은행간 수수료와 같은 interchange fee의 사례로서는 신용카드 가맹점수수료나 ATM(입출금 가능)/CD(출금만 가능) 입출금 수수료 등이 있는데, 이 경우에도 동일한 경쟁법적 문제가 발생할 수 있다.

수료를 제외한 나머지 금액, 즉 매입사에게 최종적으로 귀속되는 부분을 매입사수수료라고 부른다.[249)]

비씨카드수수료 담합 사건에서는 발급사보전수수료율에 관한 공동인상 합의가 문제되었다. 비씨카드 및 회원은행들은 발급사보전수수료율에 관한 인상합의는 효율적 조인트벤처(비씨카드)에 부속된 부수적 약정이므로 합리의 원칙에 따라 당해 행위로 인한 전체 경쟁효과를 따져봐야 한다는 취지의 주장을 하였다. 그러나 공정위는 발급사보전수수료율 인상 합의가 사실은 회원은행과 가맹점간의 가맹점수수료율 인상합의를 가장한 것이라고 보았다. 대법원은 비씨카드수수료 담합 사건의 부수적 제한에 대해서 위법성은 인정하였지만, 과징금 부과는 부당하다고 판단하였다.[250)] 이 사건에서 법원은 공정위의 사실인정을 그대로 받아들여 원고들의 이 사건 합의가 가격(가맹점수수료율)담합 행위에 해당한다고 보았다. 아울러 관련시장인 신용카드업 분야의 국내 결제서비스 시장에서의 원고들의 시장점유율, 당해 관련시장의 특성, 당해 행위가 관련시장 및 사업자들의 경쟁에 미치는 영향 등 여러 사정을 종합하여, 원고들의 이 사건 합의로 인해 관련시장에서 경쟁이 감소하여 가맹점수수료의 결정에 영향을 미치거나 미칠 우려가 있는 상태를 초래하였다고 인정하였다. 원고들 사이의 업무제휴 및 가맹점의 공동 관리와 같은 비씨카드의 구조적 특성과 이 사건 합의가 원고들 사이의 제휴업무 수행에 필요한 경제적 효율성이나 통일성을 달성하는 데 유용한 점이 있다는 등의 사정을 감안한다고 하더라도 그러한 점만으로 이 사건 합의의 경쟁제한성이 부정될 수는 없다고 보았다. 다만, 법원은 원고들이 비씨카드라는 단일 상표와 가맹점을 공동으로 이용하고 정산처리시스템 등을 공동 수행함으로써 일정한 업무 영역에서는 상당한 경제적 효율성과 통일성을 기하는 효과를 달성하고 있고, 이 사건 합의는 그와 같은 제휴관계의 합동적 구조 하에서 행하여진 것이라는 특수성이 있는데, 이 사건 합의에 대한 피고의 '중대성 정도'의 평가에서는 그러한 점이 제대로 반영되었다고 보기 어렵다고 하여 과징금 납부명령은 위법하다고 보았다. 이 판결은 연성 공동행위의 경우에는 경성 공동행위에 비하여 과징금 부과에 있어서 좀 더 신중을 기할 필요가 있음을 보여주는 것이라고 할 수 있다.

Ⅳ. 경쟁제한적 공동행위의 정당화 사유

공동행위에 경쟁제한성이 인정되면 원칙적으로 부당성도 인정된다. 그러나 정당화 사유가 존재하는 경우에는 그렇지 않다. 대표적인 정당화 사유로 이미 살펴본 경쟁제한효

249) 수수료 체계상 비씨카드 사건의 가맹점수수료는 지로사건에서의 지로수수료, 매입사수수료는 지로사건에서의 추가수수료, 발급사보전수수료는 지로제도의 은행간 수수료에 대응된다.

250) 대법원 2008.8.11. 선고 2007두4919 판결.

과를 능가하는 효율성 증대효과가 존재하는 경우를 들 수 있고, 정치적 행위에 관해서는 제1편 총론 부분에서 살펴보았다. 그 이외에도 정당화 사유들로서 행정지도, 법 제40조 제2항의 인가사유가 존재하는 경우가 논의되는데 아래에서 차례로 살펴보기로 한다.

1. 행정지도

(1) 논의의 배경

행정지도라 함은 "행정기관이 그 소관사무의 범위 안에서 일정한 행정목적을 실현하기 위하여 특정인에게 일정한 행위를 하거나 하지 않도록 지도·권고·조언 등을 하는 행정작용"을 말한다(행정절차법 2조 3호). 방송·통신업, 금융업, 에너지산업, 운송업, 의료·제약업 등과 같은 규제산업에서는 당해 산업분야를 별도로 규제하고 있는 전문규제기관이 각 산업분야에 고유한 정책목표를 실현하기 위하여 다양한 규제를 실시하고 있는데, 그러한 산업별 규제가 독점규제법상 자유경쟁의 원리에 배치되거나 저촉될 우려가 있다. 이와 같은 산업별 규제가 구체적인 법적 근거가 있는 경우에는 법 제116조의 법령에 따른 정당한 행위로 볼 수 있다. 따라서 행정지도가 법령의 범위 내에서 행하는 필요 최소한의 행위 요건을 충족하는 경우라면, 설령 그 내용이 경쟁제한적이라고 하더라도, 그 행위를 한 사업자들은 면책된다.[251] 그러나 사업자들이 행정지도를 기화로 별도의 경쟁제한적인 합의를 한 경우에는 적용제외 사유에 해당되지 않는다.

그런데 우리나라에서는 관련 산업분야에 대하여 인·허가권을 비롯하여 광범위한 규제권한을 행사하고 있는 산업별 규제기관이 이른바 개발연대의 관행에 따라 구체적인 법적 근거도 없이 관계 법령상 일반적인 감독권한을 근거로 하여 경쟁제한행위를 유발하는 행정지도를 하는 경우가 종종 있다. 업계의 합의를 거쳐 적정한 수준에서 가격을 인상 또는 인하하도록 행정지도한 경우나 정부의 공무원과 사업자들이 함께 모인 자리에서 가격 인상폭 등을 합의한 경우가 그러한 예이다. 이러한 행정지도는 비록 법적인 구속력은 없다고 하더라도 현실적으로 사업자들이 거기에 불응하기 어려운 사실상의 구속력을 가지고 있기 때문에, 그러한 행정지도에 따라 이루어진 경쟁제한행위를 독점규제법상 어떻게 평가할 것인가 하는 문제가 제기된다.

(2) 판례의 태도

판례는 행정지도가 법령상의 근거가 없다면 설령 사업자들이 행정지도를 신뢰하고 따른 것이라고 하더라도 공동행위의 위법성이 조각되지 않는다는 입장을 취하고 있다. 서

251) 대법원 2009.7.9. 선고 2007두26117 판결. 한편, 행정지도는 그 성질상 사업자들 사이의 이해대립을 조정하고 행위의 일치를 촉진하는 효과가 있으므로, 행정지도에 따라 사업자간의 외형상 일치가 발생하였다고 하더라도, 그것이 사업자 측의 행정지도에 대한 협력의 결과에 그치는 경우에는 합의 자체가 성립하지 않는 것으로 볼 수도 있다.

울청과 등 6개 사업자가 판매수수료율 등을 공동 결정한 사안에서, 사업자들은 자신들의 행위가 농수산물공사의 지시를 따른 것이라고 주장하였으나, 법원은 도매시장관리자인 농수산물공사가 도매시장법인의 권한에 속하는 사항인 위탁수수료 내지 장려금의 요율을 직접 결정하거나 그에 대하여 지시할 수는 없다고 할 것이므로, 설령 그러한 지시가 있었다고 하더라도 이를 법 제116조 소정의 법률에 의한 명령으로 볼 수 없다고 판시하였다.[252] 그리고 보험감독원장이 손해보험협회에 업계자율로 보험계약자 서비스와 특별이익 제공행위를 구분할 수 있는 기준을 설정할 필요가 있다고 지적한 것만으로는 손해보험협회와 손해보험회사들이 '기타 응급조치' 서비스를 전면 폐지하기로 합의한 것을 정당화하지 못한다고 판시하였다.[253] 또한 통신사업자들이 정보통신부 담당공무원으로부터 접속료 부담문제에 관한 행정지도를 받게 되자 이를 이용하여 시외전화 맞춤형 정액요금제 공동출시 등에 관하여 합의를 한 사안의 경우에도 행정지도의 범위를 벗어나는 별도의 내용으로 합의를 한 점 등을 볼 때 법 제116조의 법령에 따른 정당한 행위에 해당하지 않는다고 보았다.[254] 다만, 사실상 구속력이 있는 행정지도가 부당한 공동행위의 동인이 된 경우에 그것이 위법성을 조각하지는 않는다고 하더라도, 그 범위 내에서 과징금 감경사유가 될 수는 있다.

한편, 대법원은 화물연대 파업사태를 해결하는 과정에서 정부의 행정지도가 있었을 경우, 운수회사들의 운임인상 합의가 정당하다고 볼 여지가 있다는 취지로 판시하였으나,[255] 환송심의 심리 결과 위와 같은 행정지도의 법령상 근거를 확인할 수 없다고 하여 결국 운임인상 합의의 부당성이 인정되었다.[256] 그리고 민사사건 중에는 법령상의 근거가 없더라도 행정지도에 따른 적법한 공동행위라고 인정한 하급심 판결도 있으나,[257] 이것은 오래 전의 판결로서 판례의 주류에서 벗어난 예외적인 것으로 보인다.

2. 법 제40조 제2항의 인가사유가 존재하는 경우

(1) 논의의 배경

제1절에서 살펴본 것처럼 경쟁제한성이 인정되는 공동행위라고 하더라도 공정위가 이를 인가한 경우에는 예외적으로 허용된다(법 40조 2항). 그런데 문제는 경쟁제한성이 인정되는 공동행위에 대해서 공정위의 인가가 없더라도 법 제40조 제2항의 인가사유가 존재하는 경우에 이를 근거로 그 행위의 부당성을 부인할 수 있는가 하는 점이다.

252) 서울고법 2004.5.12. 선고 2003누5817 판결(확정).
253) 대법원 2006.11.23. 선고 2004두8323 판결.
254) 대법원 2008.12.24. 선고 2007두19584 판결.
255) 대법원 2009.7.9. 선고 2007두26117 판결.
256) 서울고법 2010.4.29. 선고 2009누21019 판결(확정).
257) 서울고법 1996.12.6. 선고 96나2240 판결(확정).

(2) 판례의 태도

대법원은 부산광역시 치과의사회 사건에서 최초로 그러한 가능성을 열어 놓았다. 대법원은 "경쟁이 제한되는 정도에 비하여 [구법] 제19조 제2항 각 호에 정해진 목적 등에 이바지하는 효과가 상당히 커서 소비자를 보호함과 아울러 국민경제의 균형 있는 발전을 도모한다는 법의 궁극적인 목적에 실질적으로 반하지 않는다고 인정되는 예외적인 경우에 해당"하면 부당성이 조각된다고 판시하였다. 그러나 이 사건에서는 기공료에 관한 기준 가격을 정한 행위에 경쟁제한효과가 인정되고, 예외적인 경우에 해당하지 않아 부당하다고 판단하였다.258)

그런데 위와 같은 판례의 입장은 제주도 관광협회 사건에서 더욱 구체화되었다. 법원은 경쟁제한효과와 법 제40조 제2항 각 호에 정해진 목적 등에 이바지하는 효과를 비교형량하여 부당성을 부정할 수 있다는 법리를 형성한 것이다. 이 사건에서는 동 협회가 구성사업자로 하여금 협회가 설정한 가격보다 높은 가격으로 송객수수료(관광객을 유치, 안내해주는 여행사, 안내원, 운전사에게 지급하는 사례 성격의 보수)를 지급하거나 관광상품을 판매하지 못하도록 한 행위가 문제되었다. 동 행위에 대하여 대법원은 위 행위가 과다한 송객수수료 지급으로 인한 관광의 부실화 및 바가지요금, 물품강매 등 관광부조리를 방지하고 관광상품 판매가격의 인하를 유도하기 위한 행위로서 그로 인한 혜택이 최종소비자인 관광객들에게 귀속될 뿐만 아니라 제주도 관광사업의 발전에도 이바지하는 것이므로, 이 사건 가격결정행위는 경쟁제한 행위에 해당하지만 소비자를 보호함과 아울러 국민경제의 균형 있는 발전을 도모한다는 법 제1조의 목적에 부합한다는 이유로 부당하지 않다고 판시하였다.259)

(3) 검 토

그러나 경쟁제한적 공동행위라고 하더라도 법 제40조 제2항 각 호에 정해진 목적 등에 이바지하는 효과를 비교형량하여 부당성을 부정할 수 있다는 판례의 태도는 타당하지 않다. 그 이유는 다음과 같다. 법 제40조 제2항의 사유들은 기본적으로 경쟁법적 관점에서는 금지해야 하는 행위에 대해서 산업정책이나 사회조화적 요구 등과 같은 다른 정책적 고려를 통하여 예외적으로 허용하는 것이고, 입법자는 공정위에 인가 권한을 부여하여 예외 허용 여부에 대한 1차적 판단을 공정위에 맡기고 있다. 따라서 법 제40조 제2항 각 호의 목적을 위하여 행하여지는 공동행위는 법 시행령에서 정하는 세부 요건에 해당하고 공정위의 인가를 받아야 비로소 예외적으로 허용된다고 보아야 할 것이다. 이러한

258) 대법원 2005.8.19. 선고 2003두9251 판결.
259) 대법원 2005.9.9. 선고 2003두11841 판결. 이 판결에서는 또한 제주도관광협회의 행위로 인하여 관련시장에서 경쟁이 제한되는 정도가 그리 크다고 볼 수 없다는 점도 지적되었다.

관점에서 보면, 법 제40조 제2항의 인가사유를 근거로 법원이 독자적으로 경쟁제한적 공동행위의 부당성을 부정할 수 있는 것처럼 새기는 태도는 독점규제법의 기본체계에 배치되는 측면이 있으므로 재고할 필요가 있다.[260]

제4절 입찰담합

Ⅰ. 개 요

입찰담합이란 입찰 또는 경매를 할 때 낙찰자, 경락자, 입찰가격, 낙찰가격 또는 경락가격, 그 밖에 대통령령으로 정하는 사항을 결정하는 행위를 말한다(법 40조 1항 8호). 여기서 대통령령으로 정하는 사항이라 함은 낙찰 또는 경락의 비율, 설계 또는 시공의 방법, 그 밖에 입찰 또는 경매의 경쟁요소가 되는 사항을 말한다(영 44조 1항). 입찰담합에는 낙찰예정자 또는 경락예정자를 사전에 결정하고 그 사업자가 낙찰 또는 경락 받을 수 있도록 투찰여부나 투찰가격 등을 결정하는 행위, 낙찰가격 또는 경락가격을 높이거나 낮추기 위하여 사전에 투찰여부나 투찰가격 등을 결정하는 행위는 물론이고, 다수의 입찰 또는 경매에서 사업자들이 낙찰 또는 경락받을 비율을 결정하는 행위, 입찰 또는 경매에서 사전에 설계 또는 시공의 방법을 정하는 행위, 그 밖에 입찰 또는 경매의 경쟁요소를 결정하는 행위가 포함된다. 한편 입찰담합의 유형을 ① 입찰가격 담합, ② 낙찰예정자의 사전결정, ③ 경쟁입찰계약을 수의계약으로 유도, ④ 수주물량 등의 결정, ⑤ 경영간섭 등으로 분류하기도 한다.

입찰담합이 이루어진 경우에 낙찰자 선정 과정에서 응찰자들이 제출한 거래 조건들이 드러나게 됨으로써 내부 통제가 수월하게 이루어지고 사전 합의에 관한 사업자간의 결속이 강화된다. 따라서 담합 참가자들이 카르텔로부터 벗어나려는 행위(cheating)가 용이하지 않다.[261] 그렇기 때문에 OECD는 입찰 담합을 가격 고정, 산출량 제한, 시장 분할 등과 함께 경쟁제한성이 명백하고 피해가 분명하게 드러나는 경성 공동행위의 하나로 분류하고 있다.[262]

Ⅱ. 입찰담합의 특징과 발생요인

우리나라에서는 입찰담합이 공공조달 분야를 중심으로 뿌리 깊은 관행으로 자리 잡고

260) 변동열, "공정거래법상 부당한 공동행위의 사법적 효력", 민사판례연구 제31권(2009), 851-858면.
261) 홍명수, "독점규제법상 입찰 담합 규제와 공정거래위원회의 역할", 법학논고 제30집(2009), 70-71면.
262) OECD, Trade and Competition: From Doha to Cancun, 2003, 17면.

있다. 1981년 독점규제법 시행 당시부터 2004년까지 부당한 공동행위에 관한 공정위 심결에 대한 분석에 따르면, 공정위가 규제한 부당한 공동행위 사건 중에서 입찰담합에 관한 것이 20%에 이른다.[263] 실질적으로는 단독 입찰임에도 불구하고 그로 인한 유찰을 방지하기 위하여 경쟁자가 있는 것처럼 제3자를 시켜서 형식상 입찰에 참여하게 하는 소위 들러리 입찰이나, 입찰자들끼리 특정한 입찰자로 하여금 낙찰을 받게 하거나 당해 입찰에 있어서 입찰자들 상호간에 가격경쟁을 하는 경우에 당연히 예상되는 적정한 가격형성을 저지하기 위한 사전협정이 많이 이루어지고 있다. 우리나라에서 입찰담합은 민간분야보다 공공분야에 집중되고 있으며, 특히 건설공사에서 빈번히 적발되고 있다. 또한 입찰담합은 그 발생에서 적발에 이르기까지 장기간이 소요되는 관계로 처분시효 내지 공소시효에 임박한 사례가 적지 않다.

그런데 입찰담합이 자주 발생하는 원인은 다음과 같다. 입찰담합은 공급자간 파괴적 경쟁을 방지함으로써 업체의 수익을 보장받으려는 유인이 존재하기 때문에 지속적으로 발생할 유인이 있다. 사업자들의 입장에서 턴키(turn-key)공사와 같이 입찰참가에 많은 비용이 소요되는 경우 수주실패에 따른 위험을 회피하기 위하여 입찰담합을 시도하기도 한다.[264] 발주처에서 지나치게 낮은 입찰예정 가격을 책정하고, 설계변경을 허용하지 않아 공사비 증액이 어렵고, 단일 업체가 수행하기 어려운 대규모 공사가 일시에 발주되는 것도 입찰담합을 조장하는 원인 중의 하나로 지적된다. 한편, 발주처가 예산부족 등을 이유로 투찰율 가이드라인을 제시하는 등 입찰담합을 조장하는 경우도 있다.[265] 공공조달의 발주처가 입찰담합에 개입할 경우에 공권력과 결합된 조정이 이루어진다는 점에서 보다 강력한 형태의 담합이 나타날 수 있다.

Ⅲ. 입찰담합의 성립

입찰담합에서 어느 공사에 얼마의 가격으로 응찰하기로 약속하면 부당한 공동행위가 성립하는 것이고, 사업자들 중 일부가 내심으로는 그보다 적은 금액에 응찰하여 낙찰을 받을 의사를 가지고 있었고 그 후에 실제로 합의와 달리 응찰하였다고 하더라도 담합의 성립에는 영향을 미치지 않는다. 어느 한쪽의 사업자가 당초부터 합의에 따를 의사가 없이 진의 아닌 의사표시에 의하여 합의한 경우라고 하더라도, 다른 쪽 사업자는 당해 사

263) 홍명수, "카르텔 규제의 문제점과 개선방안에 관한 고찰", 경쟁법연구 제11권(2005), 285면 참조.

264) 턴키계약방식은 일괄계약방식의 특수한 경우이다. 발주자가 단일의 설계시공일괄업자와 한 번의 계약을 통하여 설계 및 엔지니어링 서비스와 시공 서비스를 제공받는 프로젝트 발주방식을 의미한다. 사업자의 입장에서 턴키공사는 입찰준비에 상당한 시간과 비용을 소요하기 때문에 수주실패에 따른 부담이 크다.

265) 일본에서는 공공 기관에 의하여 주도되거나 공공 기관이 관여한 입찰담합을 '관제담합'이라고 칭한다. 관제담합을 방지하기 위하여 「入札談合關與行爲の排除及び防止に關する法律」(입찰담합관여행위의 배제 및 방지에 관한 법률, 속칭 '관제담합방지법')이 제정되었다.

업자가 합의에 따를 것으로 신뢰하고 당해 사업자는 다른 사업자가 그 합의를 위와 같이 신뢰하고 행동할 것이라는 점을 이용함으로써 경쟁을 제한하는 행위가 성립되는 것은 마찬가지이므로 부당한 공동행위의 성립에는 방해가 되지 않는다.[266]

공정위는 입찰담합의 징후로서 ① 설계비 지출규모(탈락업체가 설계보상비보다 적은 금액만 지출하는 경우), ② 공동수급체 내 주간사 이외 참여업체에 설계비 배분여부(탈락시 공동수급체 구성원 사이에 설계비 미정산), ③ 입찰준비기간(탈락업체의 입찰준비 기간이 상대적으로 현저히 단기간인 경우), ④ 투찰순서(합의 이행 여부를 감시하려는 목적에서 낙찰업체가 가장 늦게 투찰에 참여) 등을 들고 있다.[267] 대법원의 민사판결 중에는 단지 기업이윤을 고려한 적정선에서 무모한 출혈경쟁을 방지하기 위하여 일반거래 통념상 인정되는 범위 내에서 입찰자 상호 간에 의사의 타진과 절충을 한 것에 불과한 경우에는 담합에 포함되지 않는다고 판시한 것도 있으나,[268] 이를 독점규제법 위반사안에 원용하기는 어려울 것이다.

Ⅳ. 입찰담합의 부당성 판단

1. 관련시장 획정의 방법

입찰담합 사건에서는 관련시장의 획정과 관련하여 반드시 실증적인 경제 분석을 거쳐야 하는 것은 아니다.[269] 울산대학교병원의 의약품 입찰담합 사건에서 법원은 ① 이 사건 입찰과 관련한 구매자가 '울산대학교병원'으로 특정되어 있고 거래대상은 울산대학교병원이 그룹으로 묶어 지정한 의약품군에 한정되는 점, ② 낙찰자는 울산대학교병원이 지정한 상품을 그룹 단위로 공급하여야 하고 낙찰자가 그 중 일부만 공급하는 것을 선택할 수 없으므로 개별 의약품이나 다른 의약품군과 대체할 수 없는 점, ③ 입찰절차 내에서 울산대학교병원이 제시한 입찰참가자격, 예정인하율 등 일정한 조건하에 경쟁이 이루어지게 되어, 통상적인 의약품 거래와는 경쟁의 조건에서 본질적인 차이가 있는 점 등을 들어, 이 사건 합의의 관련시장을 위 병원이 실시하는 의약품 구매입찰시장으로 보았다.[270]

---

266) 입찰참가 사업자가 다른 경쟁업체인 원고회사를 설득해 입찰가 담합을 유도하였고 원고회사가 565억원의 가격으로 응찰하기로 약속하였으나, 원고회사는 내심으로는 530억원에 응찰하여 낙찰을 받을 의사를 가졌었고 실제로 합의와 달리 응찰을 한 행위에 대해서, 법원은 이러한 사정은 부당한 공동행위의 성립에 방해가 되지 아니한다고 판단하였다. 대법원 1999.2.23. 선고 98두15849 판결.

267) 공정위 2012.8.31. 의결 제 2012-199호; 공정위 2014.2.25. 의결 제2014-030호 등 참조.

268) 대법원 1994.12.2. 선고 94다41454 판결.

269) 대법원 2014.11.27. 선고 2013두24471 판결.

270) 서울고법 2012.12.7. 선고 2012누11234 판결 및 대법원 2015.6.11. 선고 2013두1676 판결.

2. 경성 공동행위

입찰담합은 경성 공동행위로 분류되고 있다. 그런데 우리나라 법원은 종래 경성 공동행위와 연성 공동행위를 엄격하게 구별하지 않는 경향이 있었다는 점은 앞에서 설명한 바와 같다. 입찰담합에 관해서 간혹 경쟁제한효과와 효율성 증대효과의 비교형량을 요한다는 표현이 사용되고 있는 것[271)]이 그러한 예이다. 또한 입찰담합에서 예정가격 등이 공개되지 않는 전자입찰시스템 하에서 사업자들의 행위가 낙찰가격이나 낙찰자 결정에 아무런 영향을 미칠 수 없음이 입증되었다는 이유로 경쟁제한성이 부정된 경우도 있었다.[272)]

그러나 위와 같은 법원의 태도에 대해서는 많은 비판이 따랐고, 2015년 이래로 판례는 법 제40조 제1항 제8호는 입찰 자체의 경쟁뿐 아니라 입찰에 이르는 과정에서의 경쟁도 함께 보호하려는 데 그 취지가 있다는 점을 분명히 하고 있다.[273)] 또한 대법원은 "경쟁입찰에서는 특정한 사업자에게 입찰참가 의사가 있었다는 점만으로도 상대방에게 경쟁압력으로 작용하게 되므로, 단순히 특정한 사업자의 수주가능성이 낮다는 사정만을 근거로 하여 그의 경쟁의사를 부정하거나 그 입찰에서 경쟁관계가 성립할 수 없다고 쉽사리 단정할 수는 없다."고 한다.[274)] 그 결과, 최근 들어 입찰담합은 경성 공동행위로 취급되고 거의 대부분 경쟁제한성이 인정되고 있다.

3. 입찰담합에 일부 사업자들만 참여한 경우

(1) 경쟁제한성의 판단

입찰 참가자들 중 일부만 입찰담합에 참여하여 당해 입찰에 잔존경쟁이 조금이나마 남아 있는 경우에도 경쟁제한성이 인정되는가? 예를 들어, 입찰에 참가한 甲, 乙, 丙, 丁, 戊의 5개 회사 중에서 甲 회사가 담합한 것은 乙, 丙 회사뿐이며 丁, 戊 회사와는 담합이 이루어지지 아니한 경우에 甲, 乙, 丙 회사에 담합의 책임을 물을 수 있는지 여부이다. 입찰방해죄에 관한 과거 대법원 판결 중에는 담합이 있고 그에 따른 담합금이 수수되었다고 하더라도 입찰시행자의 이익을 해함이 없이 자유로운 경쟁을 한 것과 동일한 결과로 되는 경우에는 입찰의 공정을 해할 위험성이 없다고 판시한 것이 있었다.[275)] 서울고법 판결 중에도 입찰참가자들 중 일부가 입찰금액을 합의하여 입찰에 참가하더라도 경쟁제한성이 없다고 본 판결도 있다.[276)]

---

271) 대법원 2014.4.30. 선고 2013두26798 판결.
272) 서울고법 2008.10.23. 선고 2008누3465 판결(심리불속행기각으로 확정).
273) 대법원 2015.7.9. 선고 2013두20493 판결; 대법원 2016.4.12. 선고 2015두50061 판결.
274) 대법원 2016.2.18. 선고 2013두21281 판결.
275) 대법원 1983.1.18. 선고 81도824 판결.
276) 서울고법 2008.10.23. 선고 2008누3465 판결(심리불속행 기각으로 확정).

그러나 경쟁제한성이란 경쟁제한의 결과는 물론이고 그러한 우려 내지 위험성도 포함하는 개념이다. 따라서 단지 결과에 치중하여 경쟁제한성을 부정하는 것은 선뜻 수긍하기 어렵다. 또한, 위의 대법원 81도824 판결은 그 후에 내린 일련의 대법원 판결에 비추어 볼 때 사실상 폐기된 것으로 보인다. 대법원은 "입찰방해죄는 위태범으로서 결과의 불공정이 현실적으로 나타나는 것을 요하는 것이 아니며, 그 행위에는 가격을 결정하는 데 있어서 뿐만 아니라 적법하고 공정한 경쟁방법을 해하는 행위도 포함"된다고 하면서, 그 행위가 설사 입찰가격에 있어 입찰실시자의 이익을 해하는 것이 아니었다고 하더라도 입찰방해죄가 성립한다고 보았기 때문이다.[277] 따라서 일부 사업자들만 담합에 참여한 경우라도 당해 입찰에서 경쟁은 기본적으로 제한되었다고 봄이 타당하고, 그 반대의 예외적 사정이 있다면 그것은 사업자들이 주장하여야 할 것이다.

(2) 배제적 입찰담합

모든 입찰참가자들 사이에서 담합이 이루어지지 못한 상태에서, 입찰절차에서 다른 경쟁사업자를 탈락시키고자 하는 의도를 가진 배제적 입찰담합이 이루어질 수도 있다. 이른바 2단계 최저가낙찰제[278]와 관련된 일련의 입찰담합 사건에서 배제적 입찰담합 사례가 문제되었다. 배제적 입찰담합의 전형적인 유형은 다음과 같다. A 기업이 아파트 건설공사 입찰에 참여하면서 다른 건설사들에게 자신이 낙찰될 수 있도록 협조를 요청하고, 이들 건설사들은 이에 동의하여 A 기업으로부터 제시받은 대로 일부 공종을 비정상적으로 높게 책정한 가격으로 입찰에 참여한다. 해당 공종 평균입찰금액이 높아지게 됨에 따라 공종별 기준금액도 상승하게 된다. 이러한 사정을 모르는 정상적인 입찰참여자들은 발주자가 제시한 설계금액을 기준으로 정상 투찰하였는데, 그 금액이 공종별 기준금액보다 20% 이상 낮아짐으로써 부적정 공종으로 판정받게 되어 입찰절차에서 탈락한다.[279] 이러한 사안에서 입찰참가자들은 입찰에 참여한 업체들 중 일부만 담합을 한 것이고, 담합에 참여하지 아니한 나머지 업체들과는 정상적인 경쟁이 이루어졌으므로 경쟁제한성이 없다는 주장을 하였다. 그러나 위와 같은 형태의 입찰담합은 경쟁사업자의 배

277) 대법원 1994.11.8. 선고 94도2142 판결; 대법원 2001.6.29. 선고 99도4525 판결 등 참조.

278) 최저가낙찰제는 물품 또는 용역 등의 구매입찰시 최저가격으로 입찰한 자를 낙찰자로 결정하는 제도를 말하는데, 주공 발주 건설공사 입찰의 경우 최저가낙찰제는 1단계 및 2단계 심사를 거쳐 최종 낙찰자를 결정하였다. 1단계 심사는 입찰자의 공종별 입찰금액을 객관적으로 심사하여 부적정공종수가 전체공종수(30개)의 20% 미만인 자를 선정하였다. 입찰자의 공종별 입찰금액 중 공종별 기준금액보다 50% 이상 낮거나 높은 공종이 하나라도 있는 경우에는 전 공종을 부적정공종으로 판정한다. 2단계 심사는 1단계 심사를 통과한 자 중 최저가 입찰자를 대상으로 동 업체가 제출한 부적정공종의 사유서, 증빙서류 등을 입찰금액 적정성 심사위원회에서 심의·평가하는데 모든 부적정공종에 대하여 80점 이상인 자를 낙찰자로 결정한다. 그런데 공종별 기준금액은 입찰자의 공종별 입찰금액에 따라 달라지기 때문에, 담합참가 사업자들이 담합에 참여하지 않은 경쟁입찰자들(정상적인 입찰참여자들)을 탈락시키는 것이 가능하게 되었다.

279) 입찰에 참여한 전체 업체 53개사 중 34%에 해당하는 회사들이 합의하여 특정 공종의 입찰금액을 공동으로 높게 투찰하였다. 이러한 방식으로 실제 정상 입찰참여사 35개사 중 33개사가 1단계 심사에서 탈락한 사례가 있다. 서울고법 2011.12.28. 선고 2011누18092 판결(심리불속행 기각으로 확정).

제를 통해 경쟁과정을 왜곡하는 것을 목적으로 하는 공동행위이므로, 비록 일부 사업자들만 참여하였다고 하더라도 경쟁과정의 왜곡이 존재하는 이상 경쟁제한성을 부정하기 어렵다. 판례도 경쟁제한성을 인정하였다.[280]

4. 유찰 방지를 위한 입찰담합

공공조달 입찰 등에서 입찰자가 1개 사업자에 불과하면 유찰로 처리하는 경우가 있다. 사업자가 이러한 유찰을 막고 경쟁입찰의 외관을 창출하기 위하여 A사를 들러리로 세운 때에도 경쟁제한성은 인정되는가? 이에 관하여 하급심 판결 중에는 경쟁제한성을 부정한 사례가 있었으나,[281] 대법원은 유찰 방지를 위한 입찰담합의 경우에도 경쟁제한성은 인정된다고 판단하였다.[282] 대법원이 경쟁제한성을 인정한 사유는, ① 이 사건 공동행위가 없었더라면 이 사건의 각 입찰에서 재입찰이 실시되어 원고 또는 A사 이외의 다른 사업자들이 이에 참여하여 가격경쟁을 할 수 있었을 것으로 보이는 점, ② 이 사건 각 입찰은 입찰참가자의 요건으로 '옥외자동검침시스템을 생산할 것'을 요구하고 있지 않고, X사 등 7개 사는 원고로부터 시스템을 구매하는 방식으로 계약을 이행할 수 있기 때문에, 단순히 X사 등 7개 사가 옥외자동검침시스템의 생산능력을 갖추지 못하였다는 점만으로는 원고 또는 A회사와 유효한 경쟁관계에 있지 아니하다고 단정하기 어렵다는 점, ③ X사 등 7개 사와 Y사가 입찰에 참가하여 낙찰을 받은 사안에서 이들의 투찰률은 원고와 A사가 이 사건 공동행위를 통해 합의한 투찰률에 비하여 낮았고, 실제로 Y사가 입찰에 참가하여 낙찰을 받은 이후 원고와 A사가 이 사건의 일부 입찰에 참여하면서 기존의 투찰률보다 낮추어 투찰하였으므로, 원고와 A사가 이 사건 공동행위를 통하여 유찰을 방지하지 않았더라면 유찰 후 재입찰, 재공고 입찰 또는 수의계약과정에서 계약금액이 낮아졌을 가능성을 배제할 수 없다는 점 등이다. 판례는 입찰담합 금지를 입찰 자체의 경쟁뿐 아니라 입찰에 이르는 과정에서의 경쟁도 함께 보호하려는데 그 취지가 있다고 보고 있다.[283] 따라서 가격경쟁을 통해서 낙찰가격이 낮아질 가능성에 초점을 맞춘다면,

---

280) 서울고법 2012.10.10. 선고 2011누18337 판결 및 대법원 2013.9.12. 선고 2012두25941 판결.

281) 서울고법 2015.7.16. 선고 2014누70367 판결. ① 원고와 A사는 사실상 하나의 사업자에 해당하고, 옥외자동검침시스템의 독점적 생산능력을 가지고 있는 원고로서는 유찰 시에도 어차피 수의계약을 체결할 수 있기 때문에 A를 들러리로 세워 당해 입찰의 유찰을 방지한 것에 불과하므로, 이 사건 공동행위로 인해 원고와 A사 간 경쟁이 감소되었다고 볼 수 없는 점, ② X사 등 7개 사는 옥외자동검침시스템에 대한 독자적 생산능력이 없어서 이들이 낙찰을 받더라도 옥외자동검침시스템을 정상적으로 공급할지 여부는 온전히 유일한 생산자인 원고가 X사 등 7개 사와 거래할 의사가 있는지에 달려 있으므로, 원고와 X사 등 7개 사가 유효한 경쟁관계에 있다고 볼 수 없는 점, ③ Y사가 옥외자동검침시스템에 대한 생산을 시작하고, 이 사건의 각 입찰에 참여하기 시작한 후에는 원고가 유찰방지 목적으로 A사를 들러리로 세울 필요가 없었고, Y사와 실질적인 경쟁이 이루어졌다는 점 등의 사정을 볼 때 이 사건 공동행위로 인한 경쟁제한성이나 그 우려가 인정되지 않는다는 것이 그 논거이었다.

282) 대법원 2016.4.12. 선고 2015두50061 판결(옥외자동검침시스템 담합 사건).

283) 대법원 2015.7.9. 선고 2013두20493 판결; 대법원 2016.4.12. 선고 2015두50061 판결.

입찰에서 가격경쟁을 방해하는 일련의 행위에 대해서 경쟁제한성을 부정하기는 어려울 것이다.

V. 입찰담합의 종료일

1. 논의의 배경

부당한 공동행위가 종료된 날은 그 합의가 있었던 날이 아니라 그 합의에 기한 실행행위가 종료된 날을 의미한다.[284] 그렇다면, 입찰담합에서 종료일을 언제로 볼 것인가? 판례는 입찰담합에 기한 실행행위가 종료되었는지 여부는 해당 합의 내용을 기초로 하여 그에 따라 예정된 실행행위의 구체적 범위 및 태양, 합의 등에 따른 경쟁제한효과의 확정적 발생 여부 등 여러 요소를 종합적으로 고려해 각 사안 별로 개별적 · 구체적으로 판단해야 한다고 판시하였다.[285]

2. 견해의 대립

입찰담합의 종료일에 관해서는 ① 입찰일(투찰일)설,[286] ② 낙찰자 선정일설,[287] ③ 계약체결일설,[288] ④ 물량배분 종료일설,[289] ⑤ 공정위의 조사개시 시점 내지 자진신고일설[290] 등 다양한 기준이 제시되고 있다. 그런데 공정위와 법원은 1회 입찰의 경우에는 입찰일설을 취한 사례가 많고, 수회의 입찰담합이 연속적으로 이어진 경우 그와 같은 합

284) 대법원 2006.3.24. 선고 2004두11275 판결 등.

285) 대법원 2015.5.28. 선고 2015두37396 판결; 대법원 2020.12.24. 선고 2018두58295 판결.

286) 입찰일을 기준으로 종료일을 산정한 사례로서 옥수수기름 군납 입찰참가 2개사의 부당한 공동행위에 대한 건(공정위 2007.7.25. 의결 제2007-361호), 4대강 살리기 사업 1차 턴키공사 입찰 관련 20개 건설업자의 부당한 공동행위에 대한 건(공정위 2012.8.31. 의결 제2012-199호), 지하철 5, 6, 7, 8호선 SMRT Mall 사업자 공모입찰 관련 4개 사업자의 부당한 공동행위에 대한 건(공정위 2013.11.5. 의결 제2013-178호), 대구도시철도 3호선 턴키대안공사 입찰 참가 16개 사업자의 부당한 공동행위에 대한 건(공정위 2014.4.10. 의결 제2014-070호), 한국수력원자력㈜ 발주 구매입찰참가 8개 케이블 제조사업자의 부당한 공동행위에 대한 건(공정위 2014.1.10. 의결 제2014-009호) 등이 있다.

287) 낙찰자선정일을 기준으로 한 사례로서는 부산지하철 1호선 입찰담합 건(공정위 2014.4.25. 의결 제2014-090호)이 있다.

288) 계약체결일을 기준으로 한 사례로서는 대림산업 등 한국가스공사 발주 천연가스 주배관 및 관리소 건설공사 입찰 관련 23개 사업자의 부당한 공동행위에 대한 건(서울고법 2016.10.21. 선고 2016누31892 판결(심리불속행 기각으로 확정), 농협중앙회의 영업점 단말기 및 부속기기 구매입찰 관련 2개 사업자의 부당한 공동행위에 대한 건(공정위 2013.1.8. 의결 제2013-005호), 국방사업 관련 지리정보시스템(GIS) 입찰참가 2개사의 부당한 공동행위에 대한 건(공정위 2013.3.22. 의결 제2013-053호) 등이 있다.

289) 물량배분 종료일을 기준으로 한 사례로서는 한국전력공사 발주 전력선(연간단가 계약품목) 구매입찰 참가 35개 전선제조사 등의 부당한 공동행위에 대한 건(공정위 2012.5.4. 의결 제2012-072호)이 있으나, 대법원은 위 처분을 취소하였다(대법원 2015.2.12. 선고 2013두6169 판결).

290) 조사개시시점 내지 자진신고일을 기준으로 한 사례로서는 민간 및 관급수요처 발주 엘리베이터 구매계약 관련 5개 엘리베이터 제조판매사업자들의 부당한 공동행위에 대한 건(공정위 2008.9.25. 의결 제2008-268호)이 있다.

의가 종료되어 경쟁입찰에 나아간 시점을 종료일로 판단한 사례가 많다.

3. 일회성 들러리 입찰담합의 경우

판례는 일회성 들러리 입찰담합의 경우에 기본적으로 종료일을 입찰참여일로 보고 있다.[291] 입찰에 참여함으로써 입찰담합 합의는 최종적으로 실현되었고 예정된 경쟁제한효과도 확정적으로 발생하였기 때문이다.

4. 물량배분 합의의 수단으로서 입찰담합이 개재된 경우

단순히 일회성 입찰담합에 그치는 것이 아니라 사업자들 간에 물량배분의 합의가 이미 이루어지고 그 합의를 실행하는 수단으로서 사업자들이 추가적으로 입찰담합을 하는 경우도 있다. 이러한 경우에 실행행위의 종기를 물량배분이 최종 마무리되는 시점으로 볼 것인지[292] 아니면 입찰계약의 체결일로 볼 것인지가 다투어졌다. 대법원은 가담 사업자들이 물량배분 합의의 수단으로서 입찰담합을 한 경우에 입찰에 따른 계약이 체결됨으로써 그 거래에서 경쟁제한효과는 확정적으로 발생된다는 점에 착안하여 입찰계약의 체결일을 종기로 파악하고 있다.

한국전력공사 발주 전력선(연간단가 계약품목) 구매입찰 참가 35개 전선제조사 등의 부당한 공동행위에 대한 사건이 그러한 사례이다. 이 사건에서 원고들을 포함한 34개 전선회사(이하 “원고 등”)는 1998. 8. 24.부터 2008. 9. 11.까지 한국전력공사가 매년 실시하는 전력선 구매입찰에서 ① 대기업군과 중소기업군 간 물량배분비율을 합의하였고, ② 다시 해당 기업군에 속한 각 회사별로 배분비율을 합의하였으며, ③ 낙찰을 받는 수주예정자를 선정하는 합의를 한 후, ④ 수주예정자가 낙찰 받은 물량을 합의된 배분비율에 따라 다시 OEM 발주를 통하여 재분배하였다. 위 ③의 입찰담합은 사업자들 간의 물량배분 합의라는 더 큰 부당한 공동행위의 틀 안에서 이루어진 것이다. 그 후 원고 넥상스코리아 등 12개 중소기업이 2007. 11. 28. 2007년에 실시되는 전력선 구매입찰에서 공동

---

291) 대법원 2015.5.28. 선고 2015두37396 판결. 지하철 5, 6, 7, 8호선 SMRT Mall 사업자 공모입찰 관련 4개 사업자의 부당한 공동행위에 대한 사건에서 포스코 아이씨티(원고)와 케이티가 퍼프컴 컨소시엄을 구성하여 2008. 11. 11. 서울특별시 도시철도공사 발주입찰에 참여하였는데, 사전에 롯데와의 사이에 퍼프컴 컨소시엄을 낙찰자로 하고 롯데를 탈락자(들러리)로 하는 합의 및 실행을 하였다. 그런데 공정위의 의결서는 위 2008. 11. 11.부터 5년이 경과한 2013. 11. 12. 원고에게 도달하였다. 따라서 공정위의 처분이 하루 차이로 시효기간을 도과한 것인지가 다투어졌다. 대법원은 “이 사건 합의는 이 사건 입찰이라는 특정 거래에 관하여 ‘이 사건 공동수급체와 롯데 사이에 이 사건 공동수급체를 우선협상대상자로 사전에 결정하고, 이에 따라 롯데가 이 사건 공동수급체보다 높은 투찰가격으로 이 사건 입찰에 참여하는 것’을 그 내용으로 할 뿐이며, 이를 넘어 추가적으로 경쟁을 제한할 우려가 있는 다른 행위를 예정하고 있지 않다. 따라서 이 사건 공동수급체와 롯데가 2008. 11. 11. 이 사건 입찰에 참여함으로써, 이 사건 합의는 그 내용이 최종적으로 실현되었고 예정된 경쟁제한효과도 확정적으로 발생되었으므로, 이 사건 공동행위는 위 입찰 참여일인 2008. 11. 11. 종료되었다고 봄이 타당하다.”고 판단하였다.

292) 하급심 판결 중에 물량분배 공동행위의 종기는 물량분배를 마친 시점으로 봄이 상당하다는 판결이 있다. 서울고법 2013.8.28. 선고 2012누30952 판결(확정).

행위의 중단을 선언하고 경쟁 입찰에 나아갔다. 이 사안에서 공정위 및 서울고법은 공동행위의 종료시점을 합의에 따라 전체적인 물량배분이 종료된 시점인 2008. 9. 11.로 보았다.[293] 그러나 대법원은 위 공동행위가 전체적으로 하나의 부당한 공동행위를 구성한다는 전제 하에서, 위 공동행위가 2006년의 입찰계약이 최종 마무리된 시점으로 볼 수 있는 600V 절연전선의 2006년도 공급분에 관한 입찰계약 체결일(2007. 9. 12.) 또는 2007년 전력선 구매입찰에서 위 12개사가 공동행위의 중단을 선언하고 경쟁 입찰에 나아감으로써 사실상 담합이 와해된 것으로 볼 수 있는 날(2007. 11. 28.)에 종료된 것으로 보았다.[294]

5. 공소시효의 기산점

판례는 법 제124조 제1항 제9호 위반죄의 공소시효의 기산점에 관하여 처분시효의 기산점과 동일하게 보고 있다. 즉, '합의에 기한 실행행위가 종료한 날'이 기산점이 된다.[295] 따라서 입찰담합에 관한 형사사건에서도 공동행위의 종료일에 관해서는 앞에서 본 것과 같이 일회성 입찰담합과 계속적 입찰담합을 구별하여 판단해야 할 것이다.

6. 민사 소멸시효

(1) 기산점

입찰담합을 한 자는 피해자에게 손해배상의 책임을 진다(법 109조). 그런데 불법행위로 인한 손해배상의 청구권은 피해자나 그 법정대리인이 그 손해 및 가해자를 안 날로부터 3년간 이를 행사하지 아니하면 시효로 인하여 소멸하고, 불법행위를 한 날로부터 10년이 경과한 때에도 마찬가지이다(민법 766조). 판례는 입찰담합 행위에 대한 손해배상청구권의 소멸시효는 입찰에 따른 구매계약이 성립된 때부터 진행된다고 한다.[296] 하급심 판결은 소멸시효의 기산점과 관련하여 계약체결일로 본 것[297]과 계약대금 지급일로 본

---

293) 공정위 2012.5.4. 의결 제2012-072호 및 서울고법 2013.2.7. 선고 2012누16529 판결. 이 경우에 2007. 12. 31. 개정된 과징금고시가 정하고 있는 기본과징금 부과기준율 상한(10%)을 적용한 공정위의 과징금 납부명령은 적법하게 된다.

294) 대법원 2015.2.12. 선고 2013두6169 판결. 대법원은 그 논거로서 "① 이 사건 공동행위와 같이 입찰방식의 물품거래에서 낙찰가격과 거래물량의 제한에 관하여 한 합의는 당사자들이 그 실행으로 입찰절차를 거쳐 물품공급계약을 체결함으로써 그 거래에서 경쟁제한효과를 확정적으로 발생시키고, 전선조합과 같이 물품공급계약을 체결한 당사자가 소속 중소기업에게 낙찰 받은 물량을 배분하는 행위는 그 결과물을 내부적으로 나누는 것에 불과한 점, ② 이 사건 공동행위는 한전이 2000년부터 2006년까지 매년 실시한 각종 전력선 구매입찰에 관한 각 합의이고, 이러한 각 합의는 단일한 의사에 기하여 동일한 목적을 수행하기 위한 것으로서 그것이 단절됨이 없이 계속 실행되어 온 것일 뿐 아니라, 원고들 등 사이에 매년 입찰담합을 시행하겠다는 암묵적 합의가 존재하는 것으로 볼 수 있어, 전체적으로 하나의 부당한 공동행위를 구성한다고 할 것인데, '원고 넥상스코리아 등 12개 중소기업'이 2007. 11. 28. 2007년에 실시되는 전력선 구매입찰에서 공동행위의 중단을 선언하고 경쟁입찰에 나아감으로써 계속적으로 지속되어 오던 하나의 공동행위가 전체적으로 중단되었다고 평가할 수 있는 점"을 지적하였다.

295) 대법원 2012.9.13. 선고 2010도17418 판결.

296) 대법원 2014.1.23. 선고 2014다7469 판결.

297) 서울고법 2014.12.18. 선고 2014나4899 판결.

것[298]으로 나누어진다. 그런데 공사계약을 체결한 시점에 소멸시효가 기산된다고 본다면, 원고로서는 공사계약을 체결하였다는 사정만으로는 아무런 현실적인 손해가 없어 부당입찰을 이유로 손해배상청구소송을 제기할 수 없음에도 그 손해배상청구권의 소멸시효는 기산된다는 불합리한 결과가 되므로 원고가 해당 공사금액을 실제로 각 지급한 시점에야 비로소 손해가 현실화되고 소멸시효가 기산된다고 보아야 할 것이다.

(2) 계속적 입찰담합의 경우

계속적 입찰담합이 문제된 사안에서 손해배상청구권의 소멸시효는 개개의 입찰담합별로 진행되는지, 아니면 전체 공동행위를 기준으로 진행되는지가 문제된다. 이러한 쟁점이 다투어진 사건에서 원고는 피고들의 담합행위가 전부 종료한 날인 마지막 입찰 관련 계약이 체결된 날부터 진행된다고 주장하였다. 그러나 하급심 법원은 불법행위가 계속적으로 행하여지는 결과 손해도 역시 계속적으로 발생하는 경우 그 손해는 날마다 새로운 불법행위에 기하여 발생하는 손해로서, 이 조항에 따른 소멸시효는 그 각 불법행위를 한 날로부터 각별로 진행된다고 보아야 한다고 하여, 원고의 주장을 배척하였다.[299]

(3) 손해 및 가해자를 안 날

불법행위로 인한 손해배상청구권의 단기소멸시효의 기산점이 되는 민법 제766조 제1항의 '손해 및 가해자를 안 날'이란 손해의 발생, 위법한 가해행위의 존재, 가해행위와 손해발생 사이에 상당인과관계가 있다는 사실 등 불법행위의 요건사실에 대하여 현실적이고도 구체적으로 인식하였을 때를 의미한다. 피해자 등이 언제 불법행위의 요건사실을 현실적이고도 구체적으로 인식하였다고 볼 것인지는 개별적 사건에서 여러 객관적 사정을 참작하고 손해배상청구가 사실상 가능하게 된 상황을 고려하여 합리적으로 인정하여야 한다.[300] 구체적으로 독점규제법 위반 사건의 단기소멸시효 기산점과 관련하여 ① 최초 언론보도시점, ② 공정위의 처분시점, ③ 행정소송 판결 확정시점 등과 같은 견해 대립이 있을 수 있다. 그런데 대법원은 ③설을 따르고 있다. 대법원은 "원고의 피고들에 대한 손해배상청구권의 성립 여부는 피고들의 행위가 공정거래법에 정한 부당한 공동행위에 해당되는지 여부와 밀접히 관련된 것으로서, 비록 공정거래위원회의 시정명령과 과징금부과명령이 있다고 하더라도 행정소송에 의하여 부당한 공동행위에 해당하는지 여부가 다투어지고 있는 상황이라면, 공정위의 처분이 있다는 사실만으로는 피고들 행위에 대한 법적 평가의 귀결이 확실해졌다고 할 수 없고, 피고들의 행위가 공정거래법상의 부당한

298) 서울중앙지법 2014.1.10. 선고 2011가합26204 판결.

299) 서울중앙지법 2013.2.21. 선고 2009가합129216 판결 및 서울고법 2013.12.20. 선고 2013나29228 판결(심리불속행 기각으로 확정).

300) 대법원 2011.11.10. 선고 2011다54686 판결 등 참조.

공동행위에 해당되고 이로 인하여 손해를 입었다고 주장해야 하는 원고로서는 위와 같은 행정소송 판결이 확정된 때에 비로소 피고들의 공정거래법 위반으로 인한 손해의 발생을 현실적이고도 구체적으로 인식하였다고 보아야 할 것"이라고 판시하였다. 다만, 위반자가 다수 존재하는 경우에는 특별한 사정이 없는 한 공동행위자들 모두에 관한 행정소송의 판결이 확정될 필요는 없고, 그 중 1인에 의한 행정소송의 판결이 확정됨으로써 관련 공동행위자들 전부의 불법행위를 현실적이고도 구체적으로 인식하였다고 보아야 한다.[301)]

Ⅵ. 입찰담합과 과징금의 산정

1. 계약금액 기준

공정위는 과징금을 부과하는 경우 위반행위의 내용 및 정도, 위반행위의 기간 및 횟수, 위반행위로 취득한 이익의 규모 등을 고려하여야 하고, 과징금의 부과기준은 법 시행령에 위임 하고 있다(법 102조 1항, 5항). 그런데 과징금의 산정과 관련하여 입찰담합과 이와 유사한 행위인 경우에는 다른 유형의 부당한 공동행위와는 달리 실제 매출액이 아닌 '계약금액'을 기준으로 한다(영 50조). 계약금액이라는 특례를 둔 것은 입찰담합의 경우 투찰가격, 낙찰가격 또는 경락가격 등 서로 다른 가격이 합의의 대상이 될 수 있고, 낙찰 후 낙찰자와 발주처 사이에 금액을 변경하는 경우가 많으며, 또 유찰되어 수의계약이 진행된 경우도 있으므로, 관련매출액을 계약금액으로 특정함으로써 불필요한 혼란을 줄이고자 하는 취지로 이해된다. 판례는 입찰담합에 대하여 계약금액이라는 별도의 과징금 부과기준을 둔 것에 관하여 "입찰담합의 특수성에 비추어 볼 때 참여자에 대해서도 이러한 기준이 적용된다고 하더라도 모법의 위임 없이 법이 예정하고 있지 아니한 과징금 부과기준을 국민에게 불리하게 변경하는 규정이라고 할 수 없다."고 하였다.[302)] 또한, 입찰담합에 관한 과징금의 기본 산정기준이 되는 '계약금액'은 법령의 해석을 통하여 산정되는 것이지 공정위가 재량에 따라 결정할 수 있는 것이 아니다.[303)]

발주처가 1회의 입찰을 통하여 전체 예정물량을 3개의 낙찰자에게 차등 할당하는 것으로서, 낙찰 후 발주처와 1, 2, 3순위 낙찰자가 각각 계약을 체결하는 방식인 경우에 계약금액은 전체 낙찰금액을 함께 포함할 것인가 아니면 각 순위별 낙찰금액으로 인정할 것인가? 원고 등 7개사들이 1, 2, 3순위 낙찰자의 계약 부분을 모두 포함한 전체 입찰금액 및 전체 예정물량을 대상으로 낙찰자, 투찰가격, 물량배분 등을 정하는 내용의 공동행위를 한 사안에서, 판례는 이러한 공동행위로 인한 경쟁제한효과는 1, 2, 3순위 낙찰 전

301) 대법원 2014.9.4. 선고 2013다215843 판결.
302) 대법원 2004.10.27. 선고 2002두6842 판결.
303) 대법원 2020.10.29. 선고 2019두37233 판결.

부에 미치는 것이므로, 공정위가 원고에 대한 과징금 산정의 기초인 관련매출액을 산정하면서 원고의 2순위 낙찰에 따른 계약금액뿐만 아니라 1, 3순위 낙찰자의 계약금액을 함께 포함시킨 것은 적법하다고 판단하였다.[304] 이는 입찰담합 사건에 있어서 과징금의 제재적 측면을 강조하는 태도로 이해된다. 나아가 대법원은 입찰담합을 하였으나 담합 참여사업자들이 모두 낙찰받지 못한 경우에도 계약금액을 과징금의 기본산정기준으로 삼는 것은 정당하다고 보고 있다.[305]

2. 들러리 사업자 등

들러리 사업자처럼 입찰담합에 참여하였으나 낙찰을 받지 못한 사업자의 경우 실제 매출액은 발생하지 않는다. 따라서 입찰담합에 참여하였으나 낙찰을 받지 못한 사업자에 대해서 계약금액을 기준으로 과징금을 산정할 것인지, 아니면 정액과징금을 부과할 것인지가 문제된다. 판례는 낙찰을 받지 못한 사업자에 대해서도 계약금액을 기준으로 과징금을 산정할 수 있다고 한다.[306]

그런데 이러한 실무는 입찰담합 사건에서 입찰 참여자가 얼마나 많은가라는 아주 우연한 사정에 의해서 과징금의 전체 규모가 좌우되는 문제점을 안고 있었다. 계약금액 100억원의 공사에서 입찰담합이 있었다고 가정하자. 만일 입찰담합에 참여한 업체가 2개라면 당해 사안에서 과징금 산정의 기준이 되는 계약금액 총액은 200억원(100억원 × 2개 업체)이 되고, 입찰담합에 참여한 업체가 10개라면 계약금액 총액은 1,000억원(100억원 × 10개 업체)이 된다. 특히 문제가 되는 것은 한 업체가 여러 공구에 들러리를 서는 경우

304) 대법원 2020.7.29. 선고 2018두62706 판결. 다만, 이 경우 입찰담합에 의한 부당한 공동행위에 대하여 부과되는 과징금의 액수가 해당 입찰담합의 구체적 태양 등에 기하여 판단되는 위법성의 정도 및 그로 인한 이득액의 규모와 균형을 상실한 경우, 재량권의 일탈·남용에 해당함에 유의할 필요가 있다.

305) 대법원 2022.5.26. 선고 2019두57398 판결.

306) 대법원 2017.4.27. 선고 2016두33360 판결; 대법원 2017.5.30. 선고 2015두56885 판결; 대법원 2018.4.24. 선고 2016두40207 판결. 판례의 논거는 다음과 같다. "① 공정거래법 [제43조] 등의 수범자는 포괄적인 공정거래법 준수의무가 있는 경제주체인 '사업자'이므로 법률에서 요구되는 예측가능성의 정도도 완화될 필요가 있고, 해당 사업자로서는 '입찰담합 행위와 관련이 있는 이익'의 범위 내에서 공정거래법 [제43조]에서 정한 과징금 상한의 지표인 매출액의 범위가 정해질 것으로 예측할 수 있는 점{헌법재판소 2016.4.28. 선고 2014헌바60, 2015헌바36·217(병합) 결정 등 참조}, ② 과징금의 상한과 부과기준은 위법행위의 효과적인 억제라는 과징금 제도의 목적상 일정한 내적 연관성을 가질 수밖에 없을 뿐만 아니라 공정거래법 [제102조] 제1항은 과징금을 부과함에 있어 위반행위의 내용 및 정도 등을 참작하여 부과기준을 정하도록 정하고 있으므로, 해당 사업자로서는 '입찰담합 행위와 관련이 있는 이익'에 해당하는 계약금액을 과징금의 기본 산정기준의 기초로 삼는 것도 예측할 수 있는 점, ③ 입찰담합 등의 구조적 특수성에 비추어 참여자가 해당 공구를 낙찰받는 이익을 얻는 것은 아니지만, 담합으로 인한 경제적인 이익이 없다고 할 수 없고, 참여자에 대하여 계약금액을 과징금의 기본 산정기준의 기초로 삼을 경우 참여자가 실제 취득한 경제적인 이익과 과징금의 기본 산정기준인 계약금액 사이에 차이가 발생할 가능성이 있다 하더라도, 이로 인하여 발생할 수 있는 실제 취득한 이득과 부과된 과징금 액수 사이의 불균형의 문제는 과징금 부과처분의 재량권 일탈·남용 여부에 대한 사법심사를 통하여 통제될 수 있는 점 등을 종합하여 보면, 공정거래법 시행령의 위 각 규정이 참여자에 대한 과징금의 기본 산정기준을 위반행위의 대상이 된 입찰의 규모를 반영하는 '계약금액'에 기초하여 산정하도록 정했다 하더라도, 모법의 위임 범위를 벗어나 그 수범자에게 불리하게 과징금의 기본 산정기준을 변경하는 것으로 볼 수는 없다."

이다. 예컨대, 각 공구의 계약금액이 100억원인 공공사업의 5개 공구가 동시에 발주된 사안을 생각해 보자. A, B, C, D, E 기업이 각 공구를 배분받기로 합의를 하고 해당 공구의 입찰에만 참여한 반면, F 기업은 각 공구에 들러리로 참여할 것을 요청받고 5개 공구의 입찰에 모두 참여를 한 경우에, 현행 실무례에 따르면 입찰담합을 주도한 A 기업 내지 E 기업의 계약금액은 각각 100억원이지만, 들러리 업체인 F 기업의 계약금액은 500억원이 된다. F 기업에 대해서 1/2 감경을 하는 것을 감안하더라도 주도자에 비하여 들러리가 훨씬 더 엄하게 처벌받는 불합리한 결과가 발생할 수 있다. 이는 과징금의 액수가 그 위법성의 정도와 그로 인한 부당이득의 규모와 상호 균형을 이뤄야 한다는 원칙에 반하는 결과가 된다.

이와 관련하여, 공정위는 기존의 방식대로 과징금을 산정할 경우 당해 입찰에서 들러리를 선 회사의 수가 늘어날수록 총 계약금액의 합계가 계속 증가하게 되어 과징금 규모가 지나치게 확대될 우려가 있음을 고려하여, 2015. 10. 7.「과징금부과 세부기준 등에 관한 고시」(이하 "과징금 고시"라고 함)를 개정하였다. 이에 따르면, 들러리 입찰의 경우 관련매출액 산정시 들러리 사업자의 수가 4 이하인 경우에는 2분의 1 범위 내에서, 들러리 사업자의 수가 5 이상인 경우에는 N분의 (N-2)(N은 들러리 사업자의 수를 말한다) 범위 내에서 산정기준을 감액할 수 있도록 하였다. 그러나 이러한 방안도 주도자에 비하여 들러리가 더 엄하게 처벌받는 불합리한 결과를 완전히 배제하지는 못한다.

들러리 사업자는 기본적으로 해당 입찰에 관해서 매출액이 없는 자이다. 이러한 경우에 과징금을 부과할 때에는 과징금의 제재적 성격뿐만 아니라 부당이득환수적 성격도 종합적으로 고려할 필요가 있다. 따라서 들러리 사업자에 대하여 입찰담합으로 부당이득을 얻은 주도적 사업자와 동일하게 계약금액을 과징금 산정의 기준으로 하는 것은 과징금의 부당이득환수적 성격을 도외시하는 측면이 있다. 들러리 사업자에 대해서는 위반행위의 내용 및 정도 등을 고려한 정액의 과징금을 부과하는 입법적 개선이 요구된다.[307)]

3. 거래제한 합의 등과 입찰담합이 동시에 성립하는 경우

입찰방식의 거래에서 가격을 결정·유지 또는 변경하는 행위를 할 것을 합의(가격담합)하거나 상품이나 용역의 거래를 제한하는 행위를 할 것을 합의(거래제한 합의)한 경우에는 법 제40조 제1항 제8호의 입찰담합 공동행위가 성립함과 동시에 동항 제1호나 제3호의 공동행위도 성립할 수 있다. 공정위는 담합 가담자들 간에 일련의 입찰건 전체(향후 발주될 입찰 포함)를 대상으로 지분율, 순번제 등 물량배분 기본원칙 합의가 이루어지고, 이를 실행하기 위해 개별입찰에서 담합한 경우에는 위 제3호의 물량배분으로 본 반면,

307) 이 문제에 대해서 입법론적으로 '계약금액'을 대신할 새로운 기준을 설정할 것을 제안하는 문헌으로 이선희, "입찰담합에 있어서 들러리 참여자 등의 과징금산정 기준", 경제법판례연구 제7권(2011), 159면 참조.

일련의 입찰건 전체에 대한 물량배분 기본원칙에 대한 합의 없이 그때그때 입찰건마다 합의가 이루어진 경우에는 위 제8호의 입찰담합 규정을 적용함을 원칙으로 한다.[308)]

그런데 입찰방식의 거래에서 가격담합이나 거래제한 합의에 대하여 위 제8호를 적용하지 않고 위 제1호나 제3호를 적용한 경우에도 당해 행위의 과징금 부과기준을 당해 입찰의 계약금액으로 볼 수 있는가 하는 문제가 제기된다.[309)] 비료담합 사건에서 공정위는 과징금 납부명령의 근거법령으로 제8호가 아닌 제1호와 제3호를 적시하였으나, 과징금의 산정은 입찰담합에 준하여 계약금액을 기준으로 하였다. 이에 대하여 원고는 입찰담합에 관한 제8호가 적용된 사안이 아니므로 계약금액이 아니라 실제 매출액을 관련매출액으로 보아야 한다고 주장하였다. 그러나 대법원은 행위의 실질에 비추어 입찰담합으로 볼 수 있으면 관련매출액이 아니라 계약금액을 기준으로 과징금을 부과해도 적법하다고 판단하였다.[310)]

거래제한 합의나 지역분할 합의가 있다는 사정만으로 곧바로 관련된 모든 입찰방식 거래의 계약금액의 합계액을 기준으로 기본 과징금을 산정할 수 있는 것은 아니고, 위와 같은 거래제한 등의 합의를 실행하기 위하여 개별입찰에 관한 입찰담합에까지 나아간 경우에, 각 사업자가 입찰담합의 당사자로 가담한 각 개별입찰에서의 계약금액을 기초로 하여 과징금을 산정할 수 있다.[311)] 이때 사업자가 특정 개별입찰에 관한 입찰담합으로 나아갔는지는 그 개별입찰에 관하여 낙찰자, 투찰가격, 낙찰가격, 그 밖에 입찰의 경쟁 요소가 되는 사항을 미리 정하는 합의에 참여하였는지 여부에 따라 판단하여야 한다. 만일 사업자가 특정 개별입찰에서 경쟁입찰의 외형을 가장하고자 형식적인 응찰을 한 사실이 인정된다면 특별한 사정이 없는 한 그 자체로 담합에 참여한 것으로 볼 수 있다. 그러나 위와 같은 형식적인 응찰을 하지 않았다고 하여 그러한 사정만으로 담합에 참여하지 않은 것으로 볼 수는 없다. 부당한 공동행위는 합의로써 성립하고 구체적인 실행행위를 요하는 것이 아니며, 입찰담합은 응찰하지 아니하는 방법으로도 가담할 수 있기 때문이다.[312)]

4. 관급자재 금액

설계·시공 일괄입찰에 따라 체결된 공사에서 기본 과징금 산정기준인 계약금액을 산정함에 있어 발주처가 직접 구매하여 제공하는 관급자재비를 포함하여야 하는지가 문제

308) 공정위 2014.1.16. 의결 제2014-012호; 공정위 2015.5.14. 의결 제2015-144호.

309) 들러리 참여 사업자들과 같이 매출이 발생하지 않은 사업자들의 경우에 과징금 산정기준을 실제 매출액으로 하는가 아니면 계약금액을 기준으로 하는가에 따라 과징금의 규모가 크게 차이날 수 있다.

310) 대법원 2014.11.27. 선고 2013두24471 판결.

311) 대법원 2017.4.27. 선고 2016두33360 판결; 대법원 2017.5.30. 선고 2015두56885 판결; 대법원 2018.4.24. 선고 2016두40207 판결; 대법원 2018.6.15. 선고 2016두65688 판결; 대법원 2020.10.29. 선고 2019두37233 판결.

312) 대법원 2020.10.29. 선고 2019두37233 판결.

된 적이 있다. 대법원은 설계·시공 일괄입찰에 따라 체결된 공사의 계약금액 중 관급자재 금액에 해당하는 부분은 입찰 당시부터 추후 관급자재 금액이 공제될 것이 당연히 전제된 잠정적 성격의 것으로서 계약금액에 임시적으로 포함된 것에 불과하며 확정적인 계약금액으로 볼 수 없고, 관급자재 금액까지 공사에 관하여 제공한 역무에 대한 반대급부로서의 성격을 가지는 계약금액으로 보기는 어려우므로, 규범적 관점에서 이 부분까지 입찰담합의 대상이었다고 평가하기는 어려운 점 등을 종합하면, 관급자재 금액 부분은 본질적으로 공사계약에 따른 매출액에 해당한다고 볼 수 없으므로 기본 과징금 산정기준인 계약금액에 해당하지 아니한다고 판단하였다.[313] 나아가 공정위 처분 당시 관급자재 금액을 반영한 변경계약이 체결되어 있지 않았더라도 그 금액을 객관적·합리적으로 예상할 수 있었던 이상 공정위가 이를 계약금액에서 공제하는 것이 타당하다.

5. 단가입찰의 경우

낙찰 당시에 전체 발주물량이 확정되어 있지 않는 단가입찰의 경우 계약금액을 어떻게 산정할 것인지가 문제된다. 공정위는 처분 시 이미 납품이 종료된 경우에는 납품종료 시까지의 실제납품총액을 계약금액으로 본다. 처분 시까지 납품이 종료되지 않은 경우에 공정위는 낙찰자가 제출한 견적가격에 RFQ에 기재된 판매예상수량을 곱한 계약체결예정금액을 계약금액으로 본 사례도 있으나,[314] 이에 대해 법원은 '견적가격'과 '예상 공급물량'을 토대로 잠정적으로 산정한 것에 불과한 금액은 '계약금액'으로 볼 수는 없다고 판단하였다.[315] 이에 따라 단가입찰 계약의 기간이 종료되지 않은 경우에는 심의일까지 발생한 실제 매출액을 계약금액으로 보고 있다.[316]

Ⅶ. 공동수급체 구성원의 책임

1. 공동수급체 참여사의 책임

대형 공공발주사업의 경우 사업자들은 공동수급체를 구성해서 입찰에 참여하는 경우가 많은데, 실무적으로 공정위는 담합에 주도적으로 가담한 공동수급체의 대표사에게만 책임을 묻는 경우가 일반적이다. 다만, 공동수급체의 구성이 단지 입찰담합을 위한 수단에 불과하고 참여사도 입찰담합의 대가를 수령한 경우에는 공동수급체 참여사에게 책임을 묻기도 한다. 진위 폐수종말시설 입찰담합 사건이 그러한 예이다. 이 사건에서 A 기

313) 대법원 2017.9.7. 선고 2016두48447 판결.
314) 공정위 2014.1.16. 의결 제2014-012호; 공정위 2014.1.16. 의결 제2014-014호.
315) 서울고법 2015.6.25. 선고 2014누43563 판결; 대법원 2017.5.31. 선고 2015두47676 판결.
316) 공정위 2015.5.14. 의결 제2014-144호.

업과 B 기업이 들러리 입찰담합을 하기로 하고, A 기업과 C 기업이 공동수급체를 구성하고, 이 과정에서 C 기업은 입찰 참여 포기의 대가로 다른 공사에서 대표사 지위를 약속 받았다. 이러한 경우에 공정위는 들러리 합의를 한 A, B 기업은 물론 공동수급체 참여사인 C 기업에 대해서도 모두 과징금을 부과하고 검찰에 고발하였다.[317)]

2. 공동수급체 대표사의 관련매출액 산정

담합에 가담한 공동수급체의 대표사에게 책임을 묻는 경우에 그 대표사에 대한 관련매출액을 계약금액 전체를 기준으로 할 것인지, 아니면 계약금액 중 해당 대표사의 지분비율에 상응하는 부분만을 기준으로 할 것인지가 문제된다. 공정위의 실무는 관련매출액 산정 시 공동수급체의 지분율과 상관없이 대표사에 대하여 전체 입찰계약금액을 관련매출액으로 보고 있다. 이는 공동수급체가 공동이행방식의 공동수급체[318)]인 경우는 물론 주계약자 관리방식의 공동수급체[319)]인 경우에도 마찬가지이다.[320)] 그리고 대법원은 공동수급체를 구성하여 입찰에 참여하여 낙찰 받은 자에 대해 이러한 기준이 적용된다고 하더라도 모법의 위임범위를 벗어나 그 수범자에게 불리하게 과징금 산정기준을 변경하는 것으로 볼 수 없다고 하였다.[321)] 다만, 공정위가 대표사에 대하여 공동수급자라는 이유로 과징금을 감경한 사례가 많이 있다.[322)]

Ⅷ. 공공부문 입찰 관련 부당한 공동행위를 방지하기 위한 조치

1. 공정위의 자료제출 등 요청권

우리나라에서는 국가·지방자치단체 등 공공부문의 입찰담합이 빈번하게 발생하고 있으며 그로 인한 폐해가 크다. 공공입찰에서 전자입찰이 보편화되고 있는데, 입찰담합이 은밀화하고 지능화됨에 따라 전자입찰정보가 중요한 정황적 증거 및 사건단서로 활용되고 있다. 공정위는 국가·지방자치단체 또는 「공공기관의 운영에 관한 법률」에 따른 공

317) 공정위 2013.12.9. 의결 제2013-201호.

318) 공동이행방식 공동수급체는 기본적으로 민법상 조합의 성질을 가지고, 그 구성원은 계약상 의무이행에 대하여 연대하여 책임을 지는 등 공사계약금액 전부에 대하여 이해관계를 가진다.

319) '주계약자 관리방식'이란, 발주자가 입찰 공고 시 전체 공종 중 전문건설업자의 시공 공종과 추정 공사금액, 최저 지분비율 등을 미리 정하고, 입찰에 참가하는 주계약자는 전문건설업자를 부계약자로서 공동수급체에 반드시 포함시키며, 주계약자가 낙찰된 경우 발주자는 부계약자를 포함한 공동수급체 구성원 전원이 발주자와 계약을 체결하고 시공 후 공사금액을 전문건설업자에게 직접 지급하는 제도이다. 이는 낙찰자인 주계약자가 공사를 직접 시공하지 않고 일종의 수수료를 차감하고 전문건설업자 등에게 하도급을 주는 거래형태로 인하여 나타나는 부실공사 등의 문제점을 방지하기 위한 목적으로 도입되었다.

320) 대법원 2019.1.31. 선고 2016두51658 판결.

321) 대법원 2014.12.24. 선고 2014두8193 판결.

322) 공정위 2010.11.5. 의결 제2010-130호; 공정위 2010.12.1. 의결 제2010-154호; 공정위 2014.2.25. 의결 제2014-030호 등.

기업이 발주하는 입찰과 관련된 부당한 공동행위를 적발하거나 방지하기 위하여 중앙행정기관 · 지방자치단체 또는 「공공기관의 운영에 관한 법률」에 따른 공기업의 장(이하 "공공기관의 장"이라 함)에게 입찰 관련 자료의 제출과 그 밖의 협조를 요청할 수 있다(법 41조 1항).

2. 공공부문 입찰담합 징후분석을 위한 정보의 제출 등

중앙행정기관 · 지방자치단체 또는 공공기관의 장은 해당 입찰에 참가한 사업자의 수가 20개 이하이고 추정가격이 일정한 금액[323] 이상인 경우 입찰공고를 하거나 낙찰자가 결정되었을 때에는 낙찰자 결정 후 30일 이내에 국가종합전자조달시스템을 통하여 입찰 관련 정보를 공정위에 제출하여야 한다(법 41조 2항, 3항, 영 48조).

3. 발주처의 손해배상 예정제

입찰담합에 관하여 발주처에서 담합 참가사업자들을 상대로 손해배상을 청구할 수 있다(법 109조). 이와 관련하여 발주처에서 '담합 손해배상 예정제'를 도입하는 경우도 있다.[324] 담합 손해배상 예정제란 공공부문 사업을 대상으로 하는 입찰에서 계약서 작성단계에 입찰담합에 대한 손해배상 예정액을 명시하여, 향후 입찰 담합사실이 적발될 경우 사업대금의 일정 부분을 발주처에 배상하도록 하는 제도이다.

Ⅸ. 입찰담합에 대한 다른 법령상의 제재

1. 형사처벌

입찰담합에 관여한 자는 「건설산업기본법」 위반 및 「형법」상 입찰방해죄로 형사처벌을 받을 수 있다. 건설공사의 입찰에서 "부당한 이익을 취득하거나 공정한 가격 결정을 방해할 목적으로 입찰자가 서로 공모하여 미리 조작한 가격으로 입찰한 자" 또는 "위계 또는 위력, 그 밖의 방법으로 다른 건설업자의 입찰행위를 방해한 자"는 5년 이하의 징역 또는 2억원 이하의 벌금에 처한다(「건설산업기본법」 95조). 또한, 위계 또는 위력 기타 방법으로 경매 또는 입찰의 공정을 해한 자는 2년 이하의 징역 또는 700만원 이하의 벌금에 처한다(「형법」 315조). 입찰방해죄는 위태범으로서 결과의 불공정이 현실적으로 나타나는 것을 요하는 것이 아니고, 그 행위에는 가격을 결정하는 데 있어서뿐 아니라, 적법하고 공정한 경쟁방법을 해하는 행위도 포함되므로, 그 행위가 설사 동종(同種)업자 사

323) 「건설산업기본법」 제2조 제4호에 따른 건설공사 입찰의 경우 50억원, 그외 공사 입찰의 경우 및 물품구매 또는 용역 입찰의 경우 5억원이다.

324) 2010.7.13.자 파이낸셜뉴스 2면 기사.

이의 무모한 출혈경쟁을 방지하기 위한 수단에 불과하여 입찰가격에 있어 입찰실시자의 이익을 해하거나 입찰자에게 부당한 이익을 얻게 하는 것이 아니었다 하더라도 실질적으로는 단독입찰을 하면서 경쟁입찰인 것처럼 가장하였다면 그 입찰가격으로써 낙찰하게 한 점에서 경쟁입찰의 방법을 해한 것이 되어 입찰의 공정을 해한 것으로 된다. 다만, 「형법」 제315조의 입찰방해죄는 입찰의 공정을 해하는 죄인데, 입찰의 공정을 해하는 행위란 '공정한 자유경쟁을 방해할 염려가 있는 상태를 발생시키는 것, 즉 공정한 자유경쟁을 통한 적정한 가격형성에 부당한 영향을 주는 상태를 발생시키는 것'을 의미한다. 한편, 입찰방해미수죄는 따로 처벌규정이 없어 처벌되지 아니한다.[325] 이 점에서 입찰방해죄는 사업자 사이의 합의만으로 성립하는 부당한 공동행위와는 구별이 된다.

2. 입찰참가 자격제한

공정위는 이 법에 따른 시정조치의 이행을 확보하기 위하여 필요하다고 인정하는 경우에는 관계 행정기관의 장이나 그 밖의 기관 또는 단체의 장에게 필요한 협조를 의뢰할 수 있다(법 121조 3항).[326] 이에 근거하여 공정위는 법위반행위를 한 당해 사업자(또는 사업자단체)에 대한 조치 이외에 필요한 경우 법위반행위의 정도, 횟수 등을 고려하여 발주기관에 입찰참가 자격제한을 요청할 수 있다. 다만, 과거 5년간 입찰담합으로 받은 벌점 누계가 5점을 초과하는 사업자(또는 사업자단체)에 대해서는 원칙적으로 입찰참가자격제한 요청을 한다.

부정당업자의 입찰 참가자격 제한 조치는 국가계약법, 지방계약법, 「공공기관의 운영에 관한 법률」, 「지방공기업법」에 관련 규정이 있다. 예컨대, 국가계약법에 따르면, "「독점규제 및 공정거래에 관한 법률」 또는 「하도급거래 공정화에 관한 법률」의 규정에 위반하여 공정거래위원회로부터 입찰참가자격 제한의 요청이 있는 자"는 부정당업자에 해당하며, 각 중앙관서의 장은 부정당업자에게는 즉시 1개월 이상 2년 이하의 범위에서 입찰참가자격을 제한하여야 하며, 그 제한사실을 즉시 다른 중앙관서의 장에게 통보하여야 한다. 이 경우 통보를 받은 다른 중앙관서의 장은 해당 부정당업자의 입찰 참가자격을 제한하여야 한다. 한편, 공정위의 입찰참가자격 제한 요청이 없더라도, "경쟁 입찰, 계약체결 또는 이행 과정에서 입찰자 또는 계약상대자 간에 서로 상의하여 미리 입찰가격, 수주 물량 또는 계약의 내용 등을 협정하였거나 특정인의 낙찰 또는 납품대상자 선정을

---

325) 대법원 2003.9.26. 선고 2002도3924 판결.

326) 하도급법과 달리 독점규제법에는 공정위가 법위반 사업자에 대해 관계 행정기관의 장에게 입찰참가자격의 제한을 요청하여야 하는 명시적 의무규정은 없다. 반면, 하도급법의 경우 공정위는 하도급법 규정을 위반한 원사업자 또는 수급사업자에 대하여 그 위반 및 피해의 정도를 고려하여 일정한 벌점을 부과하고, 그 벌점이 일정한 기준을 초과하는 경우에는 관계 행정기관의 장에게 입찰참가자격의 제한, 「건설산업기본법」 제82조 제1항 제7호에 따른 영업정지, 그 밖에 하도급거래의 공정화를 위하여 필요한 조치를 취할 것을 요청하여야 한다(하도급법 26조 2항).

위하여 담합한 자" 역시 부정당업자에 해당하므로 입찰참가자격을 제한하여야 한다(국가계약법 27조 1항 2호, 5호, 국가계약법 시행령 76조 2항).[327]

3. 기타의 제재

그 밖에 의무위반에 따른 계약상 조치가 이루어질 수 있다.[328] 한편, 이른바 '삼진 아웃제'라고 하여, 법 제40조 제1항 제1호, 제3호, 제8호를 위반하여 법 제43조에 따라 과징금 부과처분을 받고 그 처분을 받은 날로부터 9년 이내에 동일한 사유에 해당하는 위반행위를 하여 다시 2회 이상 과징금 부과처분을 받은 경우에는 건설업의 등록이 말소된다(「건설산업기본법」 83조 13호).

4. 이중위험금지 위반 등의 문제

입찰담합에 관한 이와 같은 규제에 대하여 건설업계를 중심으로 중복규제, 이중처벌의 금지 및 과잉금지의 원칙 위반이라는 주장이 제기되고 있다. 구체적으로, 동일한 입찰담합 행위에 대해서 공정위의 시정조치와 타 행정기관의 입찰참가자격제한 등의 처분이 중첩되는 것이 정당한지에 관한 다툼이 있었다. 그런데 법원은 독점규제법상 시정조치와 타 행정기관의 처분은 그 입법취지와 규제영역, 규제방식이 상이한 근거법령에 기초한 것으로서 신뢰보호의 원칙이나 이중위험금지의 원칙에 위반되는 것이라고 보기는 어렵다고 판단하였다.[329]

제5절 자진신고자에 대한 감면제도

Ⅰ. 개 요

1. 의 의

자진신고자 감면제도는 부당한 공동행위에 참여한 사업자가 위법행위 사실을 자진신고하는 경우에 제재 감면 등의 파격적인 혜택을 부여하여 참여자 스스로 위법행위를 신고하고 시정할 인센티브를 부여함으로써 부당공동행위자들 사이의 균열을 유도하고 적발률을 높이고자 하는 제도이다. 부당한 공동행위는 그 성질상 사업자들 간에 은밀하게 이

327) 다만, 부정당업자의 대리인, 지배인 또는 그 밖의 사용인이 입찰참가 자격제한의 사유가 발생한 경우로서 부정당업자가 그 행위를 방지하기 위하여 상당한 주의와 감독을 게을리 하지 아니한 경우에는 그러하지 아니하다.

328) 인천도시철도 담합 사건 등에서 발주처가 들러리 입찰참여업체를 상대로 설계보상비 반환소송을 제기한 사례가 있다.

329) 서울고법 2006.1.11. 선고 2005누6289 판결(확정).

루어지는 경우가 많다. 최근 들어 부당한 공동행위의 수법이 더욱 교묘해지고 더욱 지능화되기 때문에 내부자의 협조 없이 경쟁당국이 이를 적발하여 제재하기가 어려워지고 있다. 이에 대한 대책으로 독점규제법은 내부자의 협조를 유인함으로써 부당한 공동행위에 대한 규제의 실효성을 제고하기 위하여 자진신고자 등에 대한 감면제도를 도입하여 시행하고 있다.[330] 자진신고자 감면제도는 실무상 리니언시 프로그램(leniency program)이라고 부르기도 한다. 자진신고자 감면제도를 둔 취지와 목적은 부당한 공동행위에 참여한 사업자가 자발적으로 부당한 공동행위 사실을 신고하거나 조사에 협조하여 증거자료를 제공한 것에 대한 혜택을 부여함으로써 참여사업자들 사이에 신뢰를 약화시켜 부당한 공동행위를 중지·예방함과 동시에, 실제 집행단계에서는 공정위로 하여금 부당공동행위를 보다 쉽게 적발하고 증거를 수집할 수 있도록 하여 은밀하게 이루어지는 부당공동행위에 대한 제재의 실효성을 확보하려는 데에 있다.[331]

2. 관련규정

자진신고자 등에 대한 감면은 법 제44조에서 규정하고 있다. 부당한 공동행위의 사실을 자진 신고한 자 혹은 증거제공 등의 방법으로 공정위의 조사 및 심의·의결에 협조한 자에 대해서는 시정조치, 과징금을 감경 또는 면제할 수 있고, 형사고발을 면제할 수 있다(1항). 그러나 자진신고자 감면제도에 따라 시정조치 또는 과징금을 감경 또는 면제받은 자가 그 감경 또는 면제받은 날부터 5년 이내에 새롭게 법 제40조 제1항을 위반하는 경우에는 감경 또는 면제를 하지 아니한다(2항). 그리고 자진신고자 등은 재판에 협조할 의무가 있고 그에 위반하는 경우에는 감경 또는 면제를 취소할 수 있다(3항). 공정위 및 그 소속 공무원은 자진신고나 제보와 관련된 정보 및 자료에 관하여 비밀유지의무를 부담한다(4항). 그리고 감경 또는 면제되는 자의 범위와 면제의 기준·정도 등과 정보 및 자료의 제공·누설 금지에 관한 세부사항은 법 시행령에 위임하고 있다(5항). 그리고 법 시행령에서 신고자 등에 대한 구체적인 감면 정도, 감면제도의 세부운영절차, 증거제출방법 및 반복적 법 위반에 대한 판단기준 등에 관한 사항은 다시 고시에 위임을 하고 있다(영 51조 6항). 공정위는 「부당한 공동행위 자진신고자 등에 대한 시정조치 등 감면제도 운영고시」(이하 "감면고시"라고 함)를 정하여 시행하고 있다.

---

330) 그 밖에도 부당한 공동행위 등 일정한 범위의 법위반행위에 대하여 이를 신고 또는 제보하고 이를 입증할 수 있는 증거를 제출한 자에 대하여 포상금을 지급하는 제도가 있다. 다만, 당해 법 위반행위를 한 사업자는 포상대상에서 제외된다. 자진신고자 등에 대한 감면제도가 직접 부당한 공동행위에 참여한 사업자, 즉 내부자의 협조를 유도하기 위한 것인 반면, 포상금제도는 법위반행위에 직접 참여한 사업자 이외의 외부자의 협조를 유도하기 위한 것이다.

331) 대법원 2018.7.26. 선고 2016두45783 판결.

■ **개인의 자진신고**

시정조치나 과징금 등의 행정적 제재는 부당한 공동행위를 한 사업자에게 부과될 뿐이고, 사업자에 소속된 임직원에게는 원칙적으로 부과되지 않는다. 반면 형벌은 부당한 공동행위를 행한 임직원 개인이 기본적 책임주체이고 그가 소속된 법인이나 개인도 양벌규정에 의하여 처벌받을 수 있다. 그런데 소속된 법인 등이 부당한 공동행위를 저지르고도 이를 은폐하거나 자진신고하지 않는 경우에 임직원 개인의 입장에서 자진신고를 통하여 자신의 처벌을 감면을 받으려는 수요가 있을 수 있다. 이러한 이유로 비교법적으로 보면 미국, 독일, 영국 등은 사업자에 대한 감면제도(corporate leniency policy)와 별개로 전현직 임직원 개인에 대한 감면제도(individual leniency policy)도 운영을 하고 있다. 한편, 우리 독점규제법령의 법문은 자진신고자를 사업자로 한정하고 있지는 않으므로, 개인에 의한 감면신청도 가능한 것으로 해석할 여지도 있다. 그러나 공정위는 자진신고자와 조사협조자를 '공동행위에 참여한 사업자로서 당해 공동행위에 대한 공정위의 조사 개시 이전에 당해 공동행위를 입증하는데 필요한 증거를 공정위에 제공하는 사업자'와 '공동행위에 참여한 사업자로서 당해 공동행위에 대한 공정위의 조사 개시 이후에 당해 공동행위를 입증하는데 필요한 증거를 공정위에 제공하는 사업자'라고 정의함으로써(「감면고시」 2조), 실무상 사업자에 의한 자진신고만을 인정하고 있다. 따라서 현행 제도상 개인이 공정위에 자진신고를 할 방법은 없다. 다만, 사업자나 사업자단체의 부당한 공동행위에 가담한 임직원은 '내부 공익신고자'에 해당하고(「공익신고자 보호법」 2조 7호), 공익신고등과 관련하여 공익신고자등의 범죄행위가 발견된 경우에는 그 형을 감경하거나 면제할 수 있으므로(「공익신고자 보호법」 14조 1항), 임직원 개인은 공익신고를 함으로써 자진신고와 유사한 효과를 누릴 수 있다.

3. 연 혁

입법자는 1996년에 독점규제법을 개정하여 부당한 공동행위를 한 사업자가 그 사실을 공정위에 신고한 경우에는 시정조치나 과징금을 감경 또는 면제할 수 있는 제도를 도입하였다. 그리고 2001년에는 공정위가 조사를 개시한 후에 증거제공 등의 방법으로 그 조사에 협조한 자에 대하여도 시정조치나 과징금을 감경 또는 면제할 수 있도록 그 적용대상을 확대하였다. 그럼에도 불구하고 자진신고는 그다지 활발하게 이용되지 않았다. 자진신고자 등에 대한 감면 또는 면제의 여부가 여전히 확실하지 않았기 때문에, 불확실성을 감수하고 자신의 위법행위를 스스로 신고할 사업자가 많지 않았다.

이에 2005년에는 동법 시행령을 개정하여 공정위의 재량의 여지를 대폭 축소하여 일정한 요건을 갖춘 자에게는 과징금과 시정조치를 반드시 감경 또는 면제하도록 하는 동시에,[332] 추가감경(Amnesty Plus) 제도까지 도입하였다. 그 결과, 2006년부터는 이 제도

332) 이 제도를 도입할 당시에는 동법 시행령에 "신고자에 대한 감경 또는 면제는 … 이를 할 수 있다."라고 규

가 매우 활발하게 이용되기 시작하였다.[333] 최근에는 공정위가 이 제도에 힘입어 국내에서 장기간 지속되어 온 부당한 공동행위와 국제 카르텔을 적발하는데 상당한 성과를 거두고 있다.[334] 과거에는 형사고발의 면제에 관한 법적 근거가 없어서 문제가 되었는데, 2013년 7월 16일 법 개정을 통하여 이 부분을 명확하게 하였다. 자진신고자 감면제도가 도입될 당시에는 우리 정서에는 맞지 않아 큰 성과를 거두기 어려울 것이라는 예측도 있었으나, 실제로는 카르텔 적발에 가장 많은 공헌을 한 제도라고 평가받고 있다.[335] 위와 같은 제도의 연혁을 통해 알 수 있듯이, 자진신고자 감면제도의 성공을 위해서는 감면의 요건과 효과가 사전에 명확하게 제시되어야 하고, 제도의 운영에 관한 예측가능성을 높일 필요가 있다.

■ **자진신고자 감면제도에 관한 공리주의적 시각과 정의론적 시각**

자진신고자 감면제도에 관해서 카르텔의 근절에 도움이 되므로 사회적으로 유용하다는 공리주의적 시각[336]과 카르텔 참여자에게 면죄부를 주는 것이 사회적 정의의 관념에 반한다는 정의론적 시각이 대립하고 있다. 이와 같이 대립되는 철학적 관점은 자진신고자 감면제도의 개정에 영향을 미치고 있다. 구체적으로, 카르텔의 강요자 내지 주도자에 대해서 감면혜택을 부여할 것인가 하는 문제에 관해서, 정의론적 시각은 강요자 내지 주도자가 면책 받는 것은 사회적 정의의 관념에 비추어 용인하기 어렵다고 한다.[337] 반면, 공리주의적 시각은 강요자 내지 주도자들이 카르텔의 증거를 가장 많이 확보하고 있는 것이 현실이기 때문에 오히려 이들의 자진신고를 적극적으로 유도할 필요성이 있다고 한다.[338] 주도자 · 강요자에 대한 감면 제한과 관

정되어 있었으나, 이 규정이 2001년에는 "시정조치의 감경 또는 면제는 … 이를 할 수 있다." 그리고 "과징금은 … 감면한다."고 개정되었다가, 2005년에는 다시 "과징금 또는 시정조치를 면제한다.", "과징금은 감경하고 시정조치를 감경할 수 있다." 또는 "과징금은 면제하고, 시정조치를 감경하거나 면제한다."로 개정되었다.

333) 미국의 경우에도 자진신고자 감면제도가 도입된 것은 1978년이지만, 1993년에 자동적 감면과 형사소추 면제를 규정하면서 동 제도의 활용이 대폭 증대되었다고 한다.

334) 독점규제법상 공동행위 자진신고자 등에 대한 감면제도의 집행성과에 대해서는 오행록, "Leniency 제도 집행성과와 향후과제", 경쟁법연구 제16권(2007), 108-112면 참조.

335) 박세민, "자진신고 제도의 주요 쟁점과 정책적 시사점", 저스티스 제166호(2018), 302면.

336) 리니언시 제도는 내부고발자(whistle blower)에 대하여 '당근'의 제공을 통하여 경쟁법 집행기관이 적발과 증거포착이 용이하지 않은 담합행위를 적발하고 입증자료를 확보하는 데에 필요한 인력과 장비를 절약할 수 있어 효과적이라는 평가를 받고 있다. OECD, "Report on leniency programmes to fight hardrcore cartel", DAFFE/CLP(2001-13), 2001. 4., p. 5.

337) 부당공동행위 주도자로서의 지위가 명백한 경우에 한하여 주도자에 대한 자진신고자 감면제도 적용 제외가 다시 도입되어야 한다는 견해로서 황태희, "현행 카르텔 자진신고자 감면제도의 문제점과 개선방안", 경쟁법연구 제16권(2007), 81-82면; 홍명수, "자진신고자 감면제도에 있어서 적용 제외 사유에 관한 검토", 경쟁법연구 제26권(2012), 60면 참조.

338) 의사의 합치를 요건으로 하는 부당한 공동행위의 속성상 주도자를 판별하기 어렵다는 점, 실무적으로도 매사건마다 주도자인지 여부에 관한 논란으로 사건처리에 애로가 발생할 가능성이 높은 점 등을 감안할 때, 주도자에 대하여 감면혜택을 부여함이 타당하다는 견해로서 김재신, "공동행위 자진신고 감면제도의 평가와 개선방향", 2012년 한국경쟁법학회 춘계학술대회 자료집, 8-9면 참조.

련하여, 당초에는 주도자·강요자가 아닐 것이라는 요건이 있었으나, 2005년 시행령 개정 당시에 동 요건이 삭제되어 감면 대상자의 범위가 확대되었다가, 2007년 법개정 시에 강요자에 대한 감면 제한 규정이 다시 도입되었다. 그 밖에도 반복 위반행위자에게 자진신고의 혜택을 부여할 것인가,[339] 2개 사업자가 가담한 카르텔의 경우에 2개 사업자 모두에게 자진신고의 혜택을 부여할 것인가 하는 점에 관한 논쟁도 같은 맥락에서 이해할 수 있다. 공리주의적 시각이 자진신고자 감면제도의 정당성을 뒷받침한다면 정의론적 시각은 동 제도의 한계를 설정하는 역할을 한다. 자진신고자 감면제도가 구체적인 정의실현이라는 가치를 최소로 희생하면서 카르텔의 근절이라는 공익을 최대로 실현하는 방향으로 운영되어야 한다는 원칙 하에서 자진신고자 감면제도에 관해서 지속적인 논의가 필요한 지점이다.

Ⅱ. 감면의 요건

1. 적극적 요건

(1) 자진신고자 지위의 취득

(가) 최초 신고자

최초 신고자는 공정위가 조사를 시작하기 전에 자진신고한 자로서, ① 부당한 공동행위임을 입증하는데 필요한 증거를 단독으로 제공한 최초의 자로서, ② 그 신고 당시 공정위가 부당한 공동행위에 대한 정보를 입수하지 못하였거나 부당한 공동행위임을 입증하는데 필요한 증거를 충분히 확보하지 못한 상태인 경우를 말한다(영 51조 1항 1호 가목, 나목).

1) 필요한 증거

최초 신고자가 제공하여야 하는 부당한 공동행위임을 입증하는데 필요한 증거에는 '직접 증거'와 '관련사실을 입증할 수 있는 구체적 자료'뿐만 아니라, '신청사실을 충분히 인정할 수 있는 자료'도 포함된다. 입증방법에는 문서, 녹음테이프, 컴퓨터파일 등 그 형태나 종류에는 제한이 없다. 즉, 필요한 증거는 부당한 공동행위를 직접적 또는 간접적으로 입증할 수 있는 증거이기만 하면 된다. 당해 공동행위에 참여한 사업자들 간에 작성

339) 동 규정에 관해서는 자진신고자 감면제도에 관하여 정의관념을 중시하는 측과 효율성을 중시하는 측의 입장이 다르다. 정의 관념을 중시하는 쪽에서는 상습 법위반 사업자가 자진신고자 감면제도를 악용하는 것을 비판하였고, 이를 개선·보완하기 위하여 반복적 법위반자에 대한 감면혜택 제한 조항이 신설되었다. 그러나 일정한 기간 내에 반복적으로 부당공동행위가 이루어졌다는 이유만으로 자진신고자 감면제도의 이용을 차단하는 것이 부당공동행위 규제 측면에서 바람직하다고 보기 어렵다는 점, 오히려 적발되지 않은 카르텔은 더욱 더 은밀한 방법으로 계속될 가능성이 존재한다는 점 등을 근거로 비판하는 견해도 있다. 박성범, "현행 부당한 공동행위 자진신고 감면제도의 문제점 및 개선방향: 자진신고자 관점에서의 고찰", 경쟁법연구 제26권(2012), 14-15면 참조.

된 합의서, 회의록 등 합의의 존재를 직접적으로 입증할 수 있는 자료 이외에 당해 공동행위에 참여한 사업자 또는 그 임·직원이 공동행위를 할 것을 논의하거나 실행한 사실을 육하원칙에 따라 구체적으로 기술한 확인서 내지 진술서 등의 자료도 증거에 포함된다. 일정 기간이 경과하면 회사의 내부방침상 자료를 폐기하는 것이 일반적인 점, 공동행위에 관여한 담당자가 퇴사하는 등 직접증거의 확보에 어려움이 있을 수 있는 점, 사업자의 최초 신고가 있으면 공정위가 이를 단서로 조사에 착수하여 당해 신고사업자나 다른 사업자들로부터 추가적인 증거자료를 입수하는 것이 가능한 점, 최초 신고자는 계속적 협조의무를 부담한다는 점 등을 고려할 때, 신고자가 제공해야 하는 필요한 증거의 의미를 지나치게 엄격하게 해석할 필요는 없을 것이다.

2) 단독 제공

최초 신고자는 증거를 단독으로 제공하여야 한다. 다만, 공동행위에 참여한 둘 이상의 사업자가 공동으로 증거를 제공하는 경우에도 이들이 실질적 지배관계에 있는 계열회사이거나 회사의 분할 또는 영업양도의 당사회사로서 일정한 요건에 해당하면 단독으로 제공한 것으로 본다. 공동신청의 예외에 관해서는 자진신고 절차 부분에서 추가로 설명하기로 한다.

3) 최초의 자

최초 신고자는 증거를 제공한 최초의 자이어야 한다. 사업자들이 가격담합을 위한 기본적 원칙에 관한 합의 후 이에 따라 위 합의를 실행하는 과정에서 장기간 동안 수회에 걸쳐 회합을 가지고 구체적인 합의를 계속하여 옴으로써 그와 같은 일련의 합의를 전체적으로 하나의 부당한 공동행위로 볼 수 있는 경우에는 부당한 공동행위의 참여사업자들 가운데 부당한 공동행위임을 입증하는 데 필요한 증거를 최초로 제공한 참여사업자만이 그 참여 시기와 관계없이 부당한 공동행위 전체에 대하여 최초 신고자에 해당한다. 따라서 하나의 공동행위에 乙 회사가 먼저 참여하고 그 후에 甲 회사가 참가하였으나 자진신고는 甲 회사가 먼저 하고 乙 회사가 두 번째로 한 경우에, 설령 乙 회사가 甲 회사가 참여하기 전의 담합 기간에 대한 증거를 처음으로 제공하였다고 하더라도 乙 회사가 최초 신고자가 되는 것은 아니다.[340)]

4) 공정위의 불충분한 증거 확보

신고 당시 공정위가 부당한 공동행위에 대한 정보를 입수하지 못하였거나 부당한 공동행위임을 입증하는데 필요한 증거를 충분히 확보하지 못한 상태이어야 한다. 따라서 신고 당시 이미 공정위가 부당한 공동행위에 대한 정보를 입수하였거나 부당한 공동행위

---

340) 대법원 2011.6.30. 선고 2010두28915 판결.

임을 입증하는데 필요한 증거를 충분히 확보한 경우라면 자진신고자로 인정받지 못한다. 다만, 사실을 100% 완벽하게 입증하는 증거는 존재하지 않으며 사소한 증거라도 다른 증거들의 증명력을 높여주는 효과는 있으므로, 충분한 증거를 확보하였는지 여부는 공정위에서 입증하여야 한다. 이에 관해 판례는 서울지방경찰청의 보도자료와 조달청이 공정위에 입찰과 관련하여 담합조사를 의뢰하면서 제공한 입찰 관련 자료만으로는 공정위가 부당한 공동행위를 입증하는 데 필요한 증거를 충분히 확보하였다고 보기 어렵다고 판단하였다.[341] 공정위가 이미 확보하고 있던 서류들은 가격에 대한 언급이나 원고가 가격관련 공동행위에 참여하였다는 언급이 전혀 없어서 그것만으로는 부당한 공동행위를 하였다는 사실을 충분히 입증하기에 부족한 사정이 있으면 공정위가 증거를 충분히 확보하지 못한 상태에 해당한다.[342]

(나) 최초 조사협조자

최초 조사협조자는 공정위가 조사를 시작한 후에 최초로 조사에 협조한 자로서, 공정위가 부당한 공동행위에 대한 정보를 입수하지 못하였거나 부당한 공동행위임을 입증하는데 필요한 증거를 충분히 확보하지 못한 상태에서 단독으로 조사에 협조한 자이다(영 51조 1항 2호 가목, 나목). 조사협조는 공정위의 조사가 시작되었음을 전제로 한다. 공정위의 조사개시 시점은 당해 공동행위[343]에 참여한 혐의로 1인 이상의 사업자에게 구두, 전화, 서면 등의 방법으로 자료제출 요구, 사실관계 확인, 출석 요구 또는 현장조사 등을 실시한 때를 의미한다. 자료제출 요구 등이 서면으로 행해진 경우에는 공정위가 이를 발송한 때를 조사개시 시점으로 본다. 공정위의 불충분한 증거 확보에 관해서는 앞의 설명을 참고하기 바란다.

■ 마커(marker) 제도 도입에 관한 검토

사업자가 자진신고하는 경우 공정위는 1순위 또는 2순위 접수증을 발부하고 전원회의 등을 통해 최종적으로 자진신고자의 지위를 결정하고 있다. 그런데 1순위 감면신청 사업자가 보정기한을 요청하여 아직 필요한 증거를 단독으로 제공하지 못한 상태에서 다른 사업자가 감면신청을 하면서 충분한 수준의 증거자료를 함께 제출하는 경우가 발생하면, 전자를 최초 신고자로 볼지 아니면 후자를 최초 조사협력자로 볼지가 다소 애매해질 수 있다. 이러한 문제를 해결하기 위하여 미국이나 EU에서 시행 중인 마커 제도의 도입을 고려할 수 있다.[344] 마커 제도란

341) 대법원 2013.6.13. 선고 2012두26449 판결.

342) 대법원 2008.9.25. 선고 2007두12699 판결.

343) 당해 공동행위라 함은 자진신고자 등이 그 자진신고 또는 조사협조(이하 "자진신고 등"이라 함)를 할 당시 그 자진신고 등의 대상이 되는 공동행위를 말하며, 다른 공동행위라 함은 그 외의 공동행위를 말한다.

344) 박세민, "자진신고 제도의 주요 쟁점과 정책적 시사점", 저스티스 제166호(2018), 317-320면.

사업자가 내부조사를 통해 자진신고 신청에 필요한 조건을 충족할 수 있도록 일정 기간 동안 자진신고 신청자 지위를 확보해 주는 제도이다. 이 마커의 유효기간 동안 다른 사업자는 마커가 확보한 지위와 관련된 자진신고를 할 수 없다. 마커를 신청한 사업자는 그 유효기간에 내부조사를 통해 자료를 수집하여 경쟁법 위반 여부에 대한 판단을 해야 한다. 위반이라고 판단되면 자진신고를 신청하면 되고 위반이 아니라고 판단되면 마커를 취소하게 되며 그 후에 다른 사업자가 마커를 신청하거나 자진신고를 할 수 있게 된다.

(다) 2순위 신고자 또는 조사협조자

1) 제도의 취지

2순위 신고자 등은 공정위의 조사를 시작하기 전에 자진신고하거나 공정위가 조사를 시작한 후에 조사에 협조한 자로서, 부당한 공동행위임을 입증하는데 필요한 증거를 단독으로 제공한 두 번째의 자를 말한다(영 51조 1항 3호 가목). 자진신고자 감면제도의 기본 취지가 입증자료의 확보에 있다고 보면, 공정위가 카르텔을 입증하는데 필요한 증거를 충분히 확보한 이후에 조사에 협조한 사업자의 가벌성이 현저히 감쇄된다는 이론적 근거를 찾기가 어렵고, 이러한 사업자의 경우에는 자진신고자로 인정할 것이 아니라 과징금 고시의 조사협조 감경을 적용해도 그것으로 충분하다고 주장할 수 있다.[345] 그러나 첫 신고자가 담합의 존재를 파악하는데 필요한 증거를 제공한 경우라도 후순위 신고자가 제공하는 증언, 증거 등이 담합의 입증에 유용할 수 있다는 점, 자진신고자 감면제도의 취지와 목적이 향후 부당한 공동행위의 예방 및 공정위의 입증자료 확보의 양자에 모두 있다는 점[346] 등을 고려하면, 후순위 신고자에 대한 추가감경 여부는 입법정책의 문제라고 할 것이다. 이에 우리나라는 2순위 신고자 등에 대해서 감경제도를 채택하고 있다.[347]

2) 2순위 신고자 등의 지위

2순위 신고자 등은 우선 부당한 공동행위임을 증명하는 데 필요한 증거를 단독으로 제공한 두 번째의 자이어야 한다. 2순위 신고자 등은 최초 신고자 등의 존재를 전제로 한다. 즉, 감면제도에서 증거제공의 순서에 따라 순위를 정하는 것은 다수의 조사협조자

---

345) 손계준, "카르텔 Leniency 지위 불인정 및 취소의 법적 쟁점: 미국과 한국의 최근 판례 등을 중심으로", 경제법연구 제10권 제2호(2011), 24면. 후순위 조사협력자에게 감경혜택을 부여하는 것에 대해서는 잠재적 카르텔 참가자에게 조사협조로 인한 감경에 대한 기대를 가지게 해서 카르텔 규제의 억지력을 낮추고, 조기 협조의 경제적 가치를 떨어뜨려서 리니언시 정책의 실효성을 저해한다는 비판도 있다. John M. Connor, A Critique of Partial Leniency for Cartels by the U.S. Department of Justice, Address at the 6th International Industrial Organization Conference(May 17, 2008), p. 46.

346) 대법원 2011.6.30. 선고 2010두28915 판결; 대법원 2018.7.26. 선고 2016두45783 판결.

347) 후순위 신고자 등에 대한 감면에 관해서는 각국의 입법태도가 다르다. 미국은 최초 자진신고자에 대해서만 감면제도를 두고 있는 반면, EU는 최초와 2순위 자진신고자는 물론 후속신고자들에 대해서도 감경을 허용한다. 우리나라는 그 중간적 입장으로 이해할 수 있다.

가 있음을 전제로 그들 사이에 감면 여부와 정도의 차이를 두기 위한 것이므로, 그 순위를 산정할 때 애당초 조사협조자가 될 수 없는 공동행위 외부자나 조사협조자로 인정되지 않은 공동행위 참여자의 존재를 고려할 것은 아니다. 따라서 외부 제보자에 의하여 공정위가 증거를 확보한 경우에, 1순위와 관계없는 별개의 독립적인 2순위라는 지위가 만들어져서 1순위 신고자 등이 없는데도 2순위 신고자 등이 성립할 수 있게 되는 것은 아니다.[348)]

여기에서 2순위 신고자 등이 제출하는 추가자료의 증거가치에 대해서 어떠한 기준을 적용할 것인가 하는 문제가 제기된다. 이미 최초 신고자 등이 존재하는 경우라면 아무래도 2순위 신고자 등이 제공한 증거의 조사에 대한 기여도는 떨어질 수밖에 없기 때문이다. 그럼에도 판례는 2순위 신고자 등이 제공한 증거의 적격성을 비교적 넓게 인정하는 편이다.[349)] 자진신고자 등에 대한 과징금 등 감면제도의 취지는 부당한 공동행위의 참여사업자가 자발적으로 조사에 협조하여 입증자료를 제공한 데 대하여 혜택을 부여함으로써 참여 사업자들 간의 신뢰를 약화시켜 부당한 공동행위를 중지 내지 예방하고자 하는 것도 있는데, 2순위 신고자 등에 대한 감면제도의 운용에서 이러한 취지를 고려하기 때문으로 보인다.

마지막으로 판례는 2순위 신고자 등에 대해서도 공정위의 불충분한 증거확보를 요건으로 요구하고 있다. 원래 2순위 신고자 등의 경우에는 최초 신고자 및 최초 조사협력자와 달리 공정위의 불충분한 증거확보는 명문의 요건이 아니다. 그러나 대법원은 법령의 문언, 체계 및 취지 등을 종합하면, 공정위가 공동행위 외부자의 제보에 따라 필요한 증거를 충분히 확보한 이후 증거를 제공한 공동행위 참여자에 대하여 2순위 조사협조자가 될 수 없다고 새기고 있다.[350)] 요컨대, 판례 이론에 따르면 공정위가 이미 부당한 공동행위를 증명하는 데 필요한 증거를 충분히 확보하고 있는 경우에는 그 순위와 무관하게 자진신고자로 인정될 수 없고, 다만 공정위가 필요한 증거를 충분히 확보하게 된 원인이 1순위 자진신고자의 증거제공에 의한 것일 때에만 2순위 조사협조자가 인정될 수 있게 된다. 그러나 이러한 판례 이론은 법 시행령의 문언에 반하고, 자진신고제도의 객관적 운영이라는 관점에서 선뜻 수긍하기 어렵다. 위 판결이 2순위 자진신고자 인정에 관하여 불투명성을 노정시켜 자진신고제도의 효율성을 저해하게 될 것이라는 비판이 설득력이 있다.[351)]

---

348) 대법원 2020.10.29. 선고 2017두54746 판결.

349) 대법원 2008.9.25. 선고 2007두3756 판결; 대법원 2008.10.23. 선고 2007두2920 판결; 대법원 2013.5.23. 선고 2012두8724 판결.

350) 대법원 2020.10.29. 선고 2017두54746 판결.

351) 박해식, “[2020년 분야별 중요판례분석] 15. 공정거래법”, 법률신문(2021.5.6.).

■ **대법원 2013.5.23. 선고 2012두8724 판결**

… '필요한 증거'로 당해 공동행위에 참여한 임·직원의 확인서, 진술서 등 공동행위를 할 것을 논의하거나 실행한 사실을 육하원칙에 따라 구체적으로 기술한 자료(이하 "기술자료")와 기술자료에 기술된 사업자들 간의 의사연락 및 회합, 합의의 내용 및 실행에 관한 사항 등을 확인할 수 있는 서류, 물건, 전산자료, 통신자료 등(이하 "추가자료")을 제출한 경우 그 추가자료가 부당한 공동행위를 증명하는 협약서 등 물증이 아니라 관련자의 진술을 내용으로 하는 진술증거일 뿐이어서 결국 기술자료에서 육하원칙에 따라 이미 제시된 내용을 확인하거나 보강하는 데 지나지 않는다고 하더라도 그 이유만으로 당연히 위 추가자료의 적격성이 배제된다고 할 것은 아니다. … 원심은 자진신고자 등에 대한 감면제도의 취지상 자진신고자 등의 협력이 반드시 집행기관의 조사를 용이하게 하는 데에 적극적으로 기여한 경우로 제한된다고 볼 수 없다는 등 그 판시와 같은 사정들을 이유로, '추가자료'에는 확인서나 진술서 등 당해 공동행위 관련자들의 진술을 담은 서류 등도 포함되고, 이미 다른 자진신고자 등에 의하여 제출된 증거들의 증명력을 높이거나 조사 단계에서 밝혀진 사실관계의 진실성을 담보하는 데 이바지하는 증거들도 모두 이에 포함될 수 있다고 판단하였다. 나아가 원심은, 위와 같은 전제하에, 이 사건에서 원고가 2순위로 조사협조자 신고를 하고 그 보정기간 내에 제출한 보정자료들은 기술자료와 이에 대한 추가자료로 충분히 볼 수 있다고 판단하였다. … 원심의 위와 같은 판단은 위에서 본 관련 법리에 따른 것으로서 정당[하다].

3) 2순위 신고자 등의 지위가 인정되지 않는 경우

① 2개 사업자만 부당한 공동행위에 참여하고 2순위 신고자 등이 그 중의 한 사업자인 경우 또는 ② 2순위 신고자 등이 최초 신고자 등이 자진신고하거나 조사에 협조한 날부터 2년이 지나 자진신고하거나 조사에 협조한 사업자인 경우에는 2순위 신고자 등의 지위가 인정되지 않는다(영 51조 1항 3호 다목). 우선 ①의 특례가 신설된 배경은 다음과 같다. 우리나라는 국내시장이 그다지 넓지 않은데다가, 개발연대에 정부가 소수의 능력 있는 기업을 집중적으로 지원하는 불균형 성장정책을 추진해 왔기 때문에, 주요 산업분야가 독과점화되어 있는 경우가 많다. 그런데 이러한 시장에서 지배적인 지위를 차지하고 있는 두 개의 사업자가 부당한 공동행위에 참여하고 있는 경우에, 종래의 제도에서는 두 사업자가 모두 자진신고자나 조사협조자로서 혜택을 받게 되는 불합리한 결과가 발생할 우려가 있었다. 더욱이 그들은 비록 최초의 신고자나 조사협조자가 되지 않더라도 적어도 두 번째 신고자나 조사협조자로서 혜택을 받을 수 있기 때문에, 굳이 1순위를 확보하기 위하여 신고하거나 협조하지 않고 2순위에 만족하려는 경향이 있어서, 자진신고나 조사협조가 적극적으로 활용되지 않을 우려도 있었다. 입법자는 이러한 우려를 해소하기 위하여 2012년 6월의 법 개정을 통하여 부당한 공동행위에 오로지 두 사업자만 참여하

고 있는 경우에는 첫 번째 신고자나 조사협조자에게만 감면의 혜택을 부여하고, 두 번째 신고자나 조사협조자에게는 그러한 혜택을 부여하지 않도록 하였다. 이 경우에, 2개 사업자만의 담합인지 여부를 판단하는 기준시점은 공동행위 종료일이다.

②의 특례는 시간의 도과로 2순위 자진신고 등이 공정위 조사에 별 도움이 되지 않는다는 판단에 근거하여 감면혜택을 부여하지 않는 것이다. 1순위 자진신고일 내지 조사협조일의 판단은 감면신청서 접수 시점을 기준으로 한다.

(2) 성실협조의무

(가) 의무의 내용

자진신고자 등은 부당한 공동행위와 관련된 사실을 모두 진술하고, 관련 자료를 제출하는 등 조사 및 심의·의결이 끝날 때까지 성실하게 협조하여야 한다(영 51조 1항 1호 다목, 2호 나목, 3호 나목). 성실하게 협조하였는지 여부는 ① 자진신고자 등이 알고 있는 당해 공동행위와 관련된 사실을 지체없이 모두 진술하였는지 여부, ② 당해 공동행위와 관련하여 자진신고자 등이 보유하고 있거나 수집할 수 있는 모든 자료를 신속하게 제출하였는지 여부, ③ 사실 확인에 필요한 위원회의 요구에 신속하게 답변하고 협조하였는지 여부, ④ 임직원(가능하다면 전직 임직원 포함)이 위원회의 조사, 심의(심판정 출석 포함) 등에서 지속적이고 진실하게 협조할 수 있도록 최선을 다하였는지 여부,[352] ⑤ 공동행위와 관련된 증거와 정보를 파기·조작·훼손·은폐하였는지 여부를 종합적으로 고려하여 판단한다. 성실협조의무 위반으로 볼 수 있는 사정이 일부 인정될 때에 종국적으로 성실협조의무 위반을 인정함으로써 자진신고자 지위를 부인할 것인지와 관련하여서는 공정위에 일정한 재량이 인정된다. 따라서 공정위의 그와 같은 평가에 합리성의 결여, 비례·평등 원칙 위반 등이 있거나, 그 평가의 전제가 되는 사실을 오인하는 등의 사유가 있는 것이 아니라면, 그 판단에 재량권 일탈·남용 등의 위법이 있다고 볼 수는 없다.[353]

또한, 자진신고자 등이 위원회 심의종료 이전에 위원회의 동의 없이 감면신청 및 행위사실을 제3자에게 누설한 경우에는 성실하게 협조하지 않은 것으로 본다. 다만, 자진신고자 등이 감면신청 및 행위사실을 법령에 따라 공개해야 하거나 외국정부에 알리는 경우에는 그러하지 아니하다. 이러한 경우들은 누설행위가 공정위 조사에 대한 협조정신에 배치되는 것이 아니기 때문이다. 자진신고자 등의 누설금지의무 위반을 성실협조의무 위반으로 간주하는 감면고시 조항은 2016. 4. 15. 감면고시 개정시 신설된 것이고, 그 이전에는 성실협조의무 이행 여부를 판단하기 위한 여러 고려요소 중 하나이었다. 누설이란

352) 위 ④의 요소는 자진신고자 진술의 신빙성이 문제되어 공정위 처분이 법원에서 취소되는 경우가 많아지고, 담합에 가담한 감면 신청 사업자 소속 임직원이 심판정에 출석하지 않아 위원들이 신청내용을 직접 확인하기 어려운 경우가 있음을 고려하여 2015년 개정된 감면고시에서 신설된 것이다.

353) 대법원 2018.7.26. 선고 2016두45783 판결; 대법원 2019.1.31. 선고 2017두67605 판결.

비밀을 아직 알지 못하는 타인에게 알려주는 행위를 말한다. 특별히 누설행위를 금지하는 이유는 감면신청을 한 사업자가 다른 가담사업자에 대하여 자신의 감면신청 사실을 누설할 경우 이들 간의 신뢰관계가 유지되어 담합 사실을 축소·은폐하거나 관련 증거를 은닉·인멸하는 등 조사방해를 초래할 수 있기 때문이다. 결국 감면신청 사실의 누설이 공정위의 실효적 조사에 대한 방해요인으로 작용할 수 있게 되고, 그에 따라 담합 가담자 사이에 불신 구조를 형성함으로써 담합의 형성·유지를 어렵게 하려는 자진신고자 등에 대한 감면제도의 도입 취지를 몰각시키는 결과를 가져올 수 있다.[354)]

다만, 자진신고자 등이 누설행위에 지휘감독 책임이 없거나 의무해태를 탓할 수 없는 정당한 사정이 있는 경우에는 누설행위를 근거로 성실협조의무 위반을 인정할 수는 없을 것이다. 공정위가 1순위 조사협조자로 감면신청을 하였던 甲 회사의 A 부장이 다른 공동행위 가담자인 乙 회사의 B 부장에게 감면신청 사실을 누설하면서 甲 회사에서 작성한 진술서 초안을 제공하였다는 이유로 1순위 조사협조자 지위를 박탈한 사안에 대하여, 법원은 감면신청 사실을 누설한 A는 甲 회사의 직원으로서 실제 이 사건 공동행위를 직접 실행한 자이므로 감면신청 사실이 누설될 수 있다는 사실은 甲 회사로서도 사전에 충분히 예측가능한 점, 감면신청 사실을 누설한 A와 이를 전달받은 B는 입찰담합 등을 통해 친하게 된 사이일 뿐 업무를 떠나 개인적인 친분관계는 없는 것으로 보이는 점, A와 B의 담합을 위한 의견교환과 이 사건 정보누설 사이에 외견상 특별한 차이를 인정하기 어려운 점, A가 감면신청 사실 뿐만 아니라 甲 회사 직원의 진술서 초안까지 제공한 점 등에 비추어 보면 A의 위와 같은 행위는 甲 회사의 업무와 외견상 관련이 있는 행위이고, 그러한 누설행위에 甲 회사의 지휘감독 책임이 없다거나 甲 회사의 의무해태를 탓할 수 없는 정당한 사정이 없다고 판단하였다.[355)]

(나) 의무이행으로 인정된 사례

사업자의 임직원이 내부적으로 공정위의 조사에 대비한 문건을 작성한 바 있다거나, 그 외 외부기관의 감독활동에 대한 각종 대응방안을 마련해 둔 바 있다는 사정만으로는 조사가 끝날 때까지 성실하게 협조하지 않은 것이라고 단정할 수는 없다.[356)]

(다) 의무불이행으로 인정된 사례

사업자가 고의적으로 부당한 공동행위와 관련된 사실을 모두 진술하지 아니하여 공정위의 조사에 제대로 협조하지 아니하였으며 허위의 자료를 제출한 경우가 전형적인 사례이다.[357)] 그리고 감면신청 사실 누설행위도 협조의무 불이행에 해당한다.[358)] 자진신고

---

354) 대법원 2019.1.31. 선고 2017두67605 판결.
355) 대법원 2018.7.26. 선고 2016두48010 판결.
356) 대법원 2013.5.23. 선고 2012두8724 판결.
357) 서울고법 2012.1.19. 선고 2011누17891 판결(확정). 구체적으로, ① 1998. 8.경부터 2008. 9.경까지 11개

이전에 이루어진 증거인멸 행위도 성실의무 위반에 해당한다. 자진신고자 또는 조사협조자의 위반행위와 관련한 증거인멸 행위 등이 자진신고나 조사협조 개시 이전에 이루어졌다고 하더라도 그 증거인멸 행위 등은 공정위에 제출될 자료나 진술할 내용에 영향을 미치게 되고, 특별한 사정이 없는 한 자진신고 또는 조사협조 행위의 성실성 여하에도 영향을 미치기 때문이다. 그러므로 자진신고 또는 조사협조 이전에 증거인멸 행위 등이 이루어졌다고 하더라도 그로 인하여 자진신고 또는 조사협조 개시 시점에 불충분한 증거를 제출한 것으로 평가할 수 있다면, 자진신고 또는 조사협조 그 자체가 불성실한 것으로 판단될 수 있다.[359)]

■ **대법원 2018.7.11. 선고 2016두46458 판결**

원고의 직원 소외 1은 지시를 받아 피고의 현장조사일인 2012. 4. 9. 이 사건 공동행위 관련 자료가 저장된 자신의 컴퓨터를 포맷하여 자료를 삭제하였다. 피고의 현장조사 직후, 원고의 임원이었던 소외 2는 함께 공동행위에 가담한 甲회사의 직원 소외 3을 만나, 피고가 현장조사를 통해 각 사업자로부터 공동행위와 관련된 어떤 자료를 확보하였는지에 관한 정보를 교환하였다. 甲회사는 1순위로 자진신고 감면신청을 하였고, 그 뒤를 이어 원고는 위 증거인멸 행위 등이 있었던 때로부터 한 달 남짓 지난 2012. 5. 18. 2순위로 자진신고 감면신청을 하였다. 이러한 사정을 앞서 본 법리에 비추어 살펴보면, 원고의 직원이 부당공동행위와 관련한 증거인멸 행위 등을 한 것은 향후 가까운 시일 내에 조사협조를 할지 구체적으로 고려할 수밖에 없는 시점에서 이루어졌고, 이후 근접한 시기에 실제로 원고의 자진신고가 있었다. 나아가 그 증거인멸 행위 등으로 인하여 자진신고를 하면서 불충분한 증거를 제출한 것으로 볼 수 있고, 그에 따라 자진신고 또는 조사협조 행위 그 자체가 불성실한 것으로 평가할 수 있다. 따라서 원고가 '이 사건 공동행위와 관련된 사실을 모두 진술하고 관련 증거를 제출하는 등 조사가 끝날 때까지 성실하게 협조하였다'고 보기 어렵다.

(3) 부당한 공동행위 중단의무

신고자는 부당한 공동행위를 중단하여야 한다(영 51조 1항 1호 라목, 2호 나목, 3호 나목). 행위의 중단 여부는 공동행위의 합의가 더 이상 존속하지 아니하게 되었는지 여부에 따라 판단한다. 그런데 일부 판례들은 합의에 참가한 사업자가 부당한 공동행위를 종료

품목에 대하여 담합이 이루어졌음에도 불구하고 최초 감면신청 시 2004.부터 2006.까지 5개 품목에 대해서만 담합이 이루어진 것으로 진술하고 증거자료를 제출하고, ② 2007. 5.경 공정위에 다른 경쟁사들에 대한 공동행위 중단 공문을 제출하면서 그 시행일을 2007. 1.경으로 소급하여 작성한 공문을 제출하였으며, ③ 경쟁사업자들이 감면신청 전후로 여러 차례 대책회의를 가지며 담합기간 및 담합대상 품목을 축소하여 신고하기로 논의한 사실 등이 인정되어 조사협조자 지위확인이 취소되었다.

358) 대법원 2018.7.26. 선고 2016두45783 판결.

359) 대법원 2018.7.11. 선고 2016두46458 판결.

하기 위해서는 ① 다른 사업자에 대하여 합의에서 탈퇴하였음을 알리는 명시적 내지 묵시적인 의사표시를 하고 ② 독자적인 판단에 따라 담합이 없었더라면 존재하였을 가격 수준으로 인하하는 등 합의에 반하는 행위를 요구한다.[360) 이러한 판례의 태도를 엄격하게 해석하면, 자진신고자는 다른 사업자에 대하여 합의 탈퇴사실을 알려야 하는 것처럼 보일 수도 있다. 그러나 자진신고자가 대외적으로 탈퇴 의사표시를 하게 되면 다른 사업자들이 자진신고 사실을 눈치 채고 증거인멸에 나설 우려도 있다. 이러한 이유에서 자진신고자의 성실협조의무 중에는 제3자에게 행위사실 및 감면신청 사실을 누설하지 말아야 할 의무가 포함된다. 따라서 자진신고자로 하여금 합의에서 탈퇴하였음을 널리 알리는 의사표시를 하도록 요구하는 것은 자진신고자의 누설금지의무와 상충되는 문제가 있다. 이러한 의무충돌 문제를 조화롭게 해결하기 위하여 판례는 부당한 공동행위에 가담한 사업자가 자진신고자 등에 대한 감면조치를 받기 위하여 공정위에 적법하게 자진신고를 하였다면, 신고 후에 정당한 사유 없이 공동행위를 중단하지 아니하거나 조사에 성실하게 협조하지 아니하는 등으로 인하여 자진신고자 지위확인이 취소되는 등의 특별한 사정이 없는 이상, 그 자진신고를 부당한 공동행위에서 탈퇴하는 의사표시와 함께 합의에 반하는 행위가 있었던 경우에 준하는 것으로 본다.[361)]

2. 소극적 요건

(1) 자진신고 감면을 받은 자가 5년 이내에 새로운 부당한 공동행위를 하지 않을 것

과거에 시정조치 또는 과징금을 감경 또는 면제받은 자가 그 감경 또는 면제받은 날부터 5년 이내에 새롭게 제40조 제1항을 위반하는 경우에는 감경 또는 면제를 하지 아니한다(법 44조 2항). 이 규정은 2011년 법 시행령에 신설되었는데, 이를 2016년 3월 법 개정 시에 법에 포함시킴으로써 입법적 정당성을 강화한 것이다. 결국, 이미 감면혜택을 받은 사업자는 감면혜택을 받은 부당한 공동행위 내용과 무관하게 5년 이내에 한 새로운 공동행위에 대해서는 자진신고자 등 감면혜택을 받지 못한다.

(2) 강요의 부존재

다른 사업자에게 그 의사에 반하여 해당 부당한 공동행위에 참여하도록 강요하거나 이를 중단하지 못하도록 강요한 사실이 있는 경우에는 자진신고자로서 인정되지 않는다(영 51조 2항 1호). 강요의 존부는 ① 다른 사업자에게 그 의사에 반하여 당해 부당한 공동행위에 참여하도록 하기 위하여 또는 이를 중단하지 못하도록 하기 위하여 폭행 또는

360) 대법원 2011.4.14. 선고 2009두4159 판결; 대법원 2008.10.23. 선고 2007두12774 판결; 대법원 2009.5.28. 선고 2008두549 판결 등 참조.

361) 대법원 2015.2.12. 선고 2013두987 판결.

협박 등을 가하였는지 여부와, ② 다른 사업자에게 그 의사에 반하여 당해 부당한 공동행위에 참여하도록 하기 위하여 또는 이를 중단하지 못하도록 하기 위하여 당해 시장에서 정상적인 사업활동이 곤란할 정도의 압력 또는 제재 등을 가하였는지 여부를 종합적으로 고려하여 판단한다.

■ **주도자에 대한 감면지위의 인정 여부**

부당한 공동행위의 형성에 주도적인 역할을 담당한 자에게 자진신고의 혜택을 부여할 것인지에 대하여는 많은 논의가 있었다. 여기서 주도적 역할이라 함은 다른 사업자를 설득·종용하거나 거부하기 어렵도록 회유함으로써 공동으로 당해 행위에 나아가도록 이끄는 역할을 말한다.[362] 우리나라의 경우에는 2005년 법 시행령 개정 전후로 서로 다른 입장을 취하고 있다. 그 이전에는 강요자는 물론이고 주도자의 경우에도 자진신고자의 지위가 인정되지 않았으나,[363] 그 이후에는 설령 부당한 공동행위의 주도자라고 하더라도 자진신고의 지위가 인정되고 있다.[364] 이와 같은 개정이 이루어진 이후 실제로 공정위의 많은 조사가 카르텔을 주도한 업계 선두권 업체들의 자진신고에 의하여 개시되고 있다고 한다. 부당한 공동행위의 주도자에 대하여 자진신고자의 지위를 인정할 것인지의 여부는 카르텔 근절이라는 가치와 정의실현이라는 가치 중에서 어느 쪽에 무게의 중심을 두느냐에 따라 달리 판단될 수 있다. 대체로 관련업계의 선두업체들이 카르텔을 주도하는 경향이 있기 때문에 카르텔로 인하여 얻는 이익도 주도자에게 가장 많이 돌아가게 되는 경향이 있다. 따라서 카르텔을 주도한 자에 대해서까지 자진신고를 허용하는 것은 일견 사회정의 관념에 반하는 것처럼 보일 수 있다. 그러나 다른 한편으로는 주도자의 경우에는 카르텔이 적발되었을 때에 예상되는 과징금의 규모도 다른 사업자들에 비해 크기 때문에 자진신고에 대한 동기나 유인도 더 클 수밖에 없다는 점과 카르텔 주도자들이 카르텔에 관한 증거를 가장 많이 확보하고 있다는 점 등을 고려하면, 카르텔을 근절하기 위해서는 이들의 자진신고를 유인 또는 독려할 필요성이 있다는 점도 부인하기 어려울 것이다.

(3) 일정 기간 반복적 부당공동행위의 부존재

사업자가 일정 기간 동안 반복적으로 부당한 공동행위를 한 경우에는 자진신고가 허용되지 않는다(영 51조 2항 2호). 이 규정은 2011년 시행령 개정 시에 신설되었다. 여기서 반복하여 위반한 경우라 함은 부당한 공동행위로 시정조치 또는 과징금납부명령을 받은

362) 설탕담합 사건에서 어느 한 사업자가 가담사업자들의 반출실적을 취합하고 반출물량을 계획하며 가격인상안을 마련하는 등의 역할을 수행하였고, 다른 가담사업자들에 대하여 기존에 제출한 반출실적의 진위 여부를 소명하도록 한 후 초과 반출물량을 정산하도록 요구하였는바, 공정위는 이러한 사업자를 주도자로 보아 면제요건을 갖추지 못하였다고 판단하였고, 이러한 판단은 법원에 의해서도 수긍되었다. 서울고법 2008.7.16. 선고 2007누24441 판결 및 대법원 2010.3.11. 선고 2008두15169 판결.

363) 미국의 경우에는 강요자는 물론 주도자의 경우에도 지위를 인정하지 않는다. "The corporation did not coerce another party to participate in the illegal activity and clearly was not the leader in, or originator of, the activity." DOJ Corporate leniency policy A.6.

364) 황태희, "현행 카르텔 자진신고자 감면제도의 문제점과 개선방안", 경쟁법연구 제16권(2007), 81면.

자가 시정조치 또는 과징금납부명령을 받은 날로부터 5년 이내에 다시 당해 시정조치에 위반되는 부당한 공동행위를 한 경우를 말한다. 자진신고자 감면을 받은 사업자의 경우와 달리, 이 경우에는 자진신고자 감면을 받지 않은 경우에도 소극적 요건이 적용된다. 반면, 의결서상 시정조치에 기재된 동일한 부당공동행위를 반복하는 경우에만 해당하므로 그에 해당하지 아니한 다른 공동행위를 한 경우에는 그 시정조치를 받은 날로부터 5년 이내에 부당한 공동행위를 행하더라도 자진신고자 등 감면혜택이 제한되지 않는다. 공정위는 통상적으로 "甲 사업자는 A 시장에서 경쟁사업자와 가격을 공동으로 결정하는 방식으로 부당한 공동행위를 하여서는 아니 된다"는 내용의 시정조치를 부과한다. 그런데 만일, 甲 사업자가 B 시장에서 부당한 공동행위를 한 경우에 해당 부당공동행위를 반복한 것으로 볼 수 있는가? 부작위명령에 대한 시정조치불이행이 성립하기 위해서는 시정조치의 원인이 된 위반행위와 시정조치 이후의 위반행위 간에 동일성이 인정되어야 한다. 그런데 위 사례의 경우에는 종전 위반행위와 새로운 위반행위 사이에 동일성이 인정되지 않기 때문에, 해당 시정조치를 위반한 것이라고 보기는 어렵다. 공정위의 심결례도 같은 취지이다.[365)]

Ⅲ. 자진신고 절차

1. 절차의 개요

(1) 감면신청

자진신고자는 공정위에 감면신청을 하고 접수순위를 부여받는다. 신고방법으로 가장 많이 이용되는 방식은 전자우편에 의한 신청이다. 공정위에 감면신청 전용 전자우편 주소(leniency@korea.kr)가 마련되어 있어서, 발송시점과 도달시점을 명확히 알 수 있기 때문이다. 공정위도 가급적 전자우편 방식의 사용을 권유하고 있다. 서면으로 신청하기 곤란한 사유가 있는 경우에는 구두신청을 할 수도 있는데, 주로 국제 카르텔 사건에서 이용되고 있다.

신청 시에는 원칙적으로 자진신고자에 관한 사항, 공동행위의 개요, 증거 및 증거목록, 협조하겠다는 서약 및 공동행위의 중단 여부에 관한 사항이 포함되어야 하나, 증거자료의 수집 등에 상당한 시간을 요하거나 다른 특별한 사정이 있는 경우에는 일부를 생략하고 신청할 수도 있다. 대기업의 경우에 담합은 주로 영업부서의 임직원에 의해 이루어지고 자진신고는 경영진이나 법무부서 주도로 이루어지는 경우가 있는데, 이 경우에는 대기업 내부에서도 담합사실을 소상히 알지 못할 수 있고, 자진신고를 하려는 사업자가

---

365) 공정위 2010.11.1. 의결 제2010-017호.

내부조사 등을 통해 담합과 관련된 증거, 진술 등을 수집하는 데에는 상당한 시간이 소요될 수 있다. 이러한 상황에서 자료가 다소 부족하더라도 일단 신속히 자진신고의 의사를 밝히고, 구체적인 내용이나 증거자료를 사후에 보완하게 함으로써 자진신고 제도를 보다 활성화하기 위한 취지이다. 다만, 감면신청서의 기재사항 중 '신청인'란과 '부당한 공동행위의 개요'란은 반드시 기재하여야 한다. 실무상으로는 감면신청의 대상인 카르텔을 정확히 특정하지 않거나, 감면신청서에 '합의'라는 표현을 쓰지 않고 '정보교환', '가격 정보를 통보하였음' 등의 표현을 사용하는 경우가 있어서 문제가 되고 있는데, 후자의 문제는 2020년 법 개정에서 정보교환행위에 대한 규율이 강화되어 해소될 것으로 보인다.

보정기한은 원칙적으로 15일이 주어지지만, 증거수집에 장기간이 소요되는 등 정당한 사유를 소명하여 요청할 경우 60일 이내의 추가 보정기간을 부여받을 수 있고, 보정기간의 연장이 더 필요한 경우에는 60일의 범위를 초과하여 자료보정기한이 부여된다. 접수순위는 원칙적으로 감면신청의 접수시점을 기준으로 하되, 신청서 접수에 앞서 확인서 또는 진술서 등의 형태로 증거를 먼저 제공한 경우에는 그 증거를 제출한 때에 감면신청을 한 것으로 본다.

(2) 순위의 인정

감면요건에 해당하는 경우에, 하나의 부당한 공동행위에 대해서는 원칙적으로 하나의 지위만 인정된다. 실무상으로는 일부 사업자가 부당한 공동행위 기간 중 일부 기간에만 가담하거나 사업자들이 여러 상품에 관련하여 부당한 공동행위를 한 경우에 그 순위의 인정을 어떻게 할 것인지에 대하여 다투어지는 사례가 있다.

(가) 일부 사업자가 일부 기간에만 부당한 공동행위에 가담한 경우

최초에 甲, 乙 사이에 이루어진 카르텔에 나중에 丙이 가담하였다고 가정하자. 나중에 가담한 丙이 1순위로 자진신고하고 甲이 2순위로 자진신고한 경우에, ① 甲은 丙이 가담하지 아니한 기간에 대해서는 최초신고자이므로 1순위가 인정이 되고, 丙이 가담한 기간에 대해서만 2순위로 인정될 것인지, 아니면 ② 하나의 부당공동행위이므로 丙의 가담 여부를 불문하고 전체기간에 대해서 2순위 자진신고자의 지위만 인정되는지가 논란이 될 수 있다. 판례는 ②설의 입장을 따르고 있다.[366)]

(나) 여러 상품에 관하여 부당한 공동행위가 이루어진 경우

부당한 공동행위가 여러 상품에 관하여 이루어지고, 그 중 일부 상품만을 생산하는

366) 대법원 2011.6.30. 선고 2010두28915 판결; 대법원 2011.9.8. 선고 2009두15005 판결; 대법원 2015.2.12. 선고 2013두987 판결.

사업자가 자진신고를 한 경우에 그 순위는 어떻게 정할 것인가? 이 쟁점은 여러 상품에 걸친 공동행위를 하나의 공동행위로 볼 것인가, 아니면 별개의 공동행위로 볼 것인가 하는 문제와 관련이 있다.

1) 관련시장이 동일한 경우

판례는 상품이 다르더라도 동일한 관련시장에 속하여 하나의 공동행위로 볼 수 있는 경우에는 전체적으로 하나의 순위만을 인정하고 있다. 7개 석유화학회사들이 선형저밀도 폴리에틸렌(LLDEP), 저밀도폴리에틸렌(LDPE) 제품의 판매가격을 매월 합의하여 결정한 사안에서, 법원은 LDPE 제품과 LLDPE 제품은 모두 폴리에틸렌 일종으로서 수요 및 공급대체성이 있으므로 두 개의 상품시장을 별개 시장이라고 볼 수 없고, 자진신고자 감면 제도의 취지가 은밀하게 행해지는 담합의 적발을 쉽게 하고자 하는 데에 있다고 지적하면서, 이 경우에 각각의 상품별로 나누어 순위를 산정해야 한다는 주장을 배척하였다.[367]

2) 관련시장이 다른 경우

반면, 다수의 사업자들이 서로 다른 관련상품시장에서 부당한 공동행위를 한 경우에는 공정위의 실무는 이를 별개의 공동행위로 보고 자진신고의 순위도 별도로 인정한 사례가 많지만, 하나의 공동행위로 보고 전체적으로 하나의 순위만 인정한 사례도 있다. 공정위는 위 석유화학제품 담합 사건에서 관련시장이 HDPE 시장, PP 시장, LDPE/LLDPE 시장으로 나뉘는 것을 전제로, 3개의 별도의 의결서를 내고 자진신고의 순위도 별도로 판단하였다.[368] 그리고 공정위는 엘리베이터 담합 사건에서 엘리베이터 시장 내 입찰담합을 ① 2001년부터 2005년까지 이루어진 대한주택공사 발주 담합 사건,[369] ② 1995년에서 2005년까지 이루어진 민수·관수 담합 사건,[370] ③ 2004년부터 2005년까지 사이에 이루어진 교체용역 담합 사건[371]으로 구분하여 각각 순위를 부여하였다. 또한, 삼성전자와 LG전자의 세탁기, 평판TV, 노트북PC 담합 사건에서 공정위는 각각 별개의 공동행위를 구성하는 것으로 보고 자진신고의 순위를 정하였다.[372] 반면, 음료 담합 사건에 관한 변경처분에서는 공정위가 담합의 대상이 되는 관련시장을 과실·탄산·기타음료로 구분하였으나 하나의 부당한 공동행위가 성립한다는 이유로 자진신고의 순위도 전체적으로 하나의 순위만 부여하였다.[373]

---

367) 서울고법 2009.7.22. 선고 2008누23537 판결 및 대법원 2011.9.8. 선고 2009두15005 판결.
368) 공정위 2007.6.5. 의결 제2007-300호; 공정위 2007.6.5. 의결 제2007-301호; 공정위 2008.3.5. 의결 제2008-082호.
369) 공정위 2008.9.25. 의결 제2008-268호.
370) 공정위 2008.9.25. 의결 제2008-267호.
371) 공정위 2008.9.24. 의결 제2008-269호.
372) 공정위 2012.3.21. 의결 제2012-041호.
373) 공정위 2015.1.15. 의결 제2015-011호.

(3) 최종 지위확인

심사관 등은 감면신청 및 자진신고자 등 지위결정을 위한 심사보고서를 별도로 작성하여 위원회에 제출하여야 한다. 이 보고서는 감면신청자가 동의한 경우를 제외하고는 공개하지 않는다. 위원회는 전원회의 또는 소회의를 통하여 부당한 공동행위 사건을 심의 · 의결하면서 피심인의 각 감면신청이 법령상의 감면요건에 해당하는지 여부를 최종적으로 판단한다. 공정위는 자진신고자나 조사에 협조한 자의 신청이 있으면 자진신고자 등의 신원이 공개되지 아니하도록 해당 사건을 분리 심리하거나 분리 의결할 수 있다(영 51조 5항). 공정위의 실무는 자진신고자에 대해서도 다른 담합 참여자와 함께 시정명령 등의 처분을 하고, 자진신고자에 대해서만 별도로 감면처분을 하고 있다. 한편 과거에는 사무처장의 잠정적인 지위확인 제도가 존재하였으나, 공정위는 감면고시 개정을 통하여 그 제도를 폐지하였다.[374)]

2. 절차상 쟁점

(1) 공동신청

자진신고는 원칙적으로 단독으로 이루어져야 한다. 2 이상의 사업자의 공동자진신고를 인정하게 되면 부당한 공동행위에 참여한 사업자들이 담합하여 자진신고를 하는 방법으로 감면을 받을 수 있게 되는데, 이는 자진신고자에게 일정한 혜택을 부여함으로써 참여 사업자들 간의 신뢰를 약화시켜 부당한 공동행위를 억지 내지 예방하고자 하는 자진신고 감면제도의 취지에 반할 우려가 있기 때문이다.[375)] 따라서 부당한 공동행위에 가담한 사업자들 간의 자진신고 공동신청은 원칙적으로 허용되지 않고, 부당한 공동행위의 직접 가담자와 교사범 간에 공동신청도 역시 허용되지 않는다고 보아야 할 것이다. 다만, 예외적으로 공동행위에 참여한 둘 이상의 사업자가 공동으로 증거를 제공하는 경우에도 이들이 ① 실질적 지배관계에 있는 계열회사이거나, ② 회사의 분할 또는 영업양도의 당사회사로서 공정위가 정하는 요건에 해당하면 공동신청을 허용한다(영 51조 1항 1호 가목, 2호 나목).

(가) 실질적 지배관계에 있는 계열회사

실질적 지배관계에 있는 계열회사라 함은 계열회사들이 경제적 단일체의 관계에 있다고 인정되어 현실적으로 담합이 불가능한 경우를 의미한다. 구체적으로, ① 사업자가 다른 사업자의 주식을 모두 소유한(동일인 또는 동일인관련자가 소유한 주식을 포함) 100% 모자회사의 경우, ② 이에 이르지 않더라도 사업자가 다른 사업자를 실질적으로 지배함으

374) 공정위 2014.12.31.자 보도자료 참조.
375) 대법원 2010.9.9. 선고 2010두2548 판결.

로써 이들이 상호 독립적으로 운영된다고 볼 수 없는 경우이다. 상호 독립적인지 여부는 주식소유비율, 당해 사업자의 인식, 임원겸임 여부, 회계의 통합 여부, 일상적 지시 여부, 판매조건 등에 대한 독자적 결정 가능성, 당해 사안의 성격 등 제반사정을 고려하여 판단하되, 양자 사이에 경쟁관계에 있다고 인정되는 경우에는 공동신청이 허용되지 않는다. 판례도 같은 태도이다.376) 즉, 계열회사 간의 실질적 지배관계는 "둘 이상의 사업자간에 한 사업자가 나머지 사업자들을 실질적으로 지배하여 나머지 사업자들에게 의사결정의 자율성 및 독자성이 없고 각 사업자들이 독립적으로 운영된다고 볼 수 없는 경우"를 의미하고, "각 사업자들 간 주식지분 소유의 정도, 의사결정에서 영향력의 행사 정도 및 방식, 경영상 일상적인 지시가 이루어지고 있는지 여부, 임원겸임 여부 및 정도, 사업자들의 상호 관계에 대한 인식, 회계의 통합 여부, 사업영역·방식 등에 대한 독자적 결정 가능성, 각 사업자들의 시장에서의 행태, 공동감면신청에 이르게 된 경위 등 여러 사정을 종합적으로 고려"하여 판단한다. 실질적 지배관계의 판단은 감면신청 시점을 기준으로 할 것이다.

호남석유화학 및 엘지화학이 원고 씨텍의 지분을 각각 50%씩 보유하면서 공동으로 운영한 사안에서, 호남석유화학이 원고를 실질적으로 지배하고 있는지가 문제되었다. 대법원은 실질적 지배관계를 부정하였다.377) 위 사안에 있어서 호남석유화학은 엘지화학과 동등하게 씨텍의 지분 50%를 보유하여 지배권이 양분되어 있었고, 이사회 구성이나 공동대표이사 임명에 있어서도 엘지화학과 같은 수의 임원을 선임할 수밖에 없는 등 엘지화학과 협의 없이 독자적으로 씨텍 사업에 관한 의사결정을 할 수 없는 사정에 비추어, 호남석유화학의 씨텍에 대한 실질적 지배관계를 부정한 것이다.

(나) 자매회사

공동의 실질적 지배관계 하에 있는 자매회사간 공동신청이 가능한지에 대해서 논란이 있다. 부정설은 자매회사는 일방이 타방을 실질적으로 지배할 수 없으므로 공동신청이 불가능하다고 주장한다. 그러나 긍정설은 이해관계의 일치 및 경제적 단일체의 관계라는 점에서 모자회사와 자매회사를 차별할 이유가 없고, 자매회사도 역시 모회사 또는 대주주를 통해 서로 간접적으로 지배하고 있다고 볼 여지가 있으므로 공동신청이 가능하다고 주장한다. 공동신청을 허용하는 제도적 취지에 비추어 볼 때 긍정설이 타당하다고 생각된다.

(다) 계열회사

계열회사의 관계만 있으면 공동신청이 허용되어야 하는지에 대해서도 논의가 있었다.

376) 대법원 2015.9.24. 선고 2012두13962 판결; 대법원 2016.8.24. 선고 2014두6340 판결.
377) 대법원 2016.8.24. 선고 2014두6340 판결.

그러나 시행령 규정의 문언상 계열회사 중에서도 실질적 지배관계에 있는 계열회사인 경우에 한하여 공동신청이 가능하다고 해석하여야 할 것이다. 따라서 단지 계열회사의 관계에 있다는 이유만으로 공동신청이 허용된다고 볼 것은 아니다.

(라) 회사의 분할 또는 영업양도

회사의 분할 또는 영업양도의 경우에 공동신청을 허용하는 취지는 기업의 구조조정이 없었다면 한 사업자로서 단독신청을 통해 감면혜택을 누릴 수 있었을 것이라는 점을 고려한 것이다. 따라서 회사 분할이나 영업양도가 있었다고 하더라도, 공동으로 증거를 제공하는 사업자가 분할 또는 영업양도의 당사회사인 경우 그들이 함께 당해 공동행위에 참여한 사실이 없어야 한다. 법원은 엘리베이터 입찰담합 사건에서 디와이홀딩스와 티센크루프는 영업양도의 당사 회사이지만, 양사가 부당한 공동행위에 함께 참여한 사실이 있으므로 공동자진신고가 허용되지 않는다고 보았다.[378)]

(2) 대리신청

부당한 공동행위에 참여한 사업자 이외의 자(예컨대, 대주주 등)가 가담사업자를 대리하여 자진신고를 하는 것이 가능한지에 대해서도 논란이 있었다. 판례는 원칙적으로 가능한 것으로 보고 있다.[379)] 독점규제법이 자진신고 및 증거제공의 방식에 대하여 별다른 규정을 두고 있지 않은 이상 대리나 대행의 방식을 취하는 것도 허용되며, 가담자의 주주회사는 가담자가 부과받을 과징금을 감면받을 목적으로 자진신고를 할 필요성이 충분하다는 것을 논거로 하고 있다. 합성수지 담합 사건에서 호남석유화학은 엘지화학과 함께 현대석유화학을 분할, 흡수 합병하였고, 그 후에도 현대석유화학의 잔존법인인 씨텍의 지분 50%를 소유하고 있는 주주회사로서, 자신의 부당공동행위에 대한 부분인 분할 후의 부당공동행위에 관하여 자진신고를 하면서 분할 전 현대석유화학의 부당공동행위에 대하여도 이를 신고하였다. 법원은 호남석유화학의 위와 같은 행위는 분할 후의 자신의 부당공동행위에 관한 자진신고인 동시에 분할 전 현대석유화학을 대리하여 그의 부당공동행위 내용을 자진신고한 경우에 해당한다고 보았다.[380)] 다만, 대리신청이 허용된다고 하더라도 본인과 대리인이 함께 공동행위에 가담한 경우에는 양자 간에 신고의 우선순위에 대한 이해관계의 대립이 발생하기 때문에 대리신청은 허용되지 않는다고 보아야 할 것이다.[381)]

---

378) 서울고법 2009.12.9. 선고 2009누2650 판결 및 대법원 2010.9.9. 선고 2010두2548 판결.
379) 대법원 2010.9.9. 선고 2009두8939 판결; 대법원 2013.7.25. 선고 2012두29042 판결 등.
380) 서울고법 2009.5.13. 선고 2008누23773 판결 및 대법원 2010.9.9. 선고 2009두8939 판결.
381) 서울고법 2009.12.9. 선고 2009누2650 판결 및 대법원 2010.9.9. 선고 2010두2548 판결.

(3) 순위의 승계

2인 이상의 신청이 있는 경우에 그 중 일부의 신청이 감면신청 취하, 요건 불충족의 사유로 자진신고자 등의 지위가 인정되지 않은 경우에 그 다음 신청자의 지위는 어떻게 되는가? 이에 관하여 감면고시는 그 다음 신청인이 이전 신청인의 접수 순서를 승계하되, 최초 신고자 또는 최초 조사협력자의 요건을 충족하지 못하는 경우 다음 신청인은 이전 신청인의 접수 순서를 승계하지 않는 것으로 규정하고 있다. 즉, 2순위자가 1순위 요건을 충족할 수 없는 경우에는 1순위를 자동 승계하지 않고 2순위를 유지한 상태에서 2순위 감면을 받을 수 있고, 1순위 요건을 충족할 수 있다면 1순위를 승계하여 1순위 감면을 받을 수 있다. 이를 정리하면 다음 [그림 3-2]와 같다.

[그림 3-2] 1순위 감면 불인정시 2순위자의 순위 승계[382)]

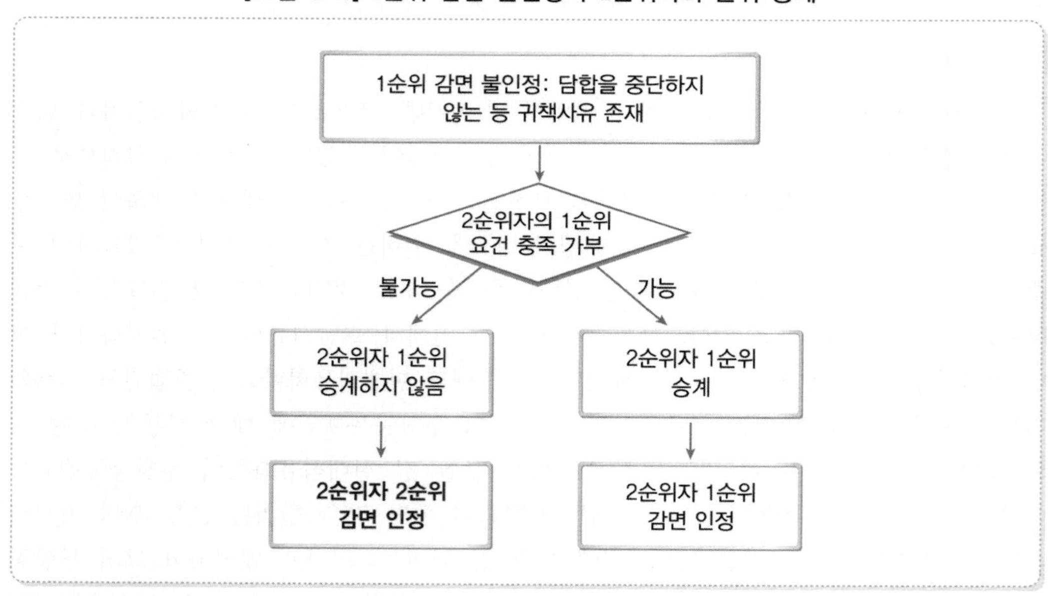

그러나 순위 승계제도는 최종 지위확인 시까지 자진신고자들의 절차적 지위가 불안정하게 되고, 경우에 따라서는 후순위 신고자가 선순위 신고자의 지위를 박탈하기 위하여 공정위의 해당 처분을 다툼으로써 감면처분 이후에도 분쟁을 야기할 가능성도 배제할 수 없다. 따라서 이러한 순위 승계제도는 재고할 필요가 있다.

(4) 잠정적 지위확인 제도의 폐지

과거에는 일단 감면신청이 접수되면, 사무처장이 그 내용을 검토하여 감면요건에 해

382) 공정위 2021.4.16.자 보도자료 참조.

당한다고 판단할 경우 신고인에게 지위확인서를 교부하고, 그렇지 않은 경우에는 신고인에게 감면지위 불인정의 통지를 하였다. 신고인에게 지위확인서가 교부된 경우라도 그것은 조건부 지위확인에 불과하기 때문에, 취소사유가 있으면 위원회는 지위확인을 취소할 수 있었다. 그런데 공정위는 2015년 감면고시를 개정하면서 잠정적인 지위확인제도를 폐지하였다. 그 이유는 사무처장에 의한 지위확인 이후에 조사협조가 순조롭게 이루어지지 않는 상황이 발생하고, 또 자진신고 지위확인 불인정 통지도 행정처분에 해당하여 소송의 대상이 된다는 대법원 판결[383]에 따라 향후 관련 소송으로 인한 사건처리 지연의 우려가 있었고, 국민권익위원회의 제도개선 권고도 있어서[384] 이를 수용한 것이라고 한다.[385]

(5) 불복의 대상이 되는 처분

실무상 자진신고자에 대하여 과징금 등 부과처분(선행처분)을 한 뒤에, 후속하여 자진신고 등을 이유로 자진신고자에 대하여 과징금 감면처분(후행처분)을 하게 된다. 과징금을 감경받는데 그친 2순위 자진신고자가 과징금부과처분의 취소를 구하는 행정소송을 제기하는 경우에 불복의 대상이 되는 처분은 선행처분인가 아니면 후행처분인가? 이에 관해서 하급심 판결은 ① 선행처분을 불복의 대상으로 해야 한다는 것[386]과 ② 후행처분을 불복의 대상으로 해야 한다는 것[387]으로 나누어져 있었다. 그러나 대법원은 ②설을 따랐다. 후행처분은 자진신고 감면까지 포함하여 자진신고자가 실제로 납부하여야 할 최종적인 과징금액을 결정한 종국적 처분이고, 선행처분은 이러한 종국적 처분을 예정한 일종의 잠정적 처분으로서 후행처분에 흡수되어 소멸한다고 보았다. 따라서 선행처분의 취소를 구하는 소는 후행처분으로 이미 효력을 잃은 처분의 취소를 구하는 것으로서 부적법하게 된다.[388]

한편, 사업자가 부당한 공동행위에 관하여 자진신고자 또는 조사협조자로서 감면을 신청하였다가 기각된 경우에 과징금 부과처분의 취소와 별도로 감면기각처분의 취소를 구할 수 있는가? 판례는 긍정설의 입장을 취하였다. 대법원은 과징금 등 처분과 자진신고 감면요건이 구별되는 점, 공정위로서는 자진신고가 있는 사건에 있어서 시정명령 및 과

383) 판유리 담합 사건에서 대법원은 감면불인정 통지는 항고소송의 대상이 되는 행정처분에 해당한다고 판단하였다(대법원 2012.9.27. 선고 2010두3541 판결). 또한, 사업자는 시정명령 등의 취소를 구하는 소송에서 선행처분인 감면불인정 통지의 위법을 독립된 위법사유로 주장하는 것도 허용되었다(대법원 2013.6.13. 선고 2012두26449 판결).

384) 국민권익위원회는 2012년 10월 자진신고 지위확인 또는 불인정이 위원회의 심의·의결 이전에 사무처에서 사실상 결정되어 제도운영의 투명성을 저해한다며 관련 제도개선을 권고하였다.

385) 공정위 2014.12.31.자 보도자료 참조.

386) 서울고법 2013.2.7. 선고 2012누16529 판결.

387) 서울고법 2012.11.28. 선고 2011누46387 판결.

388) 대법원 2015.2.12. 선고 2013두6169 판결; 대법원 2015.2.12. 선고 2013두987 판결.

징금 부과의 요건과 자진신고 감면 요건 모두에 대하여 심리·의결할 의무를 부담한다고 보아야 하는 점, 감면기각처분은 자진신고사업자의 감면신청에 대한 거부처분의 성격을 가지는 점 등을 종합하면, 공정위가 과징금 등의 부과와 감면 여부를 분리 심리하여 별개로 의결한 후 과징금 등 처분과 별도의 처분서로 감면기각처분을 하였다면, 원칙적으로 2개의 처분, 즉 과징금 등 처분과 감면기각처분이 각각 성립한 것으로 보아야 하고, 처분의 상대방으로서는 각각의 처분에 대하여 함께 또는 별도로 불복할 수 있다고 하였다.[389)]

Ⅳ. 자진신고 지위확인의 효과

1. 과징금 및 시정조치의 감면혜택

최초 신고자에 대해서는 과징금 및 시정조치를 면제한다(영 51조 1항 1호). 최초 조사협력자의 경우에는 과징금을 면제하고, 시정조치를 감경하거나 면제한다(영 51조 1항 2호). 2순위 신고자 등의 경우에는 과징금의 50%를 감경하고, 시정조치를 감경할 수 있다(영 51조 1항 3호). 이때, 과징금 감면은 법정 한도액 범위 내의 부과과징금을 산정한 다음에 적용한다.[390)] 자진신고에 따른 과징금 및 시정조치의 감면 혜택을 정리하면 다음 〈표 3-3〉과 같다.

〈표 3-3〉 자진신고에 따른 감면 혜택

	과징금	시정조치
최초 신고자	100% 면제	의무적 면제
최초 조사협조자	100% 면제	의무적 감면
제2순위 신고자 등	50% 감경	임의적 감경

한편, 과거에는 2순위 자진신고자 등에 대하여 자진신고 감경 이외에 자진시정에 따른 과징금 감경이 별도로 이루어진 적이 있었다. 그러나 이에 대하여는 자진시정은 자진신고의 요건 중 하나이므로 자진시정을 이유로 별도로 감경하는 것은 이중혜택이라는 비판이 제기되었다. 이에 따라, 2010년 과징금 고시의 개정으로 자진신고자는 자진시정에 따른 과징금 감경 대상에서 제외되었다. 다만, 위 과징금 고시 부칙에 "고시는 시행일 이전의 행위에 대해서도 적용한다. 다만, 이 고시의 소급적용이 피심인에게 불리한 경우에는 그러하지 아니하다."는 규정이 있어서, 개정 고시 시행 이전의 부당한 공동행위의 경

389) 대법원 2016.12.27. 선고 2016두43282 판결; 대법원 2017.1.12. 선고 2016두35199 판결.
390) 서울고법 2009.7.23. 선고 2008누29931 판결 및 대법원 2010.1.14. 선고 2009두15043 판결.

우 자진시정과 자진신고를 중복 감경하는 것은 가능하다.[391)]

2. 형사고발의 면제

(1) 자진신고 사업자에 대한 고발면제

공정위는 부당한 공동행위에 대하여 전속고발권을 보유하고 있으며, 자진신고자 등에 대해서는 고발을 면제할 수 있다(법 44조 1항). 이 내용은 2013년의 법 개정을 통하여 추가되었는데, 이는 법에 규정된 고발제도의 취지 및 적법성·명확성의 원칙, 평등의 원칙, 부당한 공동행위에 대한 집행력 제고 등 여러 요소를 감안할 때, 법에 직접 고발면제 조항을 규정하는 것이 타당하다는 지적을 받아들인 것이다. 고발면제는 공정위의 재량사항이나, 공정위 실무는 자진신고를 활성화하기 위한 취지에서 원칙적으로 고발하지 않는다.

(2) 사업자 소속 임직원에 대한 고발 여부

지위확인을 받은 사업자에게 소속된 임직원에 대하여도 고발을 면제할 것인지 여부가 문제된다. 과거에는 법령에 명시적 규정은 없었으나, 사업자에 대한 고발면제는 소속 임직원에 대한 고발면제를 포함한다고 해석하는 것이 타당한 점, 일반인의 법 감정상 부당한 공동행위에 대한 형사처벌 규정의 직접 수범자인 사업자에 대하여 고발을 면제하면서 소속 임직원을 고발한다는 것은 형평에 맞지 않는다는 점 등을 근거로 개인에 대한 고발도 면제되는 것으로 해석해야 한다는 주장이 있었으며,[392)] 공정위도 관행적으로 자진신고자와 관련하여 개인고발은 하지 않았다. 2020년 개정된 법 제44조 제1항은 "소속 전·현직 임직원을 포함한다."고 규정함으로써, 개인에 대한 고발 면제가 가능함이 법문상 명백해졌다.

(3) 고발불가분의 원칙 적용 여부

공정위가 부당한 공동행위에 참가한 사업자들 중 자진신고자를 제외한 나머지 사업자들만 고발한 경우에 검사가 고발불가분의 원칙에 근거하여 자진신고자까지 기소하는 것이 가능한가? 전속고발에 관한 규정은 공정위의 고발이 형사소추 조건을 명시하고 있을 뿐, 공정위가 같은 법 위반행위자 중 일부에 대하여만 고발을 한 경우에 그 고발의 효력이 나머지 위반행위자에게도 미치는지의 여부, 즉 고발의 주관적 불가분원칙의 적용 여부에 관하여는 명시적으로 규정하지 않고 있다. 이 점에 관하여 검찰은 고발불가분의 원칙이 적용된다고 보았으나, 법원은 부정설의 입장을 취하였다.

피고인 회사 등 8개 회사가 고밀도 폴리에틸렌 등에 관한 가격담합을 하였는데, 공정

---

391) 대법원 2014.9.4. 선고 2012두15012 판결.

392) 오행록, "Leniency 제도 집행성과와 향후과제", 경쟁법연구 제16권(2007), 114-115면.

위는 1순위 자진신고자인 A 회사와 2순위 자진신고자인 B 회사 및 그 임원 등을 제외하고, 그 중 4개 회사만 검찰에 고발하였다. 그런데 검사는 공정위가 고발하지 않은 A 회사와 B 회사 및 그 임원까지 기소하였다. 대법원은 "형사소송법도 제233조에서 친고죄에 관한 고소의 주관적 불가분원칙을 규정하고 있을 뿐 고발에 대하여 그 주관적 불가분의 원칙에 관한 규정을 두고 있지 않고, 또한 형사소송법 제233조를 준용하고 있지도 아니하다. 이와 같이 명문의 근거 규정이 없을 뿐만 아니라 소추요건이라는 성질상의 공통점 외에 그 고소·고발의 주체와 제도적 취지 등이 상이함에도, 친고죄에 관한 고소의 주관적 불가분원칙을 규정하고 있는 형사소송법 제233조가 공정거래위원회의 고발에도 유추적용된다고 해석한다면, 이는 공정거래위원회의 고발이 없는 행위자에 대해서까지 형사처벌의 범위를 확장하는 것으로서, 결국 피고인에게 불리하게 형벌법규의 문언을 유추해석한 경우에 해당하므로 죄형법정주의에 반하여 허용될 수 없다."고 판시하였다.[393)]

(4) 고발요청권 행사시 자진신고자에 대한 고발 여부

검찰총장, 감사원장, 중소벤처기업부장관, 조달청장이 고발요청권을 행사한 경우에는 공정위는 고발의무를 부담한다(법 129조 3항 내지 5항). 그런데 검찰총장 등이 자진신고자에 대하여 고발요청을 한 경우에도 공정위는 고발의무를 부담하는가? 고발에 관하여 법 제129조는 일반규정이고, 법 제44조 제1항은 특별규정인 점 및 법 제44조 제1항에서 고발을 면제할 수 있다고 명시하고 있는 점 등에 비추어 고발요청권이 행사된 경우라고 하더라도, 자진신고자에 대해서는 공정위가 고발을 면제할 수 있다고 보아야 할 것이다.

3. 손해배상책임

자진신고자에 대해서는 3배 배상책임이 인정되지 않고 실손해에 대해서만 배상책임을 진다. 즉, 사업자는 부당한 공동행위로 인하여 손해를 입은 자가 있는 경우에는 그 자에게 발생한 손해의 3배를 넘지 아니하는 범위에서 손해배상의 책임을 지는 것이 원칙이나, 자진신고자로 인정된 사업자의 경우 그 배상액은 해당 사업자가 부당공동행위를 하여 손해를 입은 자에게 발생한 손해를 초과해서는 아니 된다(법 109조 2항). 미국의 경우 3배 손해배상의 면제특권(detrebling)은 자진신고자가 민사소송에서 원고를 적극적으로 지원하여 만족할 정도로 협조한 경우에 한하여 인정되는 반면,[394)] 우리나라는 그러한 협조의무는 필요하지 않는 것으로 해석된다. 손해배상 제도의 활성화를 위하여 우리나라의 경우에도 자진신고자가 민사 손해배상 소송에 적극 조력하는 경우에 한하여 그 책임을 감면하는 방안을 검토해볼 필요가 있을 것이다.

---

393) 대법원 2010.9.30. 선고 2008도4762 판결.

394) 만족할 정도로 협조한다고 함은 리니언시 기업이 손해배상 소송과 관련되어 자신이 알고 있는 모든 사실을 원고에 제공하여야 하며, 전·현직 직원과의 인터뷰, 증언 요청에 응해야 한다는 조건을 의미한다.

자진신고를 하지 않은 부당공동행위 참여 사업자에 대해서는 3배 배상제도를 채택하고 있지만, 자진신고자에 대해서는 실손해 배상책임만을 인정하고 있기 때문에 이들 사이의 책임관계가 문제될 수 있다. 자진신고 사업자가 실손해 배상책임을 지는 경우에는 다른 사업자와 공동으로 부당공동행위를 하여 손해를 입은 자에게 발생한 손해를 초과하지 아니하는 범위에서 「민법」 제760조에 따른 공동불법행위자의 책임을 진다(법 109조 4항).

V. 추가적 자진신고 감면제도

1. 의 의

부당한 공동행위로 과징금 부과 또는 시정조치의 대상이 된 자가 그 부당한 공동행위 외에 그 자가 관련되어 있는 다른 부당한 공동행위에 대하여 최초 신고자 내지 최초 조사협력자의 요건을 충족하는 경우에는 그 부당한 공동행위에 대하여 다시 과징금을 감경 또는 면제하고, 시정조치를 감경할 수 있다(영 51조 1항 4호). 이와 같은 추가적 자진신고 감면제도를 'Amnesty Plus'라고 한다. 추가적 자진신고 감면제도는 카르텔 가담자들이 대개 여러 개의 카르텔에 가담하는 경향이 있다는 점에 착안하여, 하나의 카르텔에 대해 조사를 받고 있는 사업자들에 대해서 다른 카르텔에 대한 자진신고를 유도하기 위한 목적에서 규정되었다.

2. 추가적 자진신고에 따른 감면 혜택

추가적 자진신고가 인정되는 경우에 위원회는 당해 공동행위에 대하여도 다시 과징금을 감경 또는 면제하고, 시정조치를 감경할 수 있다. 이때 당해 공동행위(A)에 대하여 감경 또는 면제할 과징금은 추가적으로 신고한 다른 공동행위(B)와 규모를 비교하여 결정한다. 공동행위의 규모는 관련매출액에 의해 판단한다. 다만, 입찰담합의 경우 들러리 사업자의 관련매출액은 포함하지 아니한다. 추가적 자진신고에 따른 감면 혜택을 구체적으로 살펴보면 다음 〈표 3-4〉와 같다.

〈표 3-4〉 추가적 자진신고에 따른 감면 혜택

당해 공동행위(A)와 다른 공동행위(B)의 규모 비교	당해 공동행위(A)의 과징금 감경 비율
B가 A의 1배 이하	20% 범위 내
B가 A의 1배 초과 2배 미만	30%
B가 A의 2배 이상 4배 미만	50%
B가 A의 4배 이상	면제

당해 공동행위에 대하여 이미 감경사유가 존재하는 경우에는 기존의 감경비율과 추가적 자진신고에 따른 감경비율을 합산하여 일괄 감경한다. 예컨대, 甲 기업이 설탕(A)과 밀가루(B) 시장에서 모두 담합에 가담하였는데, 그 중 설탕 시장에 대해 기업 乙의 자진신고로 이미 조사가 개시된 상황에서, 甲이 양 시장 모두에 대해서 자진신고를 함으로써 밀가루 시장에 대해서 최초 신고자의 지위를 취득하고 설탕 시장에 대해서는 2순위로 신고한 경우를 상정해 보자. 이 경우 甲은 원래대로라면 설탕 시장에서는 2순위 신고자이기 때문에 시정조치는 감경, 과징금은 50% 감경되는 데 그칠 것이다. 그렇지만, 밀가루 시장에 대한 추가적 자진신고의 효과로서 설탕 시장에 대해서도 기존의 50% 과징금 감경비율에 더하여 밀가루 시장과의 규모를 비교하여 산정된 과징금 감경비율을 합산하여 일괄 감경받게 된다.

3. 복수의 공동행위가 존재하는 경우의 처리

당해 공동행위와 다른 공동행위가 복수로 존재할 경우의 처리에 관하여 과거에는 감면고시 등에 별다른 규정이 없었다. 이 경우에 복수 공동행위의 전체 매출액을 합산 비교할 것인지, 아니면 개별 매출액을 각각 비교할 것인지에 관하여 논란이 있었다. 예를 들어, 甲 기업이 먼저 7건의 당해 부당한 공동행위를 자진신고한 다음, 나중에 다시 2건의 다른 부당한 공동행위를 추가 자진신고한 경우가 있다고 가정해 보자. 이 경우에 ① 7건의 당해 공동행위의 관련매출액을 합산한 금액과 2건의 다른 공동행위의 관련매출액을 합산한 금액으로 양자의 규모를 비교하여 감경률을 정하여야 한다는 견해와, ② 각각의 당해 공동행위의 관련매출액과 각각의 다른 공동행위의 관련매출액을 개별적으로 비교하여 감경률을 정해야 한다는 견해가 있었다. 공정위는 ①의 방식에 따라 추가적 자진신고에 따른 감경비율을 계산하였고, 대법원은 공정위의 방식이 적법하다고 판단하였다.[395] 그리고 공정위는 2021년 감면고시를 개정하여 당해 공동행위 또는 다른 공동행위가 여러 개인 경우에는 당해 또는 다른 공동행위 규모의 합이 비교 대상이 된다는 점을 분명히 하였다.

Ⅵ. 감면처분의 취소

자진신고자가 위원회에서 감면처분을 받은 후에 관련 행정소송에서 기존의 입장을 번복하는 경우가 발생하였는데,[396] 이러한 사업자에게 감면의 혜택을 유지하는 것은 사회

395) 대법원 2013.11.14. 선고 2011두28783 판결. 공정위가 전체 매출액을 합산하여 서로 비교한다는 기준을 세운 후, 그 기준에 따라 정한 각각의 감경률을 정한 조치는 과징금제도와 추가감면제도를 둔 입법취지에 반하지 않고, 불합리하거나 자의적이지도 않다고 보았다.

396) 감경된 과징금 부과처분을 받은 2순위 신고자가 그 처분을 다투는 소송에서 기존의 진술을 번복하는 경우

정의 관념에 비추어 부당하다는 지적이 있었다. 이에 2020년 개정된 법은 규정을 신설하여, 시정조치나 과징금을 감경 또는 면제받은 자가 그 부당한 공동행위와 관련된 재판에서 조사과정에서 진술한 내용과 달리 진술하는 등 일정한 경우에는 그 감면처분을 취소할 수 있도록 하였다(법 44조 3항). 사후적 취소사유는 구체적으로 ① 조사 또는 심의·의결 과정에서 진술하거나 제출했던 자료의 중요한 내용을 전부 또는 일부 부정하는 주장을 재판[397] 과정에서 하는 경우, ② 조사 또는 심의·의결 과정에서 진술하거나 제출했던 자료가 거짓인 것으로 재판에서 밝혀진 경우, ③ 공동행위 사실을 입증하기 위하여 필요한 진술 등을 하지 않거나 법원에 출석하지 않는 등 정당한 이유 없이 재판에 성실하게 협조하지 아니하는 경우, ④ 자진신고한 공동행위 사실을 부인하는 취지의 소를 제기하는 경우를 말한다(영 51조 3항).

Ⅶ. 비밀유지의무

1. 비밀엄수의무의 특칙

공정위 및 그 소속 공무원은 기본적으로 자진신고자 또는 공정위의 조사 및 심의·의결에 협조한 자의 신원·제보내용 등 자진신고나 제보와 관련된 정보 및 자료를 사건 처리와 관계없는 자에게 제공하거나 누설해서는 아니 된다(법 44조 4항). 다만, 자진신고자 등이 해당 정보를 제공하는 데 동의한 경우, 해당 사건과 관련된 소의 제기, 소송의 수행 등에 필요한 경우에는 예외로 한다(영 51조 4항). 자진신고자 또는 조사협조자에 대한 비밀유지의무 규정은 종래 시행령에 규정되어 있었으나, 2007년의 법 개정을 통하여 법률에 규정되었다. 이는 공정위의 전·현직 위원, 공무원, 기타 업무담당자에 부과되는 비밀엄수의무(법 119조)의 특칙에 해당한다. 위 비밀엄수의무를 위반 시에는 형사처벌(2년 이하의 징역 또는 200만원 이하의 벌금)의 대상이 된다(법 127조 3항).

2. 피심인에 대한 자진신고 자료 제공의 문제

자진신고자에 의하여 부당한 공동행위 참여자로 지목된 당사자의 입장에서는, 자진신고자가 도대체 어떤 내용의 신고를 하였는지를 알아야 제대로 방어를 할 수 있다. 당사자에게 자진신고 내용에 관한 탄핵의 기회를 부여하기 위해서는 자진신고 자료를 제공할 필요가 있다. 그러나 다른 한편으로 자진신고를 적극 유도하기 위해서 자진신고자에 대한 비밀보호의 필요성도 존재한다. 따라서 자진신고 내용의 공개 여부에 관한 판단은 일

가 있었다.

397) 법 제99조의 불복의 소에 따른 재판을 말한다.

도양단으로 결론을 내릴 것은 아니고, 공정위 사건처리 절차의 흐름에 따라 어떠한 법익이 더 중요하게 작용하는지에 따라 결정하는 것이 바람직할 것이다.

구체적으로 살펴보면, 공정위의 심사단계에서는 증거인멸의 우려가 높은 만큼 비공개의 필요성이 공개의 필요성보다 상대적으로 크다고 할 수 있다. 그러나 조사가 완료되고 심사보고서가 작성된 심의단계에 이르면 증거인멸의 우려는 현저히 낮아진 반면, 피심인의 방어권 보장의 필요성이 더 크다고 할 수 있다. 심의절차에서는 피심인들이 자진신고 내용에 대해서 적극적으로 다투게 하는 것이 피심인의 방어권을 보장하는 동시에, 자진신고자 진술의 신빙성을 엄밀히 검증할 수 있게 함으로써 실체적 진실의 발견에 한 걸음 더 접근할 수 있는 길이 될 것이다.[398] 이러한 측면에서, 심사보고서가 작성된 이후 피심인이 이에 대한 반박을 하기 위하여 자진신고자의 진술조서나 확인서의 열람 및 복사 신청을 하는 경우에, 공정위는 자진신고자의 인적사항 등에 관한 자료를 제외한 나머지 자료들에 대해서는 피심인의 방어권 보장 차원에서 이에 응할 의무가 있다고 보아야 할 것이다.[399]

실무상 공정위는 자신신고 자료에 대한 비밀엄수의무를 근거로 심결 과정에서는 자진신고 자료를 제공하지 않다가, 당해 처분에 대해 행정소송이 제기된 때에 비로소 자진신고 자료를 법원에 제출하는 경우도 있었다. 그 결과 공정위 심결 과정에서 현출되지 아니한 자진신고 자료에 대해서는 소송에 이르러 본격적으로 탄핵이 이루어지게 된다. 공정위 심결절차가 1심 재판에 갈음하는 대심주의 구조를 지향하는 이상, 심결과정에서 자진신고 자료를 피심인에게 제공하지 않는 것은 피심인의 방어권 보장을 저해하고 실체적 진실의 발견을 곤란하게 한다는 비판을 받을 여지가 있다.

---

398) EU의 경우에 피심인의 혐의 입증 또는 피심인의 방어권 보장을 위해서 심사보고서(Statement of Objection) 작성 이후 관련자료를 원칙적으로 공개하도록 규정하고 있다. 위와 같은 공개여부의 결정 권한은 위원회(구체적으로는 Case Team)에 있으며, 그 기준은 ① 관련자료를 공개하여 방어권을 보장하는 것과 ② 관련자료의 비밀을 유지하는 것 간의 이익형량이다. 이와 같은 이익형량에서는 관련자료를 이용한 경쟁법 위반 혐의의 입증시 달성되는 공익적 이익, 해당자료를 무혐의의 입증자료로 활용하여야 할 피심인의 이익, 해당자료를 제공한 당사자의 비밀이 준수되어야 할 이익의 세 가지를 고려하여야 한다고 규정하고 있다. European Commission, Antitrust Manual of Procedures (March 2012, http://ec.europa.eu/competition/antitrust/information_en.html), ch. 12 참조. 자진신고 진술서는 EU의 '위원회 기록에의 접근을 위한 규칙에 관한 고시'(Commission Notice on rules for access to the Commission file)에 의거하여 피심인에게만 공개한다. 다만, 피심인의 경우에도 구내열람만 허용하고 사본(any copy by mechanical or electronic means)은 생성하지 못하도록 하고 있다. 한편, 일본의 경우 독점금지법 제70조의15 제1항에서 "이해관계 있는 당사자는 公正取引委員會(이하 "공취위"라고 함)에 대하여 심판절차가 개시된 후 사건 기록의 열람 혹은 등사 또는 배제조치명령서, 과징금납부명령서, 심판개시결정서 혹은 심결서의 등본 혹은 초본의 교부를 요구할 수 있다. 이 경우에 공취위는 제3자의 이익을 해함이 인정되거나 기타 정당한 이유가 없으면 사건기록의 열람 또는 복사를 거절할 수 없다."고 규정하고, 제2항에서 "공취위는 전항의 규정에 의한 복사를 하는 경우에 있어서 복사한 사건기록의 사용목적을 제한하고 그 외 적당하다고 인정되는 조건을 부여할 수 있다."고 규정하고 있다.

399) 만약 자진신고자가 제출한 진술서의 내용 중 일부가 영업비밀이나 사생활비밀에 해당한다면, 해당 부분을 제외한 나머지 부분을 피심인에게 공개하여 다툴 수 있도록 보장을 해 주는 것이 바람직할 것이다.

3. 손해배상소송 제기시 기록송부

법원은 손해배상청구의 소가 제기되었을 때 필요한 경우 공정위에 대하여 당해 사건의 기록(사건관계인, 참고인 또는 감정인에 대한 심문조서, 속기록 및 그 밖에 재판상 증거가 되는 모든 것을 포함한다)의 송부를 요구할 수 있다(법 110조). 이러한 기록송부 제도는 법위반 행위로 인하여 피해를 입은 자들의 권리구제를 실질적으로 보장하기 위하여 마련된 것이다. 그렇다면, 부당한 공동행위에 관해서 법원의 사건기록 송부 요청이 있는 경우에 공정위는 해당 사건기록의 자진신고 관련 자료까지 법원에 제공해야 하는가? 이것은 자진신고자에 대한 비밀보호 필요성이라는 법익과 피해자의 실질적 권리구제라는 법익이 충돌하는 영역이다. 이에 대해서 민사사건에서의 법원 또는 당사자는 신고자의 자료를 증거자료로 사용하는 것이 가능하지 않다는 주장[400]과 공정위는 법 제110조에 근거한 법원의 요구를 거부할 수 없다는 주장[401]이 대립하고 있다. 자진신고자가 민사적으로 손해배상의 의무까지 면제되는 것은 아니고, 공정위는 법원에 대하여 자료제출의무가 있으므로 긍정설이 타당하다고 본다. 따라서 이 경우에 공정위가 자진신고 자료를 법원에 제출하였다고 하더라도 그것은 법률에 따른 행위이므로 비밀유지의무 위반이 되지 않는다. 다만, 실무상으로는 법 제110조에 근거한 기록송부 요구가 이루어지는 경우는 거의 없다고 한다. 왜냐하면 공정위가 자진신고 자료 제출에 소극적이기 때문에, 민사 손해배상 소송의 피해자들은 행정사건에 대한 기록 열람·복사신청을 통해 우회적으로 자진신고 자료를 입수하는 길을 택하고 있다.

■ 외국의 사례

자진신고자에 대한 비밀보호 필요성과 피해자의 실질적 권리구제의 양 법익이 충돌하는 문제를 외국에서는 어떻게 처리하고 있는가? EU에서는 이 문제가 Pfleiderer 사건에서 다루어졌다. 이 사건은 2008년 독일 연방카르텔청이 제지가격 카르텔에 참여한 3개 기업을 대상으로 과징금을 부과한 후 구매자 중 하나인 Pfleiderer가 카르텔로 인한 금전적 손해의 배상을 요구하면서 시작되었다. Pfleiderer는 소송내용을 보강하기 위하여 리니언시 자료를 포함한 독일 연방카르텔청의 사건기록에 있는 모든 서류에 대한 접근을 요청하였다. 독일 연방카르텔청이 리니언시 신청서류에 대한 접근허락을 거부하자, Pfleiderer는 독일 법원(Amtsgericht Bonn)에 소를 제기하였다. 독일법원은 ECJ에 회원국 경쟁당국의 리니언시 프로그램에 따라 제출된 리니

400) 황태희, “현행 카르텔 자진신고자 감면제도의 문제점과 재선방안”, 경쟁법연구 제16권(2007), 84-85면; 홍대식, “공정거래법의 사적 집행에 관한 국내 동향과 쟁점”, 경쟁저널 제145호(2009), 6면.

401) 서정, “부당한 공동행위의 금지”, 독점규제법 30년(2011), 309면; 이선희, “카르텔의 자진신고에 의한 책임감경제도와 손해배상청구소송의 상호관계에 대한 연구”, 성균관법학 제25권 제1호(2013), 61면.

언시 신청서 및 관련서류를 민사소송의 원고에게 공개하는 것이 EU 법에 합치하는지 여부에 대한 해석을 의뢰하였다. ECJ는 2011. 6. EU 법이 민사소송의 원고에게 리니언시 자료를 공개하는 것을 막지 않는다고 보고, 회원국 법원이 이른바 사례별 판단원칙에 의거하여 개별적인 사건의 정황을 기초로 이러한 자료들이 원고에게 제공될 수 있는지 여부를 판단하여야 하는 문제라고 보았다. 그리고 이를 판단함에 있어서 ① 민사상 배상에 따른 이익과 ② 효율적인 카르텔 단속에 대한 이익 및 이에 따른 리니언시 프로그램의 보호 간에 균형을 이루도록 하여야 한다고 하였다.402) 한편, 3배 배상제도를 채택하고 있는 미국의 경우 자진신고자가 민사소송에서 원고를 적극적으로 지원하여 만족할 정도로 협조한 경우에는 실손해 배상책임만을 인정하는 3배 손해배상 면제 특권(detrebling)을 부여하고 있다. 이때 만족할 정도로 협조한다 함은 리니언시 기업이 손해배상 소송과 관련되어 자신이 알고 있는 모든 사실을 원고에 제공하여야 하며, 전현직 직원과의 인터뷰, 증언 요청에 응해야 한다는 조건을 의미한다. 이와 같이 미국은 자진신고자에게 스스로 민사소송의 원고들에 협조할 인센티브를 부여하는 방식으로 이 문제를 해결하고 있다.

Ⅷ. 자진신고자 진술의 신빙성 확보

많은 부당한 공동행위 사건에서 자진신고자의 진술은 위법행위를 인정하는 주요한 증거로 사용되고 있다. 그런데 자진신고자의 진술은 통상의 진술에 비하여 다음과 같은 특수성이 있음도 유의할 필요가 있다. 첫째, 자진신고자가 자신의 진술에 대해서 별다른 불이익을 받지 않기 때문에 남용의 우려가 있다. 형사사건의 경우 피고인이나 피의자가 범죄행위를 자백하게 되는 경우 그 진술로 인하여 자신이 형사처벌을 받기 때문에 허위 자백의 가능성이 비교적 낮은 반면, 담합사건에서 자진신고를 하는 경우에는 자신은 제재를 감면받고 경쟁자는 제재를 받기 때문에, 경쟁자를 불리하게 할 목적으로 경쟁자에 대한 부분을 실제보다 과장되게 진술할 유인이 존재한다.403) 둘째, 접수순위에 따라 절차상 지위가 달라지기 때문에, 사업자들이 부당한 공동행위 여부에 대한 확신 없이 단지 우선 순위를 인정받기 위해서 자진신고로 나아가는 현상도 발생할 수 있다.

이러한 까닭에 자진신고자의 진술에도 불구하고 부당한 공동행위가 인정되지 않은 사례들도 간혹 있다. 라면 담합사건에서는 라면 가격이 여러 차례 인상되었는데 그 중 제1차 인상에 대하여 대법원은 자진신고사업자 측의 진술 중 대표자회의와 관련된 진술은

402) Case C-360/09 Pfleiderer AG v. Bundeskartellamt [2011] ECR I-5161.

403) 미국, EU에서는 경쟁법 위반 여부가 불분명한 사안에서 사업자 중 일부가 자진신고를 하여 자신은 과징금을 면제받고 경쟁사업자들은 거액의 과징금을 부과받게 함으로써 경쟁사업자의 경쟁력을 약화시키는 전략적 자진신고 사례가 보고되고 있고, 우리나라에서도 유사한 사례가 발견된다고 한다. 박세민, "자진신고 제도의 주요 쟁점과 정책적 시사점", 저스티스 제166호(2018), 323-327면 참조.

전문진술(hearsay)로서 내용이 정확하지 않아 라면가격인상에 대한 공감 정도는 몰라도 구체적인 합의내용을 특정하기 어려울 뿐만 아니라, 라면협의회와 관련된 진술은 진술자가 직접 경험한 것이 아닐 가능성이 있어 그 신빙성을 인정하기 어렵다고 보았다.[404] 11개 배합사료 제조·판매 사업자의 부당한 공동행위에 대한 건 관련해서도 자진신고자의 진술이 법원에서 배척된 것으로 알려졌다.[405]

만일 자진신고 자료의 진정성이 확보되지 않는다면, 다른 경쟁사업자의 피해는 물론 이거니와 불필요한 행정력의 낭비까지 초래하게 되어 자진신고자 감면제도의 근간이 흔들릴 우려가 있다. 그런데 자진신고자 감면제도가 제시하고 있는 면책이라는 당근이 자진신고자의 사적 이기심과 잘못 결합할 때, 그 신고내용이 허위 또는 과장으로 오염될 가능성을 완전히 배제할 수 없다. 자진신고 자료에 대한 탄핵의 기회가 봉쇄될수록 그리고 공정위가 확증편향에 빠질수록 자진신고 진술증거의 증명력 판단을 그르칠 위험성은 커지게 될 것이다. 따라서 공정위의 사건처리절차에서 적법절차의 원리를 강조함으로써 이러한 위험을 사전에 예방할 필요가 있다.[406]

제 6 절 부당한 공동행위에 대한 제재

I. 시정조치

공정위는 부당한 공동행위가 있을 때에는 그 사업자에게 해당 행위의 중지, 시정명령을 받은 사실의 공표 또는 그 밖에 필요한 시정조치를 명할 수 있다(법 42조 1항). 시정조치의 주요 유형으로는 부작위명령, 작위명령 및 보조적 명령이 있는데, 부작위명령에는 행위중지 명령과 행위금지 명령이 있고, 작위명령에는 이용강제·거래개시·거래재개 명령, 합의파기명령, 계약조항의 수정 또는 삭제 명령, 독자적 가격재결정 명령, 분리판매 명령 등이 있으며, 보조적 명령에는 통지명령 또는 교부명령, 보고명령, 교육실시명령, 점검활동 보장명령, 자료보관명령 등이 있다. 가장 일반적인 시정조치의 유형은 위반행위의

---

404) 대법원 2015.12.24. 선고 2013두25924 판결; 대법원 2016.1.14. 선고 2013두26309 판결 및 2014두939 판결. 관련 평석으로 박수영, "정보교환행위의 합의성립 여부 – 대법원 2015.12.24. 선고 2013두25924 판결을 중심으로" 경제법연구 제15권 제2호(2016), 177-212면; 조성국, "「4개 라면 제조·판매 사업자의 부당한 공동행위에 대한 건」 판례 평석: 대법원 2015.12.24. 선고 2013두25924 판결을 중심으로" 경쟁법연구 제33권(2016), 194-217면.

405) 대법원 2022.5.26. 선고 2017두47229 판결; 대법원 2022.5.26. 선고 2017두47144 판결; 대법원 2022.6.16. 선고 2017두56346 판결. 이 사건의 자진신고 관련 배경사실에 관해서는 2022.6.15.자 서울경제 "공정위 '사료값 담합' 잇달아 패소" 기사 참조.

406) 상세는 서정, "적법절차 원리에 비추 본 현행 자진신고자 감면제도의 문제점과 개선방안", 선진상사법률연구 제70호(2015), 75면 이하 참조.

중지 및 시정명령을 받은 사실의 공표명령이다. 그런데 공정위가 이러한 시정조치 이외에 어느 범위까지 시정조치를 내릴 수 있는지가 문제될 수 있다. 법상으로는 "그 밖에 필요한 시정조치"를 명할 수 있고, 여기에는 부당한 공동행위의 위법을 시정하기 위하여 필요하다고 인정되는 제반 조치가 포함된다고 해석되나, 그 한계를 획정할 필요가 있다. 실무상 문제가 되는 것은 공정위가 정보교환 금지명령과 가격 원상회복명령을 내리는 것이 허용되는지 여부이다.

1. 정보교환 금지명령

경쟁사업자 간 정보교환을 통한 담합이 이루어진 경우에 경쟁당국에서 해당 위반행위의 중지 이외에 정보교환을 금지하는 시정명령을 내릴 수 있는가? 밀가루 담합 사건에서 공정위는 밀가루 사업자들의 가격, 물량, 거래조건 담합행위를 위법하다고 판단하면서 시정명령의 하나로서 "피심인들은 시장을 통한 정보수집의 경우를 제외하고 직접 또는 협회를 통하는 방법, 기타 여하한 방법으로 상호간의 가격, 밀가루 판매량 또는 생산량에 관한 정보를 교환하여서는 아니 된다."는 내용의 정보교환 금지명령을 내렸다. 대법원은 명확성, 구체성, 비례성을 전제로 공정위의 정보교환 금지명령이 적법하다고 보았다.[407] 이 사건에서 대법원은 정보교환 금지명령이 법 제42조 제1항에서 정한 필요한 조치로서 허용되는지는 그 정보교환의 목적, 관련시장의 구조 및 특성, 정보교환의 방식, 교환된 정보의 내용, 성질 및 시간적 범위 등을 종합적으로 고려하여 판단하여야 한다고 판시하였다.

2. 가격 원상회복명령

공정위가 가격협정에 의하여 유지되고 있는 가격을 협정전의 가격으로 인하하라는 원상회복명령을 내릴 수 있는가? 독과점적 시장구조가 고착화되어 있는 경우에 공동행위를 금지하는 명령만으로는 가격인하 효과가 나타나기가 어렵기 때문에, 가격협정에 의하여 가격이 공동으로 인상된 경우에 공정위가 그 가격협정이 무효라는 사실을 확인한 뒤에, 그 사업자들에게 당해 공동행위를 금지하는 명령과 아울러 가격인하 명령을 내리는 것도 생각해 볼 수 있다. 그러나 공정위가 사업자들에게 가격인하 명령을 할 수 있게 되면, 그것은 곧 사업자들의 가격결정 그 자체에 관여하는 결과가 되어 시장의 기능을 왜곡할 우려가 있을 뿐만 아니라, 실제로 부당한 공동행위가 없었을 경우에 책정되었을 가격을 산정하는 것이 어렵기 때문에, 일반적으로는 가격 원상회복명령은 시정조치로서 적절하지 않다고

---

407) 대법원 2009.5.28. 선고 2007두24616 판결. 구체적으로 위 정보교환 금지명령의 경우, "시장을 통한 정보수집의 경우를 제외하고"라는 문구 및 위 시정명령 전체의 취지에 비추어 보면, 현재 또는 장래에 관한 공개되지 아니한 정보의 교환만을 금지하는 것임을 알 수 있으므로 명확성과 구체성의 원칙이나 비례의 원칙에 위반되지 아니한다고 할 수 있다.

할 수 있다.

Ⅱ. 과 징 금

공정위는 부당한 공동행위가 있을 때에는 그 사업자에게 관련매출액 등에 20%를 곱한 금액을 초과하지 아니하는 범위에서 과징금을 부과할 수 있다. 다만, 매출액이 없는 경우 등에는 40억원을 초과하지 아니하는 범위에서 과징금을 부과할 수 있다(법 43조). 이러한 과징금은 부당이득의 환수와 행정제재벌적 성격을 동시에 가지고 있다.[408] 즉 과징금은 사업자들이 부당한 공동행위로 인하여 벌어들인 부당이득을 환수함으로써, 사회적 공정성을 확보함과 아울러 사업자들에게 이러한 공동행위를 했다가 적발되면 경제적으로도 큰 손해를 보게 된다는 점을 인식시켜서, 그러한 행위를 하려는 유혹을 사전에 차단함으로써 부당한 공동행위를 억지하려는 데에 그 목적이 있다.

과징금의 부과를 위해서 위반기간과 관련매출액 등을 특정할 필요가 있다. 위반기간은 위반행위의 개시일로부터 그 종료일까지의 기간을 말하는데, 개시일은 원칙적으로 실행개시일이 아니라 합의일이고, 종료일은 합의에 따른 실행행위가 종료된 날이다.[409] 그리고 관련매출액은 위반사업자가 위반기간 동안 일정한 거래분야에서 판매한 관련 상품이나 용역의 매출액 또는 이에 준하는 금액을 말한다.[410] 다만, 위반행위가 상품이나 용역의 구매와 관련하여 이루어진 경우에는 관련 상품이나 용역의 매입액을 기준으로 하고, 입찰담합 및 이와 유사한 행위인 경우에는 계약금액을 기준으로 한다(영 50조). 부당한 공동행위와 관련된 상품 또는 용역의 대가의 합계액에서 품질불량·파손 등으로 대가의 일부가 공제될 경우의 공제액 등 소정의 금액을 공제한 금액으로 하여야 하며, 매출액을 산정함에 있어서 그 전제가 되는 부당한 공동행위와 관련된 상품 또는 용역의 범위는 부당한 공동행위를 한 사업자간의 합의의 내용에 포함된 상품 또는 용역의 종류와 성질·거래지역·거래상대방·거래단계 등을 고려하여 개별적·구체적으로 판단하여야 한다.[411] 한편, 대법원은 실행행위가 중첩되거나 연속되는 경우에 각각의 행위를 개별적으로 부과대상으로 할 것이 아니라 일괄하여 하나의 과징금 부과를 하는 것이 타당하다고 보고 있다.[412]

과징금은 원칙적으로 관련매출액 등에 100분의 20을 곱한 금액을 초과하지 않는 범

---

408) 대법원 2004.10.27. 선고 2002두6842 판결; 대법원 2004.10.28. 선고 2002두7456 판결 참조.

409) 대법원 2006.3.24. 선고 2004두11275 판결.

410) 종전에는 법위반행위 유형별 과징금 한도액의 기준을 위반사업자의 연평균매출액으로 규정하고 있었으나 2007년 법 개정으로 현행과 같이 법위반행위와 관련된 매출액으로 규정하게 되었다.

411) 대법원 2003.1.10. 선고 2001두10387 판결.

412) 대법원 2001.5.8. 선고 2000두7872 판결.

위에서 부과된다. 다만, 관련매출액 등이 없는 경우 등에는 40억원을 초과하지 않는 범위에서 과징금을 부과할 수 있다. 종전에는 부당한 공동행위에 대한 과징금 부과의 한도가 관련매출액 등의 5% 또는 10억원이었으나 부당한 공동행위의 폐해에 비하여 그에 대한 과징금이 충분한 억제력을 가지지 못한다는 지적에 따라 2004년 법 개정으로 관련매출액 등의 10% 또는 20억원으로 상향되었다가, 2020년 법 개정시 관련매출액 등의 20% 또는 40억원으로 다시 상향조정되었다.

Ⅲ. 벌 칙

부당한 공동행위를 한 자 또는 이를 하도록 한 자에 대하여는 3년 이하의 징역 또는 2억원 이하의 벌금에 처한다(법 124조 1항 9호). 그리고 공정위의 시정조치에 따르지 아니한 사업자에 대하여는 2년 이하의 징역 또는 1억 5천만원 이하의 벌금에 처한다(법 125조 1호). 다만, 형사소추에는 원칙적으로 공정위의 고발이 있어야 한다(법 129조).

제4장

불공정거래행위의 금지

제1절 총　　설

Ⅰ. 불공정거래행위 규제에 관한 입법태도

일반적으로 불공정거래행위를 규제하는 방식에는 두 가지가 있다. 하나는 당사자들이 민법상의 손해배상청구나 금지청구 등과 같은 제도를 통하여 법원에 소송을 제기하여 사법적(司法的)으로 해결하는 방식이고, 다른 하나는 정부가 행정력(行政力)을 동원하여 이를 강제적으로 규제하는 방식이다. 미국이나 독일처럼 시장경제와 사적자치가 기본질서로 정착되어 있는 나라에서는 정부가 가능한 한 개인이나 기업의 사적인 경제활동에 개입하지 않으려는 경향이 있기 때문에 주로 전자의 방식을 채택하고 있는 반면, 일본이나 우리나라처럼 정부가 오랫동안 사적인 경제활동에 깊숙이 간여해 온 전통이 있는 나라에서는 후자의 방식이 선호되고 있다. 미국이나 독일처럼 민사상 구제를 원칙으로 하는 국가에서는 불공정한 거래행위를 일반적으로 금지하고 그 세부유형은 판례의 축적을 통해서 발전시키고 있다. 이러한 방식은 다양한 모습의 불공정거래행위를 모두 금지할 수 있는 장점을 가지는 반면, 구체적인 경우에 문제되는 행위가 불공정거래행위에 해당되는지의 여부를 판단하기가 어렵다는 단점이 있다. 반면, 우리나라나 일본처럼 행정규제의 전통이 강한 나라에서는 공정한 거래를 저해할 우려가 있는 행위들을 법령에 불공정거래행위의 유형으로 규정해 놓고, 그 규정에 포섭되는 행위만 금지하는 방법을 택하고 있다. 이러한 방식은 불공정거래행위의 유형을 명확히 제시함으로써 구체적인 경우에 문제되는 행위가 금지되는지의 여부를 쉽게 판단할 수 있는 장점을 가지는 반면, 새로운 형태의 불공정거래행위가 나타날 경우에는 이를 규제하기가 어렵고, 이를 극복하기 위하여 새로운 특별법을 제정해야 하는 단점이 있다.

법 제6장은 불공정거래행위, 재판매가격유지행위 및 특수관계인에 대한 부당한 이익제공의 금지에 관해서 규정하고 있다. 이 세 가지 금지행위 유형은 규제의 근거 및 부당성 판단의 기준이 상이한데 이를 같은 장으로 분류한 이유는 분명하지 않다. 법 제45조 제1항은 불공정거래행위로서 금지되는 10가지 행위유형을 각 호의 형식으로 규정하고 있고, 동조 제3항은 불공정거래행위의 유형 또는 기준을 대통령령으로 정하도록 하고 있다. 이에 따라 법 시행령 제52조는 불공정거래행위의 유형 또는 기준을 [별표 2]에 규정해 놓고 있다. 한편 공정위는 다양한 형태의 불공정거래행위를 효율적으로 규율하기 위하여 예규, 고시 등과 같은 연성법을 제정하여 운용하고 있는데, 공정위의 실무에서는 이들이 중요한 역할을 담당하고 있다. 이러한 공정위의 예규로서는 「불공정거래행위 심사지침」,[1] 「부당한 지원행위의 심사지침」(이하 "부당지원행위 심사지침"이라 함),[2] 「특수형태근로종사자에 대한 거래상지위남용행위 심사지침」[3] 등이 있다.

또한, 법은 불공정거래행위 예방에 관한 규정을 두고 있다. 공정위는 불공정거래행위를 예방하기 위하여 필요한 경우 사업자가 준수해야 할 지침을 제정·고시할 수 있다(법 45조 4항). 사업자 또는 사업자단체는 부당한 고객유인을 방지하기 위하여 자율적으로 규약(이하 "공정경쟁규약"이라고 함)을 정할 수 있다. 사업자 또는 사업자단체는 공정위에 공정경쟁규약이 부당하게 경쟁자의 고객을 자기와 거래하도록 유인하는 행위로서 불공정거래행위에 해당하는지에 대한 심사를 요청할 수 있다(법 45조 5항, 6항).

한편, 특별법에 의해 불공정거래행위의 행위요건을 구체화, 세분화하거나 위법성 요건을 완화한 법들도 넓은 의미에서 불공정거래행위와 관련된 법령에 해당될 수 있다. 이러한 특별법으로서는 하도급거래 분야에 관한 「하도급거래 공정화에 관한 법률」(이하 "하도급법"이라고 함), 가맹사업거래 분야에 관한 「가맹사업거래의 공정화에 관한 법률」(이하 "가맹사업법"이라고 함), 대규모유통업 분야에 관한 「대규모유통업에서의 거래 공정화에 관한 법률」(이하 "대규모유통업법"이라고 함), 표시·광고행위에 관한 「표시·광고의 공정화에 관한 법률」(이하 "표시광고법"이라고 함), 대리점거래 분야에 관한 「대리점거래의 공정화에 관한 법률」(이하 "대리점법"이라고 함) 등을 들 수 있다.[4]

---

1) 불공정거래행위 유형과 기준을 보다 구체적으로 명확히 규정하고 사례를 예시한 공정위 내부의 위법성 심사기준이다.

2) 자금거래·자산거래·부동산임대차·상품 및 용역거래·인력제공별 지원행위의 구체적 기준 및 지원금액 산정원칙을 규정한 것이다.

3) 자영업자와 근로자의 중간적 위치에서 노무를 제공하는 특수형태근로종사자에 대한 거래상 지위 남용행위의 유형과 위법성 판단기준을 구체화한 것이다.

4) 구법 제23조 제1항 제6호는 "사업자, 상품 또는 용역에 관하여 허위 또는 소비자를 기만하거나 오인시킬 우려가 있는 표시·광고(상호의 사용을 포함한다)를 하는 행위"를 불공정거래행위의 한 유형으로 규정하였다. 그러나 1999년 2월 5일 법 개정으로 삭제되었고, 같은 날 제정된 표시광고법 제3조에 같은 내용이 들어갔다.

Ⅱ. 불공정거래행위의 법체계상 지위

1. 시장지배적 지위남용행위와의 관계

(1) 문제의 소재

시장지배적 지위남용행위와 불공정거래행위는 모두 법에 의하여 금지되는 단독행위이다.[5] 그런데 법에서 금지하고 있는 시장지배적 지위남용행위의 구체적 행위유형과 불공정거래행위의 구체적 행위유형을 비교해 보면, 상당부분이 서로 겹치는 것을 알 수 있다. 예컨대 남용행위 중 "다른 사업자의 사업활동을 부당하게 방해하는 행위"는 불공정거래행위 중 "부당하게 다른 사업자의 사업활동을 방해하는 행위"와 쉽게 구별되지 않는다. 그리고 남용행위 중 "부당하게 경쟁사업자를 배제하기 위하여 거래하는 행위"는 불공정거래행위 중 "부당하게 경쟁자를 배제하는 행위"와 구별하기가 어렵다. 이와 같이 시장지배적 지위남용행위의 일부 행위유형과 불공정거래행위의 일부 행위유형은 서로 같거나 비슷한데, 이 경우에 양자의 관계를 어떻게 보아야 할 것인지의 문제가 발생한다.

(2) 연혁적 고찰

독점규제법 제45조는 연혁적으로 불공정한 거래방법을 금지하고 있는 일본 독점금지법 제19조의 영향을 받은 것이다. 그런데 일본 독점금지법 제19조는 미국법을 계수한 것으로서, 미국 FTC법(Federal Trade Commission Act) 제5조[6]를 기본으로 하여 클레이튼법 제2조와 제3조를 함께 계수한 것이라고 한다.[7] 그런데 FTC법 제5조는 기본적으로 셔먼법 제1조, 제2조의 내용과 중복되는 것으로 이해된다. 이는 미국 연방 차원의 집행시스템과 관련이 있다. 미국에서 반트러스트법은 법무부(DOJ)와 연방거래위원회(FTC)에 의하여 집행되고 있다. 미국에서 반트러스트법의 효시인 셔먼법은 제1조가 부당한 공동행위를, 제2조가 독점화 또는 독점화 기도를 각각 규율하고 있다. 애초에 형사법으로 출발한 셔먼법은 DOJ에 의하여 집행되고 있고, 행정규제법으로 출발한 FTC법은 FTC에 의하여

5) 다만, 불공정거래행위 중 공동의 거래거절, 집단적 차별은 예외적으로 부당한 공동행위로 규율할 수도 있을 것이다.

6) FTC법 제5조는 거래상의 불공정한 경쟁방법 및 거래상의 불공정하거나 기만적인 행위 또는 거래관행을 위법한 것으로 규정하고 있다(Unfair methods of competition in or affecting commerce, and unfair or deceptive acts or practices in or affecting commerce, are hereby declared unlawful). FTC법 제5조가 처음 제정될 당시에는 "불공정한 경쟁방법"만을 금지하고 있었는데, 1938년 미국연방의회는 FTC법 제5조를 좁게 해석한 연방대법원의 FTC v. Raladam Co. 판결의 해석을 입법적으로 변경하기 위해 위 조항의 금지대상에 "불공정하거나 기만적인 행위 또는 거래관행"을 포함시켰다. 이에 따라 FTC법 제5조는 경쟁에 대한 부정적인 영향이 입증되지 않더라도 소비자의 이익을 해치는 불공정하거나 기만적인 행위에 대해서도 폭넓게 적용될 수 있게 되었다.

7) 강우찬, "독점규제법 제3조의2와 제23조의 관계에 관한 연구", 사법논집 제44집(2007), 15면.

집행되고 있기 때문에, FTC는 셔먼법에 대하여 직접적인 집행권한을 가지고 있지 않다. 그러나 FTC법 제5조의 불공정한 경쟁방법(unfair methods of competition)에는 셔먼법 위반행위도 포함되는 것으로 이해되고 있기 때문에,[8] FTC는 FTC법 제5조의 집행을 통하여 DOJ와 마찬가지로 부당한 공동행위나 독점화 또는 독점화 기도를 규제할 수 있다.[9] 따라서 미국에서는 셔먼법과 FTC법 제5조가 동일한 위법행위를 규제하는 것은 각 법률의 집행기관이 다르기 때문이다.

한편, 일본 독점금지법 제19조는 "사업자는 불공정한 거래방법을 사용하여서는 아니된다."고 규정하고 있다. 동법상 불공정한 거래방법은 미국 FTC법 제5조를 계수한 것으로서, 제정 당시에는 '불공정한 경쟁방법'이라고 하는 미국 FTC법의 용어를 그대로 사용하고 있었다. 일본은 독점금지법을 제정하면서 제3조에 "사업자는 사적 독점 또는 부당한 거래제한을 하여서는 아니 된다."는 규정을 두었는데, 이 조항은 셔먼법에 대응하는 것으로 이해된다. 그런데 미국과 달리 일본에서는 독점금지법이 공정거래위원회(公正取引委員會)라고 하는 단일기관에 의하여 집행되고 있기 때문에, 독점금지법 제3조 및 제19조의 병존이 규범의 중복 내지 과잉이 아니냐는 비판이 제기되고 있다. 심지어 계수과정에서 미국의 이원적 집행구조를 제대로 이해하지 못하였다는 점을 지적하며 일본 독점금지법 제19조를 '법 계수과정의 원죄'라고 비판하는 학자도 있다.[10] 한편, 일본은 1953년 독점금지법 개정시 '불공정한 경쟁방법'이라는 표현을 '불공정한 거래방법'으로 바꾸고, 불공정한 경쟁의 수단이나 방법뿐 아니라 불공정한 거래의 내용이나 방법도 그 규제대상에 포함시켰다. 이처럼 그 규제범위가 확대되면서 불공정한 거래방법에 대한 규제는 일본 특유의 성격도 가지게 되었다.

그런데 우리나라 독점규제법 제45조는 기본적으로 이러한 일본의 독점금지법 제19조를 계수한 것이다. 한편 시장지배적 지위의 남용행위를 금지하고 있는 독점규제법 제5조는 독일의 경쟁제한방지법(GWB) 제19조의 지배적 사업자의 금지행위에 관한 규정을 참고한 것으로 보이고, 미국법의 기준으로 보면 셔먼법 제2조에 대응하는 것으로 볼 수 있다. 이러한 입법적 연혁으로 인하여 현행 독점규제법상 시장지배적 지위남용행위의 금지와 불공정거래행위의 금지 사이에 서로 중복되거나 유사한 행위유형들이 중첩적으로 규정되는 현상이 나타나게 되었다.

(3) 우리 실무의 현황

우리나라에서는 주요산업분야가 독과점화되어 있는 경우가 많다. 그런데 독과점화된

---

8) 요컨대, FTC법 제5조의 취지는 원래 FTC에 셔먼법 제1조 내지 제2조에서 금지하는 반경쟁행위에 대한 관할권을 부여하는 규정이었으나, 나중에 소비자 보호를 위한 내용이 추가된 것이다.

9) Hovenkamp(2005), p. 596.

10) 村上政博, "獨占禁止法の基本體系と今後の課題", 獨占禁止法研究 Ⅲ, 弘文堂(2000), 196면.

시장에서 자유경쟁을 제한하는 대표적인 행위는 시장지배적 사업자의 지위남용행위이기 때문에 경쟁질서를 확립하기 위해서는 무엇보다 먼저 시장지배적 사업자의 지위남용행위를 규제할 필요가 있다. 그러나 공정위는 2000년대 중반까지는 시장지배적 지위남용행위에 대한 규제는 그다지 활발하게 하지 않고 주로 불공정거래행위의 금지에 치중해 왔다. 그 이유와 원인에 대하여는 엄밀한 분석과 검토가 필요하겠지만, 짐작컨대 공정위로서는 양자의 행위유형에는 큰 차이가 없는 반면에, 어떤 행위를 시장지배적 지위남용행위로 규제하기가 불공정거래행위로 규제하기보다 어려웠기 때문이 아닌가 생각된다. 그것이 어려운 이유는 다음과 같다. 우선, 시장지배적 지위남용행위로 규제하려면, 그 행위자가 관련시장에서 시장지배적 지위를 차지하고 있는 시장지배적 사업자라는 점을 입증해야 하는데, 이를 입증하기가 쉽지 않은 경우가 많았을 것이다. 둘째로 시장경제와 경쟁질서에 대한 이해가 부족한 상태에서는 시장지배적 지위남용행위에 대한 위법성 판단이 불공정거래행위에 대한 위법성 판단보다 훨씬 더 어려웠을 것이다. 셋째로 시장지배적 사업자들은 대체로 정부주도형 경제성장과정에서 국가의 지원을 받고 성장해 온 대기업들이기 때문에, 이들의 지위남용행위를 규제하는 것에 대한 정치적, 사회적인 저항이나 부담도 있었을 것이다. 마지막으로 실무적인 차원에서 가장 중요한 이유는 대법원이 2007년의 포스코 판결 이래로 시장지배적 지위남용행위의 요건에 관하여 주관적 요건과 객관적 요건을 동시에 요구하는 엄격한 태도를 취함에 따라 공정위가 시장지배적 지위남용행위의 위법성을 입증하기가 어려워졌기 때문이다. 이에 공정위는 동일한 행위유형일지라도 위법성을 입증하기가 어려운 시장지배적 지위남용행위로 규제하기보다는 위법성의 입증이 비교적 용이한 불공정거래행위로 규제하는 것을 선호하는 현상이 나타나게 되었다. 이러한 현상을 이른바 '불공정거래행위로의 도피 현상'이라고 한다. 그런데 자유롭고 공정한 경쟁질서의 유지를 목적으로 하고 있는 독점규제법의 집행을 담당하고 있는 공정위가 대표적인 경쟁제한행위라고 할 수 있는 시장지배적 지위남용행위는 적극적으로 규제하지 않고 그보다 중요성이 매우 낮은 불공정거래행위의 규제에 치중해 온 것은 정당성의 측면에서는 물론이고 집행역량의 효율적 배분이라고 하는 측면에서 보더라도 결코 바람직하지 않은 것으로서, 조속히 시정되어야 할 것이다.

(4) 양자의 관계에 관한 학설

시장지배적 지위남용과 불공정거래행위는 그 행위요건에 있어서 서로 중복되거나 겹치는 경우가 많지만, 그렇다고 완전히 일치하는 것도 아니다. 배제남용과 착취남용 등 남용행위는 주로 시장지배력의 유지, 강화, 행사와 관련이 있는 반면, 불공정거래행위는 경쟁제한성 이외에 경쟁수단이나 거래내용의 불공정성, 경제력집중의 우려 등이 있는 행위도 다양하게 포괄하기 때문이다. 이러한 이유로 양자의 관계를 어떻게 볼 것인가, 구체적으로 불공정거래행위의 금지와 시장지배적 지위남용행위의 금지의 관계를 일반법과 특별법의 관계로 볼 것인지의 여부를 놓고 학설이 대립하고 있다.[11]

(가) 긍정설

긍정설은 시장지배적 지위남용의 금지는 불공정거래행위의 금지에 대하여 특별법적 지위에 있으므로, 시장지배적 사업자에 대하여는 법 제5조가 법 제45조보다 우선적으로 적용된다고 주장한다.[12] 대체적인 근거로는 ① 법 제5조의 행위주체의 범위가 법 제45조의 그것보다 좁다는 점, ② 시장지배적 지위남용에 대한 과징금 및 형사처벌 등의 제재가 불공정거래행위보다 무겁다는 점, ③ 시장지배적 사업자에 대하여 부과되는 의무(이른바 특별책임)가 일반사업자에 대한 의무보다 강하다는 점, ④ 단행법에서 양자를 동시에 규제하고 있다는 점, ⑤ 양자를 규제하는 제재의 체계와 수단도 기본적으로 같다는 점, ⑥ 양자를 중복하여 거듭 적용하는 것은 입법자의 의도에 반할 뿐 아니라 이중처벌의 소지가 크다는 점, ⑦ 어떤 영업상의 관행이나 행태가 일반적으로 불공정거래행위에 해당되지 않을 경우에도 그 행위의 주체가 시장지배적 사업자라면 해당 행위가 시장지배적 지위남용으로 평가될 수 있다는 점, ⑧ 일본의 미국법 계수 과정상의 문제점과 이를 다시 계수한 우리 법이 시장지배적 지위남용과 불공정거래행위를 동시에 금지하면서 각 행위의 유형을 병렬적으로 규정하고, 각 심사기준에서는 이러한 중복현상을 더 심화시켰다는 등의 입법상의 문제점, ⑨ 「불공정거래행위 심사지침」이 불공정거래행위가 시장지배적 지위의 남용에도 해당될 경우에는 후자에 관한 규정을 우선적으로 적용함을 원칙으로 하고 있는 점 등을 들고 있다.

(나) 부정설

부정설은 불공정거래행위 금지는 기업이 경쟁관계에서 보이는 일반적 행태를 규제하는 기업의 행태법에 속하는 반면, 시장지배적 지위남용행위 금지는 독점규제의 성격을 가지므로 법리상 양자는 중복해서 적용될 수 있는 성질의 것이고, 양자의 관계를 일반법-특별법 관계로 정형화하는 것은 규범의 중복현상이 다면적으로 발생하는 경쟁법 운용의 실제와 큰 차이가 있어 현재의 법 실정상 무리가 있다고 주장한다.[13] 이 견해의 근거로는 ① 실무적으로 시장지배적 사업자인지의 여부가 명확하지 않은 상황에서 양자의 관계를 배타적으로 이해하는 것은 곤란하다는 점, ② 공정위의 실무도 양자의 동시 적용을

11) 이에 관한 상론은 이봉의, "불공정거래행위의 위법성", 공정거래와 법치(2004), 662-664면; 강우찬, "공정거래법 제3조의2(시장지배적 지위남용금지)와 제23조(불공정거래행위금지)의 관계에 관한 연구 – 규범의 중복현상을 중심으로", 사법논집 제44집(2007), 3면 이하 참조.

12) 권재열(2005), 221면; 양명조(2014), 358-359면; 박상용 · 엄기섭(2006), 76면; 임영철(2008), 37-41면; 박형병 · 윤세리, 시장지배력평가 합리화 방안(1998), 35-37면.

13) 정호열(2016), 375면; 이기종, "공정거래법상 단독의 거래거절의 위법성 판단기준: 미국 셔먼법 제2조의 해석론의 도입가능성을 중심으로", 상사판례연구 제14집(2003), 145면.

인정하고 있다는 점,[14] ③ 불공정거래행위의 유형 중에는 단순히 경쟁수단의 불공정성을 문제 삼는 경우뿐만 아니라, 경쟁제한성이나 거래내용의 불공정성을 복합적으로 문제 삼는 행위가 포함되어 있어, 시장지배적 남용행위와의 동질성을 전제로 한 특별법-일반법 관계를 일의적으로 논하기 어렵다는 점, ④ 시장지배적 지위남용에 규정된 부당성 요건은 불공정거래행위의 부당성 요건, 즉 '공정거래저해성'과는 다른 것이라는 점에 비추어 보아 규범의 수범 대상자가 시장지배적 사업자인가 아닌가에 의하여 적용법조가 정해진다고 볼 수 없다는 점 등을 들고 있다.

(다) 검 토

법 제45조의 불공정거래행위의 범위는 동법 제5조의 시장지배적 지위남용행위의 경우보다 더 넓고 다양하다. 우선, 행위주체와 관련하여 전자의 요건은 사업자인 반면, 후자의 요건은 시장지배적 사업자이다. 그리고 폐해요건과 관련해서 후자의 부당성 징표는 경쟁제한성 내지 독점적 이익실현의 현저성으로 해석되는 반면, 전자의 부당성 징표는 공정거래저해성이고 그 의미는 경쟁제한성 내지 독점적 이익실현의 현저성보다도 넓은 것으로 이해된다. 따라서 긍정설의 지적이 타당한 면이 많지만, 적어도 현행법의 해석론에 있어서 양자는 별개의 규범으로 볼 수밖에 없을 것이다. 그러나 시장지배적 지위남용행위와 불공정거래행위의 행위요건이 동일하거나 유사한 경우, 위법성과 책임의 경중에 있어서는 시장지배적 지위남용행위 쪽이 더 무겁기 때문에, 양자가 중첩할 경우에는 강한 위법성의 징표를 가지고 있는 법 제5조가 법 제45조보다 우선적으로 적용된다고 보는 것이 타당할 것이다.

2. 부정경쟁방지법과의 관계

「부정경쟁방지 및 영업비밀보호에 관한 법률」(이하 "부정경쟁방지법"이라 함)은 부정경쟁행위와 영업비밀 침해행위를 방지하여 건전한 거래질서를 유지함을 목적으로 하고(동법 1조), 여기에서 부정경쟁(不正競爭)은 국내에 널리 알려진 타인의 상표·상호 등을 부정하게 사용하는 등의 부정경쟁행위와 타인의 영업비밀을 침해하는 행위를 통하여 자기의 이익을 도모하는 행위를 가리킨다. 한편, 독점규제법 제45조 제1항의 불공정거래행위에는 경쟁의 수단이나 방법의 불공정성, 거래의 내용이나 조건의 불공정성 등을 통하여 공정한 거래질서를 침해하는 행위도 포함된다. 따라서 양자 사이에 중첩되는 부분이 존재하고, 부정경쟁방지법과 불공정거래행위의 금지는 공정한 거래질서를 보호하기 위한 소위 '거래질서법'에 해당된다.[15] 다만, 부정경쟁의 방지는 사업자의 사적이익을 보호하기

---

14) 공정위는 Microsoft의 메신저 및 미디어플레이어 끼워팔기 행위에 대해서 시장지배적 지위남용 금지규정과 불공정거래행위 금지규정을 중첩적으로 적용하였다. 공정위 2006.2.24. 의결 제2006-042호.

15) 독일의 경우에는 경쟁제한방지법은 경쟁의 자유를 보호하기 위한 법으로, 부정경쟁방지법은 경쟁의 공정성

위한 것으로서 당사자가 부정경쟁행위의 금지청구나 손해배상청구 등을 통하여 사법적(司法的)으로 구제받는 것을 원칙으로 하는 반면,[16] 불공정거래행위는 공정한 거래질서를 해치는 행위로서 공정위가 행정력을 동원하여 규제하는 것을 원칙으로 한다는 점에서 차이가 있다. 구체적인 사례에서 부정경쟁행위와 독점규제법이 금지하는 행위가 중첩될 경우에는 독점규제법이 우선적으로 적용된다(부정경쟁방지법 15조 2항).

제2절 불공정거래행위의 성립요건

불공정거래행위가 성립하려면, ① 행위주체로서 사업자 요건, ② 행위요건, ③ 폐해요건으로서 부당성, 구체적으로 공정거래저해성이 존재하여야 한다. 이 중에서 사업자에 관해서는 이미 제1편 제4장에서 논의를 하였으므로, 이하에서는 ②, ③의 요건에 관하여 검토하기로 한다.

Ⅰ. 불공정거래행위의 행위요건

1. 10가지 기본 행위유형

독점규제법은 불공정거래행위의 유형을 10가지[17]로 나누어서 규정하고 있다(법 45조 1항). 그 내용을 구체적으로 살펴보면, ① 거래거절(1호), ② 차별적 취급(2호), ③ 경쟁사업자 배제(3호), ④ 부당한 고객유인(4호), ⑤ 거래강제(5호), ⑥ 거래상 지위의 남용(6호), ⑦ 구속조건부 거래(7호), ⑧ 사업활동방해(8호), ⑨ 부당한 지원행위(9호), ⑩ 그 밖의 공정거래 저해행위(10호)이다. 따라서 위에 열거되지 아니한 행위는 불공정거래행위의 규제대상에 포함되지 않는다. 그런데 법 제45조 제1항 각 호에 열거된 행위의 유형과 기준들은 불공정거래행위의 포괄적 범위와 기준을 제시한 것으로서 일반적이며 추상적이기 때문에, 이를 구체화하기 위하여 법 시행령 제52조 [별표 2] 「불공정거래행위의 유형과 기준」의 형식으로 따로 규정하고 있다. 이러한 규정방식을 채택하고 있는 이유는 불공정거래행위가 경제 환경이나 시장 여건의 변화에 따라 다양한 모습으로 나타나고 있는데, 구체적인 경우에 이를 사업자들의 정상적인 거래활동과 구별하기가 어렵다는 점을 감안

을 보호하기 위한 법으로 이원화되어 있다. Rittner/Dreher/Kulka, Wettbewerbs- und Kartellrecht(8. Aufl.), C. F. Müller(2014) 참조.

16) 다만, 부정경쟁방지법상 특허청장 등은 부정경쟁행위를 조사하고 그에 대한 시정권고를 내릴 수도 있다(동법 7조, 8조).

17) 2020년 법 개정 전에는 7가지 유형으로 분류하고 있었다. 2020년 법 개정시 같은 호에 규정된 상이한 행위유형을 분리하여 10가지 유형이 되었으나 그 실체적 내용은 전과 동일하다.

〈표 4-1〉 금지유형의 분류

법상 기본적 금지유형	시행령상 세부적 금지유형
1. 거래거절(1호)	가. 공동의 거래거절 나. 그 밖의 거래거절
2. 차별적 취급(2호)	가. 가격차별 나. 거래조건차별 다. 계열회사를 위한 차별 라. 집단적 차별
3. 경쟁사업자 배제(3호)	가. 부당염매 나. 부당고가매입
4. 부당한 고객유인(4호)	가. 부당한 이익에 의한 고객유인 나. 위계에 의한 고객유인 다. 그 밖의 부당한 고객유인
5. 거래강제(5호)	가. 끼워팔기 나. 사원판매 다. 그 밖의 거래강제
6. 거래상 지위의 남용(6호)	가. 구입강제 나. 이익제공강요 다. 판매목표강제 라. 불이익제공 마. 경영간섭
7. 구속조건부 거래(7호)	가. 배타조건부거래 나. 거래지역 또는 거래상대방의 제한
8. 사업활동방해(8호)	가. 기술의 부당이용 나. 인력의 부당유인·채용 다. 거래처 이전 방해 라. 그 밖의 사업활동방해
9. 부당한 지원행위(9호)	가. 부당한 자금지원 나. 부당한 자산·상품 등 지원 다. 부당한 인력지원 라. 부당한 거래단계 추가 등
10. 그 밖의 공정거래 저해행위(10호)	규정 없음

하여, 이에 대한 예측가능성을 높이고 경제환경이나 시장여건의 변화에 적절히 대응하기 위하여 금지되는 행위의 유형 및 내용과 기준을 구체적으로 제시할 필요가 있다고 판단하였기 때문이다. 입법론상 이러한 규정방식이 바람직한지에 관해서는 의문이 있으나, 헌법재판소는 그 부득이성을 인정하였다.[18] 법률상 기본적인 금지유형과 시행령상 세부적

18) 헌법재판소 2002.7.18. 선고 2001헌마605 참조. 헌법재판소는 불공정거래행위는 각종의 경쟁적 거래에서 복잡다양하게 이루어지며 또한 그 형태도 부단히 변동되고 있음에 비추어 그 행위의 형태와 기준에 관한 규정도 이에 맞추어 시기적절하게 효과적으로 대처할 수 있어야 할 것인바 국회가 모든 분야의 경쟁적 거래왜곡

인 금지유형을 정리하면 앞의 〈표 4-1〉과 같다.

2. 그 밖의 공정거래 저해행위

불공정거래행위의 유형과 관련하여, 법 제45조 제1항 제10호에 "그 밖의 행위로서 공정한 거래를 해칠 우려가 있는 행위"라고 규정하고 있다. 그러나 법 시행령 [별표 2]에서는 제10호의 행위에 대하여 그 기본적 행위유형이나 이를 가늠할 수 있는 대강의 기준조차 제시되어 있지 않다. 따라서 공정위가 시행령상 별도의 규정 없이 법 제45조 제1항 제10호만을 근거로 시정조치 등을 내릴 수 있을지가 문제된다. 판례는 위 제10호의 규정을 행위의 작용 내지 효과 등이 제1호 내지 제9호와 유사한 유형의 불공정거래행위를 규제할 필요가 있는 경우에 이를 대통령령으로 정하여 규제할 수 있도록 한 수권규정이라고 해석하고 있기 때문에, 시행령에 그 행위의 유형이 정하여져 있지 않은 이상 법 제45조 제1항 제10호를 직접 적용할 수는 없다고 판단하였다.[19]

3. 계열회사 또는 다른 사업자로 하여금 이를 행하도록 하는 행위

사업자는 불공정거래행위를 직접 하는 것은 물론이고, 계열회사 또는 다른 사업자로 하여금 이를 행하도록 하여서도 아니 된다. 법은 당초 사업자가 스스로 행하는 불공정거래행위만 금지하고 있었으나, 대규모기업집단에 속하는 회사가 그 경제력을 이용하여 계열회사나 납품업체들에게 불공정거래행위를 하도록 하는 행위가 많이 나타남에 따라, 이를 규제하기 위하여 1986년의 법 개정을 통하여 다른 사업자나 계열회사로 하여금 이를 행하도록 하는 것도 금지하게 되었다.

Ⅱ. 공정거래저해성과 부당성

1. 공정거래저해성의 의의

법이 금지하는 불공정거래행위는 각 행위요건에 해당하는 행위로서 "공정한 거래를 해칠 우려"가 있는 행위이어야 한다. 공정한 거래를 해칠 우려를 강학상 공정거래저해성이라고 부른다. 공정한 거래를 해칠 우려가 있다고 하는 것은 실제로 공정한 거래를 해친 사실이 있어야 할 필요는 없고, 그러한 위험성이 있는 것만으로 충분하다. 그리고 그 우려의 정도는 추상적인 위험성만으로 충분하고 구체적인 위험성까지 요구되는 것은 아

현상들을 그때그때 예측하거나 파악할 수 없고, 그러한 상황에 즉응하여 그때마다 법률을 개정하는 것도 용이하지 아니하므로 불공정거래행위의 유형과 기준을 미리 법률로서 자세히 정하지 아니하고 이를 명령에 위임한 것은 부득이하다고 판단하였다.

19) 대법원 2008.2.14. 선고 2005두1879 판결.

니다. 따라서 공정한 거래를 해치는 효과가 실제로 구체적인 형태로 나타나는 경우뿐만 아니라 나타날 가능성이 큰 경우를 의미한다. 또한, 현재는 그 효과가 없거나 미미하더라도 미래에 발생할 가능성이 큰 경우를 포함한다.

공정거래저해성은 불공정거래행위의 위법성을 판단하는 중요한 요소이다. 그런데 법은 공정한 거래를 해친다는 것이 구체적으로 무엇을 의미하는지에 관해서 침묵하고 있어서 불확정개념인 공정거래저해성의 규명은 해석론에 맡겨져 있다.[20] 현행법상 불공정거래행위에는 경쟁의 자유를 제한하는 행위는 물론이고, 경쟁의 방법이나 수단이 불공정한 행위, 거래의 내용이나 조건이 불공정한 행위 및 경제력집중을 심화시키는 행위 등 여러 가지 이질적인 행위유형들이 포함되어 있다. 이와 같이 이질적인 행위들을 불공정거래행위에 포섭해서 규율하고 있기 때문에, 불공정거래행위의 위법성을 판단하는 징표인 공정거래저해성에 대한 이해에 어려움이 있다.

(1) 학 설

공정거래저해성에 관하여, 학설은 이를 ① 경쟁제한성으로 보는 견해,[21] ② 경쟁제한성은 물론이고 경쟁수단의 불공정성도 포함하는 것으로 보는 견해,[22] ③ 경쟁제한성, 경쟁수단의 불공정성에 더하여 거래조건의 불공정성까지 포괄하는 광의의 개념으로 보는 견해[23] 등이 제시되고 있다. 현재의 주류적 견해는 ③설을 따르고 있다. 그런데 ③설은 일본 독점금지법상 불공정한 거래방법의 '공정경쟁저해성'에 관한 소위 '三條件說'과 유사한 것으로 보인다.[24] 일본의 다수설인 '三條件說'은 공정경쟁저해성을 자유로운 경쟁의 감쇄(減殺),[25] 경쟁수단의 불공정성, 자유로운 경쟁기반의 침해의 세 가지 측면을 포괄하

20) 일본 독점금지법 제19조는 "사업자는 불공정한 거래방법을 사용하여서는 아니된다."고 규정하고 있고, 동법 제3조 제9항은 불공정거래방법을 "공정한 경쟁을 저해할 우려"가 있는 일련의 행위 중 공취위가 지정하는 것이라고 규정하고 있다. 따라서 일본에서는 "공정한 경쟁을 저해할 우려"의 의미에 관해 논쟁이 이루어졌다. 일본에서는 종래 ① 공정경쟁을 가격, 품질에 의한 능률경쟁으로 이해하고 시장에서 이와 같은 경쟁을 저해할 우려가 있는 경우에 공정경쟁저해성이 인정된다고 보는 견해(今村說), ② 개별적 거래에 있어서의 억압성 그 자체를 공정경쟁저해성에 해당한다고 하는 견해(正田說), ③ '공정한 경쟁'을 (i) 사업자 상호간의 자유로운 경쟁이 방해받지 아니할 것(자유로운 경쟁의 확보), (ii) 자유로운 경쟁이 가격·품질·서비스를 중심으로 이루어짐으로써 자유로운 경쟁질서가 확립될 것(경쟁수단의 공정의 확보) 및 (iii) 거래주체가 거래의 허부 및 거래조건에 관하여 자유롭고 자주적으로 판단하는 것에 의하여 거래가 행하여지는 자유로운 경쟁기반이 유지되고 있을 것(자주경쟁기반의 확보)을 의미한다고 보는 견해(독점금지법연구회의 주장)가 제시되었다. 근래에는 독점금지법연구회의 견해가 널리 받아들여지고 있다. 독점금지법연구회는 일본의 불공정한 거래방법을 자유로운 경쟁을 침해하는 행위유형(차별취급, 부당염매, 배타조건부거래, 재판매가격구속, 구속조건부거래), 경쟁수단이 불공정한 행위유형(기만적 고객유인, 부당한 이익제공에 의한 고객유인, 끼워팔기, 경쟁자에 의한 거래방해 및 내부간섭), 자유경쟁기반을 침해하는 행위유형(우월적 지위의 남용행위) 등으로 나누어 파악하고 있다.

21) 장승화, "독점금지법상 금지청구", 민사판례연구 [XXIV](2004), 697면; 임영철, 공정거래법(2007), 300면.

22) 신현윤, 경제법(2006), 265-266면.

23) 권오승(2015), 305-306면; 이남기·이승우(2001), 224면.

24) 일본 독점금지법 제2조 제9항은 불공정한 거래방법의 위법성 요건을 '공정경쟁저해성'이라고 규정하고 있어서 우리나라 독점규제법 제45조 제1항 본문의 '공정거래저해성'과 동일한 것인지 여부가 문제될 수 있으나, 적어도 양 법률에 중복되는 유형의 행위에 관해서는 동일한 의미로 이해할 수 있을 것이다.

는 것이라고 주장한다.

(2) 공정위의 태도

공정위도 역시 ③설을 따르고 있다. 공정위의 「불공정거래행위 심사지침」에 따르면, 공정거래저해성은 "경쟁제한성과 불공정성(unfairness)을 포함하는 개념"으로 보고 있다. 여기서 불공정성이란 "경쟁수단 또는 거래내용이 정당하지 않음"을 의미한다. 경쟁수단의 불공정성은 상품 또는 용역의 가격과 품질 이외에 바람직하지 않은 경쟁수단을 사용함으로써 정당한 경쟁을 저해하거나 저해할 우려가 있음을 의미한다. 거래내용의 불공정성이라 함은 거래상대방의 자유로운 의사결정을 저해하거나 불이익을 강요함으로써 공정거래의 기반이 침해되거나 침해될 우려가 있음을 의미한다.

(3) 판례의 태도

대법원은 현재까지 불공정거래행위의 모든 유형을 포괄하는 차원에서 공정거래저해성의 의미를 일의적으로 정의한 바는 없다.[26] 그러나 판례는 거래질서 전반에 미치는 영향 등 다양한 사정을 종합적으로 고려하여 부당성 내지 공정거래저해성을 판단할 수 있다고 하는데,[27] 불공정거래행위의 개별 유형들에 관한 판례를 분석해보면 공정거래저해성의 의미를 위 ③설과 유사하거나 경제력집중의 경우까지 포함한 최광의적 개념으로 이해하고 있는 것으로 보인다.

■ 대법원 2018.7.12. 선고 2017두51365 판결

부당한 고객유인 행위와 관련하여 독점규제 및 공정거래에 관한 법률(이하 "공정거래법"이라 한다)은 형사처벌 조항도 함께 두고 있으므로, 행정 제재처분의 취소를 구하는 소송에서 그 부당성 내지 공정거래저해성을 판단할 때에도 엄격해석의 원칙을 관철할 필요성이 있기는 하다. 공정거래법령이 '공정거래저해성'이라는 '불확정개념'을 사용하여 그 의미가 다소 명확하지 않기 때문에 수범자가 그 의미를 명확하게 알기 어려울 수 있고, 경우에 따라 복잡한 법률적

---

25) 공정경쟁저해성에 관한 三條件說에서 말하는 '경쟁감쇄'는 일정한 거래분야(관련시장)에서의 경쟁을 실질적으로 제한하는 것으로 인정될 정도의 것일 필요는 없고, 어느 정도 공정하고 자유로운 경쟁을 방해하는 것으로 인정될 수 있으면 족하다고 한다(根岸哲(編), 「注釈独占禁止法」, 有斐閣, 2009, 344-345면).

26) 정산실업 판결(대법원 1990.4.10. 선고 89다카29075 판결)은 화장품 제조회사인 피고 정산실업의 지사를 운영한 원고가 대리점계약에 위반하여 화장품을 할인판매한 사실이 확인되자 피고가 상품의 공급을 거절한 행위에 관한 것이다. 이 사건에서 대법원은 불공정거래행위에 해당하려면 '부당하게(즉 정당한 이유 없이)' 행위를 하여야 하는바, 불공정거래행위의 해당성을 조각하기 위한 정당한 이유라 함은 전적으로 '공정한 경쟁질서유지'라는 관점에서 평가되어야 한다고 판시하였는데, 일견 경쟁질서침해설의 입장으로 볼 여지가 있다. 그러나 불공정거래행위 중 거래거절은 원래부터 경쟁제한성 위주로 위법성을 심사하는 행위유형이고, 이 판결 이후에 내려진 포스코 판결(대법원 2007.11.22. 선고 2002두8626 전원합의체 판결)을 위시한 대법원 판례의 전반적 흐름을 보면 판례가 경쟁질서침해설의 입장이라고 보기는 어렵다.

27) 대법원 2018.7.12. 선고 2017두51365 판결 참조.

또는 경제적 분석과 평가가 필요한 경우도 있게 된다. 반면, 자유롭고 공정한 거래질서를 확립하려는 공정거래법의 입법 목적을 달성하기 위하여 다양한 행위 유형에 대하여 실효적인 행정 제재처분을 하기 위해서는 불가피하게 일정한 불확정개념을 사용할 필요성 역시 인정된다. ... 형사처벌과 달리 제재적 처분의 경우에는 원칙적으로 행위자에게 그 임무 해태를 정당화할 사정이 없는 이상 그 처분이 가능하다. 따라서 불공정거래행위를 원인으로 한 제재처분을 다투는 행정소송에서는 거래질서 전반에 미치는 영향 등 다양한 사정을 종합적으로 고려하여 부당성 내지 공정거래저해성을 판단할 수 있고, 이를 제재적 처분에 관한 엄격해석 원칙, 책임주의 원칙이나 죄형법정주의에 어긋난다고 볼 수는 없다.

(4) 검 토

독점규제법 제45조는 일본을 통하여 미국 FTC법 제5조를 간접적으로 계수한 것이다. 일본 독점금지법상 불공정거래행위의 금지규정을 모델로 삼고 거기에 우리나라 특유의 부당지원행위 등 매우 광범위한 행위유형들을 포함하여 불공정거래행위라는 이름으로 금지하고 있다. 이처럼, 불공정거래행위에는 그 연원이 서로 다른 여러 유형의 행위들이 포함되어 있다. 그 결과, 법 제45조 제1항은 본래적 의미의 경쟁법은 물론 불공정경쟁법, 소비자보호법 및 경제력집중억제 등을 포괄하는 혼합물적인 성격을 갖게 되었다.[28] 이 모든 이질적 요소들을 불공정거래행위라는 단일한 법적 개념으로 포섭해서 취급하고 있기 때문에, 공정거래저해성은 경쟁제한성, 경쟁수단의 불공정성, 거래내용의 불공정성, 경제력 집중 등 다원적 의미로 이해하고, 그 구체적인 의미는 각 행위유형별로 개별적으로 규명할 수밖에 없다. 그러나 이러한 규제 방식이 입법론적으로 바람직한 것인지에 관하여는 논의의 여지가 있다.[29]

2. 세부유형별 공정거래저해성 판단기준의 검토

불공정거래행위를 그 성격에 따라 크게 나누어 보면 ① 경쟁을 제한하는 행위, ② 경쟁수단이 불공정한 행위(불공정경쟁 내지 부정경쟁행위), ③ 거래내용이 불공정한 행위, ④ 부당한 지원행위로 분류할 수 있다. 공정위의 「불공정거래행위 심사지침」도 같은 태도이다.[30] 한편, 부당한 지원행위는 경쟁저해성 내지 경제력집중 위주로 심사하는 행위유형으로 분류되지만, 사실상 경제력집중에 대한 기여가 더 중요한 역할을 담당한다.[31]

---

28) 홍대식, "불공정거래행위와 공서양속", 비교사법 제14권 제1호(2007), 116면 참조.
29) 홍명수, "불공정거래행위의 유형에 따른 위법성 판단", 경희법학 제50권 제3호(2015), 47면.
30) 부당한 지원행위에 관해서는 부당지원행위 심사지침이 별도로 적용된다.
31) 부당한 지원행위는 제5장에서 별도로 다루기로 한다.

(1) 경쟁제한성 위주로 판단하는 행위유형

거래거절(법 45조 1항 1호), 차별적 취급(법 45조 1항 2호), 경쟁사업자 배제(법 45조 1항 3호), 구속조건부 거래(법 45조 1항 7호) 등이 여기에 해당된다.[32] 다만, 차별적 취급 중 계열회사를 위한 차별의 경우에는 경쟁제한성 이외에 경제력집중의 우려도 위법성 판단기준에 포함된다.[33] 공정위는 불공정거래행위로 인하여 경쟁제한효과가 발생하였음을 직접 입증할 수 있으면 그렇게 하고, 만약 그것이 어렵다면 봉쇄효과 내지 경쟁자의 비용상승 효과를 입증함으로써 경쟁제한성을 간접적으로 추론할 수 있다. 이와 같은 방법으로 경쟁제한성이 입증되었다면, 사업자는 이를 능가하는 정당화 사유를 들어 위법성이 조각되었음을 항변할 수 있다. 그리고 경쟁제한성을 판단할 때에 고려되는 구체적인 요소들을 살펴보면, 특정사업자의 사업 활동 곤란과 그 결과로서의 경쟁 정도의 실질적 감소(기타의 거래거절), 경쟁사업자의 시장진입 곤란(기타의 거래거절), 독점규제법에서 금지된 행위를 강요하기 위한 수단으로 활용(기타의 거래거절), 행위자의 시장에서의 지위의 유지・강화 또는 그 우려(가격차별), 경쟁사업자를 배제하려는 의도(가격차별), 경쟁사업자를 배제할 우려(가격차별, 경쟁사업자 배제, 배타조건부거래), 브랜드 내 경쟁제한효과와 브랜드 간 경쟁제한효과의 비교형량(거래지역 또는 거래상대방의 제한) 등이 있다.

(2) 경쟁수단의 불공정성 위주로 판단하는 행위유형

부당한 고객유인(법 45조 1항 4호), 거래강제(법 45조 1항 5호), 사업활동 방해(법 45조 1항 8호)가 여기에 해당된다. 다만, 「불공정거래행위 심사지침」에 따르면 거래강제 중 끼워팔기의 경우에는 경쟁제한성이 위법성 판단의 기준이 되는 반면, 판례에 따르면 경쟁제한성과 불공정성이 그 기준이 된다. 경쟁수단의 불공정성을 판단할 때 고려되는 구체적인 요소들을 살펴보면, 가격과 품질 등에 의한 바람직한 경쟁질서의 저해(부당한 고객유인, 사업활동 방해), 정상적인 거래관행과의 비교(부당한 고객유인), 객관적으로 고객의 의사결정에 상당한 영향을 미칠 가능성(부당한 고객유인), 구입 또는 판매 강제성(사원판매, 구입강제, 판매목표 강제), 사업활동이 심히 곤란하게 되는지 여부(사업활동 방해) 등이 있다.

(3) 거래내용의 불공정성 위주로 판단하는 행위유형

거래상 지위의 남용(법 45조 1항 6호)이 여기에 해당된다. 거래내용의 불공정성을 판

---

32) 2020년 법 개정시에 경쟁제한성 위주로 판단하는 불공정거래행위에 대해서는 형사벌칙 규정을 삭제하였다.

33) 대법원 2004.12.9. 선고 2002두12076 판결은, 계열회사를 위한 차별의 요건으로서 계열회사를 유리하게 하기 위한 의도는, 특정 사업자가 자기의 이익을 위하여 영업활동을 한 결과가 계열회사에 유리하게 귀속되었다는 사실만으로는 인정하기에 부족하고, 차별행위의 동기, 그 효과의 귀속주체, 거래의 관행, 당시 계열회사의 상황 등을 종합적으로 고려하여 사업자의 주된 의도가 계열회사가 속한 일정한 거래분야에서 경쟁을 제한하고 기업집단의 경제력 집중을 강화하기 위한 것이라고 판단되는 경우에 한하여 인정된다고 판시하였다.

단할 때 고려되는 구체적인 요소들을 살펴보면, 거래상대방의 예측가능성, 이익제공 또는 불이익의 내용, 성격 또는 정도 등이 있다.

(4) 요 약

공정위의 「불공정거래행위 심사지침」의 내용과 대법원 판례를 중심으로 불공정거래행위의 세부유형별로 공정거래저해성의 구체적 의미를 정리해 보면 다음 <표 4-2>와 같다.[34)]

〈표 4-2〉 불공정거래행위 세부유형별 공정거래저해성의 의미

불공정거래행위 세부유형	공정거래저해성의 구체적 의미
– 거래거절(공동의 거래거절, 그 밖의 거래거절) – 차별적 취급(가격차별, 거래조건차별, 집단적 차별) – 경쟁사업자 배제(부당염매, 부당고가매입) – 구속조건부 거래(배타조건부거래, 거래지역 또는 거래상대방 제한)	경쟁제한성
– 부당한 고객유인(부당한 이익에 의한 고객유인, 위계에 의한 고객유인, 그 밖의 부당한 고객유인) – 거래강제(사원판매, 그 밖의 거래강제) – 사업활동 방해(기술의 부당이용, 인력의 부당유인·채용, 거래처 이전 방해, 그 밖의 사업활동 방해)	경쟁수단의 불공정성
– 거래상 지위의 남용(구입강제, 이익제공강요, 판매목표강제, 불이익제공, 경영간섭)	거래내용의 불공정성
– 거래강제(끼워팔기)	경쟁제한성+불공정성
– 차별적 취급(계열회사를 위한 차별) – 부당지원행위	경쟁제한성+경제력집중 (경쟁저해성)

3. 공정거래저해성의 구체적 내용

(1) 경쟁제한성

경쟁제한성의 의미에 관해서는 제1편 제5장에서 살펴보았으므로, 기본적 내용에 관해서는 해당 부분을 참고하기 바란다. 이하에서는 경쟁제한성과 관련된 몇 가지 쟁점에 대해서만 살펴보기로 한다.

(가) 「불공정거래행위 심사지침」의 내용

공정위가 마련한 「불공정거래행위 심사지침」은 경쟁제한성의 의미 및 판단기준을 구체적으로 제시함으로써 법집행의 일관성 측면에서 진일보한 것으로 보인다. 이에 따르면, 경쟁제한성 위주로 심사하는 불공정거래행위는 사업자가 시장력(market power)을 보유하

34) 홍명수, "불공정거래행위의 유형에 따른 위법성 판단", 경희법학 제50권 제3호(2015), 50면 참조.

고 있는지 여부를 판단한 후 경쟁제한효과를 입증하도록 명확히 하고 있다. 원칙적으로 행위주체가 획정된 관련시장에서의 시장점유율이 30% 이상인 경우에는 행위주체의 시장력(market power)이 인정되나, 시장점유율이 20% 이상 30% 미만인 경우에도 시장집중도, 경쟁상황, 상품의 특성 등 제반사정을 고려하여 시장력이 인정될 수 있다. 그러나 시장점유율이 10% 이상인 경우에는 다수의 시장참여자들이 동일한 행위를 하고 그 효과가 누적적으로 발생하거나 발생할 우려가 있는 경우(누적적 봉쇄효과)에 한하여 시장력이 인정될 수 있다.

(나) 포스코 판결의 방론을 둘러싼 논란

법원은 공정거래저해성의 요소에 경쟁제한성이 포함되는지 여부에 대하여 일관되지 않은 태도를 취하여 법적 불확실성을 가중시킨 면이 있다. 우선, 포스코 판결에서 대법원의 다수의견은 방론으로서 "공정거래법 [제45조] 제1항 제1호의 불공정거래행위로서의 거래거절행위에 관하여는 그 행위의 주체에 제한이 없으며, 또한 당해 거래거절행위의 공정거래저해성 여부에 주목하여 특정 사업자의 거래기회를 배제하여 그 사업활동을 곤란하게 하거나 곤란하게 할 우려가 있는 경우, 거래상대방에 대한 부당한 통제 등의 목적 달성을 위한 실효성 확보 수단 등으로 거래거절이 사용된 경우 등과 같이 사업자의 거래거절행위가 시장에 미치는 영향을 고려하지 아니하고, 그 거래상대방인 특정 사업자가 당해 거래거절행위로 인하여 불이익을 입었는지 여부에 따라 그 부당성의 유무를 평가하여야 한다."고 설시하였다.[35] 그러나 이러한 설시는 시장지배적 지위남용이 문제된 당해 사건의 결론과는 직접적인 관련이 없는 내용이었다. 그런데 위의 표현은 단독의 거래거절 행위의 공정거래저해성을 판단함에 있어서는 마치 경쟁제한성이 아니라 오로지 거래상대방의 불이익 여부에 따라 판단하여야 하는 것처럼 보였기 때문에 많은 논란을 불러 일으켰다. 그러나 시장에 미치는 경제적 효과를 도외시한 채 단지 거래상대방의 불이익 여부에 따라 위법성을 판단하는 것은 독점규제법의 목적에 부합하지 않는다. 또한 거래상대방의 불이익에 부당성 판단의 초점이 맞춰지게 되면 공정위나 법원이 거래 당사자의 이익·불이익을 구체적으로 따져야 하기 때문에 거래에 관한 법적 불확실성을 야기할 수 있고, 사적 거래에 대한 국가의 지나친 개입을 초래할 수 있다. 따라서 포스코 판결의 위와 같은 방론은 적절하지 않은 것으로 보인다.[36] 다행히 후속 대법원 판결에서는 거래거절행위의 부당성 유무를 판단할 때에는 "그 행위가 공정하고 자유로운 경쟁을 저해할 우려가 있는지 여부"에 따라야 한다고 판시하여 경쟁제한성이 공정거래저해성의 판

35) 대법원 2007.11.22. 선고 2002두8626 전원합의체 판결.

36) 포스코 판결의 판시에 따를 경우 규제범위를 지나치게 확대시킬 우려가 있다는 입장에서 그와 같은 판시에도 불구하고 시장의 경쟁에 미치는 영향을 중심으로 심사할 필요가 있다는 견해로는 조성국, "시장지배적 지위 남용행위에 대한 위법성 판단 기준에 관한 연구", 경쟁법연구 제19권(2009), 391면.

단기준이라는 점을 분명히 하였다.[37] 공정위도 2015년 「불공정거래행위 심사지침」을 개정하여 "모든 사업자는 거래상대방을 선택할 자유가 있다. 이를 과도하게 제약할 경우 시장효율에 부합하는 기업판단을 억제하고 소비자 이익을 저해할 수 있으므로 이에 대한 규제는 매우 신중하여야 한다. 따라서 단독의 거래거절은 행위주체가 원칙적으로 시장점유율이 30% 이상으로 시장력(market power)이 인정되는 경우에만 규제하는 것이 바람직하다."고 규정하였다. 이는 바람직한 태도라고 할 수 있다.

(다) 시장지배적 지위남용행위와 불공정거래행위의 경쟁제한성

1) 실무의 경향

독점규제법상 불공정거래행위 금지규정과 시장지배적 지위남용행위 금지규정을 비교해 보면, 양자 사이에는 행위의 유형이 중복되는 경우가 많다.[38] 그런데 우리나라 공정위나 법원의 실무에서는 동일한 행위를 시장지배적 지위남용행위로 규제할 때보다 불공정거래행위로 규제할 때에 경쟁제한성을 더 쉽게 인정하는 경향이 있다. 대법원은 시장지배적 지위남용행위 중에서 배제남용행위에 관해서 포스코 판결 이래로 경쟁제한성에 대한 입증을 비교적 엄격하게 요구하고 있는 반면에, 불공정거래행위에 관해서는 오히려 위법성 판단기준을 완화하여 종래 경쟁제한성을 중심으로 위법성을 판단하던 끼워팔기, 거래거절, 배타조건부거래에 관해서도 상대방의 자유로운 선택의 자유를 제한할 가능성이 있다는 것을 근거로 하여 부당성을 쉽게 인정하고 있다. 동일한 행위유형인 배타조건부거래에 관하여 시장지배적 사업자인 이베이지마켓의 행위는 경쟁제한효과가 인정되지 않는다는 이유로 위법하지 않은 것으로 판단한 반면,[39] 시장점유율이 한 자릿수에 불과하여 시장력이 미미한 에쓰오일의 행위는 위법한 것으로 판단하였다.[40] 이러한 판례의 태도는 불공정거래행위에 관한 일본 학계의 논의에 영향을 받은 것으로 보인다. 즉, 공정경쟁저해성에 관한 일본의 통설인 '三條件說'에서 말하는 '경쟁감쇄'는 일정한 거래분야(관련시장)에서의 경쟁을 실질적으로 제한하는 것으로 인정될 정도의 것일 필요는 없고, 어느 정도 공정하고 자유로운 경쟁을 방해하는 것으로 인정될 수 있으면 족하다고 하고 있는데,[41] 이러한 견해를 우리나라에서 무비판적으로 수용한 측면이 있는 것으로 보인다.[42] 이러한 실무의 경향이 누적되면서 우리나라에서는 시장지배적 사업자에 대한 규제

37) 대법원 2008.2.14. 선고 2004다39238 판결.

38) 공정위는 마이크로소프트의 메신저 및 미디어플레이어 끼워팔기 행위에 대하여 이를 시장지배적 지위남용행위와 불공정거래행위에 모두 해당되는 것으로 보아 구법 제3조의2와 구법 제23조를 중첩적으로 적용한 바 있다. 공정위 2006.2.24. 의결 제2006-042호 참조.

39) 대법원 2011.6.10. 선고 2008두16322 판결.

40) 대법원 2013.4.25. 선고 2010두25909 판결.

41) 根岸哲(編), 注釈独占禁止法, 有斐閣, 2009, 344-345면.

42) 이승택, "우리 공정거래법상의 부당성의 의미 및 그 법률상 지위: 대법원 판례를 중심으로", 사법논집 제49집(2009), 133-135면은 시장지배적사업자의 지위남용행위에 있어서의 부당성은 효과 측면에서 경쟁제한성

는 그 집행이 어렵고, 일반사업자에 대한 규제는 그 집행이 쉽다는 기형적인 현상이 나타나게 되었으며, 그 결과 경쟁제한성에 대한 입증부담을 우려한 공정위가 법집행에 있어서 시장지배적 지위남용행위에 대한 규제는 가급적 피하고 불공정거래행위에 대한 규제에 치중하는 이른바 '불공정거래행위로 도피' 현상을 보이고 있다.

2) 검 토

독점규제법에서 시장지배적 지위남용행위의 행위주체는 시장지배적 사업자이고, 불공정거래행위의 행위주체는 일반사업자이다. 따라서 동일한 행위를 시장지배적 사업자가 행한 경우와 일반사업자가 행한 경우를 비교하면, 전자의 경우가 경쟁제한성이 더 쉽게 인정되어야 할 것이다. 특히, 불공정거래행위는 제조업체와 유통업체 등 수직적 관계에서 발생하는 경우가 많이 있는데, 이러한 경우에는 상표내 경쟁은 제한되지만 상표간 경쟁을 촉진하는 효과도 나타날 수 있기 때문에 경쟁제한성의 인정에 보다 신중을 기할 필요가 있다. 그렇기 때문에, 경쟁제한성의 입증과 관련하여 문제된 행위가 시장지배적 지위남용인지 아니면 불공정거래행위인지에 따라 다른 기준을 적용하는 것은 타당하지 않고, 만에 하나 그 기준을 달리하더라도 시장지배적 사업자의 행위에 대한 경쟁제한성 인정을 쉽게 하는 쪽이 오류의 가능성을 줄일 수 있을 것이다.

앞에서 살펴 본 배타조건부거래의 경우를 보더라도, 다른 상황이 동일하다면 시장지배력을 보유한 사업자가 하는 배타조건부거래가 일반사업자가 하는 배타조건부거래에 비하여 봉쇄효과 등의 측면에서 경쟁제한성이 더 쉽게 인정되는 것이 마땅할 것이다. 또한, 거래상대방의 선택의 자유라는 견지에서 보더라도 전자의 경우에는 시장이 독과점 상태에 있으므로 배타조건부거래의 행위가 있기 전부터 이미 시장구조적으로 거래상대방의 선택의 자유가 상당 부분 침해된 상태인 반면, 후자의 경우에는 시장에 다수의 경쟁사업자들이 존재하고 있다면 그들과 거래하는 거래의 상대방으로서는 제시된 거래조건이 마음에 들지 않으면 다른 거래처를 선택할 기회가 훨씬 더 많을 것이다.[43]

독과점사업자의 시장지배적 지위남용행위에 대한 규제보다 일반사업자의 불공정거래행위에 대한 규제를 우선시하고 있는 현재의 실무는 독점규제법 본래의 취지에 부합하지 않을 뿐만 아니라, 오히려 경쟁질서의 보호라는 독점규제법의 목적 실현에 반하는 측면이 있는 것으로 보인다. 따라서 일반사업자의 사업활동에 대해서 경쟁제한성을 쉽게 인정하거나 거래상대방의 선택의 자유를 근거로 쉽게 위법한 것으로 단정하는 실무의 태도는 재고되어야 할 것이다. 차제에 이 부분에 대한 반성적 검토와 고려를 통해서 시장지

을 의미하고 불공정거래행위에 있어서의 부당성은 행태적 측면에서 불공정성이 문제된다고 주장한다.

43) 공정위는 2015년 12월 31일 「불공정거래행위 심사지침」을 개정하여 끼워팔기에 대해서도 경쟁제한성 위주로 위법성을 판단하도록 하고 경쟁제한성의 의미 및 판단기준을 구체적으로 제시하고 있는데, 이는 바람직한 개정이라고 평가할 수 있다.

배적 지위남용행위와 불공정거래행위 등과 같은 단독행위를 경쟁제한성을 중심으로 통합하여 운영할 수 있는 방안을 마련하기 위하여 노력할 필요가 있을 것이다.

(2) 경쟁수단의 불공정성

(가) 의 의

공정거래저해성을 구성하는 또 다른 요소는 경쟁수단의 불공정성이다. 경쟁수단의 불공정성은 상품 또는 용역의 가격과 품질 이외에 바람직하지 않은 경쟁수단을 사용함으로써 정당한 경쟁을 저해하거나 저해할 우려가 있음을 의미한다. 축구시합에서 양 팀이 승부조작에 합의를 한다면 이는 경쟁 자체를 소멸시키는 경쟁제한행위가 되지만(자유경쟁의 침해), 어느 팀이 심판 몰래 손을 사용해서 경기를 한다면 이는 경쟁의 수단이 불공정한 경우에 해당된다(공정경쟁의 침해).[44] 독점규제법은 자유공정경쟁을 보호하는 것을 그 목적으로 하고 있는데(법 1조), 경쟁제한성은 자유로운 경쟁에 대한 제한을 의미하며, 경쟁수단의 불공정성은 공정한 경쟁에 대한 제약을 의미한다. 따라서 경쟁수단의 불공정성이 인정되는 경우에는 별도로 경쟁제한성까지 요구되는 것은 아니다. 여기서는 불공정한 경쟁수단을 사용하는 것 자체가 공정거래저해성의 근거가 되기 때문이다. 대법원도 사원판매 강제행위에 관하여 경쟁수단의 불공정성에서 공정거래저해성을 찾고 있으며, 경쟁제한성을 요구하지 않고 있다.[45]

다종다양한 경쟁수단 중에서 바람직한 수단을 통해서 이루어지는 경쟁을 강학상 성과경쟁(competition on the merits) 또는 급부경쟁(Leistungswetbewerb) 등으로 부른다.[46] 그런데 시장경쟁의 과정에서 바람직한 경쟁수단과 바람직하지 않은 경쟁수단 사이의 경계가 모호한 경우가 많다. 그렇기 때문에 독점규제법은 바람직한 경쟁수단과 바람직하지 않은 경쟁수단을 구별하는 일의적 기준을 제시하는 대신, 바람직하지 않은 경쟁수단으로 사용되고 있는 전형적 행위유형들을 열거하는 방식으로 규정하고 있다. 부당한 고객유인(법 45조 1항 4호), 거래강제(법 45조 1항 5호), 사업활동 방해(법 45조 1항 8호)가 여기에 해당한다. 이러한 행위들은 모두 장점(merits)에 의한 경쟁을 위한 수단이 아닌 불공정한 경쟁수단과 결부되어 있다. 부당한 고객유인의 경우에는 부당하거나 과대한 이

---

44) 다만, 예시한 축구 경기는 다득점이라는 특정 목적을 향해 정해진 규칙에 따라서 두 팀이 경합하는 닫힌 경쟁의 사례로서, 일정한 목표를 특정하지 않고 가격, 품질, 다양성, 혁신 등 다양한 수단을 통해 다수의 사업자들이 경합하는 열린 경쟁을 지향하는 시장경쟁과는 차이가 있다.

45) 대법원 2001.2.9. 선고 2000두6206 판결.

46) 바람직한 경쟁수단에 의한 경쟁을 설명하는 용어로서 미국에서는 주로 성과경쟁 내지 장점에 의한 경쟁(competition on the merits)이라는 표현을 사용하고, 독일에서는 주로 급부경쟁(Leistungswetbewerb)이라는 표현을 사용한다. 성과경쟁을 일본에서는 능률경쟁이라고 번역하여 사용하고 있어서 우리나라에도 능률경쟁이라는 표현을 사용하는 학자들이 있다. 급부경쟁은 성과경쟁으로 번역되기도 한다. 급부경쟁은 경제적 활동의 자유의 가치를 중시하는 독일의 전통에서 유래된 독특한 개념이다. 상세는 홍대식, "공정거래법과 지적재산권법: 공정거래법 위반의 주장과 지적재산권 침해금지소송", 민사판례연구 제31권(2009), 991면.

익의 제공 또는 그 제의나 위계 또는 기만의 방법과 결부되어 있고, 거래강제의 경우에는 사원판매나 부당한 조건 등 불이익의 제시와 결부되어 있으며, 사업활동 방해의 경우에는 기술의 부당이용, 인력의 부당유인·채용, 거래처 이전방해나 기타의 부당한 방법과 결부되어 있다.

■ **불공정한 경쟁수단 규제에 관한 비교법적 검토**

불공정한 경쟁수단 내지 부정한 경쟁방법에 대한 규제는 각국의 역사적 배경에 따라 다른 방향으로 전개되어 왔다. 프랑스에서는 부정경쟁(concurrence deloyale)이라는 개념을 구성하여 불법행위의 한 유형으로 발전되었다. 영국에서는 부정경쟁에 해당하는 특별한 개념이 형성되지 않고 여러 유형의 불법행위로부터 발전되었다. 전통적인 불법행위법의 범주 안에서 판례법적인 전개를 보이고 있는 영국과 프랑스와는 달리, 독일의 경우는 처음부터 부정경쟁을 전반적으로 규율하는 성문법으로서 부정경쟁방지법(UWG; Gesetz gegen den unlauteren Wettbewerb)을 제정하여 시행하였고, UWG는 우리나라의 부정경쟁방지법 제정에 영향을 미쳤다. 미국에서는 불문법 원리를 영국으로부터 승계한 후 불공정거래관행법(law of unfair trade practices)이라는 이름으로 공법과 사법 양면으로 다양하게 전개되었는데, FTC법도 그 중 하나이다. FTC법 제5조는 거래에서 또는 거래에 영향을 미치는 불공정한 경쟁방법(unfair method of competition)과 불공정하거나 기만적인 행위 또는 관행(unfair or deceptive acts or practices)을 금지할 권한을 FTC에 부여하였다. 우리나라 독점규제법 제45조는 거슬러 올라가면 FTC법 제5조의 영향을 받은 것이다. 우리나라에서는 불공정한 경쟁수단이 독점규제법의 불공정거래행위 금지 이외에 부정경쟁방지법, 불법행위 등에 의해서도 규율이 되고 있다.[47]

(나) 정상적 거래관행과 비교

경쟁수단의 불공정성은 당해 수단이 사회통념상 정상적 거래관행에 비추어 수용될 수 있는지 여부에 따라 결정된다. 정상적인 거래관행은 현실의 거래관행과 항상 일치하는 것은 아니고, 바람직한 경쟁질서에 부합하는 관행을 의미한다. 예컨대 음성적 리베이트의 제공 등은 불공정한 경쟁수단에 해당한다. 제약사의 리베이트 제공행위가 문제된 사안에서 제약사들은 리베이트 제공행위가 의약품 시장의 정상적인 관행이라고 주장하였다. 그러나 공정위는 정상적인 거래관행은 상품의 가격이나 품질 등을 통하여 고객의 수요를 창출하는 것이라는 점을 전제하고, 그러한 제약회사들의 행태가 사회통념상 정상적인 거래관행으로 보기 어렵다고 판단하였다.[48] 대법원도 제3자(전문적 의료기관)가 약품을 선

47) 각국의 부정경쟁방지법의 연력에 관한 상세는 정호열, "부정경쟁방지법에 관한 연구: 행위체계와 유형을 중심으로", 서울대학교 박사학위논문(1991)을 참조.

48) 공정위 2007.12.20. 의결 제2007-551호; 공정위 2007.12.20. 의결 제2007-552호; 공정위 2007.12.20. 의결 제2007-553호; 공정위 2007.12.20. 의결 제2007-554호; 공정위 2007.12.21. 의결 제2007-557호; 공정위 2007.12.21. 의결 제2007-558호; 공정위 2007.12.21. 의결 제2007-559호; 공정위 2007.12.20. 의결 제2007-

택하게 되는 제약산업에 있어서의 거래적 특성을 고려하면서, 리베이트 제공에 의한 불이익이 결국 소비자에게 미칠 수 있음을 지적하였다.[49] 다만, 경쟁의 방법은 다양하고 특히 창의적 수단에 의한 경쟁은 조장되어야 마땅할 것이므로, 새롭고 창의적인 경쟁수단의 개발을 섣불리 불공정한 경쟁수단으로 단정하지 않도록 주의할 필요가 있다.

(3) 거래내용의 불공정성

(가) 의 의

거래내용의 불공정성이라 함은 거래상대방의 자유로운 의사결정을 저해하거나 불이익을 강요함으로써 공정거래의 기반이 침해되거나 침해될 우려가 있음을 의미한다.[50] 대법원은 "불공정거래행위의 한 유형으로 사업자의 우월적 지위의 남용행위를 규정하고 있는 것은 현실의 거래관계에서 경제력에 차이가 있는 거래주체 간에도 상호 대등한 지위에서 법이 보장하고자 하는 공정한 거래를 할 수 있게 하기 위하여 상대적으로 우월적 지위에 있는 사업자에 대하여 그 지위를 남용하여 상대방에게 거래상 불이익을 주는 행위를 금지시키고자 하는 데 그 취지가 있[다]"고 판시한 바 있다.[51] 다만, 거래상 지위 남용행위는 거래상 지위가 있는 경우에 한하여 민법의 불공정성 판단기준을 완화한 것이므로 거래상 지위는 민법이 예상하고 있는 통상적인 협상력의 차이와 비교할 때 훨씬 엄격한 기준으로 판단되어야 한다.

(나) 정상적 거래관행과 비교

거래내용의 불공정성은 당해 거래의 내용이 사회통념상 정상적 거래관행에 비추어 수용될 수 있는지 여부에 따라 결정된다. 판례는 "우월적 지위를 부당하게 이용하여 상대방에게 불이익을 준 행위인지 여부는 당해 행위의 의도와 목적, 효과와 영향 등과 같은 구체적 태양과 상품의 특성, 거래의 상황, 해당 사업자의 시장에서의 우월적 지위의 정도 및 상대방이 받게 되는 불이익의 내용과 정도 등에 비추어 볼 때 정상적인 거래관행을 벗어난 것으로서, 공정한 거래를 저해할 우려가 있는지 여부를 판단하여 결정하여야 한다."고 판시하고 있다.[52] 공정위는 거래내용의 공정성 여부를 당해 행위를 한 목적, 거래상대방의 예측가능성, 당해업종에서의 통상적인 거래관행, 관련법령 등을 종합적으로 고려하여 판단하고 있다.

560호; 공정위 2007.12.20. 의결 제2007-561호; 공정위 2007.12.20. 의결 제2007-562호 등.

49) 대법원 2010.12.23. 선고 2008두22815 판결.

50) 일본의 경우 유통구조의 전근대성을 개선하기 위하여 독점금지법에서 불공정한 거래방법의 한 유형으로서 거래상 지위남용을 도입하였고, 그것이 우리나라 독점규제법에 계수되었다. 우리나라에서는 본사와 대리점사업자간 유통분야의 전근대적 거래관행 이외에도 여러 종류의 이른바 '갑을관계' 문제로 인하여 거래상 지위남용에 대한 규제가 하도급법, 가맹사업법, 대규모유통업법, 대리점법 등 특별법의 형태로 확장되고 있다.

51) 대법원 2000.6.9. 선고 97누19427 판결.

52) 대법원 2000.6.9. 선고 97누19427 판결; 대법원 2002.1.25. 선고 2000두9359 판결.

(다) 공법적 규제에 대한 비판

독점규제법에서 특정 사업자의 행위를 거래내용의 불공정성을 이유로 위법으로 보아 행정력을 동원하여 규제하는 것이 입법론적으로 타당한지에 대하여 의문이 제기되고 있다. 우리나라 법질서는 사적 자치와 시장경제를 기본으로 하고 있는데, 사적 자치는 계약자유에 의하여 실현되고, 시장경제는 자유롭고 공정한 경쟁질서가 확립되어야 비로소 그 기능을 다 할 수 있다. 그리고 계약자유를 통하여 사업자들이 시장에서 자유롭게 경쟁할 수 있는 기반이 조성되고, 자유롭고 공정한 경쟁질서는 각 경제주체에게 실질적인 선택의 자유를 보장하여 계약자유가 실질적으로 실현될 수 있는 토대를 마련해 주기 때문에, 계약자유와 경쟁질서는 동전의 양면과 같은 관계에 있다.[53] 따라서 국가는 사인들 간의 거래내용에 직접 개입하는 것은 가급적 피하고,[54] 독과점이나 경쟁제한행위를 규제함으로써 사인들 간에 공정한 내용의 거래가 자연스럽게 이루어질 수 있는 시장환경을 조성하는 역할에 보다 충실할 필요가 있다.

이러한 관점에서 볼 때, 거래내용의 불공정성이 문제 되는 행위를 공법적인 규제의 대상으로 하는 것이 타당한지, 그리고 그것을 독점규제법에서 규제하는 것이 합리적인지에 대하여는 의문이 제기되고 있다.[55] 즉, 유통분야 등에서 전근대적 거래관행이 제대로 개선되지 않고 있는 근본적 원인은 독과점적인 시장구조와 수직적인 거래관행에서 찾을 수 있겠지만, 다분히 거래당사자간 사적 분쟁의 성격이 강한 불공정거래행위에 대하여 그로 인하여 피해를 입은 당사자가 주체가 되어 해결할 수 있는 시스템을 구축하지 않고 있는 것도 그 원인이 되기 때문이다.[56] 그 대안으로서는 징벌적 손해배상제도, 집단소송제, 디스커버리제도 등과 같은 민사적 구제를 활성화할 수 있는 수단을 도입하여 불공정한 거래로 인하여 피해를 받은 당사자가 보다 용이하게 피해구제를 받을 수 있도록 하는 방안을 마련하기 위하여 적극적으로 노력할 필요가 있을 것이다.[57]

(4) 경제력집중

판례는 계열회사를 위한 차별취급이나 부당지원행위에 관해서 공정거래저해성의 내용을 경쟁제한성(또는 경쟁저해성)과 경제력집중에서 찾고 있다. 즉, "지원주체와 지원객체와의 관계, 지원행위의 목적과 의도, 지원객체가 속한 시장의 구조와 특성, 지원성 거래

---

53) 예컨대 시장에서 오직 한 종류의 TV나 한 종류의 자동차만 판매된다면, 소비자의 계약자유는 사실상 제한된다. TV 시장이나 자동차 시장에서 다수의 공급자가 다양한 제품을 다양한 조건에 판매하면서 서로 경쟁하는 상황에서 비로소 계약자유의 원칙이 실질적 의미를 갖게 된다.

54) 신영수, "경쟁법의 사적 집행 활성화: 전제와 현실, 그리고 과제", 경북대학교 법학논고 제36집(2011), 190면.

55) 홍명수, "불공정거래행위의 유형에 따른 위법성 판단", 경희법학 제50권 제3호(2015), 72면.

56) 조혜신, "대리점거래에서의 밀어내기 등 불공정거래행위에 대한 경쟁법적 규제 방안 검토", 인하대학교 법학연구 제16집 제2호(2013), 74면.

57) 2020년 법 개정에서 불공정거래행위에 대한 금지청구 제도는 도입이 되었다.

규모와 지원행위로 인한 경제상 이익 및 지원기간, 지원행위로 인하여 지원객체가 속한 시장에서의 경쟁제한이나 경제력집중의 효과 등은 물론 중소기업 및 여타 경쟁사업자의 경쟁능력과 경쟁여건의 변화 정도, 지원행위 전후의 지원객체의 시장점유율의 추이, 시장개방의 정도 등을 종합적으로 고려하여 당해 지원행위로 인하여 지원객체의 관련시장에서 경쟁이 저해되거나 경제력 집중이 야기되는 등으로 공정한 거래가 저해될 우려가 있는지 여부를 기준으로 한다."고 판시하고 있다.[58] 부당지원행위를 인정한 판례들을 검토해 보면 대법원은 지원주체의 지원행위로 인하여 지원객체의 자금력이 제고되거나 경영여건이 개선됨으로써 지원객체로 하여금 그 지원객체가 속한 당해 시장에서 퇴출되지 않도록 하거나 경쟁조건을 경쟁사업자에 비하여 유리하게 하고 그 지위를 유지・강화시켰다는 점을 공정거래저해성의 핵심적 내용으로 파악하고 있다.[59]

4. 공정거래저해성과 부당성의 관계

독점규제법 제45조 제1항은 본문에서는 "공정한 거래를 해칠 우려"라는 용어를 사용하고 있는 반면, 그 각 호에서는 "부당하게"라는 용어를 사용하고 있어서, 양자의 관계를 어떻게 파악할 것인지가 문제될 수 있다. 통설[60]과 판례[61]는 공정거래저해성을 부당성의 핵심적 판단표지로 이해하고 있다. 따라서 공정거래저해성은 불공정거래행위의 부당성 인정을 위한 필수조건으로서 공정거래저해성(즉, 경쟁제한성, 경쟁수단의 불공정성, 거래내용의 불공정성, 경제력집중)이 인정되지 않으면 부당성도 인정되지 않는다.

그러나 공정거래저해성이 인정되는 경우라고 하더라도 정당화 사유가 존재하는 경우에는 부당성이 부정된다. 「불공정거래행위 심사지침」에 따르면, 경쟁제한성에 대해서는 효율성 증대효과가, 경쟁수단의 불공정성이나 거래내용의 불공정성에 대해서는 거래의 합리성이 정당화사유로 제시되고 있다. 한편 부당지원행위에 관하여 판례는 "공익적 목적, 소비자 이익, 사업경영상 또는 거래상의 필요성 내지 합리성 등도 공정한 거래질서와 관계없는 것이 아닌 이상 부당성을 갖는지 유무를 판단함에 있어 고려되어야 하는 요인의 하나"라고 판시하고 있다.[62] 다만, "지원행위에 단순한 사업경영상의 필요 또는 거래

---

58) 대법원 2004.3.12. 선고 2001두7220 판결; 대법원 2004.10.14. 선고 2001두2881 판결; 대법원 2006.12.22. 선고 2004두1483 판결; 대법원 2014.11.13. 선고 2009두20366 판결.

59) 대법원 2004.10.14. 선고 2001두6012 판결; 대법원 2004.10.14. 선고 2001두2881 판결; 대법원 2005.4.29. 선고 2004두3281 판결; 대법원 2005.5.27. 선고 2004두6099 판결; 대법원 2004.11.12. 선고 2001두2034 판결; 대법원 2005.9.15. 선고 2003두12059 판결; 대법원 2006.2.10. 선고 2003두15171 판결; 대법원 2006.7.13. 선고 2004두3007 판결; 대법원 2006.7.27. 선고 2004두1186 판결; 대법원 2007.1.25. 선고 2004두7610 판결 등 참조.

60) 권오승(2015), 306면; 권재열(2005), 223-224면; 임영철(2008), 312면; 김기영, "공정거래법상 불공정거래행위에 있어 '부당성'의 판단기준: 대법원 2001.12.11. 선고 2000두833 판결", 경쟁법연구 제8권(2002), 634면.

61) 대법원 1998.9.8. 선고 96누9003 판결.

62) 대법원 2004.4.9. 선고 2001두6197 판결; 대법원 2004.4.9. 선고 2001두6203 판결.

상의 합리성 내지 필요성이 있다는 사유만으로는 부당지원행위의 성립요건으로서의 부당성 및 공정거래저해성이 부정된다고 할 수는 없[고]", 그러한 정당화 사유가 비교형량의 결과 공정거래저해성을 능가하는 것으로 판단되어야 비로소 부당성이 조각될 수 있을 것이다.

5. "부당하게"와 "정당한 이유 없이"의 구분

법 시행령 제52조의 [별표 2]에 규정되어 있는 「불공정거래행위의 유형 및 기준」을 살펴보면, 공동의 거래거절, 계열회사를 위한 차별, 부당염매 등의 행위에 대하여는 그것이 "정당한 이유 없이" 행해질 때에 불공정거래행위로 보는 반면에, 그 밖의 행위유형들에 대하여는 그것이 "부당하게" 이루어지는 경우에 불공정거래행위로 보고 있다. 따라서 이러한 시행령상 표현의 차이가 어떤 규범적 의미를 가지는지를 살펴볼 필요가 있다. 일반적으로 "정당한 이유 없이"라는 문언이 삽입되어 있는 행위들은 원칙적으로 위법성이 인정되는 행위들이다. 따라서 외형상 그러한 행위가 있으면 일단 이를 위법한 행위로 보되, 정당한 이유가 있는 경우에 한하여 그 위법성이 조각되어 적법한 행위로 인정된다. 이에 대한 입증책임은 사업자가 부담한다. 그러나 "부당하게"라는 부사가 삽입되어 있는 행위들은 당해 행위의 외형이 있다고 하더라도 그 사실만으로 위법성이 인정되는 것이 아니며, 원칙적으로 부정적 효과와 긍정적 효과를 비교형량하여 부정적 효과가 큰 경우에 위법한 것으로 본다. 이에 대한 입증책임은 공정위가 부담한다. 대법원도 역시 "정당한 이유 없이"와 "부당하게"의 구별을 입증책임의 차이로 이해하고 있다.[63] 공정위의 「불공정거래행위 심사지침」도 같은 태도를 취하고 있다.

6. 공정거래저해성의 해석과 관련한 판례의 문제점

우리나라 대법원은 현재까지 불공정거래행위에 있어서 그 부당성의 본질이 무엇인지, 즉 불공정거래행위의 모든 유형을 포괄하는 차원에서 부당성이 갖는 의미를 밝힌 바는 없다. 판례는 기본적으로 공정위의 「불공정거래행위 심사지침」이 제시하고 있는 구체적 판단기준을 존중하고 있는 것으로 보인다. 그러나 몇몇 개별적인 행위유형에 관해서는 다음에서 보는 것과 같이 혼란스러운 부분도 나타나고 있다. 아래에서 항목별로 살펴보

---

63) 대법원 2001.12.11. 선고 2000두833 판결. 대법원은 "[구시행령] 제36조 제1항 [별표] 제2호 (가), (나), (라)목에서 '가격차별', '거래조건차별', '집단적 차별'에 대하여는 그러한 행위가 '부당하게' 행하여진 경우에 한하여 불공정거래행위가 되는 것으로 규정하면서도, '계열회사를 위한 차별'의 경우에는 정당한 이유가 없는 한 불공정거래행위가 되는 것으로 문언을 달리하여 규정하고 있는 취지는, 이러한 형태의 차별은 경쟁력이 없는 기업집단 소속 계열회사들을 유지시켜 경제의 효율을 떨어뜨리고 경제력 집중을 심화시킬 소지가 커서 다른 차별적 취급보다는 공정한 거래를 저해할 우려가 많으므로, 외형상 그러한 행위유형에 해당하면 일단 공정한 거래를 저해할 우려가 있는 것으로 보되 공정한 거래를 저해할 우려가 없다는 점에 대한 입증책임을 행위자에게 부담하도록 하겠다는 데에 있다."고 판시하였다.

기로 하자.

(1) 행위유형별 판단기준의 미정립

대법원은 거래거절이 문제된 정산실업의 판결[64]에서는 '부당하게(즉 정당한 이유 없이)'는 전적으로 '공정한 경쟁질서유지'라는 관점에서 평가되어야 한다고 판시함으로써 기본적으로 경쟁제한성 위주로 위법성을 판단하여야 한다고 하였다. 그러나 포스코 판결[65]에서는 "불공정거래행위로서의 거래거절행위에 관하여는 … (중략) … 사업자의 거래거절행위가 시장에 미치는 영향을 고려하지 아니하고 그 거래상대방인 특정 사업자가 당해 거래거절행위로 인하여 불이익을 입었는지 여부에 따라 그 부당성의 유무를 평가"하여야 한다는 취지의 판시를 하였다.

반면, 쌍용정유 판결[66]에서는 거래거절, 거래상 지위의 남용, 사업활동 방해 등 행위유형이 상이함에도 불구하고 동일한 위법성 판단기준을 적용하기도 하였다. 여기서 거래거절(경쟁제한성이 문제되는 행위), 거래상 지위의 남용(거래내용의 공정성이 문제되는 행위), 사업활동 방해(경쟁수단의 공정성이 문제되는 행위)는 위법성 인정의 근거가 이질적인 행위유형들이다. 그럼에도 불구하고 대법원은 쌍용정유의 행위의 부당성을 부정하면서, 그 판단기준으로 공정하고 자유로운 '경쟁'의 저해를 들었다. 그러나 서로 다른 불공정거래행위의 유형에 대해서 개별적인 검토를 하지 않고, 일괄적으로 경쟁의 저해 여부로 위법성을 판단한 것은 적절하다고 보기 어렵다. 위와 같은 판결들은 독점규제법의 시행 초기에 심도 있는 검토가 이루어지지 않은 상태에서 내려진 것으로 보인다. 앞으로 시정할 필요가 있다.

(2) 경쟁을 제한하는 불공정거래행위에 대하여 거래의 불공정성을 중심으로 판단

불공정거래행위 중에서 거래상 지위의 남용은 이른바 착취남용 유형으로서, 그 위법성은 거래내용의 불공정성을 위주로 판단하게 된다. 그런데 행정기관인 공정위가 당사자

---

64) 대법원 1990.4.10. 선고 89다카29075 판결. 이 사건에서 피고는 대리점계약상의 제약사항이 화장품의 취급이나 사용에 있어서 전문적인 기술이나 경험이 필요하고, 유통질서의 확립(피고 회사가 지정하는 소비자권장가격을 유지하고 피고 회사의 지사나 대리점 간의 경쟁을 방지하는 것)을 위해 필요하다는 취지의 주장을 폈으나, 법원은 이러한 요소는 불공정거래행위를 조각할 정당한 이유가 될 수 없다고 판단하였다. 이 사건에서 피고 제조업체의 행위로 화장품 대리점 간의 경쟁, 즉 브랜드 내 경쟁(intrabrand competition)은 감소한 것으로 보인다. 그렇지만, 피고가 유통망을 정비함으로써 다른 화장품 제조업체와 브랜드 간 경쟁(inter-brand competition)을 효과적으로 수행할 수 있는 기반이 마련되었다고 볼 여지도 있다. 따라서 경쟁질서의 침해 여부는 브랜드 내 경쟁의 감소와 브랜드 간 경쟁의 증가의 종국적 효과를 살펴 판단했어야 하는데, 법원이 후자에 대한 고려를 소홀히 하였다는 비판이 제기될 수 있다.

65) 대법원 2007.11.22. 선고 2002두8626 전원합의체 판결.

66) 대법원 1998.9.8. 선고 96누9003 판결. 쌍용정유가 대리점 관계에 있는 우림석유에 대해서 무담보 거래 및 외상기일연장 특혜를 제공하다가 그 외상대금의 증대에 따른 채권확보대책의 일환으로 종전의 특혜를 배제하고 담보제공 요구나 공급물량 감축 및 외상기일 단축 등을 통한 외상대금 감축 등의 조치를 취한 것이 거래거절, 우월적 지위남용(거래상 지위의 남용) 또는 사업활동 방해에 해당하는지 여부가 쟁점이 되었다.

간의 사적 거래에 그것이 불공정하다는 이유로 과도하게 개입할 경우에는 거래당사자들 사이에 자율적 교섭의 기회를 차단하고 사적 자치의 영역을 축소시켜서 오히려 시장경제의 기본원리에 반하는 결과를 초래할 우려가 있다. 따라서 불공정거래행위 중에서 거래내용의 불공정성을 이유로 규제하는 것에 대해서는 그것이 가지는 긍정적 측면과 아울러 부정적 측면도 함께 고려하여 신중하게 검토할 필요가 있다.

그런데 최근의 판례는 기존에 착취남용의 유형으로 분류되어 온 거래상 지위의 남용은 물론이고, 종래 경쟁제한적인 불공정거래행위로 분류되던 행위유형에 대해서도 거래내용의 불공정성을 근거로 위법성을 인정하는 경우가 있다. 예컨대, 배타조건부거래는 경쟁제한성을 위주로 위법성을 판단하는 행위유형에 해당된다. 하지만 대법원은 시장지배적 사업자의 지위남용행위로 규정하고 있는 배타조건부 거래행위의 부당성과 달리 불공정거래행위로 규정하고 있는 배타조건부 거래행위의 부당성은 당해 배타조건부 거래행위가 경쟁사업자나 잠재적 경쟁사업자를 관련시장에서 배제하거나 배제할 우려가 있는지 여부를 비롯한 경쟁제한성을 중심으로 평가하되, "거래상대방의 거래처 선택의 자유 등이 제한됨으로써 자유로운 의사결정이 저해되었거나 저해될 우려가 있는지 여부" 등도 아울러 고려할 수 있다고 보았다.[67] 더욱이 판례는 이러한 경우에 부당성 판단에 관하여 아무런 한계 원리도 제시하지 않고 있어서 소위 '불공정거래행위로의 도피 현상'을 유발하는 원인을 제공하고 있다는 지적도 받고 있다. 따라서 법원은 공정거래저해성과 관련하여 서로 충돌되거나 모순된 판례들을 정리하여 불필요한 혼란을 제거할 필요가 있고, 입법자는 보다 근원적으로 불공정거래행위 관련 조항들을 위법성 판단근거를 기준으로 재정리할 수 있는 방안을 마련할 필요가 있다.[68]

제 3 절 불공정거래행위의 세부 유형

독점규제법은 불공정거래행위를 10가지 유형으로 나누어 규정하고 있다. 여기서는 불공정거래행위를 위법성 판단의 근거를 기준으로, ① 경쟁을 제한하는 행위, ② 경쟁수단이 불공정한 행위, ③ 거래내용이 불공정한 행위로 나누어 설명하고, 부당한 지원행위에 대해서는 제7장에서 따로 설명하기로 한다.

---

67) 대법원 2013.4.25. 선고 2010두25909 판결.

68) 입법론으로는 시장지배적 지위남용과 불공정거래행위의 관계를 재정립하여 시장지배적 지위남용에 대한 규제를 활성화하고, 불공정거래행위의 경우에는 당해 행위의 위법성 근거가 경쟁제한성인지, 거래내용의 불공정성인지, 경쟁수단의 불공정성인지 등에 따라 그 적용 법조를 재구성할 필요가 있을 것이다. 이호영, "수직적 거래제한의 규제", 공정거래와 법치(2004), 622면.

I. 경쟁을 제한하는 행위

1. 거래거절

(1) 의 의

거래거절이라 함은 부당하게 거래를 거절하는 행위, 즉 거래의 개시를 거절하거나 계속적인 거래관계를 중단하는 행위, 혹은 거래하고 있는 상품 또는 용역의 수량이나 내용을 현저히 제한하는 행위를 말한다. 우리나라처럼 사적자치를 법질서의 기본으로 삼고 있는 나라에서는 각 경제주체가 원칙적으로 누구와, 어떠한 내용의 거래를, 어떠한 방법으로 체결할 것인지 여부를 자유롭게 결정할 수 있다. 따라서 사업자가 상품이나 용역의 가격이나 거래조건 등이 마음에 들지 않을 경우에는 당해 거래를 자유롭게 거절할 수 있기 때문에, 그것은 원칙적으로 위법하지 않다. 그러나 그러한 거래거절이 공정한 거래를 저해할 우려가 있는 경우에는 불공정거래행위로서 금지된다.

(2) 유 형

법 시행령 [별표 2]에서는 거래거절을 그 행위자의 수에 따라 공동의 거래거절과 그 밖의 거래거절로 구분하고 있다.

(가) 공동의 거래거절

공동의 거래거절이라 함은, 정당한 이유 없이 자기와 경쟁관계에 있는 다른 사업자와 공동으로 특정사업자에게 거래의 개시를 거절하거나 계속적인 거래관계에 있는 특정사업자에게 거래를 중단하거나 거래하는 상품 또는 용역의 수량이나 내용을 현저히 제한하는 행위를 말한다(영 [별표 2] 1호 가목). 이 경우에는 거래거절이 공동으로 행해지고 있어서 특정한 사업자가 거래의 기회를 빼앗기고 시장에서 배제될 우려가 있기 때문에 경쟁제한성이 강하다고 할 수 있다. 따라서 그러한 행위는 정당한 이유가 없는 한 위법한 것으로 본다.

제3자의 배제와 관련된 사례로는 국민은행 등 7개 은행이 공동으로 (주)하나은행에 대하여 CD공동망을 통한 입출금거래서비스를 제한한 행위를 들 수 있다. 이 사건에서 공정위는 피심인들이 삼성카드의 가상계좌서비스에 필요한 하나은행의 CD공동망이용을 제한함으로써 신용카드업 시장에서 경쟁을 실질적으로 제한하거나 제한할 우려가 있다고 보아 시정명령을 내렸다.[69] 그러나 법원은 개별 은행과 금융결제원의 전산망을 상호 연결하여 고객이 다른 은행의 현금지급기(CD기)를 이용할 수 있게 하는 시스템인 CD공동

69) 공정위 2002.1.8. 의결 제2002-001호.

망의 참가은행들이 공동으로 특정 은행으로 하여금 다른 신용카드회사 고객의 가상계좌서비스와 연결된 CD공동망을 사용하지 못하게 단절한 경우, CD공동망의 운영에 있어서는 전산망 구축과 유지에 상당한 비용과 노력을 투자한 참가은행들의 의사가 존중되어야 하는 점, 신용카드회사가 CD공동망을 이용함으로써 참가은행들보다 부당하게 경쟁우위에 설 가능성이 크고, 위와 같은 공동의 거래거절로 인하여 신용카드시장에서 다른 거래처를 용이하게 찾을 수 없어 거래기회가 박탈되었다고는 할 수 없는 점 등에 비추어, 참가은행들의 위 가상계좌서비스에 대한 공동의 거래거절행위는 그 거래거절에 정당한 사유가 있다고 보아 부당성을 인정하지 않았다.[70] 이 사건은 공동의 거래거절이 가져온 경쟁제한효과보다 CD공동망에 대한 무임승차를 방지함으로써 얻을 수 있는 효율성 증대효과가 더 크다고 보아 부당성을 인정하지 않은 것으로 이해할 수 있다.

(나) 그 밖의 거래거절

그 밖의 거래거절이라 함은 부당하게 특정한 사업자에게 거래의 개시를 거절하거나 계속적인 거래관계에 있는 특정사업자에게 거래를 중단하거나 거래하는 상품 또는 용역의 수량이나 내용을 현저히 제한하는 행위를 말한다(영 [별표 2] 1호 나목). 그 밖의 거래거절은 개별 사업자가 그 거래상대방에 대하여 하는 이른바 개별적 거래거절을 말한다. 또한, 기타의 거래거절이란 단독사업자의 '특정사업자에 대한 거래의 거절'을 말하므로, 단독사업자가 자기의 생산 또는 판매정책상 적정한 기준을 설정하여 그 기준에 맞지 않는 불특정다수 사업자와의 거래를 거절하는 행위는 원칙적으로 이에 해당되지 않는다.[71]

개별적 거래거절행위는 그 거래상대방이 종래 계속적 거래관계에 있었던 경우에도 시장경제 체제에서 일반적으로 인정되는 거래처 선택의 자유라는 원칙에 비추어 볼 때, 또 다른 거래거절의 유형인 '공동의 거래거절'과는 달리 거래거절이라는 행위 그 자체가 바로 불공정거래행위에 해당되는 것이 아니라, 그 거래거절이 특정사업자의 거래기회를 배제하여 그 사업활동을 곤란하게 할 우려가 있거나, 오로지 특정사업자의 사업활동을 곤란하게 할 의도를 가진 유력 사업자에 의하여 그 지위 남용행위로서 행하여지거나, 혹은 법이 금지하고 있는 거래강제 등의 목적 달성을 위하여 그 실효성을 확보하기 위한 수단으로 부당하게 행하여진 경우라야 비로소 공정한 거래를 저해할 우려가 있는 거래거절행위에 해당하게 된다.[72] 이러한 거래거절행위의 부당성 유무를 판단할 때에는 당사자의 거래상 지위 내지 법률관계, 상대방의 선택 가능성·사업규모 등의 시장상황, 그 행위의 목적·효과, 관련 법규의 특성 및 내용 등 여러 사정을 고려하여 그 행위가 공정하고 자

70) 서울고법 2003.10.23. 선고 2002누1641 판결; 대법원 2006.5.12. 선고 2003두14253 판결.
71) 서울고법 2018.1.19. 선고 2017누39862 판결(심리불속행 기각으로 확정).
72) 대법원 2001.1.5. 선고 98두17869 판결; 대법원 2005.5.27. 선고 2005두746 판결; 대법원 2007.3.30. 선고 2004두8514 판결 참조.

유로운 경쟁을 저해할 우려가 있는지 여부에 따라야 한다.[73)]

1) 불공정거래행위로 인정된 사례

상류시장의 사업자가 하류시장 사업자의 경쟁자배제 전략에 동조하거나(아래 듀폰 사건) 직접 하류시장의 경쟁을 제한할 목적으로 특정 사업자와의 거래를 거절하는 경우(아래 하이트맥주 사건) 등에서 경쟁제한성이 인정되었다. 대법원은 유한회사 듀폰이 미국 소재 자신의 모회사와 공동으로 모회사의 주요 거래처인 펩텍의 요청을 받아들여 우진설비에 대한 제품판매를 갑자기 중단한 행위는 국내 시장에서 펩텍의 경쟁사업자인 우진설비를 배제하기 위한 목적으로 행하여진 것으로서 기타의 거래거절에 해당한다고 판단하였다.[74)] 그리고 대법원은 부산·경남 주류 시장에서 80%이상의 점유율을 차지하는 사업자가 거래상대방에 대하여 주류제공을 거절한 것은 사업활동을 방해하기 위한 의도로 행하여진 거래거절이라고 판단하였다.[75)]

2) 불공정거래행위로 인정되지 않은 사례

반면, 경쟁관계가 없이 수직적 거래관계만 있는 경우에는 거래거절에 관한 위법성을 부정하는 것이 일반적이다. 대법원은 원고 코카콜라 주식회사 측이 1974년 이래 범양식품 주식회사(소외 회사)와 보틀러(Bottler, 병입사업자)계약을 체결하고 코카콜라 등의 음료원액을 소외 회사에게 공급하여 소외 회사로 하여금 완제품을 제조·판매하게 하여 오다가 소외 회사와 사이에서 소외 회사가 보유하고 있는 자산인수협상을 하던 중 원고측이 소외 회사와의 보틀러 계약관계의 종료를 이유로 원액공급을 중단한 사안은 불공정거래행위에 해당하지 않는다고 판단하였다.[76)] 그 밖에도 맥주공급거절이 채권회수를 위한 불가피한 조치에 불과하다고 본 판결,[77)] 영업권과 영업이익을 보호하기 위한 부득이한 조치로서 사업활동을 곤란하게 할 의도 등으로 거래거절을 하였다고 보기 어렵다고 한 판결,[78)] 가맹계약과 다르게 영업한 가맹점에 대하여 계약내용에 따라 이루어진 물류중단 등의 행위가 거래거절행위에 해당된다고 보기 어렵다고 한 판결,[79)] 한국휴렛팩커드의 비협력업체 제품공급요청 거부행위가 거래거절행위에 해당하지 않는다고 본 판결,[80)] 신뢰관계가 붕괴되는 등의 사유로 더 이상 가맹사업관계를 유지하기 어려워 가맹점계약을 해지한 행위는 거래거절에 해당되기 어렵다고 본 판결,[81)] 부동산거래정보망 접근거절은 공

---

73) 대법원 2010.8.26. 선고 2010다28185 판결.

74) 대법원 2005.5.27. 선고 2005두746 판결.

75) 대법원 2006.8.31. 선고 2006두9924 판결. 부산 및 경남지역 주류 도매업 시장에서의 가격경쟁을 봉쇄하고 신규도매상의 시장진입으로 촉발될 수 있는 가격경쟁을 봉쇄하기 위하여 거래개시를 거절한 사안이었다.

76) 대법원 2001.1.5. 선고 98두17869 판결.

77) 대법원 2004.7.9. 선고 2002두11059 판결.

78) 대법원 2005.5.26. 선고 2004두3038 판결.

79) 대법원 2005.6.9. 선고 2003두7484 판결.

80) 대법원 2006.1.13. 선고 2004두2264 판결.

정한 거래질서 확립 등 회원규제 등의 필요성에 기인한 것으로 거래거절에 해당되기 어렵다고 본 판결[82] 등이 있다.

(3) 거래거절의 부당성 판단

어떤 사업자는 상류시장과 하류시장 모두에 참여하고 다른 사업자는 그 중 하나의 시장에만 참여하는 경우가 있다. 이 경우에는 두 사업자가 하나의 시장에서는 경쟁관계에 있고 다른 시장에서는 수직적 거래관계에 있을 수 있다. 이와 같이 다른 시장에서 경쟁관계에 있는 사업자가 거래를 거절하는 경우에 그 부당성은 어떻게 평가될 것인가? 현대오일뱅크의 거래거절 사건을 통해 이 문제를 살펴보기로 한다.

(가) 사안의 개요

이 사건은 석유류제품 판매대리점인 현대오일뱅크가 공급업체인 인천정유에 대하여 대리점계약을 해지한 것이 불공정거래행위에 해당하는지가 다투어진 사안이다.[83] 현대오일뱅크는 석유류제품의 제조 및 판매를 모두 담당하는 반면, 인천정유는 제조만 담당하고 있었다. 즉, 현대오일뱅크와 인천정유는 제조시장(상류시장)에서는 수평적 경쟁관계에 있으면서 판매시장(하류시장)에서는 수직적 계약관계에 있는 이른바 이중적 유통관계에 있었다. 현대오일뱅크의 거래거절에 대하여 인천정유는 현대오일뱅크를 공정위에 신고하였고, 공정위는 현대오일뱅크에 대해 무혐의 처분을 하였다. 인천정유가 이에 불복하여 헌법소원을 제기하였다. 한편 인천정유는 이와 별개로 현대오일뱅크를 상대로 민사소송도 제기하였는데, 여기서 현대오일뱅크의 계약해지는 부당한 거래거절에 해당되어 무효이므로 판매대리점계약이 존속한다고 주장하였다. 이러한 경위로 동일한 사안에 대해서 대법원과 헌법재판소가 서로 다른 취지의 판단을 하였는데, 아래에서 각 판단의 요지를 소개한다.

(나) 헌법재판소 2004.6.24. 선고 2002헌마496

불공정거래행위를 규제하는 목적은 공정하고도 자유로운 거래질서를 확립하는 데 있

81) 대법원 2006.3.10. 선고 2002두332 판결.
82) 대법원 2007.3.30. 선고 2004두8514 판결.
83) 구체적 사실관계는 다음과 같다. 인천정유의 전신인 한화에너지는 한화에너지플라자와 석유류제품 판매대리점계약을 체결하였다. 이 계약에 따라 한화에너지플라자는 석유류제품 전량을 한화에너지로부터 구매하여 이를 산하 직영주유소 및 석유류제품 공급계약관계에 있는 자영주유소에 판매하여 왔다. 현대오일뱅크는 한화에너지플라자 주식 100%를 인수하여 위 회사를 합병하였는데, 이에 따라 위 판매대리점계약은 그 무렵 한화에너지에서 상호가 변경된 인천정유와 위 현대오일뱅크 사이에 그대로 승계되었다. 위 판매대리점계약은 그 체결 당시 계약기간을 체결일로부터 1년간으로 하되, 일방이 계약기간 종료 90일 전에 서면으로 반대의사를 상대방에게 통지하지 않는 한 자동연장되는 것으로 한 약정에 따라 매년 묵시적으로 갱신되어 왔다. 그러던 중 인천정유에 대하여 2001. 9. 회사정리절차가 개시되었고, 현대오일뱅크는 예정된 계약기간 만료일인 2002. 6. 30.로부터 90일 이전인 2002. 3. 27. 청구인에게 위 판매대리점계약의 갱신을 거절하는 통지를 하였다.

으므로, 행위의 공정거래저해성을 판단하는 기준도 원칙적으로 이러한 공정한 거래질서 유지의 관점에서 파악하여야 할 것이다. 따라서 거래거절의 위법성을 평가함에 있어 사업경영상의 필요성이라는 사유를 다른 주관적・객관적 위법요소들과 대등한 가치를 지닌 독립된 제3의 요소로 취급할 것은 아니라고 할 것이므로, 거래거절에 이른 사업경영상의 필요성이 인정된다는 사정만으로 곧 당해 거래거절의 위법성이 부인되는 것은 아니다. … (중략) … 그런데 개별적 거래거절이 상대방의 사업활동에 미치는 영향의 정도는, '상대방의 사업활동의 원활한 수행이 방해되는 경우'로부터 '상대방의 사업활동이 현저히 제약되는 경우', '상대방의 사업활동의 계속이 곤란하게 되는 경우'까지 여러 단계가 있을 수 있는데, 이 때 사업경영상의 필요성이 작용하는 정도는 위와 같이 단계적으로 구분되는 경쟁 제약・배제효과 등 행위가 미치는 영향의 정도에 따라 달라질 것이다. 다시 말해 당해 거래거절이 상대방의 사업활동의 수행에 지장을 초래하는 정도에 머무는 때에는 일정한 정도 이상의 사업경영상 필요성만으로도 그와 같은 경쟁제한적 효과를 상쇄할 여지가 있을 것이나, 그것이 상대방의 사업활동의 계속을 곤란하게 할 정도로 경쟁제한적 효과가 강한 경우에는 어느 정도 사업경영상의 필요성이 있다는 것만으로는 부족하고, 당해 거래거절을 하지 않으면 행위자가 곧 도산할 것이 확실하다고 판단되는 등의 사업경영상의 긴절한 필요성이 인정되지 않는 한 그 거래거절의 위법성을 부인할 수 없다고 볼 것이다. … (중략) … 이 사건 거래거절은 고도의 경쟁 제약・배제효과를 초래하고 있음이 명백하므로 위법성 판단요소들 상호간의 비교형량을 함에 있어 이른바 사업경영상의 필요성을 참작한다고 하더라도 그것은 적어도 현대오일뱅크가 인천정유와의 이 사건 판매대리점계약을 종료하지 않으면 곧 도산에 이를 것임이 확실하다는 등의 긴급한 사정이 명백히 인정될 정도는 되어야만 위와 같은 경쟁제한적 효과를 상쇄할 여지가 있다고 할 것인바, … (중략) … 이 사건 거래거절 당시 현대오일뱅크는 2000년과 2001년의 2년간에 걸쳐 계속된 대규모 적자국면과 유동성위기를 타개하고 경영상태를 호전시키기 위하여 내수시장의 점유율을 확대함으로써 영업이익을 증대시킬 필요성에 당면해 있었다고 보이기는 하지만 나아가 인천정유와의 거래관계를 당장 종료하지 않으면 곧 도산에 이를 것임이 확실하게 예측되는 등의 긴절한 필요성을 갖고 있었다고 보기는 어렵다 할 것이다. … (중략) … 그렇다면 위와 같이 자사 생산제품의 판로 확대를 통해 추가적인 영업이익을 창출함으로써 경영상태를 호전시킬 필요성이 있었다는 정도의 사업경영상의 필요성만으로써 이 사건 거래거절이 가져오는 뚜렷한 경쟁제한적 효과를 상쇄할 수 있다고 보이지 않으므로, 결국 이 사건 거래거절은 위법한 불공정거래행위에 해당한다고 할 것이다.

(다) 대법원 2008.2.14. 선고 2004다39238 판결

주유소 시장의 경직성 등으로 인하여 이 사건 계약갱신 거절로 인하여 정리회사인 인천정유가 현대오일뱅크 산하의 주유소 등에 석유류 제품을 공급할 수 없게 되어 인천정유사의 거래기회가 어느 정도 제한되는 효과가 발생하기는 하였으나, 이 사건 판매대리점계약이 종료된 이후 인천정유는 오히려 영업이익이 증가하였고, 인천정유의 관리인도 관리인보고서를 통해 현대오일뱅크와의 판매대리점계약이 유지되지 않아도, 인천정유가 향후 판매망의 확충 등을 통하여 지속적인 영업이익을 실현할 수 있다고 보고한 점 등을 고려하면, 그 거래기회 제한의 정도가 인천정유의 사업 활동을 곤란하게 할 우려가 있다고 할 정도까지는 아니라고 보이고, 나아가 이 사건 계약갱신 거절 당시 현대오일뱅크는 누적된 적자로 인한 신용등급 하락 등의 경영위기를 맞고 있었고 경영위기를 극복하기 위한 자구책으로 가동률 축소, 비업무용 저수익성 자산의 매각 추진, 임원 감축, 해외로부터의 긴급자금지원 협의를 진행하고 있었는바, 이러한 상황에서 현대오일뱅크는 이 사건 판매대리점계약이 종료되면 정리회사의 제품을 매수할 의무를 면하게 되어 당시 공급초과 상태인 관계로 내수시장 가격의 60%정도의 가격에 수출하였던 물량도 내수시장의 가격으로 현대오일뱅크 산하의 주유소 등에 공급할 수 있게 됨으로써 상당한 이익을 얻을 수 있다는 판단 하에, 경영위기를 극복하기 위한 방안의 일환으로 이 사건 계약갱신 거절을 하게 되었던 것으로, 당시 현대오일뱅크로는 이러한 자구책 없이는 기업 활동의 유지가 어려웠던 것으로 보이는 점 등을 종합하여 보면, 이 사건 계약갱신 거절은 이를 전체적으로 부당한 행위라고 보기 어렵다.

(라) 검 토

이 사건 거래거절에 관하여 헌법재판소는 고도의 경쟁 제약·배제효과를 초래하고 있음이 명백하다고 본 반면, 대법원은 경쟁제한효과에 관해서는 명시적 판단을 하지 않았다. 또한 헌법재판소는 사업경영상의 필요성 등 부당성을 조각하는 정당화사유에 관하여 매우 엄격한 태도인 반면, 대법원은 정당화사유를 비교적 폭넓게 인정한 것도 차이가 있다. 헌법재판소가 두 회사의 상류시장에서 수평적 경쟁관계에 보다 주목한 반면, 대법원은 하류시장에서 수직적 거래관계에 초점을 맞춘 것에 기인한 것으로 보인다. 이처럼 현대오일뱅크 거래거절 사건은 불공정거래행위의 위법성 판단시 관련시장의 상황에 대한 평가가 위법성 판단에 큰 영향을 미칠 수 있음을 보여준다. 다만, 헌법재판소의 결정에 관해서 상류시장에서 양사가 경쟁관계에 있는 것은 사실이지만 당시 현대오일뱅크가 차지하는 시장에서의 지위가 미약하였던 점을 고려할 때 이 사건 거래거절로 인하여 곧바로 경쟁 제약·배제효과가 명백하였다는 결론을 도출한 것에 대하여는 다소 의문이 있다.

2. 차별적 취급

(1) 의 의

차별적 취급이라 함은 사업자가 부당하게 거래상대방을 차별하여 취급하는 행위를 말한다(법 45조 1항 2호). 사업자가 시장메커니즘을 통해서 자신이 공급하거나 구입하는 상품이나 용역의 가격이나 수량 또는 거래조건을 자유롭게 결정하는 것은 당연한 일이다. 이러한 관점에서 보면, 가격이나 수량, 기타 거래조건이 거래상대방에 따라 다르다고 하더라도 그것이 거래비용의 차이에 따른 경우이거나, 당해 상품·용역의 수급관계·시장성과에 대응한 것일 경우에는 원칙적으로 경쟁을 제한할 우려가 없다고 할 수 있다. 그러나 시장에서 유력한 지위에 있는 사업자나 거래상대방에 비하여 상대적으로 우월한 지위에 있는 사업자가 가격이나 수량 기타의 거래조건에 관하여 합리적인 근거 없이 차별적으로 취급함으로써 경쟁자를 배제하거나 경쟁을 제한하는 경우에는 자유로운 경쟁질서의 유지를 위하여 이를 규제할 필요가 있다. 요컨대 차별적 취급은 상품 또는 용역의 가격이나 수량, 기타 거래조건 등에 차이가 있다는 것 그 자체가 문제되는 것이 아니라, 이를 통하여 시장에서 경쟁을 제한할 우려가 있는 경우에 문제가 된다.

(2) 유 형

법 시행령 [별표 2]에서는 우선, 그 차별의 내용을 중심으로 가격차별과 가격 이외의 거래조건차별로 나누고 있으며, 특별히 계열회사를 유리하게 하기 위한 차별취급을 규제하기 위해서 계열회사를 위한 차별취급을 별개의 행위유형으로 규정하고 있다. 그리고 여러 사업자나 사업자단체가 공동으로 특정사업자에 대하여 행하는 차별적 취급을 규제하기 위해서 집단적 차별취급도 별개의 행위유형으로 규정하고 있다.

(가) 가격차별

가격차별이라 함은 부당하게 거래지역 또는 거래상대방에 따라 현저하게 유리하거나 불리한 가격으로 거래하는 행위를 말한다(영 [별표 2] 2호 가목). 여기서 거래지역이란 행위자가 사업활동을 행하고 있거나 행하려고 하는 지리적 구역으로서, 단순히 행정구역을 의미하는 것은 아니며 행위자가 경쟁관계에서 차지하는 지위나 세력을 기준으로 하는 지리적 단위라고 할 수 있다. 또한 가격차별의 대상이 되는 거래상대방에는 사업자뿐만 아니라 일반 소비자도 포함된다. 그리고 '유리하거나 불리한'이라 함은 차별을 설정할 수 있는 사업자들 사이에서 객관적으로 한쪽을 다른 쪽에 비해 유리하거나 불리한 상태에 두는 것을 말한다.

가격차별행위가 경쟁질서를 저해할 우려가 있는 경우에는 부당한 것으로서 금지된다. 대법원은 "가격차별을 불공정거래행위로 규정하고 있는 것은 가격차별로 인하여 차별취급을 받는 자들의 경쟁력에 영향을 미치고, 경쟁자의 고객에게 유리한 조건을 제시하여 경쟁자의 고객을 빼앗는 등 경쟁자의 사업활동을 곤란하게 하거나 거래상대방을 철저하게 불리 또는 유리하게 하는 등 경쟁질서를 저해하는 것을 방지하고자 함에 그 취지가 있다."라고 판시하였다.[84] 가격차별이 부당성을 갖는지 여부는 가격차별의 정도, 가격차별이 경쟁사업자나 거래상대방의 사업활동 및 시장에 미치는 경쟁제한의 정도, 가격차별에 이른 경영정책상의 필요성, 가격차별의 경위 등 여러 사정을 종합적으로 고려하여 그와 같은 가격차별로 인하여 공정한 거래가 저해될 우려가 있는지 여부에 따라 판단하여야 한다.[85]

1) 불공정거래행위로 인정된 사례

소비자를 대상으로 한 가격차별이 문제된 사례로는 장례식장을 운영하는 대우의료재단이 장례를 치르려는 상주들이 장의(葬儀)서비스분야에서 자기와 경쟁관계에 있는 상조회사 및 외부 장의사를 통하여 장례물품을 구입할 경우 자기의 장례식장 이용료를 과도하게 높게 책정한 경우를 들 수 있다. 공정위는 그러한 차별행위가 상주들의 자유로운 장례물품 선택을 제한하고, 동 가격차별이 시행된 이후 같은 지역 내에서 상조회사나 외부 장의사를 통하여 장례가 치러진 예가 단 1건도 없으며, 그 결과 장기적으로 이들 불리한 취급을 받는 상조회사 등을 시장에서 배제할 우려가 있다는 점을 이유로 공정거래저해성을 인정하였다.[86]

배타적 거래를 위한 수단의 성격을 갖는 가격차별로는 7개 청량음료업체의 가격차별행위를 들 수 있다. 이 사건에서는 피심인 중 하나인 두산음료(주)가 자기와 단독으로 거래하는 편의점(AM/PM, Family M)과는 일정량 이상 판매시 판매가격을 할인해 주는 물량별 거래가격체계를 약정하여 동일하게 적용하는 반면, 자기의 경쟁사와 거래하는 복수거래 편의점에게는 동 가격체계에 따른 가격보다 높은 가격으로 공급하였다. 이에 대하여 공정위는 두산음료가 거래형태에 따라 거래처별로 상이한 가격으로 제품을 공급한 행위는 불리한 가격으로 공급받은 복수거래업체로 하여금 동 업계의 경쟁에서 불리하게 작용하도록 하여 결국에는 당해 거래처의 경쟁기능을 직접적으로 저하시킬 수 있게 될 것인바, 이는 부당하게 거래상대방에 따라 현저하게 불리한 가격으로 거래하는 차별적 취급행위에 해당된다고 하여 시정명령을 내렸다.[87] 그러나 이 사안에서 가격차별로 인한 경쟁제한효과에 관하여 충분한 검토가 이루어졌는지는 의문이 있다.

---

84) 대법원 2005.12.8. 선고 2003두5327 판결.
85) 대법원 2006.12.7. 선고 2004두4703 판결.
86) 공정위 2004.3.12. 의결 제2004-091호.
87) 공정위 1993.10.28. 의결 제93-241호.

2) 불공정거래행위로 인정되지 아니한 사례

외환신용카드 가격차별 사건에서는 신용카드사업자인 외환신용카드가 백화점 업종에 대한 가맹점 수수료율을 2.5～2.6%로 정하고, 할인점 업종에 대한 가맹점 수수료율을 1.5%로 정한 것이 부당한 가격차별인지 여부가 문제되었다. 대법원은 가격차별이 부당성을 갖는지 여부를 판단함에 있어서 가격차별의 정도, 가격차별이 경쟁사업자나 거래상대방의 사업활동 및 시장에 미치는 경쟁제한의 정도, 가격차별에 이른 경영정책상의 필요성, 가격차별의 경위 등 여러 사정을 종합적으로 고려하여야 한다고 하면서, 매출액 대비 이윤율이 높고, 수요의 가격탄력성이 상대적으로 낮은 백화점에 대하여 할인점보다 높은 수수료율을 적용하는 것은 원고의 경영정책에 따른 현상으로 볼 수 있는 점, 원고의 입장에서는 백화점보다 후발업자이면서 발전가능성이 많은 할인점에 대하여 백화점보다 낮은 수수료율을 적용하는 방법으로 할인점을 선점하려는 경영상의 필요도 있었다고 볼 수 있고, 이러한 요인에 의한 가격차별은 다른 카드업자들과 사이에 할인점 선점을 둘러싼 경쟁에 대응하는 것으로서 오히려 경쟁을 촉진시키는 측면도 있는 점 등 제반 사정을 고려하여 부당성을 인정하지 않았다.[88]

(나) 거래조건차별

거래조건차별이라 함은 부당하게 특정사업자에게 수량·품질 등의 거래조건이나 거래내용을 현저하게 유리하거나 불리한 취급을 하는 행위를 말한다(영 [별표 2] 2호 나목). 여기서 거래조건이란 가격을 제외한 나머지 거래에 관한 제반 조건, 즉 거래대상이 되는 상품 등의 품질, 규격, 거래수량, 결제조건, 지불조건, 거래시기, 운송조건, 리베이트 등을 가리킨다. 거래조건차별행위도 부당하게 차별적으로 취급하는 경우에만 불공정거래행위로서 금지된다.

(다) 계열회사를 위한 차별

계열회사를 위한 차별이라 함은 정당한 이유없이 자기의 계열회사를 유리하게 하기 위해 가격·수량·품질 등의 거래조건이나 거래내용을 현저하게 유리하거나 불리하게 하는 행위를 가리킨다(영 [별표 2] 2호 다목). 계열회사를 위한 차별의 경우에는 경쟁력이 없는 사업자를 계열회사라는 이유로 유지시켜서 경제의 효율을 떨어뜨리고 경제력집중을 심화시킬 소지가 크기 때문에, 다른 차별적 취급보다는 비난가능성이 크다고 보아서 정당한 이유가 없는 한 위법하다고 보고 있다. 따라서 이에 대한 규제는 경쟁을 보호하려

88) 대법원 2006.12.7. 선고 2004두4703 판결. 그 밖에도 백화점과 할인점 수수료율의 차등 적용은 호화업종과 생필품업종을 구분하여 수수료율을 정하도록 유도한 감독관청인 재무부의 행정지도에서 비롯된 것인 점, 국내 대부분의 신용카드업자들은 원고와 비슷한 수준으로 백화점과 할인점에 대하여 업종별로 차별화된 수수료율을 적용하고 있고, 외국의 경우에도 양 시장의 특성을 반영하여 일정 수준의 차별화된 수수료율을 적용하는 사례가 있는 점이 부당성 부인의 근거로 열거되었다.

는 목적 이외에 경제력집중의 억제에 기여하려는 목적도 가지고 있다고 할 수 있다.

계열회사를 위한 차별행위가 성립하기 위한 요건을 구체적으로 분석해 보면, ① 기업집단에 속하는 계열회사가 스스로 내지는 다른 계열회사 또는 다른 사업자로 하여금, ② 가격 등의 거래조건이나 거래내용 등에 있어 차별적 취급행위를 하거나 하도록 하여야 하고, ③ 그러한 차별적 취급이 현저하여야 하며, ④ 자기의 계열회사를 유리하게 할 의도로 행하여져야 하고, ⑤ 그 차별적 취급행위로 인하여 공정한 거래를 저해할 우려가 있어야 한다. 이때 계열회사를 유리하게 하기 위한 의도는, 특정 사업자가 자기의 이익을 위하여 영업활동을 한 결과가 계열회사에 유리하게 귀속되었다는 사실만으로는 인정하기에 부족하고, 차별행위의 동기, 그 효과의 귀속주체, 거래의 관행, 당시 계열회사의 상황 등을 종합적으로 고려하여 사업자의 주된 의도가 계열회사가 속한 일정한 거래분야에서 경쟁을 제한하고 기업집단의 경제력 집중을 강화하기 위한 것이라고 판단되는 경우에 한하여 인정된다.[89]

1) 불공정거래행위로 인정된 사례

SK텔레콤(주)이 계열회사인 대한텔레콤(주)과 거래하면서 9건의 용역거래 중 외주용역(대한텔레콤이 제3자에게 의뢰하여 수행한 용역부분)과 4건의 장비구매거래를 통하여 실제 외주용역에 들어간 비용보다 평균 46.5%, 장비의 조달원가보다 평균 38.3%에 해당하는 거래차액을 대한텔레콤이 취하도록 거래대금을 지급하고, 자신의 대리점에 계열회사인 선경유통(주)으로 하여금 CDMA(코드분할 디지털방식) 셀룰러폰 단말기를 공급하는 업무를 맡기면서 약정업무 대행수수료(매출액의 1.5%)보다 현저하게 과다한 업무대행수수료(매출액의 5%)를 용인해 준 것이 문제된 사안에서, 공정위는 계열회사를 위한 차별행위로 보아 시정명령을 내렸다.[90]

2) 불공정거래행위로 인정되지 아니한 사례

대한주택공사가 정부의 방침에 따라 인수한 (주)한양 외 3개 회사에 대한 선급금 지급행위가 계열회사를 위한 차별인지 여부가 다투어진 바 있다. 그런데 대법원은 대한주택공사의 선급금 지급행위가 정부가 부실기업의 경영정상화의 촉진을 도모하기 위하여 동사에 부여한 수의계약 승인과 금융지원명령의 범위 내에 속하는 행위에 해당하고, 또한 인수된 부실기업들이 다시 도산하는 경우 아파트건설의 공사 중단으로 인한 집단민원 등 사회적 문제야기, 종업원의 대량실직, 자재납품 및 하도급업체의 연쇄도산 등을 방지하여 사회적, 경제적 안정을 도모하기 위한 공익적 목적이 있을 뿐만 아니라, 1조원이 넘는 전대 및 지급보증을 한 동사의 동반 도산을 예방하기 위하여 불가피하게 이루어진 최

89) 대법원 2004.12.9. 선고 2002두12076 판결; 대법원 2007.2.23. 선고 2004두14052 판결.
90) 공정위 1998.2.2. 의결 제98-31호.

소한의 행위라는 점 등 공정한 거래를 저해할 우려가 없다는 점에 대하여 동사가 충분한 입증을 하였다는 이유로 위법성을 부인하였다.[91)]

(라) 집단적 차별

집단적 차별이라 함은 집단으로 특정사업자를 부당하게 차별적으로 취급해 그 사업자의 사업활동을 현저하게 유리하거나 불리하게 하는 행위를 가리킨다(영 [별표 2] 2호 라목). 집단적 차별이 특정사업자를 불리하게 취급하는 경우에는 그 동기와 효과의 측면에서는 공동의 거래거절과 유사하지만, 그 행위가 거래거절에까지는 이르지 않고 차별적으로 취급하는 단계에 그친 경우를 의미한다. 집단적 차별의 공정거래저해성은 당해 행위의 차별성 그 자체에 있는 것이 아니라 당해 행위가 객관적으로 경쟁의 저해를 초래하는지의 여부에 따라 결정된다.

3. 경쟁사업자 배제

(1) 의 의

경쟁사업자 배제라 함은 사업자가 부당하게 경쟁자를 배제하는 행위를 가리킨다(법 45조 1항 3호). 시장경제에 있어서 사업자들은 이윤을 극대화하기 위하여 서로 경쟁하게 된다. 그리고 그들은 품질이 좋고 값이 싼 상품이나 용역을 공급함으로써, 보다 많은 소비자의 선택을 받으려고 노력한다. 따라서 사업자들이 이러한 경쟁에서 지게 되면 시장에서 도태되는 것은 자연스러운 일이다. 그러나 사업자들이 부당한 방법으로 경쟁사업자를 배제하는 것은 허용되지 않는다. 부당한 경쟁사업자 배제의 전형으로 부당염매와 부당고가매입이 있다.

(2) 유 형

(가) 부당염매

부당염매라 함은 자기의 상품 또는 용역을 공급하는 경우에 정당한 이유없이 그 공급에 소요되는 비용보다 현저히 낮은 대가로 계속 공급하거나 그 밖에 부당하게 상품 또는 용역을 낮은 대가로 공급하여 자기 또는 계열회사의 경쟁사업자를 배제시킬 우려가 있는 행위를 가리킨다(영 [별표 2] 3호 가목). 원래 가격경쟁 그 자체는 사업자들이 동원할 수 있는 가장 전형적인 경쟁수단이라고 할 수 있기 때문에, 사업자가 신기술개발, 생산성향상, 유통구조개선 등을 통하여 원가를 절감하고 이를 토대로 하여 양질의 제품을 싼 값에 공급하는 것은 장려할 일이지 문제 삼을 일이 아니다. 그리고 실제로 사업자가 새로운 시장에 진입하려고 하거나 시장점유율을 높이기 위하여 상품이나 용역을 경쟁사업자

91) 대법원 2001.12.11. 선고 2000두833 판결.

의 것보다 싸게 공급하는 것은 흔히 있는 일이다. 그러나 사업자가 새로운 경쟁자의 시장진입을 저지하거나 다른 사업자를 시장으로부터 배제하기 위하여 원가보다 현저히 낮은 가격으로 공급하는 경우에는 예외적으로 부당염매에 해당되어 금지된다. 다만, 염매에 의하여 경쟁자 등의 사업활동이 실제로 곤란하게 되어야 할 필요는 없고, 염매를 행하는 의도, 목적, 염매의 정도, 행위자의 사업규모, 시장에서의 지위, 염매의 영향을 받는 사업자의 상황 등을 종합적으로 고려해서 객관적으로 경쟁사업자를 배제시킬 우려가 인정되면 그것으로 충분하다. 그리고 부당염매의 상대방에는 사업자뿐만 아니라 소비자도 포함된다.

「불공정거래행위 심사지침」에 따르면, 염매행위의 위법성은 당해 상품 또는 용역이 거래되는 시장에서 자기 또는 계열회사의 경쟁사업자를 배제시킬 우려(경쟁제한성)가 있는지 여부를 위주로 판단한다. 그런데 계속적 염매는 경쟁제한의 우려가 크기 때문에 원칙적으로 경쟁제한성이 있는 것으로 보되, 계속적 염매를 한 사업자들이 정당한 이유를 입증하였을 경우에는 위법성이 인정되지 않는다. 그러나 일시적 염매의 경우에는 당해 상품 또는 용역이 거래되는 시장에서 경쟁사업자를 배제시킬 우려가 있는지 여부를 위주로 판단한다. 다만, 일시적 염매의 경우에는 경쟁사업자를 배제할 우려가 있다고 판단되더라도 그 행위에 합리성이 있다고 판단되는 경우에는 법위반으로 보지 않을 수 있다.

1) 계속적 염매 사례

계속적 염매는 정당한 이유없이 그 공급에 소요되는 비용보다 현저히 낮은 대가로 계속 공급하는 행위를 말한다. 「불공정거래행위 심사지침」은 공급비용보다 현저히 낮은 수준인지 여부는 제조원가나 매입원가를 기준으로 판단한다고 규정하고 있다.[92] 계속적 염매와 관련된 공정위의 심결례로는 먼저 한국석유공업(주)가 방수시트판매가 부진해지고 타생산업체와의 경쟁이 심화되자, 이의 타개를 위해 자신의 생산제품인 방수시트 3개 제품을 시장판매가격보다 44.0~45.5% 정도 낮은 가격으로, 그리고 총판매원가보다 5.2~14.9% 정도 낮은 가격으로 정하여 1994. 2. 16.부터 같은 해 5. 31.까지 대량수요처인 (주)금덕건자재, 동환기업 등 12개 업체와 조달청에 판매한 사례가 있다. 그 결과 피심인의 시장점유율은, 염매를 실시하기 전인 1994. 1.에는 18% 수준이었으나 염매기간 중에는 30% 수준으로 대폭 늘어났다. 이에 공정위는 그러한 염매가 경쟁사업자를 배제시키거나 배제시킬 우려가 있다고 인정하여 시정명령을 내렸다.[93]

삼성테스코(홈플러스)의 신규점포인 안산점이 2000. 8. 30.부터 같은 해 11. 2.까지 약 2개월간 코카콜라를 정당한 이유가 없거나 부당하게 구입원가 984.5원/1.5ℓ 보다 현저

92) 미국처럼 평균가변비용을 기준으로 해야 한다는 주장으로는 김형배(2019), 370면 참조.
93) 공정위 1994.7.28. 의결 제94-205호.

히 낮은 가격인 390원/1.5ℓ에서 890원/1.5ℓ에 판매한 행위가 문제된 사건에서, 공정위는 코카콜라가 소비자에게 인지도가 높고 소비자들은 통상 매장에서 여러 가지 상품을 한 번에 구입한다는 점을 감안할 때, 인지도가 높은 코카콜라를 미끼상품으로 내세워 장기간 동안 고객을 유인함으로써 경쟁관계에 있는 다른 유통업자들의 사업활동을 곤란하게 하여 이들을 시장에서 배제할 우려가 있다고 판단하여 시정조치를 내렸다.[94] 그러나 대형 할인점 등 다양한 품목을 취급하는 유통업체가 일부 품목에서 적자를 감수하고 미끼상품을 판매하여 해당 업체의 인지도를 높이고 다수의 고객을 유치하여 전체 품목의 판매를 촉진하는 것은 일반적으로 사용되는 마케팅 기법이기 때문에 단지 특정 품목에 대해 상당한 수준의 가격할인 행사를 실시하였다고 해서 공정거래저해성을 인정하는 것은 신중을 기할 필요가 있다.

2) 일시적 염매 사례

일시적 염매는 계속적 염매가 아닌 경우로서 부당하게 상품 또는 용역을 낮은 대가로 공급하는 행위를 말한다. 일시적 염매에 관해서는 주로 입찰에서 1회성 염매가 문제되었다. 법원은 염매에 있어서 그 부당성은 당해 염매행위의 의도, 목적, 염가의 정도, 반복가능성, 염매대상 상품 또는 용역의 특성과 그 시장상황, 행위자의 시장에서의 지위, 경쟁사업자에 대한 영향 등 개별사안에서 드러난 여러 사정을 종합적으로 살펴 그것이 공정한 거래를 저해할 우려가 있는지의 여부에 따라 판단한다.[95] 현대정보기술(원고) 사건은 원고가 지방자치단체가 발주하는 지역정보화 시스템통합용역사업의 경쟁입찰에서 최소한의 인건비조차도 반영되지 않은 저가로 입찰하여 낙찰받은 사건이다. 대법원은 지방자치단체의 지역정보화 시스템통합용역을 민간업체에 대하여 경쟁입찰에 부친 것은 이 사건 용역이 처음이었고, SI사업자들은 모두 향후 확대될 '지역정보화 시스템통합용역'이라는 신규시장에 먼저 진입하여 기술과 경험을 축적할 목적으로 입찰예정가격에 훨씬 못 미치는 금액으로 입찰에 참가하였으며, 무엇보다도 인천광역시는 향후 이 사건 용역과 관련된 각종 장비 및 용역을 구매함에 있어서 낙찰자에게 연고권 등 사실상의 우선권을 부여하지 않고 그 때마다 경쟁입찰 방식에 의하여 공급자를 정하기로 방침을 정하고 있었고, 이 사건 용역사업은 계속성 사업이 아니라 1회성 사업이라서 원고가 저가로 낙찰받았다고 하여 그의 경쟁자들이 향후 위 신규시장에서 배제될 우려가 없었던 점을 들어 원고의 저가입찰행위에는 부당성을 인정할 수 없다고 판단하였다.[96]

94) 공정위 2001.2.14. 의결 제2001-31호.
95) 대법원 2001.6.12. 선고 99두4686 판결.
96) 대법원 2001.6.12. 선고 99두4686 판결.

(나) 부당고가매입

부당고가매입이라 함은 부당하게 상품 또는 용역을 통상 거래가격에 비해 높은 대가로 구입하여 자기 또는 계열회사의 경쟁사업자를 배제시킬 우려가 있는 행위를 가리킨다(영 [별표 2] 3호 나목). 고가매입의 상대방은 사업자에 한하며 소비자는 포함되지 않는다. 사업자가 특정한 상품이나 용역을 통상적인 가격보다 현저히 높은 가격으로 구입하더라도, 거기에 합리적인 이유가 있는 경우에는 문제가 되지 않지만, 경쟁사업자를 배제하기 위한 경우 또는 그러한 우려가 있는 경우에는 부당고가매입에 해당된다. 부당고가매입은 흔히 원료의 구입과정 등에서 많이 볼 수 있는 것으로서, 가령 어느 사업자가 제품생산에 필수적인 원료가 부족함을 사전에 탐지한 후에 경쟁자를 배제시킬 목적으로 평소보다 비싼 가격으로 그 원료를 모두 매점해 버리는 경우가 여기에 해당되는데, 이러한 매점행위는 결과적으로 제품생산의 독점을 가져올 우려가 있기 때문이다.

4. 구속조건부거래

(1) 개 요

구속조건부거래라 함은 거래상대방의 사업활동을 부당하게 구속하는 조건으로 거래하는 행위를 말한다(법 45조 1항 7호). 법 시행령 [별표 2]에서는 그 세부유형으로서 배타조건부거래, 거래지역 또는 거래상대방의 제한을 들고 있다. 사업자는 거래상대방과 거래를 함에 있어서 당사자 간의 거래관계를 좀 더 긴밀하게 하거나 거래비용 절감, 거래관계에 특정한 투자를 유인하기 위해서 거래상대방의 사업활동을 구속하는 조건 또는 제한을 부과하는 경우가 있다. 특히 제조업자가 판매업자를 계열화하고 자기의 판매정책을 보다 효율적으로 수행하기 위해서 대리점이나 특약점제도를 활용하는 경우도 있고, 판매업자의 거래처를 제한하거나 판매지역을 할당하여 판매업자간의 경쟁을 회피하려는 경우도 있다. 다만, 구속조건부거래는 그 거래의 형태·구속의 정도가 다양하고 또 그 목적이나 의도도 상이하기 때문에, 그것이 신규진입자나 하위사업자에 의해 품질관리 등의 목적으로 행해지는 경우에는 판매촉진에 도움이 되고 경쟁을 촉진하는 효과를 초래할 수도 있다. 따라서 구속조건부거래의 위법성은 이를 일률적으로 판단할 수 없고, 문제된 행위의 의도와 목적, 효과와 영향 등 구체적인 태양과 거래 상품의 특성, 유통 거래의 상황, 해당 사업자의 시장에서의 지위 등에 비추어 경쟁제한적 효과가 인정되는지 여부에 따라 판단된다.[97]

97) 대법원 2000.10.6. 선고 99다30817, 30824 판결 참조.

(2) 유 형

(가) 배타조건부거래

1) 의 의

배타조건부거래라 함은 사업자가 부당하게 거래상대방이 자기 또는 계열회사의 경쟁사업자와 거래하지 아니하는 조건으로 그 거래상대방과 거래하는 행위를 가리킨다(영 [별표 2] 7호 가목). 배타조건부거래에는 배타적 인수계약, 배타적 공급계약 및 이들 양자를 합한 상호적 배타조건부거래가 있다. 배타적 인수계약이라 함은 판매업자가 공급자가 자기의 경쟁자에게는 상품이나 용역을 공급하지 않을 것을 조건으로 하여 그 공급자와 거래하는 것을 말하며, 독점판매계약이 그 대표적인 예이다. 이와 같은 독점적인 판매계약 중에서 판매업자도 생산자의 경쟁상품을 취급하지 않을 의무를 부담하는 경우에는 상호적 배타조건부거래가 된다. 배타적 공급계약은 거래의 상대방이 자기의 경쟁자로부터 상품이나 용역을 공급받지 않을 것을 조건으로 하여 거래하는 행위로서, 생산자가 그와 거래관계를 맺고 있는 소매업자가 다른 생산자들과는 거래하지 않을 것을 조건으로 하여 계속적인 거래관계를 맺는 배타적인 특약점계약이 그 대표적인 예이다.

한편, 프랜차이즈 계약은 통상 타 브랜드 제품의 취급금지 조항을 포함하기 때문에 배타조건부거래의 특수형태라고 할 수 있다.[98] 예컨대 맥도널드 가게에서는 버거킹 햄버거를 판매하지 않는다. 맥도널드 회사의 입장에서는 배타조건부거래를 통해서 자사 브랜드 제품이 자사의 동일한 품질기준을 충족시킬 수 있도록 하여 맥도널드 브랜드에 대한 고객의 충성도를 높일 수 있다. 그리고 맥도널드 가맹점주의 입장에서도 배타조건부거래를 통해 맥도널드 품질 기준에 부합하는 제품을 안정적으로 공급받을 것을 기대할 수 있다. 한편 소비자도 역시 맥도널드, 버거킹 등 각 브랜드가 제공하는 통일적 품질과 가격에 기반하여 제품을 선택할 수 있기 때문에, 구매 탐색비용이 감소된다. 이와 같이 배타조건부거래는 거래 당사자 사이의 동기/유인과 역학관계를 구조화시키는 데 효율적인 방법으로서, 상호신뢰에 바탕을 둔 관계적 투자(relationship specific investments)를 촉진할 수 있다.

2) 구속성

배타조건의 형식에는 경쟁사업자와 거래하지 않을 것이 계약서에 명시된 경우뿐만 아니라 계약서에 명시되지 않더라도 경쟁사업자와 거래 시에는 불이익이 수반됨으로써 사실상 구속성이 인정되는 경우가 포함된다. 위반시 거래중단이나 공급량 감소, 채권회수, 판매장려금 지급중지 등 불이익이 가해지는 경우에는 당해 배타조건이 사실상 구속적이

98) Gavil et al.(2003), p. 732.

라고 할 수 있다. 법원은 현대모비스가 2004~2007년 사이 대리점에 순정품을 취급하도록 하였으나, 이러한 대리점의 의무위반에 관한 불이익을 정하는 조항을 두지 아니하여 어떤 불이익을 강제할 수 있었다고 보기 어려운 이상 대리점과의 사이에서 배타조건부거래 자체가 성립하지 않는다고 보았다. 반면, 현대모비스가 2008년 이후 대리점이 순정품만 판매하도록 의무를 부과하면서 이를 위반한 대리점에게는 부품공급 가격을 할증하고 기존 할인혜택을 폐지하는 등 거래조건에서 불이익을 주고 대리점 계약 갱신을 거절하거나 계약을 해지할 수 있도록 하였는데, 이는 배타조건부 거래행위에 해당한다고 판단하였다.[99]

3) 배타조건부거래의 친경쟁적 효과

배타조건부거래는 사업자가 원재료 혹은 판로를 안정적으로 확보함으로써 불확실성 감소에 따른 장기적인 사업계획 수립을 가능하게 하는 장점이 있다. 사업자는 계약적 구속에 의지하여 규모의 경제 달성을 위한 투자를 안심하고 할 수 있게 된다. 배타조건부거래는 유통단계에서 브랜드 간 무임승차를 방지하고, 유통채널의 대안을 제공해주어 공급자가 직접 유통채널을 구축하는 수고를 줄여준다. 이처럼 배타조건부거래는 거래 당사자 사이의 동기 또는 유인과 역학관계를 구조화시키는 데 효율적인 방법으로서, 관계적 투자를 촉진할 수 있다. 특히 배타조건부거래가 신규 진입자나 군소 사업자에 의하여 사용될 경우에는 강력한 시장침투와 수요유발을 가능하게 하여 유효한 경쟁을 촉진시킬 수 있다.[100]

4) 배타조건부거래의 반경쟁적 효과

① 봉쇄효과

배타조건부거래는 잠재적 경쟁사업자를 포함하여 경쟁사업자의 유통망 내지 원재료에 대한 시장접근을 봉쇄할 수 있다. 그렇기 때문에 배타조건부거래를 통해 상당수의 경쟁공급자 또는 경쟁구매자를 시장에서 봉쇄시키는 경우에는 위법한 것으로 판단된다. 예컨대, 제조업체 A, B, C와 유통상 甲, 乙 丙이 존재하는 시장에서 제조업체 A가 유통상들과 배타조건부거래를 시행한다고 가정하자(이하 "예시 사례"라고 함). 이 경우에 A가 배타조건부거래를 체결하면 당해 거래상대방과의 관계에서 경쟁사업자인 B와 C는 자신의 상품을 판매할 기회가 봉쇄된다. A가 甲과 배타조건부거래를 할 경우([그림 4-1])보다 甲, 乙과 배타조건부거래를 할 경우([그림 4-2])에 경쟁사업자 B, C에 대한 시장봉쇄효과는 더 커지고, A가 시장에 존재하는 모든 유통상들인 甲, 乙, 丙과 모두 배타조건부거래를 하면 경쟁사업자인 B, C의 시장접근은 완전히 봉쇄된다([그림 4-3]).

99) 서울고법 2012.2.1. 선고 2009누19269 판결; 대법원 2014.4.10. 선고 2012두6308 판결.
100) 강우찬, "불공정거래행위로서의 배타조건부 거래행위의 위법성 판단 기준", 사법 제22호(2012), 148면.

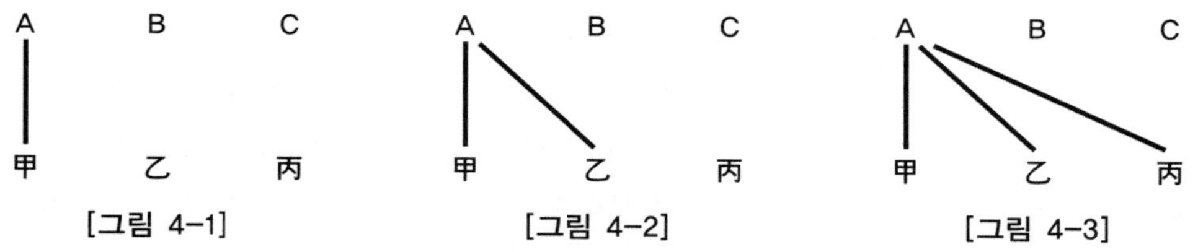

[그림 4-1] [그림 4-2] [그림 4-3]

위 사례에서 시장봉쇄효과는 (i) A의 시장점유율이 클수록, (ii) A의 거래 중 배타조건부거래의 비중(즉, 봉쇄율)이 클수록, (iii) A가 체결한 배타조건부거래의 기간이 길수록 커지게 된다. 이렇게 상당한 수준의 시장봉쇄가 이루어지면 시장에서 경쟁이 제한될 우려도 역시 커지게 된다. 배타조건부거래의 시장봉쇄적 측면에 주목한 위와 같은 전통적 견해에 대해서, 시카고 학파와 포스트 시카고 학파는 봉쇄효과가 반경쟁적 효과를 추론하기에 적절한 근거가 아니라고 비판하였다. 배타조건부거래를 통해 얻을 수 있는 전술한 효율성이 존재하기 때문에, 경쟁자들에 대한 봉쇄가 반드시 자동적으로 반경쟁적인 효과를 의미하는 것은 아니라는 것이다.

② 경쟁사업자의 비용인상 효과

한편, 포스트 시카고 학파는 봉쇄효과 대신 배타조건부거래로 인하여 발생하는 경쟁사업자의 비용상승 측면(Raising Rival's Cost)에 주목하였다. 이에 따르면, 배타조건부거래는 경쟁자에 대하여 규모의 경제와 범위의 경제 실현을 어렵게 하여 경쟁자의 비용을 상승시키는 효과가 있다. 위의 예시 사례에서, A, B, C의 사업자는 2개의 유통채널(예컨대, 딜러 채널과 직판 채널)을 선택할 수 있는데, 그 중 딜러 채널이 나머지 직판 채널에 비하여 저렴하고 효율적이라고 가정하자. A 사업자가 직판 채널보다 저렴하고 효율적인 딜러 채널에 대해서만 배타조건부거래를 실시한다면, 경쟁사업자인 B, C의 직판 채널에 대한 접근은 봉쇄되지 않았으므로 전체적인 봉쇄규모는 미미하게 나타날 수도 있다. 그렇지만, B, C는 비효율적인 직판 유통채널을 사용할 수밖에 없게 되어 결과적으로 유통비용이 상승되는 효과가 발생한다. 이로 인하여 B, C가 시장에서 퇴출되거나 설령 살아남는다고 하더라도 높은 비용 때문에 가격을 인상할 수밖에 없게 될 것이다. 이로써 A 사업자는 배타조건부거래를 통하여 시장에서 가격결정권을 강화할 수 있게 되어 궁극적으로 소비자들이 시장 독점화로 인한 피해를 입게 된다. 이러한 설명을 근거로 포스트 시카고 학파는 배타조건부거래를 포함하여 배제남용행위의 위법성의 근거를 봉쇄효과에서 찾을 것이 아니라 경쟁사업자의 비용인상에서 찾아야 한다고 주장한다.[101)]

101) Gavil et al.(2003), pp. 735-736.

5) 위법성 판단기준과 관련한 판례의 태도

배타조건부거래는 행위주체, 시장상황 등에 따라 경쟁촉진적 효과를 가져올 수도 있고, 경쟁제한적 효과를 가져올 수도 있다. 단순히 배타조건부거래가 존재한다는 사실 자체만으로는 경쟁법적 평가를 내리기에 충분하지 않고 경쟁제한성을 위주로 위법성을 판단한다. 판례도 한국도로공사 사건에서 배타조건부거래의 위법성 판단기준은 경쟁제한성이라고 제시하였다.[102)]

그런데 에쓰오일 사건의 판결은 "거래상대방의 거래처 선택의 자유 등이 제한됨으로써 자유로운 의사결정이 저해되었거나 저해될 우려가 있는지 여부" 등도 아울러 고려할 수 있다고 하여 위법성 판단기준을 확장하였다.[103)] 이 사건의 사실관계는 다음과 같다. 원고 에쓰대시오일(이하 "에쓰오일"이라고 함)은 2005년 이래 4개 정유사의 과점형태로 유지되고 있는 경질유제품 시장에서 점유율은 13% 수준으로 업계 4위 사업자이다. 에쓰오일은 1998년경부터 자영주유소와 소요제품 전량을 원고로부터 공급받기로 하고, 전량구매의무 위반시 계약해지, 손해배상 등 제재를 할 수 있도록 규정한 석유제품공급계약을 체결하여 거래해 왔다(이하 이러한 거래방식을 "전량공급조건거래"라고 함). 2008. 9.말 현재 에쓰오일은 전체 1,525개 자영주유소 중 478개 자영주유소와 전량공급조건거래를 하였다. 이 중 180개 주유소는 시설자금 또는 시설의 지원을 받았다.[104)] 전체 정유사들이 국내 자영주유소들과 체결한 전량공급계약의 비율은 약 86%이었다. 휘발유 봉쇄비율은 에스케이가 20.85%, 지에스가 16.4%, 현대가 9%, 에쓰오일이 2.71%로 나타났다.[105)] 이 사

102) 대법원 2000.10.6. 선고 99다30817, 30824 판결. 이 사건에서는, 한국도로공사가 우림석유와 사이에 고속도로상의 주유소에 관한 운영계약을 체결하여 오면서 그 운영계약상의 약정에 기하여 유류 공급 정유사를 한국도로공사가 지정하는 행위가 불공정거래행위로서 경영간섭 내지 배타조건부거래에 해당하는지 여부가 다투어졌다. 대법원은 고속도로상의 주유소가 가지는 진출입 제한이라는 장소적 특성과 유류라는 거래 상품 및 그 관련 시장의 상황과 특성, 고속도로상 주유소의 설치 및 관리주체인 한국도로공사가 각 개별 주유소에 관한 운영계약을 체결하게 된 경위 등을 고려할 때, 위 행위는 우월적 지위의 남용행위로서의 경영간섭이나 "경쟁제한적 효과를 수반하는 구속조건부 거래행위" 등의 불공정거래행위에 해당하지 않는다고 판단하였다.

103) 대법원 2013.4.25. 선고 2010두25909 판결.

104) 시설자금 지원이란 정유사가 주유소의 신규건설이나 확장에 소요되는 자금을 대여하는 것을 의미한다. 시설지원이란 정유사가 주유소의 신규건설 시 저장탱크, 주유기 등 필요한 시설물을 일정기간 무상으로 사용하게 하는 것을 의미한다.

105) EU법원은 Neste판결에서 병행적 배타적 공급계약으로 인하여 누적적 봉쇄효과가 발생하였음에도 불구하고 1.5%의 시장봉쇄는 시장에서 영향이 너무 미미하므로 위 배타적 공급계약은 누적적 봉쇄효과에 상당한 기여를 하였다고 볼 수 없다고 판시하였다. Neste 사건은 자동차연료공급자인 Neste Markkinointi Oy가 핀란드에 소재하는 전체 1,799개의 주유소 중 1.5%를 차지하는 27개의 주유소와 체결한 배타적 공급계약에 대한 것이었다. 동 계약의 유효기간은 1년으로 당사자는 언제든지 계약을 취소할 수 있도록 되어 있었다. Neste 판결에서 법원은 위 배타적 구매계약에 있어서 근본적인 요소는 '배타성(exclusivity)' 그 자체라기보다는 그 약정기간이라고 판시하였다. 법원에 의하면 계약기간이 1년을 넘지 않는 이상, 관련 당사자의 경제적 법적 이익에 대한 합리적인 보호를 부여하는 것이며 자동차연료 공급시장에서의 경쟁제한을 완화시키는 것이라고 판시하였다. Neste Markkinointi Oy v. Yötuuli C-214/99 [2000] ECR I-11121, [2000] 4CMLR 993.

건에서 공정위는 에쓰오일의 위 행위가 불공정거래행위로서의 배타조건부 거래행위에 해당한다고 보았으며, 법원은 이러한 공정위의 처분을 승인하였다.[106)]

에쓰오일 판결의 특색은 법원이 시장지배적 사업자의 배타조건부 거래행위와 불공정거래행위로서의 배타조건부 거래행위를 구분하고, 전자에 비하여 후자의 규제 범위를 넓혔다는 점이다. 대법원은 독점규제법상 시장지배적 사업자의 배타조건부 거래행위와 불공정거래행위로서의 배타조건부 거래행위는 그 규제목적 및 범위가 다르므로, 시장지배적 사업자의 배타조건부 거래행위의 부당성은 불공정거래행위로서의 배타조건부 거래행위의 부당성과 별도로 독자적으로 평가·해석해야 한다고 판시하였다. 시장지배적 사업자의 지위남용행위로 규정하고 있는 배타조건부 거래행위의 부당성과 달리 불공정거래행위로 규정하고 있는 배타조건부 거래행위의 부당성은 당해 배타조건부 거래행위가 경쟁사업자나 잠재적 경쟁사업자를 관련시장에서 배제하거나 배제할 우려가 있는지 여부를 비롯한 경쟁제한성을 중심으로 평가하되, "거래상대방의 거래처 선택의 자유 등이 제한됨으로써 자유로운 의사결정이 저해되었거나 저해될 우려가 있는지 여부" 등도 아울러 고려할 수 있다고 보았다.

그러나 기존 판례에서 배타조건부거래로 인한 시장봉쇄효과 내지 경쟁제한효과가 인정된 사례는 시장지배적 사업자의 경우에도 점유율이 50% 이상인 경우이었고,[107)] 미국이나 EU에서도 30% 미만의 점유율을 가진 사업자가 행하는 배타조건부거래는 봉쇄효과가 미미하기 때문에 원칙적으로 적법한 것으로 보고 있다. 이와 같이 배타조건부거래의 봉쇄효과가 크지 않다면, 그 거래상대방은 얼마든지 다른 사업자와 거래를 할 수 있을 것이기 때문에 거래처 선택의 자유가 침해되었다고 보기는 어렵다. 설령, 경쟁제한성과 별도로 거래상대방의 거래처 선택의 자유를 보호할 필요가 있다면, 이 문제는 거래상 지위의 남용 등 다른 유형의 불공정거래행위를 통해서 규제할 여지도 있다.[108)]

따라서 에쓰오일 판결의 독자적 사정범위를 찾는다면 경쟁제한성도 인정되지 않고 거래상 지위의 남용이라고 보기도 어려운 배타조건부거래가 될 것인데, 여기에 해당하는 범주는 대부분 군소사업자 내지 신규사업자에 의해 채택되는 배타조건부거래일 가능성이 높다. 그런데 이러한 배타조건부거래는 시장의 경쟁을 활발하게 만들거나 신규진입을 용이하게 하는 경쟁촉진적 측면이 크다. 결과적으로 에쓰오일 판결은 배타조건부거래에 관한 위법성 판단기준을 별다른 근거도 없이 확장시킴으로써, 군소사업자 내지 신규사업자

106) 서울고법 2010.10.21. 선고 2009누6959 판결; 대법원 2013.4.25. 선고 2010두25909 판결.

107) 농협중앙회 사건에서는 사실상 점유율 100%인 사업자의 행위가 문제되었고(대법원 2009.7.9. 선고 2007두22078 판결), 현대모비스 사건에서는 점유율 50% 이상의 사업자의 행위가 문제되었다(대법원 2014.4.10. 선고 2012두6308 판결).

108) 대법원은 한국도로공사 사건에서 불공정거래행위 안에서도 특히 배타조건부거래의 부당성은 경쟁제한성에 따라서 판단하고 경영간섭의 부당성은 현저성을 기준으로 판단하였다. 대법원 2000.10.6. 선고 99다30817, 30824 판결.

가 채택한 적법한 경쟁수단을 금지하는 문제를 야기하였다. 따라서 굳이 배타조건부거래의 위법성 판단기준을 경쟁제한성 이외의 것으로 바꿀 이유는 없을 것이다.[109)]

6) 현대모비스 판결

현대모비스는 2004년경 대리점에 순정품[110)] 판매의무를 규정한 '부품대리점 경영매뉴얼'을 제작·배포하고, 2008년경부터는 '대리점 등급관리제도', '대리점 관리규정', 새로운 대리점 계약서의 도입을 통해 순정품 판매의무 위반 대리점에게 부품 공급단가 인상, 할인혜택 폐지, 대리점 계약해지 등 불이익을 제공하였다. 공정위는 현대모비스의 위 행위가 시장지배적 지위남용 및 불공정거래행위로서의 배타조건부거래 양자에 모두 해당한다고 판단하였다. 그러나 법원은 2004-2007년까지는 배타조건부거래로 볼 수 없고, 2008년경부터는 부당한 배타조건부거래로 볼 수 있다고 판단하였다.[111)] 후자에 관하여 부당성을 인정한 논거는 ① 현대모비스가 자신의 대리점을 상대로 순정품 취급을 강제하고 비순정품 거래를 통제한 것은 정비용 부품시장에서 시장지배적 지위를 계속 유지하기 위해 경쟁부품의 판매 유통망을 제한함으로써 인위적으로 시장질서에 영향을 가하려는 의도나 목적으로 이루어졌음이 명백한 점, ② 현대모비스의 경쟁부품업체들은 전국의 현대모비스 대리점을 통해 경쟁부품을 공급할 수 있을 때 유효한 경쟁을 할 수 있는데, 위 배타조건부 거래행위로 인하여 경쟁부품업체가 시장에서 배제되거나 신규진입에 실패할 가능성이 커지고, 그만큼 경쟁부품이 원활하게 공급되지 않아 시장에서는 다양성과 가격경쟁이 감소하여 순정품 가격이 더 비싸지고 소비자는 정비용 부품을 더 싸게 살 기회를 갖지 못하게 되어 소비자 후생이 감소할 수밖에 없는 점을 지적하였다.[112)] 이 사건 판결은 배타조건부거래의 부당성을 판단하는 과정에서 에쓰오일 판결이 설시한 거래상대방의 자유침해 문제를 별도로 고려하지 않고, 경쟁제한성 판단기준을 충실히 따랐다.

7) 진로 심결

진로는 국내 제1의 소주 제조·판매업자로서, 자사 제품인 소주를 공급함에 있어서 경쟁사업자인 동양맥주가 경월소주를 인수한 후, 1994. 1. 17.부터 서울 및 수도권지역에 신제품인 경월 그린소주를 시판함에 따라, 예상되는 자사제품의 판매량 감소를 막기 위하여 자기의 거래처인 주류도매상 중 경월 그린소주를 취급하던 일부 주류도매상들에게

---

109) 동지: 홍대식, "배타조건부거래행위, 경쟁제한성 기준인가 강제성 기준인가?", 법조 제661호(2011), 140-188면.

110) 순정품이란 정비용 부품 중 완성차업체 또는 이로부터 위임받은 원고와 같은 업체가 공급하는 유통경로의 제품을 지칭한다. 순정품을 제외한 정비용 부품을 비순정품이라고 한다.

111) 서울고법 2012.2.1. 선고 2009누19269 판결 및 대법원 2014.4.10. 선고 2012두6308 판결.

112) 그 외에 이 사건에서는 현대모비스가 품목지원센터에 대하여 책임공급지역을 설정한 행위도 문제가 되었다. 공정위는 위 행위를 불공정거래행위로서 거래지역·거래상대방 제한에 해당한다고 판단하였다. 법원은 공정위의 판단을 수긍하였다.

자기가 공급하는 인기주인 진로소주의 기존 출고지를 교통여건이 좋지 않은 타 출고지로 변경하고, 1994. 1. 20.~1. 31. 기간 중 진로소주의 공급을 중단하거나 감량하였다. 이에 대해 공정위는 피심인이 국내 소주시장에서 1위의 시장점유율을 지닌 사업자임을 감안할 때, 피심인이 자기의 거래처인 주류도매상이 자기의 경쟁사업자 제품을 취급하였다는 이유로 자사 인기제품의 출고지를 교통여건이 불편한 곳으로 변경하고 자사의 인기제품공급을 일정기간 중단하거나 감량한 행위는, 주류도매상으로 하여금 경쟁사업자 제품을 취급하지 못하도록 한 행위로 인정되는 바, 이러한 행위는 경쟁사업자를 소주시장에서 배제하거나 거래기회를 감소시킴으로써 동종 제품간 경쟁을 감소시키는 경쟁저해성이 있는 것으로서, 거래상대방이 자기의 경쟁사업자와 거래하지 아니하는 조건으로 그 거래상대방과 거래하는 행위에 해당된다고 하여 시정명령을 내렸다.[113)]

(나) 거래지역 또는 거래상대방의 제한

거래지역·거래상대방의 제한이라 함은 사업자가 상품 또는 용역을 거래하는 경우에 그 거래상대방의 거래지역 또는 거래상대방을 부당하게 구속하는 조건으로 거래하는 행위를 가리킨다(영 [별표 2] 7호 나목). 거래지역 또는 거래상대방의 제한은 강학상 수직적 거래제한행위로 분류된다. 수직적 거래제한은 가격적 측면의 제한과 비가격적 측면의 제한으로 구분할 수 있다. 우리 법은 전자를 재판매가격유지행위로 규율하고, 후자 중에서 거래지역·거래상대방의 제한은 불공정거래행위의 한 유형으로 규율하고 있다.

1) 거래지역의 제한

일반적으로 거래지역제한(territory system)은 제한의 정도가 약한 책임판매지역제, 영업소개설 지역제한으로부터 고객제한을 수반하는 엄밀한 지역제한(closed territory)에 이르기까지 그 제한의 정도 및 형태가 매우 다양하다. 이 중 전자의 경우에는 대체로 경쟁저해성이 없는 것으로 보지만, 지역구속성이 강한 후자의 경우에는 브랜드내의 경쟁을 심각하게 제한하기 때문에 경쟁저해성이 쉽게 인정될 수 있다. 또한 지역제한이 가격차별, 재판매가격유지 등을 달성할 목적으로 사용되는 경우에도 위법성이 인정된다. 다만, 엄밀한 지역제한도 수직적 거래제한의 하나로서 판매효율성의 증대를 수반하여 브랜드간 경쟁을 촉진시킬 수 있다는 점에서 브랜드내 경쟁제한효과와 비교형량이 요구된다.

공정위는 디피케이인터내셔날(주)이 가맹계약자와 체결한 도미노피자 판매체인점 가맹계약서를 통하여 가맹점 소재지역 이외에서는 배달판매 및 판촉행위를 금지한 행위를 심사하면서, 동사가 대고객 서비스 향상을 통한 판매촉진책의 일환으로 고객이 주문한 시점부터 30분 이내에 주문상품이 배달되지 못하면 피자값을 할인하여 주거나 무료로 주는 소위 「30분 배달보증제」를 실시하고 있으며 판매지역제한은 이러한 「30분 배달보증

113) 공정위 1994.3.23. 의결 제94-83호.

제」의 실시를 위하여 필요하다는 주장을 분석하였다. 공정위는 피심인이 관련시장에서 보유하고 있는 영향력, 브랜드간 경쟁 및 브랜드내 경쟁에 미치는 효과, 피심인이 다른 방법에 의하여 피심인의 영업상 목적을 달성할 수 있는지 여부, 피심인이 채택한 지역제한의 강도 등 여러 요소를 종합적으로 비교·형량하여 위법 여부를 판단하여야 한다고 보았다. 이와 같은 비교형량에 따라 공정위는 피심인의 행위가 피자배달시장에서 다른 경쟁업자와의 브랜드간 경쟁을 촉진하는 효과보다 브랜드내 경쟁을 제한하는 측면이 훨씬 크고, 해당 지역 내에서는 가맹점들 간에 고객확보경쟁이 제한되는 결과 소비자의 선택권이 제한된다는 점 등을 들어 부당성을 인정하였다.[114)]

또한 (주)모닝글로리는 전국 34개 대리점과 대리점계약을 체결하면서, 동 대리점계약을 통하여 대리점의 판매지역을 일정한 지역으로 한정하고 피심인의 사전 동의가 없는 한, 지정된 판매지역을 제외하고는 대리점이 상품을 직접 또는 간접으로 판매할 수 없으며 영업장소도 변경할 수 없도록 규정하고, 판매지역 이외의 지역을 침범하여 영업행위를 할 경우에는 계약의 해지 또는 상품공급을 중단할 수 있도록 규정하였다. 그런데 공정위는 피심인의 이러한 행위가 대리점의 거래지역을 부당하게 구속하는 조건으로 거래하는 행위로 인정된다고 보아 시정명령을 내렸다.[115)]

2) 거래상대방의 제한

거래상대방의 제한은 자유롭게 결정되어야 할 거래상대방의 선택을 제한하여 경쟁사업자들의 고객확보경쟁을 소멸시키거나 가격유지효과를 초래할 우려가 있다. 거래상대방의 제한행위는 상방사업자의 하방사업자에 대한 행위뿐만 아니라 하방사업자의 상방사업자에 대한 행위도 포함하며, 수직적 거래관계에 있어서 상대방의 거래상대방에 대한 거래비율을 제한함으로써 결과적으로 상대방의 거래상대방과의 거래에 있어서 어떠한 제한이 발생하는 경우도 포함된다.[116)] 거래상대방 제한행위와 관련하여 공정한 거래를 저해할 우려가 있는지를 판단할 때에는, 해당 행위의 의도와 목적, 효과와 영향 등 구체적 태양과 거래의 형태, 상품 또는 용역의 특성, 시장 상황, 사업자 및 거래상대방의 시장에서의 지위, 제한의 내용과 정도, 경쟁에 미치는 영향, 법상 위법한 목적 달성을 위한 다른 행위와 함께 또는 그 수단으로 사용되는지 여부 등을 종합적으로 고려하여 판단하여야 한다.[117)]

거래상대방의 제한과 관련하여 선별적 유통시스템의 허용 여부에 관한 논의가 있다. 선별적 유통시스템은 공급업자가 브랜드 가치 보호 등을 목적으로 일정한 자격을 갖춘

114) 공정위 2000.11.15. 의결 제2000-163호.
115) 공정위 1994.3.10. 의결 제94-66호.
116) 대법원 2017.5.31. 선고 2014두4689 판결.
117) 대법원 2011.3.10. 선고 2010두9976 판결; 대법원 2017.5.31. 선고 2014두4689 판결; 대법원 2022.8.25. 선고 2020두35219 판결.

유통업자를 선정하고 이들 외에 다른 거래처를 제한하는 방식으로 상품을 판매하는 것을 말한다.[118] 선별적 유통시스템은 상품을 취급할 수 있는 유통업자를 제한함으로써 상표내 경쟁을 제한하는 효과를 갖게 된다. 그러나 선별적 유통시스템은 승인된 유통업자들의 서비스 경쟁을 통해 전체적인 상표간 경쟁을 촉진하는 효과도 있다.[119] 선별적 유통시스템에 관해서 판례는 선별적 유통시스템의 의도와 목적,[120] 필요성, 상표내 경쟁제한 효과와 상표간 경쟁촉진효과 등을 종합적으로 고려하여 공정거래저해성의 존부를 개별적으로 판단하고 있다. 법원은 가전제품 제조사가 최저재판매가격유지행위를 하면서 비슷한 시기에 그 거래하는 대리점에 대하여 비교적 고가인 품목을 인터넷 오픈마켓에 공급하는 것을 금지하고 이를 위반한 대리점에 대하여 출고정지 · 공급가격 인상 등의 제재를 한 행위가 거래상대방 제한행위에 해당한다고 보았다.[121] 반면, 고어텍스에 관한 선별적 유통시스템을 구축한 사안에 대하여 법원은 유통망 제한행위의 의도와 목적(중간재 브랜딩과 고급화 전략), 그 필요성, 유통망 제한행위로 인한 상표내 경쟁제한성이 크지 않은 반면, 상표간 경쟁 촉진과 소비자 후생 증대의 면이 있다는 점을 들어 공정거래저해성을 부정하였다.[122]

한편, 이동통신사 A사가 단말기 제조사인 B사와 A사용 사업자모델(이동통신사가 제조사로부터 대량으로 구매하여 대리점에게 공급하는 단말기)을 구매하는 거래를 하면서 B사의 A사용 유통모델(제조사가 직접 대리점, 양판점에게 공급하는 단말기)의 비율을 각 개별 모델별로 총 공급대수의 20% 이내로 제한하는 내용의 유통모델 운영기준을 합의한 행위는 거래상대방 제한행위에 해당한다.[123]

---

118) 김영열 · 이호영, "공정거래법상 브랜드 가치 보호의 한계에 관한 연구", 경쟁법연구 제45권(2022), 259-260면.

119) EU에서 비가격적 측면에서 서비스 경쟁의 중요성을 강조한 판결로서 Metro/Saba 판결을 들 수 있다. 여기서 ECJ는 가격경쟁이 경쟁의 유일한 형태는 아니고, 추가적인 서비스제공을 보장하는 수준의 가격을 유지하고자 하는 행위가 언제나 구 조약 제81조 제1항에 따라 금지되는 것은 아니라는 점을 지적하였다. 그리고 ECJ는 해당 상품의 성질상 유통업자의 유형에 대한 제한을 정당화할 수 있고, 공급업자가 유통업자를 선정하는 것이 그 성격상 순수하게 질적인 기준에 따라 이루어지고, 그 기준이 모든 잠재적인 유통업자를 대상으로 차별 없이 통일적으로 적용되고, 승인된 유통업자에게 부과되는 제한은 해당 상품의 품질을 보호하기 위해 객관적으로 필요한 범위를 초과하지 않는다는 요건을 충족하면 위법이 아니라고 하였다. ECJ. Metro/Saba. 1977 ECR 1875.

120) 선별적 유통시스템의 구축에 가격유지의 목적이 있는지가 공정거래저해성을 판단하는데 영향을 미친다는 평석으로 손동환, "감정평가사협회의 공급 제한 담합 사건 외 대법원 판결", 경쟁저널 제213호(2022), 65면 참조.

121) 대법원 2017.6.19. 선고 2013두17435 판결.

122) 서울고법 2020.1.23. 선고 2017누76786 판결 및 대법원 2022.8.25. 선고 2020두35219 판결. 원고들이 고어텍스 소재 완제품의 대형마트 판매를 금지하는 유통채널 제한 정책을 수립하고 국내 고객사들에게 대형마트에서 고어텍스 소재 완제품을 판매하지 않을 것을 요구하였고 위반한 고객사에게 판매 중단 등의 제재 조치를 취한 사안이다.

123) 대법원 2017.5.31. 선고 2014두4689 판결.

Ⅱ. 경쟁수단이 불공정한 행위

1. 부당한 고객유인

(1) 의 의

부당한 고객유인이라 함은 부당하게 경쟁자의 고객을 자기와 거래하도록 유인하는 행위를 말한다(법 45조 1항 4호). 시장경제에 있어서는 사업자들이 경쟁에서 살아남고, 나아가 보다 많은 이윤을 얻기 위해서는 기술개발을 통한 원가절감, 새로운 상품의 개발, 판매과정의 합리화, 서비스의 개선 또는 광고·선전 등을 통하여 보다 많은 고객을 확보하기 위하여 부단히 노력하지 않으면 안 된다. 그런데 사업자들이 이와 같은 장점(merits)에 의한 경쟁을 하지 않고, 거래상대방에게 부당한 이익을 제공하거나 위계에 의하여 고객을 유인하는 방법으로 거래할 경우에는 불공정거래행위로서 제재를 받게 된다.

(2) 유 형

(가) 부당한 이익에 의한 고객유인

1) 의 의

부당한 이익에 의한 고객유인이라 함은 정상적인 거래관행에 비추어 부당하거나 과대한 이익을 제공하거나 제공할 제의를 하여 경쟁사업자의 고객을 자기와 거래하도록 유인하는 행위를 가리킨다(영 [별표 2] 4호 가목). 사업자는 고객을 확보하기 위하여 여러 가지로 다양한 경쟁 방법이나 수단을 동원하게 된다. 그러나 정상적인 거래조건에 의하지 않고 부당하거나 과대한 경제상 이익을 제공함으로써 고객을 유인하게 되면, 공정한 경쟁이 침해될 우려가 있다. 부당한 이익에 의한 고객유인 행위를 금지하는 취지는 부당한 이익제공으로 가격, 품질, 서비스 비교를 통한 소비자의 합리적인 상품 선택을 침해하는 것을 방지하는 한편, 해당 업계 사업자 간의 가격 등에 관한 경쟁을 통하여 공정한 경쟁질서 내지 거래질서를 유지하기 위함에 있다.[124)]

2) 부당성 판단기준

사업자의 행위가 부당한 이익에 의한 고객유인 행위에 해당하는지를 판단할 때에는, 그 행위로 경쟁사업자들 사이의 상품가격 등 비교를 통한 소비자의 합리적인 선택이 저해되거나 다수 소비자들이 궁극적으로 피해를 볼 우려가 있게 되는 등 널리 거래질서에 대해 미칠 파급효과의 유무 및 정도, 문제된 행위를 영업전략으로 채택한 사업자들의 수나 규모, 경쟁사업자들이 모방할 우려가 있는지, 관련되는 거래의 규모 등에 비추어 해당

124) 대법원 2018.7.12. 선고 2017두51365 판결.

행위가 널리 업계 전체의 공정한 경쟁질서나 거래질서에 미치게 될 영향 등과 함께 사업자가 제공하는 경제적 이익의 내용과 정도, 제공의 방법, 제공기간, 이익제공이 계속적·반복적인지 여부, 업계의 거래 관행 및 관련 규제의 유무 및 정도 등을 종합적으로 고려하여야 한다.[125)]

3) 구체적 사례

부당한 이익에 의한 고객유인의 가장 대표적인 사례는 제약 및 의료기기 분야의 불법 사례비(이른바 리베이트) 제공 행위이다.[126)] 제약회사들이나 의료기기회사들이 자기가 생산하는 의약품 등을 병원 및 약국 등에 납품함에 있어서 판매를 증대시킬 목적으로 각 병원 및 약국 소속 의사 및 약사에게 학회지원, 비품지원, 골프접대, 식사접대 등을 한 행위는 부당한 고객유인으로 판단되었다.[127)]

상조용역 등의 제공을 업으로 하는 甲 주식회사가 여러 상조회사와 상조거래 계약을 체결한 다수 고객에 대해 최대 36회차분까지 자신에 대한 납입금 지급 의무를 면제하는 이익을 제공하는 이른바 '이관할인방식'에 의한 영업을 한 것이 문제된 사안에서, 대법원은 다수의 사업자가 시장 전반에 걸쳐 이러한 고객유인 행위를 시행하고 있는 상황에서 甲 회사의 이관할인방식에 의한 고객유인 행위에 따른 부담은 결국 상조용역시장 전체의 부담으로 돌아갈 수밖에 없고, 시장 전체의 비효율성을 초래할 수 있으며, 일반 고객들은 물론 이관할인방식에 따라 甲 회사와 상조계약을 체결한 고객 역시 그에 따른 직·간접적인 부담을 지게 되고, 나아가 이러한 고객유인 방식은 고객들이 상조용역 등의 내용과 질, 상조회사의 신뢰성 등을 기초로 한 합리적인 선택을 하는 데 상당한 지장을 가져올 수 있는 점 등 甲 회사의 고객유인 행위가 상조 시장 전체의 경쟁질서나 거래질서에 미치는 부정적 영향을 고려할 때, 이관할인방식에 의한 고객유인 행위는 정상적인 거래관행에 비추어 부당한 이익을 제공 또는 제공할 제의를 하여 경쟁사업자의 고객을 자기와 거래하도록 유인하는 행위에 해당하는 것으로 볼 여지가 상당하다고 판단하였다.[128)]

4) 판촉지원금 내지 판매장려금 제공

실무상 문제가 되는 것은 본사가 대리점 등에게 판촉지원금이나 판매장려금 등을 제공하는 것이 부당한 이익에 의한 고객유인에 해당하는지 여부이다. 예컨대, (주)빙그레는

125) 대법원 2013.11.14. 선고 2011두16667 판결; 대법원 2014.3.27. 선고 2013다212066 판결; 대법원 2018.7.12. 선고 2017두51365 판결.

126) 공정위는 제약 및 의료기기 시장에서 공정경쟁을 저해하는 불법 리베이트 행위를 근절하기 위해 공정위의 리베이트 사건 처리사실과 관련된 정보를 유관부처에 적시 통보하여 해당 부처가 행정처분을 위한 절차를 원활하게 진행할 수 있도록 「제약 및 의료기기 분야 리베이트 사건 통보 가이드라인」을 제정하여 시행하고 있다.

127) 공정위 2004.2.10. 의결 제2004-054호.

128) 대법원 2018.7.12. 선고 2017두51365 판결.

거래처가 계약기간 동안 빙그레 또는 빙그레의 지정대리점이 공급하는 제품을 판매하여야 하고 이를 성실히 이행하는 조건으로 판촉지원금을 지급하였고, 해태유업(주)과 매일유업(주)은 배타적 거래를 조건으로 판매업체에게 판촉지원금을 지급하였다. 이에 대하여 공정위는 이들 사업자의 행위는 경쟁사업자의 고객을 자기와 거래하도록 유인하는 부당한 고객유인행위로 인정된다고 보아 시정명령을 내렸다.[129] 그러나 본사가 대리점에 위와 같은 판촉지원금이나 판매장려금 등을 지급하는 것은 대리점의 판촉노력을 증진시키기 위한 통상의 경쟁방법이라고 할 수 있으므로, 그 지원규모가 지나치게 크지 않은 이상 이를 위법으로 볼 것은 아니다. 그리고 판촉지원금 등과 연계된 배타조건부거래의 경우에 시장봉쇄효과 등 그 경쟁제한성을 기준으로 위법 여부를 별도로 판단하여야 할 것이다.

(나) 위계에 의한 고객유인

1) 의 의

위계에 의한 고객유인이라 함은 표시광고법 제3조에 따른 부당한 표시·광고 외의 방법으로 자기가 공급하는 상품 또는 용역의 내용이나 거래조건 및 그 밖에 거래에 관한 사항을 실제보다 또는 경쟁사업자의 것보다 현저히 우량 또는 유리한 것으로 고객을 잘못 알게 하거나 경쟁사업자의 것이 실제보다 또는 자기의 것보다 현저히 불량 또는 불리한 것으로 고객을 오인시켜서 경쟁사업자의 고객을 자기와 거래하도록 유인하는 행위를 가리킨다(영 [별표 2] 4호 나목). 위계에 의한 고객유인행위를 금지하는 취지는 위계 또는 기만행위로 소비자의 합리적인 상품선택을 침해하는 것을 방지하는 한편, 해당 업계 사업자 간의 가격 등에 관한 경쟁을 통하여 공정한 경쟁질서 내지 거래질서를 유지하기 위한 데에 있다.

위계에 의한 고객유인행위의 객체가 되는 상대방, 즉 경쟁사업자의 고객은 경쟁사업자와 기존의 거래관계가 유지되고 있는 상대방에 한정되지 않고, 새로운 거래관계를 형성하는 과정에서 경쟁사업자의 고객이 될 가능성이 있는 상대방까지도 포함한다. 위계에 의한 고객유인행위가 성립하기 위해서는 위계 또는 기만적인 유인행위로 인하여 고객이 오인될 우려가 있음으로 충분하고, 반드시 고객에게 오인의 결과가 발생하여야 하는 것은 아니다. 그리고 여기에서 오인이란 고객의 상품 또는 용역에 대한 선택 및 결정에 영향을 미치는 것을 말하고, 오인의 우려란 고객의 상품 또는 용역의 선택에 영향을 미칠 가능성 또는 위험성을 말한다.[130] 고객을 오인시키는지의 여부에 관한 판단에 있어서는 객관적으로 오인시킬 만한 것이면 그것으로 충분하며 행위자가 주관적으로 오인시킬 의

129) 공정위 1993.7.5. 의결 제93-97호.

130) 대법원 2002.12.26. 선고 2001두4306 판결; 대법원 2019.9.26. 선고 2014두15047 판결.

도를 가지고 있어야 하는 것은 아니다. 또 고객을 오인시켜서 자기와 거래하도록 유인하는 행위 그 자체를 문제 삼는 것이기 때문에 그 행위에 의해서 실제로 고객을 획득했는지 여부도 문제되지 않는다.

2) 부당성 판단기준

사업자의 행위가 위계에 의한 고객유인행위에 해당하는지를 판단할 때에는, 그 행위로 보통의 거래 경험과 주의력을 가진 일반 소비자의 거래 여부에 관한 합리적인 선택이 저해되거나 다수 소비자들이 궁극적으로 피해를 볼 우려가 있게 되는 등 널리 업계 전체의 공정한 경쟁질서나 거래질서에 미치게 될 영향, 파급효과의 유무 및 정도, 문제된 행위를 영업전략으로 채택한 사업자의 수나 규모, 경쟁사업자들이 모방할 우려가 있는지 여부, 관련되는 거래의 규모, 통상적 거래의 형태, 사업자가 사용한 경쟁수단의 구체적 태양, 사업자가 해당 경쟁수단을 사용한 의도, 그와 같은 경쟁수단이 일반 상거래의 관행과 신의칙에 비추어 허용되는 정도를 넘는지, 계속적·반복적인지 여부 등을 종합적으로 살펴보아야 한다.[131)]

3) 구체적 사례

위계에 의한 고객유인이 인정된 사례로는 한국오라클(주)이 서울대학교병원의 통합의료정보시스템 재구축사업에 소요되는 데이터베이스 관리시스템 공급업체를 선정하는 과정에서 구체적인 비교기준이나 객관적인 검증 또는 출처표시 없이 경쟁사의 제품과 성능에 비하여 자사의 제품이 현저히 우량한 것으로 표시하고, 경쟁사의 제품에 중대한 하자가 있는 것과 같은 인상을 주는 내용 등을 기재한 비교자료를 서울대학교병원의 책임운영자로 내정된 자에게 제출한 행위,[132)] 이동통신사인 甲 회사가 2008~2010년 출시되어 甲 회사가 유통에 관여한 일부 모델의 단말기와 관련하여 이동전화 단말기를 제조하는 국내 3개 사업자와 협의하여 공급가 또는 출고가를 부풀려 소비자에게 지급할 약정외 보조금의 재원을 조성하고, 이를 대리점 등을 통해 소비자에게 지급함으로써 소비자로 하여금 고가의 단말기를 할인받아 저렴하게 구매하는 것으로 오인시켜 자신의 이동통신 서비스에 가입하도록 유인한 행위[133)]가 있다.

■ **장려금과 가격 부풀리기**

대법원 2019.9.26. 선고 2014두15047 판결에서 지적하고 있듯이, 가격은 구매자가 상품 또는 용역의 구매 여부를 결정하는 데 고려하는 가장 주요한 요소 중 하나로, 시장경제체제에서

131) 대법원 2019.9.26. 선고 2014두15047 판결.
132) 대법원 2002.12.26. 선고 2001두4306 판결.
133) 대법원 2019.9.26. 선고 2014두15047 판결.

가장 기본적인 경쟁수단이다. 경쟁사업자들 사이의 가격을 통한 경쟁은 거래상대방과 일반 소비자 모두에게 이익이 될 수 있으므로 시장에서의 자유로운 가격 경쟁은 원칙적으로 보호되어야 한다. 또한 사업자가 동종 사업자와 경쟁하고 상품 또는 용역의 판매를 촉진하기 위하여 유통망에 장려금을 지급할 필요가 있을 수 있다. 이러한 장려금의 조성과 집행은 가격 인하와 일정 부분 유사한 측면이 있으므로 정상적인 가격 할인과의 구별이 항상 쉽지만은 않고, 그 자체로 위계에 의한 고객유인행위의 수단으로 평가되는 것도 아니다.

다만, 위 이동통신사의 장려금 사안의 경우 공정위와 법원은 문제가 된 사전 장려금이 이동통신사인 甲 회사와 제조 3사가 공급가 내지 출고가에 반영시키기로 사전에 협의한 것으로서 처음부터 이들에게 귀속되지 않을 것임이 정해졌을 뿐 아니라, 상품 출시 때부터 유통망이 취하는 일부 이윤을 제외한 상당 부분이 소비자에게 약정외 보조금으로 지급될 것을 전제로, 단지 소매가격을 인하하는 외관을 형성하는 등 정상적인 장려금과는 성격을 달리한다고 보았다. 즉, 甲 회사와 제조 3사는 협의하여 사전 장려금을 단말기의 공급가 내지 출고가에 반영하여 출고가를 높인 후 유통망에 사전 장려금을 지급한 다음, 순차적으로 유통망을 통하여 소비자에게 이동통신 서비스 가입을 조건으로 사전 장려금을 재원으로 한 약정외 보조금이 지급되도록 한 점, 이러한 위반행위로 소비자는 실질적인 할인 혜택이 없음에도 할인을 받아 출고가가 높은 단말기를 저렴하게 구매하였고, 그와 같은 할인이 특정 이동통신 서비스에 가입하였기 때문에 이루어졌으며, 할인의 재원이 단말기 출고가 자체에 이미 포함되었던 것이 아니라 자신이 이동통신 서비스에 가입함에 따라 甲 회사가 얻게 되는 수익 중 일부였다고 오인할 우려가 큰 점 등을 종합하여, 甲 회사의 행위는 '상품 등의 거래조건 등에 관하여 실제보다 유리한 것으로 오인시켜 고객을 유인한 행위'에 해당한다고 판단한 것이다.

(다) 그 밖의 부당한 고객유인

그 밖의 부당한 고객유인이라 함은 경쟁사업자와 그 고객의 거래를 계약성립의 저지, 계약불이행의 유인 등의 방법으로 거래를 부당하게 방해하여 경쟁사업자의 고객을 자기와 거래하도록 유인하는 행위를 말한다(영 [별표 2] 4호 다목).

2. 거래강제

(1) 의 의

거래강제라 함은 부당하게 경쟁자의 고객을 자기와 거래하도록 강제하는 행위를 가리킨다(법 45조 1항 5호). 거래강제는 가격 · 품질 · 서비스에 의한 성과경쟁을 제한한다는 점에서 경쟁수단의 불공정성이 문제되는 행위이다. 법 시행령 [별표 2]에서는 거래강제행위의 유형으로서 끼워팔기, 사원판매, 기타의 거래강제 등 세 가지 유형을 규정하고 있다. 그런데 위 3가지 유형을 거래강제라는 하나의 카테고리로 묶는 것이 타당한지에 대하여는 의문이 제기되고 있다. 왜냐하면 끼워팔기는 주된 시장에서의 우월적 지위를 바탕으로 종된 시장에서 경쟁을 제한하는 행위로서 경쟁제한성에 그 위법성의 초점이 있는 반면, 사원판매 및 기타의 거래강제는 우월적 지위에 근거하여 거래상대방이 원치 않는 거래를 강제한다는 점에서 거래내용의 불공정성이 문제되는 행위에 해당하기 때문이다. 이 부분에 대하여는 입법론적으로 개선할 필요가 있을 것이다.

(2) 유 형

(가) 끼워팔기

1) 의 의

끼워팔기(tie-in sale)라 함은 사업자가 거래상대방에게 자기의 상품 또는 용역을 공급하면서 정상적인 거래관행에 비추어 부당하게 다른 상품 또는 용역을 자기 또는 자기가 지정하는 사업자로부터 구입하도록 하는 강제행위를 가리킨다(영 [별표 2] 5호 가목). 시장경제에서 사업자는 판매방법을 자유롭게 선택할 수 있기 때문에, 상품을 개별적으로 판매할 수도 있고 여러 상품을 묶어서 패키지로 판매할 수도 있다. 따라서 거래상대방이 자유로운 의사에 따라 이를 하나의 거래단위로 선택하게 되면 부당한 끼워팔기에 해당되지 않는다. 그러나 이러한 끼워팔기가 독과점사업자나 우월적 지위에 있는 사업자에 의해 행해짐으로써 끼워 팔리는 상품, 즉 종된 상품의 시장(tied product market)에서 경쟁을 감소시키는 경우에는 경쟁제한성이 인정되어 금지된다. 대법원은 끼워팔기의 행위주체와 관련하여 자기가 공급하는 상품 또는 용역 중 거래 상대방이 구입하고자 하는 상품 또는 용역을 공급하는 사업자가 주된 상품을 공급하는 것과 연계하여 거래상대방이 그의 의사에 불구하고 상대방이 구입하고자 하지 않거나 상대적으로 덜 필요로 하는 상품 또는 용역을 구입하도록 하는 상황을 만들어낼 정도의 지위를 갖는 것으로 족하고 반드시 시장지배적 사업자일 필요는 없다고 판시하였다.[134)]

2) 부당성 판단기준

끼워팔기가 정상적인 거래관행에 비추어 부당한지 여부는 종래 상대방의 자유로운 선택의 자유를 제한하는지 여부를 중심으로 판단하였으나, 2015년 이후에는 경쟁제한성을 중심으로 판단하고 있다. 끼워팔기의 위법성 판단근거를 상대방의 선택의 자유 제한으로 확장하는 것은 자칫 사적 자치의 영역에 과도한 개입을 초래할 우려가 있으므로 지양할 필요가 있다는 지적에 따라,[135)] 공정위는 2015년 「불공정거래행위 심사지침」을 개정하면서 끼워팔기에 대한 위법성을 경쟁제한성 위주로 판단하도록 하고, 그 경쟁제한성의 의

134) 대법원 2006.5.26. 선고 2004두3014 판결.

135) 물론 끼워팔기가 거래상 지위를 이용하여 거래상대방의 자유의사에 반하여 이루어질 수도 있는데, 이러한 행위는 구입강제나 불이익제공에도 해당하게 될 것이다.

미와 판단기준을 구체적으로 제시하고 있다. 따라서 끼워팔기가 독과점사업자나 우월적 지위에 있는 사업자에 의해 행해짐으로써 끼워 팔리는 상품, 즉 종된 상품의 시장(tied product market)에서 경쟁을 감소시키는 경우에 경쟁제한성이 인정되어 금지된다고 보아야 할 것이다.

3) 구글 검색엔진 선탑재 행위

2012년 안드로이드 운영체제에 구글 검색엔진을 선탑재한 행위가 끼워팔기로 공정위에 신고 되었다. 그러나 공정위는 이들의 행위로 인하여 경쟁제한효과가 발생하거나 발생할 우려가 있다거나 제조사의 선택권을 침해한 것으로 보기 어렵다고 보아 이 사건을 무혐의 처리하였다.[136] 그러나 EU 집행위원회는 구글의 유사한 행위에 대하여 인터넷 검색시장에서 구글의 시장지배적 지위를 강화하기 위한 경쟁제한적 행위로 보고 약 43.4억 유로 상당의 과징금을 부과하였다.[137]

(나) 사원판매

사원판매라 함은 부당하게 자기 또는 계열회사의 임직원에게 자기 또는 계열회사의 상품이나 용역을 구입하도록 강제하는 행위를 가리킨다(영 [별표 2] 5호 나목). 사원판매의 요건으로서 구체적인 판매행위가 이루어져야 하는지의 여부와 관련하여, 대법원은 사원판매에 해당하기 위하여 문제된 행위의 태양과 범위, 대상 상품의 특성, 행위자의 시장에서의 지위, 경쟁사의 수효와 규모 등과 같은 구체적 상황을 종합적으로 고려할 때, 당해 행위가 거래상대방인 임직원의 선택의 자유를 제한함으로써 가격과 품질을 중심으로 한 공정한 거래질서를 침해할 우려가 있다고 인정되어야 하지만, 당해 행위에 의하여 구입, 판매와 같은 거래가 반드시 현실적으로 이루어져야 하거나 혹은 공정한 거래질서에 대한 침해의 우려가 구체적일 것까지 요구되는 것은 아니라고 판시하고, 나아가 공정한 거래질서에 대한 침해의 우려가 있는 한 단순한 사업경영상의 필요나 거래상의 합리성 내지 필요성 유무는 불공정거래행위의 성립에 영향을 미칠 수 없다고 판단하였다.[138]

136) 공정위 2013.7.11.자 무혐의결정(2013서감1025). 공정위는 제조사가 자신의 필요에 의하여 선탑재하였다고 진술하고 네이버나 다음의 경쟁 앱(웹 버전, 앱 버전)의 다운로드가 쉽고 그 이용에 제한이 없으며, 모바일 플랫폼 시장의 점유율 변화 및 국내 모바일 검색 시장의 점유율 변화, 국내 인터넷 검색 시장의 점유율 변화, 국내 모바일 검색 광고시장의 점유율 변화 등을 감안하면 경쟁제한효과가 발생하거나 발생할 우려가 있다거나 제조사의 선택권을 침해한 것으로 보기 어렵다는 것을 판단의 근거로 삼았다. 또한 '모바일 애플리케이션 배포 계약'(Mobile Application Distribution Agreement, 'MADA')으로 인한 구글 검색 앱의 위치와 기본검색 지정으로 인하여 경쟁 앱의 탑재가 배제되었다고 보기 어렵고 소비자가 기본검색을 쉽게 바꿀 수 있으며, 기본 검색을 통한 검색이 다른 검색방식에 비하여 사용률이 높지 않으므로 경쟁제한효과가 없고 제조사의 선택권을 침해하지도 않는다고 판단하였다.

137) EU 집행위원회 2018.7.18.자 보도자료(http://europa.eu/rapid/press-release_IP-18-4581_en.htm).

138) 대법원 2001.2.9. 선고 2000두6206 판결. 대우자동차판매(주)가 지역본부장회의에서의 지시와 그에 이은 결과점검 등을 통하여 그 관리직 대리급 이상 임직원과 전입직원들을 상대로 그 취급 차종에 관한 판매행위를 한 사안으로서, 대법원은 그러한 행위가 대상 임직원들의 차량 구입 및 차종에 대한 선택의 기회를 제한하여 그 구입을 강제한 행위에 해당한다고 판단하였다.

(다) 그 밖의 거래강제

그 밖의 거래강제라 함은 정상적인 거래관행에 비추어 부당한 조건 등 불이익을 거래상대방에게 제시해 자기 또는 자기가 지정하는 사업자와 거래하도록 강제하는 행위를 가리킨다(영 [별표 2] 5호 다목). 예컨대 사업자가 자신의 계열회사의 협력업체에 대하여 자기가 공급하는 상품 또는 용역의 판매목표량을 제시하고 이를 달성하지 못할 경우 불이익을 제공하겠다고 하여 그 목표달성을 강제하는 행위가 여기에 해당된다.

3. 사업활동 방해

(1) 의 의

사업활동 방해라 함은 사업자가 부당하게 다른 사업자의 사업활동을 방해하는 행위를 말한다(법 45조 1항 8호). 법 시행령 [별표 2]는 그 구체적 유형으로서 기술의 부당이용, 인력의 부당유인·채용, 거래처 이전방해, 그 밖의 사업활동 방해를 들고 있다. 종전에는 규제대상이 '거래상대방의 사업활동을 방해하는 행위'로 한정되어 있었기 때문에 경쟁사업자 등 거래관계가 없는 다른 사업자의 사업활동을 방해하는 행위는 규제하기가 어려웠다. 이러한 문제점을 해결하기 위해서 1996년 12월 개정법은 규제대상을 '다른 사업자의 사업활동을 방해하는 행위'로 확대하여, 사업자가 그와 거래관계가 없는 다른 사업자의 기술을 부당하게 이용하는 행위, 핵심기술인력을 부당하게 유인·채용하는 행위 등을 통하여 다른 사업자의 사업활동을 방해하는 행위도 규제할 수 있게 되었다.

(2) 유 형

(가) 기술의 부당이용

기술의 부당이용이라 함은 사업자가 다른 사업자의 기술을 부당하게 이용하여 다른 사업자의 사업활동을 상당히 곤란하게 할 정도로 방해하는 행위를 말한다(영 [별표 2] 8호 가목).

(나) 인력의 부당유인·채용

인력의 부당유인·채용이라 함은 사업자가 다른 사업자의 인력을 부당하게 유인·채용해 다른 사업자의 사업활동을 상당히 곤란하게 할 정도로 방해하는 행위를 말한다(영 [별표 2] 8호 나목). 공정위는 현대자동차(주)가 계획적으로 리빙인력개발과의 거래를 중단하고 현대오토엔지니어링을 교사하여 리빙인력개발의 직원을 유인·채용하도록 한 행위는, 다른 사업자로 하여금 특정사업자의 인력을 부당하게 유인·채용하도록 하여 당해 특정사업자의 사업활동을 심히 곤란하게 할 정도로 방해하도록 한 행위로서, 공정한 거래를 저해할 우려가 있는 행위로 판단하여 시정조치를 하였다.[139]

(다) 거래처 이전방해

거래처 이전방해라 함은 사업자가 다른 사업자의 거래처 이전을 부당하게 방해하여 다른 사업자의 사업활동을 심히 곤란하게 할 정도로 방해하는 행위를 말한다(영 [별표 2] 8호 다목). 예컨대, 한국출판협동조합은 자신의 조합원으로서 자신과 일원화 공급계약을 체결하여 거래하던 2개의 출판사가 다른 출판유통기구로 거래처를 이전하고자 업무의 편의를 위해 장부이체방식에 의한 정산을 요청하였음에도 불구하고, 정산절차에 대한 사전논의 없이 무조건 각 서점에 기출고된 출판사들의 서적을 일시에 전량 반품하도록 조치함으로써 출판사 및 서점에 상당한 손실을 입혔다. 이에 대하여 공정위는 이러한 행위를 정당한 이유없이 거래상대방의 정상적인 거래처이전을 방해함으로써 거래상대방의 사업활동을 심히 곤란하게 할 정도로 방해한 행위로 판단하여 시정명령을 내렸다.[140]

(라) 그 밖의 사업활동방해

그 밖의 사업활동방해라 함은 사업자가 전술한 것 외의 부당한 방법으로 다른 사업자의 사업활동을 심히 곤란하게 할 정도로 방해하는 행위를 말한다(영 [별표 2] 8호 라목). 예컨대 사업에 필요한 특정시설을 다른 사업자가 이용할 수 없도록 의도적으로 방해하거나 경쟁사업자의 대리점들에게 경쟁사업자의 도산이 예상된다는 등 근거 없는 내용을 유포하는 등의 방법을 들 수 있다. 이때 '부당성'의 유무는, 해당 사업자의 시장에서의 지위, 사용된 방해 수단, 그 수단을 사용한 의도와 목적, 사용된 수단과 관련한 법령의 규정 내용, 문제된 시장의 특성, 통상적인 거래 관행, 방해 행위의 결과 등을 종합적으로 고려하여 그 행위가 공정하고 자유로운 거래를 저해할 우려가 있는지 여부에 따라 판단하여야 한다. 특히 사용된 방해 수단이 더 낮은 가격의 제시에 그칠 경우에는 그것만으로 부당성을 인정하는 데에는 신중해야 한다. 그러나 제시된 거래조건이나 혜택 자체가 경쟁사업자와 기존에 전속적 계약관계를 맺고 있는 대리점에 대한 것이고, 그 혜택이나 함께 사용된 다른 방해 수단이, 통상적인 거래 관행에 비추어 이례적이거나 선량한 풍속 기타 사회질서에 반하는 등으로 관련 법령에 부합하지 않는다면, 단순히 낮은 가격을 제시한 경우와 똑같이 취급할 수는 없다. 이 때에는 위에서 본 사정들을 종합적으로 살피면서 그 방해 수단을 사용한 사업자가 단순히 경쟁사업자와 대리점의 기존 거래계약 관계를 알고 있었던 것에 불과한지, 아니면 더 나아가 경쟁사업자와 기존 대리점 계약관계

139) 공정위 1997.12.8. 의결 제97-181호. 현대자동차는 자사의 전주공장 상용제품개발연구소 설계용역업무를 리빙인력개발과 1년간 위탁계약을 체결하였다. 이후 현대자동차는 리빙인력개발과의 계약을 해지하고, 현대오토엔지니어링을 설립한 후 현대오토엔지니어링의 직원을 모집한다는 내용의 공고를 내도록 하는 한편, 자사 직원을 동원하여 리빙인력개발 소속의 설계도면CAD 및 사양 입력요원을 개별 접촉하여 현대오토엔지니어링의 응시원서 제출을 유인하게 함으로써 총 50명 중 41명의 원서를 받아 채용하였다. 이후 현대오토엔지니어링은 현대자동차와 설계업무 용역계약을 체결하여 리빙인력개발이 하던 일을 수행하였다.

140) 공정위 1997.4.12. 의결 제97-52호.

의 해소에 적극 관여하거나 그 해소를 유도하였는지 여부, 그로 인하여 경쟁사업자의 사업활동이 어려워지게 된 정도 역시 중요하게 고려하여야 한다.[141)]

(주)한국케이블TV경기방송이 자신의 영업허가구역 중 자신과 지분관계가 없는 내일네트워크 등 중계유선방송사업자의 영업허가구역에서는 시청료 무료행사를 하고, 그 밖의 다른 구역에서는 정상가격을 받는 등의 방법으로 내일네트워크 등 다른 사업자의 가입자 수를 감소케 하는 행위가 문제되었고, 공정위는 이 사건 행사로 인한 가입자 수의 감소로 내일네트워크 등이 종합유선방송사업자로 전환하는데 지장을 초래하는 등 이들의 사업활동을 심히 곤란하게 하는 행위라고 판단하여 시정조치를 내렸다.[142)] 포스코(주)의 대표이사가 계열회사 및 협력회사들로 하여금 계열회사 및 협력사들이 영위하는 사업과 무관할 뿐만 아니라 아직 사업을 준비하는 단계로서 실적이 전혀 없는 등 사업의 성패가 불투명한 체육복표사업을 추진하고 있는 타이거풀스의 주식을 시가보다 훨씬 고가로 매입하도록 지시·요청한 행위도 기타의 사업활동방해로 인정되었다.[143)] 그러나 이러한 사안은 경쟁수단의 불공정성이 문제된 사안이 아니므로, 거래상 지위남용 내지 부당지원행위로 규제했으면 더 좋았을 것이다.

■ **대법원 2018.7.11. 선고 2014두40227 판결**

원고는 국내 먹는샘물 시장의 전국사업자(시장점유율 10%)로서 천안 지역시장의 시장점유율을 높이기 위하여 그 시장에서 경쟁관계에 있는 참가인 회사의 대리점 11개 중 8개 대리점을 수차례 만나 참가인 회사와의 거래를 중단하고 참가인 회사보다 현저히 유리한 조건으로 자신과 대리점 계약을 체결할 것을 권유하여 참가인 회사와 기존 8개 대리점 사이에 계약관계가 종료된 사안이다. 법원은 ① 원고가 8개 대리점과 대리점 계약을 체결하는 과정에서 경쟁사업자인 참가인 회사와 8개 대리점 사이의 기존 계약관계 해소에 적극 관여하거나 더 나아가 그 해소를 유도하였다고 평가할 수 있는 점, ② 원고가 8개 대리점과 대리점 계약을 체결하면서 변호사비용 중 일부를 지원하기로 한 것은 통상적인 거래 관행으로 보기는 어려운 점, ③ 물량지원에 관한 이 사건 계약조건이 통상적인 거래 관행과 부합한다고 보기 어려운 면이 적지 않고, 구체적인 계약조건은 영업비밀에 해당하고 기존대리점과 신규로 영입하는 대리점의 취급에 다소 차이가 있을 수 있다는 점을 고려하더라도, 신규 대리점을 영입하면서 이에 대한 정보유출 예방책을 별도로 마련하는 것은 굉장히 이례에 속하는 사정으로서 물량지원에 관한 이 사건 계약조건이 통상적인 거래 관행에 부합하지 않는다고 의심할 만한 사정에 해당하는

141) 대법원 2018.7.11. 선고 2014두40227 판결.
142) 공정위 2002.10.9. 의결 제2002-214호.
143) 공정위 2002.6.27. 의결 제2002-117호. 이 사건에서 공정위는 전술한 주식매입으로 인하여 이들 회사에 적지 않은 손실이 발생하였고, 그 밖에 이 회사들의 재무상태 및 자금운용에 큰 지장을 초래했을 것으로 판단하여 위법성을 인정하는 한편, 포스코(주)와 그 대표이사를 검찰에 고발하였다.

점, ④ 게다가 전국 시장 단위에서 상당한 지위를 점하고 있는 원고가 천안 지역시장에 진입하기 위하여 특정한 경쟁사업자를 표적으로 삼아 그와 기존에 거래하던 대리점들에 유리한 거래조건을 선별적으로 제시한 의도와 목적 역시 부당성 판단에 중요하게 고려되어야 한다는 점, ⑤ 이 사건 제품의 판매사업을 영위하는 데 있어서 대리점이 필수적인 유통채널로 기능하는데, 참가인 회사는 총 11개 대리점들 중 8개와 한꺼번에 거래가 끊겨 사업활동이 심히 곤란하게 된 점 등을 종합하여 보면, 원고가 참가인 회사와 8개 대리점주 사이의 계약관계 해소에 적극 관여하면서 앞서 본 계약조건들을 제시하여 8개 대리점주와 대리점 계약을 체결한 행위는, 공정하고 자유로운 경쟁을 저해할 우려가 있는 것으로서 그 부당성이 충분히 인정된다고 판단하였다.

Ⅲ. 거래내용이 불공정한 행위: 거래상 지위의 남용

1. 의　　의

거래상 지위의 남용이라 함은 자기의 거래상의 지위를 부당하게 이용하여 상대방과 거래하는 행위를 가리킨다(법 45조 1항 6호). 상호간에 이익증진을 목적으로 하는 거래과정에서 일방이 그 거래를 성사시키기 위해서 어느 정도 불이익한 제한도 감수하는 것은 경제활동에서 통상적으로 발생할 수 있는 일이기 때문에, 특별히 문제될 것이 없다. 그러나 거래상 지위가 우월한 사업자가 거래상대방의 의사를 구속하여 원하지 않는 상품을 구입하게 하거나, 거래상대방에게만 불리한 거래조건을 일방적으로 설정 또는 변경하거나, 임직원의 임면관계에 간섭하는 등 거래상대방에게 불이익을 강요하게 되면, 그 거래상대방은 불공정한 거래조건을 감수해야 하고, 우월한 사업자는 부당한 이익을 누리게 된다. 따라서 대법원은 거래상 지위남용의 금지에 관하여 "현실의 거래관계에서 경제력에 차이가 있는 거래주체 간에도 상호 대등한 지위에서 법이 보장하고자 하는 공정한 거래를 할 수 있게 하기 위하여, 상대적으로 우월적 지위에 있는 사업자에 대하여 그 지위를 남용하여 상대방에게 거래상 불이익을 주는 행위를 금지시키고자 하는 데 그 취지가 있는 것"이라고 보고 있다.[144)]

거래상 지위의 남용은 사업자의 거래상 지위를 이용한 착취적 행위의 일종으로서 시장지배적 사업자의 착취남용에 비하여 그 범위가 넓은 것이 특징이다. 한편, 거래상 지위의 남용과 관련하여 우리 법제의 특징 중의 하나는 이른바 '갑을관계'에서 파생되는 각종 문제점을 시정하기 위하여 특정 산업 내지 특정 거래유형을 떼어 내어 별도의 거래공정

144) 대법원 1998.9.8. 선고 96누9003 판결; 대법원 2000.6.9. 선고 97누19427 판결; 대법원 2002.1.25. 선고 2000두9359 판결; 대법원 2006.9.8. 선고 2003두7859 판결 등.

화를 위한 특별법을 다수 제정하여 시행하고 있다는 점이다. 이러한 거래공정화법률의 예로서 하도급거래 분야에 관한 하도급법, 가맹사업거래 분야에 관한 가맹사업법, 대규모유통업 분야에 관한 대규모유통업법, 대리점거래 분야에 관한 대리점법을 들 수 있다.

■ **거래상 지위남용 행위 규제에 관한 국제적 동향**

우리나라의 경우 1960년대 이후 경제의 급성장 과정에서 성숙한 상관행이 자리 잡지 못하고 거래상 지위를 가진 자가 이를 자신의 이윤극대화의 기회로 여기는 잘못된 관행이 이른바 '갑을문제' 등 다양한 사회 문제를 일으켰고, 이를 바로잡아야 한다는 국민적 공감대가 어느 정도 형성이 되었다. 특히, 계약법 등 민사법이 역할을 충분히 하지 못하면서 독점규제법의 거래상 지위남용 규제의 비중이 더욱 커지게 되었다. 사업자의 거래상 지위남용 행위를 경쟁당국을 통해 규제하는 것은 우리나라 경쟁법의 특징이었으나 근래에는 유럽 등 여러 나라에서도 이러한 규제를 채택하고 있다. ICN의 보고에 따르면 별도의 입법을 통해 거래상 지위남용 규제를 도입한 나라는 우리나라 이외에도 일본,[145] 오스트리아, 프랑스, 독일, 이탈리아, 슬로바키아가 있다.[146] 미국에서는 이와 같은 입법은 없으나, 아마존, 월마트 등 대규모유통업자와 중소사업자들 사이의 거래 불공정성이 사회적 문제로 대두되면서 그 해결책으로 거래상 지위남용 규제의 도입을 제안하는 의견이 제시되고 있다.[147]

2. 민법 및 민사행위와의 관계

(1) 민법 제103조, 제104조와의 관계

독점규제법상 거래상 지위 남용행위를 구성하는 거래내용의 불공정성과 민법 제103조의 공서양속 등 일반원칙과의 관계에 대하여 양자의 기준을 동일하게 보아서 민법의 일반원칙에 위반되는 경우에만 거래상 지위 남용행위에도 해당될 수 있다고 주장하는 견해가 있다.[148] 그러나 만약 그렇다면 독점규제법에서 거래상 지위남용행위를 별도로 규

145) 일본은 1953년부터 대규모사업자가 중소사업자를 상대로 하여 거래상 지위를 남용하는 것을 막기 위한 불공정거래행위 금지규정을 두었다. 일본 독점금지법 제2조 제9항 제5호는 자기의 거래상 지위를 부당하게 이용하여 상대방과 거래하는 행위를 불공정거래행위로 규정하고, 공취위의 일반지정(고시) 제14항은 자기의 거래상 지위를 이용하여 정상적인 상관습에 비추어 보아 부당한 행위는 금지하도록 하고, 계속적 거래관계의 상대방에 대한 구입강제, 이익제공강요, 상대방에 불이익을 주는 거래조건을 설정하거나 변경하는 행위, 불이익제공, 경영간섭을 예시하고 있다. 그리고 일본 공취위는 온라인 플랫폼의 남용행위에 대해서도 거래상 지위남용 규제를 활용하여, 2019년 '디지털 플랫폼 운영자와 개인 정보를 제공하는 소비자 사이의 거래상 지위남용 행위에 관한 가이드라인'을 제정하였다. 박성진, "공정거래법상 거래상 지위 판단기준 개선 방안에 관한 소고", 경쟁법연구 제41권(2020), 425면.

146) ICN, "Report on Abuse of Superior Bargaining Position"(2008), p.6.

147) Foer, A., "Abuse of Superior Bargaining Position(ASBP): What Can We Learn from Our Trading Partners?", AAI Working Paper No. 16-02.

148) 변동열, "거래상 지위의 남용행위와 경쟁 – 대법원 2000.6.9. 선고 97누19427 판결", 저스티스 제34권 제4호(2001), 187-190면 참조.

율하고 있는 의미가 없어지기 때문에, 통설은 거래상 지위 남용행위를 구성하는 불공정성과 민법 제103조의 공서양속, 민법 제104조의 불공정한 법률행위 등은 그 기준을 달리한다고 보고 전자의 범위가 더 넓은 것으로 보고 있다.[149] 「불공정거래행위 심사지침」도 "거래상 지위 남용행위는 거래상 지위가 인정되는 예외적인 경우에 한하여 민법의 불공정성 판단기준을 사업자간 거래관계에서 완화한 것"이라고 보고 있다.

(2) 민사행위 등과의 구별

계약의 해석에 관하여 다툼이 있는 민사 사안이라는 이유만으로 독점규제법의 적용이 배제되는 것은 아니다.[150] 그렇지만 단순히 민사상 분쟁에 불과한 경우에는 거래상 지위의 남용에 해당한다고 보기 어렵다.[151] 예컨대, 원고가 소외회사에 대하여 지체상금 상당의 대금지급을 거부하는 행위는 계약상 물건의 인도시기에 관한 해석을 둘러싸고 소외회사와 사이에 다툼이 있어 원고측의 주장을 펴면서 소외회사가 청구하는 대금의 일부지급을 거부하는 것에 지나지 않는다고 볼 것이고, 따라서 이를 가리켜 원고가 거래상의 우월적 지위를 이용하여 정상적인 거래관행에 비추어 부당하게 소외회사에게 거래조건 이행과정에서 불이익을 주는 행위에 해당한다고는 볼 수 없다.[152] 따라서 거래상 지위의 남용으로 인정되기 위해서는 단순히 민사상의 채무불이행을 넘어 정상적인 거래관행을 벗어나 공정한 거래를 저해할 우려가 있는 행위여야 한다.

이와 관련하여, 「불공정거래행위 심사지침」은 단순 민사행위와 거래상 지위의 남용을 구별하는 기준을 다음과 같이 제시하고 있다. ① 거래개시 단계에서 거래상대방이 자신이 거래할 사업자를 선택할 수 있었는지와 계약내용을 인지한 상태에서 자신의 판단 하에 거래를 선택하였는지 여부를 기준으로 한다. 만약 거래상대방이 자신이 거래할 사업자를 여러 사업자들 중에서 선택할 수 있었고, 계약내용을 충분히 인지한 상태에서 자신의 판단에 따라 거래를 개시하였고 계약내용대로 거래가 이루어지고 있다면, 이는 공정거래법 적용대상(거래상 지위남용)에 해당되지 않는다. 그렇지 않고 계속적 거래를 개시하기 위해 특정사업자와 거래할 수밖에 없는 경우에는 공정거래법 적용대상(거래상 지위남용)에 해당될 수 있다. ② 거래계속 단계에서는 사업자가 거래상대방에 대해 거래상 지위를 가지고 있는지 여부를 기준으로 한다. 사업자가 거래상 지위가 있고 이를 이용하여 각종 불이익을 가한다면 공정거래법 적용대상이 될 수 있다. 그러나 사업자가 거래상대방에 대해 거래상 지위를 가지지 않는다면 각종 불이익을 가하더라도 이는 공정거래법

149) 홍대식, "우월적 지위의 남용행위의 위법성 판단기준", 경쟁법연구 제7권(2001), 305-307면; 신영수, "판례에 비추어 본 거래상 지위남용 규제의 법리", 상사판례연구 제28집 제1권(2015), 177면.

150) 대법원 2009.10.29. 선고 2007두20812 판결.

151) 실제로 공정위에 접수되는 많은 신고 사건이 민사행위라는 이유로 심사불개시 처리되고 있다고 한다. 신동권(2016), 715면.

152) 대법원 1993.7.27. 선고 93누4984 판결.

적용대상에 해당되지 않는다. ③ 또한, 사업자가 거래상대방에 대해 거래상 지위를 갖는다고 하더라도 양 당사자 간 권리의무 귀속관계, 채권채무관계(예: 채무불이행, 손해배상청구, 담보권 설정·해지, 지체상금 등) 등과 관련하여 계약서 및 관련 법령 내용 등의 해석에 대해 다툼이 있는 경우에는 공정거래법 적용대상이 되지 않는다.

3. 사적 자치와 거래상 지위남용

(1) 계약자유의 한계 영역에서 이루어지는 위법행위

우리나라의 민사법은 사적 자치를 기본으로 하고, 헌법상 경제질서는 시장경제를 기본으로 하고 있다. 그리고 경제영역에서 사적 자치가 보장되어야 시장경제가 정상적인 기능을 발휘할 수 있고, 또 시장경제가 정상적으로 작동하고 있어야 사적 자치가 제대로 실현될 수 있다. 따라서 사적 자치와 시장경제는 서로 그 상대방을 전제로 하면서 이를 보완하는 상호보완적인 관계에 놓여 있다. 그러나 사적 자치의 원칙에도 예외가 있으며, 시장경제의 원칙에도 일정한 한계가 있다. 우선, 사적 자치의 원칙은 그 실천원리인 계약자유를 통하여 실현되는데, 계약자유만 강조하게 되면 거래의 공정성이 침해될 우려가 있다. 그리고 시장경제가 정상적으로 작동하기 위해서는 자유로운 경쟁이 유지되고 있어야 하는데, 자유경쟁만 강조하면 사회조화적 요구가 훼손될 우려가 있다. 따라서 계약자유의 원칙을 기본으로 하면서 거래의 공정성을 실현하기 위하여 계약자유에 대하여 일정한 한계를 설정하고 있는데, 거래상 지위남용 금지가 그 대표적인 예라고 할 수 있다. 대법원의 판례도 불공정거래행위가 계약자유의 원칙의 한계영역에서 이루어지는 위법한 행위라는 점을 지적하고 있다.[153)]

(2) 사적 자치와 공정한 거래질서 사이의 긴장관계

아래에서 소개하는 파스퇴르유업의 거래상 지위남용 사건은 사적 자치의 보장과 공정한 거래질서 확립이라는 두 가지 가치가 때로는 서로 충돌할 수 있으며, 양자의 조화가 중요하고도 어려운 과제라는 점을 예시하고 있다. 파스퇴르유업의 거래상 지위 남용 사건에서는 유제품 제조·판매업체인 파스퇴르유업이 전속대리점 업주에 대하여 대리점주회의 1회 불참과 2일간의 공장견학 불참 및 일부 소비자들에 대한 배달 태만과 매출실적의 부진 등의 사유를 들어 대리점 양도승인을 거부한 행위가 사업자의 우월적 지위의 남용행위에 해당하는지 여부가 문제되었다. 대법원은 이 사건에서 파스퇴르유업의 행위의 부당성을 인정하였다.[154)] 대법원은 공정한 거래를 저해할 우려가 있는지를 해당 거래가 정상적인 거래관행을 벗어난 것인지에 의하여 결정하였다.

---

153) 대법원 2005.5.27. 선고 2005두746 판결.
154) 대법원 2000.6.9. 선고 97누19427 판결.

그런데 위 파스퇴르유업 사건에서와 같이 회사와 대리점 업주 사이의 사적인 계약관계에 그 내용이 불공정하다는 이유로 국가가 개입할 경우에는 쌍방 당사자의 계약관계에 변형이 가해진다는 점을 유의할 필요가 있다. 위 사건에서 당사자들이 체결한 계약의 내용이나 조건과 무관하게 단지 정상적 거래관행에 의거하여 공급업체가 대리점 운영자에 대하여 대리점양도를 승인해야 할 의무가 발생하는지에 관해서는 의문이 남는다. 파스퇴르유업 사건은 파스퇴르유업의 지위의 우월성을 이유로 공정위가 동사에게 애초 계약에서 고려되지 않은 대리점 양도승인 의무라는 새로운 의무를 부과하는 결과가 되었다. 그런데 과연 어느 정도의 우월적 관계에서 새로운 의무를 부과할 수 있는지가 명확하지 않다. 거래의 공정성을 이유로 당사자 간의 사적 거래에 국가가 개입하는 것을 허용하게 되면 사적 자치의 영역은 그만큼 축소될 수밖에 없을 것이다. 그러나 사적인 거래라는 이유만으로 이를 완전히 방임하게 되면 불공정한 거래가 만연하더라도 이를 막을 방법이 없다.[155] 따라서 거래상 지위남용의 금지에 있어서는 자유로운 거래의 보장과 공정한 거래의 확보라는 두 가지 가치를 적절히 조화시키기 위하여 노력할 필요가 있다.

4. 성립요건

(1) 사업자의 거래상 지위

(가) 의 의

거래상 지위남용의 주체인 사업자는 거래상 지위가 있어야 한다. 거래상 지위는 시장지배적 지위와 같은 정도의 강한 지위를 의미하는 것은 아니지만, 일방이 상대적으로 우월한 지위 또는 적어도 상대방과의 거래활동에 상당한 영향을 미칠 수 있는 지위는 가지고 있어야 한다.[156]

(나) 거래관계

1) 일반소비자

판례는 거래상 지위의 남용행위의 대상이 되는 거래가 사업자간의 거래에 한정되는 것은 아니라고 본다.[157] 따라서 거래상 지위 남용행위의 상대방은 사업자는 물론이고 일반 소비자도 포함된다. 그런데 판례는 거래상 지위의 남용행위를 적용하기 위해서 "거래

155) 대법원 2015.9.10. 선고 2012두18325 판결은 거래상 지위 남용행위와 관련하여 거래질서와의 관련성이 있는 경우에만 공정거래저해성을 인정하였다. 위 판결은 사인들 간의 개별적인 거래에 공정위가 공법적 수단으로 광범위하게 개입하지 못하도록 하기 위한 것으로 보인다.

156) 대법원 2000.6.9. 선고 97누19427 판결; 대법원 2002.1.25. 선고 2000두9359 판결; 대법원 2011.5.13. 선고 2009두24108 판결 등.

157) 대법원 2006.11.9. 선고 2003두15225 판결. 법문상 거래상대방을 사업자로 한정하고 있지 않은 점, 거래상 지위 남용행위를 불공정거래행위로 규제하는 취지는 현실의 거래에서 경제력에 차이가 있는 거래주체 간에도 상호 대등한 지위에서 법이 보장하고자 하는 공정한 거래를 할 수 있도록 하기 위한 점 등이 그 논거이다.

질서와의 관련성이 필요"하며, 거래상대방이 일반 소비자인 경우에는 단순히 거래관계에서 문제될 수 있는 행태 그 자체가 아니라, 불특정 다수의 소비자에게 피해를 입힐 우려가 있거나 유사한 위반행위 유형이 계속적·반복적으로 발생할 수 있는 등 거래질서와의 관련성이 인정되는 경우에 한하여 공정거래저해성이 인정된다고 한다.[158)]

2) 특수형태 근로종사자

특수형태 근로종사자라 함은 계약의 형식에 관계없이 근로자와 유사하게 노무를 제공하는데도 「근로기준법」 등 노동관계법이 적용되지 아니하여 보호할 필요가 있는 자로서, 주로 하나의 사업 또는 사업장에 그 운영에 필요한 노무를 상시적으로 제공하고 보수를 받아 생활하고, 노무를 제공함에 있어 타인을 사용하지 아니하는 자 중 「산업재해보상보험법 시행령」 제125조 각 호에 해당하는 자를 말한다. 특수형태 근로종사자에는 보험설계사, 건설기계 운전사, 학습지 방문강사, 골프장 캐디, 택배원, 일부 화물차주, 대출모집인, 신용카드회원 모집인, 대리운전사, 방문판매원, 제품 방문점검원, 가전제품 설치 및 수리원, 소프트웨어기술자 등이 포함된다. 이러한 특수형태 근로종사자와 사업자 사이의 거래도 역시 거래상 지위의 남용행위의 대상이 된다.

공정위는 「특수형태 근로종사자에 대한 거래상지위남용행위 심사지침」을 제정하여 시행하고 있다. 이에 따르면, 사업자와 특수형태 근로종사자 사이의 거래내용의 불공정성을 판단함에 있어서는 다음과 같은 사항을 특별히 고려한다. 첫째, 제공되는 노무를 통해 최종 생산되는 상품·용역의 특징을 고려하여 사업자의 특수형태 근로종사자에 대한 지시감독을 위한 구속조건들이 최종 상품·용역의 품질을 확보하기 위해 합리적이고 불가피한 것인지를 심사한다. 둘째, 대가 기타 거래조건의 부당성의 심사와 관련하여 특수형태 근로종사자의 보수나 수당 등에 관한 조건은 유사한 업무를 수행하는 근로자로서 사용자로부터 직접 고용된 자의 경우를 감안하여 판단한다. 셋째, 특수형태 근로종사자가 사업자 측의 거래상의 우월적 지위에 의한 개별 행위를 예측할 수 있다고 하여도 경제적 종속성으로 인하여 당해 사업자와의 거래를 회피하거나 부당조건을 거절할 수 없었는지 여부를 또한 고려한다.

3) 간접적 거래관계

거래관계는 당사자 사이에 직접적인 계약관계가 없어도 성립하는가? 대법원은 "불공정거래행위에서의 거래란 통상의 매매와 같은 개별적인 계약 자체보다 넓은 의미로서 사업활동을 위한 수단 일반 또는 거래질서를 뜻하는 것"이라고 판시하였다. 구체적으로 차량 사고시 손해보험회사는 피해차주(피보험자의 상대방)의 청구에 의하여 피해차주에게 대

158) 대법원 2015.9.10. 선고 2012두18325 판결. 이 판결에 대한 평석으로 이민호, "거래상 지위의 남용행위와 거래질서", 경쟁법연구 제34권(2016), 252면 이하 참조.

차료, 휴차료, 시세하락손해보험금을 지급하게 된다. 손해보험사의 거래상 지위남용 사건에서 8개 손해보험사는 피해차주의 청구가 없는 경우에는 위 각 보험금을 지급하지 아니하였다. 그런데 보험회사와 보험계약을 체결한 자는 피보험자이고 보험회사와 피해차주 사이에는 직접적 계약관계가 존재하지 않는다. 따라서 과연 직접적 계약관계가 없는 손해보험사와 피해차주들 사이에서 거래상 지위남용이 성립할 수 있는지가 쟁점이 되었다. 그런데 대법원은 위에서 살펴본 것과 같은 논지 하에 손해보험사와 피해차주들 사이에는 피보험자들을 매개로 한 거래관계가 존재한다고 보았다.[159]

(다) 거래상 지위의 판단

1) 판단의 원칙

거래상 지위, 즉 상대적으로 우월한 지위 또는 적어도 상대방의 거래활동에 상당한 영향을 미칠 수 있는 지위에 해당하는지 여부는 당사자가 처하고 있는 시장의 상황, 당사자 간의 전체적 사업능력의 격차, 거래의 대상인 상품의 특성 등을 모두 고려하여 판단한다.[160] 거래상 지위는 민법이 예상하고 있는 통상적인 협상력의 차이와 비교할 때 훨씬 엄격한 기준으로 판단되어야 한다. 「불공정거래행위 심사지침」은 거래상 지위에 관하여 계속적인 거래관계 및 일방의 타방에 대한 상당한 거래의존도를 판단의 구체적 징표로 제시하고 있다. 계속적 거래를 하는 경우에는 통상 특화된 자본설비, 인적자원, 기술 등에 대한 투자가 이루어지게 된다. 이렇게 고착화(lock-in) 현상이 발생하면 상대방은 우월적 지위에 있게 되어 이를 이용하여 불이익한 거래조건을 제시하는 것이 가능해지고 그 상대방은 이미 투입한 투자 등을 고려하여 불이익한 거래조건 등을 수용할 수밖에 없는 상황이 된다. 계속적 거래관계 여부는 거래관계 유지를 위해 특화된 자본설비, 인적자원, 기술 등에 대한 투자가 존재하는지 여부를 중점적으로 검토한다. 예를 들어 거래상대방이 거래를 위한 전속적인 설비 등을 가지고 있는 경우에는 거래상 지위가 있는 것으로 볼 수 있다. 거래의존도가 상당하지 않은 경우에는 계속적 거래관계라 하더라도 거래처 등을 변경하여 불이익한 거래조건을 회피할 수 있으므로 거래상 지위가 인정되기 어렵다. 통상 거래의존도는 일방 사업자의 전체 매출액에서 타방 사업자에 대한 매출이 차지하는 비중을 중심으로 검토한다. 그리고 계속적 거래관계 및 거래의존도를 판단함에 있어서 그 구체적인 수준이나 정도는 시장상황, 관련 상품 또는 서비스의 특성 등을 종

---

159) 대법원 2010.1.14. 선고 2008두14739 판결. 보험회사는 피보험자의 피해차주에 대한 손해배상채무를 병존적으로 인수하는 것이므로, 피해차주에게 대물손해를 배상하여야 할 의무도 보험계약에 근거한 것이고, 불법행위로 인한 손해배상채무가 이행되는 과정에서도 채무자에 의한 불공정거래행위가 얼마든지 발생할 여지가 있다.

160) 대법원 2000.6.9. 선고 97누19427 판결; 대법원 2002.1.25. 선고 2000두9359 판결; 대법원 2006.11.9. 선고 2003두15225 판결; 대법원 2009.10.29. 선고 2007두20812 판결; 대법원 2011.5.13. 선고 2009두24108 판결 등.

합적으로 고려하여 판단한다.

2) 거래상 지위를 인정한 사례

사업자간에 대리점관계 등이 존재하면 거래상 지위가 쉽게 인정된다. 예컨대, ① 화장품회사와 그 산하 지사(지점),[161] ② 신문사와 그 지국,[162] ③ 정유회사와 그 대리점인 주유소,[163] ④ 우유회사와 그 전속대리점,[164] ⑤ 통신사업자와 그 특판대리점[165] 등의 경우에 후자에 대한 전자의 거래상의 지위가 인정되었다. 그리고 대리점관계가 아니더라도 계속적 거래관계[166]가 존재하면 거래상 지위가 인정된다. ① 신용카드회사와 제휴은행,[167] ② 금융기관과 고객[168] 내지 할부금융회사와 주택매수인,[169] ③ 대규모유통업자와 납품자들[170] 내지 대형백화점과 납품업체,[171] ④ 대한주택공사와 시공업체,[172] ⑤ 종합유선방송사업자와 협력업체,[173] 종합유선방송사와 홈쇼핑사,[174] ⑥ 대형종합병원과 환자,[175] ⑦

---

161) 대법원 1990.4.10. 선고 89다카29075 판결.

162) 대법원 1998.3.24. 선고 96누11280 판결; 대법원 1998.3.27. 선고 96누18489 판결.

163) 대법원 1998.9.8. 선고 96누9003 판결.

164) 대법원 2000.6.9. 선고 97누19427 판결.

165) 대법원 2002.10.25. 선고 2001두1444 판결.

166) 공정위는 계속적 재판매거래에 있어서 자주 발생하고 있는 거래상 지위남용행위를 효율적으로 규제하기 위하여 「계속적 재판매등에 있어서의 거래상 지위남용행위 세부유형 지정고시」를 제정하여 시행하고 있는데, 이는 계속적 재판매거래에만 적용되는 특수불공정거래행위라고 할 수 있다.

167) 대법원 2006.9.8. 선고 2003두7859 판결.

168) 대법원 2009.10.29. 선고 2007두20812 판결; 대법원 2010.3.11. 선고 2008두4659 판결. 금융기관과 개인 사이에 이루어지는 대출거래의 경우, 둘 사이의 사업능력에 현저한 차이가 있고, 대출금액, 담보제공 여부, 대출기간, 이율 등 거래조건의 중요한 부분이 대부분 금융기관의 주도하에 결정되는 점 등에 비추어, 금융기관이 고객들에 비하여 상대적으로 우월한 지위 또는 적어도 상대방의 거래활동에 상당한 영향을 미칠 수 있는 지위에 있다고 보았다.

169) 대법원 2006.11.9. 선고 2003두15225 판결.

170) 대법원 2016.5.27. 선고 2013두35020 판결.

171) 대법원 2011.10.13. 선고 2010두8522 판결.

172) 대법원 2007.1.26. 선고 2005두2773 판결.

173) 대법원 2011.5.13. 선고 2009두24108 판결. "원고는 전국 11개 지역에 종합유선방송사업자를 보유하고 종합유선방송사업을 영위하는 복합 종합유선방송사업자로서 1년 매출액이 1,890억원에 이르는 대기업이고 위 종합유선방송사업자 중 가야방송은 경남 내 6개 지역에서 경쟁사업자가 없는 독점사업자인 반면 이 사건 4개 협력업체들은 가야방송이 관할하는 지역 내에서 전적으로 가야방송으로부터 업무를 위탁받아 운영되는 중소기업인 점, 협력업체들은 가야방송으로부터 위탁수수료를 지급받는 대가로 가야방송의 포괄적인 지도·감독하에 가야방송의 상호, 상표 등을 사용하여 가야방송이 제공하는 케이블방송 등의 서비스 유지 보수 등 업무를 위탁수행하며 가야방송이 설정한 영업목표 달성에 대한 평가에 따라 지급받는 수수료가 감액되거나 위탁계약까지 해지될 수 있는 점, 특히 협력업체들은 경업금지 의무를 부담하고 있고 계약기간 연장에 있어 가야방송에게 일방적인 권한이 부여되어 있어 가야방송을 제외한 다른 방송사업자와의 새로운 계약체결에 의한 사업활동이 쉽지 아니한 점 등 여러 사정에 비추어 보면, 원고가 협력업체들에 대하여 상대적으로 우월한 지위 또는 적어도 협력업체들과의 거래활동에 상당한 영향을 미칠 수 있는 지위를 갖고 있음이 인정된다."

174) 대법원 2013.11.28. 선고 2013두1188 판결. "원고와 위 3개 홈쇼핑사업자가 처한 방송채널 시장 및 그 거래의 상황, 거래의 대상인 방송채널의 특성 등에 비추어 볼 때, 21개 방송구역에서 원고와 방송채널 송출계약을 체결하여야만 하는 위 3개 홈쇼핑사업자로서는 원고 이외의 다른 종합유선방송사업자를 선택하는 것이 용이하지 아니하였고 특히 15개 방송구역에서는 다른 종합유선방송사업자를 선택할 가능성이 아예 없었다고 할 것이므로, 원고는 위 3개 홈쇼핑사업자에 대하여 거래상 상대적으로 우월한 지위에 있었다고 보아야 한다."

한국컨테이너부두공단과 거래상대방 등의 경우에도 후자에 대한 전자의 거래상의 지위가 인정되었다.

한편, 「불공정거래행위 심사지침」은 ① 본사와 협력업체 또는 대리점, 대형소매점과 입점업체, 도시가스사와 지역관리소, 제조업체와 부품납품업체, 지역독점적 공공시설 관리업자와 시설임차사업자, 독점적 공공사업자와 계약업체, 방송사와 방송프로그램 공급사업자 등간의 거래관계, ② 거래상대방인 판매업자가 특정 사업자가 공급하는 유명상표품을 갖추는 것이 사업운영에 극히 중요한 경우 특정사업자와 판매업자간 거래관계, ③ 제조업자 또는 판매업자가 사업활동에 필요한 원재료나 부품을 특정 사업자로부터 공급받아야 하는 경우 특정사업자와 제조 또는 판매업자간 거래관계, ④ 특정 사업자와의 거래가 장기간 계속되고, 거래관계 유지에 대규모투자가 소요됨으로써 거래상대방이 거래처를 전환할 경우 설비전환이 곤란하게 되는 등 막대한 피해가 우려되는 경우 등을 예시하고 있다.

3) 거래상 지위를 인정하지 않은 사례

① 서울특별시 지하철공사와 전동차납품계약을 맺은 전동차 제조회사,[176] ② 축산업협동조합중앙회와 축산종합센타 신축공사를 도급받은 건설회사,[177] ③ 경기도시공사와 공사계약을 체결한 전국을 사업지역으로 하고 있는 건설업체들[178]의 경우에는 전자의 후자에 대한 거래상 지위가 인정되지 않았다.

(2) 남용행위

거래상 지위남용 행위의 구체적 행위유형으로는 구입강제, 이익제공강요, 판매목표강제, 불이익제공, 경영간섭 등이 있다. 남용행위의 구체적 유형에 관해서는 뒤에서 별도로 살펴보도록 한다.

(3) 공정거래저해성과 부당성

(가) 정상적인 거래관행을 벗어날 것

거래상의 지위를 부당하게 이용하였는지 여부는 당사자가 처하고 있는 시장 및 거래의 상황, 당사자 간의 전체적 사업능력의 격차, 거래의 대상인 상품 또는 용역의 특성, 그리고 당해 행위의 의도 목적 효과·영향 및 구체적인 태양, 해당 사업자의 시장에서의

175) 대법원 2013.1.10. 선고 2011두7854 판결 등.

176) 대법원 1990.11.23. 선고 90다카3659 판결; 대법원 1993.7.27. 선고 93누4984 판결(대법원은 "소외회사의 기업규모를 고려할 때 전동차의 판매시장이 반드시 국내에 한정된다고 할 수 없고, 원고가 독점적 수요자의 지위에 있었다고 할 수 없으며, 위 계약체결에 있어서 원고가 소외회사의 자유의사를 부당하게 억압하였다고 볼 자료도 없는 점에서 원고가 소외회사에 비하여 거래상 우월적 지위에 있다고 보기는 어렵다."고 판단하였다).

177) 대법원 2000.12.8. 선고 99다53483 판결.

178) 서울고법 2016.9.28. 선고 2016누34563 판결(심리불속행 기각으로 확정).

우월한 지위의 정도 및 상대방이 받게 되는 불이익의 내용과 정도 등에 비추어 볼 때 정상적인 거래관행을 벗어난 것으로서 공정한 거래를 저해할 우려가 있는지 여부를 판단하여 결정하여야 한다.[179] 즉, 거래상 지위남용의 공정거래저해성을 판단함에 있어서 행태적인 측면에서 거래당사자 일방이 그 우월적 지위를 이용하여 정상적인 거래관행을 벗어나는 행위를 하였는지 여부를 그 핵심적 요소로 보고 있다. 판례는 물건공급계약이나 도급계약 등의 계약체결에 있어 물건공급자나 수급인 등의 채무자가 이행기에 채무를 이행하지 아니하는 경우에 대비하여 하는 지체상금의 약정은 정상적인 거래관행에 속한다고 보았다.[180]

(나) 거래질서와의 관련성

판례는 ① 법 제45조 제1항은 사법상 권리의무를 조정하기 위한 것이 아니라 공법적 관점에서 불공정한 거래행위를 금지하는 규정이고 규정체계상 제45조 제1항 제6호의 거래상 지위의 남용행위를 적용하기 위해서는 "거래질서와의 관련성이 필요"하며, ② 거래상대방이 일반 소비자인 경우에는 단순히 거래관계에서 문제될 수 있는 행태 그 자체가 아니라, 불특정 다수의 소비자에게 피해를 입힐 우려가 있거나 유사한 위반행위 유형이 계속적·반복적으로 발생할 수 있는 등 거래질서와의 관련성이 인정되는 경우에 한하여 공정거래저해성이 인정된다고 한다.[181]

(다) 부당성의 판단

행위의 부당성은 거래내용의 공정성을 침해하는지 여부, 합리성이 있는 행위인지 여부를 종합적으로 고려하여 판단한다. 거래내용의 공정성 여부는 당해 행위를 한 목적, 거래상대방의 예측가능성, 당해업종에서의 통상적인 거래관행, 관련법령 등을 종합적으로 고려하여 판단한다. 그리고 합리성이 있는 행위인지 여부는 당해 행위로 인한 효율성 증대효과나 소비자후생 증대효과가 거래내용의 불공정성으로 인한 공정거래저해 효과를 현저히 상회하는지 여부, 기타 합리적인 사유가 있는 여부 등을 종합적으로 고려하여 판단한다. 다만, 거래상 지위 남용행위의 속성상 제한적으로 해석함을 원칙으로 한다.

5. 남용행위의 유형

(1) 구입강제

(가) 의 의

구입강제라 함은 거래상대방이 구입할 의사가 없는 상품 또는 용역을 구입하도록 강

---

179) 대법원 2000.6.9. 선고 97누19427 판결; 대법원 2002.1.25. 선고 2000두9359 판결.
180) 대법원 1993.7.27. 선고 93누4984 판결.
181) 대법원 2015.9.10. 선고 2012두18325 판결.

제하는 행위를 가리킨다(영 [별표 2] 6호 가목). 구입강제의 상대방은 원칙적으로 사업자에 한정되며, 소비자는 포함되지 않는다. 다만, 불특정 다수의 소비자에게 피해를 입힐 우려가 있거나 유사한 위반행위 유형이 계속적·반복적으로 발생하는 등 거래질서와의 관련성이 인정되는 경우에는 그러하지 아니하다.[182] 구입이 강제되는 상품 또는 용역은 사업자 자신의 것일 수도 있고, 다른 사업자의 것일 수도 있다. 따라서 행위자가 지정하는 사업자가 공급하는 상품이나 역무도 포함된다.[183] 구입하도록 강제하는 행위라 함은 상대방이 구입하지 아니할 수 없는 객관적인 상황을 만들어내는 것도 포함된다.[184] 구입요청을 거부하여 불이익을 당하였거나 주위의 사정으로 보아 객관적으로 구입하지 않을 수 없는 사정이 인정되는 경우에는 구입강제가 있는 것으로 본다.

(나) 다른 위법행위 유형과 구별

구입강제는 끼워팔기와 그 행위유형이 유사해 보이는 측면이 있다. 특히 구입강제나 끼워팔기의 위법성 판단의 근거를 모두 거래강제성에서 찾게 되면 양자의 구별은 모호해진다.[185] 그러나 구입강제는 착취남용의 한 유형이고, 끼워팔기는 경쟁제한적인 배제남용의 한 유형이라는 점에서 양자는 구별된다. 공정위는 2015년 「불공정거래행위 심사지침」을 개정하여 끼워팔기에 대해서 경쟁제한성 위주로 위법성을 판단하도록 하고 경쟁제한성의 의미 및 판단기준을 구체적으로 제시하였다. 한편, 구입강제는 기타의 거래강제와 중복되는 것이 아닌가 하는 의문이 있는데, 「불공정거래행위 심사지침」은 "기타의 거래강제는 행위자와 상대방간 거래관계 없이도 성립할 수 있으나, 거래상 지위남용(구입강제)의 경우 행위자와 상대방간 거래관계가 있어야 성립할 수 있다는 점에서 구별된다."고 설명한다. 그러나 이러한 구별은 작위적이므로, 입법론으로는 거래강제 중에서 기타의 거래강제는 거래상 지위남용의 한 유형으로 정리하는 것이 바람직할 것이다.

(다) 구체적 사례

1) 패스트푸드 가맹본부의 구입의무 부과

판례는 가맹본부가 가맹점사업자의 판매상품 또는 용역을 자기 또는 자기가 지정한

182) 대법원 2015.9.10. 선고 2012두18325 판결.

183) 대법원 2002.1.25. 선고 2000두9359 판결. 이 사건은 컨테이너를 이용한 육·해상 복합운송에서 해상운송업체인 부관훼리가 거래상대방인 화주들에게 자기가 지정한 육상운송업체를 이용하도록 안내문을 발송하고 일부 업체에 대하여는 그 이용을 적극적으로 권유하였을 뿐만 아니라 합리적인 이유 없이 다른 육상운송업체를 이용하려는 화주들에게는 컨테이너를 배정하지 않음으로써 화주들로 하여금 어쩔 수 없이 해상운송업체가 지정한 업체로부터 육상운송용역을 제공받도록 사실상 강요한 행위가 문제되었다. 공정위와 법원은 선택의 강요라는 거래 내부적 요인에 초점을 맞춰 부당성을 인정하였다. 그렇지만, 이 사건은 부관훼리의 행위로 인해서 경쟁사업자의 사업기회 봉쇄 및 화주들의 선택기회 제한이라는 반경쟁효과가 현실적으로 발생하였기 때문에, 거래거절 등 경쟁제한성을 위법성 근거로 삼는 불공정거래행위로 의율하는 것이 바람직하였을 것이다.

184) 대법원 2002.1.25. 선고 2000두9359 판결.

185) 양자의 본질을 모두 거래강제에서 찾는 견해는 구입강제는 거래상 지위가 전제되어야 하는 것이 양자를 구별하는 기준이 된다고 한다. 신동권(2016), 717면.

자로부터 공급받도록 하거나 그 공급상대방의 변경을 제한하는 행위가 가맹사업의 목적달성을 위한 필요한 범위 내라면 구입강제에 해당하지 아니하고, 그 범위 밖이라면 구입강제에 해당한다고 보고 있다. 구체적으로 ① 탄산시럽(사이다, 콜라), 후르츠칵테일, 밀감, 천연체리, 가당연유, 오렌지쥬스, 빙수용 찰떡, 모카시럽, 케찹(팩), 피클, 그라뉴당, 마스타드, 슈가(팩), 카넬콘, 후라잉오일, 액상제리 등 16개의 일반공산품에 대하여 패스트푸드 가맹본부로부터만 공급받도록 하는 것은 가맹사업의 목적달성에 필요한 범위 내의 통제로서 구입강제 행위에 해당한다고 할 수 없다. 반면, ② 주방용세제, 폴리백, 청소용 페이퍼타올, 더스터, 케이(KAY)-5(이하 “K-5”로 표시함) 등 5개의 일반공산품의 용도는 원고의 가맹사업의 중심상품인 패스트푸드의 맛과 품질의 균질성과 관련이 없는 점, 위 5개의 일반공산품이 원고가 가맹점사업자들에게 공급하는 일반공산품에서 차지하는 비중, 위 5개의 일반공산품에 대해서는 원고가 품질기준을 제시하고 가맹점사업자가 자유롭게 구매한다고 하더라도 그 용도나 기능에 지장이 있다고 보이지 아니하는 점 등에 비추어 보면, 원고가 가맹점사업자에게 위 5개의 일반공산품을 원고로부터만 공급받도록 하는 것은 가맹사업의 목적달성에 필요한 범위 내의 통제라고 하기 어려우므로 구입강제 행위에 해당한다. 또한 ③ 주방기기 및 인테리어공사의 경우에는 가맹사업의 목적달성에 필요한 범위 내의 통제로서 구입강제에 해당하지 아니한다. 하지만, ④ 1인 의자, 테이블, 빠 의자, 금전등록기, 전산장비(PC)의 용도는 원고의 가맹사업의 통일적 이미지나 주력상품 내지 중심상품인 패스트푸드의 맛과 품질의 동일성과 관련이 없는 점, 위 5개의 설비가 원고가 가맹점사업자들에게 공급하는 설비에서 차지하는 비중, 위 5개의 설비에 대해서는 원고가 품질기준을 제시하고 가맹점사업자로 하여금 자유롭게 구매하게 하더라도 위 5개의 설비의 용도나 기능에 지장이 있다고 보이지 아니하는 점 등 사정에 비추어 살펴보면, 구입강제 행위에 해당한다.[186)]

2) 구속성 예금

금융기관이 여신제공과 관련하여 고객의 해약·인출의 자유가 제한된 이른바 구속성 예금을 하게 하였다는 이유만으로 곧바로 구입강제에 해당한다고 할 수는 없으며, 그 해

186) 대법원 2006.3.10. 선고 2002두332 판결. 구체적으로 필요한 범위 내인지 여부는 “가맹사업의 목적과 가맹점계약의 내용, 가맹금의 지급방식, 가맹사업의 대상인 상품과 공급상대방이 제한된 상품과의 관계, 상품의 이미지와 품질을 관리하기 위한 기술관리·표준관리·유통관리·위생관리의 필요성 등에 비추어 가맹점사업자에게 품질기준만을 제시하고 임의로 구입하도록 하여서는 가맹사업의 통일적 이미지와 상품의 동일한 품질을 유지하는 데 지장이 있는지 여부를 판단하여 결정하여야 할 것이다.” 또한, “가맹본부가 가맹점에 설치할 점포의 실내외장식 등의 설비의 구입 및 설치를 자기 또는 자기가 지정한 자로부터 하도록 하는 행위가 가맹사업의 목적달성을 위한 필요한 범위 내인지 여부는 가맹사업의 목적과 가맹점계약의 내용, 가맹금의 지급방식, 가맹사업의 대상인 상품 또는 용역과 설비와의 관계, 가맹사업의 통일적 이미지 확보와 상품의 동일한 품질유지를 위한 기술관리·표준관리·유통관리·위생관리의 필요성 등에 비추어 가맹점사업자에게 사양서나 품질기준만을 제시하고 임의로 구입 또는 설치하도록 방치하여서는 가맹사업의 통일적 이미지 확보와 상품의 동일한 품질을 보증하는 데 지장이 있는지 여부를 판단하여 결정하여야 할 것이다.”

당 여부는 ① 고객의 신용도, 영업상태, 금융기관과의 종전의 거래관계, ② 당해 예금 외의 물·인적 담보의 내용과 정도, ③ 총 여신액 대비 구속성 예금액의 비율, ④ 특히 예금 당시의 이자제한법을 고려한 총 실질 여신액의 실질 금리수준, ⑤ 예금 및 인출 제한의 경위, ⑥ 금융환경과 상관습 등을 종합하여 결정하여야 한다.[187]

3) 골프장 회원권

대법원은 종합유선방송사업자인 원고가 방송송출 거래관계에 있던 3개 홈쇼핑사업자로 하여금 원고의 계열회사인 동림관광개발이 건설 중인 골프장 회원권을 구입하게 한 행위는 구입강제행위에 해당한다고 보았다.[188] 사업자가 거래상대방에게 골프장 회원권

187) 대법원 1999.12.10. 선고 98다46587 판결. 이 사건에서 대법원은 "① 원고들의 신용도와 영업상태가 좋지는 않았던 점, ② 원고들의 담보가 부족하였던 점, ③ 피고 은행의 부산 연산동지점의 1990. 12. 11.부터 1992. 12. 29.까지의 원고들에 대한 대출금 대비 구속성 예금의 비율이 최고 57.7%(대출금 3,800,000,000원, 구속성 예금 2,192,000,000원), 최저 38.8%(대출금 5,700,000,000원, 구속성 예금 2,183,000,000원)인데 대출금에다가 보증 등을 포함시킨 총 여신액 대비 구속성 예금액의 비율은 위 각 비율보다 상당히 낮은 점, ④ 피고 은행의 원고들에 대한 총 실질 여신액의 실질 금리가 당시의 이자제한법 소정의 최고이자율에 이르지 않는 것으로 보이는 점, ⑤ 원고 신진금속의 대표이사인 소외 공진기 및 그 처인 소외 김명자가 먼저 예·적금을 한 후 부동산담보 부족에도 불구하고 피고 은행으로부터 어음할인 또는 지급보증을 받을 때 위 예·적금을 적극 활용한 면이 있는 등의 이 사건 예금 및 인출 제한의 경위, ⑥ 당시 금융계에 구속성 예금이 상당히 행하여지고 있었던 점 등을 종합하여 볼 때, 피고 은행이 원고들로 하여금 이 사건 구속성 예금을 하게 한 것이 당시의 상관습상 허용되는 범위를 초과하여 자기의 거래상의 지위를 부당하게 이용하여 거래한 것에 해당한다고 보기 어렵다."고 판단하였다.

188) 대법원 2013.11.28. 선고 2013두1188 판결. 대법원의 논거는 다음과 같다. "① 원고가 위 3개 홈쇼핑사업자에 대하여 이 사건 골프장 회원권의 구입을 요청한 이유는 동림관광개발이 이 사건 골프장 회원권 구입을 위한 사전예치금 투자자를 모집한 시기와 대상 및 방식 그리고 당시 경제상황 등에 비추어 볼 때, 원고의 계열회사인 동림관광개발에 대한 자금을 지원할 목적에서 비롯된 것이라고 할 것이다. ② 그런데 종합유선방송사업자인 원고가 방송송출 거래관계에 있던 위 3개 홈쇼핑사업자에 이 사건 골프장 회원권의 구입을 요청한 행위는 다른 사정을 인정할 만한 객관적 자료가 없는 이 사건에서 그 거래의 성질상 방송채널 송출계약과는 아무런 관련이 없는 것으로서, 위 3개 홈쇼핑사업자로서는 거래상 예측할 수 없었던 사항에 속하는 것이다. 따라서 원고의 위와 같은 행위는 방송채널 거래시장의 성격이나 그 영업내용 등에 비추어 볼 때 방송채널 거래시장에서의 정상적 거래 관행과는 거리가 먼 것이다. ③ (중략) 물론 원심이 지적한 바와 같이 원고가 위 3개 홈쇼핑사업자에 이 사건 골프장 회원권의 구입을 요구함에 있어 만일 이에 응하지 아니할 경우 어떠한 불이익을 주겠다고 묵시적으로 표시하거나 암시하지 아니하였다고 하더라도, 위 3개 홈쇼핑사업자로서는 거래상 우월적 지위에 있는 원고의 요청을 거부할 경우 입게 될지도 모르는 불이익을 고려하지 아니할 수 없었다고 할 것이다. (중략) ④ 그리고 위 3개 홈쇼핑사업자가 이 사건 골프장 회원권의 구입을 위한 사전예치금을 투자하고 위 사전예치금을 입회금으로 전환할 당시의 일반적 경제상황 및 골프장 회원권 거래시장의 상황 등에 비추어 볼 때 경제적으로 이 사건 골프장 회원권에 대한 투자가치가 있다고 볼 수 있는 상황은 아니었으므로, 위 3개 홈쇼핑사업자로서는 원고의 요청이 없었다고 한다면 이 사건 골프장 회원권을 분양받을 만한 객관적이고도 합리적인 경영상의 이유는 없었다. (중략) ⑤ 한편 원심은 위 3개 홈쇼핑사업자의 자본금, 자산 또는 당기순이익 등에 비추어 볼 때 위 3개 홈쇼핑사업자가 방송채널 배정과 송출수수료 책정 등에서 더 많은 이익을 얻고자 하는 경영상의 판단으로 이 사건 골프장 회원권을 구입하였을 가능성이 있다고 하였다. 그러나 이는 결국 위 3개 홈쇼핑사업자가 방송채널 배정과 송출수수료 책정 등에서 혹시 입게 될지도 모르는 불이익을 방지하기 위한 경영상의 판단에서 이 사건 골프장 회원권을 구입하였다고 하는 것과 다를 바 없는 것으로서, 위 3개 홈쇼핑사업자가 이 사건 골프장 회원권을 구입한 행위가 통상적인 거래 관행에 속한다고 볼 만한 근거가 될 수 없다. ⑥ 또한 원심이 지적한 바와 같이 위 3개 홈쇼핑사업자와는 달리 원고의 이 사건 골프장 회원권 구입 요청을 받아들이지 아니한 다른 2개 홈쇼핑사업자가 있고, 위 2개 홈쇼핑사업자가 원고로부터 채널배정 및 수수료 책정에 있어서 상대적으로 불이익을 입지 아니한 사정이 인정된다고 하더라도, 구입강제행위 자체의 존부와 구입강제를 물리치고 그 강제된 구입을 하지 아니한 다른 경쟁사업자가 있다는 것은 직접적인 관련이 없는 문제로서 위와 같은 사정만으로 원고의 앞서 본 바와 같은 행위가 구입강제행위에 해당하지 아니한다고 할 수

의 구입을 요구함에 있어 만일 이에 응하지 아니할 경우 어떠한 불이익을 주겠다고 묵시적으로 표시하거나 암시하지 아니하였다고 하더라도, 거래상대방으로서는 거래상 우월적 지위에 있는 사업자의 요청을 거부할 경우 입게 될지도 모르는 불이익을 고려하지 아니할 수 없었다는 점이 구입강제를 인정하는 중요한 논거가 되었다.

4) 기타 예시된 행위

「불공정거래행위 심사지침」은 구입강제행위로서 ① 합리적 이유없이 신제품을 출시하면서 대리점에게 재고품 구입을 강요하는 행위, ② 합리적 이유없이 계속적 거래관계에 있는 판매업자에게 주문하지도 않은 상품을 임의로 공급하고 반품을 허용하지 않는 행위,[189] ③ 합리적 이유없이 자신과 지속적 거래관계에 있는 사업자에 대해 자기가 지정하는 사업자의 물품·용역을 구입할 것을 강요하는 행위, ④ 합리적 이유없이 도·소매업자(또는 대리점)에게 과다한 물량을 할당하고, 이를 거부하거나 소화하지 못하는 경우 할당량을 도·소매업자(또는 대리점)가 구입한 것으로 회계 처리하는 행위를 예시한다.

(2) 이익제공강요

(가) 의 의

이익제공강요라 함은 거래상대방에게 자기를 위해 금전·물품·용역 및 그 밖의 경제상 이익을 제공하도록 강요하는 행위를 가리킨다(영 [별표 2] 6호 나목). 경제상 이익에는 금전, 유가증권, 물품, 용역을 비롯하여 경제적 가치가 있는 모든 것이 포함된다. 계열회사의 거래상 지위를 이용하여 이익제공을 강요하는 행위도 포함된다. 이익제공강요에는 거래상대방에게 경제상 이익을 제공하도록 적극적으로 요구하는 행위뿐만 아니라 자신이 부담하여야 할 비용을 거래상대방에게 전가하여 소극적으로 경제적 이익을 누리는 행위도 포함된다. 이익제공 강요의 상대방은 원칙적으로 사업자에 한정되며, 소비자는 포함되지 않는다. 다만, 불특정 다수의 소비자에게 피해를 입힐 우려가 있거나 유사한 위반행위 유형이 계속적·반복적으로 발생하는 등 거래질서와의 관련성이 인정되는 경우에는 그러하지 아니하다.

(나) 구체적 사례

병원이 의약품거래와 관련하여 경제적 손실의 보상을 제약업체에게 전가하려고 기부

없다."

189) 공정위는 유아용품의 도매업을 영위하는 베비라의 대전, 충남북 총판 사업자인 (주)아이가 자기의 대리점인 36개 전문점에 대하여 각 전문점이 주문하지도 않은 NUK용품 및 화장품 등을 임의로 공급한 사건에서, 대리점관계에 있는 각 전문점에 대하여 거래상 우월한 지위에 있는 피심인이 주문하지도 않은 상품을 일방적으로 공급한 행위는, 자기의 거래상 우월적 지위를 이용하여 거래상대방이 구입할 의사가 없는 물품을 구입토록 사실상 강제한 구입강제에 해당된다고 판단하여 시정명령을 내렸다. 공정위 1994.2.2. 의결 제94-12호.

금이나 보상금을 수령한 행위는 이익제공강요에 해당한다.[190) 「불공정거래행위 심사지침」은 이익제공강요행위로서 ① 합리적 이유없이 수요측면에서 지배력을 갖는 사업자가 자신이 구입하는 물량의 일정 비율만큼을 무상으로 제공하도록 요구하는 행위, ② 합리적 이유없이 사업자가 상품(원재료 포함) 또는 용역의 공급업체에 대해 거래와 무관한 기부금 또는 협찬금이나 기타 금품·향응 등을 요구하는 행위, ③ 합리적 이유없이 회원권 시설운영업자가 회원권의 양도양수와 관련하여 실비보다 과다한 명의 개서료를 징수하는 행위, ④ 합리적 이유없이 대형소매점사업자가 수수료매장의 입점업자에 대해 계약서에 규정되지 아니한 입점비, POS 사용료 등과 같은 비용을 부담시키는 행위를 예시한다.

(3) 판매목표강제

(가) 의 의

판매목표강제라 함은 사업자가 자기가 공급하는 상품 또는 용역과 관련하여 거래상대방의 거래에 관한 목표를 제시하고 이를 달성하도록 강제하는 행위를 가리킨다(영 [별표 2] 6호 다목). 대상상품 또는 용역은 사업자가 직접 공급하는 것이어야 한다. 대체로 상품의 경우 판매량의 할당이, 용역의 경우 일정수의 가입자나 회원확보가 문제된다. 또한 판매목표 강제는 대리점계약서에 명시적으로 규정된 경우뿐만 아니라 계약체결 후 구두로 이루어지는 경우도 포함된다. 판매목표강제의 상대방은 사업자에 한정되며, 소비자는 포함되지 않는다. 목표를 제시하고 이를 달성하도록 강제하는 행위에는 상대방이 목표를 달성하지 않을 수 없는 객관적인 상황을 만들어 내는 것을 포함하고, 사업자가 일방적으로 상대방에게 목표를 제시하고 이를 달성하도록 강제하는 경우뿐만 아니라 사업자와 상대방의 의사가 합치된 계약 형식으로 목표가 설정되는 경우도 포함한다.[191) 구입강제와 판매목표강제는 전자가 거래상대방으로 하여금 원치 않는 물품을 구입하도록 강제하는 것인 반면, 후자는 직접 공급하는 물품의 판매목표를 지정하고 판매를 강제하는 행위라는 점에서 구별된다.[192)

(나) 위법성의 판단기준

거래상의 지위를 부당하게 이용하여 판매목표의 달성을 강제한 행위인지 여부는, 판

---

190) 공정위 1994.3.3. 의결 제94-37호. 재단법인 천주교 서울대교구 유지재단은 포교구료, 자선사업, 교육사업 등을 실시하기 위하여 설립·운영되는 재단법인으로서, 가톨릭대학교 의과대학 소속의 8개 소속병원을 통하여 의료사업을 영위하고 있으며, 이들 소속병원은 직영약품 도매상인 '보나에서'를 통하여 국내 제약업체들로부터 수의계약 방식으로 약품을 간접 구입하고 있는바, 동 재단은 약품거래에 관련하여 동아제약 등 13개 제약회사로부터 기부금을 제공받아 이를 재단에 전입하고, 재단소속 병원들은 보험삭감 보상금을 제공받았다. 이에 대하여 공정위는 동 재단의 이러한 행위는 자기의 거래상 우월적 지위를 이용하여 동 재단이 보험 삭감액에 상당하는 경제적 손실의 보상을 이들 제약업체에게 전가시킨 행위로서, 정상적인 거래관행에 비추어 부당하게 경제적 이익을 제공받은 행위에 해당된다고 하여 시정명령을 내렸다.

191) 대법원 2011.5.13. 선고 2009두24108 판결.

192) 신동권(2016), 722면.

매목표가 상품 또는 용역의 특성과 거래의 상황 등을 고려하여 합리적이고 차별 없이 결정・적용되었는지 여부와 해당 행위의 의도・목적・효과・영향 등 구체적 태양, 해당 사업자의 시장에서의 우월한 지위의 정도, 상대방이 받게 되는 불이익의 내용과 불이익 발생의 개연성 등에 비추어 정상적인 거래관행을 벗어난 것으로서 공정한 거래를 저해할 우려가 있는지 여부를 판단하여 결정하여야 하나, 단지 자기가 공급하는 상품 또는 용역의 구매자 확대를 위하여 노력하도록 거래상대방에게 촉구 또는 독려하는 것만으로는 부족하다.[193)] 거래내용의 공정성 판단시 판매목표 달성에 강제성이 있는지 여부를 중점적으로 판단한다. 판매목표의 달성을 강제하기 위한 수단에는 제한이 없으며, 목표가 과다한 수준인지, 실제 거래상대방이 목표를 달성하였는지 여부는 강제성 인정에 영향을 미치지 않는다. 목표불이행시 실제로 제재수단이 사용되었을 필요는 없다. 목표를 달성하지 못했을 경우 대리점계약의 해지나 판매수수료의 미지급 등 불이익이 부과되는 경우에는 강제성이 인정되지만, 거래상대방에게 장려금을 지급하는 등 자발적인 협력을 위한 수단으로 판매목표가 사용되는 경우에는 원칙적으로 강제성이 인정되지 않는다. 다만, 판매장려금이 정상적인 유통마진을 대체하는 효과가 있어 사실상 판매목표를 강제하는 효과를 갖는 경우에는 그러하지 아니하다.

(다) 구체적 사례

1) 인정된 사례

복합 종합유선방송사업자 甲 회사가 그 소속 종합유선방송사업자인 乙 회사를 통해 협력업체들에 대해 케이블방송 및 인터넷의 신규가입자 유치목표를 설정하고, 이를 달성하지 못할 경우 지급할 업무위탁 수수료를 감액하는 불이익을 주는 방법으로 협력업체들의 자유로운 의사결정을 저해하거나 불이익을 강요한 것은 부당한 판매목표강제에 해당한다.[194)] 「불공정거래행위 심사지침」은 판매목표강제로서 ① 자기가 공급하는 상품을 판매하는 사업자 및 대리점에 대하여 판매목표를 설정하고 미달성시 공급을 중단하는 등의 제재를 가하는 행위, ② 자기가 공급하는 용역을 제공하는 사업자 및 대리점에 대하여 회원이나 가입자의 수를 할당하고 이를 달성하지 못할 경우 대리점계약의 해지나 수수료 지급의 중단 등의 제재를 가하는 행위, ③ 대리점이 판매목표량을 달성하지 못하였을 경우 반품조건부 거래임에도 불구하고 반품하지 못하게 하고 대리점이 제품을 인수한 것으로 회계 처리하여 추후 대금지급 시 공제하는 행위, ④ 대리점이 판매목표량을 달성하지 못하였을 경우 본사에서 대리점을 대신하여 강제로 미판매 물량을 덤핑 판매한 후 발생손실을 대리점의 부담으로 하는 행위, ⑤ 거래상대방과 상품 또는 용역의 거래단가를 사

193) 대법원 2011.5.13. 선고 2009두24108 판결; 대법원 2011.6.9. 선고 2008두13811 판결.
194) 대법원 2011.5.13. 선고 2009두24108 판결.

전에 약정하지 않은 상태에서, 거래상대방의 판매량이 목표에 미달되는 경우에는 목표를 달성하는 경우에 비해 낮은 단가를 적용함으로써 불이익을 주는 행위를 예시한다.

2) 부정된 사례

원고가 대리점에 판매목표 달성을 촉구하거나 차량의 선출고를 요청하는 공문 또는 문자메시지를 보낸 행위 등은 대리점의 판매목표 달성을 독려한 것에 불과하고, 원고가 일부 대리점과의 계약관계를 종료한 것은 판매목표 미달성에 대한 제재라기보다는 경영상의 필요에 따른 행위라고 본 사례도 있다.[195)]

(4) 불이익제공

(가) 의 의

불이익제공이라 함은 위의 구입강제, 이익제공강요, 판매목표강제에 해당하는 행위 외의 방법으로 거래상대방에게 불이익이 되도록 거래조건을 설정 또는 변경하거나 그 이행과정에서 불이익을 주는 행위를 가리킨다(영 [별표 2] 6호 라목). 즉, 사업자가 거래상 지위를 이용하여 거래를 함에 있어 거래상대방에 대한 거래조건의 설정 또는 변경이나 그 이행과정에서 거래상대방에게 불이익을 주는 행위를 의미한다. 「불공정거래행위 심사지침」은 불이익제공행위의 유형을 ① 거래상대방에게 불이익이 되도록 거래조건을 설정 또는 변경하는 행위와 ② 거래상대방에게 거래과정에서 불이익을 주는 행위로 구분하고 있다. 여기서 거래조건에는 각종의 구속사항, 저가매입 또는 고가판매, 가격(수수료 등 포함) 조건, 대금지급방법 및 시기, 반품, 제품검사방법, 계약해지조건 등 모든 조건이 포함된다. 불이익제공은 적극적으로 거래상대방에게 불이익이 되는 행위를 하는 작위뿐만 아니라 소극적으로 자기가 부담해야 할 비용이나 책임 등을 이행하지 않는 부작위에 의해서도 성립할 수 있다. 불이익제공은 그 행위의 내용이 상대방에게 다소 불이익하다는 점만으로는 부족하고,[196)] 구입강제, 이익제공강요, 판매목표 강제 등과 동일시할 수 있을 정도로 일방 당사자가 자기의 거래상의 지위를 부당하게 이용하여 그 거래조건을 설정 또는 변경하거나 그 이행과정에서 불이익을 준 것으로 인정되고, 그로써 정상적인 거

---

195) 서울고법 2008.7.10. 선고 2008누596 판결 및 대법원 2011.6.9. 선고 2008두13811 판결. 판단의 근거는 대리점에서 원고로부터 판매목표 달성을 촉구하거나 차량의 선출고를 요청하는 공문 또는 문자메시지를 받고 이에 따르지 아니하더라도 특별한 불이익을 받지 아니한 점, 대리점에서 판매목표를 달성하지 못하더라도 종합평가 결과 부진 대리점으로 판정되지 아니하는 한 특별한 불이익을 받지 아니하였으며, 부진 대리점으로 판정되더라도 2006년 말까지는 경고 또는 자구계획서 징구 이상의 불이익은 받지 아니한 점, 2006년 말에도 236개 대리점 중 불과 17개 대리점에 대하여만 자동차 판매대리계약의 갱신이 거절된 점, 원고는 2005년도에 1,033억원, 2006년도에 1,959억원의 당기순손실을 기록하는 등 경영위기에 처하여 이를 극복하기 위한 방안의 하나로 판매실적이 저조한 일부 대리점과의 계약관계를 종료할 필요가 있었던 점 등이 지적되었다.

196) 따라서 그 사업자가 제3자에 대한 거래조건의 설정 또는 변경이나 이행과정에서 제3자에게 이익을 제공함으로써 거래상대방이 제3자에 비하여 상대적으로 불이익한 취급을 받게 되었다고 하여 사업자가 거래상대방에게 불이익을 제공한 것으로 볼 수는 없다. 대법원 2005.12.8. 선고 2003두5327 판결.

래관행에 비추어 상대방에게 부당하게 불이익을 주어 공정거래를 저해할 우려가 있어야 한다.[197]

(나) 불이익의 특정

거래상대방에게 발생한 불이익의 내용은 객관적으로 명확하게 확정되어야 하고, 여기서의 불이익이 금전상의 손해인 경우에는 법률상 책임 있는 손해의 존재는 물론 그 범위(손해액)까지 명확하게 확정되어야 한다.[198] 공정위가 시정명령 등 행정처분을 하기 위해서는 그 대상이 되는 '이익제공강요' 및 '불이익제공'의 내용이 구체적으로 명확하게 특정되어야 하고, 그러하지 아니한 상태에서 이루어진 그 시정명령 등 행정처분은 위법하다.[199] 다만, 행정청이 주장하는 당해 행정처분의 적법성에 관하여 합리적으로 수긍할 수 있는 정도로 증명이 된 경우에는 그와 상반되는 예외적인 사정에 대한 주장과 증명은 상대방이 증명할 책임을 진다.[200] 원고 병원이 요건미비, 부재중, 비지정 의사를 선택진료 의사로 운용하고 환자 등으로부터 선택진료비를 징수한 행위를 거래상대방에게 불이익을 주는 행위로 인정할 수 있을지 여부가 다투어진 사안에서, 법원은 공정위가 특정한 부재중 의사 및 비지정 의사의 선택진료는 관련 증거에 의하여 합리적으로 수긍할 수 있는 정도로 불이익제공행위에 해당한다는 증명이 있다고 보고, 당해 부재중 또는 비지정 의사가 실제로 선택진료를 하였으나 해당 진료비의 수납이 뒤늦게 이루어지는 등의 사정으로 부재중 또는 비지정 기간 동안 선택진료를 한 것으로 잘못 기재된 경우는 이를 예외적 사정으로 보아 원고가 이를 증명하여야 한다고 판단하였다.[201]

---

197) 대법원 1998.3.27. 선고 96누18489 판결; 대법원 2001.12.11. 선고 2000두833 판결; 대법원 2002.5.31. 선고 2000두6213 판결 등 참조.

198) 대법원 2002.5.31. 선고 2000두6213 판결. 도시철도공사의 거래상 지위 남용행위 사건의 사실관계는 다음과 같다. 도시철도공사는 공개경쟁입찰을 통하여 광고대행사와 사이에 광고물의 게첨 실적과 관계없이 월 광고대행료를 납입하되 공사의 사정으로 광고물 게첨이 불가능하게 된 때에는 그 일부 또는 전부를 감면할 수 있도록 하는 내용으로 5호선 역 구내 및 차내 광고대행계약을 체결하였다. 5호선의 개통이 예정보다 지연되었고 마곡역은 미영업역으로 확정되었는데, 광고대행사가 경영난으로 월 광고대행료를 3회 연체하자 공사는 계약을 해지하였다. 공정위는 지하철의 광고대행계약의 체결과 그 이행과정에서 도시철도공사가 지하철의 개통지연 및 미영업역 발생 등으로 인하여 발생한 광고대행사의 경상관리비를 광고대행료에 반영하여 주지 아니하는 등의 불이익을 제공하였다고 인정하였다. 그러나 법원은 개통지연 등에 따른 경상관리비 등의 추가비용 미지급 부분과 관련하여 공정위가 광고대행사의 불이익으로 인정한 2억 7,500만원 상당의 경상관리비는 광고대행사가 그 사업수행과정에서 당연히 부담하게 될 비용을 기초로 하여 산정한 것으로서 원고의 귀책사유로 인한 개통지연 및 미영업역 발생 등과 상당인과관계가 있는 손해라고 보기 어렵다고 하면서, 공정위는 도시철도공사의 귀책사유로 인하여 광고대행사가 입게 된 상당인과관계 있는 통상의 손해와 특별한 손해의 실체와 그 범위를 정확히 가려보지 않은 채 불이익을 인정한 잘못이 있다고 판단하였다.

199) 대법원 2007.1.12. 선고 2004두7146 판결.

200) 대법원 1984.7.24. 선고 84누124 판결; 대법원 2012.6.18. 선고 2010두27639, 27646 전원합의체 판결 등 참조.

201) 대법원 2013.1.10. 선고 2011두7854 판결. 이 사건에서 공정위는 선택진료의사 요건을 갖추지 아니한 의사, 해외연수 등으로 부재중인 의사, 선택진료의사로 지정되지 아니한 의사 등이 선택진료를 시행한 부분에 대하여 이 사건 시정명령을 하면서 그 의결서 이유 부분에, 요건미비 의사의 경우에는 당해 의사 성명, 직종, 진료과, 연도별 직급, 요건미비 사유, 요건미비 선택진료기간, 선택진료비 합계 등을, 부재중 의사의 경우에는 당해 의사 성명, 진료과, 국외연수 당시 직위, 해외연수 기간, 비지정 진료 연월, 선택진료비 합

(다) 위법성의 판단기준

상대방에게 부당하게 불이익을 주는 행위인지 여부는 당해 행위가 행하여진 당시를 기준으로 하여 당해행위의 의도와 목적, 당해 행위에 이른 경위, 문제가 되는 거래조건 등에 의하여 상대방에게 생길 수 있는 불이익의 내용과 불이익 발생의 개연성, 당사자 사이의 일상 거래과정에 미치는 경쟁제약의 정도, 관련 업계의 거래관행과 거래행태, 일반 거래질서에 미치는 영향, 관계 법령의 규정 등 여러 요소를 종합하여 전체적인 관점에서 판단하여야 한다.[202] 행위 내용이 상대방에게 다소 불이익한 경우와 그 정도를 넘어서 부당하게 불이익을 주는 경우를 구분하거나, 불이익제공에 관한 상대방의 동의가 계약교섭의 일환으로서 자발적으로 이루어진 것인지 혹은 비자발적으로 이루어진 것인지를 구별하는 선험적 기준을 찾기란 쉽지 않다.[203] 따라서 판례 및 심결례의 축적에 따라 개별 사건별로 접근할 수밖에 없을 것이다.

(라) 거래상대방의 동의

불이익제공이 거래상대방의 동의에 의하여 이루어진 경우, 상대방의 동의가 자발적으로 이루어진 것인지, 그렇지 않고 상대방이 거래관계의 지속을 위하여 어쩔 수 없는 강요에 의하여 이루어진 것인지가 다투어질 수 있다. 대법원은 그 자발성의 여부를 행위자의 상대방에 대한 거래상 우월적 지위의 정도, 상대방의 행위자에 대한 거래의존도, 거래관계의 지속성, 거래상품의 특성과 시장상황, 거래상대방의 변경가능성, 당초의 거래조건과 변경된 거래조건의 내용, 거래조건의 변경 경위, 거래조건의 변경에 의하여 납품업자가 입은 불이익의 내용과 정도 등을 정상적인 거래관행이나 상관습 및 경험칙에 비추어 합리적으로 추단할 수밖에 없다고 판시하였다.[204]

(마) 구체적 사례

1) 인정된 사례

대리점계약을 체결함에 있어서 거래상대방에게 계약기간 종료 후 일정기간 동안 경쟁상품을 생산·판매하지 못하도록 하는 조건을 설정하는 행위,[205] 일방적으로 계약을 해

계 등을, 비지정 의사의 경우에는 당해 의사 성명, 직종, 직급, 진료과, 선택진료의사 지정 여부, 지정일, 선택진료 비지정기간, 선택진료비 합계 등을 각 기재하여 당해 의사별로 요건미비, 부재중, 비지정 기간 동안 시행한 선택진료를 특정하였다.

202) 대법원 1998.3.27. 선고 96누18489 판결; 대법원 2001.12.11. 선고 2000두833 판결; 대법원 2002.5.31. 선고 2000두6213 판결; 대법원 2005.12.8. 선고 2003두5327 판결; 대법원 2006.5.26. 선고 2004두3014 판결 등 참조.

203) 불이익제공행위에 대한 판례를 살펴보면, 상당수가 당사자의 주관적 의사와 기타 사실관계의 인정에서 방향이 갈리는 경향을 볼 수 있다. 거래당사자 간에 서로 수긍할 수 있는 수준의 이익과 불이익을 주고받는 것은 계약의 속성으로서 당연한 것이겠지만, 그것이 어느 정도에 이르면 정상적인 거래관행을 벗어나게 되어 부당한 것이 되고 공정한 거래를 저해할 우려가 있는 것이 되는지의 판단은 쉽지 않다. 이황, "불이익제공행위에 있어서 부당성의 판단기준과 사례", 대법원판례해설 제65호(2007), 479면.

204) 대법원 2003.12.26. 선고 2001두9646 판결 참조.

지하고 손해배상을 청구할 수 없도록 계약조건을 설정한 행위,[206] 무리하게 설정된 계약조건의 이행과정에서 과다한 지체상금을 부과한 행위,[207] 대리점 양도 승인을 거절한 행위,[208] 대리점의 고객관리용 전산망을 단절한 행위,[209] 신용카드회사가 제휴은행들에 대하여 가맹점 수수료율을 제한한 행위,[210] 시공업체의 귀책사유가 아닌 설계도서확정 지연 등으로 공사기간이 연장되어 간접비용이 발생한 사안에서 사실상 시공업체로 하여금 간접비 청구를 포기하게 하거나 또는 시공업체로 하여금 간접비 포기동의서를 제출하게 하는 행위,[211] 금융기관이 고객에게 변동금리부 주택담보 대출상품을 판매한 후 대부분의 시장금리가 약 30% 하락하였음에도 대출기준금리를 고정시킨 행위,[212] 대출약정서에 약정이 이루어지지 않았음에도 부당하게 조기상환수수료를 징수한 행위,[213] 대형병원의 부재, 비지정, 무자격 의사에 의한 선택진료행위,[214] 대규모유통업자가 납품업자들에 대하여 서면계약서를 미교부하고, 물류대행수수료 등 거래조건을 서면계약서에 포함시키지 않고, 서면약정 없이 종업원을 파견 받은 행위[215] 등이 불이익제공으로 인정되었다.

한편, 「불공정거래행위 심사지침」은 불이익제공행위로서 ① 계약서 내용에 관한 해석이 일치하지 않을 경우 '갑'의 일방적인 해석에 따라야 한다는 조건을 설정하고 거래하는 경우, ② 원가계산상의 착오로 인한 경우 '갑'이 해당 계약금액을 무조건 환수 또는 감액할 수 있다는 조건을 설정하고 거래하는 경우, ③ 계약 유효기간 중에 정상적인 거래관행에 비추어 부당한 거래조건을 추가한 새로운 대리점계약을 일방적으로 체결한 행위, ④ 계약서상에 외부기관으로부터 계약단가가 고가라는 지적이 있을 경우 거래상대방이 무조건 책임을 지도록 한다는 조건을 설정하고 거래하는 경우, ⑤ 계약서에 규정되어 있는 수수료율, 지급대가 수준 등을 일방적으로 거래상대방에게 불리하게 변경하는 행위, ⑥ 계약기간 중에 자기의 점포 장기임차인에게 광고선전비의 부과기준을 일방적으로 상

205) 대법원 1997.8.19. 선고 97누9826 판결.
206) 대법원 1998.3.24. 선고 96누11280 판결.
207) 대법원 1997.8.26. 선고 96누20 판결.
208) 대법원 2000.6.9. 선고 97누19427 판결.
209) 대법원 2002.10.25. 선고 2001두1444 판결.
210) 대법원 2006.9.8. 선고 2003두7859 판결. 이 사건에서 대법원은 원고 외환신용카드가 거래상대방인 제휴은행들이 신용카드업을 영위하는 데 있어서 핵심적인 경쟁수단인 가맹점 수수료율을 제한하는 것은 신용카드업 시장에서 제휴은행들의 경쟁력을 크게 제한한다는 점에서 이를 제휴은행들에게 불이익을 제공하는 것으로 판단하고, 가맹점 수수료율과 같은 경쟁수단이 현저히 제한될 경우 그 거래상대방은 경쟁열위의 상태를 벗어나기 어렵다고 전제한 후, 원고가 제휴은행들에게 자기의 가맹점에 적용되는 수수료율을 일괄적으로 적용하도록 통보함으로써 제휴은행들로 하여금 가맹점 수수료율을 변경하도록 한 행위는 제휴은행들의 시장에서의 경쟁력을 필요 이상으로 제한하는 것으로서 정상적인 거래관행을 벗어나 공정한 거래를 저해할 우려가 있는 부당한 행위라고 판단하였다.
211) 대법원 2007.1.26. 선고 2005두2773 판결.
212) 대법원 2009.10.29. 선고 2007두20812 판결.
213) 대법원 2010.3.11. 선고 2008두4659 판결.
214) 대법원 2013.1.10. 선고 2011두7854 판결.
215) 서울고법 2013.9.13. 선고 2013누3568 판결 및 대법원 2016.5.27. 선고 2013두35020 판결.

향조정한 행위, ⑦ 설계용역비를 늦게 지급하고 이에 대한 지연이자를 장기간 지급하지 않아 거래상대방이 사실상 수령을 포기한 경우, ⑧ 하자보수보증금률을 계약금액의 2%로 약정하였으나, 준공검사 시 일방적으로 20%로 상향조정하여 징구한 행위, ⑨ 반품조건부로 공급한 상품의 반품을 받아주지 아니하여 거래상대방이 사실상 반품을 포기한 경우, ⑩ 사업자가 자기의 귀책사유로 이행지체가 발생한 경우에도 상당기간 지연이자를 지급하지 않아 거래상대방이 사실상 수령을 포기한 경우, ⑪ 합리적 이유없이 사업자가 물가변동으로 인한 공사비인상 요인을 불인정하거나 자신의 책임으로 인해 추가로 발생한 비용을 불지급하는 행위, ⑫ 자신의 거래상 지위가 있음을 이용하여 거래상대방에 대해 합리적 이유없이 거래거절을 하여 불이익을 주는 행위(거래상 지위남용성 거래거절)를 예시하고 있다.

2) 부정된 사례

정상적인 거래관행에 비추어 정당하다고 인정되는 대금감액이나 지체상금 부과조건,[216] 금융기관이 여신제공과 관련하여 고객의 해약·인출의 자유가 제한된 이른바 구속성 예금을 하게 한 경우,[217] 채권확보대책의 일환으로 취해진 공급물량 감축 및 외상기간 단축의 조치로서 거래상의 합리성 및 필요성이 있는 경우,[218] 법령내용을 그대로 수용한 계약보증금 및 차액보증금 귀속조항,[219] 공급업자가 동의한 광고비 및 인건비 부담행위,[220] 회원제 골프장이 평일회원 자격기간을 종전 5년에서 1년으로 축소하고, 평일회원 자격 연장요건을 종전 탈회의사를 서면으로 표시하지 아니하는 한 자동으로 연장되는 방식에서 연장의사를 서면으로 표시하면 심사 후 연장 여부를 결정하는 방식으로 변경하고, 종전과 달리 평일회원에 대해 소멸성 연회비를 부과하는 조항을 신설한 행위[221] 등은 불이익제공으로 인정되지 않았다.

---

216) 대법원 1990.11.23. 선고 90다카3659 판결; 대법원 1993.7.27. 선고 93누4984 판결.

217) 대법원 1999.12.10. 선고 98다46587 판결. 이 사건 구속성 예금과 관련하여 공정위는 피고 은행이 거래상의 우월적 지위를 이용하여 구입강제(예금강제)를 하였다는 이유로 위법으로 보아 경고조치한다는 결정을 하였다. 그러나 대법원은 거래상 지위남용에 해당하지 않는다고 보았다. 이에 따르면, 금융기관이 여신제공과 관련하여 고객의 해약·인출의 자유가 제한된 이른바 구속성 예금을 하게 하였다는 이유만으로 곧바로 '자기의 거래상의 지위를 부당하게 이용하여 상대방과 거래하는 행위'에 해당하게 된다고 할 수는 없으며, 그 해당 여부는 ① 고객의 신용도, 영업상태, 금융기관과의 종전의 거래관계, ② 당해 예금 외의 물적·인적 담보의 내용과 정도, ③ 총 여신액 대비 구속성 예금액의 비율, ④ 특히 예금 당시의 이자제한법을 고려한 총 실질 여신액의 실질 금리수준, ⑤ 예금 및 인출 제한의 경위, ⑥ 금융환경과 상관습 등을 종합하여 결정하여야 한다.

218) 대법원 1998.9.8. 선고 96누9003 판결.

219) 대법원 2000.12.8. 선고 99다53483 판결.

220) 대법원 2003.12.26. 선고 2001두9646 판결.

221) 대법원 2015.9.10. 선고 2012두18325 판결.

(5) 경영간섭

(가) 의 의

경영간섭이라 함은 거래상대방의 임직원을 선임 또는 해임하는 경우에 자기의 지시 또는 승인을 얻게 하거나 거래상대방의 생산품목·시설규모·생산량 또는 거래내용을 제한하여 경영활동을 간섭하는 행위를 가리킨다(영 별표 6호 마목). 여기에서 거래내용이란 생산품목·시설규모·생산량 등과 달리 구체적인 내용을 특정하기 어려운 포괄적인 의미를 가지는데, 앞서 열거된 생산품목·시설규모·생산량 등과 동일시할 수 있는 거래상대방의 판매가격·부과수수료율·결제조건 등 거래와 관련되는 제반사항을 포함한다. 그리고 간섭이란 직접 관계가 없는 남의 일에 부당하게 참견함을 뜻하므로, 거래상대방에 대한 일정한 관여 행위가 필요하다. 따라서 거래내용의 제한이 성립하려면 거래상대방의 판매가격을 변경하도록 요구하거나 판매품목을 승인하고 단가를 조정하는 행위, 거래상대방의 지급대금수준과 결제조건을 계약조건에 포함시키는 행위, 거래상대방이 징수하는 수수료율을 직접 결정하거나 출하자에게 지급하는 장려금의 요율결정에 관여하는 행위 등과 같이 적어도 거래상대방의 의사에 반하여 거래내용을 결정하거나 영향력을 행사함으로써 거래상대방의 경영활동에 부당하게 관여하는 일정한 행위를 필요로 한다.[222)]

(나) 위법성의 판단기준

거래과정에서 일방은 상대방에 대하여 다양한 요구와 제안을 하는데 그 중에서 일부는 거래상대방의 입장에서 보면 간섭으로 비춰질 수 있다. 그러나 요구 등에 법적 근거나 합리적인 이유가 있고 정상적 거래관행의 범위 내에 있다면 기본적으로 상거래상 허용이 될 것이다. 의결권의 행사나 채권회수를 위한 간섭으로서 법적 근거가 있거나 합리적인 사유가 있는 경우로서 투자자 또는 채권자로서의 권리를 보호하기 위해 필요하다고 인정되는 경우에는 법위반으로 보지 않을 수 있으며, 당해 수단의 합목적성 및 대체수단의 유무 등을 함께 고려하여야 한다. 대리점 등 판매업자에게 상품 또는 용역을 공급하면서 현찰판매 또는 직접판매 의무를 부과하거나 사용방법 등에 관한 설명 및 상담의무를 부과하는 행위는 경영효율성의 제고 또는 상품의 안전성확보 등 정당한 사유가 있는 경우 법위반으로 보지 않는다.

그러나 거래상대방에게 정상적 거래관행을 벗어나는 어떤 행위를 강요하거나 거래상대방이 이를 거부하는 경우 제재를 가하는 등으로 그 의사결정이나 판단에 부당하게 관여하는 경우에는 경영간섭에 해당할 수 있다. 「불공정거래행위 심사지침」은 경영간섭으로서 ① 합리적 이유없이 대리점의 거래처 또는 판매내역 등을 조사하거나 제품광고 시

222) 서울고법 2010.4.8. 선고 2009누548 판결 및 대법원 2011.10.27. 선고 2010두8478 판결.

자기와 사전합의하도록 요구하는 행위, ② 금융기관이 채권회수에 아무런 곤란이 없음에도 불구하고 자금을 대출해준 회사의 임원선임 및 기타 경영활동에 대하여 간섭하거나 특정 임원의 선임이나 해임을 대출조건으로 요구하는 행위, ③ 상가를 임대하거나 대리점계약을 체결하면서 당초 계약내용과 달리 취급품목이나 가격, 요금 등에 관하여 지도를 하거나 자신의 허가나 승인을 받도록 하는 행위, ④ 합리적 이유 없이 대리점 또는 협력업체의 업무용 차량 증가를 요구하는 행위[223]를 예시한다.

(다) 구체적 사례

백화점이 우월한 지위를 이용하여 납품업체들로 하여금 영업비밀인 경쟁백화점의 EDI(Electronic Data Interchange) 시스템 접속권한을 제공하도록 하여 경쟁백화점과의 매출정보를 취득한 행위가 경영간섭에 해당하는지가 문제가 되었다. 백화점이 단순히 납품업체들의 경쟁백화점에서의 매출정보를 취득한 것만으로는 납품업체들의 거래내용을 제한하는 일정한 행위, 즉 간섭행위가 존재한다고 하기 어려워 경영간섭에 해당하지 않는다.[224] 반면, 이러한 정보를 이용하여 납품업체들이 매출대비율을 일정하게 유지하도록 관리하고 자사 및 경쟁백화점에서의 할인행사를 진행할지 여부에 관한 자유로운 의사결정을 저해하였다면 거래내용을 제한한 행위로서 경영간섭에 해당한다.[225]

6. 거래상 지위남용의 사법상 효력

거래상 지위의 남용행위가 독점규제법 위반에 해당하더라도 그로 인한 계약의 사법상 효력이 곧바로 부인되는 것은 아니다. 그러나 그와는 별도로, "위와 같은 행위를 실현시키고자 하는 사업자와 상대방 사이의 약정이 경제력의 차이로 인하여 우월한 지위에 있는 사업자가 그 지위를 이용하여 자기는 부당한 이득을 얻고 상대방에게는 과도한 반대급부 또는 기타의 부당한 부담을 지우는 것으로 평가할 수 있는 경우에는 선량한 풍속 기타 사회질서에 위반한 법률행위로서 무효"에 해당된다.[226]

---

223) 피심인 삼양식품공업(주)은 라면, 인스턴트 면류, 대두유, 간장 등을 제조·판매하는 사업자로서, 피심인의 대전지점은 영업구역인 대전지역에서 판매촉진을 위하여 1990. 6.부터 관할 대리점인 영신상사 등 5개 대리점에 대해 판매차량의 증차를 요구하여 왔으며, 이에 응하지 않는 경우 대리점을 교체한다는 내용의 판매전략회의의 결정사항에 따라 1991. 1.~3.까지 판매차량을 증차한다는 내용의 합의서를 영신상사를 제외한 4개 대리점으로부터 받아내었다. 이에 대해 공정위는, 대리점이 그의 판매차량을 증차하여 상품의 매출을 증가시키는 경우 당해 대리점의 수익이 증대될 것은 예상할 수 있으나, 대리점과 피심인은 서로 독립된 사업자이고 판매차량의 구입문제는 대리점의 영업비용으로 충당해야 하는 대리점주의 경영에 관한 고유한 사항이므로, 피심인의 행위는 자기의 거래상의 우월한 지위를 이용하여 정상적인 거래관행에 비추어 부당하게 거래상대방인 대리점의 경영활동을 간섭하는 행위에 해당한다고 하여 시정명령을 내렸다. 공정위 1991.6.18. 의결 제91-53호.

224) 대법원 2011.10.27. 선고 2010두8478 판결.

225) 대법원 2011.10.13. 선고 2010두8522 판결.

226) 대법원 2017.9.7. 선고 2017다229048 판결.

■ **대법원 2017.9.7. 선고 2017다229048 판결**

백화점을 운영하는 대규모 소매업자인 甲 주식회사와 의류를 납품하는 乙 주식회사 사이에 甲 회사가 乙 회사로부터 납품받은 상품을 매입하여 대금을 지급하고 乙 회사의 책임하에 상품을 판매한 후 재고품을 반품하는 조건으로 거래하는 내용의 특정매입거래계약을 체결하고 지속적으로 거래해 오다가, 계약일로부터 2년이 지난 시점에 乙 회사가 甲 회사에 재고품에 대한 상품대금 반환채무가 있음을 확인하고 이를 분할 상환하기로 하는 확약서를 작성한 사안에서, 甲 회사는 위 계약을 특정매입거래계약인 것처럼 체결하고도 직매입거래 방식으로 의류를 납품받아 수익의 극대화를 도모하는 한편, 특정매입거래 방식의 유리한 점도 함께 취하려고 함으로써 甲 회사에는 특히 유리하고 乙 회사에는 지나치게 불리한 내용의 거래를 주도하였는데, 이러한 거래관계가 형성될 수 있었던 것은 경제력 차이에서 연유하는 甲 회사의 우월한 지위 때문이므로, 위 확약은 甲 회사가 우월한 지위를 이용하여 자기는 부당한 이득을 얻고 乙 회사에는 과도한 반대급부 내지 부당한 부담을 지우는 법률행위로 평가할 수 있고, 이를 강제하는 것은 사회적 타당성이 없어 사회질서에 반한다고 한 사례이다.

제 4 절 특수불공정거래행위

공정위가 필요하다고 인정하는 경우에는 불공정거래행위의 유형 또는 기준을 특정분야 또는 특정행위에 적용하기 위하여 세부기준을 정하여 고시할 수 있다. 이 경우 공정위는 관계행정기관의 장의 의견을 들어야 한다(영 [별표 2] 비고). 이에 따라 현재 특정분야로서 대규모소매업, 신문업 및 특정행위로서 계속적 재판매거래, 병행수입 등에 관하여 고시가 제정되어 있다. 이러한 행위들에 대하여는 일차적으로 위 고시의 규정이 적용되지만, 이 경우에도 불공정거래행위의 요건을 충족하여야 함은 물론이다. 현재 공정위가 지정·고시하고 있는 특수불공정거래행위의 유형은 〈표 4-3〉과 같다.

〈표 4-3〉 특정행위 또는 특정사업분야에 적용되는 불공정거래행위의 유형 및 기준

특정행위	특정사업분야
• 병행수입에 있어서의 불공정거래행위의 유형고시 • 계속적 재판매거래 등에 있어서의 거래상 지위남용행위 세부유형 지정고시	• 대규모 소매업에 있어서의 특정 불공정거래행위의 유형 및 기준 • 신문업에 있어서의 불공정거래행위 및 시장지배적 지위남용행위의 유형 및 기준

제5절 보복조치의 금지

사업자는 불공정거래행위와 관련하여 분쟁조정의 신청, 신고 또는 공정위의 조사에 대한 협조를 한 사업자에게 그 행위를 한 것을 이유로 거래의 정지 또는 물량의 축소, 그 밖에 불이익을 주는 행위를 하거나 계열회사 또는 다른 사업자로 하여금 이를 하도록 하여서는 아니 된다(법 48조). 이러한 보복조치를 금지하고 있는 이유는 불공정거래행위로 인하여 불이익을 받은 사업자들이 그러한 보복조치가 두려워서 피해구제나 불공정거래행위에 대한 규제에 소극적인 태도를 보이지 않게 함으로써 불공정거래행위 금지의 실효성을 제고하기 위한 것이라고 할 수 있다.

제6절 불공정거래행위에 대한 제재

Ⅰ. 시정조치

공정위는 독점규제법에 위반하는 불공정거래행위 또는 보복조치 등의 행위가 있을 때에는 해당 사업자에게 해당 불공정거래행위의 중지 및 재발방지를 위한 조치, 해당 보복조치의 금지, 계약조항의 삭제, 시정명령을 받은 사실의 공표, 그 밖에 필요한 시정조치를 명할 수 있다(법 49조 1항).

Ⅱ. 과 징 금

공정위는 불공정거래행위(단, 부당한 지원행위는 제외) 또는 보복조치가 있을 때에는 해당 사업자에게 관련매출액 등의 4%를 초과하지 않는 범위에서 과징금을 부과할 수 있다. 다만, 매출액이 없는 경우 등에는 10억원을 초과하지 않는 범위에서 과징금을 부과할 수 있다(법 50조 1항).

Ⅲ. 벌 칙

경쟁제한적 불공정거래행위인 부당거래거절, 부당차별취급, 부당경쟁자배제, 부당구속조건부거래 및 부당지원행위를 제외한 나머지 불공정거래행위를 한 자 또는 시정조치에 따르지 아니한 자에 대하여는 2년 이하의 징역 또는 1억 5천만원 이하의 벌금에 처한다

(법 125조 1호, 4호). 그런데 비교법적으로 볼 때 불공정거래행위를 한 자에 대하여 형벌을 부과하는 것은 매우 이례적이기 때문에, 입법론적으로는 이를 폐지하는 방안을 진지하게 검토해 볼 필요가 있다.[227)]

227) 참고로 일본 독점금지법은 공정위의 시정조치에 불응하는 경우에만 시정조치불이행죄로 처벌하고 있다.

제5장

재판매가격유지행위의 금지

Ⅰ. 개 요

1. 재판매가격유지행위의 개념

재판매가격유지행위(resale price maintenance)라 함은 사업자가 상품 또는 용역을 거래할 때 거래상대방인 사업자 또는 그 다음 거래단계별 사업자에 대하여 거래가격을 정하여 그 가격대로 판매 또는 제공할 것을 강제하거나 그 가격대로 판매 또는 제공하도록 그 밖의 구속조건을 붙여 거래하는 행위를 말한다(법 2조 20호). 예를 들어, 아래 [그림 5-1]에서 제조업자가 유통업자에게 P1 가격에 상품을 판매하면서 그 유통업자에 대하여 P2 가격에 소비자에게 판매하도록 강제하거나 조건을 붙이는 행위를 말한다. 이러한 재판매가격유지행위는 유통단계의 흐름에서 상부에 위치한 사업자와 하부에 위치한 사업자 사이에서 발생한다는 점에서 수직적 거래제한의 하나로 분류된다.[1)]

재판매가격유지행위는 상표제도의 발달과 밀접한 관련을 가지고 있다. 상품에 상표가 부착되어 있으면 당해 상품에 대한 품질 등의 동일성(identity)이 쉽게 식별될 수 있다. 제조업자는 상표품의 품질을 개선함으로써 소비자들의 신뢰를 얻고 장기적으로 그에 상

[그림 5-1] 재판매가격유지행위의 구조

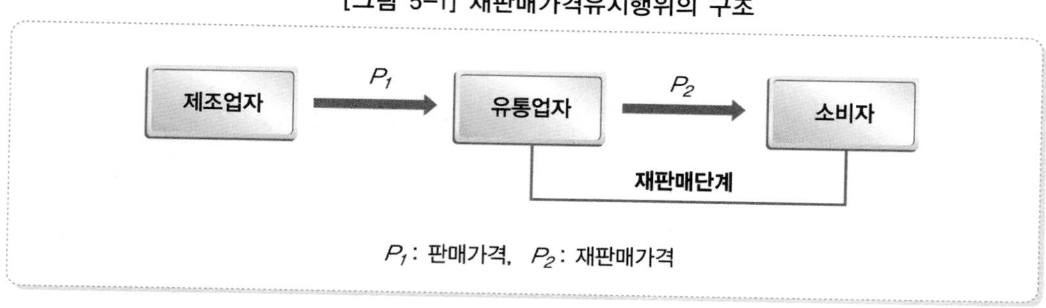

1) 수직적 거래제한에 해당되는 것으로는 재판매가격유지, 비가격 제한, 끼워팔기 그리고 배타적 거래 등이 있다. Sullivan/Harrison(1994), p. 149 참조.

응하는 높은 가격을 받으려고 노력한다. 브랜드 가치를 높이는 영업 활동이 그 대표적인 예이다. 그런데 이와 같은 상표품의 성격을 이용하여 판매업자, 특히 소매업자가 자기의 점포에 고객을 유인하여, 그가 판매하는 다른 상품의 판매량을 늘릴 목적으로 특정한 저명 상표품을 염가로 판매하는 경우가 있다. 이것이 이른바 유인염매(loss leader)이다. 이와 같은 유인염매는 판매업자에게는 효과적인 판매촉진책이 될 수 있을지 모르지만, 그 제조업자에게는 상품의 이미지를 손상시키는 등 손해를 야기할 우려가 있다. 따라서 제조업자는 유인염매에 대한 대응책으로서 재판매가격유지제도를 고안하여 사용하게 된다.[2)]

2. 재판매가격유지행위가 경쟁에 미치는 효과

(1) 경쟁제한효과

재판매가격유지행위는 유통단계에 있어서 판매업자들 간의 가격경쟁을 제한하는 측면이 있다. 이것이 경쟁법에서 동 행위를 규제하는 주된 논거가 되고 있다.[3)] 즉, 재판매가격유지행위는 제조업자－도매업자－소매업자 간의 이른바 종적(縱的) 내지 수직적인 가격협정이지만, 결과적으로 판매업자들 간에 수평적인 가격합의가 있는 것과 유사한 효과가 발생할 수 있다. 또한, 특히 재판매가격유지행위가 다수의 제조업자들에 의하여 동시에 이루어지는 경우에는 도매업자와 소매업자를 횡적으로 혹은 집단적으로 구속하는 이른바 횡적 내지 수평적인 가격협정으로 발전해 나갈 소지도 있다.[4)] 소매업자 단체 혹은 도매업자 단체가 그들 간의 가격경쟁에 의하여 매출 내지 마진이 저하되는 것을 막기 위하여, 제조업자 내지 제조업자단체와 교섭하거나 압력을 가하여 재판매가격의 유지를 요구하는 경우도 있기 때문이다. 따라서 이와 같은 행위는 수직적 가격협정이라기보다는 오히려 은폐된 수평적 가격협정의 성격을 띤다고 할 수 있다.[5)] 더욱이 제조업자가 재판매가격유지계약의 당사자가 아닌 판매업자 혹은 재판매가격유지계약에 위반하여 판매하는 판매업자에 대하여 당해 상품의 공급을 중단하거나 위약금 등과 같은 벌칙을 부과하는 경우에는 강력한 가격카르텔의 성격을 띠게 된다.

(2) 경쟁촉진효과

재판매가격유지행위는 가격 이외의 측면에서 경쟁을 촉진하는 효과를 가져 올 수 있

2) 宮坂富之助, 現代資本主義と經濟法の展開, 成文堂(1976), 131-132면.
3) 공정위 2004.2.11. 제2004-036호 의결에서는 시장지배적 사업자인 (주)농심이 특약점들의 할인판매행위를 억제하기 위하여 재판매가격을 유지한 행위는 특약점들 간의 가격경쟁을 봉쇄한다는 점을 근거로 삼고 있다.
4) 예컨대 공정위 1987.4.1. 제87-19호 의결에서 문제된 사안에서는 피심인인 삼성전자(주)를 비롯하여 (주)금성사, 대우전자(주) 등이 합동으로 재판매가격유지에 관여한 것으로 나타나고 있다.
5) 그러나 Sullivan/Harrison(1994), pp. 159-160는 수직적인 가격협정이 수평적인 가격협정으로 전환되는 것은 단순한 이론적인 가능성일 뿐이라고 하며, 현실적인 검증으로 뒷받침되는지에 관하여 의문을 제기하고 있다.

다.[6)] 즉, 재판매가격유지행위는 판매업자들 간에 가격경쟁을 없애는 반면, 유인염매나 무임승차를 방지함으로써 품질경쟁이나 유통과정상 서비스경쟁을 촉진할 수 있고, 이를 통하여 상표내의 경쟁은 제한하지만 상표간의 경쟁을 촉진할 수 있다는 점[7)]에서 궁극적으로 소비자에게 이익이 될 수도 있다. 제조업자는 자신의 상품에 대한 유통업자의 판촉활동을 권장하게 되는데, 그러한 판촉활동에 소요되는 비용은 상품의 가격에 반영되는 것이 보통이다. 골프 클럽을 예로 들면, A 업체는 고객들을 위한 넓은 매장을 마련하고 고가의 분석장비를 마련해서 고객의 신체조건에 맞는 클럽을 추천하는 서비스를 제공하는 반면, B 업체는 그러한 서비스는 전혀 제공하지 않은 채 온라인을 통해 클럽을 저가에 판매한다고 가정하자. 이 경우에 소비자는 판촉활동을 하는 A 업체를 통해 자신에게 가장 잘 맞는 상품에 대한 정보를 얻고 나서, 그러한 활동을 하지 않는 대신에 상품을 저가로 공급하는 B 업체로부터 동일한 상품을 구입할 수 있다. 이러한 경우에는 판촉활동을 하지 않는 유통업자는 다른 유통업자의 판촉활동에 무임승차(free-riding)하는 결과가 발생하고, 그것은 상품에 대한 판촉활동을 전반적으로 위축시키는 효과를 초래할 우려가 있다. 따라서 제조업자는 이러한 무임승차를 방지하기 위하여 재판매가격을 유지하는 경우가 있다.

3. 재판매가격유지행위 규제의 근거

법은 재판매가격유지행위를 단독행위로 정의하면서도, 이를 불공정거래행위와는 별개의 행위유형으로 규정하고 있고, 재판매가격유지행위를 원칙적으로 금지하면서 정당한 이유가 있는 경우에는 허용하고 있다. 그 결과, 우리나라에서는 재판매가격유지행위에 대한 규제의 근거가 경쟁제한성에 있는 것인지, 아니면 판매업자의 가격결정권 침해에 있는 것인지에 관해서 논란이 있었다.

(1) 학 설

다수설은 경쟁제한성에서 재판매가격유지행위의 위법성을 찾고 있다.[8)] 반면, 재판매가격유지행위는 도매업자 또는 소매업자가 거래상대방과 흥정을 통하여 자유롭게 결정해야 할 재판매가격을 사전에 구속하는 것이기 때문에 금지된다는 소수설도 있다.[9)] 그러나 소수설은 계약 등 거래상대방의 자발적 동의에 의하여 재판매가격유지행위가 이루어지는

6) 경쟁촉진적 효과를 특히 강조하고 있는 견해로는 R. H. Bork(신광식 역), 반트러스트의 모순, 교보문고(1991), 359면.

7) Areeda & Kaplow, Antitrust Analysis(4th ed.), Wolters Kluwer(1988), pp. 636-647.

8) 권오승(2015), 381-382면; 정호열(2016), 464면; 이호영, "독점규제법상 상표내 경쟁제한행위의 규제에 관한 연구", 서울대학교 박사학위논문(2003), 283-289면; 김태진, "현행 공정거래법상 재판매가격유지행위금지", 상사법연구 제27권 제1호(2008), 346-348면 등.

9) 이봉의, "독점규제법상 재판매가격유지행위의 성격과 규제체계에 관한 소고", 서울대학교 법학 제48권 제4호(2007), 247-248면.

경우에도 이를 규제하는 논거를 찾기가 어렵고, 법에서 정당한 이유가 있는 경우에는 명시적으로 예외를 인정하고 있는 것과도 상충된다는 비판을 받고 있다.

(2) 실무의 태도

공정위는 초기에는 별개의 독립된 사업자인 도매상 등의 유통업자가 자신의 경영전략이나 영업능력에 따라 재판매가격을 자율적으로 결정할 수 있어야 한다는 것을 근거로 제시하는 경우('가격결정의 자율성' 침해)가 많았으나, 근래에는 유통업자들 사이의 상표 내 경쟁제한 등 관련시장에서의 경쟁제한효과를 그 근거로 제시하는 경우가 대부분이다.[10)]재판매가격유지행위에 대한 공정위의 법집행 기준은 「재판매가격유지행위 심사지침」(이하 "재판가 심사지침"이라 함)에 나타나 있다. 재판가 심사지침은 재판매가격유지행위의 행위요건과 이에 대한 심사기준을 구체적으로 규정하고 있다. 그리고 판례 역시 2010년 이후 경쟁제한성이 위법성의 근거라는 점을 분명히 하고 있다.[11)]

4. 재판매가격유지행위의 분류

(1) 단독행위와 공동행위

재판매가격유지행위를 단독행위로 볼 것인지 공동행위로 볼 것인지에 관해서는 입법례에 따라 차이가 있다. 미국이나 EU에서는 대체로 제조업자와 유통업자 사이의 수직적 합의로 보아 카르텔에 준하여 규제하고 있다.[12)] 재판매가격유지행위를 수평적 가격고정합의와 동일하게 당연위법으로 볼 것인지, 아니면 수평적 가격고정합의보다는 경쟁제한성이 약한 행위유형으로 보아 합리의 원칙을 적용할 것인지에 관해서 논의가 이루어지고 있다. 미국의 경우에는 뒤에서 보는 것처럼 종래 당연위법으로 보다가 근래 들어 경쟁촉진적 효과도 고려하여 합리의 원칙으로 선회하고 있다. 반면, 일본의 독점금지법은 재판매가격유지행위를 제조업체가 유통업자를 상대로 하는 단독행위로 보아 불공정거래행위의 특수한 유형으로 규정하고 있다.[13)] 우리나라 독점규제법도 일본의 영향을 받아 재판매가격유지행위를 단독행위로 파악하고, 이를 불공정거래행위, 특수관계인에 대한 부당한 이익제공과 같은 장(제6장)에서 규제하고 있다.[14)]

---

10) 이호영, "공정거래법상 재판매가격유지행위 규제의 입법적 개선 – 최저재판매가격유지행위의 위법성 판단기준을 중심으로", 비교사법 제19권 제1호(2012), 263-264면.

11) 대법원 2010.11.25. 선고 2009두9543 판결.

12) 미국 연방대법원은 United States v. Colgate & Co. 250 U.S. 300(1919) 판결에서, Colgate는 자신이 희망하는 재판매가격을 통고한 후 가격을 지키지 않은 판매업자와의 거래를 거절하였는데, 이에 대하여 제조업자의 거래자유의 영역에 속하는 것이라 하여 셔먼법의 적용을 부정하였다.

13) 公正取引委員會事務局官房涉外室, 獨占禁止法の國際比較－OECD加盟諸國の法制の比較と解説－, 大藏省印刷局(1979), 171면.

14) 2020년 법 개정 이전에는 불공정거래행위 및 특수관계인에 대한 부당한 이익제공과 별도의 장에 규정을 두었으나, 개정을 하면서 같은 장으로 위치를 옮겼다.

(2) 최고가격유지행위와 최저가격유지행위

재판매가격유지행위는 그 유지되는 가격이 최저가격이냐 최고가격이냐에 따라 최저가격제와 최고가격제로 나누어진다. 우리나라에서는 당초 재판매가격유지는 그것이 최저가격이든 최고가격이든 모두를 무조건 금지하는 태도를 취하였다. 그러나 2001년의 법 개정을 통하여 최고가격유지행위로서 정당한 이유가 있는 경우에는 이를 예외적으로 허용하게 되었다. 그런데 대법원이 2010년 이후 최저가격유지행위에 대해서도 정당한 이유가 있는 경우에는 그것이 허용된다는 판례이론을 제시한[15] 이후에는 최고가격제와 최저가격제를 구별할 실익이 없어졌다. 따라서 2020년 법 개정시에 판례이론을 수용하여 모든 재판매가격유지행위에 대해서 정당한 이유를 위법성 조각사유로 인정하였다.

Ⅱ. 재판매가격유지행위의 성립요건

1. 재판매가격

재판매가격은 거래상대방인 사업자 또는 그 다음 거래단계별 사업자가 판매하는 거래가격을 의미한다. 여기서 거래가격이라 함은 사업자가 지정하는 재판매가격뿐만 아니라 최고가격, 최저가격, 기준가격을 포함한다. 또한 사업자가 재판매가격의 범위를 지정하면서 거래상대방인 사업자 또는 그 다음 거래단계별 사업자에게 그 범위 내에서 구체적인 판매가격을 지정할 수 있게 하는 경우도 포함한다. 그런데 재판매가 성립하려면 우선 판매가 선행되어야 하고, 판매는 상품 또는 용역의 소유권이 거래상대방에게 이전되었음을 의미한다.

한편, 위탁판매라 함은 수탁자가 위탁자의 계산으로 자기 명의로써 상품 또는 용역을 판매하고 그 법적 효과는 위탁자에게 귀속하는 법률행위를 말한다. 소유권이 위탁자에 있으므로 수탁자에 대한 소유권의 이전은 발생하지 않으며, 상품 등의 판매에 대한 위험도 위탁자가 부담한다. 위탁자는 위탁판매시 자기 소유의 상품 또는 용역의 거래가격을 수탁자에게 당연히 지정할 수 있다. 따라서 위탁자가 수탁자에게 판매가격을 지정하더라도 이는 재판매가격유지행위에 해당되지 않는다. 위탁판매에 해당되는지 아니면 재판매에 해당하는지 여부는 당해 상품 또는 용역의 '실질적인 소유권의 귀속주체'와 당해 상품 또는 용역의 판매・취급에 따르는 '실질적인 위험의 부담주체'가 위탁자인지 또는 수탁자인지에 따라 결정된다. 공정위는 각종 위험부담을 전적으로 대리점에게 부담시키고 있고,

15) 대법원 2010.11.25. 선고 2009두9543 판결; 대법원 2011.3.10. 선고 2010두9976 판결; 대법원 2017.6.19. 선고 2013두17435 판결. 그러나 이러한 법원의 판결에 대하여는 법률의 규정에 반하는 판결로서 법해석의 한계를 넘어섰다는 비판도 있었다.

대리점의 사업자등록증 상의 업태가 위탁매매업이 아닌 도·소매업으로 기재되어 있으며, 실제거래에 있어서도 대리점에서 매출분과 매입분의 차액에 대한 세금계산서를 직접 발행(위탁매매업의 경우에는 위탁수수료에 대한 부가가치세의 세금계산서를 발행)하고 있는 경우에 대리점 간의 거래관계를 진정한 의미의 위탁매매거래로는 볼 수 없다고 판단하였다.[16] 법원도 역시 거래의 실질을 중시하여 동아제약(원고)이 3개 도매상과 '박카스-에프 위탁판매 거래계약서'을 체결하였더라도 원고와 3개 도매상 사이에서 박카스 제품의 판매로 인한 손익은 원고가 아닌 도매상에게 귀속되는 이상 위탁판매로 볼 수 없다고 판단하였다.[17]

2. 재판매가격유지의 상대방

재판매가격유지의 상대방은 거래상대방인 사업자 또는 그 다음 거래단계별 사업자이다. 여기서 거래상대방인 사업자라 함은 사업자로부터 상품 또는 용역을 직접 구입하는 다른 사업자를 말한다. 그 다음 거래단계별 사업자라 함은 일련의 거래과정에서 사업자로부터 상품 또는 용역을 구입한 거래상대방인 사업자로부터 해당 상품 또는 용역을 구입하는 다른 사업자를 말한다.

3. 구 속 성

재판매가격유지행위에 해당하기 위해서는 거래가격대로 판매 또는 제공할 것을 강제하거나 그 가격대로 판매 또는 제공하도록 그 밖의 구속조건을 붙여야 한다. 2020년 법개정 전에는 "강제하거나 이를 위하여 규약 기타 구속조건을 붙여 거래하는 행위"라고 규정되어 있었다. 그런데 이러한 정의규정은 강제성[18]을 요구하는 것으로 해석될 여지가

16) 공정위 1996.8.21. 의결 제96-193호.

17) 대법원 2010.12.23. 선고 2008두22815 판결. 계약서에 의하면, 도매상은 제품 도착일 기준 30일 이내의 은행도 약속어음이나 현금으로 대금을 결제하여야 하고 이를 위반할 경우 원고는 도매상에 대한 덤 지원을 유보할 수 있으며, 원고가 일반 대중매체에 대한 광고 선전비를 부담하기는 하지만 도매상의 거래처에 대한 기획판촉비용은 도매상이 분담하도록 되어 있는 점, 원고가 3개 도매상에게 판매수수료의 형식으로 지급하는 15%의 덤은 일반적인 도매거래에서 부여되는 판매마진의 변형된 한 형태에 불과할 뿐 이를 위탁판매에 따른 수수료로 볼 수 없는 점 등이 판단의 논거이다.

18) 과거 남양유업 사건에서는 법원이 강제성을 부정하였다. 이 사건에서 남양유업(원고 회사) 충청지점 영업사원이 관내 일부 대형할인매장에 대하여 판매가격을 인상할 것을 요청하면서 이에 응하지 아니할 경우 상품공급을 중단할 것처럼 통지·시사한 행위가 문제가 되었다. 그런데 법원이 강제성을 부정한 논거는 위 각 매장에 대한 상품 공급은 위 지점에서 담당하고 있는 것이 아니라, 원고 회사 본사와 각 그 매장의 서울 본사 사이에서 체결된 계속적 상품공급계약에 따라 원고 회사 본사에서 담당하고 있고, 각 그 상품공급계약에 따르면 원고 회사 본사로서는 구매발주서에 적시된 납기 및 납품장소에 맞추어 상품을 납품하여야 하고, 발주된 상품은 1회에 전부 납품하여야 하며, 원고 회사 본사가 납기를 준수하지 못하였을 경우 1일당 발주금액의 1/1000(한국마크로의 경우) 내지 15/100(하나로마트의 경우)의 지체배상금을 물도록 되어 있으며, 그리하여 원고 회사 본사는 매출액이 큰 위 각 대형할인매장에 대하여 염매를 이유로 함부로 공급중단을 결정할 수 없는 입장에 있고, 실제로도 그를 이유로 공급중단을 실시한 바 없었고, 더구나 위 영업사원은 관내 점포를 돌아다니면서 판매대금 수금, 반품처리 등의 업무를 담당하는 당시 25세의 입사 1년 남짓된 사원에 불과하여 독자적으로 공급중단 등을 결정하거나 실시할 권한이 없어, 위 각 매장의 담당직원들은 위 영업사

있는 만큼 이를 완화할 것인지에 관한 논의가 이루어졌다. 이에 강제성에 이르지 않는 구속성의 정도로 해석될 수 있도록 정의규정에서 "이를 위하여 규약"이라는 문구를 삭제하는 것으로 개정이 이루어졌다. 이와 같은 법 개정의 취지에 따라 재판매가격유지행위가 성립하기 위해서 강제성까지 이르지 않더라도 실효성을 확보할 수 있는 수단이 부수된 구속성이 존재하면 그것으로 충분한 것으로 해석하여야 할 것이다. 구속성의 유무는 거래상대방인 사업자 또는 그 다음 거래단계별 사업자의 자유로운 의사에 반하여 지정된 거래가격을 준수하도록 하고 그 위반에 대해 거래상대방인 사업자 또는 그 다음 거래단계별 사업자에게 불이익을 주었는지 여부를 기준으로 판단한다.

(1) 구체적 사례

(가) 구속성이 인정되는 경우

본사나 지점을 통하여 각 거래처에 소비자가격을 미리 정하여 통보하고 소속 직원들에 대한 사원교육 및 분임토의 등을 통하여 거래처의 소비자가격 준수 여부를 조직적으로 감시・감독하게 하고, 거래처에 대하여 소비자가격의 준수를 적극적으로 종용함과 아울러 일부 거래처에 대하여 그 미준수에 대하여 공급중단 등의 경제상 불이익을 과하겠다는 뜻을 통지・시사하였다면 문제의 소비자가격은 실효성이 확보된 수단이 부수된 것으로 인정된다.[19] 그 밖에도 ① 거래단계별 가격표를 통보하면서 할인판매를 하는 대리점에 대해 출고정지・해약 등의 조치를 하는 경우, ② 지정한 가격을 준수하지 않는 대리점에 대해 배상에 관한 서약을 강제하는 경우, ③ 유통업체들의 가격준수를 담보하기 위해 지급보증증권을 제출하게 하거나 기타 담보물을 제공하게 하는 경우, ④ 유통업체들이 지정된 가격을 준수하지 않을 경우 판촉활동비, 인테리어 설치비용 등 통상적인 지원을 중단하는 경우, ⑤ 가격을 준수하지 않는 대리점에 대해 연간 사업계획 및 영업전략 등에서 제재조치 방침을 정한 후 직접 제재조치를 실행한 경우, ⑥ (준)정찰제를 시행하면서 미준수시 출고정지 등 불이익을 부과하는 경우가 이에 해당할 것이다.

(나) 구속성이 부정된 경우

제약사인 원고가 도매업체에 대하여 재판매가격유지행위를 하였는지가 문제된 사안에서 법원은 설령 판매가격 지정행위가 있었다고 하더라도 이는 단지 참고가격 또는 희망가격을 통보하는 정도에 그치는 것에 불과할 뿐 나아가 거래처로 하여금 원고가 지정한

원의 언동에 크게 개의하지 아니하였고, 그들 또한 본사로부터 지시받은 판매가격으로 판매할 뿐 스스로 판매가격을 결정할 권한이 없었다는 것이었다. 대법원 2001.12.24. 선고 99두11141 판결.

19) 서울고법 2000.1.28. 선고 98누14947 판결 및 대법원 2002.5.31. 선고 2000두1829 판결. 매일유업이 자기와는 독립된 별개의 유통사업자인 농협, 대형할인매장, 슈퍼마켓 등에 대하여 자사의 대표이사 명의로 가격을 지정하고 이를 이들에게 통지하고 나아가 그 이행여부를 관리함에 있어서 가격인상을 종용하고 또한 불이행시 공급중단을 표명한 행위가 문제된 사건이다.

판매가격대로 판매하게끔 하는 것에 대하여 그와 같이 제시한 참고가격 또는 희망가격의 실효성을 확보할 수 있는 수단이 부수되어 있었다고 할 수 없는 경우에 재판매가격유지행위를 하였다고 할 수 없다고 판단하였다.[20)]

(2) 권장소비자가격

추천가격, 권장가격 또는 표준가격이라고 불리는 권장소비자가격의 경우에 그것이 구속성 요건에 해당하는지가 문제된다. 권장소비자가격은 생산업자나 도매업자가 그가 판매하는 상품에 대하여 거래상대방인 도·소매업자에게 희망하는 판매가격을 표시하는 것이다. 권장소비자가격이 단순한 참고사항에 불과하여 구속성이 없을 경우에는 재판매가격유지행위에 해당되지 않는다. 그리고 판례는 판매가격 조사·점검행위만으로는 권장소비자가격 통보에 그 실효성을 확보할 수 있는 수단이 부수되어 있었다고 보기는 어렵다고 보았다.[21)] 그러나 거기에 그치지 아니하고 재판매업자로 하여금 그 지시 등에 따르도록 하는 것에 대하여 현실로 그 실효성을 확보할 수 있는 수단이 부수되어 있다면, 이는 재판매가격유지행위에 해당하므로 위법하다.[22)] 한편, 공정위는 대우정밀공업이 각 대리점에 대하여 '전국통일가격표'라는 제하에 권장소비자가격을 정하여 매장 내에 부착하도록 한 후 일간신문에 '전국소비자가격 통일 단행'이라는 제하에 광고를 한 사안에 대하여, 직접적인 강제조항은 없다고 하더라도 광고 등에 의하여 사실상 권장소비자가격으로 판매할 수밖에 없기 때문에 재판매가격유지행위에 해당한다고 판단하였다.[23)] 그러나 단지 그러한 광고를 한 사실만으로 구속성을 인정할 수 있을지는 의문이다.

4. 정당화 사유의 부존재

(1) 정당한 이유

(가) 법 개정 전 판례 이론

2001년 개정된 구법 제29조 제1항은 재판매가격유지행위를 원칙적으로 금지하지만, 최고가격유지행위로서 정당한 이유가 있는 경우에는 예외적으로 허용하였다. 이러한 규정 방식은 재판매가격유지행위에 대해서는 기본적으로 경쟁제한적이어서 위법하다고 전제하면서도, 미국의 판례법이 최고가격유지행위에 관하여 합리의 원칙을 받아들인 것을 참고하여 최고가격유지행위에 대해서만 위법성 추정의 복멸을 허용한 것이었다.[24)] 그렇

20) 대법원 2011.5.13. 선고 2010두28120 판결.
21) 대법원 2001.12.24. 선고 99두11141 판결.
22) 대법원 2001.12.24. 선고 99두11141 판결; 대법원 2002.5.31. 선고 2000두1829 판결; 대법원 2010.12.9. 선고 2009두3507 판결; 대법원 2011.5.13. 선고 2010두28120 판결; 대법원 2019.3.14. 선고 2018두60984 판결 등 참조.
23) 공정위 1984.8.8. 의결 제84-35호.
24) 이호영, "공정거래법상 재판매가격유지행위 규제의 입법적 개선 – 최저재판매가격유지행위의 위법성 판단기

지만, 최저가격유지행위에 대하여는 이를 마치 당연위법인 것처럼 규정하고 있기 때문에 문리적 해석에 따르면 정당한 이유가 있더라도 예외가 인정될 여지가 없었다. 이러한 입법태도의 타당성에 대하여는 상당한 비판이 제기되었다.[25] 이에 대법원은 2010년 한미약품 판결에서 최저가격유지행위의 경우에도 "관련 상품시장에서의 상표 간 경쟁을 촉진하여 결과적으로 소비자후생을 증대하는 등" 정당한 이유가 있는 경우에는 이를 허용할 필요가 있다고 판시하였다.[26] 그리고 대법원은 2011년 한국켈러웨이골프 판결[27]에서 사업자에게 최저가격유지의 정당한 이유에 관하여 증명할 기회를 주지 않은 경우에는 위법이라고 판시하였다. 결국 판례 이론에 따르면, 재판매가격유지행위의 위법성 판단에 관하여 그 법문상의 차이에도 불구하고 최저가격유지행위와 최고가격유지행위 사이에 아무런 차이가 없게 되었다.

■ 미국 판례의 변천과 그 영향

미국에서는 재판매가격유지행위가 셔먼법 제1조에 의하여 규율된다. 미국에서는 재판매가격유지행위를 제조업자의 단독행위가 아니라 제조업자와 유통업자 사이의 수직적 합의로 본다는 점에서 우리나라의 경우와 차이가 있다. 그럼에도 불구하고, 재판매가격유지행위의 위법성에 관한 우리나라의 판례 법리는 유독 미국의 영향을 많이 받았다. 따라서 미국 판례의 변천을 알아두는 것은 우리나라 법집행의 변화를 이해하는 데에 도움이 될 것이다. 미국 연방대법원은 재판매가격유지행위에 관하여 1911년 Dr. Miles 사건[28]에서 셔먼법 제1조 위반으로 당연위법의 원칙을 적용하였다.[29] 그러나 미국 연방대법원은 1997년 Khan 사건[30]에서 최고가격유지행위를 당연위법으로 보는 것은 문제가 있다고 하면서 합리의 원칙을 적용하였다. 위 Khan 판결은 우리나라에 영향을 미쳐서 2001년의 법 개정을 통하여 최고가격유지행위로서 정당한 이유가 있는 경우에는 이를 허용하는 것으로 개정되었다. 한편, 미국 연방대법원은 2007년 Leegin 사건[31]에서 최저가격유지행위에 대해서도 합리의 원칙을 적용하여야 한다고 하면서, 1911년 Dr. Miles 판결을 폐기하였다. 동 법원은 최저가격유지행위의 친경쟁적 효과로서, ① 가격 이외에 상품진열이나 서비스, 판매시간이나 위치의 편리성, 판매원의 친절함 등 브랜드 간 경쟁

준을 중심으로", 비교사법 제19권 제1호(2012), 260면.

25) 정호열(2016), 465면; 김태진, "현행 공정거래법상 재판매가격유지행위금지", 상사법연구 제27권 제1호(2008), 341면 이하 참조.

26) 대법원 2010.11.25. 선고 2009두9543 판결.

27) 대법원 2011.3.10. 선고 2010두9976 판결.

28) Dr. Miles Medical Co. v. John Park, 220 U.S. 373(1911).

29) 그러나 재판매가격유지행위에 대한 당연위법의 엄격한 접근은 오히려 제조업자의 유통계열화를 촉진하여 독립 판매업자들이 시장에서 퇴출될 우려를 야기한다. 결과적으로 유통업의 발전을 저해하고, 유통업이 제조업에 종속되는 결과를 초래할 위험도 있다.

30) State Oil Co. v. Khan, 522 U.S. 3(1997).

31) Leegin Creative Leather Products, Inc. v. PSKS, Inc., 551 U.S. 877(2007).

(interbrand competition)이 촉진되고, ② 유통업자의 무임승차 유인을 감소시키며, ③ 유통업자에게 적절한 마진을 보장해주므로 유통업자는 소비자가 다른 브랜드 상품보다 이 상품을 구매하도록 비가격적 노력을 하게 되어 판매량을 늘릴 수 있다는 점을 지적하였다. Leegin 판결은 우리나라 대법원이 최저가격유지행위에 관하여 합리의 원칙을 채택하게 된 계기가 된 것으로 보인다.

(나) 2020년 법 개정에 따른 정당한 이유의 내용

2020년 법 개정에서는 최저가격유지행위와 최저가격유지행위를 별도로 구분하지 않고, 모든 재판매가격유지행위에 대하여 효율성 증대로 인한 소비자후생 증대효과가 경쟁제한으로 인한 폐해보다 큰 경우 등 재판매가격유지행위에 정당한 이유가 있는 경우에는 위법성이 조각되어 허용된다. 효율성 증대로 인한 소비자후생 증대효과는 ① 관련시장에서 상표 간 경쟁이 활성화되어 있는지 여부, ② 그 행위로 인하여 유통업자들의 소비자에 대한 가격 이외의 서비스 경쟁이 촉진되는지 여부, ③ 소비자의 상품 선택이 다양화되는지 여부, ④ 신규사업자로 하여금 유통망을 원활히 확보함으로써 관련 상품시장에 쉽게 진입할 수 있도록 하는지 여부 등을 종합적으로 고려하여 판단하여야 한다. 그리고 소비자후생 증대효과의 존재 및 규모에 관한 증명책임은 관련규정의 취지상 사업자에게 있다고 할 것이다.

(다) 구체적 사례

재판매가격유지행위에 정당한 이유가 있는 경우에는 허용되지만, 법원이나 공정위가 정당한 이유를 인정한 사례는 아직 없다. 이는 많은 경우에 재판매가격유지행위가 시장지배적 사업자 내지 유력한 사업자에 의하여 이루어졌기 때문에, 재판매가격유지행위로 인한 경쟁제한의 폐해는 두드러진 반면, 소비자후생 증대효과 등 그 행위를 정당화할 근거는 부족했기 때문인 것으로 보인다.[32] 예컨대 판례는 한미약품(원고)이 도매상들로 하여금 보험약가 수준으로 재판매가격을 유지한 행위에 대해서 그와 같은 행위는 경쟁을 통한 보험약가의 인하를 막는 결과로 이어지며 그로 인한 부담은 결국 최종 소비자에게 전가되는 점 등을 인정하고, 보험약가 범위 안에서 요양기관이 실제 구입한 가격으로 약제비를 상환하는 실거래가상환제도가 적용된다 하더라도 그러한 사정만으로 원고의 재판매가격유지행위를 허용할 정당한 이유가 있다고 보기 어렵다고 판단하였다.[33] 그러나 다른 한편으로, 관련시장에서 상표 간 경쟁이 활성화되어 있거나 중소기업이나 신규사업자

---

32) 아모레퍼시픽의 최저재판매가격 유지행위건에 관한 서울고법 2012.8.22. 선고 2011누12728 판결(심리불속행기각으로 확정).

33) 대법원 2010.11.25. 선고 2009두9543 판결.

들이 경쟁의 수단(특히, 시장진입의 수단)으로 재판매가격유지를 채택한 경우에 대해서까지 지나치게 엄격한 증명책임을 묻는 것이 아닌가 하는 의문도 제기되고 있다.[34)]

(2) 지정 저작물

「저작권법」 제2조 제1호에 따른 저작물 중 관계 중앙행정기관의 장과 협의를 거쳐 공정위가 고시하는 출판된 저작물(전자출판물을 포함한다)인 경우에도 재판매가격유지행위의 위법성이 조각된다(법 46조 2호).[35)] 저작물에 대해서 재판매가격유지행위를 허용하는 이유는, 저작물은 고유한 창작물로서 통상 일반 공산품과는 다른 문화상품의 특성을 가지고 있고 문화의 보급과 문화수준의 유지를 위하여 없어서는 안 될 존재이기 때문에 그 발행의 자유를 보장할 필요가 있다는 점, 다양한 종류의 저작물이 전국적으로 광범위하게 보급되어 일반소비자에게 널리 제공될 수 있도록 하기 위해서는 판매상에게 일정한 이윤을 보장해 줄 필요가 있다는 점,[36)] 출판업계는 그 업종의 성질상 다수의 출판사가 존재할 수밖에 없어서 중소기업인 영세기업의 비중이 높고 신규참여도 활발하여 경쟁적 성격이 다분한 시장구조를 가지고 있어서 재판매가격유지행위를 인정하더라도 그 폐해가 그다지 크지 않을 수 있다는 점[37)] 등이 제시된다. 이와 관련하여 공정위는 「재판매가격유지행위가 허용되는 저작물의 범위」를 고시하고 있다. 이 고시에 따라 재판매가격유지행위가 허용되는 범위는 ① 「출판문화산업 진흥법」 적용 대상 간행물, ② 「신문 등의 진흥에 관한 법률」상 일반일간신문 및 특수일간신문이다.

Ⅲ. 보복조치의 금지

사업자는 재판매가격유지행위와 관련하여 분쟁조정의 신청, 신고 또는 공정위의 조사에 대한 협조를 한 사업자에게 그 행위를 한 것을 이유로 거래의 정지 또는 물량의 축소, 그 밖에 불이익을 주는 행위를 하거나 계열회사 또는 다른 사업자로 하여금 이를 하도록 하여서는 아니 된다(법 48조). 이러한 보복조치를 금지하고 있는 이유는 재판매가격유지행위로 인하여 불이익을 받은 사업자들이 그러한 보복조치가 두려워서 피해구제나 재판매가격유지행위에 대한 규제에 소극적인 태도를 보이지 않게 함으로써 재판매가격유

34) 신광식 박사가 1981~1990년 중에 공정위가 시정조치한 재판매가격유지행위 77건에 대해 실증적 분석을 한 결과에 따르면, 주로 구조적으로 경쟁적인 시장의 소규모 기업들이 재판매가격을 유지하려는 성향이 높았다고 한다. 전체 79개의 재판매가격유지 기업 중 47개(59.5%)가 연간 매출액 5백억원 이하의 기업으로서, 소규모 기업의 비중이 판매지역·고객제한(44.4%)이나 배타적 거래(40%)의 경우보다 높았다고 한다. 신광식, 시장거래의 규제와 경쟁정책(1992) 참조.

35) 2020년 법 개정 전에는 지정상품에 대한 예외적 허용 규정이 마련되어 있었으나 이에 대한 비판이 있었기 때문에 결국 해당 규정은 개정 과정에서 폐지되었다.

36) 신광식, "재판매가격유지행위의 규제제도 개선방안", 경쟁법연구 제5-6권(1994), 168-169면.

37) 서울고법 1996.3.19. 선고 95구24779 판결; 서울고법 2002.9.3. 선고 2001누14046 판결.

지행위 금지의 실효성을 제고하기 위한 것이라고 할 수 있다.

Ⅳ. 위반행위에 대한 제재

1. 시정조치

공정위는 위법한 재판매가격유지행위 또는 보복조치가 있을 때에는 해당 사업자에게 해당 재판매가격유지행위의 중지 및 재발방지를 위한 조치, 해당 보복조치의 금지, 계약조항의 삭제, 시정명령을 받은 사실의 공표, 그 밖에 필요한 시정조치를 명할 수 있다(법 49조 1항).[38)]

2. 과 징 금

공정위는 재판매가격유지행위가 있을 때에는 해당 사업자에게 관련 매출액 등에 100분의 4를 곱한 금액을 초과하지 아니하는 범위에서 과징금을 부과할 수 있다. 다만, 매출액이 없는 경우등에는 10억원을 초과하지 아니하는 범위에서 과징금을 부과할 수 있다(법 50조 1항).

---

38) 과거에는 재판매가격유지행위를 한 자에 대해서도 벌칙 규정이 있었으나 2020년 법 개정시 삭제되었고, 현재에는 공정위의 시정조치에 따르지 아니한 자에 대해서만 벌칙 규정을 두고 있다.

제6장

사업자단체

Ⅰ. 개　　요

1. 사업자단체의 의의

사업자단체란 그 형태가 무엇이든 상관없이 둘 이상의 사업자가 공동의 이익을 증진할 목적으로 조직한 결합체 또는 그 연합체를 말한다(법 2조 2호).

(1) 사업자단체의 구성원

사업자단체는 사업자들로 조직된 단체이므로 원칙적으로 그 구성원이 사업자에 해당되어야 한다. 사업자라 함은 제조업, 서비스업, 또는 그 밖의 사업을 하는 자를 말한다(법 2조 1호 전문). 그런데 오늘날 사업자의 개념이 점차 확장되어 가고 있기 때문에 사업자단체의 개념도 점차 확장되고 있다. 예컨대 의사, 약사, 변호사, 건축사 등과 같은 전문적인 자유업이 사업자의 개념에 포함됨에 따라 의사협회, 약사회, 변호사협회, 건축사회 등도 사업자단체로 다루어지고 있다. 법원도 사단법인 대한약사회[1]와 대한법무사협회[2] 및 대한의사협회[3]를 사업자단체로 보아 독점규제법의 적용을 인정하고 있다. 구성원 전부가 사업자일 필요는 없고, 사업자단체의 구성원이 서로 경쟁관계에 있는 사업자일 필요도 없다. 따라서 대한상공회의소나 전국경제인연합회 등도 사업자단체에 해당될 수 있다. 단체를 조직한 자들이 사업자이기만 하면 충분하고 그 구성원의 법적 형태가 법인이든 조합 또는 회사이든 상관없다.

사업자단체에 관한 규정을 적용할 때에는 사업자의 이익을 위한 행위를 하는 임원, 종업원(계속하여 회사의 업무에 종사하는 사람으로서 임원 외의 사람), 대리인 및 그 밖의 자도 사업자로 본다(법 2조 1호 후문). 회사의 이사나 영업부장 등이 개인 명의로 단체를 구성하거나 혹은 단체에 가입하고 있으면서 실질적으로는 그가 소속되어 있는 사업자의 이

1) 대법원 1995.5.12. 선고 94누13794 판결.
2) 대법원 1997.5.16. 선고 96누150 판결.
3) 대법원 2003.2.20. 선고 2001두5347 전원합의체 판결.

익을 위하여 활동하고 있는 경우도 있는데, 이러한 경우에는 그 단체도 사업자단체에 포함시키려는 취지이다. 그러므로 임원·종업원·대리인 기타의 자가 사업자를 대표 또는 대리하여 단체에 가입하고 있는 경우에는 그들에 의하여 대표 또는 대리되고 있는 사업자가 당해 단체를 구성하고 있는 것으로 된다. 예컨대, 건설회사들의 자재구매 담당 과장급 이상 종업원들이 조직한 단체인 '건설회사 자재직 협의회'는 사업자단체에 해당된다.[4)]

근로자의 단체인 노동조합[5)]은 단결권, 단체교섭권, 단체행동권의 행사에 관하여는 노동조합법 등 노동관련 법률이 적용되므로 독점규제법이 적용되지 않는다.[6)] 그러나 노동조합이 다른 사업자나 비노동조합인 단체와 결합하여 노동시장이 아닌 다른 시장에서 경쟁을 제한하는 행위를 하는 것은 노동조합법 등에 따라 하는 정당한 행위에 해당하지 아니하므로 독점규제법이 적용된다.[7)] 그리고 노동조합이라고 하더라도 사업자들이 가입한 경우에는 사업자단체에 해당할 수 있다. 또한, 노동조합이 본래 목적 이외의 별도의 사업을 영위하는 경우에 그러한 사업과 관련해서는 사업자에 해당한다.

(2) 공동의 이익을 증진할 목적

사업자단체는 공동의 이익을 증진할 목적을 갖고 있을 것을 요건으로 한다. 공동의 이익이란 구성사업자들의 경제활동상의 이익을 말하고, 단지 친목, 종교, 학술, 조사, 연구, 사회활동만을 목적으로 하는 단체는 여기에 해당하지 않는다.[8)] 그러나 사업자 간의 친목이나 종교, 학술 등의 목적을 가진 단체라도 그 구성원의 전부 또는 일부가 사업자이고, 당해 단체가 대내외적으로 구성사업자의 시장행위를 조정 또는 통제하는 행위를 하는 경우에는 사업자단체로서의 적격이 인정될 수 있다.[9)] 판례는 '까치회' 등 부동산중개업자들 사이의 친목회가 사업자단체에 해당된다고 판단하였다.[10)] 공동의 이익이라 해서 소속사업자의 전부가 그 이익을 받을 필요는 없고 일부가 그 이익을 받는 경우라도 상관이 없다. 사업자단체에는 구성사업자들 간의 경쟁을 규율하기 위하여 조직된 단체뿐만 아니라 구성원들의 경제적 조건이나 지위를 향상시키기 위하여 설립된 단체, 예컨대

---

4) 공정위 1995.6.5. 의결 제95-99호.

5) 노동조합이라 함은 근로자가 주체가 되어 자주적으로 단결하여 근로조건의 유지·개선 기타 근로자의 경제적·사회적 지위의 향상을 도모함을 목적으로 조직하는 단체 또는 그 연합단체를 말한다. 다만, 근로자가 아닌 자의 가입을 허용하는 경우에는 노동조합으로 보지 아니한다(노동조합법 2조 4호).

6) 미국의 경우 셔먼법은 초기 노동조합의 활동에 적용되어 노조탄압의 도구라는 비판을 받았는데, 그후 클레이튼(Clayton)법과 노리스 라과디아(Norris Laguardia)법은 노동조합의 활동에 대해 반트러스트법의 적용이 제외된다는 점을 명문으로 규정하였다. 상세는 지철호, 독점규제의 역사, 홀리데이북스(2020), 81-83면 참조.

7) 미국의 판례는 노동조합에 대한 반트러스트법 면책요건으로 첫째로 해당 조직이 순수한 노동조합일 것, 둘째로 해당 조합이 노동시장에서의 목적에 그 활동을 제한함으로써 자기의 이익에 부합하게 행동할 것, 셋째로 비노동조합과 결합하지 아니할 것을 들고 있다. ABA(2022), p. 1642.

8) 대법원 2008.2.14. 선고 2005두1879 판결.

9) 이봉의, 부당공동행위 및 사업자단체 금지행위 관련 심결정리 및 분석(2007), 122면 이하 참조.

10) 대법원 2008.2.14. 선고 2005두1879 판결.

수많은 경제단체와 직업단체 및 사용자단체도 포함된다.

여기서 말하는 이익에는 단체를 구성한 사업자에게 귀속되는 경제적 이익은 물론 단체가 속해 있는 업계의 이익을 포함한다. 그리고 이익증진을 위한 행위는 반드시 영리를 목적으로 하는 활동에 국한하지 않는다. 공익적 임무를 수행하고 있거나 비영리적 성격이 있다고 하더라도 공동의 이익을 증진할 목적이 있으면 사업자단체에 해당할 수 있다. 따라서 의사, 변호사 등 전문직 자유업자로 구성된 단체도 사업자단체에 해당한다. 판례도 사단법인 대한의사협회,[11] 사단법인 대한병원협회[12] 등이 사업자단체에 해당된다고 판단하였다. 지역 사립유치원 운영자(원장 및 설립자)들이 구성원이 되어 공동의 이익을 증진할 목적으로 조직한 지역 유치원연합회는, 비록 유치원연합회의 구성원들이 유아교육이라는 공익적 임무를 수행하고 있고 유치원연합회는 그들이 결성한 단체로서 그 기본적 속성에 비영리적인 점이 있으며, 유치원연합회와 그 구성원들이 관할 교육장 등의 지도·감독을 받고 있다고 하더라도, 입학금 등을 받고 그 대가로 교육에 임하는 기능 및 행위와 관련해서는 사업자 및 사업자단체로서의 특성 및 측면이 있다.[13]

목적은 정관·규약 등에 명시된 목적에 한정되지 않고, 단체의 사실상의 목적을 말하는 것이며, 반드시 주목적일 것도 요구하지 않는 포괄적 개념이다. 사업자단체는 공동의 이익을 증진할 목적을 가지고 있으면 충분하므로 반드시 경쟁사업자들로 구성될 필요는 없다. 따라서 상공회의소나 전국경제인연합회 등과 같이 다양한 업종의 사업자를 포섭하는 단체도 여기에 포함된다.

(3) 단체성과 조직성

사업자단체는 구성사업자와는 별개로 인식될 수 있는 사회적인 존재, 즉 독립적인 명칭을 갖고 일정한 조직을 유지하는 둘 이상 사업자의 결합체 또는 연합체일 것이 요구된다. 사업자단체에 참가하는 개별 구성사업자는 독립된 사업자이어야 하므로, 개별 사업자가 그 단체에 흡수되어 독자적인 활동을 하지 않는 경우에는 사업자단체라고 할 수 없고, 사업자단체로 인정되기 위해서는 개별 구성사업자와 구별되는 단체성, 조직성을 갖추어야 한다.[14] 단체는 특정한 법적 형태를 전제로 하는 것은 아니다.[15] 그 명칭 여하를

11) 대법원 2003.2.20. 선고 2001두5347 전원합의체 판결.
12) 대법원 2003.4.8. 선고 2001두5057 판결.
13) 서울고법 2007.1.11. 선고 2006누653 판결(심리불속행 기각으로 확정).
14) 대법원 2008.2.14. 선고 2005두1879 판결. 법원은 "부동산중개업자인 회원 상호 간의 친목도모와 부동산거래질서 확립 및 부동산중개업자 회원의 공동이익 증진 등을 목적으로 하여 성남시 분당구의 동 또는 마을 단위로 1998년 2월경부터 1999년 사이에 설립된 부동산중개업자들의 결합체"에 관하여 "독자적인 명칭을 갖고 그 대표자로 회장과 그 아래 부회장, 총무 등의 조직을 갖추고 있으며, 총회 및 임시총회에서 주요 의사결정을 하는 등 의사결정절차를 두고 있고, 분당지역 13개 부동산중개업자친목회 전·현직 회장 등이 중심이 되어 결성된 점, 원고 친목회들은 그 연합체 성격의 소외 회에서 윤리규정을 제정하고, 그 산하 단체로 볼 수 있는 각 회에서 그 회원들에 대한 강제력을 갖는 윤리규정을 시행한 점, [일부 원고 등]의 경우에는 위 윤리규정 시행 전에 자체 회칙과 윤리규정을 갖추고 있었던 점 등에 비추어" 사업자단체로 인정하였다.

불문하며, 법인격 여부와도 관계가 없다. 그 법적 형태는 사단이든 조합이든 「민법」 또는 「상법」상의 회사이든 이를 묻지 않는다. 지부 · 지회 · 분회 등의 하부조직도 독자적 규약과 임원을 보유하고 조직활동에 독자성이 있는 경우에는 독립된 사업자단체로 본다. 사업자의 결합체와 사업자 양자를 구성원으로 하는 단체도 여기에 포함된다.[16] 따라서 둘 이상의 사업자가 조직한 결합체(○○조합, ○○협회, ○○협의회, ○○회의소, ○○지부, ○○지회 등)들의 연합체(○○연합회, ○○중앙회 등)도 사업자단체에 해당된다.

2. 규제의 취지

사업자단체의 활동 중에는 기업의 성장과 국민경제의 건전한 발전에 긍정적인 기여를 하는 것도 있지만, 반대로 부정적인 영향을 미치는 것도 있다. 독점규제법은 사업자단체의 여러 행위 중에서 자유롭고 공정한 경쟁을 저해할 우려가 있는 행위를 금지하고 있다. 사업자단체는 그 조직적 활동을 통하여 경쟁제한행위가 성립하기가 쉽고 또 그 실행이 효과적으로 이루어지는 점과 정부주도의 경제개발과정에서 사업자단체를 통한 담합관행이 고착화된 점 등이 사업자단체를 규제하는 근거가 되고 있다.

사업자단체의 활동에 대한 규제는 사업자에 대한 규제를 보완하는 보충적 성격을 가진다. 그런데 독점규제법은 사업자와 사업자단체의 행위를 같은 조항에서 규율하는 방식을 취하지 않고, 먼저 사업자에 대한 금지행위를 규정한 뒤에 사업자단체에 대하여는 별도의 장으로 규율하고 있다. 그 이유는 사업자와 사업자단체가 시장에서 활동하는 방식에 차이가 있다고 보았기 때문이라고 할 수 있다. 그러나 같은 유형의 행위가 그 주체가 사업자인지 사업자단체인지에 따라 위법성 판단기준이 달라지는 것은 아니기 때문에 이를 별도로 규정할 필요는 없을 것이다. 입법론으로는 사업자단체를 사업자에 포함시켜서 함께 규율하는 것이 바람직할 것이다.

공정위는 사업자단체의 금지행위를 예방하기 위하여 필요한 경우 사업자단체가 준수해야 할 지침을 제정 · 고시할 수 있다(법 51조 3항). 공정위는 위 지침을 제정하려는 경우에는 관계 행정기관의 장의 의견을 들어야 한다(법 51조 4항). 공정위는 현재 사업자단체가 동법에 의하여 금지되는 행위와 허용되는 행위를 쉽게 구별할 수 있도록 하기 위하여, 「사업자단체 활동지침」을 제정하여 시행하고 있다.

---

15) Immenga/Mestmäcker, GWB Kommentar zum Kartellgesetz, München(1992), S. 90; Rittner(1997), 184면.
16) 신동권(2016), 56면.

Ⅱ. 사업자단체 금지행위

1. 사업자단체의 행위

사업자단체의 행위에 해당하기 위해서는 사업자단체의 의사가 존재하고, 그 의사가 구성사업자에게 표시되어 그것에 관한 구성사업자 간의 공동인식이 있어야 한다.

(1) 사업자단체의 의사

사업자단체의 의사결정은 총회·이사회 등의 정식기관에서 명시적 결정이 이루어진 경우를 주로 의미하지만 이에 한정하지 않는다. 사업자단체의 의사는 통상 총회, 이사회, 임원회의 등 그 형식에 구애됨이 없이 이를 통한 결의, 결정 등의 형태로 나타난다. 정관, 규정 또는 시행중인 사업계획서 등에 의하여 이루어지는 경우에도 해당 정관, 규정, 사업계획서 그 자체를 사업자단체의 의사로 볼 수 있다. 정식 결정이라고 할 수 있는 형태를 갖추고 있지 않더라도 단체로서의 결정이 있었다고 구성원이 인식할 정도이면 충분하며,[17] 전원이 참가할 필요도 없다. 과거부터 관행적으로 이루어지고 있는 행위의 경우에도 사업자단체의 의사가 존재하는 것으로 간주할 수 있다. 사업자단체 구성원 중 일부가 사업자단체 금지행위 결의를 하고 그것을 구성원에게 통지하여 이에 따르게 하는 경우에도 사업자단체에 의한 의사결정이 존재하는 것으로 볼 수 있다.

(2) 구성사업자에 대한 의사의 표시

사업자단체의 의사가 구성사업자에게 표시된다 함은 사업자단체의 의사가 회의개최, 문서송부, 전화통보 등 그 형식 여하를 불문하고 구성사업자에게 인지됨을 의미한다. 또한 의사결정이 명백한 구속력을 가질 필요는 없으며 의사결정이 구성원에 의하여 준수되어야 한다는 것으로 받아들여지면 아직 실시되고 있지 않은 단계라도 사업자단체로서의 행위가 성립한다고 볼 수 있다. 위반행위의 성부는 그 실질을 따져서 판단하는 것이므로 사업자단체의 정관에 따른 의결절차에 부합하지 아니하고 사업자단체의 법률상 대표자가 아닌 자를 통하여 행위가 이루어졌다고 하더라도 사업자단체의 행위에 해당된다.[18]

---

17) 사업자단체인 '전국의사총연합'은 문제된 행위가 총의에 의한 결정이 아니므로 단체로서의 행위가 아니고 소속 의사들의 개별적 행위에 불과하다고 주장하였으나, 법원은 해당 단체의 명의로 공문을 발송한 점, 해당 단체의 운영위원들이 SNS 등을 통해 의견을 취합하는 방식으로 의사결정하고 공문발송 등 업무를 처리하여 온 점 등을 이유로 사업자단체의 의사결정이 있었다고 판단하였다. 서울고법 2017.8.17. 선고 2017누45232 판결(심리불속행 기각으로 확정).

18) 대법원 2008.2.29. 선고 2006두10443 판결.

2. 금지행위의 유형

사업자단체는 ① 법 제40조(부당한 공동행위의 금지) 제1항 각 호의 행위로 부당하게 경쟁을 제한하는 행위, ② 일정한 거래분야에 있어서 현재 또는 장래의 사업자 수를 제한하는 행위, ③ 구성사업자(사업자단체의 구성원인 사업자를 말한다, 이하 같다)의 사업내용 또는 활동을 부당하게 제한하는 행위, ④ 사업자에게 법 제45조(불공정거래행위 금지) 제1항에 따른 불공정거래행위 또는 법 제46조(판매가격유지행위의 제한)에 따른 재판매가격유지행위를 하게 하거나 이를 방조하는 행위를 해서는 안 된다(법 51조 1항).

(1) 부당한 공동행위로 부당하게 경쟁을 제한하는 행위

이것은 사업자단체의 조직적 활동을 통해 이루어지는 부당한 공동행위의 형성·실시를 규제하기 위한 것으로서 부당한 공동행위의 제한에 대한 보완규정이다. 이는 사업자단체 자체의 행위로서 금지되는 것이나, 그 실질은 단체조직을 통하여 이루어지는 사업자들의 부당한 공동행위를 규제하기 위한 것이다. 구성사업자가 사업자단체의 총회 등에 참석하여 경쟁제한행위를 하는 것을 결의하는 경우에 그러한 결의에 참여한 사업자에 대해서는 법 제40조 제1항이 별도로 적용될 수 있을 것이다.

법 제40조 제1항의 부당한 공동행위는 사업자가 각 호의 행위를 할 것을 '합의'함으로써 성립하지만, 사업자단체의 부당한 경쟁제한행위는 사업자단체가 각 호의 행위를 '행함'으로써 성립한다. 즉, 법 제51조 제1항 제1호 소정의 사업자단체의 금지행위는 사업자단체가 부당하게 경쟁을 제한하는 법 제40조 제1항 각 호에 규정된 행위를 할 것을 결정하고 그러한 의사가 구성원들에게 표시되어 사업자단체의 구성원 간에 그 사업자단체의 의사결정을 준수하여야 한다는 공동인식이 형성됨으로써 성립한다고 할 것이고, 사업자단체의 구성원이 사업자단체의 의사결정에 따른 행위를 현실적으로 하였을 것을 요하는 것은 아니다.[19] 따라서 구성사업자가 사업자단체에서 결정한 가격의 영향 아래 가격을 결정한 것인 이상 반드시 거래의 단계에서 최종적으로 결정한 가격이 사업자단체에서 결정한 가격과 동일할 필요는 없다고 할 것이며, 그러한 사업자단체의 가격결정이 구성사업자를 직접적으로 구속할 정도에 이르는 경우뿐만 아니라 그에 이르지 아니하고 요청·권고 등의 형태에 그치는 경우는 물론 구성사업자가 그 이익을 위하여 자발적으로 참여한 경우도 포함한다.[20] 이 점에서 제1호 위반행위는 구성사업자에 대한 과도한 제한을 요건으로 하는 제3호 위반행위와 구분된다.[21] 그러나 문제된 사업자들의 행위가 부당하

19) 서울고법 2004.8.18. 선고 2001누17717 판결 및 대법원 2006.11.24. 선고 2004두10319 판결.
20) 서울고법 2000.10.10. 선고 2000누1180 판결 및 대법원 2002.6.14. 선고 2000두8905 판결.
21) 그 외에도 제1호 위반행위는 '경쟁제한성'을 요건으로 하는 반면, 판례는 제3호 위반행위에 대하여 '경쟁저해성'을 요구하고 있다.

게 경쟁을 제한하는 행위에 해당되지 않는 경우에는 사업자단체의 부당한 공동행위에도 해당되지 않음은 물론이다.[22] 이하에서는 부당한 공동행위의 유형에 따라서 개별적으로 살펴보기로 한다.

(가) 가격을 결정·유지 또는 변경하는 행위

1) 개 요

위반행위가 성립하려면 첫째로 사업자단체의 가격결정행위가 있어야 하고,[23] 둘째로 그와 같은 사업자단체의 가격결정행위를 통하여 구성사업자의 가격 및 거래조건의 형성에 경쟁제한적인 영향을 미쳐야 하며, 셋째로 그 결과 일정한 거래분야에서 구성사업자 또는 그 사업자단체가 그 의사로 어느 정도 자유로이 가격 기타 거래의 조건을 좌우할 수 있는 시장지배력을 형성함으로써 경쟁을 실질적으로 제한할 수 있어야 한다.[24] 여기서 사업자단체의 위와 같은 행위가 부당하게 경쟁을 제한하는 것인지 여부는 사업자단체의 시장점유율, 경쟁자의 수와 공급여력, 대체성 등 여러 사정을 종합하여 판단한다.[25] 「사업자단체 활동지침」에 따르면, ① 구성사업자로 하여금 일정한 수준으로 가격을 결정 또는 유지하게 하거나, 공동으로 가격의 인상·인하율(폭)을 결정하는 행위, ② 평균가격, 표준가격, 기준가격, 최고·최저가격 등 명칭 여하를 불문하고 구성사업자에게 가격설정의 기준을 제시하거나 이를 정하여 준수하도록 하는 행위, ③ 할인율, 이윤율 등 가격의 구성요소에 대하여 그 수준이나 한도를 정하거나 일률적인 원가계산방법을 따르도록 함으로써 실질적으로 가격을 동일하게 결정·유지·변경하게 하는 행위, ④ 과당경쟁방지, 정부고시가격의 준수 등을 이유로 할인판매를 하지 못하게 하거나 일정한 가격 이하로 응찰하지 못하도록 하는 행위, ⑤ 다른 사업자단체 또는 구성사업자 이외의 사업자와 계약 등의 방법에 의하여 구성사업자의 가격을 실질적으로 결정·유지 또는 변경하게 하는 행위, ⑥ 국내외 자료를 통하여 원가분석표 등을 작성하고 이를 구성사업자에게 제시하여 구성사업자가 이에 따라 가격결정을 하거나 이를 준수하도록 하는 행위, ⑦ 구성사업자에게 원재료 등의 구입가격을 제시하거나 이를 정하여 준수하도록 하는 행위를 예시로 들고 있다.

---

22) 대법원 2005.1.27. 선고 2002다42605 판결.

23) 가격결정행위라 함은 최종거래 가격을 결정하는 행위는 물론 최종가격을 결정하는데 필요한 요소를 결정하는 행위를 포괄하는 것으로서 최종가격은 물론 평균가격, 표준가격, 기준가격, 최고·최저가격 등 명칭여하를 불문하고 구성사업자가 최종가격을 결정하는 기준을 제시하는 행위, 가격의 인상 인하율(폭)을 결정하는 행위, 할인율, 이윤율 등 가격의 구성요소에 대해 그 수준이나 한도를 정하거나 일률적인 원가계산방법을 따르도록 함으로써 구성사업자로 하여금 실질적으로 가격을 동일하게 결정케 하는 행위도 모두 포함한다. 대법원 2002.6.14. 선고 2000두8905 판결.

24) 서울고법 2000.10.10. 선고 2000누1180 판결 및 대법원 2002.6.14. 선고 2000두8905 판결.

25) 대법원 2005.1.27. 선고 2002다42605 판결.

2) 구체적 사례

대법원은 한국재생유지공업협동조합이 수입우지방 입찰에 참가함에 있어서 구성사업자와 사이에 단순히 입찰을 위한 내부적 절차로서 필요한 협의를 넘어 입찰에 참가한 구성사업자와 입찰가격을 사전 협의한 후 응찰한 행위를 위법한 것으로 판단하였다.[26] 이 사건에서 법원은 조합이 공동사업으로 수집하는 동물성 잔재물은 생물인 특성상 신속한 처리가 필수적이고, 낙찰 받은 물량을 구성사업자들이 배정받기를 거절할 경우 현실적으로 그 처리가 곤란하다는 점에서 입찰에 참가하기 이전에 내부적으로 구성사업자들과 입찰공고 물량에 대한 종합적인 정보를 토대로 경제성 평가를 거쳐 구매용의가 있는 물량 및 그 가격의 상한가에 대한 협의를 하는 것은 위법하다고 볼 수는 없으나, 그 정도를 넘어 입찰가격의 담합에까지 나아가게 되는 때에는 부당한 공동행위에 해당된다고 보았다.

한편, 대법원은 부산광역시 치과의사회가 같은 광역시의 치과기공사회와 사이에 각 실무협의회 소속 회원을 통하여 치과기공물의 가격에 관한 가이드라인을 정한 다음 대표자의 추인을 받아 대표자 명의로 회원들에게 위 가이드라인에 대한 안내문을 발송한 것이, 그 안내문에 위 가이드라인을 자율적으로 참고하라는 취지가 기재되어 있기는 하나, 이전의 치과기공물의 가격 결정에 관한 관행, 위 가이드라인의 작성 경위 및 통보과정 등에 비추어 사업자단체에 의한 가격결정행위에 해당한다고 판단하였다.[27] 또한 같은 취지에서 부산광역시 가스판매업협동조합이 LPG판매가격 표시와 무관한 일반 소매품에 대한 액화석유가스 판매가격(가격표시제)을 각 지회장을 통하여 구성사업자들에게 통지한 행위,[28] 서울특별시 전세버스운송사업조합 등 10개 사업자가 전세버스요금을 결정하고 구성사업자로 하여금 이를 준수하도록 독려한 행위,[29] 한국건설감리협회가 정관규정 개정 등을 통하여 건설공사 감리대가 기준을 정하는 행위,[30] 전국학생복발전협의회 등이 학생복 판매가격의 결정방법이나 기준 등을 제시하면서 지역별 특성에 따라 학생복 가격을 일정수준으로 유지하게 한 행위,[31] 한국전력기술인협회가 전기관리대행수수료에 관하여 논의하고 대행수수료를 전년도 수준으로 동결하기로 결정한 행위,[32] 서울특별시의사회가 진단서 등 의료기관 증명서의 발급수수료를 현행보다 2배 수준으로 인상하기로 의결하고 이를 소속 회원들로 하여금 시행토록 한 행위[33] 등도 위법으로 판단되었다.

---

26) 대법원 2002.9.24. 선고 2002두5672 판결.
27) 대법원 2005.8.19. 선고 2003두9251 판결.
28) 서울고법 2001.12.4. 선고 2001누6793 판결 및 대법원 2002.5.31. 선고 2002두264 판결.
29) 서울고법 2000.10.10. 선고 2000누1180 판결 및 대법원 2002.6.14. 선고 2000두8905 판결.
30) 서울고법 2002.11.19. 선고 2002누1313 판결 및 대법원 2003.4.8. 선고 2002두12779 판결.
31) 서울고법 2004.8.18. 선고 2001누17717 판결 및 대법원 2006.11.24. 선고 2004두10319 판결.
32) 서울고법 2004.9.23. 선고 2003누17001 판결 및 대법원 2006.9.22. 선고 2004두14588 판결.
33) 대법원 2009.6.23. 선고 2007두18062 판결.

(나) 상품 또는 용역의 거래조건이나, 그 대금 또는 대가의 지급조건을 정하는 행위

「사업자단체 활동지침」상의 예시로는 ① 대금지급의 방법을 제한하거나 구성사업자로 하여금 이를 공동으로 결정하게 하는 행위, ② 상품인도일로부터 대금지급 기일까지의 기간을 정하거나 어음의 만기일을 정함으로써 실질적으로 대금지급 기간을 공동으로 결정하게 하는 행위, ③ 수요자의 편익이 증대되지 않는데도 상품 등의 인도장소 또는 방법 등을 제한하거나 공동으로 결정하게 하는 행위, ④ 수요자의 편익이 증대되지 않는데도 상품 등에 대한 아프터서비스의 기간, 내용, 방법 등을 제한하거나 공동으로 결정하게 하는 행위가 있다.

(다) 상품의 생산·출고·수송 또는 거래의 제한이나 용역의 거래를 제한하는 행위

「사업자단체 활동지침」상의 예시로는 ① 구성사업자별로 생산량, 출고량, 판매량을 할당하거나 그 수준을 결정하는 행위, ② 최고·최저생산량, 필요재고량 등 명칭 여하를 불문하고 구성사업자의 생산량 등 수량의 기준을 제시하는 행위, ③ 구성사업자의 상품생산을 위한 가동률, 가동시간, 원료구입, 시설의 신설 또는 증설 및 개체 등을 제한하거나 공동으로 결정하게 함으로써 실질적으로 생산·출고·판매수량을 제한하는 행위, ④ 구성사업자에 대한 수출입 추천, 원재료구입 등을 부당하게 제한하거나 차별적으로 취급하는 행위, ⑤ 생산, 출고, 판매에 관한 자료나 정보를 제공함으로써 구성사업자가 생산·출고·판매량을 결정하도록 유인하는 행위가 있다.

12개 시·도 건축사회 및 건축사복지회의 감리업무를 공동으로 수행하는 감리건축사사무소 등을 설립하거나, 자신이 감리한 건축물에 대한 감리업무를 자신이 담당하지 못하도록 용역거래를 제한한 행위는 법 제51조 제1항 제1호, 제40조 제1항 제3호상의 상품의 생산·출고 또는 거래의 제한이나 용역의 거래를 제한하는 행위, 또는 제40조 제1항 제7호에서 규정하고 있는 영업의 주요부문을 공동으로 수행하거나 관리하기 위한 회사 등을 설립하는 행위로서, 각각 해당지역 감리용역거래분야에서의 사업자 간 경쟁을 실질적으로 제한하는 행위에 해당한다.[34)]

(라) 거래지역 또는 거래상대방을 제한하는 행위

「사업자단체 활동지침」상의 예시로는 ① 구성사업자에게 거래처 또는 거래지역을 할당하거나, 이를 공동으로 정하여 상호 간에 서로 침범하지 않게 하는 행위, ② 구성사업자로 하여금 특정한 사업자와는 거래하지 않도록 하거나 특정한 사업자와만 거래하도록 거래상대방을 제한하는 행위, ③ 구성사업자별 수주활동을 제한하고 공동으로 수주하도록 하거나 입찰 또는 수주의 순위, 자격 등을 제한함으로써 구성사업자의 자유로운 수주

34) 대법원 2002.9.24. 선고 2000두1713 판결.

활동을 제한하는 행위, ④ 객관적이고 합리적인 기준 없이 특정한 사업자를 우량업자 또는 불량업자로 구분하는 등의 방법으로 거래상대방을 제한하는 행위가 있다.

서울조합 등 3개 조합이 예비군수송버스 단가입찰 등에 있어 과당경쟁을 방지하기 위해 구역별로 참여업체를 사전에 조정하거나, 학교통근버스 단체계약 시 지역업체에 우선권을 부여하고 다른 업체의 통근버스 거래선을 침범하는 경우 범칙금을 부과하는 등의 제재를 부과한 행위는 법 제40조 제1항 제4호와 제51조 제1항 제1호에 해당한다.[35] 그리고 공정위는 서울남대문시장 주식회사 부르뎅아동복 상가운영회, 마마아동복 상가운영회, 원아동복 상가운영회 등이 구성사업자들에게 동대문상권 및 할인매장 등 특정거래상대방을 배제함으로써 거래상대방을 제한한 것에 대하여, 비록 사업자들이 상표를 공유하고 있다고 하더라도 거래처선택자유의 제한이 정당화될 수는 없다고 하면서, 법 제40조 제1항 제4호와 제51조 제1항 제1호에 해당하는 행위로 보았다.[36]

(마) 생산 또는 용역의 거래를 위한 설비의 신설 또는 증설이나 장비의 도입을 방해하거나 제한하는 행위

「사업자단체 활동지침」상의 예시로는 ① 구성사업자별로 생산·판매시설 등 설비의 규모를 할당하거나 공동으로 결정하게 하는 행위, ② 구성사업자에게 설비의 신설, 증설 또는 개체를 제한하게 하거나 폐기하도록 하는 행위, ③ 시설이나 장비의 도입처, 도입자금, 도입경로 등을 부당하게 제한함으로써 시설의 신·증설 또는 장비의 도입을 제한하는 행위가 있다.

(바) 상품의 생산 또는 거래시에 그 상품의 종류 또는 규격을 제한하는 행위

「사업자단체 활동지침」상의 예시로는 ① 구성사업자별로 상품의 종류 또는 규격별로 생산품목을 할당하거나 공동으로 결정하게 하는 행위, ② 새로운 제품의 개발·생산·판매 등을 제한하거나 공동으로 결정하게 하는 행위가 있다.

(사) 영업의 주요부문을 공동으로 수행하거나 관리하기 위한 회사 등을 설립하는 행위

「사업자단체 활동지침」상의 예시로는 ① 상품의 생산·구매·판매 등의 업무를 수행하는 공동회사를 설립하여 모든 구성사업자들로 하여금 이 회사를 통해서만 거래하도록 하는 행위, ② 구성사업자의 제품판매수익을 공동으로 관리하는 회사를 설립하여 제반 경비를 공제하고 남은 이익을 판매수익에 관계없이 배분하는 행위가 있다.

---

35) 서울고법 2000.10.10. 선고 2000누1180 판결 및 대법원 2002.6.14. 선고 2000두8905 판결.
36) 공정위 1994.2.4. 의결 제94-18호.

(아) 기타 다른 사업자의 사업활동 또는 사업내용을 방해하거나 제한함으로써 일정한 거래분야에서 경쟁을 실질적으로 제한하는 행위

여기서 다른 사업자라 함은 사업자단체 구성원 사업자와 비구성원 사업자를 모두 포함한다. 부산주류도매업협의회는 주류제조사들에 대하여 자신들의 구성사업자들의 기존 도매가격보다 낮게 판매하는 甲 사업자에 대한 주류공급을 거절하여 줄 것을 요구하고, 이에 불응할 경우 불매운동을 하겠다고 통보하였다. 법원은 이러한 행위가 주류제조사들로 하여금 협의회의 공급중단요구에 따르게 함으로써 주류제조사들의 거래처 선택의 자유를 제한하고 甲 사업자의 주류도매업 시장에서의 사업활동을 방해한 것으로서 위법으로 판단하였다.[37)]

그리고 사업활동을 방해 또는 제한하는 방법은 직접적 방법 또는 간접적 방법을 모두 포함한다. 직접적으로 방해하는 예로서 자동차매매업을 하는 사업자들의 단체가 비조합원에 대하여는 자동차양도증명서를 교부하여 주지 않기로 결의하고, 자동차양도증명서의 교부를 요청한 신규자동차매매업자들에게 비조합원이라는 이유로 자동차매매업에 필요한 자동차양도증명서를 교부해 주지 아니한 행위를 들 수 있다.[38)] 사업자단체가 외부의 제3자에게 압력을 가하는 등의 간접적 방법을 통해 다른 사업자의 사업활동을 방해하는 것도 금지된다. 예를 들어, 회원들로 하여금 경주마 생산자로부터 개별적으로 경주마를 구입하는 것을 금지한 마주협회가 그 실행방법으로서 협회의 구성사업자가 마주자격으로 조교사와 위탁관리계약을 맺고 경주에 출주하려는 협회의 구성사업자와 관련하여 마주협회가 개별구입등록방식을 보류하기로 하였다는 사실을 조기협회에 통보하여 당해 위탁관리계약이 파기되도록 한 행위는 사업자단체의 금지행위에 해당한다.[39)]

「사업자단체 활동지침」은 ① 정당한 이유 없이 단체에의 가입을 강제하거나 거부함으로써 비구성사업자의 사업활동이 부당하게 제약되는 결과를 초래하는 행위,[40)] ② 구성사업자의 상품이나 용역의 가격을 일정수준으로 유지하기 위하여 비구성사업자에게 회원가입을 강제하거나 구성사업자와 가격을 동일하게 받도록 강요하는 행위, ③ 구성사업자

37) 대법원 2006.6.29. 선고 2006두3414 판결.

38) 서울고법 1999.7.22. 선고 98누14084 판결(확정).

39) 대법원 1996.10.1. 선고 96누11839 판결. 국내경마에 관하여 종전에는 마사회 단일마주제로 운영되다가 1993.8.14.부터 다수의 개인마주제로 바뀜에 따라 국산경주마 조달방법도 공동구입 추첨·분배방식과 개별구입 등록방식이 허용되었음에도 불구하고 경주마 생산자인 위 제주축산이 개별마주에게 경주마를 판매하려고 하자 마주협회가 이를 방해한 행위가 문제된 사안이다.

40) 반면, 대한건설기계협회 정관 제7조 제1호에 '정회원은 건설교통부령이 정한 바에 따라 건설기계대여업 신고를 필한 자로 한다.'라고 규정한 사건에서, 법원은 위 정관 조항은 건설교통부령이 정한 바에 따라 건설기계대여업 신고를 필한 자만이 원고의 정회원이 될 수 있다는 회원의 자격에 관한 규정일 뿐, 이를 정회원의 가입을 강제하는 조항으로 볼 수는 없다고 하였다. 이 사건에서는 회비 징수의 강제성이 다투어졌는데, 법원은 강제성이 없다고 보았다. 서울고법 2004.7.14. 선고 2003누7806 판결 및 대법원 2005.6.24. 선고 2004두8569 판결.

로 하여금 다른 사업자의 제품에 대한 불매운동 등을 하거나 정상적인 영업활동을 하지 못하도록 압력을 행사하는 행위, ④ 비구성사업자라는 이유로 사업수행에 필요한 사업관련 정보망 등의 이용을 부당하게 제한하여 비구성사업자의 사업활동을 방해하는 행위, ⑤ 비구성사업자의 저가 판매행위를 저지할 목적으로 비구성사업자를 비방하는 전단을 작성하여 배포하거나 집단적인 시위를 통해 영업을 방해하는 행위, ⑥ 구성사업자로 하여금 다른 사업자가 생산·판매하는 제품을 일정한 용도 이외로는 사용하지 못하게 하는 행위를 예시하고 있다.

■ **사업자단체를 통한 신규진입 방해**

기타 다른 사업자의 사업활동을 방해 또는 제한하는 행위로서 많이 다루어지는 것은 기존 사업자들이 신규진입 사업자에 대해서 사업자단체를 통해 진입을 방해하는 행위를 하는 경우이다. 이러한 신규진입 방해 행위가 다루어진 사건을 살펴보면[41], 원고 아세아시멘트공업 주식회사, 쌍용양회공업 주식회사(이하 "원고 아세아, 쌍용"이라고 함)를 비롯한 원고 한국양회공업협회(이하 "원고 협회"라고 함)의 구성사업자인 7개 회사들(원고 아세아, 쌍용 외에 동양시멘트 주식회사, 성신양회 주식회사, 라파즈한라시멘트 주식회사, 현대시멘트 주식회사, 한일시멘트 주식회사, 이하 위 7개 회사를 '이 사건 회사들'이라고 한다)은 1종 보통포틀랜드시멘트(이하 "보통시멘트"라고 함)와 고로슬래그시멘트를 생산하는 국내 10개 사업자 중 시장점유율의 약 90%를 차지하는 사업자들이다. 이 사건 회사들은 아주산업 주식회사(이하 "아주산업"이라 함)와 기초소재 주식회사(이하 "기초소재"라 함)가 레미콘 제조 시 보통시멘트 대신 혼화재료로 사용될 수 있는 고로슬래그 미분말(이하 "슬래그분말"이라고 함) 사업에 진출 또는 사업확대를 하려고 하자, 원고 협회를 매개로 하여 아주산업과 기초소재의 슬래그분말사업에 공동대처한다는 공통된 인식을 가지고 위 회사들의 슬래그분말사업을 방해하기 위한 효과적인 수단으로 아주산업과 기초소재의 계열회사인 유진종합개발 주식회사, 유진기업 주식회사, 이순산업 주식회사, 천안레미콘 주식회사(이들은 모두 레미콘업체들이며, 이하 "유진레미콘"으로 통칭함)에 대해 보통시멘트 공급량을 제한하거나 슬래그분말사업을 포기·축소하도록 권유 내지 압박하는 등의 행위로 위 회사들의 슬래그분말사업을 방해하였다. 이때 원고 협회는 구성사업자인 이 사건 회사들로부터 아주산업 등의 슬래그분말사업에 대한 확인 및 재고권유 요청을 받고 아주산업과 유진레미콘에게 슬래그분말 사업추진의 중단·제한 등을 요청하였다. 그런데 아주산업 등이 이를 이행하지 아니하자 아주산업과 유진레미콘에 대하여 이 사건 회사들이 시멘트공급을 제한하였으며, 그 후 아주산업이 실제로 2002. 11. 슬래그분말사업을 철회하고, 유진레미콘도 2003. 5. 28. 슬래그분말 사업을 축소, 제한하기로 하자, 아주산업, 유진레미콘에 대하여 이 사건 회사들의 시멘트공급이 다시 이루어지게 되었다. 이 사건에서 법원은 "원고 협회의 위와 같은 행위는 자신들의 구성사업자인 이 사건 회사들의 시멘트시장에서의 시장점유율이 90%에 달

41) 대법원 2008.2.29. 선고 2006두10443 판결.

하여 아주산업, 유진레미콘이 이 사건 회사들을 통해서 시멘트를 공급받을 수밖에 없음을 기화로 단체의 힘을 빌어 아주산업, 유진레미콘으로 하여금 원고 협회의 슬래그분말사업 추진의 중단·제한요구에 따르게 한 행위이므로, 비록 원고 협회의 정관에 따른 의결절차에 부합하지 아니하고, 원고 협회의 법률상 대표자가 아닌 부회장을 통하여 아주산업, 유진레미콘에게 요청 또는 종용을 하였다고 하더라도, 그 실질은 법 [제51조] 제1항 제1호에서 정하는 사업자단체가 법 [제40조] 제1항 [제9호]의 부당한 공동행위를 한 것에 해당한다."고 판단하였다.[42)]

(2) 일정한 거래분야에서 현재 또는 장래의 사업자 수를 제한하는 행위

(가) 의 의

사업자 수의 제한행위는 일정한 거래 분야에서 현재의 사업자를 배제하거나 신규 사업자의 시장진입을 제한하여 당해 거래 분야의 사업자수를 제한하는 것을 말한다. 이 규정은 '부당하게' 또는 '정당한 이유 없이'라는 표현을 명시하고 있지 않다. 법문에 폐해요건이 명시적으로 규정되지 아니한 경우에 독점규제법의 입법 취지 및 목적, 헌법상 경제질서 조항, 금지행위의 성격 등을 종합적으로 고려하여 폐해요건을 설정하여야 할 것인데, 자유공정경쟁의 보호라는 입법목적을 고려할 때 1차적으로 경쟁제한성을 폐해요건으로 보아야 할 것이다. 따라서 이 경우에도 마찬가지로 경쟁제한성이 인정되어야 위법하다고 평가할 수 있을 것이다.

이에 관하여 「사업자단체 활동지침」은 ① 단체에 가입하지 않으면 사업수행이 곤란한 경우 일정한 영업기간 등 가입조건을 어렵게 하거나, 신규가입자에 대해 기존 회원의 동의를 받도록 함으로써 사실상 가입을 제한하는 행위, ② 신규 창업을 저지하거나 기존 사업자를 배제하는 등의 방법으로 당해 사업분야에 있어서 사업자 수의 증가를 제한하는 행위, ③ 신규 가입 시 일정한 거리제한을 두거나 특정한 장소 내에 또는 매매 후 일정한 기간 내에 신규 개설·이전·승계 등을 금지하는 행위, ④ 신규가입 또는 탈퇴를 제한할 목적으로 또는 그와 동일한 효과를 가질 정도로 높은 수준의 가입비를 징수하는 행위를 예시로 들고 있다.

(나) 구체적 사례

경상남도 자동차매매사업조합(원고)이 신규가입비를 과도하게 인상한 행위에 대하여 법원은 ① 매매조합의 비구성사업자는 구성사업자에 비해 자동차거래와 관련된 업무처리에 불편이 있는 점, ② 원고가 경남지역에서 유일한 매매조합인 점, ③ 이 사건 위반행

---

42) 대법원 2008.2.29. 선고 2006두10443 판결. 같은 취지에서 한국철스크랩공업협회가 강원산업이 삼표산업을 설립하여 고철시장에 진출하는 것을 방해한 행위가 위법이라고 한 것으로 대법원 2000.3.15. 선고 99두11639 판결 참조.

위 시기 동안 경남지역 전체 자동차매매업자 대다수가 원고의 구성사업자로 가입되어 있었던 점, ④ 원고는 원고의 비구성사업자가 원고에게 신규로 가입하는 것을 제한하기 위한 목적으로 이사회 및 정기총회에서 신규가입비를 인상하기로 결의하고 이를 구성사업자에게 통지한 점, ⑤ 실제 원고의 구성 사업자 수가 감소한 점 등을 종합하여 보면, 비록 비구성사업자의 원고에 대한 가입이 강제되는 것은 아니라고 하더라도 원고가 신규가입비를 인상하여 비구성사업자의 원고에 대한 가입을 어렵게 한 행위는 위법행위에 해당한다고 보았다.[43] 그 밖에 대전 지역의 자동차매매사업조합이 신규 자동차매매업자의 억제를 위하여 신규사업자의 조합가입비를 인상하고 신규가입 시 납부하는 가입비를 원고로부터 반환받지 않겠다는 포기각서를 받은 후 조합에 가입시키기로 함으로써 신규사업자의 부담을 가중시키고 비조합원에 대하여는 자동차양도증명서 교부를 거부한 행위,[44] 한국예선업협동조합 부산지사가 내부규약 개정을 통해 사용선박의 규모를 제한하고 과도한 가입금 납부를 요구하거나 비회원이라는 이유로 예산배정을 거부한 행위[45] 등도 여기에 해당한다고 본 사례이다.

(3) 구성사업자의 사업내용 또는 활동을 부당하게 제한하는 행위

(가) 의 의

원래 사업자단체는 구성사업자의 공동의 이익을 증진하는 것을 목적으로 하는 단체이므로, 그 목적 달성을 위하여 단체의 의사결정에 의하여 구성사업자의 사업활동에 대하여 일정한 범위의 제한을 하는 것이 어느 정도 예정되어 있다. 법 제51조 제1항 제3호의 취지는 그 결의의 내용이 구성사업자의 사업내용이나 활동을 "과도하게 제한하여 구성사업자 사이의 공정하고 자유로운 경쟁을 저해할 정도에 이른 경우"에는 이를 허용하지 않겠다는 데에 있다.[46] 제1호의 부당한 경쟁제한행위와 제3호의 부당제한행위의 관계를 살펴보면, 사업자단체의 행위로 인하여 관련시장 내에서 경쟁이 제한되거나 제한될 우려가 발생하면 제1호가 적용되고, 과도한 단체적 제한으로 인하여 구성사업자 상호 간의 경쟁이 저해되거나 저해될 우려가 발생하면 제3호가 적용되고, 두 가지 상황이 모두 발생하면 제1호와 제3호가 중첩 적용될 것이다.[47]

「사업자단체 활동지침」은 ① 각종 증명서의 교부나 추천을 거부하거나 지연함으로써 구성사업자의 사업활동을 부당하게 제한하는 행위, ② 영업장소의 수 또는 위치를 제한하거나 일정한 기간 동안 조업을 단축하도록 하거나 영업을 하지 못하도록 함으로써 구성

43) 서울고법 2014.7.10. 선고 2014누44658 판결(심리불속행 기각으로 확정).
44) 서울고법 1999.7.22. 선고 98누14084 판결(확정).
45) 공정위 2016.2.11. 의결 제2016-047호.
46) 대법원 2010.10.28. 선고 2010두14084 판결.
47) 정병기 · 김병규 · 홍동표, "의료 서비스 시장에서 발생한 집단 행위의 사업자단체 금지 행위 해당 여부 판단 기준", 경쟁저널 제211호(2022), 85면.

사업자의 활동을 부당하게 제한하는 행위, ③ 구성사업자에게 공동사업의 이용을 강제하거나 부당하게 구성사업자를 차별적으로 취급하는 행위, ④ 구성사업자에게 특정한 원료의 사용비율을 정하여 강제하거나 직원의 채용 또는 자유로운 기술개발·이용을 부당하게 제한하는 행위, ⑤ 구성사업자의 광고내용, 광고횟수, 광고매체 등을 부당하게 제한하거나 공동으로 결정하게 하는 행위, ⑥ 단체로부터의 탈퇴를 강요하거나 거부함으로써 구성사업자의 사업활동을 부당하게 제한하는 행위를 예시하고 있다.

(나) 과도한 제한

부당제한행위가 성립하기 위해서 우선 구성사업자의 사업내용이나 활동을 과도하게 제한하는 행위에 해당하여야 한다. 따라서 사업자단체가 그 목적 달성을 위하여 허용되는 범위의 제한을 가하는 것은 과도한 제한에 해당하지 아니한다. 법원은 원고인 의사단체가 구성사업자들인 의사들이 휴업에 참여할지 여부에 관하여 자율적 판단에 맡긴 것이라면 구성사업자들의 휴업 여부 판단에 간섭하였다고 볼 수 없다고 한다.[48)]

(다) 경쟁저해성

부당제한행위에 경쟁저해성 요건이 필요한지에 관하여 대한의사협회 집단휴업 사건에서 논의가 되었다. 문제된 행위는 사단법인 대한의사협회가 의약분업 시행을 앞두고 의료계의 주장을 관철하기 위하여 개최하는 의사대회 당일 휴업·휴진할 것과 참석 서명 및 불참자에 대한 불참사유서를 징구할 것을 결의하고, 그 결의내용을 문서, 인터넷 홈페이지 및 신문광고 등을 통해 자신의 구성사업자인 의사들에게 통보하여 대회 당일 휴업·휴진을 하도록 한 행위이다. 아래에서는 이 사건에 대한 대법원 판결[49)]의 다수의견, 별개의견, 반대의견을 순차로 살펴보고 분석을 해보도록 한다.

1) 다수의견

원래 사업자단체는 구성사업자의 공동의 이익을 증진하는 것을 목적으로 하는 단체로서, 그 목적 달성을 위하여 단체의 의사결정에 의하여 구성사업자의 사업활동에 대하여 일정한 범위의 제한을 하는 것은 예정되어 있다고 할 것이나, 그 결의가 구성사업자의 사업활동에 있어서 공정하고 자유로운 경쟁을 저해하는 경우에는 [법 제51조] 제1항 제3호에 규정된 '구성사업자의 사업내용 또는 활동을 부당하게 제한하는 행위'에 해당한다고 할 것인데, 사업자단체인 사단법인 대한의사협회가 의약분업 시행을 앞두고 의료계의 주장을 관철하기 위하여 개최하는 의사대회 당일 휴업·휴진할 것과 참석 서명 및 불참자

48) 대법원 2021.9.9. 선고 2016두36345 판결(원고가 구성사업자들에게 직·간접적으로 휴업참여를 강요하거나 그 휴업 불참에 따른 불이익이나 징계를 사전에 고지한 바 없고, 사후에도 휴업 불참에 따른 불이익이나 징계를 가하였다고 보이지 않으며 휴업 찬성률보다 더 낮은 휴업 참여율을 기록한 점 등이 인정됨).

49) 대법원 2003.2.20. 선고 2001두5347 전원합의체 판결.

에 대한 불참사유서를 징구할 것을 결의하고, 그 결의내용을 문서, 인터넷 홈페이지 및 신문광고 등을 통해 자신의 구성사업자인 의사들에게 통보하여 대회 당일 휴업·휴진을 하도록 한 행위는, 이른바 단체적 구속으로서, 내심으로나마 휴업·휴진에 반대하는 구성사업자인 의사들에게 자기의 의사에 반하여 휴업·휴진하도록 사실상 강요함으로써 구성사업자들의 공정하고 자유로운 경쟁을 저해하는 결과를 가져온다고 할 것이고, 한편, 의료 업무는 그 공익적 성격으로 인하여 여러 가지 공법적 제한이 따르고 있으나, 그 제한 외의 영역에서 개업, 휴업, 폐업, 의료기관의 운영방법 등은 의료인의 자유에 맡겨져 있는 것이고, 그와 같은 자유를 바탕으로 한 경쟁을 통하여 창의적인 의료활동이 조장되고 소비자인 일반 국민의 이익도 보호될 수 있는 것인바, 대한의사협회가 비록 구성사업자인 의사들 모두의 이익을 증진하기 위한 목적에서라고 하더라도 구성사업자들에게 본인의 의사 여하를 불문하고 일제히 휴업하도록 요구하였고 그 요구에 어느 정도 강제성이 있었다고 한다면, 이는 구성사업자인 의사들의 자유의 영역에 속하는 휴업 여부 판단에 사업자단체가 간섭한 것이고, 그 결과 사업자 각자의 판단에 의하지 아니한 사유로 집단휴업 사태를 발생시키고 소비자 입장에 있는 일반 국민들의 의료기관 이용에 큰 지장을 초래하였으니, 그와 같은 집단휴업 조치는 의사들 사이의 공정하고 자유로운 경쟁을 저해하는 것이라고 보지 않을 수 없으므로, 대한의사협회의 행위는 [법 제51조] 제1항 제3호 소정의 '부당한 제한행위'에 해당한다.

2) 별개의견

사업자단체의 금지행위 조항인 [법 제51조] 제1항 제1호 및 제3호를, 그에 사용된 문언의 통상적 의미로 해석할 때, 같은 조 제1항 제1호는 사업자단체가 가격, 거래조건, 고객, 설비, 개업, 영업방법 등에 관하여 [법 제40조] 제1항 각 호의 행위에 의하여 구성사업자에 대하여 부당하게 경쟁을 제한하는 행위를 금지하는 내용인 데 반하여, [법 제51조] 제1항 제3호는 사업자단체가 경쟁과 직접적인 관계없이 구성사업자의 사업내용 또는 활동을 부당하게 제한하는 행위를 금지하는 내용으로 이해함이 자연스럽고, 또한, 경쟁제한행위를 금지한 같은 조 제1항 제1호와 별개로, 그 제3호에 경쟁제한과 직접 관계없이 사업자단체가 구성사업자의 활동을 부당하게 제한하는 행위를 금지하고 이를 위반한 때 행정제재를 가하도록 규정한 것으로 해석한다 하여, 그러한 해석이 입법목적에 반한다고 볼 것은 아니므로, [법] 관련 조항의 합목적적 해석상 [법 제51조] 제1항 제3호의 해당요건으로서 '부당한 제한행위' 외에 '자유공정경쟁제한'이라는 요건을 부가할 것은 아니다.

3) 반대의견

일반적으로 [구성사업자 사이의 '공정하고 자유로운 경쟁을 저해하는 경우'에] 해당되는 행위 유형으로는 경쟁관계에 있는 사업자들을 구성원으로 하는 사업자단체에 의하여

행하여지는 가격, 고객, 설비, 개업, 영업방법 등에 대한 제한 등을 들 수 있는데, 대한의사협회가 의사대회에 다수의 의사들이 참가하도록 독려하기 위해 구성사업자인 의사들에게 휴업을 하도록 통보한 이 사건에서, 대한의사협회의 행위의 목적은 정부의 의료정책에 대한 항의에 있는 것이지 구성사업자인 의사들 사이의 경쟁을 제한하여 이윤을 더 얻겠다는 데 있는 것이 아님이 분명하므로, 위 '부당성'의 판단 기준에 비추어 볼 때 대한의사협회가 정부의 정책에 대하여 항의의사를 표시하는 과정에서 구성사업자 상당수로 하여금 영업의 기회를 포기하게 하였다는 점을 들어 바로 대한의사협회의 행위를 구성사업자 사이의 공정하고 자유로운 경쟁을 저해하는 행위로서 허용될 수 없는 행위라고 단정하기는 어렵다 할 것이고, 나아가 이는 사업자단체에 의하여 행하여지는 가격, 고객, 설비, 개업, 영업방법 등에 대한 제한 등에도 해당하지 아니한다 할 것이어서, 대한의사협회의 행위는 같은 [법 제51조] 제1항 제3호에 의하여 금지되는 사업자단체의 행위에 해당한다고 할 수 없다.

4) 검 토

대한의사협회 집단휴업 사건에 관한 의견을 요약하면 다음 〈표 6-1〉과 같다.

〈표 6-1〉 대한의사협회 집단휴업 사건 전원합의체 판결

구분	다수의견(5인)	별개의견(3인)	반대의견(5인)
경쟁저해성이 요건인지 여부	긍정	부정	긍정
집단휴업의 경쟁저해성이 인정되는지 여부	불참사유서 징구하는 등 의사에 반하는 휴업을 사실상 강요함으로써 구성사업자들의 공정하고 자유로운 경쟁을 저해하는 결과를 초래하였음	이 사건 휴업은 경쟁제한을 목적으로 하지 않았으며, 가격, 수량, 품질 기타 거래조건 등의 결정에 영향을 미치거나 미칠 우려가 있는 상태를 초래하였다고 보기 어려움	정부의 의료정책에 대한 항의를 목적으로 한 휴업이며, 구성사업자 사이의 경쟁을 제한하여 이윤을 더 얻겠다는 것이 아님
법 위반 여부	긍정	긍정	부정

다수의견과 반대의견은 부당한 제한행위의 요건으로서 경쟁저해성을 들고 있다는 점에서 공통되나, 별개의견은 경쟁제한성은 요건이 아니라고 보았다. 그러나 독점규제법의 목적은 자유공정경쟁의 보호에 있고(법 1조), 부당성 판단도 역시 이러한 목적에 비추어 이루어져야 한다는 점에서 부당한 제한의 요건으로 경쟁저해성을 요구하는 의견이 타당

하다고 본다. 만일 사업자단체의 부당제한행위를 별개의견과 같이 새기게 되면, 예컨대 사업자단체가 협회창립기념식 등 의례적 집회에 구성사업자에게 참석을 강요하거나, 사업자단체가 징계권을 잘못 행사하거나, 과다한 회비를 징수하는 등 그 행위의 결과가 구성사업자의 사업내용 또는 활동에 제한이 가해졌다고 판단되면 그 행위가 시장에 미치는 효과를 고려할 것 없이 독점규제법 위반이 된다는 입론이 가능하게 된다. 이와 같이 해석할 경우, 법 제51조 제1항 제3호는 사업자단체와 그 구성사업자의 내부관계를 규율하는 일반규정이 되고, 공정위는 사업자단체에 대한 일반감독기관이 되는 문제가 발생한다. 이러한 해석은 해당 규정의 입법목적이나 공정위의 설립취지에 부합하지 않는다고 할 것이다.[50]

(라) 구체적 사례

1) 부당제한행위로 인정된 사례

법원은 대한약사회 서울지부 및 대구지부가 소속약사들에게 폐문을 하도록 결의하고 이를 이행한 사안이 법 51조 제1항 제1호 및 제3호에 해당한다고 판단하였다.[51] 2013년 대한한의사협회가 정부의 천연물신약 정책에 반대하여 하루 동안 실시한 집단휴업도 부당제한행위로 인정되었다.[52]

대한법무사협회가 집단등기사건 수임업무처리규정을 통하여 집단등기사건의 범위를 정해 놓고서 집단등기사건의 위촉기관과 협의를 거쳐 위촉기관의 추천의뢰에 따라 소속 법무사로 하여금 순차적으로 집단등기사건을 수임하도록 할 뿐만 아니라, 대한법무사협회와 협의를 거치지 아니한 입주자 대표회 등의 단체에서 자체 법무사의 선임을 원하는 경우에도 소속 법무사가 이를 임의로 수임할 수 없도록 하고, 더욱이 지방법무사회가 운영경비 조달의 범위를 넘어서 집단 등기사건의 보수액 중 일부를 징수하여 공동 분배하도록 한 것은 구성사업자의 사업내용 또는 활동을 부당하게 제한하는 행위에 해당한다.[53] 또한, 대한건설기계협회가 구성사업자에게 "업계질서문란행위 근절을 위한 협조"란 공문을 보내 관리료 덤핑 및 연명신고자 영입경쟁을 통제한 행위는 구성사업자의 사업내용이나 활동을 과도하게 제한하는 행위에 해당한다.[54] 그리고 자동차부분정비사업자들이 공동의 이익증진 및 친목도모 등을 목적으로 설립한 사업자단체가 구성사업자들에게 자신과 계약을 체결한 특정 지정폐기물 처리업체를 통하여만 지정폐기물을 처리하도록 강제하고 이에 따르지 않는 구성사업자를 제명한 행위에 대해서, 대법원은 결과적으로 구성사업자의 공정하고 자유로운 경쟁을 저해하는 결과가 되고, 회원들의 공동 이익증진이

50) 서정, "사업자단체의 부당행위와 경쟁제한성", 경제법판례연구 제1권(2004), 306-307면.
51) 대법원 1995.5.12. 선고 94누13909 판결 및 대법원 1995.5.12. 선고 94누13794 판결.
52) 서울고법 2015.10.8. 선고 2015누1115 판결(심리불속행 기각으로 확정).
53) 대법원 1997.5.16. 선고 96누150 판결 참조.
54) 서울고법 2004.7.14. 선고 2003누7806 판결 및 대법원 2005.6.24. 선고 2004두8569 판결.

라는 목적 달성을 위하여 구성사업자의 사업활동에 대하여 제한할 수 있는 범위를 초과하여 이를 과도하게 제한하는 것에 해당한다고 보았다.[55)]

원고 대한치과의사협회가 F병원의 구인광고를 치과전문 주간지인 '세미나리뷰'에 게재하지 못하도록 하기 위하여, 세미나리뷰 발행 사업자를 대상으로 F병원의 구인광고를 게재하였다는 이유를 들어 '협회에 대한 출입금지 및 취재금지'를 의결하고 이를 대한치과기공사협회, 대한치과기자재협회 등에 통보한 사실, F병원 소속 구성사업자들의 원고 홈페이지 이용을 제한한 사실, '불법 네트워크 치과 척결 특별위원회'를 구성하고 치과기자재 공급업체인 주식회사 G의 이사에게 네트워크 치과에 대한 원고의 제재방침에 동참해 줄 것을 전화로 요청한 사실, 불법 네트워크 치과기공소에 근무하였던 경력자는 다른 치과기공소에서 채용하지 아니하는 등으로 상호협조할 것을 협의한 사실, 치과기자재 관련 15여 개 업체 대표를 초대한 자리에서 협회가 네트워크 치과들, 특히 F병원과 싸우고 있는데 협조해달라고 한 사실 등이 인정된 사안에서, 대법원은 원고의 행위들이 구성사업자인 네트워크치과 소속 치과의사들의 사업활동을 과도하게 제한하여 구성사업자들 사이의 공정하고 자유로운 경쟁을 저해할 정도에 이른 경우에 해당한다고 판단하였다.[56)]

원고 대한소아청소년과의사회가 정부가 추진하는 달빛어린이병원사업에 참여한 의사들에게 징계방침을 결정하여 통지하였고, 구성사업자들이 이용하는 인터넷 사이트인 '페드넷'의 이용을 제한하였고, '페드넷'에 달빛어린이병원사업에 참여한 구성사업자의 명단을 공개하는 등의 행위를 한 것이 문제가 되었다. 이에 대하여, 대법원은 이 사건 제한행위는 사업자단체인 원고가 단순히 달빛어린이병원사업에 반대하는 단체의 방침이나 의사를 관철하기 위해서 구성사업자들에게 권유하거나 권고하는 것을 벗어나 이 사건 직접 취소신청 요구행위를 통하여 구성사업자들로 하여금 달빛어린이병원사업 참여 신청을 직접 철회하도록 요구하거나, 이 사건 징계방침 결정 · 통지행위나 이 사건 '페드넷' 이용제한 등 행위 등을 통하여 구성사업자들의 자유의 영역에 속하는 달빛어린이병원사업 참여 여부에 관한 의사형성 과정에 영향을 미쳐 위 사업에 참여하지 않을 것을 사실상 강요함으로써 그 사업 활동을 과도하게 제한하는 행위로 볼 수 있다고 판단하였다. 또한, 대한소아청소년과의사회의 집단 행위는 정부의 보건의료 정책에 대한 반대를 목적으로 하는 활동의 일환으로 이루어진 것이기는 하지만, 행위의 내용이나 태양, 방법 등에 비추어 볼 때 그 주된 목적이나 의도는 오히려 사업자단체인 대한소아청소년과의사회가 상호경쟁관계에 있는 구성사업자로 하여금 달빛어린이병원사업에 참여하지 않도록 직접적으로 방해함으로써 야간 · 휴일 진료 서비스의 공급에 관한 경쟁의 확대를 제한하기 위한 것으로 보는 것이 타당하다고 보았다.[57)]

---

55) 대법원 2010.10.28. 선고 2010두14084 판결.
56) 대법원 2014.7.24. 선고 2013두16906 판결.

2) 부당제한행위로 인정되지 아니한 사례

우선, 사업자단체가 그 목적 달성을 위하여 단체의 자율적인 의사결정에 의하여 구성사업자의 사업활동에 대하여 일정한 범위의 제한을 하는 것은 어느 정도 허용된다. 대법원은 경기도자동차사업조합 등 4개 단체가 가입비 및 회비를 미납한 조합원에 대한 신고수리용 전산사용을 제한하거나 또는 중단하기로 결의한 사안은 구성사업자의 사업내용이나 활동을 부당하게 제한한 것은 아니라고 판단하였다.[58)]

관세사회는 관세사및직무보조자직무규정을 제정하면서 직무보조자가 다른 관세사무소로 이동할 경우 그 이전사무소로 통관업무를 유치하는 것을 금지하였다. 대법원은 해당 행위가 건전한 통관질서를 확립하고 직무보조자의 부조리를 방지하여 불공정한 거래행위를 예방하고자 하는 것으로 이는 관세사의 사업내용 또는 활동을 과도하게 제한하여 관세사들 사이의 공정하고 자유로운 경쟁을 저해하는 것이라고는 할 수 없다고 판단하였다.[59)]

동양시멘트레미콘 개인사업자협의회는 동양메이저 주식회사 부산공장(이하 "동양시멘트"라 함) 사이의 단체협상을 통하여 결정된 레미콘운송단가 등을 기준으로 하여 동양시멘트와 운송계약을 체결하는 과정에서 구성사업자들에게 개별적인 운송계약을 체결할 경우 협회를 탈퇴시키고 약속어음 공정증서에 기한 강제집행을 당할 수 있도록 결의를 하였다. 법원은 이 사건 결의를 위반할 경우 제명 및 약속어음 공정증서에 기한 강제집행을 당할 수 있으므로 이 사건 결의는 구성사업자인 개인사업자들의 자유의 영역에 속하는 레미콘운송가격의 결정·유지의 판단에 제한을 하는 것이라고 할 것이지만, 한편 이 사건 결의에 반대하거나 약속어음 공정증서의 작성을 거부하는 개인사업자들이 자유롭게 협회에서 탈퇴하여 개인적으로 동양시멘트와 운송계약을 체결할 수 있을 뿐 아니라 협회의 목적 자체가 단체협상을 통한 레미콘운송단가의 결정·조정 등에 있는 것이어서 그 목적 달성을 위하여 협회의 의사결정에 의하여 개인사업자들의 사업활동에 대하여 일정한 제한을 하는 것이 어느 정도 예정되어 있었던 점 등을 알 수 있는바, 이 사건 결의가

57) 대법원 2021.9.15. 선고 2018두41822 판결.

58) 대법원 2001.11.14. 선고 2001두7428 판결. 원래 사업자단체는 구성사업자의 공동의 이익 증진을 목적으로 하는 단체이므로 구성사업자의 사업내용이나 활동을 과도하게 제한하는 것이 아닌 한, 그 목적 달성을 위하여 단체의 자율적인 의사결정에 의하여 구성사업자의 사업활동에 대하여 일정한 범위의 제한을 하는 것도 어느 정도 허용된다고 할 것인데, 이 사건의 경우 원고가 회비미납의 조합원에 대하여 전산을 통한 신고수리를 제한 또는 중단하기로 결의하였다고 하더라도 수작업에 의한 신고수리의 여지를 남겨둠으로써 법령의 위임에 의한 신고수리업무자체를 거부한 것이라고 볼 수 없는 이상, 그 결의내용은 관련 구성사업자의 사업내용이나 활동에 간접적으로 불편을 초래하는 정도에 불과하다고 보았다.

59) 대법원 2001.6.15. 선고 2001두175 판결. 이 판결은 기존의 거래업소에 대하여 이러한 방식에 의하여 사건을 유인·유치하는 행위가 금지되면 소속을 옮긴 직무보조자의 능력이나 활동에 의해서가 아니라 그를 고용한 관세사 자신의 능력이나 활동에 의하여 통관사건을 수임할 수 있게 되므로 오히려 관세사들 사이의 공정하고 자유로운 경쟁을 촉진하는 면이 있는 점을 지적하고 있다.

개인사업자들의 사업내용 또는 활동을 과도하게 제한하여 개인사업자 사이의 공정하고 자유로운 경쟁을 저해하는 것이라고는 할 수 없다고 판단하였다.[60]

대한의사협회의 2014년 집단휴업 사건에서는 대한의사협회가 정부의 원격의료 및 영리병원 허용 정책에 반대하여 소속 회원들의 찬반투표를 거쳐 하루 동안 휴업을 실시하였고, 이에 전국 개원의의 약 20%, 전공의의 약 30%가 참여하였으나, 응급실이나 중환자실과 같은 필수진료설비는 정상적으로 운영되었다. 대법원은 "위 행위가 경쟁제한성을 가지려면 휴업 실행 결의에 따라 상호 경쟁관계에 있는 구성사업자들 사이에서 경쟁이 제한되어 의료서비스의 가격 · 수량 · 품질 기타 거래조건 등의 결정에 영향을 미치거나 미칠 우려가 있어야 하는데, 단 하루 동안 휴업이 진행되었고 실제 참여율이 높지 않으며 응급실과 중환자실 등 필수 진료기관은 휴업에서 제외되는 등 휴업 기간, 참여율, 구체적인 범위와 내용 등에 비추어 보면 휴업으로 의료소비자의 의료서비스 이용에서의 대체가능성에 영향을 미쳤다고 볼 정도에 이르지 않았고 달리 의료서비스의 품질 기타 거래조건 등에 영향을 미쳐 의료서비스 시장에서 경쟁제한성이 인정될 정도라고 단정하기 어려운 점 등을 종합하[여]" 위 행위가 사업자단체의 금지행위 중 부당하게 경쟁을 제한하는 행위(1호) 내지 부당사업활동제한행위(3호)에 해당하지 않는다고 판단하였다.[61]

(4) 불공정거래행위 또는 재판매가격유지행위를 교사 · 방조하는 행위

(가) 의 의

사업자단체가 사업자에게 불공정거래행위 또는 재판매가격유지행위를 하게 하거나 이를 방조하는 행위는 금지된다. 행위의 상대방은 사업자단체의 구성사업자뿐만 아니라 구성원 이외의 사업자도 포함한다.[62] 불공정거래행위 등을 하게 하는 행위의 의미는 단순히 물리적으로 이를 강요하는 것만을 의미하는 것이 아니라 그러한 지위를 이용하여 불공정거래행위 또는 재판매가격유지행위를 권장하거나 협조를 요청하는 등 어떠한 방법으로든 이를 사실상 강요하는 결과를 가져오는 모든 행위를 말한다.[63] 다만, 행위의 상대방이 이에 따라 실행을 하였는지의 여부는 관계가 없다.

「사업자단체 활동지침」에 따르면, ① 사업자로 하여금 정당한 이유 없이 경쟁관계에 있는 다른 사업자(이하 "경쟁사업자"라 함)와 공동으로 특정사업자에 대하여 거래를 거절하게 하거나 거래에 관계되는 상품 또는 용역의 수량이나 내용을 제한하도록 강요하는 행위, ② 사업자로 하여금 부당하게 거래상대방에 대하여 가격, 거래조건 등에 관하여

60) 대법원 2005.1.27. 선고 2002다42605 판결.
61) 대법원 2021.9.9. 선고 2016두36345 판결.
62) 약사로 구성된 사업자단체인 '약사의 미래를 준비하는 모임'이 비구성사업자인 제약회사에 대하여 부당하게 한약사 개설 약국에 대한 일반의약품 공급거래를 중단하게 하는 불공정거래행위를 강요한 행위는 위법으로 판단되었다. 서울고법 2017.7.6. 선고 2017누31516 판결(심리불속행 기각으로 확정).
63) 대법원 1997.6.13. 선고 96누5834 판결; 대법원 2003.1.11. 선고 2002두9346 판결.

차별하여 취급하도록 강요하는 행위, ③ 사업자로 하여금 경쟁사업자를 배제하기 위하여 상품 또는 용역을 공급함에 있어서 부당하게 낮은 가격으로 공급하게 하거나, 또는 상품 또는 용역을 통상 거래가격에 비하여 높은 가격으로 구입하도록 강요하는 행위, ④ 사업자로 하여금 부당하게 경쟁사업자의 고객을 자기와 거래하도록 유인하기 위하여 부당한 이익을 제공하게 하거나 위계에 의하여 고객을 유인하도록 강요하는 행위, ⑤ 사업자로 하여금 부당하게 경쟁사업자의 고객을 자기와 거래하도록 하기 위하여 끼워팔기, 거래강제 등을 강요하는 행위, ⑥ 사업자로 하여금 그 사업자의 거래상 지위를 부당하게 이용하여 거래상대방에게 구입강제, 이익제공, 불이익제공 등을 강요하도록 하는 행위, ⑦ 사업자로 하여금 거래상대방에게 경쟁사업자와 거래하지 않을 것을 조건으로 거래하도록 강요하는 행위, ⑧ 사업자로 하여금 상품 또는 용역을 거래함에 있어서 그 거래상대방의 거래지역 또는 거래상대방의 사업활동을 부당하게 구속하는 조건을 붙여 거래하도록 강요하는 행위, ⑨ 구성사업자 또는 다른 사업자에게 상품의 판매가격을 지정하여 주거나 일정률 이하 또는 그 이상으로 거래하지 못하게 하는 행위가 이에 해당한다.

(나) 구체적 사례

재판매가격유지행위와 관련하여, 대한출판문화협회가 출판물의 재판매가격유지계약의 체결을 위임하지 않은 출판사에 대해서도 도서정가제 실시명목으로 재판매가격유지행위의 시행을 촉구한 행위,[64] 사단법인 한국출판인회의가 도서정가제를 지키지 않고 도서를 할인판매하는 온라인서점 및 할인매장에 도서공급을 중단키로 결정하고 이에 따라 회원사들에게 협조요청 공문을 발송하고 이를 이행한 행위[65]는 법 제51조 제1항 제4호 위반에 해당된다.

3. 위법성의 판단

사업자단체의 각 행위유형별로 경쟁제한성 내지 공정거래저해성 등 폐해요건이 인정되면 원칙적으로 부당성은 인정된다. 그런데 사업자단체는 업계의 전문적인 지식과 경험을 정부시책에 반영하고, 환경의 변화에 부응하는 새롭고 유익한 정보가 관련업계에서 널리 활용되도록 하는 등 전문화·고도화되어 가는 산업사회에서 국민경제의 발전에 이바지하도록 노력하여야 한다. 이와 같은 긍정적인 기여를 수행하는 과정에서 나타나는 합리적이고 필요한 범위내의 행위는 원칙적으로 허용된다. 사업자단체가 이러한 기능을 수행하는 경우에도 합리적이고 필요한 범위를 넘어서 사업자 간의 경쟁을 실질적으로 제한하거나 공정한 거래질서를 저해하는 행위를 하지 않도록 유의할 필요가 있다.

---

64) 대법원 1997.6.13. 선고 96누5834 판결.
65) 대법원 2003.1.11. 선고 2002두9346 판결.

「사업자단체 활동지침」에서는 ① 정부기관, 민간의 조사기관 등이 제공하는 당해 산업에 관련된 국내 및 해외시장, 경제동향, 경영지식, 시장환경, 입법·행정의 동향 등에 대한 일반적인 정보를 수집·제공하는 행위, ② 경영 및 기술의 발전을 위한 조사연구와 정부의 시책에 대한 건의 및 평가, ③ 경영에 관한 일반적인 지식의 보급 및 기능의 훈련을 하는 행위, ④ 당해 산업의 활동실적을 전반적으로 알리기 위해 단순히 과거의 생산, 판매, 설비투자 등에 관한 수량과 금액 등 구성사업자의 사업활동에 관계되는 과거의 사실에 관한 개괄적 정보를 통계처리하고 공표하는 행위(단, 각 구성사업자의 수량과 금액 등을 명시하는 행위는 제외), ⑤ 구성사업자의 활동을 구속하지 않으면서 공동서비스 센터의 설치 등 수요자에 대한 효율적인 서비스 제공을 목적으로 하는 행위, ⑥ 공해 또는 위해의 사전예방을 위하여 합리적으로 필요하고 구성사업자를 구속하지 않는 범위 내에서 거래방법, 운송수단 등에 대한 일정한 기준을 설정하는 행위, ⑦ 고객의 편리를 위한 공동주차장과 산업전체의 판매증진을 위한 공동 전시시설을 설치하는 행위, ⑧ 당해 사업 전체에 대한 이해증진을 위한 홍보, 선전활동, 복리후생활동, 사회문화활동 등 시장에 있어서의 경쟁에 영향을 미치지 않는 공동사업을 하는 행위, ⑨ 과다한 경품류제공 등 고객유인을 방지하기 위하여 자율적으로 규약을 정하는 행위(단, 그 이행을 강제하여서는 안 되며, 법률상 심사요청이 가능), ⑩ 부당한 표시광고행위를 방지하고, 소비자의 올바른 상품선택을 용이하게 하기 위하여 자율적으로 표시·광고에 관한 규약을 정하는 행위(단, 그 이행을 강제하여서는 안 되며, 표시광고법상 심사요청이 가능), ⑪ 소비자를 위하여 상품 또는 용역에 대한 올바른 사용방법 등의 정보를 제공하는 행위, ⑫ 산업능률향상 등을 위한 규격·품질에 대한 자율적인 기준을 설정하는 행위(단, 그 이행을 강제하여서는 안 되며, 강제하는 경우에는 법률상 사전인가가 필요), ⑬ 사업자단체가 그 설립의 목적과 사업내용 등에 비추어 합리적인 내용의 가입자격요건과 제명사유 등을 설정하는 행위, ⑭ 사업자단체가 사회통념상 합리적인 금액의 가입비와 합리적인 계산근거에 기초를 둔 회비(분담금, 출자금 등)를 징수하는 행위, ⑮ 가입조건과 관계되는 행위로서 가입비와 회비(분담금, 출자금 등)에 관하여 구성사업자 간 기업규모 등에 따라 합리적인 격차를 마련하는 행위, ⑯ 총회의 의결사항, 의결방법, 선거권·피선거권의 제한, 의결정족수 등 총회 및 이사회 운영에 관한 정관 및 규정을 정하거나 변경하고 운영하는 행위, ⑰ 소비자보호 및 업계 일반의 이익을 보호하기 위하여 상담실 등을 설치하고 분쟁사항에 대하여 조정이나 중재업무를 하는 행위, ⑱ 구성사업자의 편의를 위하여 각종 서류의 대행접수 등 서비스를 제공하는 행위를 원칙적으로 위반되지 않는 행위로 예시하고 있다.

한편, 우리나라에서 사업자단체들의 주요 기능 중의 하나가 정부의 방침을 사업자들에게 전달하고 정부에 업계의 건의사항을 전달하는 의사소통의 역할이다. 그런데 법령에 근거가 없는 부당한 행정지도(지도, 지시, 권고, 요망, 주의, 경고 등 용어 불문)에 따른 사업자단체의 행위가 사업자단체의 금지행위에 해당될 경우에는 원칙적으로 법에 위반되어 제재를 받게 된다. 사업자단체가 회칙 등을 제정하여 주무부처의 승인·인가 등을 받은 경우라 하더라도, 그 회칙 등에 의한 사업자단체의 행위가 인가 등을 이유로 법의 규제 대상에서 당연히 제외되는 것은 아니다.

4. 적용제외

사업자단체가 법령에 따른 정당한 행위를 하거나 일정한 조합에 해당되는 경우에는 독점규제법의 적용이 제외된다(법 116조, 118조). 중소기업 단체수의계약제도에 따라 중소기업협동조합이 구성사업자에게 단체수의계약 물량을 배분하는 경우처럼 개별법령에 근거하여 이루어지는 사업자단체의 행위는 법 제116조에 따라 법 적용이 제외된다. 그러나 그 행위의 내용이 법령에 규정된 범위를 일탈하는 경우에는 법의 적용대상이 된다. 예를 들면, 생산시설이 없는 부적격업체에 물량을 배정하거나 조합의 임원이 경영하는 업체 등에 편중 배정하는 행위, 비조합원의 신규가입을 제한하거나 신규가입자에 대하여 물량 배정을 제한하는 행위가 여기에 해당된다.

또한 법 제118조의 소규모 사업자 또는 소비자의 상호부조를 목적으로 하는 조합의 행위는 원칙적으로 법 적용이 제외된다. 경제적 약자인 소규모 사업자나 소비자가 상호부조를 목적으로 단결하는 조합의 행위는 공정하고 자유로운 경쟁을 저해할 우려가 거의 없을 것으로 생각되기 때문이다. 중소기업협동조합의 경우 법 제118조에서 규정하고 있는 일정한 조합에 해당하므로 법 적용에서 제외된다. 그러나 중소기업협동조합에 대기업이 하나라도 포함되어 있는 경우에는 소규모사업자의 요건을 충족시키지 못하기 때문에 적용제외의 대상이 되지 않는다.

Ⅲ. 금지행위에 대한 제재

1. 시정조치

공정위는 법 제51조를 위반하는 행위가 있을 때에는 그 사업자단체(필요한 경우 관련 구성사업자를 포함)에 해당 행위의 중지, 시정명령을 받은 사실의 공표, 그 밖에 필요한 시정조치를 명할 수 있다(법 52조).

2. 과 징 금

(1) 당해 사업자단체

공정위는 사업자단체 금지행위가 있을 때에는 해당 사업자단체에 10억원의 범위에서 과징금을 부과할 수 있다(법 53조 1항). 그런데 법 시행령 제84조 제1항 관련 별표 6 '위반행위의 과징금 부과기준'에 따르면 사업자단체 금지행위에 대한 과징금 산정기준은 원칙적으로 10억원 이내에서, 위반행위의 종료일이 속한 연도의 사업자단체의 '연간예산액'에 중대성의 정도별로 정하는 부과기준율을 곱하여 산정하도록 규정하고 있다. 이때 연간예산액의 의미가 문제되는데, 판례는 해당 사업자단체의 연간예산액 중 위반행위가 발생한 상품이나 용역을 다루는 구성사업자들과 관련된 예산액으로 국한되는 것이 아니라, 위반행위의 종료일이 속한 연도의 해당 사업자단체의 연간예산액 전액을 의미한다고 보고 있다.[66] 따라서 조합의 편성된 예산액을 기준으로 과징금을 부과한 것은 위반행위의 내용 및 정도, 위반행위에 이른 경위, 위반행위의 기간 및 원고조합들의 예산액 등 제반 상황을 종합하면 재량권 일탈 남용에 해당하지 않는다.[67]

(2) 참가 사업자

공정위는 법 제51조 제1항 제1호를 위반하는 행위에 참가한 사업자에게 관련매출액 등의 20%를 초과하지 아니하는 범위에서 과징금을 부과할 수 있고, 매출액이 없는 경우 등에는 40억원을 초과하지 아니하는 범위에서 과징금을 부과할 수 있다(법 53조 2항). 그리고 법 제51조 제1항 제2호부터 제4호까지의 규정을 위반하는 행위에 참가한 사업자에게 관련매출액 등의 10%를 초과하지 아니하는 범위에서 과징금을 부과할 수 있고, 매출액이 없는 경우 등에는 20억원을 초과하지 아니하는 범위에서 과징금을 부과할 수 있다(법 53조 3항).

3. 벌 칙

법 제51조 제1항 제1호를 위반하여 사업자단체의 금지행위를 한 자에 대하여는 3년 이하의 징역 또는 2억원 이하의 벌금에 처하고(법 124조 1항 12호), 법 제51조 제1항 제3호를 위반하여 사업자단체의 금지행위를 한 자에 대하여는 2년 이하의 징역 또는 1억 5천만원 이하의 벌금에 처한다(법 125조 5호). 종래에는 법 제51조 제1항 제2호 및 제4호를 위반하여 사업자단체의 금지행위를 한 자도 형사처벌 대상이 되었으나, 2020년 법 개정시 해당 벌칙규정은 삭제되었다.

---

66) 대법원 2020.6.25. 선고 2019두61601 판결.
67) 대법원 2002.6.14. 선고 2000두8905 판결; 대법원 2006.9.22. 선고 2004두14588 판결.

제7장

경제력집중의 억제

제1절 총 설

Ⅰ. 경제력집중의 의의와 원인

1. 경제력집중의 의의

일반적으로 타인의 의사나 행동을 자기가 원하는 방향으로 조정할 수 있는 가능성을 힘(power)이라고 정의한다. 그러한 힘은 그 기초가 되고 있는 자원이 무엇이냐에 따라 정치력, 경제력, 정신력, 사회적 영향력 등으로 나누어진다. 경제력(economic power)은 토지나 자본 또는 기술 등과 같은 경제적인 자원을 기초로 하여 형성된 힘을 말한다. 예컨대 어떤 상품을 생산해서 판매하는 시장에서 한 기업이 시설이나 규모면에서 다른 기업들보다 우월적인 지위에 있어서 생산량이나 가격을 마음대로 결정할 수 있고, 그것을 통하여 다른 기업들의 의사나 행동에 영향을 미칠 수 있다면 그 기업은 경제력을 가지고 있다고 할 수 있다. 자본주의 사회에서는 이러한 경제력이 소수의 개인이나 기업에게 집중되는 현상이 자주 나타나고 있는데, 이를 경제력집중(concentration of economic power)이라 한다. 경제력집중의 문제는 구체적으로 시장집중, 일반집중, 소유집중, 지배집중의 문제로 구분할 수 있다.

(1) 시장집중

시장집중이란 개별시장에 있어서 지배력의 집중을 가리킨다. 일정한 상품 또는 용역시장에 있어서 소수의 기업에 의한 지배력의 집중을 의미한다. 시장집중의 수준이나 정도를 산정하기 위한 지수로는 상위 k기업 집중률[1]과 허쉬만-허핀달 지수(Hirschman Herfindahl Index: HHI)[2]가 있다.

---

1) 상위 k기업 집중률은 일정한 시장 내 각 기업의 시장점유율을 구하여 이들을 크기순으로 배열한 다음 위에서부터 k개 기업의 시장점유율을 합한 값이다.

2) HHI는 시장 내에 존재하는 기업들의 시장점유율의 제곱의 총합이다. 이것은 상위 k기업 집중률에서 파악할

(2) 일반집중

일반집중은 시장이나 산업의 분류와 상관없이 국민경제 전체에 있어서 소수의 상위기업이 차지하는 비중을 가리킨다. 예컨대, 5대 기업집단, 30대 기업집단, 상호출자제한기업집단 등에 의한 경제력 집중현상은 일반집중의 현상을 보여주는 지표들이다. 일반집중과 시장집중은 그 개념이 서로 다르기 때문에 이들이 반드시 일치하는 것은 아니지만, 우리나라에서는 대규모 기업집단에 의한 일반집중 현상이 심화되면 그 계열회사들이 참여하는 개별시장의 경쟁이 저해될 가능성도 높아지는 경향을 보이고 있다.[3]

(3) 소유집중

소유집중은 어떤 기업이나 기업집단에서 특정인과 그 가족이 차지하는 부의 집중현상을 가리킨다. 그런데 어떤 기업에서 그 주식의 소유, 특히 경영권을 장악할 수 있는 의결권 있는 주식의 소유가 소수의 주주에게 집중하게 되면 그 기업의 지배력이 그 주주에게 집중되는 현상이 나타나게 된다.

(4) 지배집중 및 소유와 지배의 괴리현상

우리나라에서 실제로 문제가 되고 있는 것은 단순한 소유집중 그 자체가 아니라 기업집단의 총수나 그 일가가 5% 내외의 적은 지분을 가지고 계열회사의 지분을 활용하거나 혹은 계열관계에 있는 금융·보험회사 또는 공익법인 등의 지분을 활용하여 40~50%의 의결권을 행사하면서 기업집단 전체를 지배하고 있는 현상이다. 이를 위한 수단으로 과거에는 상호출자, 순환출자의 방법이 많이 사용되었고, 최근에는 지주회사를 이용한 피라미드 구조가 활용되고 있다. 경제학계나 경영학계에서는 이러한 현상을 '소유와 지배의 괴리'로 인한 경영권의 왜곡현상이라고 부른다. 소유와 지배의 괴리라 함은 기업에 관한 현금흐름(cash-flow)에 대한 권리와 지배권(control) 사이의 괴리를 말한다. 이러한 괴리현상을 통하여 기업집단 전체적으로는 아주 적은 지분을 가진 총수가 기업집단 전체의 경영을 지배하는 지배집중의 현상이 나타나게 된다. 이러한 지배집중으로 인하여 주주일반의 의사에 벗어난 총수 일가의 전횡이나 회사의 이익에 반하여 총수 개인의 사적 이익을 추구하는 행위가 발생하게 되고,[4] 그로 인하여 발생하는 주주나 채권자의 손해에 대하여 총수일가가 책임을 지지 않는 것이 문제로 지적되고 있다.

수 없는 기업 간의 상대적 규모의 차이를 반영할 수 있다는 장점이 있다.

3) 최정표, "재벌개혁의 현황과 과제", International Trade Business Institute Review 제6권 제1호(2000), 117-118면; 홍명수, "출자총액제한제도의 정당성 검토", 법과 사회 제27권(2004), 386-389면.

4) 이를 속칭 '오너 리스크'라고 부르기도 하나, 잘못된 표현이다. 전술한 것처럼 총수의 소유지분은 적기 때문에, 총수를 '오너'라고 부르는 것 자체가 오해의 소지가 있다.

2. 경제력집중의 원인

일반적으로 경제력집중은 자본주의 경제의 발전과정에서 나타나는 자연스러운 현상이라고 할 수 있는 측면이 있지만, 우리나라에서는 그것보다는 정부주도형 경제성장정책의 부산물이라는 측면이 더욱 강하게 나타나고 있다. 우선, 경제력집중은 시장경제의 기본원리인 자유경쟁의 부산물로서 자본주의 시장경제에서는 일반적으로 나타나는 부작용 중의 하나이다. 경제력을 가진 기업이 당해 상품의 가격을 다른 기업의 최저생산비보다 낮게 책정하면 다른 기업들은 그 상품의 가격이 비록 생산비보다 낮을지라도 지배적인 기업의 가격과 같거나 그보다 낮게 책정하지 않을 수 없고, 장기적으로 기술개발을 통하여 원가절감을 실현하지 않는 한 그 시장에서 도태될 수밖에 없다. 시장경제에 있어서는 자유경쟁의 결과, 각 개인이나 기업의 능력과 노력의 차이로 인하여 경제력이 점차 유능하고 부지런한 경제주체에게 집중되어 가는 것을 막을 수 없기 때문에, 경제력집중은 불가피한 현상이라고 할 수 있다. 그러나 이러한 경제력집중은 결과적으로 자유경쟁을 제한하는 요소로 작용할 우려가 있을 뿐만 아니라 시장경제의 기반을 위태롭게 할 염려도 있다. 즉, 경제력집중이 점차 심화되어 감에 따라 작게는 개별산업에서 독점적인 지위를 차지한 사업자가 자유로운 경쟁을 제한하는 행위를 통하여 시장기능을 저해할 우려가 있고, 크게는 국민경제 전체에서 지배적인 지위를 차지하고 있는 소수의 기업이나 기업집단이 거대한 경제력을 바탕으로 시장경제의 기반을 위태롭게 할 우려가 있다.

그런데 우리나라에서는 경제개발의 초기단계에 부존자원과 자본이 절대적으로 부족한 상태에서 정부가 고도성장을 이룩하기 위하여 소수의 능력 있는 기업을 집중적으로 지원하는 이른바 '불균형 성장정책'을 채택하여 실시해 왔으며, 그 결과 경제력이 정부의 지원과 특혜를 받은 소수의 기업이나 기업집단에게 집중되는 현상이 나타나게 되었다. 이를 구체적으로 살펴보면, 우선 정부는 규모의 경제의 실현을 통하여 효율성을 증대시키고 국제경쟁력을 향상하기 위하여 정책금융과 외국자본 및 기술도입의 인·허가 등과 관련하여 소수의 능력 있는 기업을 특별히 우대해 왔기 때문에, 그러한 특혜를 받은 기업에게 경제력이 집중되는 결과가 나타나서, 그러한 기업들은 각 시장에서 독과점적인 지위를 차지하게 되었다. 그리고 이러한 독과점기업들은 자본시장의 미발달로 인하여 자본조달이 어려운 상황에서 독과점으로 얻은 초과이윤과 생산과정에서 나타난 잉여생산요소들을 이용하여 다른 산업분야에 진출하여 기업의 다변화를 추구하게 되었으며, 그 결과 여러 산업분야에 다수의 계열회사를 가진 기업집단이 나타나게 되었다.

한편, 기업집단이 급속하게 성장하기 위해서는 막대한 자금이 필요하게 된다. 일반적으로 기업이 자본을 조달하는 방법에는 이익의 사내유보, 주식공모 및 차입 등이 있는데, 국민소득이 낮고 고율의 인플레이션이 지속되면서 부동산 등과 같은 투기성 투자대상이 존재하는 경우에는 주식공모를 통하여 대중자본을 동원하기는 어렵기 때문에, 자본형성의 기반이 취약한 단계에서 고도성장을 이룩하려면 자연히 외부금융에 대한 의존도가 높아지게 된다. 그런데 이러한 상황에서 소수의 기업집단들은 해외로부터 자본을 도입하거나 정부의 적극적인 금융지원에 힘입어 자기자본이 없어도 기업을 확장하거나 다른 산업분야에 진출하는 데 필요한 금융자원을 쉽게 확보할 수 있는 혜택을 누리게 되었다. 개인이나 가족의 자본으로 시작한 기업이 타인의 주식참여가 없이 자신의 유보이익과 외부금융에 의지하여 기업을 확장 내지 신설하여 기업집단을 형성하게 되면, 경제력이 기업집단에 집중되는 데에 그치는 것이 아니라 그 기업집단을 실질적으로 소유·지배하는 소수의 개인이나 가족에게 집중되는 결과를 초래하게 된다. 이것이 우리나라의 경제력집중이 갖는 또 다른 특징이라고 할 수 있다. 이에 기업집단들 중에서 소수의 개인이나 가족에 의하여 지배되고 있는 기업집단을 이른바 '재벌(財閥)'이라고 부르고 있다.

또한, 우리나라에서는 정부가 금융정책, 조세정책 등을 통하여 경제력집중을 가속화시킨 측면도 있다. 정부가 경제발전을 위하여 선정한 전략산업의 발전을 촉진하기 위하여 거기에 참여한 일부기업들에게 여러 가지의 지원과 특혜를 제공하였다. 그러한 지원과 특혜의 예로는 보조금의 지급, 환율의 저평가, 정책금융의 지원, 관세장벽과 인·허가 등을 들 수 있다. 그리고 정부는 경영부실, 경기변동, 산업구조의 변화 등으로 인하여 도산의 위기에 처해 있거나 은행의 관리 하에 있는 대기업이 실제로 파산, 소멸할 경우에는 채무불이행과 실업 등으로 인하여 경제적, 사회적 및 심지어는 정치적인 파급효과가 클 것이라고 보고, 특정한 기업집단에게 그러한 기업을 인수하도록 권유하는 동시에, 그 반대급부로 이른바 구제금융이나 다른 인·허가 사항에 대한 우선권을 부여하는 경우도 있었다. 이러한 정책들이 기업집단을 팽창시키는 중요한 원인들 중 하나가 되었다는 점을 부인할 수 없다.[5)]

Ⅱ. 경제력집중 억제의 규범적 근거와 규율방식

1. 경제력집중 억제의 규범적 근거

경제력집중 억제에 관한 규범적 근거는 헌법상 경제질서에 관한 규정에서 찾을 수 있다. 헌법 제119조 제2항은 국가는 "시장의 지배와 경제력의 남용을 방지"하기 위하여 경제에 관한 규제와 조정을 할 수 있다고 규정하고 있다. 이에 따라, 독점규제법 제1조는 동법의 목적에 과도한 경제력집중의 방지를 명시하고 있다.[6)]

---

5) 강명헌, 경제력집중과 한국경제, 매일경제신문사(1991), 137-142면 참조.

6) 미국 반트러스트법의 효시인 셔먼법의 제안자인 셔먼 의원은 1889년 "우리가 정치적 권력으로서의 제왕을 허용할 수 없다면, 생산, 운송 및 생필품판매 등에 대한 제왕도 허용해서는 아니된다."고 연설하였다. A. D.

그런데 대다수 국가의 경쟁법은 경제력집중의 문제 중에서 시장집중, 즉 개별시장에 있어서 독과점이나 경쟁제한적인 행위에 대한 규제에 초점을 맞추고 있다.[7] 이러한 외국의 입법례에 비추어 우리나라 독점규제법이 시장집중 이외에 일반집중의 문제까지 다루는 것이 과도한 규제가 아닌가 하는 의문이 제기될 수 있다. 이러한 주장의 배경에는 독점규제법은 개별 시장에 있어서 경쟁제한적인 행위를 규율하기 위한 법이라는 생각이 깔려 있다. 그러나 우리나라에서 경제력집중의 문제는 시장집중, 일반집중 및 지배집중 등을 포괄하는 복잡하고 다양한 성격을 갖고 있다. 특히 우리나라에서 대규모기업집단, 특히 총수가 있는 대기업집단에 해당하는 재벌은 시장집중, 일반집중, 지배집중의 문제를 모두 포괄하고 있는데다가, 그들이 상호 유기적으로 결합하여 견고한 지위를 구축하고 있을 뿐만 아니라, 대기업집단 특유의 총수 중심의 지배구조가 이러한 결합을 뒷받침해주고 있다. 총수는 친족이나 계열회사 등의 내부지분을 통하여 핵심계열사를 지배하고, 계열회사들 간의 관계를 통하여 기업집단 전체로 지배력을 확장하고 있으며, 기업집단을 구성하는 각 계열회사들은 전후방 관련성을 넘어서 여러 산업분야에 진출하여 다수의 시장에서 지배적 지위를 차지하고 있다.[8]

우리나라 경제에 있어서 대기업집단이 가지는 특수한 의미에 비추어 볼 때, 대기업집단에 의한 경제력집중이 가져오는 경제적 비효율성과 사회적 형평성의 저해를 입법을 통해서 극복할 필요성이 있다는 점을 부정하기는 어려울 것이다. 따라서 단순히 외국의 입법례만을 근거로 하거나 혹은 독점규제법은 경쟁제한적인 행위만 규제해야 한다는 도그마에 빠져서, 우리나라 헌법상 경제질서에 관한 규정을 망각한 채 독점규제법이 과잉규제를 하고 있다고 비난하는 것은 타당하지 않다.

2. 경제력집중 억제에 대한 규율방식

그러나 경제력집중의 문제를 해결하기 위한 법체계를 어떻게 설계할 것이냐 하는 문제는 좀 더 신중한 검토가 필요할 것이다. 주로 시장집중의 문제를 다루고 있는 종래의 경쟁법의 내용에 일반집중이나 지배집중의 문제를 덧붙여서, 독점규제법이라는 단일한 법률에서 이들을 함께 규율하는 방법을 선택할 것인지, 아니면 독점규제법에서는 종래의 경쟁법의 내용만 규율하고 일반집중과 지배집중의 문제는 별도의 입법을 통해서 해결하는 방법을 선택할 것인지에 대하여는 보다 진지하게 검토할 필요가 있다.

Chandler, The Visible Hand: The Managerial Revolution in American Business(1977), p. 16.

7) 우리나라와 달리 미국의 경우 별도의 경제력집중 억제에 관한 규정이 없다. 미국 연방대법원은 "클레이튼법 제7조의 입법역사, 명문규정, 판례 등을 볼 때 경쟁제한효과는 특정 상품과 지리적 시장의 관점에서 보아야만 한다는 것은 명백하며, 행정부가 특정되지 않은 시장에서의 경쟁제한효과에 대한 판단을 내리도록 요구하는 것은 법원이 사법적 입법에 종사하도록 요구하는 것과 다름없다."고 판단하였다. United States v. International Telephone and Telegraph Corp., 324 F. Supp.19(1970).

8) 홍명수, "독점규제법상 재벌 규제의 문제점과 개선 방안", 경쟁법연구 제36권(2017), 20면.

그런데 현행 독점규제법상 경제력집중의 억제제도는 기업집단에 의한 경제력집중의 문제를 근본적으로 해결하기 위하여 마련된 종합적인 대책이 아니라, 기업집단의 무리한 계열확장의 수단으로 이용되고 있는 상호출자나 순환출자 또는 상호채무보증 등과 같은 행위를 금지 또는 제한하고 있는 제도에 지나지 않는 것이다. 따라서 경제력집중의 문제를 근본적으로 해결하기 위해서는 경제력집중의 원인과 그 해결방안에 대하여 보다 깊은 연구와 검토를 통하여 종합적인 대책을 마련할 필요가 있다. 이러한 종합적인 대책의 마련은 법적·경제적·정치적·사회적인 차원에서 다각도로 분석, 검토해서 마련하는 것이 바람직할 것이며, 법제도적인 측면에서도 독점규제법뿐만 아니라, 회사법, 조세법, 금융법 등 다양한 측면에서 다각적으로 검토할 필요가 있다.[9)]

3. 외국의 사례

경제력집중의 문제를 해결하기는 어려울 뿐만 아니라 역사적으로도 그 사례를 찾기가 쉽지 않다. 외국의 사례를 살펴보면, 경제력집중의 문제에 관한 사회적 우려가 광범위하게 확산되어 그 해결을 요구하는 강한 정치적 동력이 존재하는 경우, 또는 패전으로 인하여 외부의 세력이 개입하는 경우에 경제력집중의 문제를 해결하기 위한 시도가 있었다는 점을 알 수 있다. 전자의 예로서는 미국을 들 수 있다. 미국의 경우 19세기 말에서 20세기 초에 철도, 전력, 가스, 석유 등과 같은 주요 산업분야에서 중요 부분을 '트러스트(trust)'[10)] 형태의 기업집단들이 장악하고 있었다. 그런데 이러한 기업집단들은 반트러스트법과 지주회사에 대한 법적 규제 등에 의하여 일부 해체되었다. 그리고 후자의 예로서 일본을 들 수 있다. 일본의 경우 제2차 세계대전 이후 국가경제를 장악하고 있던 자이바츠(財閥)의 피라미드식 지배구조가 정경유착 및 시장에서의 경쟁왜곡이라는 사회적 병폐를 낳았다는 인식[11)] 하에 그 재벌들이 미국 점령당국에 의하여 강제로 해체되었다.[12)]

현재 우리나라와 유사하게 경제력집중 규제시책을 채택하고 있는 나라로서 이스라엘을 들 수 있다. 이스라엘에서도 경제력집중에 대한 우려가 심각하기 때문에, 정부가 2013

---

9) 경제력집중에 관한 보다 자세한 경제학적 논의는 박상인, 벌거벗은 재벌님, 창해(2012) 및 삼성전자가 몰락해도 한국이 사는 길, 미래를 소유한 사람들(2016) 참조.

10) 미국은 커먼로의 전통을 이어받아 19세기 말까지 회사가 타사의 주식을 취득 내지 소유하는 것이 금지되었다. 이를 우회하기 위하여 자사의 주식을 타사에 신탁하는 방식의 결합형태, 즉 트러스트가 사용되었다.

11) 제2차 세계대전 후 미국의 '재벌조사위원회'가 제출한 보고서에서 미국 국무성 육군조사단장 에드워드는 재벌의 폐해를 다음과 같이 진단하였다. "산업지배권의 집중은 노자(勞資) 간의 반봉건적 관계를 존속시키고, 노임을 인하하고 노동조합의 발전을 저해하였다. 또한 독립적 기업가의 창업을 방해하고 중산층의 발흥을 저지하였으며 중산층이 없기 때문에 개인이 독립하는 경제적 기반이 존재하지 않았다. 따라서 군부에 대항하는 세력도 발전하지 못하였으며 군사적 의도에 반대하는 민주주의적 인도주의적인 국민감정의 발전도 볼 수 없었다. 더욱이 이러한 특권적 재벌 지배하에서 저임금과 이윤집적은 국내시장을 협소하게 하여 상품수출의 중요성을 높임으로써 결국 일본을 제국주의적 전쟁으로 치닫게 하였다." 장상환, "한국독점자본의 지배구조", 민족경제론과 한국경제(1995), 128면에서 재인용.

12) 권오승, "일본재벌의 해체와 그것이 한국재벌정책에 주는 의미", 서울대학교 법학 제41권 제4호(2001), 187면 이하 참조.

년 '경쟁촉진 및 경제력집중 감소법(Law for the Promotion of Competition and Reduction of Economic Concentration)'을 제정하여 경제력집중 완화 시책을 수행하고 있다. 이스라엘에서는 대기업집단에 속한 기업이 일정 요건에 해당할 경우 6년 이내 매각 의무를 부과하고, 매각이 이루어지지 않는 경우 정부가 설립한 독립적인 수탁기관에 당해 기업의 주식을 매각하도록 하고 있다.[13)]

한편, 독일 주식회사법상 콘체른 규제를 우리나라의 경제력집중 억제시책과 비교하는 경우도 있다. 독일의 콘체른 규제는 독일 주식회사법에 규정되어 있는 결합기업(Verbundene Unternehmen)에 관한 규율을 말한다. 콘체른은 계약 콘체른과 사실상 콘체른으로 나누어 진다. 계약 콘체른은 지배회사와 종속회사 간에 지배계약이나 이익제공계약을 체결한 경우이며, 콘체른법은 지배회사의 일정한 의무, 종속회사 소수주주의 보호, 지배회사의 포괄적 지시권과 책임 등에 관하여 규정하고 있다. 한편, 사실상 콘체른은 이러한 계약이 없는 상황에서 사실상 지배관계가 존재하는 경우를 말하며, 독일에서 콘체른의 약 75%가 여기에 해당된다. 콘체른법은 이러한 유형의 콘체른에 대하여 원칙적으로 지배회사가 종속회사에게 불이익한 법률행위나 불이익한 조치를 취하도록 하는 행위를 금지하며, 종속회사가 양자 간의 관계(Beziehung)에 대한 보고서를 작성할 의무를 부과하고, 지배회사가 손해배상 등 일정한 책임을 부담하는 등의 규정을 두고 있다. 이와 같이 독일 콘체른법은 계약 또는 사실상 지배관계가 있는 지배회사와 종속회사 간의 사법적(私法的) 관계를 규율하는 법으로서, 대규모 기업집단에 대하여 공적 규제를 가하고 있는 우리나라의 독점규제법과는 그 성격이 다르다고 할 수 있다.[14)]

제 2 절 대규모기업집단에 대한 규제

I. 기업집단의 장점과 단점

1. 기업집단의 긍정적 측면

기업집단은 우수한 인력을 다수 확보하여 이를 훈련시키고 조직화함으로써 산업화 과정에 유용하게 활용할 수 있고, 기업집단이 전후방의 관련 산업을 중심으로 전개될 경우에는 명확한 수요예측을 통하여 경영상의 불안을 완화하고, 거래 또는 정보수집에 필요한 비용을 절약하고 자금조달을 용이하게 함으로써 경쟁력을 강화할 수 있는 장점을 가

13) 박상인, "이스라엘 경제력집중법 제정 의의와 함의", 2016년 법·경제분석그룹 연구보고서(2016), 142-147면 참조.

14) 홍명수, "독점규제법상 재벌 규제의 문제점과 개선 방안", 경쟁법연구 제36권(2007), 21-22면.

지고 있다. 특히 개발도상국에서는 고도화된 산업분야에 대한 투자여건이 제대로 정비되어 있지 않기 때문에 그러한 분야에 투자하는 기업은 공급이나 수요측면에서 여러 가지의 어려움을 겪게 될 뿐만 아니라, 강력한 경쟁력을 가진 선진국 기업과도 경쟁을 해야 한다. 그리고 첨단산업의 육성에는 대규모의 시설투자와 고도의 기술축적과 경영기법이 필요하고 이를 위한 인력과 자금이 필요하다. 그런데 집중된 경제력을 가진 소수의 기업집단은 이러한 분야에 투자할 수 있는 능력이 있기 때문에 자본집약적인 첨단산업분야에 진출하기가 용이한 장점을 가지고 있다. 한편, 국경없는 경쟁이 일상화되고 있는 글로벌 경제 시대에는 기업집단이 계열회사에 축적된 노하우와 정보력, 조직력, 자금력 등을 총체적으로 활용하여 세계적인 규모의 다국적기업들과의 경쟁에서 살아남을 수 있는 역동성을 가진다는 장점도 있다.

2. 기업집단의 부정적 측면

(1) 시장기능의 왜곡

시장경제는 다수의 독립적인 경제주체들이 상품이나 서비스의 공급에 관하여 가격과 품질을 중심으로 자유롭고 공정하게 경쟁함으로써 사회전체의 후생수준을 극대화할 수 있다는 원자적 경쟁구조를 전제로 하고 있다. 그런데 기업집단이 여러 요소시장을 내부화하는 동시에 다양한 산업분야에 참여하여 그 경제활동을 지배하게 되면, 시장경제의 전제인 원자적 경쟁구조가 제대로 작동하지 않게 될 우려가 있다. 그 결과, 개별기업의 성패가 그 자체의 경쟁력에 의하여 결정되는 것이 아니라 이들 기업집단과 어떠한 관계를 맺고 있느냐에 따라 좌우되는 경향이 나타나게 된다. 예컨대 어떤 기업집단에 소속된 계열기업이 상품의 생산에 필요한 원재료를 구입하거나 상품을 판매하는 과정에서 가격과 품질을 중심으로 공정한 경쟁을 하는 대신 다른 계열회사를 부당하게 지원하거나 우대하는 거래를 하게 되면, 그들이 참여하고 있는 시장에서는 경쟁의 원리가 작동하지 않기 때문에 자원배분이 왜곡되고 소비자후생이 저해되는 결과가 초래될 우려가 있다.

(2) 비관련 다각화(unrelated diversification)

우리나라의 기업집단은 관련분야인지 비관련분야인지를 가리지 않고 계열기업들을 무작정 확장하는 소위 '문어발식 확장'을 실현해 온 측면이 있기 때문에, 기업집단의 자원이 효율적으로 활용되지 못할 뿐만 아니라 그들이 참여한 시장에서 경쟁질서를 왜곡하는 폐해가 나타나고 있다. 그리고 우리나라의 기업집단은 한동안 기업의 성장기회나 현금의 흐름과 관계없이 투자지출을 추진해 온 측면이 있다. 이와 같은 우리나라 대기업집단, 특히 재벌들의 비관련다각화 현상에 대하여는 이미 오래전부터 많은 비판이 가해지고 있다. 비관련다각화는 한계사업에 과잉투자를 하여 경쟁력의 저하를 초래하고, 한계적 기업이 시장으로부터 퇴출되는 것을 막아 기업집단 전체의 가치손실과 동반부실을 초래하게 될 우려가 있다. 아울러 다변화의 정도가 당해 기업집단의 능력을 초과할 정도로 지나치게 확대되면, 투자의 집중이 이루어지지 않아 가치창출을 저해할 우려도 있기 때문에 요즈음과 같은 무한경쟁시대에는 그것이 오히려 약점이 될 수도 있다.[15)]

(3) 정경유착의 심화

정부는 이른바 개발연대에 형성된 경제정책을 추진하는 과정에서 인·허가나 금융, 조세 등을 통하여 특정한 기업 내지 기업집단에게 특혜적인 지원을 제공하면서 기업의 자율적인 경제활동에 대하여 간섭해 왔다. 이러한 과정에서 정부는 기업집단을 자기의 통제 아래 두고서 때로는 이를 비호하고 때로는 이를 규제하는 정책을 실시해 왔으며, 기업집단은 한편으로는 이러한 정부규제를 비판하면서 다른 한편으로는 그러한 정부의 지원과 특혜를 이용해 온 측면이 있다. 정부와 기업집단의 이러한 동반자적 관계는 정부의 보험자적 역할과 기업집단의 도덕적 해이(moral hazard)를 초래하였다. 그 결과, 기업집단은 그 규모가 너무 크기 때문에 파산하게 할 수 없다거나 또는 국민경제적으로 매우 중요하기 때문에 구제하지 않을 수 없다는 의식(이른바 '대마불사(大馬不死)' 내지 'too big to fail')이 팽배하여 국민경제 전체의 안정성을 위협하는 요인으로 작용하기도 한다.

(4) 비능률과 정치·사회적인 민주화 저해

어떤 조직이 지나치게 비대해지면, 그 조직은 고정화되고 진부한 생산방법이나 기술을 고집함으로써 환경의 변화 내지 새로운 기술개발에 제대로 적응하지 못하는 경우가 있다. 또한 그러한 조직은 정치적·사회적인 차원에서 의사결정의 구조를 왜곡하여 정치적·사회적인 민주화를 가로막는 요인이 될 뿐만 아니라, 건전한 기업문화의 발달을 저해하는 등 여러 가지 폐해를 초래하게 될 우려가 있다.

Ⅱ. 대규모기업집단에 대한 규제의 연혁

기업집단은 위에서 설명한 긍정적 측면과 부정적 측면을 동시에 가지고 있다. 따라서 입법자는 기업집단의 장점을 살리면서 폐해를 줄이기 위하여 독점규제법을 통하여 소수 대규모기업집단에 대한 규제를 해 오고 있다. 특히 1997년 말 발생한 외환위기 사태는 대규모기업집단 규제에 관한 많은 변화를 가져왔다. 그런데 우리나라에서는 이러한 규제가 과연 기업집단의 폐해를 줄이는 목적에 충실한 것인지, 반대로 국민경제의 발전에 불필요한 장애요인이 되는 것은 아닌지에 대하여 계속적으로 논란이 되고 있다. 그 결과,

15) 최도성, "대규모기업집단의 지배구조", 자유경쟁과 공정거래(2002), 323-328면.

기업집단에 대한 규제는 시대에 따라 강화되기도 하고 완화되기도 하였다.

1. 외환위기 이전

1980년에 독점규제법이 제정될 당시에는 경제력집중을 규제하는 규정이 없었다. 그러나 법을 시행하는 과정에서 우리나라처럼 소수의 대규모기업집단에 의한 경제력집중이 심화되어 그들이 국민경제 전체에서 차지하는 비중이 매우 클 뿐만 아니라, 그들이 개별시장의 경쟁에 상당한 영향을 미치고 있는 상황에서, 경제력집중 문제에 대하여는 아무런 규제를 하지 않고, 오로지 개별시장에 있어서 독과점이나 경쟁제한행위만 규제하는 것으로는 유효경쟁을 실현하기가 어렵다는 인식이 형성되게 되었다. 그 결과, 1986년 제1차 개정 시에 과도한 경제력집중을 억제하기 위하여 지주회사의 설립금지와 대규모기업집단에 속하는 계열회사의 상호출자금지 및 출자총액의 제한 등과 같은 제도를 도입하게 되었다. 그리고 1992년에는 계열회사의 상호채무보증을 제한하는 제도를 도입하였으며, 1996년에는 이러한 제도의 내용을 더욱 강화하는 방향으로 개정하였다.

2. 외환위기 상황

한편 1997년 말에는 우리나라가 외환위기를 맞이하여 IMF로부터 구제금융을 받게 되었으며, IMF는 그 조건으로 기업집단에 대한 대폭적인 구조조정을 요구하였다. 이에 정부는 구조조정을 촉진하기 위하여 출자총액제한 제도를 폐지하는 반면, 신규 상호채무보증은 금지하고 기존의 채무보증은 2000년 3월 말까지 해소하는 방향으로 법을 개정하였다. 그리고 1999년 2월에는 기업의 구조조정을 조속한 시일 내에 마무리하기 위하여 지주회사의 설립을 제한적으로 허용하고, 30대 기업집단의 계열회사 간 부당한 지원행위를 효과적으로 차단하기 위하여 금융거래정보요구권을 2년간 한시적으로 도입하였다. 같은 해 12월에는 대규모기업집단 내 계열회사 간 순환출자를 억제하기 위하여 출자총액제한 제도를 다시 도입하고, 부당한 내부거래를 사전에 효과적으로 예방하기 위하여 일정한 규모 이상의 내부거래를 이사회의 의결 및 공시대상으로 하는 한편, 부당한 지원행위에 대한 제재수단의 실효성을 확보하기 위하여 과징금의 부과한도를 상향조정함으로써 대기업의 구조조정을 촉진하는 방향으로 법을 개정하였다.

3. 외환위기 이후

2001년 1월에는 지주회사의 설립을 통한 기업들의 구조조정을 촉진하기 위해서 회사의 분할 또는 분할합병을 통하여 지주회사로 전환되거나 지주회사를 설립하는 경우에도 부채비율의 제한을 일정기간 유예하고, 벤처기업의 활성화를 위하여 벤처기업을 자회사로 두는 벤처지주회사에 대하여 자회사 발행주식 총수의 소유한도를 완화하였다. 한편

2002년 1월에는 대규모기업집단의 일괄지정제도를 폐지하고, 행태별로 규율대상을 달리 하게 되었으며(상호출자와 채무보증은 자산규모 2조원 이상, 출자총액제한은 자산규모 5조원 이상), 공기업집단도 규제의 대상에 포함시켰다. 그리고 출자총액제한을 초과하고 있는 회사가 그 해소시한까지 이를 완전히 해소하지 못한 경우에도 그 초과분을 처분하도록 하지 않고 의결권의 행사만 제한하도록 하여 해소의 부담을 완화하였다.

그리고 2004년 12월에는 대기업집단에 소속된 비상장・비등록 기업의 공시의무를 강화하고, 지주회사제도를 보완하며, 출자총액제한제도를 합리적으로 개선하고, 계열금융사의 의결권 행사한도를 단계적으로 축소하며, 금융거래정보요구권을 3년 시한으로 재도입하는 것을 주된 내용으로 하는 개정이 이루어졌다. 2007년에는 출자총액제한제도를 완화하였으며 금융거래정보요구권의 시한연장 및 상호출자제한 기업집단관련 정보공개의 법적 근거를 마련하였다. 또한 지주회사의 설립・전환을 촉진하기 위하여 제도를 개선하였다. 한편 2009년 3월에는 그동안 대표적인 사전규제로 지목되어 오던 출자총액제한제도를 폐지하고, 기업집단에 대한 공시제도를 도입하였다. 또한 2014년에는 대규모기업집단의 계열회사 간에 복잡하게 얽혀 있는 순환출자를 해소하기 위하여 신규 순환출자를 금지하는 제도를 도입하였다.

2017년 3월에는 경제력집중 억제 시책을 기업집단의 자산 규모별로 차등 적용하도록 하였다. 이에 따르면 기업집단을 공시대상 기업집단(자산규모 5조원 이상)과 상호출자제한 기업집단(자산규모 10조원 이상)으로 구분하여 지정한다. 상호출자제한 기업집단에는 ① 상호출자 금지, ② 순환출자 금지, ③ 채무보증 금지, ④ 금융・보험사 의결권 제한, ⑤ 총수일가 사익편취 규제, ⑥ 대규모내부거래 공시, 비상장사 중요사항 공시, 기업집단현황 공시 등을 적용하도록 하였다. 반면, 공시대상 기업집단에 대해서는 ⑤와 ⑥만을 적용하도록 하였다. 그리고 기업집단 현황공시항목에 기업집단의 상호출자 현황을 추가하였다.

2020년 12월 법 개정에서는 상호출자제한기업집단 지정 기준을 국내총생산액(GDP)의 0.5%에 연동하는 방식으로 개편하였다. 그리고 신규 지주회사의 자・손회사 및 기존 지주회사의 신규편입 자・손회사의 지분율 요건을 상향하고, 상호출자제한기업집단으로 신규 지정되는 집단의 기존 순환출자에 대해 의결권 제한 규제도 신설하였다. 또한, 공익법인 및 금융・보험사의 의결권 제한을 강화하였다. 한편, 혁신성장의 촉진을 위하여 일반지주회사가 지분 100%를 보유한 완전자회사로서 중소기업창업투자회사 및 신기술사업금융전문회사의 소유를 허용하고, 벤처기업에 대한 투자와 M&A가 활성화될 수 있도록 벤처지주회사 설립요건 및 행위제한 규제를 완화하였다. 그 외에 동일인에게 국내계열회사에 출자한 해외계열회사의 주식소유 현황 등에 대한 공시의무를 부과하고, 특수관계인에 대한 부당이익제공행위와 관련하여 제공주체 회사의 지분기준을 20%로 일원화하고, 이들

회사가 50% 초과 보유한 자회사도 규제대상에 포함시켰다.

Ⅲ. 기업집단의 개념

기업집단은 동일인이 지분율 혹은 지배력 기준에 따라 사실상 그 사업내용을 지배하는 회사의 집단을 말한다(법 2조 11호). 따라서 기업집단의 개념요소로는 ① 동일인, ② 사실상 사업내용의 지배, ③ 복수의 계열회사를 들 수 있다.

1. 동 일 인

(1) 의 의

동일인이란 개념은 기업집단 성립의 기준점이 된다. 따라서 기업집단의 범위를 특정하기 위해서 우선 동일인이 확정되어야 한다. 그러나 독점규제법은 동일인에 관하여 별도의 정의규정을 두고 있지 않다.[16] 다만, 법 제2조 제11호의 기업집단에 관한 정의규정에서 동일인은 '계열회사의 사업내용을 사실상 지배하는 자'라고 추론할 수 있다. 동일인은 회사일수도 있고 회사가 아닐 수도 있다(법 2조 11호 각목). 동일인이 회사인 경우에 그 동일인은 기업집단의 최고 정점에 있는 회사가 되고, 동일인이 회사가 아닌 경우에 그 동일인은 소위 총수라고 불리는 자연인인 경우가 대부분이다.

동일인이 정해지면 그에 따라 기업집단의 범위도 정해진다. 기업집단의 동일인이 누구인지에 따라서 특정 회사의 기업집단 소속 여부가 결정되고, 그 결과 상호출자의 금지, 순환출자의 금지, 계열회사에 대한 채무보증의 금지, 공익법인 및 금융·보험 계열회사 보유 의결권의 제한, 대규모내부거래의 이사회 의결 및 공시, 비상장회사 등의 주요사항 공시, 기업집단현황 등에 관한 공시, 주식소유현황 등의 신고, 특수관계인에 대한 부당한 이익제공 금지 등 각종 규제 여부가 결정된다.

(2) 동일인의 확정

실무적으로는 각 기업집단이 스스로 총수일가 내부 합의를 통해 동일인을 정하고 동일인관련자의 범위를 파악하여 공정위에 제출한다. 그러나 이러한 행위는 법령상 요구되는 절차 내지 요건은 아니고, 공정위의 동일인 확정에 관한 기업집단 차원의 의견개진 내지 업무협조의 관행에 불과하다. 따라서 공정위는 기업집단의 의견에 구속되지 아니하고 자체 판단에 따라 동일인을 확정할 수 있다.

---

16) 동일인을 누구로 확정하느냐에 따라서 기업집단의 범위가 달라질 수 있으므로 입법론적으로는 동일인에 관한 정의 규정 및 동일인 확정에 관한 기준을 법에 규정하고, 그 동일인을 기준점으로 기업집단의 범위를 정하는 것이 바람직할 것이다.

그런데 기존의 동일인이 경영일선에서 퇴진하고 그 일가 중 다른 자가 사실상 경영을 담당하는 경우나 동일인 집안 내부에서 경영권 분쟁이 발생하는 경우에 동일인을 누구로 확정할 것인지가 문제되는 경우가 있다. 이러한 경우에는 여러 동일인 후보자들 중에서 해당 기업집단의 사업내용을 지배하는 자에 가장 부합하는 자를 동일인으로 확정해야 할 것이다. 기업집단의 지정이 미치는 광범위한 파급효과를 고려할 때 동일인의 확정은 객관적이고 투명하며 예측가능하고 안정적일 필요가 있다. 이러한 측면에서 동일인의 확정은 가급적 정량적인 지분율 기준에 따라 확정하는 것을 원칙으로 하되, 지분율 기준을 충족하는 자가 존재하지 아니하거나 혹은 복수로 존재하는 경우, 또는 지분율 기준을 충족하는 자를 동일인으로 확정하는 것이 경제적 현실이나 사회적 인식에 부합하지 않는 예외적인 경우에는 정성적인 지배력 기준에 따라 확정하는 것이 바람직할 것이다.

(3) 동일인관련자

동일인관련자는 ① 동일인의 친족, ② 동일인 및 동일인관련자가 지배적 영향력을 행사하는 비영리법인 또는 단체, ③ 계열회사, ④ 동일인 또는 동일인이 지배하는 비영리법인·단체, 계열회사의 사용인이다(영 4조 1항 1호). 위 ①의 친족의 범위는 동일인의 배우자, 4촌 이내의 혈족, 3촌 이내의 인척, 동일인이 지배하는 국내회사 발행주식(의결권 없는 주식은 제외) 총수의 100분의 1 이상을 소유하고 있는 5촌·6촌인 혈족이나 4촌인 인척,[17] 동일인이 「민법」에 따라 인지한 혼인 외 출생자의 생부나 생모[18]를 포함한다.

위 ④와 관련하여 사용인이라 함은 법인인 경우에는 임원, 개인인 경우에는 상업사용인 및 고용계약에 따른 피고용인을 말한다. 독점규제법상 임원이란 이사, 대표이사, 업무집행을 하는 무한책임사원, 감사나 이들에 준하는 사람 또는 지배인 등 본점이나 지점의 영업전반을 총괄적으로 처리할 수 있는 상업사용인을 말한다(법 2조 6호). 여기서 이사는 「상법」상의 이사로서 법인등기부상에 이사로 등기된 자를 의미한다.[19]

다만, 「상법」 제382조 제3항에 따른 사외이사가 경영하고 있는 회사로서 임원독립경영 인정요건을 모두 갖춘 회사는 동일인이 지배하는 기업집단의 범위에서 제외한다(영 4조 2항). 따라서 사외이사 본인은 동일인관련자의 범위에 포함되지만, 사외이사가 지배하

---

17) 종전 법 시행령은 동일인관련자에 포함되는 동일인의 친족 범위를 혈족 6촌, 인척 4촌까지로 규정하였으나, 국민 인식에 비해 친족 범위가 넓고, 핵가족 보편화·호주제 폐지 등으로 이들을 모두 파악하는 것도 쉽지 않아 기업집단의 수범 의무가 과도하다는 지적이 있었다. 이에 2022년 시행령 개정으로 친족 범위를 축소하였다. 위와 같은 개정으로 대기업집단의 친족 수는 절반 가까이 감소하게 될 것으로 예상된다. 공정위 2022.12.20.자 보도자료 참조.

18) 동일인의 혼인 외 출생자의 생부·생모가 계열회사의 주요 주주로서 동일인의 지배력을 보조하고 있는 경우에 동일인관련자에서 제외되어 있어 규제 사각지대가 발생한다는 지적에 따라서 2022년 시행령 개정으로 동일인관련자에 포함시켰다. 다만, 법적 명확성과 실효성 확보를 위해 동일인이 「민법」에 따라 인지한 혼인 외 출생자의 생부·생모의 경우에만 동일인관련자에 포함되도록 규정하였다.

19) 대법원 2008.10.23. 선고 2008두10621 판결.

는 회사는 원칙적으로 계열회사에 해당하지 아니하여 동일인관련자에 포함되지 아니한다. 종전에는 대기업집단에서 사외이사 영입 시 해당 사외이사가 지배하는 회사도 일단 기업집단에 자동 편입되며, 사외이사가 독립적으로 경영하는 회사에 대해서는 임원독립경영 신청을 통해 사후적으로 계열회사에서 제외하고 있었다(이른바 'opt-out' 방식) 그러나 이러한 방식으로 인하여 기업집단에 과도한 수범 의무가 부과되고, 대기업집단과 무관하게 사외이사가 독립적으로 지배하는 회사에 대해서도 각종 자료제출·공시의무 등 부담과 중소·벤처기업으로서의 혜택 상실 등의 불이익이 가해지는 경우가 생겼다. 사외이사와 친족 또는 일반임원 간의 차이에도 불구하고,[20] 이러한 대기업집단 규제 적용에 따른 부담으로 전문성 있는 사외이사 섭외를 어렵게 한다는 지적이 제기되었다. 이에 2022년 시행령 개정으로 사외이사가 지배하는 회사는 원칙적으로 계열회사에서 제외하되, 사외이사 지배회사가 임원독립경영 요건을 충족하지 못하는 경우에만 예외적으로 계열회사로 편입하도록 규정하였다(이른바 'opt-in' 방식).

■ 비영리법인과 공익법인

동일인관련자 가운데 동일인 및 동일인관련자가 지배적 영향력을 행사하는 비영리법인 또는 단체라 함은 (i) 동일인이 단독으로 또는 동일인관련자와 합하여 총출연금액의 30% 이상을 출연한 경우로서 최다출연자가 되거나 동일인 및 동일인관련자 중 1인이 설립자인 비영리법인 또는 단체(법인격이 없는 사단 또는 재단을 말한다. 이하 같다)와 (ii) 동일인이 직접 또는 동일인관련자를 통하여 임원의 구성이나 사업운용 등에 대하여 지배적인 영향력을 행사하고 있는 비영리법인 또는 단체를 말한다(영 4조 1항 1호 나목, 다목).[21] 그런데 법상 비영리법인 또는 단체와 「민법」상의 사단 또는 재단 내지 세법 등의 공익법인의 관계가 문제될 수 있다. 「민법」 제32조는 "학술, 종교, 자선, 기예, 사교 기타 영리 아닌 사업을 목적으로 하는 사단 또는 재단은 주무관청의 허가를 얻어 이를 법인으로 할 수 있다."고 규정하고 있다. 따라서 법상 비영리법인 또는 단체는 위와 같이 「민법」이 규정한 비영리사업을 목적으로 하는 사단 또는 재단법인은 물론 이에 준하는 법인격 없는 단체를 포괄하는 넓은 개념이라고 할 수 있다. 한편, 「상속세 및 증여세법」(이하 "상증세법")상 공익법인 등은 종교·자선·학술 관련 사업 등 공익성을 고려하여 대통령령으로 정하는 사업을 하는 자라고 규정하고 있다(상증세법 16조, 동법 시행령 12조). 또한 「공익법인의 설립·운영에 관한 법」(이하 "공익법인법")에서 공익법인이란 재단법인이나 사단법인으로서 사회 일반의 이익에 이바지하기 위하여 학자금·장학금 또는 연

---

20) 그동안 사외이사 지배회사는 친족이나 일반임원과는 달리 위장계열회사가 문제된 사례가 거의 없었다고 한다. 공정위 2022.12.20.자 보도자료 참조.

21) 공정위는 동일인 및 동일인관련자가 비영리법인 또는 단체의 임원의 구성이나 사업 운용에 대하여 지배적 영향력을 행사하지 않는다고 인정되는 경우에는 이해관계자의 요청에 따라 해당 비영리법인 또는 단체를 동일인관련자에서 제외할 수 있다(영 6조 2항).

구비의 보조나 지급, 학술, 자선에 관한 사업을 목적으로 하는 법인을 말한다(공익법인법 2조). 요컨대, 개념적으로 살펴보면 독점규제법상 비영리법인 또는 단체가 가장 넓은 개념이고, 「민법」상 비영리사단 또는 재단이 그 다음 좁은 범위이고, 상증세법상 공익법인은 그보다 좁은 개념이며, 공익법인법상 공익법인이 가장 좁은 개념이라고 할 것이다. 그런데 기업집단은 세제상의 혜택을 고려하여 비영리법인 중에서도 상증세법상의 공익법인을 설립하는 경우가 많기 때문에, 기업집단 내 비영리법인 또는 단체에 관한 논의는 일반적으로 공익법인을 중심으로 이루어지고 있다.

2. 사실상 사업내용의 지배

판례는 지배의 의미를 "소유하고 있는 다른 회사 주식의 의결권을 행사하여 그 회사의 경영에 영향력을 행사할 수 있는 것"을 의미한다고 보고 있다.[22] 법은 사실상 사업내용을 지배하는 것에 관한 구체적 판단기준을 시행령에 위임하고 있고, 법 시행령은 지분율 기준과 지배력 기준을 제시한다. 전자는 정량적 기준이고 후자는 정성적 기준에 해당된다.

(1) 지분율 기준

동일인이 단독으로 또는 동일인관련자(특수관계인 및 계열회사)와 합하여 ① 당해회사 발행주식(의결권 없는 주식은 제외)의 30%이상을 소유하고 ② 최다출자자인 회사인 경우에는 사실상 지배관계가 성립된다(영 4조 1항 1호). 주식의 취득 또는 소유의 기준은 그 명의와 관계없이 실질적인 소유관계를 기준으로 한다(법 10조). 법 시행령 제4조 제1호의 지분율 기준은 지분의 소유관계 및 최다출자자인지 여부에 따라 정량적, 객관적으로 판단한다. 따라서 이 경우에 동일인이 구체적으로 해당 지분의 의결권을 행사하는지, 혹은 동일인과 동일인관련자가 의결권을 같은 방향으로 행사하는지 등은 그 요건에 해당되지 않는다. 예를 들어 동일인이 주주총회에서 의결권을 행사하지 않거나 동일인과 동일인관련자 사이에 이견이 있어서 서로 달리 의결권을 행사한다고 하더라도, 위 지분율 기준을 충족하면 사실상 지배관계는 성립된다.

(2) 지배력 기준

(가) 기준의 내용

다음의 어느 하나에 해당하는 회사로서 해당 회사의 경영에 대하여 지배적인 영향력을 행사하고 있다고 인정되는 회사인 경우에도 사실상 지배관계가 성립된다(영 4조 1항 2호).

22) 대법원 2006.11.23. 선고 2004두8583 판결.

① 동일인이 다른 주요 주주와의 계약 또는 합의[23)]에 의하여 대표이사를 임면하거나 임원의 50% 이상을 선임하거나 선임할 수 있는 회사(가목)
② 동일인이 직접 또는 동일인관련자를 통하여 해당 회사의 조직변경 또는 신규 사업에 대한 투자 등 주요 의사결정이나 업무집행에 지배적인 영향력을 행사하고 있는 회사(나목)
③ (i) 동일인이 지배하는 회사와 해당 회사 간에 임원의 겸임이 있거나, (ii) 동일인이 지배하는 회사의 임·직원이 해당 회사의 임원으로 임명되었다가 동일인이 지배하는 회사로 복직하는 경우(동일인이 지배하는 회사 중 당초의 회사가 아닌 회사로 복직하는 경우를 포함)이거나, (iii) 해당 회사의 임원이 동일인이 지배하는 회사의 임·직원으로 임명되었다가 해당 회사 또는 해당 회사의 계열회사로 복직하는 경우 등과 같은 인사교류가 있는 회사(다목)
④ 통상적인 범위를 초과하여 동일인 또는 동일인관련자와 자금·자산·상품·용역 등의 거래를 하고 있거나 채무보증을 하거나 채무보증을 받고 있는 회사(라목)
⑤ 그 밖에 해당 회사가 동일인의 기업집단의 계열회사로 인정될 수 있는 영업상의 표시행위를 하는 등 사회통념상 경제적 동일체로 인정되는 회사(마목)

(나) 규정의 해석

법 시행령 제4조 제2호의 문언 구조에 비추어 볼 때, 어떤 회사가 지배력 기준에 따라 동일인의 사실상 지배하에 있다고 보기 위하여는 (i) 법 시행령 제4조 제2호 각목의 1에 해당하는 회사일 것과, (ii) 당해 회사의 경영에 대하여 동일인이 지배적인 영향력을 행사하고 있다고 인정되는 회사일 것이라는 두 가지 요건을 모두 충족해야 한다. 다시 말해 어떤 회사가 단지 위 (i) 요건을 충족한다고 하여 곧바로 기업집단에 속하는 회사라고 판단할 수는 없고, (ii) 요건의 충족 여부 즉 동일인이 당해 회사의 경영에 대하여 지배적인 영향력을 행사하고 있는지를 추가적으로 따져서 기업집단 포함 여부를 결정해야 한다. 다만, 회사가 법 시행령 제4조 제2호 가목 내지 나목에 해당할 경우에는 위 (ii) 요건도 충족된다고 보아야 할 것이다. 왜냐하면 동일인이 "다른 주요 주주와의 계약 또는 합의에 의하여 대표이사를 임면하거나 임원의 100분의 50이상을 선임하거나 선임할 수 있는 회사"(가목) 내지 "직접 또는 동일인관련자를 통하여 당해 회사의 조직변경 또는 신규 사업에의 투자등 주요 의사결정이나 업무집행에 지배적인 영향력을 행사하고 있는 회사"(나목)에 해당하면, 동일인이 당해 회사의 경영에 대하여 지배적인 영향력을 행사하고

23) 의결권의 포괄위임 계약과 관련하여 현재 대법원 판례는 동일인이 특정인에게(혹은 특정인이 동일인에게) 자신이 보유한 회사 주식에 대한 의결권을 대신 행사하도록 포괄적으로 위임하는 계약은 유효하나(대법원 2002.12.24. 선고 2002다54691 판결 참조), 동일인은 의결권 포괄위임 계약에 관하여 자유로운 철회도 가능하다는 태도(대법원 2002.12.24. 선고 2002다54691 판결 참조)로 이해된다.

있음을 쉽게 인정할 수 있기 때문이다. 반면, 법 시행령 제4조 제2호 다목 내지 마목의 경우에는 가목 내지 나목과 달리 그 내용상 동일인의 지배적 영향력에 관하여 구체적인 사항을 포함하고 있는 것이 아니다. 따라서 위 다목 내지 마목에 해당하는 회사의 경우라면 다시 제2호 본문으로 돌아가 동일인이 당해 회사의 경영에 대하여 지배적인 영향력을 행사하고 있는지를 추가적으로 검토한 후 동일인의 사실상 지배 여부를 결정해야 할 것이다.

(다) 구체적 사례

그렇다면, 법 시행령 제4조 제2호 본문에서 동일인이 "당해 회사의 경영에 대하여 지배적인 영향력을 행사"한다는 것은 구체적으로 어떠한 의미인가? 금호아시아나 사건은 동일인이 지분율 기준을 충족하지 못하는 경우에 과연 동일인의 사실상 지배관계를 인정할 수 있는지가 다투어진 사건이다. 기업집단 금호아시아나 소속 계열회사인 금호산업, 금호타이어에 대하여 2010. 1. 6. 기업구조조정촉진법에 따른 채권금융기관의 공동관리절차가 개시되었고, 박삼구 회장 등 기존 주주에 대한 대규모 감자와 채권자의 출자전환 등으로 주주변동이 발생하였다. 그 결과 2011. 4. 1. 기준 금호산업에 대한 박삼구 및 박삼구 관련자의 지분은 3.08%, 채권금융기관의 지분은 88.89%이고, 금호타이어에 대한 박삼구 및 박삼구 관련자의 지분은 9.74%, 채권금융기관의 지분은 68.97%가 되었다. 박삼구가 동일인으로서 지분율 기준을 충족하지 못한 상태에서, 2012. 4. 12. 피고 공정위는 원고 금호석유화학 및 금호산업, 금호타이어 등 25개 회사를 박삼구를 동일인으로 하는 기업집단 '금호아시아나'로 지정하였다(상호출자제한 기업집단 지정 처분).

원고(금호석유화학)는 공정위의 지정 처분에 불복하여 상호출자제한 기업집단 지정 처분의 취소를 청구하였다. 그러나 법원은 채권금융기관의 공동관리절차에도 불구하고 박삼구가 금호산업과 금호타이어의 사업내용을 지배한다고 인정하였다.[24] 법원은 "박삼구가 채권금융기관의 협조 또는 동의하에 양사의 대표이사를 임면하거나 임면할 수 있는 경우에 해당하는 점, 박삼구는 금호산업의 명예회장, 금호타이어의 대표이사로서 사실상 위 각 회사의 주요 의사결정·업무집행에 관하여 지배적인 영향력을 행사하고 있다고 보이는 점,[25] 채권금융기관협의회의 주요 의사결정에 대한 승인 또는 자금관리는 경영정상화를 위한 감시의 측면에서 이루어지는 것으로서 박삼구의 지배적 영향력 인정에 장애가 되지 아니하는 점" 등의 사정을 들어 박삼구가 사실상 금호산업·금호타이어의 사업내용을 지배하고, 따라서 금호산업이 사실상 사업내용을 지배하는 아시아나항공 및 그 자회

24) 서울고법 2012.11.15. 선고 2012누12565 판결 및 대법원 2015.3.26. 선고 2012두27268 판결.

25) 이 사안에서 공정위는 보다 구체적으로 "동일인이 금호산업(주), 금호타이어(주) 등 「금호아시아나」집단 소속 계열회사의 조직·인사 등과 관련된 의사결정을 수행하고 있다는 점, 금호산업(주) 및 계열회사의 대표이사 등이 동일인에게 전략경영계획 등을 보고하고 이에 대해 동일인이 주기적으로 점검하여 지시사항을 전달·시행하는 등 회사경영을 총괄하고 있다는 점" 등을 지적하였다.

사 등에 대하여도 박삼구의 사실상 지배가 인정된다고 판단하였다.

3. 복수의 계열회사

기업집단은 복수의 회사의 집단을 의미하므로, 반드시 둘 이상의 회사가 존재하여야 한다. 즉, 동일인이 회사인 경우에 기업집단은 그 회사와 그가 지배하는 하나 이상의 회사의 집단을 말하고, 동일인이 회사가 아닌 경우에 기업집단은 그가 지배하는 둘 이상의 회사의 집단을 말한다. 둘 이상의 회사가 동일한 기업집단에 속하는 경우에 이들 각각의 회사를 서로 상대방의 계열회사라 한다(법 2조 12호). 개념상으로 계열회사에는 국내 계열회사는 물론 해외 계열회사도 포함된다. 다만, 해외 계열회사의 경우 그 행위의 영향이 외국에서 주로 발생하여 국내에서 규제할 실익이 크지 않고, 관할권 등의 문제로 해외 계열회사에 대하여 조사할 수 있는 가능성도 현실적으로 낮은 편이다. 이러한 이유로 공정위는 관행적으로 기업집단을 지정할 때 그 소속회사에 국내 계열회사만을 포함시켰다. 그러나 우리나라 기업집단 소속 회사들이 해외로 진출하는 사례가 증가함에 따라 해외 계열회사를 통한 우회적 지배나 사익편취의 우려도 지적되고 있으므로, 타국에 대한 주권침해의 문제가 발생하지 않는 한도 내에서 해외 계열회사에 대하여도 독점규제법을 적용할 수 있을 것이다.

그리고 계열출자란 기업집단 소속 회사가 계열회사의 주식을 취득 또는 소유하는 행위를 말한다(법 2조 13호). 계열출자회사란 계열출자를 통하여 다른 계열회사의 주식을 취득 또는 소유하는 계열회사를 말한다(법 2조 14호). 계열출자대상회사란 계열출자를 통하여 계열출자회사가 취득 또는 소유하는 계열회사 주식을 발행한 계열회사를 말한다(법 2조 15호). 예컨대, 자연인 甲이 동일인인 기업집단 안에 A, B, C 회사가 존재하고 이 중에서 B 회사는 A 회사의 100% 자회사라고 가정하자. 이 경우에 A, B, C 회사 사이에는 각각 계열회사 관계가 존재하고, 그 가운데 A 회사와 B 회사 사이에는 계열출자 관계가 존재하고, 이 때 A 회사는 계열출자회사, B 회사는 계열출자대상회사가 된다.

Ⅳ. 규제대상 기업집단의 지정 등

1. 규제대상 기업집단의 지정

(1) 연 혁

독점규제법은 모든 기업집단을 다 규제하는 것이 아니라, 일정한 규모이상에 해당하는 대규모기업집단만 규제하고 있다. 그 규제대상과 관련하여 1987년 이래로 규제대상 기업집단의 지정기준을 자산규모 → 순위 → 자산규모로 변경하여 왔다. 1987년부터 1992

년까지는 기업집단에 속하는 국내회사들의 자산총액의 합계액(4,000억원 이상)을 지정기준으로 삼았고, 1993년부터 2001년까지는 자산총액의 합계액을 기준으로 상위 30대 기업집단을 규제대상으로 하였으나, 2002년부터는 다시 기업집단에 속하는 국내회사들의 자산총액의 합계액을 기준으로 규제대상 기업집단을 지정하고 있다. 구체적으로 2008년 7월까지는 자산총액 2조원 이상을, 2016년 9월까지는 자산총액 5조원 이상을 각각 그 기준으로 삼았다.

그런데 우리나라 경제규모가 커지면서 최상위 기업집단들은 자산규모가 100조원을 훌쩍 넘는 등 기업집단들 사이에도 상당한 격차가 발생하였다. 이에 따라 규모가 큰 기업집단과 규모가 작은 기업집단을 동일하게 규제하는 것이 타당한지에 대한 의문이 제기되기 시작하였다. 전자의 경우 국민경제에 미치는 영향력이 크기 때문에 그에 상응하는 엄격한 규제를 할 필요성이 있지만, 후자에 대해서는 과잉규제라는 지적이 있었다. 이에 따라 2017년 3월 개정된 법은 자산규모에 따라 규제대상 기업집단을 공시대상 기업집단과 상호출자제한 기업집단으로 구분하였다.

(2) 현행 규제대상 기업집단

(가) 공시대상 기업집단

1) 의 의

공정위는 자산총액[26]이 5조원 이상인 기업집단을 공시대상 기업집단으로 지정한다(법 31조 1항 전단).[27] 공정위는 과도한 경제력집중을 방지하고 기업집단의 투명성 등을 제고하기 위하여 공시대상 기업집단에 속하는 회사의 일반현황, 지배구조현황 등에 관한 정보,[28] ② 공시대상 기업집단에 속하는 회사 간 또는 공시대상 기업집단에 속하는 회사와 그 특수관계인 간의 출자, 채무보증, 거래관계 등에 관한 정보[29]를 공개할 수 있다(법 35조 1항). 공정위는 위 정보의 효율적 처리 및 공개를 위하여 정보시스템을 구축·운영할 수 있다(법 35조 2항). 그 외의 정보공개에 관하여는 「공공기관의 정보공개에 관한 법률」

---

26) 공시대상 기업집단은 해당 기업집단에 속하는 국내 회사들의 공시대상 기업집단 지정 직전사업연도의 대차대조표상의 자산총액(금융업 또는 보험업을 영위하는 회사의 경우에는 자본총액 또는 자본금 중 큰 금액으로 하며, 새로 설립된 회사로서 직전사업연도의 대차대조표가 없는 경우에는 지정일 현재의 납입자본금으로 한다. 합계액이 5조원 이상인 기업집단으로 한다(영 38조 1항 본문).

27) 공시대상 기업집단에 속하는 국내회사(청산 중에 있거나 1년 이상 휴업 중인 회사는 제외한다)는 공인회계사의 회계감사를 받아야 하며, 공정위는 공인회계사의 감사의견에 따라 수정한 대차대조표를 사용하여야 한다(법 31조 5항).

28) 구체적으로 ① 공시대상 기업집단에 속하는 회사의 명칭, 사업내용, 주요 주주, 임원, 재무상황, 그 밖의 일반현황, ② 공시대상 기업집단에 속하는 회사의 이사회 및 「상법」 제393조의2에 따라 이사회에 설치된 위원회의 구성·운영, 주주총회에서의 의결권 행사 방법, 그 밖의 지배구조현황을 말한다(영 41조 1항).

29) 구체적으로 ① 공시대상 기업집단에 속하는 회사 간 또는 공시대상 기업집단에 속하는 회사와 그 특수관계인 간의 주식소유현황 등 출자와 관련된 현황, ② 상호출자제한기업집단에 속하는 회사 간의 채무보증 현황, ③ 공시대상 기업집단에 속하는 회사 간 또는 공시대상 기업집단에 속하는 회사와 그 특수관계인 간의 자금, 유가증권, 자산, 상품, 용역, 그 밖의 거래와 관련된 현황을 말한다(영 41조 2항).

이 정하는 바에 따른다(법 35조 3항).

2) 제외 대상

다음 어느 하나에 해당하는 기업집단은 공시대상 기업집단에서 제외한다(영 38조 1항 단서).

① 금융업 또는 보험업만을 영위하는 기업집단

② 금융업 또는 보험업을 영위하는 회사가 동일인인 경우의 기업집단

③ 해당 기업집단에 속하는 회사 중 다음 각 목의 어느 하나에 해당하는 회사의 자산총액의 합계액이 기업집단 전체 자산총액의 100분의 50 이상인 기업집단. 다만, 다음 각 목의 어느 하나에 해당하는 회사를 제외한 회사의 자산총액의 합계액이 5조원 이상인 기업집단은 제외한다.

i) 채무자회생법에 따른 회생절차의 개시가 결정되어 그 절차가 진행 중인 회사

ii) 「기업구조조정 촉진법」에 따른 관리절차의 개시가 결정되어 그 절차가 진행 중인 회사

④ 「공공기관의 운영에 관한 법률」 제4조에 따른 공공기관, 「지방공기업법」 제2조 제1항에 따른 지방직영기업, 지방공사 또는 지방공단이 동일인인 기업집단

⑤ 해당 기업집단에 속하는 회사 모두가 다음 각 목의 어느 하나에 해당하는 기업집단

i) 자본시장법 제9조 제19항 제1호에 따른 기관전용 사모집합투자기구

ii) 위에 해당하는 자가 투자한 자본시장법 제249조의13 제1항에 따른 투자목적회사(이하 "투자목적회사"라 한다)

iii) 위 투자목적회사가 투자한 투자목적회사

iv) 위 i) 내지 iii)에 해당하는 자가 투자한 투자대상기업

v) 위 iv)에 해당하는 자가 지배하는 회사

vi) 자본시장법 제249조의15 제1항에 따라 금융위원회에 등록된 기관전용 사모집합투자기구의 업무집행사원

⑥ 금융업 또는 보험업을 영위하거나 위 ⑤의 각 목의 어느 하나에 해당하는 회사로만 구성된 기업집단

3) 신고의무

공시대상 기업집단에 속하는 국내 회사는 해당 회사의 주주의 주식소유 현황·재무상황 및 다른 국내 회사 주식의 소유현황을 공정위에 신고하여야 한다(법 30조 1항). 신고의무를 불이행한 자는 1억원 이하의 벌금에 처한다(법 126조 3호).

(나) 상호출자제한 기업집단

지정된 공시대상 기업집단 중 자산총액이 GDP의 1천분의 5에 해당하는 금액 이상인 기업집단을 상호출자제한 기업집단으로 지정한다(법 31조 1항 전단). GDP의 0.5%에 해당하는 금액의 산정 기준 및 방법과 그 밖에 필요한 사항에 대해서는 시행령에 위임하고 있다(법 31조 6항). 독점규제법상 기업집단 지정제도는 규제대상으로 지정되는 기업집단에 직접적 영향을 미치는 것은 물론이고, 중소기업, 세제, 금융, 언론, 고용 등의 여러 분야에서 동 제도를 원용하여 각종 규제를 하거나 혜택을 배제하고 있기 때문에 그 파급효과가 크다. 그런데 특정 액수의 자산총액을 기준으로 하는 경우에 주기적인 변경이 필요한데 그 기준 변경시마다 적정한 자산총액 기준을 둘러싸고 사회적 합의에 상당한 시간과 노력 및 비용이 발생하는 단점이 있었다. 따라서 경제환경의 변화를 자동 반영할 수 있도록 지정기준을 GDP의 일정비율로 정하고 이를 법률에 규정하는 방안을 도입하자는 주장이 제기되었다.[30] 이 경우에는 GDP에 연동하여 지정기준이 자동적으로 확정되므로 재검토의 필요성이 없어 사회적 합의 비용이 적게 들고, 기업들의 장기적인 예측가능성도 증가할 것으로 기대되기 때문이다. 이러한 주장을 반영하여 2020년 법 개정에서는 상호출자제한 기업집단 지정기준을 10조원에서 GDP의 0.5%에 연동하는 방식으로 개편하였다.[31]

(3) 기업집단의 지정 및 제외

공정위는 매년 5월 1일(부득이한 경우에는 5월 15일)까지 지정기준에 새로 해당하는 기업집단을 공시대상 기업집단 또는 상호출자제한 기업집단으로 지정하여야 하고, 공시대상 기업집단 또는 상호출자제한 기업집단으로 지정된 기업집단이 지정기준에 해당하지 아니하게 되는 경우에는 공시대상 기업집단 또는 상호출자제한 기업집단에서 제외하여야 한다(영 38조 3항). 또한, 공정위는 공시대상 기업집단 또는 상호출자제한 기업집단으로 지정된 기업집단이 다음의 어느 하나에 해당하는 경우에는 그 사유가 발생한 때에 공시대상 기업집단 또는 상호출자제한기업집단에서 제외할 수 있다. 이 경우 해당 기업집단에 속하는 회사와 해당 기업집단의 동일인에게 지정제외 통지를 하여야 한다(영 38조 4항, 5항).

---

30) 다만, 여러 경제지표 중 GDP만 반영하게 되어 타 경제여건을 종합적으로 반영하지 못하고, GDP의 발표시기로 인해 지정연도의 2년 전 GDP를 사용할 수밖에 없는 한계가 있다. 최난설헌, “공정거래법 전부개정의 의미와 주요 쟁점”, 상사법연구 제40권 제1호(2021), 7면.

31) 공시대상 기업집단에 대해서 GDP의 일정 비율에 연동하는 기준을 채택하지 않은 것은 공시대상 기업집단의 경우 사후규제인 특수관계인에 대한 부당이익제공행위 금지의 적용을 받고, 이러한 위법행위는 자산규모가 비교적 작은 기업집단에서도 문제될 수 있어 경제규모에 연동할 필요성이 크지 않기 때문이라고 한다. 공정위, 공정거래법제 개선 특별위원회 최종 보고서(2018.7.), 31면.

① 지정일 이후에 해당 기업집단에 소속된 회사 중 채무자회생법에 따른 회생절차의 개시가 결정되어 그 절차가 진행 중인 회사 또는 「기업구조조정 촉진법」에 따른 관리절차의 개시가 결정되어 그 절차가 진행 중인 회사의 최근 지정일 직전사업연도의 대차대조표상의 자산총액의 합계액이 기업집단 전체 자산총액의 100분의 50 이상이 된 경우. 다만, 위 회사를 제외한 회사의 자산총액의 합계액이 공시대상 기업집단의 경우 3조 5천억원 이상, 상호출자제한 기업집단의 경우 GDP의 0.35%에 해당하는 금액(이에 해당하는 금액을 산정함에 있어서 1천억원 단위 미만의 금액은 버리는 것으로 한다) 이상인 기업집단은 제외한다.

② 소속회사의 변동으로 해당 기업집단에 소속된 국내회사들의 자산총액의 합계액이 공시대상 기업집단의 경우 3조 5천억원 미만, 상호출자제한 기업집단의 경우 GDP의 0.35%에 해당하는 금액(이에 해당하는 금액을 산정함에 있어서 1천억원 단위 미만의 금액은 버리는 것으로 한다) 미만으로 감소한 경우

공정위는 주식소유 현황 등의 신고, 상호출자제한 기업집단 등의 지정 등, 계열회사 등의 편입 및 제외 등의 규정을 시행하기 위하여 필요하다고 인정하는 경우에는 국세청, 금융감독원, 국내금융기관, 기타 금융 또는 주식의 거래에 관련되는 기관에 공시대상 기업집단의 국내 계열회사 주주의 주식소유 현황, 채무보증 관련자료, 가지급금·대여금 또는 담보의 제공에 관한 자료, 부동산의 거래 또는 제공에 관한 자료 등 필요한 자료의 확인 또는 조사를 요청할 수 있다(법 34조).

(4) 지정사실의 통지

공정위는 지정된 기업집단에 속하는 국내 회사와 그 회사를 지배하는 동일인의 특수관계인인 공익법인, 해당 기업집단의 동일인에 지정 사실을 통지하여야 한다(법 31조 1항 후단). 과거에는 공익법인은 통지대상이 아니었으나, 2020년 법 개정으로 통지대상에 추가되었다. 해당 회사 및 이해관계인은 이러한 기업집단 지정처분에 대하여 불복할 수 있으나 그 제소기간이 도과한 후에는 특별한 사정이 없는 한 더 이상 그 효력을 다툴 수 없다.[32)]

공정위로부터 기업집단 지정의 통지(계열회사 편입통지를 포함한다)를 받은 날로부터 대기업집단에 관한 각종 규제(법 21조부터 30조까지) 및 특수관계인에 대한 부당한 이익제공 등 금지(법 47조)의 규정을 적용한다(법 31조 2항). 다만, 상호출자의 금지 등에 대해서는 다음과 같은 예외가 존재한다. 즉, 지정통지 당시 ① 상호출자제한 기업집단에 속하는 국내회사의 상호출자 금지 규정 위반 또는 ② 상호출자제한 기업집단에 속하는 국

32) 대법원 2015.3.20. 선고 2012두27176 판결.

내회사로서 「벤처투자 촉진에 관한 법률」에 따른 중소기업창업투자회사의 국내 계열회사 주식 취득 등 금지 규정 위반이 있는 경우(취득 또는 소유하고 있는 주식을 발행한 회사가 새로 국내 계열회사로 편입되어 ②에 해당하는 경우를 포함한다)에는 지정일 또는 편입일부터 1년간은 해당 규정을 적용하지 아니한다. 그리고 계열회사에 대한 채무보증의 금지 규정을 위반하고 있는 경우(채무보증을 받고 있는 회사가 새로 계열회사로 편입되어 위반하게 되는 경우를 포함한다)에도 원칙적으로 지정일 또는 편입일부터 2년간은 해당 규정을 적용하지 아니하고, 회사에 채무자회생법에 따른 회생절차가 개시된 경우에는 회생절차의 종료일까지, 회사가 회생절차가 개시된 회사에 대하여 채무보증을 하고 있는 경우에는 그 채무보증에 한정하여 채무보증을 받고 있는 회사의 회생절차의 종료일까지는 해당 규정을 적용하지 아니한다(법 31조 3항). 이는 최초 지정으로 상호출자 금지 또는 채무보증 금지의 규제를 받게 되는 기업집단 소속 국내회사에 대하여 자발적으로 시정할 수 있는 기간을 부여하기 위함이다.

2. 계열회사 등의 편입 및 제외 등

(1) 편입 및 제외의 심사

공정위는 공시대상 기업집단의 국내 계열회사로 편입하거나 국내 계열회사에서 제외해야 할 사유가 발생한 경우에는 해당 회사(해당 회사의 특수관계인을 포함)의 요청에 의하거나 직권으로 국내 계열회사에 해당하는지를 심사하여 국내 계열회사로 편입하거나 국내 계열회사에서 제외하고 그 내용을 해당 회사에 통지하여야 한다(법 32조 1항). 또한, 공정위는 공익법인을 공시대상기업집단에 속하는 회사를 지배하는 동일인의 특수관계인으로 편입하거나 제외하여야 할 사유가 발생한 경우에는 해당 공익법인(해당 공익법인의 특수관계인을 포함)의 요청에 의하거나 직권으로 특수관계인에 해당하는지를 심사하여 특수관계인으로 편입하거나 특수관계인에서 제외하고 그 내용을 해당 공익법인에 통지하여야 한다(법 32조 2항). 공정위는 편입 및 제외 심사를 위하여 필요하다고 인정하는 경우에는 해당 회사 또는 공익법인에 대하여 주주 및 임원의 구성, 채무보증관계, 자금대차관계, 거래관계, 그 밖에 필요한 자료의 제출을 요청할 수 있다(법 32조 3항). 공정위는 위 심사의 요청을 받은 경우에는 30일 이내에 그 심사결과를 요청한 자에게 통지하여야 한다. 다만, 공정위가 필요하다고 인정할 경우에는 60일의 범위에서 그 기간을 연장할 수 있다(법 32조 4항).

(2) 자료제출의 요청 및 편입 · 통지일의 의제

공정위는 회사 또는 해당 회사의 특수관계인에 대하여 위와 같은 기업집단의 지정을 위하여 회사의 일반 현황, 회사의 주주 및 임원 구성, 특수관계인 현황, 주식소유 현황 등 대통령령으로 정하는 자료[33]의 제출을 요청할 수 있다(법 31조 4항). 기존에는 '지정을 위하여 필요한 자료'로 포괄적으로 규정되어 있었으나, 공정위가 요청할 수 있는 자료를 구체화하였다. 또한, 자료요청에 대하여 정당한 이유 없이 자료 제출을 거부하거나 거짓의 자료를 제출한 자에 대하여는 2년 이하 징역 또는 1억 5천만원 이하 벌금에 처한다(법 125조 2호).

공정위는 자료제출 요청을 받은 자가 정당한 이유없이 자료제출을 거부하거나 거짓의 자료를 제출함으로써 공시대상 기업집단의 국내 계열회사 또는 공시대상기업집단의 국내 계열회사를 지배하는 동일인의 특수관계인으로 편입되어야 함에도 불구하고 편입되지 아니한 경우에는 공시대상 기업집단에 속하여야 할 사유가 발생한 날 등을 고려하여 ① 공시대상 기업집단의 지정 당시 그 소속회사로 편입되어야 함에도 불구하고 편입되지 아니한 회사의 경우에는 그 공시대상 기업집단의 지정·통지를 받은 날, ② 공시대상 기업집단의 지정 이후 그 소속회사로 편입되어야 함에도 불구하고 편입되지 아니한 회사의 경우에는 그 공시대상 기업집단에 속하여야 할 사유가 발생한 날이 속하는 달의 다음 달 1일에 그 공시대상 기업집단의 소속회사로 편입·통지된 것으로 본다(법 33조, 영 39조).

(3) 계열제외 사유

공정위는 동일인이 그 사업내용을 지배하지 않는다고 인정되는 경우에는 이해관계자의 요청에 의하여 해당 회사를 동일인이 지배하는 기업집단의 범위에서 제외할 수 있다. 여기서 동일인이 그 사업내용을 지배하지 않는다고 인정되는 회사란 구체적으로 다음과 같은 경우를 말한다(영 5조 1항).

① 출자자간의 합의·계약 등에 의하여 동일인이 임명한 자 및 동일인관련자 외의 자가 사실상 경영을 하고 있다고 인정되는 회사
② 친족독립경영 인정기준을 갖춘 회사로서 동일인의 친족이 해당 회사를 독립적으로 경영하고 있다고 인정되는 회사
③ 임원독립경영 인정기준을 갖춘 회사로서 동일인 및 동일인관련자의 사용자가 해당 회사를 독립적으로 경영하고 있다고 인정되는 회사
④ 채무자회생법에 의한 파산선고를 받아 파산절차가 진행 중인 회사
⑤ 「기업구조조정 투자회사법」 제2조 제2호에 따른 약정체결기업에 해당하는 회사로

---

33) 구체적으로 ① 회사의 일반 현황, ② 회사의 주주 및 임원 구성, ③ 특수관계인 현황, ④ 주식소유 현황, ⑤ 채무자회생법에 따른 회생절차의 개시가 결정되어 그 절차가 진행 중인 소속회사와 「기업구조조정 촉진법」에 따른 관리절차의 개시가 결정되어 그 절차가 진행 중인 소속회사 현황, ⑥ 감사보고서. 다만, 「주식회사의 외부감사에 관한 법률」에 따른 외부감사를 받지 아니하는 회사의 경우에는 세무조정계산서를 말하며, 세무조정계산서도 없는 경우에는 결산서를 말한다. ⑦ 위 ①부터 ⑥까지의 자료를 확인하기 위하여 공정위가 제출을 요청하는 자료를 말한다(영 38조 7항).

서 (i) 동일인 및 동일인관련자가 소유하고 있는 주식 중 해당 회사 발행주식(의결권 없는 주식은 제외) 총수의 100분의 3(주권상장법인이 아닌 회사의 경우에는 100분의 10)을 초과하여 소유하고 있는 주식에 대한 처분 및 의결권행사에 관한 권한을 채권금융기관(「은행법」 그 밖의 법률에 의한 금융기관으로서 해당 회사에 대하여 신용공여를 한 금융기관을 말한다)에 위임할 것, (ii) 동일인 및 동일인관련자가 위 위임계약의 해지권을 포기하기로 특약을 할 것의 요건을 갖춘 회사

⑥ 채무자회생법에 따른 회생절차개시결정을 받아 회생절차가 진행 중인 회사로서 (i) 동일인 및 동일인관련자가 소유하고 있는 주식 중 해당 회사 발행주식(의결권 없는 주식은 제외) 총수의 100분의 3(주권상장법인이 아닌 회사의 경우에는 100분의 10)을 초과하여 소유하고 있는 주식에 대한 처분 및 의결권행사에 관한 권한을 채무자회생법 제74조에 따른 관리인에게 위임하되 정리절차가 종료된 후에는 해당 권한을 회사가 승계하게 할 것, (ii) 동일인 및 동일인관련자가 위 위임계약의 해지권을 포기하기로 특약을 할 것의 요건을 갖춘 회사

▪ 독립경영 인정제도

동일인의 친족 또는 임원 등 동일인관련자가 외견상으로는 지분율 기준이나 지배력 기준을 충족하는 것처럼 보이지만 실질적으로 독립된 경영을 하고 있는 경우에도 친족 또는 임원 등이 경영하는 기업을 동일인이 지배하는 기업집단의 범위에 포함시켜 규제를 하는 것은 기업집단 제도를 운용하는 취지에 부합하지 않을 수 있다. 예컨대, A 기업집단을 지배하는 동일인인 甲이 사망함에 따라 그 자녀인 乙과 丙이 A 기업집단을 A1 기업집단과 A2 기업집단으로 분할하여 독립경영하는 경우나 丁이 지배하는 B 기업집단에서 공익법인을 설립하고 그 설립취지에 공감하는 C 기업집단을 지배하는 戊가 위 공익법인의 임원으로 취임한 경우에 A1, A2 기업집단 혹은 B, C 기업집단을 하나의 기업집단으로 묶어서 규제하는 것은 경제적 현실에 부합하지 않게 된다. 오히려 객관적으로 동일인의 지배력이 미치지 않고 친족이나 임원의 지배하에 독립경영이 이루어지고 있는 회사를 동일인이 지배하는 기업집단의 범위에서 제외시킬 필요가 있다. 이에 따라, 공정위는 친족독립경영 및 임원독립경영 요건을 만족하는 회사들에 대해서는 동일인이 지배하는 기업집단의 범위에서 제외하고 있다. 친족독립경영 인정제도와 임원독립경영 인정제도의 주요 요건은 다음 〈표 7-1〉과 같다.

〈표 7-1〉 친족독립경영 및 임원독립경영 인정 주요 요건

구분	친족독립경영 요건(영 5조 2호)	임원독립경영 요건(영 5조 3호)
지배관계	–	임원선임 전부터 지배하던 회사(그 회사가 지배하는 회사 포함)일 것(가목)
출자관계	친족측 계열회사에 대한 동일인측 지분이 (상장) 3% 미만, (비상장) 10% 미만(가목) 동일인측 계열회사에 대한 친족측 지분이 (상장) 3% 미만, (비상장) 15% 미만(나목)	임원측 계열회사에 대한 동일인측 출자관계가 없을 것(나목) 동일인측 계열회사에 대한 임원측 출자관계가 없을 것(다목)[34]
임원겸임관계	임원겸임관계가 없을 것(다목)	임원겸임관계가 없을 것(라목)
채무보증 및 자금대차	채무보증 및 자금대차가 없을 것(라목)	채무보증 및 자금대차가 없을 것(마목)
법 위반 전력	동일인 측과 친족 측 간의 거래(계열제외일 전·후 3년)에 있어 부당지원행위, 특수관계인에 대한 부당이익제공행위로 인해 조치받은 사실이 없을 것(마목)	–
거래관계	–	상호 거래의존도가 50% 미만일 것(바목)

한편, 사실상 지배관계가 인정됨에도 불구하고 정책적 필요에 따라 계열회사에서 제외하는 경우도 있다. 즉, 공정위는 다음에 해당하는 회사에 대하여 이해관계자의 요청에 의하여 동일인이 지배하는 기업집단의 범위에서 제외할 수 있다(영 5조 2항).[35]

① 국가 또는 지방자치단체,「공공기관의 운영에 관한 법률」제5조에 따른 공기업, 특별법에 따라 설립된 공사·공단 그 밖의 법인이「사회기반시설에 대한 민간투자법」에 따라 설립된 민간투자사업법인(이하 이 항에서 "민간투자사업법인"이라 한다)의 발행주식(의결권 없는 주식은 제외) 총수의 100분의 20 이상을 소유하고 있는 경우 그 민간투자사업법인[36]

---

34) 다만, 독립경영임원이 사외이사 또는 그 밖에 상무에 종사하지 아니하는 이사에 해당하고, 독립경영임원이 동일인과 사용인의 관계에 있기 전부터 독립경영임원 및 독립경영임원관련자가 비임원측계열회사에 대해 소유하고 있는 주식으로서 해당 주식의 합계가 각 회사의 발행주식(의결권 없는 주식은 제외) 총수의 100분의 3(상장법인이 아닌 회사의 경우에는 100분의 15) 미만인 경우는 해당 주식에 한하여 출자할 수 있다.

35) 다만, ③ 또는 ⑤에 따른 회사로서 법 제47조를 적용하는 경우 및 ⑤에 따른 회사 중 벤처지주회사가 주식을 소유한 중소기업 또는 벤처기업으로서 법 시행령 제3조 제3항을 적용하는 경우 해당 회사는 기업집단의 범위에 속하는 것으로 본다.

② 동일한 업종을 경영하는 둘 이상의 회사가 사업구조조정을 위하여 그 회사의 자산을 현물출자하거나 합병, 그 밖에 이에 준하는 방법으로 설립한 회사 또는 민간투자사업법인으로서 「사회기반시설에 대한 민간투자법」 제4조 제1호부터 제4호까지의 어느 하나에 해당하는 방식으로 민간투자사업을 추진하는 회사 중 최다출자자가 2인 이상으로서 해당 출자자가 임원의 구성이나 사업운용 등에 지배적인 영향력을 행사하지 아니한다고 인정되는 회사[37)]

③ 일정한 요건을 모두 갖춘 민간투자사업 법인으로서 「사회기반시설에 대한 민간투자법」 제4조 제1호부터 제4호까지의 어느 하나에 해당하는 방식으로 민간투자사업을 추진하는 회사[38)]

④ 「산업교육진흥 및 산학연협력촉진에 관한 법률」 제2조 제8호에 따른 산학연협력기술지주회사 및 같은 조 제9호에 따른 자회사 또는 「벤처기업육성에 관한 특별조치법」 제2조 제8항에 따른 신기술창업전문회사 및 같은 법 제11조의2 제4항 제2호에 따른 자회사로서 회사설립등기일부터 10년 이내이고 동일인이 지배하는 회사(동일인이 회사인 경우 동일인을 포함한다)와 출자 또는 채무보증 관계가 없는 회사

⑤ 일정한 요건을 갖춘 중소벤처기업 및 해당 중소벤처기업이 지배하는 회사

(4) 계열제외 사유의 발생시점

판례는 계열제외 사유는 기업집단이 지정된 후에 해당 계열회사를 기업집단에서 제외해야 하는 사유가 새로이 발생된 경우에 관하여 정한 것이고, 기업집단 지정 이전부터 존재하던 사유는 위 제외사유에 포함되지 않는다고 새기고 있다.[39)] 기업집단 지정 이전부터 존재하던 사유도 계열제외 사유에 포함된다고 본다면, 기업집단 지정처분에 대한

---

36) 다만, 다른 회사와 상호출자가 없고, 출자자 외의 자로부터의 채무보증이 없는 경우로 한정한다.

37) 이 경우 최다출자자가 소유한 주식을 산정할 때 동일인 또는 동일인관련자가 소유한 해당 회사의 주식을 포함한다.

38) 다만, 해당 회사가 「사회기반시설에 대한 민간투자법」 제13조에 따라 사업시행자로 지정된 날부터 같은 법 제15조 제1항에 따라 주무관청의 승인을 받아 같은 조 제2항에 따라 고시된 실시계획에 따른 사업(같은 법 제21조 제7항에 따라 고시된 부대사업은 제외한다)을 완료하여 같은 법 제22조 제1항에 따른 준공확인을 받기 전까지의 기간으로 한정한다.

39) 대법원 2015.3.20. 선고 2012두27176 판결. 기업집단 금호아시아나 소속 계열회사인 금호산업, 금호타이어에 대하여 2010. 1. 6. 기업구조조정 촉진법에 따른 채권금융기관의 공동관리 절차가 개시되었다. 그 결과 2011. 4. 1. 기준 금호산업에 대한 박삼구 및 박삼구 관련자의 지분은 3.08%, 채권금융기관의 지분은 88.89%이고, 금호타이어에 대한 박삼구 및 박삼구 관련자의 지분은 9.74%, 채권금융기관의 지분은 68.97%이 되었다. 그런데 피고 공정위는 2011. 4. 5. 금호산업, 금호타이어를 포함한 36개 회사를 박삼구를 동일인으로 하는 기업집단 금호아시아나로 지정하였다. 2011. 5. 19. 원고 금호석유화학은 피고에게 '금호산업의 자회사 아시아나항공 및 그 자회사(금호산업의 손자회사)인 금호사옥, 아시아나아이디티, 아시아나애바카스, 에어부산' 및 '금호리조트'에 관하여 계열제외 신청을 하였다. 2011. 6. 17. 피고는 위 각 계열제외 신청에 관하여 계열회사 요건을 충족하므로 계열회사에서 제외되지 않는다는 취지의 통지를 하였다(계열제외신청 거부처분). 이에 관하여 원고가 불복하여 다투었으나, 법원은 원고가 주장하는 계열제외 사유인 '2010. 1. 6. 자 기업구조조정 촉진법상 채권금융기관의 공동관리 절차 개시에 따른 주주변동'은 2011. 4. 5. 기업집단 지정 이전에 생긴 것임이 명백하므로 원고가 위 사유를 들어 계열제외 신청을 할 수 없다고 판단하였다.

제소기간이 도과한 이후에도 언제나 지정처분의 흠을 다툴 수 있게 되는 결과가 되어 행정행위의 불가쟁력에 어긋나게 되기 때문이다. 이와 같이 계열제외 사유를 기업집단 지정 이후에 발생한 것으로 한정하여 해석하면, 기업집단 지정 이전에 계열제외 사유가 존재하였던 해당 회사는 그 다음 년도의 기업집단 지정과정에서 구제를 받아야 할 것이다.

(5) 제외결정의 취소

공정위는 동일인이 지배하는 기업집단의 범위에서 제외된 회사가 그 제외요건에 해당하지 않게 된 경우에는 직권 또는 이해관계자의 요청에 의하여 그 제외결정을 취소할 수 있다. 다만, 독립경영 인정기준에 해당되는 회사로서 동일인의 친족이 당해 회사를 독립적으로 경영하고 있다고 인정되어 기업집단으로부터 제외된 회사의 경우에는 그 제외된 날로부터 3년 이내(다만, 법위반 전력과 관련한 경우에는 5년 이내)에 제외요건에 해당하지 않게 된 경우에 한한다(영 5조 3항).

Ⅴ. 대규모기업집단에 대한 규제의 내용

1. 개 요

독점규제법상 대규모기업집단에 대한 규제는 폐해요건의 존부에 따라 두 종류로 나누어 볼 수 있다. 폐해요건을 필요로 하지 않는 규제로는 ① 상호출자의 금지, ② 순환출자의 금지 및 순환출자에 대한 의결권 제한, ③ 계열회사에 대한 채무보증의 금지, ④ 금융회사·보험회사 및 공익법인의 의결권 제한, ⑤ 대규모내부거래의 이사회 의결 및 공시, 비상장회사 등의 중요사항 공시, 기업집단현황 등에 관한 공시, 특수관계인인 공익법인의 이사회 의결 및 공시가 있고, 폐해요건을 필요로 하는 규제로는 ⑥ 특수관계인에 대한 부당한 이익제공 등 금지 등이 있다. 그런데 상호출자기업집단에 대해서는 위 규제가 모두 적용되고, 공시대상 기업집단에 대해서는 ⑤와 ⑥만 적용된다. 이를 정리하면 다음 〈표 7-2〉와 같다.[40]

표의 ① 내지 ④의 규제는 기업집단의 무분별한 계열 확장을 막기 위한 것이다. 구체적으로 ① 상호출자의 금지와 ② 순환출자의 금지 및 순환출자에 대한 의결권 제한은 가공자본을 활용한 기업집단의 무분별한 확장을 방지하기 위한 것이다. 그리고 ③ 계열회사에 대한 채무보증의 금지는 부채를 활용한 기업집단의 무분별한 확장을 방지하기 위한 것이다. 그리고 ④ 금융회사·보험회사 및 공익법인의 의결권 제한은 기업집단 소속 금융·보험회사가 고객의 자금이나 공익목적에 출연한 자금을 동일인의 계열회사 지배에

---

40) 이 가운데 ①~⑤에 관해서는 아래에서 차례로 설명하고 ⑥에 관해서는 제4절에서 별도로 설명한다.

〈표 7-2〉 대규모기업집단에 대한 차등규제

<table>
<tr><th>규제의 성격</th><th>규제의 내용</th><th>규제대상 기업집단</th></tr>
<tr><td rowspan="5">사전규제
(폐해요건 불요)</td><td>① 상호출자의 금지</td><td rowspan="4">상호출자제한 기업집단</td></tr>
<tr><td>② 순환출자의 금지 및 순환출자에 대한 의결권 제한</td></tr>
<tr><td>③ 계열회사에 대한 채무보증의 금지</td></tr>
<tr><td>④ 금융회사·보험회사 및 공익법인의 의결권 제한</td></tr>
<tr><td>⑤ 대규모내부거래의 이사회 의결 및 공시, 비상장회사 등의 중요사항 공시, 기업집단현황 등에 관한 공시, 특수관계인인 공익법인의 이사회 의결 및 공시</td><td rowspan="2">공시대상 기업집단
(상호출자제한 기업집단 포함)</td></tr>
<tr><td>사후규제
(폐해요건 필요)</td><td>⑥ 특수관계인에 대한 부당한 이익제공 등 금지</td></tr>
</table>

동원하는 현상, 즉 소유와 지배의 괴리현상을 방지하기 위한 것이다. 공정위는 위 ① 내지 ④의 규제의 시행을 위하여 필요하다고 인정하는 경우에는 국세청, 금융감독원, 국내 금융기관, 기타 금융 또는 주식의 거래에 관련되는 기관에 공시대상 기업집단의 국내 계열회사 주주의 주식소유 현황, 채무보증 관련자료, 가지급금·대여금 또는 담보의 제공에 관한 자료, 부동산의 거래 또는 제공에 관한 자료 등 필요한 자료의 확인 또는 조사를 요청할 수 있다(법 34조). 한편, ⑤ 주요사항에 대한 이사회의 의결 및 공시의무는 기업집단의 주요 사항을 이사회에서 의결하도록 함으로써 동일인의 전횡을 막고 기업집단의 주요 정보를 시장에 알림으로써 기업의 내부통제 및 시장에 의한 자율감시기능을 원활하게 하려는 목적에서 도입되었다. 그리고 ⑥ 특수관계인에 대한 부당한 이익제공 등 금지는 소유와 지배의 괴리현상으로 인하여 발생하기 쉬운 기업집단 내 사익편취행위를 막기 위한 사후규제 수단으로서 신설되었다.

한편, 2020년 법 개정 전에는 대규모기업집단에 대한 규제의 대상을 '계열회사', '국내 계열회사'라는 표현이 혼재되어 있어서, 규제대상에 국내 계열회사 이외에 국외 계열회사도 포함되는지 여부에 관하여 불확실성이 있었다.[41] 다만, 경제력집중 억제의 목적이 국내에서의 경제력집중에 따른 문제를 시정하기 위한 점, 국외 계열회사에 대해서는 법 집행의 실효성이 낮다는 점 등을 고려하여 공정위는 실무상 국내 계열회사에 대해서만 적용하는 것으로 운영을 하였다. 2020년 법 개정시에는 이러한 실무의 상황을 고려하여 일부 공시의무와 같이 국외 계열회사를 대상으로 한 경우를 제외한 나머지 대부분의 경우는 국내 계열회사가 규제의 대상임을 명확히 하였다.

41) 공정위, 공정거래법제 개선 특별위원회 최종 보고서(2018.7.), 41면.

2. 상호출자의 금지

(1) 제도의 취지

상호출자란 둘 이상의 회사가 서로 상대회사의 주식을 취득 또는 소유하는 것을 말한다. 상법은 모자관계에 있는 회사들 간에서 자회사가 모회사의 주식을 취득하는 것을 원칙적으로 금지하고 있으며(「상법」 342조의2 1항),[42] 모자관계에 이르지 않은 회사들 간 일정 비율을 초과하는 주식의 상호보유에 대하여는 그 의결권을 제한하고 있다(「상법」 369조 3항).[43] 「상법」상 상호주보유의 제한은 회사의 재무구조의 건전성을 보호하여 자본충실을 유도함으로써 회사의 채권자를 보호하기 위한 제도이다. 그런데 「상법」상 상호주보유의 제한은 모자회사 상호 간의 직접적인 상호주 취득만을 금지하고 그 외의 경우에는 의결권 제한에 그치고 있기 때문에, 대규모기업집단의 무리한 계열확장을 통한 경제력집중을 억제하는 데에는 미흡한 점이 있었다. 따라서 대규모기업집단에 소속된 계열회사들이 직접 상호출자, 환상형 상호출자, 방사선형 상호출자, 행렬식 상호출자 등을 통하여 자본의 공동화와 기업경영권의 왜곡 등과 같은 폐단을 초래하는 것을 막기 위하여,[44] 상호출자제한 기업집단에 대해서는 상호출자를 원칙적으로 금지하게 된 것이다.

(2) 상호출자 금지의 내용

상호출자제한 기업집단에 속하는 국내 회사는 자기의 주식을 취득 또는 소유하고 있는 국내 계열회사의 주식을 원칙적으로 취득 또는 소유해서는 안 된다(법 21조 1항 본문).[45] 그러나 상호출자가 ① 회사의 합병 또는 영업 전부의 양수 또는 ② 담보권의 실행 또는 대물변제의 수령으로 인한 경우에는 그 주식을 취득 또는 소유한 날로부터 6개월 이내에 처분해야 한다(법 21조 1항 단서, 2항 본문). 다만, 자기의 주식을 취득 또는 소유하고 있는 국내 계열회사가 그 주식을 처분한 경우에는 그러하지 아니하다(법 21조 2항

42) 「상법」 제342조의2 제1항은 "다른 회사의 발행주식의 총수의 100분의 50을 초과하는 주식을 가진 회사(이하 "母會社"라 한다)의 주식은 다음의 경우를 제외하고는 그 다른 회사(이하 "子會社"라 한다)가 이를 취득할 수 없다. 1. 주식의 포괄적 교환, 주식의 포괄적 이전, 회사의 합병 또는 다른 회사의 영업전부의 양수로 인한 때 2. 회사의 권리를 실행함에 있어 그 목적을 달성하기 위하여 필요한 때"라고 규정한다. 그리고 예외적으로 모회사의 주식취득이 허용되는 경우에 자회사는 그 주식을 취득한 날로부터 6개월 이내에 처분하여야 한다(「상법」 342조의2 2항). 이때 자회사의 범위는 발행주식 총수의 50/100을 초과하는 주식이 다른 회사에 의하여 소유되고 있는 회사뿐만 아니라, 그 자회사에 의하여 발행주식 총수의 50/100을 초과하는 주식이 소유되고 있는 의제자회사, 또는 모회사와 자회사에 의하여 발행주식 총수의 50/100을 초과하는 주식이 소유되고 있는 의제자회사를 포함한다.

43) 상법 제369조 제3항은 "회사, 모회사 및 자회사 또는 자회사가 다른 회사의 발행주식의 총수의 10분의 1을 초과하는 주식을 가지고 있는 경우 그 다른 회사가 가지고 있는 회사 또는 모회사의 주식은 의결권이 없다."고 규정한다.

44) 양명조(2014), 243면.

45) 상호출자 제한제도는 1987년부터 시행되었으며 기존 상호출자에 대해서 3년의 유예기간을 부여하여 모두 해소하도록 하였다.

단서). 그리고 상호출자제한 기업집단으로 지정되어 상호출자제한 기업집단에 속하는 국내 회사로 통지를 받은 회사 또는 상호출자제한 기업집단의 국내 계열회사로 편입되어 상호출자제한 기업집단에 속하는 국내 회사로 통지를 받은 회사가 통지받은 당시 상호출자의 금지규정을 위반하고 있는 경우에는 지정일 또는 편입일로부터 1년간은 상호출자 금지 규정을 적용하지 아니한다(법 31조 3항 1호).

(3) 중소기업창업투자회사의 계열회사 주식취득 금지

상호출자제한 기업집단에 속하는 국내 회사로서 「벤처투자 촉진에 관한 법률」에 의한 중소기업창업투자회사는 국내 계열회사 주식을 취득 또는 소유해서는 안 된다(법 21조 3항). 따라서 상호출자제한 기업집단에 속하는 중소기업창업투자회사는 비계열회사의 주식 취득만 가능하다. 이는 다른 계열회사가 중소기업창업투자회사의 주식을 취득하였는지를 묻지 않고 중소기업창업투자회사의 계열회사 주식 취득을 금지하는 것이므로 엄밀한 의미의 상호출자 금지는 아니다. 중소기업창업투자회사에 대하여 이러한 특례를 둔 까닭은 중소기업 창업지원을 목적으로 설립된 중소기업창업투자회사는 여러 혜택을 받는데, 그러한 회사의 재원을 자기가 속한 기업집단의 계열회사 주식을 취득하는데 사용함으로써 지배력 확장의 수단으로 이용하는 것을 방지하기 위함이다.

(4) 탈법행위의 금지

누구든지 상호출자의 금지 등 규정을 회피하려는 행위를 하여서는 아니 된다(법 36조 1항). 구체적으로 자본시장법 시행령 제103조 제1호에 따른 특정금전신탁을 이용하여 신탁업자로 하여금 자기의 주식을 취득하거나 소유하고 있는 계열회사의 주식을 취득하거나 소유하도록 하고 신탁업자와의 계약 등을 통하여 해당 주식에 대한 의결권을 사실상 행사하는 행위, 자기의 주식을 취득하거나 소유하고 있는 계열회사의 주식을 타인의 명의를 이용하여 자기의 계산으로 취득하거나 소유하는 행위가 여기에 해당한다(영 42조 3호, 4호).

3. 순환출자의 금지

(1) 제도의 취지

순환출자는 3개 이상의 계열출자로 연결된 계열회사 모두가 계열출자회사 및 계열출자대상회사가 되는 출자관계를 말한다(법 2조 16호). 그리고 기업집단 소속회사 중에서 순환출자관계에 있는 계열회사의 집단을 순환출자 회사집단이라고 한다(법 2조 17호). 예컨대 계열회사 A, B, C, D로 구성된 甲 기업집단에서 A 회사는 B 회사에게 출자하고, B 회사는 C 회사에게 출자하고, C 회사는 다시 A 회사에게 출자한 경우에 이들 사이의 출자관계는 순환출자에 해당한다. 그리고 위 사례에서 순환출자 관계가 없는 D 회사를 제외한 A, B, C 회사는 순환출자 회사집단이 된다. 따라서 동일한 기업집단 안에 다수의 순환출자 회사집단이 존재하는 것도 가능하다.

순환출자는 상호출자의 우회수단으로 활용되어온 측면이 있고, 그로 인하여 기업집단의 계열회사들 간에 출자관계가 서로 복잡하게 얽히게 되었다. 순환출자는 자금의 출처와 귀속이 불분명하여 소유·지배구조의 관점에서 불투명성이 높은 형태이다. 특히 총수 중심의 재벌에서 이러한 순환출자는 총수나 그 가족이 아주 적은 지분으로 기업집단 전체를 장악하고 이를 선단식으로 운영할 수 있는 계열확장 및 지배력 강화의 수단으로 활용되고 있다는 지적이 있었다.[46] 따라서 재벌에 의한 경제력집중을 완화하고 계열회사의 독립적인 경영을 보장하기 위해서 이러한 순환출자를 해소할 필요가 있다. 그러나 재계에서는 순환출자를 해소하기 위해서는 상당한 자금이 소요될 뿐만 아니라, 이를 해소하고 나면 경영권을 방어하기가 어렵다는 등의 이유로 이에 반대해 왔다.[47]

공정위는 2007년부터 순환출자를 해소하기 위하여 법 개정작업을 시도해 왔으나 재계의 반대로 뜻을 이루지 못하고 있다가, 2014년 법 개정을 통하여 우선 신규로 형성되는 순환출자만을 금지하는 제도를 도입하였다. 그런데 순환출자를 해소하기 위해서는 이미 형성된 순환출자도 금지할 필요가 있었다. 비록 상호출자제한 기업집단에서 상당수 순환출자가 자발적으로 해소되었지만, 향후 상호출자제한 기업집단으로 지정될 가능성이 있는 공시대상 기업집단들 중에는 여전히 순환출자의 방식으로 기업집단의 규모를 키우는 경우도 존재하였기 때문에 이들 기업집단의 기업지배구조 개편을 사전에 유도한다는 측면에서도 개정의 필요성이 제기되었다. 반면, 출자시에 적법한 행위를 사후적으로 위법한 것으로 보고 해소의무를 부과하는 것은 신중할 필요가 있다는 의견도 있었다. 이러한 논의를 거쳐 이미 취득한 주식에 대해 소유 자체는 허용하되, 다만 순환출자가 지배력 확장의 도구로 사용되는 것을 차단하기 위하여 의결권 행사만을 제한하는 것이 소급입법 논란[48]을 최소화하면서도 순환출자의 폐해를 줄일 수 있는 현실적인 방법이라는 점에 의견이 모아졌다.[49] 이에 2020년 법 개정에서는 순환출자 고리를 완성시킨 계열출자회사가

---

46) 가공자본을 동원한 기업집단 확장 및 총수일가 지배력 강화 문제는 순환출자, 지주식 출자, 계열식 출자 등 모든 다단계 출자에서 공통적으로 발생하는 문제이다. 그러나 순환출자는 최초 출자자금이 회수된다는 점에서 다른 형태의 다단계 출자와 구별된다.

47) 기존 순환출자 해소를 일시에 강제할 경우 대량의 주식이 매물로 나옴에 따른 시장충격과 소수주주의 피해도 지적되었다.

48) 소급입법에는 효력발생일 이전에 이미 종결된 사항에 소급하는 진정소급과 효력발생일까지 종결되지 않고 진행 중인 사항에 소급하는 부진정소급이 있는데, 이 중 부진정소급은 원칙적으로 허용되나 경우에 따라서는 공익과 사익 간의 비교형량에 따라 부정되는 경우가 있다. 그런데 과거의 순환출자 자체에 대해서 제재하는 것은 진정소급에 해당할 여지가 있지만, 순환출자 해소에 대한 의무를 부과하고 그 의무를 이행하지 않는 경우 제재하는 것은 부진정소급에 해당한다. 최난설헌, "공정거래법 전부개정의 의미와 주요 쟁점", 상사법연구 제40권 제1호(2021), 18면.

49) 공정위, 공정거래법제 개선 특별위원회 최종 보고서(2018.7.), 33-34면.

취득 또는 소유하고 있는 계열출자대상회사의 주식에 대해서는 의결권을 제한하는 규정이 신설되었다.

(2) 신규 및 추가적 순환출자의 금지

(가) 금지의 내용

상호출자제한 기업집단에 속하는 국내 회사는 순환출자를 형성하는 계열출자(국내 계열회사에 대한 계열출자로 한정한다. 이하 같다)를 해서는 안 된다. 그리고 순환출자 회사집단에 속하는 국내 계열회사는 계열출자 대상회사에 대한 추가적인 계열출자[50])를 하여서는 아니된다(법 22조 1항 본문).

다만, 기존의 순환출자 고리가 감소하거나 기업의 사업구조개편 등의 사정이 있는 경우에는 예외를 허용하고 있다. 즉, 순환출자를 형성하는 출자가 다음의 어느 하나에 해당하는 경우에는 예외적으로 허용된다(법 22조 1항 단서).

① 회사의 합병 · 분할, 주식의 포괄적 교환 · 이전 또는 영업전부의 양수
② 담보권의 실행 또는 대물변제의 수령
③ 계열출자회사가 신주배정 등에 따라 취득 또는 소유한 주식 중에서 다른 주주의 실권(失權) 등에 따라 신주배정 등이 있기 전 자신의 지분율 범위를 초과하여 취득 또는 소유한 계열출자대상회사의 주식이 있는 경우
④ 「기업구조조정 촉진법」 제8조 제1항에 따라 부실징후기업의 관리절차를 개시한 회사에 대하여 같은 법 제24조 제2항에 따라 금융채권자협의회가 의결하여 동일인(친족을 포함한다)의 재산출연 또는 부실징후기업의 주주인 계열출자회사의 유상증자 참여(채권의 출자전환을 포함한다)를 결정한 경우
⑤ 「기업구조조정 촉진법」 제2조 제2호의 금융채권자가 같은 조 제7호에 따른 부실징후기업과 기업개선계획의 이행을 위한 약정을 체결하고 금융채권자협의회의 의결로 동일인(친족을 포함한다)의 재산출연 또는 부실징후기업의 주주인 계열출자회사의 유상증자 참여(채권의 출자전환을 포함한다)를 결정한 경우

위의 예외 규정에 따라 계열출자를 한 회사는 해당 주식을 취득 또는 소유한 날부터 6개월(①, ②), 1년(③) 또는 3년(④, ⑤) 내에 그 취득 또는 소유한 해당주식(위 ③ 내지 ⑤에 해당되는 경우에는 신주배정 등의 결정, 재산출연 또는 유상증자 결정이 있기 전 지분율 초과분을 말한다)을 처분하여야 한다. 다만, 순환출자 회사집단에 속한 다른 회사 중 하나가 취득 또는 소유하고 있는 계열출자 대상회사의 주식을 처분하여 위 계열출자로 형성

---

50) 다만, 계열출자회사가 「상법」 제418조 제1항에 따른 신주배정 또는 제462조의2 제1항에 따른 주식배당에 의하여 취득 또는 소유한 주식 중에서 신주배정 등이 있기 전 자신의 지분율 범위의 주식, 순환출자 회사집단에 속하는 국내 계열회사 간 합병에 의한 계열출자는 제외한다.

되거나 강화된 순환출자가 해소된 경우에는 그렇지 않다(법 22조 2항).

(나) 추가적인 계열출자와 강화된 순환출자의 관계

법 22조 제1항은 추가적인 계열출자를 금지하고 있는 반면, 동조 제2항 단서는 순환출자 회사집단에 속한 다른 회사 중 하나가 취득 또는 소유하고 있는 계열출자 대상회사의 주식을 처분하여 계열출자에 의하여 형성 또는 강화된 순환출자가 해소된 경우에는 위반 주식의 처분의무를 면제하고 있다. 이때 추가적인 계열출자와 강화된 순환출자의 관계가 문제될 수 있다. 구체적으로 현대자동차 기업집단 소속 현대제철과 현대하이스코 간 합병에 따라 기아자동차는 합병 전에 소유하고 있던 소멸회사 현대하이스코 주식에 대한 대가로 존속회사 현대제철이 발행한 합병신주를 배정받았다. 그 결과, 기아자동차의 현대제철에 대한 소유주식은 합병 전 23,049,159주(지분율 19.78%)에서 합병 후 26,111,712주(지분율 19.57%)로 변경되었다. 즉, 합병으로 인하여 기아자동차의 현대제철에 대한 추가출자가 이루어졌지만, 합병과정에서 기아자동차의 지분율은 오히려 하락하였다. 이와 관련하여 법 제22조 제2항에서 "제1항에 따른 계열출자로 ... 강화된 순환출자"라는 표현을 사용하고 있으므로, 동조 제1항에 있어 "추가적인 계열출자"는 오로지 "강화된 순환출자"가 있는 경우에만 금지가 되는 것으로 해석하여야 하고 위 사례처럼 지분율이 하락한 경우에는 강화된 순환출자에 해당하지 않는다는 주장이 있다.[51] 그러나 공정위는 추가적인 계열출자가 존재하면 순환출자가 강화된 것으로 보고 있다.[52] 신규 순환출자는 금지가 원칙인 점, 지배력의 강화 내지 약화에 대한 정성적 평가가 쉽지 않은 점,[53] 사전규제에 있어서 정량적이고 일률적인 기준을 적용하는 것이 행정의 효율성과 기업의 예측가능성을 제고할 수 있는 점 등을 고려할 때 공정위의 태도가 타당하다고 생각된다.

(3) 기존 순환출자에 대한 의결권 제한

상호출자제한기업집단에 속하는 국내 회사로서 순환출자를 형성하는 계열출자를 한 회사는 상호출자제한기업집단 지정일 당시 취득 또는 소유하고 있는 순환출자회사집단 내의 계열출자대상회사 주식에 대하여 의결권을 행사할 수 없다(법 23조 1항).[54] 그러나 순환출자회사집단에 속한 다른 국내 회사 중 하나가 취득 또는 소유하고 있는 계열출자대상회사의 주식을 처분함으로써 기존에 형성된 순환출자를 해소한 경우에는 위 의결권

51) 정성무 · 이승민, "순환출자금지의 최근 쟁점 – 순환출자를 '강화'하는 계열출자에 관한 비판적 검토", BFL 제78호(2016. 7.), 84면.

52) 공정위 2016.5.26. 의결 제2016-145호.

53) 이 경우에 강화된 순환출자를 형식적으로 보유하게 된 주식 수의 증가를 기준으로 판단할 것인지 아니면 실질적인 지배력을 나타내는 지분율을 기준으로 판단할 것인지에 관해서 논란이 생길 수 있다.

54) 위 개정규정은 2020년 개정 법 시행 이후 상호출자제한 기업집단으로 지정 · 통지받는 경우부터 적용한다(법 부칙 3조).

제한 규정을 적용하지 아니한다(법 23조 2항).

(4) 탈법행위의 금지

누구든지 순환출자의 금지, 순환출자에 대한 의결권 제한 규정을 회피하려는 행위를 하여서는 아니 된다(법 36조 1항). 구체적으로 자기가 취득하거나 소유하면 순환출자를 형성하는 계열출자에 해당하게 되는 주식 또는 순환출자회사집단에 속하는 계열회사의 계열출자대상회사에 대한 추가적인 계열출자에 해당하게 되는 주식을 자본시장법 제103조 제1호에 따른 특정금전신탁을 이용하여 신탁업자로 하여금 취득하거나 소유하도록 하고 신탁업자와의 계약 등을 통하여 해당 주식에 대한 의결권을 사실상 행사하는 행위나 위와 같은 주식을 타인의 명의를 이용하여 자기의 계산으로 취득하거나 소유하는 행위가 여기에 해당한다(영 42조 5호 가목, 나목).

4. 계열회사에 대한 채무보증의 금지

(1) 제도의 취지

계열회사간 채무보증은 무리한 차입경영을 가능하게 함으로써 대규모기업집단 전체의 재무구조를 취약하게 하고 공정한 경쟁을 저해하며, 나아가 일부 계열회사의 부실이 그룹전체의 연쇄도산으로 이어져서 금융기관까지 부실화하게 하는 등 IMF 경제위기를 초래한 주요 원인이 되었다. 뿐만 아니라 이러한 채무보증은 계열회사들을 거미줄처럼 얽어 놓음으로써 계열회사의 정리를 통한 구조조정을 사실상 불가능하게 하는 요인이 되기도 하였다. 이러한 채무보증의 폐해를 방지하기 위하여 독점규제법은 국내 계열회사에 대하여 채무보증을 금지하고 있다.

(2) 채무보증 금지의 내용

상호출자제한 기업집단에 속하는 국내 회사(금융업 또는 보험업을 영위하는 회사는 제외한다)는 채무보증을 해서는 안 된다(법 24조 본문). 채무보증이란 기업집단에 속하는 회사가 국내 금융기관의 여신과 관련하여 국내계열회사에 대하여 하는 보증을 말한다. 여기서 국내금융기관은 ① 「은행법」에 따른 은행, ② 「한국산업은행법」에 따른 한국산업은행, ③ 「한국수출입은행법」에 따른 한국수출입은행, ④ 「중소기업은행법」에 따른 중소기업은행, ⑤ 「보험업법」에 따른 보험회사, ⑥ 자본시장법에 따른 투자매매업자·투자중개업자 및 종합금융회사, ⑦ 그 밖에 대통령령으로 정하는 금융기관[55]을 말한다(법 2조 18호). 그리고 여신은 국내 금융기관이 하는 대출 및 회사채무의 보증 또는 인수를 말한다

---

55) 직전 사업연도 종료일 현재 대차대조표상의 자산총액(새로 설립된 회사로서 직전 사업연도의 대차대조표가 없는 경우에는 설립일 현재 납입자본금으로 한다)이 3천억원 이상인 「여신전문금융업법」에 따른 여신전문금융회사 내지 「상호저축은행법」에 따른 상호저축은행을 말한다(영 7조).

(법 2조 19호). 다만, 다음 어느 하나에 해당하는 채무보증의 경우에는 예외적으로 허용된다(법 24조 단서).

① 「조세특례제한법」에 따른 합리화기준에 따라 인수되는 회사의 채무와 관련된 채무보증[56)]

② 기업의 국제경쟁력 강화를 위하여 필요한 경우 등 대통령령으로 정하는 경우에 대한 채무보증[57)]

한편, 상호출자제한 기업집단의 지정 당시에 이미 계열회사에 대한 채무보증의 금지 규정을 위반하고 있는 경우(채무보증을 받고 있는 회사가 새로 계열회사로 편입되어 위반하게 되는 경우 포함)에는 지정일 또는 편입일로부터 2년간 유예기간이 적용된다. 다만, 회사에 채무자회생법에 따른 회생절차가 개시된 경우에는 회생절차의 종료일까지, 회사가 회생절차가 개시된 회사에 대하여 채무보증을 하고 있는 경우에는 그 채무보증에 한정하여 채무보증을 받고 있는 회사의 회생절차의 종료일까지는 채무보증의 금지 규정을 적용하지 아니한다(법 31조 3항 2호).

(3) 신고의무

상호출자제한 기업집단에 속하는 국내 회사는 채무보증 현황을 국내 금융기관의 확인을 받아 공정위에 신고해야 한다(법 30조 2항). 이러한 신고를 하려는 회사는 매년 5월 31일까지[58)] 해당 회사의 채무보증 금액을 기재한 신고서에 ① 해당 회사의 계열회사에

---

56) 여기서 인수되는 회사의 채무와 관련된 채무보증이라 함은 주식양도 또는 합병 등의 방법으로 인수되는 회사의 인수시점의 채무나 인수하기로 예정된 채무에 대하여 인수하는 회사 또는 그 계열회사가 하는 보증 또는 인수되는 회사의 채무를 분할 인수함에 따라 인수하는 채무에 대하여 계열회사가 하는 보증을 말한다(영 31조 1항).

57) 여기에는 ① 「한국수출입은행법」 제18조 제1항 제1호 및 제2호에 따라 자본재(資本財)나 그 밖의 상품의 생산 또는 기술의 제공과정에서 필요한 자금을 지원하기 위하여 한국수출입은행이 하는 대출 또는 이와 연계하여 다른 국내금융기관이 하는 대출에 대한 보증, ② 해외에서의 건설 및 산업설비공사의 수행, 수출선박의 건조, 용역수출이나 그 밖의 기타 공정위가 인정하는 물품수출과 관련하여 국내금융기관이 행하는 입찰보증·계약이행보증·선수금환급보증·유보금환급보증·하자보수보증 또는 납세보증에 대한 보증, ③ 국내의 신기술 또는 도입된 기술의 기업화와 기술개발을 위한 시설 및 기자재의 구입등 기술개발사업을 위하여 국내금융기관으로부터 지원받은 자금에 대한 보증, ④ 인수인도조건수출 또는 지급인도조건수출 어음의 국내금융기관매입 및 내국신용장 개설에 대한 보증, ⑤ (i) 「외국환거래법」의 규정에 의한 해외직접투자, (ii) 해외 건설 및 용역사업자가 행하는 외국에서의 건설 및 용역사업, (iii) 기타 공정위가 인정하는 외국에서의 사업과 관련하여 국내 금융기관의 해외지점이 행하는 여신에 대한 보증, ⑥ 채무자회생법에 따른 회생절차개시를 법원에 신청한 회사의 제3자 인수와 직접 관련된 보증, ⑦ 「사회기반시설에 대한 민간투자법」 제4조 제1호 내지 제4호의 규정에 의한 방식으로 민간투자사업을 영위하는 계열회사에 출자를 한 경우로서 국내금융기관이 당해계열회사에 행하는 여신에 대한 보증, ⑧ 「공기업의 경영구조 개선 및 민영화에 관한 법률」 제2조에 따른 회사가 구조개편을 위하여 분할되는 경우에 그 회사가 계열회사가 아닌 회사에 행한 보증을 분할로 인하여 신설되는 회사가 인수하는 것과 직접 관련하여 그 회사가 그 신설회사에 대하여 행하는 재보증이 해당한다(영 31조 2항).

58) 다만, 새로 상호출자제한 기업집단으로 지정된 기업집단에 속하는 회사의 경우 지정된 당해 연도에 대해서는 지정통지를 받은 날로부터 30일 이내에 신고서를 제출하여야 한다.

대한 채무보증명세서 및 직전 1년간의 채무보증 변동내역, ② 해당 회사가 계열회사로부터 받은 채무보증명세서 및 직전 1년간의 채무보증 변동내역, ③ 해당 회사의 채무보증 금액과 위 ①, ②의 내용을 확인하기 위하여 국내금융기관이 공정위가 정하는 서식에 따라 작성한 확인서를 첨부하여 공정위에 제출해야 한다(영 37조 4항).

(4) 탈법행위의 금지

누구든지 계열회사에 대한 채무보증의 금지 규정을 회피하려는 행위를 하여서는 아니된다(법 36조 1항). 구체적으로 국내금융기관에 대한 자기 계열회사의 기존의 채무를 면하게 함이 없이 동일한 내용의 채무를 부담하는 행위, 다른 회사로 하여금 자기의 계열회사에 대하여 채무보증을 하게 하는 대신 그 다른 회사 또는 그 계열회사에 대하여 채무보증을 하는 행위가 여기에 해당한다(영 42조 1호, 2호).

(5) 채무보증의 사법상 효력

판례는 독점규제법이 계열회사에 대한 채무보증의 금지 규정 및 탈법행위의 금지 규정 위반행위의 사법상 효력에 관해서 직접 명시하고 있지 않으나, 계열회사에 대한 채무보증 행위가 일단 사법상 효력을 가짐을 전제로 하는 비교적 명확한 규정을 두고 있는 점, 독점규제법이 계열회사에 대한 채무보증을 원칙적으로 금지하면서도 넓은 예외사유를 두고 있어 위법한 채무보증이나 탈법행위가 그 자체로 사법상 효력을 부인하여야 할 만큼 현저히 반사회성이나 반도덕성을 지닌 것이라고 볼 수 없는 점 등을 종합하면, 위 규정을 위반한 채무보증 및 탈법행위가 사법상 당연 무효라고 볼 수 없다고 판단하였다.[59]

5. 금융회사·보험회사 및 공익법인의 의결권 제한

(1) 제도의 취지

금융회사 또는 보험회사의 의결권 제한은 상호출자제한 기업집단에 속하는 금융회사 또는 보험회사가 고객의 예탁자금을 이용하여 기업집단의 지배력을 확장 또는 강화하는 것을 억제하고 금융자본이 산업자본에 의해 지배되는 것을 차단하기 위한 것이다. 즉, 금융·보험회사의 수탁자산은 고객이 맡긴 것으로서 고객의 수익극대화를 위하여 투자되어야 함에도 불구하고 대규모기업집단이 소속 금융·보험회사를 통하여 고객이 맡긴 자산을 이용하여 지배력을 유지 및 확장하는 폐단을 방지하려는 취지이다. 이 제도는 금융·보험회사의 계열회사 주식에 대하여 그 의결권만 제한하는 것이고 취득이나 보유 자체를 제한하는 것은 아니다. 이 제도에 대해서는 주식 취득을 통해 수익을 내고 그 수익을 고객들에게 분배하는 것이 금융·보험회사의 사업모델이므로 금융·보험회사의 의결권을

59) 대법원 2019.1.17. 선고 2015다227000 판결.

제한하는 것은 과도하다는 비판이 있다. 그러나 기업집단에 소속된 금융·보험회사들이 계열회사의 주식을 투자 목적이 아닌 지배목적으로 취득하는 경우가 존재하는 것이 사실이고, 그로 인하여 기업집단 내에서 소유와 지배의 괴리가 악화되는 현상이 나타나고 있으므로 일정한 범위 내에서 이를 규제할 필요가 있다고 보아야 할 것이다.

한편, 대규모 기업집단에서 공익법인을 설립할 때 동일인이나 그 친족 또는 계열회사가 소유하고 있던 해당 기업집단 소속 회사의 주식을 출연하는 경우가 많다. 공익법인이 자신이 속한 기업집단의 계열회사 주식을 소유하고 있는 것 자체를 문제라고 보기는 어렵다. 그런데 몇몇 기업집단 소속 공익법인이 당초 설립취지와 달리 총수일가의 경영권 승계, 지배력 확대, 부당지원이나 사익편취의 도구로 악용되는 사례가 발생하였다.[60] 이에 공익법인이 본래 취지에 벗어나 동일인의 지배력 확대의 도구로 악용되는 현상을 막고자 의결권 제한 규정이 도입되었다. 그리고 누구든지 금융회사·보험회사 및 공익법인의 의결권 제한 규정을 회피하려는 행위를 하여서는 아니 된다(법 36조 1항).

(2) 연 혁

1986년에 처음 도입될 때에는 금융회사·보험회사가 보유한 계열회사의 주식 모두에 대하여 의결권 행사를 전면 금지하였으나, 1992년에 금융회사·보험회사 본연의 목적 달성을 용이하게 하거나 보험회사가 보험자산의 효율적인 운용·관리를 위하여 주식을 취득·보유하는 경우에 대해서는 의결권 행사를 허용하는 것으로 개정되었다. 그리고 2002년에는 국내 우량기업에 대한 외국인의 적대적 M&A 위협가능성에 대한 우려가 제기됨에 따라 예외조항이 추가되어, 임원의 선임·해임, 정관변경, 합병·영업양도 등의 사유에 대해 다른 특수관계인과 합하여 30%까지 의결권 행사를 허용하게 되었다. 그러나 금융회사·보험회사의 보유 지분이 외국인에 대한 적대적 M&A 방어보다는 기업집단의 지배력 유지·확장에 악용되는 경우가 많다는 지적에 따라 예외적 의결권 행사의 범위를 단계적으로 축소하여 15%까지 행사할 수 있게 되었다. 그런데 계열회사간 합병 및 영업양도는 본래 예외 허용 목적인 적대적 M&A 방어 등과는 무관하며 오히려 동일인측을 위해 불리한 합병비율에 찬성하는 등의 악용 가능성이 지적되었다. 또한, 대규모 기업집단 소속 공익법인이 설립취지와 다르게 세금부담 없이 동일인측의 경영권 승계, 편법적 지배력 확대, 부당지원행위나 특수관계인에 대한 부당이익제공행위의 수단으로 이용되고 있다는 비판이 제기되었다. 다만, 공익법인에 대한 과도한 규제는 자칫 기부문화의 위축으로 이어질 수 있다는 신중론도 고려하여 금융회사·보험회사의 의결권 제한 규정에 준하여 규제를 하는 것이 바람직하다는 쪽으로 의견이 모아졌다.[61] 이에 2020년 법 개정시

---

60) 공정위 2018.7.2.자 보도자료 참조.

61) 공정위, 공정거래법제 개선 특별위원회 최종 보고서(2018.7.), 35-36면.

금융회사·보험회사의 예외적 의결권 행사의 범위에서 계열회사 간 합병 및 영업양도를 제외하고, 금융회사·보험회사의 경우에 준하여 공익법인의 의결권 제한 규정도 신설하였다.

(3) 금융회사·보험회사의 의결권 제한

상호출자제한 기업집단에 속하는 국내 회사로서 금융업 또는 보험업을 영위하는 회사는 원칙적으로 그가 취득 또는 소유하고 있는 국내 계열회사의 주식에 대하여 의결권을 행사할 수 없다(법 25조 1항 본문).[62] 이때 금융업 또는 보험업이란 「통계법」 제22조 제1항에 따라 통계청장이 고시하는 한국표준산업분류상 금융 및 보험업을 말한다.[63] 다만, 법 제18조 제2항 제5호에 따른 일반지주회사는 금융업 또는 보험업을 영위하는 회사로 보지 아니한다(법 2조 10호). 그러나 다음의 경우에는 예외적으로 의결권 행사가 허용된다(법 25조 1항 단서).

(가) 금융업 또는 보험업을 영위하기 위하여 주식을 취득 또는 소유하는 경우(제1호)

금융회사·보험회사가 영업활동의 일환으로 타사의 지분을 소유하는 경우는 예외로 한다. 금융회사·보험회사가 수직계열화를 위하여 자회사 지분을 소유하는 것이 여기에 해당한다. 그런데 구체적으로 금융업 또는 보험업을 영위하기 위하여 취득 또는 소유하는 범위를 어떻게 정할 것인가? 이에 관해서는 지주회사에 관하여 금산분리의 원칙을 규정한 법 제18조 제2항 제4호의 취지를 참고하여 금융업 또는 보험업을 영위하는 회사는 물론 금융업 또는 보험업과 밀접한 관련이 있는 회사도 포함한다고 보아야 할 것이다. 구체적으로, ① 금융회사 또는 보험회사에 대한 전산·정보처리 등의 역무의 제공, ② 금융회사 또는 보험회사가 보유한 부동산 기타 자산의 관리, ③ 금융업 또는 보험업과 관련된 조사·연구, ④ 기타 금융회사 또는 보험 회사의 고유 업무와 직접 관련되는 사업을 영위하는 것을 목적으로 하는 회사가 포함된다고 할 것이다. 차제에 지주회사의 경우와 마찬가지로 시행령에 그 의미를 분명히 하는 규정을 둘 필요가 있다.

(나) 보험자산의 효율적인 운용·관리를 위하여 「보험업법」 등에 의한 승인 등을 받아 주식을 취득 또는 소유하고 있는 경우(제2호)

주식취득 시 관계법령에 의한 승인이나 허가 등을 얻은 경우를 의미한다. 가령 보험

---

62) 그러나 농협금융지주회사 및 그 자회사는 「농업협동조합법」 제12조에 따라서, 그리고 기관전용 사모집합투자기구 등은 「자본시장과 금융투자업에 관한 법률」 제249조의20에 따라서 독점규제법 제25조가 적용되지 않는다.

63) 위와 같은 규정방식은 규제의 적용대상이 되는 금융회사의 범위가 필요 이상으로 확대되는 불합리가 있으므로, 입법론적으로 규제대상을 은행, 신탁회사, 증권회사, 보험회사 등으로 제한적으로 열거하는 방식으로 바꿀 필요가 있다. 권오승, "독점규제법 제25조 제1항의 의결권제한의 대상이 되는 금융회사의 범위", 경쟁법연구 제45권(2022), 243-244면.

회사가 타회사의 지분취득 행위에 대하여 「보험업법」 및 「금융산업의 구조개선에 관한 법률」에 따라 금융위원회의 승인을 받은 경우가 여기에 해당한다. 보험사업자의 경영건전성과 그 재산 운용의 효율성 증진 등을 위하여 구 「보험업법」 제19조 등에 기해 행해진 재무부장관 등의 승인을 받은 경우는 위 예외에 해당하고, 의결권을 행사할 수 있는 주식에 대한 무상증자로 취득한 주식 또는 그러한 주식의 분할로 취득한 주식은 그 의결권을 행사할 수 있는 주식과 동일하게 보아야 한다.[64]

(다) 해당 국내 계열회사(상장법인으로 한정)의 주주총회에서 주요사항을 결의하는 경우 (제3호)

이 규정은 적대적 M&A에 대한 방어권을 보장하기 위해 상장법인의 주요사항에 대해서 의결권을 행사할 수 있도록 예외를 허용한 것이다. 여기에서 주요사항은 상장회사의 지배구조에 중대한 영향을 미치는 사항으로서, 구체적으로 ① 임원의 선임 또는 해임, ② 정관의 변경, ③ 그 계열회사의 다른 회사로의 합병, 영업의 전부 또는 주요부분의 다른 회사로의 양도를 의미한다. 다만, ③의 경우에 그 다른 회사가 계열회사인 경우는 제외한다. 계열회사간 합병 등은 당초 위 예외사유를 인정한 취지인 적대적 M&A의 방어와는 관련이 없고, 계열회사간 합병에서 위 예외사유의 존재로 인하여 금융회사·보험회사가 보유한 지분이 일반 주주에게는 불리하고 소수 대주주 일가에게 유리한 합병을 승인하는 것에 악용될 우려도 있기 때문이다. 그 계열회사의 주식 중 의결권을 행사할 수 있는 주식의 수는 그 계열회사에 대하여 특수관계인 중 대통령령으로 정하는 자를 제외한 자가 행사할 수 있는 주식의 수를 합하여 그 계열회사 발행주식 총수[65]의 15%를 초과할 수 없다. 한편, 금융·보험회사가 제2호와 제3호의 예외요건에 모두 해당하는 경우에는 동사가 더 많은 의결권을 행사할 수 있는 방식을 선택할 수 있다고 새겨야 할 것이다.

(4) 공익법인의 의결권 제한

상호출자제한 기업집단에 속하는 회사를 지배하는 동일인의 특수관계인에 해당하는 공익법인[66]은 원칙적으로 취득 또는 소유하고 있는 주식 중 그 동일인이 지배하는 국내 계열회사의 주식에 대하여 의결권을 행사할 수 없다(법 25조 2항 본문). 다만, ① 공익법인이 해당 국내 계열회사 발행주식 총수를 소유하고 있는 경우 또는 ② 해당 국내 계열회사(상장법인으로 한정)의 주주총회에서 주요사항을 결의하는 경우에는 예외적으로 의결권 행사가 허용된다(법 25조 2항 단서). ②에 관하여는 금융회사·보험회사에 대한 예외

64) 대법원 2005.12.9. 선고 2003두10015 판결(삼성생명보험이 보유하는 호텔신라 등 계열회사의 주식이 문제된 사안이다).
65) 「상법」 제344조의3 제1항 및 제369조 제2항·제3항의 의결권 없는 주식의 수는 제외한다.
66) 「상속세 및 증여세법」 제16조에 따른 공익법인등을 말한다.

사유의 설명을 참고하기 바란다.

6. 이사회 의결 및 공시의무

(1) 개 요

일반적으로 기업집단의 계열회사 간 거래는 기업집단의 내부 효율을 증대시키거나 상호보조 효과로 경영의 안정을 확보할 수 있다는 장점이 있지만, 그 계열회사와 경쟁관계에 있는 기업들과 공정한 경쟁을 저해할 뿐만 아니라 경제력집중을 심화시키는 요인으로 작용할 수도 있다. 특히, 그러한 거래가 대규모기업집단의 계열회사들 간에 은밀하게 이루어지는 경우에 부작용이 두드러진다. 이러한 부작용을 해소하기 위하여 정부의 규제뿐만 아니라 기업의 내부통제 및 시장에 의한 자율감시기능을 강화할 필요가 있다. 이를 위해 대규모내부거래에 대한 이사회 의결 제도 및 각종 공시 제도가 도입되었다. 대규모내부거래에 관하여 이사회의 의결을 요구하는 것은 회사 내부의 감시와 이에 대한 이사회의 책임을 강화하기 위함이다. 또한 기업집단 내부의 정보를 외부에 공시하도록 하는 것은 일반주주나 채권자 등의 사회적 감시를 통하여 기업집단 스스로 지배구조를 개선하고 공정한 거래를 하도록 유도하기 위함이다. 결국 이 제도는 대규모내부거래에 대하여 이사회의 의결을 거치도록 하고(내부적 통제), 기업집단에 관한 주요한 정보를 공시하도록 하여 소액주주나 채권자 등 이해관계인에 의한 외부감시를 유도함으로써(외부적 통제) 기업집단을 투명하게 유지하고 부당내부거래를 방지하고자 하는 것이다.

대규모내부거래에 대한 이사회 의결 및 공시의 방법·절차·시기에 관하여 필요한 세부사항 및 공익법인의 이사회 의결 및 공시의 방법·절차·시기에 관하여 필요한 세부사항은 공정위가 정하여 고시하도록 되어 있다(법 26조, 영 33조, 법 29조, 영 36조). 이에 따라 공정위는 「대규모내부거래 등에 대한 이사회 의결 및 공시에 관한 규정」을 마련하여 시행하고 있다. 그리고 기업집단현황 등의 공시의 방법 및 절차 등에 관하여 필요한 세부사항 및 비상장회사의 공시의 방법·절차·시기에 관하여 필요한 세부사항도 공정위가 정하여 고시하도록 되어 있다(법 28조, 영 35조, 법 27조, 영 34조). 이에 따라 공정위는 「공시대상기업집단 소속회사의 중요사항 공시 등에 관한 규정」을 마련하여 시행하고 있다. 한편, 공정위는 공시와 관련되는 업무를 자본시장법 제161조에 따른 신고수리기관에 위탁할 수 있다(법 26조 3항, 27조 2항, 28조 3항, 29조 2항). 이에 따라 공시 업무는 금융감독위원회 전자공시 시스템(dart.fss.or.kr)을 통해서 이루어진다.

(2) 대규모내부거래에 대한 이사회 의결 및 공시

(가) 연 혁

우리나라에서는 1997년 IMF 외환위기 이후 정부가 금융산업과 재벌에 대한 개혁과 구조조정을 강력하게 추진할 당시에 공정위는 5대 재벌에 대하여 3차례에 걸쳐 내부거래를 조사하였고 그 결과 부당지원행위를 다수 확인하였다. 이에 부당지원행위에 대한 이사회의 책임을 강화하고 소액주주나 채권자 등 이해관계인에 의한 감시를 유도하는 등의 대책을 마련할 필요가 있다고 판단하였다.[67] 입법자는 다양한 방법으로 은밀하게 행해지는 기업집단의 계열회사 상호 간의 부당지원행위를 사전에 효과적으로 억제하기 위하여, 1999년 12월의 법 개정을 통하여 이러한 계열회사가 일정한 규모 이상의 대규모내부거래행위를 할 경우에는 이사회의 의결을 거쳐서 공시하도록 하는 규정을 신설하였다. 이에 따라 공시대상기업집단에 속하는 국내 회사는 국외 계열회사를 제외한 특수관계인[68]을 상대방으로 하거나 특수관계인을 위하여 대규모내부거래를 하려는 경우에는 미리 이사회의 의결을 거친 후 공시하여야 하며, 그 주요 내용을 변경하려는 경우에도 미리 이사회의 의결을 거친 후 공시하여야 한다(법 26조 1항, 영 33조).

한편, 대규모 기업집단 소속 공익법인이 설립취지와 다르게 세금부담 없이 총수 일가의 경영권 승계, 편법적 지배력 확대, 부당지원행위, 특수관계인등에 대한 부당이익제공행위에 동원되는 일이 발생하였다. 이에 공익법인이 본래의 목적에서 벗어나 동일인의 지배력 유지, 확대에 악용되는 것을 방지하기 위하여 2020년 법 개정을 통하여 공익법인에 대하여도 이사회 의결 및 공시의무를 부과하였다. 공시대상기업집단에 속하는 회사를 지배하는 동일인의 특수관계인에 해당하는 공익법인은 해당 공시대상기업집단에 속하는 국내 회사 주식의 취득 또는 처분 혹은 해당 공시대상기업집단의 특수관계인(국외 계열회사는 제외)을 상대방으로 하거나 특수관계인을 위하여 하는 대규모내부거래행위를 하거나 주요 내용을 변경하려는 경우에는 미리 이사회 의결을 거친 후 이를 공시하여야 한다(법 29조 1항).

(나) 의무자

대규모내부거래에 관하여 이사회 의결 및 공시의무를 부담하는 자는 내부거래공시대상회사 및 공익법인이다. 양자를 합하여 내부거래공시대상회사등이라 한다. 내부거래공시대상회사란 공시대상기업집단에 속하는 국내 회사를 말한다(법 26조 1항). 공익법인이란 공시대상기업집단에 속하는 회사를 지배하는 동일인의 특수관계인에 해당하는 공익법인(상증세법 제16조에 따른 공익법인등)을 말한다(법 29조 1항).

(다) 이사회 의결 및 공시의 대상

이사회 의결 및 공시의 대상은 원칙적으로 대규모내부거래등이다. 대규모내부거래등

67) 정호열(2016), 294면.

68) 2020년 법 개정 전에는 국내와 국외 계열회사간 거래가 포함되는지 여부에 관하여 논란이 있었으나, 개정법은 국외 계열회사와의 거래를 규제대상에서 명시적으로 제외하였다.

이란 ① 공익법인이 해당 공시대상기업집단에 속하는 국내 회사 주식을 취득 또는 처분하는 거래행위와 ② 내부거래공시대상회사와 공익법인이 특수관계인(국외 계열회사는 제외)을 상대방으로 하거나 특수관계인을 위하여 자금, 유가증권, 자산, 상품・용역을 제공 또는 거래하는 행위로서 거래금액이 50억원 이상이거나 자신의 자본총계(공익법인의 경우 순자산총계) 또는 자본금(공익법인의 경우 기본순자산) 중 큰 금액의 100분의 5 이상인 거래행위를 말한다(법 26조 1항, 영 33조 1항, 법 29조 1항, 영 36조 1항).[69] 대규모내부거래등은 제3자를 통한 간접적 거래행위도 포함한다.[70] 이와 관련하여 판례는 자본시장법에 따른 집합투자업자인 특수관계인이 운용하는 투자신탁재산을 보관・관리하는 신탁업자를 차주로 하여 그 투자신탁재산에 대한 대출계약을 체결하는 것은 특수관계인을 위한 거래로 보았다.[71]

다만, 일부 대규모내부거래등은 이사회 의결 및 공시의 대상에서 제외된다. 상품・용역거래의 경우에는 동일인 및 동일인 친족 출자 계열회사와 상품 또는 용역을 제공 또는 거래하는 행위만이 이사회 의결 및 공시의 대상이 된다(법 26조 1항 4호, 29조 1항 2호 라목). 동일인 및 동일인 친족 출자 계열회사란 '자연인인 동일인'이 단독으로 또는 동일인의 친족[72]과 합하여 발행주식(의결권 없는 주식은 제외) 총수의 100분의 20 이상을 소유하고 있는 계열회사 또는 그 계열회사의 「상법」 제342조의2에 따른 자회사인 계열회사를 말한다(영 33조 2항, 36조 2항, 4조 1항). 따라서 동일인이 자연인이 아닌 기업집단에서 이루어지는 상품・용역에 관한 내부거래는 이사회 의결 및 공시대상에 해당하지 않는다. 동일인이 자연인이 아닌 기업집단에 소속된 회사는 총수 일가에 대한 지원행위가 성립하기 어려우므로 의무를 면제하는 것으로 이해된다.[73]

---

69) 여기에서 자본총계는 주주총회에서 승인된 최근 사업연도말 재무제표(공익법인의 경우 이사회 결정을 통해 결산한 최근 회계연도말 재무제표를 말한다)에 표시된 자본총계를 말하며, 자본금은 이사회 의결일의 직전일의 자본금을 말한다.

70) 동지: 김형배(2019), 720면.

71) 대법원 2020.3.26. 자 2019마6806 결정. 대규모내부거래의 이사회 의결 및 공시 규정이 공시의 요건으로 특수관계인을 상대방으로 하거나 특수관계인을 위한 일정한 규모 이상의 자금 등 거래행위일 것을 정하고 있을 뿐 그 거래행위의 구체적 목적이나 태양을 정하고 있지 아니한 점, 특수관계인 상호간의 부당내부거래를 사전에 억제하고 대규모내부거래에 관한 정보를 시장에 제공한다는 위 규정의 입법 취지, 위 규정 본문이 '특수관계인을 위하여' 하는 거래행위를 공시대상으로 명시하고 있는 취지와 그 규정 내용 및 거래 현실 등을 근거로 위와 같이 판단하였다.

72) 동일인관련자로부터 제외된 자는 제외한다.

73) 과거에는 자회사・손자회사・증손회사와 거래하는 경우에도 지주회사 전환 촉진을 위한 혜택의 일환으로 이사회 의결 및 공시 의무를 면제해 왔다. 그러나 지주회사 체제에서 발생하는 대규모내부거래도 내・외부적 통제의 필요성이 인정되고, 지주회사 체제의 대규모내부거래를 의결 및 공시대상에서 제외한 것은 합리적 근거를 찾기 어렵다는 비판이 제기되었다. 또한, 지주회사 체제로 전환한 집단이 계속 증가하면서 지주회사가 자회사・손자회사・증손회사를 대상으로 하는 내부거래 비중이 높게 나타나 감시 필요성도 높아졌다. 이에 2020년 시행령 개정시에 상품・용역 내부거래시 이사회 의결 및 공시 의무가 면제되는 거래 상대방 중 '지주회사의 자・손자・증손회사'를 삭제하였다.

(라) 이사회의 의결

이사회 의결과 관련하여, 상장법인이 「상법」 제393조의2(이사회 내 위원회)에 따라 설치한 위원회(같은 법 제382조 제3항에 따른 사외이사가 세 명 이상 포함되고, 사외이사의 수가 위원총수의 3분의 2 이상인 경우로 한정)에서 의결한 경우에는 이사회의 의결을 거친 것으로 본다(법 26조 5항). 공익법인은 대규모내부거래등에 대한 이사회의 의결을 「공익법인의 설립·운영에 관한 법률」 제6조부터 제10조까지에 규정된 절차와 방법에 따라 하여야 한다.

공시대상 기업집단에 속하는 계열 금융회사가 약관에 따라 정형화된 거래로서 일정한 기준에 해당하는 거래행위를 하는 경우에는 이사회의 의결을 거치지 않을 수 있다. 다만, 이 경우에도 그 거래내용은 공시해야 한다(법 26조 4항, 영 33조 4항). 반대로 대규모내부거래공시대상회사등이 계열 금융회사와 약관에 의한 금융거래를 하고자 하는 때에는 이사회 의결을 분기별로 일괄하여 할 수 있다. 내부거래공시대상회사등이 상품 또는 용역의 대규모내부거래등을 하고자 하는 경우에는 거래금액에 대하여 이사회 의결을 1년 이내의 거래기간을 정하여 일괄하여 할 수 있다. 상품·용역거래의 경우 계약 건별로 계약체결방식을 미리 이사회 의결 및 공시해야 하나 계약내용이 미확정되어 어려운 경우 계약체결방식 유형별로 일괄하여 이사회 의결 및 공시하는 것도 가능하다.

(마) 공시의 방법

공시와 관련하여, 공시내용에 거래의 목적 및 대상, 거래의 상대방(특수관계인을 위한 거래인 경우에는 그 특수관계인을 포함), 거래의 금액 및 조건, 거래상대방과의 동일거래유형의 총 거래 잔액 등을 포함하여야 한다(법 26조 2항, 영 33조 3항).

(3) 비상장회사 등의 중요사항 공시

(가) 제도의 취지

대규모 기업집단에 소속된 비상장회사는 기업집단 내 상장회사와 복잡한 출자관계로 얽혀 있음에도 불구하고 소유지배의 구조나 경영상황이 시장에 노출되지 않기 때문에, 기업집단뿐만 아니라 시장 전체의 투명성을 저해하는 요인으로 지적되어 왔다. 이에 비상장·비등록회사의 투명성을 제고하기 위하여 2004년 12월의 법 개정에 의하여 일정한 규모 이상의 기업집단에 소속된 비상장·비등록회사에 대한 공시의무가 도입되었다.

(나) 공시의무의 내용

공시의무자는 공시대상 기업집단에 속하는 국내 비상장회사 중 직전 사업연도말 현재 자산총액이 100억원 이상이거나 그 미만이라도 특수관계인[74]이 단독으로 또는 다른 특

74) 자연인인 동일인 및 그 친족만을 말한다.

수관계인과 합하여 발행주식총수의 100분의 20 이상의 주식을 소유한 회사 또는 그 회사가 단독으로 발행주식총수의 100분의 50을 초과하는 주식을 소유한 회사[75](금융업 또는 보험업을 영위하는 회사는 제외)이다(영 34조 1항). 공시사항은 ① 최대주주와 주요주주[76]의 주식소유 현황 및 그 변동사항, 임원의 변동 등 회사의 소유지배구조와 관련된 중요사항,[77] ② 자산·주식의 취득, 증여, 담보제공, 채무인수·면제 등 회사의 재무구조에 중요한 변동을 초래하는 사항,[78] ③ 영업양도·양수, 합병·분할, 주식의 교환·이전 등 회사의 경영활동과 관련된 중요한 사항[79]이다(법 27조 1항).[80]

(4) 기업집단의 현황 등에 관한 공시

(가) 제도의 취지

기업집단의 현황 등에 관한 공시 규정은 2009년 출자총액제한제도를 폐지하면서 보완대책으로 도입되었다. 원래는 공시대상 기업집단 소속 국내 계열회사에 대해서만 공시의무가 부과되었다. 그러나 기업집단의 소유지배구조에서 국외 계열회사가 중요한 역할을 차지하는 경우가 있음에도 불구하고 국외 계열회사에 대한 정확한 현황파악이 어렵고, 국외 계열회사를 이용한 우회출자 등 편법적 지배력 확대 가능성이 존재하였다. 예컨대, 동일인 일가 → 국외 계열회사 → 국내 계열회사로 이어지는 출자구조에서 국외 계열회사 → 국내 계열회사 출자는 국내 계열회사가 공시를 하나, 동일인 일가 → 국외 계열회

---

75) 청산 중이거나 1년 이상 휴업 중인 경우는 제외한다.

76) 최대주주는 해당 회사의 주주로서 의결권 있는 발행주식총수를 기준으로 소유하고 있는 주식의 수가 가장 많은 주주(동일인이 단독으로 또는 동일인관련자와 합산하여 최다출자자가 되는 경우에는 그 동일인 및 동일인관련자를 포함)를 말하고, 주요주주는 누구의 명의로 하든지 자기의 계산으로 회사의 의결권 있는 발행주식총수의 100분의 10 이상의 주식을 소유하고 있거나 임원의 임면 등 회사의 주요 경영사항에 대해 사실상 지배력을 행사하고 있는 주주를 말한다.

77) ① 최대주주와 주요주주의 주식보유현황 및 그 보유주식비율이 그 법인의 발행주식총수의 100분의 1 이상 변동이 있는 때에는 그 변동사항, ② 임원의 구성현황 및 그 변동사항을 말한다.

78) ① 최근 사업연도말 현재 자산총액의 100분의 10 이상의 고정자산의 취득 또는 처분[자본시장법에 따른 신탁계약(그 법인이 운용지시권한을 가지는 경우로 한정) 또는 같은 법에 따른 사모집합투자기구(그 법인이 자산운용에 사실상의 영향력을 행사하는 경우로 한정)를 통한 취득·처분을 포함]에 관한 결정이 있는 때에는 그 결정사항, ② 자기자본의 100분의 5 이상의 다른 법인(계열회사를 제외)의 주식 및 출자증권의 취득 또는 처분에 관한 결정이 있는 때에는 그 결정사항, ③ 자기자본의 100분의 1 이상의 증여를 하거나 받기로 한 때에는 그 결정사항, ④ 자기자본의 100분의 5 이상의 타인을 위한 담보제공 또는 채무보증(계약 등의 이행보증 및 납세보증을 위한 채무보증을 제외)에 관한 결정이 있는 때에는 그 결정사항, ⑤ 자기자본의 100분의 5 이상의 채무를 면제 또는 인수하기로 결정하거나 채무를 면제받기로 결정한 때에는 그 결정사항, ⑥ 증자 또는 감자(減資)에 관한 결정이 있는 때에는 그 결정사항, ⑦ 전환사채 또는 신주인수권부사채의 발행에 관한 결정이 있는 때에는 그 결정사항을 말한다.

79) ① 「상법」 제374조·제522조·제527조의2·제527조의3·제530조의2의 규정에 따른 결정이 있는 때에는 그 결정사항, ② 「상법」 제360조의2의 규정에 따른 주식의 포괄적 교환에 관한 결정이 있거나 「상법」 제360조의15의 규정에 따른 주식의 포괄적 이전에 관한 결정이 있는 때에는 그 결정사항, ③ 「상법」 제517조 또는 다른 법률에 따른 해산사유가 발생한 때에는 그 해산사유, ④ 채무자회생법에 따른 회생절차의 개시·종결 또는 폐지의 결정이 있는 때에는 그 결정사항, ⑤ 「기업구조조정 촉진법」에 따른 관리절차의 개시·중단 또는 해제결정이 있는 때에는 그 결정사항을 말한다.

80) 다만, 법 제26조(대규모내부거래의 이사회 의결 및 공시)에 따라 공시되는 사항은 제외한다.

사의 출자는 공시의무가 없어서 제대로 파악하지 못하는 문제가 발생하였다.[81] 이에 2020년 법 개정에서는 동일인에게 국내 계열회사와 직·간접 출자관계가 있는 국외 계열회사에 대한 공시의무를 부과하는 규정을 추가하였다.

(나) 국내 계열회사의 공시의무

공시의무자는 공시대상 기업집단에 속하는 회사 중 직전 사업연도말 현재 자산총액이 100억원 미만인 회사로서 청산 중이거나 1년 이상 휴업 중인 회사를 제외한 모든 회사이다(법 28조 1항, 영 35조 1항). 공시사항은 ① 일반 현황, ② 주식소유 현황, ③ 지주회사 등이 아닌 국내 계열회사 현황[지주회사 등의 자산총액 합계액이 기업집단 소속 국내 회사의 자산총액(금융업 또는 보험업을 영위하는 회사의 경우에는 자본총액 또는 자본금 중 큰 금액) 합계액의 100분의 50 이상인 경우로 한정], ④ 2개의 국내 계열회사가 서로의 주식을 취득 또는 소유하고 있는 상호출자 현황, ⑤ 순환출자 현황, ⑥ 채무보증 현황, ⑦ 취득 또는 소유하고 있는 국내계열회사주식에 대한 의결권 행사(금융업 또는 보험업을 영위하는 회사의 주식에 대한 의결권 행사는 제외) 여부, ⑧ 특수관계인과의 거래 현황에 관한 사항이다(법 28조 1항).

(다) 동일인의 공시의무

공시의무자는 공시대상기업집단에 속하는 회사를 지배하는 동일인이다. 그리고 공시사항은 ① 특수관계인[82]이 단독으로 또는 다른 특수관계인과 합하여 발행주식총수의 100분의 20 이상의 주식을 소유한 국외 계열회사의 주주 구성 등[83], ② 공시대상기업집단에 속하는 국내 회사의 주식을 직접 또는 간접[84]으로 소유하고 있는 국외 계열회사의 주식소유 현황 등에 관한 사항 등[85] 및 그 국외 계열회사가 하나 이상 포함된 순환출자 현황이다(법 28조 2항).

다만, 동일인의 주관적 사정으로 인하여 의무이행을 기대하기 어려운 경우까지 공시를 요구하는 것은 곤란하다. 따라서 동일인의 의식불명, 실종선고, 성년후견 개시 결정, 그 밖에 이에 준하는 사유로 동일인이 공시하기가 사실상 불가능하다고 공정위가 인정하는 사유가 존재하는 경우에는 동일인의 공시의무가 면제된다(영 35조 6항). 다음으로 동일인에게 객관적으로 의무이행을 요구하기 어려운 사정이 있는 경우에도 공시의무가 면

81) 구체적으로 2015년 롯데그룹 경영권 분쟁 과정에서 동일인이 해외 계열사를 동원하여 국내 기업집단을 지배하는 경우에 기업집단의 지배구조가 제대로 공시되지 않는다는 문제점이 지적되었다.

82) 자연인인 동일인 및 그 친족만을 말한다.

83) ① 국외 계열회사의 명칭, 소재국, 설립일, 사업내용 및 대표자의 성명 등 회사의 일반 현황, ② 주주 현황을 말한다.

84) 국내 회사의 주식을 직접 소유하고 있는 국외 계열회사의 주식을 하나 이상의 출자로 연결하여 소유하는 방법을 말한다.

85) ① 국외 계열회사의 명칭, 소재국, 설립일, 사업내용 및 대표자의 성명 등 회사의 일반 현황, ② 주주 현황 및 계열회사에 대한 출자 현황을 말한다.

제될 수 있다. 예컨대, 친족이 비협조하거나 외국의 법령상 자료공개가 곤란한 경우를 들 수 있다. 위 ①의 공시사항과 관련하여 친족이 단독으로 또는 다른 친족과 함께 출자한 경우로서, 국내 계열회사의 주식을 직접 소유하거나 또는 공시대상기업집단에 속하는 국내 회사의 주식을 직접 소유하고 있는 국외 계열회사의 주식을 하나 이상의 국외 계열회사 간 출자로 연결하여 소유하지 않고, 국내 계열회사와 직접 또는 간접으로 직전 1년간 거래가 없는 국외 계열회사에 대해 공시대상 정보의 제공을 거부한 경우에 해당 사항에 관한 동일인의 공시의무는 면제된다(영 35조 3항 단서). 또한, 주주 현황과 관련하여 소재국의 법령에서 주주에 관한 정보의 제공 또는 그 공시를 금지하는 경우에도 동일인의 공시의무는 면제된다(영 35조 3항 5호).

Ⅵ. 제 재

1. 시정조치

공정위는 상호출자의 금지 등, 순환출자의 금지, 순환출자에 대한 의결권 제한, 계열회사에 대한 채무보증의 금지, 금융회사·보험회사 및 공익법인의 의결권 제한, 대규모내부거래의 이사회 의결 및 공시, 비상장회사 등의 중요사항 공시, 기업집단현황 등에 관한 공시, 특수관계인인 공익법인의 이사회 의결 및 공시(법 21조부터 29조까지) 또는 탈법행위의 금지(법 36조) 규정에 위반하거나 위반할 우려가 있는 행위가 있는 때에는 해당 사업자 또는 위반행위자에게 ① 해당 행위의 중지, ② 주식의 전부 또는 일부의 처분, ③ 임원의 사임, ④ 영업의 양도, ⑤ 채무보증의 취소, ⑥ 시정명령을 받은 사실의 공표, ⑦ 공시의무의 이행 또는 공시내용의 정정, ⑧ 그 밖에 법 위반상태를 시정하기 위하여 필요한 조치 등의 시정조치를 명할 수 있다(법 37조 1항). 상호출자의 금지 등 또는 순환출자의 금지 규정을 위반하여 상호출자 또는 순환출자를 한 주식에 대해서는 그 시정조치를 부과받은 날부터 법 위반상태가 해소될 때까지 해당 주식 전부에 대하여 의결권을 행사할 수 없고(법 39조 1항), 주식처분명령을 받은 자는 그 명령을 받은 날부터 해당 주식에 대하여 의결권을 행사할 수 없다(법 39조 2항).

2. 과 징 금

공정위는 상호출자의 금지 등 또는 순환출자의 금지 규정(법 21조 또는 22조)을 위반하여 주식을 취득 또는 소유한 회사에 위반행위로 취득 또는 소유한 주식의 취득가액의 20%를 초과하지 아니하는 범위에서 과징금을 부과할 수 있다(법 38조 1항). 그리고 공정위는 계열회사에 대한 채무보증의 금지 규정(법 24조)을 위반하여 채무보증을 한 회사에 해당 법위반 채무보증액의 20%를 초과하지 아니하는 범위에서 과징금을 부과할 수 있다(법 38조 2항).

3. 벌　　칙

순환출자에 대한 의결권 제한(법 23조) 또는 금융회사·보험회사 및 공익법인의 의결권 제한(법 25조) 규정을 위반하여 의결권을 행사한 자, 상호출자의 금지 등 또는 순환출자의 금지(법 21조 또는 22조) 규정을 위반하여 주식을 취득 또는 소유하고 있는 자 또는 계열회사에 대한 채무보증의 금지(법 24조) 규정을 위반하여 채무보증을 하고 있는 자는 3년 이하의 징역 또는 2억원 이하의 벌금에 처한다(법 124조 1항). 이 경우 징역형과 벌금형은 병과할 수 있다(법 124조 2항). 그리고 상호출자제한 기업집단 등의 지정 등에 관한 규정(법 31조 4항, 5항)에 위반하여 공정위의 자료제출 요청에 대하여 정당한 이유 없이 자료 제출을 거부하거나 거짓의 자료를 제출한 자 또는 공인회계사의 회계감사를 받지 아니한 자는 2년 이하의 징역 또는 1억5천만원 이하의 벌금에 처한다(법 125조). 주식소유 현황 등의 신고에 관한 규정(법 30조 1항 및 2항)을 위반하여 주식소유 현황 또는 채무보증 현황의 신고를 하지 아니하거나 거짓으로 신고한 자는 1억원 이하의 벌금에 처한다(법 126조).

4. 과 태 료

대규모내부거래의 이사회 의결 및 공시, 비상장회사 등의 중요사항 공시, 기업집단현황 등에 관한 공시, 특수관계인인 공익법인의 이사회 의결 및 공시(법 26조부터 29조까지) 규정에 따른 공시를 하는 경우에 이사회의 의결을 거치지 아니하거나 공시를 하지 아니한 자 또는 주요 내용을 누락하거나 거짓으로 공시하거나 계열회사 등의 편입 및 제외 등 규정(법 32조 3항)에 따른 자료제출 요청에 대하여 정당한 이유 없이 자료를 제출하지 아니하거나 거짓의 자료를 제출한 경우에, 사업자, 사업자단체, 공시대상 기업집단에 속하는 회사를 지배하는 동일인 또는 그 동일인의 특수관계인인 공익법인은 1억원 이하, 회사·사업자단체·공익법인의 임원 또는 종업원, 그 밖의 이해관계인은 1천만원 이하의 과태료를 부과한다(법 130조 1항).

제3절 지주회사에 대한 규제

Ⅰ. 개 요

1. 제도의 취지

지주회사(holding company)라 함은 주식이나 지분을 소유함으로써 다른 회사의 사업내용을 지배하는 것을 주된 사업으로 하는 회사를 말한다. 그리고 지주회사 체제란 [그림 7-1]에서 보는 것첨 지주회사가 수직적 출자를 통해 나머지 계열회사 전반을 자회사, 손자회사, 증손회사 등으로 지배하는 소유·지배구조를 의미한다.

[그림 7-1] 지주회사 체제 집단(단순·수직적 출자구조)

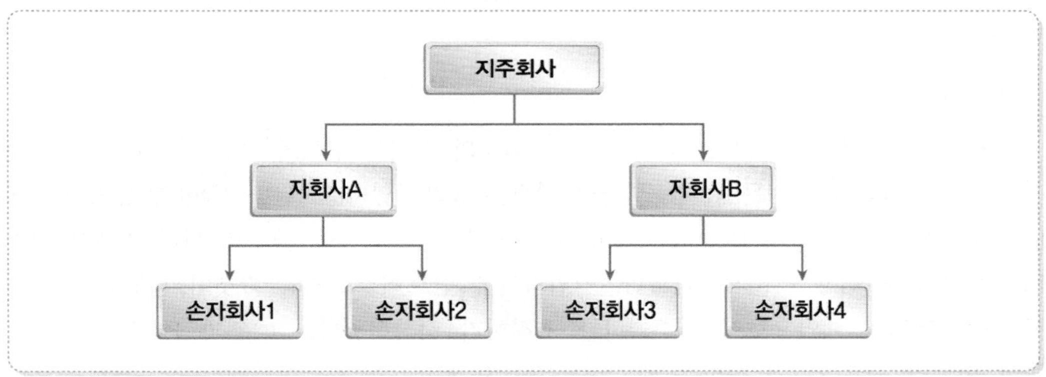

이러한 지주회사 체제의 장점으로는 ① 분사를 통한 사업의 분리매각, 보다 쉬운 사업의 진입·퇴출 등 유연하고 기동적인 구조조정에 유리하고, ② 경영과 사업의 분리를 가능하게 하며, ③ 자회사 간 위험의 절연이 가능하며, ④ 인사 및 노무관리를 다양하게 할 수 있고, ⑤ 자금조달 등에서 일반회사보다 유리한 측면이 있다. 반면 지주회사 체제의 단점으로는 ① 다단계 출자 방식을 통하여 적은 자본으로 경제력이 과도하게 집중될 수 있고, ② 지배주주의 간접화와 다수결의 남용으로 총수일가의 지배력이 강화될 수 있고, ③ 지주회사와 자회사 간 또는 자회사 상호 간의 분식결산으로 채권자의 이익도 침해될 수 있으며, ④ 기업재무구조를 오히려 악화시킬 위험성 등이 있다.

독점규제법은 지주회사가 경제력집중의 수단으로 악용되지 않도록 지주회사의 설립·전환과 행위에 대하여 일정한 규율을 하고 있다. 구체적으로 법 제17조는 지주회사 설립·전환의 신고에 관하여 규정하고 있고, 제18조는 지주회사 등의 행위제한 등에 관하여 규정하고 있다.

2. 지주회사 규제에 관한 비교법적 검토

지주회사 체제는 복수의 기업들이 자본적으로 결합하는 방식으로서, 주식 피라미드를 통하여 대규모기업집단을 용이하게 출현시킬 수 있다. 그런데 지주회사 체제를 통한 경제력 집중의 현상은 자본시장이 발달한 선진국보다 주주에 대한 권리보호가 미약한 아시아, 유럽, 라틴 아메리카 국가들에서 많이 나타나고 있다. 이러한 현상에 대해서 기업집단에 대한 지배를 통해 얻을 수 있는 사적 이익의 규모가 큰 국가일수록 지배주주가 적은 자본으로 기업집단을 지배할 수 있는 지주회사 체제를 선호하기 때문이라는 이론적 설명이 있다.[86)] 지주회사 체제에 대한 입법정책은 이를 금지하는 입장, 이를 방관하는 입장, 그리고 공공정책의 관점에서 일정한 규제를 가하는 입장으로 나누어 볼 수 있을 것이다. 이러한 구분을 염두에 두고, 이하에서는 지주회사 규제에 관한 비교법적 검토를 해 보기로 하자.

(1) 미 국

1888년 이전에 미국에서는 회사가 다른 회사의 주식을 취득하거나 보유하는 것은 원칙적으로 금지되었기 때문에 지주회사의 설립은 봉쇄되었다. 그런데 1888년 뉴저지(New Jersey)주에서 지주회사법(Holding Company Act)을 제정한 것을 필두로 여러 주에서 지주회사의 설립을 허용하기 시작하였다. 기업가들은 반트러스트법의 타겟이 되었던 트러스트(trust) 제도의 대안으로서 지주회사를 고려하기 시작하였다. 그 결과 1920-1930년대 들어 미국의 주요산업에 속하는 기업 중 70% 이상이 사업지주회사에 속할 만큼 지주회사 체제는 확산되었다. 그리고 이 중 일부는 듀폰, 멜론, 록펠러 등 특정 가문에 의하여 지배되었다.

그러나 1920년대 말부터 대공황이라는 전대미문의 위기를 거치고 피라미드 그룹의 해체를 개혁공약으로 내세운 루즈벨트(Franklin D. Roosevelt) 대통령이 당선되면서 다방면에서 지주회사에 대한 규제와 견제가 시작되었다. 그 결과 미국에서 주식 피라미드는 점차 감소하게 되었다.[87)] 우선 지주회사에 대한 직접적 규제는 공익사업(전력, 가스, 수도 등) 분야와 금융부분에서 이루어졌다. 대공황 이후 1929년부터 1936년 사이에 53개의 공익사업 지주회사들이 파산하였고, 이 과정에서 공익사업 지주회사들의 불공정한 내부거

86) 상세한 설명은 Lucian Aye Bebchuk, Reinier Kraakman, and George Triantis, 'Stock Pyramids, Cross-Ownership and Dual Class Equity: The Mechanisms and Agency Costs of Separating Control from Cash-Flow Rights', Concentrated Corporate Ownership (R. Morck, ed., 2000), pp. 445-460 참조.

87) 미국 기업집단에 대한 규제와 소유구조 변화에 관한 상세는 Eugene Kandel et al., 'The great pyramids of America: A revised history of U.S. business groups, corporate ownership, and regulation, 1926-1950', Strat Mgmt J. vol. 40(2019) pp. 781-808. https://doi.org/10.1002/smj.2992 참조.

래와 서비스 계약, 회계자료 조작 등의 문제가 불거졌다. 연방거래위원회(FTC)는 실태조사를 하여 보고서를 발표하였다. 이에 따르면 지주회사들이 자회사들로부터 과도한 배당을 받거나 대출을 받고, 회계자료를 조작하여 일반 대중을 상대로 증권을 발행하여 그 자금을 전세계의 다른 위험사업들에 투자를 하였고, 자회사들은 이를 메꾸기 위하여 요금을 과도하게 책정하는 등의 여러 가지 문제가 드러났다. 미국 의회는 기존의 반트러스트법 등을 통해서 문제들을 통제하기 어렵다고 보고, 뉴딜(New Deal) 입법의 일환으로 1935년 공익사업 지주회사법(Public Utilities Holding Company Act)을 제정하였다. 동법에 따라, 공익사업 지주회사에 대해서는 증권거래위원회(SEC)에 등록할 의무가 부과되고, 2단계 이상의 출자가 금지되고, 지주회사가 직간접적으로 해당 지주회사 체제 내의 자회사 등으로부터 차입하거나, 담보를 제공받는 행위, 지주회사 또는 자회사가 정부 승인 없이 지주회사 체제 내의 다른 회사에게 대여하는 행위가 금지되었다.

미국은 1950년대 들어서 대형은행을 중심으로 은행법의 규제대상이 아닌 지주회사를 설립하고 그 자회사를 통해 타업종으로의 확장을 꾀하려는 시도가 이루어졌다. 이에 1956년 제정된 은행지주회사법(Bank Holding Company Act)은 은행지주회사와 자회사가 취급할 수 있는 업무를 '은행업무 및 밀접하게 관련된 주변 업무와 부수업무'로 제한하고 업무범위에 관한 결정권을 연방준비위원회(FRB)에 부여하였다. 은행지주회사법은 은행지주회사가 비은행 업무를 하거나 은행이 아닌 특정 회사의 의결권 있는 주식을 보유하는 것을 원칙적으로 금지하고 있다.[88)]

일반지주회사의 경우 직접적 규제는 실행되지 않고 있으나, 자회사에 대한 지분율에 따라 배당금에 대한 면세혜택이 차별화되고, 기업관련 법제가 잘 갖추어지면서 지주회사 체제에서 기대할 수 있었던 지배자본 절약효과, 주주권의 간접화 효과, 규제회피 효과 등을 더 이상 기대하기 어려운 반면, 투자자보호가 강화됨에 따라서 소수주주권 행사로 인한 법적 분쟁의 가능성이 큰 상황이 되었다.[89)] 이러한 이유로 1960년대 이후 미국에서 지주회사 체제는 감소하고 있으며, 지주회사 체제를 운영하는 경우에도 가급적 주주분포를 단순화하려는 필요가 작동하고 있다. 그 결과 해외투자 또는 합작회사 설립 등의 예외적인 경우를 제외하고 모회사의 자회사에 대한 주식보유비율은 100%인 경우가 대부분이고,[90)] 다단계 피라미드 시스템으로 인한 경제력 집중의 문제는 발생하지 않고 있다. 이상에서 본 것처럼 미국에서 지주회사 체제가 활용되지 않는 이유를 한 가지로 설명하기 어렵지만, 대공황 이후 다양한 개혁 조치들을 통해서 서서히 사라졌다고 평가된다.[91)]

---

88) 신영수, 외국의 지주회사 현황·제도 등의 운영실태 및 변화양상에 대한 분석, 정책연구용역 최종보고서(2018), 17-20면.
89) 신영수, 위 보고서, 140-143면.
90) 신영수, 위 보고서, 92-94면.
91) Eugene Kandel et al., 위 논문, p. 805.

(2) 일 본

2차 세계대전 이전 일본은 지주회사에 대한 별다른 규제가 없었고, 일본의 재벌(자이바츠)은 지주회사의 구조에 의하여 전체 기업들을 통일적으로 지배하는 시스템을 갖추었다. 이러한 재벌체제는 정경유착을 통해 일제의 군국주의를 뒷받침하는 역할을 담당하였다. 따라서 종전 이후에 미군정은 종래 일본 경제를 지배해 왔던 재벌의 부활을 방지하기 위하여 재벌해체 조치를 한 뒤에 독점금지법을 제정하여 지주회사를 금지하였다. 이는 거대한 경제력의 집중 자체가 자유로운 사회에 위협을 초래할 우려가 있다는 점에 착안하여 이러한 경제력의 집중을 금지 또는 제한하여야 한다는 사고에서 출발한 것이다. 그러나 1949년 6월에 사업지주회사는 허용하고 순수지주회사만 금지하는 것으로 변경하였다. 1980년대 이후 국제적인 경쟁의 격화에 따라 일본 내에서 지주회사 금지에 대한 회의론이 일기 시작하였고, 1997년에 지주회사의 설립금지를 제한적으로 해제하여 사업지배력이 과도하게 집중되지 않는 한 순수지주회사도 허용하게 되었다.

한편 일본의 경우 지주회사 체제에서 모회사와 자회사의 주주구성이 상이할 경우에 발생할 수 있는 주주간 이해상충의 문제에 관해 그동안 별 관심이 없었으나, 2010년대 들면서 상이한 주주집단 간 이해상충 문제가 야기될 수 있음에 대하여 사회적 우려가 커지고 정부도 관심을 갖기 시작하였다. 그 결과 기업들이 자발적으로 자회사를 100% 자회사화하거나 지분을 아예 매각하여 모자관계를 해소하는 현상이 강화되고 있다. 예를 들어, 일본 최대의 통신 기업인 NTT는 자회사인 NTT Docomo의 지분 66.2%를 보유하고 있었는데, 2020년 나머지 잔여 지분도 공개매수를 하여 NTT Docomo를 완전 자회사화한 것이 대표적인 사례이다.[92)]

(3) 영 국

영국의 경우 지주회사에 관한 직접적 규제는 없지만, 1968년 인수합병 규칙에서 일정 수준 이상의 상장회사 지분을 취득하면 같은 조건으로 100%를 의무적으로 매수하도록 하는 규정 때문에 대부분 지주회사가 자회사 지분의 100%를 보유하고 있다.[93)]

(4) 이스라엘[94)]

이스라엘의 대기업집단은 1990년대부터 형성되었는데, 민영화 과정에서 문어발식으로 확장해서, 다각화된 금산복합 지주회사 체제의 형태를 갖추게 되었다. 2010년 전후부터 이스라엘 대기업집단의 개혁에 대한 논의가 본격화되었다. 금산복합 구조에 따른

92) 김우진 · 이종명, "계열사 복수 상장과 주주간 이해상충", 기업지배구조 리뷰 Vol. 101(2021), 25-28면.
93) 신영수, 위 보고서, 80-81면.
94) 이스라엘의 지주회사 체제에 관한 상세는 박상인, "이스라엘 경제력집중법의 한국 재벌개혁에 대한 함의", 한국경제포럼 제10권 제3호(2017), 1-32면 참조.

이해상충의 문제, 피라미드 구조의 대기업집단이 몰락함으로서 야기될 수 있는 시스템 리스크, 시장진입과 금융의 제약으로 인한 경쟁제한 우려 및 담합의 개연성, 총수일가의 터널링(tunneling), 경제력 집중으로 인한 국가적·사회적 의사결정의 왜곡 가능성 등이 개혁의 논의를 촉발하였다. 특히 이 과정에서 이스라엘의 최대 대기업집단이었던 IDB의 붕괴는 시스템 리스크에 대한 주의를 환기시켰다. 이스라엘은 2013년 제정된 경쟁촉진 및 경제력집중 감소법(Law for the Promotion of Competition and Reduction of Economic Concentration)[95]을 통해 피라미드 기업집단은 상장회사의 경우 2단계 구조를 초과할 수 없도록 규제하고 있다.[96]

3. 우리나라의 규제 연혁

우리나라의 경우, 1980년 12월 법 제정 당시에는 지주회사에 관한 규정이 없었으나, 1986년 제1차 개정 시에 지주회사가 경제력집중의 수단으로 활용될 가능성이 있다고 보아 이를 막기 위하여 지주회사의 설립 및 전환을 전면 금지하는 제도를 도입하였다.[97] 그러나 1997년 외환위기 이후에 지주회사 제도가 기업의 구조조정의 수단으로 주목을 받게 되면서 1999년에 그 설립이 허용되었다. 다만, 지주회사의 폐해가 나타나지 않도록 하기 위하여 그 설립요건을 엄격하게 제한하였으며,[98] 같은 해에 지주회사 기준(자산총액 100억원 이상,[99] 자회사 주식가액 합계액이 당해 회사 자산총액의 100분의 50 이상)을 도입하였다.

그런데 2000년대에 들어와서 정부가 지주회사에 대한 태도를 바꾸어서, 지주회사 체제가 기존의 순환출자에 의존한 기업집단 체제보다는 나은 대안이라고 보아 지주회사로의 전환을 권장하기 시작하였다. 이에 2004년과 2007년의 법 개정을 통하여 상장 자회사의 지분율 요건을 낮추고, 제한적인 요건 하에서 증손회사를 허용하는 등 지주회사로의 전환을 촉진·유도하는 한편, 지주회사 체제의 투명성을 높이기 위한 제도가 도입되었다. 지주회사에 부여되는 과세특례 등의 혜택으로 인하여 지주회사 체제로 전환하는 기업집

---

95) 동법은 그 외에도 금산분리의 원칙과 민영화, 공공입찰, 정부 라이선스 취득 등에 경제력집중 우려 사업자(concentrated entities)의 참여 여부를 권고하는 위원회를 설립하는 내용을 담고 있다.

96) 이에 따라, 기존 기업집단은 6년 안에 2단계 구조로 축소하여야 하며, 새로운 기업집단에 대해서는 2단계 구조만 허용한다.

97) 지주회사의 설립, 전환을 금지한 것은 일본 독점금지법의 영향을 받은 것이었다. 당시 지주회사를 원칙적으로 금지한 나라는 일본뿐이었다.

98) 지주회사가 과도한 외부차입으로 자회사를 확장해 나가는 것을 막기 위하여 지주회사의 부채비율을 자본총액의 범위내로 제한하고, 개별 자회사에 대한 지분율을 50% 이상으로 유지하도록 하였다. 그리고 대기업이 금융기관을 사금고화 하는 것을 막기 위하여 하나의 지주회사에 금융회사와 비금융회사를 동시에 두지 못하도록 하였다(이른바 금산분리의 원칙). 또한, 지주회사가 다단계에 걸친 출자방식으로 많은 회사를 거느리는 것을 막기 위하여 원칙적으로 손자회사를 두지 못하도록 하였다. 그렇지만, 지주회사 설립전환의 요건이 너무나 엄격하여 현실적으로 지주회사의 활용이 매우 어렵다는 비판이 있었다.

99) 지주회사 자산총액 요건은 2001년 100억원 이상에서 300억원 이상으로 상향되었고, 2002년 300억원 이상에서 1,000억원 이상으로 상향되었으며, 2017년 1,000억원 이상에서 5,000억원 이상으로 상향되었다.

단의 수가 꾸준히 증가하게 되었다.[100] 지주회사에 대한 과세특례로서는 ① 현물출자를 통해 지주회사 설립・전환 시 발생하는 양도차익에 대한 법인세(법인)・양도소득세(개인)에 대해 주식처분 시까지 과세 이연(조세특례제한법 제38의2, 2023.12.31 일몰), ② 지주회사의 설립・전환 또는 지주회사의 자회사 주식 취득으로 지주회사가 과점주주(50% 초과)가 되는 경우 부과되는 간주취득세 면제(지방세특례제한법 제57의2, 2024.12.31. 일몰), ③ 지주회사가 자회사로부터 받은 수입배당금의 일정비율(일반법인에 비해 고율 인정)을 익금에 산입하지 않도록 하여 법인세 감경 혜택 부여(법인세법 제18의2)[101] ④ 일감몰아주기 증여의제 과세대상에서 지주회사(수혜법인)와 자・손자회사와의 매출액은 제외(상속세 및 증여세법 제45의3 및 동법 시행령 제34의2 제8항) 등을 들 수 있다.

그러나 지배구조 측면에서 과연 지주회사 시스템이 다른 출자방식보다 나은 것인지에 관해서 회의적인 의견과 지주회사 시스템으로 인한 경제력집중의 우려가 현실화되고 있다는 평가가 나왔다.[102] 이러한 배경 하에 2020년 법 개정에서 신규 설립 또는 전환 지주회사, 기존 지주회사가 자・손자회사를 신규 편입하는 경우에 자회사 및 손자회사에 대한 의무지분율 요건이 강화되었다. 반대로, 혁신성장의 촉진을 위하여 벤처지주회사에 대한 규제는 완화되었다.

4. 검 토

대기업집단에 의한 경제력집중 현상은 통시적 관점에서 보면 대다수의 선진국들도 과거에 이미 경험을 하였고, 공시적 관점에서 보면 오늘날 많은 개발도상국가에서 발견되는 것이다. 기업집단은 경제성장의 초기에 국가에 부족한 제도와 장치를 보완한다는 점에서 긍정적 효과를 발휘하나, 시간이 흐를수록 시장지배력과 정치적 영향력 때문에 사회적으로 바람직하지 못한 결과를 가져오기 쉽다. 특히 우리나라의 대기업집단에 의한 경제력집중 현상은 미국 등 다른 선진국과 비교할 때 그 정도가 심한 편이고 패망 전 일본의 재벌과 유사한 수준이다.[103] 그리고 지주회사 체제는 대기업집단의 확장을 용이하게 하는 시스템이다. 지주회사에 대한 정책은 금지-허용-규제(미국), 허용-금지-규제(일

100) 2004년 LG그룹을 필두로, 2007년 SK그룹 등 많은 기업집단이 지주회사 체제로 전환하였다. 한편, 지주회사 체제로 전환하지 않은 대규모기업집단은 대부분 금융사를 보유하고 있거나 순환출자를 형성하고 있다. 공정위 2015. 10.29.자 보도자료.

101) 지주회사는 자회사 지분율이 40%(비상장회사는 80%) 이상이면 자회사로부터 받은 배당소득 전액을 익금불산입할 수 있고 지분율이 그 이하인 경우에도 최소 80%의 혜택을 받는다. 일반회사의 경우 계열회사에서 받는 배당소득에 대한 익금불산입률이 최대 50%라는 점과 비교할 때 지주회사의 익금불산입률은 2배 정도 높은 편이다. 황인학, "국제비교로 본 지주회사 행위규제의 문제점-공정거래법상 일반지주회사 제도를 중심으로", 한국경제연구원-한국규제학회 공동학술대회 발표자료집(2012), 189면.

102) 신영수, 외국의 지주회사 현황・제도 등의 운영실태 및 변화양상에 대한 분석, 정책연구용역 최종보고서(2018), 159-160면.

103) Eugene Kandel et al., 위 논문, pp. 789-790.

본) 등 각국마다 그 경로는 다르지만, 대체적으로 여러 시행착오를 거쳐 지주회사 체제로 인한 경제력집중이 심각한 경우에 공공정책의 관점에서 규제를 하는 방향으로 수렴하는 것을 볼 수 있다. 그리고 지주회사 체제에 대한 각국의 정책에 큰 변화가 이루어진 배경에는 경제위기, 패전 등 커다란 사회적 격변이 존재한 경우가 많다.

다만, 국가별로 지주회사를 규제하는 정도나 방법은 상이하다. 대체적인 경향을 살펴보면, 미국이나 영국과 같이 자본주의 발전의 역사가 오래된 나라들에서는 기업들이 100% 자회사 구조를 스스로 선택하여 지주회사 체제의 무한확장을 억제하는 제도적 환경이 갖춰져 있다. 반면, 투자자보호가 아직 미흡하고 선진적 기업지배구조가 정착되었다고 보기 어려운 국가일수록 대기업의 경영진이 지배에 따른 사익편취의 수단으로 주식피라미드를 활용할 우려가 커지게 된다. 이러한 환경에서는 지주회사에 대한 직접 규제의 필요성도 높아진다고 할 것이다. 그 중에는 일본과 같이 패전국의 입장에서 승전국이 가한 지주회사 전면 금지라는 강제책을 수용한 사례도 있고, 우리나라와 이스라엘과 같이 국내의 정치적 동력에 의하여 지주회사에 대한 직접적 규제를 채택한 사례도 있다. 흥미로운 점은 이스라엘의 경우 지주회사로 인한 경제력집중의 폐해를 직접 경험하고 그에 대한 대책으로서 지주회사에 대한 규제를 실시하고 있는 반면(허용-규제), 우리나라의 경우 지주회사 체제가 어떠한 사회적·경제적 문제를 일으키기 전부터 전면금지라는 강경한 태도를 취했는데, IMF 사태를 거치면서 대기업집단의 순환출자의 폐해가 부각되자 그 대안으로 지주회사 체제가 긍정적 평가를 받게 되면서 금지가 완화되었다(금지-규제). 그동안 우리나라에서 지주회사에 대한 규제는 순환출자보다는 투명한 지배구조라는 긍정적 모습과 경제력집중의 수단으로서의 지주회사라는 부정적 모습 중에 어느 쪽을 강조하느냐에 따라서 변화를 거쳐 왔다.

Ⅱ. 독점규제법상 지주회사 등의 개념

1. 지주회사

(1) 의 의

독점규제법상 지주회사란 주식(지분을 포함)의 소유를 통하여 국내 회사의 사업내용을 지배하는 것을 주된 사업으로 하는 회사를 말한다(법 2조 7호 전단). 지주회사는 자회사의 주식이나 지분의 소유를 통해 국내 자회사의 사업내용을 지배하여야 한다. 따라서 다른 회사의 임원을 임면하거나 주요 경영사항에 대하여 지배적 영향력을 행사하더라도 그 지배력의 원천이 지분소유에서 비롯된 것이 아니라면 지주회사라고 할 수 없다. 여기에서 지배는 “소유하고 있는 다른 회사 주식의 의결권을 행사하여 그 회사의 경영에 영향력을 행사할 수 있는 것"을 의미한다.[104] 주식의 소유를 통하여 사업활동을 지배할 수 있는 상태가 초래되는 것만으로 충분하므로 의결권의 행사를 통한 사업활동의 지배가 실제로 일어나야 하는 것은 아니다. 지분을 통한 사업지배와 관련하여 지주회사가 자회사 지분을 50% 미만으로 소유하는 행위는 원칙적으로 금지되지만, 자회사가 상장법인, 국외상장법인, 공동출자법인인 경우에는 30%, 벤처지주회사의 자회사인 경우에는 20%까지 완화된다. 그리고 지주회사가 소유하는 주식수가 동일인 또는 동일인관련자 중 최다출자자가 소유하는 주식수와 같거나 그 보다 많아야 한다. 또한, 지주회사의 지배의 대상은 국내회사만을 의미하고 국외 계열회사는 해당되지 않는다. 외국 투자자와의 합작으로 설립한 경우 국내에 소재하고 있으면 자회사에 해당될 수 있다.

한편, 지주회사의 특수형태로서 벤처지주회사가 법상 인정되고 있다. 벤처지주회사란 벤처기업 또는 일정한 중소기업[105]을 자회사로 하는 지주회사를 말한다(법 18조 1항 2호). 벤처지주회사는 금융지주회사 외의 일반지주회사로 취급되며, 일반지주회사 체제 내에 중간지주회사의 형태로도 존재할 수 있다.

(2) 법상 규제의 대상

법상 규제의 대상이 되는 지주회사는 아래에서 보는 규모 기준과 주된 사업 기준을 모두 갖춘 경우와 일정한 기준에 해당하는 벤처지주회사[106]인 경우에 한한다.

(가) 규모 기준

① 해당 사업연도에 새로이 설립되었거나 합병 또는 분할·분할합병·물적분할(이하 "분할"이라 함)을 한 회사의 경우에는 각각 설립등기일·합병등기일 또는 분할등기일 현재의 대차대조표상 자산총액이 5천억원 이상, ② 그 밖의 회사의 경우에는 직전 사업연도 종료일(사업연도 종료일 이전의 자산총액을 기준으로 지주회사 전환신고를 하는 경우에는 해당 전환신고 사유의 발생일) 현재의 대차대조표상의 자산총액이 5천억원 이상의 요건을 갖춰야 한다(영 3조 1항). 공정위는 3년마다 국민경제 규모의 변화, 지주회사에 해당되는 회사의 자산총액 변화, 지주회사에 해당되는 회사 간 자산총액 차이 등을 고려하여 위

---

104) 대법원 2006.11.23. 선고 2004두8583 판결.

105) 「중소기업기본법」 제2조에 따른 중소기업 중 연간 매출액에 대한 연간 연구개발비(「조세특례제한법 시행령」 별표 6 제1호에 따른 연구개발비)의 비율이 100분의 5 이상인 중소기업을 말한다(영 27조 2항, 영 5조 2항 5호).

106) ① 자산총액 산정 기준일 현재 대차대조표상 자산총액이 300억원 이상 5천억원 미만인 경우에는 공정위에 벤처지주회사 설립 및 전환을 위한 사전신청을 하였을 것, ② 지주회사가 소유하고 있는 전체 자회사 주식가액 합계액 중 중소벤처기업의 주식가액 합계액이 차지하는 비율이 100분의 50 이상이거나 100분의 30 이상 100분의 50 미만일 것(공정위에 사전신청을 하여 그 결과를 통지받은 회사로서 벤처지주회사로 설립 또는 전환된 날부터 2년 이내인 경우로 한정), ③ 벤처지주회사가 속하는 기업집단(공시대상 기업집단으로서 동일인이 자연인인 기업집단에 한정)의 특수관계인(동일인 및 그 친족에 한정)이 벤처지주회사의 자회사, 손자회사 또는 법 제18조 제5항에 따른 증손회사의 주식을 소유하지 않을 것의 요건을 충족하여야 한다(영 27조 3항).

자산총액의 타당성을 검토하여 개선 등의 조치를 해야 한다(영 92조 1호).

(나) 주된 사업 기준

주된 사업 기준은 회사가 소유하고 있는 자회사의 주식(지분 포함)가액의 합계액이 해당 회사 자산 총액의 50% 이상인 것을 말한다(영 3조 2항). 주식가액의 합계는 자회사만으로 한정하므로 자회사가 아닌 다른 회사의 주식을 지배목적으로 보유하여 자산총액의 50%를 넘더라도 지주회사에 해당되지 않는다. 다만, 주된 사업인지 여부를 자회사의 주식가액 합계액이라는 정량적 기준만으로 판단하도록 하는 것에 대해서는 기준을 너무 협소하게 정하였다는 비판도 있다. 지주회사가 자회사 또는 다른 계열사와 합병을 하거나 차입 등으로 자산총액을 증가시켜 자회사 주식가액 비중을 50% 이하로 떨어뜨리는 방식 또는 자회사 회계처리 방법의 변경 등 다양한 수단으로 법상 지주회사의 요건을 벗어나는 현상이 발생하고 있기 때문이다.

(3) 지주회사의 분류

(가) 금융지주회사와 일반지주회사

지주회사는 자회사의 사업내용에 따라 금융지주회사와 일반지주회사로 분류된다. 금융지주회사는 금융업 또는 보험업을 영위하는 자회사의 주식을 소유하는 지주회사이고(법 18조 2항 4호), 일반지주회사는 금융지주회사 이외의 지주회사(법 18조 2항 5호)로서 금융업 또는 보험업 이외의 사업을 영위하는 자회사의 주식을 소유하는 지주회사이다.[107] 금융지주회사와 일반지주회사의 구분은 금융자본과 산업자본을 분리하는 이른바 금산분리의 원칙과 관련하여 의미가 있다.

(나) 순수지주회사와 사업지주회사

지주회사는 다른 사업을 행하고 있는지 여부에 따라 순수지주회사와 사업지주회사로 분류된다. 순수지주회사는 다른 사업을 행하지 않고 오로지 다른 회사의 사업활동을 지배하는 것만을 목적으로 하는 회사를 말하고, 사업지주회사는 자신의 고유사업을 영위하면서 부수적으로 주식의 소유를 통하여 다른 회사를 지배하는 회사를 말한다. 이는 강학상 분류로서 독점규제법은 순수지주회사와 사업지주회사 사이에 규제의 차이를 두고 있지 않다.

2. 자회사

자회사는 지주회사로부터 일정한 기준에 따라 그 사업내용을 지배받는 국내회사를 말한다(법 2조 8호). 여기서 일정한 기준이란 구체적으로 ① 지주회사의 계열회사[108]이고,

107) 일반지주회사는 금융업 또는 보험업을 영위하는 회사로 보지 아니한다(법 2조 10호 단서).

② 지주회사가 소유하는 주식이 동일인 또는 동일인관련자 중 최다출자자가 소유하는 주식과 같거나 많을 것을 의미한다(영 3조 3항).

3. 손자회사

손자회사는 자회사로부터 일정한 기준에 따라 그 사업내용을 지배받는 국내회사이다(법 2조 9호). 구체적으로 손자회사는 ① 지주회사의 계열회사로서 ② 자회사가 소유하는 주식이 동일인 또는 동일인관련자 중 최다출자자가 소유하는 주식과 같거나 많아야 한다. 다만, 자회사가 소유하는 주식이 자회사의 지주회사 또는 지주회사의 다른 자회사가 소유하는 주식과 같은 경우는 제외한다(영 3조 4항). 위 제외 규정은 2020년 시행령 개정시에 신설된 것으로서, 과거에는 특수관계인의 범위에서 지주회사 체제 내 계열회사를 제외한다는 규정이 없어, 지주회사와 자회사 혹은 복수의 자회사들이 손자회사에 공동출자가 가능하다고 해석되었다. 이에 따라 실제로 공동출자 사례가 발생함에 따라 지주회사 체제의 장점인 단순·투명한 소유 지배구조가 훼손된다는 지적이 있었다.[109] 이러한 이유로 공동출자가 가능한 경우 중에서 '자회사 소유 주식이 지주회사와 같은 경우' 및 '자회사 소유 주식이 다른 자회사와 같은 경우'를 제외한 것이다.

4. 증손회사

증손회사는 손자회사가 주식을 소유하고 있는 회사이다(법 18조 5항). 현행 지주회사 체제에서는 일정한 제한 하에 증손회사까지만 허용이 된다.

5. 지주회사 등

독점규제법은 지주회사·자회사·손자회사 및 증손회사를 합하여 "지주회사 등"이라고 부른다(법 18조 7항).

---

108) 「벤처투자 촉진에 관한 법률」 제2조 제10호에 따른 중소기업창업투자회사 또는 「여신전문금융업법」에 따른 신기술사업금융업자가 창업투자 목적 또는 신기술사업자 지원 목적으로 다른 국내 회사의 주식을 취득함에 따른 계열회사를 제외한다.

109) 2011년 CJ그룹의 대한통운 인수를 위해 CJ㈜의 자회사인 CJ제일제당과 CJ GLS가 각각 20.08%씩 출자하였다. CJ제일제당과 CJ GLS가 각각 동일한 비율로 출자하여 같은 수의 주식을 보유하게 되면, 대한통운은 CJ㈜-CJ제일제당에 대한 관계에서 손자회사이면서 동시에 CJ㈜-CJ GLS에 대한 관계에서 손자회사도 된다. 그런데 법문에서 '같거나'라는 단어로 공동 출자를 허용한 본래의 취지는 지주회사나 그 자회사가 계열회사 아닌 제3자(외국법인 등)와의 합작법인을 만드는 경우를 상정한 것이고, 동일 기업집단 내의 계열회사 간의 공동출자를 염두에 둔 것은 아니기 때문에 이 점에 관한 입법적 보완이 요청되었다.

Ⅲ. 지주회사의 설립·전환 등

1. 지주회사 설립 · 전환의 신고

지주회사를 설립하거나 지주회사로 전환한 자는 공정위에 신고할 의무를 부담한다(법 17조).[110] 신고의무자는 다음의 기한 내에 신고인의 성명, 지주회사 등의 명칭, 자산총액, 부채총액, 주주 현황, 주식소유 현황, 사업내용 등을 기재한 신고서에 신고내용을 입증하는 서류를 첨부하여 공정위에 제출하여야 한다(영 26조 1항, 2항).

① 지주회사를 설립하는 경우에는 설립등기일부터 30일 이내
② 다른 회사와의 합병 또는 회사의 분할을 통하여 지주회사로 전환하는 경우에는 합병등기일 또는 분할등기일부터 30일 이내
③ 다른 법률에 의해 지주회사의 설립 · 전환의 신고의 적용이 제외되는 회사의 경우에는 다른 법률에서 정하고 있는 제외기간이 지난 날부터 30일 이내
④ 다른 회사의 주식취득, 자산의 증감 및 그 밖의 사유로 인하여 지주회사로 전환하는 경우에는 자산총액 산정 기준일부터 4개월 이내

지주회사의 설립신고에 있어서 그 설립에 참여하는 자가 둘 이상인 경우에는 공동으로 신고하여야 한다. 다만, 신고의무자 중 1명을 대리인으로 정하여 그 대리인이 신고하는 경우는 예외로 한다(영 26조 3항).

2. 상호출자제한 기업집단의 지주회사 설립제한

상호출자제한 기업집단에 속하는 회사를 지배하는 동일인 또는 해당 동일인의 특수관계인이 지주회사를 설립하거나 지주회사로 전환하려는 경우에는 다음에 해당하는 채무보증을 해소해야 한다. 해소대상은 ① 지주회사와 자회사 간의 채무보증, ② 지주회사와 다른 국내 계열회사(그 지주회사가 지배하는 자회사는 제외) 간의 채무보증, ③ 자회사 상호 간의 채무보증, ④ 자회사와 다른 국내계열회사(그 자회사를 지배하는 지주회사 및 그 지주회사가 지배하는 다른 자회사는 제외) 간의 채무보증이다(법 19조). 신고를 하는 자가 상호출자제한 기업집단에 속하는 회사를 지배하는 동일인 또는 그 동일인의 특수관계인에 해당하는 경우에는 위 채무보증의 해소실적을 함께 제출해야 한다(영 26조 1항). 상호출자제한 기업집단이 채무보증 해소요건을 충족하지 않은 회사의 합병 또는 설립이

110) 다만, 금융지주회사를 설립하고자 하는 자는 「금융지주회사법」에 따라 금융위원회의 인가를 받아야 한다. 금융위원회는 인가를 함에 있어서는 관련시장에서의 경쟁을 실질적으로 제한하는지 여부에 관한 사항을 미리 공정위와 협의하여야 한다.

있는 경우에는 공정위는 해당 회사의 합병 또는 설립 무효의 소를 제기할 수 있다(법 37조 2항).

3. 지주회사의 보고의무

지주회사는 해당 사업연도 종료 후 4개월 이내에 해당 지주회사 등의 주식소유현황·재무상황 등 사업내용에 관한 보고서를 공정위에 제출해야 한다(법 18조 7항, 영 29조).

4. 지주회사 제외의 신고

지주회사로서 사업연도 중 소유 주식의 감소, 자산의 증감 등의 사유로 규모 기준이나 주된 사업 기준을 충족하지 못하게 되는 회사가 이를 공정위에 신고한 경우에는 해당 사유가 발생한 날로부터 이를 지주회사로 보지 않는다(영 26조 4항). 이러한 신고를 하는 회사는 공정위가 정하는 바에 따라, 해당 사유가 발생한 날을 기준으로 한 공인회계사의 회계감사를 받은 대차대조표 및 주식소유현황을 공정위에 제출해야 한다. 이 경우 공정위는 신고를 받은 날로부터 30일 이내에 그 심사결과를 신고인에게 통지해야 한다(영 26조 5항, 6항). 지주회사에 대한 제외 신고절차가 제대로 이루어지지 않은 경우에는 설령 해당 지주회사가 규모 기준이나 주된 사업 기준을 충족하지 못한 경우라고 하더라도 법상 지주회사로서의 지위는 그대로 유지된다고 할 것이다.

Ⅳ. 지주회사 등의 행위제한

1. 규제의 근거

(1) 지배력 확장의 측면에서 순환출자와 지주회사의 비교

먼저 순환출자의 경우를 보기로 한다. 자본금 10억원인 기업 A, B, C, D, E사가 있고, 이들은 부채가 없다고 가정한다. 甲은 우선 5억원을 A사에 투자해서 지배권을 획득한다. 그 다음 A사가 B사에, B사는 C사에, C사는 D사에, D사는 E사에 각각 5억원을 출자해서 지배하도록 한다. 그런 다음에 E사가 甲이 가진 A사 지분 중 절반을 2.5억원에 사들이면 [그림 7-2]와 같은 순환출자 구조가 완성된다. A사는 甲과 E사가 50% 지분을 공동으로 소유하여 지배하게 된다. 이런 출자의 결과로, 甲은 단지 2.5억원(기업집단 전체 자본금 50억원 대비 5%)을 투자해서 A 내지 E사를 모두 지배할 수 있게 된다.

[그림 7-2] 순환출자의 구조

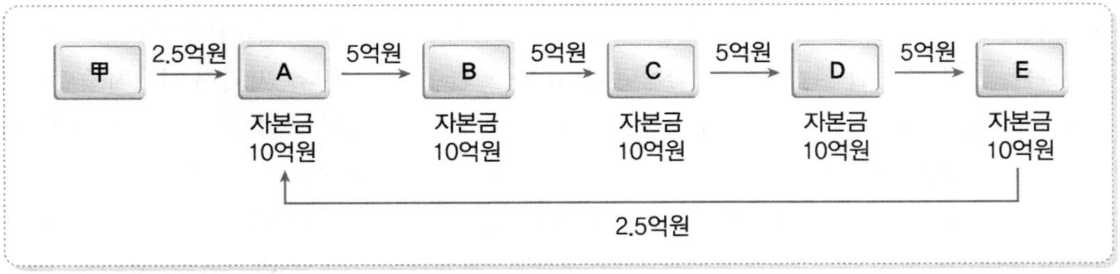

한편, 지주회사의 경우 甲이 설립한 지주회사가 A 내지 E사를 지배하는 구조이다. [그림 7-3]은 甲이 10억원을 출자하여 지주회사를 설립하고, 그 지주회사가 각각 자본금 10억원의 A 내지 E사에 각 5억원씩 출자하여 지분율 50%로 이들 회사를 지배하는 경우를 보여준다. 이 경우에 지주회사는 A 내지 E사에 합계 25억원(5억원 × 5개사)을 출자하게 되는데, 지주회사의 자본금은 10억원뿐이므로 나머지 15억원은 부채를 통해 조달한다. 따라서 지주회사의 부채비율은 150%(부채 15억원 / 자본금 10억원)가 된다.

[그림 7-3] 지주회사 구조(부채비율 150%)

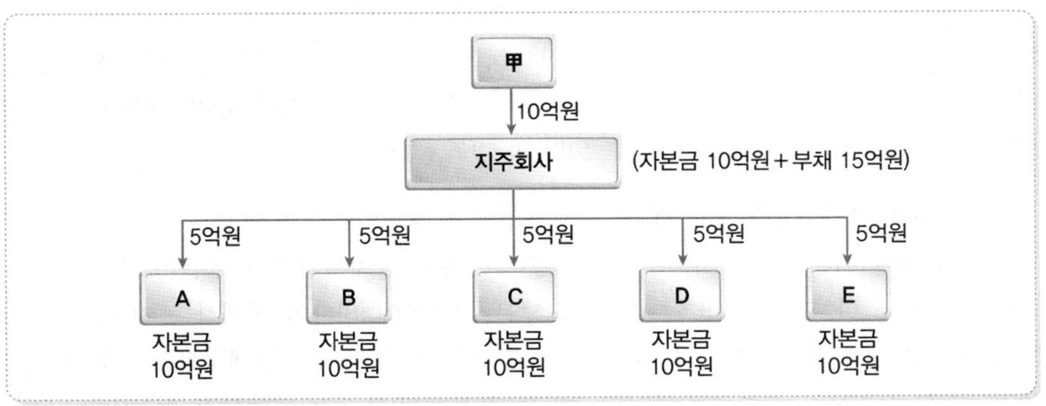

甲의 입장에서 보면 지주회사 체제가 순환출자 체제에 비하여 동일 규모의 기업집단을 유지하는데 소요되는 자금의 규모가 더 큰 것을 알 수 있다. 위에서 살펴본 것처럼 지주회사는 순환출자에 비하여 지배력 확장에 제한이 있지만, 지주회사도 순환출자와 마찬가지로 적은 돈으로 많은 회사를 지배할 수 있는 구조로 사용될 수 있다는 점은 부인할 수 없다.

(2) 지배력 확장을 제한하기 위한 규제

지주회사 시스템에서 기업집단의 규모는 지주회사의 부채비율 상한을 낮추거나, 자회사에 대한 최소지분율을 높이거나, 출자단계를 줄이면 줄어들게 된다. 반대로 지주회사의 부채비율 상한을 높이거나, 자회사에 대한 최소지분율을 낮추거나, 출자단계를 늘리면 지주회사를 통해 지배할 수 있는 기업집단의 규모는 늘어나게 된다. 따라서 ① 지주회사의 부채비율, ② 자회사에 대한 최소지분율, ③ 출자단계의 3가지 요소를 조정함으로써 기업집단이 확장될 수 있는 범위를 제한할 수 있다. 독점규제법은 지주회사의 부채비율을 제한하고, 자회사 등에 대한 최소지분율을 정하고, 자회사·손자회사·증손회사의 3단계까지의 출자만 허용하고 있다. 이는 지주회사가 경제력집중의 수단으로 이용되는 것을 막고 지주회사 체제의 장점인 단순·투명한 소유구조를 유지하기 위한 것이다.

2. 지주회사의 행위 제한

(1) 부채비율의 제한

지주회사는 자본총액(대차대조표상의 자산총액에서 부채액을 뺀 금액)의 2배를 초과하는 부채액을 보유하는 행위를 해서는 안 된다(법 18조 2항 1호). 부채비율을 제한하는 것은 부채에 의한 과도한 확장을 막기 위한 것이다. 다만, 지주회사로 전환되거나 설립될 당시에 자본총액의 2배를 초과하는 부채액을 보유하고 있을 때에는 지주회사로 전환하거나 설립된 날부터 2년간은 자본총액의 2배를 초과하는 부채액을 보유할 수 있다. 위 유예기간은 주식가격의 급격한 변동 등 경제여건의 변화, 주식처분금지계약, 사업의 현저한 손실 또는 그 밖의 사유로 부채액을 감소시키거나 주식의 취득·처분 등이 곤란한 경우 공정위의 승인을 받아 2년을 연장할 수 있다(법 18조 6항).

(2) 자회사 주식소유비율의 제한

지주회사는 원칙적으로 자회사의 주식을 그 자회사 지분의 50% 미만으로 소유하는 행위를 해서는 안 된다(법 18조 2항 2호). 낮은 지분율에 의하여 자회사를 지배할 수 있도록 허용할 경우에 지주회사의 지배가 가능한 범위가 확대되어 경제력집중이 심화할 우려가 있고, 자회사의 소수지분권자의 권리가 침해될 가능성이 증대하기 때문이다. 다만, 자회사주식 보유기준은 자회사가 상장법인, 국외상장법인,[111] 공동출자법인[112]인 경우에는 30%로 하고, 벤처지주회사의 자회사인 경우에는 20%로 완화된다. 그리고 다음에 해당하는 사유로 자회사주식 보유기준에 미달하게 된 경우는 아래 유예기간 동안 위반행위로 보지 않는다.

---

111) 주식 소유의 분산요건 등 상장요건이 국내 유가증권시장의 상장요건에 상당하는 것으로 공정위가 고시하는 국외 증권거래소에 상장된 법인을 말한다.

112) 공동출자법인이란 경영에 영향을 미칠 수 있는 상당한 지분을 소유하고 있는 2인 이상의 출자자(특수관계인의 관계에 있는 출자자 중 대통령령이 정하는 자 외의 자는 1인으로 본다)가 계약 또는 이에 준하는 방법으로 출자지분의 양도를 현저히 제한하고 있어 출자자간 지분변동이 어려운 법인을 말한다(법 18조 1항 1호).

① 지주회사로 전환하거나 설립될 당시에 자회사의 주식을 자회사주식 보유기준 미만으로 소유하고 있는 경우로서 지주회사로 전환하거나 설립된 날부터 2년 이내인 경우. 위 유예기간은 주식가격의 급격한 변동 등 경제여건의 변화, 주식처분금지계약, 사업의 현저한 손실 또는 그 밖의 사유로 부채액을 감소시키거나 주식의 취득·처분 등이 곤란한 경우 공정위의 승인을 받아 2년을 연장할 수 있다(법 18조 6항).

② 상장법인 또는 국외상장법인이거나 공동출자법인이었던 자회사가 그에 해당하지 않게 되어 자회사주식 보유기준에 미달하게 된 경우로서 그 해당하지 않게 된 날부터 1년 이내인 경우

③ 벤처지주회사였던 회사가 그에 해당하지 않게 되어 자회사주식 보유기준에 미달하게 된 경우로서, 그 해당하지 않게 된 날부터 1년 이내인 경우

④ 자회사가 주식을 모집하거나 매출하면서 자본시장법 제165조의7에 따라 우리사주조합원에게 우선 배정하거나 해당 자회사가 「상법」 제513조 또는 제516조의2에 따라 발행한 전환사채 또는 신주인수권부 사채의 전환이 청구되거나 신주인수권이 행사되어 자회사주식 보유기준에 미달하게 된 경우로서 그 미달하게 된 날부터 1년 이내인 경우

⑤ 자회사가 아닌 회사가 자회사에 해당하게 되고 자회사주식 보유기준에는 미달하는 경우로서 그 회사가 자회사에 해당하게 된 날부터 1년 이내인 경우

⑥ 자회사를 자회사에 해당하지 않게 하는 과정에서 자회사주식 보유기준에 미달하게 된 경우로서 그 미달하게 된 날부터 1년 이내인 경우(같은 기간 내에 자회사에 해당하지 않게 된 경우로 한정)

⑦ 자회사가 다른 회사와 합병하여 자회사주식 보유기준에 미달하게 된 경우로서 그 미달하게 된 날부터 1년 이내인 경우

(3) 타회사 주식소유의 제한

지주회사는 ① 계열회사가 아닌 국내 회사[113)]의 주식을 그 회사 발행주식 총수의 5%를 초과하여 소유하는 행위[114)] 또는 ② 자회사 외의 국내 계열회사의 주식을 소유하는 행위를 해서는 안 된다(법 18조 2항 3호). 이는 지주회사 체제의 장점인 단순·투명한 소유구조를 유지하기 위한 것이다. 지주회사의 자회사 아닌 국내 계열회사의 주식소유는

113) 「사회기반시설에 대한 민간투자법」 제4조(민간투자사업의 추진방식) 제1호부터 제4호까지의 규정에서 정한 방식으로 민간투자사업을 영위하는 회사는 제외한다.

114) 벤처지주회사 또는 소유하고 있는 계열회사가 아닌 국내 회사의 주식가액의 합계액이 자회사의 주식가액의 합계액의 15% 미만인 지주회사에는 적용하지 아니한다.

금지되므로, 지주회사는 자회사주식 보유기준에 미달하는 주식을 보유하는 계열회사에 대하여 자회사로 편입하든지 아니면 주식소유를 포기해야 한다.

다만, 다음의 어느 하나에 해당하는 사유로 주식을 소유하고 있는 계열회사가 아닌 국내 회사나 국내 계열회사의 경우는 예외적으로 주식소유가 허용된다. 이는 지분정리를 위한 유예기간을 부여하기 위한 것이다.

① 지주회사로 전환하거나 설립될 당시에 위의 본문에서 규정하고 있는 행위에 해당하는 경우로서 지주회사로 전환하거나 설립된 날부터 2년 이내인 경우. 위 유예기간은 주식가격의 급격한 변동 등 경제여건의 변화, 주식처분금지계약, 사업의 현저한 손실 또는 그 밖의 사유로 부채액을 감소시키거나 주식의 취득·처분 등이 곤란한 경우 공정위의 승인을 받아 2년을 연장할 수 있다(법 18조 6항).

② 계열회사가 아닌 회사를 자회사에 해당하게 하는 과정에서 위의 본문에서 규정하고 있는 행위에 해당하게 된 날부터 1년 이내인 경우(같은 기간 내에 자회사에 해당하게 된 경우로 한정)

③ 주식을 소유하고 있지 아니한 국내계열회사를 자회사에 해당하게 하는 과정에서 그 국내 계열회사 주식을 소유하게 된 날부터 1년 이내인 경우(같은 기간 내에 자회사에 해당하게 된 경우로 한정)

④ 자회사를 자회사에 해당하지 아니하게 하는 과정에서 그 자회사가 자회사에 해당하지 아니하게 된 날부터 1년 이내인 경우

(4) 금산분리의 원칙

(가) 의 의

금융업 또는 보험업과 다른 산업을 구분하여 이들 산업 간에 교차소유를 금지하는 것을 금산분리의 원칙이라고 한다. 금산분리의 원칙은 금융자본이 산업자본에 종속되는 것을 막고 산업자본의 위험이 금융기관으로 전이되는 것을 차단하기 위한 것이다. 금산분리의 원칙에 관해서는 찬성하는 견해와 반대하는 견해가 대립하고 있다.[115] 금산분리의 원칙에 찬성하는 측은 ① 금융·보험회사의 지원을 받을 수 있는 산업 주체의 자금력 우위가 개별 상품시장에서 경쟁의 우위로 이어질 수 있는 점, ② 금융시장에서 자원배분의 효율성을 저해할 수 있는 점, ③ 기업집단 소속 금융·보험회사가 해당 기업집단의 사금고화 가능성, 즉 대규모기업집단의 계열회사로 존재하는 금융·보험회사의 자금은 본래 고객들로부터 유래된 것임에도 기업집단의 유지·확대 수단으로 활용될 수 있으며, 높은 부채비율이 제도적으로 허용되고 있는 금융회사의 특성은 이러한 가능성을 구체화

115) 홍명수, "독점규제법상 재벌 규제의 문제점과 개선 방안", 경쟁법연구 제36권(2017), 16면 참조.

하는 요인으로 작용한다는 점 등을 지적한다.[116] 그러나 금산분리의 원칙에 반대하거나 그 완화[117]를 주장하는 측은 ① 산업과 금융의 결합이 시너지 효과를 낳아 금융산업의 경쟁력을 제고할 수 있는 가능성을 금산분리로 인하여 배제한다는 점, ② 산업자본에 의한 금융회사 소유가 다양성을 강화하여 리스크에 덜 취약한 금융구조를 만들어 낼 수 있다는 점 등을 거론한다.

(나) 규제의 내용

독점규제법은 지주회사와 관련하여 금산분리의 원칙을 채택하고 있다. 우선, 금융지주회사는 금융업 또는 보험업을 영위하는 회사 외의 국내 회사의 주식을 소유하는 행위를 해서는 안 된다(법 18조 2항 4호). 금융지주회사의 소유가 허용되는 금융업 또는 보험업을 영위하는 회사에는 금융업 또는 보험업과 밀접한 관련이 있는 등 일정한 기준에 해당하는 회사가 포함된다. 구체적으로 ① 금융회사 또는 보험회사에 대한 전산·정보처리 등의 역무의 제공, ② 금융회사 또는 보험회사가 보유한 부동산이나 그 밖의 자산의 관리, ③ 금융업 또는 보험업과 관련된 조사·연구, ④ 그 밖에 금융회사 또는 보험회사의 고유 업무와 직접 관련되는 사업을 영위하는 것을 목적으로 하는 회사가 해당한다(영 28조 2항). 다만, 금융지주회사로 전환하거나 설립될 당시에 금융업 또는 보험업을 영위하는 회사 외의 국내 회사 주식을 소유하고 있을 때에는 금융지주회사로 전환하거나 설립된 날부터 2년간은 그 국내 회사의 주식을 소유할 수 있다. 위 유예기간은 주식가격의 급격한 변동 등 경제여건의 변화, 주식처분금지계약, 사업의 현저한 손실 또는 그 밖의 사유로 부채액을 감소시키거나 주식의 취득·처분 등이 곤란한 경우 공정위의 승인을 받아 2년을 연장할 수 있다(법 18조 6항).

그리고 일반지주회사는 원칙적으로 금융업 또는 보험업을 영위하는 국내 회사의 주식을 소유하는 행위를 해서는 안 된다(법 18조 2항 5호). 다만, 일반지주회사로 전환하거나 설립될 당시에 금융업 또는 보험업을 영위하는 국내회사의 주식을 소유하고 있을 때에는 그 전환 또는 설립된 날부터 2년간은 그 국내 회사의 주식을 소유할 수 있다. 위 유예기간은 주식가격의 급격한 변동 등 경제여건의 변화, 주식처분금지계약, 사업의 현저한 손실 또는 그 밖의 사유로 부채액을 감소시키거나 주식의 취득·처분 등이 곤란한 경우 공정위의 승인을 받아 2년을 연장할 수 있다(법 18조 6항).

---

116) 일찍이 기업집단은 은행을 제외한 증권회사나 보험회사 등을 자유롭게 소유할 수 있다는 점에서 금산분리의 토대가 허물어졌고, 그나마 유지되던 은산분리 원칙 또한 「인터넷전문은행 설립 및 운영에 관한 특례법」이 제정되면서 중대한 예외가 만들어졌다는 지적이 있다. 이봉의(2022), 600면.

117) 금산분리 완화 방안으로 논의되는 것이 중간금융지주회사의 도입이다. 이 방안은 일반지주회사의 금융자회사 등이 일정 수 이상이거나 자본총액이 일정액 이상인 경우에 중간금융지주회사의 설치를 의무화하여 그 안에 금융회사를 편제하고, 일반자회사 이하에 금융회사가 위치하는 것을 제한하는 방안이다.

(다) 기업형 벤처캐피탈 지분의 제한적 소유

1) 금산분리 원칙의 예외

지주회사의 금산분리 원칙에 대한 예외로서 일반지주회사가 기업형 벤처캐피탈(Corporate Venture Capital, 이하 "CVC")의 지분 100%를 소유하는 경우에는 그 소유가 제한적으로 인정된다(법 20조 1항). CVC란 「벤처투자 촉진에 관한 법률」에 따른 중소기업창업투자회사와 「여신전문금융업법」에 따른 신기술사업금융전문회사를 말한다. CVC는 대기업 등 비금융권 기업의 모험적인 사업분야에 대한 투자, 독립적 벤처기업과 장기적인 파트너십 형성, 자본·경영관리·기술지도 등의 종합적인 지원이 가능하다는 장점이 있다. 반면, CVC가 타인자본을 통한 지배력 확대, 경제력집중 및 편법승계, 사익편취의 수단으로 악용되는 것에 대한 우려도 존재한다.[118] 2020년 법 개정 전에는 대기업집단이 일반지주회사 체제 외에서 CVC를 설립하거나 국내가 아닌 해외 CVC를 일반지주회사의 자회사로 두는 우회적 수단을 사용하는 경우가 있었다. 이에 대하여 벤처 활성화를 위하여 관련 규제를 완화하여야 한다는 지적이 재계를 중심으로 나왔다. 공정위가 2018년부터 추진했던 전부개정안에는 CVC 관련 금산분리 원칙의 예외 대신에 벤처지주회사 관련 규제를 완화하는 방안이 포함되었으나, 국회에서 CVC 관련 예외 허용 조항이 제시되어 결국 개정법에 포함되었다.[119] 다만, CVC의 부작용을 방지하기 위해 일반지주회사의 경우 CVC의 지분을 100% 소유하여야 하며, CVC는 부채비율이 200%를 초과하면 안되며, 투자업무 이외의 금융업 또는 보험업의 겸영을 금지하고, 투자대상을 제한하고 있다.

2) 일반지주회사의 의무

일반지주회사가 중소기업창업투자회사 및 신기술사업금융전문회사의 주식을 소유하는 경우에는 중소기업창업투자회사 및 신기술사업금융전문회사의 발행주식총수를 소유하여야 한다. CVC의 설립시 일반지주회사의 100% 자회사 형태를 유지하도록 한 것은 CVC의 설립자본에 대한 타인자본의 개입 여지를 차단하려는 취지에 따른 것이다.[120] 다만, 다음의 어느 하나에 해당하는 경우에는 그러하지 아니하다(법 20조 2항).

① 계열회사가 아닌 중소기업창업투자회사 및 신기술사업금융전문회사를 자회사에 해당하게 하는 과정에서 해당 중소기업창업투자회사 및 신기술사업금융전문회사 주식

118) 신영수, "개정 공정거래법상 CVC(기업형 벤처캐피탈) 관련 규정에 대한 평가와 전망", 경영법률 제31집 제4호(2021), 167-168면.
119) 최난설헌, "공정거래법 전부개정의 의미와 주요 쟁점", 상사법연구 제40권 제1호(2021), 20면.
120) 신영수, "개정 공정거래법상 CVC(기업형 벤처캐피탈) 관련 규정에 대한 평가와 전망", 경영법률 제31집 제4호(2021), 175면.

을 발행주식총수 미만으로 소유하고 있는 경우로서 해당 회사의 주식을 보유하게 된 날부터 1년 이내인 경우(1년 이내에 발행주식총수를 보유하게 되는 경우에 한정)

② 자회사인 중소기업창업투자회사 및 신기술사업금융전문회사를 자회사에 해당하지 아니하게 하는 과정에서 해당 중소기업창업투자회사 및 신기술사업금융전문회사 주식을 발행주식총수 미만으로 소유하게 된 날부터 1년 이내인 경우(발행주식총수 미만으로 소유하게 된 날부터 1년 이내에 모든 주식을 처분한 경우에 한정)

그리고 일반지주회사는 중소기업창업투자회사 및 신기술사업금융전문회사의 주식을 소유하는 경우에 해당 주식을 취득 또는 소유한 날부터 4개월 이내에 그 사실을 공정위에 보고하여야 한다(법 20조 4항).

3) CVC의 의무

법은 타인자본을 이용한 동일인의 지배력 확장을 방지하기 위하여 CVC에 대하여 일정한 의무를 부과하고 있다(법 20조 3항).[121] 우선 CVC의 부채비율 한도는 일반지주회사와 동일하게 200%로 제한된다. 즉, 자본총액의 2배를 초과하는 부채액을 보유하는 행위는 금지된다.

다음으로 자금조달과 관련하여 CVC의 설립시에는 외부 자본의 개입이 완전히 차단되는 반면에, CVC의 펀드의 자금조달 단계에서는 계열회사 자금의 펀드 출자가 허용되고 외부자금도 일정 한도에서 허용되지만, 동일인 일가 및 계열회사 중 금융회사의 출자는 금지된다. 구체적으로 ① 자신이 소속된 기업집단 소속 회사가 아닌 자가 출자금 총액의 100분의 40을 초과하여 출자한 투자조합, ② 자신이 소속된 기업집단 소속 회사 중 금융업 또는 보험업을 영위하는 회사가 출자한 투자조합, ③ 자신의 특수관계인(동일인 및 그 친족에 한정)이 출자한 투자조합(동일인이 자연인인 기업집단에 한정)을 설립하는 행위[122]는 금지된다.

CVC의 업무범위는 투자행위로 제한되고, 타금융업의 겸업은 금지된다. 구체적으로, 중소기업창업투자회사인 경우 「벤처투자 촉진에 관한 법률」 제37조 제1항 각 호 이외의 금융업 또는 보험업을 영위하는 행위, 신기술사업금융전문회사인 경우 「여신전문금융업법」 제41조 제1항 제1호, 제3호부터 제5호까지의 규정 이외의 금융업 또는 보험업을 영위하는 행위가 금지된다. 그리고 CVC의 투자 단계에서 투자대상에 제한이 있다. 즉, ① 자신이 소속된 기업집단 소속 회사에 투자하는 행위, ② 자신의 특수관계인(동일인 및 그 친족에 한정)이 출자한 회사에 투자하는 행위, ③ 공시대상기업집단 소속 회사에 투자하

121) 다만, 위의 일반지주회사의 예외사유 중 어느 하나에 해당하는 경우에는 그 의무가 면제된다.

122) 「벤처투자 촉진에 관한 법률」 제2조 제11호에 따른 벤처투자조합 및 「여신전문금융업법」 제2조 제14호의5에 따른 신기술사업투자조합을 말한다.

는 행위, ④ 총자산(운용 중인 모든 투자조합의 출자금액을 포함)의 100분의 20을 초과하는 금액을 해외 기업에 투자하는 행위[123]는 금지된다. 또한, 자신(자신이 업무를 집행하는 투자조합을 포함)이 투자한 회사의 주식, 채권 등을 자신의 특수관계인(동일인 및 그 친족에 한정) 및 특수관계인이 투자한 회사로서 지주회사 등이 아닌 계열회사가 취득 또는 소유하도록 하는 행위도 금지된다.

일반지주회사의 자회사인 중소기업창업투자회사 및 신기술사업금융전문회사는 자신 및 자신이 운용중인 모든 투자조합의 투자 현황, 출자자 내역 등을 공정위에 보고하여야 한다(법 20조 5항).

3. 일반지주회사 자회사의 행위제한

(1) 손자회사 주식소유비율의 제한

일반지주회사의 자회사는 원칙적으로 손자회사의 주식을 그 손자회사 지분의 50% 미만으로 소유하는 행위를 해서는 안 된다(법 18조 3항 1호). 손자회사주식 보유기준은 손자회사가 상장법인 또는 국외상장법인이거나 공동출자법인인 경우에는 30%로, 벤처지주회사[124]의 자회사인 경우에는 20%로 완화된다. 다만, 다음에 해당하는 사유로 손자회사주식 보유기준에 미달하게 된 경우는 유예기간이 인정된다.

① 자회사가 될 당시에 손자회사의 주식을 손자회사주식 보유기준 미만으로 소유하고 있는 경우로서 자회사에 해당하게 된 날부터 2년 이내인 경우. 위 유예기간은 주식가격의 급격한 변동 등 경제여건의 변화, 주식처분금지계약, 사업의 현저한 손실 또는 그 밖의 사유로 부채액을 감소시키거나 주식의 취득·처분 등이 곤란한 경우 공정위의 승인을 받아 2년을 연장할 수 있다(법 18조 6항).
② 상장법인 또는 국외상장법인이거나 공동출자법인이었던 손자회사가 그에 해당하지 아니하게 되어 손자회사주식 보유기준에 미달하게 된 경우로서 그 해당하지 아니하게 된 날부터 1년 이내인 경우
③ 일반지주회사의 자회사인 벤처지주회사였던 회사가 벤처지주회사에 해당하지 아니한 자회사가 됨에 따라 손자회사주식 보유기준에 미달하게 된 경우로서 그 해당하지 아니한 자회사가 된 날부터 1년 이내인 경우
④ 손자회사가 주식을 모집하거나 매출하면서 자본시장법 제165조의7에 따라 우리사주조합에 우선 배정하거나 그 손자회사가 「상법」 제513조 또는 제516조의2에 따라 발행한 전환사채 또는 신주인수권부사채의 전환이 청구되거나 신주인수권이

123) 투자는 「벤처투자 촉진에 관한 법률」 제2조 제1호 각 목의 어느 하나에 해당하는 것을 말하고, 투자조합의 업무집행을 통한 투자를 포함한다.
124) 일반지주회사의 자회사인 벤처지주회사로 한정한다.

행사되어 손자회사주식보유기준에 미달하게 된 경우로서 그 미달하게 된 날부터 1년 이내인 경우

⑤ 손자회사가 아닌 회사가 손자회사에 해당하게 되고 손자회사주식 보유기준에는 미달하는 경우로서 그 회사가 손자회사에 해당하게 된 날부터 1년 이내인 경우

⑥ 손자회사를 손자회사에 해당하지 아니하게 하는 과정에서 손자회사주식 보유기준에 미달하게 된 경우로서 그 미달하게 된 날부터 1년 이내인 경우(같은 기간 내에 손자회사에 해당하지 아니하게 된 경우로 한정)

⑦ 손자회사가 다른 회사와 합병하여 손자회사주식 보유기준에 미달하게 된 경우로서 그 미달하게 된 날부터 1년 이내인 경우

(2) 계열회사 주식소유의 금지

일반지주회사의 자회사는 원칙적으로 손자회사가 아닌 국내 계열회사의 주식을 소유하는 행위를 해서는 안 된다(법 18조 3항 2호). 다만, 다음 어느 하나에 해당하는 사유로 인하여 주식을 소유하고 있는 국내 계열회사의 경우에는 그렇지 않다.

① 자회사가 될 당시에 주식을 소유하고 있는 국내 계열회사의 경우로서 자회사에 해당하게 된 날부터 2년 이내인 경우. 위 유예기간은 주식가격의 급격한 변동 등 경제여건의 변화, 주식처분금지계약, 사업의 현저한 손실 또는 그 밖의 사유로 부채액을 감소시키거나 주식의 취득·처분 등이 곤란한 경우 공정위의 승인을 받아 2년을 연장할 수 있다(법 18조 6항).

② 계열회사가 아닌 회사를 손자회사에 해당하게 하는 과정에서 그 회사가 계열회사에 해당하게 된 날부터 1년 이내인 경우(같은 기간 내에 손자회사에 해당하게 된 경우로 한정)

③ 주식을 소유하고 있지 아니한 국내 계열회사를 손자회사에 해당하게 하는 과정에서 그 계열회사의 주식을 소유하게 된 날부터 1년 이내인 경우(같은 기간 내에 손자회사에 해당하게 된 경우로 한정)

④ 손자회사를 손자회사에 해당하지 아니하게 하는 과정에서 그 손자회사가 손자회사에 해당하지 아니하게 된 날부터 1년 이내인 경우(같은 기간 내에 계열회사에 해당하지 않게 된 경우로 한정)

⑤ 손자회사가 다른 자회사와 합병하여 그 다른 자회사의 주식을 소유하게 된 경우로서 주식을 소유한 날부터 1년 이내인 경우

⑥ 자기주식을 보유하고 있는 자회사가 회사분할로 다른 국내 계열회사의 주식을 소유하게 된 경우로서 주식을 소유한 날부터 1년 이내인 경우

(3) 금산분리의 원칙

일반지주회사의 자회사는 원칙적으로 금융업이나 보험업을 영위하는 회사를 손자회사로 지배하는 행위를 해서는 안 된다(법 18조 3항 3호). 다만, 일반지주회사의 자회사가 될 당시에 금융업이나 보험업을 영위하는 회사를 손자회사로 지배하고 있는 경우에는 자회사에 해당하게 된 날부터 2년간 그 손자회사를 지배할 수 있다. 위 유예기간은 주식가격의 급격한 변동 등 경제여건의 변화, 주식처분금지계약, 사업의 현저한 손실 또는 그 밖의 사유로 부채액을 감소시키거나 주식의 취득·처분 등이 곤란한 경우 공정위의 승인을 받아 2년을 연장할 수 있다(법 18조 6항).

4. 일반지주회사 손자회사의 행위제한

일반지주회사의 손자회사는 국내 계열회사(금융업 또는 보험업을 영위하는 회사는 제외)의 지분 100%를 소유해야 한다(법 18조 4항 4호). 그리고 손자회사가 벤처지주회사인 경우 그 손자회사는 국내 계열회사(금융업 또는 보험업을 영위하는 회사는 제외)의 지분 50% 이상을 소유하여야 한다(법 18조 4항 5호). 즉, 손자회사가 증손회사를 보유하는 것은 원칙적으로 금지하되, 지분 100%를 보유하거나 손자회사가 벤처지주회사의 경우에는 예외를 허용하고 있는 것이다. 그리고 다음의 어느 하나에 해당하는 경우에는 유예기간을 허용하고 있다(법 18조 4항 1-3호).

① 손자회사가 될 당시에 주식을 소유하고 있는 국내 계열회사의 경우로서 손자회사에 해당하게 된 날부터 2년 이내인 경우. 위 유예기간은 주식가격의 급격한 변동 등 경제여건의 변화, 주식처분금지계약, 사업의 현저한 손실 또는 그 밖의 사유로 부채액을 감소시키거나 주식의 취득·처분 등이 곤란한 경우 공정위의 승인을 받아 2년을 연장할 수 있다(법 18조 6항).
② 주식을 소유하고 있는 계열회사가 아닌 국내 회사가 계열회사에 해당하게 된 경우로서 그 회사가 계열회사에 해당하게 된 날부터 1년 이내인 경우
③ 자기주식을 소유하고 있는 손자회사가 회사분할로 다른 국내 계열회사의 주식을 소유하게 된 경우로서 주식을 소유한 날부터 1년 이내인 경우

5. 일반지주회사 증손회사의 행위제한

증손회사는 국내 계열회사의 주식을 소유해서는 안 된다. 다만, 다음의 어느 하나에 해당하는 경우에는 유예기간을 허용하고 있다(법 18조 5항).

① 증손회사가 될 당시에 주식을 소유하고 있는 국내 계열회사인 경우로서 증손회사

에 해당하게 된 날부터 2년 이내인 경우. 위 유예기간은 주식가격의 급격한 변동 등 경제여건의 변화, 주식처분금지계약, 사업의 현저한 손실 또는 그 밖의 사유로 부채액을 감소시키거나 주식의 취득·처분 등이 곤란한 경우 공정위의 승인을 받아 2년을 연장할 수 있다(법 18조 6항).

② 주식을 소유하고 있는 계열회사가 아닌 국내 회사가 계열회사에 해당하게 된 경우로서 그 회사가 계열회사에 해당하게 된 날부터 1년 이내인 경우

③ 일반지주회사의 손자회사인 벤처지주회사였던 회사가 그 기준에 해당하지 아니하게 되어 그 주식보유기준에 미달하게 된 경우로서 그 해당하지 아니하게 된 날로부터 1년 이내인 경우

6. 탈법행위의 금지

누구든지 지주회사 등의 행위제한(법 18조 2항부터 5항까지) 및 상호출자제한 기업집단의 지주회사 설립제한(법 19조)의 규정을 회피하려는 행위를 하여서는 아니 된다(법 36조 1항).

V. 제　재

1. 시정조치

공정위는 지주회사 등의 행위제한 등(법 18조 2항부터 5항까지), 상호출자제한 기업집단의 지주회사 설립제한(법 19조), 일반지주회사의 금융회사 주식 소유 제한에 관한 특례(법 20조 2항부터 5항까지) 또는 탈법행위의 금지(법 36조) 규정에 위반하거나 위반할 우려가 있는 행위가 있는 때에는 해당 사업자 또는 위반행위자에게 ① 해당 행위의 중지, ② 주식의 전부 또는 일부의 처분, ③ 임원의 사임, ④ 영업의 양도, ⑤ 채무보증의 취소, ⑥ 시정명령을 받은 사실의 공표, ⑦ 공시의무의 이행 또는 공시내용의 정정, ⑧ 그 밖에 법 위반상태를 시정하기 위하여 필요한 조치 등의 시정조치를 명할 수 있다(법 37조 1항). 주식처분명령을 받은 자는 그 명령을 받은 날부터 해당 주식에 대하여 의결권을 행사할 수 없다(법 39조 2항).

2. 과 징 금

공정위는 지주회사 등의 행위제한 등(법 18조 2항부터 5항까지), 일반지주회사의 금융회사 주식 소유 제한에 관한 특례(법 20조 2항 또는 3항) 규정을 위반한 자에게 다음 금액의 20%를 초과하지 않는 범위에서 과징금을 부과할 수 있다(법 38조 3항).[125)]

① 부채비율의 제한에 관한 규정(법 18조 2항 1호)을 위반한 경우에는 기준대차대조표상 자본총액의 2배를 초과한 부채액

② 자회사 주식소유비율 제한에 관한 규정(법 18조 2항 2호)을 위반한 경우에는 해당 자회사 주식의 기준대차대조표상 장부가액의 합계액에 다음 각 목의 비율에서 그 자회사 주식의 소유비율을 뺀 비율을 곱한 금액을 그 자회사 주식의 소유비율로 나누어 산출한 금액

(i) 해당 자회사가 상장법인 또는 국외상장법인이거나 공동출자법인인 경우에는 100분의 30

(ii) 벤처지주회사의 자회사인 경우에는 100분의 20

(iii) 그 외의 경우에는 100분의 50

③ 지주회사에 대한 그 밖의 제한, 자회사의 다른 국내계열회사 주식소유에 관한 제한, 손자회사(벤처지주회사 제외)에 대한 제한에 관한 규정, 또는 증손회사에 대한 제한에 관한 규정(법 18조 2항 3호부터 5호까지, 같은 조 3항 2호·3호, 같은 조 4항 1호부터 4호까지 또는 같은 조 5항)을 위반한 경우에는 위반하여 소유하는 주식의 기준대차대조표상 장부가액의 합계액

④ 자회사의 손자회사 주식소유비율 제한에 관한 규정(법 18조 3항 1호)을 위반한 경우에는 해당 손자회사 주식의 기준대차대조표상 장부가액의 합계액에 다음 각 목의 비율에서 그 손자회사 주식의 소유비율을 뺀 비율을 곱한 금액을 그 손자회사 주식의 소유비율로 나누어 산출한 금액

(i) 해당 손자회사가 상장법인 또는 국외상장법인이거나 공동출자법인인 경우에는 100분의 30

(ii) 해당 손자회사가 벤처지주회사의 자회사인 경우에는 100분의 20

(iii) 그 외의 경우에는 100분의 50

⑤ 손자회사인 벤처지주회사에 대한 제한에 관한 규정(법 18조 4항 5호)을 위반한 경우에는 해당 손자회사인 벤처지주회사가 발행주식총수의 100분의 50 미만을 소유하고 있는 국내 계열회사 주식의 기준대차대조표상 장부가액의 합계액에 100분의 50의 비율에서 그 국내 계열회사 주식의 소유비율을 뺀 비율을 곱한 금액을 그 국내 계열회사 주식의 소유비율로 나누어 산출한 금액

⑥ CVC를 자회사로 보유한 일반지주회사에 대한 제한에 관한 규정(법 20조 2항)을 위반한 경우에는 해당 자회사 주식의 기준대차대조표상 장부가액의 합계액을 그

125) 지주회사 행위제한 등에 대한 과징금 부과시 2000년대 초반에는 위반금액의 10%까지 부과한 사례도 있었으나, 최근 사례들은 과징금 고시에 의거하여 위반 정도에 따라 10%, 8%, 5%의 기준부과율을 정한 후 이에 가중, 감경하여 부과하고 있다.

자회사 주식의 소유비율로 나눈 금액에 해당 자회사 발행주식 중 자신이 보유하지 않은 주식의 비율을 곱하여 산출한 금액

⑦ CVC의 부채비율 제한에 관한 규정(법 20조 3항 1호)을 위반한 경우에는 기준대차대조표상 자본총액의 2배를 초과한 부채액

⑧ CVC의 투자조합 설립 제한에 관한 규정(법 20조 3항 4호)을 위반한 경우에는 위반에 해당하는 만큼의 출자금액

⑨ CVC의 투자 제한에 관한 규정(법 20조 3항 5호)을 위반한 경우에는 위반하여 소유하는 주식, 채권 등의 기준대차대조표상 장부가액의 합계액

⑩ CVC의 행위 제한에 관한 규정(법 20조 3항 6호)을 위반한 경우에는 위반하여 소유하도록 한 주식, 채권 등의 기준대차대조표상 장부가액의 합계액

■ 제재범위에 관한 규정이 없는 경우에 확장해석이나 유추해석의 가부

원고 에스케이네트웍스 주식회사(이하 "원고")는 2010. 12. 31. 기준 일반지주회사인 에스케이 주식회사(이하 "SK")의 자회사에 해당하였다. 원고는 일반지주회사인 SK의 자회사가 된 2007. 7. 3. 당시 금융업을 영위하는 손자회사인 SK증권 주식회사(이하 "SK증권")의 주식을 소유하고 있었고, 이에 따라 구법 제8조의2(현행법 제18조) 제3항 제3호 단서에서 정한 유예기간 제도에 의하여 SK의 자회사가 된 날로부터 2년간인 2009. 7. 2.까지 손자회사인 SK증권을 적법하게 지배할 수 있었다. 그 후 원고는 2009. 6. 5. 피고 공정위(이하 "피고")에게 구법 제8조의2 제6항에 따라 유예기간 연장신청을 하였고, 피고는 2011. 7. 2.까지 유예기간을 연장해 주었다. 그러나 원고는 위 연장된 유예기간이 경과한 후에도 SK증권의 주식을 여전히 소유하고 있었다. 피고는 2011. 11. 29. 일반지주회사의 자회사인 원고는 금융업을 영위하는 회사를 손자회사로 지배할 수 없음에도 불구하고, 유예기간이 경과한 후에도 여전히 SK증권을 손자회사로 지배하고 있다는 이유로 원고에게 시정명령(1년 이내 지분 전량 매각) 및 5,085,000,000원의 과징금납부명령(이하 "이 사건 처분")을 내렸다. 그런데 구법 제17조 제4항은 "공정위는 [구법] 제8조의2(지주회사 등의 행위제한 등)제2항 내지 제5항을 위반한 자에 대하여 다음 각 호의 금액에 100분의 10을 곱한 금액을 초과하지 않는 범위 안에서 과징금을 부과할 수 있다."고 규정하고 있으나, 각 호의 규정을 살펴보면 구법 제8조의2 제3항 제3호를 포함하고 있지 않았다.[126] 이에 대하여 대법원은 다음과 같은 이유로 이 사건 처분을 취소하였다(대법원 2014.7.24. 선고 2012두20007 판결).

"이 사건 위반행위에 대하여는 행정상 제재처분의 근거규정 중 법률요건에 해당하는 금지규정과 제재의 종류에 관한 규정은 존재하나, 제재 범위에 관한 규정이 존재하지 아니하여 구체적 과징금을 산정하기 위한 기본과징금이 어떠한 기준으로 산정되는지 또는 구체적 과징금이

126) 2013년 3월 29일 법 개정에 따라 위 제3호 관련 근거 규정을 두었다.

어떠한 한도 내에서 산정되는지 등에 관하여 행정청뿐 아니라 이 사건 금지규정의 적용대상인 당사자도 전혀 알 수 없게 되어 있다. … 이와 같이 이 사건 위반행위에 대하여 과징금을 산정·부과하기 위한 기준에 관한 근거규정 자체가 존재하지 않으므로, 법 규정의 문언이 지닌 통상적인 의미를 벗어나지 않는 한도 내에서만 이루어질 수 있는 목적론적 해석은 처음부터 불가능하다. … 또한, 과징금 부과와 같은 침익적 행정처분의 근거가 되는 법규는 엄격하게 해석·적용되어야 하고 그 처분의 상대방에게 불리한 방향으로 지나치게 확장해석하거나 유추해석 하여서는 아니 된다. 이 사건 금지규정은 금융업이나 보험업을 영위하는 회사를 손자회사로 '지배하는 행위'를 금지하는 것으로서, [구법] 제8조의2 제2항 제3호 내지 제5호, 같은 조 제3항 제2호, 같은 조 제4항 또는 같은 조 제5항이 '주식의 소유'를 금지하고 있는 것과 금지되는 행위의 내용과 취지가 같다고 볼 수 없어 그 위반행위에 따른 과징금 산정 방법도 달리 정하여야 할 것으로 보인다. 따라서 [구법] 제8조의2 제3항 제2호 등 위반행위에 관하여 [구법] 제17조 제4항 제3호가 과징금의 상한을 계산하는 데 기초가 되는 금액으로 정한 '위반하여 소유하는 주식의 기준대차대조표상 장부가액의 합계액'이라는 규정을 이 사건 금지규정의 위반행위에 대하여 과징금을 산정할 때 유추하여 적용할 수 없다."

3. 벌 칙

지주회사 등의 행위제한, 상호출자제한 기업집단의 지주회사 설립제한, CVC를 자회사로 둔 일반지주회사 또는 CVC의 행위제한 또는 탈법행위 금지 규정에 위반한 자는 3년 이하의 징역 또는 2억원 이하의 벌금에 처한다(법 124조 1항). 이 경우 징역형과 벌금형은 병과할 수 있다(법 124조 2항). 그리고 지주회사의 설립·전환의 신고 규정에 위반하여 지주회사의 설립 또는 전환의 신고를 하지 아니하거나 거짓으로 신고한 자 또는 지주회사 등의 행위제한 규정에 위반하여 해당 지주회사 등의 사업내용에 관한 보고서를 제출하지 아니하거나 거짓으로 보고서를 제출한 자는 1억원 이하의 벌금에 처한다(법 126조).

4. 과 태 료

CVC가 법 제20조 제3항 제2호, 제3호를 위반하여 금융업 또는 보험업을 영위하거나 CVC를 자회사로 둔 일반지주회사 또는 CVC가 법 제20조 제4항, 제5항에 따른 보고를 하지 아니하거나 주요내용을 누락하거나 거짓으로 보고를 한 경우에, 사업자, 사업자단체, 공시대상 기업집단에 속하는 회사를 지배하는 동일인 또는 그 동일인의 특수관계인인 공익법인은 1억원 이하, 회사·사업자단체·공익법인의 임원 또는 종업원, 그 밖의 이해관계인은 1천만원 이하의 과태료를 부과한다(법 130조 1항).

제4절 부당한 지원행위의 금지 및 특수관계인에 대한 부당한 이익제공의 금지

Ⅰ. 개 요

기업집단 내의 내부거래는 단일한 기업 내에서 이루어지는 내부거래와 시장에서 이루어지는 외부거래의 성격이 혼합된 거래형태이다.[127] 이러한 내부거래를 바라보는 시각은 다양하다. 우선, 이를 긍정적으로 바라보는 쪽에서는 내부거래와 외부거래 또는 그 중간 형태의 거래는 효율성을 추구하는 경제주체의 자발적 선택의 결과로서 문제될 것이 없다고 한다. 그러나 내부거래로 인한 다음과 같은 부정적 측면도 존재하기 때문에 이를 규제할 필요가 있다. 우선, 계열회사 간의 거래는 관련된 시장을 일정 부분 내부화하게 되어 시장을 파편화하고 경쟁사업자를 배제하는 효과를 낳을 우려가 있다. 특히 재벌에 의한 선단식 운영방식이 보편적으로 행해지고 있는 우리나라 경제구조의 특수성을 고려할 때, 이러한 현상이 시장의 기능을 왜곡하고 재벌에 속하지 않은 독립기업들의 거래상대방 선택의 기회를 봉쇄하는 폐해를 초래할 우려가 크다. 한편, 계열회사 간의 거래를 통하여 발생한 거래상 이익이 총수 및 특수관계인 또는 기업집단 내에 유보되는 결과는 기업집단의 전체적인 규모의 확대나 총수의 지배력 강화로 이어질 우려가 있다. 아래에서는 재벌로 대표되는 우리나라 기업집단의 특징을 살펴보고, 부당한 지원행위의 금지 및 특수관계인에 대한 부당한 이익제공의 금지가 도입된 배경과 그 제도적 의의에 대하여 살펴보고자 한다.

1. 기업집단에 대한 사후적 규제의 필요성

(1) 소유 · 지배 구조

기업의 현금흐름에 대한 권리(cash flow right, 소유)와 의결권(voting right, 지배)의 분리라는 측면에서 볼 때, 소유 · 지배 구조는 소유분산(dispersed ownership: 이하 "DO")구조, 소유집중(concentrated ownership: 이하 "CO"라 함)구조, 소수지배(controlling minority: 이하 "CM"이라 함)구조로 분류할 수 있다.[128] DO 구조는 주식의 소유는 대중에 분산되어

127) Oliver E. Williamson, "Antitrust Lenses and the Uses of Transaction Cost Economics Reasoning", Antitrust, Innovation, and Competitiveness(Thomas M. Jorde & David J. Teece ed.), Oxford Univ. Press(1992), p. 140.

128) Lucian Arye Bebchuk, Reinier Kraakman, and George G. Triantis, "Stock Pyramids, Cross-Ownership, and Dual Class Equity: The Mechanisms and Agency Costs of Separating Control from Cash-Flow Rights", Concentrated Corporate Ownership(Randall K. Morck, ed.), University of Chicago

있으며 경영은 전문경영인이 담당하여 소유와 경영이 분리된 형태이다. 그리고 CO 구조는 주식의 소유가 특정한 주주(대개는 한 가족)에게 집중되어 있고 경영도 이들 대주주를 중심으로 이루어져서 소유와 경영이 통합된 형태이다.[129] 그러나 우리나라 재벌은 총수 개인 또는 그 가족이 소수의 지분만을 보유하고 있음에도 불구하고, 그것을 가지고 기업집단 전체를 지배하고 있다는 특징이 있다. 기업집단의 계열사 전체를 기준으로 보았을 때, 친족을 포함한 총수 일가의 지분율은 2020년 현재 평균 3.6%에 불과하다.[130] 직접 소유하는 지분율만 놓고 보면 총수 일가도 역시 소수주주에 불과하다.[131] 이처럼 우리나라 기업집단 중에서 재벌들은 CM 구조에 해당하는 경우가 많다.

■ **CM 구조와 DO 구조의 비교**

우리나라에서는 한때 재벌의 CM 구조는 후진적이고, 소유가 분산된 영미의 DO 구조가 바람직한 형태라고 주장하는 견해가 있었다.[132] 그러나 기업의 성과라는 측면에서 보면, 선험적으로 CM 구조, DO 구조, CO 구조 중에서 어느 것이 더 바람직하다고 말하기는 어렵다. 실증적인 연구결과는 기업의 소유구조가 기업 가치에 미치는 영향에 관하여 일의적인 결론을 내리기는 어렵다고 보고한다.[133] 소유 · 지배 구조는 각 유형별로 장단점이 있고, 개별 기업이 처

Press(2000), p. 295.

129) 흔히, DO 구조는 영미 기업에서 보편적이고, CO 구조는 유럽대륙이나 아시아에서 보편적이라고 한다. 그러나 이는 단지 분포상 비율의 문제일 뿐이고, 한 나라 안에서 이러한 소유구조는 혼재해서 나타나기 마련이다. 우리나라에서도 은행들이나 공기업에서 민영화된 기업들은 DO의 형태인 경우가 많고, 중소기업들 중에는 창업자 가족이 상당한 지분을 보유한 CO 구조가 많다. DO 구조는 자금조달에 유리하나 흔히 '주인 없는 기업'이라 불리는 대리인 문제가 발생할 수 있고, CO 구조는 대리인 문제의 발생 가능성은 적으나 빈약한 자본력과 인재 확보의 어려움으로 성장의 한계에 봉착할 수 있다.

130) 공정위, "2020년 공시대상기업집단 주식소유현황 분석 · 공개", 2020.8.31.자 보도자료 참조.

131) 소수주주이지만 지배적 지위에 있는 재벌 총수와 구분하기 위하여, 다른 소수주주들을 비지배주주, 소액주주 등으로 부르기로 한다.

132) 강희갑, "주식회사의 지배구조에 관한 미국법의 동향", 기업구조의 재편과 상사법 I(1998), 248면.

133) 경영자 지분율과 토빈의 q(주식시장에서 평가된 기업의 가치를 기업의 총실물자본의 구입가격으로 나눈 값) 관계를 조사한 연구에 따르면, 지분율이 0~5%인 구간에서 기업가치가 증가하다가, 5~25% 구간에서 기업가치가 감소하고, 다시 25% 이상인 구간에서 기업가치가 증가하는 비선형관계를 보이고 있다. Morck, Randall, Andrei Shleifer and Robert W. Vishny, "Management Ownership and Market Valuation", Journal of Financial Economics, Vol. 20(1988), pp. 295-315. 국내 기업들을 대상으로 한 분석에서도, 지배주주의 소유지분율과 기업가치 사이에 U자형의 곡선관계가 존재한다는 보고가 있다. 최정표 · 함시창 · 김희탁, "우리 기업들의 소유구조와 기업가치, 부채수준, 투자수준과의 관계에 대한 연구", 한국경제연구 제11권(2003), 5-44면에 따르면, 지배주주 지분율이 약 48~51%에 이를 때까지 지배주주 지분율과 기업가치(토빈의 q)는 역(逆)의 관계를 갖다가 그 이후부터(48~51% 이상의 지배주주 지분율) 정(正)의 관계를 갖는다고 한다. 윤성민 · 이미정, "소유권-지배권 분리가 기업가치에 미치는 영향", 사회경제평론 제25호(2005), 221-259면은 1998~2001년 상장기업들을 대상으로 한 실증분석 결과 지배주주의 소유지분율과 기업가치 사이에는 U자형의 곡선관계가 존재하는 것으로 나타났다고 주장한다. 이러한 결과만 놓고 보면, CM 구조가 DO 혹은 CO 구조보다 열위에 있는 것처럼 보일 수 있지만, 반대로 대주주 지분율과 기업가치 사이에 오히려 역U자형 관계가 있다는 연구결과도 존재한다. 이원흠, "대주주 소유구조 및 연계거래 여부가 기업가치에 미치는 영향에 관한 실증연구", 재무관리연구 제23권 제1호(2006), 69-100면은 2001년 이후를 대상으로 한 분석에서 대주주지분율과 기업가치 사이에 역U자형 관계가 있다고 보고하고 있다.

한 현실과 각 국민경제의 거시적 환경이 시시각각으로 변화하기 때문에 지배주주가 소수지분을 가지고 있다는 사실만을 놓고 그 가부를 논의하는 것은 바람직하지 않다. 우리의 역사적 경험을 돌이켜 보더라도 이러한 사실은 쉽게 확인할 수 있다. 1990년대 후반 IMF 경제위기를 맞이하여 대우그룹을 포함하여 많은 CM 구조의 재벌기업들이 도산하여 결국 DO 혹은 CO 구조의 기업으로 변신하였고, 그들 중 상당수는 여전히 건실하게 발전하고 있다. 한편, 1997년 당시 8대 기업집단에 속하였던 기아자동차도 역시 외환위기 때에 도산하였다. 외환위기 이전에 기아자동차는 지배주주 없이 전문경영인에 의하여 운영되는 대표적인 DO 구조의 기업으로서, 다른 재벌기업들과 달리 과도한 다각화를 시도하지 않고 주로 자동차 제조·판매업에 전문화하여 한국 기업의 이상형으로 칭송되기도 하였다. 그러나 기아자동차는 경영자-대리인의 문제를 극복하지 못하고, 아주 역설적으로 대표적 재벌인 현대차 그룹에 의하여 인수되어 그 후에도 꾸준히 성장하고 있다. 요컨대, 동일한 경제, 동일한 문화 안에서도 그것이 최선으로 운영된다면 각각의 형태가 모두 성공할 수도 있기 때문에,[134] 어떠한 소유·지배구조를 다른 것보다 우월하다고 단정하기는 어렵고, 각 구조별로 장단점을 파악하여 그에 맞는 합리적인 정책을 수립하는 것이 중요하다.

(2) 재벌의 원인, 현상, 문제점

(가) 재벌의 발생원인

한국 재벌에 특이한 CM 구조가 형성된 배경에는 산업화 초기에 한정된 자본과 정부의 선별적 지원 및 이른바 '문어발식 확장'이라고 불리는 적극적 사업 확장이 있었다. 1960년대 경제개발 초기단계에는 우리나라에 이렇다 할 자본이 없었는데, 정부는 소수의 자본가에게 한정된 자본을 몰아주는 선별적 육성방식을 선택하였다. 그리고 국내에는 시장이 형성되어 있지 않았고 해외 시장에 대한 접근도 용이하지 않았다. 그러한 상황에서 한국 재벌은 시장에서 구할 수 없는 상품을 조달하기 위해서 가족 중심의 계열화를 선택하였다.[135] 그러나 총수 개인이 급격한 사업 확장을 위하여 필요한 자금을 스스로 조달하는 데에는 한계가 있었기 때문에, 사업확장 시에 주로 계열회사의 채무보증에 기초한 은행권의 부채가 많이 활용되었다. 그 밖에도 순환출자 등을 통해서 기존에 여유가 있는 계열사의 자금도 수혈이 되었고, 기업공개나 합작투자 등으로 외부 자금도 동원되었다. 그 결과 총수의 지분비율은 줄어들었고 계열사 및 외부주주의 지분비율이 커지면서 CM 구조가 완성되었던 것이다. 이처럼 재벌의 CM 구조는 시장이 제대로 형성되어 있지 않고 자본이 부족한 여건 하에서 정부 주도 하에 소수의 재벌 중심의 경제의 성장정책을 추진해 오는 과정에서 형성된 시대적 산물이라고 할 수 있다. 그러나 오늘날 우리나라의

134) Mark Roe, Strong Managers Weak Owners, Princeton Univ. Press(1994), p. 239.
135) 이승훈, 재벌체제와 다국적기업, 서울대학교 출판부(2005), 145-147면 참조.

경제가 처한 상황이 많이 바뀌었을 뿐만 아니라 국민들의 의식도 크게 변화되었기 때문에, 현재 상황에서도 재벌의 CM 구조를 그대로 유지할 필요가 있는지에 대하여는 진지한 연구와 검토가 필요하다고 할 수 있다.

(나) 현 황

재벌의 소유·지배 구조를 구체적으로 살펴보면, 각 계열사의 일상적인 경영은 대부분 전문경영인에게 맡겨져 있고, 회사법적으로 권한과 책임을 지는 등기이사 내지 집행임원은 대부분 그들이 담당하고 있다. 이처럼 재벌 총수가 직접 이사 내지 집행임원을 맡고 있는 경우는 드물지만,[136] 그럼에도 불구하고 재벌 그룹의 중요한 의사결정을 총수가 담당하고 있다는 것은 널리 알려진 사실이다. 재벌 총수의 지배적 지위는 순환출자 혹은 지주회사를 정점으로 주식 피라미드 형성을 통해 확보된 계열사들의 내부지분에 의해서 유지되고 있다.[137] 2013년을 기준으로 총수가 있는 공시대상 기업집단 55개의 내부지분율[138]은 57%이며, 그 중에서 총수 일가의 지분율은 3.6%이지만, 계열회사의 지분율은 50.7%, 기타(임원, 비영리법인, 자사주) 지분율은 2.7%이다.[139] 이것이 소수지분권자에 불과한 총수 일가가 기업집단 전체를 지배할 수 있는 힘의 원천이 되고 있다.

(다) 문제점

1) 시장의 파편화

재벌의 문어발식 확장은 계열회사들끼리의 내부시장을 형성하게 된다. 재벌이 국민경제에서 차지하는 비중이 커짐에 따라 내부시장의 규모도 커지게 되었고, 비계열 독립기업과의 공정경쟁을 저해하게 되는 것은 물론이고 효율성이 낮은 기업이 단지 계열회사라는 이유로 퇴출되지 않고 존속하게 됨으로써 사회 전체적인 비효율을 초래하게 된다. 이러한 현상은 비계열 독립기업들의 시장 진입을 어렵게 함으로써 개별 산업에 있어서 시장의 기능을 저해할 뿐만 아니라 궁극적으로는 경제력집중의 폐해를 야기할 우려가

---

136) 단적으로 삼성 기업집단의 경우에 2014년을 기준으로 계열사가 73개, 이사가 336명에 이르지만, 총수 일가가 이사로 등재된 수는 각각 1개 회사에 1명에 불과한 것으로 나타나 있다. 공정위에 따르면, 총수가 있는 39개 대규모기업집단 소속 회사들 중 총수 일가가 1명 이상 이사로 등재된 회사의 비율은 22.8%이고, 총수가 직접 이사로 등재된 회사의 비율은 8.5%이다. 전체 이사 수에 대비하여 총수 일가의 이사 등재비율은 이보다 훨씬 더 낮다. 전체 등기 이사 5,688명 중 총수 일가는 438명으로 그 비중은 7.7%이고, 총수 개인이 이사로 등재된 비중은 2.0%에 불과하다. 공정위, "2014년 대기업집단 지배구조 현황 정보공개", 2014.11. 27.자 보도자료 참조.

137) 전 세계적으로 CM 구조를 만드는 주된 방식으로 ① 주식 피라미드의 형성(stock pyramids), ② 상호주식보유(cross-ownership), ③ 차등 의결권 주식(dual class equity)이 활용된다. Lucian Arye Bebchuk, Reinier Kraakman, and George G. Triantis, "Stock Pyramids, Cross- Ownership, and Dual Class Equity: The Mechanisms and Agency Costs of Separating Control from Cash-Flow Rights", Concentrated Corporate Ownership(Randall K. Morck, ed.), University of Chicago Press(2000), pp. 297-301.

138) 내부지분율은 계열회사 전체 자본금 중 총수·친족·임원 및 계열회사, 비영리법인 등이 보유한 주식지분이 차지하는 비중(자사주 포함)을 말한다.

139) 공정위, "2020년 공시대상기업집단 주식소유현황 분석·공개", 2020.8.31.자 보도자료 참조.

있다.[140)]

2) 총수의 사익추구

적정한 감시활동이 없다면, 내부 지배자는 기업 운영에 관하여 전횡을 일삼을 위험이 있다. 특히 CM 구조에서는 지배주주가 나머지 주주들을 상대로 이러한 행태를 저지를 우려가 크다. CM 구조의 지배주주는 높은 내부지분율을 활용할 수 있기 때문에 계속적인 지배가 가능한데다가, 우리나라의 기업지배구조는 소수주주 보호에 여전히 취약하다. 이와 같이 견제가 없는 지배형태를 속칭 '황제경영'이라고 부르기도 한다.[141)] 요컨대, 재벌 체제에 있어서는 이익충돌 문제가 경영자와 일반주주가 아니라 지배주주와 비지배주주 사이에서 발생한다는 특징이 있다. 그런데 우리 회사법은 전자의 문제에 관해서는 제도적 장치를 마련해 두고 있지만, 후자의 문제에 대해서는 미온적이다.

CM 구조에서 지배주주의 사익추구 행위는 회사재산 횡령, 방만한 경영[142)] 등 다양한 형태로 나타날 수 있다. 특히 우리 사회에서는 내부거래를 통한 편법승계가 많은 문제를 야기하고 있다. 내부거래와 관련하여 주목을 받는 것이 이른바 빼돌리기 가설(tunneling hypothesis)[143)]이다.[144)] 빼돌리기 가설은 기업 내부자가 자신의 부를 극대화하기 위하여 내부거래를 통해 소액주주, 채권자 등의 부를 착취하려는 유인을 갖게 되므로 대리인 비용이 발생하게 되고, 결과적으로 기업가치가 훼손될 것이라는 가설이다. 빼돌리기 가설에 따르면 빼돌리기의 방법은 그 판단이 비교적 명확한 절도나 횡령의 형태를 취할 수도 있지만, 외부에서 본질을 파악하기 어려운 복잡한 거래의 형태를 취할 수도 있다. 지배주주가 소수주주의 이익을 침해하는 모습은 그야말로 무궁무진하여, 가능한 모든 경우를 미리 상정하여 그에 대하여 일일이 개별규정을 마련하여 대처하는 것이 현실적으로 불가능할 정도이다.

---

140) 김우찬·채이배, "일감몰아주기에 대한 공정거래법 규율의 실효성 제고방안", 기업지배구조연구 제46권(2013), 40면은 "계열사의 내부거래로 성장한 회사는 사업초기 내부거래를 통해서 안정적인 매출을 확보하고, 이를 기반으로 사업영역을 확장한다. 이러한 성장은 개별 기업단위의 현상으로 그치지 않고 종국적으로 소수의 대규모기업집단 소속회사들이 해당업종에서 시장지배적 지위를 확보하고 독과점 문제를 야기시키는 결과를 초래한다. 또한, 내부거래가 심각하고 대기업이 시장을 장악한 상황에서 중소기업이 경쟁에서 살아남기란 쉽지 않을 것이다. 출발점부터가 이미 불공정한 게임이며, 중소기업이 경쟁에서 살아남더라도 이들 회사는 대기업의 하청기업으로 전락하여 결국 불공정한 하도급거래로 착취를 당하게 된다."고 설명한다.

141) 이승훈, 재벌체제와 다국적기업, 서울대학교 출판부(2005), 161-164면은 "재벌문제의 핵심은 오너가 사적 이익 추구를 위하여 기업이익을 외면할 가능성이 크다는 점이다. 그리고 실제로 그렇게 행동하여 기업에 큰 손해를 끼치더라도 특이한 소유구조 때문에 그 지배적 지위를 도전할 길이 없다."고 지적한다.

142) 회사의 수익성과 무관하게 자신이 선호하거나 취미로 여기는 사업분야에 진출하여 기업집단 전체를 위기로 몰아넣는 경우가 그 한 예이다.

143) 배임가설 또는 착취가설(expropriation hypothesis)이라고도 불린다. 이 책에서는 빼돌리기 가설로 통일하여 부른다.

144) Simon Johnson, Rafael La Porta, Florencio Lopez-de-Silanes, and Andrei Shleifer, "Tunneling", American Economic Review(Vol. 90, No. 2, May 2000), pp. 22-27 참조.

2. 부당지원행위 금지규정의 도입과 개정

기업집단 내의 내부거래는 수직계열화를 통하여 내부효율성을 제고하는 등 긍정적인 측면을 가지고 있다. 하지만, 특히 기업집단의 계열회사들 간에 어떤 계열회사가 다른 계열회사를 지원할 목적으로 가격이나 거래조건 등을 차별하여 거래하게 되면, 비계열 독립기업과의 공정경쟁을 저해하게 되는 것은 물론이고, 효율성이 낮은 기업이 계열회사라는 이유로 퇴출되지 않고 시장에 남아 있게 되는 등, 시장의 기능을 저해할 뿐만 아니라 궁극적으로는 경제력집중을 심화시킬 우려가 있다.

독점규제법이 시행된 1981년 이래로 계열회사 간의 내부거래는 불공정거래행위의 유형 중에서 계열회사를 위한 차별취급행위로 규율되어 왔다. 그러나 위 규정만으로는 기업집단의 내부거래에 의한 경제력 집중문제를 해소하기에 부족하다는 지적이 있었기 때문에, 1996년 법개정을 통하여 부당한 지원행위를 금지하는 규정을 별도로 도입하게 되었다. 이처럼 부당한 지원행위를 독점규제법에서 따로 규제하게 된 데에는 대규모기업집단의 계열사 간 내부거래를 통하여 부실계열사의 퇴출을 막거나 신규계열사의 확장을 도모함으로써 경제력을 인위적으로 유지 또는 강화하는 것을 방지하려는 데에 그 취지가 있었다. 실제로 1996년 정부가 부당한 지원행위의 금지 규정을 신설하기 위하여 제출한 개정법안의 제안 이유서는 부당한 지원행위의 금지규정을 신설한 취지를 "기업 간 부당한 자금·자산 등의 지원금지 등을 통하여 경제력집중을 억제"하기 위한 것이라고 설명하고 있다. 공정위[145]는 부당한 지원행위의 규제근거를 ① 특정계열사에게 효율과는 무관한 경쟁상의 우위를 확보할 수 있게 함으로써 비효율적인 계열사의 도태를 방해하고, 오히려 독립적인 경쟁자를 시장에서 부당하게 축출시키거나 위축시킬 수 있고, ② 시장에 진입하려는 잠재적 경쟁자에게 상대 경쟁기업 외에 경쟁기업의 계열사의 경영능력까지도 고려해야 하는 상황을 조성하여, 결국 계열사가 참여하고 있는 시장에 대한 진입을 억제함으로써 시장경합성(market contestability)을 저해하고, 경쟁기업의 진입 및 퇴출을 통해 자원의 최적배분을 도모하는 시장기능을 약화시켜서 사회전체의 후생을 감소시키고 국민경제의 건전하고 균형있는 발전을 가로막을 뿐 아니라, ③ 이러한 부당내부거래는 통상 기업집단 내 우량계열사가 지원주체가 되는 것이 보통이므로 결국 기업집단 내 핵심역량(core competence)을 분산시켜 지원주체인 우량계열사마저 동반부실에 빠지게 하고, ④ 우량계열사의 주주의 이익을 탈취하고 채권자 등 이해관계인에게 손해를 끼치게 되는 부정적인 결과도 초래하기 때문이라고 설명하고 있다.[146]

---

145) 공정위, 2001년판 공정거래백서, 49면.

146) 헌법재판소도 이러한 공정위의 규제논리를 그대로 수용하여, 부당내부거래의 폐해를 다음과 같은 4가지로 요약하고 있다. 첫째, 퇴출되어야 할 효율성이 낮은 부실기업이나 한계기업을 계열회사의 형태로 존속케 함으로써 당해 시장에서 경쟁자인 독립기업을 부당하게 배제하거나 잠재적 경쟁자의 신규시장진입을 억제

부당한 지원행위에 대하여 공정위는 1998년부터 대규모 직권조사를 실시하는 등 그 규제에 적극성을 보여 왔으나, 뒤에서 보는 것처럼 그 한계도 노정되었다. 그리고 2013년에는 경제민주화 움직임에 따라 부당한 지원행위의 성립 요건 중 기존의 "현저히" 유리한 조건의 거래를 "상당히" 유리한 조건의 거래로 표현을 바꾸었고 "다른 사업자와 직접 상품·용역을 거래하면 상당히 유리함에도 불구하고 거래상 실질적인 역할이 없는 특수관계인이나 다른 회사를 매개로 거래하는 행위"도 부당한 지원행위의 유형에 포함시켰다.

3. 특수관계인에 대한 부당한 이익제공 금지규정의 도입과 개정

기존의 부당한 지원행위 금지규정만으로는 재벌 그룹의 빼돌리기성 내부거래를 규제하는 데에 한계가 있다는 것이 밝혀졌다. 어떠한 거래가 빼돌리기성 내부거래에 해당하는지를 규명하기는 쉽지 않은 일이지만, 이익제공주체인 기업에 대한 특수관계인의 지분이 낮을수록, 그리고 이익제공객체인 기업에 대한 특수관계인의 지분이 높을수록 빼돌리기성 내부거래의 유인이 커질 것이라는 점은 쉽게 추론할 수 있다. 예컨대, 총수 A의 지분이 10%인 계열회사 X회사와 총수 A가 개인적으로 설립한 Y회사 사이의 거래에서 X회사에 100원의 손실이 발생하고 Y회사에 100원의 이익이 발생한다고 가정하자. 위 거래에서 X회사가 입은 손실 중 A에게 귀속되는 손실은 10원(100원 x 10%)이다. 반면, A가 Y회사를 통해 얻는 이익은 Y회사에 대한 지분이 100%인 경우에는 100원(100원 x 100%)이 되고, 그 지분이 30%라면 30원(100원 x 30%)이 될 것이다. 즉, A의 입장에서 X회사에 대한 지분이 낮을수록, Y회사에 대한 지분이 높을수록 빼돌리기성 거래를 감행할 유인이 커지게 될 것이다. 실제로 우리나라 기업집단의 경우에 총수 측의 지분이 높은 기업일수록 내부거래의 비중도 높아지는 현상이 나타나고 있다. 2012년 말 기준으로 총수가 있는 민간 대규모기업집단 41개에 소속된 1,255개 계열사를 대상으로 한 공정위의 조사에 따르면,[147] 총수 일가 지분율이 20% 미만인 계열회사는 내부거래의 비중이 13.14%에 그치는 반면, 지분율이 30% 이상이면 38.52%로 증가하고, 지분율이 50% 이상이 되면 내부거래의 비중도 50%를 넘는 것으로 나타났다고 한다.[148] 이러한 실증적 분

함으로써 시장의 기능을 저해한다. 둘째, 계열회사 간에 이루어지는 지속적인 부당내부거래는 독과점적 이윤을 상호 간에 창출시키게 되고, 그 결과 대기업집단 소속 계열회사들의 독점력을 강화함으로써 경제력집중의 폐해를 야기한다. 셋째, 부당내부거래는 우량 계열기업의 핵심역량이 부실 계열기업으로 분산·유출되어 우량기업의 경쟁력이 저하됨에 따라 기업집단 전체가 동반 부실화할 위험을 초래한다. 넷째, 부당내부거래는 또한 기업의 투명성을 저해하고 주주, 특히 소액주주와 채권자 등의 이익을 침해하게 된다. 헌법재판소 2003.7.24. 선고 2001헌가25.

147) 공정위, "2013년 대기업집단 내부거래현황에 대한 정보공개", 2013.8.29.자 보도자료.

148) 지배주주 일가의 지분비율이 30% 이상인 계열사를 대상으로, 지원성거래(일감몰아주기)와 회사기회 유용(기업집단의 상장회사 또는 주력계열사의 사업과 연관된 사업)의 사례를 조사한 것에 따르면, 2010년 4월 지정된 대규모기업집단 중에서 총수가 존재하는 35개 기업집단에서 지원성거래 42건, 회사기회유용 48건의 사례를 발견하였다. IT 및 건설 분야가 가장 많았으며, 지배주주 일가는 모두 1조 3,195억원을 투자하여 2010년 말까지 배당수익 5,675억원, 주식매각차익 1조 8,607억원, 지분평가액 8조 8,501억원의 이익을

석의 결과는 빼돌리기성 내부거래의 가설과 부합하는 것이다.

이에 조세법과 「상법」의 사익추구행위에 대한 규제와는 별도로, 대규모 기업집단에서 벌어지는 내부거래를 기반으로 하는 사익추구행위에 대하여 독점규제법에서 해결방안을 모색할 필요가 있다는 주장이 제기되었으며,149) 입법자는 2013년 독점규제법을 개정하여 특수관계인에 대한 부당이익제공 금지에 관한 규정을 신설하였다.150) 이 규정은 그동안 지적되어 온 재벌체제에서 지배주주의 대리인 문제와 지배력집중의 영속화 문제를 정면으로 다루었다는 점에서 의의가 있다. 당초 이 규정은 공시대상기업집단 소속회사가 총수 일가 지분율이 30% 이상인 상장 계열회사(비상장인 경우 20% 이상)에 대해 부당한 이익을 제공하는 행위를 금지하였다. 그러나 위 규정을 회피하기 위하여 이익제공객체인 상장회사에 대한 총수 일가의 지분율을 30% 아래로 낮추는 일이 발생하였고, 이들 회사의 자회사에 대하여 규제의 공백이 존재한다는 지적도 제기되었다. 이에 2020년 법 개정시에 이익제공객체의 범위를 상장·비상장에 관계없이 총수 일가 지분율이 20% 이상인 계열회사 및 이들 회사가 50%를 초과하여 지분을 보유하고 있는 자회사로 확대하였다.151)

Ⅱ. 부당한 지원행위의 금지

1. 의 의

부당한 지원행위라 함은 부당하게 ① 특수관계인 또는 다른 회사에 대하여 가지급금·대여금·인력·부동산·유가증권·상품·용역·무체재산권 등을 제공하거나 상당히 유리한 조건으로 거래하는 행위(가목) 또는 ② 다른 사업자와 직접 상품·용역을 거래하면 상당히 유리함에도 불구하고 거래상 실질적인 역할이 없는 특수관계인이나 다른 회사를 매개로 거래하는 행위(나목)를 통하여 특수관계인 또는 다른 회사를 지원하는 행위를 말한다(법 45조 1항 9호). 그리고 법 시행령 별표 2 제9호는 위 ① 유형을 다시 (i) 부당한 자금지원, (ii) 부당한 자산·상품 등 지원, (iii) 부당한 인력지원으로 세분한 뒤에, ② 유형에 해당하는 (iv) 부당한 거래단계의 추가 등과 함께 규정하고 있다. 공정위는 부당한 지원행위에 대한 효율적인 심사를 위하여 「부당한 지원행위의 심사지침」(이하 "부당지

얻은 것으로 보고하고 있다. 채이배, "지배주주의 사익추구행위로서의 일감몰아주기 실태와 규제방안", 경쟁저널 제163호(2012), 24면.

149) 김우찬·채이배, "일감몰아주기에 대한 공정거래법 규율의 실효성 제고방안", 기업지배구조연구 제46권(2013), 41면.

150) 상세한 입법경위에 관해서 김윤정, "특수관계인에 대한 부당이익제공행위 규제의 법적 쟁점과 개선과제", 경쟁법연구 제29권(2014), 81-88면 참조.

151) 위 기준에 관하여 공정위, 공정거래법제 개선 특별위원회 최종 보고서(2018.7.), 37-38면은 대규모내부거래의 이사회 의결 및 공시 제도의 기준과 일치시킨 것이라고 설명한다.

원행위 심사지침")을 제정하여 시행하고 있다. 대법원은 동 심사지침의 법적 성격을 사무처리 준칙에 불과한 것으로 보고 법원이나 수범자에 대한 기속력을 인정하지 않고 있다.[152] 그러나 동 심사지침은 행위의 위법 여부를 판단하는 데에 실무상 중요한 기준이 되고 있다.

한편, 부당한 지원행위의 금지와 유사한 취지의 규제로서 대규모내부거래에 관한 이사회의결 및 공시의무가 있다. 공시대상 기업집단 소속 국내 회사는 특수관계인을 상대방으로 하거나 특수관계인을 위한 대규모내부거래를 하는 경우에 이사회의결 및 공시의무가 있다(법 26조 1항). 이는 부당한 내부거래의 발생을 회사 내부적으로 사전에 점검하고 외부에 정보를 제공하여 주주 등 이해관계자의 감시를 용이하게 함으로써 위법행위를 미연에 예방하기 위한 취지에서 마련된 것이다. 그렇지만 대규모내부거래에 관한 이사회의결 및 공시의무는 사전적 규제이고 부당한 지원행위의 금지는 사후적 규제인 점, 이사회의결 및 공시의 대상이 되는 내부거래가 곧바로 부당한 지원행위에 해당하는 것은 아니고 오히려 대부분의 정당한 내부거래는 법상 허용이 되고 부당한 지원행위는 법상 요건이 충족된 경우에만 규제의 대상이 된다는 점, 대규모내부거래에 관한 이사회의결 및 공시의무는 기업집단 내 거래에만 적용되지만 부당한 지원행위의 금지는 반드시 기업집단 내 거래에 한정되는 것은 아니라는 점에서 양자는 구분이 된다.

2. 성립요건

(1) 지원주체

지원주체라 함은 지원행위를 한 사업자를 말한다. 그런데 부당한 지원행위를 금지하는 주된 입법취지를 경제력집중의 억제에서 찾을 경우에 대규모기업집단의 계열회사가 아니라 사업자 일반을 규제대상으로 하고 있는 현행법의 규정이 적절한지에 대하여는 의문이 제기된다. 그동안 공정위의 부당지원행위 규제사례를 살펴보면 주로 대기업집단과 관련된 것들이고 이와 무관한 회사가 부당한 지원행위로 규제된 예는 매우 적다.[153] 따라서 입법론으로는 부당한 지원행위 금지에 관한 규정을 경제력집중 억제에 관한 장(章)으로 옮기고 지원주체가 되는 사업자를 경제력집중의 우려가 나타날 수 있는 대기업집단 소속 계열회사로 한정하는 것이 바람직할 것이다.[154]

(2) 지원객체

지원객체라 함은 지원주체의 지원행위로 인한 경제상 이익이 귀속되는 특수관계인 또

---

152) 대법원 2004.4.23. 선고 2001두6517 판결.
153) 대기업집단과 무관한 부당지원행위 규제사례로는 언론사(대법원 2005.9.15. 선고 2003두12059 판결)에 대한 것을 들 수 있다.
154) 동지: 이봉의, "독점규제법상 부당지원행위", 경쟁법연구 제27권(2013), 239면.

는 다른 회사를 말한다. 특수관계인 또는 회사는 다른 사업자로부터 부당한 지원행위에 해당할 우려가 있음에도 불구하고 해당 지원을 받는 행위를 해서는 안 된다(법 45조 2항).

(가) 특수관계인

특수관계인은 법 시행령 제14조(특수관계인의 범위)의 규정에 의하여 정하여지는 자를 말한다. 즉, ① 해당 회사를 사실상 지배하고 있는 자, ② 동일인 관련자,[155] ③ 경영을 지배하려는 공동의 목적을 가지고 해당 기업결합에 참여하는 자가 여기에 해당한다. 따라서 자연인인 특수관계인에 대한 지원행위도 규제대상에 포함되고, 지원객체가 지원행위 당시 일정한 거래분야의 시장에 직접 참여하고 있을 필요까지는 없다.

이에 공정위는 부당지원행위 금지규정을 이용하여 편법승계를 위한 특수관계인과의 내부거래를 규율하려는 시도를 하였다. 그러나 판례는 자연인에 대한 지원행위에 관하여 부당성이 인정되기 위해서는 그 자연인이 시장에 참가하고 있거나, 지원행위를 통하여 일정한 거래분야에 진입하거나, 다른 사업자를 지원할 개연성이 있을 것 등의 시장관련성을 요구하였다.[156] 그런데 자연인인 특수관계인이 직접 시장에 참가하여 사업을 영위하는 경우는 매우 드물기 때문에 이러한 법원의 엄격한 태도로 인하여 자연인인 특수관계인을 지원객체로 하는 지원행위는 규제하기가 어렵게 되었다.[157] 판례의 태도에 대해서는 정치권을 중심으로 부당한 지원행위 규제에 사각지대가 발생하게 되었다는 비판이 제기되었고, 결국 2013년의 법 개정을 통하여 특수관계인에 대한 부당한 이익제공 등을 금지하는 규정이 신설되는 계기가 되었다. 따라서 시장에 참여하지 않는 자연인인 특수관계인에 대한 지원행위는 부당지원행위에 포섭되지 않더라도 특수관계인에 대한 부당한 이익제공에 해당하여 규율할 수 있게 되었다.

(나) 다른 회사

다른 회사는 지원주체의 계열회사에 한정되지 않는다.[158] 지원객체를 계열회사로 한정하지 않고 널리 다른 회사라고 규정한 것은 기업집단의 범위에 포함되지 않는 친족 경영 회사에 대한 지원행위나 기업집단 간 교차지원 행태 또는 우회적인 지원행위도 포섭하기 위한 것이다. 그러나 대부분의 법집행 사례는 대규모기업집단 내 계열회사 간의 지원행위를 중심으로 이루어지고 있다.

---

155) 다만, 법 시행령 제6조 제1항 또는 제2항에 따라 동일인관련자로부터 제외된 자는 포함하지 아니한다.

156) 대법원 2004.9.24. 선고 2001두6364 판결; 대법원 2006.9.8. 선고 2004두2202 판결(원고가 자신이 보유하고 있던 소외 1 주식회사의 주식 498,600주를 특수관계인 소외 2에게 주당 3,000원씩에 양도한 사실은 인정되나, 위 소외 2가 위와 같은 주식 양도를 통하여 일정한 거래분야에 진입하거나 다른 사업자를 지원할 개연성이 있다고 볼 만한 아무런 자료가 없으므로 이 사건 주식 양도는 부당지원행위에 해당한다고 볼 수 없다고 판단).

157) 신영수, "공정거래법상 현저한 규모에 의한 지원행위의 위법성 판단기준", 고려법학 제64호(2012), 422면.

158) 대법원 2004.10.14. 선고 2001두2881 판결.

한편, 모회사의 완전자회사가 여기에서 말하는 다른 회사에 해당하는지가 문제된다. 모회사와 완전자회사는 경제적인 이익과 손실을 완전히 같이하는 '단일한 경제단위(a single economic unit)'에 해당하므로 완전자회사는 '다른 회사'에 해당하지 않는다고 볼 여지가 있다. 그러나 대법원은 "모회사가 주식의 100%를 소유하고 있는 자회사(이하 "완전자회사"라 함)라 하더라도 양자는 법률적으로는 별개의 독립한 거래주체라 할 것이고, 부당지원행위의 객체를 정하고 있는 [법 제45조 제1항 제9호]의 '다른 회사'의 개념에서 완전자회사를 지원객체에서 배제하는 명문의 규정이 없으므로 모회사와 완전자회사 사이의 지원행위도 [법 제45조 제1항 제9호]의 규율대상이 된다."고 판시하였다.[159] 그러나 위 판결은 독점규제법과 부당지원행위 금지의 취지를 이해하지 못한 상태에서 도식적으로 접근한 것으로서 쉽게 찬동하기 어렵다. 우선 경제적 단일체 개념을 수용하고 있는 독점규제법의 체계에 비추어 위 판결은 논리적 정합성이 떨어진다. 또한, 정책적으로 한 기업 내의 사업부서 간의 거래와 모회사-완전자회사의 거래를 달리 취급함으로써, 기업조직에 관한 선택의 자유[160]를 제한하는 문제점이 있다.[161] 따라서 모회사-완전자회사의 거래에 대해서는 이를 부당한 지원행위로 규율함에 있어서 신중을 기할 필요가 있다.

(3) 지원행위

(가) 의 의

지원행위라 함은 지원주체가 지원객체에게 직접 또는 간접으로 제공하는 경제적 급부의 정상가격이 그에 대한 대가로 지원객체로부터 받는 경제적 반대급부의 정상가격보다 높거나(무상제공 또는 무상이전의 경우를 포함) 상당한 규모로 거래하여 지원주체가 지원객체에게 과다한 경제상 이익을 제공하는 작위 또는 부작위를 말한다. 지원행위의 핵심적 징표는 지원주체의 지원객체에 대한 과다한 경제상 이익의 제공에 있다.

한편, 지원행위 대신에 내부거래라는 표현을 사용하는 경우도 있으나, 양자는 구별되는 개념이라는 점에 유의할 필요가 있다. 독점규제법상 대규모내부거래란 공시대상 기업집단 소속 계열회사가 특수관계인을 상대방으로 하거나 특수관계인을 위하여 자금, 유가증권, 자산 또는 상품·용역을 제공하거나 거래하는 행위를 말한다(법 26조 1항). 대규모내부거래에 있어서 과다한 경제상 이익제공 여부는 개념표지가 아니므로 등가적 거래도 포함한다. 반면, 지원행위는 지원주체가 사업자로서 공시대상 기업집단 소속 계열회사로

159) 대법원 2004.11.12. 선고 2001두2034 판결.

160) 기업과 시장의 범위는 경제적 자원을 내부에서 조달하는 방식과 시장에서의 거래를 통한 조달방식의 비교에 의하여 보다 효율적인 방식을 선택함으로써 이루어지며, 계열회사로 구성된 기업집단은 기업과 시장의 성격이 혼합된 유형(hybrid form)으로 이해된다. Oliver E. Williamson, "Antitrust Lenses and the Uses of Transaction Cost Economics Reasoning", Antitrust, Innovation, and Competitiveness(Thomas M. Jorde & David J. Teece ed.), Oxford Univ. Press(1992), p. 140.

161) 주진열, "공정거래법상 부당지원행위 규제에 대한 비판적 고찰", 서울대학교 법학 제53권 제1호(2012), 648면.

한정되지 않으며, 지원객체 역시 다른 회사를 포함하여 특수관계인으로 한정되지 아니하며, 그 거래의 대상에 인력을 포함하며, 급부의 비등가성을 전제한다는 점에서 내부거래와 구분이 된다.

(나) 지원의 방식

지원주체에서 지원객체로 과다한 경제상 이익이 제공되었다면, 이익 제공의 법적 형식은 문제되지 않는다. 따라서 간접적 지원행위와 부작위에 의한 지원행위도 포함된다.[162] 간접적 지원행위라 함은 지원주체가 지원객체를 지원하기 위한 목적으로 지원행위를 하되 지원주체와 지원객체 사이의 직접적이고 현실적인 자산거래나 자금거래행위라는 형식을 회피하기 위한 방편으로 제3자를 매개하여 자산거래나 자금거래행위가 이루어지고 그로 인하여 지원객체에게 실질적으로 경제상 이익이 귀속되는 지원행위를 말한다. 예를 들어 지원주체가 지원객체를 지원할 의도하에 금융회사 발행의 기업어음을 매입하고 금융회사로 하여금 동일 또는 유사한 시점에 그 매출금액의 범위 내에서 지원객체 발행의 기업어음을 매입하도록 하는 행위,[163] 지원주체가 지원객체의 자동차판매에 따른 경제상 이익을 주기 위하여 지원주체와 지원객체 사이의 직접적이고 현실적인 자동차거래행위라는 형식을 회피하기 위한 방편으로 제3자인 지원주체의 임직원들을 매개하여 그 임직원에게 무이자대출행위가 이루어지고 그로 인하여 지원객체에게 자동차판매에 따른 경제상 이익이 귀속되는 경우,[164] 지원객체인 회사가 제3자인 금융기관에게 그 소유 주식을 매도하고 지원주체인 회사가 그 금융기관으로부터 당해 주식을 다시 매수한 행위[165]를 들 수 있다. 그리고 자산이나 용역 등의 거래로 인한 대가인 자금을 변제기 이후에도 회수하지 아니하여 지원객체로 하여금 그 자금을 운용하도록 함으로써 금융상 이익을 얻게 하는 것과 같은 부작위행위도 지원행위에 포함한다.[166]

(다) 지원행위의 대상

지원행위의 대상은 자금(가지급금·대여금 등), 자산(부동산, 유가증권, 무체재산권 등)·

---

162) 대법원 2004.10.14. 선고 2001두2881 판결; 대법원 2007.1.25. 선고 2004두7610 판결.

163) 대법원 2004.3.12. 선고 2001두7220 판결.

164) 대법원 2004.10.14. 선고 2001두2881 판결; 대법원 2004.10.14. 선고 2001두2935 판결.

165) 대법원 2006.7.13. 선고 2004두3007 판결.

166) 대법원 2003.9.5. 선고 2001두7411 판결. 다만, 판례는 부당한 자금지원행위의 규제대상은 지원의도에 기한 자금의 제공 또는 거래행위 그 자체이므로 자금지원의 의도로 자금의 제공 또는 거래행위가 있으면 그 즉시 자금지원행위가 성립하는 것이고, 그로 인하여 지원객체가 얻게 되는 이익은 이러한 행위로 인한 경제상 효과에 불과한 것이므로 부당지원행위에 관한 규정이 시행된 이후에 지원주체가 지원객체에 대한 자금지원의 의도로 변제기를 연장하는 것 등과 같이 자금을 회수하지 않는 부작위가 새로운 자금지원행위와 동일시 할 수 있을 정도라고 볼 만한 특별한 사정이 없는 이상 위 규정이 시행되기 이전에 지원주체가 지원객체에 대하여 제공한 자금을 위 규정시행 이후에 단순히 회수하지 아니하는 행위만으로는 자금지원행위에 해당한다고 할 수 없다고 해석한다(대법원 2004.11.12. 선고 2001두2034 판결). 반면, 위 규정 시행 이후에 지원주체가 적극적으로 변제기를 연장하는 것과 같은 새로운 자금지원행위를 하였다고 볼 만한 사정이 있는 경우에 자금지원행위에 해당함은 물론이다(대법원 2007.1.25. 선고 2004두7610 판결).

상품 · 용역, 인력이다. 이하에서 차례로 살펴보기로 한다.

1) 자금지원

자금지원이라 함은 특수관계인 또는 다른 회사에게 가지급금 · 대여금 등 자금을 상당히 낮거나 높은 대가로 제공 또는 거래하거나 상당한 규모로 제공 또는 거래하는 행위를 말한다(영 [별표 2] 9호 가목). 부당지원행위 심사지침은 지원주체가 지원객체의 금융회사로부터의 차입금리보다 저금리로 자금을 대여하는 경우, 계열금융회사에게 콜자금을 시중 콜금리보다 저금리로 대여하는 경우, 계열투자신탁운용회사가 고객의 신탁재산으로 지원객체에게 저금리의 콜자금 등을 제공하는 경우, 상품 · 용역거래와 무관하게 「선급금 명목으로」 지원객체에게 무이자 또는 저금리로 자금을 제공하는 경우, 계열금융회사가 특수관계가 없는 독립된 자의 예탁금에 적용하는 금리보다 낮은 금리로 계열금융회사에 자금을 예치하는 경우, 단체퇴직보험을 금융회사에 예치하고 이를 담보로 지원객체에게 저금리로 대출하도록 하는 경우, 계열금융회사가 지원객체에게 대여한 대여금의 약정 연체이자율을 적용하지 않고 일반 대출이자율을 적용하여 연체이자를 수령하는 경우, 주식매입을 하지 않으면서 증권예탁금 명목으로 계열증권회사에 일정기간 자금을 저금리로 예탁하는 경우, 보유하고 있는 지원객체 발행주식에 대한 배당금을 정당한 사유없이 수령하지 않거나 수령을 게을리 하는 경우, 지원객체소유 부동산에 대해 장기로 매매계약을 체결하고 계약금 및 중도금을 지급한 뒤 잔금지급전 계약을 파기하여 계약금 및 중도금 상당액을 변칙 지원하는 경우, 지원주체가 제3자인 은행에 정기예금을 예치한 다음 이를 다시 지원객체에 대한 대출금의 담보로 제공함으로써 지원객체로 하여금 은행으로부터 낮은 이자율로 대출받도록 하는 경우를 예시로 들고 있다.

2) 자산 · 상품 등 지원

자산 · 상품 등 지원이라 함은 특수관계인 또는 다른 회사에게 부동산 · 유가증권 · 상품 · 용역 · 무체재산권 등 자산을 상당히 낮거나 높은 대가로 제공 또는 거래하거나 상당한 규모로 제공 또는 거래하는 행위를 말한다(영 [별표 2] 9호 나목). 부당지원행위 심사지침은 유가증권 · 부동산 · 무체재산권(無體財産權) 등 자산을 거래한 경우와 관련하여 기업어음 고가매입,[167] 주식 또는 기업어음 고가매입,[168] 기업어음 또는 회사채 고가매입,[169] 기업어음 또는 사모사채 고가매입,[170] 후순위사채 고가매입,[171] 주식 고가매입,[172]

---

167) 지원객체가 발행한 기업어음을 비계열사가 매입한 할인율보다 낮은 할인율로 매입하는 경우, 지원객체의 신용등급에 적용되는 할인율보다 낮은 할인율을 적용하여 발행한 기업어음을 매입하는 경우, 지원주체가 제3자 발행의 기업어음을 매입하고 그 제3자로 하여금 그 매출금액의 범위 내에서 지원객체 발행의 기업어음을 지원객체에게 유리한 조건으로 매입하도록 하는 경우.

168) 역외펀드를 이용하여 지원객체가 발행한 주식을 고가로 매입하거나 기업어음 등을 저금리로 매입하는 경우.

169) 계열투자신탁운용회사가 고객의 신탁재산으로 지원객체의 기업어음이나 회사채를 저금리로 매입하는 경우.

주식 우회인수,[173] 전환사채 고가매입,[174] 전환사채 저가주식 전환,[175] 신주인수권부사채 저가매각,[176] 회사채 고가매입,[177] 부도 유가증권 고가매입,[178] 부동산 저가매도 또는 부동산 고가매수,[179] 무체재산권 무상양도[180]를 예시로 들고 있다. 그리고 부동산을 임대차한 경우와 관련하여 부동산 저가임대,[181] 부동산 고가임차[182]를 예시로 들고 있다. 상품·용역을 거래한 경우와 관련하여 지원객체에 대한 매출채권회수를 지연하거나 상각(償却)하여 회수불가능 채권으로 처리하는 경우,[183] 외상매출금, 용역대금을 약정기한 내에 회수하지 아니하거나 지연하여 회수하면서 이에 대한 지연이자를 받지 아니하는 경우,[184] 지원객체가 운영하는 광고매체에 정상광고단가보다 높은 단가로 광고를 게재하는

---

170) 금융회사의 특정금전신탁에 가입하고 동 금융회사는 동 자금을 이용하여 위탁자의 특수관계인 등이 발행한 기업어음 또는 사모사채를 저금리로 인수하는 경우.

171) 특수관계가 없는 독립된 자가 인수하지 않을 정도의 낮은 금리수준으로 발행된 후순위사채를 지원주체가 인수하는 경우.

172) 제3자 배정 또는 실권주(失權株) 인수 등의 방식을 통해 유상증자에 참여하면서 특수관계가 없는 독립된 자가 인수하지 않을 정도의 고가로 발행한 주식을 지분을 전혀 보유하고 있지 않던 지원주체가 인수하는 경우, 제3자 배정 또는 실권주 인수 등의 방식을 통해 유상증자에 참여하면서 특수관계가 없는 독립된 자가 인수하지 않을 정도의 고가로 발행한 주식을 기존 주주인 지원주체가 인수하여 증자 후의 지분율이 증자 전의 지분율의 50/100 이상 증가하는 경우. 다만, 증자 전 제1대 주주이거나 증자 후 제1대 주주가 되는 주주가 유상증자에 참여한 경우는 제외하며, 의결권이 제한되는 계열 금융사 등은 제1대 주주로 보지 아니한다.

173) 금융관련 법규위반을 회피하기 위해 금융회사를 통하여 실권주를 높은 가격으로 우회인수하거나 기타 탈법적인 방법으로 지원주체가 인수하는 경우.

174) 전환권행사가 불가능할 정도로 전환가격이 높고, 낮은 이자율로 발행된 전환사채를 지원주체가 직접 또는 제3자를 이용하여 우회 인수하는 경우, 지원객체가 발행한 전환사채에 관하여 지원주체가 제3자인 대주단(貸主團)에 지원주체 소유의 부동산을 담보로 제공하고 위 전환사채에 관하여 대주단과 총수익스와프(TRS, Total Return Swap) 계약을 체결하여 대주단으로 하여금 위 전환사채를 인수하도록 하는 경우.

175) 경영권 방어목적 등 특별한 사유없이 전환권행사로 인해 포기되는 누적이자가 전환될 주식의 시세총액과 총 전환가액의 차액보다도 큼에도 불구하고 지원주체가 전환권을 행사하는 경우.

176) 시가보다 낮은 가격으로 신주인수권부사채를 발행하여 지원객체에 매각하는 경우.

177) 비계열금융회사에 후순위대출을 해주고, 동 금융회사는 지원객체가 발행한 저금리의 회사채를 인수하는 경우.

178) 계열금융회사가 지원객체가 보유한 부도난 회사채 및 기업어음 등 유가증권을 고가에 매입하는 경우.

179) 부동산을 시가에 비하여 저가로 지원객체에 매도하거나, 고가로 지원객체로부터 매수하는 경우.

180) 계열회사가 단독으로 또는 지원객체와 공동으로 연구개발한 결과를 지원객체에 무상양도하여 지원객체가 특허출원을 할 수 있도록 하는 경우.

181) 지원객체에게 공장·매장·사무실을 무상 또는 낮은 임대료로 임대하는 경우, 임대료를 약정납부기한보다 지연하여 수령하면서 지연이자를 받지 않거나 적게 받는 경우.

182) 지원객체로부터 부동산을 임차하면서 고가의 임차료를 지급하는 경우, 지원주체가 지원객체 소유 건물·시설을 이용하면서 특수관계가 없는 독립된 자와 동일하게 이용료를 지불함에도 불구하고 임차보증금 또는 임차료를 추가적으로 지급하는 경우.

183) 지원주체의 지원객체에 대한 채권을 실제로 회수할 가능성이 없다면 지원주체가 지원객체에 대하여 그 채권의 회수를 위한 조치를 취하지 아니하였다 하더라도 지원객체에게 그 채권액 상당을 제3자로부터 차용할 경우 부담하게 되었을 이자 상당액의 경제상 이익을 제공하여 지원객체가 속한 관련 시장에서의 공정한 거래를 저해할 우려가 있다고 할 수 없어 부당성이 있다고 할 수 없으나, 지원주체의 지원객체에 대한 채권을 실제로 회수할 가능성이 있다면 지원객체에게 그 채권액 상당을 제3자로부터 차용할 경우 부담하게 되었을 이자 상당액의 경제상 이익을 제공함으로써 지원객체가 속한 관련 시장에서의 공정한 거래를 저해할 우려가 있다고 할 수 있어 부당성이 있다고 할 것이고, 한편 법인세법 소정의 대손충당금을 설정하였다 하여 그 대상이 되는 채권이 소멸한다거나 회수불능으로 확정되는 것은 아니라고 할 것이다(대법원 2005.5.27. 선고 2004두6099 판결).

방법으로 광고비를 과다 지급하는 경우, 주택관리업무를 지원객체에게 위탁하면서 해당 월의 위탁수수료 지급일보다 지원객체로부터 받는 해당 월의 임대료 등 정산금의 입금일을 유예해주는 방법으로 지원객체로 하여금 유예된 기간만큼 정산금 운용에 따른 이자 상당의 수익을 얻게 하는 경우, 지원객체가 지원주체와의 상품·용역 거래를 통하여 지원객체와 비계열회사 간 거래 또는 다른 경쟁사업자들의 거래와 비교하여 상품·용역의 내용·품질 등 거래조건이 유사함에도 높은 매출총이익률을 나타내는 경우, 지원주체가 지원객체에게 각종 물류업무를 비경쟁적인 사업양수도 또는 수의계약의 방식을 통하여 유리한 조건으로 대부분 몰아주는 경우를 예시로 들고 있다.

3) 인력지원

인력지원이라 함은 특수관계인 또는 다른 회사에게 인력을 상당히 낮거나 높은 대가로 제공하거나 상당한 규모로 제공 또는 거래하는 행위를 말한다(영 [별표 2] 9호 다목). 부당지원행위 심사지침은 업무지원을 위해 인력을 제공한 후 인건비는 지원주체가 부담하는 경우, 인력파견계약을 체결하고 인력을 제공하면서 지원주체가 퇴직충당금 등 인건비의 전부 또는 일부를 미회수하는 경우, 지원객체의 업무를 전적으로 수행하는 인력을 지원주체 회사의 고문 등으로 위촉하여 지원주체가 수당이나 급여를 지급하는 경우, 지원주체가 자신의 소속 인력을 지원객체에 전적·파견시키고 급여의 일부를 대신 부담하는 경우를 예시로 들고 있다.

(라) 지원행위의 태양

지원주체에서 지원객체로 과다한 경제상 이익이 제공되는 모습은 다양할 것이다. 그런데 법령은 지원행위의 태양으로서 대가성 지원행위, 규모성 지원행위, 거래단계 추가 등 행위의 세 가지 유형을 들고 있다. 위 세 유형은 과다한 경제상 이익이 제공되는 경로를 구체적으로 기술한 것이기 때문에 명확히 구분되는 것은 아니고 때로는 중첩되는 경우도 있다. 예를 들어 현대자동차 기업집단 계열회사의 부당지원행위에 대한 건(이른바 글로비스 사건)[185]과 씨제이씨지브이(주)의 부당한 지원행위에 대한 건[186]은 대가성 지원행위와 규모성 지원행위의 양 측면이 혼재된 사건이었다. 또한, 피고인이 자신이 대표이

184) 대법원 2005.5.27. 선고 2004두6099 판결; 대법원 2005.9.15. 선고 2003두12059 판결.

185) 공정위가 현대차 그룹 계열회사들이 글로비스에 물량을 몰아준 것에 대해서 과징금을 부과하였고, 서울고법은 이를 받아 들였다. 그 후 원고들이 대법원에 상고하였으나, 2012년 12월 상고를 취하하여 원심 판결이 확정되었다. 공정위 2007.10.24. 의결 제2007-504호 및 서울고법 2009.8.19. 선고 2007누30903 판결(글로비스 관련 부분은 상고취하로 확정).

186) 영화상영 및 배급업 등을 하는 씨제이씨지브이가 동일인의 동생이 설립한 재산커뮤니케이션즈에 자신의 스크린광고 영업대행 업무를 일괄 위탁한 사안에 대해서 공정위는 씨제이씨지브이에 과징금을 부과하고 검찰에 고발하였다. 서울고법은 지원주체와 지원객체 사이의 이 사건 거래규모가 국내 스크린광고 영업대행 시장의 절반 정도를 차지하는 수준으로 현저한 규모의 거래에 해당한다고 판단하고, 공정위의 과징금 부과처분을 지지하였다. 공정위 2016.10.21. 의결 제2016-293호 및 서울고법 2017.10.25. 선고 2017누37675 판결(확정). 참고로 고발건과 관련해서는 벌금 1억 5천만 원의 약식명령이 확정되었다.

사로 있는 피자 회사가 피자치즈 등을 공급받음에 있어 거래상 아무런 역할을 하지 않는 다른 회사들을 거래단계에 추가하여 이들 회사로 하여금 유통이윤을 취득하게 한 행위는 규모성 지원행위 및 거래단계 추가 등 행위에 모두 해당한다.[187] 따라서 대가성 지원행위, 규모성 지원행위, 거래단계 추가 등 지원행위의 태양을 불문하고, 급부와 반대급부의 차이, 지원성 거래규모, 지원행위로 인한 경제상 이익, 지원기간, 지원횟수, 지원시기, 지원행위 당시 지원객체가 처한 경제적 상황 등을 종합적으로 고려하여 지원행위의 성부를 구체적 · 개별적으로 판단하여야 할 것이다.[188] 이하에서는 항목을 나누어 대가성 지원행위, 규모성 지원행위, 거래단계 추가 등에 관하여 좀 더 자세히 살펴보기로 한다.

■ **대법원 2022.9.16. 선고 2019도19067 판결**

앞서 본 바와 같이 개정 공정거래법 제23조 제1항 제7호 가목은 부당지원행위의 성립요건을 종전의 '현저히 유리한 조건'에서 '상당히 유리한 조건'으로 변경하여 완화한 것이고, 같은 호 나목의 '부당한 거래단계 추가 등 행위'는 구 공정거래법 하에서도 부당지원행위에 해당하던 것을 입법자가 특별히 강조하여 구체화하기 위하여 개정 공정거래법에 별도의 행위유형으로 규정한 것이다. 따라서 만약 피고인 1의 이 사건 지원행위가 앞서 본 바와 같이 '현저한 규모로 거래하여 과다한 경제상 이익을 제공함으로써 특수관계인 또는 다른 회사를 지원하는 행위'로서 부당지원행위의 행위 요건에 해당할 뿐만 아니라 부당성(공정거래저해성) 요건도 충족되어 구 공정거래법 제23조 제1항 제7호의 부당지원행위에 해당한다면, 이는 '상당한 규모로 거래하여 과다한 경제상 이익을 제공함으로써 특수관계인 또는 다른 회사를 지원하는 행위'로서 개정 공정거래법 제23조 제1항 제7호 가목의 부당지원행위에 해당하고, '부당한 거래단계 추가 등 행위'로서 개정 공정거래법 제23조 제1항 제7호 나목의 부당지원행위에도 해당한다.

(마) 대가성 지원행위

1) 상당히 유리한 조건

대가성 지원행위는 지원주체가 지원객체에게 상당히 낮거나 높은 대가로 제공 또는 거래하는 행위를 말한다. 즉, 대가성 지원행위는 상당히 유리한 조건을 전제로 한다. 상당히 유리한 조건의 거래인지 여부는 급부와 반대급부 사이의 차이는 물론, 지원성 거래규모와 지원행위로 인한 경제상 이익, 지원기간, 지원횟수, 지원시기, 지원행위 당시 지원객체가 처한 경제적 상황 등을 종합적으로 고려하여 구체적 · 개별적으로 판단한다.[189]

한편, 입법자는 2013년에 법을 개정하면서 기존의 '현저히 유리한 조건'이라는 표현을

187) 대법원 2022.9.16. 선고 2019도19067 판결.
188) 대법원 2022.5.26. 선고 2020두36267 판결; 대법원 2022.9.16. 선고 2019도19067 판결.
189) 대법원 2006.2.10. 선고 2003두15171 판결; 대법원 2007.12.23. 선고 2005두5963 판결 등. 다만, 위 판례들은 '현저히 유리한 조건'의 표현이 사용되던 구법이 적용된 것이다.

'상당히 유리한 조건'이라는 표현으로 바꿨다. 이는 현저히 유리한 조건이라는 요건이 너무 엄격해서 공정위가 부당한 지원행위의 성립을 입증하기가 어렵다는 주장을 수용한 것으로 보인다. '현저히' 유리한 경우와 '상당히' 유리한 경우는 모두 정성적인 판단을 요구하고 있기 때문에, 이를 정량적인 기준으로 변환하기가 쉽지 않다.[190] 입법자가 양자 사이에 어느 정도의 정량적 차이를 염두에 두었는지는 분명하지 않지만, 개정취지를 고려하면 정상가격과 차이의 정도가 '현저한' 경우보다 '상당한' 경우에 더 좁다고 해석할 여지가 있다. 그러나 이에 대해서는 법률의 개정에도 불구하고 현저히 유리한 조건과 상당히 유리한 조건 사이에 해석론상 유의미한 차이를 인정하기 어렵다는 주장도 있다.[191]

2) 정상가격의 의의

상당히 유리한 조건의 거래인지 여부를 판단하기 위해서는 여러 요소를 종합적으로 고려하여 판단해야 할 것이지만, 1차적으로 중요하게 고려되는 것은 급부와 반대급부 사이의 차이이다. 그런데 급부와 반대급부의 평가에 있어서 거래 당사자의 주관적 요소가 개입되면 일관된 평가가 곤란하게 된다. 이러한 이유로 거래 당사자 사이에 이루어진 경제적 급부에 관하여 독립된 자들 사이에 이루어졌을 객관적인 정상가격을 산정하여 이를 실제의 거래가격과 비교하는 방식으로 급부와 반대급부를 평가하는 경우가 일반적이다. 이때 정상가격이라 함은 지원주체와 지원객체 간에 이루어진 경제적 급부와 동일한 경제적 급부가 시기, 종류, 규모, 기간, 신용상태 등이 유사한 상황에서 특수관계가 없는 독립된 자들 간에 이루어졌을 경우에 형성되었을 거래가격 등을 의미한다.[192] 즉, 정상가격은 독립당사자 간 거래(arm's length transaction)에서 형성되었을 가격을 말한다. 정상가격과 비슷한 개념으로 법인세법상 시가를 들 수 있다. 법인세법상 시가란 특수관계인이 아닌 자간의 정상적인 거래에서 적용되거나 적용될 것으로 판단되는 가격이므로 이를 법상 정상수수료율의 유사개념으로 참고하는 것은 허용된다.[193]

정상가격은 특정한 가격일 수도 있고 일정한 폭의 가격 범주일 수도 있다. 현대차 기업집단의 부당한 지원행위가 문제된 사안에서, 원고 현대자동차, 기아자동차는 2004. 2. 1.부터 2006. 1. 31.까지 위 원고들의 계열회사인 현대하이스코로부터 자동차용 강판을 구매하면서, 냉연강판의 경우 비계열회사보다 평균 톤당 46,111원(포스코와 대비) 또는

190) 참고로 금리에 관한 과거 판례들을 종합하면 지원행위의 현저성을 인정할 수 있는 기준은 ① 실제적용금리와 정상금리 사이의 차이가 최소한 2% 이상이고, ② 그 차이가 비율적으로 정상금리의 20% 이상인 경우라고 한다. 강상욱, "정상금리의 확정 필요성 및 정상금리를 특정하기 어려운 경우의 지원행위 현저성 판단방법", 대법원 판례해설 제75호(2008), 708면.

191) 이호영, "물량몰아주기 관련 법 개정안에 대한 소고", 경쟁과 법 창간호(2013), 64면.

192) 대법원 2006.12.7. 선고 2004두11268 판결; 대법원 2007.1.25. 선고 2004두7610 판결; 대법원 2007.10.26. 선고 2005두3172 판결; 대법원 2014.6.12. 선고 2013두4255 판결; 대법원 2014.11.13. 선고 2009두20366 판결; 대법원 2015.1.29. 선고 2014두36112 판결 등 참조.

193) 서울고법 2017.10.25. 선고 2017누37675 판결(확정).

35,724원(동부제강과 대비), 도금강판의 경우 비계열회사보다 평균 톤당 53,259원(포스코와 대비) 또는 38,143원(동부제강과 대비) 높은 가격으로 구입하였다. 이 사건에서 공정위는 원고들이 자동차용 강판을 고가로 매입하는 방법으로 계열회사인 현대하이스코를 부당하게 지원하였다고 보았다.[194] 그러나 법원은 현대하이스코가 생산한 자동차용 강판 가격이 비록 포스코나 동부제강이 생산한 자동차용 강판의 가격보다 비싸다고 할지라도 정상가격의 범주를 벗어났다고 보기 어렵다고 판단하였다.[195]

정상가격을 산정함에 있어서 유효한 경쟁시장을 전제할 것은 아니다. 문제가 된 행위가 이루어진 시장에서 독립된 자들 간의 거래에 기초하여 판단하면 그것으로 충분하다. 예를 들어, 계열회사들이 콘도미니엄 회원권의 입회금을 납부함에 있어 비계열회사에게 적용된 할인율 7%보다 현저히 낮은 할인율인 1.2%만을 적용하여 산정한 금액을 납부한 행위는 지원행위에 해당한다.[196] 따라서 정상가격과 시장가격은 대체로 일치하지만, 반드시 일치하는 것은 아니라는 점에 유의할 필요가 있다. 예컨대, 주식시장에서 상장주식의 시장가격은 통상 정상가격으로 인정될 수 있지만, 주식을 대량으로 인수하여 경영권까지 확보하는 경우라면 경영권 프리미엄을 고려한 주식의 가격이 정상가격으로 인정될 수 있다.[197]

정상가격은 부당한 지원행위의 지원금액 산정의 기초가 된다. 지원금액이라 함은 지원주체가 지원객체에게 제공하는 경제적 급부의 정상가격에서 그에 대한 대가로 지원객체로부터 받는 경제적 반대급부의 정상가격을 차감한 금액을 말한다. 부당지원행위 심사지침에 따르면, 지원금액의 산정에 있어서 부가가치세가 수반되는 거래의 경우에는 부가가치세를 포함한다.

3) 정상가격의 산출 방법

해당 거래와 시기, 종류, 규모, 기간 등이 동일한 상황에서 특수관계가 없는 독립된 자 사이에 실제 거래한 사례가 있는 경우 그 거래가격을 정상가격으로 한다. 판례에 따

194) 공정위 2007.10.24. 의결 제2007-504호.

195) 대법원 2012.10.25. 선고 2009두15494 판결. 법원은 다음과 같은 정황을 중요하게 보았다. 2004년과 2005년에는 열연코일 등의 국제가격이 중국의 철강 수요 폭증으로 인하여 폭등한 반면, 열연코일 등의 국내가격은 포스코의 정책에 따라 국제가격보다 낮게 유지되었고, 그에 따라 열연코일 등의 국제가격과 국내가격 사이에 차이가 발생하게 되었다. 자동차용 강판을 저렴한 가격에 공급하던 포스코는 수요처로부터의 구매요청 폭주로 인하여 위 원고들에게 자동차용 강판의 공급을 대폭 늘려줄 수 없는 상황이었고, 동부제강은 시장점유율이 낮은 업체로서 위 원고들에게 자동차용 강판의 공급을 대폭 늘려줄 수 없는 상황이었다.

196) 대법원 2007.12.13. 선고 2005두5963 판결. 지원주체가 지원객체 발행의 기업어음을 매입함에 있어서 그와 동일한 방법으로 동일 또는 근접한 시점에 특수관계 없는 독립된 자가 지원객체 발행의 기업어음을 매입한 사례가 있는 경우 그 기업어음의 정상할인율은 동일한 시점의 거래가 있으면 그 거래에 적용된 할인율로, 동일한 시점의 거래가 없으면 당해 기업어음 매입행위와 가장 근접한 시점의 거래에 적용된 할인율로 봄이 상당하고, 동일한 시점 또는 가장 근접한 시점의 거래가 다수 있으면 그 가중평균한 할인율로 봄이 상당하다 할 것이다(대법원 2006.2.10. 선고 2003두15171 판결).

197) 대법원 2007.12.13. 선고 2005두5963 판결.

르면 자금거래에서 정상금리는 "지원주체와 지원객체 사이의 자금거래와 시기, 종류, 규모, 기간, 신용상태 등의 면에서 동일 또는 유사한 상황에서 그 지원객체와 그와 특수관계가 없는 독립된 금융기관 사이에 자금거래가 이루어졌다면 적용될 금리, 또는 지원주체와 지원객체 사이의 자금거래와 시기, 종류, 규모, 기간, 신용상태 등의 면에서 동일 또는 유사한 상황에서 특수관계가 없는 독립된 자들 사이에 자금거래가 이루어졌다면 적용될 금리", 즉 개별정상금리를 의미한다.[198] 다만, 개별정상금리를 산출하는 것이 곤란한 예외적인 경우에는 한국은행이 발표하는 시중은행의 매월 말 평균 당좌대출금리(일반정상금리)를 정상금리로 사용하는 것도 가능하다. 자산, 부동산 임대차, 상품·용역의 거래와 관련하여 동일한 원칙이 적용된다.[199]

정상가격을 직접 구할 수 없는 경우에 이를 추단하는 것도 허용된다. 해당 거래와 동일한 실제사례를 찾을 수 없지만 유사사례가 존재하는 경우라면 먼저 해당 거래와 비교하기에 적합한 유사한 사례를 선정하고, 나아가 그 사례와 당해 거래 사이에 가격에 영향을 미칠 수 있는 거래조건 등의 차이가 존재하는지를 살펴서 그 차이가 있다면 이를 합리적으로 조정하는 과정을 거쳐서 정상가격을 추단하여야 한다.[200] 지원주체와 지원객체가 독립된 비계열사와 거래한 사실이 없어 동일한 비교대상을 찾는 것이 불가능한 상황에서, 파악할 수 있는 자료를 모두 취합하여 스크린광고 영업대행사업자의 계약조건을 조사하는 방법으로 비교에 적합한 유사사례를 선정하였고, 위 유사사례와 이 사건 거래 사이에 수수료율의 차이에 영향을 미칠 수 있는 거래 조건의 존재를 살펴 이를 합리적으로 조정하는 과정을 거쳐 산출 가능한 수치 중 당사자에게 가장 유리한 16%를 정상수수료율로 산정하였다면, 정상수수료율이 최대 16%인 사실이 합리적으로 입증되었다고 할 것이다.[201] 반면, 건물의 1층 내지 8층을 함께 임차한 경우에 1층의 임대료와 단지 1층만 임차한 경우에 1층의 임대료를 단순 비교하는 것은 곤란하다.[202] 또한, 할인점 매장에 입점한 베이커리 업체의 수수료율과 만두, 도너츠 업체의 수수료율을 단순 비교하는 것도 허용되지 않는다.[203] IT 서비스 거래에서 고시단가보다 할인된 금액이 정상가격이

198) 대법원 2004.10.14. 선고 2001두2935 판결; 대법원 2008.2.14. 선고 2007두1446 판결 등.

199) 따라서 위와 같은 정상가격의 산출의 과정을 따르지 아니하고 단지 전대료가 임차료보다 반드시 높아야 한다거나 전대료의 정상가격을 원고가 건물주에게 지급한 임차보증금을 연 12%의 비율로 전환하여 산정하는 것은 허용되지 아니한다. 대법원 2014.11.13. 선고 2009두20366 판결(원고가 건물주에게 지급한 임차료보다 자회사로부터 수취한 전대료가 낮은 것이 문제된 사안).

200) 대법원 2015.1.29. 선고 2014두36112 판결; 대법원 2016.3.10. 선고 2014두8568 판결.

201) 서울고법 2017.10.25. 선고 2017누37675 판결(확정).

202) 대법원 2007.12.13. 선고 2005두5963 판결.

203) 대법원 2015.1.29. 선고 2014두36112 판결. 이 사건에서는 이마트 매장에 입점한 베이커리 업체(데이앤데이)의 정상판매수수료율이 얼마인지가 문제되었다. 베이커리 업체와의 비교대상과 관련하여 피고 공정위는 이마트 매장에 입점한 만두, 도너츠 업체를 비교대상으로 제시하였고, 원고 신세계, 이마트는 다른 대형할인점에 입점한 베이커리 업체를 비교대상으로 주장하였다. 대법원은 이마트가 아닌 다른 대형할인점과 그와 특수관계가 없는 독립회사로서 그 매장에 입점하여 데이앤데이와 동일하거나 유사한 매장을 운영한 업체 사이의 거래(이하 "다른 대형할인점 거래"라 함) 또는 원고 신세계, 이마트와 그와 특수관계가 없는 독

라고 보기 위해서는 해당 계약과 비교사례의 동일, 유사성, 고시단가 할인의 관행, 해당 거래의 서비스 수준이나 범위 등에 관한 입증이 선행되어야 한다.[204)]

그런데 해당 거래와 비교하기에 적합한 유사한 사례도 찾을 수 없다면 어떻게 해야 할까? 이와 같이 부득이 여러 가지 간접적인 자료에 의해 정상가격을 추단할 수밖에 없는 경우에는 통상의 거래 당사자가 당해 거래 당시의 일반적인 경제 및 경영상황과 장래 예측의 불확실성까지도 모두 고려하여 보편적으로 선택하였으리라고 보이는 현실적인 가격을 규명하여야 한다.[205)] 비상장주식의 평가와 관련하여 대법원은 "급속히 발전할 것으로 전망되는 정보통신 관련 사업을 영위하면서 장래에도 계속 성장할 것으로 예상되는 기업의 주식가격은 기준시점 당시 당해 기업의 순자산가치 또는 과거의 순손익가치를 기준으로 하여 산정하는 방법보다는 당해 기업의 미래의 추정이익을 기준으로 하여 산정하는 방법이 그 주식의 객관적인 가치를 반영할 수 있는 보다 적절한 방법이라고 할 것이다. (중략) 또한, 당해 기업의 미래의 추정이익을 기준으로 주식가격을 산정하고자 할 경우 미래의 추정이익은 그 기준시점 당시 당해 기업이 영위하는 산업의 현황 및 전망, 거시경제전망, 당해 기업의 내부 경영상황, 사업계획 또는 경영계획 등을 종합적으로 고려하여 산정하여야 할 것이다."고 판시하였다.[206)] 부당지원행위 심사지침에 따르면, 이 경우 자산의 종류, 규모, 거래상황 등을 참작하여 「국제조세조정에 관한 법률」 제8조(정상가격의 산출방법) 및 동법 시행령 제2장 제1절(국외특수관계인과의 거래에 대한 과세조정) 또는 상속세 및 증여세법 제4장(재산의 평가) 및 동법 시행령 제4장(재산의 평가)에서 정하는 방법을 참고할 수 있다. 다만, 사업자가 자산거래 과정에서 국제조세조정에 관한 법률 등에 따라 가격을 산정하였다고 하여 그러한 사정만으로 부당한 지원행위에 해당하지 않

럽회사로서 이마트 매장에 입점하여 데이앤데이와 유사한 매장을 운영한 업체 사이의 거래 중에서 이 사건 거래와 비교하기에 적합한 사례를 먼저 선정하여 그 사례와 이 사건 거래 사이에 존재하는 거래조건 등의 차이가 판매수수료율에 영향을 주는 경우에는 그 차이를 합리적으로 조정하여 그 사례가 동일한 실제 사례에 가깝도록 비교가능성을 높인 후에 정상판매수수료율을 합리적으로 추산하는 과정을 거치지 아니하였으므로 공정위가 정상수수료율에 관한 입증책임을 다하지 못하였다고 판단하였다.

204) 서울고법 2014.5.14. 선고 2012누30440 판결 및 대법원 2016.3.10. 선고 2014두8568 판결. 이 사건에서는 IT 아웃소싱(Outsourcing, 이하 "OS") 계약에 적용되는 인건비 및 유지보수요율의 정상가격이 쟁점이었다. 공정위는 에스케이텔레콤을 비롯한 계열회사들이 에스케이씨앤씨와 OS 계약을 체결하면서 한국소프트웨어산업협회가 공표한 소프트웨어 기술자의 등급별 노임단가(이하 "고시단가")를 할인하지 않고 그대로 적용하여 에스케이씨앤씨에게 과다한 경제상 이익을 제공하였고, 에스케이텔레콤이 보유한 전산장비에 대한 유지보수 비율을 다른 계열회사의 전산장비 유지보수 비율보다 높게 적용하여 에스케이씨앤씨에게 과다한 경제상 이익을 제공하였다고 보았다. 그러나 법원은 ① 공정위가 제시한 사례들은 에스케이텔레콤 등이 에스케이씨앤씨와 체결한 OS 계약과 동일하거나 유사하다고 볼 수 없고, 인건비 단가 산정에 있어서 고시단가를 할인하여 산정하는 관행이 성립하였다고 보기도 어려우므로, 에스케이텔레콤 등이 고시단가를 할인하지 아니한 채 인건비 단가를 산정하였더라도 정상가격보다 현저히 높은 인건비를 지급하였다고 인정하기 어렵고, ② 에스케이씨앤씨가 에스케이텔레콤에 제공한 유지보수 서비스의 수준이나 범위는 다른 계열회사들보다 상대적으로 높은 수준으로 제공되었으므로 에스케이텔레콤가 에스케이씨앤씨에 정상가격보다 현저히 높은 유지보수요율을 적용하여 유지보수비를 지급하였다고 보기 어렵다고 판단하였다.

205) 대법원 2008.2.14. 선고 2007두1446 판결; 대법원 2014.11.13. 선고 2009두20366 판결.

206) 대법원 2005.6.9. 선고 2004두7153 판결.

는 것으로 판단되는 것은 아니다.

정상가격이 합리적으로 산출되었다는 점에 대한 증명책임은 시정명령 등 처분의 적법성을 주장하는 공정위에게 있다.[207] 정상가격을 산출함에 있어서 단순히 제반 상황을 사후적·회고적인 시각에서 판단한 결과 거래 당시에 기대할 수 있었던 최선의 가격이나 당해 거래가격보다 더 나은 가격으로 거래할 수도 있었을 것이라 하여 가벼이 이를 기준으로 정상가격을 추단하여서는 아니 된다.[208]

4) 정상가격의 특정이 반드시 필요한지 여부

대가성 지원행위의 본질은 상당히 유리한 조건의 거래를 통한 경제상 이익의 제공에 있고, 상당히 유리한 조건의 거래인지 여부는 급부와 반대급부 사이의 차이는 물론, "지원성 거래규모와 지원행위로 인한 경제상 이익, 지원기간, 지원횟수, 지원시기, 지원행위 당시 지원객체가 처한 경제적 상황 등"도 종합적으로 고려하여 구체적·개별적으로 판단하여야 한다.[209] 급부와 반대급부 사이의 차이는 대가성 지원행위 여부를 판단하기 위한 여러 요소들 중에서 중요한 한 가지이고, 이때 정상가격은 반대급부를 추론하는 도구개념이라는 점은 전술한 바와 같다. 따라서 지원행위의 성립에 정상가격의 산출이 반드시 필수적인 조건은 아니고, 공정위가 정상가격 산정을 그르쳤다고 하더라도 해당 거래가 상당히 유리한 조건의 거래에 해당하면 지원행위는 인정될 수 있다.[210]

위와 같이 정상가격이 요건사실이 아니라 요건사실을 추단하기 위한 도구개념에 불과하다는 점으로부터 다음과 같은 몇 가지 함의를 얻을 수 있다. 첫째, 추단되는 정상가격이 공정위가 주장하는 정상가격보다 높거나 낮을 것이 분명한 경우에는 정상가격을 구체적으로 특정하지 아니하고 공정위가 주장하는 정상가격을 기준으로 지원행위의 성부를 판단하여도 무방하다. 예컨대, 지원객체의 투자위험도가 매우 높아 외부로부터의 자금차입이 사실상 불가능한 상태에 있었던 경우에는 개별정상금리가 일반정상금리를 하회하지 않을 것으로 인정되는 특별한 사정이 있으므로 비록 개별정상금리를 구체적으로 특정할 수 없다고 하더라도 일반정상금리를 정상금리로 적용할 수 있다.[211]

---

207) 대법원 2008.2.14. 선고 2007두1446 판결; 대법원 2014.11.13. 선고 2009두20366 판결; 대법원 2015.1.29. 선고 2014두36112 판결.

208) 대법원 2015.1.29. 선고 2014두36112 판결; 대법원 2016.3.10. 선고 2014두8568 판결.

209) 대법원 2004.4.9. 선고 2001두6197 판결; 대법원 2006.2.10. 선고 2003두15171 판결; 대법원 2007.1.25. 선고 2004두7610 판결; 대법원 2007.12.23. 선고 2005두5963 판결 등. 다만, 위 판례들은 '현저히 유리한 조건'의 표현이 사용되던 구법이 적용된 것이다.

210) 대법원 2006.2.10. 선고 2003두15171 판결.

211) 대법원 2004.4.9. 선고 2001두6197 판결(원고 현대자동차 주식회사(이하 "현대자동차"라 한다) 외 18개사는 1997. 11. 19.부터 1998. 3. 12. 사이에 그 판시와 같이 계열회사인 대한알루미늄공업 주식회사(이하 "대한알루미늄공업"이라 한다) 및 합병전 현대리바트 주식회사(이하 "현대리바트"라 한다. 그리고 이 항에서는 두 회사를 함께 부르는 경우 '지원객체들'이라 한다)가 각각 발행한 2,100억원의 무보증전환사채 및 500억원의 무보증전환사채를 지원객체들의 요청에 따라 상환기간 1999. 12. 31., 만기보장이자율 연 11%~연 18%로 하여 인수하였는데 그 인수금액은 대한알루미늄공업의 1997년도 당기순손실 약 1,087억원, 현

둘째, 비교사례가 없어 정상가격을 직접 산정하기 곤란한 경우에 여러 가지 간접적인 자료에 의해 정상가격을 추단하는 것도 가능하고,[212] 정상가격의 산정 없이 다른 방법으로 경제상 이익이 제공되었음을 입증함으로써 지원행위를 인정하는 것도 가능하다. 다만, 전자의 경우에는 정상가격을 토대로 지원금액을 산출하는 것이 가능하지만, 후자의 경우에는 그렇지 못하다. 이와 같이 정상가격이 산정되지 아니함으로써 지원객체가 받은 경제상 이익을 객관적으로 확정하기 어려운 경우에 공정위는 과징금 고시에 따라서 그 지원금액을 지원성 거래규모의 10%로 보고 과징금을 산정한다.[213] 후순위사채의 인수, 실권주 인수, 전환사채의 전환권행사, 유상증자 참여행위[214] 등이 여기에 해당한다. 예를

대리바트의 같은 연도 당기순손실 약 457억원을 초과하는 과다한 규모인 점, 지원객체들은 그 판시와 같이 1995. 이래 3년 연속적자를 내어 완전자본잠식상태에 있던 회사로서 외부로부터의 자금차입에 제한을 받고 있었으므로 장기 기업어음의 발행이 사실상 어려웠고, 따라서 대부분 만기 1일~7일 정도의 최단기 기업어음을 발행하여 그때그때의 자금결제에 급급한 실정에 있었기 때문에 이 사건 무보증전환사채를 계열회사 이외의 제3자가 인수하는 것이 객관적으로 불가능한 것으로 보이는 점, 전환사채의 경우 전환권이 행사되기 전까지는 채권이라 볼 수밖에 없고, 이 사건 무보증전환사채의 경우 전환가격이 상장법인재무관리규정상의 기준주가보다 113%~217%로 높을 뿐만 아니라 발행 당시 경제상황이나 발행회사들의 재무상황을 고려할 때 전환권의 행사는 사실상 불가능하다고 보이므로 이 사건 무보증전환사채의 인수를 정상적인 자본거래라고 볼 수 없고, 따라서 이 사건 무보증전환사채는 일반회사채와 동일하다고 보아야 할 것인데, 발행 당시 일반회사채(3년만기의 은행지급보증채)의 수익률 연 14%~연 22%에 비하여 만기수익률이 연 11%~연 18%인 이 사건 무보증전환사채는 수익율면에서도 가치가 훨씬 떨어지는 점, 이 사건 무보증전환사채를 발행할 당월의 지원객체들의 당좌대출금리는 연 18.1%~연 30%였던 사실 등을 인정한 다음, 당좌대출금리는 당좌대출계약을 기초로 한 일시적 단기성 대출금리로서 정상적인 기업어음 대출금리 등 일반대출금리보다 일반적으로 높기 때문에 개별정상금리를 산정하기 어렵다는 이유만으로 바로 당해 기업의 당좌대출금리를 정상금리로 적용할 수는 없다고 할 것이지만 개별정상금리가 일반정상금리를 하회하지 않을 것으로 인정되는 특별한 경우에는 비록 개별정상금리를 구체적으로 확정할 수 없다고 하더라도 당해 기업의 당좌대출금리를 정상금리로 적용할 수 있다고 할 것인데, 이 사건 무보증전환사채 발행 당시 경제상황이나 발행회사들의 재무상황에 비추어 지원객체들이 이미 부도에 직면하여 투자위험도가 매우 높아 외부로부터의 자금차입이 사실상 불가능한 상태에 있었던 점에 비추어 이 사건 무보증전환사채를 발행할 당월의 지원객체들의 당좌대출금리인 연 18.1%~연 30%를 개별정상금리로 볼 수 있는 점, 지원성 거래규모와 지원행위로 인한 경제상 이익, 지원기간, 지원회수, 지원시기, 지원행위 당시 지원객체가 처한 경제적 상황 등을 종합적으로 고려하면 이 사건 무보증전환사채를 인수한 행위는 현저히 유리한 조건의 거래행위에 해당한다는 취지로 판단); 대법원 2006.12.22. 선고 2004두1483 판결(원고 삼성에버랜드의 100% 자회사인 연포레져는 이 사건 자금대여 당시 연속 적자로 자본이 잠식된 기업으로서 외부로부터의 자금차입이 사실상 불가능하였음은 물론 부도위기에 처하였으며, 결국 연포레져에 대한 개별정상금리는 일반정상금리를 하회하지 않을 것으로 보이는 사정을 알 수 있는바, 이와 같은 경우에는 일반정상금리를 정상금리로 삼아 이 사건 자금대여 행위가 연포레져에 현저히 유리한 조건의 거래인지 여부를 판단할 수 있고, 그러한 상황에서 원고 삼성에버랜드가 당시 자본금 25억 9,000만원, 연 매출액 4억 5,500만원 정도인 연포레져에게 정상금리보다 4.93% 내지 6.42% 낮은 금리로 18억원의 자금을 신규대여한 것은 연포레져를 지원할 의도로 경제상 이익을 제공한 것으로서 이로 인하여 연포레져는 시장에서의 퇴출을 면하였던 것으로 보이므로, 사정이 이와 같다면 이 사건 자금대여 행위는 현저히 유리한 조건의 거래로서 공정한 거래를 저해할 우려가 있는 부당한 지원행위에 해당).

212) 대법원 2008.2.14. 선고 2007두1446 판결; 대법원 2014.11.13. 선고 2009두20366 판결.

213) 부당지원행위 심사지침에 따르면, 후순위사채의 경우 지원주체가 매입한 후순위사채의 액면금액을 지원성 거래규모로 보고, 유상증자시 발행된 주식의 경우 지원주체의 주식 매입액을 지원성 거래규모로 본다.

214) 대법원 2007.1.25. 선고 2004두7610 판결. "전환사채의 전환권행사는 사채와 주식의 교환이라는 거래행위의 성격 외에 단체법적인 출자행위의 성격도 가지고 있어 전환사채의 전환권행사로 지원객체인 사채발행회사가 얻은 구체적인 경제적 이익을 산정하기 곤란하고, 그 결과 이 사건 전환사채의 전환권행사 행위는 지원금액을 산출하기 어려운 경우에 해당"하고, "유상증자에 따른 신주인수는 신주 발행회사와 신주인수인 사이의 주식 또는 주권의 거래행위로서의 성격 외에 단체법적인 출자행위의 성격도 가지고 있어 신주인수로 지원객체인 신주 발행회사가 얻은 구체적인 경제적 이익을 산정하기 곤란하고, 그 결과 이 사건 유상증

들어 현대중공업이 해외채권을 고가로 매입하여 계열회사를 우회 지원한 사례에서, 대법원은 "이 사건 해외채권 발행 당시 이 사건 해외채권과 종류, 규모, 기간, 신용상태 등이 유사한 상황에서 특수관계가 없는 독립된 자 간에 채권 발행·인수의 사례가 있었음을 인정할 자료가 없어 이 사건 해외채권은 그 '정상가격'을 산정할 수 없[는]경우에 해당한다."고 판단하였다.[215] 삼성 계열회사들이 종금사를 통하여 삼성물산의 실권주를 인수함으로써 실권주 인수의무를 부담하고 있던 삼성증권을 지원한 행위에 있어서 대법원은 "삼성물산의 실권주 공모 이후에도 남아있던 실권주는 총액인수계약에 따라 삼성증권이 인수하였어야 할 것이고 삼성증권으로서는 인수 후 3개월 내에 이를 처분하였어야 했던 점, 주가가 계속적인 하락세에 있었던 점 등의 사정을 고려하면, 이 사건 실권주 인수가 없었더라면 삼성증권은 그에 상당하는 추가적인 손실이 발생하였을 것이 명백"하다고 하여 별도의 정상가격 산정 없이 부당한 지원행위를 인정하였다.[216]

(바) 규모성 지원행위

1) 법령상 근거에 관한 검토

규모성 지원행위는 자금, 자산 또는 상품·용역, 인력을 상당한 규모로 제공 또는 거래하는 행위를 말한다. 규모성 지원행위 중 상품·용역과 관련된 부분을 속칭 '일감 몰아주기'라고도 한다. 그런데 법 제45조 제1항 제9호 가목은 부당한 지원행위를 "특수관계인 또는 다른 회사에 대하여 (중략) 상당히 유리한 조건으로 거래하는 행위"라고만 규정하고 있다. 한편 동법 시행령 [별표 2] 제9호 가목 내지 다목은 부당한 자금지원, 부당한 자산·상품 등 지원, 부당한 인력지원에 관하여 "상당히 낮거나 높은 대가로 제공 또는 거래"하는 행위 이외에 "상당한 규모로 제공 또는 거래"하는 행위를 통해 과다한 경제상 이익을 제공하는 것도 포함하고 있다. 따라서 위 시행령 상의 "상당한 규모로 제공 또는 거래하는 행위"를 통하여 과다한 경제상 이익을 제공하는 것이 법률에서 규정한 "상당히 유리한 조건으로 거래하는 행위"의 문언 범위를 벗어난 것이 아닌지 하는 의문이 제기될 수 있다.[217] 그러나 대법원은 법이 규정한 "거래의 조건에는 거래되는 상품 또는 역무의 품질, 내용, 규격, 거래수량, 거래횟수, 거래시기, 운송조건, 인도조건, 결제조건, 지불조건, 보증조건 등이 포함되고 (중략) 거래규모는 거래수량에 관한 사항으로서 거래조건에 포함된다고 할 수 있고 현실적인 관점에서 경우에 따라서는 유동성의 확보 자체가 긴요한 경우가 적지 않음에 비추어 현저한 규모로 유동성을 확보할 수 있다는 것 자체가 [상당히] 유리한 조건의 거래가 될 수 있[다]."고 판단하였다.[218] 이에 따라 상당한 규모로

자 참여행위는 지원금액을 산출하기 어려운 경우에 해당"한다.

215) 대법원 2007.1.25. 선고 2004두7610 판결.

216) 대법원 2007.10.26. 선고 2005두3172 판결.

217) 이봉의, "독점규제법상 부당지원행위", 경쟁법연구 제27권(2013), 234-236면.

218) 대법원 2007.1.25. 선고 2004두7610 판결. 이 판결은 법 개정 전 현저성에 관한 판결이나 개정 후 상당성

제공 또는 거래하는 행위를 통하여 과다한 경제상 이익을 제공하는 것 역시 법 제45조 제1항 제9호 소정의 '상당히 유리한 조건의 거래'에 포함된다고 보고 있다.

2) 상당한 규모

상당한 규모로 거래하는 지원행위를 규제하는 취지는 대가 상의 차이가 거의 없는 경우라도 거래의 규모 측면에서 과다한 경제상 이익의 제공이 이루어질 수 있다는 점에 착안한 것이다. 상당한 규모란 지원객체가 속한 시장의 구조와 특성, 지원행위 당시의 지원객체의 경제적 상황, 여타 경쟁사업자의 경쟁능력 등을 종합적으로 고려하여 판단한다. 상당한 규모에 의한 지원행위인지 여부는 ① 거래대상의 특성상 지원객체에게 거래물량으로 인한 규모의 경제 등 비용절감효과가 있음에도 불구하고, 동 비용절감효과가 지원객체에게 과도하게 귀속되는지 여부, ② 지원주체와 지원객체 간의 거래물량만으로 지원객체의 사업개시 또는 사업유지를 위한 최소한의 물량을 초과할 정도의 거래규모가 확보되는 등 지원객체의 사업위험이 제거되는지 여부를 고려하여 판단할 수 있다. 지원행위에 해당되는지 여부를 판단할 때에는 당해 지원객체와의 거래에 고유한 특성에 의하여 지원주체에게 비용절감, 품질개선 등 효율성 증대효과가 발생하였는지 여부 등 당해 행위에 정당한 이유가 있는지 여부를 고려하여야 한다.

지원객체가 속한 시장에서 지원행위가 차지하는 비중이 크지 않다고 하더라도, 그것만으로 곧바로 지원행위가 상당한 규모의 거래에 해당하지 않는다고 단정할 것은 아니다. 왜냐하면, 부당지원행위를 금지하는 규정의 입법 취지는, 경제력 집중을 방지함과 아울러 효율성이 낮은 부실기업이나 한계기업을 존속케 함으로써 당해 시장에서 경쟁자를 부당하게 배제하거나 잠재적 경쟁자의 신규 시장진입을 억제하는 등으로 공정한 거래질서를 저해하는 것을 막고자 하는 데에 있다. 따라서 지원행위의 거래물량만으로도 지원객체의 사업개시 또는 사업유지를 위한 최소한의 물량을 초과할 정도의 거래규모가 확보되어 지원객체의 사업위험이 제거되었다고 볼 수 있는 이상, 상당한 규모의 거래에 해당한다는 것이 판례의 입장이다.[219)]

(사) 거래단계 추가 등 행위

부당한 거래단계의 추가 등이란 사업자가 ① 다른 사업자와 직접 상품·용역을 거래하면 상당히 유리함에도 불구하고 거래상 역할이 없거나 미미(微微)한 특수관계인이나 다른 회사를 거래단계에 추가하거나 거쳐서 거래하는 행위, ② 다른 사업자와 직접 상품·용역을 거래하면 상당히 유리함에도 불구하고 특수관계인이나 다른 회사를 거래단계에 추가하거나 거쳐서 거래하면서 그 특수관계인이나 다른 회사에 그 거래상의 역할에 비해

에 관하여서도 마찬가지로 적용될 수 있을 것이다.

219) 대법원 2022.9.16. 선고 2019도19067 판결.

과도한 대가를 지급하는 행위를 말한다(영 [별표 2] 9호 라목). 첫 번째 유형은 실질적으로 거래상 역할의 존재를 인정하기 어려운 경우를 의미하며, 두 번째 유형은 거래상 역할 자체가 부인되는 것은 아니지만 그 역할에 비하여 과도한 대가가 주어지고 있는 경우를 말한다. 거래단계의 추가 등은 본래 다른 지원행위 유형에 포함되는 것으로서 종전부터 규제대상에 포함되었으나, 입법자가 규제의지를 특별히 강조하기 위하여 법 개정 시에 위 나목을 신설한 것으로 이해된다. 부당지원행위 심사지침은 통상적인 직거래관행 및 기존의 거래형태와 달리, 지원객체를 통해 제품을 간접적으로 구매하면서 실제 거래에 있어 지원객체의 역할을 지원주체가 수행하거나 지원주체와 지원객체의 역할이 중복되는 등 지원객체가 거래에 있어 실질적인 역할을 하지 않는 경우, 지원주체가 직접 공급사로부터 제품을 구매하는 것이 상당히 유리함에도 불구하고 거래상 실질적인 역할이 없는 지원객체를 중간 유통단계로 하여 간접 구매하는 경우, 지원주체가 자신에게 제품을 납품하는 회사로 하여금 제품생산에 필요한 중간재를 거래상 실질적인 역할이 없는 지원객체를 거쳐 구매하도록 하는 경우를 예시로 들고 있다.

거래단계 추가 등에 의한 지원행위 여부 판단 시에는 ① 지원주체가 지원객체를 거래단계에 추가하거나 거쳐서 거래하기로 결정함에 있어 통상적으로 행하는 필요최소한의 분석·검증 작업을 거치지 않는 등 정상적인 경영판단에 따른 결과로 보기 어려운 경우에 해당하는지 여부, ② 통상적인 거래관행이나 지원주체의 과거 거래행태상 이례적인지 여부, ③ 불필요한 거래단계를 추가하는 것이어서 지원주체에게 불리한 조건의 거래방식인지 여부, ④ 지원주체가 역할이 미미한 지원객체를 거래단계에 추가하거나 거쳐서 거래함으로써 지원객체에게 불필요한 유통비용을 추가적으로 지불한 것으로 볼 수 있는 지 여부, ⑤ 지원주체가 지원객체를 거치지 않고 다른 사업자와 직접 거래할 경우 지원객체를 거쳐서 거래하는 것보다 더 낮은 가격으로 거래하는 것이 가능한지 여부를 고려할 수 있다.

■ 대법원 2022.5.26. 선고 2020두36267 판결

기업집단 「하이트진로」의 부당지원행위 사건에서는 여러 형태의 이른바 '통행세' 거래 관행이 문제가 되었다. 그 중에서 원고 하이트진로가 원래는 삼광글라스 등 거래처로부터 직접 맥주용 알루미늄 캔(공캔)을 구입하였으나, 아래 [그림 7-4]와 같이 동일인의 2세가 지분 대부분을 보유한 원고 서영을 통해 공캔을 구매하는 것으로 변경한 행위에 관하여 살펴보기로 하자.

법원은 하이트진로가 공캔 제조사로부터 직접 공캔을 매수할 수 있었음에도 불구하고 거래상 실질적인 역할을 담당하지 않는 원고 서영을 거쳐서 공캔을 매수한 점, 당시 원고 서영은 국내 공캔 시장의 대규모 수요자인 원고 하이트진로에 공캔을 전속적으로 판매함에 따라 국내

[그림 7-4] 공캔 거래 구조

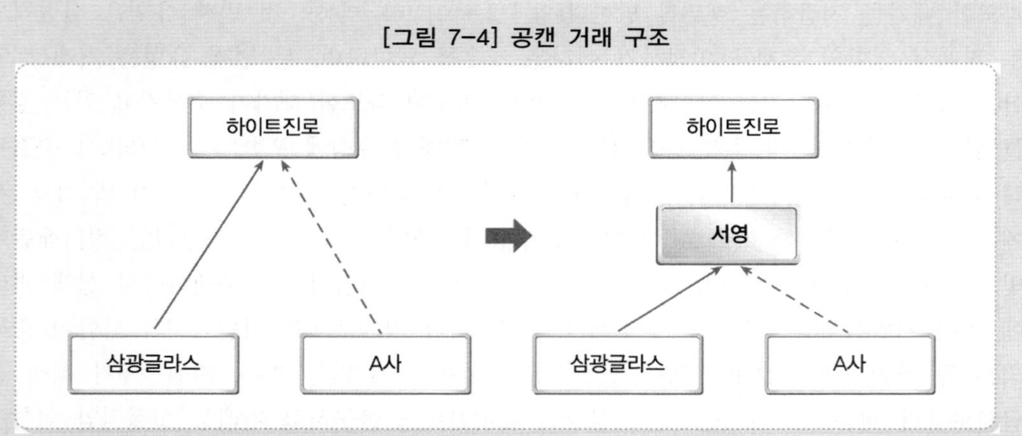

공캔 시장 점유율이 47%에 이른 점, 원고 서영은 공캔 제조사로부터 공캔을 매수한 다음 그 매수가격에 자신의 이익을 더한 가격으로 원고 하이트진로에 판매하였고, 이로 인하여 원고 서영의 2008년부터 2012년까지 영업이익의 약 20.8%, 당기순이익의 약 49.8%에 달하는 이익을 얻은 점 등의 이유를 들어, 공캔 거래는 현저한 규모의 거래로 인하여 과다한 경제상 이익을 제공한 것으로서 규모성 지원행위에 해당한다는 취지로 판단하였다. 이 사안은 전형적인 거래단계 추가 등 행위에 해당하나, 공캔 거래 당시에는 해당 규정이 적용되기 이전이므로 규모성 지원행위로 의율한 것에 특색이 있다.

(아) 과다한 경제상 이익의 제공

지원행위의 핵심적 징표는 결국 지원주체의 지원객체에 대한 과다한 경제상 이익의 제공이다. 경제적 이익의 과다성은 지원 상대방에게 귀속되는 이익의 크기에 관한 판단이다. 거래조건이나 거래규모의 상당성이 인정되어도 경제적 이익의 과다성이 존재해야 비로소 지원행위가 성립된다. 따라서 가격차이가 크거나 거래규모가 크더라도 경제적 이익이 과다한 수준에 이르지 않는 경우라면 지원행위가 성립되지 않는다. 과다한 경제상 이익을 제공한 것인지 여부는 지원성 거래규모 및 급부와 반대급부의 차이, 지원행위로 인한 경제상 이익,[220] 지원기간, 지원횟수, 지원시기, 지원행위 당시 지원객체가 처한 경제적 상황 등을 종합적으로 고려하여 구체적·개별적으로 판단하여야 한다.[221]

220) 지원행위로 인한 경제상 이익을 검토할 때에는 지원금액이 매출액이나 영업이익 등에서 차지하는 비중, 지원객체의 영업이익율이나 순이익율 등의 재무지표를 참고할 수 있다.

221) 대법원 2007.1.25. 선고 2004두7610 판결은 현저한 규모의 거래로 인하여 과다한 경제상 이익을 제공한 것인지 여부의 판단에서 '지원성 거래규모 및 급부와 반대급부의 차이'도 고려되어야 하는 것으로 보고 있다.

■ **서울고법 2017.10.25. 선고 2017누37675 판결(확정)**

다음 각 사정을 종합하면, 원고는 A에게 과다한 경제상 이익을 제공하였다고 인정된다. ① 원고는 2005. 8. 17.부터 2011. 11. 30.까지 A에게 이 사건 거래와 유사한 상황에서 특수관계가 없는 독립된 자 간에 이루어졌을 경우에 형성되었을 정상수수료율인 16%보다 1.25배 많은 20%의 수수료율을 지급함으로써 약 102억 4300만 원을 지원하였다. 이는 A의 2005년부터 2011년까지 7년간 영업이익 합계액의 29.9%, 당기순이익 합계약의 40.6%에 해당하는 금액이다. ② 지원기간 동안 A는 평균 50.14%의 영업이익률을 실현하였다. 이는 광고대행업을 영위하는 기업들의 평균 영업이익률 6.73%의 약 7.5배에 해당하는 현저히 높은 수준이다. 반면 A의 설립 직전까지 원고의 스크린광고 영업대행 업무를 수행한 비계열회사인 B가 원고와 거래기간 중 실현한 영업이익률은 6.54%에 불과하다. ③ A는 설립 연도인 2005년에는 부채 비율이 1,027%에 이르는 등 상당히 불안정한 재무구조를 가지고 있었으나, 2011년에는 부채 비율이 110%로 급격히 감소하였고, 자본총계는 7년간 73배로 증가하는 등 재무구조가 현저히 개선되었다. ④ 원고의 지원행위는 약 7년에 걸쳐 지속됨으로써 매년 누적적으로 A에게 상당한 지원효과를 발생시켰다. 2005년 설립 당시 A는 관련 사업경험이 전무한 신설회사로 안정적인 수익원 확보가 지속적인 사업영위를 위해 필수적이었던 상황이었음을 감안하면 A의 사업능력이 우수했다는 원고의 주장을 고려하더라도, 위와 같은 A의 비약적 성장은 이 사건 거래를 통한 원고의 지속적인 경제상 이익의 제공으로 인한 것으로 보인다. ⑤ 원고는 스크린광고 영업대행 업무를 전속적으로 위탁할 사업자를 선정하면서도 입찰 공모 등의 절차를 통해 다수 사업자의 역량 및 세부 거래조건을 비교하는 등의 과정을 거치지 않고 사업역량이 검증되지 않은 신생 계열회사인 A와 수의계약 방식으로 거래를 개시하여 거래물량이 한정적인 스크린광고 시장에서 동종 업계 최대규모의 사업기회를 제공하였다.

(자) 지원의도

지원의도는 지원행위를 하게 된 동기와 목적, 거래의 관행, 당시 지원객체의 상황, 지원행위의 경제적 효과와 귀속 등을 종합적으로 고려하여 추단할 수 있다. 지원의도를 부당지원행위가 성립하기 위한 별개의 요건인 것처럼 설시를 한 판결례도 있다.[222] 그러나 법령상의 금지요건에 지원의도라는 주관적 요소가 포함되어 있지 않음에도 주관적 지원의도를 요구하면 부당지원행위의 구성요건을 변경시키는 결과를 초래할 수 있고, 행정법의 해석에 있어서 특별한 사정이 없는 한 고의나 과실과 같은 주관적 구성요건은 불필요하고, 독점규제법은 사업자의 주관적 의도가 아니라 객관적 행위와 그것이 시장이나 국

222) 대법원 2005.5.27. 선고 2004두6099 판결('부당한 자금지원행위'의 요건으로서의 지원의도는 지원행위를 하게 된 동기와 목적, 거래의 관행, 당시 지원객체의 상황, 지원행위의 경제상 효과와 귀속 등을 종합적으로 고려하여 지원주체의 주된 의도가 지원객체가 속한 관련 시장에서의 공정한 거래를 저해할 우려가 있는 것이라고 판단되는 경우 인정되는 것이고, 이러한 지원의도는 앞서 본 바와 같은 여러 상황을 종합하여 객관적으로 추단할 수 있다.); 대법원 2007.1.11. 선고 2004두350 판결.

민경제에 미치는 효과를 포착하여야 하기 때문에, 지원의도를 별개의 요건으로 볼 것은 아니다.[223] 지원의도는 지원행위의 부당성을 판단함에 있어서 고려할 수 있는 요소 중의 하나로 보는 것이 타당할 것이고, 최근 대다수의 판결례는 그러한 태도를 취하고 있다.

(4) 부당성의 판단

(가) 공정거래저해성의 내용

대법원은 지원행위의 공정거래저해성의 내용을 경쟁저해성과 경제력 집중에 근거하여 제시하고 있다. 판례는 지원주체와 지원객체와의 관계, 지원행위의 목적과 의도, 지원객체가 속한 시장의 구조와 특성, 지원성 거래규모와 지원행위로 인한 경제상 이익 및 지원기간, 지원행위로 인하여 지원객체가 속한 시장에서의 경쟁제한이나 경제력집중의 효과 등은 물론 중소기업 및 여타 경쟁사업자의 경쟁능력과 경쟁여건의 변화 정도, 지원행위 전후의 지원객체의 시장점유율의 추이, 시장개방의 정도 등을 종합적으로 고려하여, 당해 지원행위로 인하여 지원객체의 관련시장에서 경쟁이 저해되거나 경제력 집중이 야기되는 등으로 공정한 거래가 저해될 우려가 있는지 여부를 기준으로 한다.[224] 부당지원행위 심사지침은 보다 구체적으로 ① 지원객체가 해당 지원행위로 인하여 일정한 거래분야에 있어서 유력한 사업자의 지위를 형성·유지 또는 강화할 우려가 있는 경우,[225] ② 지원객체가 속하는 일정한 거래분야에 있어서 해당 지원행위로 인하여 경쟁사업자가 배제될 우려가 있는 경우, ③ 지원객체가 해당 지원행위로 인하여 경쟁사업자에 비하여 경쟁조건이 상당히 유리하게 되는 경우, ④ 지원객체가 속하는 일정한 거래분야에 있어서 해당 지원행위로 인하여 지원객체의 퇴출이나 타사업자의 신규진입이 저해되는 경우, ⑤ 관련법령을 면탈 또는 회피하는 등 불공정한 방법, 경쟁수단 또는 절차를 통해 지원행위가 이루어지고, 해당 지원행위로 인하여 지원객체가 속하는 일정한 거래분야에서 경쟁이 저해되거나 경제력 집중이 야기되는 등으로 공정한 거래가 저해될 우려가 있는 경우를 지원행위의 부당성이 인정되는 사례로 들고 있다.

(나) 경쟁저해성

경쟁저해성은 독점규제법에서 일반적으로 사용되는 경쟁제한성보다 넓은 개념이다.[226] 위 부당성 사유들 중에는 경쟁이 직접적으로 제한되었다고 보기 어려운 것도 많기 때문

---

223) 이봉의, “독점규제법상 부당지원행위”, 경쟁법연구 제27권(2013), 234면.

224) 대법원 2004.3.12. 선고 2001두7220 판결; 대법원 2004.10.14. 선고 2001두2881 판결; 대법원 2006.12.22. 선고 2004두1483 판결; 대법원 2014.11.13. 선고 2009두20366 판결.

225) 유력사업자라는 개념은 과거 일본의 독점금지법에서 사용하던 개념으로서 독점규제법에서 사용하는 법개념이 아니기 때문에 과연 어떤 요건이 충족되어야 유력사업자로 인정되는지가 모호하다는 비판이 제기된다. 이봉의, “독점규제법상 부당지원행위”, 경쟁법연구 제27권(2013), 246면.

226) 동지: 이봉의, “독점규제법상 부당지원행위”, 경쟁법연구 제27권(2013), 238면; 백승엽, “공정거래법상 일감몰아주기에 관한 연구”, 서울대학교 박사학위논문(2017), 148면.

이다. 오히려 지원객체에 대한 지원행위가 외견상 경쟁을 촉진하는 듯한 측면이 있음을 부정하기 어렵다. 예를 들어 국내 굴지의 기업집단에 속한 신설회사가 계열회사들의 막대한 지원행위를 통하여 독과점 구조인 국내 자동차시장에 진출하는 경우를 생각해 보자. 자동차시장만 떼어 놓고 보면 해당 시장에 신규진입자가 등장함으로써 구조적으로 경쟁을 촉진시키는 측면이 있지만, 이것은 경제적 효율성을 발휘하는 본래적 의미의 경쟁과는 거리가 멀고 오히려 국민경제 차원에서 바람직하지 못한 결과를 가져올 수 있다. 만일, 시장의 기존 사업자들이 자동차의 제조에 있어서 더 큰 효율성을 갖췄음에도 불구하고 덜 효율적인 기업집단 소속 회사가 부당지원행위를 등에 업고 자금력의 우위를 내세워 시장을 잠식한다면,[227] 우리가 공정한 시장경쟁 과정을 통해 도출하고자 하는 결과와는 거리가 먼 것이 되고, 공정한 거래질서에도 부합하지 않게 된다. 즉, 부당지원행위 심사지침이나 판례가 들고 있는 경쟁저해의 폐해들은 장기적으로 경쟁기반의 유지에 부정적 영향을 미칠 수 있는 사유들로서, 결국 경제력 집중을 억제하려는 이유와도 연결이 된다.

(다) 경제력집중

경제력집중은 일반집중, 시장집중, 소유집중의 다층적 의미를 담고 있다. 그런데 판례는 경제력집중의 의미를 “시장집중과 관련하여 볼 때 기업집단 내에서의 특수관계인 또는 계열회사 간 지원행위를 통하여 발생하는 경제력 집중의 폐해는 지원행위로 인하여 직접적으로 발생하는 것이 아니라 지원을 받은 특수관계인이나 다른 회사가 자신이 속한 관련 시장에서의 경쟁을 저해하게 되는 결과 발생할 수 있는 폐해”라고 좁게 파악하고 있다. 나아가 “변칙적인 부의 세대 간 이전 등을 통한 소유집중의 직접적인 규제는 법의 목적이 아니”라고 보았기 때문에,[228] 사업자가 아닌 특수관계인에 대한 지원행위의 부당성은 특수관계인이 해당 지원행위로 얻은 경제상 급부를 계열회사 등에 투자하는 등으로 인하여 지원객체가 직접 또는 간접적으로 속한 시장에서 경쟁이 저해되거나 경제력 집중이 야기되는 등으로 공정한 거래를 저해할 우려가 있는지 여부에 따라 판단하게 되었다. 그런데 이러한 판례의 태도는 결과적으로 특수관계인 개인을 위한 사익편취행위에 대하여 면죄부를 주는 결과를 초래하여 많은 비판을 받았고, 결국 특수관계인에 대한 부당한 이익제공 금지에 관한 별도의 규정이 신설되는 하나의 원인이 되었다.

(라) 정당화 사유

지원행위에 경쟁저해성이나 경제력집중이 인정되는 경우에도, 정당화 사유가 존재하

227) 경쟁사업자가 시장에서 완전히 배제되는 정도가 아니라 비용상의 부담으로 퇴출의 압력을 받는 정도에 이른 경우에도 경쟁의 저해가 인정될 수 있다. 홍명수, “현저한 규모에 의한 지원행위(물량몰아주기)의 규제 법리 고찰”, 특별법연구 제10권(2012), 447면.

228) 대법원 2004.9.24. 선고 2001두6364 판결.

는 경우에는 최종적으로 위법성이 부인될 수 있다. 지원행위가 부당성을 갖는지 여부는 오로지 공정한 거래질서라는 관점에서 평가되어야 하는 것이고, 공익적 목적, 소비자 이익, 사업경영상 또는 거래상의 필요성 내지 합리성 등도 공정한 거래질서와 관계없는 것이 아닌 이상 부당성을 갖는지 여부를 판단함에 있어서 고려되어야 하는 요인이다.[229] 판례에 따르면, 계열사에 대한 선급금 지급행위가 부실기업인 지원객체의 경영정상화를 위하여 부여된 금융지원권한의 범위 내에서 이루어진 것으로서 도산 시 야기될 사회적·경제적 불안을 해소하기 위한 공익적 목적이 인정되는 경우,[230] 수의계약에 의한 책임감리용역 발주행위가 공사의 인력감축 등 구조조정을 전제로 민영화를 달성하기 위한 공익적 목적으로 공사에게 부여된 수의계약 집행권한의 범위 내에 속하는 행위이고 책임감리용역 발주행위의 규모 및 그로 인한 경제상 이익이 그다지 크지 아니한 경우[231]에 부당성이 부정되었다. 부당지원행위 심사지침은 대규모기업집단 계열회사가 기업구조조정을 하는 과정에서 구조조정 대상회사나 사업부문에 대하여 손실분담을 위해 불가피한 범위 내에서 지원하는 경우, 「대·중소기업 상생협력 촉진에 관한 법률」에 따라 위탁기업체가 사전에 공개되고 합리적이고 비차별적인 기준에 따라 수탁기업체(계열회사 제외)를 지원하는 경우, 기업구조조정과정에서 일부사업부문을 임직원 출자형태로 분리하여 설립한 「중소기업기본법」 상의 중소기업에 대하여 해당회사 설립일로부터 3년 이내의 기간동안 자생력 배양을 위하여 지원하는 것으로서 다른 중소기업의 기존거래관계에 영향이 적은 경우, 정부투자기관·정부출자기관이 공기업 민영화 및 경영개선계획에 따라 일부 사업부문을 분리하여 설립한 회사에 대하여 분사 이전의 시설투자자금 상환·연구기술인력 활용 및 분사후 분할된 자산의 활용 등과 관련하여 1년 이내의 기간동안 자생력 배양을 위하여 불가피하게 지원하는 경우로서 기존 기업의 거래관계에 영향이 적은 경우, 「금융지주회사법」에 의한 완전지주회사가 완전자회사에게 자신의 조달금리 이상으로 자금지원을 하는 경우, 개별 지원행위 또는 일련의 지원행위로 인한 지원금액이 5천만원 이하로서 공정거래저해성이 크지 않다고 판단되는 경우, 「장애인고용촉진 및 직업재활법」 제28조 제1항에 따른 장애인 고용의무가 있는 사업주가 같은 법 제2조 제8호에 해당되는 장애인 표준사업장의 발행주식 총수 또는 출자총액의 50%를 초과 소유하여 실질적으로 지배하고 있는 장애인 표준사업장에 대하여 자생력 배양을 위하여 합리적인 범위내에서 지원하는 경우, 「사회적 기업 육성법」 제7조에 따라 고용노동부장관의 인증을 받은 사회적 기업의 제품을 우선 구매하거나, 사회적 기업에게 각종 용역을 위탁하거나, 사회적 기업에게 시설·설비를 무상 또는 상당히 유리한 조건으로 임대하는 등의 방법으로 지원하는

229) 대법원 2004.10.14. 선고 2001두2881 판결.
230) 대법원 2001.12.11. 선고 2000두833 판결.
231) 대법원 2006.5.26. 선고 2004두8014 판결; 대법원 2007.1.11. 선고 2004두3304 판결.

경우를 예시로 들고 있다.

또한, 효율성에 기초한 정당화 항변도 역시 가능하며, 특히 규모성 지원행위와 관련하여 다양한 효율성 제고 효과에 대한 분석이 이루어질 필요가 있다. 이때 안정적인 거래관계의 형성, 장기적 생산계획의 확립, 기술조건의 특화에 따른 향상, 안정적 유통망의 구축, 거래객체의 성실성 확보를 통한 무임승차의 방지 등이 효율성 제고 효과로서 고려될 수 있다. 그러나 단순한 사업경영상의 필요 또는 거래의 합리성 내지 필요성이 있다는 사유만으로는 부당성이 부정될 수 없다.[232)]

(5) 안전지대

지원행위의 성립에 있어서 상당히 유리한 조건이라는 불확정 개념이 사용됨으로써 야기될 수 있는 수범자의 혼란을 방지하기 위하여 부당지원행위 심사지침은 지원행위 및 부당성 판단에 관하여 이른바 안전지대를 설정하고 있다. 이에 따르면, 가지급금 또는 대여금 등 자금을 거래한 경우, 유가증권·부동산·무체재산권 등 자산을 거래한 경우, 부동산을 임대차한 경우, 인력을 제공한 경우에 실제거래가격과 정상가격의 차이가 7% 미만이면서 거래당사자간 해당 연도 거래 총액이 30억원 미만인 경우에는 지원행위가 성립하지 아니하는 것으로 판단할 수 있다. 그리고 상품·용역을 거래한 경우에, 지원주체와 지원객체 사이에 거래된 상품·용역의 실제 거래가격과 정상가격의 차이가 정상가격의 7% 미만이고 거래당사자간 해당 연도 상품·용역 거래총액이 100억원 미만인 경우에는 대가성 지원행위가 성립하지 아니하는 것으로 판단할 수 있고, 거래당사자간 해당 연도 상품·용역거래 총액이 100억원 미만이고 거래상대방의 평균매출액[233)]의 100분의 12 미만인 경우에는 규모성 지원행위가 성립하지 아니하는 것으로 판단할 수 있다. 그 외에 개별 지원행위 또는 일련의 지원행위로 인한 지원금액이 1억원 이하로서 공정거래저해성이 크지 않다고 판단되는 경우에는 부당성을 인정하지 않는다.

3. 교사행위의 금지

사업자는 계열회사 또는 다른 사업자로 하여금 부당지원행위를 하도록 하여서는 아니된다(법 45조 1항). 판례는 위 문언을 교사하는 행위 또는 이에 준하는 행위로 새기고 단순 방조하는 행위는 여기에 해당하지 않는다고 보고 있다.[234)]

---

232) 대법원 2004.10.14. 선고 2001두2935 판결.

233) 이 때 거래상대방의 평균매출액은 매년 직전 3년을 기준으로 산정한다. 다만, 해당 사업연도 초일 현재 사업을 개시한 지 3년이 되지 아니하는 경우에는 그 사업개시 후 직전 사업연도 말일까지의 매출액을 연평균 매출액으로 환산한 금액을, 해당 사업연도에 사업을 개시한 경우에는 사업개시일부터 위반행위일까지의 매출액을 연매출액으로 환산한 금액을 평균매출액으로 본다.

234) 대법원 2009.5.14. 선고 2009두1556 판결(모토로라 사건); 대법원 2019.3.14. 선고 2018두59670 판결. 모토로라 사건은 모토로라 총판 3사의 입찰담합과 관련하여 위 담합에 직접 참여하지 않은 모토로라의 책임이 문제된 사안이다. 법원은 ① 사업자단체의 금지행위를 규정하고 있는 구법 제26조 제1항은 그 제4호에

4. 지원객체의 부작위 의무

2013년의 법 개정에서 지원객체에 대한 부작위 의무가 신설되고, 위 의무 위반시 지원객체에게도 과징금을 부과할 수 있게 하였다. 즉, 특수관계인 또는 회사(지원객체)는 다른 사업자로부터 부당한 지원행위에 해당할 우려가 있음에도 불구하고 해당 지원을 받는 행위를 해서는 안 된다(법 45조 2항). 만약 특수관계인 또는 회사가 이에 위반한 경우에 공정위는 해당 특수관계인 또는 회사에 대하여 시정조치를 명하거나(법 49조 1항) 과징금을 부과할 수 있다(법 50조 2항).

5. 보복조치의 금지

사업자는 부당지원행위와 관련하여 분쟁조정의 신청, 신고 또는 공정위의 조사에 대한 협조를 한 사업자에게 그 행위를 한 것을 이유로 거래의 정지 또는 물량의 축소, 그 밖에 불이익을 주는 행위를 하거나 계열회사 또는 다른 사업자로 하여금 이를 하도록 하여서는 아니 된다(법 48조).

Ⅲ. 특수관계인에 대한 부당한 이익제공의 금지

1. 의 의

특수관계인에 대한 부당한 이익제공의 금지는 2013년 법 개정에서 신설되었다. 동일인이 자연인인 공시대상 기업집단에 속한 국내 회사가 특수관계인(동일인 및 그 친족) 또는 특수관계인이 일정한 비율 이상의 주식을 보유한 계열회사 또는 그 계열회사의 자회사에게 부당한 이익을 귀속시키는 행위는 금지된다(법 47조 1항). 여기서 금지되는 행위의 유형은 ① 정상적인 거래에서 적용되거나 적용될 것으로 판단되는 조건보다 상당히 유리한 조건으로 거래하는 행위(1호), ② 회사가 직접 또는 자신이 지배하고 있는 회사를 통하여 수행할 경우 회사에 상당한 이익이 될 사업기회를 제공하는 행위(2호), ③ 특수관계인과 현금, 그 밖의 금융상품을 상당히 유리한 조건으로 거래하는 행위(3호), ④ 사업능력, 재무상태, 신용도, 기술력, 품질, 가격 또는 거래조건 등에 대한 합리적인 고려나 다른 사업자와의 비교 없이 상당한 규모로 거래하는 행위(4호)이다. 그리고 법 시행령

서 "다른 사업자로 하여금 불공정거래 등을 하게 하는 행위"와 "이를 방조하는 행위"를 구별하여 규정하고 있는 점, ② 구법 제19조 제1항 후단의 입법경위, ③ 법의 전반적인 체계, 그리고 ④ 구법 제19조 제1항 후단은 시정명령과 과징금 납부명령 등 침익적 행정행위의 근거가 되므로 언어의 가능한 의미 내에서 이를 엄격하게 해석할 필요가 있는 점 등에 비추어 보면, 다른 사업자로 하여금 부당한 공동행위를 교사하는 행위 또는 이에 준하는 행위를 의미하고, 다른 사업자의 부당한 공동행위를 단순히 방조하는 행위는 여기에 포함되지 않는다고 판단하였다.

[별표 3]「특수관계인에게 부당한 이익을 귀속시키는 행위의 유형 또는 기준」에서 위 각 행위유형에 관하여 보다 구체적으로 규정하고 있다. 공정위는 특수관계인에 대한 부당이익제공행위에 관한 객관적, 구체적 심사기준을 제시하기 위하여 예규 형태의「특수관계인에 대한 부당한 이익제공행위 심사지침」(이하 "부당이익제공 심사지침"이라 함)을 마련하여 시행하고 있다.

특수관계인에 대한 부당한 이익제공 금지의 입법취지는 소수 지배주주의 지배하에 있는 재벌 체제에서 발생하는 대리인 문제의 핵심인 지배주주의 사익편취 행위를 규제하기 위한 것이다.[235] 이에 대하여 기업 내 대리인 문제는 기본적으로 회사법에서 관장하여야 할 문제이므로 독점규제법에서 이를 규제하는 것은 적절하지 못하다는 지적이 있다.[236] 기업 내 대리인 문제에 관해서는 아래 비교법적 검토에서 살펴보는 것처럼 공시, 이사의 독립성 강화, 소수주주의 승인절차, 주주대표소송의 활성화 등 회사법적 장치가 주로 활용되는 것이 일반적이다. 그렇지만 비판론자들이 간과한 부분은 우리나라의 경우 이러한 회사법상 제도들이 불완전한 제도설계, 사적 당사자들의 집행 인센티브의 부재, 외국과 다른 기업관행 등 다양한 이유로 제대로 작동하지 않았기 때문에[237] 재벌의 사익편취행위가 사회적으로 문제가 되어 결국 입법자가 독점규제법에 공적 집행수단을 마련하기에 이르렀다는 점이다.

한편, 거래의 상대방에 대해서 부당한 이익을 제공받는 거래를 하거나 사업기회를 제공받는 행위를 하여서는 아니되는 부작위 의무와 특수관계인에 대해서 그러한 행위를 하도록 지시하거나 관여해서는 안 된다는 부작위 의무를 부과하고 있다. 즉, 법 제47조 제3항은 "제1항에 따른 거래 또는 사업기회 제공의 상대방은 제1항 각 호의 어느 하나에 해당할 우려가 있음에도 불구하고 해당 거래를 하거나 사업기회를 제공받는 행위를 하여서는 아니 된다."고 규정하고, 동조 제4항은 "특수관계인은 누구에게든지 제1항 또는 제3항에 해당하는 행위를 하도록 지시하거나 해당 행위에 관여하여서는 아니 된다."고 규정하고 있다. 따라서 특수관계인이 이러한 내부거래를 지시한 경우는 물론이고 단지 여기에 관여한 경우에도 그 책임을 물을 수 있다. 이러한 부작위 의무를 위반한 자에 대해서는 시정조치나 과징금은 물론이고 형사처벌까지 할 수 있게 되었다.

특수관계인에 대한 부당한 이익제공이 금지됨으로써 지배주주의 입장에서는 직접 혹은 다른 계열회사를 통하여 계열회사와 내부거래를 진행함에 있어서 신중을 기할 필요가

235) 서정, "재벌의 내부거래를 둘러싸고 나타난 규범의 지체현상과 그 극복", 법조 제704호(2015), 223-225면.
236) 송옥렬, "기업집단 내부거래 및 일감몰아주기 규제 근거의 검토", 상사법연구 제33권 제3호(2014), 307면.
237) 이상훈, "공정거래법 사익편취 규제: 찬반양론에 대한 비판 및 제언", 경제법연구 제18권 제1호(2019), 125면은 "상법의 주류 해석론에게 '문제해결'을 기대하기 어렵다는 점은 분명해 보인다. 스스로도 무엇이 문제인지, 다시 말하면 특수관계인간의 거래가 주주간 이해상충이 본질이라는 점, 그에 대해서는 회사법에 커다란 구멍이 뚫려 있음을 인식하지 못한 상태에서 주장되고 있는 면이 없지 않다."고 지적하고 있다.

생겼다. 특수관계인으로서는 ① 우선 내부거래를 하기 전에 당해 내부거래가 사업기회를 제공받는 것이 아닌지를 검토하여야 한다(2호). 위 심사를 통과하더라도, ② 당해 내부거래가 정상가격 등과 비교하여 상당히 유리한 조건은 아닌지를 살펴봐야 한다(1호, 3호). ③ 거래조건이 통상의 제3자 간 거래(arm's length transaction)와 유사한 수준이라고 하더라도, 상당한 규모로 거래하는 행위라면 그 거래에 관한 합리적 고려나 다른 사업자와의 비교 절차도 진행해야 한다(4호). 이러한 절차적, 내용적 요건의 검토에 흠결이 있을 경우에는 해당 거래행위가 특수관계인에 대한 부당한 이익제공으로 인정될 수 있다.

■ **특수관계인 사이의 거래에 관한 비교법적 검토**

독점규제법에서 규제하는 특수관계인에 대한 부당한 이익제공행위는 특수관계인 내지 이해관계자 사이의 거래(Related Party Transaction, 이하 "RPT")에 해당한다. 이는 독립당사자간의 거래(arm's length transaction)에 대비되는 개념이다. RPT는 거래당사자 사이에서 이해충돌을 야기할 수 있고 그 과정에서 특정인의 사익추구를 위하여 남용될 가능성이 있기 때문에 여러 국가에서 중요한 정책 과제로 간주되고 있다. 이러한 배경에서 OECD는 RPT와 소수주주권에 관한 국제적 규제 동향에 관한 보고서를 발표하였다.[238] 이에 따르면, RPT는 지배주주의 사익편취(tunneling)의 수단으로 사용됨으로써 기업가치를 훼손하고 소수주주의 권리를 침해한다는 실증적 증거가 우리나라는 물론 다른 여러 나라에서도 확인되고 있다. 그렇지만, 동시에 RPT가 지배주주의 회사에 대한 지원행위(propping)의 수단으로 활용되어 기업의 가치를 증진시키는 경우도 있다. 이러한 상반된 실증연구 결과가 존재하기 때문에 대부분의 국가는 RPT 자체를 금지하기보다는 사익편취의 수단으로 활용되는 RPT를 가려내어 이를 억제하는 것에 초점을 맞추고 있다. RPT에 대한 정책을 전반적으로 개관하면 공시, 이사의 독립성 강화, 소수주주의 RPT에 대한 승인절차, 주주대표소송의 활성화, 나아가 행정제재 및 형사처벌과 같은 공적 집행 등의 다양한 수단이 각국의 사정에 맞게 활용되고 있다.

독점규제법에서 규정하고 있는 특수관계인에 대한 부당한 이익제공행위의 금지는 그 중에서도 공적 집행에 해당하는데, RPT를 공적 집행의 방법으로 규제하는 국가는 그다지 많지 않다. 우리나라의 경우에 대규모 기업집단이 국민경제에서 차지하는 비중이 크고 이러한 기업집단에서 발생하는 RPT는 다른 경우보다 그 폐해가 큼에도 불구하고, 회사법 등 다른 법령에서 마련된 RPT에 대한 규제가 현실에서 제대로 작동하지 못하고 있는 점 등을 고려하여 불가피하게 대규모 기업집단에서 발생하는 RPT에 대해서 독점규제법을 통하여 규제를 하는 입법적 결단을 한 것이다. 공적 집행이 위법행위에 대한 강한 억제수단인 반면에 정상적 경제활동에 대한 위축효과도 가져오는 점을 고려할 때, 소수주주 등 RPT로 인하여 직접 피해를 입은 자가 해당 위법행위를 용이하게 중단시키고 책임을 물을 수 있도록 제도를 개선하는 방안에 관하여 진지한 검토가 필요할 것으로 보인다.[239]

---

238) OECD, Related Party Transactions and Minority Shareholder Rights(2012).

2. 성립요건

(1) 행위자

(가) 제공주체

제공주체는 동일인이 자연인인 공시대상기업집단에 속하는 국내 회사를 말한다(법 47조 1항). 즉, 우리가 소위 재벌이라고 부르는 동일인이 자연인인 공시대상 기업집단에 속하는 국내 회사만 제공주체가 될 수 있다.[240] 제공주체가 공시대상기업집단에 속하는 회사에 해당하는지 여부의 판단 시점은 해당 이익제공행위 당시를 기준으로 한다. 이익제공행위는 대규모기업집단 소속 회사는 물론 이에 속하지 아니한 회사에서도 발생할 수 있음은 물론이지만, 독점규제법은 회사법과 달리 국내의 경제력 집중 억제라는 규범목적을 가지고 있으므로, 그 입법취지에 맞추어 규제되는 제공주체의 범위를 동일인이 자연인인 공시대상 기업집단에 속하는 국내 회사로 한정한 것이다. 부당지원행위와 달리 제공주체의 교사행위에 대해서 별도의 금지조항은 없다.

(나) 제공객체

제공객체는 ① 동일인 및 그 친족[241]인 특수관계인, ② 위 특수관계인이 일정한 비율 이상의 주식을 보유한 계열회사(특수관계인 회사) 또는 ③ 그 계열회사가 단독으로 발행주식총수의 100분의 50을 초과하는 주식을 소유한 국내 계열회사(특수관계인 회사의 자회사)이다. 부당한 지원행위의 지원객체가 특수관계인 또는 다른 회사인 것에 비교하여 특수관계인에 대한 부당이익제공행위의 제공객체는 그 범위가 제한적이다. 제공객체에 해당하는지 여부의 판단 시점은 해당 이익제공행위 당시를 기준으로 한다. 특수관계인이 관련시장에 참여하였는지 여부는 고려사항이 아니다. 따라서 동일한 거래가 부당한 지원행위에는 해당되지 않지만 부당한 이익제공에는 해당하는 경우가 있을 수 있다. 예를 들어 특수관계인이 시장에 참가하고 있는 사업자가 아닌 경우에 부당한 지원행위는 성립하지 않을 수 있지만, 부당한 이익제공은 성립할 수 있다.

특수관계인 회사는 동일인이 단독으로 또는 다른 특수관계인과 합하여[242] 발행주식총수의 100분의 20 이상의 주식을 소유한 국내 계열회사를 말한다. 특수관계인의 지분보유

---

239) 동지: 이동원, "공정거래법에 있어서 체계상의 쟁점", 경영법률 제28권 제1호(2017), 302면.

240) 공기업, 준정부기관 등의 기업집단과 민간 기업집단 중에서 총수가 없는 기업집단은 규제대상에서 제외되었다. 이들의 경우에는 지배력 승계 이슈가 없다는 점을 고려한 것이다.

241) 동일인관련자로부터 분리된 자는 동일인의 친족의 범위에서 제외된다. 이에 따라, 동일인의 6촌 이내의 혈족 또는 4촌 이내의 인척이라 하더라도 공정위로부터 기업집단에서 분리된 것으로 인정받은 경우에는 지분율 산정에서 제외된 것으로 본다.

242) 동일인의 친족과 합하여 지분을 보유한 경우라 함은 동일인과 동일인의 친족이 함께 지분을 보유하고 있는 경우와 동일인만 지분을 보유하고 있는 경우 및 동일인의 친족만 지분을 보유하고 있는 경우를 모두 포함한다. 친족이 수인인 경우 그 수인의 친족의 지분을 모두 합산한다.

비율을 계산함에 있어서는 보통주, 우선주, 자사주, 상환주식, 전환주식, 무의결권주식 등 주식의 종류 및 의결권 제한 여부를 불문하고 계열회사가 발행한 모든 주식을 기준으로 계산한다. 여기서 지분이란 직접 보유한 지분만을 의미한다. 지분의 보유 여부는 소유 명의와 관계없이 실질적인 소유관계를 기준으로 한다(법 10조). 따라서 차명주식, 우회보유 등의 형태를 취하더라도 특수관계인이 그 지분에 대한 실질적인 소유자인 경우에는 특수관계인이 보유한 지분에 해당한다.

■ 규제되는 특수관계인 회사의 범위에 관한 논의

2020년 법 개정 전에는 특수관계인 회사 중 상장회사의 경우 동일인 등의 지분보유 요건이 30%였고, 특수관계인 회사의 자회사는 규제대상에서 제외되어 있었다. 그런데 특수관계인 회사 요건과 관련하여 회사를 분할하여 소유구조를 간접지분화하거나 규제대상 회사와 비규제대상 회사를 합병하거나 지분요건 미만으로 주식을 매각하여 규제를 회피하는 행태가 발생하였다.[243] 이에 대하여 제공객체의 대상 확대가 필요하다는 지적이 있었다. 법 개정 과정에서 상장회사인 특수관계인 회사에 대해서는 비상장회사와 지분율 차이를 둘 이유가 없고 규제격차에 따른 규제회피 사례가 발생하고 있으며 같은 목적으로 도입된 대규모내부거래의 이사회 의결 및 공시제도의 기준과 정합성을 고려할 필요가 있다고 하여 상장회사와 비상장회사를 불문하고 지분율 요건을 20%로 통일하게 되었다. 한편, 총수 일가의 간접지분 포함 여부와 관련해서는 총수일가의 간접지분을 모두 포함시키는 안, 특수관계인 회사의 완전자회사만 포함시키는 안 등도 검토되었으나, 집행가능성 및 대규모내부거래 공시규정과의 제도 정합성을 고려하여 특수관계인 회사가 50%를 초과하는 지분을 소유한 자회사만 포함시키는 것으로 결정되었다.[244]

(2) 이익제공행위

금지되는 이익제공행위의 유형은 ① 정상적인 거래에서 적용되거나 적용될 것으로 판단되는 조건보다 상당히 유리한 조건으로 거래하는 행위(1호), ② 회사가 직접 또는 자신이 지배하고 있는 회사를 통하여 수행할 경우 회사에 상당한 이익이 될 사업기회를 제공하는 행위(2호), ③ 특수관계인과 현금이나 그 밖의 금융상품을 상당히 유리한 조건으로 거래하는 행위(3호), ④ 사업능력, 재무상태, 신용도, 기술력, 품질, 가격 또는 거래조건 등에 대한 합리적인 고려나 다른 사업자와의 비교 없이 상당한 규모로 거래하는 행위(4호)이다. 제1호와 제3호의 규정은 '상당히 유리한 조건의 거래'와 관련된 금지유형이며, 제2호의 규정은 '사업기회의 제공'과 관련된 금지유형이고, 제4호의 규정은 소위 '일감몰아주기'와 관련된 금지유형이다. 그런데 제3호는 거래 대상이 현금 기타 금융상품으로 구

243) 백승엽, "공정거래법상 일감몰아주기에 관한 연구", 서울대학교 박사학위논문(2017), 226면.
244) 공정위, 공정거래법제 개선 특별위원회 최종 보고서(2018.7.), 37-38면.

체화되었을 뿐 제1호에 포섭될 수 있는 행위 유형이므로, 실질적으로 금지되는 행위는 세 가지 유형이라고 할 수 있다.

이익제공행위는 제공주체와 제공객체 사이에서 직접 또는 간접적인 방법으로 이루어질 수 있다. 따라서 제공주체와 제공객체 사이의 직접적이고 현실적인 상품거래나 자금거래행위라는 형식을 회피하기 위한 방편으로 제3자를 매개하여 상품거래나 자금 거래행위가 이루어지고 그로 인하여 특수관계인에게 실질적으로 경제상 이익이 직접 또는 간접적으로 귀속되는 경우 제3자를 매개로 한 간접거래도 이익제공행위의 범위에 포함된다.

(가) 상당히 유리한 조건의 거래

1) 금지행위

제1호의 상당히 유리한 조건의 거래는, 구체적으로 가지급금·대여금 등 자금을 정상적인 거래에서 적용되는 대가보다 상당히 낮거나 높은 대가로 제공하거나 거래하는 행위, 부동산·유가증권·무체재산권 등 자산 또는 상품·용역을 정상적인 거래에서 적용되는 대가보다 상당히 낮거나 높은 대가로 제공하거나 거래하는 행위, 또는 인력을 정상적인 거래에서 적용되는 대가보다 상당히 낮거나 높은 대가로 제공하거나 거래하는 행위를 말한다(영 [별표 3] 1호). 그리고 위 제3호의 현금이나 그 밖의 금융상품의 상당히 유리한 조건의 거래는 특수관계인과 현금, 그 밖의 금융상품을 정상적인 거래에서 적용되는 대가보다 상당히 낮거나 높은 대가로 제공하거나 거래하는 행위를 말한다(영 [별표 3] 3호). 굳이 현금이나 그 밖의 금융상품의 상당히 유리한 조건의 거래를 별도로 규정한 것은 입법자가 특수관계인 개인에 대한 부당한 지원행위의 성립을 원칙적으로 부정한 대법원의 삼성에스디에스 판결[245]을 의식하고 이를 입법적으로 극복하기 위한 조치로 보인다.

2) 적용제외

부당지원행위의 경우 상당히 유리한 조건의 거래에 관하여 '과다한 경제상 이익의 제공'을 요건으로 규정하고 있음에 반하여, 부당이익제공행위의 경우에는 그에 관한 별도의 규정을 두고 있지 않다. 따라서 부당지원행위의 경우에 비하여 그 범위가 넓다고 할 것이다. 이로 인한 수범자의 불확실성을 줄이기 위하여 대신 상당히 유리한 조건에 해당하지 않는 안전지대(safe zone)에 관한 규정을 법 시행령에 두고 있다. 즉, ① 시기, 종류, 규모, 기간, 신용상태 등이 유사한 상황에서 특수관계인이 아닌 자와의 정상적인 거래에서 적용되거나 적용될 것으로 판단되는 조건과의 차이가 100분의 7 미만이고, ② 거래당사자 간 해당 연도의 거래총액이 50억원(상품·용역의 경우에는 200억원) 미만인 경우에는 상당히 유리한 조건에 해당하지 않는 것으로 본다(영 [별표 3] 1호 및 3호 각 단서 참조). 적용제외 범위에 해당하려면 거래조건 차이와 거래총액 요건을 모두 충족하여야 한다.

245) 대법원 2004.9.24. 선고 2001두6364 판결.

즉, 거래총액은 적으나 정상적인 거래조건과의 차이가 많은 경우 또는 정상적인 거래조건과의 차이는 작으나 거래총액이 많은 경우에는 적용제외 범위에 해당하지 않는다.[246] 해당 연도 거래총액을 계산함에 있어서는 제공주체와 제공객체 간에 이루어진 모든 거래규모를 포함하여 계산하며, 여기서 거래총액이란 제공객체의 매출액 및 매입액을 합산한 금액을 의미한다. 그러나 안전지대 밖이라고 해서 곧바로 위법이 되는 것은 아니고 상당히 유리한 조건의 거래인지 여부를 별도로 따져봐야 한다.[247]

3) 구체적 사례

현대증권은 경쟁 입찰을 통하여 선정된 제록스와 현대증권에서 사용할 복합기 임대차계약을 체결하였다. 그런데 2011년 말경 대규모기업집단인 현대 소속 계열회사인 HST(현대의 특수관계인이 위 회사의 지분 중 90%를 보유하고 있다)는 현대증권과 제록스 간의 거래 중간에 자신을 끼워달라고 현대증권에게 요청하였고, 현대증권은 이를 수용하여 HST와 수의계약 방식으로 제록스 복합기 임대차계약을 체결하였고, HST는 현대증권에게 복합기를 임대하기 위한 목적으로 제록스와 복합기 임대차계약을 체결하였다. 공정위는 현대증권과 HST의 거래행위는 특수관계인에 대한 부당한 이익제공행위에 해당하여 위법하다고 보아 현대증권과 HST에 시정조치 및 과징금부과처분을 하였다.[248]

(나) 사업기회의 제공

1) 사업기회의 의미

사업기회의 제공은 회사가 직접 또는 자신이 지배하고 있는 회사[249]를 통하여 수행할 경우 회사에 상당한 이익이 될 사업기회로서 회사가 수행하고 있거나 수행할 사업과 밀접한 관계가 있는 사업기회를 제공하는 행위를 말한다(영 [별표 3] 2호 본문). 즉, 사업기회는 회사에 상당한 이익이 되고(이익성), 수행하고 있거나 수행할 사업과 밀접한 관계가 있어야 한다(밀접성).

상당한 이익이 될 사업기회란, 구체적으로 회사에 '현재 또는 가까운 장래에 상당한 이익이 될 수 있는 사업기회'를 의미한다. 이때, 현재 또는 가까운 장래에 상당한 이익이

---

246) 공정위는 현대증권 사건에서 이 사건 거래의 경우 행위가 시작된 2012년 2월 이후 현대증권과 HST 간 연간 거래금액은 200억원 미만이나, 정상적인 거래에서 적용되는 거래금액과 이 사건 행위로 인한 거래금액의 차이가 13.3% 이므로 적용제외 요건에 해당하지 않는다고 판단하였다. 공정위 2016.7.7. 의결 제2016-189호.

247) 홍대식, "공정거래법상 특수관계인에 대한 부당이익제공행위의 의미 및 판단기준" 비교사법 제21권 제1호(2014), 217-218면.

248) 공정위 2016.7.7. 의결 제2016-189호. 현대증권 사건은 통행세 관행에도 해당할 수 있다. 그런데 법 제45조 제1항 제9호 나목을 적용할 경우에 공정거래저해성에 관한 입증이 요구되나, 법 제47조 제1항 제1호의 경우에는 그러한 입증이 요구되지 않는다는 차이점이 있기 때문에, 경쟁당국의 입장에서는 후자로 의율하는 것이 입증부담 경감의 이점이 있다.

249) 제공주체인 회사가 지배하고 있는 회사인지 여부를 판단할 때에는 법 시행령 제4조(기업집단의 범위)의 규정을 준용하되, 해당 규정에서의 '동일인'은 제공주체인 회사로 본다.

발생할 수 있는지 여부는 원칙적으로 사업기회 제공 당시를 기준으로 판단한다. 상당한 이익이 될 사업기회인지 여부는 제공주체인 회사 자신 또는 자신이 지배하는 회사를 기준으로 판단하여야 한다. 제공객체에게 보다 더 이익이 될 수 있는지 여부, 제공객체가 해당 사업을 수행하는데 필요한 전문성과 능력을 더 잘 갖추고 있다는 등의 사정은 원칙적으로 상당한 이익의 판단과 직접 관련되는 요소가 아니다. 사업기회 제공 당시에는 이익을 내지 못하는 영업권이라 하더라도 사후적으로 많은 영업이익을 낼 것이라는 합리적 예측이 가능한 경우에는 상당한 이익이 될 사업기회에 해당될 수 있다.

밀접성과 관련하여 회사가 현재 수행하고 있는 사업기회에는 ① 사업기회 제공 당시 실제 회사가 수행하여 수익을 일으키고 있는 사업뿐만 아니라, ② 회사가 사업 개시를 결정하고 이를 위해 설비 투자 등 준비행위를 하고 있는 사업이 포함된다. 수행할 사업이라 함은 사업수행 여부에 대해 외부적 행위를 하지 않았더라도 내부적 검토 내지는 내부적 의사결정이 이루어진 사업을 포함한다. 회사가 수행하고 있거나 수행할 사업과 밀접한 관계가 있는 사업기회인지 여부는 제공주체 자신 또는 자신이 지배하는 회사의 본래 사업과의 유사성, 본래 사업 수행과정에서 필연적으로 수반되는 업무인지 여부, 본래 사업과 전·후방으로 연관관계에 있는 사업인지 여부, 회사재산의 공동사용 여부 등을 종합적으로 고려하여 판단한다. 이 때 사업기회를 제공받은 회사의 사업과의 관련성은 원칙적으로 그 기준이 되지 아니한다. 또한, 회사가 이미 수행하고 있는 사업도 회사가 수행하고 있거나 수행할 사업과 밀접한 관계가 있는 사업기회에 해당된다. 부당이익제공 심사지침에 따르면, 사업기회 제공은 회사가 사업양도, 사업위탁, 사업을 수행하거나 수행하려는 자회사의 주식을 제공객체에게 양도하는 행위 등을 통해 제공객체에 사업기회를 직접적으로 제공하는 방식 외에도, 자회사의 유상증자 시 신주인수권을 포기하는 방법으로 제공객체에게 실권주를 인수시키는 행위, 회사가 유망한 사업기회를 스스로 포기하여 제공객체가 이를 이용할 수 있도록 하거나 제공객체의 사업기회 취득을 묵인하는 소극적 방법 등이 있을 수 있다.

과거 글로비스 사건에서 글로비스가 영위하는 자동차 물류사업이 자동차 제조업체인 현대자동차의 사업기회에 해당하는지 여부가 쟁점이 되었다. 당시 하급심 법원은 해당 사안이 사업기회의 제공에 해당하지 않는다고 보았다.[250] 글로비스의 설립이 현대자동차에 현존하는 현실적이고 구체적인 사업기회라고 인정할 증거가 없다는 이유이었다. 그러나 이것은 부당한 이익제공 금지 규정이 신설되기 전에 이사의 의무에 관한 해석론을 토대로 하여 내려진 판결이었다. 따라서 현재의 상황에서 글로비스 사건과 같은 경우가 다시 발생하게 된다면 이를 사업기회의 제공이라고 볼 수 있을지 여부가 문제된다. 이에

250) 서울중앙지법 2011.2.25. 선고 2008가합47881 판결(확정).

관해서는 긍정설[251]과 부정설[252]이 대립하고 있지만, 이익성과 밀접성이 모두 인정되는 사례이므로 법문의 해석상 긍정설이 타당하다고 본다. 아직 사업기회 제공의 법리가 우리나라에 도입된 지 얼마 되지 않은 상황이기 때문에 사업기회의 구체적 범위는 향후 판례와 심결례의 축적을 통해 정리될 것으로 보인다.[253]

■ **「상법」의 사업기회 유용에 관한 이사의 책임과 비교**

2011년에 신설된 「상법」 제397조의2 제1항 본문은 "이사는 … 회사의 사업기회를 자기 또는 제3자의 이익을 위하여 이용하여서는 아니 된다."고 규정하고 있다. 위 조항은 회사의 사업기회 유용과 관련하여 사업기회 이용 금지의 대상을 이사로 한정하고 있다.[254] 반면, 독점규제법 제47조에서 금지되는 부당한 이익제공행위의 경우 제공객체는 이사 직위의 보유 여부와 무관하게 동일인 및 그 친족인 특수관계인과 관련 계열회사 및 그 자회사로서 「상법」의 규정에 비하여 그 범위가 훨씬 넓다. 우리나라에서 그동안 사업기회 유용이 사회적으로 문제가 된 사례들은 회사의 등기이사가 아니라 지배주주 내지 그 일가가 관여한 경우가 많았다.[255] 그러나 총수 내지 그 일가가 계열회사의 등기이사를 맡는 경우는 그다지 많지 않기 때문에, 위 「상법」 조항은 지배주주가 회사의 이사로서 전면에 등장하지 않는 경우에는 실효성을 기대하기 어렵다는 한계가 있었다.[256] 이러한 「상법」 규정의 한계를 고려하여 독점규제법 제47조는 제공객체의 범위를 확대하고, 특수관계인에 대하여 사업기회를 제공받는 행위를 하지 말아야 할 의무를 직접 부과하고 있다. 「상법」상 회사기회 유용이 단지 민사책임에 국한되는 것에 반하여 독점규제법상 의무 위반은 행정적 규제와 아울러 형사적 책임까지 묻는다는 점에서 차이가 있다.

---

251) 구승모, "상법 회사편 입법과정과 향후 과제", 선진상사법률연구 제55호(2011), 125면("개정상법에 따르면 당연히 회사기회에 해당하는 사안이라고 생각한다"); 정찬형, 상법강의(상)(제15판), 2012, 961-962면("상법 제397조의2에 의하면 자동차회사의 객관적 사유에 따른 사업기회에 해당한다고 볼 수 있다"); 천경훈, "회사기회의 법리에 관한 연구", 서울대학교 박사학위논문(2012), 204면([상법 제397조의2] 입법 후에 이런 행위가 이루어졌다면 회사기회 해당성은 인정되어야 할 것").

252) 임재연, 회사법 Ⅱ(2012), 390면(글로비스건에 관하여 논하면서 "기존사업에 수반되는 업무를 외부업체에 아웃소싱한 것이라면 규제대상 사업기회로 볼 수 있는지 의문"이라고 함).

253) 사업기회 제공에 관한 법리가 발달한 미국에서도 회사기회(사업기회)라는 개념이 근본적으로 그 사안의 사실 관계에 크게 의존할 수밖에 없는 것이어서 명확한 정식화가 어렵다고 한다. 천경훈, "회사기회의 법리에 관한 연구", 서울대학교 박사학위논문(2012), 43면.

254) 자기거래에 관한 「상법」 제398조에서 그 적용대상을 확대한 것을 참고로 하여 본조에서도 이사가 아닌 지배주주 및 그 특수관계인도 회사기회유용금지의 적용대상이 됨을 명시할 필요가 있다는 의견도 있다. 김희철, "개정상법의 회사기회 및 자산유용 금지규정에 관한 소고", 법조 제660호(2011), 223-224면.

255) 예컨대, 김선웅, "회사의 사업기회를 이용한 지배주주의 사익추구행위의 문제점과 규제방안", 경제개혁연구소 법·제도 45(2005), 1-8면 참조.

256) 지배주주가 이사회의 승인조차 거치지 않고 사업기회를 유용한 경우에 「상법」 제397조의2에 의하여 지배주주가 책임을 지는가의 문제에 관해서 상법학자들은 대체로 부정적이라고 한다. 상세는 천경훈, "회사기회의 법리에 관한 연구", 서울대학교 박사학위논문(2012), 227-229면 참조.

2) 적용제외

한편, ① 회사가 해당 사업기회를 수행할 능력이 없는 경우, ② 회사가 사업기회 제공에 대한 정당한 대가를 지급받은 경우, ③ 그 밖에 회사가 합리적인 사유로 사업기회를 거부한 경우는 부당한 사업기회 제공에서 제외된다(영 [별표 3] 2호 단서). 먼저, ① 회사가 해당 사업기회를 수행할 능력이 없는 경우라 함은 구체적으로 법률적 불능 또는 경제적 불능이 있는 경우를 의미한다. 해당 사업기회가 회사에게는 법적으로 진출이 금지된 사업인 경우에는 '법률적 불능'으로 법 적용에서 제외되며, 사업기회 검토 당시에 회사의 재정적 능력이 현저히 악화된 상태인 경우에는 '경제적 불능'으로 법 적용에서 제외된다.

그리고 ② 회사가 사업기회 제공에 대한 정당한 대가를 지급받은 경우에 해당하는지 여부는 해당 사업기회가 지니는 시장가치를 기준으로 판단한다. 해당 사업기회의 시장가치는 사업기회 제공이 이루어지는 당시를 기준으로 사업기회의 종류, 규모, 거래상황 등을 종합적으로 고려하여 판단한다. 대가의 지급에는 현금 내지 현금대용증권 외에도, 해당 사업에 관한 부채를 인수하는 등 소극적인 방식으로 대가를 지급하는 경우를 포함한다. 정당한 대가가 지급되었는지를 판단함에 있어서는 사업기회 제공 내지 대가 지급에 앞서 해당 사업기회의 가치를 객관적이고 합리적으로 평가하는 과정을 거쳤는지 여부 등을 고려할 수 있다.

마지막으로, ③ 그 밖에 회사가 합리적인 사유로 사업기회를 거부한 경우는 사업기회의 가치와 사업기회를 수행함에 따른 경제적 비용 등에 대하여 객관적이고 합리적인 평가를 거쳐 사업기회를 거부한 경우를 말한다. 이 때 사업기회 거부가 합리적인지 여부는 사업기회를 제공한 회사의 입장에서 평가하고, 제공주체가 해당 사업기회를 거부하는 것이 전체적인 기업집단 차원에서 볼 때 경제적이고 합리적이었다는 등의 사정은 원칙적으로 적용제외 평가기준이 되지 아니한다. 제공주체가 이사회 승인을 통해 사업기회를 거부하는 의사결정을 하였다고 하더라도, 그것만으로 합리적인 사유가 인정되는 것은 아니고 이사회에서의 의사결정의 사유가 합리적인지 여부에 대한 별도의 판단이 필요하다. 위 ①, ③ 요건의 적용과 관련하여 광주신세계 사건이 참고가 될 수 있다. 이 사건에서 대법원은, 회사의 이사회가 그에 관하여 충분한 정보를 수집·분석하고 정당한 절차를 거쳐 회사의 이익을 위하여 의사를 결정함으로써 그러한 사업기회를 포기하거나 어느 이사가 그것을 이용할 수 있도록 승인하였다면 그 의사결정과정에 현저한 불합리가 없는 한 그와 같이 결의한 이사들의 경영판단은 존중되어야 할 것이라고 판시하였다.[257] 따라

257) 대법원 2013.9.12. 선고 2011다57869 판결. 주식회사 신세계(이하 "신세계")는 100% 자회사로 주식회사 광주신세계(이하 "광주신세계")를 설립하였다. 1997년 말 외환위기로 자금조달에 어려움을 겪자 광주신세계는 유상증자하기로 하였는데, 100% 주주인 신세계는 이사회에서 신주인수권을 전부 포기하기로 결의하였

서 사업기회의 제공이 문제되는 상황이라면 이사회에서 충분한 정보를 수집·분석하고 정당한 절차를 거쳐 회사의 이익을 위하여 의사결정을 할 필요가 있다.

(다) 합리적 고려나 비교가 없는 상당한 규모의 거래

1) 금지행위

합리적 고려나 비교가 없는 상당한 규모의 거래는 거래상대방의 선정 및 계약체결 과정에서 사업능력, 재무상태, 신용도, 기술력, 품질, 가격, 거래규모, 거래시기 또는 거래조건 등 해당 거래의 의사결정에 필요한 정보를 충분히 수집·조사하고, 이를 객관적·합리적으로 검토하거나 다른 사업자와 비교·평가하는 등 해당 거래의 특성상 통상적으로 이루어지거나 이루어질 것으로 기대되는 거래상대방의 적합한 선정과정이 없이 상당한 규모로 거래하는 행위를 말한다(영 [별표 3] 4호 본문). 원칙적으로 ① 시장조사 등을 통해 시장참여자에 대한 정보를 수집하고, ② 주요 시장참여자로부터 제안서를 제출받는 등 거래조건을 비교하여, ③ 합리적 사유에 따라 거래상대방을 선정하는 과정을 거친 경우에는 합리적 고려나 비교가 있었던 것으로 본다. 경쟁입찰[258]을 거친 경우에는 원칙적으로 합리적 고려·비교가 있는 것으로 본다. 그러나 형식적으로는 입찰절차를 거쳤지만 애초에 특정 계열회사만 충족할 수 있는 조건을 제시한 경우, 시장참여자들에게 입찰과 관련된 정보를 제대로 알리지 않은 경우, 낙찰자 선정사유가 불합리한 경우 등 실질적으로 경쟁입찰로 볼 수 없는 경우에는 합리적 고려·비교가 없는 것으로 본다. 수의계약을 체결한 경우라도 사전에 시장참여자에 대한 조사를 거쳐 다수의 사업자로부터 실질적인 내용이 담긴 제안서를 제출받고(복수의 계열회사로부터만 제안서를 제출받은 경우는 제외한다) 그에 대한 검토보고서 등을 작성한 뒤 통상적인 결재절차를 거쳐서 합리적 사유에 따라 수의계약 당사자가 선정되었다는 점 등이 객관적으로 확인되는 경우에는 합리적 고려·비교가 있는 것으로 볼 수 있다.

그리고 '상당한 규모'로 거래하였는지 여부는 제공객체가 속한 시장의 구조와 특성, 거래 당시 제공객체의 경제적 상황, 제공객체가 얻은 경제상 이익, 여타 경쟁사업자의 경

다. 광주신세계는 이를 실권주 처리하고 당시 신세계의 최대주주 A의 장남인 B에게 배정하였다. B는 A로부터 25억원을 증여받아 신주인수대금을 전액 납입하였다. 신세계의 소액주주들은 위 신주인수권 포기 당시 신세계의 이사로 재직하고 있던 자(B 포함)들을 상대로 대표소송을 제기하였다. 청구원인 중의 하나는 피고들이 실권의결을 함으로써 피고 B로 하여금 광주신세계라는 사업기회 유용을 가능하게 하였으므로 신세계가 광주신세계를 운영하였다면 얻을 수 있었던 기대이익을 피고들이 연대하여 신세계에 반환하라는 것이었다. 대법원은 결론적으로 B가 신세계의 사업기회를 유용한 것으로 보기 어렵다고 판단하였다. 이 사건에서 법원이 신세계 이사들의 경영판단을 존중한 배경에는, 당시 외환위기로 인하여 시중 당좌대출금리가 37.5%까지 급등하고 다른 백화점들 다수가 도산하는 등 비상시기였고, 신세계도 보유자산을 매각하는 등 현금 확보에 매진하는 상황이었고, 다른 계열회사에 대한 신주인수권도 다량 포기한 후 구조조정 및 재무구조 개선사업을 추진하는 중이었으며, 당시 광주신세계의 주당 순자산가치도 마이너스였다는 등의 사정이 참작된 것으로 보인다.

258) 국가계약법 제7조 제1항 본문의 경쟁입찰 또는 그에 준하는 입찰을 의미한다.

쟁능력 등을 종합적으로 고려하여 구체적·개별적으로 판단한다.

2) 거래총액 및 거래비중에 따른 적용제외

안전지대(safe zone)에 해당하는 거래는 부당한 이익제공이 성립하지 않는다. 즉, ① 거래당사자 간 상품·용역의 해당 연도 거래총액(2 이상의 회사가 동일한 거래상대방과 거래하는 경우에는 각 회사의 거래금액의 합계액)이 200억원 미만이고, ② 거래상대방의 평균매출액의 100분의 12 미만인 경우에는 상당한 규모에 해당하지 않는 것으로 본다(영 [별표 3] 4호 단서). 적용제외 범위에 해당하려면 거래총액 요건[259]과 거래비중 요건[260]을 모두 충족하여야 한다. 따라서 해당 연도 거래총액은 적으나 거래상대방의 평균매출액에서 차지하는 거래비중이 높은 경우 또는 거래상대방의 평균매출액에서 차지하는 거래비중은 적으나 해당 연도 거래총액은 많은 경우에는 적용제외 범위에 해당하지 않는다. 예컨대, 해당 연도 거래총액이 200억원 미만이더라도 거래상대방 평균매출액의 100분의 12 이상을 차지하는 경우에는 법 적용대상이 된다.

3) 효율성·보안성·긴급성에 따른 적용제외

상당한 규모의 거래와 관련하여 기업의 효율성 증대, 보안성, 긴급성 등 거래의 목적을 달성하기 위하여 불가피한 경우로서 일정한 거래에 대해서는 금지 규정을 적용하지 아니한다(법 47조 2항). 효율성 등에 의한 항변은 독점규제법 위반행위에 일반적으로 원용될 수 있는 정당화 사유들인데, 이를 특별히 명문화한 것이다. 다만, 위 적용제외 규정에 대해서 이러한 정당화 사유들이 제공주체와 제공객체의 사정만을 고려한 것일 뿐이고, 그러한 이익이 왜 특수관계인에게 귀속되어야 하는지에 대한 합리적 근거를 제공해주지 못한다는 이유로, 입법론으로 이를 폐지해야 한다는 견해도 있다.[261]

법 시행령 [별표 4]에서 법 제47조 제1항 제4호를 적용하지 아니하는 거래에 관하여 보다 상세하게 규정하고 있다. 우선, 효율성 증대효과가 있는 거래라 함은 ① 상품의 규격·품질 등 기술적 특성상 전후방 연관관계에 있는 계열회사 간의 거래로서 해당 상품의 생산에 필요한 부품·소재 등을 공급 또는 구매하는 경우(가목), ② 회사의 기획·생산·판매 과정에 필수적으로 요구되는 서비스를 산업연관성이 높은 계열회사로부터 공급

259) 거래총액 요건과 관련하여 해당 연도 거래총액을 계산함에 있어서는 제공주체와 제공객체 간에 이루어진 전체 상품·용역의 거래 규모를 포함하여 계산하며, 여기서 거래총액이란 제공객체의 매출액 및 매입액을 합산한 금액을 의미한다.

260) 거래비중 요건과 관련하여 평균매출액은 매년 직전 3년을 기준으로 산정한다. 다만, 해당 사업연도 초일 현재 사업을 개시한 지 3년이 되지 아니하는 경우에는 그 사업개시 후 직전 사업연도 말일까지의 매출액을 연평균 매출액으로 환산한 금액을, 해당 사업연도에 사업을 개시한 경우에는 사업개시일부터 위반행위일까지의 매출액을 연매출액으로 환산한 금액을 평균매출액으로 본다. 예컨대, 위반행위가 2017년에 시작되어 2018년에 종료된 경우 2017년에 대한 평균매출액은 2014~2016년, 2018년은 2015~2017년 동안의 각각의 평균매출액을 산정한 후, 위 각 평균매출액에서 각 해 거래총액이 차지하는 비중을 산정하여 각 해당연도의 거래비중 요건의 충족 여부를 판단한다.

261) 백승엽, "공정거래법상 일감몰아주기에 관한 연구", 서울대학교 박사학위논문(2017), 248-249면.

받는 경우(나목), ③ 주된 사업영역에 대한 역량 집중, 구조조정 등을 위하여 회사의 일부 사업을 전문화된 계열회사가 전담하고 그 일부 사업과 관련하여 그 계열회사와 거래하는 경우(다목), ④ 긴밀하고 유기적인 거래관계가 오랜 기간 지속되어 노하우 축적, 업무 이해도 및 숙련도 향상 등 인적·물적으로 협업체계가 이미 구축되어 있는 경우(라목), ⑤ 거래목적상 거래에 필요한 전문지식 및 인력 보유 현황, 대규모·연속적 사업의 일부로서의 밀접한 연관성 또는 계약이행에 대한 신뢰성 등을 고려하여 계열회사와 거래하는 경우(마목)로서, 다른 자와의 거래로는 달성하기 어려운 비용절감, 판매량 증가, 품질개선 또는 기술개발 등의 효율성 증대효과가 있음이 명백하게 인정되는 거래를 말한다(1호). 다른 자와의 거래로는 달성하기 어려운 효율성 증대효과가 명백하다는 것은 경쟁입찰을 하거나 여러 사업자로부터 제안서를 제출받는 등의 절차를 거치지 않더라도 해당 회사와의 거래에 따른 효율성 증대효과가 다른 자와의 거래로는 달성하기 어렵다는 것이 객관적으로 명백하여 그와 같은 절차를 거치는 것 자체가 비효율을 유발하는 경우를 의미한다. 효율성 증대에 관한 입증책임은 이를 주장하는 사업자에게 있다.

다음으로, 보안성이 요구되는 거래라 함은 ① 전사적(全社的) 자원관리시스템, 공장, 연구개발시설 또는 통신기반시설 등 필수시설의 구축·운영, 핵심기술의 연구·개발·보유 등과 관련된 경우(가목), ② 거래 과정에서 영업·판매·구매 등과 관련된 기밀 또는 고객의 개인정보 등 핵심적인 경영정보에 접근 가능한 경우(나목)로서, 다른 자와 거래할 경우 영업활동에 유용한 기술 또는 정보 등이 유출되어 경제적으로 회복하기 어려운 피해를 초래하거나 초래할 우려가 있는 거래를 말한다(2호). 경제적으로 회복하기 어려운 피해란 특별한 사정이 없는 한 금전으로는 보상할 수 없는 유형 또는 무형의 손해로서 금전보상이 불가능하거나 금전보상으로는 충족되기 어려운 현저한 손해를 의미한다. 다른 자와 거래할 경우 피해를 초래하거나 초래할 우려가 있는지 여부는 거래의 성격과 시장 상황 등을 종합적으로 고려하여 판단한다. 회사의 영업활동에 유용한 기술 또는 정보 등과 관련된 거래라고 하여 모두 법 적용제외 사유로 인정되는 것은 아니며, 물리적 보안장치 구축, 보안서약서 체결 등 보안장치를 사전에 마련함으로써 외부 업체와 거래하더라도 정보보안을 유지할 수 있는지, 실제 시장에서 독립된 외부업체와 거래하는 사례가 있는지 등을 중심으로 판단한다.

마지막으로, 긴급성이 요구되는 거래라 함은 경기급변, 금융위기, 천재지변, 해킹 또는 컴퓨터바이러스로 인한 전산시스템 장애 등 회사 외적 요인으로 인한 긴급한 사업상 필요에 따른 불가피한 거래를 말한다(3호). 회사 외적 요인이라 함은 불가항력적 요인을 일컫는 것으로서, ① 예견할 수 없거나(예견가능성이 없는 경우), 또는 ② 예견할 수 있어도 회피할 수 없는(회피가능성이 없는 경우) 외부의 힘에 의하여 사건이 발생한 경우를 말하는 것으로 볼 수 있다. 회사 스스로 긴급한 상황을 자초하거나 회사 내부적으로 긴급한 사업상 필요가 있다는 이유만으로는 긴급성 요건이 인정되지 않는다. 긴급한 사업상의 필요라 함은 거래상대방 선정 과정에 있어 합리적 고려나 다른 사업자와의 비교를 할 만한 시간적 여유가 없는 상황을 의미한다. 단기간에 장애를 복구하여야 하는 경우, 상품의 성격이나 시장상황에 비추어볼 때 거래 상대방을 선정하는데 상당한 시일이 소요되어 생산, 판매, 기술개발 등 경영상 목적을 달성하는데 차질이 발생하는 경우 등이 이에 해당한다. 긴급한 사업상의 필요는 사회통념상 대체거래선을 찾는데 소요될 것으로 인정되는 기간 동안 지속되는 것으로 본다.

4) 규모성 부당한 지원행위와의 관계

법 제45조 제1항 제9호 가목과 제47조 제1항 제4호가 모두 일감몰아주기를 규제대상에 포함시키고 있다. 그렇지만, 양자는 서로 다른 규제목적을 가지고 있는 별개의 금지규정으로서, 그 규제대상과 요건을 달리 하고 있으므로, 일반법과 특별법의 관계가 아니라 병렬적 관계에 있는 규정이라고 보는 것이 타당할 것이다. 따라서 대기업집단 내 계열회사들 사이의 일감몰아주기가 각 요건을 모두 충족하는 경우에는 양자가 모두 적용될 수 있을 것이다.[262]

(3) 부당한 이익의 귀속

부당한 이익의 귀속과 관련하여 부당성은 증명이 되어야 하고, 이에 대한 입증책임은 공정위가 부담한다.[263] 부당성의 의미에 관해서는 ① 공정거래저해성으로 보는 견해,[264] ② 경제력집중의 우려로 보는 견해,[265] ③ 특수관계인에 대한 이익의 귀속으로 보는 견해[266] 등이 제시되고 있다. 그런데 판례는 ②설에 가까운 입장으로 이해된다. 즉, 부당성에 관하여 이익제공행위를 통하여 그 행위객체가 속한 시장에서 경쟁이 제한되거나 경제

262) 동지: 백승엽, 위의 논문, 242면.

263) 대법원 2022.5.12. 선고 2017두63993 판결; 대법원 2022.5.26. 선고 2020두36267 판결.

264) 홍대식, “공정거래법상 특수관계인에 대한 부당이익제공행위의 의미 및 판단기준”, 비교사법 제21권 제1호(2014), 224면. 특수관계인에 대한 부당한 이익제공행위의 금지규정은 불공정거래행위의 금지규정과 같은 장에 편제된 규정이기 때문에, 그 부당성의 내용은 공정거래저해성이 되어야 한다는 주장이다. 그러나 이 주장은 다음과 같은 개정이유에 비추어 받아들이기 어렵다. “현행법상 규제의 대상이 되는 부당지원행위는 … 사업자가 아닌 특수관계인 개인을 지원하는 경우에는 사실상 공정거래 저해성을 입증하는 것이 곤란하여 규제가 어려운 실정이며, … 공정한 거래를 저해하는지 여부가 아닌 특수관계인에게 부당한 이익을 제공하였는지 여부를 기준으로 위법성을 판단하는 특수관계인에 대한 부당이익제공 금지규정을 신설하려는 것[이다].”

265) 이봉의, “특수관계인에 대한 부당한 이익제공의 금지”, 경쟁법연구 제31권(2015), 211-226면; 신영수, “특수관계인에 대한 부당한 이익제공 규제법리”, 경제법연구 제14권 제3호(2015), 251-257면. 다만, 이러한 견해를 취하는 학자들도 대개는 경제력집중의 우려를 ‘변칙적 소유집중(소유지배집중)의 우려’로 좁게 파악을 하고 있다.

266) 김윤정, “특수관계인에 대한 부당이익제공행위 규제의 법적 쟁점과 개선과제”, 경쟁법연구 제29권(2014), 98-100면; 백승엽, “공정거래법상 일감몰아주기에 관한 연구”, 서울대학교 박사학위논문(2017), 235면; 이황, “공정거래법상 ‘특수관계인에 대한 부당한 이익 제공행위’에서 ‘부당한 이익’의 해석론”, 법학논문집 제41집 제2호(2017), 182-188면; 이선희, “공정거래법상 사익편취행위 규제의 쟁점 검토”, 성균관법학 제30권 제3호(2018), 279-280면. 저자들도 같은 입장이었다. 권오승·서정, 독점규제법(제5판, 2022), 630-631면.

력이 집중되는 등으로 공정한 거래를 저해할 우려가 있을 것까지 요구하는 것은 아니고, 행위주체와 행위객체 및 특수관계인의 관계, 행위의 목적과 의도, 행위의 경위와 그 당시 행위객체가 처한 경제적 상황, 거래의 규모, 특수관계인에게 귀속되는 이익의 규모, 이익제공행위의 기간 등을 종합적으로 고려하여, 변칙적인 부의 이전 등을 통하여 대기업집단의 특수관계인을 중심으로 경제력 집중이 유지·심화될 우려가 있는지에 따라 판단하여야 한다고 새기고 있다.[267] 그러나 판례가 제시한 기준은 해당 규정의 입법 경위, 다른 부당성 규정들과 구분되는 문언의 형식, 경제력 집중이나 소유집중의 개념이 가지는 특징, 법집행 실무상 현실적 어려움 등을 고려하지 않았다는 비판에서 자유롭지 못하다.[268]

구체적으로, 대법원은 기업집단 한진 사건에서 해당 이익제공행위를 통해 행위 객체가 수취한 광고수입이 약 3,700만원에 그치고 또 다른 행위를 통해 면제받은 수수료가 약 160만원에 그쳐서 경제력의 집중을 도모하였다고 보기 어렵다고 하였다.[269] 반면 대법원은 기업집단 하이트진로 사건에서 인력지원행위를 통해 1년 동안 약 9,600만원의 비용을 절약하도록 한 행위에 대하여 그 주된 의도가 경제력을 집중시키기 위한 것이고 그 이익의 규모가 결코 작다고 볼 수 없다고 하면서 경제력 집중을 유지·심화시킬 우려를 인정하였다.[270] 위 두 사건은 '변칙적인 부의 이전 등을 통하여 대기업집단의 특수관계인을 중심으로 경제력 집중이 유지·심화될 우려'에 관하여 법원이 생각하는 경계선을 어렴풋이나마 제시하고 있지만, 위 기준에 대한 수범자의 예측가능성이 충분히 확보되기 위해서는 심결례와 판례의 추가적 집적이 필요해 보인다.

한편, 이익의 귀속이 인정되더라도 거기에 정당화 사유가 존재하는 경우에는 부당성은 조각될 것이다. 합리적 고려나 비교가 없는 상당한 규모의 거래에 대해서는 법 제47조 제2항에, 사업기회의 제공에 대해서는 법 시행령 [별표 3] 제2호 단서에 명문의 정당화 사유가 규정되어 있고, 이에 관해서는 앞에서 설명한 바와 같다. 이러한 정당화 사유들은 비록 명문의 규정이 없다고 하더라도 나머지 유형의 이익제공행위의 부당성을 판단할 때에도 마찬가지로 고려되어야 할 것이다.[271]

■ **대법원 2022.5.26. 선고 2020두36267 판결**

… 다음과 같은 사정을 살펴보면, 2015년도 인력지원행위는 … '정상적인 거래에서 적용되거나 적용될 것으로 판단되는 조건보다 상당히 유리한 조건으로 거래하는 행위를 통하여 특수

267) 대법원 2022.5.12. 선고 2017두63993 판결.
268) 이호영, "입법취지를 무너뜨린 입법 부주의", 경쟁법연구 제46권(2022), 316-322면.
269) 대법원 2022.5.12. 선고 2017두63993 판결.
270) 대법원 2022.5.26. 선고 2020두36267 판결.
271) 동지: 이봉의, "특수관계인에 대한 부당한 이익제공의 금지", 경쟁법연구 제31권(2015), 228면; 이호영, "입법취지를 무너뜨린 입법 부주의", 경쟁법연구 제46권(2022), 323-324면.

관계인에게 부당한 이익을 귀속시키는 행위'에 해당한다.

1) 원고 서영은 기업집단 하이트진로의 지주회사인 하이트진로홀딩스 주식회사의 지분을 상당 비율 보유한 회사이고, 위 지주회사의 최대주주 소외 1의 2세인 소외 2가 2007. 12. 28. 원고 서영의 주식 중 73%를 매수한 이후 기업집단 하이트진로의 특수관계인이 원고 서영의 지분 대부분을 보유하였다. 이로써 원고 서영은 특수관계인이 기업집단 하이트진로에 대한 지배력을 유지·강화하고 경영권을 승계하는 토대가 되었다.

2) 원고 서영은 사업실적이 저조하고 대규모의 차입금 채무 등으로 재무상태가 열악하였는데, 2015년도 인력지원행위로 원고 서영에 파견된 직원들은 원고 서영이 신사업을 기획하고 실행하는데 핵심 역할을 담당하였다. 이러한 사정 등을 고려하면, 2015년도 인력지원행위의 주된 의도는, 원고들이 주장하는 바와 같이 기업집단 내 조직통합을 위해서라기보다, 원고 서영을 통해 특수관계인에게 이익을 귀속시킴으로써 경제력을 집중시키기 위함으로 보인다.

3) 원고 서영은 2015. 1. 1.부터 2015. 12. 31.까지 원고 서영에 파견된 직원들이 받은 임금 중 약 60%만 부담하였고 나머지는 원고 하이트진로가 부담하였다. 원고 서영에 파견된 직원들은 원고 하이트진로에서 근무한 경력이 10년 이상인 인력으로, 만약 원고 하이트진로의 위와 같은 임금 보전이 없었더라면 파견에 응하지 않았을 것으로 보인다. 또한 위 파견된 직원들이 원고 서영에서 신사업 구상 및 실행 등을 통하여 매출액을 늘리는 데에 핵심적인 역할을 담당한 점 등을 고려하면, 2015년도 인력지원행위로 인하여 특수관계인에게 귀속된 이익의 규모가 결코 작다고 볼 수 없다.

4) 이러한 사정들을 고려하면, 2015년도 인력지원행위는 변칙적인 부의 이전 등을 통하여 기업집단 하이트진로의 특수관계인을 중심으로 경제력 집중을 유지·심화시킬 우려가 있다.

3. 제공객체의 부작위 의무

제공객체(특수관계인, 특수관계인 회사 및 그 자회사)는 부당한 이익제공에 해당할 우려가 있음에도 불구하고 해당 거래를 하거나 사업기회를 제공받는 행위를 해서는 안 된다(법 47조 3항). 제공객체가 부작위 의무 위반에 해당하는지 여부는 해당 이익제공행위가 부당한 이익제공행위에 해당할 수 있음을 제공객체가 인식하거나 인식할 수 있었는지 여부에 따라 판단한다.

4. 특수관계인의 지시·관여 금지

특수관계인은 누구에게든지 부당한 이익을 제공 또는 수령하는 행위를 하도록 지시하거나 해당 행위에 관여해서는 안 된다(법 47조 4항). 여기에서 의무를 부담하는 자는 특수관계인 중에서 동일인 및 그 친족에 한정된다. 다만, 동일인 또는 그 친족이 부당한 이익제공행위를 하도록 지시하거나 해당 행위에 관여한 것으로 충분하고, 실제 부당한 이익이 지시 또는 관여한 자에게 귀속될 필요는 없다. 지시하였다는 것은 특수관계인이 지원주체 또는 지원객체의 임직원 등을 비롯하여 누구에게든지 부당한 이익제공행위를 하도록 시킨 경우를 말하고, 관여하였다는 것은 특수관계인이 부당한 이익제공행위에 관계하여 참여한 경우를 의미한다. 지시 또는 관여 여부는 구체적으로 특수관계인이 제공주체의 의사결정에 직접 또는 간접적으로 관여할 수 있는 지위에 있었는지 여부, 해당 행위와 관련된 의사결정 내용을 보고받고 결재하였는지 여부, 해당 행위를 구체적으로 지시하였는지 여부 등을 종합적으로 고려하여 판단한다.

Ⅳ. 제　　재

1. 시정조치

공정위는 부당한 지원행위, 특수관계인에 대한 부당한 이익제공 등의 행위가 있을 때에 해당 사업자(부당지원행위에 대한 특수관계인 또는 회사의 부작위의무 위반 및 특수관계인에 대한 부당한 이익제공의 경우에는 해당 특수관계인 또는 회사)에게 해당 부당한 지원행위 또는 특수관계인에 대한 부당한 이익제공행위의 중지 및 재발방지를 위한 조치, 계약조항의 삭제, 시정명령을 받은 사실의 공표, 그 밖에 필요한 시정조치를 명할 수 있다(법 49조 1항).

2. 과 징 금

공정위는 부당한 지원행위, 부당지원행위에 대한 특수관계인 또는 회사의 부작위의무 위반, 특수관계인에 대한 부당한 이익제공행위, 부당한 이익제공행위에 대한 상대방의 부작위의무위반의 행위가 있을 때에는 해당 특수관계인 또는 회사에 대하여 관련매출액의 10%의 범위 내에서 과징금을 부과할 수 있다. 다만, 매출액이 없는 경우등에는 40억원을 초과하지 않는 범위에서 과징금을 부과할 수 있다(법 50조 2항).

위와 같은 과징금 부과처분과 세법상 부당행위계산부인에 따른 조세부과처분이 중복제재는 아닌가 하는 의문이 제기되었다. 그러나 법원은 "법인세법과 공정거래법은 그 입법목적 및 위반행위 판단기준이 다르고, 부당행위계산부인을 이유로 한 국세청의 조세경정 결정은 원고가 적정하게 납부하였어야할 법인세를 납부하도록 하는 것으로, 공정거래법의 부당지원행위에 해당함을 이유로 한 피고의 과징금납부명령과는 그 법적근거, 규제목적 및 성격, 조치내용 등이 전혀 다른 별개의 처분으로 양자가 중복처벌에 해당한다고 볼 수 없다."고 판단하였다.[272)]

272) 서울고법 2017.10.25. 선고 2017누37675 판결.

그런데 부당한 이익제공의 금지 규정을 신설하면서 부당한 지원행위를 한 사업자에 대한 과징금 부과의 근거가 명확하지 않게 되었다. 법 제45조 제1항 제9호의 행위자는 "사업자"이고 지원객체는 "특수관계인 및 다른 회사"이다. 그런데 법 제50조 제2항에서 과징금의 부과대상자는 해당 특수관계인 또는 회사라고만 되어 있어서,[273] 지원주체인 사업자에 대한 과징금 부과의 근거가 불분명하다. 물론, 지원주체인 사업자가 "회사"에 포함된다고 해석할 수 있으나, 이 경우에도 회사가 아닌 사업자에 대한 과징금 부과근거가 없다는 문제는 여전히 남는다. 따라서 입법론으로는 부당지원행위의 지원주체인 사업자에 대하여 과징금을 부과한다는 점을 명확히 할 필요가 있다.

3. 벌　　칙

부당한 지원행위를 한 자, 특수관계인에 대한 이익제공을 한 자 또는 부당한 이익제공을 지시 또는 이에 관여한 자는 3년 이하의 징역 또는 2억원 이하의 벌금에 처한다(법 124조 1항 10호). 이 경우 징역형과 벌금형은 병과할 수 있다(법 124조 2항).

273) 반면, 시정조치에 관한 규정인 법 제49조 제1항에서는 제45조 제1항을 위반하는 행위가 있을 때에 "해당 사업자"에게 시정조치를 명할 수 있다고 규정하고 있어서, 과징금에 관한 규정과 표현을 달리하고 있다.

제8장

지식재산권의 행사

제1절 총 설

Ⅰ. 지식재산권의 의의

1. 개 요

좁은 의미의 지식재산권이란 지식재산을 일정기간 동안 보호하기 위해서 특허법이나 저작권법 또는 상표법 등의 성문법에 의해서 부여된 권리,[1] 즉 지식재산을 일정기간 동안 배타적으로 사용, 수익, 처분할 수 있는 권리를 말한다.[2] 저작권법, 특허법, 실용신안법, 디자인보호법 또는 상표법에 의하여 인정되는 저작권, 특허권, 실용신안권, 디자인권 또는 상표권 등과 같은 무체재산권은 일종의 재산권으로서 그 성질상 배타적으로 사용·수익·처분할 수 있는 지식재산권이다. 일정한 권리의 행사기간이 도과되면 지식재산권의 배타성은 사라지고 개발물이나 창작물은 누구나 이용이 가능하게 된다. 지식재산권 제도는 혁신적인 기술에 대한 정당한 보상을 통해 새로운 기술혁신의 유인을 제공함으로써 산업발전에 이바지함을 목적으로 한다.[3] 혁신적 기술에 대한 보상은 대부분의 경우 지식재산권자가 시장에서 일정한 이익을 실현함으로써 구체화된다. 평면적으로 접근하면 배타적 권리를 부여하는 지식재산권과 독점을 규제하는 경쟁법이 서로 충돌하는 것은 아닌가 하는 생각이 들 수도 있다. 그렇지만 지식재산권 제도는 혁신적인 기술에 대한 정당한 보상을 통해 새로운 기술혁신의 유인을 제공한다는 점에서 자유롭고 공정한 경쟁을 통하여 후속혁신을 장려하려는 경쟁법과 궁극적으로 같은 목표를 추구한다고 이해된다.[4]

---

1) 「헌법」은 제23조의 재산권 보장규정과는 별도로 제22조 제2항에 저작자, 발명가, 과학기술자, 예술가의 권리보호 규정을 두고 있다.

2) 정상조·박준석, 지식재산권법(제3판), 홍문사(2013), 6면.

3) 「특허법」 제1조는 "이 법은 발명을 보호·장려하고 그 이용을 도모함으로써 기술의 발전을 촉진하여 산업발전에 이바지함을 목적으로 한다."고 규정하고 있다.

4) 최근에는 양자를 충돌관계로 보는 시각에서 벗어나 모두 기술혁신을 보호하고 유인하여 사회복지를 증가시

2. 지식재산권과 독점

지식재산권에 내재하는 배타성(exclusiveness)은 종종 지식재산권이 독점력을 의미하는 것은 아닌가 하는 오해를 불러일으킨다. 특허법의 관련규정들이 이러한 오해를 증폭시키기도 한다. 「특허법」은 제94조에서 "특허권자는 업으로서 그 특허발명을 실시할 권리를 독점한다."고 규정하고, 제100조 제2항에서 "전용실시권을 설정받은 전용실시권자는 그 설정행위로 정한 범위에서 그 특허발명을 업으로서 실시할 권리를 독점한다."고 규정하고 있다. 위와 같이 '독점'이라는 표현을 사용하고 있기 때문에, 특허권 등 지식재산권은 그 자체로 경제적 독점을 의미하는 것으로 혼동할 여지가 있다. 그런데 특허법 제94조는 일본 특허법 제68조[5]를 계수하면서 '전유'라는 표현을 '독점'이라는 표현으로 바꾼 것이다. 반면, 미국의 연방특허법은 "특허는 특허권자에게 타인의 특허발명품 제조, 사용, 판매를 위한 공급, 판매행위를 '배제할 권한'을 부여한다."고 규정하고 있다.[6] 또한, 우리나라 「특허법」 제126조 제1항도 "특허권자 또는 전용실시권자는 자기의 권리를 침해한 자 또는 침해할 우려가 있는 자에 대하여 그 침해의 금지 또는 예방을 청구할 수 있다."고 규정한다. 따라서 「특허법」의 문언상 '독점'이란 표현은 전유[7] 내지 배제할 수 있는 권리를 의미하는 것이다. 다시 말해, 지식재산권은 배타적 권리를 창출하지만 이러한 배타성은 독점규제법에서 말하는 시장지배력이나 독점력과는 다른 개념이다. 지식재산권자가 시장을 독점하는 권능을 부여받은 것이 아니라는 점은 현실적으로 특허품과 특허기술의

키는 공통의 목적을 가진다는 조화적 시각으로 바뀌었다. ABA Antitrust Law Section, Intellectual Property and Antitrust Handbook(2d ed., 2015), pp. 40-41. 미국 경쟁당국은 1995년 '지식재산권 라이선스 지침(Antitrust Guidelines for the Licensing of Intellectual Property)'을 제정하고, 2007년 '반트러스트법의 집행과 지식재산권: 혁신과 경쟁의 촉진(Antitrust Enforcement and Intellectual Property Rights: Promoting Innovation and Competition)'이라는 보고서를 발표하였다. 이들의 주요 요지는 다음과 같이 정리할 수 있다. 첫째, 반트러스트법 적용에 있어서 지식재산권은 기본적으로 다른 형태의 재산권과 다를 바 없다. 둘째, 지식재산권의 존재 자체로서 시장지배력이 형성된다고 추정하지 않는다. 셋째, 지식재산권의 라이선스는 기업이 생산에 필요한 보완적인 요소들을 결합시킬 수 있도록 하므로 일반적으로 경쟁촉진적인 활동이라고 볼 수 있다. ABA Antitrust Law Section, Antitrust Law Developments(7th ed., 2012), p. 1051. 이러한 태도는 1972년 미국 DOJ가 라이선시에게 비특허상품의 끼워팔기, 그랜트백 조항, 라이선시가 특허의 범위에 속하지 않은 상품 등을 취급할 자유를 제한하는 행위, 배타적 라이선스를 합의하는 행위, 패키지라이선스를 수용하도록 하는 행위를 포함한 'Nine No-No's'라고 부르는 광범위한 지식재산권의 라이선스 관련 행위들을 위법한 것으로 간주하겠다고 선언한 것에서 크게 변화한 것이다.

5) 지재권 심사지침에 따르면, "특허권자"란 특허등록원부상 특허권자로 유효하게 등록된 자 또는 이에 준하는 지위를 가진 자(전용실시권자 또는 그 밖에 특허권을 독점적·배타적으로 행사할 수 있는 자)를 말한다.

6) Every patent shall contain … a grant to the patentee, his heirs or assigns, of the right to exclude others from making, using, offering for sale, or selling the invention throughout the United States or importing the invention into the United States …. (35 U.S.C. § 154(a)(1)).

7) 전유란 기술혁신에 대한 수익을 배타적으로 보호·확보할 수 있는 것을 말한다. 전유의 정도는 법적으로 보호를 받는 것부터 사실상의 우위까지 다양하다. 예를 들면 특허(patent), 영업비밀(secrecy), 시장선점(lead time advantage), 보완적 판매 및 서비스(complementary sales & service), 보완적 제조(complementary manufacturing) 등 다양한 전유 장치(appropriability mechanism)가 존재한다. 이승준·박성택·김영기, "혁신의 전유성(appropriability)에 대한 연구-산업별 전유 장치(appropriability mechanism)의 차이점을 중심으로-", 산업과 경영 제23권 제2호(2010), 173면.

상당수가 상업적인 성공을 거두지 못하고 있는 것을 보더라도 알 수 있다. 또한 시장에서 성공적인 반응을 얻고 있는 특허품이라고 할지라도 다른 종류의 지식재산권의 보호를 받는 제품들과 경쟁관계에 있는 경우도 많다. 즉, 배타적 권리로서의 지식재산권과 경제적 독점 사이에는 상당한 차이가 존재한다. 따라서 지식재산권과 경제적인 독점 내지 시장지배력의 개념은 구분할 필요가 있다. 입법론으로 「특허법」에서 독점이라는 표현을 사용하는 것은 적절하지 않아 보인다.

공정위는 지식재산권의 부당한 행사가 독점규제법 위반이 되는 경우에 관하여 「지식재산권의 부당한 행사에 대한 심사지침」(이하 "지재권 심사지침"이라 함)을 제정하여 시행하고 있다. 이 지침은 특허권, 실용신안권, 디자인권, 상표권, 저작권 등의 지식재산권 행사를 적용 대상으로 한다.[8] 지재권 심사지침은 비록 법규성은 없지만 지식재산권의 행사행위에 대한 공정위의 시각을 표현하고 있는 것으로서 법 집행과정에서 중요한 기준으로 사용된다. 지재권 심사지침에 따르면, 원칙적으로 사업자가 단독으로 지식재산권을 행사하는 경우에는 그 사업자가 시장지배력을 보유한 경우에 한하여 적용하고, 지식재산권에 배타적·독점적 사용권이 부여된다고 하여 지식재산권의 보유자가 곧바로 시장지배력이 있다고 추정되는 것은 아니며, 시장지배력 여부는 지식재산권의 존재뿐만 아니라 해당 기술의 영향력, 대체 기술의 존부, 관련 시장의 경쟁상황 등을 종합적으로 고려하여 판단하게 된다.[9]

Ⅱ. 지식재산권 행사의 한계 원리로서 경쟁질서

1. 지식재산권 행사와 경쟁법의 접점

특허권자라고 하더라도 경쟁상 별다른 우위를 가지지 못하는 경우가 많은데, 그러한 경우에는 경쟁법이 개입할 여지가 별로 없다. 또한 경쟁법은 시장지배력의 보유 자체를 문제 삼는 것이 아니라 일정한 경쟁제한적 행위가 존재하는 경우에만 법적인 규제를 하

8) 특허권이나 저작권 모두 배타적 성질을 갖는다는 지식재산권 공통의 권리 속성을 보이지만, 권리발생을 위하여 저작권은 특허권과 달리 별도의 출원이나 심사 등록이 필요 없다는 점, 저작권은 서로 다른 저작자가 우연히 동일한 것을 창작하게 된다면 양자 모두에게 저작권을 중복하여 인정할 수 있다는 점, 권리보호기간의 차이, 선출원주의의 적용 여부, 이용허락과 관련된 계약내용 등의 차이가 존재한다. 안병한, "지식재산권의 부당한 행사에 대한 심사지침의 문제점과 개선 방안", 경쟁저널 제211호(2022), 73면. 지재권 심사지침은 기술의 편의를 위하여 대표적인 지식재산권인 특허권의 행사를 중심으로 규정하였으나, 각 사안에서 문제되는 지식재산권별 특수성을 고려하여 특허권 이외의 지식재산권 행사에도 유추하여 적용할 수 있다.

9) 1995년 미국 경쟁당국이 제정한 '지식재산권 라이선스 지침'은 특허권 등의 지식재산권이 그 보유자에게 특정한 상품이나 제조과정과 관련하여 타인을 배제할 권한을 부여한다고 할지라도 흔히 특허권자가 시장력(market power)을 행사하지 못하도록 하는 충분히 밀접한 실재적·잠재적 대체재가 존재하므로 시장력의 존재를 추정할 수 없다고 규정하고 있다(Antitrust Guidelines for the Licensing of Intellectual Property, Sec. 2.2). 미국 연방대법원도 지식재산권이 곧 시장지배력이나 독점력을 부여하는 것으로 추정할 수 없다고 판시하였다. Illinois Tool Works Inc. v. Independent Ink, Inc., 247 U.S. 28(2006).

는 것이기 때문에, 지식재산권을 보유한다는 사실만으로 경쟁법이 곧바로 적용되는 것도 아니다. 다만, 지식재산권은 새로운 기술혁신의 유인을 제공하는 한편 관련 시장의 질서를 왜곡하지 않는 범위 내에서 정당하게 행사되어야 한다. 만일 지식재산권의 행사가 시장구조를 왜곡하여 보다 혁신적인 기술의 개발과 보상이 어렵게 되는 경우에는 지식재산권 제도의 본래의 취지에 반하는 결과가 초래될 수 있다. 이러한 경우에는 지식재산권 행사와 경쟁법의 관계가 문제된다.[10)]

경쟁법과 지식재산권의 관계에 대한 논의는 상당히 오래전부터 계속되어 왔는데, 이러한 논의에서 반복되는 주요한 사실은 다음과 같다.[11)] 첫째, 경쟁법과 지식재산권 관련 문제는 특허권과 관련하여 빈번하게 발생하고 있다. 물론 저작권이나 상표권 등도 경쟁법 관련 이슈를 포함하고 있는 경우가 있지만, 특허법 관련 사안에서 더욱 두드러지게 나타나고 있다. 둘째, 그렇지만 경쟁법과 상당한 관련성을 가지는 미국의 특허남용 법리의 경우를 제외하고는 모든 특허법 관련 사례에서 경쟁법 이슈가 제기되는 것은 아니다. 셋째, 경쟁법과 지식재산권 간의 상호관계 문제는 경쟁당국 및 특허당국의 법집행 강도의 변화추이와 그 맥락을 같이 한다.[12)]

2. 특허 남용의 법리와 그 한계

지식재산권 자체의 공공정책으로서 지식재산권의 남용[13)]을 제한하는 법리가 지식재산권법 영역에서 형성되었다. 미국의 경우 판례를 통해 '특허남용의 법리(patent abuse doctrine)'가 발전되었다.[14)] 특허남용의 법리는 특허법의 취지를 일탈하여 경쟁제한적 효

---

10) 지식재산권법의 기본정책을 ① 인센티브 보상정책, ② 공공의 접근보장 또는 정보확산의 보장 정책, ③ 후속 혁신의 자유진입 정책 등의 세 가지로 분류하는 경우에, 그 중 ①이 경쟁법 집행상 해석충돌의 문제를 야기한다. 오승한, "지적재산권 라이선스의 배타적 조건에 대한 독점금지법의 위법성 판단-독점금지법의 동태적 효율성 분석을 중심으로", 비교사법 제13권 제1호(2006), 763면. 이 문제에 관한 연구문헌 중 지식재산권법에 배경을 둔 것으로는 최병규, "지식재산권과 독점규제법의 관계", 지식재산21 제56호(1999); 구재군, "지적재산권과 독점규제법의 관계-독점규제법 제59조의 해석론과 관련하여", 사법행정 제41권 제7호(2000); 정상조, "저작권의 남용에 대한 독점규제법의 적용", 공정거래와 법치, 법문사(2004); 한지영, "독점금지법과 지적재산권의 라이선스", 비교사법 제12권 제4호(2005); 백형기, "지적재산권법과 독점규제법의 충돌과 조화", 정보와 정책 제13권 제4호(2006) 등을 들 수 있고, 경쟁법에 배경을 둔 것으로는 손영화, "지적재산권에 대한 공정거래법의 적용", 판례월보 제361호(2000); 오승한, "지적재산권 라이선스의 배타적 조건에 대한 독점금지법의 위법성 판단-독점금지법의 동태적 효율성 분석을 중심으로", 비교사법 제13권 제1호(2006); 한도율, "저작권과 공정거래법의 관계", 기업법연구 제29권 제2호(2015); 최난설헌, "경쟁법과 지식재산권의 긴장관계에 대한 이해", 경쟁법연구 제33권(2016) 등이 있다.

11) 최난설헌, "경쟁법과 지식재산권의 긴장관계에 대한 이해", 경쟁법연구 제33권(2016), 255면.

12) 미국의 경우, 정책적 경향은 시대에 따라 계속 바뀌어 1940년대-70년대는 독점규제법의 우위, 1980-1990년 후반대는 지식재산권법의 우위의 경향을 보였다고 한다. Herbert Hovenkamp, Innovation and the Domain of Competition Policy, 60 Ala. L. Rev. 103(2008), pp. 108-109 참조.

13) 우리 「특허법」은 1973년 법 제52조(특허권 남용)에서 권리남용에 관한 일반 규정을 두어 특허권 남용에 해당하는 경우 통상실시권을 허여하거나 또는 특허권을 취소할 수 있도록 규정하고 있었으나, 1980년 개정법에서는 특허권 남용의 요건을 일부 개정하여 특허권 남용의 경우 특허권을 취소할 수 있다는 규정을 삭제하고, 다만 통상실시권 설정만 가능하도록 하였으나, 1986년 개정법에서는 이 조문 자체가 삭제되었다.

14) 미국 특허법 제282조에서의 특허권 남용은 Windsurfing 판결(Windsurfing Int'l, Inc. v. AMF, Inc., 782

과를 초래하는 특허권 행사의 경우에는 그 특허권의 침해를 인정하지 않는다.[15]

우리나라의 경우에도 판례상 지식재산권의 권리남용에 관한 법리가 인정되고 있다. 판례에 따르면, ① 무효로 될 것임이 명백한 특허권에 기초한 침해금지 또는 손해배상 등의 청구는 특별한 사정이 없는 한 권리남용에 해당하여 허용되지 아니하고,[16] ② 상표권과 관련하여 상대방에 대한 상표권의 행사가 상표사용자의 업무상의 신용유지와 수요자의 이익보호를 목적으로 하는 상표제도의 목적이나 기능을 일탈하여 공정한 경쟁질서와 상거래 질서를 어지럽히고 수요자 사이에 혼동을 초래하거나 상대방에 대한 관계에서 신의성실의 원칙에 위배되는 등 법적으로 보호받을 만한 가치가 없다고 인정되는 경우에는, 그 상표권의 행사는 비록 권리행사의 외형을 갖추었다 하더라도 등록상표에 관한 권리를 남용하는 것으로서 허용될 수 없다.[17] 비록 위 판례가 지식재산권의 행사가 공정한 경쟁질서를 어지럽히면 권리남용에 해당할 수 있다는 일반론을 설파하고 있기는 하지만, 구체적 사안에서 지식재산권 행사가 초래하는 경쟁제한적 효과로 인하여 권리남용으로 인정된 사례는 찾아보기 어렵다. 미국의 경우와 달리 우리나라에서는 아직까지 지식재산권 남용의 법리와 관련하여 경쟁질서에 관한 고려가 충분히 이루어지지 못하고 있는 것으로 보인다. 따라서 우리나라의 경우에는 미국에 비해서 지식재산권 행사에 관한 독점규제법의 개입과 집행이 보다 강조될 수밖에 없다.[18]

3. 지식재산권 행사와 독점규제법 위반

독점규제법과 지식재산권법은 모두 후속혁신의 보장을 지향하지만, 독점규제법은 금지되는 행위 태양에 관하여 훨씬 구체화되고 세분화된 기준을 가지고 있다.[19] 따라서 지식재산권의 행사가 경쟁침해의 결과를 야기한다면 이러한 행위는 독점규제법 위반에 해

F.2d 995 (Fed. Cir. 1986)) 이후 "반경쟁적 효과를 갖는 특허의 물적 또는 시간적 범위의 부당한 확대"로 이해되고 있다. Robert J. Hoerner, "The Decline(and Fall?) of the Patent Misuse Doctrine in the Federal Circuit", 69 Antitrust L. J.(2001), pp. 672-673.

15) 최승재, 특허남용의 경쟁법적 규율, 세창출판사(2010), 20-38면; 조원희, "미국특허법상 특허권 남용(Patent Misuse)의 법리-공정거래법 위반과의 관계를 중심으로", 저스티스 제104호(2008), 100-117면 참조. 그런데 미국에서 최근의 경향은 표준특허권 관련분쟁에 대처함에 있어 본래의 특허권 남용 법리를 적용하기보다 반트러스트법 위반을 중심으로 삼는 방향으로 흐르고 있다고 한다. 박준석, "표준특허의 제문제: ITC의 배제명령 발동가능성 문제를 포함하여", 서울대학교 법학 제54권 제4호(2013), 124면.

16) 대법원 2012.1.19. 선고 2010다95390 전원합의체 판결.

17) 대법원 2007.1.25. 선고 2005다67223 판결. 이 판결에 따르면 상표권의 행사를 제한하는 위와 같은 근거에 비추어 볼 때 상표권 행사의 목적이 오직 상대방에게 고통을 주고 손해를 입히려는 데 있을 뿐 이를 행사하는 사람에게는 아무런 이익이 없어야 한다는 주관적 요건을 반드시 필요로 하는 것은 아니다

18) 그러나 우리나라에서 얼마 전까지 지식재산권의 남용이 있더라도 독점규제법에서 직접 개입하지 않는 경향이 있었다. 박준석, "한국 지적재산권법과 다른 법률들과의 관계", 법조 제687호(2013), 45-46면.

19) 미국에서 Posner 판사는 USM Corp. v. SPS Technologies, Inc., 694 F.2d 505(7th Cir. 1982) 판결을 통하여 특허권 남용을 판단하는 '공공의 이익'이라는 기준은 지나치게 추상적이고 오늘날에는 반트러스트법이 특허권자의 부정한 행위 전반을 규율하고 있으므로 특허남용의 독자적 역할을 더 이상 인정하기 곤란하다고 보았다.

당하게 된다.[20] 반면, 지식재산권법의 행사가 지식재산권법의 목적과 취지에 정면으로 반하는 것이지만 경쟁제한성과는 무관할 수도 있는데, 그러한 경우에는 독점규제법 위반은 아니지만 지식재산권의 남용으로는 인정될 수 있을 것이다. 예를 들어, 무효로 될 것임이 명백한 특허권에 기초한 침해금지 등의 청구가 경쟁사업자의 사업활동을 방해하거나 신규진입을 억제하는 것이라면 권리남용에 해당함은 물론 독점규제법 위반에도 해당할 것이다.[21] 하급심 판결 중에는 지식재산권 행사가 독점규제법을 위반한 경우 당해 행위는 특별한 사정이 없는 한 권리남용에 해당한다고 본 판단이 존재한다.[22] 그러나 시장질서와 무관한 경우에는 단지 권리남용의 문제만 남게 될 것이다.

Ⅲ. 지식재산권의 정당한 행사

1. 법 제117조의 연혁

법 제117조(2020년 법 개정 전에는 제59조)는 "이 법은 「저작권법」, 「특허법」, 「실용신안법」, 「디자인보호법」 또는 「상표법」에 따른 권리의 정당한 행사라고 인정되는 행위에 대해서는 적용하지 아니한다."고 규정하고 있다. 법 제117조는 과거 "권리의 행사"라는 표현을 사용하였으나, 2007년 법 개정에서 "권리의 정당한 행사"로 그 표현을 바꾸었다. 그러나 대법원은 위 규정의 개정 전후로 해석론에 차이를 두고 있지 않다.[23] 위 규정은 법 제정 당시 일본 독점금지법의 영향을 받아 편입된 것으로 보인다.[24] 그런데 일본 독점금지법 제21조는 구 독일 경쟁제한방지법(GWB) 제17조에서 유래된 것으로 이해된다. 구 독일 경쟁제한방지법 제17조는 특허 등의 라이선스계약에 대하여 해당 지식재산권이 실시권자 등에 대하여 특허 등의 보호범위를 넘는 제한을 부과하는 경우를 금지하면서 일정한 요건을 충족하는 경우에는 금지되지 않는다고 규정하고 있었다. 그러나 구 독일 경쟁제한방지법 제17조는 법해석상 불필요한 혼란만 초래한다는 이유로 2005년에 삭제되었다.

---

20) 「특허법」에서는 다양한 사유에 관하여 특허청장에 의한 강제실시권(强制實施權) 설정이 가능하도록 규정하고 있고 그 사유 중에는 '불공정거래행위'를 시정하기 위한 경우도 포함된다(동법 107조 1항 4호).

21) 남용행위 심사기준은 "지식재산권과 관련된 특허침해소송, 특허무효심판, 기타 사법적·행정적 절차를 부당하게 이용하여 다른 사업자의 사업활동을 어렵게 하는 행위"와 "지식재산권과 관련된 특허침해소송, 특허무효 심판 기타 사법적·행정적 절차를 부당하게 이용하여 경쟁사업자의 신규진입을 어렵게 하는 행위"를 시장지배적 사업자의 지위남용행위로 예시하고 있다.

22) 서울중앙지법 2011.9.14. 자 2011카합683 결정 및 서울중앙지법 2011.9.14. 자 2011카합709 결정 참조.

23) 대법원 2014.2.27. 선고 2012두24498 판결.

24) 일본의 독점금지법 제21조는 "이 법률의 규정은 저작권법, 특허법, 실용신안법, 의장법 또는 상표법에 의한 권리의 행사라고 인정되는 행위에는 이를 적용하지 않는다."라고 유사한 규정을 두고 있다. 일본 독점금지법 제21조는 2007년 개정되기 전 구법 제59조와 동일하다.

2. 법 제117조의 성격

법 제117조의 성격을 어떻게 볼 것인지에 관해서 논의가 있다.[25] 이 규정이 경쟁보호 원칙에 대한 지식재산권법의 예외를 창설하는 성격을 가진다는 견해가 있다.[26] 그러나 현재 통설은 법 제117조가 정당한 지식재산권의 행사는 독점규제법에 의하여 위법으로 판단되지 않는다는 당연한 사항을 확인하는 것이라고 보고 있다.[27] 생각건대, 지식재산권의 정당한 권리행사로 인정되는 행위에 관해서 독점규제법이 적용되지 않는 것은 당연한 논리의 귀결이다. 법 제117조와 같은 명문의 규정이 없더라도 지식재산권의 권리행사는 정당하여야 하며, 그것이 경쟁질서에 반하는 것이라면 정당하다고 볼 수 없다. 따라서 법 제117조는 이러한 당연한 법리를 재차 확인하는 것이라고 이해하는 것이 타당하다.[28] 입법론으로서는 법 제117조의 적용제외 규정은 법해석상 불필요한 혼란만 초래할 우려가 있으므로,[29] 독일의 사례와 같이 삭제하는 것이 바람직할 것이다.[30]

---

25) 일본 독점금지법 제21조에 대해서는 ① 창설적 적용제외설(지적재산법에 법적 근거를 가진 행위는 적용제외된다는 견해), ② 소유권·지적재산권 동시설(지적재산권의 보장은, 일반의 재산권의 보장과 마찬가지로 공정하고, 자유로운 경쟁질서에 반하면 안 되고, 오히려 공정하고 자유로운 경쟁질서의 전제를 구축하는 것이 타당하므로, 이를 고려할 경우 21조는 독점금지법상 원래 문제가 되지 않는 것의 정함이고, 동조의 규정내용은 확인적 의미에 불과하다는 견해), ③ 강제된 독점설(특허발명이 특허권자의 자가개발에 관한 것인 경우에는, 그 특허발명에 의한 시장지배적 상태는 "강제된 독점"이라고 하여야 하고, 이를 위법으로 볼 수 없기 때문에, 21조는 이상의 당연한 사리를 확인적으로 규정한 것에 지나지 않는다는 견해) 등 다양한 견해가 제기되어 왔다. 根岸哲 編, 注釋 獨占禁止法, 有斐閣(2009), 536-537면; 金井貴嗣 編, 獨占禁止法(第4版), 弘文堂(2013), 395면. 한편 일본의 공취위는 「지적재산권의 이용에 관한 독점금지법상의 지침」에서 "(지적재산권법에 따른) 권리의 행사로 보이는 행위라 하더라도, 행위의 목적, 태양, 경쟁에 미치는 영향의 크기도 감안한 후에 사업자에게 창의성을 발휘하게 하고, 기술의 활용을 도모한다는 지적재산제도의 취지를 일탈하거나 또는 동 제도의 목적에 반한다고 인정되는 경우에는 상기 제21조에 규정된 권리의 행사라고 인정되는 행위라고 평가할 수 없고, 독점금지법이 적용된다."라고 규정하여, 실질적으로 재구성된 권리범위론을 따르고 있다.

26) 홍봉규, "우리나라에서의 지식재산권 남용에 대한 독점규제법의 적용", 산업재산권 제22호(2007), 199면; 윤선희, "지재권과 산업표준화 및 반독점법 관계연구" 연구보고서 99-02(한국발명진흥회, 지식재산권연구센터, 1999), 142-146면.

27) 조원희, "미국특허법상 특허권 남용(Patent Misuse)의 법리 - 공정거래법 위반과의 관계를 중심으로", 저스티스 제104호(2008), 115-116면; 박성수, "한국의 특허권 남용 규제", Law & Technology 제3권 제1호(2007), 21면; 구재군, "지식재산권과 독점규제법의 관계", 사법행정 제41권 제7호(2000), 16면; 정상조, 지식재산권법, 홍문사(2004), 5면; 최병규, "지식재산권과 독점규제법의 관계", 지식재산21 제56호(1999), 3면; 손영화, "지식재산권에 대한 공정거래법의 적용", 판례월보 제361호(2000), 31면.

28) 지재권 심사지침도 외형상 지식재산권의 정당한 행사로 보이더라도 그 실질이 지식재산 제도의 취지를 벗어나 제도의 본질적 목적에 반하는 경우에는 정당한 지식재산권의 행사로 볼 수 없어 독점규제법의 적용 대상이 될 수 있다고 규정하고 있다.

29) 공정위나 법원이 법 제117조의 적용제외 여부를 판단하기 위하여 사용한 기준들은 바로 그 행위가 독점규제법에 위반하는지를 판단하기 위한 기준과 동일한 것이어서, 사실상 동일한 질문에 대하여 대답하기 위한 분석을 반복하여 실시하게 되므로 법해석·적용상 불필요한 혼란을 초래할 수 있다.

30) 비교법적으로 보더라도, 미국, EU, 독일 등 대다수 선진국은 법 제117조와 같은 규정을 별도로 두고 있지 않다.

3. 정당한 행사의 판단기준

(1) 학 설

어떠한 기준으로 지식재산권의 행사가 정당한지 여부를 판단할 것인가에 관해서, ① 오로지 독점규제법의 입장에서 판단해야 한다는 견해,[31] ② 지식재산권법의 입장에서 판단해야 한다는 견해,[32] ③ 지식재산권 라이선스에 수반되는 이용자의 행위제한 규정을 권리의 본래적 행사에 의한 제한과 권리자의 지위를 이용한 비본래적 제한으로 구분한 후, 전자는 권리남용의 법리를 통하여 권리남용이 인정된 후에 독점규제법을 적용하고, 권리의 비본래적 제한은 독점규제법을 직접 적용 한다는 견해,[33] ④ 독점규제법과 지식재산권법을 종합적으로 고려해서 판단한다는 견해[34] 등이 존재한다.

(2) 지적재산권 심사지침

지적재산권 심사지침은 ④설을 따르고 있다. 지적재산권 심사지침은 "지식재산권의 행사가 정당한 것인지 여부는 특허법 등 관련 법령의 목적과 취지, 당해 지식재산권의 내용, 당해 행위가 관련 시장의 경쟁에 미치는 영향 등 제반 사정을 종합적으로 고려하여 판단한다."고 규정하고 있다.

(3) 판 례

하급심 판결 중에는 ②설에 따른 경우가 있었지만, 대법원은 GSK-동아제약 판결에서 ④설의 입장을 분명히 하였다.

(가) ②설에 따른 하급심 판결

한성자동차의 오토월드에 대한 병행수입저지행위 사건에서 당해 행위가 지식재산권의 정당한 행사인지 여부가 다투어졌다. 병행수입업자인 오토월드는 1995년경 캐나다 판매

31) 이용우, "지식재산권행사에 대한 독점규제법상의 규제에 관한 연구", 건국대학교 박사학위논문(2003), 57면; 손영화, "지식재산권에 대한 공정거래법의 적용", 판례월보 제361호(2000), 31면.

32) 김기영, "특허권자와 제네릭(Generic) 사업자 사이의 역지불 합의(Reverse Payment Settlement)와 공정거래법에 의한 규제", Law & Technology 제7권 제3호(2011); 신혜은, "특허권자와 복제약 사업자의 역지불합의에 관한 연구 – 관련 미국판례와 공정거래위원회의 개정 심사지침을 중심으로", 산업재산권 제36호(2011), 70면.

33) 구재군, "지식재산권과 독점규제법의 관계", 사법행정 제41권 제7호(2000), 17면. 이 견해는 일본의 권리범위론(지적재산권의 본래적 행사에 대해서는 원칙적으로 독점금지법의 적용이 제외되나, 당해 행사가 권리의 남용에 해당하는 경우에는 독점금지법이 적용된다는 견해) 내지 재구성된 권리범위론(최근의 통설적 견해로서, 지적재산권법에 의한 권리의 행사라고 인정되지 않는 행위와 권리의 남용에 해당하는 행위에 대해서는 "특별법"인 지적재산권법의 적용범위를 넘기 때문에 "일반법"인 독점금지법의 적용영역에 들어가게 된다는 견해)의 영향을 받은 것으로 보인다.

34) 오승한, "지적재산권 라이선스의 배타적 조건에 대한 독점금지법의 위법성 판단 – 독점금지법의 동태적 효율성 분석을 중심으로", 비교사법 제13권 제1호(2006), 753면; 황태희, "지적재산권의 정당한 행사의 판단기준과 역지불 합의의 경쟁법상 취급", 경쟁법연구 제28권(2013), 129면.

법인으로부터 벤츠자동차를 수입하여 국내에 판매하였다. 우리나라에 상표권을 등록한 독일 벤츠사의 국내 독점수입 판매대리점인 한성자동차는 차대번호를 추적, 조사하여 그 조사결과를 벤츠사에 통보하고, 권역 내 독점적 판매권이 침해된 경우 벤츠사로부터 판매가격의 3%에 해당하는 금액을 커미션조로 지급받기로 한 벤츠사와의 계약내용에 따라 커미션을 수령하였다. 벤츠사는 벤츠캐나다사에 대하여 위 커미션 해당액을 청구하였고, 벤츠캐나다사는 캐나다 판매법인에게, 캐나다 판매법인은 다시 오토월드에게 이를 청구하였으나 오토월드가 커미션해당액의 지급을 거절하여 캐나다 판매법인과의 거래관계가 중단되었다. 공정위는 위와 같은 한성자동차의 행위가 '해외유통경로로부터의 진정상품 구입방해'에 해당한다고 보고, 시정명령을 내렸다. 위 처분에 관한 행정소송에서 한성자동차는 이 사건 행위는 상표권의 정당한 행사라는 취지의 주장을 하였다.[35] 그런데 서울고법은 오토월드가 벤츠차량을 병행수입한 행위가 원고의 상표권을 침해한 것이라면, 한성자동차로서는 상표권의 행사로서 병행수입행위를 저지할 수 있고, 이러한 병행수입저지행위는 불공정거래행위가 되지 않는다고 보았다.[36] 이 하급심 판결은 상표권의 정당한 행사인지 여부를 경쟁법적 요소를 배제하고 상표법 고유의 법리에 따라 결정하는 입장을 취한 것으로 이해된다.

②설에 따른 입장은 GSK-동아제약 사건의 하급심 판결에도 나타났다. GSK와 동아제약 사이의 특허분쟁 관련 화해계약 및 공급계약 체결이 문제된 사건에서 GSK와 동아제약의 합의가 특허권의 정당한 행사인지 여부가 다투어졌다. 그런데 서울고법은 정당한 권리행사인지 여부는 독점규제법의 원리에 따라 판단할 것이 아니라 특허법의 원리에 따라 결정하여야 한다고 판단하였다.[37] 그러나 이 판결은 대법원에 의해 파기되었다.

(나) ④설에 따른 대법원 판결(GSK-동아제약 판결)

대법원은 GSK-동아제약 사건에서 독점규제법과 지식재산권법을 종합적으로 고려해서 판단한다는 ④설의 입장을 분명히 하였다. 대법원은 '특허권의 정당한 행사라고 인정되지 아니하는 행위'란 행위의 외형상 특허권의 행사로 보이더라도 그 실질이 특허제도의 취지를 벗어나 제도의 본질적 목적에 반하는 경우를 의미하고, 여기에 해당하는지 여부는 "특허법의 목적과 취지, 당해 특허권의 내용과 아울러 당해 행위가 공정하고 자유로운 경쟁에 미치는 영향 등 제반 사정을 함께 고려하여 판단"하여야 한다고 선언하였다.

---

35) 이 사건에서 법원은 오토월드와 캐나다 판매법인 사이의 계약이 결렬된 결과와 한성자동차의 벤츠사에 대한 커미션 청구 및 그에 수반된 차대번호 조사행위 사이에 상당인과관계가 있다고 할 수 없고, 나아가 한성자동차가 벤츠사를 통하여 오토월드의 병행수입을 방해하였음을 인정할 증거도 없다고 하여 공정위의 처분을 취소하였다. 서울고법 2000.4.6. 선고 99누389 판결 및 대법원 2002.2.5. 선고 2000두3184 판결.

36) 그러나 이 사건의 경우 오토월드가 벤츠차량을 병행수입한 행위는 진정상품의 병행수입행위로서 한성자동차의 상표전용사용권을 침해한 것은 아니라고 판단하였다.

37) 서울고법 2012.10.11. 선고 2012누3028 판결.

의약품의 특허권자가 자신의 특허권을 침해할 가능성이 있는 의약품의 제조·판매를 시도하면서 그 특허의 효력이나 권리범위를 다투는 자에게 그 행위를 포기 또는 연기하는 대가로 일정한 경제적 이익을 제공하기로 하고 특허 관련 분쟁을 종결하는 합의를 한 경우, 그 합의가 '특허권의 정당한 행사라고 인정되지 아니하는 행위'에 해당하는지는 특허권자가 그 합의를 통하여 자신의 독점적 이익의 일부를 상대방에게 제공하는 대신 자신의 독점적 지위를 유지함으로써 공정하고 자유로운 경쟁에 영향을 미치는지에 따라 개별적으로 판단하여야 하고, 이를 위해서는 "합의의 경위와 내용, 합의의 대상이 된 기간, 합의에서 대가로 제공하기로 한 경제적 이익의 규모, 특허분쟁에 관련된 비용이나 예상이익, 그 밖에 합의에서 정한 대가를 정당화할 수 있는 사유의 유무 등"을 종합적으로 고려하여야 한다.[38] 이러한 대법원의 입장은 법 제117조를 해석·적용함에 있어서 지식재산권 관련 법령의 관점과 경쟁법적 관점을 종합적으로 고려하여야 한다는 지식재산권 심사지침의 태도와 일맥상통하는 것으로 이해된다.[39]

(4) 검 토

지식재산권 행사의 정당성을 판단함에 있어서 지식재산권의 법리가 중요한 것은 사실이지만, 그렇다고 해서 지식재산권의 법리에만 전적으로 의존해야 하는 것은 아니다. 판례와 지식재산권 심사지침이 제시하는 것처럼 당해 권리의 행사가 정당한지 여부는 지식재산권 관련법의 목적과 취지, 당해 지식재산권의 내용과 아울러 해당 행위가 공정하고 자유로운 경쟁에 미치는 영향 등 제반 사정을 함께 고려하여 판단하여야 할 것이다.[40]

4. 지식재산권의 행사의 정당성이 인정된 사례

(1) 에스케이텔레콤 멜론 사건

에스케이텔레콤 멜론 사건은 DRM(Digital Rights Management)이라는 기술적 장치를 통하여 타 경쟁사업자로부터 구입한 음악파일의 재생을 곤란하게 한 행위가 시장지배적 지위남용에 해당하는지가 다투어진 사안이다. 이동통신서비스 업체인 에스케이텔레콤 주식회사(원고)가 자신의 MP3폰과 자신이 운영하는 온라인 음악사이트의 음악파일에 자체 개발한 DRM을 탑재하여 원고의 MP3폰을 사용하는 소비자로 하여금 위 음악사이트에서 구매한 음악파일만 재생할 수 있도록 하고, 다른 사이트에서 구매한 음악은 위 음악사이트에 회원으로 가입한 후 별도의 컨버팅 과정 등을 거치도록 하였다. 공정위는 위 행위

38) 대법원 2014.2.27. 선고 2012두24498 판결.
39) 대법원의 GSK-동아제약 판결은 미국 연방대법원의 Actavis 판결(Federal Trade Commission v. Actavis, Inc., 570 U.S. 756(2013))과 궤를 같이하는 것으로 평가된다. 오승한, "IP 권리자의 주관적 경쟁제한의도와 정당성 항변", 시장경제와 사회조화(2015), 342면.
40) Herbert Hovenkamp, Innovation and the Domain of Competition Policy, 60 Ala. L. Rev. 115(2008).

가 배제남용 및 착취남용에 모두 해당한다고 판단하고, 시정명령 및 과징금 납부명령을 하였다.[41] 그러나 대법원은 "원고가 자신의 MP3폰과 음악파일에 DRM을 탑재한 것은 인터넷 음악서비스 사업자들의 수익과 저작권자의 보호 및 불법 다운로드 방지를 위한 것으로서 정당한 이유가 있다고 보이는 점, 소비자가 원고의 MP3폰으로 음악을 듣기 위해서는 멜론사이트에서 컨버팅 과정을 거치거나 CD굽기를 해야 하는 등 불편을 겪을 수밖에 없으나, MP3파일 다운로드서비스 사업자들에게 DRM을 표준화할 법적 의무가 있지 아니한 이상 위와 같은 불편은 부득이한 것으로 현저한 이익의 침해가 되거나 부당하여 불법에까지 이른다고 보이지는 않는 점, … (중략) … 원고에게 음악파일의 상호호환을 강제할 법령상의 근거가 없는 점, 원고의 DRM이 법령상의 '필수적 설비'에 해당한다고 보기 어려운 점 등"을 종합하여 보면, 다른 사업자의 사업활동을 방해하는 행위에 해당한다고 하더라도 그 부당성을 인정할 수 없고, 위와 같은 행위가 소비자 이익의 현저한 침해에도 해당하지 않는다고 판단하였다.[42]

이 판결에서 흥미로운 부분은 대법원이 이 사건의 행위로 인하여 경쟁제한의 효과가 발생하였다고 인정하면서도 저작권자의 보호 및 불법 다운로드 방지를 위한 것으로서 정당한 이유를 인정하였다는 점이다. 이 사건은 지식재산권의 보호를 위하여 경쟁제한효과가 발생하더라도 그러한 효과가 지식재산권의 본질적 요소인 배제적 효력에 기인한 것이라면 정당한 권리행사로서 부당성이 인정되지 않을 수 있음을 시사한다. 그렇지만 위 판결과 그 이후에 선고된 GSK-동아제약 판결이 서로 부합하는지에 관해서는 의문이 있을 수 있다. 에스케이텔레콤의 DRM 장착행위는 한편으로 저작권 보호를 통해 저작물의 창작을 유도한다는 점에서 긍정적이지만, 비호환 DRM의 폐쇄성을 통해 음악 다운로드 시장에서 경쟁자를 배제하는 부정적 측면도 있다.[43] 이와 같은 경우에 GSK-동아제약 판결은 지식재산권의 목적과 취지, 당해 지식재산권의 내용과 아울러 당해 행위가 공정하고 자유로운 경쟁에 미치는 영향 등 제반 사정을 함께 고려하여 그 정당성을 판단하도록 판시하였다. 그런데 위 에스케이텔레콤 멜론 판결은 위와 같은 요소를 종합적으로 고려하기보다는 전자의 저작권 보호 측면에 좀 더 치중한 것으로 보인다.[44]

(2) 오라클 끼워팔기 사건

이 사건에서는 기업용 소프트웨어를 공급하는 오라클이 데이터베이스 관리 시스템

---

41) 공정위 2007.2.6. 전원회의 의결 제2007-044호.
42) 대법원 2011.10.13. 선고 2008두1832 판결.
43) 폐쇄적 DRM은 저작권자의 보호를 위한 여러 대안 가운데에 하나이고, 애플의 아이튠스의 경우 저작권자들은 DRM을 설치하지 않고 소위 'DRM Free'로 디지털 음원파일을 공급하기로 약정하기도 하였다.
44) 에스케이텔레콤 멜론 판결이 2011년 선고되었기 때문에, 2014년 선고된 GSK-동아제약 대법원 판결의 법리를 반영하기는 현실적으로 어려웠을 것이다. 따라서 장차 유사한 사건이 생겼을 때 공정위와 법원의 판단을 주목할 필요가 있다.

(DBMS)을 판매하면서 동시에 판매하는 유지보수 서비스에 메이저 업그레이드 프로그램을 포함시키고, 위 시스템을 라이선스해주면서 각 라이선스마다 유지보수 서비스를 따로 구입하도록 한 행위가 문제로 되었다. 이에 대하여 공정위는 무혐의 결정을 내렸다. 위 결정의 상세한 근거를 알 수 있는 자료는 공개되지 않았지만, 언론의 보도에 따르면 전자의 행위와 관련해서는 양 프로그램이 별개의 상품이 아니라고 판단하였고, 후자와 관련해서는 유지보수 서비스가 쉽게 복제될 수 있어서 불법복제를 막기 위한 것이므로 합리적인 조치라는 점을 근거로 위법하지 않은 것으로 판단하였다고 한다.[45)]

Ⅳ. 지식재산권 행사의 위법성 심사

지식재산권의 행사[46)]가 독점규제법 위반에 해당하는 경우로는 크게 경쟁제한성이 문제되는 경쟁제한행위와 그 이외의 사유로 위법성이 인정되는 행위로 나누어진다.

1. 경쟁제한행위

(1) 합리의 원칙

지식재산권 심사지침은 지식재산권 행사가 경쟁제한효과와 효율성 증대효과를 동시에 발생시키는 경우에는 양 효과의 비교형량을 통해 법 위반 여부를 심사하는 것을 원칙으로 하고,[47)] 해당 행위로 인한 효율성 증대효과가 경쟁제한효과를 상회하는 경우에는 위법하지 않은 행위로 판단할 수 있다고 규정하고 있다.[48)]

---

45) "공정위, IT 공룡 오라클 끼워팔기 의혹 무혐의 처분", 2016.4.13.자 연합뉴스.

46) 특허권의 "행사"란 특허권자의 특허발명 실시, 실시허락, 특허침해금지의 청구, 그 밖에 널리 특허권의 법률효과를 실현하기 위한 모든 행위를 말한다. 여기에서 "실시"란 ① 물건의 발명인 경우에는 그 물건을 생산·사용·양도·대여 또는 수입하거나 그 물건의 양도 또는 대여의 청약(양도 또는 대여를 위한 전시를 포함한다. 이하 같다)을 하는 행위, ② 방법의 발명인 경우에는 그 방법을 사용하는 행위, ③ 물건을 생산하는 방법의 발명인 경우에는 ②의 행위 외에 그 방법에 의하여 생산한 물건을 사용·양도·대여 또는 수입하거나 그 물건의 양도 또는 대여의 청약을 하는 행위를 말한다. "실시허락"이란 특허권자가 특허발명에 대하여 전용실시권, 통상실시권 등을 부여하는 것을 말하며 그 밖에 환매조건부 양도와 같이 실시권 부여와 실질적으로 유사한 효과를 발생시키는 경우를 포함한다.

47) 먼저 경쟁당국 등이 그 행위의 경쟁제한적 효과를 입증하면, 특허권자가 그 행위가 실시료 수입을 극대화하기 위해 필요하거나 또는 추가적인 기술발명이나 소비자 편익에 기여하는 등 동태적 효율성을 달성하기 위하여 필요한 것임을 입증하도록 하고, 그럴 경우에 최종적으로 경쟁당국 등이 특허권자가 주장하는 정당한 목적을 달성할 수 있는 덜 경쟁제한적인 다른 방법이 존재함을 입증하면 위법한 것으로 판단하는 방식을 사용할 수 있을 것이다. 비교형량에 관한 구체적인 논의는, 오승한, "지적재산권 라이선스의 배타적 조건에 대한 독점금지법의 위법성 판단-독점금지법의 동태적 효율성 분석을 중심으로", 비교사법 제13권 제1호(2006), 779-782면; 오승한, "지식재산권자의 시장선점행위에 대한 독점규제법상 규제", 산업재산권 제29호(2009), 321-331면 참조.

48) EU에서는 '기술이전 포괄면제규칙(Technology Transfer Block Exemption Regulation, TTBER)'을 도입하여 시행하고 있다. 기본적으로 TTBER은 TFEU 제101조 제3항의 적용과 관련한 일련의 규칙으로서, 지식재산 관련 라이선스 협정과 관련하여 사업자들이 자신들의 행위가 TFEU 제101조에 반하는지 판단하는데 참고할 수 있는 기준을 제시하고 있다. TTBER에 의하면, 시장점유율 요건(수평계약의 경우 양 당사자의 시장점유율의 합계가 20% 이하, 수직계약의 경우 당사자 각각의 점유율의 30% 이하)과 기타 규정상의 요건을 충족

(2) 경쟁제한효과

지식재산권 행사가 관련시장에 미치는 경쟁제한효과는 관련시장의 가격상승 또는 산출량 감소, 상품 · 용역의 다양성 제한, 혁신 저해, 봉쇄효과, 경쟁사업자의 비용 상승효과 등을 발생시키거나 발생시킬 우려가 있는지를 종합적으로 고려하여 판단한다. 일반적으로 지식재산권을 행사하는 사업자의 시장지배력이 강한 경우, 해당 지식재산권이 필수 생산요소와 같은 유력한 기술로 인정되는 경우, 지식재산권 행사와 관련된 사업자들이 경쟁관계에 있는 경우, 지식재산권의 행사로 공동행위의 가능성이 증대하는 경우 또는 다른 사업자의 시장 진입가능성이 감소하는 등의 경우에는 관련 시장의 경쟁을 제한할 가능성이 크다.

관련시장의 획정은 일반적인 시장획정 방법과 마찬가지로 경쟁관계에 있거나 경쟁관계가 성립될 수 있는 일정한 거래분야를 판단한다. 다만, 지식재산권 행사의 경우에는 통상의 상품시장 이외에 실시허락계약 등의 형태로 관련 기술이 거래되는 '기술시장'과 새로운 또는 개량된 상품이나 기술 · 공정을 위한 특정한 연구개발과 관련된 '혁신시장'[49]도 고려할 수 있다. 기술의 거래는 일반적으로 상품 · 용역의 거래에 비해 운송면의 제약이 적어 관련 시장의 지리적 범위가 확대될 가능성이 크다. 또한 기술의 전용 가능성이 있는 경우, 특정 시점에 해당 기술이 거래되지 않지만 향후 거래될 가능성이 있는 분야 또한 관련 시장에 포함할 수 있다. 표준화에 따른 기술호환 문제 등으로 인해 대체기술로의 전환이 곤란한 경우에는 한정된 범위의 거래 분야만을 관련 시장으로 획정할 수 있다. 표준필수특허는 대안(alternative)특허 내지 대체(substitute)특허가 존재하지 않으므로 표준필수특허 각각이 그 자체로 별개의 관련 기술시장을 구성한다. 삼성전자-애플 사건에서 공정위는 4개의 표준특허를 각각의 개별 기술시장으로 획정하였다.[50]

(3) 효율성 증대효과

지식재산권은 상품의 생산을 위한 많은 요소들 중의 하나로서 생산과정에서 다른 생산요소와 결합된다. 실시허락 등 지식재산권의 행사를 통한 지식재산권과 다른 생산요소와의 결합은 지식재산권의 효과적인 이용을 가능하게 하고 제조비용의 절감과 신상품의 개발을 통해 궁극적으로 소비자후생을 증대할 수 있다. 나아가 기술 혁신의 유인을 제고

한다면 반경쟁적 효과가 없거나, 만약 반경쟁적 효과가 존재하는 경우라도 친경쟁적 효과가 더 큰 것으로 간주된다.

49) 관련혁신시장은, 일반적인 시장획정 방법과 마찬가지로, 당해 지식재산권 행사로 인해 영향을 받는 연구개발 및 이와 경쟁관계에 있거나 경쟁관계가 성립할 수 있는 새로운 또는 개량된 상품이나 기술 · 공정의 창출을 위한 연구개발로 획정될 수 있다(지재권 심사지침 Ⅱ.3.가.(3)).

50) 공정위, "삼성전자가 애플을 상대로 제기한 표준특허 침해 금지청구는 공정거래법에 위반되지 않는다고 판단", 2014.2.25.자 보도자료; 박세민, "최근 표준특허권자의 시장지배력 남용행위 관련한 공정거래법 집행 동향", 2015년 서강대학교 법학연구소 법과 시장경제 연구센터 학술대회 자료집, 148-152면 참조.

하고 연구개발(R&D)에 대한 투자를 촉진하는 친경쟁적 효과를 가질 수 있다. 지식재산권의 행사가 기술의 이용과 혁신을 촉진시키는 등으로 관련 시장의 효율성을 증대시키는 경우에는 이러한 효율성 증대효과를 위법성 판단시에 고려한다. 이러한 효율성 증대효과는 지식재산권 행사 시점에 즉시 발생하는 효과에 한정되지 않으며, 기술혁신의 촉진을 통한 상품 가격의 하락, 품질의 제고, 소비자 선택권의 확대 등을 통해 향후 관련 시장의 효율성 제고에 기여할 수 있는 부분을 포함한다. 즉, 효율성 증대효과를 검토함에 있어서는 정태적 효율성은 물론 동태적 효율성[51]도 함께 고려해야 한다.

2. 착취적 행위

지식재산권의 행사가 시장지배적 사업자의 착취남용에 해당하거나 거래상 지위의 남용과 같은 착취적인 불공정거래행위에 해당할 수 있다. 이러한 경우에는 위법성의 징표가 경쟁제한성이 아니라 거래내용의 불공정성이 된다.[52] 거래상 지위남용의 유형인 불이익제공행위의 부당성과 관련해서는 "당해 행위의 의도와 목적, 효과와 영향 등과 같은 구체적 태양과 상품의 특성, 거래의 상황, 해당 사업자의 시장에서의 우월적 지위의 정도 및 상대방이 받게 되는 불이익의 내용과 정도 등"에 비추어볼 때, 정상적인 거래관행을 벗어난 것으로서 공정한 거래를 저해할 우려가 있는지를 고려하여 결정한다.[53] 그런데 상호간의 이익증진을 목적으로 한 일정한 거래관계에 따른 계약에 있어서는 그 계약에 따른 이득을 얻게 되는 대신 어느 정도의 불리한 제한도 따르게 되는 것이 일반적이다. 지식재산권 라이선스 계약의 특성상 지식재산권 보유자가 그 상대방보다 우월한 협상력을 보유하는 경우가 많을 터인데, 단지 협상력이 우월하다고 하여 쉽게 위법행위로 판단하면, 오히려 지식재산권의 본질에 반하는 결과를 초래하게 되어 혁신의 유인을 감소시킬 우려가 있다.[54] 따라서 지식재산권의 행사에 관해서 위법성을 심사함에 있어서는 지식재산권 제도의 기본취지가 몰각되지 않도록 유의할 필요가 있다.

---

51) 동태적 효율성(dynamic efficiency)은 상품을 개선하고 그것을 보다 효율적으로 생산하거나, 혹은 기존의 상품을 능가하는 전혀 다른 새로운 상품으로 구형의 상품을 대체하는 일종의 새로운 '기술적 진보'에 의해 발생하는 효율성을 의미한다. Lawrence A. Sullivan & Warren S. Grimes, The Law of Antitrust: An Integrated Handbook(2000), § 1.5 b 2; Mark A. Lemley, The Economics of Improvement in Intellectual Property Law, 75 Tex. L. Rev. 989(1997), p. 997; 오승한, "지적재산권 라이선스의 배타적 조건에 대한 독점금지법의 위법성 판단 - 독점금지법의 동태적 효율성 분석을 중심으로", 비교사법 제32호(2006), 757면.

52) 지재권 심사지침은 지식재산권의 행사가 시장지배적 사업자의 지위남용행위 및 복수 사업자 사이의 부당한 공동행위에 해당하는지 여부에 대한 판단기준을 제시하기 위해 마련된 것이므로, 불공정거래행위의 한 유형인 거래상 지위의 남용의 위법성에 관한 직접적 판단기준은 될 수 없다.

53) 대법원 2013.4.25. 선고 2010두25909 판결.

54) EU의 법원은 지식재산권의 라이선스 거절은 지식재산권의 배타적 권리의 핵심에 해당하는 것으로서 시장지배적 사업자가 행한 경우라고 할지라도 예외적 상황에 한하여 남용행위에 해당할 수 있다는 태도를 표명하고 있는데, 이는 경쟁법 적용에 있어서 지식재산권의 본질을 침해하지 않으려는 것으로 이해된다.

제2절 남용행위의 유형별 검토

지식재산권 심사지침은 지식재산권행사의 남용행위 유형을 ① 특허권의 취득, ② 소송을 통한 특허권행사, ③ 실시허락, ④ 특허풀 및 상호실시허락, ⑤ 표준기술관련 특허권의 행사, ⑥ 특허분쟁과정의 합의, ⑦ 특허관리전문사업자의 특허권 행사 등으로 나누어 규정함으로써, 특허권의 취득에서부터 그 행사(소송, 실시허락 등)에 이르기까지 각 단계에서 나타날 수 있는 남용행위에 관하여 규율하고 있다. 이하에서는 지식재산권 심사지침의 분류에 따라 지식재산권 행사에 대한 독점규제법 적용 여부를 살펴보기로 한다.

Ⅰ. 특허권의 취득

특허권의 취득에서 독점규제법 위반이 문제가 될 수 있는 행위의 유형으로는 ① 주요 영업부분에 해당하는 특허권의 양수, ② 그랜트백(Grantback)이 있다. 그랜트백이란 실시허락 계약을 체결함에 있어 실시권자가 실시허락과 관련된 기술을 개량하는 경우 개량된 기술을 특허권자에게 양도 또는 실시허락 하도록 하는 것을 말한다. 특허의 취득과 관련하여, 미국에서는 고의 및 의도적으로 특허청에 허위진술을 하여 특허를 취득한 행위가 반트러스트법 위반행위가 되는지에 관한 논의가 있었다. 이른바 허위 특허취득(Walker Process) 법리이다.[55] 우리나라의 경우 특허청에 허위진술을 통해 특허를 취득한 경우 그 특허는 무효이고, 무효인 특허권의 행사는 권리남용으로서 허용되지 않는다.[56] 이러한 허위 특허권 취득 행위가 경쟁제한성까지 인정되는 경우에는 독점규제법 위반이 될 것이다.

Ⅱ. 소송을 통한 특허권의 행사 등

1. 소송을 통한 특허권의 행사

특허권자가 자신의 배타적 권리를 보호받기 위해서 법원에 소송을 제기하는 것은 특허권자의 기본적 권리에 해당하고, 특허침해소송 등의 법적 절차는 특허권자의 중요한 권리보장 수단이다. 따라서 소송에 대한 특허권자의 기대가 합리적이고 정당한 것으로 인정되는 경우, 사후적으로 특허권자가 패소했다는 사실만으로 특허침해소송 남용행위로 추정되는 것은 아니다.

---

55) Walker Process Equipment, Inc. v. Food Machinery & Chemical Corp., 382 U.S. 172(1965).
56) 대법원 2012.1.19. 선고 2010다95390 전원합의체 판결.

그러나 상당한 기간과 비용이 소요되는 특허침해소송은 소송 당사자에게 직접적인 비용을 발생시키는 한편, 관련 시장에서 해당 사업자의 평판에 영향을 미쳐서 사업활동을 방해하는 효과를 초래할 수 있다. 따라서 특허침해소송 등의 법적·행정적 절차를 남용하는 행위는 특허권의 정당한 권리범위를 벗어난 것으로 판단할 수 있다. 구체적으로 지식재산권 심사지침은 ① 특허가 기만적으로 취득된 것임을 알면서도 기만적으로 취득한 특허에 근거하여 특허침해소송을 제기하는 행위, ② 특허권자가 특허침해가 성립하지 않는다는 사실(해당 특허가 무효라는 사실 등)을 알면서도 특허침해소송을 제기하는 행위, ③ 특허침해가 성립하지 않는다는 사실이 사회통념상 객관적으로 명백함에도 불구하고 특허침해소송을 제기하는 행위의 경우에는 남용행위로 판단될 가능성이 크다고 하고 있다. 특히 특허침해소송이 객관적으로 근거가 없음에도 불구하고 단지 소송절차를 이용하여 다른 사업자의 사업활동을 방해할 악의적인 의도로 소송을 제기하는 경우에는 부당한 행위로 판단할 가능성이 크다.[57)]

한편 시장지배적 사업자에 대한 남용행위 심사기준도 “지식재산권과 관련된 특허침해소송, 특허무효심판, 기타 사법적·행정적 절차를 부당하게 이용하여 다른 사업자의 사업활동을 어렵게 하는 행위”와 “지식재산권과 관련된 특허침해소송, 특허무효 심판 기타 사법적, 행정적 절차를 부당하게 이용하여 경쟁사업자의 신규진입을 어렵게 하는 행위”를 시장지배적 사업자의 지위남용행위로 예시하고 있다. 참고로, 미국에서는 부당제소(sham litigation)의 법리가 적용된다. 부당제소는 ① 특허침해를 주장하는 소송에서 현실적으로 승소할 수 있다는 기대를 할 수 없을 것(objective baselessness)과, ② 소송을 통하여 경쟁자의 사업을 직접 또는 간접적으로 방해하려는 시도일 것(subjective baselessness)을 요건으로 한다.[58)] EU의 판례도 역시 법원에 소송을 제기하는 것은 기본적 권리에 해당하고 법의 지배를 위한 일반 원칙이므로 매우 예외적인 상황에서 TFEU 제102조를 위반하는 시장지배적 지위의 남용에 해당할 수 있다는 입장을 취하고 있다.[59)]

2. 소송 이외의 방법을 통한 사업활동 방해

특허권자가 소송 이외의 방법을 통해 경쟁사업자의 사업활동을 방해하는 경우도 있을 수 있다. 대웅제약 사건에서는 특허권 만료 후 저렴한 복제약 출시를 저해하기 위해 제약 산업의 가격규제를 이용한 행위가 문제되었다. 이 사건에서 대웅제약은 경쟁사업자들이 치매치료제 시장에 진입하기 위해 식품의약품안전청(이하 “식약청”이라 함)에 복제약 품목허가 신청을 하자, 위탁사업자로 하여금 손실을 보전해주는 조건으로 자사 오리지널

---

57) FRAND 선언을 한 표준필수특허권자와 같이 권리자를 필수요소 보유자로 볼 수 있는 경우의 침해금지청구에 관해서는 일반적 특허권자의 소송보다 더 엄격하게 볼 필요가 있는데, 이에 관하여는 뒤에서 따로 다루기로 한다.

58) ABA Section of Antitrust Law, Antitrust Law Developments(7th ed., 2012), pp. 295-296.

59) Case T-111/96 ITT Promedia v. Commission [1998] ECR Ⅱ-2937.

약품의 첫 번째 복제약 출시 가격을 낮게 신청하도록 하였다. 식약청에 신청된 복제약은 이전에 신청된 복제약보다 낮은 가격이 책정되는 계단형 복제약 가격결정 제도의 허점을 이용하여 다른 경쟁사업자들의 신규 진입 유인을 감소시킨 것이다. 이 사건에서 공정위는 대웅제약의 위와 같은 행위가 복제 의약품 신규출시 유인을 감소시키기 위한 목적과 의도에서 행해졌고, 기타 합리적인 이유를 찾을 수 없으므로 부당한 사업활동 방해행위에 해당한다고 판단하였다.[60]

Ⅲ. 실시허락

1. 실시허락의 대가

특허권자가 이룩한 기술적 성과에 대해 정당한 보상을 제공하고 새로운 기술혁신을 유도할 필요가 있다는 점에서, 일반적으로 실시료 부과 행위는 특허권에 의한 정당한 권리 행사에 해당된다. 다만, 지식재산권 심사지침은 ① 부당하게 다른 사업자와 공동으로 실시료를 결정·유지 또는 변경하는 행위, ② 부당하게 거래상대방 등에 따라 실시료를 차별적으로 부과하는 행위, ③ 부당하게 실시 허락된 기술을 사용하지 않은 부분까지 포함하여 실시료를 부과하는 행위,[61] ④ 부당하게 특허권 소멸이후의 기간까지 포함하여 실시료를 부과하는 행위, ⑤ 실시료 산정방식을 계약서에 명시하지 않고 특허권자가 실시료 산정방식을 일방적으로 결정 또는 변경할 수 있도록 하는 행위를 특허권의 정당한 권리범위를 벗어난 것으로 예시하고 있다.

2. 실시허락의 거절

(1) 지식재산권 심사지침의 내용

혁신적 발명에 대한 정당한 보상을 제공하고 새로운 기술 개발을 촉진하기 위하여, 특허제도는 특허권자에게 해당 발명실시에 대한 배타적 독점권을 부여하고 있다. 따라서 일반적으로 특허권자가 자신의 권리보장을 위해 합리적인 범위에서 실시허락을 거절하는 행위는 특허권에 의한 정당한 권리 행사로 볼 수 있다.[62]

---

60) 공정위 2009.5.12. 의결 제2009-111호.

61) 특히 경쟁사업자의 기술이 사용된 부분까지 포함하여 실시료를 산정하는 행위는 경쟁사업자의 기술 이용에 따른 비용을 인상시키고, 그 기술에 대한 수요를 감소시킬 수 있다는 점에서 부당한 행위로 판단될 가능성이 크다. 단, 실시수량 측정상의 한계 등으로 인해, 실시료 산정을 위한 불가피한 방법으로 인정되는 경우에는 제외될 수 있다.

62) 유럽법원은 지식재산권에 대한 라이선스 거절 그 자체로는 시장지배적 지위의 남용에는 해당하지 않고, 단지 예외적인 상황에서만 지식재산권의 행사가 남용에 해당될 수 있다는 입장을 명확히 하고 있다. 자동차의 전방 날개 패널의 디자인권 침해가 문제된 Volvo 사건에서 유럽법원은 지식재산권에 대한 라이선스 거절은 그 자체로 시장지배적 지위의 남용에는 해당하지 않는다고 판시하였다. EuGH, 05. 10. 1988-238/87-Volvo, Slg. 1988, 6211(Rn. 8).

다만, 지식재산권 심사지침은 ① 정당한 이유 없이 자기와 경쟁관계에 있는 다른 사업자와 공동으로 특정사업자에 대하여 실시허락을 거절하는 행위, ② 부당하게 특정사업자에 대하여 실시허락을 거절하는 행위, ③ 특허권자가 부과한 부당한 조건을 수용하지 않는다는 이유로 실시허락을 거절하는 등 다른 부당한 행위의 실효성을 확보하기 위하여 실시허락을 거절하는 행위[63]를 실시허락을 부당하게 거절하는 행위로 예시하고 있다.[64] 이 가운데 ①은 집단적 보이콧(boycott)에 해당하는 것으로서 부당한 공동행위 성립 여부가 문제될 것이고, ③은 실시허락 거절이 다른 행위의 실효성 확보수단으로 사용되는 것이므로 결국 그 목적이 되는 다른 행위가 위법한지 여부가 선결적 쟁점이 된다. 이에 반해 ②의 경우는 실시허락 거절 자체의 위법성이 직접적으로 다투어진다. 실시허락 거절의 의도나 목적이 관련시장의 경쟁제한과 관련되어 있는지 여부, 실시허락이 거절된 기술을 사용하지 않고서는 상품이나 용역의 생산, 공급 또는 판매가 사실상 불가능하여 관련시장에 참여할 수 없거나, 관련시장에서 피할 수 없는 경쟁 열위상태가 지속되는지 여부, 특정 사업자가 당해 기술을 독점적으로 소유 또는 통제하고 있는지 여부, 실시허락이 거절된 기술의 대체기술을 확보하는 것이 사실상, 법률상 또는 경제적으로 불가능한지 여부, 실시허락 거절행위로 인하여 경쟁제한의 효과가 발생하였거나 발생할 우려가 있는지 여부 등이 부당성 판단시 고려될 수 있다. 아래에서는 ②의 경우에 관하여 좀 더 자세히 살펴보기로 한다.

(2) 실시허락의 부당 거절

EU법원은 지식재산권이 필수설비에 준하는 경우에는 실시허락 거절이 시장지배적 지위남용에 해당할 수 있다는 법리를 발전시켜 왔지만, 미국에서는 필수설비 이론 자체에 대하여 부정적인 시각을 가지고 있다. 더구나 지식재산권의 경우 라이선스 강제가 지적재산권의 가치를 형해화할 수 있다는 점에서 실시허락 거절에 관하여 필수설비 이론을 적용하는 것에 관하여 부정적이다.

한편, 우리나라 독점규제법령은 소위 '필수설비 이론(essential facilities doctrine)'[65]을 명문으로 수용하고 있으나,[66] 아직까지는 메가스터디 사건이나 삼성전자-애플 사건[67]

63) 뒤에서 살펴보는 실시범위의 제한, 실시허락시의 조건 부과에 예시된 조건 등이 위의 부당한 조건에 해당될 수 있다.

64) 실시허락 거절에는 직접 실시허락을 거절하는 경우뿐만 아니라 제3자에게 실시허락을 거절하도록 하는 행위, 명시적인 실시허락의 거절뿐만 아니라 거래가 사실상 또는 경제적으로 불가능할 정도로 부당한 가격이나 조건을 제시하여 실시허락 거절과 동일한 효과를 발생시키는 행위, 공급거절과 구입거절, 거래개시의 거절과 거래계속의 거절이 모두 포함된다.

65) 필수설비 이론은 당초 미국에서 처음 제시되었는데, 미국에서는 그 적용에 소극적이다. Verizon Communications v. Law Office of Curtis V. Trinko, 540 U.S. 398, 411(2004). 반면, EU의 경쟁당국과 법원은 필수설비 이론을 공식적으로 인정하고 있다.

66) 시장지배적 사업자가 "정당한 이유없이 다른 사업자의 상품 또는 용역의 생산·공급·판매에 필수적인 요소의 사용 또는 접근을 거절·중단하거나 제한하는 행위" 및 "정당한 이유없이 새로운 경쟁사업자의 상품 또

등 소수의 케이스를 제외하고는 필수요소에 해당하는 지식재산권 라이선스 거절에 관한 구체적 사례가 축적되지 않았다. 지식재산권 심사지침은 ① 실시허락 거절의 의도나 목적이 관련 시장의 경쟁제한과 관련되어 있는지 여부, ② 실시허락이 거절된 기술을 사용하지 않고서는 상품이나 용역의 생산, 공급 또는 판매가 사실상 불가능하여 관련시장에 참여할 수 없거나, 관련 시장에서 피할 수 없는 경쟁 열위상태가 지속되는지 여부, ③ 특정 사업자가 당해 기술을 독점적으로 소유 또는 통제하고 있는지 여부, ④ 실시허락이 거절된 기술의 대체기술을 확보하는 것이 사실상, 법률상 또는 경제적으로 불가능한지 여부, ⑤ 실시허락 거절행위로 인하여 경쟁제한의 효과가 발생하였거나 발생할 우려가 있는지 여부 등이 부당성 판단시 고려될 수 있다고 규정하고 있다. 따라서 우리나라와 유사한 태도를 취하고 있는 EU에서 발전한 필수설비 관련 법리는 위와 같은 법령 해석에 있어서 참고가 될 수 있을 것이다.

■ EU에서 라이선스 거절에 관한 법리의 발전

EU에서 지식재산권에 대한 라이선스 거절이 시장지배적 지위남용에 해당하기 위한 요건으로 ① 필수성의 원칙(지식재산권에 대한 라이선스 거절이 특정 영업을 위해 필수적인 제품이나 서비스에 대한 접근을 차단하는 경우), ② 시장지배적 지위, ③ 관련시장에서의 경쟁의 배제, ④ 새로운 제품의 출현방해 혹은 이를 대신하여 소비자에게 해가 되는 기술개발의 제한, ⑤ 실제적 근거에 기한 정당성 흠결(지식재산권의 존재 자체는 정당성의 근거에 해당하지 않고, 투자의 보호를 위해, 품질을 보증하기 위하여, 설비의 작동을 가능하도록 하기 위하여 지식재산권에 대한 라이선스를 거절하는 것은 그 정당성이 인정될 수도 있음)을 제시하고 있다.[68]

Magill 사건은 저작권자의 라이선스 거절이 시장지배적 지위남용행위로 인정된 사안이다. 아일랜드의 Magill TV 가이드 주식회사는 방송 3사(RTE, ITV, BBD)와 그들이 저작권을 가지고 있는 주간 방송일정의 사용에 관한 저작권 사용계약을 체결하였는데, 그 계약과는 다르게 저작권법에 의해 보호되고 있는 모든 방송채널의 1주일 분량의 TV 프로그램 편성표를 출판하였다. 위 방송사가 저작권에 기한 발간금지명령을 구하였고 법원의 금지명령이 내려졌다. 이 상황에서, Magill은 위 방송사들을 EU 경쟁당국에 신고하였다. 경쟁당국은 프로그램정보를 Magill에게 제공하라는 명령을 내렸다. ECJ는 위와 같은 집행위원회의 처분을 지지하였다. ECJ는 저작권의 행사는 예외적인 상황에서 유럽공동체 조약 제82조(현 TFEU 제102조) 위반이 될 수 있다고 판시한 뒤, Magill 사건에서는 아래와 같은 예외적인 상황이 존재한다고 판시하였다. ① 방송 3사의 거래거절로 과거의 제품과는 다른 새로운 제품의 시장 출현이 방해 받았고,

---

는 용역의 생산·공급·판매에 필수적인 요소의 사용 또는 접근을 거절하거나 제한하는 행위"는 금지된다.

67) 서울중앙지법은 삼성전자가 애플코리아에 대하여 제기한 침해금지청구소송에서 삼성전자가 보유한 표준필수특허가 독점규제법상 필수요소에 해당함을 인정하였다. 서울중앙지법 2012.8.24. 선고 2011가합39552 판결.

68) 상세는 최승재, "지적재산권 라이선스 거절의 규율과 필수설비 판단기준", 경북대학교 법학논고 제30집(2009), 589-599면 참조.

② 방송 3사가 자신의 방송가이드를 발간하거나 신문에 공짜로 제공하는 행위는 거래거절의 정당한 사유가 되지 못하며, ③ 방송 3사가 저작권을 이용하여 후속시장을 자신들을 위하여 독점하면서 모든 경쟁을 억눌렀으며, ④ 방송 3사의 프로그램 정보가 Magill의 방송가이드 발행을 위해서는 필수적이라는 것이다.[69)]

그리고 저작권자의 라이선스 거절이 시장지배적 지위의 남용에 해당하기 위한 요건은 IMS Health 사건에서 좀 더 구체화되었다. IMS Health사는 약품 도매상과 소매상으로부터 정보를 수집하여 공급하는 독일에서 유일한 제약관련 정보제공업체이다. NDC사와 Azy X사는 IMS Health사의 소위 1860 블릭 시스템이 사실상 표준으로 기능하고 있어 독일시장의 진입에 어려움을 겪고 있었다. 위 블릭 시스템은 데이터베이스 자체 및 그 구성방법에까지 저작권이 미친다. NDC 및 Azy X는 저작권 사용계약의 요구를 거절한 IMS를 경쟁당국에 신고하였다. 경쟁당국은 위 1860 블릭구조가 독일 시장에 진입하기 위하여 필수적이라고 인정한 다음 긴급시정명령으로 IMS에게 모든 경쟁기업에 적절한 가격과 비차별적인 조건으로 사용을 허가할 것을 명하였다. 그러나 ECJ는 유럽공동체 조약 제82조는 기존 저작권자가 시장에 공급하는 상품을 그대로 복제하거나 동일한 상품을 제공하는 경우까지 확대되는 것은 아니며, 기존의 서비스와 다르거나 새로운 상품을 제공하는 경우에 한정된다고 하였다. 지식재산권에 대한 라이선스 거절이 첫째 잠재적 수요가 있는 새로운 제품의 출현을 방해하고, 둘째 이러한 것이 정당화되지 못하고, 셋째 관련시장에서 모든 경쟁을 배제하는 3가지의 요소를 모두 충족하는 경우에만 시장지배적 지위의 남용에 해당한다고 판시하였다.[70)]

한편, EU 집행위원회는 마이크로소프트가 시장지배적 사업자로서 저작권법과 특허법에 의해 보호되고 있는 인터페이스 정보를 공개해야 할 의무를 부담하는지의 여부에 대해 결정하였다.[71)] 결론적으로 EU 집행위원회는 마이크로소프트의 시장지배적 지위의 남용을 인정하였다.[72)] EU 1심재판소도 시장지배적 사업자가 객관적 정당성 없이 라이선스를 거절하고, 이러한 라이선스 거절이 인접시장에서 영업을 위해 필수적인 제품 혹은 서비스를 대상으로 하고, 인접시장에서의 모든 효과적인 경쟁을 배제하고, 잠재적 수요가 존재하는 새로운 제품의 출현을 방해하는 경우에는 시장지배적 지위의 남용에 해당한다고 판시하였다. 동시에 새로운 제품의 출현 방해의 요건은 기술개발의 제한으로 인한 소비자 피해의 요건으로 대체될 수 있다고 하였다.[73)]

---

69) Radio Telefis Eireann (RTE) and Independent Television Publications Ltd (ITP) v. Commission, 1995 E.C.R. I-743, [1995] 4 C.M.L.R. 718, [1995] 1 CEC 400.

70) EuGH, 29.4.2004-C-418/01-IMS Health, Slg. 2004, I-05039 (Rn. 37).

71) 한편, 마이크로소프트는 2002년 미국에서도 불공정하게 시장지배력을 남용하여 시장의 경쟁을 해하고 소비자의 권익을 침해하고, 혁신을 저해하였다는 이유로 법위반 판결을 받은 바 있다. United States v. Microsoft Corp., 87 F. Supp. 2d 30 (D.D.C. 2000). 미국법원은 경쟁사업자들이 Windows O/S와 상호운용될 수 있는 프로그램을 만들 수 있도록 관련 프로토콜에 대하여 라이선스를 부여할 것을 명령하였다. The final remedy judgement, United States v. Microsoft Corp., No. 98-1232, 2002 WL 31654530 (D.D.C. 12.11, 2002).

72) EU 집행위원회는 마이크로소프트가 보유한 인터페이스 정보는 해당시장에서 사업을 영위하는데 있어서 필수불가결한 정보라는 점을 인정하였다. Case COMP/C-3/37.792.

73) Case T-201/04 R, Microsoft Corp. v. Commission of the European Communities. 이 판결은 마이크로소프트가 상소를 포기하여 확정되었다.

(3) 구체적 사례

(가) 메가스터디 사건

1) 사안의 개요

주식회사 비상교육 및 주식회사 천재교육[74](신청인 1)은 이 사건 중등교육교과서 및 평가문제집의 공동저자들(신청인 2)로부터 2차적 저작물 작성권 등 일체의 저작재산권에 관한 독점적인 이용허락을 받아서 교과서 및 문제집을 출판하였다. 주식회사 메가스터디(피신청인)는 초·중·고등 교과과정에 대한 온라인 강의 전문회사이다. 피신청인은 자신이 운영하는 웹사이트에 신청인 1의 교과서 및 문제집을 이용한 강의 동영상을 제작, 서비스를 제공하였다. 피신청인은 원래 신청인 1로부터 이 사건 교과서 및 문제집에 관한 이용허락을 받아 인터넷 강의를 시작하였다. 그 계약기간이 만료되자, 신청인 1은 직접 교과서 및 문제집을 교재로 하는 온라인 강의 사업을 영위할 것이므로 더 이상 피신청인에게 사용을 허락할 수 없다는 취지로 계약갱신을 거절하였다. 그리고 신청인들은 피신청인을 상대로 저작권침해금지 가처분 소송을 제기하였다. 이에 대하여 피신청인은 신청인들의 청구가 시장지배적 지위 남용행위로서 권리남용에 해당한다는 주장을 하였다.

2) 법원의 판단

이 사건 1심 법원은 저작권의 행사와 시장지배적 지위 남용과 관련하여 의미 있는 판시를 하였다.[75] 우선 1심 법원은 피신청인이 신청인들의 허락 없이 이 사건 동영상을 제작하는 행위는 저작권 침해행위[76]에 해당한다고 판단하였다. 피신청인이 주장한 독점규제법 위반 항변에 관하여, 1심 법원은 관련시장을 비상교육 내지 천재교육이 출판한 중등 국어 교과서, 평가문제집 및 이에 대한 저작권을 대상으로 하는 시장 내지 중등 영어 교과서, 평가문제집 및 이에 대한 저작권을 대상으로 하는 시장으로 각각 획정하였다. 그리고 위 관련시장에서 위 출판사들이 시장지배적 사업자의 지위를 가지고 있다고 판단하였다. 신청인 1의 이 사건 각 교과서 및 문제집의 저작권 이용허락이 피신청인 등의 이 사건 각 교과서 및 문제집을 대상으로 한 온라인 강의 사업에 필수적인 요소이고, 신청인 1은 시장지배적 사업자로서 위 요소를 독점적으로 통제할 수 있는 지위에 있으며, 위 요소는 사실상 대체가 가능하지도 않으므로, 신청인 1의 거래거절이 위 관련상품 시장에서 피신청인을 포함한 경쟁사업자의 사업활동을 배제할 정도로 매우 큰 경쟁제한효과를 발생시키는 시장지배적 지위 남용행위에 해당한다고 판단하였다. 결론적으로 1심 법원은

---

74) 비상교육은 중학교 국어 교과서 및 문제집 출판사이고, 천재교육은 중학교 국어, 영어 교과서 및 문제집 출판사이다.

75) 서울중앙지법 2011.9.14. 자 2011카합683 결정(신청인 비상교육 등) 및 서울중앙지법 2011.9.14. 자 2011카합709 결정(신청인 천재교육 등).

76) 2차적 저작물작성권 침해를 인정하였고 동일성유지권 침해 여지도 있다고 판단하였다.

피신청인이 이 사건 각 동영상을 제작하는 행위는 이 사건 각 교과서 및 문제집에 대한 2차적 저작물 작성권을 침해하는 행위에 해당하나, 신청인들이 피신청인에 대하여 금전적인 보상 제의를 일체 거절하고 이 사건 각 교과서 및 문제집의 사용금지를 구하는 것은 권리남용에 해당할 여지가 있다고 하여 신청인의 가처분 신청을 기각하였다.[77)]

(나) 검 토

지식재산권 실시허락의 거절을 위법이라고 하면, 사실상 지식재산권을 강제 실시하는 것과 같은 결과가 초래될 수 있다. 메가스터디 사건의 1심 법원의 결론에 따르면, 신청인 1은 피신청인들에 대해서 저작권 침해를 이유로 금지청구를 할 수 없게 된다. 이는 지식재산권의 본질적 제한에 해당할 수도 있기 때문에 그 제한은 신중하게 판단할 필요가 있다. 구체적으로, 사업자가 지식재산권을 행사하면서 단독으로 행하는 거래거절은 원칙적으로 이를 행하는 사업자가 압도적인 시장지배력을 보유한 경우에 한하여 독점규제법 위반 여부가 문제될 것이다. 이 경우에도 지식재산권 보유자가 시장지배력을 가지고 있다고 하여 그 사실만으로 곧바로 지식재산권의 행사가 독점규제법에 위반되는 것은 아니고, 그러한 행위가 현재의 혹은 잠재적인 시장참여자들 사이에서 관련 상품이나 기술, 연구개발과 관련한 경쟁을 저해하는 경우에 위법이 될 수 있다.

그런데 메가스터디 사건에서 각 교과서 및 문제집의 저작권 이용허락은 이를 대상으로 한 온라인 강의 사업에 필수적인 요소라고 볼 수 있다. 반면, 신청인 1의 독점력은 자유롭고 공정한 경쟁을 통해 획득한 것이 아니고 중등 교과과정의 검정 교과서 채택이라는 제도적 요인에 기인한 것으로서, 보다 무거운 책임을 부과할 여지가 있다. 이러한 상황에서 신청인 1이 실시허락을 거절하고 가처분 소송을 제기한 것은 검정 교과서 채택이라는 제도적 진입장벽에 의하여 창출된 독점력을 활용하여 온라인 강의 사업이라는 새로운 시장에서 경쟁을 제한하려는 것으로 보인다. 이와 같은 시장지배적 사업자의 실시허락 거절을 무제한적으로 허용할 경우 온라인 강의와 같은 새로운 서비스의 출현을 저해할 우려가 있기 때문에, 1심 법원의 위와 같은 판단은 수긍할 수 있다고 생각한다.

3. 실시범위의 제한

특허권자가 자신의 권리보장을 위해 합리적인 범위에서 실시수량, 지역, 기간 등을 제한하여 실시허락을 하는 행위는 특허권에 의한 정당한 권리행사로 볼 수 있다. 다만, 지식재산권 심사지침은 ① 실시허락과 연관된 상품(이하 "계약상품") 또는 기술(이하 "계약기

77) 한편, 2심 법원은 위와 같은 본안 판단에 나가지 않은 채, 신청인들의 신청은 가처분으로 이를 명할 만큼 긴급한 보전의 필요성이 있다고 보기 어렵다고 하여 기각하였다. 위 2심 결정은 그대로 확정되어 대법원의 판단은 이루어지지 않았다. 서울고법 2012.1.10. 자 2011라1498 결정(신청인 비상교육 등) 및 서울고법 2012.4.4. 자 2011라1456 결정(신청인 천재교육 등).

술")과 관련된 실시수량, 지역, 기간 등을 제한하면서 특허권자와 실시권자가 거래수량, 거래지역, 그 밖의 거래조건에 부당하게 합의하는 행위, ② 부당하게 거래상대방 등에 따라 계약상품 또는 계약기술과 관련된 실시수량, 지역, 기간 등을 차별적으로 제한하는 행위를 특허권의 정당한 권리범위를 벗어난 것으로 예시하고 있다.

4. 실시허락 시의 조건 부과

(1) 원 칙

특허권자가 해당 특허발명의 효과적 구현, 계약상품의 안전성 제고, 기술의 유용 방지 등을 위해 합리적인 범위에서 실시허락 시 조건을 부과하는 행위는 특허권에 의한 정당한 권리행사로 볼 수 있다. 그러나 실시허락 시 부당하게 조건을 부과하는 행위는 특허권의 정당한 권리범위를 벗어난 것으로 판단할 수 있다. 실시허락 시 특허권자가 조건을 부과하는 행위의 부당성을 판단할 때는 해당 특허발명과 부과된 조건의 관련성, 즉 부과된 조건이 해당 특허발명의 실시를 위해 필수적인지 여부, 해당 조건이 관련 기술의 이용을 촉진하는데 기여하는지 여부, 해당 조건에 대한 특허권의 소진 여부 등을 중요하게 고려해야 한다. 특허권 만료 이후까지 실시권자에게 조건을 부과하는 행위,[78] 해당 특허권과 무관한 분야에 대해 조건을 부과하는 행위 또한 특허권의 정당한 권리행사로 보기 어렵다.

(2) 특허소진 이론

특허소진 이론(doctrine of patent exhaustion)은 미국에서 판례를 통하여 발달한 법리로서, 일반적으로 특허권자 또는 특허권자로부터 정당한 권한을 부여받은 자가 계약상품을 판매하면, 일단 판매된 계약상품에 대한 특허권자의 권리는 소진된다는 것이다.[79] 우리「저작권법」제20조는 "저작자는 저작물의 원본이나 그 복제물을 배포할 권리를 가진다. 다만, 저작물의 원본이나 그 복제물이 해당 저작재산권자의 허락을 받아 판매 등의

---

78) 특허권은 유효하게 등록된 범위 내에서 출원일로부터 20년까지의 기간 동안만 존속하게 되는바, 특허권이 무효, 취소, 미등록, 만료된 경우에는 배타적 권리의 효력도 존재하지 않아 원칙적으로 거래상대방이 자유롭게 관련 기술을 사용할 수 있다. 미국 연방대법원은 특허권이 소멸된 이후 기간까지 포함하여 실시허락 하는 것은 특허권 존속기간내의 독점력을 특허만료 이후로까지 전이하려는 행위이며, 당연위법으로 특허권 남용이 된다고 판시하였다. Brulotte v. Thys Co., 379 U.S. 29(1964).

79) 미국 법원이 내린 특허소진 이론과 관련한 중요한 판결로서 Quanta Computer, Inc. v. LG Electronics, Inc. 판결을 들 수 있다. 이 사건에서 엘지전자가 각종 메모리와 버스를 마이크로세서와 칩셋을 통해 효율적으로 관리하는 방법특허권자이며, 엘지전자는 인텔과 라이선스 계약에서 엘지전자나 인텔 이외의 자가 제조한 메모리나 버스 등과 결합하여 컴퓨터시스템 제조 시에는 반드시 엘지전자의 허락을 얻어야 한다는 조건하에서 라이선스를 하였다. 그런데 인텔의 고객인 퀀타가 이를 위반한 것에 대해 엘지전자가 라이선스 조건 위반에 따른 특허침해를 퀀타에게 주장하였다. 이에 대해 미국 연방대법원은 ① 방법특허가 제품에 구현된 이상 특허소진법리는 방법특허에도 적용되고, ② 제품이 방법특허를 본질적으로 구현하면 해당제품의 판매로 방법특허가 소진된다고 판시하였다. 즉, 제품 특허의 핵심적 특징을 적법한 권한 하에 구현하면 라이선스 계약 시 권한을 제한적으로 좁게 설정하더라도 판매로써 특허권은 소진된다는 것이다. 553 U.S. 617, 635(2008).

방법으로 거래에 제공된 경우에는 그러하지 아니하다."고 규정하여 배포권의 소진을 명문으로 규정하고 있다. 다만, 특허권의 소진에 관하여는 특허법에 명문의 규정이 없다.

특허소진 이론에 따르면, 실시권자가 특허가 구현된 제품을 적법한 권한 하에 판매하면 실시권자가 취득한 권리가 실시권자의 고객에게 이전되어(pass-through), 권리가 소진된다. 따라서 실시권자의 고객들은 별도로 특허 계약을 체결할 필요 없이 해당 제품을 자신의 의사에 따라 활용할 수 있다. 나아가, 특허권자가 판매한 상품의 재판매와 관련된 조건을 부과하는 등 특허권이 소진된 영역에서 사업활동을 제한하는 조건을 부과하는 경우에는 특허권의 정당한 권리범위를 벗어난 행위로 판단될 수 있다. 이러한 행위는 특허권 남용은 물론이고 경쟁법 위반에도 해당할 수 있다. 특허권 남용은 특허권자가 일방 당사자로서 권리보호를 주장하는 소송에서 당해 특허권의 행사가 권리남용(misuse)이라고 보아 배척하는 것이지만, 경쟁법의 위반은 위와 같은 소송의 존부와 관계없이 이를 경쟁법 위반행위로 취급하여 경쟁당국이 공적 제재를 가하거나 혹은 민사소송에서 상대방이 그런 경쟁법 위반사실을 기초로 항변을 하거나 나아가 손해배상을 청구하는 것이 허용된다.[80)]

(3) 부당한 조건 부과의 유형

(가) 계약상품 가격의 제한

정당한 이유없이 계약상품의 판매가격 또는 재판매 가격을 제한하는 행위는 금지된다.

(나) 원재료 등의 구매상대방 제한

부당하게 계약상품 생산에 필요한 원재료, 부품, 생산설비 등을 특허권자 또는 특허권자가 지정하는 자로부터 구입하도록 하는 행위는 금지된다. 단, 계약상품의 품질이나 성능의 보증을 위해 불가피하게 원재료 등의 구매상대방을 제한하는 경우는 제외될 수 있다.

(다) 계약상품의 판매상대방 제한

부당하게 실시권자가 계약상품을 판매(재판매)할 수 있는 거래상대방 또는 판매(재판매)할 수 없는 거래상대방을 지정하는 행위는 금지된다. 단, 특허권자의 권리보장을 위한 합리적 범위에서 계약상품의 종류나 실시지역·기간 등을 한정하여 실시허락을 함으로써 불가피하게 계약상품의 거래상대방이 제한되는 경우에는 제외될 수 있다.

---

80) 박준석, "표준특허의 제문제: ITC의 배제명령 발동가능성 문제를 포함하여", 서울대학교 법학 제54권 제4호(2013. 12), 123면; 조원희, "미국특허법상 특허권 남용(Patent Misuse)의 법리: 공정거래법 위반과의 관계를 중심으로", 저스티스 제104호(2008), 103-115면 참조.

(라) 경쟁상품 또는 경쟁기술의 거래 제한

부당하게 계약상품을 대체할 수 있는 경쟁상품이나 계약기술을 대체할 수 있는 경쟁기술을 거래하는 것을 제한하는 행위는 금지된다. 단, 경쟁상품 또는 경쟁기술을 함께 거래함에 따라 특허권자의 영업비밀이 경쟁사업자 등 제3자에게 공개되거나 누설되는 위험을 막기 위해 불가피한 수단으로 인정되고, 그 제한의 정도가 특허권자의 권리보장을 위한 최소한에 그치는 경우에는 제외될 수 있다.

(마) 끼워팔기와 패키지 실시허락(Package Licensing)

부당하게 해당 특허발명의 실시를 위해 직접 필요하지 않은 상품 또는 기술을 함께 구입하도록 하는 행위는 금지된다. 한편, 끼워팔기와 관련하여 구체적으로 문제가 되는 것이 패키지 실시허락이다. 패키지 실시허락은 하나의 또는 밀접하게 관련된 복수의 특허를 실시허락 하면서 다수의 특허들을 함께 실시허락 하는 행위이다. 패키지 실시허락은 관련 기술에 대한 탐색비용과 특허권자와의 교섭비용 절감, 특허침해에 따른 소송위험 감소, 연구개발을 위한 투자의 불확실성 제거 등을 통해 관련시장의 효율성을 제고하는 친경쟁적 효과를 발생시킬 수 있다. 그러나 불필요한 특허를 함께 구입하도록 강제하는 것은 끼워팔기에 해당될 수 있다. 특히 실시권자가 해당 비표준필수특허에 대한 대체기술을 제3자로부터 실시받기를 원하고 있는 상황에서 표준필수특허의 실시허락을 조건으로 불필요한 비표준필수특허까지 함께 실시하도록 하는 행위는 부당한 행위로 판단될 가능성이 크다.

(바) 부쟁의무 부과

무효인 특허의 존속 등을 위하여 부당하게 실시권자가 관련 특허의 효력을 다투는 것을 금지하는 행위는 허용되지 아니한다. 단, 해당 특허권의 침해 사실을 특허권자에게 통지하도록 하는 경우, 특허 관련 소송을 대행하도록 하거나 특허권자가 소송을 수행하는데 협력하도록 하는 경우에는 제외될 수 있다.

(사) 기술개량과 연구 활동의 제한

① 계약상품 또는 계약기술의 개량, 이와 관련된 연구 활동을 부당하게 제한하는 행위, ② 계약상품 또는 계약기술과 관련하여 실시권자가 독자적으로 취득한 지식과 경험, 기술적 성과를 부당하게 특허권자에게 제공하도록 하는 행위는 금지된다. 단, 계약기술 등과 관련하여 실시권자가 이룩한 성과를 특허권자가 상호 대등한 조건으로 교환하거나 정당한 대가를 지불하고 취득하는 경우, 계약상품 또는 계약기술의 성능 보증이나 특허권자의 영업비밀 보호를 위해 불가피하게 기술개량을 제한하는 경우에는 제외될 수 있다.

(아) 권리 소멸 후 이용제한

특허권이 소멸된 후에 실시권자가 해당 특허발명을 실시하는 것을 제한하는 행위는 금지된다.

(자) 계약해지 규정

실시료 지급불능 이외의 사유로 특허권자가 적절한 유예기간을 부여하지 않고 일방적으로 계약을 해지할 수 있도록 하는 행위는 금지된다.

(4) 조건 부과의 부당성이 인정된 사례

(가) 에스케이텔레콤 거래상 지위남용 사건

"본 계약서의 '이전기술'과 관련하여 '갑'이 등록받거나 출원한 지적재산권이 무효, 취소되거나 등록되지 아니한 사실은 본 계약의 효력에 어떠한 영향도 미치지 아니한다."는 계약조항을 두는 것은 거래상 지위 남용행위에 해당한다.[81]

(나) 돌비 거래상 지위남용 사건

돌비 거래상 지위남용 사건에서 공정위는 글로벌 음향 표준기술보유 기업인 돌비가 라이선스 계약을 체결하면서 국내업자에게 부쟁의무 등 불공정한 거래조건을 설정한 행위에 대해 거래상 지위남용행위에 해당한다고 판단하였다.[82] 구체적으로 위법으로 인정된 조항은 ① 거래상대방이 라이선스 대상 권리의 효력·범위·소유권 귀속 관계를 다투는 것을 금지하거나, 이를 다툴 경우 라이선스 계약을 해지할 수 있도록 하는 거래조건, ② 거래상대방이 라이선스 대상 권리를 침해 또는 남용할 우려가 있는 경우에도 라이선스 계약을 해지할 수 있도록 하는 거래조건, ③ 거래상대방과의 거래규모에 비해 현저히 미미한 기준을 거래상대방이 보고하지 않은 물량에 대한 손해배상 및 제반비용 부담 기준으로 설정하는 거래조건, ④ 거래상대방이 라이선스 기술 이용 과정에서 이용발명을 통해 취득한 권리 및 매매 등을 통해 취득한 라이선스 기술 관련 권리의 처분과 행사를 제한하는 거래조건이다.

Ⅳ. 특허풀과 상호실시허락

1. 특허풀(Patent Pool)

(1) 의 의

특허풀이란 복수의 특허권자가 각각 보유하는 특허를 취합하여 상호간에 또는 제3자

81) 공정위 2011.11.30. 의결 제2011-120호.
82) 공정위 2015.8.3. 의결 제2011-125호.

에게 공동으로 실시하는 협정을 의미한다. 특허풀은 보완적인 기술을 통합적으로 운영함으로써 관련 기술분야에 대한 탐색비용, 복수의 특허권자에 대한 교섭비용 등을 절감하고, 침해소송에 따른 기술이용의 위험을 감소시켜, 관련시장의 효율성을 제고하고 기술의 이용을 촉진시키는 친경쟁적 효과를 발생시킬 수 있다. 그러나 ① 특허풀 운영과정에 이와 관련된 거래가격, 수량, 지역, 상대방, 기술개량의 제한 등의 조건에 부당하게 합의하는 행위,[83] ② 부당하게 특허풀에 참여하지 않은 다른 사업자에 대한 실시를 거절하거나, 차별적인 조건으로 실시계약을 체결하는 행위,[84] ③ 특허풀 운영과정에 다른 사업자가 독자적으로 취득한 지식과 경험, 기술적 성과 등을 부당하게 공유하도록 하는 행위,[85] ④ 부당하게 특허풀에 무효인 특허 또는 공동실시에 필수적이지 않은 특허를 포함시켜 일괄실시를 강제하는 행위, ⑤ 특허풀에 포함된 각 특허의 실시료를 합산한 금액보다 현저히 높은 일괄실시료를 부과하여 실시권자에게 과도한 불이익을 제공하는 행위는 특허권의 정당한 권리범위를 벗어난 것으로 판단할 수 있다. 특허풀과 관련된 권리 행사의 부당성을 판단할 때에는 특허풀의 구성 기술, 실시 형태, 운영 방식 등을 중요하게 고려한다.

(2) 특허풀의 구성기술

먼저 특허풀을 구성하는 기술이 상호간 대체관계인 경우에는 해당 특허풀과 관련된 권리행사를 부당한 것으로 판단할 가능성이 크다. 보완관계에 있는 특허의 공동실시는 거래비용을 감소시켜 효율성 증대효과를 기대할 수 있는 반면, 대체관계에 있는 특허의 공동실시는 실시권자의 비용을 증가시킬 뿐만 아니라 경쟁사업자간의 부당한 공동행위 가능성을 증대시킬 수 있다. 또한 특허풀 중에 공동실시에 필수적이지 않은 특허 또는 무효인 특허가 포함된 경우에는 해당 특허풀과 관련된 권리행사를 부당한 것으로 판단할 가능성이 크다. 이러한 특허풀은 실시권자의 비용을 증가시키고 무효인 특허를 부당하게 존속시킬 우려가 있다.

(3) 특허풀의 실시형태

특허풀 관련 기술의 일괄실시만 허용하고, 각 기술의 독립적인 실시를 금지하는 경우 해당 특허풀과 관련된 권리행사를 부당한 것으로 판단할 가능성이 크다. 이러한 특허풀

---

83) 상품 '가'를 만드는데 필요한 기술 a, b, c, d에 대해 각각 특허를 보유한 사업자 A, B, C, D가 각 기술의 공동 활용을 통한 비용 절감 방안을 논의하면서, 부당하게 상품 '가'의 판매지역까지 할당하거나, 판매가격을 공동으로 결정하는 경우가 여기에 해당된다.

84) 상품 '가'를 만드는데 필수적인 특허를 취합해 특허풀을 구성한 뒤, 특허풀 구성에 참여하지 않은 신규진입 사업자 A에 대한 실시를 공동으로 거절하여 시장진입을 어렵게 하는 경우가 여기에 해당된다.

85) 특히 특허풀에 포함된 기술을 대체할 수 있는 다른 기술에 대한 지식 등을 공유하도록 하는 경우, 특허풀과 직접 관련되지 않는 기술에 대한 지식 등을 공유하도록 하는 경우, 이러한 지식 등의 공유가 특허풀 외부의 사업자에게 배타적인 경우에는 부당한 행위로 판단할 가능성이 크다.

은 실시권자의 선택권을 제한하고 비용을 증가시킬 뿐만 아니라, 특허풀에 속하지 않고 단독으로 실시되는 혁신적 기술의 시장가치를 부당하게 하락시켜 관련 시장에서 경쟁기술을 배제할 위험이 있다. 또한 특허풀 구성에 참여한 사업자에 한해 배타적으로 실시를 허용하는 경우 해당 특허풀과 관련된 권리행사를 부당한 것으로 판단할 가능성이 크다. 이러한 특허풀은 기술이용을 과도하게 제한하여 특허풀에 속하지 않은 경쟁사업자를 배제할 우려가 있다.

(4) 특허풀의 운영방식

특허풀이 특허권자로부터 분리된 전문가집단에 의해 독립적으로 운영되는 경우 해당 특허풀과 관련된 권리행사를 부당하지 않은 것으로 판단할 가능성이 있다. 이러한 운영방식은 경쟁사업자간 정보 교환에 따른 공동행위의 우려를 감소시키고, 관련 특허에 대한 객관적인 평가를 통해 특허풀 구성방식을 합리화하여 궁극적으로 특허풀의 친경쟁적 효과를 극대화하는데 기여할 수 있다.

2. 상호실시허락(Cross License)

상호실시허락이란 복수의 특허권자가 각각 보유하는 특허에 대하여 서로 실시를 허락하는 협정으로서 특히 특허 분쟁과정에서 합의 수단으로 이용되는 경우가 많다. 이러한 상호실시허락은 특허풀에 비해 연관된 사업자의 수가 적고, 운영방식도 덜 조직적이라는 특성을 가지고 있다. 그러나 기술이용의 촉진과 거래비용 절감 등의 친경쟁적 효과에도 불구하고 사업자간 공동행위, 제3의 경쟁사업자 배제가능성 등으로 인해 경쟁을 저해할 우려가 있다는 점에서 특허풀과 상당한 공통점을 가지고 있다. 따라서 앞에서 살펴 본 특허풀과 관련된 내용은 상호실시허락을 통한 행위가 특허권의 정당한 권리범위를 벗어난 것인지 여부를 판단할 때에도 준용할 수 있다.

V. 표준기술 관련 특허권의 행사

1. 표준기술과 표준필수특허

(1) 의 의

표준이란 인터페이스, 호환성, 최저 품질 등에 관한 공통 사양을 의미한다.[86] 표준은 제품의 안전이나 성능에 관한 최소한의 기준을 확보하고 네트워크 효과(network effects)가 큰 시장에서 상호운용성(interoperability)을 촉진하는 역할을 한다.

---

86) 정연덕, "표준필수특허의 합리적인 실시료의 산정", 홍익법학 제18권 제2호(2017), 93면.

지식재산권 심사지침은 표준기술을 정부, 표준화기구, 사업자단체, 동종기술보유 기업군 등이 일정한 기술 분야에서 표준으로 선정한 기술이라고 정의한다. 한편, 해당 기술 분야에서 사실상 표준으로 널리 이용되는 기술을 공식적 표준(de jure standard)과 구분하여 사실상 표준(de facto standard)이라고 한다. 시장에서 대체관계에 있는 기술 간 경쟁을 통하여 표준의 지위를 획득한 사실상 표준기술은 그러한 지위의 취득과 상실에 시장경쟁의 원리가 어느 정도 작동한다.[87] 반면, 공식적 표준기술의 경우에는 통상 관련업계의 이해 당사자들이 중심이 되어 임의로 특정한 표준을 설정하기 위해 공동기구인 표준화기구(Standard Setting Organization, SSO)를 구성한다.[88] 표준화기구 등은 일정한 기술 분야에서 중복투자를 방지하고 관련 분야의 기술개발을 촉진하기 위해 표준을 구성하는 기술들을 선별하고 지정한 후 이러한 기술들만을 사용하기로 합의한다. 이와 같이 공식적 표준기술의 경우에는 표준기술이 인위적으로 선정되고 일단 선정되면 다른 기술이 이를 대체하기가 더욱 어렵다.

표준필수특허(Standard Essential Patents, SEP)란 표준기술을 구현하는 상품을 생산하거나 서비스를 공급하기 위해서는 필수적으로 실시허락을 받아야 하는 특허를 말한다. 표준필수특허는 당해 특허기술을 침해하지 않고는 제품이나 방법을 제작, 판매, 리스, 기타 처분, 수리, 사용 또는 운영하는 것이 기술적 이유에 의하여 불가능한 특허이므로, 특허침해자가 되지 않기 위해서는 반드시 특허권자의 실시허락을 받아야 한다. 한편, 특허 중에서 표준과 직접 관련되지 않은 특허들을 표준필수특허와 구분하여 비표준필수특허(Non-SEP) 또는 기타 특허라고 지칭한다. 비표준필수특허는 정해진 기술표준을 구현하는데 반드시 필요한 것이 아니거나 우회 또는 회피 설계를 통해 동일한 기능을 실행할 수 있는 특허를 의미한다.

(2) 표준설정과 부당한 공동행위

네트워크 효과가 중요한 산업에서는 산업 전체적으로 통용되는 표준이 선정되는 경우가 많다. 사업자들 내지 사업자단체가 특정한 기술, 제품, 규격 등을 표준으로 합의하는 공식적 표준의 경우에는 공동행위의 부당성에 관한 검토가 필요하다. 예컨대, 이동통신 분야에서 CDMA, WCDMA, LTE 등이나 컴퓨터 저장매체와 관련한 블루레이(Blu-ray), USB 등이 이러한 표준에 해당된다. 표준화기구 등은 일정한 기술 분야에서 중복투자를 방지하고 관련 분야의 기술개발을 촉진하기 위해 표준을 구성하는 기술들을 선별하여 지

87) 독일연방대법원은 이른바 오렌지 북 사건에서 사실상의 표준특허 보유자의 라이선스 거절이 시장지배적 지위남용에 해당할 수 있다고 하면서도, 표준필수특허 보유자의 경우보다는 위법성 판단을 신중하게 하였다. Orange-Book-Standard (Az. KZR 39/06).

88) 대표적인 표준화기구로서 ITU(International Telecommunication Union), IEC(International Electronics Committee), ISO(International Organization for Standarization), ETSI(European Telecommunications Standards Institute) 등을 들 수 있다.

정한 후 이러한 기술들만을 사용하기로 합의한다.

표준기술의 선정에는 다음과 같은 효율성 증대효과와 경쟁제한효과가 동시에 존재한다. 표준화의 긍정적 효과로는 첫째, 상호호환성의 증가로 인한 네트워크 외부성(network externality)을 들 수 있다. 표준화를 통해 제품의 호환성이 확보되면 해당 제품을 이용하는 다른 사용자의 수가 증가함에 따라 제품의 효용도 증가하게 된다. 둘째, 표준화는 생산자에게 시장 확대를 통한 규모의 경제를 가능하게 하여 비용절감 효과를 가져 올 수 있다. 셋째, 표준기술을 이용하는 하부시장에서 경쟁이 활성화되고 소비자의 제품 전환비용, 거래비용을 감소시켜 소비자 후생을 증진할 수 있다. 반면, 표준화는 첫째, 특정 기술이 표준필수특허로 채택되면서 표준 선정 이전에 실제로 또는 잠재적으로 대체관계에 있던 기술 간의 경쟁이 인위적으로 소멸하게 되고 해당 기술시장에 있어 일종의 진입장벽이 구축된다. 둘째, 지배적 표준기술을 보유한 기업은 표준화를 통해 표준필수특허 보유자로서 시장지배력이 강화되며, 이를 기회주의적으로 활용하여 표준필수특허에 대해 라이선스를 거절하거나 비합리적인 실시 조건을 부가함으로써 표준의 실행을 어렵게 하는 행위, 즉 '특허억류(patent hold-up)'가 발생할 우려가 커진다. 셋째, 표준화기구가 특정 기술을 표준으로 선정하면 시장이 당해 표준에 고착(lock-in)되는 효과가 나타나 표준필수특허를 보유한 기업의 지배력이 남용될 우려가 증가한다. 이와 같이 표준화는 여러 참가자의 공동행위에 의하여 표준으로 선정되지 않은 기술을 시장에서 퇴출시키고 표준으로 선정된 특허의 특허권자만이 그 기술을 독점적으로 실시할 수 있게 됨으로써 경쟁제한효과를 가져올 수 있다.

이상에서 살펴 본 것과 같이, 표준기술의 선정은 경쟁제한효과와 효율성 증대효과가 공존하는 연성 공동행위에 해당된다. 따라서 그 부당성 여부는 표준설정에 따른 경쟁제한효과와 효율성 증대효과의 비교형량을 통해 판단되어야 할 것이다. 일반적으로 표준기술 선정을 위한 협의와 표준필수특허권의 행사는 관련 기술의 이용을 촉진하고, 효율성 창출을 통해 소비자 후생증대에 기여할 수 있다는 점에서 친경쟁적인 효과를 발생시킬 수 있다. 그러나 표준화 절차를 악용하거나, 표준기술로 채택된 이후 부당한 조건을 제시하는 등의 행위는 특허권의 정당한 권리범위를 벗어난 것으로 판단할 수 있다. 그런데 표준필수특허권자의 행위가 경쟁법 위반인지에 관한 법적 평가를 내림에 있어서, 각국의 입장에 미묘한 차이가 있음에 유의하여야 한다. 그간 동일한 사안을 놓고도 미국은 지식재산권자의 권리를 옹호하는 입장을 취하는 반면, EU는 공적 이익을 내세워 경쟁법적 규제를 가하려는 입장을 취하는 경향이 상대적으로 강하였다. 이것은 현실적으로 자국이 특허권과 관련하여 얼마나 비교우위를 가졌는지가 경쟁법의 집행에 영향을 미침을 보여준다.[89)]

89) 박준석, "표준특허의 제문제: ITC의 배제명령 발동가능성 문제를 포함하여", 서울대학교 법학 제54권 제4호

한편, 표준의 설정을 기화로 그 외의 다른 거래조건을 부당하게 합의하는 것은 금지된다. 지식재산권 심사지침은 표준기술 선정을 위한 협의과정에서 이와 관련된 거래가격 · 수량, 거래지역, 거래상대방, 기술개량의 제한 등의 조건에 부당하게 합의하는 행위를 특허권의 정당한 권리범위를 벗어난 것으로 규정하고 있다.

(3) 표준화기구의 정책

표준설정이 초래할 수 있는 경쟁제한의 문제를 완화하기 위하여 표준화기구들은 몇 가지 제도적 장치를 활용한다. 표준화기구들이 사용하는 지식재산권 정책들은 통상 공개규칙(disclosure rules), 협상 규칙(negotiation rules) 및 라이선스 규칙(licensing rules)의 3가지로 유형화할 수 있다.[90] 우선, 표준화기구는 표준설정과정에서 참여자들에 대하여 검토대상이 되는 기술과 관련된 특허정보를 공개하도록 요구한다(공개 규칙).[91] 그리고 표준화기구들은 잠재적인 표준필수특허 보유자와 이를 실시하고자 하는 관련 사업자 간 사전적 라이선스 협상을 촉진하거나 요구하기도 한다(협상 규칙).[92] 또한, 표준화기구는 표준으로 선정된 기술에 대하여 실시자에게 공정하고, 합리적이며, 비차별적인(Fair, Reasonable And Non-Discriminatory, 이하 'FRAND') 조건으로 실시허락할 것을 약속하도록 하고 있다(라이선스 규칙).[93] 특히 공개 규칙과 라이선스 규칙은 표준필수특허권의 남용을 방지한다는 측면에서 그 필요성이 강조되며, 해당 절차의 이행 여부는 표준필수특허권 행사의 부당성을 판단할 때 중요한 고려사항이 된다. 위와 같이 표준화가 야기할 수 있는 경쟁제한효과를 방지하기 위한 장치를 마련한 경우에는 표준 선정을 위한 공동행위가 일반적으로 부당하지 않은 것으로 허용된다.

(4) 표준필수특허 보유자의 시장지배적 지위

표준필수특허 보유자의 시장지배력의 원천은 기술의 고착성과 대체불가능성에 있으므로 이러한 요소들을 시장지배력 판단시 고려할 필요가 있다. 특정한 기술의 대체가능성 판단은 당해 기술이 반영된 상품시장과의 종합적인 이해를 통해서만 타당성을 기할 수 있다.[94] 기술 라이선스 시장에서 해당 표준필수특허를 대체하는 다른 기술이 존재하

(2013), 132면.

90) 상세는 이호영, "표준필수특허 보유자의 FRAND 확약 위반행위에 대한 공정거래법의 집행에 관한 연구", 상사법연구 제31권 제4호(2013), 12-16면.

91) 그러나 표준화기구가 강한 공개의무를 요구할 경우 표준화 참여를 저조하게 하는 원인이 될 수도 있다. 이러한 이유로 일반적으로 특허권자가 표준화 기구에 자신의 기술이 표준필수특허임을 선언하고 공개할 때, 표준화기구는 선언된 표준필수특허가 실제로 유효한 특허인지, 표준에 필수적인 특허인지를 검증하는 절차를 두고 있지 않다. 그리고 실제 관련 소송 과정에서 특허권자가 표준필수특허라고 선언한 특허 중 일부가 사실상 무효이거나 표준에 필수적이지 않은 것으로 결정되는 경우가 있다고 알려져 있다.

92) 그러나 사전적 라이선스 협상은 이루어지기가 어렵고 실제로도 매우 드물게 이루어진다.

93) EU 및 미국 경쟁당국은 표준개발을 주도하는 ETSI와 같은 SSO가 그 경쟁제한효과를 방지할 수 있는 표준에 대한 접근성 확보조치 등을 완비하도록 요구해 왔다.

94) 홍명수, "특허권 남용에 대한 시장지배적 지위남용행위로서 규제 가능성 검토", 경쟁법연구 제34권(2016),

지 않는다고 하더라도 동 표준을 대체할 수 있는 다른 표준이 존재하는 경우 또는 대체 표준이 존재하지 않더라도 표준을 적용한 하위 상품시장에서 해당 표준을 적용하지 않는 다른 제품과의 경쟁이 활발한 경우라면 표준필수특허의 영향력은 낮아질 수 있고, 각 표준필수특허 보유자의 독점적 지위는 하위 상품시장의 경쟁을 통해 견제될 수 있기 때문이다. 예를 들어 컴퓨터에 사용되는 이동식 저장매체장치 중 하나인 블루레이(Blu-ray) 미디어를 생산하고 이용하기 위한 표준은 하나이지만, 다른 대체가능한 상품으로 이동식 저장매체인 USB 등이 존재하고 USB를 생산·이용하기 위한 다른 표준이 존재한다. 이때 각각의 저장매체에 적용되는 표준 간에는 대체가능성이 없지만 각 표준을 이용하여 생산된 상품인 블루레이와 USB사이에는 대체성이 인정될 수 있다. 만일 표준을 이용한 하위시장에서 상품간 대체가능성이 있다면 각 저장매체의 표준을 이용하기 위해 필수적인 표준필수특허의 독점력 행사는 제한될 수 있다.[95)]

공정위는 퀄컴II 사건에서 ① 피심인들은 CDMA, WCDMA 및 LTE 등 각 통신표준에 포함된 특허기술 중 피심인들이 보유한 특허기술 시장에서 100%의 시장점유율을 가지고 있으며, 각 통신표준에 하방시장이 고착되어 대체 표준이 존재하지 않는 점, ② 표준화기구에서 피심인들과 같은 표준필수특허 보유자에게 FRAND 확약을 요구하는 것은 표준설정에 의해 형성되는 시장지배적 지위의 남용을 방지하기 위한 수단이지 이를 시장지배적 지위를 인정할 수 없는 근거로 볼 수는 없는 점, ③ 각 통신표준에 포함된 특허기술들은 각자 다른 기능을 수행하는 것이므로 다른 특허기술과 대체성이 없는 점 등을 고려할 때 시장지배적 지위를 인정할 수 있다고 판단하였다.[96)]

■ 표준필수특허 보유자의 시장지배력에 관한 외국 사례

외국의 경쟁당국도 표준필수특허 보유자의 시장지배력을 인정함에 있어서 대체불가능성과 고착성을 중요하게 고려하고 있다. EU 집행위원회는 표준에 부합하는 제품을 생산하는 제조업자에게 모토로라의 GPRS 표준필수특허가 포함된 GPRS 표준이 필수적이라는 점과 산업이 그러한 표준에 고착되었다는(lock-in) 두 가지의 중요한 요소를 근거로 하여 모토로라의 시장지배적 지위를 인정하였다.[97)] 미국 연방항소법원도 퀄컴의 WCDMA 관련 필수기술은 다른 기술과 대체될 수 없고 해당 기술이 표준으로 채택되면 관련 사업자들이 표준기술에 고착된다는 것을 근거로 표준필수특허 보유자에게 상당한 시장지배력이 있다고 보았다.[98)]

170면.

95) 오승한, "표준필수특허권자의 '하위 사업자'에 대한 FRAND 위반 행위의 규제", 경쟁법연구 제34권(2016), 136면.

96) 공정위 2017.1.20. 의결 제2017-25호.

97) Commission Decision of 29. 04. 2014, Case AT.39985-Motorola-Enforcement of GPRS standard essential patents.

2. 특허매복행위

(1) 의 의

특허발명이 출원되면 특허청의 심사관이 심사를 하게 되는데, 심사관은 계속 중인 특허출원에 대하여 비밀유지의무를 부담하고, 일정 기간이 경과한 후에 출원을 공개하기 때문에 제3자는 그 내용을 알기 어렵다. 이러한 이유로 표준화기구는 표준설정과정에서 참여자들에 대하여 검토대상이 되는 기술과 관련된 특허정보를 공개하도록 요구한다. '특허 매복행위(Patent Ambush)'라 함은 기술표준화 과정에서 의도적으로 관련 특허정보를 미공개 하고 해당 특허가 기술표준으로 선정되면 이를 기화로 현저히 높은 수준의 로열티를 부과하는 행위를 말한다.[99] 특허매복행위에 관해서 지식재산권 심사지침은 다음과 같은 사례를 예시하고 있다.

■ **[예시] 기술 표준화 과정의 특허 미공개 행위**

갑(甲)은 컴퓨터 중앙처리장치와 주변장치(비디오 장치 등) 간의 정보전달 기술과 관련된 특허권을 보유한 사업자이다. 비디오 전자제품 관련 표준화 기구에서는 갑이 보유한 특허기술을 표준으로 선정하는 것을 고려하면서, 갑을 포함한 회원들에게 해당 기술과 관련된 특허의 존재 여부를 확인하였다. 이에 갑은 자신이 관련특허를 보유하고 있지 않다는 허위 사실을 표명하였고, 이를 신뢰한 표준화 기구에서는 해당 기술을 표준으로 선정하였다. 이후 표준화기구에 가입된 사업자들을 중심으로 해당 기술의 이용자가 증가하였고 갑은 관련 기술시장에서 지배적 지위를 얻게 되었다. 그러자 갑은 표준필수특허권을 주장하면서 과도한 실시료를 요구하였고, 실시료 지급을 거부하는 사업자 을(乙) 등을 상대로 특허침해소송을 제기하였다. 상당한 전환비용으로 인해 기존에 이용하던 갑의 기술을 다른 기술로 대체할 수 없었던 을(乙) 등은 소송으로 인한 추가적인 피해를 막기 위해 결국 갑이 요구한 실시료를 지불하였다.

이처럼 표준화 과정에서 특허의 존재 여부를 허위로 공지하거나 미공지하는 행위는 기만적인 방법으로 표준기술 선정과정에 우위를 확보하여 경쟁기술을 배제할 우려가 있다. 또한 해당 기술의 실시료에 대한 실시권자의 사전협상 기회를 부당하게 상실시키고, 관련 사업자들의 합리적인 기대에 반하여 특허권자의 과도한 실시료 부과를 가능하게 한다. 이와 같이 표준화 절차를 악용해 관련시장에서 지배력을 획득하고 이를 토대로 과도한 로열티를 부과하는 행위는 기술이용의 촉진을 통해 효율성을 창출하고자 한 기술표준화의 기본 취지에도 반한다. 이는 관

---

98) Broadcom Corp. v. Qualcomm, Inc., 501 F.3d 297 (3d Cir. 2007).

99) 특허매복 행위를 다룬 국내 문헌으로서는 최승재, "지적재산권법과 경쟁법 간의 조화와 균형에 대한 연구", 경쟁법연구 제16권(2007), 211-219면; 이문지, "표준특허의 기회주의적 행사와 미국 반트러스트법 및 연방거래위원회법 제5조 부활의 기미", 서강법학 제11권 제2호(2009), 218-228면; 홍대식·권남훈, "기술표준 관련 특허권의 행사와 한국 공정거래법의 적용-지식재산권 심사지침에 대한 비판적 검토를 중심으로", 고려법학 제63호(2011), 205-208, 211-218면 참조.

편시장의 경쟁을 제한하는 행위로서 특허권의 정당한 권리 범위를 벗어난 것으로 판단할 수 있다.

(2) 구체적 사례

(가) Rambus 사건

위의 예시 사례는 DRAM 메모리 기술표준 책정에 있어서 Rambus가 특허를 미공개한 행위를 토대로 만들어진 것으로 보인다. 그런데 Rambus의 특허매복 혐의에 관해서 미국과 EU의 입장이 서로 달랐다는 점에 유의할 필요가 있다. 미국 연방법원은 Rambus의 은닉행위에 대하여 불법적인 독점화 행위 혐의를 부정하였다. 그 주요 근거는 표준화 책정 당시 표준화 기구인 JEDEC의 특허권 보유사실 공개정책이 명확하지 않아 Rambus에게 특허신청 단계의 기술을 밝혀야 할 공식적인 의무가 존재하지 않았다는 점 및 원고측이 Rambus의 특허권 보유사실 공개가 있었을 경우 표준화 기구가 Rambus의 기술 이외에 다른 경쟁기술을 표준으로 책정했을 것이라는 사실에 대한 입증이 부족하다는 것이었다.[100)]

반면, EU 경쟁당국은 Rambus의 행위를 문제 삼아 로열티 인하를 명령하였다. Rambus의 특허 매복행위가 문제로 된 사건에서 EU 집행위원회는 동 회사에 보낸 심사보고서(Statement of Objections)에서 표준설정과정에서 특허정보의 은닉을 통하여 대체기술을 배제하였음을 명시적으로 인정하지 않은 채, 특허정보를 은닉한 후 불합리한 실시료를 요구하는 행위는 시장지배적 지위의 남용행위에 해당한다고 판단하였다.[101)] Rambus는 2009년 12월 실시료를 일정한 비율로 인하하는 내용의 자발적 시정조치를 수용하고 사건을 종결하였다.

(나) 삼성전자-애플 사건

삼성전자-애플 사건에서 삼성전자의 특허 매복행위가 쟁점으로 다투어졌다. 서울중앙지법은 표준화 과정에서 특허의 존재를 은폐하거나 적시공개의무 위반 등으로 표준화기구를 기만하여 표준으로 채택되게 하고, FRAND 선언에 반하는 실시료의 요구나 표준특허의 실시거절 등을 하는 행위에 대하여 시장지배적 지위남용 내지 불공정거래행위에 해당될 수 있다고 보았다. 다만, 서울중앙지법은 보유한 특허의 적시공개의무를 위반한 행

---

100) Rambus Inc. v. Infineon Technologies AG, 318 F.3d 1081, 1102(Fed. Cir. 2003) certiorari denied by 124 S.Ct. 227; Rambus, Inc. v. Fed. Trade Comm'n, 522 F.3d 456, 462(D.C. Cir. 2008), cert. denied, 129 S. Ct. 1318; Hynix Semiconductor Inc. v. Rambus Inc. 609 F.Supp.2d 988, 1026-1027(N.D.Cal. 2009).

101) EC Press Release, Antitrust: Commission confirms sending a Statement of Objections to Rambus(23.8. 2007).

위만으로는 표준채택 그 자체에 의하여 다른 사업자의 사업활동을 방해하였다고 보기 어렵다고 판단하였다.[102] 대신 "① 특허권자가 의도적으로 자신의 기술이나 특허를 표준으로 채택함으로써 경쟁을 배제할 목적으로 자신의 기술이나 특허를 은폐 내지 미공개하거나, FRAND 선언을 준수, 이행할 의사가 없음에도 FRAND 선언을 하였고, ② 표준화기구에서는 이를 신뢰하여 해당 기술이나 규격을 표준으로 채택하였는데, 만일 특허권자의 그러한 행위가 없었더라면 다른 기술이나 규격을 표준으로 채택하였을 것이며, ③ 특허권자가 표준채택 이후에 FRAND 선언에 위반하는 행위를 하는 경우"에는 위법행위로 인정될 수 있다고 보았다.[103] 그 밖에 애플은 삼성전자가 표준화기구를 기만함으로써 위계에 의한 고객유인을 하였다는 주장도 하였으나, 법원은 위계나 기만행위에 대한 입증이 부족하다고 판단하였다.[104]

(3) 검 토

사업자의 기만행위가 실제 독점의 유지 혹은 독점의 취득과 인과관계가 존재한다면 그 기만행위는 단순한 상사 불법행위 차원을 넘어서서 경쟁질서에 영향을 미치는 경쟁법 위반행위가 될 수 있다. 특허 매복행위는 기만적 방법을 통해 시장에서 경쟁기술을 배제하고 경쟁제한효과를 초래한다는 측면에서 보면 배제남용으로 볼 수 있고, 기만적 방법을 통해 취득한 독점적 지위를 통하여 거래상대방을 착취한다는 측면에서 보면 착취남용으로 볼 수도 있을 것이다.[105] 지식재산권 심사지침도 표준기술로 선정될 가능성을 높이거나 실시조건의 사전 협상을 회피할 목적 등으로 부당하게 자신이 출원 또는 등록한 관련 특허 정보를 공개하지 않는 행위를 특허권의 정당한 권리범위를 벗어난 것으로 규정하고, 기술표준화 과정에서 특허매복행위가 배제남용(기만적인 방법으로 표준기술 선정 과정에 우위를 확보하여 경쟁기술을 배제할 우려)과 착취남용(해당 기술의 실시료에 대한 실시권자의 사전 협상 기회를 부당하게 상실시키고, 관련 사업자들의 합리적인 기대에 반하여 특허권자의 과도한 실시료 부과를 가능하게 함)에 해당할 가능성을 모두 열어 두고 있다.[106]

---

102) 서울중앙지법 2012.8.24. 선고 2011가합39552 판결, 210-211면. 이 사건에서 법원은 표준 채택 과정에서 삼성전자의 적시공개의무 위반 사실을 인정할 수 없다고 판단하였다. 공정위도 삼성전자의 표준특허 공개 평균기간은 1년 7개월로서 다른 기업들(Nokia 1년 5개월, Motorola 3년 8개월)에 비해 상당기간 공개하지 않았다고 보기 어렵고, 표준화 과정에서 달리 사업자들을 배제시킬 목적으로 특허를 은폐했다고 볼 증거가 없다고 결론지었다. 박세민, "최근 표준특허권자의 시장지배력 남용행위 관련한 공정거래법 집행 동향", 2015년 서강대학교 법학연구소 법과 시장경제 연구센터 학술대회 자료집, 148-152면 참조.

103) 서울중앙지법 2012.8.24. 선고 2011가합39552 판결, 209-210면.

104) 서울중앙지법 2012.8.24. 선고 2011가합39552 판결, 212-214면.

105) Hovenkamp 등은 "미국 반트러스트법 하에서 기만적 수단 행위가 표준 사용자가 지불하여야 할 실시료 자체를 변경하였다면 그와 같은 기만행위는 그 자체로 경쟁을 침해한 것으로, 기만행위의 결과인 부당한 초과 경쟁가격 요구는 하위시장의 가격에 반영되어 당연히 하방시장의 경쟁을 왜곡하는 효과를 가져 온다."고 설명한다. Herbert Hovenkamp, Mark D. Janis, Mark A. Lemley and Christopher R. Leslie, IP & Antitrust: An Analysis of Antitrust Principles Applied to Intellectual Property Law(2014), §35.5 b 2 at 35-54.

106) 행위자의 시장지배적 지위의 존부에 따라 시장지배적 지위남용행위에 해당할지 불공정거래행위에 해당할지

한편, 특허 매복행위와 관련하여 특허권자의 기망 때문에 대체기술이 표준에서 배제되었다는 경쟁기술배제 사실이 요건으로 요구되는지가 문제된다. 독점규제법의 해석과 관련하여 그러한 효과가 요구된다는 견해[107]와 대체기술이 표준에서 배제되었다는 사실은 요건이 아니라는 견해[108]가 모두 제시되고 있다. 살피건대, 배제남용으로 규율하는 경우에는 적어도 대체기술의 배제에 관한 입증이 필요할 것이지만, 착취남용으로 규율하는 경우에는 기만행위를 통해 독점적 지위를 취득한 표준필수특허 보유자가 기만행위가 없었다면 부과되지 않았을 과도한 초과 경쟁가격을 부과한다는 사실로부터 곧바로 위법성을 도출할 수 있을 것이다.

3. FRAND 확약

(1) 의 의

표준화기구는 표준으로 선정된 기술에 대하여 실시자에게 공정하고 합리적이며 비차별적인 이른바 FRAND 조건으로 실시허락할 것을 약속하도록 하고 있다. 특허권자의 FRAND 확약은 표준화에 따른 필수특허의 실시권 허여 필요성, 표준화를 통한 산업발전 등을 고려하여 그 표준특허를 진정하게 실시하거나 실시하려는 자에 대하여 독점적·배타적인 권한을 가진 특허권자의 권리를 합리적인 범위로 제한하기 위한 것이다. 다시 말해, FRAND 확약은 표준필수특허권자의 지배력 남용을 제어하는 수단으로서 기능을 한다.

다만, FRAND 조건에 따른 구체적 라이선싱 조건은 당사자가 협상으로 결정할 문제로서 표준화기구는 이에 관여하지 않는 경우가 일반적이다. 표준화기구가 FRAND 조건 등을 구체화하지 않는 것은 특허 실시권 계약의 경우에도 특허기술의 특수성, 전문성, 관련 특허기술의 보유 가능성, 실시권자의 생산능력이나 규모, 특허권자와 실시권자의 입장 차이 등을 적절하게 고려하여야 하는데, 직접적인 비교대상이 없고 실시료율 수준을 결정하는 다양한 요소 등으로 인하여 표준화기구에서 구체적인 기준을 정하기 어렵고, 오히려 계약당사자들이 이러한 사정들을 고려하여 협상을 통하여 해결하는 것이 합리적이기 때문이다.

(2) FRAND 확약의 법적 성격

FRAND 확약의 법적 성격에 관해서 특허권자와 표준화기구 사이에 구속력 있는 제3자를 위한 계약이 성립되었다고 보는 견해는 미국 법원의 지지를 받고 있다.[109] 이 경우

를 살펴볼 필요가 있다.

107) 이황, "FRAND 확약 위반과 특허위협(Hold-up)에 대한 공정거래법상 규제의 기준", 저스티스 제129호(2012), 231면.

108) 이호영, "표준필수특허 보유자의 FRAND 확약 위반행위에 대한 공정거래법의 집행에 관한 연구", 상사법연구 제31권 제4호(2013), 273면.

109) 예컨대, Microsoft Corporation v. Motorola, Inc., 854 F.Supp. 2d 993, 994-1003 (W.D.Wash. 2012.)을

에 특허권자가 FRAND 확약을 이행하지 아니한 행위는 계약위반에 해당하고 수익자인 잠재적 실시권자는 이에 대한 계약법적 구제방법을 우선적으로 고려할 수 있게 된다. 대신 FRAND 확약 위반에 대한 경쟁법의 적용에 대해서는 보다 신중한 입장을 취하게 된다.

반면, 우리나라와 같은 대륙법 국가에서는 실시료 조건에 관하여 구체적 정함이 없는 FRAND 확약만으로 어떠한 계약이 체결되었다고 보기는 어렵고, 다만 특허권자가 FRAND 조건으로 성실하게 협상할 의무를 부담할 뿐이라는 견해가 지배적이다.110) 즉, FRAND 확약을 하였다고 하여 곧바로 해당 특허 관련기술을 사용한 또는 사용하려는 불특정 제3자에게 해당 특허에 대하여 자동적으로 실시권을 부여해야 하는 것은 아니다. 하급심 법원도 "특허권자가 FRAND 선언에 의하여 곧바로 불특정의 제3자에게 해당 특허에 대하여 자동적으로 실시권을 부여하기로 하는 것 또는 구속력 있는 취소불가능한 실시권 허여의 확약에 해당한다거나, 해당 특허를 사용한 자 또는 사용하려는 자가 FRAND 선언에 의해 당연히 실시권을 취득하는 것으로 볼 수는 없고, 특허권자에게 라이선스 계약의 체결과 관련하여 FRAND 조건으로 성실하게 협상할 의무 등을 부담시키는 일반원칙을 선언하는 것"이라고 새기고 있다.111) 공정위의 지식재산권 심사지침도 같은 태도를 취하고 있다. 이러한 입장에 서게 되면, FRAND 확약 위반에 대하여 계약법상 책임을 묻는 것은 어려운 대신, FRAND 조건은 특허를 실시함에 있어서 당연히 지켜야 하는 일반적 준칙 혹은 정당한 거래질서로서의 의미를 갖게 되고,112) 확약 위반에 대한 경쟁법의 적용이 주요한 관심이 된다.

(3) FRAND 확약 위반행위

FRAND 확약을 위반하는 행위 유형으로는 부당하게 표준필수특허의 실시허락을 거절하는 행위, 관련시장에서의 독점력을 강화하거나 경쟁사업자를 배제하기 위하여 FRAND 조건으로의 실시허락을 부당하게 회피 · 우회하는 행위, 부당하게 표준필수특허의 실시조건을 차별하거나 비합리적인 수준의 실시료를 부과하는 행위, 표준필수특허의 실시허락을 하면서 실시권자가 보유한 관련 특허권의 행사를 부당하게 제한하는 조건을 부과하거나 부당하게 실시권자가 보유한 비표준필수특허에 대한 상호실시허락의 조건을 부과하는 행위 등을 들 수 있다. 다만, 사업자가 지식재산권을 행사하면서 단독으로 행하는 거래거절, 차별취급, 현저히 과도한 실시료 부과는 원칙적으로 이를 행하는 사업자가 압도적인

들 수 있다. 이러한 입장을 지지하는 국내의 문헌으로는 이문지, "표준특허 FRAND 확약의 계약법적 효력", 경영법률 제26권 제1호(2015), 531면 이하 참조.

110) 설민수, "표준특허의 명암: 스마트폰 특허분쟁에서 특허알박기(Patent Holdup) 우려를 중심으로(하)", 저스티스 통권 141호(2014), 66면; 송재섭, "표준특허에 근거한 권리행사의 한계", 저스티스 통권140호(2014), 227-228면; 최승재, 표준필수특허와 법, 박영사(2021), 82면.

111) 서울중앙지법 2012.8.24. 선고 2011가합39552 판결.

112) 오승한, "표준필수특허권자의 '하위 사업자'에 대한 FRAND 위반 행위의 규제", 경쟁법연구 제34권(2016), 111면.

시장지배력을 보유한 경우에 한하여 문제될 수 있다는 점도 유의할 필요가 있다.

(가) 표준필수특허의 실시거절

2001년에 법 시행령을 개정하면서 시장지배적 지위남용행위의 유형으로서 필수요소의 제공거절 행위가 새로 추가되었다. 즉, '정당한 이유 없이 다른 사업자의 상품 또는 용역의 생산·공급·판매에 필수적인 요소의 사용 또는 접근을 거절·중단하거나 제한하는 행위'(영 9조 3항)와 '정당한 이유 없이 새로운 경쟁사업자의 상품 또는 용역의 생산·공급·판매에 필수적인 요소의 사용 또는 접근을 거절·중단하거나 제한하는 행위'(영 9조 4항)는 금지된다.

그렇다면, 표준필수특허는 상품 또는 용역의 생산·공급·판매에 필수적인 요소에 해당되는가? 삼성전자-애플 사건에서 서울중앙지법은 이를 긍정하고, 해당 사건에서 삼성전자의 표준필수특허가 필수요소에 해당한다고 보았다.[113] 반면, 동일한 쟁점이 문제된 사안에서 공정위는 삼성전자의 표준필수특허가 필수요소에 해당하기 위한 요건(필수성, 독점적 통제성, 대체불가능성) 중 하나인 독점적 통제성을 충족하지 못하였다는 이유로 이를 부정하였으나,[114] 이하에서 살펴보는 것처럼 그 결론에 의문이 있다. 그 후 공정위는 퀄컴Ⅱ 사건에서 퀄컴의 표준필수특허가 필수요소에 해당한다고 인정하였다.[115]

표준필수특허가 필수요소에 해당되는지와 관련해서 필수요소의 독점적 통제성 요건이 문제될 수 있다. 독점적 통제성과 관련하여 표준필수특허는 표준화 기구에서 FRAND 확약을 선언한 특허이므로 적극적 실시희망자에 대해서 라이선스를 제공해 줄 의무가 있고, 따라서 독점적 통제성 요건이 결여되었다는 주장을 할 수 있다. 그러나 FRAND 확약을 선언한 표준필수특허권자라 하더라도 여전히 합리적이고 비차별적인 조건으로 실시료를 수취할 수 있으며, 적극적 실시희망자와 합리적인 실시료 수준에 대해 협상한 후 정당한 대가를 받을 수 있다. 따라서 표준필수특허도 다른 특허와 마찬가지로 특허보유자가 독점적으로 소유, 통제하고 있다고 보는 것이 합리적이다. 한편, 특정 표준을 대체할

113) 이 사건 표준특허는 통신관련 기술의 발명으로서 3GPP 통신 표준으로 채택되었는바, ① 3GPP 통신 분야의 표준기술은 관련 통신기기 등을 생산하는 시장 참여자들로서는 그 기술을 사용하지 않고는 제품 생산, 판매 등이 사실상 불가능하여 그 거래분야에서 참여할 수 없거나 경쟁열위 상태가 지속될 수 있는 점, ② 표준선언 특허의 경우 그 특허를 보유한 특허권자가 이를 독점적으로 통제할 수 있는 권리를 가지게 되는 점, ③ 만일 표준선언 특허의 특허권자가 특허 실시권 허여를 거부할 경우 표준특허를 사용하여 제품을 생산, 판매하려는 시장 참여자로서는 대체기술을 찾을 수 없거나 대체기술이 존재한다 하더라도 대체기술을 제품에 새로이 적용하여 시장에서 시의적절하게 경쟁한다는 것은 사실상, 경제적으로 불가능한 점 등을 논거로 삼성전자가 보유한 표준필수특허가 필수설비에 해당한다고 보았다. 서울중앙지법 2012.8.24. 선고 2011가합39552 판결, 203면.

114) 공정위, "삼성전자가 애플을 상대로 제기한 표준특허 침해 금지청구는 공정거래법에 위반되지 않는다고 판단", 2014.2.25.자 보도자료 참조. 다만, 의결서가 공간되지 않은 까닭으로 공정위의 구체적 논거는 확인하기 어렵다.

115) 공정위 2017.1.20. 의결 제2017-25호. 한편, 지식재산권과 같은 무형의 자산이 필수설비에 해당할 수 있다고 본 유럽 법원의 선례로서 Case C-241 & C-242/91 P, RTE v. Commission (1995) ECR I-743 참조.

수 있는 경쟁 표준이 존재하는 경우 또는 당해 표준기술을 구현하는 하위 시장이 당해 표준에 구속(lock-in)되어 있지 않는 경우에는 대체불가능성의 요건을 충족할 수 없을 것이다. 이러한 경우에는 표준필수특허라고 하여 곧바로 필수요소라고 간주할 수는 없을 것이다.

(나) 불공정하거나 비합리적인 실시료 등의 부과

FRAND 조건에서 공정하고 합리적이라는 표현은 그 기준이 추상적이고 불확실한 측면이 존재한다. 이 때문에 FRAND 확약을 한 표준필수특허권자가 합리적 수준을 넘는 과도한 실시료를 요구하는 행위를 경쟁법에서 규율할 수 있는가에 관한 논의가 있었다. 부정설은 FRAND 확약에서 말하는 공정하고 합리적인 실시료의 수준을 판단하기가 곤란하므로, FRAND 확약의 위반을 근거로 한 경쟁법적 규제 자체를 반대한다.[116] 그러나 긍정설은 경쟁당국이 표준설정과정을 통하여 지배력을 획득하게 된 특허권자가 실제로 책정한 특정한 실시료의 수준이 공정하고 합리적이라고 인정되는 범위를 일탈하였는지 여부를 판단하는 것은 비교적 용이하고, 표준필수특허의 실시료에 관하여 제시된 다양한 판단기준을 적절히 활용한다면 경쟁당국이나 법원이 FRAND 확약 위반 여부를 판단할 수 있으므로,[117] 경쟁법에서 규율할 수 있다고 주장한다.[118] 살피건대, 표준필수특허 보유자가 표준필수특허를 통해 얻게 되는 시장에서의 지위는 FRAND 조건으로 라이선스할 것이라는 확약에 대한 대가로서 주어진 것이고, 이에 대한 제3자의 정당한 기대를 보호할 필요가 있다. 또한, 미국 등과 달리 우리 독점규제법은 착취남용도 규제하고 있으므로, FRAND 확약을 한 표준필수특허 보유자가 과도한 실시료를 요구하는 행위는 시장지배적지위 남용행위 혹은 거래상지위 남용행위에 해당할 수 있을 것이다. 따라서 긍정설이 타당하다고 본다.

(다) 차별적 실시료의 부과

특허권자의 실시료 부과행위는 그것이 차별적이라고 하더라도 기본적으로는 특허권의 권리범위 안에 해당할 것이다. 그렇다면, FRAND 확약을 한 표준필수특허권자가 실시권자들에 대하여 차별적 실시료를 부과하는 경우는 어떠한가? FRAND 확약을 제출한 표준필수특허 보유자가 하방시장에서 제품을 생산하는 사업자들에 대하여 라이선스를 해주면

116) 권남훈·홍대식, "지식재산권에 대한 실시료의 수준과 경쟁법의 역할", 정보법학 제15권 제2호(2011), 124-134면.

117) 특허침해 배상의 기준이 되는 '합리적 실시료'를 표준 확정 전 단계를 기준으로 기술가치를 측정하고, 표준편입을 통해 증가된 기술가치는 배제하는 방법 등으로, 표준개발과 FRAND 확약의 취지에 적합하게 그 내용을 수정하여 FRAND 실시료를 산정할 수 있다. 상세는 오승한, "표준필수특허권자의 '하위 사업자'에 대한 FRAND 위반 행위의 규제", 경쟁법연구 제34권(2016), 114-116면.

118) 이호영, "표준필수특허 보유자의 FRAND 확약 위반행위에 대한 공정거래법의 집행에 관한 연구", 상사법연구 제31권 제4호(2013), 37-38면; 홍명수, "특허권 남용에 대한 시장지배적 지위남용행위로서 규제 가능성 검토", 경쟁법연구 제34권(2016), 175면; 최승재, 표준필수특허와 법, 박영사(2021), 83면.

서 실시료 등을 차별적으로 부과하는 행위가 하방시장인 제품시장이나 인접한 시장에서 경쟁을 제한하는 결과를 초래할 경우에는 시장지배적 지위의 남용행위 내지 불공정거래 행위에 해당될 수 있을 것이다. 지재권 심사지침은 다음과 같이 FRAND 확약[119)]을 한 표준필수특허 보유자가 실시료를 차별적으로 부과하여 경쟁제한효과가 발생한 행위를 독점규제법 위반행위로 예시하고 있다.

■ [예시] 실시료의 차별적 부과 행위

갑(甲)은 디지털 이동 통신 기술관련 특허를 보유한 사업자이다. 갑은 해당 기술의 실시허락을 통해 실시료로 수익을 창출하는 한편, 해당 기술을 이용한 휴대폰에 사용되는 모뎀칩을 직접 제조·판매 한다. 갑의 디지털 이동 통신 기술은 통신산업 관련 협회에서 표준기술로 선정되었으며, 갑은 표준 선정 당시 해당 기술을 합리적이고 비차별적인 조건으로 실시허락 하겠다고 확약하였다. 그 후 갑의 기술을 이용하는 휴대폰이 널리 이용되었으며, 갑은 디지털 이동 통신 관련 기술 시장에서 상당한 시장지배적 지위를 점하게 되었다. 한편 갑은 모뎀칩 시장에 신규 진입 사업자가 등장하자 자사의 모뎀칩 이용 여부에 따라 디지털 이동 통신 기술의 실시료를 차별적으로 부과하였다. 표준으로 선정된 갑의 디지털 이동 통신 기술 실시가 필요했던 휴대폰 제조업자 을(乙) 등은 갑이 제공하는 실시료 할인을 받기 위해 자체 모뎀칩을 개발하거나 갑 이외의 사업자로부터 모뎀칩을 구입하려는 시도를 포기하였다. 결국 갑은 디지털 이동 통신 기술 시장의 시장지배적 지위를 바탕으로 모뎀칩 시장에서의 지위 또한 유지·강화할 수 있었다.

이처럼 부당하게 실시료를 차별적으로 부과한 갑의 행위는 관련 시장의 경쟁을 제한하는 것으로서 특허권의 정당한 행사의 범위를 벗어난 것이라 판단할 수 있다. 특히 해당 기술이 표준으로 선정되어 관련 업계에 유력한 기술로 널리 이용되고 있었다는 점, 갑이 표준기술 선정 당시 실시료의 비차별적 부과를 확약한 점, 실시료를 차별적으로 부과한 목적이 관련 시장의 경쟁제한과 관련되는 점, 관련 시장의 경쟁사업자 수가 감소하고 진입 장벽이 강화되는 등 실제 경쟁제한효과가 발생한 점 등을 종합적으로 고려해 볼 때, 동 행위는 특허권의 정당한 권리 범위를 벗어난 것이라 판단할 수 있다.

---

119) 많은 표준화기구들은 표준기술 선정에 앞서 관련된 특허 정보를 미리 공개하도록 하고, 표준기술로 선정될 기술이 특허권으로 보호받는 경우에는 공정하고, 합리적이며, 비차별적인(FRAND: Fair, Reasonable And Non-Discriminatory) 조건으로 실시허락할 것을 사전에 협의하도록 하고 있다. 각국의 경쟁당국이 FRAND 확약 특허권에 근거한 침해금지청구권의 행사에 규제를 집중하는 것은 이것이 당사자 간의 구체적인 기술실시료 산정협상에 직접 개입하지 않고서도 규제할 수 있는 효과적인 대안이 되기 때문이라고 한다. 오승한, "FRAND 확약 특허권자의 자발적 실시자에 대한 금지청구권의 행사와 독점규제법 위반 책임", 경쟁법연구 제29권(2014), 226면.

(라) 구체적 사건

1) 퀄컴 I 사건

지식재산권 심사지침이 예시하고 있는 실시료의 차별적 부과행위의 사례는 퀄컴 I 사건을 참조한 것으로 보인다. 퀄컴 I 사건에서는 실시료의 차별적 부과가 시장지배적 사업자의 배제남용 행위에 해당하는지 여부가 문제되었다. 아래 [그림 8-1]에서 보는 것처럼 퀄컴은 상류시장(upstream market)인 2세대 이동통신 기술표준인 CDMA 표준 관련 특허시장에서 특허를 보유하는 동시에, 하류시장(downstream market)인 CDMA2000용 모뎀칩 및 RF칩 시장에서 모뎀칩과 RF칩을 공급하였다.

[그림 8-1] 퀄컴 I 사건에서 퀄컴 행위의 구조

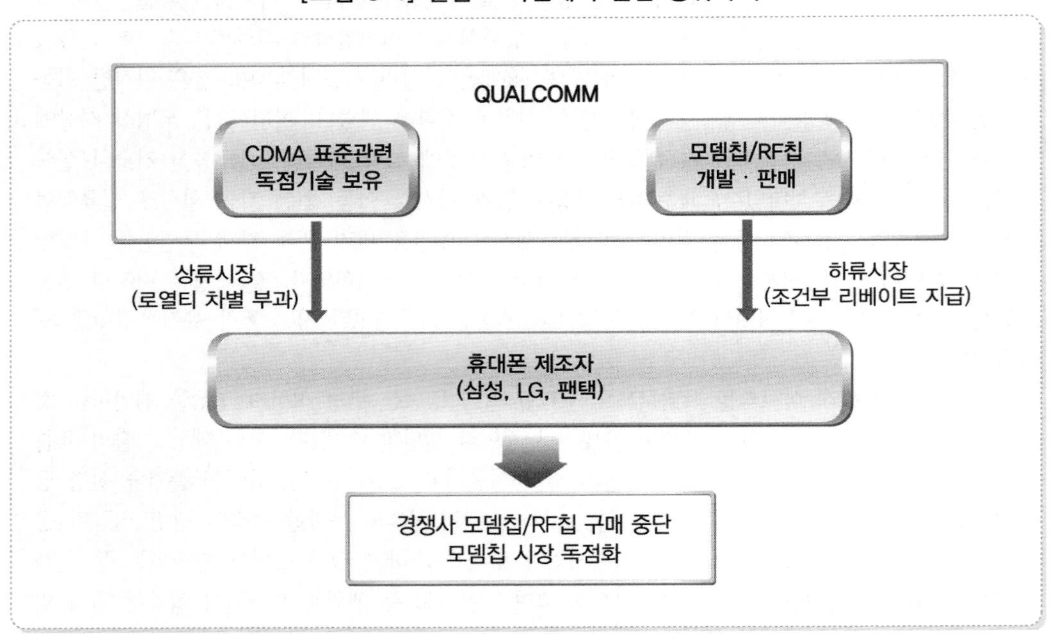

퀄컴은 삼성, LG, 팬택 등 국내 휴대폰 제조사들에 대하여 CDMA 기술의 실시료를 산정하면서 경쟁사업자의 칩 대신에 자신의 칩을 사용할 경우에 유리하도록 실시료를 차별적으로 부과하였다. 구체적으로 퀄컴은 2004년경부터 자신의 특허기술을 사용하는 국내 휴대폰 제조사들에 대한 로열티를 책정하면서, 그 기준이 되는 휴대폰 판매가격에서 자신으로부터 구입한 모뎀칩 · RF칩 등 부품 가격을 공제하고, 자신으로부터 구입한 모뎀칩을 장착한 휴대폰에 대한 로열티 부과율을 인하하거나 로열티 상한금액을 낮게 책정하는 등의 방법으로 자신으로부터 구입한 부품의 수량이 많을수록 로열티가 저렴하게 산정되도록 하였다. 공정위는 퀄컴의 로열티 차별 부과행위 등으로 인하여 휴대폰 제조사들이 퀄컴 경쟁사의 모뎀칩 등의 구매를 중단하도록 함으로써 모뎀칩 시장이 독점화되었다고 보았다. 공정위는 퀄컴의 로열티 차별 부과행위가 ① 시장지배적 지위남용행위 중 다른 사업자의 사업활동 방해 및 ② 불공정거래행위 중 차별적 취급에 해당한다고 판단하고, 퀄컴에 대하여 경쟁사의 모뎀칩을 사용하는 경우에 차별적으로 높은 로열티를 부과하는 행위를 금지하는 시정명령 등을 내렸다.[120] 법원은 공정위의 로열티 할인과 관련한 시정명령을 수긍하였다.[121]

2) 삼성전자-애플 사건

삼성전자(원고)-애플 사건에서는 FRAND 선언을 한 표준필수특허권자(원고)의 실시료 요구가 부당하게 과도하거나 차별적인지의 여부가 검토되었다. 서울중앙지법은 "표준화기구(ESTI)에서도 실시료는 당사자들의 협상에 의하도록 하는 점, 원고가 이 사건 표준특허에 대하여 표준으로 선정된 이후 FRAND 선언을 하였다고 하더라도 다른 표준특허를 보유한 특허권자가 공표하는 실시료율, 원고와 애플이 다른 표준특허를 보유한 사업자들과 체결한 라이선스 계약의 내용과 실시료액, 표준특허의 구체적인 내용이나 대체가능성, 통신기술의 제품에 대한 기여 정도나 해당 특허의 가치평가 등의 어려움으로 원고와 애플이 제시하는 근거들만으로 적정한 실시료를 산정하는 것은 매우 곤란하고 단순 비교도 어려운 점, 애플이 제시하는 실시료율도 다른 사업자들과의 통상적인 통신기술 분야에서의 실시료율과는 상당한 차이가 있는 것으로 보이는 점 등"에 비추어 보면, 원고가 애플과의 표준특허에 대한 실시료율 협상 과정에서 애플에 제시한 실시료율 등의 조건이 FRAND 조건에 부합하지 않는 부당하거나 과도한 실시료라거나 애플에 대하여 다른 표준특허 실시권자에 비하여 현저하게 차별된 가격조건을 제안하거나 차별취급한 것이라고 단정하기 어렵다고 판단하였다.[122] 한편, 미국에서 이루어진 삼성전자-애플 간 소송에서도 비슷한 쟁점이 제기되었다. 미국 연방지방법원은 위와 같은 비율의 실시료가 과도한 금액이어서 삼성전자의 FRAND 선언에 위반되는지에 관해 전문가 증인들 간의 진술이 엇갈리는 이상 입증이 부족하다고 보아 위 주장을 배척하였다.[123]

---

120) 공정위 2009.12.30. 의결 제2009-281호. 이 사건에서는 ① 로열티 차별부과 행위 이외에도 ② 조건부 리베이트 지급 행위, ③ 특허권 소멸 후 로열티 부과행위가 문제되었다. ②와 관련하여, 퀄컴은 국내 휴대폰 제조사들에게 모뎀칩과 RF칩을 공급하면서, 각 휴대폰 제조사별로 산정한 기준 수량 또는 각 휴대폰 제조사의 부품 수요량 중 일정 비율 이상을 자신으로부터 구입하는 것을 조건으로 상당한 액수의 리베이트를 소급적·누진적으로 지급하였다. ③과 관련하여 퀄컴은 국내 휴대폰 제조사와 CDMA 및 WCDMA 표준 관련 특허기술을 라이선스해주면서 그 계약서에 해당 특허권이 소멸한 뒤에도 종전 로열티의 50%를 납부하도록 하는 조항을 포함시킨 후 이를 계속 유지하였다.

121) 서울고법 2013.6.19. 선고 2010누3932 판결 및 대법원 2019.1.31. 선고 2013두14726 판결. 다만, 공정위의 시정조치 중 이 사건 행위를 직접 결정하지 않은 퀄컴의 국내 자회사에 대한 처분 부분과 이 사건 시정명령에서 실제로 문제된 '모뎀칩 및 RF칩'이 아니라 '부품'으로 표현한 부분은 취소되었다.

122) 서울중앙지법 2012.8.24. 선고 2011가합39552 판결, 208면.

123) Apple v. Samsung, 920 F.Supp.2d 1116. 미국에서의 'Apple v. Samsung' 사건 경과에 관한 설명으로는 조원희, "[삼성과 애플의 특허권 분쟁] 한국과 미국 법원의 서로 다른 판결과 그 시사점", 법률신문

4. 표준필수특허권자의 침해금지청구

(1) 논의의 배경

특허권자는 자신의 특허권 침해를 방지하고 이로 인한 손해의 배상을 위하여 침해금지청구권과 손해배상청구권 등을 행사할 수 있다. 그 중에서 침해금지청구는 단순한 금전적 배상이 아닌 침해행위로 인한 상품의 생산, 사용, 판매 또는 수입의 금지를 구하는 것으로서 손해배상청구보다 강력한 권리보장의 수단이 된다. 그런데 표준필수특허권자의 권리행사에 대해서는 보다 세심한 주의가 필요하다. 표준필수특허권자가 경쟁사업자를 시장에서 배제하거나 사업활동을 방해하기 위하여 또는 잠재적 실시권자에게 과도한 실시료를 부과하거나 실시허락 시 부당한 조건을 부과하기 위하여 침해금지청구를 악용하는 상황도 발생할 수 있기 때문이다. 이러한 행위를 특허억류(patent hold-up)라고 칭하는데, 특허억류(내지 특허위협)란 표준필수특허 보유자가 표준화기구가 자신의 기술을 표준으로 채택한 이후에 관련 사업자가 이를 신뢰하고 채택된 표준에 특유한(standard-specific) 투자를 행함으로써 해당 기술에 고착되어 다른 기술로 전환하는 것이 사실상 불가능하게 된 상황에서 라이선스를 거절하거나 지나치게 높은 실시료를 요구하는 행위를 말한다.[124] 따라서 FRAND 조건으로 실시허락할 것을 확약한 표준필수특허권자가 실시허락을 받을 의사가 있는 잠재적 실시권자(willing licensee)에 대하여 침해금지청구를 하는 행위는 특허권의 정당한 권리 범위를 벗어난 것으로서 관련시장의 경쟁을 제한할 우려가 있는 행위로 판단할 수 있다. 특히 표준특허권자가 성실하게 협상의무를 이행하지 않고 침해금지청구를 하는 행위는 부당한 행위로 판단될 가능성이 크다.[125]

반면, 실시허락을 받을 의사가 없는 잠재적 실시권자(unwilling licensee)에 대한 표준필수특허권자의 침해금지청구가 허용되지 않는다면 잠재적 실시권자가 성실하게 협상을 하지 않거나 실시료 지급을 지연 또는 회피하는 역 특허억류(reverse hold-up)가 발생할 수 있고, 특정한 경우에는 침해금지청구만이 표준필수특허권자의 유일한 권리구제의 수단이 될 수도 있다. 따라서 ① 잠재적 실시권자가 법원이나 중재기관의 결정에 따르기를 거절하거나, FRAND 조건에 관한 구체적인 내용이 법원이나 중재기관의 사건처리 과정에서 확인되는 등 객관적으로 드러난 상황에서 FRAND 조건으로의 실시계약 체결을 거부하는 경우, ② 잠재적 실시권자가 파산에 임박하는 등의 사유로 인하여 손해배상을 기

(2012.9.10.) 참조.

124) ABA Section of Antitrust Law, Handbook on the Antitrust Aspects of Standard Setting(2d ed., 2011), pp. 100-102.

125) ECJ는 4세대 LTE 통신기술표준의 핵심 특허를 보유하고 있는 화웨이가 ZTE에게 라이선스 계약에서 협상할 합당한 기회를 주지 않고 침해금지소송을 제기한 것이 시장지배적 지위를 남용한 것이라고 판단하였다. Case C-170/13 Huawei Technologies Co. Ltd. v. ZTE Corp. & ZTE Deutschland GmbH.

대하기 어려워서 침해금지청구만이 유일한 구제수단으로 인정되는 경우에는 표준필수특허권자의 침해금지청구가 부당한 행위로 판단될 가능성은 낮아지게 될 것이다.

(2) 판단기준

표준필수특허권자가 성실하게 협상의무를 이행했는지 여부를 판단함에 있어서는 잠재적 실시권자에게 공식적으로 협상을 제안했는지, 잠재적 실시권자와의 협상기간이 적절했는지, 잠재적 실시권자에게 제시한 실시허락 조건이 합리적·비차별적인지, 실시허락 조건에 합의하지 못하는 경우 법원이나 중재기관에 회부하기로 했는지 여부 등을 고려할 수 있다. 참고로, ECJ는 화웨이 사건에서 다음과 같은 단계별 요건을 제시하였다. 우선, ① 표준필수특허 보유자는 당해 표준필수특허를 지정하고 침해방법을 명시하여 표준필수특허 사용자에게 침해혐의자임을 알려야 한다. ② 표준필수특허 사용자는 FRAND 조건으로 라이선스 계약을 체결할 의사가 있음을 표명하여야 하고, 표준필수특허 보유자는 실시료와 실시료 산정방법이 명시된 FRAND 조건의 라이선스 청약서를 서면으로 제시하여야 한다. ③ 여기에 표준필수특허 사용자는 즉시 그리고 신의성실하게 응해야 하고 지연 전략으로 대응해서는 안 되며, 표준필수특허 보유자의 라이선스 청약을 거절할 경우 즉시 서면으로 FRAND 조건에 대한 수정청약서를 제출하여야 한다. ④ 그럼에도 불구하고 양자가 합의에 이르지 못할 경우, 이미 기술을 사용하고 있는 표준필수특허 사용자는 적절한 담보를 제공하거나 정산서를 제출할 수 있어야 한다. ⑤ 실시료는 합의하여 중립적인 제3자가 결정하도록 할 수 있으며, 표준필수특허 사용자는 라이선스 협상에서 그리고 라이선스 계약을 맺은 후에도 유효성, 필수성 및 침해여부에 대해 다툴 수 있다.[126)]

(3) 삼성전자-애플 사건

(가) 사안의 개요

삼성전자-애플 사건은 우리나라에서 표준필수특허권자의 침해금지청구가 독점규제법 위반에 해당되는지 여부가 전면적으로 다루어진 사안이다. 삼성전자와 애플은 양사 간 특허분쟁을 해결하기 위하여 협상을 진행하였다. 애플이 2011년 4월 15일 미국에서 삼성전자를 상대로 디자인권 및 비표준특허의 침해금지 및 손해배상을 청구하는 소송을 제기하였다. 이에 맞서, 삼성전자는 2011년 4월 21일 서울중앙지법에 애플을 상대로 제3세대 이동통신 기술과 관련한 4개 표준특허 및 1개 비표준특허의 침해금지 및 손해배상을 청구하는 소송을 제기하였다. 그런데 위 사건에서 애플은 표준필수특허권자인 삼성전자의

---

126) Case C-170/13 Huawei Technologies Co. Ltd. v ZTE Corp. & ZTE Deutschland GmbH. 동 판결이 사실상(de facto) 표준에 관한 사건이었던 Orange Book 판결에 비하여 표준필수특허 보유자의 금지청구가 남용에 해당할 가능성을 확대하고 있다는 점에서 의의가 있다는 분석으로, 윤신승, “유럽사법재판소의 Huawei v. ZTE 사건 판결”, 경쟁저널 제182호(2015), 36면 이하 참조.

특허침해금지청구가 독점규제법 위반이라고 주장하였다.[127] 또한, 애플은 2012년 4월 3일 삼성전자가 표준특허에 근거하여 금지청구를 제기함으로써 시장지배적 사업자가 특허침해 소송을 부당하게 이용하여 사업활동을 방해하였다는 등의 사유로 공정위에 신고를 하였다.[128]

(나) 법원의 판단

삼성전자-애플 사건에서 피고 애플코리아는 이 사건 특허 중 표준특허에 기한 원고 삼성전자의 침해금지청구는 필수설비보유자가 필수설비에 대한 접근을 거절하거나 이미 사용하고 있는 필수설비의 제공을 중단하는 것으로서 시장지배적 사업자의 지위 남용행위에 해당된다고 주장하였다. 서울중앙지법은 표준필수특허가 필수요소에 해당된다는 점은 인정하였지만, 삼성전자의 특허침해소송의 제기가 부당한 사업활동방해에 해당되지는 않는다고 판단하였다. 그 논거로서, "애플은 이 사건 표준특허 중 일부 특허를 실시하여 이를 침해하고 있으나, (중략) 원고에게 정식으로 이 사건 표준특허에 대한 실시권 허여를 요청한 바 없고, 이 사건 표준특허의 유효성이나 침해를 인정하지 않았으며, 네덜란드나 일본 등에서와 같이 가정적인 표준특허의 유효성과 침해부분의 인정을 전제로 한 쟁송을 위하여 실시료 상당의 금전기탁이나 제안 등의 조치를 취한 바도 없는 점, 애플이 이 사건 소제기 이전부터 원고의 표준특허에 대한 FRAND 조건에 따른 실시료율을 요청하고 다른 사업자들과의 라이선스 계약의 내용 등을 요구하였으나, 원고는 이 사건 소제기 이후 애플의 요구로 표준특허 포트폴리오 전체에 대하여 제품가격의 2.4%의 실시료율을 제안하면서 협상을 하였으며, 위 제품가격 2.4% 수준의 실시료율은 (중략) 다른 사업자들이 제안하거나 공표하는 표준특허의 실시료율에 비해 과도하게 높은 것으로 단정하기 어려운 점, 원고는 위 협상 과정에서 애플에 크로스 라이센싱 계약을 제안하기도 한 점, 원고가 애플의 비표준특허에 대한 침해금지 등 소제기에 대응하여 이 사건 소를 제기한 측면은 있으나, 소제기 이후에도 피고와 사이의 라이선스 협상이 합의에 이르지 못하였고, 그러한 사정만으로 종국적인 필수설비에의 접근거절 내지 필수설비의 제공중단 행위로 볼 수는 없는 점 등"을 들었다.[129]

127) 애플은 그 밖에도 삼성전자가 ① 표준 채택 과정에서 적시공개의무 위반, ② 표준필수특허의 실시거절행위, ③ 표준필수특허권자의 FRAND 확약에 위반한 실시료 책정을 하였다고 주장하였다. 이 사건은 항소심 진행 중 삼성전자와 애플의 합의에 따라 소취하로 종결되었다.

128) 공정위, "삼성전자가 애플을 상대로 제기한 표준특허 침해 금지청구는 공정거래법에 위반되지 않는다고 판단", 2014.2.25.자 보도자료 참조.

129) 서울중앙지법 2012.8.24. 선고 2011가합39552 판결, 205-206면. 위 법원의 판시에 대해서는 일반적인 특허의 라이선스 관행과 구별되는 표준필수특허의 라이선스 관행을 충분히 고려하지 못하였을 뿐만 아니라, 표준필수특허 보유자가 라이선스 협상과정상 자신의 지위를 남용함으로써 사실상 무제한적으로 침해금지명령을 얻어내는 것을 허용하는 결과를 초래할 우려가 있다는 비판이 있다. 이호영, "표준필수특허 보유자의 FRAND 확약 위반행위에 대한 공정거래법의 집행에 관한 연구", 상사법연구 제31권 제4호(2013), 27면; 오승한, "표준필수특허권자의 '하위 사업자'에 대한 FRAND 위반 행위의 규제", 경쟁법연구 제34권(2016),

(다) 공정위의 판단

애플 등은 삼성전자가 표준특허에 근거하여 금지청구를 제기함으로써 시장지배적 사업자가 특허침해소송을 부당하게 이용하여 사업활동을 방해하였다고 공정위에 신고하였다.[130] 그러나 공정위는 삼성전자에 대하여 2014년 2월 무혐의 결정을 내렸다.[131] 공정위는 협상경과 및 협상에 관한 애플의 입장 등을 종합적으로 고려할 때, 애플은 성실히 협상에 임했다고 보기 어렵다고 판단했다. 이러한 판단의 근거로 애플이 협상을 진행하던 도중에 먼저 특허침해소송을 제기함으로써 협상 분위기를 특허분쟁 소송의 국면으로 유도하였다는 점을 들었다.[132] 또한 상황이 애플에게 유리하게 진행되는 경우 삼성의 특허가치를 종전에 인정했던 것보다 저평가하는 실시조건을 제안하는 등 실시료율의 격차를 줄이거나 해소하기 위해 성실히 협상했다고 보기 어렵다고 판단했다. 이러한 태도는 소송 종결 시까지 삼성전자에게 어떠한 실시료도 지불할 의사가 없다는 점에서 역 특허억류의 모습이라고 결론지었다. 반면, 공정위는 삼성전자의 경우 ① 금지청구소송 제기 전후로 다양한 실시조건들을 애플에게 제안하였고, 애플이 제시한 실시료율과의 격차를 해소하기 위한 실질적인 협상을 진행하였고, ② 실시료율은 다양한 요인에 의해 결정되는 만큼 제안된 실시료율이 FRAND 조건에 위반되는 과도한 것으로 보기 어려워, 삼성전자가 협상을 성실히 이행하지 않았다고 보기 어렵다고 판단했다.

(라) 외국에서의 판단

2012년 1월 EU 집행위원회는 삼성전자가 경쟁자에 대하여 특허침해금지소송을 제기한 것[133]이 FRAND 확약을 위반함으로써 시장지배적 지위의 남용을 금지하는 TFEU 제102조에 위반되는지 여부에 대한 조사를 개시하였다.[134] EU 집행위원회는 조사결과 이 사건 행위가 시장지배적 지위의 남용에 해당된다고 판단하고 2012년 12월 심사보고서를 송부하였다.[135] 삼성전자는 2013년 9월 EU 당국에 자사의 표준특허권에 기해서는 향후

110면.

130) 공정위, "삼성전자가 애플을 상대로 제기한 표준특허 침해 금지청구는 공정거래법에 위반되지 않는다고 판단", 2014.2.25.자 보도자료 참조.

131) 박세민, "최근 표준특허권자의 시장지배력 남용행위 관련한 공정거래법 집행 동향", 2015년 서강대학교 법학연구소 법과 시장경제 연구센터 학술대회 자료집, 148-152면 참조.

132) 그러나 이에 대해서는 특허법의 목적과 취지를 고려할 때, 특허권의 무효 여부는 누구든지 적극적으로 심사를 요청할 수 있어야 한다는 점에서 단순히 특허권의 무효 확인을 법원에 청구하였다는 사실로 애플의 자발적 실시자 지위를 부인할 수 없다는 반론도 제기되고 있다. 오승한, "IP 권리자의 주관적 경쟁제한의도와 정당성 항변", 시장경제와 사회조화(2015), 349면.

133) 삼성전자는 1998년 유럽의 3세대 이동통신방식인 UMTS의 표준필수특허를 FRAND 조건에 따라 라이선스하기로 ETSI에 확약하였다. 그러나 삼성전자는 2011년 4월과 2011년 12월 사이에 자사의 UMTS 표준필수특허를 근거로 하여 독일, 영국, 이탈리아, 프랑스, 네덜란드에서 애플의 아이폰과 아이패드를 판매하지 못하도록 하는 침해금지소송을 제기하였다.

134) European Commission - Press Release, Antitrust: Commission opens proceedings against Samsung, 31 Jan. 2012.

135) European Commission - Press Release, Antitrust: Commission sends Statement of Objections to

5년간 침해금지청구권을 행사하지 않겠다는 요지의 합의안[136]을 제출하였고, EU 집행위원회가 이를 수용하여 동의의결로 종결되었다.

한편, 일본의 도쿄지방재판소는, 삼성전자가 FRAND 조건에 합당한 실시허락의 성립을 위해 성실한 노력을 게을리 하였다는 사실에 더하여, 삼성전자가 문제된 특허를 표준화기구에 공개한 시점도 표준채택 이후 2년이 경과한 시점이었다는 점 등 제반사정을 들어 삼성전자의 침해금지 가처분청구가 권리남용에 해당된다는 이유로 이를 배척하였다.[137]

Ⅵ. 특허분쟁과정의 합의

1. 개 요

일반적으로 특허분쟁과정의 합의는 소송비용과 기술이용의 위험을 감소시킬 수 있다는 점에서 특허권자의 권리보장을 위한 효율적 분쟁해결 수단으로 인정될 수 있다. 그러나 특허분쟁과정의 부당한 합의는 무효인 특허의 독점력을 지속시키고 경쟁사업자의 신규진입을 방해함으로써 소비자후생을 저해하는 결과를 초래할 수 있다. 따라서 특허무효심판, 특허침해소송 등의 특허분쟁 과정에서 부당하게 시장진입을 지연하는 데 합의하는 등의 행위는 특허권의 정당한 권리 범위를 벗어난 것으로 판단할 수 있다. 특히 합의 당사자가 경쟁관계에 있는 경우, 합의의 목적이 관련시장의 경쟁제한과 관련되는 경우, 특허권이 만료된 이후의 기간까지 관련 사업자의 시장진입을 지연시키는 경우, 특허와 직접적으로 관련되지 않는 시장에서 관련 사업자의 진입을 지연시키는 경우, 분쟁의 대상이 된 특허가 무효임을 합의 당사자가 인지한 경우 또는 무효임이 객관적으로 명백한 경우 등에는 해당 특허분쟁과정의 합의를 부당한 것으로 판단할 가능성이 크다.[138]

Samsung on potential misuse of mobile phone standard-essential patents, 21 Dec. 2012.

136) 삼성전자가 제시한 시정방안은 다음과 같다. ① 삼성전자가 제시하는 라이선스 체결절차(최대 12개월간 협상기간을 가진 후, 그 기간동안 합의에 도달하지 못할 경우 법원 또는 중재재판에 의해 라이선스 조건을 결정)에 동의한 기업에 대해 EU지역에서 향후 5년간 스마트폰과 태블릿 PC 관련 표준필수특허 침해 제품에 대한 판매금지청구 제기 금지. 다만 상대방이 삼성전자에 대해 자사의 표준필수특허 침해를 이유로 판매금지를 청구한 경우 등 예외적인 경우에는 판매금지청구 가능, ② 시정방안 이행감시인(monitoring trustee)을 선임하여 이행을 감시.

137) 東京地裁 平成 23年(ヨ) 第22027号 平成 25.2.28.

138) 이른바 역지불(pay for delay) 합의와 관련하여 미국에서는 ① 당연위법이라는 견해, ② 당연합법이라는 견해, ③ 합리의 원칙을 적용해야 한다는 견해 등이 대립하고 있었고, 하급심 법원의 판결로 나뉘었다. 미국 연방대법원은 Actavis 판결에서 합리의 원칙을 적용하였다. Federal Trade Commission v. Actavis, Inc., 570 U.S. 756(2013).

2. 역지불 합의

(1) 논의의 배경

역지불 합의(reverse payment settlement)란 특허권자가 자신과 특허분쟁 중인 자에게 일정한 대가를 지급하여 특허분쟁을 종결하고 분쟁 상대방의 시장진입을 일정기간 지연하기로 하는 합의를 말하는데, 오리지널 제약사와 복제약품 제조사 간에 이루어지는 경우가 많다. 사적 자치의 원칙상 특허권자와 침해자(엄밀히는 특허권자가 특허를 침해하였다고 주장하는 자)는 당사자 간의 합의를 통하여 특허침해 여부에 관한 분쟁을 종결할 수 있다. 특히, 특허소송 특유의 기술적인 성격에서 오는 예측의 곤란, 소송의 승패가 당사자의 법률적 지위에 미치는 영향, 소송의 장기화에 따른 피해 등을 고려하면, 특허분쟁에서 당사자 사이의 합의는 특허권자의 권리보장을 위한 효율적 수단이 될 수 있고, 침해자에게도 유리한 점이 있다. 반면, 부당한 특허분쟁의 종결 합의는 무효인 특허의 독점력을 지속시키거나 특허를 침해하지 않은 경쟁사업자의 시장진입을 방해하여 시장에서 경쟁을 제한하는 효과를 초래할 수 있다.

■ 역지불 합의에 관한 미국과 EU의 논의

역지불 합의에 관한 이슈는 우리나라뿐만 아니라 미국, EU 등 다른 나라에서도 논의되고 있다. 미국의 경우 2013년 FTC v. Actavis, Inc. 사건이 대표적인 것이다. 이 사건에서 미국 연방대법원은 역지불 합의에 관하여 합리의 원칙에 따라 반트러스트법 위반 여부를 살펴야 한다고 판단하였다.[139] 이 사건의 사실관계는 다음과 같다. Solvay가 Actavis와 Paddock을 상대로 특허침해의 소를 제기하였으나, 그 후 모든 당사자들 간에 화해가 성립하였다. 화해의 내용은 Actavis가 일정기간 복제약을 출시하지 않고, Solvay 제품의 판촉활동을 하기로 약정한 것이었다. Solvay는 다른 복제약 제조사들과도 유사한 약정을 하고, 각 복제약 제조사에게 수백만 달러를 지급하였다. Solvay와 복제약 제약사들 간 역지불 합의에 대해 미국 FTC는 위법추정(presumption of illegality)의 기준에 따라 위법성을 인정하였다.[140] 그러나 미국 연방대법원은 위법추정의 기준이 적용되기 위해서는 경제에 대한 초보적 수준의 이해를 가진 사람이 보아도 해당 행위가 소비자와 시장에 대한 경쟁제한효과가 있다고 결론 내릴 수 있을 정도에 이르러야 하는데, 역지불 합의는 그 기준을 충족하지 못한다고 하였다. 동 법원은 역지불 합의가 경쟁제한효과를 발생시킬 가능성은 금액의 크기, 금액의 향후 예상되는 소송비용에 대한 비중, 지급의 대가가 된 독립된 다른 서비스의 존재, 기타 다른 정당화 사유의 부존재에 의해 결

139) Federal Trade Commission v. Actavis, Inc., 570 U.S. 756(2013).

140) 미국에서는 이러한 심사절차를 합리의 원칙(rule of reason)에 대비해서 약식 합리의 원칙(quick look approach)이라고 부른다. 문제된 행위를 당연위법(per se illegal)으로 보지는 않지만, 사업자가 문제된 행위의 친경쟁 효과를 실증 증거에 의해 입증할 부담을 지는 일종의 입증책임 전환이다.

정되며, 경쟁제한효과의 존재와 정도는 또한 산업별로 다양할 수 있으므로, 합리의 원칙에 기초하여 위법성을 판단해야 한다고 하였다.

한편, EU 집행위원회는 2013년 오리지널 제약회사 Lundbeck과 제너릭 제약회사들 사이에 이루어진 역지불 합의가 위법하다고 판단하였다. Lundbeck은 특허침해소송에서 4개 제너릭 제약회사들과 합의를 통해 소송을 종료하였는데, 그 합의는 ① 4개 제너릭 제약회사들이 시장에 진입하지 않는 대신 Lundbeck은 제너릭 제약회사들에게 수천만 유로를 지급하고, ② Lundbeck은 제너릭 제약회사들의 의약품 재고를 폐기 목적으로 구매하며, ③ Lundbeck은 제너릭 제약회사들과 판매계약을 체결하여 제너릭 회사들에게 일정한 이익을 보장하는 내용이었다.[141] 집행위원회는 이 사건의 사업자들이 잠재적 경쟁관계에 있다는 점, Lundbeck이 제너릭 사업자들에게 제공한 경제적 가치가 제너릭 사업자들이 시장에 성공적으로 진입했을 경우 기대할 수 있는 이윤에 상응하는 정도라는 점, 당시 Lundbeck이 가진 제법특허들만으로는 다른 사업자들의 시장진입을 막을 수 없었고 이 사건 합의는 Lundbeck이 가진 특허를 넘어서는 범위를 포함하고 있는 점, 이 사건 합의가 효율성 증대를 위해 꼭 필요한 것이라거나 효율성 증대효과가 소비자의 불이익을 넘어서는 것이라는 주장에 대해 입증이 충분하지 않은 점 등을 고려하였다. 미국 연방대법원과 EU 집행위원회는 특허분쟁 종결 합의가 경쟁법의 심사대상이라는 점에서는 같은 입장을 취하고 있으나, 전자는 이를 연성 공동행위로 보는 반면 후자는 이를 경성 공동행위로 파악하는 점에서 차이가 있다.

(2) GSK-동아제약 사건

(가) 사안의 개요

우리나라에서 특허분쟁 종결 합의가 문제된 대표적 사안은 GSK-동아제약 사건이다.[142] GSK는 항구토작용을 하는 '온단세트론'의 제조방법에 관한 특허를 받아서 '조프란'이란 상품명으로 항구토제를 판매하고 있었는데, 동아제약이 GSK의 특허와 다른 제조방법으로 '온단세트론'을 자체 개발하였다면서 '온단세트론' 성분을 포함하는 항구토제인 '온다론'을 출시하였다. GSK는 동아제약을 상대로 특허침해금지의 소를 제기하였고, 동아제약은 GSK를 상대로 특허청에 소극적 권리범위확인심판을 청구하였다. 양 당사자는 2000. 4. 17. 동아제약이 5년간 '온다론'의 제조·판매를 중단하고 관련청구와 소를 모두 취하하기로 하는 내용의 화해계약 및 GSK가 동아제약에게 '조프란'의 국·공립병원 판매권과 '발트렉스'의 독점판매권 등을 부여하는 내용의 공급계약을 포함하는 합의를 하였다. 이 사건 합의는 당초 그 기간이 GSK의 특허만료일인 2005. 1. 25. 이후인 2005. 4. 16.까지

---

141) Case COMP/39226 Lundbeck [2013]. 보다 상세한 설명은 김철호·황진우, "역지급 합의에 대한 미국, EU 및 한국의 최근 결정", Law & Technology 제9권 제5호(2013), 44-59면 참조.

142) 서울고법 2012.10.11. 선고 2012누3028 판결; 서울고법 2012.10.31. 선고 2012누3035 판결 및 대법원 2014. 2.27. 선고 2012두24498 판결; 대법원 2014.2.27. 선고 2012두27794 판결.

로 정하여졌을 뿐 아니라 그 후에도 2011. 10. 19.까지 합의의 효력이 유지되었다. GSK는 이 사건 합의를 통하여 동아제약에 대하여 GSK가 받은 특허와 다른 방법으로 '온단세트론'을 생산하는 것까지 금지시켰고, 또 '온단세트론'과 다른 물질로서 그것과 경쟁관계에 놓일 수 있는 제품의 연구 · 개발 · 제조 · 판매까지 금지시켰다.

(나) 공정위와 법원의 판단

공정위는 이 사건 합의는 거래지역 또는 거래상대방 제한(법 40조 1항 4호)에 해당된다고 판단하였다.[143] 대법원은 "이 사건 합의는 원고들이 자신들의 특허권을 다투면서 경쟁제품을 출시한 동아제약에게 특허 관련 소송비용보다 훨씬 큰 규모의 경제적 이익을 제공하면서 그 대가로 경쟁제품을 시장에서 철수하고 특허기간보다 장기간 그 출시 등을 제한하기로 한 것으로서 특허권자인 원고들이 이 사건 합의를 통하여 자신의 독점적 이익의 일부를 동아제약에게 제공하는 대신 자신들의 독점력을 유지함으로써 공정하고 자유로운 경쟁에 영향을 미친 것이라고 할 수 있으므로, 이는 '특허권의 정당한 행사라고 인정되지 아니하는 행위'에 해당하여 공정거래법의 적용대상이 된다."고 하였다.[144]

(다) 평 가

GSK-동아제약 사건을 통해서 우리나라에서 역지불 합의의 성격 및 그 경쟁제한성의 평가와 관련하여 의미 있는 논의가 이루어졌다. 한편으로, 특허분쟁 종결 합의가 특허분쟁 당사자들에게 유리한 점 등을 고려할 때 이에 관하여 합리의 원칙을 적용하여 경쟁제한효과와 효율성 증대효과를 비교형량하는 것이 타당하다고 할 수 있다. 그러나 다른 한편으로, 우리 법은 부당한 공동행위의 행위요건에 관하여 열거주의를 택하고 있고, 이 사건에서 공정위가 포착한 금지행위는 경성 공동행위인 거래상대방 제한행위이므로 경성

143) 공정위 2011.12.23. 의결 제2011-300호.

144) 대법원 2014.2.27. 선고 2012두24498 판결; 대법원 2014.2.27. 선고 2012두27794 판결. 대법원이 고려한 사실이나 사정은 다음과 같다. ① 이 사건 합의는 당초 그 기간이 GSK의 특허만료일인 2005. 1. 25. 이후인 2005. 4. 16.까지로 정하여졌을 뿐 아니라, 그 후에도 여러 차례 공급계약의 갱신을 통하여 공정위의 이 사건 심의일인 2011. 10. 19.까지도 합의의 효력이 유지되었다. ② GSK는 이 사건 합의를 통하여 동아제약에 대하여 GSK가 받은 특허와 다른 방법으로 '온단세트론'을 생산하는 것까지 금지시켰고, 또 '온단세트론'과 다른 물질로서 그것과 경쟁관계에 놓일 수 있는 제품의 연구 · 개발 · 제조 · 판매까지 금지시켰다. ③ GSK는 동아제약이 자신들의 특허를 침해하였다고 주장하면서도 오히려 동아제약에게 '조프란'의 공동판매권뿐만 아니라 '발트렉스'의 독점판매권 등도 부여하는 내용으로 이 사건 합의를 하였는데, 신약의 판매권은 그 자체로 상당한 경제적 이익에 해당하는데다가 GSK가 동아제약에 지급하기로 한 성과장려금도 '조프란'의 경우 목표판매량의 80%만 달성하면 지급하고, '발트렉스'의 경우 판매량과 무관하게 5년간 매년 1억원을 지급하기로 되어 있는 등 통상적인 수준을 넘어선다. ④ GSK가 동아제약과의 특허 관련 분쟁에 통상적인 특허소송보다 훨씬 더 많은 비용이 소요된다고 보기 어렵고, GSK가 이 사건 합의를 통하여 동아제약에 제공하는 경제적 이익은 GSK의 평균 특허소송비용보다 훨씬 크다. ⑤ 경쟁제품인 동아제약의 '온다론' 출시에 따라 GSK의 '조프란' 약가가 인하된 적이 있고, 보험의약품의 기준약가 결정이 국민건강보험공단의 주도 아래 이루어지는 현행 제도에서 의약품에 관한 특허권을 가진 제약사라도 독자적으로 의약품의 가격을 결정할 수는 없지만, 보험의약품의 기준약가 결정 기준에 의하면 건강보험에 등재되는 복제약의 증가에 따라 신약뿐만 아니라 기존의 등재된 복제약의 가격도 체감하도록 되어 있어서 복제약의 수가 늘어남에 따라 의약품의 가격도 낮아질 가능성이 높다.

공동행위에 관한 판단기준을 적용하는 것이 타당하지 않은가 하는 의문이 있을 수 있다. 살피건대, 공정위가 이 사건에서 역지불 합의 전체를 위법행위로 본 것은 아니고, GSK와 동아제약이 특허분쟁을 종결시키면서 거래상대방 제한행위를 한 부분만을 위법행위로 포착한 것은 사실이다. 이는 행위요건에 관하여 포괄주의가 아닌 열거주의를 택하고 있는 현행 법규정상 불가피한 측면이 있다. 그런데 공정위가 문제 삼은 거래상대방 제한행위는 역지불 합의 전체의 관점에서 보면 부수적 제한에 해당하는데, 부수적 제한의 경우에도 연성 공동행위와 마찬가지로 합리의 원칙을 적용하여 친경쟁적 효과와 반경쟁적 효과를 따져볼 필요가 있다. 이러한 관점에서 볼 때, 대법원이 이 사건 합의에 관해서 합리의 원칙을 적용한 것은 타당하다고 생각된다.

Ⅶ. 특허관리전문사업자의 특허권 행사

1. 특허관리전문사업자(Non-Practicing Entity)

"특허관리전문사업자"란 특허기술을 이용하여 상품의 제조·판매나 서비스 공급은 하지 않으면서 특허를 실시하는 자 등에 대한 특허권의 행사를 통하여 수익을 창출하는 것을 사업활동으로 하는 사업자를 말한다. 특허관리전문사업자는 제3자로부터의 특허권 매입을 통해 강력한 특허 포트폴리오를 구축하고, 이를 기반으로 다른 기업에 대한 실시허락이나 특허소송을 통해 수익을 실현하는 것을 주된 사업방식으로 한다. 특허관리전문사업자는 개인, 중소기업, 연구기관과 같이 특허권을 행사할 역량이 부족하거나 스스로 특허를 상업화할 의사가 없는 자의 특허를 매입 또는 관리하는 등의 방법으로 이들이 정당한 보상을 받을 수 있도록 함으로써 발명의 유인을 제공하고, 특허를 필요로 하는 자에게 특허권이 이전될 수 있도록 중개인의 역할을 함으로써 특허기술의 거래를 활성화하고 특허권의 자본화, 유동화에 기여할 수 있다. 그러나 이러한 친경쟁적 효과에도 불구하고 특허관리전문사업자는 제조활동을 하지 않는 관계로 상대방과 특허권의 상호실시허락을 할 필요성이 없고 상대방으로부터 반대소송을 당할 위험도 낮기 때문에 일반적인 특허권자보다 특허권을 남용할 유인이 크다고 볼 수 있다.[145)]

145) 그러나 우리나라는 미국에 비하여 특허관리전문회사가 양적으로나 질적으로나 적고, 특허소송에 소요되는 비용이 상대적으로 많지 않으며, 특허권자의 승소율이 높지 않고, 특허권자가 승소하더라도 배상액이 크지 않다는 점에서 과연 특허관리전문회사의 비즈니스 모델이 성공할 수 있을지에 관해 회의적 시각도 존재한다. 상세는 Haksoo Ko & Jeong Seo, "Treatment of Patent Assertion Entities under Korean Antitrust Law", Patent Assertion Entities and Competition Policy, Cambridge University Press(2016), pp. 147-149 참조.

2. 남용행위의 유형

지식재산권 심사지침은 특허관리전문사업자의 남용행위를 ① 통상적인 거래관행에 비추어 볼 때 현저히 불합리한 수준의 실시료를 부과하는 행위, ② 제3자로부터 취득한 특허권에 대해 통상적인 거래관행에 비추어 볼 때 불합리한 수준의 실시료를 부과하면서 종전 특허권자에게 적용되던 FRAND 조건의 적용을 부인하는 행위, ③ 컨소시움을 통해 특허관리전문사업자를 설립한 복수의 사업자들과 함께 컨소시움에 참여하지 않은 사업자들에게 특허의 실시허락을 부당하게 거절하거나 차별적인 조건으로 실시계약을 체결하기로 합의하는 행위, ④ 상대방이 특허관리전문사업자의 특허권 행사에 대응하는 데 필요한 중요한 정보를 은폐 또는 누락하거나 오인을 유발하는 등 기만적인 방법을 사용하여 특허소송을 제기하거나 특허침해 경고장을 발송하는 등의 행위, ⑤ 특허권자가 특허관리전문사업자에게 특허권을 이전하고 특허관리전문사업자로 하여금 다른 사업자에 대하여 위 ①, ② 등의 행위를 하도록 하는 행위의 5가지 유형으로 예시하고 있다.

①과 관련하여, 제조활동을 하지 않는 특허관리전문사업자는 일반특허권자에 비해 과도한 실시료를 부과할 유인이나 능력이 있는 만큼, 특허관리전문사업자의 행위는 일반특허권자의 행위보다 부당한 행위로 판단될 가능성이 크다. 이 때 실시료의 수준이 합리적인지 여부를 판단함에 있어서는 특허의 객관적인 기술적 가치, 특허권자가 다른 실시권자로부터 받는 실시료, 유사한 특허에 대해 실시권자가 지불하는 실시료, 실시허락계약의 성질과 범위, 실시허락 기간, 해당 특허를 이용하여 생산한 제품의 수익성 등 여러 가지 요소를 고려할 수 있다. 특히 FRAND 조건으로의 실시허락을 확약한 표준필수특허의 실시료인 경우에는 부당한 행위로 판단될 가능성이 크다. ④는 특허 보유자가 누구인지 알 수 없는 명의뿐인 회사를 통해 다수의 상대방을 대상으로 일괄적으로 실시료 지불을 요구하면서 침해되었다고 주장하는 특허와 관련된 구체적인 정보를 밝히지 않는 경우를 말한다. 특히 특허권을 보유하고 있지 않거나 특허권을 행사할 지위에 있지 않으면서 또는 만료된 특허권에 근거하여 실시료 지불을 독촉하거나 소송제기 위협을 하는 행위는 부당한 행위로 판단될 가능성이 크다. ⑤는 특허권자가 특허관리전문사업자에게 특허권을 이전하고 특허관리전문사업자로 하여금 다른 사업자에 대하여 과도한 실시료 부과, FRAND 조건의 적용 부인 등의 행위를 하도록 하는 행위를 말한다. 이 경우 원칙적으로 특허권자를 법위반의 주체로 본다. 다만, 특허권자와 특허관리전문사업자의 관계, 부당한 행위의 구체적인 내용, 특허관리전문사업자의 부당한 행위에의 관여 정도 및 양태 등을 종합적으로 고려하여 특허관리전문사업자도 함께 법위반의 주체로 판단할 수 있다.

제9장

독점규제법의 적용제외

제1절 총 설

Ⅰ. 적용제외의 의의

시장경제를 경제질서의 기본으로 삼고 있는 우리나라에서 독점규제법은 경제질서의 기본법에 해당된다. 시장경제가 정상적으로 작동하기 위해서는 시장에 자유롭고 공정한 경쟁이 유지되고 있어야 하는데, 실제로는 자유롭고 공정한 경쟁을 제한하는 행위가 많이 나타나고 있기 때문에, 국가는 이를 규제하기 위하여 독점규제법을 제정하여 시행하고 있는 것이다. 따라서 독점규제법은 원칙적으로 모든 산업분야에 적용된다. 그 결과, 현재 특정한 산업분야에 대하여 독점규제법의 적용을 제외하는 명시적인 규정을 두고 있는 경우는 찾아볼 수 없다.

그러나 아무리 시장경제를 경제질서의 기본으로 삼고 있다고 하더라도 모든 경제활동을 오로지 시장의 기능이나 경쟁원리에만 맡겨 놓을 수는 없다. 법 제13장에서는 특정한 사업자나 특정한 행위에 대하여 독점규제법의 적용을 전면적 또는 부분적으로 제외할 수 있게 하고 있다. 여기에는 ① 법령에 따른 정당한 행위(법 116조), ② 무체재산권의 행사행위(법 117조), ③ 일정한 조합의 행위(법 118조)가 해당한다. 이 가운데 ②에 관해서는 제8장에서 이미 살펴보았기 때문에, 이하에서는 ①, ③을 중심으로 살펴보기로 한다.

Ⅱ. 적용제외의 이론적 근거

적용제외를 인정하는 근거는 이를 실증적인 관점에서 찾을 수도 있고 이론적인 관점에서 찾을 수도 있다. 여기서 적용제외가 형성되는 사회경제적 과정에 초점을 맞추어 그 근거를 주로 이익집단의 영향에서 찾고 있는 실증적인 관점은 제쳐놓고, 일단 이론적인 관점에서 그 근거를 찾아보면 그것은 다음과 같이 두 가지로 나누어진다.[1] 하나는 정부가 추구하는 목표가 서로 충돌하는 경우에 대한 입법자의 정책적 결단이고, 다른 하나는 시장실패에 대처하기 위한 것이다.[2]

1. 목표충돌에 대한 정책적 결단

이것은 자유롭고 공정한 경쟁의 유지라고 하는 독점규제법의 목적과는 직접적인 관계가 없는 다른 이유나 목적으로 어떤 구체적인 활동영역에 대하여 동법의 적용을 제외하는 것이다. 이 경우에는 국가가 그 활동영역을 직접 관장할 수도 있고, 다른 사람으로 하여금 국가의 특별한 감독 하에 이를 영위하게 할 수도 있다. 이러한 활동의 대표적인 예로서는 국방이나 치안유지를 들 수 있다. 오늘날 대부분의 나라에서는 국방이나 치안유지를 순수한 국가적 과제로 보아, 이를 사적인 용병대(傭兵隊)나 경찰기업에 맡기지 않고 국가가 직접 관장하고 있으며, 이러한 활동에 대하여는 독점규제법을 적용하지 않는다. 교육제도, 보건 및 사회복지시설의 유지 등과 같은 경우에도 같은 이유로 독점규제법의 적용이 제외되고 있다.

그리고 적용제외가 국가의 정책적인 목표를 달성하기 위하여 활용되는 경우도 있다. 예컨대 경기정책(불황카르텔), 산업구조정책(구조조정카르텔, 중소기업의 협동화), 고용정책(고용안정을 위한 기업결합의 승인), 국가안보 등을 위한 조치들이 여기에 해당된다. 그런데 여기서는 그러한 목표의 달성을 위하여 당해 조치들이 과연 반드시 필요하며 또 불가피한 것인지가 문제된다. 독점규제법에서 인정하고 있는 효율성증대나 도산기업의 구제를 위한 기업결합의 예외(법 9조 2항), 불황극복을 위한 산업구조조정, 연구・기술개발, 거래조건의 합리화 또는 중소기업의 경쟁력향상을 위한 공동행위의 인가(법 40조 2항)에서 이러한 목표충돌이 나타나고 있다. 그리고 금융 또는 보험업에 대하여는 투자자보호와 보험계약의 항구적인 이행확보라는 목표를 달성하기 위하여 독점규제법의 적용을 부분적으로 제외하는 경우가 있다. 여기서는 주로 그러한 정책적 판단이 과연 합리적인지의 여부가 문제된다. 따라서 그러한 적용제외의 합목적성과 필요성, 그리고 그것이 그 밖의 영역에 미치는 부수적인 영향 등도 함께 고려해야 한다.[3]

이러한 적용제외는 결국 경쟁정책에 대한 국가의 태도에 따라 좌우된다. 그런데 독점규제법이 경제질서의 기본법이라는 점을 감안하여 적용제외의 인정범위를 가능한 한 축소하도록 노력해야 할 것이다. 왜냐하면 만약 충분한 이유도 없이 적용제외를 널리 인정하게 되면, 독점규제법은 경제질서의 기본법으로서 그 의의나 기능을 상실하게 될 우려가 있기 때문이다.

---

1) 권오승, “독점규제법상 적용제외”, 법경제연구(Ⅱ), 한국개발연구원(1995), 109면 이하 참조.

2) Möschel, Recht der Wettbewerbsbeschränkungen, Carl Heymanns, 1983, Rn. 949 ff.

3) Möschel, Ebd., Rn. 952.

2. 시장실패에 대한 대처

여기서도 적용제외의 근거가 입법자의 정책적인 판단에 의존하고 있는 것은 사실이지만, 그것을 정당화하는 근거는 다분히 경쟁이론적인 것이다. 시장경제에 있어서는 모든 경제활동이 원칙적으로 경쟁에 의하여 조정되지만, 경쟁이 아예 발생할 수 없거나 그 영역의 특수성 때문에 경쟁의 긍정적인 효과가 나타나지 않는 경우에는 경쟁이 배제된다. 이것을 이른바 시장실패(market failure)라고 한다. 이러한 사유는 특히 운송업이나 에너지산업 등에서 중요한 의미를 가진다.[4)]

시장실패의 사유로서 특히 중요한 의미를 가지는 경우를 찾아보면 다음과 같다.[5)] 첫째로 자연독점을 들 수 있다. 자연독점이란 어떤 시장에서 소요되는 수요의 양을 충족함에 있어서 규모의 경제가 작동하여 하나의 공급자가 둘 이상의 기업이 공급하는 것보다 더 싸게 공급할 수 있는 경우를 가리킨다. 이러한 경우에는 장기적으로는 오로지 하나의 공급자만이 살아남게 되는데, 이러한 산업은 별도의 규율을 받게 된다. 예컨대 전기·가스 등과 같은 에너지산업과 수도·철도운송 등과 같은 분야가 여기에 해당된다. 이러한 분야는 본질적으로 오로지 자유경쟁에만 맡길 수 없는 측면이 있기 때문에, 일반적으로 이를 공공부문 내지 정책규제부문이라고 한다. 이러한 분야에 대하여는 법률에 의하여 영업의 자유가 제한되고 있을 뿐만 아니라 국가의 직접적인 규제가 이루어지고 있는 경우가 많다.

둘째로 자연독점에 대한 반대의 경우로서 과당경쟁을 들 수 있다. 여기서는 특정한 시장에 지나치게 많은 경쟁자가 존재할 뿐만 아니라 그들이 지나치게 치열한 경쟁을 하고 있어서, 그대로 방치해 두면 모두 다 망할 우려가 있기 때문에 적절한 규제가 필요하게 된다.

셋째로 이른바 외부효과를 들 수 있다. 외부효과에는 긍정적인 것도 있지만 부정적인 것도 있다. 긍정적인 외부효과로는 네트워크 효과를 들 수 있으며, 부정적인 외부효과로는 공해배출과 같이 특정한 재화의 생산이나 소비를 통하여 제3자에게 불이익을 주는 경우를 들 수 있다. 부정적 외부효과로 피해를 입는 제3자는 그 불이익을 당사자 간의 거래관계에 반영할 수 없을 뿐만 아니라 가격형성 시에도 이를 고려할 수 없기 때문에 이 문제를 해소하기 위한 규제가 필요하다.

---

4) Möschel, Recht der Wettbewerbsbeschränkungen, Carl Heymanns, 1983, Rn. 953.
5) Möschel, Ebd., Rn. 973.

제2절 법령에 따른 정당한 행위와 규제산업

Ⅰ. 법령에 따른 정당한 행위

1. 규정의 취지

법 제116조는 "이 법은 사업자 또는 사업자단체가 다른 법령에 따라 하는 정당한 행위에 대해서는 적용하지 아니 한다."고 규정하고 있다. 법 제116조는 사업자 등의 행위가 독점규제법 이외의 법률 또는 그 법률에 의한 명령에 따라 한 정당한 것이라면 독점규제법을 적용하지 아니한다는 취지로서, 독점규제법과 다른 법률 사이의 충돌을 방지하는 완충작용을 하면서, 한편으로 사업자 등의 법적 안정성을 보장하고자 하는 목적을 가지고 있다.[6)]

2. 법령에 따른 정당한 행위의 범위

「대외무역법」 제50조 제1항[7)]과 같이 다른 법령에 독점규제법 적용제외를 명시한 경우에 법 제116조의 적용제외 대상에 해당함은 의문의 여지가 없다. 그런데 대다수의 법령은 위와 같은 명문의 적용제외 규정을 두고 있지 않기 때문에 문제된 법령의 규정이 법 제116조에서 말하는 "다른 법령"에 해당하는지 여부가 명확하지 않다. 1980년 동법을 제정할 당시에는 입법자가 특별법의 제정을 통하여 동법의 적용을 받지 않는 법률을 구체적으로 지정하도록 규정하고 있었으나(구법 47조 2항), 이러한 적용제외법률을 지정하지 않고 있다가 1986년 제1차 법개정 시에 동 조항을 삭제해 버렸다. 따라서 여기서 말하는 다른 법령의 범위는 결국 해석론에 맡겨져 있다고 할 수 있다.

(1) 판 례

해석론으로는 독점규제법이 금지하고 있는 행위들 중에서 다른 법령에 근거가 있는 행위는 모두 여기에 해당된다고 넓게 해석할 수도 있지만, 반대로 다른 법령에 근거가 있는 행위들 중에서 특히 합리적인 근거가 있는 행위만 여기에 해당한다고 좁게 해석할 수도 있다. 판례는 후자의 입장을 따르고 있다. 대법원은 법령에 따른 정당한 행위라 함은 "당해 사업의 특수성으로 경쟁제한이 합리적이라고 인정되는 사업 또는 인가제 등에 의하여 사업자의 독점적 지위가 보장되는 반면, 공공성의 관점에서 고도의 공적규제가

---

6) 이황, "보험산업에 대한 공정거래법 적용의 범위와 한계", 경쟁법연구 제18권(2008), 348면.

7) 대외무역법 제50조(「독점규제 및 공정거래에 관한 법률」과의 관계) ① 제46조에 따른 산업통상자원부장관의 조정명령의 이행에 대하여는 「독점규제 및 공정거래에 관한 법률」을 적용하지 아니한다.

필요한 사업 등에서, 자유경쟁의 예외를 구체적으로 인정하고 있는 법률 또는 그 법률에 의한 명령의 범위 내에서 행하는 필요 · 최소한의 행위"라고 판시하였다.[8)]

(2) 검 토

독점규제법이 경제질서의 기본법이라는 점과 동법 제정 당시의 사정 등을 종합적으로 고려해 볼 때, 판례의 태도가 타당하다고 생각된다. 왜냐하면 우리나라에서는 1960년대 이후 줄곧 정부가 주도적으로 경제개발정책을 추진해 오다가, 1980년대에 들어와서 그러한 개발방식이 한계에 부딪치게 되자, 이를 극복하기 위하여 경제운용방식을 정부주도에서 민간주도로 바꾸고, 민간주도의 시장경제가 정상적인 기능을 수행하도록 하기 위한 수단으로 독점규제법을 제정하여 시행하고 있기 때문이다. 독점규제법이 경제질서의 기본법으로서 그 사명을 다할 수 있도록 하기 위해서는, 다른 법령에 근거가 있는 행위라고 하여 무조건 독점규제법의 적용을 제외할 것이 아니라, 그 중에서 특히 합리적인 근거가 있는 행위에 대해서만 적용제외를 인정하는 것이 바람직할 것이다. 요컨대 헌법상 시장경제를 경제질서의 기본으로 삼고 있는 우리나라에서는 독점규제법이 경제질서의 기본법에 해당하기 때문에, 경쟁을 제한해야 할 합리적인 이유나 근거가 있는 경우에는 동법의 적용을 제외할 수 있지만 그렇지 않은 경우에는 동법을 적용해서 경쟁원리를 확립하도록 노력할 필요가 있다.[9)] 법 제116조가 적용제외의 근거를 단순히 법령에 따른 행위라고 규정하지 않고 법령에 따른 '정당한' 행위라고 규정하고 있는 것은 그러한 이유 때문이라고 생각된다.

3. 구체적 사례

독점규제법 위반이 다투어지는 사건에서 사업자들은 자신들의 행위가 설령 경쟁제한성을 가지더라도 법령에 따른 정당한 행위라는 주장을 하는 경우가 종종 있다. 그러나 앞에서 본 것처럼 법원이나 경쟁당국은 정당한 행위의 범위를 법령의 범위 내에서 행하는 필요최소한의 행위로 엄격하게 해석하고 있다.

(1) 자유경쟁의 예외를 구체적으로 인정한 법률

예컨대, 외항화물운송사업자가 다른 외항화물운송사업자와 운임 · 선박배치, 화물의 적재, 그 밖의 운송조건에 관한 계약이나 공동행위를 할 수 있도록 허용하고 있는 「해운

8) 대법원 1997.5.16. 선고 96누150 판결; 대법원 2008.12.24. 선고 2007두19584 판결; 대법원 2009.7.9. 선고 2007두22078 판결; 대법원 2011.4.14. 선고 2009두7912 판결; 대법원 2014.5.16. 선고 2012두13665 판결.

9) 관계 행정기관의 장은 사업자의 가격 · 거래조건의 결정, 시장진입 또는 사업활동의 제한, 부당한 공동행위 또는 사업자단체의 금지행위 등 경쟁제한사항을 내용으로 하는 법령을 제정 또는 개정하거나, 사업자 또는 사업자단체에 경쟁제한사항을 내용으로 하는 승인 또는 그 밖의 처분을 하려는 경우에는 미리 공정위와 협의하여야 하므로(법 120조), 위와 같은 협의절차를 거쳤는지도 자유경쟁의 예외를 구체적으로 인정하고 있는 법령의 범위 내에 속하는지를 판단할 때 참작할 수 있을 것이다.

법」 제29조 제1항에 따른 행위가 여기에 해당된다. 「산업발전법」도 자유경쟁의 예외를 구체적으로 인정한 법률에 해당된다. 산업통상자원부장관은 기업 간 협력에 의한 산업의 경쟁력 강화를 위하여 이에 필요한 지원할 수 있는데(산업발전법 11조 1항), 이는 독점규제법상 금지되는 부당한 공동행위를 예외적으로 허용하는 것에 해당된다. 다만, 산업통상자원부장관은 이러한 사업이 부당한 공동행위에 해당될 우려가 있을 때에는 그 사업을 지원할 지에 대하여 공정위와 협의하여야 한다(산업발전법 11조 2항). 위와 같이 자유경쟁의 예외를 구체적으로 인정하는 법률은 특히 규제산업 분야에 많이 보인다.

■ **경쟁제한적 법령의 정비 사례**

경쟁당국과 규제당국이 경쟁제한을 허용하고 있는 현행법의 규정들을 개별적으로 분석·검토하여, 합리적인 이유가 있는 것과 그렇지 않은 것을 구별하여 후자는 과감히 철폐하는 노력을 지속할 필요가 있다. 1998년 공정위는 경쟁제한성이 크기 때문에 경제발전에 저해요소가 되거나 국제적인 기준에 비추어 부당하거나 비합리적인 카르텔을 정비하기 위하여 「독점규제 및 공정거래에 관한 법률의 적용이 제외되는 부당한 공동행위 등의 정비에 관한 법률」(이하 "카르텔 일괄정리법"이라 함)의 제정을 추진하였다.[10] 카르텔 일괄정리법은 1999년 1월 6일에 국회를 통과하여 2월 5일에 공포되었는데, 이 법률에서 정비의 대상으로 삼고 있는 카르텔은 사업자간의 행위가 부당한 공동행위에 해당하지만, 개별법령에 근거가 있기 때문에 법령에 따른 정당한 행위에 해당되어 동법의 적용이 제외되고 있던 행위들이다. 특히 19개의 법률에 규정된 22개의 카르텔은 당초의 목적이 이미 달성되었거나 원래의 취지와 달리 운영되는 것들로서 그 정비가 시급하다고 판단되어 우선적으로 정비의 대상으로 삼았다.[11]

(2) 자유경쟁의 예외를 인정한 법률에 해당하지 않는 경우

세법 규정은 원칙적으로 자유경쟁과 관련된 법령으로 보기 어렵다. 따라서 설령 사업

---

10) 공정위, 1999년판 공정거래백서, 32면 이하 참조. 한편, 국제사회에서 자유로운 시장접근을 보장하기 위한 노력의 일환으로 1998. 4. 18. OECD가 경성카르텔의 금지를 위한 권고(Recommendation of the Council concerning Effective Action against Hard Core Cartels)를 채택함으로써 각국에서 경성카르텔을 규제하기 위한 노력이 구체화되었다.

11) 그 주요 대상은 다음과 같다. ① 전문직 서비스의 수수료를 해당 사업자단체가 정하여 주무관청의 인가를 받도록 한 경우. 예컨대 변호사, 공인회계사, 관세사, 세무사, 행정사, 변리사, 공인노무사, 수의사, 건축사 등 9개 직종은 해당 사업자단체가 정한 보수기준을 따르도록 되어 있었는데, 이러한 보수기준이 폐지되었다. ② 수출입에 관련된 카르텔. 수출입카르텔에 대하여는 무역정책적 관점에서 경쟁제한을 허용하고 있었는데, 시장개방의 추세와 그들이 국내시장에 미치는 효과와 대외신인도 등에 대한 영향 등을 분석하여 부작용이 큰 카르텔을 정비하도록 하였다. 구체적으로는 대외무역법상의 수출입 조정명령제도와 해외건설촉진법에 근거한 해외공사 수주경합 조정제도 등이 개선 또는 폐지되었다. ③ 비살균 탁주의 공급구역제한이 2001년부터 폐지되었다. ④ 보험료율 산출기관에 의한 보험료율 공동산출제도를 개선하였다. 보험사업자들은 종래 그들이 공동으로 설립한 보험개발원이 산출한 보험료기준에 따라 보험료를 공동으로 책정해 왔으나, 2000년부터는 보험개발원은 순보험료만 산출하여 제공할 수 있고, 부가보험료는 보험회사들이 개별적으로 정할 수 있게 되었다. ⑤ 중소기업제품에 대한 단체수의계약제도를 개선하였다.

자가 「법인세법」 제52조 등에 따른 불이익을 피하기 위한 목적으로 주식의 매매가격 등을 결정하였다고 하더라도, 이러한 주식의 매매가격에 따른 주식매매행위가 법령에 따른 정당한 행위에 해당한다고 할 수는 없다.[12] 또한, 구 부가가치세법시행령 제49조의2 제1항은 부가가치세를 부과하기 위한 과세표준을 정한 것에 불과하고 사업자가 보증금을 월세로 전환할 경우의 전환율을 제한하거나 강제하는 규정이 아니어서 위 규정에 따라 보증금의 월세환산 임대수익률을 정하였다는 사정만으로는 법령에 따른 정당한 행위라고 할 수 없다.[13]

원고 농업협동조합중앙회의 배타조건부 거래행위가 문제된 사안에서 원고는 자신의 행위가 「농업협동조합법」 등에 따른 정당한 행위라고 주장하였다. 그러나 법원은 "농업협동조합법 제134조, 비료관리법 제7조, 농림부장관의 비료수급계획 등"은 자유경쟁의 예외를 구체적으로 인정하는 내용에 해당하지 않는다고 판단하였다.[14] 그 밖에도 「의료기사 등에 관한 법률」 제3조, 제22조 및 그 시행령 제2조, 제13조 등은 의료기사 등의 업무범위와 한계, 품위를 현저히 손상시키는 행위 등에 대한 자격정지에 관한 규정일 뿐 자유경쟁의 예외를 구체적으로 인정하고 있는 법률이라고 볼 수 없으므로, 치과 기공물 가격에 관한 가이드라인을 정한 행위가 법령에 따른 정당한 행위에 해당한다고 할 수 없다.[15] 대한법무사협회가 등기업무 수임과 관련하여 구성사업자들의 등기수임을 제한한 사안에서, 법원은 법무사법에 부당한 사건위촉의 유치금지, 성실의무, 품위보전의무, 회칙준수의무, 회비분담의무 등의 규정의 존재만으로는 이 사건 '집단등기사건수임업무처리규정'의 제정과 시행이 법령상 정당한 행위에 해당된다고 볼 수 없다고 보았다.[16] 공동수급체 구성행위는 「국가를 당사자로 하는 계약에 관한 법률」 제25조 제1항 및 같은 법 시행령 제72조 제2항의 규정 내용에 비추어 법령에 따른 정당한 행위에 해당하지 않는다.[17]

(3) 행정지도 또는 정부의 승인이 있는 경우

우리나라는 종래 정부주도의 경제성장정책을 추진하는 과정에서 특정한 산업의 보호 · 육성, 수출지원 또는 과당경쟁의 방지 등의 목적으로 정부가 가격 · 생산량 · 판매지역 등에 대한 공동행위를 묵인하거나 법적, 행정적으로 권장해 온 경우도 있었다. 이러한 행정지도나 정부의 승인이 법률에 의한 명령에 해당하는지에 관하여 검토가 필요하다.

12) 대법원 2007.12.13. 선고 2005두5963 판결.
13) 서울고법 2004.7.15. 선고 2002누1092 판결 및 대법원 2004.11.12. 선고 2004두9630 판결.
14) 서울고법 2007.9.19. 선고 2007누7149 판결 및 대법원 2009.7.9. 선고 2007두22078 판결.
15) 대법원 2005.8.19. 선고 2003두9251 판결.
16) 서울고법 1995.11.23. 선고 94구32186 판결 및 대법원 1997.5.16. 선고 96누150 판결.
17) 대법원 2011.5.26. 선고 2008도6341 판결.

(가) 법령상 근거가 없는 행정지도 등이 존재하는 경우

판례는 행정지도가 법령상의 근거가 없다면 설령 사업자들이 행정지도를 신뢰하고 따른 것이라고 하더라도 정당한 행위로 볼 수 없다는 입장을 분명히 하고 있다. 법원은 동아출판사 등 6개 출판사가 학습교재 등의 공동사업을 위한 조합설립 및 영어교재 등의 규격・체계・가격 등을 논의한 사안에서 교육부의 지시라 하더라도 법 제116조에서 규정한 법률 또는 그 법률에 의한 명령이 아니라고 판단하였다.[18] 또한 서울청과 등 6개 사업자가 판매수수료율 등을 공동 결정한 사안에서, 사업자들은 자신들의 행위가 농수산물공사의 지시를 따른 것이라고 주장하였으나, 서울고법은 도매시장관리자인 농수산물공사가 도매시장법인의 권한에 속하는 사항인 위탁수수료 내지 장려금의 요율을 직접 결정하거나 그에 대하여 지시할 수는 없다고 할 것이므로, 설령 그러한 지시가 있었다고 하더라도 이를 법률에 의한 명령으로 볼 수 없다고 판단하였다.[19] 한국도로공사가 한국건설관리공사에게 책임감리 용역을 수의계약방식으로 위탁하여 부당지원행위의 성립 여부가 문제된 사안에서, 법원은 폐지 전 「정부투자기관 관리기본법」 제20조가 자유경쟁의 예외를 구체적으로 인정하고 있는 법률이라고 볼만한 사정이 없는 이상 위 법 제20조의 위임에 따른 재정경제부령인 정부투자기관회계규칙 제15조 제2호 (라)목의 규정에 의하여 건설교통부장관의 승인에 따른 이 사건 수의계약에 의한 감리용역 발주행위가 법률 또는 그 법률에 의한 명령에 따른 정당한 행위에 해당한다고 할 수 없다고 하였다.[20]

(나) 행정지도 등의 범위를 벗어난 행위를 한 경우

사업자의 행위가 행정지도 등의 범위를 벗어난 경우에도 그 정당성을 인정하기 어려울 것이다. 2008년 개정 전 「전기통신사업법」 제34조 제2항에서 부여된 권한에 기초한 공무원의 행정지도가 관여된 시외전화 사업자들 사이의 합의가 법령에 의한 정당한 행위요건에 해당하는지가 다투어진 사안에서, 대법원은 사업의 내용(시외전화 사업은 그 특수성으로 인하여 경쟁제한이 합리적이라고 인정되는 사업 또는 인가제 등에 의해 사업자의 독점적 지위가 보장되는 사업이라고 할 수 없다는 점), 행정지도의 근거로 들고 있는 법률의 성격(자유경쟁의 예외를 구체적으로 인정하고 있는 법률에 해당한다고 볼 만한 사정이 없는 점), 그리고 사업자들의 합의 자체가 행정지도의 내용이 아니라 이를 이용하여 그 범위를 벗어나는 별도의 내용으로 합의를 한 점 등의 이유를 들어 문제되는 합의가 적용제외의 대상이 되지 않는다고 판단하였다.[21] 그리고 보험감독원장이 손해보험협회에 업계자율로 보험계약자 서비스와 특별이익 제공행위를 구분할 수 있는 기준을 설정할 필요가 있다고

18) 서울고법 1992.4.22. 선고 91구3248 판결 및 대법원 1992.11.13. 선고 92누8040 판결.
19) 서울고법 2004.5.12. 선고 2003누5817 판결(확정).
20) 서울고법 2003.12.9. 선고 2001누16080 판결 및 대법원 2006.6.2. 선고 2004두558 판결.
21) 대법원 2008.12.24. 선고 2007두19584 판결.

지적한 것만으로는 손해보험협회와 손해보험회사들이 '기타 응급조치' 서비스를 전면 폐지하기로 합의한 것을 정당화하지 못한다고 판시하였다.[22] 또한, 대한건설감리협회가 구성감리업자의 감리대가기준을 제한한 사안에서, 정관이 감독관청의 인가를 받은 사정만으로 정관의 규정내용이나 정관의 규정에 따른 행위가 정당하게 되는 것은 아니라고 보았다.[23]

Ⅱ. 규제산업

규제산업이란 당해 산업이 갖는 특수성으로 인하여 특별법에 기한 정부규제가 경쟁을 전면적 또는 부분적으로 대신하고 있는 산업을 말한다. 이러한 규제를 흔히 경쟁대체적인 규제라고 한다. 이들 산업에서 이루어지고 있는 규제에는 사회적 규제도 포함되어 있으나, 그것도 직접·간접적으로 당해 산업에서의 경쟁에 영향을 미친다는 점에서 넓은 의미의 경제적 규제로 볼 수 있는 경우가 많다. 경제적 규제는 그 내용에 따라 진입규제, 가격규제, 품질·생산량·공급대상·거래조건 등과 같은 경제활동에 대한 규제로 나누어진다. 그리고 이러한 규제산업에 대하여는 독점규제법의 적용이 전면적으로 배제되는 경우도 있지만, 개별적인 행위에 대하여 부분적으로만 제외되는 경우도 있다. 이러한 규제산업의 대표적인 예로서는 전기·석탄·가스 등과 같은 에너지산업과, 철도·자동차·항공기·선박 등을 통한 운송업, 유·무선전화 등과 같은 전기통신산업, 은행·증권·보험업과 같은 금융·보험업 등이 있다.

1. 에너지산업

전기·석탄·가스 등과 같은 에너지산업에 대하여는 국가가 시장진입과 가격·거래조건의 결정 및 거래방법 등을 제한하고 있다. 이러한 제한이나 조치들은 종래에는 당연한 것으로 받아들여지는 경향이 있었지만, 최근에는 이러한 규제들 중에서 합리적인 이유가 있는 것과 그렇지 않은 것을 구별하여, 합리적인 이유가 없는 규제는 철폐하고 합리적인 이유가 있는 규제라고 하더라도 그 규제가 필요한 범위나 정도를 초과하고 있는 경우에는 이를 완화하려는 노력, 즉 이른바 규제완화가 이루어지고 있다.

2. 운 송 업

(1) 개 요

우리나라에서는 철도운송은 정부가 공기업의 형태로 직접 운영하고 있기 때문에 경쟁

22) 서울고법 2004.6.10. 선고 2002누17752 판결 및 대법원 2006.11.23. 선고 2004두8323 판결.
23) 서울고법 2002.11.19. 선고 2002누1313 판결 및 대법원 2003.4.8. 선고 2002두12779 판결.

이 간여할 여지가 별로 없지만, 그 밖의 운송 예컨대 자동차·항공기·선박 등을 통한 육상·항공·해상운송에 대하여는 이를 사기업에게 맡겨 놓고 정부가 시장의 진입과 가격이나 거래조건의 결정 등을 규제하고 있다. 우선, 자동차운송사업이나 정기항공운송사업을 영위하고자 하는 자는 관할 행정당국의 면허를 받아야 하며, 관할 당국이 정하는 기준 및 요율에 따라 운임 및 요금을 정하여 관할 당국의 인가를 받거나, 관할 당국에 미리 신고해야 한다. 그리고 이들이 사용하는 운송약관도 관할 당국에 사전에 신고하도록 하고 있다.

(2) 항공산업

항공산업은 교통수단이라는 공공성이 있을 뿐만 아니라 국제항공운송을 영위하기 위해서 국가간의 항공협정 체결 절차를 거쳐서 노선을 개설하여야 하는 제한을 받는 산업이기 때문에 과거에는 국가가 항공운임, 항공노선, 시장진입, 항공사 소유 등을 강력하게 규제하여 시장에서 경쟁이 거의 이루어지지 않았다. 그러나 1978년 미국에서 항공규제완화법(Airline Deregulation Act)이 입법되면서 항공시장에서 경쟁원리가 본격적으로 도입되었고, 실질적인 경쟁의 활성화로 인하여 운임의 인하, 정시운행, 서비스 질의 향상, 중소규모의 공항과 항공업자의 성장 등의 긍정적 결과가 발생하였다.[24) 우리나라도 항공시장 자유화라는 세계적 추세에 발맞추어 1992년 항공법 개정으로 국내 정기항공 운임 등에 관한 사항을 인가제에서 신고제로 변경하여 자율요금으로 전환하였다. 그리고 1999년에는 항공운송사업자간의 협정에 대한 인가제 대상이 축소되었으며, 2000년대 초반에는 저가항공사(LCC)들이 운항을 시작하는 등 항공운송시장에서의 실질적 경쟁을 도모하였다.[25)]

1990년대 이후 우리나라 국적 항공사를 포함한 각국의 주요 항공사들은 제휴협정을 체결하여 변화된 시장에 대응하고 있다. 항공사 간 제휴협정은 다양한 수준에서 이루어지는데, 가장 낮은 단계의 노선 연결서비스 약정(interlining)으로부터 순차적으로 마일리지 프로그램이나 공항 라운지서비스의 공동이용, 코드 쉐어(code sharing), 요금이나 노선, 운항일정, 시설 등에 관한 직접적 조정, 그리고 가장 높은 수준의 것으로서 수입과 비용 또는 이익을 공유하는 조인트벤처와 같이 합병과 유사한 통합으로 구분할 수 있다.[26)] 「항공사업법」에 따르면, 항공운송사업자가 다른 항공운송사업자(외국인 국제항공운송사업자를 포함)와 공동운항협정 등 운수에 관한 협정(이하 "운수협정")을 체결하거나 운항일정·운임·홍보·판매에 관한 영업협력 등 제휴에 관한 협정(이하 "제휴협정")을 체

24) 황태희, "화물운송료 담합사건과 항공시장의 경쟁", 외법논집 제39권 제3호(2015), 157면.
25) 공정위, 항공운송산업과 경쟁정책(2008), 10-13면.
26) 이호영, "항공사 간 조인트벤처의 경쟁법적 규제에 관한 연구", 한양대 법학논총 제36집 제1호(2019), 149면.

결하는 경우에는 국토교통부령으로 정하는 바에 따라 국토교통부장관의 인가를 받아야 하고(15조 1항), 그 인가 요건으로 협정 내용이 '항공운송사업자 간 경쟁을 실질적으로 제한하는 내용'에 해당되어서는 아니되고(15조 3항), 국토교통부장관은 제휴협정을 인가하거나 변경인가하는 경우에는 미리 공정위와 협의하여야 한다(15조 4항). 대한항공과 델타항공 사이의 제휴협정과 관련한 국토교통부장관의 협의요청에 대해서 공정위는 위 협정의 형식은 공동행위에 해당되나 실질은 사실상 새로운 회사 설립에 유사한 점에 착안하여 기업결합에 준하는 심사를 진행한 후 행태적 시정조치를 권고하였고,[27] 이에 따라 국토교통부는 위 협정을 조건부로 인가하였다.[28]

한편, 우리나라와 외국 사이에 체결된 항공협정들 중에는 항공사 사이에 운임에 관한 합의를 허용하는 규정을 두는 경우가 있는데,[29] 이들 항공사 사이의 운임담합이 법령에 따른 정당한 행위에 해당하는지가 문제가 된다. 판례는 "구 항공법 규정의 내용과 취지 등에 비추어 보면, 항공화물운임을 해당 노선의 지정항공사들 사이의 합의에 의하여 정하고 항공당국의 인가를 받도록 규정한 구 항공법 제117조 제1항[30]과 항공협정은 운임에 대한 가격경쟁 자체를 배제하는 것이 아니라 인가받은 운임을 기준으로 그 정도가 과도하지 아니한 범위 내에서 가격경쟁을 예정하고 있는 것이라고 보아야 한다. 따라서 지정항공사들 사이의 운임 등에 관한 합의내용이 단순히 운임의 체계에 관한 사항을 변경하는 것을 넘어 일정한 항목에 대한 할인을 제한하는 내용까지 포함하고 있다면, 이러한 합의는 구 항공법과 항공협정이 허용하는 범위를 벗어나는 것으로서 '자유경쟁의 예외를 구체적으로 인정하고 있는 법률 또는 그 법률에 의한 명령의 범위 내에서 행하는 필요·최소한의 행위'에 해당하지 아니한다."고 판단하였다.[31]

---

27) 김형배(2019), 448면.

28) 국토교통부 2018.3.29.자 보도자료에 따르면, 양사의 협력 강화에 따른 특정노선 점유율 상승으로 발생할 수 있는 부작용을 예방하기 위하여 한-미 노선 전체에 대한 공급석을 유지하도록 하고, 일부 노선에서는 현재 공급좌석 축소를 금지하도록 조건을 부과했다.

29) 「대한민국 정부와 일본국 정부 간의 항공업무를 위한 협정」(이하 "항공협정"이라 함) 제10조 제2항은 각 특정노선 및 동 노선의 구간에 대한 운임에 관하여 관계 지정항공사 간에 합의를 보아야 하고, 그러한 합의는 가능하다면 국제항공운수협회의 운임결정기구를 통하여 이루어져야 하며, 이렇게 하여 합의된 운임은 양 체약국 항공당국의 승인을 받아야 한다고 규정하고 있다.

30) 폐지된 「항공법」 제117조 제1항은 "국제항공노선을 운항하는 정기항공운송사업자는 당해 국제항공노선에 관련된 항공협정이 정하는 바에 따라 국제항공노선의 여객 또는 화물의 운임 및 요금을 정하여 건설교통부장관의 인가를 받거나 건설교통부장관에게 신고하여야 한다."고 규정하고 있었다.

31) 대법원 2014.5.16. 선고 2012두13665 판결. 관련 판시는 다음과 같다. "유류할증료 도입 이전에 항공화물운임은 기본운임과 기타운임으로만 구성되었는데, 유류비용은 인건비, 보험료 등과 함께 기본운임의 일부를 구성하는 것으로서 항공화물의 중량에 비례하여 징수된 사실, 국제항공화물운송은 각 항공사가 제공하는 역무의 내용이 동질적이어서 수요의 가격탄력성이 높기 때문에 항공사들은 인가받은 운임을 상한으로 하여 시장상황에 따라 상시적으로 가격할인을 해 온 사실, 이 사건 합의는 유류할증료의 도입과 변경에 관한 것으로서 이와 같이 기본운임에 대한 상시적인 가격할인으로 인하여 유가 상승 시 유류비용 보전이 어려워질 것을 우려한 항공사들이 기본운임 중 유류비용을 별도의 항목으로 책정하여 이 부분을 할인 대상에서 제외하기로 한 것인 사실, 원고 등은 이와 같은 내용의 유류할증료를 도입하기로 합의하고 구 항공법 제117조에 따라 건설교통부장관으로부터 인가를 받은 사실 등을 알 수 있다. 이러한 사실관계를 앞서 본 법리에 비추어 보

(3) 해운산업

19세기 이래로 각국은 해운산업을 전략산업의 하나로 인식하고 자국 선대(船隊)의 유지라는 전략적 목표를 위해 해운사들에게 적정이윤의 확보를 보장해주는 정책을 시행하였으며, 세계 해운업계 또한 이러한 각국의 움직임에 편승하여 자신들의 이익을 극대화하고 안정적인 해운산업 운영을 위해 해운동맹(Shipping Conference)을 결성하였다. 그러나 경성카르텔로서의 특징이 강한 해운동맹에 대한 각국 경쟁당국의 규제로 인해 20세기 후반에는 전통적 해운동맹은 약화 일로를 걷게 된다.[32] 이에 따라 전통적 해운동맹을 대신하여 정기선사 간 다양한 수준의 협력체가 탄생하게 되었는데, 이에는 협조적 과점질서의 확립을 목적으로 한 항로안정화협정(Stabilization Agreement) 및 정기선사 간의 각종 컨소시엄 내지 전략적 제휴협정(Global Alliance) 등이 있다.[33]

우리나라의 경우에도 정부의 감독 하에 해운사들 사이의 카르텔을 허용하고 있다. 즉, 외항화물운송사업자가 다른 외항화물운송사업자(외국인 화물운송사업자를 포함)와 운임·선박배치, 화물의 적재, 그 밖의 운송조건에 관한 계약이나 공동행위(외항 부정기 화물운송사업을 경영하는 자의 경우에는 운임에 관한 계약이나 공동행위는 제외)를 하는 것은 허용된다(해운법 29조). 그러나 해운사 카르텔의 과도한 폐해를 방지하기 위한 제도적 장치도 마련되어 있다. 우선, 외항화물운송사업자는 위 협약에 대한 신고의무와 신고를 하기 전에 운임이나 부대비용 등 운송조건에 관하여 화주단체와 협의를 할 협의의무를 부담한다. 그리고 해양수산부장관은 신고된 협약의 내용이 부당하게 운임이나 요금을 인상하거나 운항 횟수를 줄여 경쟁을 실질적으로 제한하는 경우에는 그 협약의 시행 중지, 내용의 변경이나 조정 등 필요한 조치를 명할 수 있고, 그 조치내용을 공정위에 통보하여야 한다.[34)]

면, 이 사건 합의는 단순히 전체 운임 중 유류비용 부분을 별도의 항목으로 책정하여 항공화물운임의 체계만을 변경한 것에 그치지 아니하고 종래 기본운임의 일부에 포함되어 상시적인 할인의 대상이 된 유류비용 부분에 대한 할인을 제한하는 행위로서, '자유경쟁의 예외를 구체적으로 인정하고 있는 법률 또는 법률에 따른 명령의 범위 내에서 행하는 필요·최소한의 행위'에 해당하지 아니하므로, 그에 대하여 공정거래법의 적용이 제외된다고 볼 수 없다."

32) EU, 미국, 일본의 동향에 관한 상세는 정진욱, "해운동맹 관련 국제적 규제동향과 우리나라에서의 향후 규제방향 연구", 한국해법학회지 제33권 제2호(2011), 236-254면 참조.

33) 이정원, "해운법상 외항화물운송사업자의 시장지배적지위남용행위의 규제", 홍익법학 제14권 제2호(2013), 29면.

34) 미국에서는 정부에 신고되었거나 정부로부터 인가된 요금에 대해서는 신고나 인가 자체만으로 정당성을 부여하여 반트러스트법 적용을 배제하려는 이론으로서 이른바 승인요금(filed rate) 이론이 있다. 그런데 이 이론에 따라 반트러스트법의 적용을 면제하려면, 권한이 있는 정부기관에서 요금을 승인 내지 인가하기 전에 경쟁제한성과 같은 공익적인 판단을 충분하게 하는 경우여야 한다. 황태희, "화물운송료 담합사건과 항공시장의 경쟁", 외법논집 제39권 제3호(2015), 160-161면.

3. 방송통신산업

종래 방송통신산업은 높은 수준의 초기 투자비용, 투자의 비가역성, 규모와 범위의 경제를 특징으로 하고 그 결과 가격메커니즘이 제대로 작동할 수 없기 때문에 국가가 직접 제공주체가 되어야 한다는 인식이 있었다. 이에 따라 국가는 이들 산업을 직접 소유·운영하거나 민영화가 이루어진 후에도 허가제와 요금규제 등의 각종 경쟁대체적 규제를 통하여 급부의 제공을 보장해왔다. 그러나 지난 수십년간 기술의 발전 등에 따라 시장을 통한 서비스제공이 보다 효율적이라는 인식이 확산되었고, 방송통신산업 분야에서도 경쟁원리가 지속적으로 도입, 확산되었다. 이에 따라 방송통신산업에 대한 규제는 크게 방송통신관련법을 중심으로 한 사전·사후적 규제와 독점규제법상의 사후적 규제로 나누어 볼 수 있다.[35)]

방송통신관련법은 전기통신사업의 건전한 발전과 이용자의 편의를 도모함으로써 공공복리의 증진에 기여하기 위하여 정부가 전기통신사업에 대하여 시장진입에서부터 요금이나 거래조건의 결정 및 사업자간의 협정에 이르기까지 규제를 할 수 있는 권한을 부여하고 있다. 우선, 전기통신사업법은 전기통신사업을 기간통신사업과 별정통신사업 및 부가통신사업으로 구분하여, 기간통신사업을 경영하고자 하는 자는 정부의 허가를 받도록 하고, 별정통신사업을 경영하고자 하는 자는 정부에 등록하도록 하며, 부가통신사업을 경영하고자 하는 자는 정부에 신고하도록 하고 있다. 기간통신사업자는 그가 제공하는 전기통신역무에 관하여 요금과 이용약관을 정하여 정부에 신고하여야 하지만, 사업규모와 시장점유율 등이 일정한 기준에 해당하는 기간통신역무의 경우에는 정부의 인가를 받아야 한다. 그리고 기간통신사업자가 다른 전기통신사업자에게 전기통신설비를 제공하거나 전기통신사업자가 다른 전기통신사업자에게 상호접속, 공동사용 또는 정보제공을 하는 경우에는 협정을 체결하고, 이를 정부에 신고하도록 하고 있다. 한편 전기통신사업자는 정당한 사유없이 전기통신역무의 제공을 거부하여서는 안 되고, 그 업무처리에 있어서 공평·신속·정확을 기하여야 한다. 그리고 정부는 전기통신사업의 효율적인 경쟁체제의 구축과 공정한 경쟁환경의 조성을 위하여 노력하여야 하며, 이를 위한 경쟁정책 수립을 위하여 매년 기간통신사업에 대한 경쟁상황평가를 하여야 한다.

4. 금융·보험업

금융업은 높은 레버리지 비율과 분산된 예금주, 비대칭적 정보, 파산 시의 높은 사회적 비용 등의 특수한 성격을 가지고 있다. 금융기관의 파산은 여러 관련 산업에 영향을

---

35) 이봉의, "통신산업", 독점규제법 30년(2011), 464-475면 참조.

주고, 금융정책은 국가 산업전반의 운용에 밀접하게 연결되어 있기 때문에 금융산업은 강한 공공성을 가지고 있다. 이에 따라 금융업에 대해서 전문감독기관에 의한 진입규제와 건전성규제가 이루어지고 있다.[36] 우선, 금융 또는 보험업을 영위하는 자에 대하여는 시장진입과 요금이나 거래조건 등의 결정이 법률로 제한되고 있다. 은행업을 영위하고자 하는 자는 금융위원회의 인가를 받아야 하며, 보험사업을 영위하고자 하는 자는 보험종목별로 금융위원회의 허가를 받아야 한다. 그리고 금융기관은 각종 대출 등 여신업무와 각종 예금에 대한 이자, 기타 요금 또는 지급금의 최고율의 결정 등에 관하여 금융통화위원회의 통제를 받는다. 한편 보험사업자는 법령을 준수하고 자산운용을 건전하게 하며 보험계약자를 보호하기 위하여 내부통제기준을 정하여야 하며, 그 기준의 준수여부를 점검하고, 이를 위반하는 자를 조사하여 보고하는 준법감시인을 두어야 한다.

이러한 규제를 근거로 하여 금융 또는 보험업을 영위하는 회사에 대하여는 독점규제법의 적용을 부분적으로 제외하고 있다. 예컨대, 보험회사는 금융위원회의 인가를 받아 그 업무에 관한 공동행위를 하기 위하여 다른 보험회사와 상호협정을 체결할 수 있다. 다만, 이 경우에 금융위원회는 상호협정의 체결·변경 또는 폐지의 인가를 하거나 협정에 따를 것을 명하려면 미리 공정위와 협의하여야 한다(보험업법 125조).

대한손해보험협회 등이 기타 응급조치 서비스를 전면 폐지하기로 합의한 사안에서 특별이익 제공을 금지하는 구「보험업법」제156조 제1항 제4호 및 보험사업자간 상호협정을 허용한 동법 제17조의 취지가 다투어졌다. 먼저 법원은 보험사업자들이 폐지하기로 합의한 무료 긴급출동 서비스가 위 보험업법에서 금지하는 특별이익 제공에 해당하지 않는 이상 무료 긴급출동 서비스의 하나인 기타 응급조치 서비스를 폐지한 행위가 위법행위를 시정하기 위하여 행한 행위로 볼 수 없다고 판단하였다. 또한, 보험업법이 보험사업자에게 그 사업에 관한 공동행위를 하기 위한 상호협정을 허용한 취지는 보험사업자가 자율적으로 건전한 보험거래질서를 확립할 수 있도록 하기 위함이므로 위 상호협정의 특별이익 제공금지에 관한 세부적용기준에 의거한 공동행위라 하더라도 이러한 보험업법의 취지에 부합하지 않는 공동행위는 허용되지 않는다고 할 것이므로, 원고들의 기타 응급조치 서비스 폐지의 합의가 특별이익 제공에 해당하지 않는 보험계약의 거래조건에 관한 것으로서 자동차손해보험의 거래조건에 관한 경쟁을 제한하는 행위에 해당하는 이상, 법령에 따른 정당한 행위로 볼 수 없다고 판단하였다.[37]

36) 최승재, "금융산업", 독점규제법 30년(2011), 431-439면 참조.
37) 서울고법 2004.6.10. 선고 2002누17752 판결 및 대법원 2006.11.23. 선고 2004두8323 판결.

제3절 일정한 조합의 행위

Ⅰ. 의 의

소규모의 사업자 또는 소비자의 상호부조(相互扶助)를 목적으로 하여 설립된 일정한 조합(조합의 연합회를 포함)의 행위에 대해서는 법이 적용되지 않는다(법 118조). 이 규정의 목적은 시장에서 대규모의 기업에 대항하여 독자적인 경제활동을 하기 어려운 소규모 사업자 또는 소비자가 협동조합과 같은 방식으로 그들의 열악한 지위를 강화하여 궁극적으로는 소비자후생을 증진시키는데 기여하려는 데에 있다.

Ⅱ. 법적용제외 조합의 요건

법적용제외 조합은 ① 소규모의 사업자 또는 소비자의 상호부조를 목적으로 할 것, ② 임의로 설립되고, 조합원이 임의로 가입하거나 탈퇴할 수 있을 것, ③ 각 조합원이 평등한 의결권을 가질 것, ④ 조합원에 대하여 이익배분을 하는 경우에는 그 한도가 정관에 정하여져 있을 것의 요건을 갖춰야 한다. 따라서 법적용제외 사업자조합은 소규모의 사업자들로만 구성되어야 하고 소규모 사업자 이외의 자가 가입되어 있어서는 안 된다. 여기에서 소규모 사업자는 대기업과 대등하게 교섭할 수 있게 하기 위하여 단결할 필요성이 있는 규모의 사업자라야 한다.[38] 이러한 법적용제외를 받을 수 있는 조합에는 소비자협동조합, 중소기업협동조합,[39] 농업협동조합 등이 있다.

법원은 한국재생유지공업협동조합의 구성사업자들은 각각의 규모를 가지고 국내 재생유지업계의 전체시장 대부분을 나누어 갖고 있어 위 사업자 모두를 각각 소규모사업자로 볼 수 없다고 할 것이므로, 이들을 구성사업자로 하는 조합은 법적용제외 조합에 해당하는 소규모 사업자들로 구성된 조합이라고 보기는 곤란하다고 판단하였다.[40] 또한, 농업협동조합중앙회에 관하여 중앙회의 회원은 지역조합, 품목조합 및 품목조합연합회로 이루어져 있어 소규모의 사업자 또는 소비자에 해당하지 않고, 농업협동조합중앙회는 농업협동조합법에 의하여 설립된 법인으로서 그 단결을 촉진하여야 할 필요성이 있는 임의로 설립된 조합에 해당되지 아니하므로, 법적용제외 대상인 조합에 해당하지 않는다고 판단

---

38) 서울고법 2007.9.19. 선고 2007누7149 판결 및 대법원 2009.7.9. 선고 2007두22078 판결.
39) 다만, 중소기업협동조합연합회의 경우 그 산하 지역별 협동조합에 대규모사업자가 가입되어 있다면, 비록 이들 대규모사업자가 구「중소기업협동조합법」제12조 제2항에 의하여 중소기업 협동조합의 회원이라 하더라도, 위 연합회는 소규모사업자들의 단체라 할 수 없다(서울고법 1992.1.29. 선고 91구2030 판결).
40) 서울고법 2002.6.4. 선고 2001누12804 판결 및 대법원 2002.9.24. 선고 2002두5672 판결.

하였다.[41)]

Ⅲ. 적용제외의 한계

법적용제외 조합의 행위라고 하더라도 그것이 불공정거래행위 또는 부당하게 경쟁을 제한하여 가격을 인상하게 되는 경우에는 동법의 적용이 제외되지 않는다. 법원은 부산치과의사회가 치과기공료를 가이드라인으로 결정하여 구성사업자로 하여금 이를 따르도록 한 사안에서, 부산치과의사회의 회원인 치과의사들에 의하여 운영되는 치과병·의원의 규모, 운영형태, 매출액 등 여러 사정에 비추어 동 의사회가 소규모 사업자의 상호부조를 목적으로 하는 조합에 해당한다고 할 수 없을 뿐 아니라, 이 사건 행위는 부당하게 경쟁을 제한하는 가격을 인상하는 행위에 해당하여 법 제118조 단서에 의하여 이 법의 적용이 배제되는 것도 아니라고 판단하였다.[42)] 전국학생복발전협의회도 역시 구성사업자인 원고들 중 일부는 매출액이 커서 원고 중앙협의회의 구성사업자 모두가 소규모 사업자인 경우에 해당되지 아니하므로, 원고 중앙협의회가 법 제118조 소정의 조합에 해당되지 아니할 뿐 아니라, 원고 중앙협의회가 학생복 가격의 인하율 등을 일정수준으로 유지하기로 결의한 것은 당시의 경제상황에서 당해 행위가 없다면 인하될 수 있는 가격을 인하될 수 없게 하는 행위로서 실질적으로 가격을 인상하게 되는 경우에 해당되므로, 원고 중앙협의회의 판매가격 결정 등의 행위에 대하여 법 제118조에 따라 법 적용을 제외할 수 없다고 하였다.[43)]

41) 서울고법 2007.9.19. 선고 2007누7149 판결 및 대법원 2009.7.9. 선고 2007두22078 판결.
42) 서울고법 2003.6.26. 선고 2001누12378 판결 및 대법원 2005.8.19. 선고 2003두9251 판결.
43) 서울고법 2004.8.18. 선고 2001누17717 판결 및 대법원 2006.11.24. 선고 2004두10319 판결.

제 3 편

독점규제법의 집행

제1장

공정거래위원회

제1절 총 설

Ⅰ. 공정위의 성격

1. 공정위의 설치

공정위는 독점규제법에 따른 사무를 독립적으로 수행하기 위하여 국무총리 소속으로 설치된 중앙행정기관이다(법 54조). 공정위는 법상 사무를 수행하기 위한 독립적 기관으로서, 직무상 독립성과 공정성을 보장하기 위하여 합의제 기관으로 운영이 된다.[1] 즉, 준입법, 준사법, 행정기능을 모두 수행하는 독립규제위원회의 성격을 가지고 있다. 동시에 공정위는 국무총리의 지휘, 감독을 받는 중앙행정기관으로서,[2] 위원장은 국무회의에 출석하여 발언할 수 있다(법 60조 2항). 한편, 법에서 규정한 것 외에 공정위의 조직에 관하여 필요한 사항은 대통령령으로 정하고, 운영 등에 필요한 사항은 공정위 규칙으로 정한다(법 71조).

■ 경쟁당국의 유형

비교법적으로 경쟁당국의 유형은 다양하다. 경쟁당국의 독립성, 조직구성, 집행절차의 측면에서 ① 법원 중심의 분리형 모델, ② 기관중심의 분리형 모델, ③ 기관 통합형 모델로 구분해 볼 수 있다.[3] ①의 유형에서는 조사 및 소추 기능은 행정기관이 담당하고, 심판기능은 법원이 담당한다. 미국의 DOJ는 독임제 행정기관으로서 여기에 해당한다. ②의 유형에서는 조사

1) 행정기관은 일반적으로 그 구성원의 수에 따라 독임제 행정기관과 합의제 행정기관으로 구분된다. 독임제 행정기관은 그 책임성이 분명하고 신속한 의사결정이 가능하다는 장점을 갖고 있기 때문에 정책기능을 주된 임무로 하는 행정기관의 원칙적 형태가 되고 있다. 이에 비해 합의제 행정기관은 독립성과 공정성에 장점을 가지므로 규제기능을 수행하는데 적합하다. 박균성, 행정법론(하) 제2판(2014), 12-13면.
2) 중앙행정기관은 국가행정기관 중 전국을 관할하는 행정기관을 말한다.
3) 김하열 · 이황, “공정거래위원회 법적 성격과 사건처리 및 불복의 절차”, 고려법학 제75호(2014), 169면.

및 소추 기능은 행정기관이 담당하고 심판기능은 전문기관이 담당한다. 과거 영국에서는 공정거래청(Office of Fair Trading)을 두어 조사·소추기능을 담당하게 하였고 별도로 경쟁위원회(Competition Commission)을 만들어 심판기능을 담당하게 하였다. ③의 유형에서는 조사, 소추, 심판의 기능을 하나의 전문기관이 담당한다. 우리나라 공정위는 합의제 행정기관으로서 이 유형에 해당한다. 이 유형에 해당하는 다른 사례로서 미국의 FTC(Federal Trade Commission)와 독일의 연방카르텔청(Bundeskartellamt) 및 일본의 공취위(公正取引委員會), 프랑스의 경쟁위원회를 들 수 있다.

2. 독립규제위원회

공정위는 입법, 사법 및 행정기능을 모두 갖추고 있는 독립적 성격의 합의제 기관이다. 독립규제위원회는 행정의 효율성과 사법의 공정성이라는 장점을 동시에 보유하기 위한 기구로서 고안된 것이다. 일반적으로 독립규제위원회는 직무의 독립성, 합의제 조직, 준사법적 사건처리[4] 등의 특징을 갖는다.[5] 공정위를 독립규제위원회로 한 것은 법 집행의 공정성, 중립성, 전문성, 효율성을 도모하기 위함이다.[6] 이를 위하여 공정위 위원들의 임기와 신분은 법률상 보장되고 있으며, 정치적 중립성이 요구되고 있다. 또한, 공정위의 의결은 전원회의의 경우 재적위원 과반수의 찬성으로, 소회의의 경우 구성위원 전원의 출석과 출석위원 전원의 찬성으로 하며, 위원장은 회의를 주재하고 표결에 참가할 뿐이다. 공정위의 조직을 합의제의 위원회 조직으로 구성한 것은 다수의 경제전문가와 법률전문가로 구성된 위원회에서 다양한 의견을 수렴하기 위함이다.

그런데 공정위를 독립규제위원회로 설치한 것이 헌법상 적법절차의 원칙과 권력분립의 원칙에 부합하는 것인지에 관하여 의문이 제기될 수 있다. 헌법재판소의 다수의견은 공정위가 "합의제 행정기관으로서 그 구성에 있어 일정한 정도의 독립성이 보장되어 있고, 과징금 부과절차에서는 통지, 의견진술의 기회 부여 등을 통하여 당사자의 절차적 참여권을 인정하고 있으며, 행정소송을 통한 사법적 사후심사가 보장되어 있으므로, 이러한 점들을 종합적으로 고려할 때 과징금 부과 절차에 있어 적법절차원칙에 위반되었다거나 사법권을 법원에 둔 권력분립의 원칙에 위반된다고 볼 수 없다."고 판단하였다.[7] 즉, 공정위의 독립규제위원회로서의 존재의 정당성은 결국 독립성과 적법절차의 보장에 있으므로, 이러한 가치가 훼손되지 않도록 유념할 필요가 있다.[8]

4) 사법절차를 가장 엄격한 적법절차의 하나라고 볼 때 그에 유사한 정도로 엄격하게 적법절차의 준수가 요구되는 절차를 '준사법절차', 그러한 절차를 주재하는 기관을 '준사법기관'이라고 표현할 수 있다.
5) 조성국, "독립규제기관의 사건처리절차의 개선방안: 미국 FTC의 사건처리절차를 중심으로", 행정법연구 제6호(2006), 106-108면.
6) 김하열·이황, "공정거래위원회 법적 성격과 사건처리 및 불복의 절차", 고려법학 제75호(2014), 169면.
7) 헌법재판소 2003.7.24. 선고 2001헌가25.

■ **독립규제위원회 설립의 취지**

헌법재판소 2003.7.24. 선고 2001헌가25의 반대의견은 공정위를 독립규제위원회로 설립한 취지를 규범적 관점에서 잘 설명하고 있다. "반독점과 공정거래에 위배되는 행위를 규제함에 있어서는 당해 사업에 관련된 경제적 상황, 위반행위가 시장에 미치는 경제적 영향, 개별 기업의 구체적 상태 등을 신속·정확히 파악하여 적정하고 신속한 대책을 제시할 수 있는 전문성을 규제기관이 갖추어야 하므로 이 점에서는 규제기관의 행정적 전문화가 요청되고 다른 한편, 부당공동행위나 불공정거래행위의 규제가 대상 기업의 경제적 자유와 재산권에 미칠 수 있는 치명적 침해의 심각성에 상응하여 사전고지와 청문, 엄격한 사실인정과 공정한 판단 등을 보장하는 절차적 엄격성이 보장되어야 하므로 이 점에서는 규제기관의 사법적 엄격화가 요청된다. 만일 행정적 전문성만을 강조하여 그 권한을 일반 행정기관에 그대로 맡긴다면 행정기관의 권한이 지나치게 강대해지고 그 권한이 자의적으로 남용될 우려가 있다. 한편 사법절차적 엄격성만을 강조하여 이를 법원에 맡긴다면 통상의 사법절차를 모두 거치는 데 따른 시간의 경과 등으로 신속한 대응에 어려움을 겪게 될 수 있다. 따라서 행정부에 속하지도 않고 사법부에도 속하지 않는 제3의 독립기관에게 이를 맡길 필요성이 있고, 이에 따라 행정권과 사법권으로부터 분리된 독립적 기관으로서 공정거래위원회를 설치하여 독립규제위원회로서 독점규제와 공정거래 유지의 국가기능을 담당하게 하여야 할 것이다. 그렇다면 공정거래위원회는 당연히 행정적 전문성과 사법절차적 엄격성을 함께 가져야 하며 그 규제절차는 당연히 '준사법절차'로서의 내용을 가져야만 하는 것이다."

3. 중앙행정기관

공정위는 처음부터 독립기관으로 출범한 것은 아니고 설립 당초에는 경제기획원의 한 부서로 출발하였으나, 1990년 경제기획원에서 분리 독립되었다. 그런데 행정부로부터 완전히 독립한 것이 아니라 행정부의 한 부처에 준하는 국무총리 소속의 중앙행정기관으로 바뀌었다.[9] 그에 따라 위원장이 국무회의에 출석하여 발언할 수 있게 되고, 공정위가 다른 중앙행정기관과 대등한 위치에서 행정부의 각종 정책형성과정에 적극적으로 참여할 수 있게 되었다. 한편 대통령 또는 국무총리는 정부조직법에 따라서 공정위에 대하여 행정감독권을 행사할 수 있다. 공정위의 중앙행정기관으로서의 성격은 우리나라 경제정책에 있어서 경쟁정책 내지 소비자정책의 기여도를 높이고 관련정책의 실효성을 확보하는

8) 우리나라와 같은 대륙법계 국가인 프랑스의 경우에도 독립규제위원회인 경쟁위원회가 경쟁당국으로서 기능하고 있는데, 이러한 경쟁위원회의 조직구성이 재판을 받을 권리를 침해하는 것이 아닌지가 문제되었다. 그 결과 경쟁위원회가 복수의 기능을 수행하는 것 자체가 위법한 것은 아니지만 이로 인하여 절차권의 보장과 위원회의 중립성이 더욱 강하게 요구된다는 쪽으로 정리가 되었다. 박세환, "경쟁당국의 중립성 측면에서 평가한 프랑스 경쟁위원회의 조직과 그 특징", 기업법연구 제33권 제1호(2019), 145면.

9) 공정위가 헌법상 경제질서에 관한 업무를 담당하는 점을 고려할 때 공정위 소속을 국무총리보다는 대통령 소속으로 변경하는 것이 바람직할 것이다.

데 큰 기여를 한 것으로 평가된다.[10)]

4. 이중적 성격의 충돌 문제

공정위는 독립규제위원회라는 성격과 중앙행정기관이라는 성격의 이중성으로 인하여 그 주된 기능을 사법기능으로 볼 것인지[11)] 아니면 완전한 행정관청으로 볼 것인지[12)]에 대해 견해의 대립이 있다. 공정위는 경쟁질서의 유지라는 헌법적 과제의 실현을 위하여 설립된 독립적 규제기관에 해당하므로,[13)] 전자의 견해가 타당하다고 본다.

그러나 이중적 성격 때문인지 공정위의 실제 운영을 보면 때로는 독립규제위원회보다 독임제 행정기관에 가까운 모습을 보여주기도 한다.[14)] 우선, 공정위 위원들의 임명에 국회가 관여하지 않으므로 위원들의 민주적 정당성이 떨어지고, 이로 인해 위원장 내지 위원들의 임기가 제대로 보장되지 못하는 문제가 발생하고 있다. 또한, 위원장과 부위원장의 직급을 다른 위원들보다 높게 설정하고 위원장이 위원의 임명에 관여하도록 하고 있는데, 이는 상호평등을 원칙으로 하는 위원회의 조직구성의 원리에 반하는 것으로서 위원들이 위원장으로부터 독립성을 확보하기 어렵게 하는 요인이 되고 있다. 그리고 상당수(9인 중에서 4인)의 위원들이 비상임으로 구성되어 있어서 그들이 사안을 충실히 파악하기 어려운 구조로 되어 있다. 또한, 정무직인 위원장이 중심에 있기 때문에 과연 공정위의 사무처(심사)와 위원회(심판)가 독립적으로 운영되는지에 관해 의문[15)]이 제기되기도 한다.[16)]

이러한 이유로, 공정위의 독립규제위원회로서의 성격과 중앙행정기관으로서의 성격은 개념적으로 공존하기 어렵다는 지적이 있다. 독립규제위원회는 본래 입법부와 행정부로부터의 간섭과 영향에서 벗어나 객관적 시각에서 독립적으로 특정한 규제업무를 수행하기 위하여 고안된 제도이다. 그런데 중앙행정기관은 본질적으로 행정부의 일원으로서 대통령 또는 국무총리의 지휘 · 감독을 받아 국가정책을 일관성 있게 집행해야 할 책임을 진다. 이 두 가지 성격은 서로 충돌 내지 모순되는 관계에 있기 때문에, 독립규제위원회이면서 국무총리 소속의 중앙행정기관으로 되어 있는 공정위는 이러한 개념적 모순에 직면하고 있는 셈이다. 이러한 문제를 해결하기 위한 방안으로는, ① 공정위를 순수

---

10) 김하열 · 이황, "공정거래위원회 법적 성격과 사건처리 및 불복의 절차", 고려법학 제75호(2014), 174면.
11) 권오승, "공정거래위원회의 독립성과 전문성", 공정거래와 법치(2004), 991면.
12) 박정훈, "공정거래법의 공적 집행 - 행정법적 체계정립과 분석을 중심으로", 공정거래와 법치((2004), 1001면.
13) 김하열 · 이황, "공정거래위원회 법적 성격과 사건처리 및 불복의 절차", 고려법학 제75호(2014), 165면.
14) 조성국, "독립규제기관의 사건처리절차의 개선방안: 미국 FTC의 사건처리절차를 중심으로", 행정법연구 제6호(2006), 106면.
15) 조성국, "공정거래위원회의 조직", 독점규제법 30년(2011), 559-560면.
16) 대안으로서 독일의 연방카르텔청의 장이 심결부에 참여하지 않고 개별 사건에 대한 지시를 하지 않는 것처럼, 정무직인 위원장과 부위원장은 심결이나 개별사건에 직접 관여하지 않는 방안이 제시되고 있다. 이봉의, "공정위의 신뢰와 '전문성'에 대한 시각", 경쟁저널 제205호(2020), 5-6면.

한 독립규제위원회로 만드는 방안,[17] ② 독임제 중앙행정기관으로 전환하고 그 처분에 관해서 사법심사(司法審査)를 받도록 하는 방안, ③ 절충안으로서 공정위의 기본적 성격은 현행과 같이 존치시키고 공정위의 기능을 정책기능과 준사법적 조사 및 사건처리 등 규제기능으로 분리하여 각각 내부적으로 독립한 부서에 귀속시키는 방안 등이 제시되고 있다.[18]

Ⅱ. 공정위의 독립성과 전문성

1. 공정위의 독립성

공정위는 국무총리에게 소속되어 있는 이상 대통령·국무총리의 일반적 내지 정책적 감독에서 벗어날 수 없다. 그러나 공정위는 사무를 독립적으로 수행하도록 되어 있기 때문에(법 54조 1항), 구체적인 사건의 처리를 비롯한 법률상 사무에 관하여는 대통령이나 국무총리의 지시를 받지 않는다고 보아야 할 것이다.[19] 그럼에도 불구하고, 공정위의 독립성이 미흡하다는 비판의 목소리도 꾸준히 제기되고 있다.[20] 예컨대, '위원회 자체가 국무총리 소속하의 중앙행정기관으로서 정부조직법의 규정에 의한 정부기관의 하나로 조직되어 있는 점을 고려할 때 위원회는 구조적으로 정부의 정책방향이나 구체적 시책에 반하는 판단을 하기 곤란하고 위원회의 결정은 정부의 영향을 받을 가능성이 매우 크다. 그리고 연임을 희망하는 위원 또는 다른 고위직으로의 전보나 승진을 기대하는 관료 위원은 정부의 영향을 받을 우려가 있다. 그렇다면 위원의 중립성과 정부로부터의 독립성은 매우 불충분하다고 보지 않을 수 없다.'는 지적[21]은 경청할 필요가 있다. 따라서 독립규제위원회로서 공정위의 위상에 의문이 없도록 제도적 보완이 따라야 할 것이다.

참고로 미국 FTC의 경우 5인의 위원들을 상원의 동의를 얻어 대통령이 임명하고,[22]

---

17) 국무총리 산하에 있는 우리 공정위와 달리 프랑스의 경쟁위원회는 대통령궁이나 총리실에 속하지 아니한다. 그 결과 프랑스 경쟁위원회는 대통령궁(l'Élysée)이나 총리실(l'Hôtel de Matignon)로부터 직접적인 업무지시를 받지 않고, 경쟁위원회는 특정 사안에 대해서 정부에 보고할 의무를 지지 않는다. 대신 정부 자문관(commissaire du gouvernement)을 경쟁위원회 내에 두어 자문관이 경쟁위원회의 심의 과정에서 정부를 대표하는 역할을 한다. 박세환, "경쟁당국의 중립성 측면에서 평가한 프랑스 경쟁위원회의 조직과 그 특징", 기업법연구 제33권 제1호(2019), 141-143면.

18) 상세는 김하열·이황, "공정거래위원회 법적 성격과 사건처리 및 불복의 절차", 고려법학 제75호(2014), 175-178면 참조. 위 ②, ③안의 문제점을 지적하고 현재의 제도적 틀을 보완하는 것이 바람직하다는 견해로는 조성국, "공정거래위원회의 조직", 독점규제법 30년(2011), 560-561면.

19) 김하열·이황, "공정거래위원회 법적 성격과 사건처리 및 불복의 절차", 고려법학 제75호(2014), 182면.

20) 손영화, "공정거래법상 심결제도의 개선에 관한 연구 - 일본 독점금지법상 심판제도의 개정을 중심으로", 경제법연구 제13권 제2호(2014), 170-171면.

21) 헌법재판소 2003.7.24. 선고 2001헌가25 사건의 반대의견.

22) 미국에서 대통령은 FTC 위원이 "직무상 비효율성, 의무불이행 또는 부정행위'를 저지른 경우에는 해임할 수 있지만(15 U.S.C.A. § 41), 독립기관에 대한 이 권한의 행사는 상당한 후폭풍을 불러올 수 있기 때문에 조심스럽게 행사한다.

위원의 임기는 7년으로서 대통령의 임기(4년)보다 길게 되어 있을 뿐만 아니라, 동일한 대통령에 의하여 모든 위원들이 한꺼번에 임명 또는 교체되지 않도록 교차임기제를 적용하고 있으며, 사건의 조사과정에서는 이른바 행정법판사(administrative law judge)와 같은 법률전문가에 의한 독립적 직무수행이 이루어지고 있는 등 조직과 운영에 관한 독립성 보장을 위한 다양한 제도적 장치가 마련되어 있다. 이러한 미국 FTC의 조직구성은 우리나라 공정위의 독립성 확보에 참고가 될 수 있을 것이다.

그리고 공정위는 경쟁질서를 법질서로 정착시켜야 할 사명을 부담하고 있는 경쟁당국이기 때문에, 그 업무를 효율적으로 집행하기 위해서는 정부의 경제정책을 추진하는 경제부처들의 영향을 받지 않고 그 업무를 독립적으로 수행할 수 있는 환경이 마련되어야 하며, 또 공정위가 그 주된 고객인 기업들에 대한 서비스를 강화하기 위해서는 지리적으로 기업들과 가까운 곳에 위치하고 있어야 한다. 이러한 관점에서 보면 공정위가 다른 경제부처들과 함께 세종시로 이전한 것은 잘못이다. 따라서 이러한 문제점을 해결하기 위해서는 공정위의 소재지를 세종시에서 서울특별시나 경기도 등 수도권으로 다시 이전하는 것이 바람직할 것이다.[23]

2. 공정위의 전문성

공정위가 외부의 영향을 받지 않고 직무를 효율적으로 수행하기 위해서 공정위 구성원들이 시장경제에 관한 충분한 이해와 식견을 갖출 필요가 있다. 공정위의 판단과 결정이 전문성이 높은 직원의 조사와 지식·경험이 풍부한 위원의 심의를 거쳐 도출되었다는 사실만큼 심결의 정당성과 공정위에 대한 신뢰를 제고할 수 있는 묘약은 없기 때문이다.[24] 공정위의 전문성 확보를 위하여 독점규제 및 공정거래 또는 소비자분야에 경험 또는 전문지식이 있는 자로 위원들에 대한 자격요건을 강화하고 있다(법 57조 2항). 그러나 이러한 자격요건만으로는 공정위의 전문성을 담보하기에 여전히 부족하고, 전문성 강화를 위한 대안으로서 공정위 사무처의 조직을 산업별로 개편하는 방안, 대법원 재판연구관에 준하는 심판연구관을 두는 방안, 사건별로 자문위원회를 구성하는 방안 등을 고려할 수 있다.

---

23) 이 점과 관련해서 독일의 경우, 통독 이전에 서독의 정부가 본(Bonn)에 소재하고 있을 때에는 연방카르텔청이 멀리 서베를린에 소재하고 있었으나, 통독 이후 독일 정부가 베를린(Berlin)으로 이전할 때에 베를린에 소재하고 있던 연방카르텔청을 다시 본으로 이전시킨 것은 좋은 참고가 될 수 있을 것이다.

24) 이봉의, "공정위의 신뢰와 '전문성'에 대한 시각", 경쟁저널 제205호(2020), 4면.

제2절 구성과 소관사무

Ⅰ. 구 성

1. 위원의 자격요건

공정위는 위원장 1명 및 부위원장 1명을 포함하여 9명의 위원으로 구성되며, 그 중 4명은 비상임위원으로 한다(법 57조 1항). 공정위 위원은 독점규제 및 공정거래 또는 소비자분야에 경험이나 전문지식이 있는 자로서 다음의 어느 하나에 해당하는 사람 중에서 임명하거나 위촉한다(법 57조 2항).

① 2급 이상 공무원(고위공무원단에 속하는 일반직공무원을 포함한다)의 직에 있었던 사람
② 판사·검사 또는 변호사의 직에 15년 이상 있었던 사람
③ 법률·경제·경영 또는 소비자 관련 분야 학문을 전공하고 대학이나 공인된 연구기관에서 15년 이상 근무한 자로서 부교수 이상 또는 이에 상당하는 직에 있었던 사람
④ 기업경영 및 소비자보호활동에 15년 이상 종사한 경력이 있는 사람

2. 임명 및 위촉

위원장과 부위원장은 국무총리의 제청으로 대통령이 임명하고, 위원장은 국회의 인사청문을 거쳐야 한다. 위원장과 부위원장을 제외한 그 밖의 위원은 위원장의 제청으로 대통령이 임명하거나 위촉한다(법 57조 2항).

3. 사 무 처

공정위의 사무를 처리하기 위하여 동 위원회에 사무처를 둔다(법 70조). 공정위 사무처의 장은 「정부조직법」 제10조에도 불구하고 정부위원이 된다(법 57조 4항). 대통령령인 「공정거래위원회 직제」(이하 "공정위 직제") 및 총리령인 「공정거래위원회 직제 시행규칙」에서 사무처의 구체적인 조직과 분담업무를 세분하고 있다. 사무처에 사무처장 1명을 두되, 사무처장은 고위공무원단에 속하는 일반직 공무원으로 보한다. 사무처장은 위원장의 명을 받아 사무처의 사무를 처리하며, 소속 직원을 지휘·감독한다(공정위 직제 5조). 사무처장은 공정위의 사건처리절차에 있어서 폭넓은 권한을 가지는 동시에 직원인사를 포함한 다양한 행정업무도 관장하고 있다.[25)]

25) 이에 대하여 공정위의 업무를 조사관련 업무와 기타 업무로 분리시킨 뒤에 조사관련 업무는 제1처장에게,

독점규제법은 공정위의 위원은 독점규제 및 공정거래 또는 소비자분야에 경험 또는 전문지식이 있는 공무원, 법률가, 학자 또는 실무가 등과 같은 전문가들 중에서 임명하도록 규정하고 있지만, 실제로 법 위반행위를 조사하여 심사보고서를 작성하는 공정위 사무처의 직원의 자격에 대하여는 아무런 제한을 두지 않고 있다. 특히 독점규제법 위반행위를 조사, 분석하여 심사보고서를 작성하는 사무처의 직원들 중에 경제적 분석능력을 갖춘 직원이나 법률가의 자격을 갖춘 직원의 수가 절대적으로 부족한 것은 문제라고 생각된다. 이러한 현상이 발생하는 이유는 준사법기관이라고 하는 공정위의 성격이 정부의 인사정책에 전혀 반영되지 않고 있기 때문이다. 따라서 공정위의 전문성을 강화하기 위해서는 위원들의 전문성은 물론이고, 사무처 직원들의 전문성도 시급히 보강할 필요가 있다.

4. 개선방향

조직법적 관점에서 공정위의 독립성 확보는 독립규제위원회 내지 준사법기관으로서의 지위에 관한 전제조건이 된다. 그렇지만, 독립성의 관점에서 공정위의 구성과 관련하여 미흡한 점이 지적되고 있다. 예를 들어, ① 합의제 의사결정기관의 본질인 구성원 간의 동등성이 확보되지 않고 있는 점(상임위원과 비상임위원의 구분 및 위원장, 부위원장, 상임위원간 직급의 차이 등), ② 위원의 임명에 관하여 국회 등 외부기관의 관여가 인정되지 않아 행정부 내에서 독립성이 보장되지 못하고 있는 점, ③ 위원의 임기가 3년에 불과한 점,[26] ④ 위원들과 부위원장, 위원장이 사실상 승진 개념으로 운영되어 대등한 위원으로서의 직무수행이 어렵다는 점 등이 지적되고 있는데,[27] 이러한 부분에 관해서는 조속한 입법적, 행정적 개선이 요청된다.

Ⅱ. 위원장과 위원의 지위

1. 위 원 장

위원장은 공정위를 대표하며, 국무회의에 출석하여 발언할 수 있다. 위원장이 부득이한 사유로 직무를 수행할 수 없을 때에는 부위원장이 그 직무를 대행하며, 위원장과 부

위원장 직속업무를 제외한 나머지 업무는 제2처장에게 각각 전담시키는 방안도 제시되고 있다. 박세환, "경쟁당국의 중립성 측면에서 평가한 프랑스 경쟁위원회의 조직과 그 특징", 기업법연구 제33권 제1호(2019), 148면.

26) 그럼에도 불구하고 정권 교체나 인사적체 등의 사유로 위원장이나 위원들의 임기가 제대로 보장되지 못하는 등 공정위의 독립성과 관련하여 우려할만한 일이 발생하기도 한다. 공정위의 독립성을 강화하기 위하여 법상 보장된 위원들의 임기는 존중되어야 할 것이다.

27) 상세는 김하열·이황, "공정거래위원회 법적 성격과 사건처리 및 불복의 절차", 고려법학 제75호(2014), 183-185면 참조.

위원장이 모두 부득이한 사유로 직무를 수행할 수 없을 때에는 선임 상임위원 순으로 그 직무를 대행한다(법 60조).

2. 임기와 신분보장

공정위의 위원장, 부위원장 및 다른 위원의 임기는 3년으로 하고, 한 차례만 연임할 수 있다(법 61조). 위원은 ① 금고 이상의 형의 선고를 받은 경우 또는 ② 장기간의 심신 쇠약으로 직무를 수행할 수 없게 된 경우를 제외하고는 그 의사에 반하여 면직되거나 해촉(解囑)되지 아니한다(법 62조). 미국 FTC 위원의 임기가 7년에 이르고, 일본의 공취위와 프랑스 경쟁위원회 위원의 임기가 5년인 점[28]과 비교하면, 공정위 위원들의 임기는 짧은 편이다. 공정위의 독립성을 보장하기 위해서는 선진국의 경우[29]에 비하여 짧게 되어 있는 3년의 임기를 6년[30]으로 연장하고 시차임기제를 도입하여 동일한 대통령에 의하여 전원이 임명되거나 교체되는 일이 생기지 않도록 하는 방안을 마련할 필요가 있다.

3. 위원의 지위

위원장과 부위원장은 정무직으로 하고(법 57조 3항), 위원장은 장관급, 부위원장은 차관급으로 한다. 위원장·부위원장은「정부조직법」제10조에도 불구하고 정부위원이 된다(법 57조 4항). 상임위원은 고위공무원단에 속하는 일반직 공무원으로서「국가공무원법」제26조의5에 따른 임기제공무원으로 보(補)한다(법 57조 3항). 입법론적 관점에서 시장경제질서를 수호하는 공정위의 위상을 고려할 때 위원장을 제외한[31] 위원들은 모두 그 직급을 차관급으로 상향 조정하고[32] 그 임명과정에서 국회의 인준을 받도록 하는 것이 바람직할 것이다.

한편, 비상임위원은 공무원은 아니고 강학상 공무수탁사인[33]에 해당한다. 공정위 위

---

28) 프랑스 경쟁위원회의 조직에 관하여는 박세환, "경쟁당국의 중립성 측면에서 평가한 프랑스 경쟁위원회의 조직과 그 특징", 기업법연구 제33권 제1호(2019), 127면 이하 참조.

29) 뿐만 아니라 미국에서는 시차임기제를 도입하여 위원들의 임기가 동시에 종료되지 않으면서 동일한 대통령에 의하여 모든 위원들이 임명되는 일이 없도록 보장하고 있는 점은 특기할 만하다.

30) 공정위 위원의 임기를 6년으로 하려는 이유는 현재 대통령의 임기가 5년으로 되어 있기 때문에, 그보다 1년이라도 길게 하려는 취지이다.

31) 공정위 위원들 간의 대등성 측면에서 위원장이나 부위원장, 위원의 구별 없이 일단 위원을 임명한 후 그 위원들 중에서 위원장을 호선하도록 하는 것이 더 바람직할 수 있다는 주장도 있다. 그런데 공정위의 기능 중에서 심결기능만 생각하면 그러한 주장도 충분히 일리가 있으나, 공정위는 준사법기능만 수행하는 것이 아니라 정책기능도 함께 수행하고 있기 때문에 위원장의 직급은 다른 위원들보다 높게 하는 것이 바람직할 것이다.

32) 이 경우에는 부위원장 제도는 폐지하는 것이 바람직할 것이다.

33) 공무수탁사인이란 독자적으로 공권력을 행사하여 특정 행정임무를 자기의 이름으로 수행할 수 있는 권한을 위탁받은 사인(자연인 또는 사법상 법인)을 말한다. 공무위탁은 행정권한이 이전되는 것이므로 반드시 법률에 의하거나 또는 법률의 수권에 근거해서 이루어져야 한다. 박을미, "「부정청탁 및 금품등 수수의 금지에 관한 법률」상 공무수행사인", 고려법학 제89호(2018), 47면.

원 중 공무원이 아닌 위원은 「형법」이나 그 밖의 법률에 따른 벌칙을 적용할 때에는 공무원으로 본다(법 123조 1항). 비상임위원 제도는 공정위가 경제기획원장관의 자문기구로 있을 당시에 외부의 전문가들로부터 다양한 의견을 수렴하기 위하여 도입된 것으로서, 공정위의 전문성을 강화하고 외부의 시각을 반영하기 위한 취지에서 마련된 것이다.[34] 그런데 공정위가 법위반여부를 결정하고 법 위반자에게 시정조치나 과징금을 부과하는 합의제 규제기관으로 바뀐 뒤에도 이 제도를 그대로 유지하고 있는 것은 타당하지 않다. 특히 최근에는 공정위의 사건 부담이 양적으로 크게 증가하고 있을 뿐만 아니라 질적으로도 복잡 다양해지고 있는 점에 비추어 볼 때, 그 업무에 전념할 수 있는 시간과 여건[35]이 마련되어 있지 않은 비상임위원들에게 고도의 경제적 분석과 아울러 심도 있는 법률적 검토를 요구하는 복잡한 사건들에 대한 심의와 판단을 맡기는 것은 적절하지 않다. 따라서 공정위가 그 업무를 효율적으로 수행할 수 있도록 하기 위해서는 위원의 수를 5인 내지 7인으로 축소하는 대신에 전원을 상임위원으로 하는 것이 바람직할 것이다.[36]

4. 위원의 정치운동 금지

위원은 정당에 가입하거나 정치활동에 관여할 수 없다(법 63조). 이는 공정위의 정치적 중립을 보장하기 위한 취지이다.

Ⅲ. 소관사무와 국제협력

공정위는 ① 시장지배적 지위의 남용행위 규제에 관한 사항, ② 기업결합의 제한 및 경제력집중의 억제에 관한 사항, ③ 부당한 공동행위 및 사업자단체의 경쟁제한행위 규제에 관한 사항, ④ 불공정거래행위, 재판매가격유지행위 및 특수관계인에 대한 부당한 이익제공의 금지행위 규제에 관한 사항, ⑤ 경쟁제한적인 법령 및 행정처분의 협의·조정 등 경쟁촉진정책에 관한 사항, ⑥ 다른 법령[37]에서 공정위의 소관으로 규정한 사항을 수행한다(법 55조). 또한 공정위는 독과점적 시장구조 개선을 위한 경쟁촉진시책을 수립·시행한다(법 4조).

---

34) 이봉의, "공정거래위원회의 독립성에 관한 단상", 법학연구 제31권 제1호(2021), 229면.

35) 비상임위원들에게는 그들의 업무를 보조할 수 있는 전문적인 인력이 지원되지 않고 있다.

36) 비상임위원 제도에 대해서는 복잡하고 전문성이 높은 내용의 사건 처리를 위해 안건 검토에 상당한 시간과 노력이 필요한데 비상임위원은 다른 업무를 겸직하고 있어서 사건에 전념하기 어렵고 업무 겸직에 따른 이해상충의 문제도 발생할 수 있다는 이유로 폐지하려는 시도가 있었다. 김병욱 의원 대표발의 공정거래법 일부개정 법률안(의안번호 17923, 2018.12.28.)의 제안이유 및 주요내용 참조.

37) 다른 법령에는 소비자기본법, 할부거래법, 하도급법, 약관규제법, 표시·광고법, 가맹사업법, 방문판매법, 전자상거래법, 소비자생활협동조합법, 제조물책임법, 대규모유통업법, 대리점거래공정화법 등이 있다.

또한 정부는 대한민국의 법률 및 이익에 반하지 아니하는 범위에서 외국정부와 이 법의 집행을 위한 협정을 체결할 수 있고, 공정위는 위 협정에 따라 외국정부의 법집행을 지원할 수 있다. 그리고 공정위는 위와 같은 협정이 체결되어 있지 아니한 경우에도 외국정부의 법집행 요청 시 동일하거나 유사한 사항에 관하여 대한민국의 지원요청에 따른다는 요청국의 보증이 있는 경우에는 지원할 수 있다(법 56조).

Ⅳ. 공정위와 다른 기관과의 관계

1. 경쟁제한적인 법령 제정의 협의 등

관계 행정기관의 장은 사업자의 가격·거래조건의 결정, 시장진입 또는 사업활동의 제한, 부당한 공동행위 또는 사업자단체의 금지행위 등 경쟁제한사항을 내용으로 하는 법령을 제정 또는 개정하거나, 사업자 또는 사업자단체에 경쟁제한사항을 내용으로 하는 승인 또는 그 밖의 처분을 하려는 경우에는 미리 공정위와 협의하여야 한다. 관계 행정기관의 장은 위와 같은 경쟁제한사항을 내용으로 하는 승인 또는 그 밖의 처분을 한 경우에는 해당 승인 또는 그 밖의 처분의 내용을 공정위에 통보하여야 한다. 또한, 관계 행정기관의 장은 경쟁제한사항을 내용으로 하는 예규·고시 등을 제정하거나 개정하려는 경우에는 미리 공정위에 통보하여야 한다.

공정위는 위와 같은 통보를 받은 경우에 해당 제정 또는 개정하려는 예규·고시 등에 경쟁제한사항이 포함되어 있다고 인정되는 경우에는 관계 행정기관의 장에게 해당 경쟁제한사항의 시정에 관한 의견을 제시할 수 있다. 그리고 사전 협의 없이 제정 또는 개정된 법령과 통보 없이 제정 또는 개정된 예규·고시 등이나 통보 없이 한 승인 또는 그 밖의 처분에 경쟁제한사항이 포함되어 있다고 인정되는 경우에도 마찬가지이다(법 120조).

2. 관계 기관 등의 장의 협조

공정위는 이 법의 시행을 위하여 필요하다고 인정할 때에는 관계 행정기관의 장이나 그 밖의 기관 또는 단체의 장의 의견을 들을 수 있고, 필요한 조사를 의뢰하거나 필요한 자료를 요청할 수 있다. 또한 공정위는 이 법에 따른 시정조치의 이행을 확보하기 위하여 필요하다고 인정하는 경우에는 관계 행정기관의 장이나 그 밖의 기관 또는 단체의 장에게 필요한 협조를 의뢰할 수 있다(법 121조).

3. 권한의 위임·위탁

공정위는 이 법에 따른 권한의 일부를 대통령령으로 정하는 바에 따라 소속 기관의 장이나 특별시장·광역시장·특별자치시장·도지사 또는 특별자치도지사에게 위임하거나, 다른 행정기관의 장에게 위탁할 수 있다(법 122조).

제3절 위원회의 회의

Ⅰ. 회의의 구분

공정위의 회의는 위원 전원으로 구성하는 전원회의와 상임위원 1명을 포함한 위원 3명으로 구성하는 소회의로 구분한다(법 58조).

1. 전원회의

전원회의는 ① 공정위 소관의 법령이나 규칙·고시 등의 해석 적용에 관한 사항, ② 이의신청, ③ 소회의에서 의결되지 아니하거나 소회의가 전원회의에서 처리하도록 결정한 사항, ④ 규칙 또는 고시의 제정 또는 변경, ⑤ 경제적 파급효과가 중대한 사항, ⑥ 그 밖에 전원회의에서 스스로 처리하는 것이 필요하다고 인정하는 사항을 심의·의결한다(법 59조 1항). 전원회의는 위원장이 주재하며, 재적위원 과반수의 찬성으로 의결한다(법 64조 1항). 재적위원은 사망, 임기만료 등으로 결원된 위원을 제외한 위원을 말한다. 따라서 위원의 신분을 가지는 이상 제척 등의 사유로 회의에 출석할 수 없는 상태에 있더라도 재적위원 수에 산입한다.

통상적으로 합의체의 의사정족수와 의결정족수가 재적위원 과반수 출석에 출석위원 과반수 찬성으로 정해지는 경우가 많은 점에 비추어 볼 때, 전원회의의 의결정족수는 가중정족수에 해당한다. 만장일치를 요하는 소회의의 의사정족수 및 의결정족수도 마찬가지이다. 이는 공정위의 처분이 사업자에 대하여 침익적 성격을 가지는 경우가 많다는 점을 고려하여 그 처분에 신중을 기하기 위함으로 이해된다. 그렇지만, 법령의 해석 적용에 관한 사항 등 일반적 사항이나 자진신고자 감면혜택 부여와 같은 수익적 행정처분에 대해서까지 가중정족수를 요구하는 것은 입법취지에 비추어 과도한 측면이 있고, 경제환경 변화에 대한 신속한 대응을 어렵게 만들 수도 있다. 따라서 입법론으로 시정조치, 과징금 부과, 고발 등 침익적 성격이 강한 처분 및 위원회의 종전 심결례를 변경하는 경우에 대해서만 가중정족수를 요구하는 것으로 개정하는 것이 바람직할 것으로 생각한다.

2. 소 회 의

소회의는 전원회의에서 심의·의결되는 사항 이외의 사항을 심의·의결한다(법 59조 2항). 소회의는 상임위원이 주재하며, 구성위원 전원의 출석과 출석위원 전원의 찬성으로 의결한다(법 64조 2항). 의결에 있어 만장일치를 요구한다는 점에서 전원회의와 구별된다. 공정위에 5개 이내의 소회의를 두고(영 59조 1항), 위원장은 각 소회의의 구성위원을 지정하고 필요한 경우에는 구성위원을 변경할 수 있다(영 59조 2항).

Ⅱ. 회의의 운영

1. 원 칙

공정위의 심리(審理)[38]와 의결은 공개하는 것을 원칙으로 한다. 그러나 사업자 또는 사업자단체의 사업상의 비밀을 보호할 필요가 있다고 인정할 때에는 공개하지 않을 수 있다(법 65조 1항). 공정위는 의결 등의 공개에 필요한 사항을 규정할 목적으로 「공정거래위원회 의결 등의 공개에 관한 지침」을 마련하고 있다. 그러나 공정위의 사건에 관한 의결의 합의는 공개하지 아니한다(법 65조 3항). 이는 위원들의 자유로운 의사개진을 보장하기 위한 것이다.

2. 위원의 제척·기피·회피

위원은 다음의 어느 하나에 해당하는 사건에 관한 심의·의결에서 제척(除斥)된다(법 67조 1항).

① 자기나 배우자 또는 배우자였던 사람이 당사자이거나 공동권리자 또는 공동의무자인 사건
② 자기가 당사자와 친족이거나 친족이었던 사건
③ 자기 또는 자기가 속한 법인이 당사자의 법률·경영 등에 대한 자문·고문 등으로 있는 사건
④ 자기 또는 자기가 속한 법인이 증언이나 감정(鑑定)을 한 사건
⑤ 자기 또는 자기가 속한 법인이 당사자의 대리인으로서 관여하거나 관여하였던 사건
⑥ 자기 또는 자기가 속한 법인이 사건의 대상이 된 처분 또는 부작위(不作爲)에 관여한 사건

---

38) 공정위는 위원회 심의 속기록을 홈페이지에 공개하는 것을 원칙으로 한다. 그러나 이에 대해서는 준사법기관의 독립성 침해, 법치주의와 적법절차의 원칙 등을 근거로 반대하는 의견도 있다. 채근직, "공정거래위원회 심의속기록 공개제도의 문제점", 법률신문(2018.6.7.).

⑦ 자기가 공정위 소속 공무원으로서 해당 사건의 조사 또는 심사를 한 사건

당사자는 위원에게 심의·의결의 공정을 기대하기 어려운 사정이 있는 경우에는 기피신청을 할 수 있고, 위원장은 이 기피신청에 대하여 위원회의 의결을 거치지 아니하고 기피 여부를 결정한다(법 67조 2항). 한편 위원 본인이 제척 또는 기피 사유에 해당하는 경우에는 스스로 그 사건의 심의·의결을 회피할 수 있다(법 67조 3항).

3. 심리의 진행

공정위의 심리는 구술심리를 원칙으로 하되, 필요한 경우 서면심리로 할 수 있다(법 65조 2항). 주심위원 등은 ① 피심인이 심사보고서의 사실관계, 위법성 판단 등을 다투는 경우, ② 사실관계가 복잡하거나 쟁점이 많은 경우, ③ 전원회의 의안의 경우, ④ 피심인이 의견청취절차 진행을 요청한 의안으로서 피심인의 방어권 보장, 심의의 효율적 진행을 위해 필요하다고 인정되는 경우 의견청취절차를 실시할 수 있고, 심사관 또는 피심인의 신청이 있는 경우 이를 2회 이상 개최할 수 있다. 전원회의 및 소회의의 의장은 심판정에 출석하는 당사자·이해관계인·참고인 및 참관인 등에게 심판정의 질서유지를 위하여 필요한 조치를 명할 수 있다(법 66조). 공정위가 법에 위반되는 사항에 대하여 의결하는 경우에는 그 사항에 관한 심리를 종결하는 날까지 발생한 사실을 기초로 판단한다(법 69조).

4. 의결서의 작성

공정위가 법 위반 여부에 관한 사항을 심의·의결하는 경우 의결 내용 및 그 이유를 명시한 의결서로 하여야 하고, 의결에 참여한 위원이 그 의결서에 서명날인하여야 한다(법 68조 1항). 과거에는 법위반으로 의결한 사건에 대해서만 의결서를 작성했으나, 공정위 사건 처리의 투명성을 높이기 위해 2017년 법 개정을 통하여 법위반 여부와 상관없이 위원회에서 의결한 모든 사건에 대해 의결서를 작성하여 공개하도록 하고 있다. 한편, 공정위는 의결서 등에 오기(誤記), 계산착오 또는 그 밖에 이와 유사한 오류가 있는 것이 명백한 때에는 신청이나 직권으로 경정할 수 있다(법 68조 2항).

제2장

사건처리절차

제1절 총 설

I. 공정위의 사건처리

1. 준사법절차

공정위의 사건에 관한 처리는 심사(審査)·심의(審議)·의결(議決)의 3단계로 진행된다. 심사란 구체적 사실의 단서를 접한 위원회가 의결을 할 필요가 있는지의 여부를 판단하기까지 일련의 조사 및 검토과정을 말한다. 이 절차는 심사관(심사공무원)이 담당한다. 심의는 심사보고를 받은 위원회가 법위반 사실에 관한 심리를 하는 과정을 말하며, 당사자 등의 의견진술·증거조사·감정 등의 절차를 거치면서 진행된다. 의결은 위원회가 법위반 여부에 관한 판단을 하고 이에 대하여 일정한 법률효과를 부여하는 것을 말한다.

경쟁당국의 판단의 독립성과 공정성을 확보하려면 판단의 주체가 객관적인 제3자적 지위에 있어야 한다. 판단 주체의 제3자성을 도모하는 방안으로서 ① 소추기관과 심판기관을 분리하는 기관의 분리와, ② 소추기능과 심판기능을 분리하는 기능의 분리를 생각해 볼 수 있다. 우리 공정위는 후자를 따르고 있다. 사무처는 법위반사실에 대한 조사와 사전심사를 거쳐 사건을 위원회에 회부할 것인지를 결정할 수 있는 권한을 갖고 있어서 소추자의 역할을 수행한다. 위원회는 오로지 사무처가 심사보고서를 제출한 사건에 대해서만 심리를 할 수 있으므로 양자의 관계는 마치 형사사건 처리에 있어서의 검찰과 법원의 관계와 유사한 측면이 있다. 그런데 공정위는 하나의 기관 내부에 조사권과 심판권이 귀속되어 있고,[1] 양 기능 모두 위원장을 공동의 정점으로 하고 있는 구조이기 때문에[2] 독립성과 공정성에 한계가 있다는 지적도 있다.[3]

---

1) 신현윤, "공정거래위원회 심결구조 및 절차의 문제점과 개선방안", 상사판례연구 제14권(2003), 199면.

2) 비록 심사관이 별도로 지정되어 피심인을 소추하는 형식을 취하기는 하지만 중간의 사건보고가 이루어지는 등 소추기능과 결정기능의 분리가 제대로 이루어지지 않는다는 비판이 존재한다. 김소연, 독립행정기관에 관한 헌법학적 연구, 경인문화사(2013), 226면.

이러한 비판을 극복하기 위하여 심의 및 의결절차는 심사관과 피심인 간의 대심적 심리구조로 진행되고, 위원회가 객관적·중립적인 입장에서 이에 대해 판단하는 구조로 짜여 있다.[4] 사법절차(司法節次)의 기본적 요소로서 판단기관의 독립성과 공정성, 대심적 심리구조, 당사자의 절차적 권리보장 등을 들 수 있다. 공정위는 준사법적 독립규제위원회이므로, 위와 같은 사법절차적 요소를 모두 엄격하게 갖춰야 하는 것은 아니지만, 심의·의결절차는 일반 행정기관의 청문절차 수준으로는 부족하고, 적어도 위와 같은 사법절차의 본질적 요소를 구비할 필요가 있다.

■ **미국 FTC의 기능분리 모델**

미국 FTC도 독립규제위원회의 형태를 취하고 있다. 미국 FTC의 기능분리 모델은 우리 공정위의 독립성과 공정성 강화를 위해 참고할 가치가 있다. FTC의 심사기능은 직원인 심사관(complaint counsel)이 담당한다. 이에 대한 심의 절차에서 행정법판사(Administrative Law Judge)가 사법절차에 준하여 청문절차를 주재한 후 원처분(initial decision)을 내리고, 양 당사자들이 이에 동의하지 않을 경우 위원회에 불복하는 방식으로 사건을 처리한다. 행정법판사는 1946년 제정된 행정절차법(Administrative Procedure Act)에 따라 독립적으로 사무를 처리하며, 이들의 인사권은 FTC가 아니라 연방 인사관리처(Office of Personnel Management)가 행사한다.[5] 이와 관련하여 우리나라 공정위에서도 위원장의 형식적 소속 하에 변호사 자격을 갖추었거나 많은 경험을 쌓은 전문가들을 행정심판관으로 보하고 이들이 위원장이나 사무처로부터 독립하여 업무를 수행하게 하여 미국의 행정법판사에 준하는 역할을 담당하게 하자는 제안이 있는데,[6] 적극적으로 검토해 볼 필요가 있을 것이다.

2. 절차규정의 체계

독점규제법 제10장, 동법 시행령 제10장은 조사 등의 절차에 관하여 일반적인 규정을 두고 있고, 그 외 법 위반 사건의 처리절차 등에 관하여 필요한 사항은 공정위가 정하여 고시하도록 위임을 하고 있다(법 101조), 이에 따라 「공정거래위원회 회의운영 및 사건절차 등에 관한 규칙」(이하 "사건절차규칙"이라 함)에서 절차에 관한 세부사항을 규정하고 있다. 사건절차규칙은 법의 위임에 의하여 제정된 행정규칙으로서 독점규제법의 내용을 보충하고 독점규제법과 결합하여 대외적인 구속력을 가지는 법규명령적 행정규칙이다.[7]

3) 김하열·이황, "공정거래위원회 법적 성격과 사건처리 및 불복의 절차", 고려법학 제75호(2014), 194-195면.
4) 홍대식, "공정거래법 집행자로서의 공정거래위원회의 역할과 과제: 행정입법에 대한 검토를 소재로", 서울대학교 법학 제52권 제2호(2011), 174면; 황태희, "독점규제법 집행시스템의 개선방안", 저스티스 제123호(2011), 192면.
5) 양승업, "미국 행정법판사의 독립성론에 관한 고찰: 우리 청문주재자와의 독립성 비교를 중심으로", 공법학연구 제11권 제4호(2010), 251-256면.
6) 김하열·이황, "공정거래위원회 법적 성격과 사건처리 및 불복의 절차", 고려법학 제75호(2014), 198면.

사건절차규칙은 독점규제법 이외에 하도급법, 약관규제법, 표시광고법, 방문판매법, 전자상거래법, 가맹사업법 등 다른 공정위의 소관법률에 위반한 사건에 대한 처리절차에도 준용된다. 그런데 중요한 당사자의 절차적 권리가 법률에 규정되어 있지 않은 점은 문제로 지적되었다. 특히 증거조사 절차의 부재와 불충분한 의견진술의 기회 보장 등에서 많은 문제가 제기되었다.[8] 당사자의 절차적 권리에 관한 중요한 입법사항을 사건절차규칙이 아니라 법률에 명확하게 규율할 필요가 있는데, 2020년의 법 개정에서 현장 조사를 할 때 조사 공문 교부 의무화, 의견 제출·진술권 보장, 피심인 등의 자료 열람 복사 요구권 확대 등이 반영되었다.

■ 헌법재판소 2003.7.24. 선고 2001헌가25의 반대의견

적법절차의 보장과 관련하여 헌법재판소 반대의견의 다음과 같은 지적은 경청할 가치가 있는 것으로 보인다. “소송절차에서 부당한 처벌을 방지하고 실체적 진실발견을 위하여 채택하고 있는 기본적인 원칙들, 예컨대 당사자에게 사실과 법률 모두에 관하여 충분한 변론의 기회를 보장하는 것, 진정 성립이 담보되지 아니하거나 위법하게 수집된 증거의 증거능력을 제한하는 것 등의 최소한의 적법절차는 반드시 법률 자체에서 보장되어야 할 것인데, 공정거래법에는 이와 같은 보장이 전혀 결여되어 있다. 법 [101조는 사건의 처리절차 등에 관하여 필요한 사항은 공정거래위원회가 정하여 고시한다]고 규정하고 있는데, 헌법에서 요구하는 적법절차의 보장은 그 기본을 법률로 규정하여야 하는 것이므로, 이와 같은 백지위임은 또 다른 위헌의 문제를 일으킨다. 민사소송법이나 형사소송법이 직접 법률에서 대부분의 절차를 상세하게 규정하고 있는 것과 대비된다.”

3. 사건처리의 적정화 방안

공정위의 인적·물적 자원은 한정된 반면 사건은 폭증하고 있기 때문에 정작 필요하고 중요한 사건에 대한 조사가 제대로 이루어지지 못하거나, 사건처리 과정에서 신속성과 효율성만을 앞세우다 보니 절차적 공정성과 당사자의 권리보장이 미흡하다는 비판이 있다. 그런데 공정위가 처리하는 사건의 상당 부분이 사적 분쟁의 성격을 가진 신고사건이라는 점을 고려할 필요가 있다. 사적 분쟁의 성격을 가진 신고사건이 공정위에 폭주하는 근본적인 이유는 무엇인가? 우선, 공정위가 관할하는 규제의 범위가 넓고, 둘째로 법위반행위에 대한 민사적 권리구제방안이 제도적으로 완비되어 있지 않기 때문이다. 따라서 거래 당사자들 사이의 불공정거래행위와 같이 시장의 경쟁과 직접적인 관련성이 적고

7) 동지: 박준영, 공정거래절차의 법리, 홍진기법률연구재단(2020), 53-54면; 한애라, “영업비밀 열람과 보호”, 사법 제58호(2021), 581면.
8) 김하열·이황, “공정거래위원회 법적 성격과 사건처리 및 불복의 절차”, 고려법학 제75호(2014), 190면.

당사자들이 증거수집을 하는데 큰 어려움이 없는 행위유형에 대해서는 사법적 권리구제 수단을 완비하여 해결할 필요가 있다. 당사자들이 사적 분쟁의 성격을 가진 사건을 굳이 경쟁당국에 신고하지 않더라도 법원이나 공정거래분쟁조정위원회를 통하여 직접 해결할 수 있게 된다면, 공정위의 사건처리 부담이 상당 부분 경감될 수 있을 것이다. 이러한 경우에 공정위는 경쟁질서에 직접적 영향을 미치는 보다 중요한 사건에 집행자원을 집중하고, 준사법기관으로서 그 위상에 걸맞게 사건처리절차를 개선할 수 있는 여력도 생길 수 있을 것이다.

Ⅱ. 문서의 송달

1. 원　　칙

문서의 송달에 관하여는 「행정절차법」 제14조부터 제16조까지의 규정을 준용한다(법 98조 1항). 즉, 문서의 송달은 우편, 교부 또는 정보통신망 이용 등의 방법으로 하되, 송달받을 자(대표자 또는 대리인을 포함)의 주소·거소(居所)·영업소·사무소 또는 전자우편주소(이하 “주소 등”이라 함)로 한다. 다만, 송달받을 자가 동의하는 경우에는 그를 만나는 장소에서 송달할 수 있다(행정절차법 14조 1항). 교부에 의한 송달은 수령확인서를 받고 문서를 교부함으로써 하며, 송달하는 장소에서 송달받을 자를 만나지 못한 경우에는 그 사무원·피용자(被傭者) 또는 동거인으로서 사리를 분별할 지능이 있는 사람(이하 “사무원 등”이라 함)에게 문서를 교부할 수 있다. 다만, 문서를 송달받을 자 또는 그 사무원 등이 정당한 사유 없이 송달받기를 거부하는 때에는 그 사실을 수령확인서에 적고, 문서를 송달할 장소에 놓아둘 수 있다(행정절차법 14조 2항). 실무상으로는 정보통신망을 이용한 송달이 많이 활용된다. 정보통신망을 이용한 송달은 송달받을 자가 동의하는 경우에만 한다. 이 경우 송달받을 자는 송달받을 전자우편주소 등을 지정하여야 한다(행정절차법 14조 3항).

송달은 다른 법령 등에 특별한 규정이 있는 경우를 제외하고는 해당 문서가 송달받을 자에게 도달됨으로써 그 효력이 발생한다(행정절차법 15조 1항). 정보통신망을 이용하여 전자문서로 송달하는 경우에는 송달받을 자가 지정한 컴퓨터 등에 입력된 때에 도달된 것으로 본다(행정절차법 15조 2항). 행정청은 송달하는 문서의 명칭, 송달받는 자의 성명 또는 명칭, 발송방법 및 발송 연월일을 확인할 수 있는 기록을 보존하여야 한다(행정절차법 14조 5항).

2. 관보 등에 공고

① 송달받을 자의 주소 등을 통상적인 방법으로 확인할 수 없는 경우 또는 ② 송달이 불가능한 경우에는 송달받을 자가 알기 쉽도록 관보, 공보, 게시판, 일간신문 중 하나 이상에 공고하고 인터넷에도 공고하여야 한다(행정절차법 14조 4항). 다른 법령 등에 특별한 규정이 있는 경우를 제외하고는 공고일로부터 14일이 지난 때에 그 효력이 발생한다. 다만, 긴급히 시행하여야 할 특별한 사유가 있어 효력 발생 시기를 달리 정하여 공고한 경우에는 그에 따른다(행정절차법 15조 3항).

3. 기간 및 기한의 특례

천재지변이나 그 밖에 당사자 등에게 책임이 없는 사유로 기간 및 기한을 지킬 수 없는 경우에는 그 사유가 끝나는 날까지 기간의 진행이 정지된다. 외국에 거주하거나 체류하는 자에 대한 기간 및 기한은 행정청이 그 우편이나 통신에 걸리는 일수(日數)를 고려하여 정하여야 한다(행정절차법 16조).

4. 국외 사업자 등에 관한 특례

국외에 주소·영업소 또는 사무소를 두고 있는 사업자 또는 사업자단체에 대해서는 국내에 대리인을 지정하도록 하여 그 대리인에게 송달한다(법 98조 2항). 국내에 대리인을 지정하여야 하는 사업자 또는 사업자단체가 국내에 대리인을 지정하지 아니한 경우에는 행정절차법의 규정에 따라 송달한다(법 98조 3항).

제 2 절 심사절차

Ⅰ. 인지 및 신고

1. 위반행위의 인지

공정위는 이 법을 위반한 협의가 있다고 인정할 때에는 직권으로 필요한 조사를 할 수 있다(법 80조 1항).

2. 위반행위의 신고

누구든지 이 법에 위반되는 사실을 공정위에 신고할 수 있다(법 80조 2항). 신고는 누구든지 할 수 있으므로, 피해사업자는 물론 제3자도 신고할 수 있다. 공정위가 이러한 신고를 받은 경우에는 필요한 조사를 할 수 있다. 다만, 신고는 공정위의 조사권 발동을 촉구하는 단서제공행위에 불과하므로 신고에 대하여 공정위가 반드시 조사권을 발동해야 하는 것은 아니다. 2020년 법 개정시에 인지의 경우처럼 신고에 대해서도 공정위의 조사권 발동 근거를 명시할 필요성이 있는지에 관한 논의가 있었으나, 별도로 조사권 발동 근거를 신설할 필요가 없다는 것에 의견이 모아졌다.[9)]

한편, 재신고된 사건의 경우에는 심사관은 이미 처리한 사건과 동일한 위반사실에 대한 신고에 대하여는 당초 신고를 처리한 조사공무원과 다른 조사공무원으로 하여금 사실에 대한 조사와 사전심사를 하게 할 수 있다. 그러나 신고의 내용에 재심사명령 사유의 어느 하나에 준하는 사유가 있다고 인정되는 경우에는 위원장에게 사건 심사착수보고를 하여야 하며, 이 경우에는 사건의 단서 란에 '재신고'라고 명시해야 한다.

3. 신고인의 지위

법은 동의의결의 절차에서 동의의결을 하기 전에 30일 이상의 기간을 정하여 해당 행위와 관련하여 신고인 등 이해관계인의 이해를 돕는 그 밖의 정보를 포함한 일정한 사항을 신고인 등 이해관계인에게 통지하여야 하고(법 90조 2항), 신고인 등의 자료열람요구권을 인정하고 있다(법 95조). 또한, 사건절차규칙은 심사절차를 개시하지 않는 경우의 통지, 심사관이 사건을 심사착수 보고한 경우에 신고인에 대한 통지, 심의 지정일의 통지,[10)] 참고인의 심의참가, 신고인에 대한 심의 종결의 통지, 신고인과 이해관계인 등에 대한 의결서 요지의 통지, 신고인 의견진술[11)] 등을 통하여 신고인의 절차상 권리를 보장하고 있다.

신고에 대해 공정위가 무혐의결정을 한 경우에 신고인이 이에 불복할 수 있는지에 관한 논의가 있다. 대법원은 신고는 법위반사실에 관한 직권발동을 촉구하는 단서의 제공에 불과한 것으로서, 이에 의해서 일정한 조치를 청구할 수 있는 구체적인 청구권이 발생하는 것은 아니고, 따라서 공정위가 신고에 대해 무혐의 결정을 내리더라도 항고소송의 대상이 되는 행정처분에 해당한다고 할 수 없다고 판단하였다.[12)] 그러나 헌법재판소는 무혐의결정은 '공권력의 행사'에 해당하므로 헌법소원의 대상이 된다고 보고 있다.[13)]

---

9) 공정위, 공정거래법제 개선 특별위원회 최종 보고서(2018.7.), 42면.

10) 신고인에게 심의지정 일시를 통지하는 경우 심판총괄담당관은 신고인의 참석 여부 및 의견을 진술할 의사가 있는지 여부를 확인하여야 한다.

11) 신고인이 원하지 아니하는 경우를 제외하고, 조사공무원은 사건심사 착수보고를 한 신고사건에 대하여 신고인의 의견을 구술·서면 등의 방식으로 청취하여야 하고, 각 회의는 심의시 신고인에게 의견을 진술할 수 있는 기회를 부여하여야 한다. 그러나 ① 이미 당해 사건에 관하여 신고인의 의견을 충분히 청취하여 신고인이 다시 진술할 필요가 없다고 인정되는 경우, ② 신고인의 의견이 당해 사건과 관계가 없다고 인정되는 경우, ③ 신고인의 진술로 인하여 조사나 심의절차가 현저하게 지연될 우려가 있는 경우에는 신고인의 의견진술이 제한될 수 있다.

12) 대법원 1989.5.9. 선고 88누4515 판결; 대법원 2000.4.11. 선고 98두5682 판결.

4. 포상금의 지급

공정위는 일정한 위법행위를 신고 또는 제보하고 이를 입증할 수 있는 증거자료를 제출한 자에 대하여 예산의 범위 안에서 포상금을 지급할 수 있다(영 91조). 포상금에 관한 규정은 2004년 개정시에 법에 신설되었으나, 적극행정인 포상금 지급 관련 규정은 시행령에 규정하도록 한 정부 지침에 따라 2020년 법 개정시에 이를 삭제하고 해당 규정을 법 시행령에 두는 것으로 정리하였다. 포상금의 지급 및 반환의 기준 · 절차 · 방법과 신고포상금심의위원회의 설치 · 운영에 필요한 세부사항은 공정위가 고시한다. 이에 따라 공정위는「공정거래법 등 위반행위 신고자에 대한 포상금 지급에 관한 규정」을 마련하여 시행하고 있다.

포상금의 지급대상이 되는 위반행위는 ① 법 제31조제4항에 따라 자료의 제출 요청을 받은 특수관계인이 정당한 이유 없이 기업집단에 속하는 회사를 누락하여 자료를 제출하는 행위, ② 법 제40조 제1항 각 호의 부당한 공동행위, ③ 법 제45조 제1항 제1호부터 제8호까지의 규정에 따른 행위 중 신문업[14]에 있어서의 불공정거래행위, ④ 법 제45조 제1항 제4호에 해당하는 불공정거래행위, ⑤ 법 제45조 제1항 제5호의 행위 중 부당하게 자기 또는 계열회사의 임직원으로 하여금 자기 또는 계열회사의 상품이나 용역을 구입 또는 판매하도록 강제하는 행위, ⑥ 법 제45조 제1항 제6호의 행위 중 대규모소매점업(매장면적의 합계가 공정위에서 정하는 일정규모 이상인 동일점포에서 일반소비자가 일상적으로 사용하는 여러 가지 종류의 상품을 판매하는 사업을 말한다)의 불공정거래행위, ⑦ 법 제45조 제1항 제9호에 해당하는 불공정거래행위, ⑧ 법 제47조 제1항에 따른 특수관계인에 대한 부당한 이익제공 행위, ⑨ 법 제51조 제1항 제1호부터 제3호까지의 사업자단체의 금지행위이다. 포상금 지급대상자는 위반행위를 한 사업자를 제외하고, 위법행위를 신고하거나 제보하고 이를 입증할 수 있는 증거자료를 최초로 제출한 자로 한다. 따라서 위법행위를 한 사업자 회사에 재직 중인 임직원은 포상금을 수령하는 것이 가능하다.

공정위는 특별한 사정이 있는 경우를 제외하고 신고 또는 제보된 행위를 법 위반행위로 의결한 날(이의신청이 있는 경우에는 재결한 날)부터 3월 이내에 포상금을 지급한다. 포상금의 지급에 관한 사항을 심의하기 위해 공정위에 신고포상금심의위원회를 둘 수 있다. 다만, 공정위는 포상금을 지급한 후 ① 위법 또는 부당한 방법의 증거수집, 거짓신

---

13) 헌법재판소 2002.6.27. 선고 2001헌마381. 그러나 법정책적인 측면에서 서면심리를 원칙으로 하여 사실심리에 한계가 있고 단심절차를 취하고 있는 헌법소원심판절차보다는 구두변론을 원칙으로 하고 사실관계를 폭넓게 다툴 수 있는 행정소송절차를 통하여 무혐의 처분을 다투게 하는 것이 바람직하다는 견해도 있다. 이승훈, 기업의 이익분여행위에 대한 공법상 통제, 고려대학교 법학박사학위 논문(2008), 93면 참조.

14)「신문 등의 진흥에 관한 법률」 제2조 제1호 가목부터 라목까지에서 규정하고 있는 신문을 발행하거나 판매하는 사업을 말한다.

고, 거짓진술, 증거위조 등 부정한 방법으로 포상금을 지급받은 경우, ② 동일한 원인으로 다른 법령에 따라 포상금 등을 지급받은 경우, ③ 그 밖에 착오 등의 사유로 포상금이 잘못 지급된 경우 그 포상금을 반환받을 수 있다.

Ⅱ. 심사절차의 진행

1. 심사관의 지정

공정위가 법위반사실을 직접 인지하거나 신고 등을 받은 경우에 사무처장은 심사관을 지정하여 심사절차의 개시에 앞서 사실조사와 사전심사를 하게 할 수 있다. 심사관은 당해사건에 해당하는 업무를 관장하는 국장, 심판관리관, 시장분석정책관 또는 지방사무소장이 되며, 예외적으로 당해 사건이 속하는 업무의 소관이 불분명하거나 동조에 따른 심사관이 당해 사건의 심사에 적합하지 않다고 인정하는 경우에는 사무처장이 공정위 소속 4급 이상의 공무원 또는 고위공무원단에 속하는 공무원 중에서 심사관을 지정할 수 있다.

2. 사건 심사의 착수보고

심사관은 조사 및 사전심사의 결과, 심사절차를 개시하지 아니할 수 있는 경우에 해당하지 않는다고 인정되는 경우에는 위원장에게 ① 사건명, ② 사건의 단서, ③ 사건의 개요, ④ 관계법조 등을 서면 또는 전산망을 이용하여 보고해야 하며, 이로써 실질적인 심사절차에 들어간다.

3. 사건처리의 기한

공정위는 사건처리의 지연을 방지하고 처리기한 준수여부에 대한 외부감시가 가능하도록 하기 위하여 사건처리의 기한을 사건절차규칙에 정하고 있다. 이에 따라 심사관은 원칙적으로 조사개시일로부터 6개월(시장지배적 지위 남용행위 및 부당한 지원행위 사건의 경우 9개월, 부당한 공동행위 사건의 경우 13개월) 이내에 당해 사건에 대하여 심사보고서를 작성하여 위원회에 안건을 상정하거나 전결처리 하여야 한다. 다만, 부득이한 사유로 인하여 처리기간의 연장이 필요한 경우에는 연장되는 기간을 정하여 사무처장의 허가를 얻어야 한다.[15]

---

15) 기간을 연장하는 경우 사무처장의 허가를 받은 날부터 15일 이내에 신고인 등 및 피조사인에게 그 사실을 문서로 통지하여야 한다. 그리고 기간 산정에 있어 자료제출에 소요되는 기간(자료제출명령서를 발송한 날과 자료가 공정위에 도달하는 날을 포함한다)은 제외한다. 다만, 조사공무원은 해당 사건에서 사업자 또는 사업자단체 등에 대하여 3회 이상 보고·제출 요청을 하는 경우에는 사전에 심사관의 허가를 얻어야 한다.

4. 심사절차를 개시하지 아니한다는 결정

사건절차규칙에 따르면, 심사관은 (i) 사업자의 요건을 충족하지 않는 경우, (ii) 적용제외의 규정에 해당하는 경우, (iii) 처분시효가 경과된 경우, (iv) 무기명, 가명 또는 내용이 분명하지 아니한 신고로서 심사관이 보완요청을 할 수 없는 경우, 기간을 정한 보완요청을 받고도 이에 응하지 아니한 경우 또는 보완내용이 분명하지 아니하거나 허위로 기재된 경우, (v) 신고인이 신고를 취하한 경우, (vi) 사망, 해산, 폐업 또는 이에 준하는 사유가 발생한 사업자를 신고한 경우, (vii) 이미 처리한 사건과 동일한 위반사실에 대하여 직권으로 인지하거나 다시 신고하여 온 경우, (viii) 기타 법 적용대상이 아니라고 인정된 경우에는 심사절차를 개시하지 아니한다는 결정을 할 수 있다.[16] 헌법재판소는 공정위의 심사불개시결정은 공권력의 행사에 해당되며 자의적인 경우 피해자인 신고인의 평등권을 침해할 수 있으므로 헌법소원의 대상이 되지만, 제척기간이 경과한 경우 그 부분 심판청구는 권리보호의 이익을 인정할 수 없고, 공정위가 심사불개시결정을 할 수 있도록 한 사건절차규칙은 법률에 따른 정당한 근거를 지닌 것이라 보았다.[17]

5. 처분시효 등

(1) 취 지

공정위의 조사를 통하여 위반행위 여부를 점검할 수 있다면 수범자의 법적 안정성도 보호되어야 할 필요가 있다. 즉, 경쟁당국이 상당한 기간이 경과하도록 자신의 권한을 행사하지 아니한 경우에는 사실 확인의 어려움과 법적 안정성을 고려하여 경쟁당국이 수범자에 대하여 제재처분을 내리지 않는 것이 정책적 관점에서 타당할 수 있다. 이러한 이유로 법은 공정위가 행정처분을 할 수 있는 기간에 관한 규정을 두고 있다. 위 기간의 성격에 관하여 제척기간인지 시효인지 논의가 있었는데, 판례는 제척기간으로 보았다.[18] 다만, 실무에서는 위 기간을 처분시효라고 칭하는 것이 일반적이다.[19]

16) 이 경우에 심사관은 그 결정 후 15일 이내에 신고인 등 또는 피조사인에게 그 사실을 서면으로 통지하여야 한다. 다만, 신고인이 신고를 취하한 경우, 피조사인에 대한 조사 없이 신고내용 자체로 심사절차를 개시하지 아니하는 경우(다만, 피조사인에 대한 통지에 한한다)에는 그러하지 아니하다.

17) 헌법재판소 2004.3.25. 선고 2003헌마404.

18) 개정전 구법 하에서 판례는 위 기간을 공정위가 시정명령이나 과징금부과명령 등의 권한을 행사할 수 있는 기간으로서 제척기간으로 보고 있었다. 대법원 2011.6.30. 선고 2009두12631 판결.

19) 이는 형사소송법상 공소시효에 대응하는 표현이다.

■ **헌법재판소 2019.11.28. 선고 2016헌바459 등**

가. '조사', '개시'의 사전적 의미는 '사물의 내용을 명확히 알기 위하여 자세히 살펴보거나 찾아봄', '행동이나 일 따위를 시작함'으로 비교적 확정적 의미로 통용되고 있고, [관련] 규정에 비추어 볼 때 '조사개시일'은 '공정거래위원회가 직권 또는 신고에 의하여 인지한 공정거래법 위반혐의에 관하여 공정거래법령에 따른 조사절차에 나아간 날'로 보충적으로 해석할 수 있으므로, 이 사건 처분시한조항은 명확성원칙에 위반되지 아니한다.

나. 시정조치는 현존하는 법 위반행위의 결과를 장래에 향하여 제거함으로써 공정거래 질서를 확보하기 위한 것이고, 과징금 부과처분은 제재금의 성격에다 법 위반행위로 발생한 부당이득을 환수한다는 성격이 결부되어 있으므로, 시정조치 및 과징금 부과처분에 대해서는 장기의 처분시한이 적용될 필요가 있다. 나아가 공정거래위원회가 법 위반혐의를 포착하여 관련법령에 따라 조사를 개시한 이상 적정한 조사기간을 보장하는 것이 적정한 법집행이라는 공익과 처분 상대방의 법적지위 보장이라는 이익을 조화시키는 방법이 될 수 있다. 따라서 이 사건 처분시한조항은 입법자의 입법재량의 한계를 일탈하여 재산권 및 직업의 자유를 침해한 것으로 볼 수 없다.

(2) 입법연혁

그동안 처분시효의 기간에 여러 변화가 있었다. 2012년 법개정 이전에는 위반행위가 종료한 날로부터 5년으로 규정되어 있었다.[20] 그런데 당시 구법에는 기간의 정지제도가 없고, 특히 적발이 쉽지 않은 부당한 공동행위 사건 등에서 경쟁당국에서 시간의 압박을 호소하는 경우가 많았기 때문에, 2012년 개정법에서 조사개시일로부터 5년, 행위 종료일로부터 7년으로 변경하였다. 그러나 기간의 기산점이 공정위 조사개시 여부에 따라 이원화됨으로 인하여 오히려 법적 불확실성이 커졌고, 뒤늦게 공정위가 조사를 개시한 경우 최장 12년의 제척기간도 가능하여 지나치게 장기화된다는 우려가 있었다. 이에 2020년 법 개정 과정에서 그 기간을 위반행위 종료일로부터 7년으로 일원화하는 방안이 유력하게 검토되었으나,[21] 입법과정에서 부당공동행위에 대해서는 국제카르텔 사건의 조사상의 어려움 등을 이유로 예외를 인정하는 것으로 정리가 되었다. 그리고 같은 개정에서 기간의 정지제도가 도입되었다.

그러나 입법론적으로 다양한 위반행위 중에서 유독 부당공동행위에 대해서만 예외를 허용하는 것은 바람직하지 않다고 할 것이다. 공정위가 처리하는 사건 중에서 국내카르

---

20) 법에서 규정한 위법행위에 대한 벌칙조항의 최고형량은 3년 이하의 징역 또는 2억원 이하의 벌금으로 되어 있다. 장기 5년 미만의 징역에 해당하는 범죄의 공소시효가 5년으로 규정되어 있는 것(형사소송법 249조 1항 5호)과의 균형상 개정 전 법 제49조 제4항에서 제척기간을 위법행위가 종료한 날로부터 5년으로 규정하였다.

21) 공정위, 공정거래법제 개선 특별위원회 최종 보고서(2018.7.), 43면.

텔 사건이 국제카르텔 사건보다 비중이 훨씬 높다는 점, 부당한 공동행위에 대한 자진신고가 있는 경우에는 공동행위의 조사가 다른 법위반행위보다 더 용이할 수 있다는 점 등을 고려하면, 단지 국제카르텔 사건에 대한 조사상 어려움을 이유로 부당공동행위 사건에 대해서 처분시효 기간을 이중적으로 유지해야 할 필요성이 인정되는 것은 아니다.[22] 또한, 관련 자료가 외국에 존재하고 있고 외국 사업자가 조사에 협조하지 아니하여 사건처리에 장시간이 소요될 수 있다는 사정은 외국 사업자의 다른 법 위반행위의 경우에도 마찬가지로 발생할 수 있다. 따라서 위반행위 유형에 따라서 처분시효 기간을 달리 할 것이 아니라, 자료나 피조사자의 외국소재 등으로 조사가 곤란한 사정을 처분시효의 정지사유로 별도로 규정하고, 처분시효 기간은 일원화하는 것이 보다 간명한 해결방법이 될 것이다.[23]

(3) 원 칙

공정위는 법 위반행위에 대하여 원칙적으로 해당 위반행위의 종료일부터 7년이 지난 경우에는 법에 따른 시정조치를 명하거나 과징금을 부과할 수 없다(법 80조 4항). 한편, 판례는 개정된 법이 시행되기 이전에 위반행위가 종료되었더라도 그 시행 당시 처분시효가 경과하지 않은 사건에 대하여 구법에 비하여 처분시효를 연장한 규정을 적용하는 것은 현재 진행 중인 사실관계나 법률관계를 대상으로 하는 것으로서 부진정소급에 해당하고, 헌법상 법률불소급의 원칙에 반하지 않고, 나아가 개정 취지에 비추어 이를 적용할 공익상의 요구가 중대함에 비하여 구법에 따른 처분시효가 경과하지 않은 상태에서 아직 공정위의 조사가 개시되지 않았다는 사정만으로는 구법의 존속에 대한 신뢰를 보호할 가치가 크지 않으므로, 위와 같은 사건의 경우 신뢰보호원칙에 따라 예외적으로 개정법 규정의 적용이 제한되어야 한다고도 볼 수 없다고 판단하였다.[24]

(4) 예 외

(가) 부당한 공동행위

부당한 공동행위에 대해서는 공정위의 조사 개시 여부에 따라 이원화하여 ① 공정위가 해당 위반행위에 대하여 조사를 개시한 경우 조사 개시일부터 5년, ② 공정위가 해당 위반행위에 대하여 조사를 개시하지 아니한 경우 해당 위반행위의 종료일부터 7년이 지난 경우에는 이 법에 따른 시정조치를 명하거나 과징금을 부과할 수 없다(법 80조 5항).

---

22) 국회 정무위원회는 부당한 공동행위에 대해서 이원적인 시효기간을 인정하는 것과 관련하여, 법률관계가 불안정해지고 예측가능성이 떨어지는 단점이 있어서 받아들이기 어렵고, 따라서 처분시효를 행위종료일을 기점으로 5년 또는 7년으로 단일화해야 한다는 의견을 제시하였다. 국회 정무위원회, 독점규제 및 공정거래에 관한 법률 전부개정법률안 검토보고(정부제출, 의안번호 제16942호), 102-103면.

23) 서정, "공정거래법상 처분시효 관련 개정안의 검토", 경쟁과 법 제11호(2018), 30면.

24) 대법원 2020.12.24. 선고 2019두34319 판결.

위 ① 요건과 ② 요건의 관계에 대해서는 둘 중 어느 하나라도 경과하는 경우에 처분시효가 도과한 것으로 보는 견해, 두 기간이 모두 경과하여야 처분시효가 도과한 것으로 보는 견해, 위반행위 종료일로부터 7년 내에 조사가 이루어지지 않은 경우에는 7년의 기간 경과로 처분시효가 도과되고 종료일로부터 7년 내에 조사가 이루어지는 경우에는 조사 개시일로부터 5년의 경과로 처분시효가 도과한 것으로 보는 견해가 대립하고 있다.[25] 공정위의 실무는 마지막 설을 따르고 있고,[26] 법원도 이를 수긍하고 있다.

위반행위의 종료일과 관련하여, 부당한 공동행위에서 합의와 그에 기한 실행행위가 있었던 경우 부당한 공동행위가 종료한 날은 그 합의가 있었던 날이 아니라 그 합의에 기한 실행행위가 종료한 날을 의미한다.[27] 조사 개시일과 관련하여, 공정위의 조사는 직권 또는 신고에 의하여 개시된다. 공정위가 직권으로 조사를 개시하는 경우에(신고 없이 또는 그 신고 이전에 조사를 개시한 경우만 해당) 조사 개시일은 법 제81조 제1항 및 제2항에 따른 처분 또는 조사를 한 날 중 가장 빠른 날을 의미한다. 즉, 특정한 부당공동행위에 대하여 현장조사를 하거나 자료를 요청하는 등 공정위가 이를 인식하고 그 의사를 외부적으로 표현한 때로 보고 있다. 직권으로 조사가 개시된 경우는 공정위가 조사에 관한 처분권한 등을 행사함으로써 대외적으로 공정위가 조사를 개시하였음이 비로소 표시되므로, 공정위가 법 위반행위에 대한 자신의 인식을 외부에 표현한 최초의 날을 기준으로 한 것으로 이해된다. 따라서 공정위가 조사처분 또는 조사를 하기 전에 이미 직권인지를 하였다고 하더라도 그 직권인지일이 처분시효의 기산점이 되는 것은 아니다.[28]

신고사건의 경우에 처분시효의 기산점인 조사개시일은 공정위가 신고를 접수한 날이다(영 72조 1항). 여기에서 신고에는 자진신고도 포함된다.[29] 적법한 신고에 의하여 조사가 개시된 경우는 객관적이고 특정 가능한 제3자의 신고행위에 의하여 조사개시 시점이 명확히 드러나므로 신고일을 기준으로 하는 것이다. 공정위가 신고를 받고 접수를 보류하였다가 접수한 경우에 법원은 공정위가 접수한 날이 아니라 최초 신고서가 접수된 날을 기산점으로 새기고 있다.[30] 그러나 관계 기관의 조사의뢰 문의는 여기에서 말하는 신고에 해당하지 아니한다. 예컨대, 한국가스공사가 공정위에게 입찰의 결과 및 경위에 관한 자료만을 가지고도 담합조사를 의뢰할 수 있는지 여부를 문의한 공문을 발송하였고, 공정위는 최초로 이루어진 현장조사 이전에는 어떠한 조사도 하지 않은 경우에 위 공문의 접수일은 조사개시일에 해당한다고 볼 수 없다.[31]

---

25) 상세는 정재훈, “공정거래법 집행상 ‘조사개시일’의 의미와 판단기준”, 인권과 정의 제474호(2018), 60면.
26) 서정, “공정거래법상 처분시효 관련 개정안의 검토”, 경쟁과 법 제11호(2018), 26면; 박세환, “공정거래법 위반행위의 처분시효 제도에 대한 연구”, 비교법학 제26권 제2호(2019), 435면.
27) 대법원 2006.3.24. 선고 2004두11275 판결; 대법원 2011.6.30. 선고 2009두12631 판결 등.
28) 서울고법 2017.9.28. 선고 2015누45498 판결(심리불속행 기각으로 확정).
29) 서울고법 2018.10.12. 선고 2017누62381 판결(심리불속행 기각으로 확정).
30) 대법원 2021.5.7. 선고 2020두57332 판결.

그런데 공정위가 부당한 공동행위에 대해서 조사를 개시하였는데 조사 중에도 해당 부당한 공동행위가 계속 진행되는 경우도 있을 수 있다. 이러한 경우에 처분시효의 기산점을 어떻게 정하여야 할 것인가? 법 규정을 기계적으로 해석하면 공정위의 조사가 개시되기만 하면 부당공동행위의 종료 여부와 무관하게 처분시효가 진행된다는 주장도 가능할 수 있다. 그러나 판례는 공정위가 조사를 개시한 시점 전후에 걸쳐 계속된 부당한 공동행위가 조사개시 시점 이후에 종료된 경우에는 부당한 공동행위의 종료일을 처분시효의 기산점인 조사 개시일로 보아야 하고 그 처분시효의 기간은 위 조항에서 정한 5년이 된다고 해석하고 있다.[32)]

(나) 취소판결에 따른 재처분

처분시효는 법원의 판결에 따라 시정조치 또는 과징금부과처분이 취소된 경우로서 그 판결이유에 따라 새로운 처분을 하는 경우에는 적용하지 아니한다(법 80조 6항).

(5) 처분시효의 정지

공정위가 자료의 열람 또는 복사 요구에 따르지 아니하여 당사자가 소를 제기한 경우 그 당사자 및 동일한 사건으로 심의를 받는 다른 당사자[33)]에 대하여 처분시효의 진행이 정지되고 그 재판이 확정된 때부터 진행한다(법 80조 7항). 처분시효의 정지는 기간의 완성을 유예하는 것으로서 정지사유가 소멸된 후 남은 처분시효 기간이 진행된다는 점에서, 이미 경과한 기간이 무(無)로 돌아가는 처분시효의 중단과 구분된다.

---

31) 대법원 2019.1.31. 선고 2017두68110 판결; 대법원 2019.2.14. 선고 2017두68103 판결.

32) 대법원 2021.1.14. 선고 2018두67466 판결; 대법원 2021.1.14. 선고 2019두59639 판결; 대법원 2021.1.14. 선고 2020두30559 판결; 대법원 2022.3.17. 선고 2019두58407 판결. 그 논거는 다음과 같다. 공정위가 부당한 공동행위에 대해서 조사를 개시하였다고 하더라도 조사개시일을 기준으로 종료되지 아니하고 그 후에도 계속된 위반행위에 대해서는 조사개시 시점을 기준으로 보면 조사개시 시점 이후에 행해진 법 위반행위 부분은 아직 현실적으로 존재하지 않았으므로 조사의 대상에 포함되었다고 볼 수 없다. 따라서 공정위가 조사를 개시한 시점에 조사개시 시점 이후 종료된 부당한 공동행위 전체에 대해서 시정조치나 과징금 부과 등 제재처분의 권한을 행사할 것을 기대하기도 어려울 뿐만 아니라 처분시효의 취지 및 성질에 비추어 보아도 공정위가 조사를 개시한 시점을 처분시효의 기산점으로 보는 것은 타당하지 않다. 이와 같이 조사개시 이전부터 계속되어 오다가 조사개시 시점 이후에 종료된 부당한 공동행위에 대해서는 그 위반행위가 종료된 이후에야 공정위가 부당한 공동행위의 전체적인 내용을 파악하고 시정조치나 과징금 부과 등의 제재처분을 하는 데 필요한 기본적인 요소들을 확정지을 수 있는 사실관계가 갖추어져 비로소 객관적인 조사의 대상에 포함되고 제재처분의 대상이 될 수 있다.

33) 이에 대하여 동일한 사건으로 심의를 받는 당사자들 중 하나가 자료의 열람복사 청구의 소를 제기한 경우 그 소송의 대상은 소제기한 사업자에 대한 처분의 불복에 한정되기 때문에 처분시효 정지의 효력은 소를 제기한 자에게만 발생하고 소를 제기하지 아니한 다른 당사자에게는 미치지 않는 것이 타당하다는 주장도 있다. 박세환, "공정거래법 위반행위의 처분시효 제도에 대한 연구", 비교사법 제26권 제2호(2019), 465-466면.

Ⅲ. 조사권한과 의무

1. 개 요

(1) 의 의

행정조사란 행정기관이 정책을 결정하거나 직무를 수행하는 데 필요한 정보나 자료를 수집하기 위하여 현장조사·문서열람·시료채취 등을 하거나 조사대상자에게 보고요구·자료제출요구 및 출석·진술요구를 행하는 활동을 말한다(「행정조사기본법」 2조 1호). 그리고 독점규제법상 조사란 공정위가 법의 시행 또는 일정한 거래분야의 공정한 거래질서 확립을 위하여 필요한 자료를 수집할 목적으로 행하는 행정작용을 말한다. 공정위의 조사는 법의 시행(조사처분 및 현장조사의 경우)이나 일정한 거래분야의 공정한 거래질서 확립(서면실태조사의 경우)을 위한 목적으로 이루어질 수 있다. 따라서 공정위의 조사가 반드시 위반행위의 혐의에 대한 조사활동에 국한되어야 하는 것은 아니다. 조사의 목적은 객관적으로 인정되어야 하고 그 필요성에 관하여 공정위가 소명할 수 있어야 한다.[34)]

공정위의 법률위반행위 조사에 관한 사항은 「행정조사기본법」의 적용에서 원칙적으로 제외되나, 그 밖의 공정위의 조사는 동법의 적용을 받는다(「행정조사기본법」 3조 2항 7호). 그리고 법률위반행위 조사시에도 행정조사의 기본원칙은 지켜져야 하고, 조사대상자의 자발적인 협조를 얻어 실시하는 경우가 아닌 경우에는 행정조사의 법령상의 근거가 갖추어져야 한다(「행정조사기본법」 3조 3항).

(2) 조사권의 성격

공정위의 조사권은 소위 강학상 권력적 행정조사에 해당한다.[35)] 공정위의 조사권의 성격을 체포, 구속, 압수, 수색 등 영장주의가 적용되는 직접적 강제처분에 대비하여 임의조사권이라고 부르는 경우도 있지만,[36)] 조사 상대방은 공정위의 조사에 대한 수인의무와 협조의무를 부담하고, 만일 상대방이 조사를 거부하거나 방해하는 경우 형사벌과 과태료 부과를 통한 간접강제가 허용된다는 점에서 순수한 의미의 임의조사와는 구별된다. 이러한 의미에서 공정위 조사권의 성격은 간접적 강제조사권으로 보는 것이 타당할 것이다.

---

34) 박정훈, "공정거래법의 공적 집행", 공정거래와 법치(2004), 1013면.
35) 동지: 신동권(2016), 1000면.
36) 김형배(2019), 791면.

(3) 조사절차규칙

공정위는 2015년 불합리한 현장조사의 관행[37]을 개선하여 피조사업체의 절차적 권리를 보장하고 절차의 투명성을 확보하기 위하여 사건처리 과정에 대한 내부통제를 강화하는 것을 주요 내용으로 하는 사건처리절차 개혁안(이하 "사건처리 3.0"이라 함)을 발표하였다. 공정위는 이 사건처리 3.0에 기초하여 「공정거래위원회 조사절차에 관한 규칙」(이하 "조사절차규칙"이라 함)을 제정하여 2016년부터 시행하고 있다.[38] 이 조사절차규칙은 공정위 소속공무원이 실시하는 현장조사의 방법과 절차, 디지털자료를 수집하고 분석하는 과정에서 준수하여야 하는 사항, 그 밖의 조사에 관하여 필요한 사항을 정함으로써 조사의 공정성과 투명성 및 효율성을 확보하는 것을 목적으로 한다.

2. 조사의 방법

(1) 조사처분

공정위는 법의 시행을 위하여 필요하다고 인정할 때에는 ① 당사자, 이해관계인 또는 참고인을 출석시켜 의견을 청취할 수 있고, ② 감정인을 지정하여 감정을 위촉할 수 있으며, ③ 사업자, 사업자단체 또는 이들의 임직원에게 원가 및 경영상황에 관한 보고, 그 밖에 필요한 자료나 물건의 제출 명령 또는 제출된 자료나 물건의 일시 보관의 처분을 할 수 있다(법 81조 1항). ①과 관련하여 당사자의 진술을 들었을 때에는 진술조서를 작성하여야 한다(법 81조 5항).[39] ③과 관련하여 사업자, 사업자단체 또는 이들의 임직원의 자료나 물건을 일시 보관할 때에는 보관조서를 작성·발급하여야 한다(법 81조 7항). 그리고 보관한 자료나 물건이 검토한 결과 해당 조사와 관련이 없다고 인정되는 경우 또는 해당 조사 목적의 달성 등으로 자료나 물건을 보관할 필요가 없어진 경우에는 즉시 반환하여야 한다(법 81조 8항).

(2) 현장조사

(가) 개 요

공정위는 법의 시행을 위하여 필요하다고 인정할 때에는 소속공무원[40]으로 하여금 사업자 또는 사업자단체의 사무소 또는 사업장에 출입하여 업무 및 경영상황, 장부·서

---

37) 공정위 조사절차가 광범위하게 이루어진다는 지적으로는 이정민, "공정거래위원회 사건처리절차의 합리화", 외법논집 제40권 제4호(2016), 261-262면 참조.

38) 조사절차규칙 제정 경위에 관해서는 안창모, "공정거래위원회 사건처리 절차 개선의 내용 – 사건처리 3.0 도입에 즈음하여", 단국대 법학논총 제40권 제1호(2016), 403-419면 참조.

39) 진술조서 및 보관조서 작성과 관련된 조항은 원래 사건절차규칙에 규정되어 있었는데, 객관적 사실 보존 등 조서 작성의 기본취지 및 피조사자 보호 등을 고려하여 2020년 법 개정시 명문의 규정을 신설하였다. 공정위, 공정거래법제 개선 특별위원회 최종 보고서(2018.7.), 43-44면.

40) 권한의 위임·위탁 규정에 따른 위임을 받은 기관의 소속 공무원을 포함한다.

류, 전산자료 · 음성녹음자료 · 화상자료 그 밖의 자료나 물건을 조사하게 할 수 있다(법 81조 2항). 현장조사를 하는 공무원은 그 권한을 표시하는 증표를 관계인에게 제시하고, 조사목적 · 조사기간 및 조사방법 등의 사항이 기재된 문서를 발급하여야 한다(법 81조 9항).[41] 조사공무원은 현장조사를 개시하기 전에 피조사업체의 임직원에게 조사공문을 교부하여야 한다. 조사공문에는 조사기간, 조사목적, 조사대상, 조사방법 등을 기재하여야 한다. 과거에는 현장조사 공문에 구체적인 법위반 혐의내용을 기재하지 않고 단순히 관련 법조항만 기재(예: 공정거래법 제○○조 위반여부)하거나 회사명(예: ○○전자)만 기재하여 과잉조사의 논란이 있었다. 따라서 조사공문상의 조사범위(기간 · 목적 · 대상 · 방법 등)를 특정하고 이를 벗어난 조사에 대해서는 피조사업체가 조사를 거부할 수 있다는 내용을 조사공문에 별도로 적시하도록 하여 과잉조사의 논란을 차단하도록 하였다.[42]

현장조사는 공문에 기재된 사업장의 소재지에 한정하여 실시하여야 한다. 다만, 기재된 사업장의 소재지가 조사목적에 부합하는 사업장이 아니거나 조사과정 중에 소재지가 다른 사업장에서 조사목적에 부합하는 법 위반 혐의가 발견되는 경우에는 해당 사업장을 특정한 별도의 공문을 교부한 후 조사를 실시할 수 있다. 조사공무원은 조사공문에 기재된 조사목적의 범위 내에서 조사를 실시하여야 한다. 다만, 조사과정 중 조사목적의 범위 외에 공정위 소관 법률의 위반소지가 있다고 판단되는 자료를 발견하게 되는 경우에는 해당 자료를 담당부서에 인계하는 등 적절한 조치를 하여야 한다.

(나) 현장에서 진술의 확보

현장조사시 조사공무원은 지정된 장소에서 당사자, 이해관계인 또는 참고인의 진술을 들을 수 있다(법 81조 3항). 그리고 당사자의 진술을 들었을 때에는 진술조서를 작성하여야 한다(법 제81조 5항). 조사공무원이 피조사업체의 임직원 등을 대상으로 진술조서나 확인서를 작성하는 경우 특정 진술이나 확인을 강요해서는 안 된다. 현장조사과정에서 피조사업체 임직원 등의 진술이나 확인이 필요하나 임직원 등이 이에 응하기 어려운 부득이한 사정이 있는 경우에는 추후 조사일정과 장소를 협의하여 이를 진행한다. 피조사업체 임직원 등을 대상으로 작성한 진술조서나 확인서에 대하여 피조사업체의 임직원이 복사를 요구하는 경우 조사공무원은 원칙적으로 이에 응하여야 한다. 다만, 증거인멸이나 조사비밀 누설 등 조사방해를 야기할 우려가 상당한 경우에는 그러하지 아니하다.

(다) 현장에서 자료 등의 수집

현장조사를 하는 공무원은 사업자, 사업자단체 또는 이들의 임직원에게 조사에 필요

---

41) 이 규정은 당초 조사절차규칙에 규정되어 있던 조사공문 교부의무를 법률로 상향한 것이다.

42) 조사공문에, '해저고압전선' 내지 '고압전선 전체' 등의 표현으로 피조사인이 어느 정도 조사의 범위를 이해할 수 있는 수준으로 조사대상이 되는 상품의 범위와 지역적 범위가 표시되어야 한다는 견해로서, 박준영, "공정거래위원회 현장조사의 범위와 한계에 관한 고찰", 경북대 법학논고 70집(2020), 354-357면.

한 자료나 물건의 제출을 명하거나 제출된 자료나 물건을 일시 보관할 수 있다(법 81조 6항). 사업자, 사업자단체 또는 이들의 임직원의 자료나 물건을 일시 보관할 때에는 보관조서를 작성·발급하여야 한다(법 81조 7항). 그리고 보관한 자료나 물건이 검토한 결과 해당 조사와 관련이 없다고 인정되는 경우 또는 해당 조사 목적의 달성 등으로 자료나 물건을 보관할 필요가 없어진 경우에는 즉시 반환하여야 한다(법 81조 8항).

조사공무원은 피조사업체의 책상, 서랍, 캐비넷, 업무수첩 등을 조사하기 전에 피조사업체의 조사대상 부서 책임자 또는 이에 준하는 임직원에게 협조를 구한 후 조사를 실시하여야 한다. 피조사업체의 전자결재시스템 등 정보처리시스템의 자료를 조사하는 경우 피조사업체 관계자의 협조 또는 입회하에 자료를 열람하거나 복사하고, 자료 삭제 등 증거인멸의 우려가 있거나 자료를 검색 후 열람·복사하는 데 상당한 시간이 소요되는 등 조사의 효율성을 저해하는 경우 디지털저장매체로부터의 증거 수집 절차 및 방법에 따른다. 조사공무원이 수집한 자료에 대하여 피조사업체의 임직원이 복사를 요구하는 경우 조사공무원은 이에 응하여야 한다.

(3) 서면실태조사

공정위는 일정한 거래분야의 공정한 거래질서 확립을 위하여 해당 거래분야에 관한 서면실태조사를 실시하여 그 조사결과를 공표할 수 있다. 공정위가 서면실태조사를 실시하려는 경우에는 조사대상자의 범위, 조사기간, 조사내용, 조사방법, 조사절차 및 조사결과 공표범위 등에 관한 계획을 수립하여야 하고, 조사대상자에게 거래실태 등 조사에 필요한 자료의 제출을 요구할 수 있다. 공정위가 자료의 제출을 요구하는 경우에는 조사대상자에게 자료의 범위와 내용, 요구사유, 제출기한 등을 분명하게 밝혀 서면으로 알려야 한다(법 87조).

3. 사업자 등의 권리

(가) 변호인의 조력을 받을 권리

과거에 공정위의 현장조사에서 변호인의 입회를 보장하지 않았다는 지적이 일부 제기된 적이 있었다. 이에 2020년 개정된 법은 변호인의 조사과정 참여권을 원칙적으로 보장함으로써 조사절차의 투명성 제고 및 피조사업체의 방어권 등 절차적 권리를 보장하였다. 즉, 공정위로부터 조사 및 심의를 받는 사업자, 사업자단체 또는 이들의 임직원은 변호사 등 변호인으로 하여금 조사 및 심의에 참여하게 하거나 의견을 진술하게 할 수 있다(법 83조).

(나) 의견진술권

조사처분 또는 현장조사와 관련된 당사자, 이해관계인 또는 참고인은 의견을 제출하거나 진술할 수 있다(법 81조 10항). 이는 사건처리절차 법제화 및 피심인의 방어권 강화 차원에서 2020년 법 개정시 신설된 규정이다.[43)]

(다) 조사 등의 연기신청

공정위로부터 처분 또는 조사를 받게 된 사업자 또는 사업자단체가 천재지변이나 그 밖에 일정한 사유로 처분을 이행하거나 조사를 받기가 곤란한 경우에는 공정위에 처분 또는 조사를 연기하여 줄 것을 신청할 수 있다. 공정위가 처분 또는 조사의 연기신청을 받았을 때에는 그 사유를 검토하여 타당하다고 인정되는 경우에는 처분 또는 조사를 연기할 수 있다(법 85조).

4. 조사권의 한계

(1) 조사권의 남용금지

조사공무원은 법의 시행을 위하여 필요한 최소한의 범위에서 조사를 하여야 하며, 다른 목적 등을 위하여 조사권을 남용해서는 아니 된다(법 84조). 공정위의 법률위반행위 조사에 관한 사항은 원칙적으로 행정조사기본법을 적용하지 않으나(「행정조사기본법」 3조 2항 7호), 행정조사의 기본원칙은 적용된다(「행정조사기본법」 3조 3항). 따라서 공정위의 조사는 조사목적을 달성하는데 필요한 최소한의 범위 내에서만 실시하여야 하며, 다른 목적 등을 위하여 조사권을 남용하여서는 아니 되고, 법령등의 위반에 대한 처벌보다는 법령등을 준수하도록 유도하는 데 중점을 두어야 한다. 공정위는 조사목적에 적합하도록 조사대상자를 선정하여 조사를 실시하여야 하고, 유사하거나 동일한 사안에 대하여는 공동조사 등을 실시함으로써 조사가 중복되지 아니하도록 하고, 조사를 통해 알게 된 정보를 원래의 조사목적 이외의 용도로 이용하거나 타인에게 제공하여서는 아니 된다. 조사공무원은 행정조사의 대상자 또는 행정조사의 내용을 공표하거나 직무상 알게 된 비밀을 누설하여서는 아니된다. 그 밖에 기본권보장, 보충성의 원칙, 비례원칙 등 행정법의 일반원칙도 조사권의 한계로서 작용한다.

(2) 직접적 강제조사의 금지

공정위의 조사권에는 체포, 구속, 압수, 수색 등과 같은 직접적 강제조사권한은 포함되지 않는다. 이러한 강제조사는 헌법상 영장주의 원칙에 따라 법관이 발부한 영장에 의해서만 이루어질 수 있다. 따라서 공정위의 조사행위가 직접적 강제조사에 이를 경우에는 적법한 조사권의 행사라고 볼 수 없다. 공정위의 조사권이 법에 근거를 가지고 있어 국민의 기본권을 제한할 수 있다고 하더라도, 헌법상 요구되는 영장주의의 적용을 배제

43) 공정위, 공정거래법제 개선 특별위원회 최종 보고서(2018.7.), 44면.

할 수는 없기 때문이다.[44)]

(3) 조사시간 및 조사기간

조사시간과 관련하여, 조사공무원은 조사를 하는 경우에 조사를 받는 사업자 또는 사업자단체의 정규 근무시간 내에 조사를 진행하여야 한다. 다만, 증거인멸의 우려 등으로 정규 근무시간 내의 조사로는 조사의 목적을 달성하는 것이 불가능한 경우에는 피조사업체와 협의하여 정규 근무시간 외의 시간에도 조사를 진행할 수 있다(법 82조 1항).

조사기간과 관련하여, 조사공무원은 조사시 발급한 문서에 기재된 조사기간 내에 조사를 종료하여야 한다. 다만, 조사기간 내에 조사목적 달성을 위한 충분한 조사가 이루어지지 못한 경우에는 조사를 받는 사업자 또는 사업자단체의 업무 부담을 최소화할 수 있는 범위에서 조사기간을 연장할 수 있다(법 82조 2항). 조사기간을 연장하는 경우에는 해당 사업자 또는 사업자단체에 연장된 조사기간이 명시된 공문서를 발급하여야 한다(법 82조 3항).

(4) 심의 이후 단계에서 현장조사 금지

조사공무원은 심의·의결 절차가 진행 중인 경우에는 현장조사를 하거나 이에 부수하여 당사자의 진술을 들어서는 아니 된다. 다만, 조사공무원 또는 당사자의 신청에 대하여 전원회의 또는 소회의가 필요하다고 인정하는 경우에는 그러하지 아니하다(법 81조 4항). 이는 심사보고서 상정 이후 조사공무원의 추가 현장조사를 금지함으로써 심의절차 개시 이후 대심적 심리구조를 관철하고 피심인의 권리를 보호하기 위한 규정이다.

(5) 조사권의 한계와 관련한 구체적 쟁점들

(가) 회사의 내부전산망에 대한 열람

기업내부의 정보가 전산화됨에 따라 공정위 조사 시에 기업 내부전산망에 대한 열람의 범위가 어디까지 허용되는지에 관하여 다툼이 일어나는 경우가 있다. 법원은 공정위의 조사권한에 비례의 원칙에 반하는 전산망에 대한 무제한적 열람권은 포함되어 있지 않다고 보았다. 즉, 공정위의 조사행위가 헌법 제12조에서 규정하고 있는 압수수색에 관한 영장주의를 위반하거나 회피할 수 없는 것은 분명하고, 법 제84조에서 조사공무원은 이 법의 시행을 위하여 필요한 최소한의 범위에서 조사를 하여야 하는 비례성의 원칙을 선언하고 있는 점 등을 고려해 볼 때, 조사권의 범위는 피조사자의 법익침해가 최소화될 수 있도록 가능한 한 엄격하게 새기는 것이 타당할 것이다. 따라서 사업자의 내부전산망에 대한 접근권한을 얻어 무제한적으로 이를 열람하려 하는 행위는 사실상 영장을 요하는 수색에 해당하므로, 이를 거부하였다고 하더라도 이를 조사방해로 제재할 수 없다.[45)]

---

44) 안태준, "공정거래법상 조사방해행위에 대한 연구", 법조 제673호(2012), 243-244면.

■ **수원지법 2010.8.3. 자 2008라609 결정**

공정위는 2005. 6. 29.부터 같은 해 7. 20. 까지 사이에 삼성전자 주식회사(이하 "회사"라고 함)에 대하여 "IT벤처분야 하도급거래실태 현장 확인조사"를 실시하였다. 피심인은 당시 회사의 무선사업부 구매팀 구매1그룹장으로 재직하고 있었는데, 공정위 조사공무원이 위 조사 과정에서 부당한 하도급단가 결정의 중요한 단서가 되는 구매단가 변동사유 등을 비롯한 하도급법 위반 혐의내용을 확인하기 위하여 피심인에게 회사의 사내 통신망인 싱글(Single)의 열람을 요구하였으나, 피심인은 회사의 기밀 및 개인정보 보호를 이유로 이를 거부하였다. 공정위는 이러한 피심인의 행위가 조사를 거부·방해 또는 기피한 행위에 해당한다는 이유로 피심인에게 2,000만원의 과태료를 부과하였다.[46] 그러나 이를 다투는 소송에서 수원지방법원은 다음과 같이 판시하였고, 대법원은 이를 수긍하였다.[47]

「이 사건에서 조사관이 요구한 내부통신망 전체를 대상으로 한 열람은 법에서 예정하고 있는 전산자료의 조사나 자료의 제출요구라기보다는 영장의 대상인 수색에 더 가까운 행위이다. 따라서 조사관이 부당한 단가결정의 중요한 단서가 되는 서류가 싱글을 통하여 전달 보관되고 있다는 의심을 갖게 된 경우 그 서류 내지 전산 자료에 대한 제출을 요구하여 이를 조사함은 몰라도 스스로 그 서류 등을 찾기 위하여 내부전산망에 대한 접근권한을 얻어 무제한적으로 이를 열람할 권한까지는 부여되어 있지 않다고 해석함이 상당하다. 그리고 위와 같은 본건 회사의 내부전산망에 대한 무제한적인 열람권의 부여로 인하여 본건 회사의 영업비밀이나 관련 직원의 개인정보가 외부로 노출될 우려도 있다고 할 것이어서 이를 공정거래법 [제84조]에서 말하는 필요한 최소한의 범위 내의 조사라고 보기 어렵고, 공정거래법이 조사공무원에게 비밀엄수의무를 부과하고 있다고 하여 달리 볼 것도 아니다. 따라서 피심인이 싱글에 대한 공정위 조사관의 열람 요청을 거부한 것은 정당하므로 이에 대하여 구 하도급법 제30조의2 제1항 제3호를 적용하여 과태료를 부과할 수는 없다.」

(나) 제3자에 대한 조사처분 등

조사대상 사업자 이외에 제3자 등에 대하여 출석을 명하거나 자료의 제출을 요구하는 것이 허용되는지에 관해서 의문이 제기될 수 있다. 형사절차에서도 사건의 당사자가 아닌 제3자가 보유하고 있는 자료에 대해서 압수·수색을 하는 경우를 제외하고는 임의조사의 방법을 택하고 있다는 점을 고려하면, 공정위의 조사에서 당사자가 아닌 제3자에 대해서는 자료의 제출을 요구할 수 없다는 견해도 있을 수 있다. 그렇지만, 공정위가 시장상황 등을 파악하거나 위반행위의 구체적 내용을 확인하기 위하여 제3자의 진술이나 자료를 필요로 할 경우가 있으므로, 과태료에 의하여 출석, 보고 및 제출의무를 간접적으

45) 수원지법 2010.8.3. 자 2008라609 결정; 대법원 2014.10.30. 자 2010마1362 결정.
46) 공정위 2008.4.3. 의결 제2005하기2464호.
47) 대법원 2014.10.30. 자 2010마1362 결정.

로 강제하는 규정이 그 자체로서 헌법에 위반된다고 보기는 어려울 것이다.[48] 다만, 조사대상 사업자가 아닌 제3자에 대한 조사를 함에 있어서는 비례의 원칙에 따라 그 범위를 더욱 엄격하게 해석하여야 할 것이다.

5. 조사방해에 대한 제재

공정위의 조사권은 형벌, 과태료, 이행강제금을 통한 간접적 강제에 의하여 뒷받침된다.

(1) 형 벌

현장조사 시 폭언·폭행, 고의적인 현장진입의 저지·지연 등을 통하여 조사를 거부·방해 또는 기피한 자에 대하여는 3년 이하의 징역 또는 2억원 이하의 벌금에 처한다(법 124조 13호). 종래 과태료 부과 대상이었던 ① 보고 또는 필요한 자료나 물건을 제출하지 아니하거나 거짓의 보고 또는 자료나 물건을 제출한 자 또는 ② 현장조사 시의 자료 은닉·폐기, 접근거부 또는 위조·변조 등을 통하여 조사를 거부·방해 또는 기피한 자에 대하여는 2년 이하의 징역 또는 1억 5천만원 이하의 벌금에 처한다(법 125조 6호, 7호).

(2) 과태료

정당한 이유 없이 공정위의 출석 요구에 응하지 아니한 자 또는 서면실태조사에 따른 자료제출 요구에 대하여 정당한 이유 없이 자료를 제출하지 아니하거나 거짓의 자료를 제출한 자가 사업자, 사업자단체, 공시대상기업집단에 속하는 회사를 지배하는 동일인 또는 그 동일인의 특수관계인인 공익법인인 경우에는 1억원 이하, 회사·사업자단체·공익법인의 임원 또는 종업원, 그 밖의 이해관계인인 경우에는 1천만원 이하의 과태료를 부과한다(법 130조 1항 6호). 과태료를 부과하기 위해서는 행위자의 고의 또는 과실이 인정되어야 한다(「질서위반행위규제법」 7조). 따라서 직접 행위를 한 임직원 이외에 그가 속한 사업자 등의 조사방해가 인정되기 위해서는 조사방해행위가 사업자 차원의 활동으로 이루어져야 한다. 단순히 사업자에게 소속된 임직원이 조사방해 행위를 하였다는 사실만으로 사업자에게까지 과태료를 부과할 수는 없다.[49] 사업자의 조사방해가 인정된 사안은 대개 사업자의 조직적 지시, 계획에 따라 임직원들의 실행이 이루어진 경우들이다.

(3) 이행강제금

이행강제금 규정은 2017년 4월 법 개정 시에 신설되었다. 공정위는 사업자 또는 사업

---

48) 동지: 강수진, "공정거래위원회의 조사권 행사와 형사절차상 원칙과의 관계", 형사법의 신동향 제37호(2012), 24면.

49) 서울중앙지법 2013.1.29. 자 2011라658 결정(확정).

자단체가 보고 또는 자료나 물건의 제출 명령을 이행하지 아니한 경우에 그 보고 또는 자료나 물건이 법 위반 여부를 확인하는 데 필요하다고 인정할 때에는 소회의의 결정으로 이행기간을 정하여 그 보고 또는 자료나 물건의 제출을 다시 명령할 수 있으며, 이를 이행하지 아니한 자에게는 이행기한이 지난 날부터 1일당 1일 평균매출액의 1천분의 3의 범위에서 이행강제금을 부과할 수 있다. 다만, 매출액이 없거나 매출액의 산정이 곤란한 경우에는 이행기한이 지난 날부터 1일당 200만원의 범위에서 이행강제금을 부과할 수 있다(법 86조 1항). 이행강제금의 부과·납부·징수 및 환급 등에 관하여는 국세체납처분의 예에 따라 징수하고 관련 업무를 국세청장에게 위임할 수 있다(법 86조 2항, 16조 2항, 3항).

제3절 심의절차

Ⅰ. 심의절차의 구조

1. 대심적 요소

공정위는 독립규제위원회로서 준사법적 기능을 수행한다. 이러한 이유로 공정위의 심의절차는 원칙적으로 사법절차에 준하는 대심적 구조를 취하고 있다. 공정위는 법 위반 사항에 대하여 시정조치를 명하거나 과징금을 부과하기 전에 당사자 또는 이해관계인에게 의견을 진술할 기회를 주어야 하며(법 93조 1항), 당사자 또는 이해관계인은 공정위의 회의에 출석하여 그 의견을 진술하거나 필요한 자료를 제출할 수 있다(법 93조 2항). 또한 심사관이 피심인에게 심사보고서를 송부하도록 하는 것, 피심인의 의견서 제출 시부터 심의에 부의하는 기간의 계산, 피심인에 대한 회의 개최 통지 및 회의 개의 요건으로서 피심인의 출석 그리고 심의에 있어서 피심인의 질문권·증거조사 신청권·최후진술권 등은 대심적 요소를 반영한 제도이다.

대심적 구조를 규정하는 취지는 공정위의 시정조치 또는 과징금 납부명령으로 말미암아 불측의 손해를 받을 수 있는 당사자로 하여금 공정위의 심의에 출석하여 심사관의 심사결과에 대하여 방어권을 행사하는 것을 보장함으로써 심사절차의 적정성을 보장함과 아울러, 공정위로 하여금 적법한 심사절차를 거쳐서 사실관계를 보다 구체적으로 파악하여 신중하게 처분을 하게 하려는 데에 있다. 대심적 구조는 법 위반의 혐의가 있는 사업자인 피심인의 절차적인 권리가 충분히 보장될 수 있다는 의미에서 긍정적으로 평가할 수 있다. 그리고 위와 같은 절차적 요건을 갖추지 못한 공정위의 시정조치 또는 과징금납부명령은 설령 실체법적 사유를 갖추고 있다고 하더라도 위법하여 취소를 면할 수

없다.[50)]

2. 직권주의적 요소

공정위는 당사자의 이해관계에 구속받지 않고 경쟁질서의 확립이라는 공익적 목적을 달성하기 위하여 심의에 있어서 의장이 직권으로 심의 부의를 연기·철회할 수 있으며, 모두절차에서 피심인의 의견진술에 대한 의장의 허가, 석명권 그리고 심사관 또는 피심인의 진술의 제한 등 직권주의적 요소도 심의절차에 가미하고 있다.

Ⅱ. 심의절차의 진행

1. 심의의 사전절차

(1) 심사보고서의 제출

심사관은 ① 사건의 개요, ② 시장구조 및 실태, ③ 제도개선사항의 유무, ④ 사실의 인정, ⑤ 위법성 판단 및 법령의 적용, ⑥ 자율준수프로그램 또는 소비자중심경영 인증제도 운용상황의 조사여부, ⑦ 심사관의 조치의견(공표명령이 있는 경우에는 공표문안을 포함), ⑧ 피심인 수락여부(전원회의 소관사건은 제외), ⑨ 첨부자료를 기재한 심사보고서를 작성하여 각 회의에 제출하여야 한다.[51)] 한편 당해 사건이 소회의 소관사항인 경우에는 심사관은 피심인에게 심사보고서를 사전에 송부하여 심사보고서상의 행위사실을 인정하고 심사관의 조치의견을 수락하는지 여부를 물어야 하며, 이를 수락하지 않는 경우에는 이에 대한 의견을 제출할 것을 문서로 요청하여야 한다. 다만, 심사관의 조치의견이 고발 또는 과징금 납부명령인 경우, 피심인이 수락하지 않을 것이 명백할 경우 및 의장의 승인이 있는 경우에는 행위사실 인정 및 조치의견 수락여부를 묻지 않는다. 그 밖의 경우에는 심사관은 심사보고서를 각 회의에 제출함과 동시에 피심인에게 심사보고서를 송부하고, 이에 대한 의견을 4주의 기간(소회의에 제출되는 심사보고서의 경우 3주) 내에 심판관리관에게 문서로 제출할 것을 요구하는 통지를 하여야 한다.[52)]

(2) 직권취소 및 재처분을 위한 심사보고서

심사관은 ① 동일 또는 유사한 사건에 대하여 대법원의 판결이 있는 경우, ② 대법원

---

50) 대법원 2001.5.8. 선고 2000두10212 판결.

51) 심사관은 제출한 심사보고서를 철회할 수 있다. 다만, 심의기일통지가 이루어진 이후에는 의장의 허가를 얻어야 한다. 심사관은 심의기일통지가 이루어진 이후에 심사보고서를 철회할 때에는 그 사실을 신속히 피심인에게 고지하여야 한다.

52) 다만, 긴급히 심의에 부의하여야 하는 경우, 피심인의 모기업이 외국에 소재하거나 사건의 내용이 복잡하여 의견제출에 3주(소회의에 제출되는 심사보고서의 경우 2주) 이상의 시간이 소요된다고 인정되는 경우 및 기타 이에 준하는 사유가 있을 경우에는 피심인 의견서 제출기간을 달리 정할 수 있다.

이 위원회가 승소한 원심판결을 파기하여 파기환송심에서 위원회 패소로 확정될 가능성이 높은 경우, ③ 동일 유형의 법령 해석과 관련된 쟁점(예컨대, 합의의 존부, 관련 매출액의 해석 등)에 대하여 대법원 판결(심리불속행 기각의 경우 2회 이상)에서 패소로 판정한 경우, ④ 사건의 전제가 된 법률이 위헌결정을 받은 경우, ⑤ 소송 수행 중 송무담당관 검토 결과 원처분의 사실인정이 잘못되어 확실히 패소할 것으로 판단되는 경우, ⑥ 그 밖에 해당 사건 재판부가 직권 취소나 재처분을 권고하는 등 위원회가 필요하다고 판단한 경우에는 위원회 처분의 직권 취소를 위한 심사보고서를 작성하여 위원회에 상정할 수 있다. 이 경우에 심사관은 직권취소 또는 새로운 처분의 이유와 관련하여 송무담당관의 의견을 들어야 한다.

(3) 주심위원의 지정 및 심의 부의

전원회의의 의장은 심사보고서를 제출받은 경우 상임위원 1인을 당해 사건의 주심위원으로 지정한다.[53] 각 회의의 의장은 피심인의 의견서가 제출된 날, 심의준비절차를 종료한 날 또는 의견서가 제출되지 아니한 경우에는 그 기간이 경과된 날로부터 30일 이내에 당해 사건을 심의에 부의하여야 한다. 다만 각 회의의 의장이 필요하다고 인정하는 때에는 그 기간을 연장할 수 있다.

(4) 의견청취절차

주심위원 또는 소회의 의장은 ① 피심인이 심사보고서의 사실관계, 위법성 판단 등을 다투는 경우, ② 사실관계가 복잡하거나 쟁점이 많은 경우, ③ 전원회의 안건의 경우, ④ 피심인이 의견청취절차 진행을 요청한 안건으로서 피심인의 방어권 보장, 심의의 효율적 진행을 위해 필요하다고 인정되는 경우에 의견청취절차를 실시할 수 있다. 주심위원 등은 심사보고서에 대한 피심인의 의견서가 제출된 이후의 날로 의견청취절차를 진행할 일시 및 장소를 정하여 기일의 5일 전까지 당해 사건의 상임위원, 심사관, 피심인에게 통지하여야 한다. 다만, 통지를 받은 심사관과 피심인은 의견청취절차에 참석이 어려운 경우 그 사유를 소명하여 기일의 변경을 신청할 수 있고, 주심위원 등은 피심인이 교통의 불편 등으로 정한 장소에 직접 출석하기 어려운 경우 당사자의 의견을 들어 비디오 등 중계장치에 의한 중계 시설을 통하여 의견청취절차를 진행할 수 있다.

의견청취절차는 원칙적으로 당해 사건의 주심위원 등, 심사관, 피심인, 심의·의결 업무를 보좌하는 공무원이 모두 참석하여야 진행할 수 있다. 통지를 받은 후 의견청취절차 기일의 변경이 없음에도 정당한 사유의 소명 없이 심사관 또는 피심인의 일방이 불출석

---

53) 호문혁, 민사소송법연구(Ⅰ), 법문사(1998), 558면은 주심위원 지정의 의의가 모호하다는 점을 지적하고 있으나, 해당 사건의 관련시장이나 산업에 대한 전문성이 충분히 반영되는 방식으로 운영될 수만 있다면 긍정적인 측면도 있다고 생각된다.

한 경우에는 출석한 일방과 심의·의결 업무를 보좌하는 공무원의 출석만으로 의견청취절차를 진행할 수 있고, 통지를 받은 상임위원은 의견청취절차에 참석하여 질의하고 의견을 청취할 수 있다.

의견청취절차의 진행은 구술로 심사관과 피심인의 의견을 청취하고 질의하는 방식을 원칙으로 한다. 다만, 주심위원 등은 필요하다고 판단하는 경우 의견청취절차 기일에 진술할 내용을 기재한 요약 서면을 제출하도록 할 수 있다. 주심위원 등은 의견청취절차를 중립적 입장에서 공평하게 진행하여야 하며, 심사관과 피심인에게 주장의 기회를 동등하게 부여하여야 한다. 심의·의결 업무를 보좌하는 공무원은 의견청취절차의 안건, 일시 및 장소, 참석자, 진행 순서, 심사관과 피심인의 발언 요지 등 주요 내용을 기록·보존하여야 하며, 그 기록을 첫 심의기일 전에 각 회의에 제출하여야 한다.

(5) 심의개최 통지

의장은 심의개최 10일(소회의의 경우 5일) 전까지 당해 회의의 구성위원 및 피심인[54]에게 각 회의의 심의개최 일시·장소 및 사건명을 원칙적으로 서면(전송 포함)으로 통지하여야 한다.[55] 의장은 각 위원에게 심의의 개최를 통지할 경우 당해 회의에 상정할 심의안건을 송부하되 대외적으로 기밀을 요하는 사항이나 기타 부득이한 사유가 있는 경우 그 요지를 전신·전화 또는 구두로 미리 알리는 것으로 이를 갈음할 수 있다. 신고인에 대하여도 통지를 하여야 하며, 이 때 의장이 필요하다고 인정할 때에는 심사보고서(사건의 단서, 심사경위, 심사관의 조치의견 및 첨부자료는 제외)를 송부할 수 있다.

2. 심의의 진행

(1) 공개심리·구술심리의 원칙

공정위의 심리(審理)는 공개한다. 다만, 사업자 또는 사업자단체의 사업상의 비밀을 보호할 필요가 있다고 인정할 때에는 그러하지 아니하다(법 65조 1항). 그리고 공정위의 심리는 구술심리를 원칙으로 하되, 필요한 경우 서면심리로 할 수 있다(법 65조 2항). 구술심리의 경우에 각 회의의 심의기일에는 심판정에서 심의한다.

(2) 참가주체

각 회의에는 당해 사건의 심사관 및 피심인이 출석한다. 또한 의안의 상정자를 제외한 위원회 사무처 직원은 심사관을 보조하여 심의에 참가하여 의안에 대한 설명 또는 의견을 진술할 수 있다. 피심인이 통지를 받고도 정당한 이유 없이 출석하지 않은 경우에

---

54) 피심인에게는 개최일시의 변경에 대한 신청권이 있다(사건절차규칙 33조 3항).

55) 다만, 긴급을 요하거나, 당사자·이해관계인 등과의 기일 조정에 있어 부득이한 경우 등에는 그러하지 아니하다.

는 피심인의 출석 없이 개의할 수 있다. 의장은 피심인의 책임 있는 답변이나 법위반 재발방지 등을 위한 의견청취가 필요한 때에는 피심인 본인(피심인이 법인인 경우에는 그 대표자)에게 심의에 출석할 것을 명할 수 있다.

각 회의는 신청 또는 직권으로 심의결과에 대한 이해관계인, 자문위원, 관계행정기관, 공공기관·단체, 전문적인 지식이나 경험이 있는 개인이나 단체, 감정인 등을 참고인으로 하여 심의에 참가시켜 의안에 대한 설명·의견을 듣고 신문할 수 있다. 심판관리관이 회의에 참여하여 의안과 관련된 법리 등 기타 의견을 진술할 수 있다. 소송과 달리 회의에 참가할 수 있는 자의 범위를 상당히 넓게 인정하고 있는데, 이는 행정기관 내부에서 이루어지는 심의절차로서 직권주의적 성격이 강하게 반영된 것이다.

(3) 대리인

피심인의 대리인이 될 수 있는 자격은 ① 변호사, ② 피심인인 법인의 임원 등 기타 각 회의의 허가를 얻은 자[56]이다. 대리인은 대리권의 범위와 자기가 대리인임을 명백히 표시하는 위임장을 각 회의의 심의개시 전까지 제출하여야 한다.

(4) 기일의 진행

심의기일에서의 절차는 피심인 또는 참고인에 대하여 본인임을 확인하기 위한 '인정신문' → 심사결과의 요지 진술 및 피심인 의견 진술의 '모두절차' → 위원회의 심의 및 증거조사 → 심사관의 조치의견 진술 및 피심인의 최후의견 진술의 순서로 진행된다. 공정위는 사건을 심의하기 위하여 필요하면 당사자의 신청이나 직권으로 증거조사를 할 수 있다. 전원회의 또는 소회의 의장은 당사자의 증거조사 신청을 채택하지 아니하는 경우 그 이유를 당사자에게 고지하여야 한다(법 94조). 한편, 참고인신문은 이를 신청한 심사관 또는 피심인이 먼저 하고, 다음에 다른 당사자가 한다.

심의절차는 의장이 주재한다. 의장은 심판정의 질서유지, 석명권과 질문권, 진술의 제한 그리고 심의의 분리·병합 및 재개 등의 권한을 갖는다. 전원회의 및 소회의의 의장은 심판정에 출석하는 당사자·이해관계인·참고인 및 참관인 등에게 심판정의 질서유지를 위하여 필요한 조치를 명할 수 있다(법 66조). 위원은 의장의 허락을 얻어 사실의 인정 또는 법률의 적용에 관계되는 사항에 관하여 심사관 또는 피심인에게 질문할 수 있고, 심사관 또는 피심인은 상대방의 진술의 취지가 명백하지 아니할 때에는 의장의 허락을 얻어 직접 상대방에게 질문할 수 있다.

---

56) 이 경우에 피심인이 그 자의 성명, 주소 및 직업을 기재하고, 피심인과의 관계, 기타 대리인으로서 적당한지의 여부를 충분히 알 수 있는 사항을 기재한 문서를 위원회에 제출하여야 한다.

(5) 심의중지

각 회의는 피심인에게 ① 부도 등으로 인한 영업중단, ② 일시적 폐업이라고 인정되는 경우, ③ 법인의 실체가 없는 경우, ④ 도피 등에 의한 소재불명, ⑤ 국외에 소재하는 외국인 사업자를 신고한 경우로서 조사 등이 현저히 곤란한 경우, ⑥ 기타 이에 준하는 경우가 발생하여 심의를 계속하기가 곤란한 경우에는 그 사유가 해소될 때까지 심의중지를 의결할 수 있다.[57]

Ⅲ. 심의절차의 개선방안

공정위의 다수 사건들이 한 번의 전원회의 내지 소회의로 종결되고 있다. 이러한 현상이 발생하는 원인으로는 공정위의 인력 부족, 비상임위원의 존재로 계속적인 심의가 곤란한 사정, 심의절차의 중요성에 관한 인식의 부족 등을 들 수 있다. 그런데 이러한 관행으로 인하여 사안이 복잡하고 중대하거나 증거자료가 방대한 경우 충분한 심리가 이루어지지 못할 우려가 있다. 심의절차의 충실화를 위해서는 공정위의 인력확충, 비상임위원의 상임위원으로의 전환 등 조직법적 개선이 이루어져야 할 것이다. 그리고 단기적 처방으로는 공정위에 법률전문가를 보강하고 심의준비절차를 활성화하여 심의준비절차를 통해서 사건의 쟁점과 증거관계가 정리된 후에 회의를 진행하는 것이 바람직할 것으로 생각된다.

제4절 의　　결

Ⅰ. 의결의 성립

1. 의결절차

공정위의 의결절차는 위원들의 합의를 거쳐 의결서가 작성되고 이를 당사자에게 공개함으로써 마무리된다. 공정위의 사건에 관한 의결의 합의는 공개하지 아니한다(법 65조 3항). 합의체의 성격상 의사가 성립하기 위해서는 일정한 결정방식[58]이 요구된다. 법은 전

57) 당해 사건 심사관은 심의중지가 의결된 때에는 심의중지자 명부에 해당 사항을 기재하고 점검·관리하여야 한다. 이 경우 의결된 날부터 6개월 경과 후 종결처리할 수 있다. 당해 사건 심사관이 종결처리한 때에는 종결처리된 사실 및 피심인의 영업재개 등 심사개시사유가 발생한 때에는 재신고할 수 있다는 사실을 신고인 등에게 통지하여야 한다.

58) 사건절차규칙은 의결과 결정을 병행하여 사용하고 있다. 구체적으로 결정이라는 표현을 사용하고 있는 경우는 고발 등의 결정을 들 수 있다.

원회의와 소회의를 구분하여 규정하고 있는데, 전자의 경우에는 재적위원 과반수의 찬성으로 그리고 후자의 경우에는 재적위원 전원의 찬성으로 의결이 성립한다(법 64조). 공정위가 법위반 사항에 대하여 의결하는 경우에는 그 사항에 관한 심리를 종결하는 날까지 발생한 사실을 기초로 판단한다(법 69조).

각 회의가 의결을 한 경우에 형식적 요건으로 의결서가 작성된다. 공정위가 법 위반 여부에 관한 사항을 심의·의결하는 경우에는 의결 내용 및 그 이유를 명시한 의결서로 하여야 하고, 의결에 참여한 위원이 그 의결서에 서명날인하여야 한다(법 68조 1항). 이 경우 전원회의의 주심위원에 대하여는 당해 사건의 주심위원임을 표시하여야 한다. 전원회의 의결서 등에는 소수의견을 부기할 수 있게 되어 있으나, 실무상으로 그러한 사례가 별로 없다. 사건절차규칙에 따르면, 시정명령 등 시정조치, 과징금납부명령, 과태료납부명령, 고발 등을 의결 또는 결정하는 경우 의결서 또는 결정서는 그 의결 등의 합의가 있은 날부터 원칙적으로 35일(과징금 부과금액의 확정을 위해 필요한 자료의 제출을 명하는 경우 70일) 이내에 이를 작성하여야 하나, 이는 훈시규정으로 해석된다. 공정위는 의결서 등에 오기(誤記), 계산착오 또는 그 밖에 이와 유사한 오류가 있는 것이 명백한 경우에는 신청이나 직권으로 경정할 수 있다(법 68조 2항).

공정위의 의결은 공개한다. 다만, 사업자 또는 사업자단체의 사업상의 비밀을 보호할 필요가 있다고 인정될 때에는 그러하지 아니하다(법 65조 1항). 즉, 공정위는 직권으로 또는 신고로 조사한 결과 법에 따른 처분을 하거나 처분을 하지 아니하는 경우에는 그 근거, 내용 및 사유 등을 기재한 서면을 해당 사건의 당사자에게 통지하여야 한다. 다만, 의결서를 작성한 경우에는 해당 의결서 정본을 송부한다(법 80조 3항). 그리고 당사자 이외의 제3자에 대해서는 「공정거래위원회 의결 등의 공개에 관한 지침」에 따라서 공정위 홈페이지에 게재함으로써 공개한다.

2. 의결의 효력

각 회의의 의결은 그 내용의 구분 없이 절차의 종결효과와 불가변적 효력을 갖는다. 행정법상의 처분에 대하여는 이에 대한 쟁송이 제기된다고 하더라도 집행이 정지되지 않는 것이 원칙이다(행정심판법 30조 1항 및 행정소송법 23조 1항). 그 근거에 대하여 과거에는 공정력 등에 기초한 것으로 보았으나, 오늘날에는 입법정책적인 것으로 보는 것이 일반적이다.[59] 따라서 시정명령 등에 대하여 이의신청이나 행정소송으로 불복하더라도 따로 집행정지 또는 효력정지결정을 받지 않는 한 그 내용을 이행하지 않으면 시정명령불이행의 책임을 진다. 또한, 과징금을 납부기한 내에 납부하지 아니하는 경우에는 가산금

59) 김동희, 행정법(Ⅰ), 박영사(1998), 342면.

이 부과된다.

Ⅱ. 의결의 내용

1. 법 위반행위가 인정된 경우

(1) 경 고

각 회의는 독점규제법 등의 위반의 정도가 경미한 경우나 위반행위를 한 피심인이 사건의 조사 또는 심사과정에서 당해 위반행위를 스스로 시정하여 시정조치의 실익이 없다고 인정하는 경우 또는 사건의 심사 또는 심의과정에서 피심인이 시정조치 또는 금지명령을 이행할 경우에는 경고를 의결할 수 있다. 경고의 법적 근거 및 처분성에 관하여 ① 시정조치로 보지 않고 처분성도 부정하는 견해, ② 시정조치로 보지 않으면서 처분성을 긍정하는 견해,[60] ③ 시정조치로 보면서 처분성을 긍정하는 견해 등이 제시되었다.[61] 판례는 과징금 고시의 개정에 따라서 입장이 바뀌었다. 과징금 고시는 2008. 11. 10. 이전까지는 경고의 경우 벌점을 규정하지 않았으나, 2008. 11. 10. 공정위 고시 제2008-18호로 개정된 과징금 고시에서 벌점 규정이 신설되었고, 다시 2017. 11. 30. 공정위 고시 제2017-21호로 개정되면서 사건절차규칙에 의한 경고에 대해서는 벌점 규정을 유지하고 시정조치의 대상이 아닌 위반행위에 대하여 경고한 경우는 벌점 대상에서 제외하였다. 경고에 대한 벌점 규정이 없었던 시기에 판례는 ①설에 따라 경고조치에 관하여 법에 규정되어 있지 아니한 것으로서 이를 '기타 시정을 위한 필요한 조치'에 해당한다고 보기 어렵다고 하였다.[62] 그러나 경고에 대한 벌점 규정이 신설되자, 판례는 과징금 부과시 위반행위의 기간 및 횟수가 참작사유로 규정되어 있고, 공정위의 과징금 고시는 과징금 부과여부 및 과징금 가중기준 등의 기초자료로 활용되는 벌점 산정에서 경고를 0.5점으로 규정하고 있음을 근거로 ③설에 따라 경고 의결도 시정조치의 일종으로서 행정처분에 해당한다고 판단하였다.[63]

(2) 위반행위의 시정권고

공정위는 법을 위반하는 행위가 있는 경우에 해당 사업자 또는 사업자단체에 시정방안을 정하여 이에 따를 것을 권고할 수 있다(법 88조 1항). 시정권고는 위법성의 인정에

60) 대법원은 어떠한 처분의 근거나 법적인 효과가 행정규칙에 규정되어 있다고 하더라도, 그 처분이 행정규칙의 내부적 구속력에 의하여 상대방에게 권리의 설정 또는 의무의 부담을 명하거나 기타 법적인 효과를 발생하게 하는 등으로 그 상대방의 권리 의무에 직접 영향을 미치는 행위라면, 이 경우에도 항고소송의 대상이 되는 행정처분에 해당한다고 보고 있다(대법원 2002.7.26. 선고 2001두3532 판결 등 다수).

61) 박시준, "공정거래위원회 '경고'의 법적 근거와 처분성 여부", 법률신문(2014.5.19.).

62) 대법원 1999.12.10. 선고 98다46587 판결.

63) 대법원 2013.12.26. 선고 2011두4930 판결.

있어서 시정명령과 차이가 있는 것은 아니며, 시간적 긴박성에 따른 긴급처분적인 성격을 갖는다. 즉, 사건절차규칙에 따라 각 회의는 위원회의 심결을 거쳐 위반행위를 시정하기에는 시간적 여유가 없거나 시간이 경과되어 위반행위로 인한 피해가 크게 될 우려가 있는 경우, 위반행위자가 위반사실을 인정하고 당해 위반행위를 즉시 시정할 의사를 명백히 밝힌 경우, 위반행위의 내용이 경미하거나 일정한 거래분야에서 경쟁을 제한하는 효과가 크지 않은 경우, 또는 공정거래 '자율준수 프로그램(Compliance Program)'을 실질적으로 도입·운용하고 있는 사업자가 동 제도 도입 이후 최초로 법위반행위를 한 경우에는 피심인에게 시정방안을 정하여 이에 따를 것을 권고할 수 있다. 권고를 받은 자는 시정권고를 통지받은 날부터 10일 이내에 해당 권고를 수락하는지에 관하여 공정위에 통지하여야 한다(법 88조 2항). 심사관은 권고를 받은 자가 수락하지 아니하기로 통지하거나, 시정권고를 통지받은 날부터 10일 이내에 그 수락여부를 서면으로 통지하지 아니한 경우에는 당해 사건에 대한 심사보고서를 작성하여 각 회의에 제출하여야 한다. 시정권고를 받은 자가 당해 권고를 수락한 때에는 법에 따른 시정조치가 명하여진 것으로 본다(법 88조 3항). 따라서 시정권고를 수락한 후 이를 불이행한 경우는 시정조치 불이행으로 처벌된다.

(3) 시정명령, 과징금 납부명령, 과태료 납부명령

각 회의는 심의절차를 거쳐 시정명령, 과징금 납부명령, 과태료 납부명령의 의결을 할 수 있다. 각 회의는 법위반상태가 이미 소멸된 경우에도 법위반행위의 재발방지에 필요하다고 인정하는 경우에는 시정에 필요한 조치 등을 의결할 수 있다. 이러한 경우 시정조치는 적극적으로 경쟁질서의 확립을 지향하는 조치의 성격을 띠지만, 과거의 행위에 대한 위법성 판단이 전제되어야 한다. 이들 처분에 대해서는 다음 장에서 자세히 논하기로 한다.

(4) 고발 등

각 회의는 심의절차를 거쳐 고발, 입찰참가 자격제한 요청 또는 영업정지 요청의 결정을 할 수 있다.

2. 법 위반행위가 인정되지 아니한 경우

(1) 재심사명령

각 회의는 ① 사실의 오인이 있는 경우, ② 법령의 해석 또는 적용에 착오가 있는 경우, ③ 심사관의 심사종결이 있은 후 심사종결 사유와 관련이 있는 새로운 사실 또는 증거가 발견된 경우, ④ 기타 이에 준하는 사유가 있는 경우에는 심사관에게 당해 사건에 대한 재심사를 명할 수 있다.

(2) 심의절차의 종료

각 회의는 ① 심사절차를 개시하지 아니할 수 있는 경우, ② 재신고 사건으로 원 사건에 대한 조치와 같은 내용의 조치를 하는 경우, ③ 사건의 사실관계에 대한 확인이 곤란하여 법 위반 여부의 판단이 불가능한 경우, 새로운 시장에서 시장상황의 향방을 가늠하기가 매우 어렵거나 다른 정부기관에서 처리하는 것이 바람직하여 위원회 판단을 유보할 필요가 있는 등 심의절차의 종료가 합리적이고 타당하다고 인정하는 경우에는 심의절차의 종료를 의결할 수 있다.

(3) 무혐의 · 주의 촉구

각 회의는 피심인의 행위가 법 위반행위로 인정되지 아니하거나 위반행위에 대한 증거가 없는 경우에는 무혐의를 의결할 수 있다. 그 밖에도 각 회의는 피심인의 행위가 법에 위반되지 아니하더라도 장래의 법위반 예방 등 필요한 경우에는 주의 촉구를 할 수 있다. 이 경우 당해 행위가 법에 위반되지 아니함을 명백히 하는 문언을 함께 기재하여야 한다.

(4) 종결처리

각 회의는 피심인에게 사망 · 해산 · 파산 · 폐업 또는 이에 준하는 사유가 발생함으로써 시정조치 등의 이행을 확보하기가 사실상 불가능하다고 인정될 경우나, 채무자회생법에 의한 회생채권에 관한 사건으로서 피심인이 채무자회생법에 의하여 보전처분 또는 회생절차 개시결정을 받은 경우에 해당하는 때에는 종결처리를 의결할 수 있다. 그러나 후자의 경우 피심인이 채무자회생법에 의하지 아니한 방법으로 정상적인 사업활동을 영위하는 경우에는 사건절차를 재개할 수 있다.

(5) 조사 등 중지

각 회의는 피심인, 신고인 또는 이해관계인 등에게 ① 부도 등으로 인한 영업중단, ② 일시적 폐업이라고 인정되는 경우, ③ 법인의 실체가 없는 경우, ④ 도피 등에 의한 소재불명, ⑤ 국외에 소재하는 외국인 사업자를 신고한 경우로서 조사 등이 현저히 곤란한 경우, ⑥ 이에 준하는 경우 등에 해당하여 조사 등을 계속하기가 곤란한 경우에는 그 사유가 해소될 때까지 당해 절차의 중지를 의결할 수 있다. 따라서 이 경우에는 의결내용이 실체적 법률관계에 종국적인 영향을 주는 것은 아니다. 한편 심사관은 조사 등 중지가 의결된 때에는 조사 등 중지자 명부에 해당사항을 기재하고 점검 · 관리하여야 하며, 이 경우 의결된 날로부터 6개월 경과 후에 종결 처리할 수 있다. 그리고 절차의 중지가 종결처리로 이어진 경우에는 신고인 등에게 종결 처리된 사실 및 재신고가 가능하다는 사실을 통지하여야 한다. 이는 신고인의 이익을 보호함과 동시에, 자의적 조사 중지와 종결처리에 대한 견제의 의미도 갖고 있다.

Ⅲ. 의결의 집행

각 회의의 의결 등에 따른 조치는 원칙적으로 당해 사건을 담당하고 있는 심사관이 행한다. 그리고 시정명령이나 고발 등의 의결이 있는 경우 심사관은 부득이한 경우를 제외하고, 그 의결 등의 합의가 있은 날부터 30일 이내에 피심인 또는 권한 있는 기관의 장에게 의결서 등의 정본을 송부하고, 신고인 등에게는 그 요지를 통지하여야 하며, 이해관계인에게도 필요시 그 요지를 통지할 수 있다.[64]

제5절 당사자 등의 절차적 권리

Ⅰ. 의견진술권

공정위는 법에 위반되는 사항에 대하여 시정조치를 명하거나 과징금을 부과하기 전에 당사자 또는 이해관계인에게 의견을 진술할 기회를 주어야 하며, 당사자 또는 이해관계인은 공정위의 회의에 출석하여 그 의견을 진술하거나 필요한 자료를 제출할 수 있다(법 93조). 설사 공정위의 시정조치 및 과징금납부명령에 행정절차법 소정의 의견청취절차 생략사유가 존재한다고 하더라도 의견청취절차를 생략할 수는 없다.[65] 즉, 의견진술권은 절차적 요건으로서 이를 위반하는 경우에는 그 처분이 실체적 요건을 갖추고 있더라도 취소될 수 있다.

실제로 피심인에게 사전에 의견진술의 기회를 부여하지 않은 채 부과한 시정조치 및 과징금 납부명령을 절차위법을 이유로 취소한 사례가 있다. 공정위(피고)가 1998년 4월경 원고 등 위 사업자들의 법 위반 여부에 대한 실태조사에 들어가, 원고의 위반사실을 인지하고 사건을 피고 전원회의에 상정하기에 앞서 원고에게 심사보고서를 송부하면서 그에 대한 의견제출을 요구하였는데, 그 심사보고서에는 원고의 위반사실로 '운송비 합의'와 '시장점유율 합의'만이 적시되어 있었을 뿐이었고, '1998년 4월 이후 석도강판의 판매

64) 이해관계인에 대한 통지를 심사관의 재량사항으로 한 것은 문제가 있다고 본다. 재량사항으로 규정한다면 그 결정은 각 회의가 하는 것이 타당할 것이다.

65) 행정절차법 제3조 제2항, 동법시행령 제2조 제6호에 의하면 공정위의 의결·결정을 거쳐 행하는 사항에는 행정절차법의 적용이 제외되어 있다.

가격을 동일하게 정하기로 합의하였다(이하 이러한 합의를 "판매가격 합의"라 함)'는 위반사실은 원고를 제외한 나머지 3개 사업자들의 위반사실로만 적시되어 있었다. 원고는 '판매가격 합의'에 대하여는 아무런 의견을 제출하지 아니하고 '운송비 합의'와 '시장점유율 합의'에 대하여만 그 사실을 부인하거나 선처를 바라는 내용의 의견을 피고에게 제출하였다. 당초 피고의 심사관은 원고의 '판매가격 합의'를 인정할 뚜렷한 증거가 없어 위와 같은 내용으로 심사보고서를 작성하였다. 그리하여 피고 전원회의에서도 원고의 '판매가격 합의'는 그 심의대상에서 제외되었던 것인데, 피고 전원회의 의결과정에서 상임위원 1인이 여러 정황에 의하여 원고의 '판매가격 합의'를 추정할 수 있다면서 심사보고서에 이의를 제기하자, 피고 전원회의는 종결된 심의를 재개함이 없이 원고의 위반사실에 '판매가격 합의'를 추가하여 이 부분에 대하여도 시정조치 및 과징금납부명령을 하기로 의결하였다. 이에 관하여 대법원은 "피고의 이 사건 '판매가격 합의' 부분에 대한 시정조치 및 과징금납부명령은 피고가 그 부분에 대하여 조사결과를 서면으로 원고에게 통지한 바도 없고, 사전에 의견진술의 기회를 부여한 바도 없으므로 위법하여 취소를 면할 수 없다." 고 판단하였다.[66]

Ⅱ. 자료열람요구권

1. 제도의 취지

자료열람요구권은 당사자 등이 공정위에 법에 따른 처분과 관련된 자료의 열람 또는 복사를 요구할 수 있는 권리를 말한다. 공정위는 위반혐의를 입증하기 위하여 여러 자료를 수집한다. 공정위가 수집한 자료에는 당사자의 내부정보가 많겠지만, 임의제출되거나 공정위가 조사권을 발동하여 확보한 제3자의 자료나 다른 법집행기관을 통해 취득한 자료도 존재한다. 공정위가 제3자나 다른 법집행기관으로부터 자료를 확보하기 위해서는 비밀의 유지가 중요한 전제가 된다. 따라서 공정위는 이들의 신뢰를 보호하기 위하여 가급적 해당 자료를 외부에 노출시키지 않으려는 유인이 작용한다. 반면, 당사자의 입장에서는 자신의 방어권을 행사하기 위하여 위 자료를 검토하는 것이 중요하고, 신고인이나 피해자의 입장에서도 자신의 피해를 입증하거나 권리를 행사하기 위하여 자료에 접근할 필요가 있다. 그러므로 자료열람요구권의 내용과 범위를 정함에 있어서는 자료제출자의 사업상 이익, 당사자나 이해관계인의 절차적 권리 및 집행의 효율성과 투명성의 요소를 종합적으로 고려할 필요가 있다.

독점규제법상 자료열람요구권은 당사자 등의 방어권을 보장하기 위하여 1999년에 처

66) 대법원 2001.5.8. 선고 2000두10212 판결.

음 도입되었다. 공공기관의 정보공개에 관해서는 원칙적으로 「공공기관의 정보공개에 관한 법률」이 적용되나, 정보의 공개에 관하여는 다른 법률에 특별한 규정이 있는 경우는 해당 규정에 따르도록 하고 있다(「공공기관의 정보공개에 관한 법률」 4조 1항). 따라서 공정위의 정보공개에 관해서는 독점규제법의 관련 규정이 우선 적용된다. 공정위는 자료의 열람 또는 복사와 관련하여 예규로서 「자료의 열람·복사 업무지침」(이하 "열람복사지침"이라 함)을 마련하여 시행하고 있다. 열람복사지침은 일반 국민이나 법원에 대한 대외적인 구속력이 없는 내부 사무처리준칙으로서의 재량준칙에 해당한다.[67)]

2020년 5월 개정 전 구법에는 '자료를 제출한 자의 동의가 있거나 공익상 필요'한 경우에 한하여 공정위가 열람·복사 요구에 응하여야 하는 것으로 규정하고 있었다. 그런데 판례는 "요구된 대상이 영업비밀, 사생활의 비밀 등 기타 법령 규정이 정한 비공개자료에 해당하거나 자진신고와 관련된 자료로서 자진신고자 등의 신상 등 사적인 정보가 드러나는 부분 등에 관하여는, 첨부자료의 열람·복사 요구를 거부할 수도 있다. 다만, 이 경우에도 일률적으로 거부할 수는 없고 첨부자료의 열람·복사를 거부함으로써 보호되는 이익과 그로 인하여 침해되는 피심인의 방어권의 내용과 정도를 비교·형량하여 신중하게 판단하여야 한다."고 새겼다.[68)] 그리고 2020년 5월 개정된 법에서는 위와 같은 판례의 입장을 반영하여 공정위가 열람·복사를 거부할 수 있는 예외 사유를 보다 구체적으로 명시하고, 위 사유가 있는 경우 외에는 원칙적으로 열람·복사를 허용하도록 하였다.

2. 자료열람요구권의 내용

(1) 요구권자

자료열람요구권을 행사할 수 있는 자는 해당 사건의 당사자, 해당 사건의 신고인, 법 제109조에 따라 손해배상청구의 소를 제기한 자(해당 소송이 계속 중인 경우로 한정)이다(법 95조, 영 81조). 따라서 당사자 또는 이해관계인은 법에 따른 자료열람요구권을 행사하여야 할 것이고,[69)] 이에 해당하지 아니하는 자의 정보공개청구는 「공공기관의 정보공개에 관한 법률」이 적용된다. 한편, 법의 문언만 보면 당사자의 자료열람요구권과 신고인 등 이해관계자의 자료열람요구권 사이에 별 차이가 없는 것처럼 보일 수도 있으나, 당사자에게 보장된 절차적 권리는 신고인이나 피해자와 같은 이해관계인이 보유하는 절차적 권리와 그 내용이 같을 수 없다. 당사자의 권리와 이해관계인의 권리를 구분하지 아니하고 같은 조문에 규정한 것은 입법적으로 개선이 필요하다.

67) 동지: 한애라, "영업비밀 열람과 보호", 사법 58호(2021), 581면.
68) 대법원 2018.12.27. 선고 2015두44028 판결.
69) 서울행정법원 2018.11.9. 선고 2018구합67718 판결(확정).

당사자의 자료열람요구권을 사건절차의 흐름에 비추어 보건대, 단순히 조사가 개시되거나 진행 중인 상태인 피조사자의 지위에 있는 당사자의 절차적 권리와 비교하여, 심사보고서가 상정된 피심인의 지위에 있는 당사자가 가지는 절차적 권리는 한층 더 보장될 필요가 있다. 이러한 관점에서 공정위의 심의절차에서는 특별한 사정이 없는 한 피심인에게 원칙적으로 관련 자료를 열람·등사하여 주어 실질적으로 그 방어권이 보장되도록 하여야 한다. 판례도 당사자인 피심인은 공정위에 대하여 법 규정에 의한 처분과 관련된 자료의 열람 또는 복사를 요구할 수 있고, 적어도 공정위의 심리·의결 과정에서는 다른 법령에 따라 공개가 제한되는 경우 등 특별한 사정이 없는 한 공정위가 피심인의 이러한 요구를 거부할 수 없음이 원칙이라고 새기고 있다.[70)]

■ **대법원 2018.12.27. 선고 2015두44028 판결**

행정절차법은, 당사자가 청문의 통지가 있는 날부터 청문이 끝날 때까지 행정청에 해당 사안의 조사결과에 관한 문서와 그 밖에 해당 처분과 관련되는 문서의 열람 또는 복사를 '요청'할 수 있고, 행정청은 다른 법령에 따라 공개가 제한되는 경우를 제외하고는 그 요청을 거부할 수 없도록 규정하고 있다(제37조 제1항). 그런데 행정절차법 제3조, 행정절차법 시행령 제2조 제6호는 공정거래법에 대하여 행정절차법의 적용이 배제되도록 규정하고 있다. 그 취지는 공정거래법의 적용을 받는 당사자에게 행정절차법이 정한 것보다 더 약한 절차적 보장을 하려는 것이 아니라, 오히려 그 의결절차상 인정되는 절차적 보장의 정도가 일반 행정절차와 비교하여 더 강화되어 있기 때문이다. 공정거래위원회에 강학상 '준사법기관'으로서의 성격이 부여되어 있다는 전제하에 공정거래위원회의 의결을 다투는 소를 서울고등법원의 전속관할로 정하고 있는 취지 역시 같은 전제로 볼 수 있다. 공정거래법 [제95조]가 당사자에게 단순한 열람·복사 '요청권'이 아닌 열람·복사 '요구권'을 부여한 취지 역시 이와 마찬가지이다. 이처럼 공정거래법 규정에 의한 처분의 상대방에게 부여된 절차적 권리의 범위와 한계를 확정하려면 행정절차법이 당사자에게 부여한 절차적 권리의 범위와 한계 수준을 고려하여야 한다. 나아가 '당사자'에게 보장된 절차적 권리는 단순한 '이해관계인'이 보유하는 절차적 권리와 같을 수는 없다. 또한 단순히 조사가 개시되거나 진행 중인 경우에 당사자인 피심인의 절차적 권리와 비교하여, 공정거래위원회 전원회의나 소회의 등이 열리기를 전후하여 최종 의결에 이르기까지 피심인이 가지는 절차적 권리는 한층 더 보장되어야 한다. 따라서 공정거래위원회의 심의절차에서 특별한 사정이 없는 한 피심인에게 원칙적으로 관련 자료를 열람·등사하여 주어 실질적으로 그 방어권이 보장되도록 하여야 한다.

70) 대법원 2018.12.27. 선고 2015두44028 판결.

(2) 원칙적 허용대상

자료열람요구의 대상은 법에 따른 처분과 관련된 자료이다. 이에 대하여 공정위는 다음에서 보는 제한대상 자료에 해당하지 않는 한 열람 또는 복사를 허용하여야 한다(법 95조). 처분과 관련된 자료의 열람 또는 복사를 요구하기 위해서는 관련 자료를 공정위가 보유하고 있다는 사실이 증명되어야 하고 그 증명책임은 원칙적으로 열람·복사를 요구하는 측에 있다.[71] 한편, 심사보고서에 첨부된 자료가 열람·복사의 대상이 된다는 점에 대해서는 별다른 이견이 없다. 공정위의 시정조치 또는 과징금납부명령 등으로 말미암아 불이익을 받을 수 있는 당사자로 하여금 공정위의 심의에 출석하여 심사관의 심사결과에 대하여 효과적으로 방어권을 행사하도록 보장할 필요가 있기 때문이다.

그렇다면 심사보고서에 첨부되지 아니한 자료도 법에 따른 처분과 관련된 자료에 포함되는가? 이에 관한 다툼에서 법원은 행정절차법에 따라 열람 또는 복사를 요청할 수 있는 범위가 행정기관이 접수한 모든 문서인 점, 독점규제법의 적용을 받는 당사자에게 일반 행정절차보다 강화된 절차적 보장을 제공하려는 관련 법령의 취지 등을 고려하면 법에 따른 처분과 관련된 자료가 심사보고서와 그 첨부자료의 목록 및 첨부자료에 한정되는 것은 아니라고 보면서도, 열람복사 요구의 대상이 법 위반행위와 관련성이 없거나 어느 정도 관련성이 있다고 하더라도 심사보고서 및 그 첨부자료의 내용과 중복되거나 배치된다고 보기 어려운 경우에는 열람·복사의 대상에서 제외된다고 보고 있다.[72]

(3) 제한대상

① 부정경쟁방지법 제2조 제2호에 따른 영업비밀 자료, ② 자진신고 등과 관련된 자료, ③ 다른 법률에 따른 비공개 자료는 열람·복사의 원칙적 허용대상에 포함되지 않는다(법 95조). 이 가운데 영업비밀 자료란 공공연히 알려져 있지 아니하고 독립된 경제적 가치를 가지는 것으로서, 비밀로 관리된 생산방법, 판매방법, 그 밖에 영업활동에 유용한 기술상 또는 경영상의 정보를 말한다. 즉, 비공지성, 비밀관리성, 경제적 유용성의 요건이 충족되어야 한다.[73] 자진신고 자료라 함은 법에 따른 자진신고와 관련된 자료를 말한다. 자진신고 자료에 관한 설명은 제2편 제3장 제5절 자진신고자에 대한 감면제도 부분을 참고하기 바란다. 다른 법률에 따른 비공개자료라 함은 「개인정보보호법」, 「공공기관의 정보공개에 관한 법률」, 「공익신고자 보호법」, 「산업기술의 유출방지 및 보호에 관한 법률」,

71) 서울고법 2020.8.27. 선고 2020누37644 판결(확정).

72) 서울고법 2020.8.19. 선고 2020누34010 판결(확정); 서울고법 2020.8.27. 선고 2020누37644 판결(확정).

73) 비교법적으로 경쟁법 집행에 있어 '비밀정보'는 통상 정보제공자의 상업적 이익을 침해하는지를 고려하는 점에 비추어, 자료제출 사업자의 경영상의 비밀도 열람복사 제한사유에 포함시키는 것이 입법론적으로 타당하다는 지적이 있다. 박성진, "개정 공정거래법상 열람·복사 규정의 쟁점 및 운용 방안에 관한 검토", 법조 제69권 제5호(2020), 383-385면 참조.

그 밖의 다른 법률에서 비공개 대상으로 하는 자료를 말한다. 관련하여 「공공기관의 정보공개에 관한 법률」에서는 법인 · 단체 또는 개인의 경영상 · 영업상 비밀에 관한 사항으로서 공개될 경우 법인등의 정당한 이익을 현저히 해칠 우려가 있다고 인정되는 정보를 비공개 대상으로 정하고 있고, '법인 등의 경영 · 영업상 비밀'에 관하여 판례는 '타인에게 알려지지 아니함이 유리한 사업활동에 관한 일체의 정보' 또는 '사업활동에 관한 일체의 비밀사항'을 의미하는 것으로 새기고 있다.[74] 예컨대, 피심인과 계속적 거래관계에 있고 거래상 지위가 열위에 있는 대리점이 신고인인 경우 그 신상이 노출되면 상당한 경제적 불이익을 입을 가능성이 존재하므로 신고인의 신상에 관한 사항은 경영상 · 영업상 비밀에 관한 사항에 해당할 것이다.

제한대상 자료에 관한 열람 또는 복사의 허용 여부는 해당 자료에 관한 열람 · 복사를 거부함으로써 보호되는 이익과 그로 인하여 침해되는 방어권의 내용과 정도를 비교 · 형량하여 판단하여야 한다.[75] 법원은 조사에 협조한 자의 신원과 제보내용 등에 관련된 자료는 비공개로 인한 법령상 이익이 피심인의 방어권 보장의 필요성보다 크다고 본다.[76] 이에 관하여 공정위에 재량권이 부여되어 있다고 할 것인데, 공정위는 열람복사지침에서 재량판단에 관한 구체적인 기준을 제시하고 있다. 즉, 피심인의 열람 또는 복사 요구가 위 ①의 영업비밀 자료 또는 위 ②의 자진신고 자료에 대한 것이고 이에 관하여 자료제출자의 동의가 있는 경우에는 자료의 열람 또는 복사를 허용하여야 한다. 반면, 위 ③의 다른 법률에 따른 비공개자료에 대해서는 동의가 있는 경우에도 열람 또는 복사를 거부할 수 있다. 한편, 위 ①의 영업비밀 자료는 자료 제출자의 동의가 없는 경우라도 피심인이 요구한 자료에 대해서 제한적 자료열람을 허용할 수 있다.

(4) 열람 · 복사 거부처분에 대한 불복

공정위의 열람 · 복사 거부처분에 대하여 불복하는 자는 서울고등법원에 불복의 소를 제기할 수 있다(법 99조, 100조). 이 경우 소를 제기한 그 당사자 및 동일한 사건으로 심의를 받는 다른 당사자에 대하여 처분시효의 진행이 정지되고 그 재판이 확정된 때부터 진행한다(법 80조 7항).

3. 제한적 자료열람

열람복사지침에 따르면, 공정위는 피심인이 요구한 자료가 영업비밀 자료에 해당하는 경우에는 제한적 자료열람을 허용할 수 있다. 제한적 자료열람이라 함은 공정위가 열람

---

74) 대법원 2011.11.24. 선고 2009두19021 판결; 대법원 2014.7.24. 선고 2012두12303 판결.

75) 대법원 2018.12.27. 선고 2015두44028 판결.

76) 서울고법 2019.5.16. 선고 2019누30500 판결(심리불속행 기각으로 확정); 서울고법 2021.1.13. 선고 2020누31035 판결(확정).

의 주체, 일시, 장소, 방법 등을 정하여 제한된 상태에서 영업비밀 자료를 열람하게 하는 방식을 말한다. 제한적 자료열람은 피심인의 방어권 보장과 자료 제출자의 영업비밀 보호라는 상충하는 법익을 균형 있게 보장하기 위하여 마련된 제도이다. 제한적 자료열람을 위하여 공정위 내에 제한적 자료열람실(이른바 data room)이 설치되어 있다.

제한적 자료열람자는 피심인에 소속되지 않은 피심인의 대리인에 한한다. 피심인이 대리인으로 선임할 수 있는 자는 변호사 또는 피심인인 법인의 임원 등 기타 각 회의의 허가를 얻은 자에 한정되는데(사건절차규칙 42조), 이 중에서도 외부 변호사들에 한하여 실무상 허가가 이루어지고 있다. 이와 같은 실무의 관행은 제한적 자료열람자의 비밀유지의무를 담보하는 주된 수단 중 하나가 대한변호사협회에 대한 징계요구권이라는 점, 방어권 행사를 빌미로 피심인의 내부자가 자료제공자의 영업비밀을 취득하는 것을 막을 필요가 있다는 점 등에 기인한다.

제한적 자료열람자는 열람 기간 동안 증거의 존재 및 내용을 확인하고 증거와 행위사실간의 관련성 및 심사관이 실시한 정량 분석의 정확성 등을 검증하여 그 결과를 기재한 열람보고서를 작성할 수 있다. 제한적 자료열람자는 열람보고서에 영업비밀을 직접 기재하여서는 아니 된다. 다만, 제한적 자료열람자는 영업비밀의 당부를 다투거나 상세한 변론을 위해 영업비밀을 직접 언급할 필요가 있는 경우에는 영업비밀을 기재한 별도의 비공개 열람보고서를 작성할 수 있다. 비공개 열람보고서는 공정위 위원 및 소속 공무원에게만 공개되며 그 외 다른 사람(피심인을 포함)에 대한 공개는 금지된다. 피심인의 대리인이 심판정에서 비공개 열람보고서에 기재된 영업비밀과 관련된 사항에 대해 발언하고자 하는 경우에는 회의 개최 5일 전까지 그 사실을 심판관리관에게 통지하여야 한다. 이 경우 의장은 피심인 퇴정 등 기타 필요한 조치를 할 수 있다.[77)]

제한적 자료열람자는 비밀유지의무를 부담한다. 피심인은 제한적 자료열람자에게 제한적 자료열람을 통해 알게 된 영업비밀의 제공을 요구하거나 이를 제공받아서는 아니 된다. 공정거래위원장은 위 의무를 위반한 자에 대하여 대한변호사협회에 징계를 요구하고, 5년간 공정위 소속공무원과의 접촉을 금지하여야 한다.

Ⅲ. 당사자의 절차적 권리가 침해된 경우의 효과

당사자의 절차적 권리가 침해된 경우에는 공정위의 처분이 실체적 요건을 갖추고 있더라도 취소사유에 해당할 수 있다. 다만, 판례는 절차적 하자가 존재하더라도 피심인의

77) 구글 측 변호사가 데이터룸의 다른 기업 영업비밀을 전원회의에서 변론에 활용한 관계로 사건 당사자인 구글 측 임직원의 전원회의 출석을 제한한 사례로 2021.8.7.자 머니투데이 "구글 사건인데...구글이 공정위 재판에 못 들어가는 이유" 기사 참조.

방어권 행사에 실질적인 지장이 초래되지 않았다면 처분취소로 이어지지는 않는다고 보고 있다. 구체적으로, 피심인이 심의·의결절차에서의 방어권을 행사하기 위하여 필요한 심사보고서의 첨부자료 열람·복사를 신청하였으나, 공정위가 사건절차규칙에서 정한 거부 사유에 해당하지 않음에도 이에 응하지 아니하였다면, 공정위의 심의·의결의 절차적 정당성이 상실되므로, 공정위의 처분은 그 절차적 하자로 인하여 원칙적으로 취소되어야 한다. 다만, 그 절차상 하자로 인하여 피심인의 방어권 행사에 실질적으로 지장이 초래되었다고 볼 수 없는 예외적인 경우에는, 공정위가 첨부자료의 제공 또는 열람·복사를 거절하였다고 하더라도 그로 인하여 공정위의 심의·의결에 절차적 정당성이 상실되었다고 볼 수 없으므로 그 처분을 취소할 것은 아니다. 나아가 첨부자료의 제공 또는 열람·등사가 거절되는 등으로 인하여 피심인의 방어권이 실질적으로 침해되었는지 여부는 공정위가 송부 내지 열람·복사를 거부한 자료의 내용, 범위, 정도, 그 자료의 내용과 처분요건 등과의 관련 정도, 거부의 경위와 거부 사유의 타당성, 심사보고서에 기재된 내용, 피심인이 심의·의결절차에서 의견을 진술하고 변명하는 등 방어의 기회를 충분히 가졌는지 여부 등을 종합하여 판단하여야 한다.[78]

제 6 절 동의의결제도

Ⅰ. 개 요

1. 의 의

동의의결제도는 공정위의 조사나 심의를 받고 있는 사업자 또는 사업자단체(이하 "신청인")가 해당 조사나 심의의 대상이 되는 행위(이하 "해당행위")로 인한 경쟁제한상태 등의 자발적 해소, 소비자 피해구제, 거래질서의 개선 등을 위하여 필요한 시정방안을 공정위에 제출하고, 공정위가 이해관계자 등의 의견 수렴을 거쳐서 그 타당성을 인정하는 경우에 그 행위의 위법성 여부를 판단하지 않고 그 시정방안과 같은 취지의 의결을 함으로써 사건을 신속히 종결시키는 제도이다. 이 제도는 비교법적으로 보면 미국의 동의명령(consent order, consent decree), EU의 동의의결(commitment decision) 또는 독일의 의무부담확약(Verpflichtungszusagen)과 유사한 제도이다. 동의의결제도는 한미자유무역협정(FTA)[79] 이행법안의 하나로서 2011년 12월의 법 개정을 통하여 국내에 도입되었다.[80]

78) 대법원 2018.12.27. 선고 2015두44028 판결.

79) 한미 FTA 중 경쟁법의 집행과 관련된 부분(제16.1조)의 내용은 첫째, 경쟁법과 경쟁당국의 유지와 법의 목적에 대한 부분, 둘째, 심판과정에서 피심인의 절차적 권리 보장, 셋째, 동의의결제의 도입, 넷째, 경쟁법 집행에 있어서의 투명성 보장 등으로 분류할 수 있다. 상세는 이동원, "한·미 FTA와 경쟁정책", 경쟁법연구

동의의결의 신청방법, 의견조회 방법, 심의·의결절차, 조정원 또는 소비자원에 대한 이행관리 업무의 위탁 절차 등 그 밖의 세부 사항은 공정위가 정하여 고시할 수 있는데(법 90조 10항), 이에 따라 공정위는 「동의의결제도 운영 및 절차 등에 관한 규칙」(이하 "동의의결 규칙")을 제정하여 시행하고 있다.

동의의결제도는 경쟁당국으로서는 위법성 여부를 가리기가 쉽지 않은 사건의 처리에 소요되는 행정비용과 시간을 절약할 수 있고, 사업자의 입장에서는 시정조치에 따르는 기업이미지 손상과 사건의 조사 및 심의 등 법적 분쟁을 처리하는 과정에서 발생하는 위험과 비용을 줄일 수 있는 장점을 가지고 있다. 그리고 소비자의 입장에서도 경쟁당국의 시정조치가 이루어지더라도 피해구제를 받기 위해서는 별도의 소송을 제기해야 하지만, 동의의결로 시정방안이 실행될 경우에는 신속하고 효율적인 피해구제를 받을 수 있는 장점이 있다. 그러나 경쟁당국이 정식절차를 통하여 법 위반행위를 조사하여 시정하지 않고 법 위반의 혐의를 받고 있는 사업자와 타협하여 사건을 종결함으로써 사업자에게 면죄부를 주게 될 우려가 있고, 사건처리에 대한 사법적 통제가 이루어질 수 없다는 단점도 있다. 따라서 독점규제법은 부당한 공동행위나 법위반의 정도가 명백하고 중대하여 경쟁질서를 현저히 저해한다고 인정되는 경우에는 동의의결의 대상에서 제외하고, 각 사건별로 형사처벌 여부에 대하여 검찰과 사전 협의를 하게 하는 등 다른 나라보다 엄격한 요건과 절차를 규정하고 있다.[81)]

2. 법적 성격

동의의결은 경쟁당국이 신청인의 시정방안에 동의하여 더 이상의 조사나 심의를 진행하지 않고 사건을 종결하기로 합의하는 것이기 때문에, 이를 경쟁당국과 신청인 간의 공법상의 계약으로 볼 여지도 있다.[82)] 그러나 우리나라 독점규제법은 공정위가 신청인의 시정방안을 수락하여 동의의결을 할 것인지 여부를 심결을 통해 결정하고, 신청인이 정당한 이유 없이 동의의결을 이행하지 않는 경우 이를 취소할 수 있으며, 동의의결 위반 시 이행강제금을 부과할 수 있도록 하고 있는 점 등에 비추어 볼 때, 현행법상 동의의결은 공정위의 행정행위로서 처분의 성격을 띠고 있다.[83)]

제26권(2012), 255면 이하 참조.

80) 2014년 표시광고법에도 동의의결제도가 도입되었다. 그리고 2021년 대리점법, 가맹사업법, 대규모유통업법, 방문판매법, 하도급법에도 도입이 되었다.

81) 신현윤(2012), 401면 참조.

82) 정중원, "공정거래법상 동의명령제도 도입에 관한 법적 고찰", 고려법학 제54호(2009), 288면. 독일에서는 실제로 이를 공법상 계약으로 보고 있다.

83) 동지: 이승훈, "행정소송에 의한 동의명령의 취소", 법조 제57권 제3호(2008), 274면; 유진희·최지필, "공정거래법상 동의의결제도의 내용과 문제점 검토", 고려법학 제64호(2012), 368면; 이동원, "한·미 FTA와 경쟁정책", 경쟁법연구 제26권(2012), 261-262면; 박해식·한승혁·정준우, "행정법적 관점에서 본 공정거래법상 동의의결제도", 행정법학 제9호(2015), 26면; 송태원, "공정거래법상 동의의결제를 통한 경쟁규제집행

따라서 최종 동의의결에 신청인이 동의하지 않은 내용이 포함된 경우와 같이 하자가 인정되는 경우에 신청인이 공정위의 동의의결에 대해 불복하는 것은 가능할 것이다. 나아가, 동의의결에 관해서 이해관계가 있는 제3자가 동의의결에 대하여 불복을 할 수 있을지도 논의의 대상이다. 이해관계 있는 제3자의 동의의결에 대한 불복을 허용한다면 사건의 신속한 해결을 통한 경쟁질서의 회복이라는 동의의결 제도의 도입취지가 퇴색될 수 있는 반면, 불허한다면 동의의결로 인하여 정당한 이해관계를 가진 제3자의 피해가 확대될 우려가 있기 때문에 신중한 접근이 필요한 부분이다.[84] 동의의결의 취소를 구할 법률상 이익이 있는 제3자에 한하여 원고적격이 인정된다고 보아야 할 것이다.[85]

3. 동의의결의 대상

공정위의 조사나 심의의 대상이 되는 행위는 원칙적으로 동의의결의 대상이 될 수 있다. 특히 쟁점이 복잡하고 경제분석 등에 막대한 시간과 비용이 소요될 수 있는 행위는 동의의결 제도를 적극 활용할 필요가 있을 것이다. 다만, ① 그 행위가 부당한 공동행위인 경우, ② 법 제129조 제2항에 따른 고발요건[86]에 해당하는 경우, ③ 동의의결이 있기 전에 신청인이 신청을 취소하는 경우의 어느 하나에 해당하는 경우 공정위는 동의의결을 하지 아니하고 심의절차를 진행하여야 한다(법 89조 1항 단서). ③의 경우는 동의의결 신청이 취소되었으므로 동의의결을 할 수 없음이 절차상 당연하다. ②의 경우를 제외한 취지는 동의의결로 사건이 종결될 경우 추후 해당 행위의 위법성을 입증할 수 있는 자료가 없어진다는 점을 고려할 때,[87] 그 위반의 정도가 객관적으로 명백하고 중대하여 경쟁질서를 현저히 해친다고 인정하는 경우에는 동의의결을 하지 않는 것이 타당하기 때문이다. 다만, ①과 관련하여 동의의결의 대상에서 부당한 공동행위를 전부 제외한 것이 타당한지에 대하여는 의문이 있다. 입법론으로서는 부당한 공동행위 중에서 위반의 정도가 객관적으로 명백하고 중대한 경성 공동행위의 경우에만 동의의결의 대상에서 제외하고, 위법성 여부를 판단하기가 쉽지 않은 연성 공동행위의 경우에는 동의의결의 대상에 포함시켜서 탄력적으로 해결할 수 있도록 개정하는 것이 바람직할 것이다.

의 책임성 확보 방안", 안암법학 제56권(2018), 54면.

84) 최난설헌, "공정거래법상 동의의결제도에 대한 불복절차와 관련한 비교법적 검토", 경쟁법연구 제26권(2012), 197-198면.

85) 대법원 2004.5.14. 선고 2002두12465 판결; 대법원 2007.1.25. 선고 2006두12289 판결; 대법원 2010.5.13. 선고 2009두19168 판결 등.

86) 법 제124조 및 제125조의 죄 중 그 위반의 정도가 객관적으로 명백하고 중대하여 경쟁질서를 현저히 해친다고 인정하는 경우를 말한다.

87) 최난설헌, "공정거래법상 동의의결제도에 대한 불복절차와 관련한 비교법적 검토", 경쟁법연구 제26권(2012), 174면.

Ⅱ. 동의의결의 절차

1. 절차의 개요

동의의결 절차는 동의의결의 신청→동의의결 절차 개시 결정→잠정안 마련(1개월) → 이해관계자 의견수렴(1~2개월)→동의의결안 확정의 순서로 진행된다.

2. 동의의결의 신청

공정위의 조사나 심의를 받고 있는 사업자 또는 사업자단체는 해당 행위로 인한 경쟁제한상태의 자발적 해소, 소비자피해구제, 거래질서의 개선 등을 위하여 동의의결을 하여 줄 것을 공정위에 신청할 수 있다(법 89조 1항). 따라서 동의의결 절차는 공정위가 직권으로 개시할 수 없고, 소비자 등 제3자가 신청할 수도 없다. 신청인이 동의의결을 신청하는 경우에는 ① 해당 행위를 특정할 수 있는 사실관계, ② 해당 행위의 중지, 원상회복 등 경쟁질서의 회복이나 거래질서의 적극적 개선을 위하여 필요한 시정방안, ③ 소비자, 다른 사업자 등의 피해를 구제하거나 예방하기 위하여 필요한 시정방안을 기재한 서면으로 하여야 한다(법 89조 2항).

동의의결 신청을 할 수 있는 기간은 최종 심의일 전까지이다. 그런데 이로 인하여 사업자 입장에서 정식 절차와 동의의결 절차를 계속 저울질 하다가 심의 직전에 가서야 동의의결 신청을 접수하는 경우가 적지 않다. 이러한 경우 절차의 신속한 진행을 위해 마련된 동의의결제도가 오히려 불합리하게 사건처리절차를 지연시키는 결과를 초래하게 될 우려가 있으므로, 심사보고서 상정 후 일정 기한까지 신청기한을 제한하는 방안을 고려할 필요가 있다.[88]

3. 동의의결 절차의 개시

(1) 개시 결정

동의의결 절차의 개시 결정은 공정위의 재량에 속한다. 공정위는 신속한 조치의 필요성, 소비자 피해의 직접 보상의 필요성 등을 종합적으로 고려하여 동의의결 절차의 개시 여부를 결정하여야 한다(법 90조 1항). 구체적으로 공정위는 해당 행위의 중대성, 증거의 명백성 여부 등 사건의 성격, 시간적 상황에 비추어 적절한 것인지 여부 및 소비자 보호 등 공익에의 부합성 등을 고려하여 판단한다.

88) 구성림, "공정거래법상 동의의결제도 관련 쟁점 및 개선방안 연구", 충남대 법학연구 제32권 제3호(2021), 205면.

(2) 잠정 동의의결안의 작성 및 송부

각 회의가 동의의결 절차를 개시하는 결정을 한 경우에는 해당 사건의 조사·심의절차는 중단된다. 동의의결 절차가 개시된 경우, 심사관은 신청인과의 협의를 거쳐 잠정 동의의결안을 작성하여 개시결정이 있은 날로부터 30일 이내에 위원장에게 보고하고 신청인에게 이를 송부함을 원칙으로 한다.

(3) 구체적 사례

최초 동의의결 신청 사례인 네이버 및 NBP의 시장지배적 지위 남용행위 등의 사건은 심사보고서가 상정된 직후에 신청인이 동의의결을 신청하여 동의의결 절차가 개시되었다. 그 후 SAP의 거래상 지위 남용행위, MS의 기업결합 제한규정 위반, 남양유업의 거래상 지위 남용행위, 애플의 거래상 지위 남용행위 등에 대해서 동의의결 절차가 개시되어 동의의결로써 사건이 마무리되었다. 반면, CJ CGV, CJ E&M, 롯데쇼핑의 시장지배적 지위 남용 행위, 퀄컴 등의 시장지배적 지위 남용행위 등, 현대모비스의 거래상 지위 남용행위, 엘에스 계열회사의 부당지원행위, 골프존의 차별적 취급행위 등, 삼성 계열회사의 부당지원행위에 대한 동의의결 신청에 대해서는 공정위가 동의의결 불개시 결정을 하고 심의절차를 진행하였다.[89]

4. 이해관계자 의견수렴

(1) 이해관계인의 의견제출 기회 제공

공정위는 동의의결을 하기 전에 30일 이상의 기간을 정하여 ① 해당 행위의 개요, ② 관련 법령 조항, ③ 시정방안(시정방안이 수정된 경우에는 그 수정된 시정방안), ④ 해당 행위와 관련하여 신고인 등 이해관계인의 이해를 돕는 그 밖의 정보[90]를 신고인 등 이해관계인에게 통지하거나, 관보 또는 공정위의 인터넷 홈페이지에 공고하는 등의 방법으로 의견을 제출할 기회를 주어야 한다(법 90조 2항). 동의의결 규칙에 따르면, 이해관계인의 의견제출 기간은 30일 이상 60일 이하의 기간 내에서 정한다. 이러한 의견수렴절차는 당해 사건의 처리에 관하여 이해관계인이나 일반 국민들이 의견을 개진할 수 있는 기회를 줌으로써 동의의결의 절차적 정당성과 아울러 실체적 정당성을 확보하기 위하여 마련된 것이다. 그러나 공정위가 그 수렴된 의견에 구속되는 것은 아니다.

---

89) 동의의결 신청 사례에 관한 상세는 안병훈, "최근 동의의결 절차 개시 신청에 대한 결정 사례", 경쟁저널 제 208호(2021), 111면 참조.

90) 다만, 사업상 또는 사생활의 비밀보호나 그 밖에 공익상 공개하기에 적절하지 않은 것은 제외한다.

(2) 관계 행정기관에 대한 통보 등

그리고 공정위는 위와 같은 사항을 관계 행정기관의 장에게도 통보하고 그 의견을 들어야 한다. 다만, 벌칙 규정이 적용되는 행위[91]에 대해서는 검찰총장과 협의하여야 한다(법 90조 3항). 이해관계인으로부터의 의견수렴절차는 미국, EU 등 다른 경쟁당국의 동의의결제도에서도 일반적으로 운영되고 있는데, 우리나라는 여기에 덧붙여 관계 행정기관으로부터도 의견을 듣도록 함으로써 더욱 강화된 의견수렴절차를 운영하고 있다.[92] 검찰총장과의 협의의무는 동의의결제도의 도입과정에서 동의의결이 검찰의 형사소추권을 침해할 우려가 있다고 주장하는 법무부의 요구에 의하여 마련된 것이다. 그러나 이러한 의무는 동의의결 절차의 신속성을 저해하고 동의의결 신청에 대한 인센티브를 떨어뜨릴 우려가 있기 때문에, 동의의결제도의 취지를 살리기 위해서는 이를 삭제하는 것이 바람직할 것이다.[93]

5. 동의의결안의 확정

공정위는 해당 행위의 사실관계에 대한 조사를 마친 후, 신청인이 제출한 경쟁질서의 회복이나 거래질서의 개선을 위한 시정방안 및 소비자나 다른 사업자의 피해의 구제나 예방을 위한 시정방안이 ① 해당 행위가 이 법을 위반한 것으로 판단될 경우에 예상되는 시정조치, 그 밖의 제재와 균형을 이루고, ② 공정하고 자유로운 경쟁질서나 거래질서를 회복시키거나 소비자, 다른 사업자 등을 보호하기에 적절하다고 인정되는 등의 요건을 모두 충족한다고 판단되는 경우에는 해당 행위와 관련된 심의절차를 중단하고, 그 시정방안과 같은 취지의 동의의결을 할 수 있다. 이 경우 신청인과의 협의를 거쳐 시정방안을 수정할 수 있다(법 89조 3항). 공정위가 동의의결을 하거나 이를 취소하는 경우에는 전원회의 또는 소회의의 심의·의결을 거쳐야 한다(법 90조 4항).

그런데 시정방안이 해당 행위가 이 법을 위반한 것으로 판단될 경우에 예상되는 시정조치, 그 밖의 제재와 균형을 이뤄야 한다는 요건은 동의의결의 본질에 맞지 아니하므로

---

91) 따라서 2020년 12월 법 개정으로 형벌 규정이 삭제된 기업결합, 일부 불공정거래행위(거래 거절, 차별적 취급, 경쟁사업자 배제, 구속조건부 거래), 재판매가격 유지행위, 일부 사업자단체 금지행위(사업자 수 제한 및 사업자에게 불공정거래행위, 재판매가격유지행위를 하게 하는 행위) 등의 행위들은 검찰총장과의 협의의무 대상에서 제외된다고 해석된다.

92) 애플의 동의의결 건과 관련하여 공정위는 애플과 협의를 거쳐 잠정 동의의결안을 마련한 후, 60일간 이동통신사 등 이해관계인과 교육부, 방송통신위원회, 과학기술정보통신부 등 5개 관계부처 및 검찰의 의견을 수렴하였다. 이에 이동통신사들은 동의의결안에 찬성하는 입장을 제출하였고, 관계부처는 시정방안에 '아이폰 수리시 애플의 공인서비스센터뿐만 아니라 이동통신사가 운영하는 서비스센터에서도 동일한 할인혜택을 제공할 것', '공교육 분야 디지털 교육 지원사업시 제공된 기기가 파손될 경우 2년 동안 무상으로 수리하도록 할 것' 등을 포함하여야 한다는 의견을 제출하였다. 구성림, "공정거래법상 동의의결제도 관련 쟁점 및 개선방안 연구", 충남대 법학연구 제32권 제3호(2021), 198면.

93) 조성국, "동의의결제 운용에 대한 제언", 경쟁저널 제160호(2012), 29면.

입법론으로 이를 삭제하여야 한다는 주장이 있다.[94] 위 요건으로 인하여 공정위의 동의의결안이 금전 제공을 포함한 다양한 피해구제안(상생지원안)을 포함시키는 쪽에 중점을 두고, 정작 동의의결의 가장 주된 목적인 시장에서 경쟁이 제한될 우려를 신속하고 효율적으로 해소하는 방안에 대한 관심이 약화된다는 이유이다. 반면, 해당 요건은 동의의결 제도가 '기업봐주기'로 흐리지 않도록 하는 목적이 있으므로 유지가 바람직하다는 주장도 있다.[95]

6. 동의의결 사례

공정위의 동의의결 사례를 살펴보면, ICT 분야나 디지털 경제 등 관련시장이 빠르게 변화하는 영역으로서 적절한 조치가 취해지지 않을 경우 경쟁사업자들이 시장에서 퇴출되거나 회복할 수 없는 소비자 피해가 우려되는 사건들인 경우가 많다.[96] 대형 포털사업자인 네이버, 다음의 시장지배적 지위 남용행위와 관련하여 최초로 동의의결이 이루어졌다. 이 사건에서 문제가 된 대상행위는 통합검색 방식을 통해 정보검색 결과와 자사 유료 전문서비스를 함께 제공한 것과 키워드 광고와 정보검색결과를 명확히 구분하지 않은 것 등이었다.[97] 신청인들은 ① 유료전문서비스가 자사 서비스임을 명확히 표시하고, ② 경쟁사업자 외부링크를 제공하고, ③ 광고영역에 음영처리 및 한글로 "광고"라고 기재하고, ④ 광고노출 기준 안내문을 제시하는 시정방안을 제시하였다. 공정위는 신청인들과 30여 일 간의 협의를 거쳐 당초 제시한 시정방안 외에 소비자 및 중소사업자에게 실질적인 혜택이 돌아가도록 네이버의 경우 1,000억원 규모, 다음의 경우 40억원 규모의 기금 및 지원사업을 마련하는 동의의결안을 결정하고, 심의 · 의결을 거쳐 최종 확정하였다.[98] 그 밖에 동의의결 사례로는 SAP의 거래상 지위 남용행위에 대한 건,[99] MS의 기업결합

94) 정완, "동의의결제", 경쟁법연구 제18권(2008), 147-148면; 유진희 · 최지필, "공정거래법상 동의의결제도의 내용과 문제점 검토", 고려법학 제64호(2012), 377-379면; 이민호, "디지털경제에서의 기업결합과 동의의결제도 활성화방안", 경쟁법연구 제42권(2020), 78-79면; 박세환, "혁신으로 인한 결과물의 경쟁사업자와의 공유문제", 비교사법 제28권 제1호(2021), 553면.

95) 이봉의, "공정거래법상 동의의결제의 주요 쟁점과 개선방안", 경쟁과 법 제6호(2016), 54면; 송태원, "공정거래법상 동의의결제를 통한 경쟁규제집행의 책임성 확보 방안", 안암법학 제56권(2018), 68면; 구성림, "공정거래법상 동의의결제도 관련 쟁점 및 개선방안 연구", 충남대 법학연구 제32권 제3호(2021), 188면.

96) 구성림, "공정거래법상 동의의결제도 관련 쟁점 및 개선방안 연구", 충남대 법학연구 제32권 제3호(2021), 192면.

97) 공정위는 네이버와 그 자회사인 네이버비즈니스플랫폼(NBP)의 5가지 행위를 시장지배적 지위 남용행위 또는 불공정거래행위로 문제 삼았다. 5가지 행위는 첫째, 정보검색결과와 전문서비스를 구분 없이 제공하는 행위(네이버), 둘째, 키워드 광고와 정보검색결과를 명확하게 구분하지 않은 행위(NBP), 셋째, 키워드 광고 대행사 간 광고주 이관을 제한하는 행위(NBP), 넷째, 매체사업자와 네트워크 키워드 광고 제휴계약 체결 시 우선협상권 등을 요구한 행위(NBP), 다섯째, 계열사에 대한 인력지원 행위(네이버)이다.

98) 공정위 2014.5.8. 의결 제2014-103호 및 동일자 의결 제2014-104호 참조. 그러나 네이버와 다음에 대한 동의의결로 인하여 해당 시장에서의 경쟁질서가 확실하게 회복되었는지 의문이라는 견해도 있다. 박세환, "혁신으로 인한 결과물의 경쟁사업자와의 공유문제", 비교사법 제28권 제1호(2021), 548면.

99) 공정위 2014.12.4. 의결 제2014-272호.

제한규정 위반행위에 대한 건,[100] 남양유업의 거래상 지위 남용행위에 대한 건,[101] 애플의 거래상 지위 남용행위 등에 대한 건[102]을 들 수 있다.

Ⅲ. 동의의결의 효과

공정위의 동의의결로 당해 사건은 종결된다. 그러나 동의의결은 해당 행위가 독점규제법에 위반된다고 인정한 것을 의미하는 것은 아니며, 누구든지 신청인이 동의의결을 받은 사실을 들어 해당 행위가 이 법에 위반된다고 주장할 수 없다(법 89조 4항). 따라서 동의의결이 제3자의 손해배상청구권을 배제하는 것은 아니지만, 동의의결을 받은 사실이 제3자가 제기한 민사소송 등에서 당해 행위의 위법성에 대한 사실상 추정으로 작용하지도 않는다. 따라서 제3자는 그 행위의 위법성에 대하여 별도로 주장, 입증하여야 한다.

Ⅳ. 동의의결에 대한 사후통제

1. 동의의결의 이행관리

동의의결을 받은 신청인은 의결에 따라 동의의결의 이행계획과 이행결과를 공정위에 제출하여야 한다(법 90조 5항). 공정위는 제출된 이행계획의 이행 여부를 점검할 수 있고, 동의의결을 받은 신청인에게 그 이행에 관련된 자료의 제출을 요청할 수 있다(법 90조 6항). 공정위는 이행계획의 이행 여부 점검 등 동의의결의 이행관리에 관한 업무를 공정거래조정원 또는 한국소비자원에 위탁할 수 있다(법 90조 7항). 이 경우에 위탁을 받은 기관의 장은 신청인이 제출한 동의의결의 이행계획과 이행결과에 대한 이행관리 현황을 분기별로 공정위에 보고하여야 한다. 다만, 공정위의 현황 보고 요구가 있는 경우 즉시 이

---

100) 공정위 2015.8.24. 의결 제2015-316호. 동의의결 시정방안의 주요내용은 ① 표준필수특허(SEP)에 대한 실시계약 시 FRAND 조건을 준수하고, 한국 제조사가 생산한 스마트폰 또는 태블릿에 대해 금지청구를 하지 않으며, 상대 특허에 대한 라이선스를 조건부로 요구하지 않으며, SEP 양도 시 양수인 및 재양수인에게도 동일한 의무를 부담시킬 것, ② 기타 특허(non-SEP)에 대해서 한국 제조업체에게 실시권을 지속하여 허여하고, 재계약 시 또는 교차실시 허락 시 가격 및 비가격조건을 현재와 동일하거나 유사한 상태로 유지하며, 향후 5년간 non-SEP의 양도를 금지하고, 5년이 지난 이후에도 공표된 약정의무를 준수하며 양도 및 재양도 시 승계하여 부담하고, non-SEP에 대해서 비성실 협상자를 제외하면 금지청구를 하지 않을 것, ③ MS가 국내 스마트폰 업체와 맺은 사업제휴 계약과 관련하여 신제품 개발 및 마케팅 계획 등 경쟁상 민감한 영업정보 교환 관련 조항을 삭제하고, 향후 민감한 영업정보를 교환하지 않기로 확약할 것, ④ 위의 조건들은 향후 7년간 유지하는 것이다.

101) 공정위 2020.5.28. 의결 제2020-132호. 남양유업이 대리점 수수료를 일방적으로 변경한 행위가 문제된 사안에서 공정위는 농협 위탁수수료 관련 대리점 피해구제방안, 거래질서 개선, 대리점 후생증대 방안을 포함한 동의의결을 내렸다.

102) 공정위 2021.3.16. 의결 제2021-074호. 애플이 국내 이동통신사들에게 단말기 광고비용과 보증수리 촉진비용을 부담시킨 행위가 문제된 사안에서 공정위는 광고기금 적용대상 중 일부 제외, 보증수리 촉진비용과 임의적 계약해지 조항 삭제, 특허분쟁을 방지하는 상호적인 메커니즘 도입, 최소보조금 조정, 이통사 광고기금 설정, 소비자후생증진 및 중소기업 지원을 위한 상생방안 등이 포함된 동의의결을 내렸다.

에 따라야 한다(법 90조 8항). 그리고 위탁을 받은 기관의 장은 동의의결을 받은 신청인이 그 이행을 게을리하거나 이행하지 아니하는 경우에는 지체없이 그 사실을 공정위에 통보하여야 한다(법 90조 9항).

2. 동의의결의 취소

공정위는 ① 동의의결의 기초가 된 시장상황 등 사실관계의 현저한 변경 등으로 시정방안이 적정하지 않게 된 경우, ② 신청인이 제공한 불완전하거나 부정확한 정보로 동의의결을 하게 되었거나, 신청인이 거짓 또는 그 밖의 부정한 방법으로 동의의결을 받은 경우, ③ 신청인이 정당한 이유 없이 동의의결을 이행하지 않는 경우에는 동의의결을 취소할 수 있다(법 91조 1항). 그런데 ①에 따라 동의의결을 취소하는 경우에는 신청인이 다시 동의의결을 신청하면 공정위는 다시 동의의결을 할 수 있지만(법 91조 2항), ② 또는 ③에 따라 동의의결을 취소하는 경우 공정위는 중단된 해당 행위 관련 심의절차를 계속하여 진행할 수 있다(법 91조 3항).

3. 이행강제금 부과

공정위는 정당한 이유 없이 동의의결 시 정한 이행기간까지 동의의결을 이행하지 아니한 자에게 동의의결이 이행되거나 취소되기 전까지 이행기한이 지난 날부터 1일당 200만원 이하의 이행강제금을 부과할 수 있다(법 92조 1항). 이행강제금의 부과·납부·징수 및 환급 등에 관하여는 법 제16조 제2항 및 제3항을 준용한다(법 92조 2항).

제 7 절 불복절차

Ⅰ. 이의신청

1. 의의와 대상

법에 따른 처분에 대하여 불복하는 자는 그 처분의 통지를 받은 날로부터 30일 이내에 그 사유를 갖추어 공정위에 이의신청을 할 수 있다(법 96조 1항). 일반적인 행정심판은 처분청의 직근 상급기관이 재결청이 되고 재결청과는 별도로 설치된 제3의 기관인 행정심판위원회에서 심리·의결을 한다. 반면, 공정위 처분에 대한 이의신청은 이를 다시 공정위가 담당한다는 점에서 특색이 있다. 따라서 법상 이의신청은 행정의 객관적 자기통제를 지향하는 통상적 행정심판이라기보다는 공정위에 대해서 처분에 대한 검토를 다시 한 번 요구하는 이른바 재도의 고안(再度의 考案)으로서의 성격이 있다. 미국 FTC의 경우 대부분의 사건을 행정법 판사(Administrative Law Judge)가 일차적인 결정을 하고 그에 대한 이의신청을 위원회에서 담당하기 때문에, 이의신청의 독자적 의의가 크다. 반면 우리 법은 FTC의 모델을 도입하였지만, 심의절차에 행정법 판사와 같은 독립적 판단자를 두고 있지 않다. 따라서 소회의 의결에 대해서는 전원회의가 판단을 하지만, 전원회의 의결에 대해서 전원회의가 다시 이의신청에 대한 판단을 하게 된다.

이의신청의 대상은 법에 따른 처분이다. 처분성만 인정이 되면 위법한 처분은 물론이고, 부당한 처분에 대해서도 이의신청은 가능하다. 다만, 시정권고의 경우에는 그 자체로서 당사자를 구속하는 효력은 없으며 수락을 거부한 경우에는 공정위에서의 절차가 계속 진행되므로 이의신청의 대상이 되지 않는다.

2. 이의신청 절차의 진행

(1) 신청기한

이의신청을 하고자 하는 자는 그 처분의 통지를 받은 날부터 30일 이내에 이의신청의 대상 및 내용, 사유 등을 기재한 신청서에 이의신청의 사유나 내용을 증명하는 데 필요한 서류를 첨부하여 공정위에 제출하여야 한다. 30일의 이의신청기간은 제척기간으로서 이 기간을 도과하여 제기된 이의신청은 부적법하여 각하된다.

(2) 심사관의 지정 및 심사보고서의 제출

이의신청 사건의 처리에 있어서 심사관은 심판관리관이 된다. 그러나 위원장은 필요하다고 인정할 경우 이의신청의 심사관을 다르게 지정할 수도 있다. 심사관은 이의신청의 경위, 이의신청의 취지 및 이유, 이의신청에 대한 심사관의 의견 등을 기재한 심사보고서를 제출한다.

(3) 심 의

이의신청에 대한 심의 및 재결은 공정위의 전원회의의 관장사항이다(법 59조 1항 2호). 이의신청에 대한 재결(각하재결 제외)은 구술심의로 하되, 이의신청인이 원처분시와는 다른 새로운 주장이나 자료를 제출하지 아니한 경우 등 전원회의 의장이 필요하다고 인정하는 사유가 있을 때에는 서면심의로 할 수 있다. 그런데 이의신청인이 이의신청 절차에서 새로운 주장이나 자료를 제출하는 경우는 별로 없기 때문에 이의신청 절차가 서면심의로 진행되는 경우가 일반적이다.

(4) 재 결

공정위는 이의신청에 대하여 60일 이내에 재결(裁決)을 하여야 한다. 다만, 부득이한 사정으로 그 기간 내에 재결을 할 수 없을 경우에는 30일의 범위에서 결정으로 그 기간을 연장할 수 있다(법 96조 2항). 재결은 이의신청에 대한 각하, 이의신청이 이유 없다고 인정되는 경우의 기각 그리고 이유 있는 경우의 처분의 취소 또는 변경 등으로 구분된다. 이의신청에 대한 재결 이후 당해 사건에 대한 이행점검 등 시정조치의 이행 또는 불이행과 관련된 절차의 수행은 당초 당해 사건을 심사한 심사관이 행한다. 따라서 이의신청에 대한 재결이 있는 경우 심판관리관 등은 재결결과를 원처분 심사관에게 지체 없이 통지하고 이의신청인에게는 재결서 정본을 지체 없이 송부하여야 한다.

3. 재결의 취소

행정행위의 불가변력은 처분청 스스로 그 내용에 구속되어 더 이상 직권으로 취소·철회·변경할 수 없는 효력을 말하는데, 예컨대 행정심판위원회의 재결은 쟁송절차에 따른 판단행위이기 때문에 불가변력이 인정된다. 한편, 이의신청 재결의 취소에 관해서는 법에 별도의 규정이 존재하지 않기 때문에, 공정위의 재결에 대해서 불가변력이 발생하는지 여부가 논란이 되었다. 이에 대하여 법원은 불가변력을 인정하지 아니하고, 이의신청의 재결도 행정처분에 해당한다는 태도이다. 그리고 이의신청 재결이 과징금부과처분의 일부를 감경하는 등의 수익적 행정처분인 경우에 재결의 직권취소에 따른 위반사업자의 이익 침해에 관하여는 수익적 행정행위의 취소의 법리, 신뢰보호 원칙 등에 따른 이익형량에 의한 취소의 제한을 통하여 구체적 타당성을 도모하고 있다.[103]

■ 서울고법 2017.10.25. 선고 2017누40084 판결(심리불속행기각으로 확정)

피고가 준사법기관인지 여부와 피고가 행하는 이의신청에 대한 재결에 불가변력이 인정되는지 여부는 별개의 문제이다. 피고의 의결과 이의신청에 대한 재결은 양자 모두 그 처분의 주체가 피고로 동일하고, 각 관여 위원도 동일하지는 않으나 과반수 위원이 중복되어 이의신청에 대한 재결이 독립적인 제3의 기관에 의한 판단이 아닌 점, 공정거래위원회 회의 운영 및 사건절차 등에 관한 규칙 제65조는 이의신청 제기 이후의 절차에 관하여 의결 절차에 관한 규정을 대부분 준용하도록 규정하고 있어 의결과 이의신청에 대한 재결의 심리 방식 등의 절차에 본질적인 차이가 없는 점, 의결과 이의신청에 대한 재결 모두 '행정처분'의 요소와 '그 절차의 준사법적' 요소가 혼재되어 있는 점 등을 종합하면, 피고가 행하는 일반적인 의결과 달리 이의신

103) 수익적 행정처분을 취소하여야 할 공익상의 필요와 그 취소로 인하여 당사자가 입게 될 불이익을 비교교량한 후 공익상의 필요가 당사자가 입을 불이익을 정당화할 만큼 강한 경우에 한하여 이를 취소할 수 있다. 또한, 수익적 행정처분에 존재하는 하자에 관하여 수익자에게 고의 또는 중과실의 귀책사유가 없는 한, 그 공익상 필요가 수익자가 입게 될 불이익보다 중요하거나 크다고 함부로 단정할 수는 없으나, 그 처분의 하자가 당사자의 사실은폐나 기타 사위의 방법에 의한 신청 행위에 기인한 것이라면 당사자는 그 처분에 의한 이익이 위법하게 취득되었음을 알아 그 취소가능성도 예상하고 있었다고 할 것이므로 그 자신이 위 처분에 관한 신뢰이익을 원용할 수 없음은 물론 행정청이 이를 고려하지 아니하였다고 하여도 재량권의 남용이 되지 않는다. 대법원 1996.10.25. 선고 95누14190 판결 등 참조.

청에 대한 재결에만 불가변력이 존재한다고 볼 수 없다. 또한, 부당한 공동행위 및 불공정거래 행위 등을 규제하여 공정하고 자유로운 경쟁을 촉진함으로써 창의적인 기업활동을 조장하고 소비자를 보호함과 아울러 국민경제의 균형있는 발전을 도모함을 목적으로 하는 공정거래법의 취지 및 그와 같은 취지를 실현하기 위해 위반사업자에 대한 적법한 제재가 필요한 점 등을 고려하면 위반사업자에 대한 제재 처분의 감경 여부에 관한 당해 행정청의 결정에 불과한 이의신청 재결에 대하여 불가변력을 부여할 논리 필연적인 이유가 없다. 오히려 그 재결에 위법사유가 있다면 공정거래위원회로 하여금 직권취소를 통하여 공정거래법의 취지를 실현하고 법적 정의를 확립할 수 있도록 하여야 한다고 봄이 타당하다. 직권취소에 따른 위반사업자의 이익 침해에 관하여는 수익적 행정행위의 취소의 법리, 신뢰보호 원칙 등에 따른 이익형량에 의한 취소의 제한을 통하여 구체적 타당성을 도모할 수 있을 것이다.[104]

4. 시정조치의 집행정지

공정위는 법에 따른 시정조치를 부과받은 자가 이의신청을 제기한 경우로서 그 시정조치의 이행 또는 절차의 속행으로 발생할 수 있는 회복하기 어려운 손해를 예방하기 위하여 필요하다고 인정할 때에는 당사자의 신청이나 직권으로 그 시정조치의 이행 또는 절차의 속행에 대한 정지를 결정할 수 있다(법 97조 1항). 집행정지의 대상은 시정조치명령으로 한정하고 있기 때문에 과징금납부명령에 대해서는 집행정지 결정을 할 수 없다. 따라서 과징금 납부를 늦추기를 희망하는 당사자는 납부기한의 연기 및 분할납부 절차를 밟아야 한다(법 103조). 이에 대해서는 행정소송 단계에서 집행정지 대상에 과징금 납부명령이 포함되고 있는 것과 마찬가지로 공정위도 이의신청 단계에서 과징금 납부명령에 대한 집행정지결정이 가능하도록 입법론적 검토가 필요하다는 주장도 있다.[105] 집행정지의 결정을 한 후에 집행정지의 사유가 없어진 경우에는 당사자의 신청이나 직권으로 집행정지의 결정을 취소할 수 있다(법 97조 2항).

---

104) 이 사건에서 법원은 다음과 같이 판단하였다. "원고는 이 사건 원심결 과징금의 선반영 사실을 알고 있었고, 당해 사건으로 부과될 과징금이 반영되지 아니한 재정상태를 기초로 이 사건 과징금 감경 여부가 판단되어야 한다는 점을 알았거나 충분히 알 수 있었음에도, 원고는 이를 간과하여 이 사건 이의신청 재결과정에서 이 사건 원심결 과징금이 선반영된 재무제표를 기초로 이 사건 감경규정에 따른 과징금 감경을 주장하고, 제출서류에 이 사건 원심결 과징금의 선반영 사실에 관한 설명과 그에 대한 근거자료를 누락하는 등으로 이 사건 이의신청 재결 과정에서 원고에게 중대한 과실이 있었다고 할 것이고, 이로 인하여 이 사건 이의신청 재결의 하자가 발생하게 된 것이므로, 이 사건 이의신청 재결을 취소하여야 할 공익상의 필요가 그 취소로 인하여 원고가 입게 될 불이익을 정당화할 만큼 강하다고 볼 수 있다. 피고는 직권으로 수익적 행정행위에 해당하는 이 사건 이의신청 재결을 [취소할 수 있다]".

105) 임영철(2008), 506면.

Ⅱ. 행정소송

1. 제소기간

법에 따른 처분에 대하여 불복의 소를 제기하려는 자는 처분의 통지를 받은 날 또는 이의신청에 대한 재결서의 정본을 송달받은 날부터 30일 이내에 이를 제기하여야 한다(법 99조 1항). 종래에는 이의신청 전치주의를 취하고 있었으나, 1999년의 법 개정에 의하여 이의신청을 거치지 않고도 불복의 소를 제기할 수 있게 되었다. 제소기간은 불변기간이다(법 99조 2항). 따라서 이 기간을 도과한 소의 제기는 부적법하여 각하된다. 사업자가 공정위로부터 시정명령, 과징금납부명령 등 복수의 처분의 통지를 받고 그 중 하나에 대해서만 이의신청을 한 경우에, 이의신청을 한 처분에 대한 제소기간은 재결서의 정본을 송달받은 날부터 기산되지만 이의신청을 하지 않은 처분의 경우에는 처분의 통지를 받은 날로부터 기산한다.[106] 그런데 30일의 제소기간은 행정소송법의 90일 제소기간[107]에 비하여 지나치게 짧은 것으로서 개정이 필요하다.

2. 불복의 대상

(1) 시정명령 등

행정소송의 대상이 되는 것은 행정처분이다. 행정청의 어떤 행위를 행정처분으로 볼 것이냐의 문제는 추상적, 일반적으로 결정할 수 없고, 구체적인 경우 행정처분은 행정청이 공권력의 주체로서 행하는 구체적 사실에 관한 법집행으로서 국민의 권리의무에 직접 영향을 미치는 행위라는 점을 고려하고 행정처분이 그 주체, 내용, 절차, 형식에 있어서 어느 정도 성립 내지 효력요건을 충족하느냐에 따라 개별적으로 결정하여야 하며, 행정청의 어떤 행위가 법적 근거도 없이 객관적으로 국민에게 불이익을 주는 행정처분과 같은 외형을 갖추고 있고, 그 행위의 상대방이 이를 행정처분으로 인식할 정도라면 그로 인하여 파생되는 국민의 불이익 내지 불안감을 제거시켜 주기 위한 구제 수단이 필요한 점에 비추어 볼 때 행정청의 행위로 인하여 그 상대방이 입는 불이익 내지 불안이 있는지 여부도 그 당시에 있어서의 법치행정의 정도와 국민의 권리의식 수준 등은 물론 행위에 관련한 당해 행정청의 태도 등도 고려하여 판단하여야 한다.[108] 시정명령이나 과징금납부명령이 처분에 해당한다는 점에 대하여는 다툼이 없다. 경고 의결과 관련해서 과거

---

106) 서울고법 2017.10.25. 선고 2017누37675 판결(확정).

107) 행정소송법 제20조 제1항 본문은 "취소소송은 처분 등이 있음을 안 날부터 90일 이내에 제기하여야 한다."고 규정하고 있다.

108) 대법원 2007.6.14. 선고 2005두4397 판결.

에는 처분성이 부정되었으나 최근 판례는 처분성을 인정하고 있다.[109)]

(2) 무혐의 의결 등

공정위가 무혐의나 심의종료 의결을 한 경우에, 사건의 당사자는 이에 불복할 가능성이 적지만 신고인 등 제3자는 이에 대한 불복을 고려할 수 있다. 그런데 판례는 무혐의 의결 등에 대한 처분성을 부정하고 있다. 즉, 신고는 공정위에 대하여 같은 법에 위반되는 사실에 관한 조사의 직권발동을 촉구하는 단서를 제공하는 것에 불과하고 신고인에게 그 신고 내용에 따른 적당한 조치를 취하여 줄 것을 요구할 수 있는 구체적인 청구권까지 있다고 할 수는 없고, 조사결과를 서면으로 당해 사건의 당사자에게 통지하여야 한다고 규정하고 있다 하더라도 이는 신고인이 아닌 당사자에 대한 통지의무를 규정한 것으로서 신고인에 대한 통지와는 그 근거나 성질을 달리하는 것이므로 이러한 규정이 있다고 하여 달리 볼 수도 없으므로, 공정위가 신고 내용에 따른 조치를 취하지 아니하고 이를 거부하는 취지로 무혐의 또는 각하 처리한다는 내용의 회시를 하였다 하더라도 이는 그 신고인의 권리의무에 아무런 영향을 미치지 아니하는 것이어서 그러한 조치를 가리켜 항고소송의 대상이 되는 행정처분에 해당한다고는 할 수 없다고 한다.[110)]

반면, 헌법재판소는 이를 공권력의 행사로 보아 헌법소원을 허용하고 있다. 즉, 불공정거래혐의에 대한 공정위의 무혐의 조치는 혐의가 인정될 경우에 행하여지는 중지명령 등 시정조치에 대응되는 조치로서 공정위의 공권력 행사의 한 태양에 속하여 헌법재판소법 제68조 제1항 소정의 '공권력의 행사'에 해당하고, 따라서 공정위의 자의적인 조사 또는 판단에 의하여 결과된 무혐의 조치는 헌법 제11조의 법 앞에서의 평등권을 침해하게 되므로 헌법소원의 대상이 된다는 것이다.[111)]

그런데 처분이란 행정청이 행하는 구체적 사실에 관한 법집행으로서의 공권력의 행사 또는 그 거부, 그 밖에 이에 준하는 행정작용을 말한다(행정심판법 2조, 행정소송법 2조). 신고인 중에는 불공정거래행위의 직접 상대방과 같이 공정위의 조사결과에 따라 법률관계에 직접적 변동이 발생할 수 있는 자도 포함되므로, 법원으로서는 공정위의 무혐의 의결 등의 처분성을 무조건 부정할 것이 아니라 그 처분성은 인정하되 이해관계가 없는 제3자의 항고소송에 대하여는 원고적격을 부정하는 방식으로 처리하는 것이 바람직할 것이다.

---

109) 대법원 2013.12.26. 선고 2011두4930 판결.

110) 대법원 1989.5.9. 선고 88누4515 판결; 대법원 2000.4.11. 선고 98두5682 판결.

111) 헌법재판소 2002.6.27. 선고 2001헌마381; 헌법재판소 2004.3.25. 선고 2003헌마404; 헌법재판소 2004.6.24. 선고 2002헌마496. 예컨대, 위 2002헌마496 결정에서는 공정위가 이 사건 거래거절을 불공정거래행위에 해당하지 아니한다고 판단하여 내린 이 사건 무혐의결정은 현저히 정의와 형평에 반하는 조사 또는 잘못된 법률의 적용이나 증거판단에 따른 자의적 처분으로서, 청구인의 평등권과 재판절차상의 진술권을 침해한 공권력 행사라고 판단하여 무혐의결정을 취소하였다.

(3) 고 발

고발에 대한 행정소송은 허용되지 않는다. 고발은 수사의 단서에 불과할 뿐 그 자체로 국민의 권리의무에 어떤 영향을 미치는 것이 아니고, 공정위의 고발조치는 사직 당국에 대하여 형벌권 행사를 요구하는 행정기관 상호간의 행위에 불과하여 항고소송의 대상이 되는 행정처분이라 할 수 없으며, 공정위의 고발 의결은 행정청 내부의 의사결정에 불과할 뿐 최종적인 처분은 아닌 것이므로 항고소송의 대상이 되는 행정처분이 되지 못한다는 것이 판례의 입장이다.[112)]

3. 관할법원과 심급문제

불복의 소는 서울고등법원을 전속관할로 한다(법 100조). 통상의 행정처분은 1심을 행정법원에서 관할하고 2심을 고등법원에서 담당하는 것에 비하여, 공정위 처분에 관한 불복의 소는 예외적으로 1심 관할법원을 고등법원으로 하고 있다. 이와 같이 공정위의 처분에 대한 불복의 소에 관하여 2심제를 채택하고 있는 이유는 공정위의 사건처리절차가 준사법적으로 이루어지고 있기 때문이다. 이러한 제도적 특징을 근거로 공정위를 '1심에 갈음하는 준사법기관'이라고 부르기도 한다. 그러나 공정위 처분에 대한 행정소송을 다른 행정처분의 경우와 달리 고등법원-대법원의 2심으로 운용하는 것에 대해서는 비판론도 있다.[113)] 이 문제는 결국 공정위 사건처리절차가 얼마나 독립적이고 공정하게 진행되는가 하는 점과 직결된다고 할 것이다.

■ 심급제도 관련 검토

헌법재판소에 따르면, "심급제도는 사법에 의한 권리보호에 관하여 한정된 법 발견 자원의 합리적인 분배의 문제인 동시에 재판의 적정과 신속이라는 서로 상반되는 두 가지의 요청을 어떻게 조화시키느냐의 문제"로서, 원칙적으로 입법자의 형성의 자유에 속하는 사항이다.[114)] 비교법적으로 살펴보면, 미국의 경우 FTC의 결정에 대한 불복을 연방항소법원에 제기하도록 함으로써 2심제를 채택하고 있으며, 독일도 연방카르텔청의 결정에 대한 불복을 뒤셀도르프 고등법원이 재판하도록 함으로써 2심제를 채택하고 있다.[115)] 반면, 일본의 경우에는 2013년에 독점금지법을 개정하면서 배제조치를 부과하는 공취위의 절차에서 대심제를 포기하고, 대신 항고소송의 재판관할을 도쿄고등재판소에서 도쿄지방재판소로 변경함으로써 3심제로 바꾸었다.[116)]

112) 대법원 1995.5.12. 선고 94누13794 판결.
113) 이호선, "경쟁정책 집행에서의 절차적 권리보호", 비교사법 제21권 제3호(2014), 1308면.
114) 헌법재판소 1997.10.30. 선고 97헌바37; 헌법재판소 2007.7.26. 선고 2006헌마551.
115) EU의 경우 General Court-Court of Justice의 2심제 구조이나, EU는 심급제 자체가 2심제이므로 그 의미가 우리나라와는 다르다.
116) 상세는 손영화, "공정거래법상 심결제도의 개선에 관한 연구 - 일본 독점금지법상 심판제도의 개정을 중심

4. 재판 중 처분사유의 추가 · 변경

공정위는 행정소송 진행 중에 처분사유를 추가 · 변경할 수 있는가? 재판 중에 처분사유의 추가 · 변경을 쉽게 인정한다면 당사자의 방어권 보장에 소홀해질 수 있는 반면, 이를 너무 엄격하게 제한한다면 공정위가 재판 중 별개의 행정처분을 내릴 수도 있어서 분쟁의 일회적 해결에 장애가 될 수 있다. 이에 관하여 판례는 기본적 사실관계의 동일성을 기준으로 제시하고 있다. 행정처분의 취소를 구하는 항고소송에 있어서, 처분청은 당초 처분의 근거로 삼은 사유와 기본적 사실관계가 동일성이 있다고 인정되는 한도 내에서만 다른 사유를 추가하거나 변경할 수 있고, 여기서 기본적 사실관계의 동일성 유무는 처분사유를 법률적으로 평가하기 이전의 구체적인 사실에 착안하여 그 기초인 사회적 사실관계가 기본적인 점에서 동일한지 여부에 따라 결정된다.[117)]

법원은 '원고 AF-KLM과 원고 에어프랑스 사이의 주식 소유관계, 임원 겸임 및 업무협의체 운영 등의 사정을 근거로 원고 AF-KLM이 원고 에어프랑스를 실질적으로 지배하였으므로 원고 에어프랑스의 실행행위를 원고 AF-KLM의 실행행위와 동일시할 수 있다'는 취지의 당초 처분 사유와 '원고 AF-KLM이 원고 에어프랑스에 대하여 위반행위를 교사했다'는 새로운 사유가 기본적 사실관계가 동일하지 아니하다는 이유로 그 처분사유의 추가를 허용하지 않았다.[118)]

5. 증명책임과 판단의 기준시점

민사소송법 규정이 준용되는 행정소송에서의 증명책임은 원칙적으로 민사소송 일반원칙에 따라 당사자 간에 분배되고, 항고소송의 경우에는 그 특성에 따라 처분의 적법성을 주장하는 공정위에게 그 적법사유에 대한 증명책임이 있다. 그런데 공정위가 주장하는 일정한 처분의 적법성에 관하여 합리적으로 수긍할 수 있는 일응의 증명이 있는 경우에는 그 처분은 정당하다고 할 것이며, 이와 상반되는 주장과 증명은 그 상대방인 사업자에게 그 책임이 돌아간다.[119)] 행정처분의 위법 여부는 행정처분이 있을 때의 법령과 사실 상태를 기준으로 판단하여야 하며, 법원은 행정처분 당시 행정청이 알고 있었던 자료뿐만 아니라 사실심 변론종결 당시까지 제출된 모든 자료를 종합하여 처분 당시 존재하였던 객관적 사실을 확정하고 그 사실에 기초하여 처분의 위법 여부를 판단할 수 있다.

으로", 경제법연구 제13권 제2호(2014), 162-170면.

117) 대법원 2003.12.11. 선고 2001두8827 판결; 대법원 2008.2.28. 선고 2007두13791, 13807 판결.

118) 대법원 2014.12.24. 선고 2012두13412 판결.

119) 대법원 2011.9.8. 선고 2009두15005 판결; 대법원 2016.5.27. 선고 2013두1126 판결.

6. 보조참가

행정소송에서도 민사소송법에 따른 제3자의 보조참가가 인정된다(민사소송법 71조). 피심인 사업자가 공정위를 상대로 공정위의 시정조치의 취소 등을 구하는 소송에서 이해관계가 있는 제3자는 공정위 측에 보조참가하는 방식으로 행정소송에 참가할 수 있다.[120] 여기서 이해관계라고 함은 법률상 이해관계를 말하는 것으로서, 당해 소송의 판결의 기판력이나 집행력을 당연히 받는 경우 또는 당해 소송의 판결의 효력이 직접 미치지는 않더라도 적어도 그 판결을 전제로 하여 보조참가를 하려는 이의 법률상 지위가 결정되는 관계에 있는 경우를 의미한다.[121]

판례는 공정위가 명한 시정조치에 대하여 그 취소 등을 구하는 행정소송에서 당해 시정조치가 사업자의 상대방에 대한 특정행위를 중지·금지시키는 것을 내용으로 하는 경우, 당해 소송의 판결에 따라 해당 사업자가 특정행위를 계속하거나 또는 그 행위를 할 수 없게 되고, 따라서 그 행위의 상대방은 그 판결로 법률상 지위가 결정된다고 볼 수 있으므로, 위 행정소송에서 공정위를 보조하기 위하여 보조참가를 할 수 있다고 한다. 구체적으로, 한국항공우주산업 주식회사(이하 "한국항공")가 재항고인에 대한 거래거절의 불공정거래행위를 하였다는 이유로, 공정위가 한국항공에 대하여 '한국항공우주연구원 발주의 다목적실용위성 입찰과 관련하여 재항고인에게 위성부분체 공급을 부당하게 거절하는 행위를 금지하는 시정조치'를 하였다. 이에 대하여 한국항공이 공정위를 상대로 위 시정조치 등의 취소를 구하는 소를 제기한 상태에서 재항고인이 공정위를 위하여 보조참가신청을 하였다. 이 사안에서 법원은 재항고인은 행정소송의 대상이 된 시정조치가 금지하는 거래거절행위의 상대방으로서 당해 소송의 판결에 따라 그 법률상의 지위가 결정되는 관계에 있으므로 재항고인의 이 사건 보조참가신청은 적법하다고 판단하였다.[122]

7. 불확정개념과 재량판단에 대한 사법심사

일반적으로 행정청이 법률에 따라 행정처분을 내리기 위해서는 ① 객관적인 자료를 통해 사실관계를 확정하고(사실인정), ② 관계법령의 법률에서 규정하고 있는 구성요건을 해석하여 확정된 사실관계를 이에 포섭하고, ③ 법률요건이 충족되었음을 전제로 법령에서 법률효과로 규정된 행정처분을 선택하는 과정을 거치게 된다.[123] 법규의 내용은 최대한 명확하여야 할 것이지만, 복잡다기한 사회현실을 포섭하기 위하여 요건 부분이나 효과 부분이 불확정적으로 규정되기도 한다. 법규에 불확정적인 규정을 두는 것은 크게 두 가

120) 대법원 2013.6.18. 자 2012무257 결정; 대법원 2013.7.12. 자 2012무84 결정 등.
121) 대법원 2007.2.8. 선고 2006다69653 판결 등 참조.
122) 대법원 2013.7.12. 자 2012무84 결정.
123) 김철우, "제재적 행정처분에 대한 사법심사", 행정판례연구 제23권 제2호(2018), 141면.

지 이유가 있다. 첫째는 입법을 할 때 행정의 모든 상황을 인식하여 일의적으로 명확하게 규정한다는 것은 사실상 불가능하기 때문에 행정기관에 일정한 범위의 판단과 결정권한을 주어 입법적 한계를 보충하기 위해서이고, 둘째는 유동적이고 가변적인 행정현실에 행정작용의 탄력성과 효율성을 확보하여 합목적적인 공익수행에 기여하기 위해서이다.[124)]

독점규제법은 복잡다기한 경제현상을 다루는 법률로서 많은 불확정개념이 사용되고 있다. 불확정개념이란 개념이 일의적으로 확정되지 않아 개념 그 자체로는 그 의미를 정확하게 파악할 수 없으며 별도의 해석과 판단이 요구되는 개념을 의미한다. 예컨대, 동일인이라는 개념의 경우 특정 기업집단에 관하여 동일인 요건을 갖춘 후보자가 다수 존재할 수 있고 이러한 경우에 공정위가 그 중 누구를 동일인으로 최종 확정하는가에 따라 기업집단의 범위와 기업집단 지정처분의 수범자가 달라지게 된다. 이와 같이 법률요건에 불확정개념이 사용되었을 경우 입법자가 행정청에게 재량을 부여한 것으로 본다.[125)]

공정위는 시장경쟁과 소비자분야의 전문기관으로서 독점규제법의 집행에 관하여 폭넓은 재량권이 부여되어 있다. 관련시장의 획정이나 경쟁제한성, 공정거래저해성, 부당성의 판단 등과 같은 전문적 영역에서 공정위가 불확정개념에 기초하거나 재량권을 행사하여 적극적으로 경쟁질서를 형성해 나가는 경우에, 행정청의 재량에 의한 공익판단의 여지를 감안하여 법원은 공정위의 판단을 가급적 존중하는 것이 바람직하다. 그러나 공정위가 불확정개념을 해석하거나 재량행위를 함에 있어서 ① 자의나 독단, ② 사실오인, ③ 법률의 착오, ④ 입법정신 위반, ⑤ 행정법의 일반원칙(신뢰보호원칙, 비례원칙, 평등원칙, 부당결부금지원칙 등)의 위반, ⑥ 절차위반 등이 있으면 재량권을 일탈 또는 남용한 것으로서 위법한 처분이 된다.[126)]

124) 김민호, "정보사회에서 행정청의 판단여지와 재량", 성균관법학 제18권 제3호(2006), 161-162면.
125) 대법원 2016.1.28. 선고 2013두21120 판결; 대법원 2017.10.12. 선고 2017두48956 판결 참조.
126) 대법원 2013.10.31. 선고 2013두9625 판결 참조.

제3장

행정적 제재

제1절 시정조치

Ⅰ. 개 요

1. 의 의

시정조치는 법에 위반되는 상태를 법에 합치하는 상태로 회복시키기 위한 행정처분을 말한다.[1] 시정조치는 부과 상대방에 대한 명령적 행정행위의 성질을 갖는다. 시정조치는 현재의 법 위반행위를 중단시키는 것은 물론이고, 향후 유사행위의 재발을 방지·억지하며, 왜곡된 경쟁질서를 회복시키고, 공정하고 자유로운 경쟁을 촉진시키는 광범위한 목적을 위하여 활용된다.[2] 과징금, 과태료, 형벌 등이 과거 위반행위에 대한 징벌적 제재로서의 의미를 가지는 반면, 시정조치는 장차 그러한 위반행위를 중지하고 적법한 의무이행을 담보하기 위하여 위반행위의 중지명령, 주식처분명령, 계약조항 삭제명령, 시정명령을 받은 사실의 공표명령 등 독립된 새로운 의무를 부과한다.

다양한 유형의 법 위반행위에 관한 시정조치의 내용을 법률에 모두 규정하는 것이 사실상 불가능할 뿐만 아니라 효율적이지도 않다. 또한, 시정명령이 지나치게 구체적이면 매일 다소간의 변형을 거치면서 행해지는 수많은 거래에서 정합성이 떨어져 결국 무의미한 시정명령이 될 우려가 있으므로 그 속성상 다소 포괄성·추상성을 띨 수밖에 없다. 이러한 이유로 공정위는 시정조치를 할지의 여부와 시정조치의 내용에 관한 폭넓은 재량권을 갖는다.[3] 공정위는 시정조치의 실효성을 제고하기 위하여 「공정거래위원회의 시정조치 운영지침」(이하 "시정조치 지침'이라 함)을 제정하여 운영하고 있다. 다만, 시정조치 지침에 대한 상위법령상의 수권규정이 없어서 그 법규성은 인정되지 않는다.[4]

---

1) 시정의 문언적 의미는 '잘못된 것을 바로잡음'을 의미한다.

2) 대법원 2022.5.12. 선고 2022두31433 판결.

3) 비교법적으로 보면, EU 이사회 규칙 1/200324) 제7조는 "법 위반행위가 있을 경우 그것을 효과적으로 종료시키기 위해 필요한 행위 또는 구조적 시정조치를 적절히 부과할 수 있다."고 규정하고 있다.

2. 시정조치의 원칙과 방법

시정조치 지침에 따르면, 시정조치는 다음과 같은 원칙을 따라야 한다. ① 당해 위반행위를 효과적으로 시정할 수 있도록 실효성 있게 명하여져야 하며(실효성의 원칙), ② 당해 위반행위의 위법성 판단과 연관되어 명하여져야 하고(연관성의 원칙), ③ 시정조치를 받은 피심인이 이행해야 할 시정조치의 내용이 무엇이고, 공정위가 이행을 확보하고 점검하여야 할 내용이 무엇인지를 알 수 있도록 명확하고 구체적으로 명하여져야 하며(명확성과 구체성의 원칙), ④ 피심인이 당해 시정조치를 사실상·법률상 이행하는 것이 가능할 수 있도록 명하여져야 하고(이행 가능성의 원칙), ⑤ 당해 위반행위의 내용과 정도에 비례하여 명하여져야 한다(비례의 원칙). 예컨대, 이동통신사와 휴대폰 제조사의 단말기 출고가 책정과 장려금 지급행위가 위법이라고 하더라도, 공정위가 위반행위와 관련성이 없는 단말기까지 공개명령과 보고명령 대상에 포함시키는 것은 위반행위의 내용과 정도에 비례하지 않아 위법하다.

■ **대법원 2019.9.26. 선고 2014두15047 판결**

[구법] 제24조는 "공정거래위원회는 [구법] 제23조(불공정거래행위의 금지) 제1항의 규정에 위반하는 행위가 있을 때에는 당해 사업자에 대하여 당해 불공정거래행위의 중지, 계약조항의 삭제, 시정명령을 받은 사실의 공표 기타 시정을 위한 필요한 조치를 명할 수 있다."라고 규정하고 있다. 이러한 규정의 문언, 시정명령 제도의 취지와 실효성 확보 필요 등에 비추어 보면, 위 조항에 정한 '기타 시정을 위한 필요한 조치'에는 위반행위의 중지뿐만 아니라 그 위법을 시정하기 위하여 필요하다고 인정되는 제반 조치가 포함된다. 따라서 공정거래위원회는 개별 구체적인 위반행위의 형태나 관련시장의 구조 및 특성 등을 고려하여 위반행위의 위법을 시정하기 위하여 필요하다고 인정되는 조치를 할 수 있다. 다만, 이러한 조치는 위반행위를 시정하기 위해 필요한 경우에 한하여 명할 수 있는 것이므로, 그 내용은 위반행위에 의하여 저해된 공정한 경쟁질서를 회복하거나 유지하기 위해서 필요한 범위로 한정되고, 위반행위와 실질적 관련성이 인정되지 않는 조치는 허용되지 않으며, 나아가 해당 위반행위의 내용과 정도에 비례하여야 한다. (중략) 피고는 원고가 판매하는 일체의 단말기의 모델별 출고가와 공급가의 차이 내역을 원고의 홈페이지에 공개하고, 피고에게 공급가, 출고가, 공급가의 변동내역, 출고가의 변동내역을 보고할 것을 명하였다. (중략) 원고와 제조사 사이에 출고가에 관한 협의가 있었는

---

4) 시정조치 지침은 "이 지침상의 기준과 예시는 시정조치의 실효성을 제고하기 위하여 위반행위에 따라 적절하게 고려될 수 있는 시정조치 유형을 제시한 것이다. 따라서 이 지침에서 제시하는 기준과 사례가 위반행위를 시정하기 위하여 합당하게 부합하지 아니한 경우에까지 반드시 이 지침에 따라야 하는 것은 아니며, 이 지침에 명시적으로 열거되지 않은 유형이라고 해서 반드시 그러한 시정조치를 명할 수 없는 것은 아니다."고 규정하고 있다.

지 여부 등을 전혀 고려하지 않은 채 모든 단말기를 그 대상으로 하여 이 사건 위반행위와 관련성이 없는 단말기까지 공개명령과 보고명령 대상에 포함시키는 것은 위반행위의 내용과 정도에 비례하지 않는다.

3. 시정조치의 해석

시정명령의 의미가 불확실한 경우에 시정명령이 금지하는 행위의 범위는 시정명령의 문언, 관련 법령, 의결서에 기재된 시정명령의 이유 등을 종합하여 판단해야 한다.[5] 공정위가 "피심인들[6]은 온라인음악서비스사업자에 Non-DRM 월정액제 다운로드 상품 및 복합상품의 곡수 및 소비자가격을 제한하는 조건으로 음원을 공급함으로써 국내온라인음원공급시장에서 부당하게 경쟁을 제한하는 행위를 다시는 하여서는 아니 된다."는 시정명령을 한 사안[7]에 대하여, 원고는 위 시정명령이 원고가 온라인음악서비스 사업자에 Non-DRM 상품의 곡수 및 소비자가격을 제한하는 조건의 음원공급행위 자체를 금지하는 것이므로 취소되어야 한다고 주장하였다. 시정명령의 문언상 공동행위를 금지하는 취지가 분명하게 나타나 있지 않았기 때문에 시정명령의 문언만 보면 마치 단독행위도 제한되는 것처럼 볼 여지가 있었기 때문이다. 그러나 법원은 이 사건 시정명령에 의한 금지행위의 범위는 "원고가 다른 음원사업자들과 함께 '공동으로' 온라인 음악서비스 사업자에 Non-DRM 상품의 곡수 및 소비자가격을 제한하는 조건의 음원을 공급하는 행위"라고 보아 시정명령이 적법하다고 판단하였다.[8]

4. 합병 등의 경우에 시정조치의 대상

건설업을 하는 A 회사가 입찰담합에 참여를 하였는데 공정위가 시정조치를 내리기 전에 B 회사에 흡수합병된 경우를 가정해보자. 이러한 경우에 A 회사가 영위하던 건설업의 인력과 조직은 B 회사로 옮겨 계속 활동을 하기 때문에 B 회사에 대하여 향후 위반행위 금지를 명하는 시정조치를 내릴 정책적 필요가 있다. 그렇지만, B 회사는 입찰담합 행위자가 아니기 때문에 위반행위자가 아닌 B 회사에 대하여 시정조치를 내릴 명확

5) 대법원 2013.11.14. 선고 2012두19298 판결.
6) 피심인들은 음원 유통사업자(Content Provider)들이다.
7) 공정위 2011.6.29. 의결 제2011-085호.
8) 서울고법 2012.7.11. 선고 2011누25724 판결 및 대법원 2013.11.14. 선고 2012두19298 판결. 법원은 ① 이 사건 시정명령 문언에 '부당하게 경쟁을 제한하는 행위를 다시는 하여서는 아니 된다.'고 한 점, ② 법은 부당하게 경쟁을 제한하는 '합의'를 금지하고 있으며, 이 사건 의결서에 의하면 원고가 다른 음원사업자들과 함께 공동으로 곡수 무제한 월 정액제 Non-DRM 상품에는 음원을 공급하지 않고 곡수 제한 Non-DRM 상품에만 음원을 공급하기로 한 것이 법상 부당한 공동행위에 해당한다는 점을 이 사건 시정명령 등의 이유로 들고 있는 사정을 근거로 들었다.

한 법적 근거가 없는 문제가 있었다. 이에 2020년 법개정을 통하여 합병, 분할, 분할합병, 새로운 회사 설립의 경우에도 공정위가 적절하다고 판단하는 관련 회사에 시정조치를 내릴 수 있는 근거를 마련하였다. 즉, 공정위는 남용행위를 한 회사인 시장지배적 사업자가 합병으로 소멸한 경우에는 해당 회사가 한 남용행위를 합병 후 존속하거나 합병에 따라 설립된 회사가 한 행위로 보아 위 시정조치를 명할 수 있다(법 7조 2항). 공정위는 남용행위를 한 회사인 시장지배적 사업자가 분할되거나 분할합병된 경우에는 분할되는 시장지배적 사업자의 분할일 또는 분할합병일 이전의 남용행위를 ① 분할되는 회사, ② 분할 또는 분할합병으로 설립되는 새로운 회사, ③ 분할되는 회사의 일부가 다른 회사에 합병된 후 그 다른 회사가 존속하는 경우 그 다른 회사 중 하나의 행위로 보고 위 시정조치를 명할 수 있다(법 7조 3항). 공정위는 남용행위를 한 회사인 시장지배적 사업자가 「채무자 회생 및 파산에 관한 법률」 제215조에 따라 새로운 회사를 설립하는 경우에는 기존 회사 또는 새로운 회사 중 어느 하나의 행위로 보고 위 시정조치를 명할 수 있다(법 7조 4항). 그리고 위 규정은 사업자의 다른 위반행위에도 준용되고(법 14조 4항, 37조 3항, 42조 2항, 49조 2항, 52조 2항), 이 경우 시장지배적 사업자는 사업자 또는 사업자단체로 본다.

Ⅱ. 시정조치의 유형

법은 해당 법 조항에 위법행위의 직접적인 시정을 목적으로 하는 전형적인 시정조치의 내용을 예시하고 있다. 이를 정리하면 다음 〈표 3-1〉과 같다. 공정위는 법에 구체적으로 규정된 시정조치 외에도 시정을 위하여 필요한 조치를 명할 수 있다. 기타 시정을 위해 필요한 조치에는 행위의 중지를 넘어서 그 위법을 시정하기 위하여 필요하다고 인정되는 제반 조치가 포함된다.[9)]

시정조치 지침은 시정조치를 그 양태와 주된 내용에 따라 작위명령, 부작위명령, 보조적 명령으로 구분하고 있다. 작위명령이라 함은 주식처분명령, 임원의 사임명령, 채무보증 취소명령, 계약조항 수정·삭제명령, 합의파기명령, 독자적 가격재결정명령, 거래개시·재개명령, 분리판매명령, 정보공개명령, 절차이행명령 등 피심인의 적극적인 행위를 요구하는 내용의 시정조치를 말한다. 그리고 부작위명령이라 함은 당해 법위반행위의 중지명령, 향후 위반행위 금지명령 등 피심인의 소극적인 부작위를 요구하는 내용의 시정조치를 말한다. 한편 보조적 명령이라 함은 관련 있는 자에게 시정명령을 받은 사실의 통지명령, 시정명령의 이행결과 보고명령, 일정기간 동안 가격변동 사실의 보고명령, 법

9) 대법원 2009.5.28. 선고 2007두24616 판결.

〈표 3-1〉 위반행위별 시정조치

위반행위	예시된 시정조치의 유형	근거조항
시장지배적 지위 남용행위	가격의 인하, 해당 행위의 중지, 시정명령을 받은 사실의 공표 또는 그 밖에 필요한 시정조치	법 7조 1항
기업결합 제한 규정 위반행위	해당 행위의 중지, 주식의 전부 또는 일부의 처분, 임원의 사임,[10] 영업의 양도, 시정명령을 받은 사실의 공표, 기업결합에 따른 경쟁제한의 폐해를 방지할 수 있는 영업방식 또는 영업범위의 제한, 그 밖에 법 위반상태를 시정하기 위하여 필요한 조치	법 14조 1항
경제력 집중 억제 규정 위반행위	해당 행위의 중지, 주식의 전부 또는 일부의 처분, 임원의 사임, 영업의 양도, 채무보증의 취소, 시정명령을 받은 사실의 공표, 공시의무의 이행 또는 공시내용의 정정, 그 밖에 법 위반상태를 시정하기 위하여 필요한 조치	법 37조 1항
부당한 공동행위	해당 행위의 중지, 시정명령을 받은 사실의 공표 또는 그 밖에 필요한 시정조치	법 42조 1항
불공정거래행위, 재판매가격유지행위, 특수관계인에 대한 부당이익제공, 보복조치	해당 불공정거래행위, 재판매가격유지행위 또는 특수관계인에 대한 부당한 이익제공행위의 중지 및 재발방지를 위한 조치, 해당 보복조치의 금지, 계약조항의 삭제, 시정명령을 받은 사실의 공표, 그 밖에 필요한 시정조치	법 49조 1항
사업자단체 금지행위	해당 행위의 중지, 시정명령을 받은 사실의 공표, 그 밖에 필요한 시정조치	법 52조 1항

에 관한 교육실시명령, 관련자료 보관명령 등 시정조치의 이행을 실효성 있게 확보하고 당해 위반행위의 재발을 효과적으로 방지하기 위하여 주된 명령에 부가하여 명하는 시정조치를 말한다. 이하에서는 이 중에서 많이 활용되는 시정조치 유형에 대해서 살펴보기로 하자.

1. 해당 행위의 중지명령

공정위는 원칙적으로 법 위반행위가 최종 심의일에도 진행 중이거나 위반행위의 효과가 최종 심의일에도 지속되는 경우에 행위중지명령을 명할 수 있다. 행위중지명령은 관련 상품, 거래상대방, 위반행위의 내용 또는 방법 등 당해 위법사실을 최대한 반영하여 중지하여야 할 행위를 구체적으로 특정하여야 한다. 실무상 피심인은 "… 등을 합의하는 방법으로 부당하게 경쟁을 제한하는 행위를 하여서는 아니 된다"거나 "… 행위를 함으로

10) 영국의 회사 이사 자격박탈법(Company Directors Disqualification Act 1986)은 경쟁당국이 경쟁법 위반 회사의 이사에 대해 경영에 대한 참가자격을 박탈시키는 경쟁결격명령(Competition Disqualification Order)을 법원에 신청할 수 있도록 하고 있다. 이에 관한 상세는 신영수, "경쟁법 위반 기업의 임원에 대한 영국의 자격박탈 명령 제도", 비교법연구 제20권 제3호(2020), 61면 이하 참조.

써 ○○을 판매하는 시장에서 부당하게 경쟁을 제한하는 행위를 하여서는 아니 된다"는 등의 형식을 띠게 된다.

2. 시정명령을 받은 사실의 공표명령

공정위는 시정명령을 받은 사업자 등에 대하여 시정명령을 받은 사실의 공표를 명할 수 있다. 공표명령의 목적은 일반 공중이나 관련 사업자들이 법위반 여부에 대한 정보와 인식의 부족으로 공정위의 시정조치에도 불구하고, 위법사실의 효과가 지속되고 피해가 계속되는 사례가 발생할 수 있으므로 조속히 법위반에 관한 중요 정보를 공개하는 등의 방법으로 일반 공중이나 관련 사업자들에게 널리 경고함으로써 계속되는 공공의 손해를 종식시키고 위법행위가 재발하는 것을 방지하고자 함에 있다.[11] 공표명령은 1990년 개정법에서 처음 도입되었다. 그런데 이때에는 공정위가 '법위반사실'의 공표를 명할 수 있도록 하였다. 그러나 법위반사실에 관한 공표명령은 과잉금지의 원칙에 위반하여 당해 행위자의 일반적 행동의 자유 및 명예권을 침해하고, 무죄추정의 원칙에 반한다는 헌법재판소의 결정이 있었다.[12] 이에 2004년 법을 개정하여 현재는 '시정명령을 받은 사실'을 공표하도록 규정하고 있다.

공정위는 공표명령을 할 것인지 여부와 공표를 명할 경우에 어떠한 방법으로 공표하도록 할 것인지 등에 관하여 재량을 가진다. 공정위 예규인 「공정거래위원회로부터 시정명령을 받은 사실의 공표에 관한 운영지침」(이하 "공표지침")은 법위반행위로 시정명령을 받은 사업자에 대하여 공표를 명할 수 있는 요건 및 공표방법 등을 규정하고 있다. 공표지침에 따르면 공정위는 시정조치에도 불구하고 위법사실의 효과가 지속되고 피해가 계속될 것이 명백한 경우로서 ① 직접 피해를 입은 자가 불특정 다수인 경우, ② 공표를 함으로써 피해자가 자신의 권익구제를 위한 법적 조치를 취할 수 있도록 할 필요가 있다고 인정되는 경우, ③ 허위·과장 등 부당한 표시·광고행위로 인하여 소비자에게 남아있는 오인·기만적 효과를 제거할 필요가 있다고 인정되는 경우 중의 어느 하나에 해당하는 경우 공표를 명할 수 있다. 공표지침은 그 형식 및 내용에 비추어 재량권 행사의 기준에 관한 행정청 내부의 사무처리준칙이라고 할 것이고, 그 기준이 객관적으로 보아 합리적이 아니라든가 타당하지 아니하여 재량권을 남용한 것이라고 인정되지 아니하는 이상 행정청의 의사는 가능한 한 존중되어야 한다.[13]

---

11) 대법원 2006.5.12. 선고 2004두12315 판결.
12) 헌법재판소 2002.1.31. 선고 2001헌바43.
13) 대법원 2013.11.14. 선고 2011두28783 판결; 대법원 2014.6.26. 선고 2012두3675 판결.

3. 그 밖에 필요한 시정조치

그 밖에 필요한 시정조치의 구체적 범위에 대해서 사업자의 기본권과 예측가능성을 존중하여 그 범위를 좁게 해석하려는 소극적 입장과 시시각각 변화하는 시장상황에 맞는 탄력적 대응이 필요하다는 점과 경쟁질서 확립을 위한 공정위의 적극적 역할에 비추어 공정위의 재량권을 폭넓게 인정해야 한다는 적극적 입장이 대립할 수 있다. 판례는 시정의 필요성 및 시정에 필요한 조치의 내용에 관하여는 공정위에게 그 판단에 관한 재량이 인정된다고 하고,[14] 시정명령의 내용에 가까운 장래에 반복될 우려가 있는 동일한 유형의 행위에 대한 반복금지와 위법을 시정하기 위하여 필요하다고 인정되는 제반 조치는 그 밖에 필요한 시정조치에 해당된다고 하는 등 비교적 적극적 입장을 견지하고 있다.[15] 다만, 그 밖에 필요한 시정조치는 수범자에 대한 법익 침해의 수준이 법문에 명시적으로 예시된 조치와 유사한 정도의 조치라고 새겨야 할 것이다. 따라서 미국[16] 등에서 인정되고 있는 기업분할명령은 입법론으로 주장하는 것은 별론으로 하고, 현행 규정의 해석으로는 인정되기 어렵다. 이하에서는 그 밖에 필요한 시정조치 유형들 중에서 많이 논의가 되는 조치를 살펴보기로 한다.

(1) 향후 위반행위 금지명령

위반행위가 최종 심의일에 이미 종료되었으나 가까운 장래에 당해 법위반행위와 동일 또는 유사한 행위가 반복될 우려가 있는 경우에 공정위는 향후 위반행위 금지명령을 발하는 경우가 자주 있다. 예를 들어 “피심인은 ○○을 판매하는 시장에서 ○○에게 ○○ 방법으로 ○○하는 행위와 동일 또는 유사한 행위를 앞으로 다시 하여서는 아니 된다.”는 시정조치가 실무상 일반적인 형태이다. 이에 관하여 시정조치가 당해 위반행위로 인

---

14) 대법원 2009.6.11. 선고 2007두25138 판결; 대법원 2010.11.25. 선고 2008두23177 판결; 대법원 2022.5.12. 선고 2022두31433 판결.

15) 다만, 하도급법 제25조 제1항의 법위반행위를 한 발주자와 원사업자에 대하여 하도급대금 등의 지급, 법 위반행위의 중지, 그 밖에 해당 위반행위의 시정에 필요한 조치를 권고하거나 명할 수 있다는 규정의 해석과 관련하여, 판례는 하도급법상 시정명령은 위반행위가 있음을 확인하거나 재발방지 등을 위한 조치를 취하는 것이 아니라 당해 위반행위로 인하여 현실로 존재하는 위법한 결과를 바로잡는 것을 내용으로 한다고 하면서, 비록 법위반행위가 있었더라도 하도급대금 채무의 불발생 또는 변제, 상계, 정산 등 사유 여하를 불문하고 위반행위의 결과가 더 이상 존재하지 아니한다면, 그 결과의 시정을 명하는 내용의 시정명령을 할 여지는 없다고 보아야 할 것이라고 판시하였다. 대법원 2002.11.26. 선고 2001두3099 판결. 판례가 독점규제법과 하도급법의 시정조치에 관해서 다른 태도를 취하는 것과 관련하여 하도급법은 대금지급명령을 시정조치의 하나로 명시하고 있어서 기타 시정을 위한 필요한 조치로 발동하거나 기존 명령에 더하여 이를 추가로 발동하는 것이 아니라는 점, 그리고 대금지급의 경우는 단순히 경쟁제한성 등만으로 따질 수 없는 민사채무관계의 특수성이 있으므로 이를 공정위가 일률적으로 명하는 것이 적절하지 않다는 점 등에 비추어 볼 때 이 같은 판결은 하도급법의 특수성을 반영한 결과라고 설명한다. 신영수, “공정거래법 위반 사업자에 대한 시정조치의 허용 범위”, 법경제학연구 제14권 제2호(2017), 286면.

16) 미국에서 법원은 셔먼법 위반행위에 대하여 구조적 시정조치를 포함하는 형평법상의 구제조치(equitable relief)를 명할 수 있다.

하여 현실로 존재하는 위법한 결과를 바로잡는 것에 국한되는지, 아니면 장래 예방적 목적의 시정조치도 허용되는지가 논란이 되었다. 판례는 시정명령의 내용에 관하여 과거의 위반행위에 대한 중지는 물론 가까운 장래에 반복될 우려가 있는 동일한 유형의 행위의 반복금지까지 명할 수 있는 것으로 해석하고 있다.[17] 이 경우에 행위금지명령은 법 위반행위를 최대한 반영하여 향후 이와 동일하거나 유사한 행위가 발생한 경우 시정조치 불이행으로 판단할 수 있도록 금지대상이 되는 법 위반행위의 유형을 어느 정도 구체화해서 명하여야 한다.

이와 관련하여 '동일한 유형의 행위'의 범위가 어디까지인지가 논란이 되었다. 예컨대 공동행위에 가담한 사업자들 상당수가 A합의와 B합의를 한 반면, 그 중 일부는 A합의에만 가담하였을 경우, 모든 사업자들에 대하여 장래에 A합의와 B합의를 다시 하지 말 것을 시정조치로 명할 수 있는가? 판례는 동일성 기준을 넓게 해석하여 위 사례에서 긍정설을 취하였다.[18] 의약품 리베이트 제공이 문제된 사건에서 원고가 주최하는 제품설명회 등에서의 비용지원은 비용지원을 통한 이익제공으로서의 고객유인행위이므로, 원고의 위반행위로 인정된 회식비 등의 지원, 골프·식사비 지원, 학회나 세미나 참가자에 대한 지원 등과 동일한 유형의 행위로서 가까운 장래에 반복될 우려가 있다고 할 것이어서, 공정위는 시정명령으로 이러한 유형의 행위의 반복금지까지 명할 수 있다고 판단하였다.[19] 이 같은 형태의 시정명령은 사업자에게 새로운 부작위의무를 창설하여 부과한 것이라기보다는 본래 금지된 행위를 금지 대상으로 재확인해 준다는 정도의 의미로 이해된다.[20]

(2) 가격 재결정 명령

공정위가 사업자에게 어느 범위까지 작위명령을 할 수 있는지가 논의되고 있다. 예를 들어, 부당하게 가격을 인상한 공동행위에서 규제의 목적상 합의의 파기를 명할 수는 있지만 가격을 원상으로 회복하라는 명령과 같이 적극적 작위명령이 인정될 것인지의 여부에 관하여 논란이 있을 수 있다. 시정조치의 본질이 위법상태의 소극적 시정에 그치는 것이고, 가설적으로 부당한 공동행위가 없었을 경우에 책정되었을 정상가격을 공정위가 산정하는 것이 사실상 불가능하다고 할 것이므로, 특정한 가격수준으로의 인하를 명할 수는 없다고 할 것이다. 다만, 각 사업자가 가격을 독자적으로 재결정하도록 명령하는 것은 가능하다는 데에 견해가 대체로 일치하고 있다.[21] 가격 재결정 명령 방식은 행위중지

---

17) 대법원 2003.2.20. 선고 2001두5347 전원합의체 판결; 대법원 2009.5.28. 선고 2007두24616 판결; 대법원 2010.11.25. 선고 2008두23177 판결; 대법원 2015.9.10. 선고 2014두11113 판결 등.

18) 대법원 2015.9.10. 선고 2014두11113 판결.

19) 대법원 2010.12.9. 선고 2009두3507 판결.

20) 신영수, "공정거래법 위반 사업자에 대한 시정조치의 허용 범위", 법경제학연구 제14권 제2호(2017), 287면.

21) 권오승(2015), 296-297면; 홍대식, "카르텔 규제의 집행: 행정적 집행수단과 법원의 역할을 중심으로", 경쟁

명령 또는 합의파기 명령과 함께 피심인에게 합의에 의해 결정한 가격을 철회하고 새로이 독립적인 판단에 따라 각자 가격을 결정하여 공정위에 서면으로 보고하도록 하는 방법이 주로 사용되고 있다.

(3) 정보교환 금지명령

사업자들 사이의 상호 정보교환을 통하여 부당한 공동행위가 이루어진 경우에 사업자들에 대한 정보교환 금지명령이 그 밖에 필요한 시정조치로서 허용되는지가 다투어졌다. 판례는 명확성과 구체성의 원칙이나 비례의 원칙에 위반되지 않는 한 이를 긍정하고 있다.[22)]

■ **대법원 2009.5.28. 선고 2007두24616 판결**

피고가 "8개사는 시장을 통한 정보수집의 경우를 제외하고 직접 또는 협회를 통하는 방법, 기타 여하한 방법으로 상호 간의 가격, 밀가루 판매량 또는 생산량에 관한 정보를 교환하여서는 아니 된다."는 정보교환 금지명령을 한 사실을 알 수 있는데, 위 "시장을 통한 정보수집의 경우를 제외하고"라는 문구 및 위 시정명령 전체의 취지에 비추어 보면, 이 사건 정보교환 금지명령은 현재 또는 장래에 관한 공개되지 아니한 정보의 교환만을 금지하는 것임을 알 수 있으므로 명확성과 구체성의 원칙이나 비례의 원칙에 위반되지 아니한다.

(4) 통지명령

공정위는 법위반 사업자 등에 대하여 시정명령을 받은 사실을 통지하도록 명할 수 있다. 통지명령은 통지명령의 상대방에 대한 피해구제가 목적이 아니고, 통지명령의 상대방으로 하여금 해당 사업자의 위반행위를 명확히 인식하도록 함과 동시에 해당 사업자로 하여금 통지명령의 상대방이 지속적으로 위반행위 여부를 감시하리라는 것을 의식하게 하여 향후 유사행위의 재발 방지·억지를 보다 효율적으로 하기 위한 것이다. 따라서 통지명령의 상대방은 반드시 당해 위반행위에 의하여 직접 영향을 받았던 자로 한정되어야 하는 것은 아니고, 그 취지와 필요성 등을 고려하여 향후 영향을 받을 가능성이 큰 자도 이에 포함될 수 있다.[23)]

법연구 제12권(2005), 97면; 이선희, "공정거래법상 시정조치의 한계", 행정판례연구 XV-1(2010), 355면.

22) 대법원 2009.5.28. 선고 2007두24616 판결. 이 판결에 관한 평석으로 황태희, "공정거래법 위반행위에 대한 시정조치로서의 정보교환 금지명령", 대법원판례해설 제80호(2009), 9면 이하 참조.

23) 대법원 2022.5.12. 선고 2022두31433 판결. 흡수합병 전 피합병회사의 대리점에 대한 구입강제 행위, 경제상 이익제공 강요행위 및 불이익 제공행위를 이유로 합병 후 존속회사에게 시정명령을 받은 날 현재 거래하고 있는 모든 대리점에게 시정명령을 받은 사실을 통지하도록 한 사안이다. 대법원은 합병 후 존속회사가 합병 전후에 걸쳐 동일성을 유지한 채 기존 사업 및 거래를 계속하는 이상 동일·유사 유형의 위반행위가 되풀이 될 가능성이 예상되고, 흡수합병 당시 피합병회사와 거래하지 않던 대리점이라 해도 시정명령을 받은 날 현재 합병 후 존속회사와 거래하고 있는 대리점이라면 동일·유사 유형의 위반행위에 의해 향후 영향

Ⅲ. 시정조치의 한계

1. 포괄성·추상성의 요청과 구체성·명확성의 요청의 조화

시정조치가 지나치게 구체적인 경우 매일 매일 다소간의 변형을 거치면서 행해지는 수많은 거래에서 정합성이 떨어져 결국 무의미한 시정조치가 될 우려가 있으므로 그 본질적인 속성상 다소간의 포괄성·추상성을 띨 수밖에 없다. 반면, 시정조치는 수범자의 예측가능성을 보장하기 위하여 그 대상과 내용에 있어서 구체적이고 명확하게 특정할 필요도 있다. 따라서 시정조치는 그 시정조치를 받은 피심인이 이행해야 할 시정조치의 내용이 무엇이고, 공정위가 이행을 확보하고 점검하여야 할 내용이 무엇인지 알 수 있도록 명확하고 구체적으로 명하여져야 한다.

시정명령이 '구성사업자들로 하여금 휴업 또는 휴진을 하도록 함으로써'라고 하여 행위유형을 명시하면서 원고가 행한 위와 같은 부당한 제한행위를 확인하고 장래 동일한 유형의 행위의 반복금지를 명한 것이고, 반복금지를 명한 행위의 상대방과 내용이 '원고의 구성사업자들인 의사들로 하여금, 그들의 의사에 반하여, 진찰, 투약, 시술 등 의료행위 전반에 걸친 휴업 또는 휴진을 하게 하는 것'임은 이 사건 시정명령에 명시된 법령의 규정이나 이유 등에 비추어 분명한 경우에 시정명령은 그 행위유형, 상대방, 품목 등에 있어서 관계인들이 인식할 수는 있는 정도로 명확하다고 판단된다.[24] 또한, 정유사의 주유소에 대한 배타조건부 거래행위가 문제된 사안에서 공정위의 시정조치 중 '거래상대방의 의사에 반하여'라는 문언은 주유소가 스스로의 필요에 의하여 자유로운 의사에 따라 전량공급조건 거래를 선택하는 것을 금지하는 것은 아니라는 뜻이어서 그 의미가 불명확하다고 할 수 없다.[25]

반면, 의결서상 주문에 '피심인은 납품업자로부터 직매입한 상품을 납품업자의 명시적인 동의나 귀책사유가 없음에도 불구하고 납품업자에게 반품하는 행위를 하여서는 아니 된다'는 시정명령을 하면서 그 의결서 이유 부분에 반품대상 업체명, 반품시기 등에 대한 구체적인 적시 없이 단지 점포별 반품건수 및 반품액수만을 적시하고 있는 사안에서, 대법원은 시정명령에서 그 대상이 되는 행위들의 내용이 구체적으로 명확하게 특정될 수 없다면 위법하다고 판단하였다.[26]

을 받을 가능성이 적지 않은 점 등에 비추어 위와 같은 통지명령에 재량권을 일탈·남용한 위법이 없다고 판단하였다.

24) 대법원 2003.2.20. 선고 2001두5347 전원합의체 판결.

25) 대법원 2013.4.25. 선고 2010두25909 판결.

26) 대법원 2007.1.12. 선고 2004두7146 판결.

2. 비례의 원칙

시정조치의 범위는 무한히 확대될 수 없고, 비례의 원칙에 의한 제한을 받는다. 비례의 원칙은 법이 개인과 사회의 이익에 기여해야 하고, 법적 수단의 투입의 한계는 비례적인 수단·목적의 관계에 의하여 설정된다는 것을 의미한다. 이를 과잉금지의 원칙으로 표현하기도 한다.[27] 비례의 원칙은 시정조치가 부득이 가지게 되는 일반적, 추상적 성격에 대한 한계로서 기능한다.

제2절 과 징 금

I. 의 의

과징금이란 법위반행위에 대하여 행정권에 기초하여 부과하는 금전적 부담을 의미한다.[28] 과징금은 법에서 규정한 의무이행을 확보하기 위한 수단으로서 1980년 독점규제법 제정 시에 우리나라 법체계에 최초로 도입되었다. 과징금을 통한 금전적 불이익의 부과가 행정법상 의무 위반행위에 대한 비범죄화 요구에 부응하면서 동시에 사업자들의 시장행동에 영향을 줄 수 있다는 점에서 과징금은 효과적인 법집행수단으로 인식되고 있다. 그런데 위반행위에 대한 금전적인 부담의 크기만 놓고 볼 때에는 과징금이 형사상 벌금을 훨씬 뛰어넘는 수준이다. 따라서 부과금액 산정의 적정성과 타당성이 자주 문제가 되는데, 이에 관한 검토는 과징금 부과의 재량행사에 있어서 공정위의 재량권 일탈·남용에 관한 사법심사(司法審査)의 형태로 이루어진다. 법정책적 측면에서 보면, 과연 과징금 제도가 위반행위의 억지에 유용한 것인지에 관한 논란이 있고,[29] 형벌 등 다른 제재수단과의 관계, 손해배상 제도와의 관계, 과징금의 사용 등에 관한 논의가 계속되고 있다.

---

27) 헌법재판소는 "좁은 의미의 직업선택의 자유를 제한함에 있어, 어떤 직업의 수행을 위한 전제요건으로서 일정한 주관적 요건을 갖춘 자에게만 그 직업에 종사할 수 있도록 제한하는 경우에는, 그러한 제한은 헌법 제37조 제2항이 정한 기본권 제한의 한계 내에서 그 제한의 목적이 헌법상 정당해야 하고, 그 제한의 수단이 비례의 원칙(과잉금지의 원칙)을 준수하여야 한다."라고 판시하였다. 헌법재판소 2003.6.26. 선고 2002헌마677. 대법원도 "과징금부과의 재량행사에 있어서 비례의 원칙 위배가 있다면 이는 재량권의 일탈·남용으로서 위법하다."라고 판시하였다. 대법원 2002.9.24. 선고 2000두1713 판결.

28) 홍정선, 행정법원론(상), 박영사(1995), 448면.

29) 과징금이 부과되더라도 사업자가 그 부담을 가격인상 등의 방법으로 소비자에게 전가시킬 수 있다면 과징금이 애초 의도한 정책목표가 퇴색할 수도 있다. 과징금의 수준과 관련하여 사업자 쪽에서는 과중하다는 불만이 많은 반면, 시민단체 등에서는 과소하다는 비판이 있다. 이 부분에 관해서는 엄밀한 실증적 분석이 있어야 할 것이다.

Ⅱ. 법적 성격

1. 행정제재벌과 부당이득환수의 성격 겸유

과징금을 산정함에 있어서 위반행위의 내용 및 정도, 위반행위의 기간 및 횟수는 물론, 위반행위로 취득한 이익의 규모 등도 고려하여야 한다(법 102조 1항). 과징금에 관해서는 전자의 항목들에 주목하여 이를 행정제재벌이라고 보는 견해와 후자의 항목에 주목하여 부당이득환수라고 보는 견해도 있으나,[30] 다수설과 판례는 양자의 성격을 동시에 가지고 있다고 본다.[31] 즉, 과징금이 법 위반자에 대한 제재를 통해서 의무이행을 확보하려는 취지와 아울러 부당이득을 환수하고자 하는 이중적 성격을 갖는다고 해석하게 된다. 다만, 판례 가운데에는 행정제재벌적 성격을 강조한 것도 있고,[32] 부당이득환수적 성격을 강조한 것도 있어서,[33] 양자의 관계는 여전히 모호한 측면이 있다.

과징금에 부당이득환수의 성격이 있다고 하지만, 실제로는 과징금 산정에 있어서 부당이득이 제대로 반영되지 않고 있다는 비판이 있다.[34] 이와 다른 측면에서 소비자 등의 피해에서 유발된 사업자의 부당이득을 국가가 과징금의 형태로 환수하는 것이 과연 타당한지에 대한 의문도 제기되고 있다. 원래 법 제정 당시에는 과징금을 납부한 사업자가 손해배상을 한 때에는 공정위가 그 사업자에게 배상액에 상당하는 금액을 환급하도록 규정하고 있었으나,[35] 이 규정은 1996년에 폐지되었다.[36] 기본적으로는 사업자의 위법행위

---

30) 우리나라의 과징금제도는 일본의 과징금제도를 모태로 하여 독점규제법에 처음으로 도입되었다. 일본에서 과징금제도의 법적 성격은 제도 도입 이후 끊임없이 논란의 대상이 되었는데, 과징금제도가 가격카르텔에 대한 부당이득의 박탈이라는 견해와 독점금지법 위반의 억지를 확보하기 위한 행정제도라는 견해가 대립되었다. 현재 다수설은 과징금제도의 목적을 부당이득환수에 두고 있다. 일본 공취위의 태도는 도입 초기에는 행정제재의 성격도 강하게 고려하였으나 점차 부당이득 박탈로 그 법적 성격을 확정하였다.

31) 헌법재판소 2003.7.24. 선고 2001헌가25.

32) 부당지원행위에서 지원주체는 당해 행위로부터 직접적 이익을 얻는 바가 없다. 이러한 경우에 "부당지원행위를 한 지원주체에 대한 과징금은 그 취지와 기능, 부과의 주체와 절차 등을 종합할 때 부당지원행위의 억지라는 행정 목적을 실현하기 위한 입법자의 정책적 판단에 기하여 그 위반행위에 대하여 제재를 가하는 행정상의 제재금으로서의 기본적 성격에 부당이득 환수적 요소도 부가되어 있는 것"(대법원 2004.4.9. 선고 2001두6197 판결)이라고 설명한다.

33) "법상의 과징금 부과는 비록 제재적 성격을 가진 것이기는 하여도 기본적으로는 법위반행위에 의하여 얻은 불법적인 경제적 이익을 박탈하기 위하여 부과되는 것"(대법원 2001.2.9. 선고 2000두6206 판결)이라거나, "과징금 부과는 원칙적으로 법위반행위에 의하여 얻은 불법적인 경제적 이익을 박탈하기 위하여 부과하는 것"(대법원 2004.10.27. 선고 2002두6842 판결)이라고 한다.

34) 지광석, "담합 규제의 적정성에 대한 고찰: 과징금의 규모와 산정절차를 중심으로", 국가정책연구 제27권 제1호(2013), 65면 이하.

35) 구법(1996. 12. 30. 법률 제5235호로 개정되기 전의 것) 제6조 제7항은 "공정위는 제1항 및 제3항의 규정에 의하여 과징금을 납부한 시장지배적 사업자가 제56조의 규정에 의하여 손해배상을 한 때에는 대통령령이 정하는 바에 의하여 그 시장지배적 사업자에게 배상액에 상당하는 금액을 환급하여야 한다."고 규정하였다.

36) 위 과징금 환급규정에 대하여 과징금과 손해배상은 그 취지나 성격이 전혀 다르다는 것을 간과한 것이라는 비판이 제기되었고, 이에 따라 과징금의 제재적 성격이 강화되면서 위 규정이 폐지되었다. 오창수, 공정거래법상의 과징금 제도(1997), 10면 이하 참조. 그러나 사업자가 막대한 손해배상금을 지급한 경우에도 이미

로 인한 부당이득이 피해자의 피해전보에 우선적으로 사용되는 것이 타당할 것이다.[37] 따라서 국가가 과징금의 형태로 환수하기보다는 사적 손해배상소송을 활성화하여 사업자가 취득한 부당이득을 피해자에게 손해배상의 형태로 전보하는 것이 일반원칙에 적합할 뿐만 아니라, 환수에 대한 인센티브, 환수금액 산정의 투명성 측면에서도 바람직할 것이다. 따라서 장차 손해배상제도를 활성화하고 과징금은 행정제재벌의 성격을 강화하는 쪽으로 제도를 개선할 필요가 있을 것이다.

2. 이중처벌과 관련한 논의

과징금은 위반행위에 대한 징벌의 효과를 갖는다. 과징금은 행정적 제재의 한 유형으로 분류되고 있기는 하지만, 다른 행정적 제재수단인 과태료나 형사처벌 및 민사 손해배상과 관련하여 이중처벌의 논란이 이어지고 있다.[38] 과징금과 형사처벌의 관계에 관해서 헌법재판소 다수의견은 과징금이 "헌법 제13조 제1항에서 금지하는 국가형벌권 행사로서의 '처벌'에 해당한다고는 할 수 없으므로, 공정거래법에서 형사처벌과 아울러 과징금의 병과를 예정하고 있더라도 이중처벌금지원칙에 위반된다고 볼 수 없으며, 이 과징금 부과처분에 대하여 공정력과 집행력을 인정한다고 하여 이를 확정판결 전의 형벌집행과 같은 것으로 보아 무죄추정의 원칙에 위반된다고도 할 수 없다."고 판단하였다.[39]

Ⅲ. 과징금의 부과

1. 부과기준

(1) 원 칙

공정위가 과징금을 부과함에 있어서는, ① 위반행위의 내용과 정도, ② 위반행위의 기간 및 횟수, ③ 위반행위로 취득한 이익의 규모 등을 참작하여야 한다(법 102조 1항).

부당이득이 고려되어 확정된 과징금을 그와 상관없이 납부하는 것은 과징금 제도의 취지에 부합하지 않으므로 손해배상액만큼을 징수한 과징금에서 환급하는 절차를 마련하여야 한다는 주장도 유력하게 제기되고 있다. 이봉의, "공정거래법상 과징금 산정과 법치국가 원리", 경쟁법연구 24권(2011), 22-23면.

37) 독일은 위반행위에 대한 제재로서의 과태료와는 따로 부당이득 환수제를 두고 있는데, 부당이득이 손해배상액의 지급이나 과태료의 부과 또는 몰수명령에 의하여 환수된 경우에는 적용하지 않고, 만일 사업자가 경제적 이득이 환수된 후에서야 손해배상액을 지급하거나 또는 금전적인 벌칙의 부과가 이루어진 경우에 사업자는 환수된 금액을 환급받을 수 있도록 규정하고 있다. 홍대식, 과징금 산정에 있어 관련 매출액에 관한 연구(2009), 68-69면.

38) 과징금의 도입취지는 형사적 제재의 한계와 민사적 구제의 한계를 보완하기 위한 것이었다. 일본의 독점금지법상 과징금은 형사적 제재, 민사적 구제가 먼저 도입되고 행정적 제재로서 추가된 것이다.

39) 헌법재판소 2003.7.24. 선고 2001헌가25. 그러나 반대의견 3인은 과징금이 "부당지원행위에 대한 응징 내지 처벌로서의 의미를 가지고 있[다]."고 하면서 부당지원행위에 대한 과징금은 자기책임의 원리와 적법절차의 원칙에 위배된다고 보았고, 다른 반대의견 1인은 이에 더하여 "과징금은 부당이득환수적 요소는 전혀 없이 순수하게 응보와 억지의 목적만을 가지고 있는 실질적 형사제재로서" 이중처벌금지의 원칙에 위반되고, 무죄추정원칙에도 위배된다고 하였다.

이러한 참작사유는 공정위가 과징금 부과 여부를 결정하거나 과징금 액수를 산정할 때 반드시 참작하여야 할 재량고려사유로서 처분기준을 형성하고, 공정위의 재량권 행사의 적정성을 통제하는 심사기준이 된다.[40] 과징금은 위반행위의 내용 및 정도를 우선적으로 고려하고 시장상황 등을 종합적으로 참작하여 그 부과 여부를 결정하되, 자유롭고 공정한 경쟁질서를 크게 저해하는 경우, 소비자 등에게 미치는 영향이 큰 경우, 위반행위에 의하여 부당이득이 발생한 경우, 그 밖에 위에 준하는 경우로서 공정위가 정하여 고시한 경우에는 원칙적으로 과징금을 부과한다(영 [별표 6] 1호). 과징금은 위반행위 유형에 따른 기본 산정기준(기본 산정기준)에 위반행위의 기간 및 횟수 등에 따른 조정(1차 조정), 위반사업자의 고의·과실 등에 따른 조정(2차 조정)을 거쳐 부과과징금을 산정한다(영 [별표 6] 2호 참조). 다만, 부과과징금은 법정 상한액을 초과할 수 없다.

(2) 과징금 고시

(가) 법령상의 근거

공정위는 「과징금부과 세부기준 등에 관한 고시」("과징금 고시")를 마련하여 시행하고 있다. 법 시행령 제84조 제1항 관련 [별표 6]은 산정기준의 부과기준율, 관련매출액 산정에 관한 세부기준, 1차 조정 및 2차 조정, 그 밖에 과징금의 부과에 필요한 세부적인 기준과 방법 등에 관한 사항을 공정위가 고시하도록 위임하고 있다. 그 위임에 따라 제정된 과징금 고시에서 과징금의 부과여부 및 과징금 산정기준 등에 관하여 처분의 기준을 정하고 있다. 그런데 과징금 고시에 관하여 법률이 아니라 시행령에서 비로소 고시에 위임하고 있는 것은 위임형식과 관련하여 위헌이라는 비판도 있다.[41]

(나) 법적 성격

과징금 고시의 법적 성격에 관해서는 견해가 대립하고 있다. 과징금 고시가 법령의 위임을 받아 제정된 것으로 법령보충적 행정규칙으로서 수권법령과 결합하여 대외적인 구속력이 있는 법규명령의 성질을 가지는지, 아니면 재량행위인 공정위의 과징금 부과처분의 세부기준을 정하기 위한 행정규칙으로서 직접적인 대외적 효력은 갖지 않고, 다만 행정기관의 재량권 행사가 평등원칙 또는 신뢰보호원칙에 위배되어 위법한 것인지 여부를 평가함에 있어서 그 기준이 될 수 있는 재량준칙인지 여부에 관한 문제이다. 그런데 판례는 과징금 고시는 공정위의 내부 사무처리 준칙에 불과하다는 태도를 취하고 있다.[42] 따라서 구체적인 사안에서 위 과징금 고시를 적용한 결과가 비례의 원칙이나 형평의 원칙에 반하지 않는 이상 일반적인 부당한 공동행위와는 다른 새로운 기준을 규정하

---

40) 홍대식, "공정거래법상 과징금 제도의 현황과 개선방안", 행정법연구 제18호(2007. 8), 146면.

41) 박정훈, "공정거래법의 공적 집행-행정법적 체계정립과 분석을 중심으로", 공정거래와 법치(2004), 10면.

42) 대법원 2002.9.24. 선고 2000두1713 판결; 대법원 2004.11.12. 선고 2002두5627 판결; 대법원 2013.10.11. 선고 2011두31413 판결 등 참조.

고 있다는 것만으로는 무효라고 할 수 없다.[43)]

(3) 기본 산정기준

기본 산정기준은 관련매출액 등에 중대성의 정도별로 정하는 부과기준율을 곱하여 산정한다. 즉, '관련매출액 등 × 부과기준율'의 방식에 의하여 산정이 된다.[44)] 다만, 관련매출액 등을 산정하기 곤란한 경우에는 과징금 부과한도 이내에서 중대성의 정도를 고려하여 기본 산정기준을 정할 수 있다. 한편, 현행법은 과징금 상한의 기준이 되는 매출액의 개념에 관하여 단지 "대통령령이 정하는 매출액"이라고 규정하여 그 내용에 관한 기준이나 한계에 대하여 대통령령에 위임하고 있다. 과징금 제도가 사업자들에게 미치는 부담을 고려할 때, 관련매출액 등의 개념 및 기준에 관한 근거규정은 법률에 규정하는 것이 바람직할 것이다.

(가) 관련매출액 등

1) 관련매출액

시장지배적 지위남용행위, 부당한 공동행위 등(일부 사업자단체 금지행위 포함), 불공정거래행위(부당한 지원행위 제외), 재판매가격유지행위, 보복조치의 과징금 산정은 관련매출액을 기준으로 한다. 즉, 법 제8조 본문, 법 제43조 본문, 법 제50조 제1항 본문, 법 제53조 제2항 본문 및 제53조 제3항 본문에서 "대통령령으로 정하는 매출액"이란 각각 위반사업자가 위반기간 동안 일정한 거래분야에서 판매한 관련 상품이나 용역의 매출액 또는 이에 준하는 금액을 말하며, 이를 관련매출액이라고 한다. 다만, 위반행위가 상품이나 용역의 구매와 관련하여 이루어진 경우에는 관련 상품이나 용역의 매입액을 말하고, 입찰담합 및 이와 유사한 행위인 경우에는 계약금액을 말한다(영 13조 1항, 50조, 58조).[45)] 관련매출액을 산정할 경우 관련상품의 범위는 위반행위로 직접 또는 간접적으로 영향을 받는 상품의 종류와 성질, 거래지역, 거래상대방, 거래단계 등을 고려하여 정하고, 위반기간은 위반행위의 개시일부터 종료일까지의 기간으로 하며, 매출액은 사업자의 회계자료 등을 참고하여 정하는 것을 원칙으로 하되, 각각의 범위는 행위유형별로 개별적·구체적으로 판단한다(영 [별표 6]). 이와 같이 관련매출액을 산정하기 위해서 관련상품, 매출액, 위반기간의 3가지 요소가 특정될 필요가 있는데, 아래에서 각 요소별로 살펴보기로 한다.

① 관련상품

관련상품의 범위는 위반행위로 인하여 직접 또는 간접적으로 영향을 받는 상품의 종

43) 대법원 2004.10.27. 선고 2002두6842 판결.

44) 이에 관해서 관련매출액은 경제적 기준인 공리주의적 접근방법(utilitarian approach)을 채택하고, 부과기준율은 형사법적 기준인 응보적 접근방법(retributive approach)를 택한 것이라는 설명도 있다. 홍대식, "공정거래법상 과징금 제도의 현황과 개선방안", 행정법연구 제18호(2007. 8), 147면.

45) 이하에서는 편의상 관련매출액을 중심으로 설명한다. 계약금액에 관해서는 제2편 제3장을 참조하기 바란다.

류와 성질, 거래지역, 거래상대방, 거래단계 등을 고려하여 행위유형별로 개별적·구체적으로 판단하여야 한다.[46] 관련상품은 원칙적으로 위반행위의 대상품목에 한정된다. 구체적으로 엠보싱 두루마리 화장품 제품의 위반행위 기간 동안의 매출액으로 특정이 가능함에도 불구하고, 관련상품이 아닌 다른 상품(미용화장지, 공중접객업소용 화장지, 엠보싱이 아닌 평판 두루마리 화장지 등)의 매출액까지 포함하여 위 회사의 화장지 제품 전체 매출액을 기준으로 한 것은 위법하다.[47] 그리고 에어컨을 제조하여 소비자에게 직접 판매하거나 OEM 방식에 의해 다른 사업자에게 납품하는 A사가 다른 사업자와 함께 패키지에어콘(PAC)의 소비자 판매가격인상에 관한 합의만 하였고, A사가 OEM 생산방식에 의하여 납품하는 PAC의 납품가격에 영향을 미쳤다고 인정되지 않는 경우, A사가 OEM 생산방식으로 납품한 PAC는 이 사건 PAC 소비자판매가격 인상 합의와 관련이 있는 상품에 해당하지 않는다.[48] 제약회사가 공급의약품의 판매와 관련하여 현금·상품권 및 회식비 등의 지원 등을 한 경우에, 지원행위 대상에 포함되지 않은 의약품을 관련상품으로 인정하여 과징금을 산정한 것은 위법하다.[49]

그러나 위반행위의 직접 대상품목이 아닐지라도 실질적 거래관계와 시장상황 등에 비추어 보아 일정한 거래분야에서 경쟁제한효과가 미친 상품이 있을 경우에는 이를 관련상품에 포함할 수 있다. 이 경우에 합의 등 위반행위의 직접 대상이 아닌 상품 또는 용역에도 경쟁제한효과가 미쳤다는 점에 대한 입증책임은 공정위에게 있다. 예컨대 슬래그미분말이 보통시멘트의 대체재 또는 보완재로 판매되어 보통시멘트 수요의 잠식요인으로 작용하고 있는 상황에서, 슬래그미분말의 확산을 방지하고 경쟁사업자가 슬래그미분말 사업에 진출하는 것을 방해하기 위하여, 보통시멘트 제조사업자들이 슬래그미분말사업을 추진하는 레미콘 사업자에 대해 레미콘 주원료인 보통시멘트의 공급을 중단하거나 제한하여 레미콘 제조를 어렵게 한 경우, 실제 외형상 드러난 공동행위는 보통시멘트의 공급량 제한이지만 이로 인한 경쟁제한의 효과는 슬래그미분말을 포함한 시멘트 시장 전체에 미치므로 관련상품의 범위는 슬래그미분말을 포함한 시멘트 상품 전체로 확정할 수 있다.[50] 그리고 세탁세제 11개 브랜드 및 주방세제 7개 브랜드 가운데 세탁세제 3개 브랜드 및 주방세제 3개 브랜드의 가격을 담합한 사안에서, 세제제품의 브랜드별로 가격을 달리 책정하고 있다고 하더라도, 세탁·주방세제라는 동질성으로 대표성 있는 브랜드제품에 대하여 기준가격을 결정하고 나면 나머지 제품들도 그 가격의 영향을 받지 않을 수 없는 점 등에 비추어, 담합의 대상에 직접적으로 포함되지 않은 나머지 12개 브랜드 제

46) 대법원 2010.3.25. 선고 2008두7465 판결; 대법원 2016.5.27. 선고 2013두1126 판결.
47) 대법원 2002.5.28. 선고 2000두1386 판결.
48) 대법원 2003.1.10. 선고 2001두10387 판결.
49) 대법원 2010.11.25. 선고 2008두23177 판결.
50) 대법원 2008.2.29. 선고 2006두10443 판결.

품들의 매출액도 과징금 산정의 기준이 되는 관련매출액의 범위에 포함시켰다.[51] 냉연강판 담합 사건에서 운송비 상당액과 임가공거래에 따른 매출액도 관련매출액에 포함되었다.[52] 전선업체가 물량배분 합의를 하고 실제 입찰에는 전선조합이 참가하고 전선업체는 전선조합을 통해서 조합지분에 따라 물량을 배분받았으나, 그 후 전선업체가 다시 그 물량을 모두 반납하고 그 부분 물량을 다른 사업자가 재배정 받은 사안에서, 위 전선업체의 관련매출액을 인정할 수 있을지가 문제되었는데, 대법원은 처음에 배분받은 물량도 관련매출액의 범위에 포함된다고 판단하였다.[53] 한편, 공정위는 국내 거래업체가 구매하여 국외로 수출한 부분도 관련매출액에 포함시킨 사례가 있다.[54] 그러나 사업자가 관련시장이 아닌 국외로 수출한 부분은 국내시장의 경쟁질서에 영향을 미치지 않으므로 이를 관련매출액에 포함하는 것이 적절한지에 대해서는 의문이 있다.

또한 부당한 고객유인행위나 경쟁사업자에 대한 사업활동 방해행위에서 관련매출액의 범위도 문제가 된다. 제약회사의 리베이트 제공과 관련하여, 구체적으로 확인된 이익제공행위가 본사 차원에서 수립된 거래처 일반에 대한 판촉계획의 실행행위로서 이루어진 것으로 평가할 수 있으면, 의약품을 제조·판매하는 사업자의 해당 의약품에 대한 거래처 전체의 매출액을 관련매출액으로 보아야 할 것이다. 그러나 이와 달리 의약품을 제조·판매하는 사업자의 이익제공 행위를 본사 차원에서 수립된 거래처 일반에 대한 판촉계획의 실행행위로서 이루어진 것으로 평가할 수 없다면, 그 이익제공 행위로 인한 효과 역시 해당 의약품을 거래하는 거래처 전체에 미친다고 볼 수는 없으므로, 개별적 부당한 고객유인행위와 관련된 매출액만을 관련매출액으로 보아야 할 것이다.[55]

원고가 직영판매점을 위하여 개별 판매대리점에 대하여 거점이전 승인이나 인원등록을 지연하거나 거부한 사업활동 방해행위가 문제된 사안에서, 공정위는 판매대리점 전체의 매출액을 관련매출액으로 삼았다. 그러나 대법원은 “관련매출액은 원고의 직영판매점 매출액을 기준으로 하되, 그 중에서도 특히 사업활동 방해를 받은 개별 판매대리점과 경

51) 대법원 2009.6.25. 선고 2008두17035 판결.
52) 대법원 2016.10.27. 선고 2015두42817 판결.
53) 대법원 2015.2.12. 선고 2013두6169 판결. 대법원의 논거는 다음과 같다. “① 위 원고가 위 물량배분 합의 내용에 따라 실제로 물량을 배분받은 이상 그에 해당하는 금액을 기준으로 관련매출액을 산정할 수 있는 것이고, 그 후에 반납한 사정은 과징금 부과의 양정 사유에 불과한 점, (중략) ④ 피고가 위 규정에 따라 전선조합이 낙찰받은 전체 계약금액을 토대로 위 원고의 관련매출액을 산정한 것이 아니라 위 원고가 실제로 배분받은 물량을 기준으로 관련매출액을 산정하였으므로 위 원고가 위 물량을 일단 배정받은 이상 그것을 반납한 사정이 반영되어 있지 않다고 하더라도 과징금 처분과 관련한 재량권 일탈·남용이 있다고 보기는 어려운 점, ⑤ 피고가 관련매출액을 산정한 방식에 의하면 [구법] 제22조 단서 및 위 [구법] 시행령 [별표 2] 2. 가.에서 정하는 관련매출액을 산정하기 곤란한 경우 등 정액과징금을 부과할 수 있는 경우에 해당한다고 보기 어려운 점 등을 종합적으로 고려하여 보면, 피고가 위 원고에 대하여 관련매출액을 인정하여 이를 기초로 과징금을 산정하여 그 납부를 명한 처분이 재량권을 일탈·남용하여 위법하다고 볼 수 없다.”
54) 공정위 2010.4.23. 의결 제2010-045호.
55) 대법원 2010.11.25. 선고 2008두23177 판결; 대법원 2010.11.25. 선고 2009두9543 판결; 대법원 2010.12.9. 선고 2009두3507 판결.

쟁관계에 있어 그 직접 또는 간접적인 영향을 받았다고 볼 수 있는 인근 직영판매점의 매출액을 관련매출액으로 봄이 상당하고, 그 위반 기간도 구체적인 사업활동 방해행위에 따라 개별로 따져야 할 것"이라고 판단하였다.[56)]

② 매출액

매출액은 사업자의 회계자료 등을 참고하여 정하는 것을 원칙으로 한다. 매출에누리,[57)] 매출환입, 매출할인 등을 제외한 순매출액으로 산정한다. 부가가치세 등 간접세는 최종소비자에게 그 부담이 전가되므로 관련매출액에서 제외된다.[58)] 마찬가지로 자동차 등에 부과되는 특별소비세 및 교육세(특별소비세의 일정률에 대하여 부과되는 금액)도 관련매출액에서 공제된다.[59)] 반면, (저렴한 가격에 판매되는) 불량품, 폐기물 부담금,[60)] 위탁판매대금, 보험회사의 미경과보험료와 재보험출재분 등은 매출액에 포함되는 항목이다.

③ 위반기간

위반기간은 위반행위 개시일부터 종료일까지의 기간을 말한다. 개시일 또는 종료일이 불분명한 경우에는 사업자의 영업·재무관련 자료, 임직원·거래관계인 등의 진술, 동종 또는 유사업종을 영위하는 다른 사업자들의 영업 및 거래실태·관행, 시장상황 등을 고려하여 이를 산정할 수 있다. 다만, 합의의 대상이 된 상품 또는 용역의 매출액이 위반기간 중에 발생하였더라도, 매출액 발생의 원인이 된 상품 또는 용역 공급계약 등이 합의일 전에 체결되고, 그 계약에서 정해진 가격, 물량, 기한 등에 따라 상품 또는 용역의 실제 공급만 위반기간 중에 이루어졌다는 등의 특별한 사정이 드러난다면, 그 부분에 해당하는 매출액은 합의로 인하여 직접 또는 간접적으로 영향을 받는 상품 또는 용역이라고 보기 어려우므로, 관련 매출액에서 제외된다.[61)]

위반행위가 간헐적으로 발생하는 것이라면 최초 법위반행위가 있었던 시기부터 종기까지 그 전체를 법위반기간으로 인정할 수 있는지가 문제된다. 판례는 개별적으로 위반행위에 따라 별도로 따져야 한다는 취지이다.[62)] 다만, 위반행위는 중단됨이 없이 지속되었으나 증거가 시기별로 산재하는 경우라면 위반기간을 일괄하여 인정할 수 있다. 예컨대, 제약회사(원고)의 리베이트 제공 사건에서 대법원은 "원고는 구체적으로 드러난 현금, 상품권 등 지원행위를 2006. 8.까지 계속하고 있고, 그 외에도 2006. 9. 30.까지 판매촉진비목에서 상품권 등 구입을 계속하고 있는 점, 원고와 같은 제약회사가 병·의원 및

---

56) 대법원 2010.3.25. 선고 2008두7465 판결. 원고의 이 사건 사업활동 방해행위로 인하여 판매대리점을 통한 매출액은 감소 영향을, 직영판매점 매출액은 증가 영향을 받는 관계에 있다.
57) 대법원 2010.2.25. 선고 2008두21362 판결.
58) 대법원 2009.3.26. 선고 2008두21058 판결; 대법원 2009.5.14. 선고 2009두2849 판결.
59) 서울고법 2014.4.18. 선고 2012누15380 판결(심리불속행 기각으로 확정).
60) 대법원 2011.9.8. 선고 2009두15005 판결.
61) 대법원 2016.5.27. 선고 2013두1126 판결.
62) 대법원 2010.3.25. 선고 2008두7465 판결.

의사 등에 지원하는 약품채택비의 경우 일반적으로 연간 단위로 처방약속을 하고, 약속 시점에서 그 1년분에 대한 대가를 현금, 상품권, 비품, 학회지원, 기부금 등으로 선지원하는 경우가 통상적인 거래관행이며, 처방사례비는 매월 또는 분기별 처방에 따른 대가를 현금, 상품권, 비품 등으로 매월 또는 분기별로 제공하는 것이 일반적인 거래관행으로서 그 위반기간은 대개 1년씩이며, 매년 동일한 행위를 반복하는 점, 원고의 매출액이 개별 유인행위일로부터 2006. 9. 이후까지 꾸준히 유지되고 있는 점 등"을 근거로 이 사건 의약품에 대한 부당한 고객유인행위의 종기를 일률적으로 2006. 9. 30.로 보아 과징금을 산정한 것이 적법하다고 판단하였다.[63] 또한, 사업자들이 2003. 7. 23. 사장단 모임에서 이후 가격경쟁을 하지 않기로 하는 기본합의를 하고 그 직후 이루어진 실무자 모임에서도 같은 취지로 합의한 점 등을 근거로, 2003. 7. 23.부터 이 사건 합의 종료 시까지의 관련매출액 중 이 사건 합의로부터 직접 또는 간접적으로나마 영향을 받지 않은 부분이 있다고 단정할 수는 없다고 판단하였다.[64]

2) 평균매출액

법 제50조 제2항 본문에서 "대통령령으로 정하는 매출액"이란 해당 사업자의 직전 3개 사업연도의 평균 매출액을 말한다. 다만, 해당 사업연도 초일 현재 사업을 개시한 지 3년이 되지 아니하는 경우에는 그 사업개시 후 직전 사업연도 말일까지의 매출액을 연평균 매출액으로 환산한 금액을, 해당 사업연도에 사업을 개시한 경우에는 사업개시일부터 위반행위일까지의 매출액을 연매출액으로 환산한 금액을 말한다(영 56조 2항). 즉, 부당한 지원행위나 지원을 받는 행위, 특수관계인에 대한 부당한 이익제공행위나 제공을 받는 행위의 경우에는 평균매출액에 10%를 곱한 금액을 초과하지 않는 범위에서 지원금액 또는 위반금액을 기준으로 과징금을 산정한다. 다만, 부당지원행위 등의 경우 지원금액의 산출이 어렵거나 불가능한 경우 등에는 그 지원성 거래규모의 100분의 10을 지원금액으로 보고, 특수관계인에 대한 부당한 이익제공행위 등의 경우 위반금액의 산출이 어렵거나 불가능한 경우 등에는 그 거래 또는 제공 규모[65]의 100분의 10을 위반금액으로 본다.

3) 사업자단체 연간예산액

사업자단체 금지행위의 경우에는 위반행위의 종료일이 속한 연도의 사업자단체의 연간예산액이 기준이 된다. 이 때 위반행위 종료일이 속한 연도의 예산액이 편성되지 아니한 경우에는 최근 3년간 매 사업연도의 예산액 중 최근의 것을 말한다.

63) 대법원 2010.11.25. 선고 2008두23177 판결.
64) 대법원 2016.5.27. 선고 2013두1126 판결.
65) 법 제47조 제1항 제2호의 경우에는 사업기회를 제공받은 특수관계인 또는 계열회사의 관련매출액을 말한다.

4) 위반액

경제력집중 억제규정 위반행위에 대해서는 관련규정에서 과징금 산정의 기준금액을 별도로 정하고 있다.

(나) 부과기준율

위반행위의 내용 및 정도에 따라 "중대성이 약한 위반행위", "중대한 위반행위", "매우 중대한 위반행위"로 구분하여 중대성의 정도별로 정하는 부과기준율을 적용한다(영 [별표 6] 2.가). 과징금고시의 별표 세부평가 기준표는 각 위반행위 유형별로 위반행위의 내용과 정도에 관한 참작비중과 부과수준을 상세하게 정하고 있고, 공정위는 이에 따라 참작사항별로 점수를 산출한 후 합산한 점수를 근거로 부과기준율을 정하고 있다. 따라서 법원은 부과기준율의 판단에 관한 공정위의 재량을 기본적으로 존중하고 있다. 다만, 예외적으로 중대성 판단을 그르쳐서 과징금 부과처분이 취소되는 사례도 간혹 있는데, 이는 대체로 최종 부과된 과징금의 수준이 결과적으로 비례·평등의 원칙에 크게 반하는 경우이다. 이에 관해서는 후술하는 과징금 부과에 있어서 재량과 그 한계 부분에서 자세히 설명하기로 한다.

(4) 위반행위의 기간 및 횟수 등에 따른 조정(1차 조정)

위반행위의 기간 및 횟수를 고려하여 산정기준의 100분의 100의 범위에서 공정위가 정하여 고시하는 기준에 따라 조정한다(영 [별표 6] 2.나).[66] 구체적으로 과징금 고시에 따르면, 위반기간이 ① 1년 초과 2년 이내인 경우에는 산정기준의 10% 이상 20% 미만, ② 2년 초과 3년 이내인 경우에는 20% 이상 50% 미만, ③ 3년을 초과하는 경우에는 산정기준의 50% 이상 80% 이하에 해당하는 금액을 가산한다.

또한, 위반행위의 횟수에 따라서 과거 5년간 ① 1회 이상 법위반으로 조치(경고 이상)를 받고 위반횟수 가중치의 합산이 2점 이상인 경우 10% 이상 20% 미만, ② 2회 이상 법위반으로 조치(경고 이상)를 받고 위반횟수 가중치의 합산이 3점 이상인 경우 20% 이상 40% 미만, ③ 3회 이상 법위반으로 조치(경고 이상)를 받고 위반횟수 가중치의 합산이 5점 이상인 경우 40% 이상, 60% 미만, ④ 4회 이상 법위반으로 조치(경고 이상)를 받고 위반횟수 가중치의 합산이 7점 이상인 경우 60% 이상, 80% 이하에서 가중할 수 있다. 과거 5년간의 기준점이 문제될 수 있는데, 과징금 고시에 따르면 신고사건의 경우에는 신고접수일을, 직권조사 또는 자진신고 사건의 경우는 자료제출 요청일, 이해

66) 과거에는 종합적인 가중의 한도가 산정기준의 최대 50%였고, 위반 기간 또는 횟수에 따른 가중 수준도 각각 산정기준의 최대 50%까지이었다. 그런데 2017년 과징금 고시 개정을 통하여 장기간 또는 반복적인 법위반 행위에 대한 제재 정도가 강화되도록 위반 기간 또는 횟수 관련 가중 수준을 각각 상향(산정기준의 최대 80%) 조정하였다.

관계자 등 출석요청일, 현장조사일 중 가장 빠른 날을 기준으로 한다.[67] 과거 시정조치의 횟수를 산정할 때에는 시정조치의 무효 또는 취소판결이 확정된 건(의결 당시 취소판결 또는 직권취소 등이 예정된 경우 포함)을 제외한다.

■ 과거 위반행위로 인한 시정조치가 취소된 경우, 그 과거 위반행위를 위반행위 횟수에 산입한 과징금 부과처분의 적법 여부

공정위가 과징금 산정의 기초로 삼은 과거 법위반 전력 중에 A사업 관련 입찰담합을 이유로 한 선행처분 전력이 포함되어 있었으나, 과징금 부과처분 이후 A사업 관련 선행처분이 법원에서 취소되어 확정된 경우에 과징금 부과처분이 위법해지는가? 과징금 부과처분의 상대방은 결과적으로 처분 당시 객관적으로 존재하지 않는 위반행위로 과징금이 가중되므로, 그 처분은 비례·평등원칙 및 책임주의 원칙에 위배된다고 주장할 여지가 있다. 반면, 공정위는 법령상의 과징금 상한의 범위 내에서 과징금 부과 여부 및 과징금 액수를 정할 재량권을 가지고 있다. 판례는 행정쟁송절차에서 취소된 선행조치를 사업자의 법위반 횟수에서 제외한 경우를 상정하여 공정위의 과징금 부과처분이 비례·평등원칙 및 책임주의 원칙에 위배된 것인지 여부를 개별적으로 살펴보아 판단하고 있다. 즉, 위반행위에 대한 시정조치에 대하여 취소판결이 확정된 경우에 그 시정조치를 위반 횟수 가중을 위한 횟수 산정에서 제외하더라도, 그 사유가 과징금 부과처분에 영향을 미치지 아니하여 처분의 정당성이 인정되는 경우에는 그 처분을 위법하다고 할 수 없다. 예컨대, 甲, 乙 회사 등이 담합을 한 사안에서. 甲은 과거 3년간 법 위반으로 인하여 5회 조치를 받고 벌점 누산점수가 14.5점이라는 이유로 과징금 산정시 20%의 가중비율이 적용되었고, 乙에 대하여는 법 위반 횟수 4회, 벌점 누산점수 10.5점을 고려하여 15%의 가중비율을 적용하였다. 법원은 선행조치를 甲의 법위반 횟수에서 제외하여 공정위의 과징금 부과처분시 甲의 법위반행위 횟수가 4회가 된다고 하더라도, 공정위가 구 과징금 고시에 따라 40% 이내에서 산정기준을 가중할 수 있으므로, 과징금 부과처분 당시 甲에 대하여 20% 가중비율을 적용한 것이 현저히 과도한 가중비율을 적용하여 비례원칙에 위배된다고 보기 어렵고, 선행조치를 甲의 법 위반 횟수에서 제외할 경우 甲의 벌점은 11.5점이 되므로 벌점이 10.5점인 乙과 달리 20% 가중비율을 적용한 것이 합리적인 이유가 없는 차별이라거나, 현저히 과도한 가중비율이라고 볼 수 없다고 판단하였다.[68]

---

67) 과징금 부과처분은 공정위의 재량행위라 할 것이므로, 위반행위자의 과거 위반행위 전력을 과징금 액수에 반영할지 여부, 반영할 경우 어느 범위에서 어느 정도 반영할지 여부는 모두 공정위의 재량에 속한다. 따라서 공정위가 과거 위반행위 전력을 고려하는 기준시점을 "위반행위시점"으로 하든 아니면 "조사개시시점"으로 하든 이는 공정위가 합목적적으로 판단하여 결정할 성격의 것이고, 다만 공정위는 위 기준을 적용함에 있어 법의 목적과 비례·평등의 원칙에 반하지 않게 이를 행사할 의무를 부담할 뿐이다. 서울고법 2016.4.8. 선고 2014누8416 판결(심리불속행 기각으로 확정).

68) 대법원 2019.7.25. 선고 2017두55077 판결.

(5) 위반사업자의 고의·과실 등에 따른 조정(2차 조정)

위반행위의 내용 및 정도, 위반행위의 기간 및 횟수, 위반행위로 인해 취득한 이익의 규모 등에 영향을 미치는 위반사업자의 고의·과실, 위반행위의 성격과 사정 등의 사유를 고려하여 1차 조정된 산정기준의 100분의 50의 범위에서 공정위가 정하여 고시하는 기준에 따라 조정한다(영 [별표 6] 2.다).

(가) 가중사유

과징금 고시는 가중사유로서 위반사업자가 위반행위에 응하지 아니하는 다른 사업자에 대하여 보복조치를 하거나 하게 한 경우를 규정하고 있다. 구 과징금 고시에는 그 외에도 위반행위를 주도하거나 선동한 경우, 위반사업자 또는 그 소속 임원·종업원이 위반행위 조사를 거부·방해 또는 기피한 경우,[69] 이사 또는 그 이상에 해당하는 고위 임원(등기부 등재 여부를 불문한다)이 위반행위에 직접 관여한 경우(사업자단체 금지행위는 제외), 법 위반으로 조치 받은 후 3년 이내에 조치 받은 위반행위와 동일한 유형(법조 및 각 호가 같은 경우를 의미)의 위반행위로 조치 받은 경우 등을 열거하고 있었으나, 2017년 개정된 과징금 고시에서 모두 삭제되었다.

(나) 감경사유

과징금 고시는 감경사유로서, ① 사업자들간에 공동행위의 합의를 하고 실행을 하지 아니한 경우 및 사업자단체가 공동행위의 합의를 하고 실행을 하지 아니한 경우, ② 조사협력 등, ③ 위반행위를 자진시정한 경우[70]를 열거하고 있다. 다만, 부당한 공동행위에 대한 자진신고를 통해 과징금을 감면받는 자에 대해서는 자진시정에 따른 감경을 하지 아니한다.

감경사유의 적용에 있어서도 비례·평등의 원칙은 준수되어야 한다. 흑연전극봉 사업자들의 판매가격 담합 사건에서 공정위는 과징금 부과율을 일차적으로 3%로 결정한 후, 조사협조를 이유로 일부 사업자들은 1%로, 일부 사업자는 0.5%로 감경하였음에도 불구하고 원고에 대해서는 아무런 감경도 하지 않았다. 이에 대해 대법원은 원고가 공정위의

---

69) 이에 대해서는 법령상의 근거가 없어 규제 법정주의의 취지와 위임입법의 원칙을 훼손하였다는 비판이 제기되었다. 감사원, "과징금 산정·감액관련 제도 및 운영 부적정" 통보. 그러나 대법원은 독점규제법령은 과징금 산정에 필요한 참작사유를 포괄적·예시적으로 규정하면서 구체적인 고려사항과 세부기준은 공정위 고시에 위임하였고, 2차 조정을 위한 가중사유로 "위반사업자 또는 그 소속 임원·종업원이 위반행위 조사를 거부·방해 또는 기피한 경우"를 정한 것은 위와 같은 법령의 규정과 위임에 근거를 두고 있으며, 과징금 고시 조항은 재량준칙으로서 이러한 재량준칙은 그 기준이 헌법이나 법률에 합치되지 않거나 객관적으로 합리적이라고 볼 수 없어 재량권을 남용한 것이라고 인정되지 않는 이상 가급적 존중되어야 한다고 판단하였다. 대법원 2020.11.12. 선고 2017두36212 판결.

70) 이 때 자진시정이라 함은 해당 위반행위 중지를 넘어서 위반행위로 발생한 효과를 적극적으로 제거하는 행위를 말하며, 이에 해당하는지 여부는 위반행위의 내용 및 성격, 경쟁질서의 회복 또는 피해의 구제, 관련 영업정책이나 관행의 개선, 기타 재발 방지를 위한 노력 등을 종합적으로 감안하여 판단한다.

자료제출 요구에 응하는 등 조사에 협조하였고, 그 조사협조의 정도에 큰 차이가 없었던 사실에 비추어 보면, 이 사건 과징금납부명령은 비례의 원칙에 위배되어 재량권 일탈, 남용한 것으로서 위법하다고 판단하였다.[71)]

(6) 부과과징금의 확정

(가) 과징금의 감경

위반사업자(위반사업자단체를 포함)의 현실적 부담능력이나 그 위반행위가 시장에 미치는 효과, 그 밖에 시장 또는 경제여건 및 위반행위로 인해 취득한 이익의 규모 등을 충분히 반영하지 못하여 과중하다고 인정되는 경우에는 2차 조정된 산정기준의 100분의 50의 범위에서 감액하여 부과과징금으로 정할 수 있다. 임의적 조정과징금이 위반사업자의 현실적 부담능력 등을 충분히 반영하지 못하여 과중하다고 인정되는 경우에 해당하는지는 특별한 사정이 없는 한 자산·자본·부채 상황, 당기순이익 등 손익내용 및 이익잉여금의 규모 등 위반사업자의 전체적인 재정상태를 종합적으로 고려하여 판단하여야 한다.[72)] 다만, 위반사업자의 과징금 납부능력의 현저한 부족, 위반사업자가 속한 시장·산업 여건의 현저한 변동 또는 지속적 악화, 경제위기, 그 밖에 이에 준하는 사유로 불가피하게 100분의 50을 초과하여 감액하는 것이 타당하다고 인정되는 경우에는 100분의 50을 초과하여 감액할 수 있다.[73)] 2차 조정된 산정기준을 감액하는 경우에는 공정위의 의결서에 그 이유를 명시하여야 한다(영 [별표 6] 2.라).

(나) 과징금의 면제

위반사업자의 채무상태가 지급불능 또는 지급정지 상태에 있거나 부채의 총액이 자산의 총액을 초과하는 등의 사유로 인하여 위반사업자가 객관적으로 과징금을 납부할 능력이 없다고 인정되는 경우에는 과징금을 면제할 수 있다(영 [별표 6] 2.라).

(다) 과징금의 원화 환산

과징금은 원화로 부과함을 원칙으로 한다. 그런데 관련매출액이 외국환을 기준으로 산정되는 경우에 그 금액을 어느 시점을 기준으로 원화로 환산하느냐에 따라 과징금의 액수에 영향을 미칠 수 있다. 공정위는 그동안 원화 환산 시점에 관하여 명확한 기준이 없었으나, 2010년 과징금 고시의 개정으로 공정위의 '합의일'에 KEB하나은행이 최초로

---

71) 대법원 2006.3.24. 선고 2004두11275 판결. 한편, 공정위가 위 대법원 판시 취지에 따라 원고에 대하여 1.2%로 최종 감경한 재처분은 재량범위 내의 행위로서 적법하다고 판시하였다(대법원 2008.4.10. 선고 2007두22054 판결).

72) 대법원 2015.5.28. 선고 2015두36256 판결; 대법원 2019.1.31. 선고 2017두68110 판결.

73) 공정위는 현대자동차 기업집단 소속 계열사들이 글로비스에게 물량을 몰아주는 방법으로 부당지원을 한 사안에서, '물량 몰아주기 방법에 의한 부당지원행위가 문제된 최초의 사례로서 법위반에 대한 인식이 낮다'는 이유로 부과과징금을 50% 감경해 준 사례가 있다.

고시하는 매매기준율을 적용하여 원화로 환산하는 것으로 정하였다. 그러나 합의일은 외부에서 알 수 있는 객관적 기준일이 되지 못하므로, 이를 마지막 심의일 등 보다 객관적 기준일로 바꾸는 것이 바람직할 것이다.

(라) 부과처분의 직권취소 및 변경

행정처분을 한 처분청은 그 처분에 하자가 있는 경우에는 별도의 법적 근거가 없더라도 스스로 이를 취소하거나 변경할 수 있다. 공정위가 과징금 부과처분에서 행정청이 납부의무자에 대하여 부과처분을 한 후 부과처분의 하자를 이유로 과징금의 액수를 감액하는 경우에 감액처분은 감액된 과징금 부분에 관하여만 법적 효과가 미치는 것으로서 당초 부과처분과 별개 독립의 과징금 부과처분이 아니라 실질은 당초 부과처분의 변경이고, 그에 의하여 과징금의 일부취소라는 납부의무자에게 유리한 결과를 가져오는 처분이므로 당초 부과처분이 전부 실효되는 것은 아니다.[74)]

2. 과징금 부담주체

과징금은 법위반행위를 한 사업자, 사업자단체, 회사, 행위자 등에 부과된다. 그런데 회사의 경우 분할이나 합병이 이루어지기도 한다. 이에 법은 합병이나 분할 등의 경우에 과징금 부담주체에 관하여 특칙을 두고 있다. 우선, 위반행위를 한 회사인 사업자가 합병으로 소멸한 경우에는 해당 회사가 한 위반행위를 합병 후 존속하거나 합병에 따라 설립된 회사가 한 행위로 보아 과징금을 부과·징수할 수 있다(법 102조 2항). 그리고 법을 위반한 회사인 사업자가 분할되거나 분할합병된 경우에는 분할되는 사업자의 분할일 또는 분할합병일 이전의 위반행위를 ① 분할되는 회사, ② 분할 또는 분할합병으로 설립되는 새로운 회사, ③ 분할되는 회사의 일부가 다른 회사에 합병된 후 그 다른 회사가 존속하는 경우 그 다른 회사의 행위로 보고 과징금을 부과·징수할 수 있다(법 102조 3항). 분할 내지 분할합병이 있는 경우에 관한 위 규정은 2012년에 신설된 것이다. 위 규정이 신설되기 전에는 회사분할이 있는 경우에 그 책임이 신설회사에게 미치는지에 관해 다툼이 있었는데, 판례는 특별한 규정이 없는 한 신설회사에 대하여 분할하는 회사의 분할 전 위반행위를 이유로 과징금을 부과하는 것은 허용되지 않는다고 하였다.[75)] 이에 법 개정을 통하여 특별규정을 신설함으로써 신설회사 등에 대한 과징금 부과의 근거를 마련하였다. 법을 위반한 회사인 사업자가 채무자회생법 제215조에 따라 새로운 회사를 설립하는 경우에는 기존 회사 또는 새로운 회사 중 어느 한 회사의 행위로 보고 과징금을 부과·징수할 수 있다(법 102조 4항).

---

74) 대법원 2017.1.12. 선고 2015두2352 판결. 따라서 감액처분에 의하여 감액된 부분에 대한 부과처분 취소청구는 이미 소멸하고 없는 부분에 대한 것으로서 소의 이익이 없어 부적법하다.

75) 대법원 2007.11.29. 선고 2006두18928 판결.

Ⅳ. 과징금 부과에 있어서 재량과 그 한계

1. 공정위의 재량행위

공정위의 법 위반행위자에 대한 과징금 부과처분은 재량행위이다. 법률의 요건에 해당하는 위법행위인지 여부를 판단하는 것은 처분사유의 문제인 반면, 과징금 부과 여부와 부과금액을 결정하는 것은 재량고려사유, 즉 정상참작 사실의 문제이다. 따라서 공정위는 위반행위에 대하여 과징금을 부과할 것인지 여부와 만일 과징금을 부과할 경우 법령이 정하고 있는 일정한 범위 안에서 과징금의 액수를 구체적으로 얼마로 정할 것인지에 관하여 비교적 넓은 재량을 가지고 있다.[76]

■ **대법원 2019.7.25. 선고 2017두55077 판결**

구 과징금부과 세부기준 등에 관한 고시(2016. 12. 30. 공정거래위원회 고시 제2016－22호로 개정되기 전의 것) Ⅳ. 4. 가. (1), (2)항은 2차 조정을 거쳐 부과과징금을 산정할 때 2차 조정된 산정기준의 조정사유와 감경률 등 조정기준에 대하여 규정하고 있을 뿐, 부과과징금 산정 단계에서 각 조정사유에 따른 감경률을 전부 합산하여 적용하여야 하는지, 일부 감경률을 단계적으로 적용할 수 있는지 등을 구체적으로 정하고 있지 않다. 이는 과징금의 제재적 효과 실현, 합리적인 감경률의 적용, 감경률의 남용 방지 필요성 등 과징금제도와 감경제도의 입법 취지 및 공익 목적을 종합적으로 고려하여 기준을 설정할 필요가 있는 사항이고, 관계 법령과 과징금 고시의 관련 규정의 문언에서 곧바로 일의적인 기준이 도출되지는 않는다. 이러한 사정에 더하여, 감경 여부 및 감경률 등을 정하는 것은 공정거래위원회의 재량에 속하고 또한 공정거래위원회가 이에 관한 내부 사무처리준칙을 어떻게 정할 것인지에 대하여도 재량을 갖고 있는 점을 아울러 참작하면, 부과과징금 결정단계의 조정사유별 감경률 적용방식에 관하여 구체적인 규정이 없는 상태에서, 공정거래위원회가 과징금 부과처분을 하면서 적용한 기준이 과징금제도와 감경제도의 입법 취지에 반하지 아니하고 불합리하거나 자의적이지 아니하며, 나아가 그러한 기준을 적용한 과징금 부과처분에 과징금 부과의 기초가 되는 사실을 오인하였거나 비례·평등원칙에 위배되는 등의 사유가 없다면, 그 과징금 부과처분에 재량권을 일탈·남용한 위법이 있다고 보기 어렵다.

2. 재량권 일탈·남용의 사유

공정위에 재량이 인정되는 것은 공정위의 편의를 위한 것이 아니라 법집행의 전문성과 효율성을 제고하기 위한 것이다. 따라서 공정위 처분의 합목적성을 담보하고 수범자

76) 대법원 2010.3.11. 선고 2008두15176 판결.

에게 법적 안정성과 예측가능성을 보장하기 위하여 재량권의 일탈・남용에 대해 적절하게 통제할 수단이 필요하다.[77] 판례는 공정위가 과징금 부과처분에 관한 재량을 행사함에 있어 과징금 부과의 기초가 되는 사실을 오인하였거나, 비례・평등의 원칙에 위배하는 등의 사유가 있다면 이는 재량권의 일탈・남용으로서 위법하다고 보고 있다.[78]

(1) 기초사실의 오인

과징금 부과에 있어서 사실오인의 문제는 주로 전술한 관련매출액의 산정을 둘러싸고 많이 나타나고 있다. 해당 부분의 설명을 참고하기 바란다.

(2) 비례・평등의 원칙의 위배

비례・평등의 원칙은 과징금 부과처분의 적법성 통제를 위한 마지막 관문이다. 공정위가 형식적으로 법령에 따른 범위 내에서 과징금을 산정하였다고 하더라도 그것이 비례・평등의 원칙에 위반하는 경우에는 위법이 된다. 판례는 신용카드 가맹점 수수료율 합의 사건에서 "합의의 경쟁제한성 정도나 취득한 이익의 규모 등을 제대로 고려하지 않고 과징금의 제재적 성격만을 지나치게 강조한 나머지 비례의 원칙 등에 위배되어 지나치게 과중하게 산정되었다"는 이유로 재량권을 일탈, 남용하였다고 판단하였다.[79] 반면, 과징금이 위반행위 기간 동안의 경상이익보다 많다는 사정만으로 그 과징금이 과중하다고 할 수는 없다.[80]

실무상으로는 입찰담합 사건에서 과징금 부과처분이 비례・평등의 원칙에 반하는지가 종종 문제가 된다. 이는 입찰담합 사건에서 기본 산정기준을 기계적, 도식적으로 적용할 경우, 입찰담합을 주도한 사업자보다 수동적으로 참여한 들러리 사업자에게 더 많은 과징금이 부과될 수도 있기 때문이다. 그러므로 입찰담합 사건에서 과징금 액수는 입찰담합으로 인한 이득액의 규모와도 상호 균형을 이룰 것이 요구되는데, 이러한 균형을 상실할 경우에는 비례의 원칙에 위배되어 재량권의 일탈, 남용에 해당한다. 과징금액이 균형을 상실하여 비례의 원칙에 위배되는지 여부를 따짐에 있어서 전체 계약금액을 기준으로 기계적, 도식적으로 볼 것이 아니라, 각 사업자별로 실제 취득한 경제적 이익 대비 과징금 비율을 비교해서, 비례・평등의 원칙에 어긋남이 없는지 살펴보아야 한다.

군납유 담합 사건에서 피고 공정위는 전체 계약금액을 기준으로 하여 현대오일뱅크 등 5개 정유사에 대하여 일률적으로 과징금 부과율을 4%로 산정하였다. 그러나 대법원은 "전체 계약금액 7,128억원 상당 중 원고 현대정유의 계약금액은 1,167억 6,500만원,

77) 이봉의, "공정거래위원회의 재량통제", 규제연구 제11권 제1호(2002), 3면.
78) 대법원 2008.2.15. 선고 2006두4226 판결.
79) 대법원 2008.8.11. 선고 2007두4919 판결.
80) 대법원 2006.11.9. 선고 2004두14564 판결.

원고 인천정유는 844억 800만원, 에스케이는 2,055억 1,100만원, 엘지칼텍스는 1,684억 8,700만원, 에쓰오일은 1,376억 7,300만원으로 각 낙찰금액에 대한 과징금 비율은 원고들의 경우 18.1% 및 26%에 달한 반면 다른 정유사들은 10.2% 내지 16.2%에 그쳤고, 특히 원고들의 계약금액은 에스케이의 1/2 및 1/3을 약간 넘는 수준에 불과함에도 동일한 과징금이 부과되었던 사실"에 주목하여, 현대정유와 인천정유에 대한 과징금 부과처분을 재량권 일탈·남용으로 위법하다고 판단하였다.[81)]

호남고속철도 담합 사건에서 대법원은 이 사건 과징금액은 과징금의 부당이득환수적인 면보다는 제재적 성격이 지나치게 강조되어 위반행위의 위법성의 정도 및 공동행위로 취득한 이득액의 규모 사이에서 지나치게 균형을 잃은 과중한 액수에 해당한다고 볼 수 있고(비례의 원칙 위반), 나아가 이 사건 공동행위에 참여한 사업자들 사이에서도 실제 낙찰 또는 배분받은 물량의 차이로 인하여 실제로 취득하는 이익의 규모에 상당한 차이가 있음에도, 공정위가 과징금 산정에서 이를 고려하지 않음으로써 다른 사업자에 대한 과징금액과도 균형을 잃게 되었다(평등의 원칙 위반)고 보았다.[82)]

발주처가 1회의 입찰을 통하여 전체 예정물량을 3개의 낙찰자에게 차등 할당하는 것으로서 낙찰 후 발주처와 1, 2, 3순위 낙찰자가 각각 계약을 체결하는 방식인 경우에 관하여, 대법원은 원고에 대한 관련매출액을 1, 2, 3순위 낙찰자의 전체 계약금액 합계액으로 산정한 것 자체는 타당하지만, 공동수급체와 유사한 입찰의 특성이 제대로 반영되지 않았고,[83)] 원고가 실제로 취득한 이익의 규모와 균형을 갖추지 못하였으며,[84)] 1순위 낙

81) 대법원 2004.10.27. 선고 2002두6842 판결.

82) 대법원 2017.4.27. 선고 2016두33360 판결. 이 사건에서 원고는 199억 9,800만원의 과징금 납부명령을 받았다. 그런데, 원고는 이 사건 21개 건설사의 공구별 낙찰예정사 합의가 끝난 후 단독으로 저가입찰을 하더라도 낙찰받기 어렵다고 보아 형식적으로 입찰에 참가해 달라는 낙찰예정사들의 요청을 뒤늦게 수락하였고, 원고가 이 사건 공동행위를 통하여 배분받은 공사물량은 약 157억 원 상당에 불과하였고, 삼성중공업의 경우 원고와 달리 약 787억 원 상당의 공사물량을 배분받았으나, 1개 공구에만 형식적으로 입찰에 참여한 관계로 원고보다 적은 25억 3,100만원의 과징금만 부과되는 등 원고 외에 다른 대부분의 사업자들에 대하여는 그 낙찰 또는 배분받은 공사물량 상당액에 비하여 상당히 낮은 금액의 과징금이 부과되었다. 대법원은 ① 공정위가 원고에게 부과한 과징금 약 199억 원은 원고가 이 사건 공동행위 가담을 통하여 취득한 배분물량 약 173억 원 상당을 상회하므로, 과징금 부과로써 기록상 나타난 원고의 유형적 이득액의 합계를 넘어서 배분된 공사금액 전액을 박탈하게 되는 점, ② 비록 원고가 7개 공구에 형식적으로 입찰에 참가하였으나, 다른 한편 이 사건 21개 건설사와는 달리 이 사건 공동행위를 주도하거나 낙찰예정사 결정 합의에는 참여하지 않았으므로, 그 위법성의 정도가 상대적으로 중하다고 보기 어려운 점, ③ 이 사건 공동행위 초기 단계에서부터 합의에 가담하여 상당한 공사물량을 배분받게 된 삼성중공업과 비교하면, 원고의 형식적 입찰 참여 횟수가 많다 하더라도, 그러한 사정만으로 약 8배에 이르는 과징금의 차이를 정당화할 정도로 원고의 부당이득 취득의 정도와 위반행위의 가벌성 등 원고에 대한 제재의 필요성이 삼성중공업에 비하여 현저히 높다고 보기 어려운 점, ④ 원고가 이 사건 공동행위에 가담함으로써 위 실제 배분물량 외에 다른 사업 우선권 등 별도의 이익을 취득하였다고 볼 만한 사정도 보이지 않는 점 등을 고려하였다.

83) 이 사건 입찰은 1회의 입찰을 통하여 전체 예정물량을 3개의 낙찰자에게 차등 할당하는 방식으로서, 비록 낙찰 후 발주자와 1, 2, 3순위 낙찰자 사이에 개별적인 계약이 체결되는 것이기는 하나, 그 실질은 1, 2, 3순위 낙찰자들이 공동수급체로서 낙찰을 받아 1개의 계약을 체결한 경우와 별다른 차이가 없다. 그렇다면 특별한 사정이 없는 한 공정위는 공동수급체의 실질을 가지고 있는 이 사건 낙찰자들에 대한 기본 과징금을 산정할 때에도 공동수급체 감경규정의 취지를 고려하였어야 한다.

84) 이 사건 입찰에서 원고는 전체 예정물량을 단독으로 낙찰받아 계약을 체결한 것이 아니라, 전체 예정물량

찰자와의 사이에서도 형평에 맞지 않는 것으로서,[85] 비례·평등의 원칙에 반하여 재량권을 일탈·남용한 것으로 보았다.[86]

3. 재량권 일탈·남용의 판단 기준시점

행정소송에서 행정처분의 위법 여부는 행정처분이 행하여졌을 때의 법령과 사실상태를 기준으로 판단함이 원칙이고, 이는 과징금 납부명령 등에 대한 판단에서도 마찬가지이다. 따라서 공정위의 과징금 납부명령 등이 재량권 일탈·남용으로 위법한지 여부는 다른 특별한 사정이 없는 한 과징금 납부명령 등이 행하여진 '의결일' 당시의 사실상태를 기준으로 판단하여야 한다.[87]

4. 과징금 부과처분의 취소

과징금 부과에 재량권의 일탈·남용이 인정되는 경우에는 전부 취소가 원칙이다. 법원이 스스로 적정한 과징금을 산정하게 되면 공정위의 재량권을 침해하는 결과가 되어 삼권분립의 원칙에 반할 수 있기 때문이다. 따라서 과징금 납부명령에 대하여 그 명령이 재량권을 일탈하였을 경우 법원으로서는 재량권의 일탈 여부만 판단할 수 있을 뿐이지 재량권의 범위 내에서 어느 정도가 적정한 것인지에 관하여 판단할 수는 없으므로 그 전부를 취소할 수밖에 없고, 법원이 적정하다고 인정되는 부분을 초과한 부분만 취소할 수는 없다.[88]

그런데 수개의 위반행위에 대하여 하나의 과징금 납부명령을 하였으나 수개의 위반행위 중 일부의 행위만이 위법한 것으로 판단된 경우가 문제될 수 있다. 예를 들어 공정위가 5개의 부당지원행위가 있음을 전제로 과징금 부과처분을 하였는데, 법원이 심리한 결과 그 중에 3건은 위법하고 2건은 위법하지 않은 것으로 판단된 경우이다. 이러한 경우, 소송상 그 일부의 위반행위를 기초로 한 과징금액을 산정할 수 있는 자료가 있는 경우에는 법원이 이를 산정하는 것이 가능하지만, 소송상 그러한 자료가 없는 경우에는 하나의 과징금 납부명령 전부를 취소할 수밖에 없다.[89]

중 23.3%만을 낙찰받아 그 부분에 한하여 계약을 체결하였다. 그러나 공정위의 부과기준율의 적용 단계 및 최종 부과과징금의 결정 단계에서 원고의 개별적·구체적 사정 및 그에 따른 실제 이익의 규모가 제대로 고려되지 않았다.

85) 이 사건의 경우 1순위 낙찰자와 2순위 낙찰자인 원고 사이에는 3배에 가까운 계약금액의 차이가 있는데, 이러한 사정을 전혀 고려하지 아니한 채 양자를 동일하게 취급하는 것은 특별한 사정이 없는 한 적절한 재량권의 행사라고 보기 어렵다.

86) 대법원 2020.7.29. 선고 2018두62706 판결.

87) 대법원 2015.5.28. 선고 2015두36256 판결; 대법원 2019.1.31. 선고 2017두68110 판결 등 참조.

88) 대법원 1998.4.10. 선고 98두2270 판결; 대법원 2009.6.23. 선고 2007두18062 판결; 대법원 2017.1.12. 선고 2015두2352 판결 등 참조.

89) 대법원 2004.10.14. 선고 2001두2881 판결; 대법원 2007.10.26. 선고 2005두3172 판결.

V. 과징금의 납부 등

1. 과징금의 납부

(1) 납부의무

과징금 부과에 대하여 서면통지를 받은 자는 통지가 있은 날로부터 60일 이내에 공정위가 정하는 수납기관에 과징금을 납부하여야 한다. 다만, 천재 · 지변이나 그 밖에 부득이한 사유로 그 기간 내에 과징금을 납부할 수 없는 때에는 그 사유가 없어진 날부터 30일 이내에 납부하여야 한다(영 85조 2항).

(2) 납부기한의 연기 및 분할납부

과징금 납부의무자가 과징금 납부기한의 연기 또는 분할납부를 신청하고자 하는 경우에는 과징금 납부를 통지받은 날로부터 30일 이내에 공정위에 신청하여야 한다(법 103조 2항). 공정위는 과징금의 금액이 매출액의 1% 또는 10억원을 초과하는 경우로서 ① 재해 또는 도난 등으로 재산에 현저한 손실이 생긴 경우, ② 사업여건의 악화로 사업이 중대한 위기에 처한 경우, ③ 과징금의 일시납부에 따라 자금사정에 현저한 어려움이 예상되는 경우,[90] ④ 그 밖에 이에 준하는 사유가 있는 경우로서 과징금납부의무자가 과징금의 전액을 일시에 납부하기가 어렵다고 인정될 때에는 그 납부기한을 연기하거나 분할 납부하게 할 수 있다. 이 경우, 필요하다고 인정할 때에는 담보를 제공하게 할 수 있다(법 103조 1항). 연기는 그 납부기한의 다음 날부터 2년을 초과할 수 없다(영 86조 2항). 각 분할된 납부기한 간의 간격은 6월을 초과할 수 없으며, 분할 횟수는 6회를 초과할 수 없다(영 86조 3항). 한편 공정위는 ① 분할납부로 결정된 과징금을 그 납부기한까지 납부하지 아니한 경우, ② 담보의 변경 또는 그 밖에 담보보전에 필요한 공정위의 명령을 이행하지 아니한 경우, ③ 강제집행, 경매의 개시, 파산선고, 법인의 해산, 국세 또는 지방세의 체납처분 등으로 과징금의 전부 또는 잔여분을 징수할 수 없다고 인정되는 경우, ④ 연기 내지 분할납부 사유가 해소되어 과징금을 일시에 납부할 수 있다고 인정되는 경우에는 그 납부기한의 연기 또는 분할납부 결정을 취소하고 일시에 징수할 수 있다(법 103조 3항).

---

90) 납부기한 연기 또는 분할납부 신청 당시 과징금을 부과받은 자에게 직전 3개 사업연도 동안 연속하여 당기순손실이 발생하였는지 여부, 납부기한 연기 또는 분할납부 신청 당시 과징금을 부과받은 자가 자본총액의 2배를 초과하는 부채를 보유하고 있는지 여부, 납부기한 연장 또는 분할납부 신청 당시 과징금 대비 현금보유액(납기일로부터 2개월 이내 상환이 도래하는 차입금을 공제한 금액) 비율이 50% 미만인지 여부를 고려해야 한다(영 86조 4항).

(3) 연대납부의무

과징금을 부과받은 회사인 사업자가 분할 또는 분할합병되는 경우(부과일에 분할 또는 분할합병되는 경우를 포함) 그 과징금은 분할되는 회사, 분할 또는 분할합병으로 설립되는 새로운 회사, 분할되는 회사의 일부가 다른 회사에 합병된 후 그 다른 회사가 존속하는 경우 그 다른 회사가 연대하여 납부할 책임을 진다(법 104조 1항). 아울러 과징금을 부과받은 회사인 사업자가 분할 또는 분할합병으로 인하여 해산되는 경우(부과일에 해산되는 경우를 포함) 그 과징금은 분할 또는 분할합병으로 설립되는 회사와 분할되는 회사의 일부가 다른 회사와 합병된 후 그 다른 회사가 존속하는 경우 그 다른 회사가 연대하여 납부할 책임을 진다(법 104조 2항).

2. 과징금의 징수 및 체납처분

(1) 가산금의 징수

공정위는 과징금 납부의무자가 납부기한까지 과징금을 납부하지 아니한 경우에는 납부기한의 다음 날부터 납부한 날까지의 기간에 대하여 연 40% 범위에서 「은행법」에 따른 은행의 연체이자율을 고려하여 가산금을 징수한다. 이 경우 가산금을 징수하는 기간은 60개월을 초과할 수 없다(법 105조 1항). 과징금의 체납가산금율은 2021년 현재 연 7.5%이다(영 87조 1항).

(2) 체납처분

공정위는 과징금 납부의무자가 납부기한까지 과징금을 납부하지 아니하였을 때에는 기간을 정하여 독촉을 하고, 그 기간 내에 과징금과 가산금을 납부하지 아니하였을 때에는 국세체납처분의 예에 따라 이를 징수할 수 있다(법 105조 2항). 공정위는 과징금 및 가산금의 징수 또는 체납처분에 관한 업무를 국세청장에게 위탁할 수 있다(법 105조 3항). 공정위는 체납된 과징금의 징수를 위하여 필요하다고 인정되는 경우에는 국세청장에게 과징금을 체납한 자에 대한 국세과세에 관한 정보의 제공을 요청할 수 있다(법 105조 4항). 과징금 업무를 담당하는 공무원이 과징금의 징수를 위하여 필요할 때에는 등기소 또는 다른 관계 행정기관의 장에게 무료로 필요한 서류의 열람이나 복사 또는 그 등본이나 초본의 발급을 청구할 수 있다(법 105조 5항).

(3) 결손처분

공정위는 과징금·과태료, 그 밖에 법에 따른 징수금(이하 "징수금 등")의 납부의무자에게 ① 체납처분이 끝나고 체납액에 충당된 배분금액이 체납액에 미치지 못하는 경우, ② 징수금 등의 징수권에 대한 소멸시효가 완성된 경우, ③ 체납자의 행방이 분명하지 아니하거나 재산이 없다는 것이 판명된 경우, ④ 체납처분의 목적물인 총재산의 추산가액이 체납처분비에 충당하고 남을 여지가 없음이 확인된 경우, ⑤ 체납처분의 목적물인 총재산이 징수금 등보다 우선하는 국세, 지방세, 전세권·질권 또는 저당권에 의하여 담보된 채권 등의 변제에 충당하고 남을 여지가 없음이 확인된 경우,[91] ⑥ 징수할 가능성이 없는 경우로서 일정한 사유에 해당되는 경우에는 결손처분을 할 수 있다(법 107조 1항). 결손처분을 할 때에는 지방행정기관 등 관계 기관에 체납자의 행방 또는 재산의 유무를 조사하고 확인하여야 한다(법 107조 2항). 공정위는 결손처분을 한 후 압류할 수 있는 다른 재산을 발견하였을 때에는 지체 없이 결손처분을 취소하고 체납처분을 하여야 한다. 다만, 징수금 등의 징수권에 대한 소멸시효가 완성된 경우에는 그러하지 아니하다(법 107조 4항).

(4) 회생절차가 개시된 경우

과징금 부과처분을 받을 사업자에 대하여 회생절차가 개시된 경우에 과징금 청구권은 회생채권에 해당되는가? 채무자회생법 제118조 제1호는 '채무자에 대하여 회생절차개시 전의 원인으로 생긴 재산상의 청구권'을 회생채권의 하나로 정하고 있다. 행정상의 의무위반행위에 대하여 과징금을 부과하는 경우에 과징금 청구권은 위 조항에서 정한 재산상의 청구권에 해당하므로, 과징금 청구권이 회생채권인지는 그 청구권이 회생절차개시 전의 원인으로 생긴 것인지에 따라 결정된다. 따라서 채무자에 대한 회생절차개시 전에 과징금 납부의무자의 의무위반행위 자체가 성립하고 있으면, 그 부과처분이 회생절차개시 후에 있는 경우라도 과징금 청구권은 회생채권이 된다.[92] 그리고 채무자회생법 제251조 본문은 회생계획인가의 결정이 있는 때에는 회생계획이나 이 법의 규정에 의하여 인정된 권리를 제외하고는[93] 채무자는 모든 회생채권과 회생담보권에 관하여 그 책임을 면한다고 정하고 있다. 회생채권에 해당하는 과징금 청구권도 위 규정에 따라 면책될 수 있음은 물론이다.[94]

---

91) 위 ④, ⑤에 해당되어 결손처분을 할 때에는 체납처분을 중지하고 그 재산의 압류를 해제하여야 한다(법 107조 3항).

92) 대법원 2016.1.28. 선고 2015두54193 판결; 대법원 2018.6.15. 선고 2016두65688 판결.

93) 채무자회생법 제140조 제1항, 제251조 단서는 회생절차개시 전의 벌금·과료·형사소송비용·추징금 및 과태료의 청구권은 회생계획인가의 결정이 있더라도 면책되지 않는다고 정하고 있다. 이는 회생계획인가의 결정에 따른 회생채권 등의 면책에 대한 예외를 정한 것으로서 그에 해당하는 청구권을 한정적으로 열거한 것으로 보아야 한다. 위 규정에 열거되어 있지 않은 과징금 청구권은 회생계획에서 인정된 경우를 제외하고는 회생계획인가의 결정이 있으면 면책된다고 보아야 한다(대법원 2013.6.27. 선고 2013두5159 판결 등 참조). 입법론으로는 채무자회생법 제140조 제1항의 면책되지 않는 권리의 범위에 과징금도 포함시킬 필요가 있다.

94) 따라서 회생채권인 과징금 청구권을 회생채권으로 신고하지 않은 채 회생계획인가결정이 된 경우에는 채무자회생법 제251조 본문에 따라 면책의 효력이 생겨 과징금 부과권자는 더 이상 과징금을 부과할 수 없다. 그러므로 과징금 부과권자가 회생계획인가 결정 후에 그에 대하여 한 부과처분은 위법하다(대법원 2016.1.28. 선고 2015두54193 판결; 대법원 2018.6.15. 선고 2016두65688 판결).

3. 환급가산금

공정위가 이의신청의 재결 또는 법원의 판결 등의 사유로 과징금을 환급하는 경우에는 과징금을 납부한 날로부터 환급한 날까지의 기간에 대하여 일정한 환급가산금을 지급하여야 한다. 다만, 법원의 판결에 따라 과징금 부과처분이 취소되어 그 판결이유에 따라 새로운 과징금을 부과하는 경우에는 당초 납부한 과징금에서 새로 부과하기로 결정한 과징금을 공제한 나머지 금액에 대해서만 환급가산금을 계산하여 지급한다(법 106조). 환급가산금 요율은「국세기본법 시행령」제43조의3 제2항 본문에 따른 기본이자율을 따른다(영 89조).

제3절 과 태 료

과태료는 행정질서벌의 일종으로서 행정상의 질서위반에 대하여 금전으로 제재를 가하는 행정법상의 의무이행 확보수단으로서, 형벌과는 구별이 된다. 사업자, 사업자단체, 공시대상기업집단에 속하는 회사를 지배하는 동일인 또는 그 동일인의 특수관계인인 공익법인이 다음 어느 하나에 해당하는 경우에는 1억원 이하, 회사·사업자단체·공익법인의 임원 또는 종업원, 그 밖의 이해관계인이 여기에 해당하는 경우에는 1천만원 이하의 과태료를 부과한다(법 130조 1항).

① 법 제11조 제1항, 제2항 또는 제6항에 따른 기업결합의 신고를 하지 아니하거나 거짓의 신고를 한 자 또는 같은 조 제8항을 위반한 자
② 법 제20조 제3항 제2호·제3호를 위반하여 금융업 또는 보험업을 영위한 자
③ 법 제20조 제4항·제5항에 따른 보고를 하지 아니한 자 또는 주요내용을 누락하거나 거짓으로 보고를 한 자
④ 법 제26조부터 제29조까지의 규정에 따른 공시를 하는 경우에 이사회의 의결을 거치지 아니하거나 공시를 하지 아니한 자 또는 주요 내용을 누락하거나 거짓으로 공시한 자
⑤ 법 제32조 제3항에 따른 자료제출 요청에 대하여 정당한 이유 없이 자료를 제출하지 아니하거나 거짓의 자료를 제출한 자
⑥ 법 제81조 제1항 제1호를 위반하여 정당한 이유 없이 출석을 하지 아니한 자
⑦ 법 제87조 제2항에 따른 자료제출 요구에 대하여 정당한 이유 없이 자료를 제출하지 아니하거나 거짓의 자료를 제출한 자

한편, 심판정의 질서유지와 관련하여 의장의 질서유지의 명령을 따르지 아니한 사람에게는 100만원 이하의 과태료를 부과한다(법 130조 2항). 그리고 위 ①에 관한 과태료 부과기준은 영 [별표 7], ②, ③에 관한 과태료 부과기준은 영 [별표 8], ④에 관한 과태료 부과기준은 영 [별표 9], ⑤부터 ⑦까지 및 질서유지명령 위반에 관한 과태료 부과기준은 영 [별표 10]에서 규정하고 있다(영 94조). 과태료는 공정위가 부과·징수한다(법 130조 3항). 과태료의 부과·징수에 관하여는 과징금의 부과에 관한 규정을 준용한다(법 130조 4항). 그 밖에 과태료의 부과·징수 및 재판 등에 관한 사항은 「질서위반행위규제법」에 따른다.

제4장

형사적 제재

제1절 총　　설

독점규제법은 제15장 벌칙에서 법위반행위에 대한 제재로서 형벌에 관하여 규정하고 있다.[1] 형벌은 인간의 신체의 자유나 재산권을 중대하게 제약하는 수단이며 그 낙인효과도 크다는 점을 감안할 때, 독점규제법상의 형벌은 경쟁질서의 보호를 위하여 마련된 여러 가지 제도들 중에서 최후적 내지 보충적인 수단으로서 의미를 가진다.[2] 경쟁질서는 헌법적인 차원에서 선언하고 있는 우리나라 경제질서의 기본인 시장경제의 기능을 유지하기 위한 기본원리이기 때문에, 이에 대한 중대하고 심각한 침해에 대하여 형벌을 부과하는 것은 입법정책적으로 허용될 수 있다. 그러나 독점규제법에서 규제되는 모든 행위를 구성요건화하는 것은 형사정책적인 관점에서는 물론이고 경쟁정책적인 관점에서도 바람직하다고 할 수 없다. 우선, 무분별하게 형사벌의 집행이 이루어질 경우 기업의 경제활동이 크게 위축될 우려가 있다. 행정벌로 규제가 가능한 행위 부분에 형벌의 과도한 도입과 적용은 공권력의 개입으로 인한 창의적 기업활동의 억제, 사법(私法)적 구제수단의 활용 저조, 시장메커니즘의 자율성 침해와 같은 부작용을 야기할 수 있기 때문이다.[3] 또한, 독점규제법상 금지되고 있는 행위라 하더라도 모든 행위들이 경쟁정책적으로 동일한 의미를 가지는 것은 아니기 때문에 개별 행위유형별로 경쟁질서에 미치는 영향을 고려하여 형벌 부과 여부를 결정해야 할 것이다.[4] 따라서 경쟁법상 보호법익의 침해나 현저한

---

1) 이러한 한도에서 독점규제법을 실질적 의미의 형법으로 보는 견해도 있다. 김일수, 형법총론, 박영사(1997), 4면 참조.

2) 김일수, 위의 책, 37-38면.

3) 헌법재판소 1995.7.21. 선고 94헌마136(공정거래법위반행위는 기업의 영업활동과 밀접하게 결합되어 있거나 영업활동 그 자체로서 행하여지기 때문에, 그에 대하여 무분별하게 형벌을 선택한다면 관계자나 관계기업은 기업활동에 불안감을 느끼게 되고 자연히 기업활동이 위축될 우려가 있고, 그렇게 되어서는 공정거래법 제1조에서 말하는 "공정하고 자유로운 경쟁을 촉진"하는 것도, "기업활동을 조장"한다는 것도 불가능하게 될 것이므로, 공정거래법위반행위에 대한 형벌은 가능한 한 위법성이 명백하고 국민경제와 소비자일반에게 미치는 영향이 특히 크다고 인정되는 경우에 제한적으로 활용되지 아니하면 아니된다는 측면도 이를 간과할 수는 없다).

4) 미국 셔먼법 제1조에서는 거래제한(수평적, 수직적 합의 포함), 제2조에서는 독점력 남용(우리나라 독점규제

위험 야기에 이르지 않은 행위들 중에 사회적 비난가능성이 높지 않은 것은 행정적 규제의 대상으로 보는 것이 타당하다.

우리나라 독점규제법의 형벌 관련 조항의 특징은 넓은 형사처벌의 범위와 공정위의 전속고발권 제도의 운용에 있다. 이를 '과잉 범죄화'와 '집행의 결손'이라는 상호모순적 상황으로 표현하기도 한다.[5] 1980년 국가보위입법회의가 독점규제법을 처음 제정할 당시부터 모든 실체법 위반행위에 대한 형벌조항이 규정되어 있었는데, 당시 정부가 국가보위입법회의에 제출한 입법안 제안이유나 법제처장이 공표한 법제정이유에 형벌조항을 왜 두었는지에 대한 설명은 없다.[6] 2020년 법 개정을 통하여 형벌조항이 일부 축소되었음에도 불구하고, 우리나라 독점규제법의 형벌조항은 그 범위가 여전히 지나치게 넓은 편이다. 비교법적으로 살펴볼 때 다른 나라에서는 형사제재가 없거나 경성카르텔 등 위법성이 매우 중대한 소수의 행위에 대해서만 형사적 제재가 이루어지고 있는 반면, 우리나라에서는 불공정거래행위 등 다른 나라에서는 형사처벌이 거의 이루어지지 않는 유형의 행위에 대해서도 형사적 제재가 가능하게 되어 있다. 형벌조항의 과잉은 경쟁법은 물론 건설, 환경, 식품, 교통 등 행정이 관여하는 대부분의 분야에서 형사적 집행을 선호하는 사회분위기와도 관련이 있다. 이런 사회분위기가 형성된 근저에는 민사적 구제절차가 제대로 정비되거나 작동하지 않고 있는 데에 근본적 원인이 있다.

그럼에도 불구하고 형사처벌은 법질서를 침해하는 것이 명백한 행위에 대한 최후의 보충적 수단으로서 죄형법정주의의 원칙이 존중되어야 한다. 죄형법정주의 원칙은 법률이 처벌하고자 하는 행위가 무엇이며 그에 대한 형벌이 어떠한 것인지를 누구나 예견할 수 있고, 그에 따라 자신의 행위를 결정할 수 있도록 구성요건을 명확하게 규정할 것을 요구한다.[7] 그리고 불명확한 개념만으로 구성요건이 규정되어 있는 경우 혹은 불명확한 개념의 중첩적 사용으로 인해 일반 국민이 구성요건상 금지된 행위의 윤곽을 파악하기 어려운 경우에는 명확성의 원칙에 반하여 비범죄화의 대상법률이 된다고 본다.[8] 그런데 독점규제법 위반행위 중 상당수는 부당성과 같은 불확정개념이 사용되고 경쟁제한효과와 효율성 증대효과 사이에 면밀한 비교형량을 요하기 때문에 무차별적으로 형사적 잣대를 들이대는 것은 바람직하지 않은 것으로 생각된다.

법상 시장지배적 지위남용에 상응)을 금지하고 있고, 위 두 가지 행위 모두에 대하여 형사적 제재가 가능하다. 그러나 실제로 형사적 제재가 내려지는 행위는 제1조의 거래제한 중 경성카르텔로 한정이 되고 나머지 행위에 대해서는 형사적 제재가 내려지는 경우를 찾아보기는 어렵다. 조성국, "경쟁법의 형사적 집행에 관한 연구", 시장경제와 사회조화(2015), 450-451면; 주진열, "독점규제법상 형사제재 조항과 전속고발제 존폐 문제에 대한 고찰", 경쟁법연구 제38권(2018), 319면.

5) 이성대, "공정거래법 위반행위에 대한 이원적 집행방안의 연구" 경성대 법학연구 46호(2016), 242면.

6) 주진열, "독점규제법상 형사제재 조항과 전속고발제 존폐 문제에 대한 고찰", 경쟁법연구 제38권(2018), 312면.

7) 헌법재판소 2012.12.27. 선고 2012헌바46.

8) 임웅, 비범죄화의 이론, 법문사(1999), 124면.

형벌조항 과잉의 폐해를 완화하기 위한 수단으로서 법은 일부 형벌조항에 대하여 공정위의 전속고발권을 인정하고 있다. 전속고발권 제도는 상대적으로 넓은 형벌 조항이 지나치게 남용되어 사업자들의 경제활동을 위축시키는 것을 방지하는 기능을 담당해 왔다. 그동안 공정위의 고발 사례가 많지 않아서[9] 결과적으로 형사벌의 집행이 미국, 일본 등 우리보다 형사처벌 조항이 적은 다른 나라의 경우와 크게 다르지 않았던 것으로 보인다.[10] 반대로 경성 공동행위와 같이 위반행위의 정도가 객관적으로 명백하고 중대한 행위에 관해서 우리나라가 미국 등 다른 나라보다 형사벌의 집행이 소극적이라는 지적도 있다.[11] 나아가 전속고발권 행사에 관한 공정위의 태도가 소극적이고 자의적이라는 비판이 제기되고 있으며, 이에 따라 공정위의 전속고발권 폐지에 관한 논의가 계속되고 있다. 차제에 독점규제법 위반행위에 관한 형사처벌은 경성 카르텔이나 특수관계인에 대한 이익제공행위 등 행위의 위법성이 중대하고 은밀하게 이루어져 강제수사의 필요성이 존재하고 폐해요건이 명확하거나 경쟁제한성이 명백하여 죄형법정주의 관점에서 크게 문제가 되지 않는 행위로 국한하는 대신,[12] 이에 상응하여 공정위의 전속고발권 역시 축소하는 방향으로 법을 개정할 필요가 있다.

제2절 독점규제법 위반죄

독점규제법의 주요 규정을 위반한 자는 형사처벌의 대상이 된다. 그리고 그 중에서 비교적 무거운 법 제124조 및 제125조의 죄는 공정위의 고발이 있어야 공소를 제기할 수 있다(법 129조 1항). 반면, 허위신고 등의 행위나 비밀유지의무 위반행위 등에 대해서는 공정위의 고발과 무관하게 형사소추가 가능하다. 한편, 2020년 법 개정 과정에서 기

9) 공정위에 따르면 2018년 기준으로 시장지배적 지위남용, 기업결합, 재판매가격유지행위에 대해서는 5년간 고발실적이 없었다. 김재신, "공정거래법 전면개편 방향 – 공정거래법제 개선 특별위원회 논의결과", 국회토론회 자료집(2018.7.9.), 15면.

10) 이로 인하여 법상 형벌조항을 상징형법이라고 지칭하기도 한다. 상징형법이란 실효성이 거의 없어 본질적 문제해결에 전혀 기여하지 못하면서도 마치 기여하는 이미지를 보이고 있는 것을 말한다. 이상현, "공정거래법상 형벌규정에 대한 형법이론적 분석과 개정법의 방향", 숭실대 법학논총 제47집(2020), 857면. 그리고 입법만 되고 집행되지 않는 형법은 암수범죄를 양산하고 규범에 대한 신뢰를 떨어뜨려 장기적으로 역효과를 가져올 뿐이라는 비판으로 최석윤, "상징형법에 대한 비판적 고찰", 비교형사법연구 제5권 제2호(2003), 158-161면 참조.

11) 주진열, "독점규제법상 형사제재 조항과 전속고발제 존폐 문제에 대한 고찰", 경쟁법연구 제38권(2018), 325면.

12) 동지: 김두진, "한국 독점규제법의 집행", 경쟁법연구 제12권(2005), 159면; 황철규, 카르텔에 대한 공적 집행의 개선 방안 연구, 한양대 박사학위논문(2009), 161면; 박은재, 공정거래와 형사법(2014), 215면 이하; 선종수, "공정거래법상 형사제재 규정의 정비방안", 형사법의 신동향 제46호(2015), 304면; 이성대, "공정거래법 위반행위에 대한 이원적 집행방안의 연구" 경성대 법학연구 46호(2016), 241면; 주진열, "독점규제법상 형사제재 조항과 전속고발제 존폐 문제에 대한 고찰", 경쟁법연구 제38권(2018), 325면; 도규엽. "연성담합의 비범죄화", 형사법연구 제32권 제4호(2020), 144면.

업결합, 경쟁제한성 위주로 판단하는 불공정거래행위, 재판매가격유지행위, 일부 사업자단체 금지행위에 대해서는 형벌조항을 폐지하였다.

독점규제법상 행정적 제재와 형사처벌은 그 집행의 구조가 다르다. 행정적 제재의 기본적 수범자는 사업자 내지 사업자단체이고 이들은 대부분 회사 등의 법인 형태를 취하고 있다. 개인사업자 등 예외적인 경우를 제외하고 일반적으로 시정조치나 과징금 등 공정위의 행정처분은 회사 등 법인에 부과되고 그 직접 행위자(대표자, 대리인, 사용인, 그 밖의 종업원)에게는 부과되지 않는다. 반면 형사책임은 행위를 한 자연인이 처벌의 대상이 되는 것이 원칙이고, 따라서 독점규제법 위반죄에 대해서는 그 행위자인 자연인(대표자, 대리인, 사용인, 그 밖의 종업원)을 1차적으로 처벌한다. 그리고 이들의 사용자인 사업자(법인 또는 개인)에 대해서는 양벌규정에 따라 벌금형을 부과하되, 사업자가 위반행위를 방지하기 위하여 해당 업무에 관하여 상당한 주의와 감독을 게을리 하지 아니한 경우에는 면책된다.

그런데 법상 벌금의 상한액은 2억 원에 불과하다. 이는 사업자 등에게 부과되는 과징금 액수에 비하면 적은 수준이다. 따라서 사업자 등에 대한 형벌의 위하효과는 크지 않다.[13] 반면, 독점규제법 위반행위를 한 자연인에 대해서는 벌금형은 물론 징역형도 부과될 수 있기 때문에, 사업자의 대표자 또는 고위임원에 대한 억지효과는 크다고 평가할 수 있다. 그럼에도 불구하고 과거에는 독점규제법 위반 행위로 개인이 처벌받는 경우가 매우 드물었을 뿐 아니라, 형사처벌되는 경우에도 주로 벌금형에 그치는 경우가 많았다. 1993년 (사)대한약사회 및 서울특별시지부의 경쟁제한행위 등 사건에서 약국집단휴업사태를 주도한 자에 대하여 징역 8월에 집행유예 2년이 선고된 적이 있었지만, 그것은 매우 이례적인 것이었다. 다만, 최근에는 개인에 대한 처벌이 증가함은 물론 그 수위도 점차 강화되고 있다. 시멘트제조사 담합사건의 경우 담합을 주도한 개인이 구속되었고, 원전케이블 입찰담합사건의 경우 담합에 주도적으로 참여한 임·직원들에 대하여 실형이 선고되기도 하였다. 경성카르텔 등 경쟁제한성이 명백하고 사회적 피해의 규모가 큰 행위의 경우에는 시정조치나 과징금만으로는 이를 근절하기가 어렵기 때문에 행위자 개인에 대한 형사처벌을 적극적으로 활용할 필요가 있다.[14]

---

13) 2020년 법 개정 논의시 법인에 대하여 공정위와 검찰의 이중조사를 방지하고 개인만 형사처벌하는 영국 등 유럽국가의 사례 등을 참고하여 양벌규정을 폐지하자는 의견도 있었으나, 우리나라의 경우 양벌규정이 일반적이고 실무적으로 개인수사와 법인수사가 명확히 구분되지 않는다는 반대 의견도 있어서 양벌규정은 존치되었다. 김재신, "공정거래법 전면개편 방향 – 공정거래법제 개선 특별위원회 논의결과", 국회 토론회 자료집(2018.7.9.), 17면.

14) 동지: 김형배(2019), 855면.

Ⅰ. 전속고발권의 대상인 죄

1. 법 제124조의 죄

다음에 해당하는 자는 3년 이하의 징역 또는 2억원 이하의 벌금에 처한다. 징역형과 벌금형은 이를 병과할 수 있다.

① 제5조(시장지배적지위의 남용금지)를 위반하여 남용행위를 한 자
② 제13조(탈법행위의 금지) 또는 제36조(탈법행위의 금지)를 위반하여 탈법행위를 한 자[15)]
③ 제15조(시정조치의 이행확보), 제23조(순환출자에 대한 의결권 제한), 제25조(금융회사·보험회사 및 공익법인의 의결권 제한) 또는 제39조(시정조치의 이행확보)를 위반하여 의결권을 행사한 자
④ 제18조(지주회사 등의 행위제한 등) 제2항부터 제5항까지의 규정을 위반한 자
⑤ 제19조(상호출자제한제한기업집단의 지주회사 설립제한)를 위반하여 지주회사를 설립하거나 지주회사로 전환한 자
⑥ 제20조(일반지주회사의 금융회사 주식 소유 제한에 관한 특례) 제2항 또는 제3항을 위반한 자
⑦ 제21조(상호출자의 금지 등) 또는 제22조(순환출자의 금지)를 위반하여 주식을 취득하거나 소유하고 있는 자
⑧ 제24조(계열회사에 대한 채무보증의 금지)를 위반하여 채무보증을 하고 있는 자
⑨ 제40조(부당한 공동행위의 금지) 제1항을 위반하여 부당한 공동행위를 한 자 또는 이를 하도록 한 자
⑩ 제45조(불공정거래행위의 금지) 제1항 제9호, 제47조(특수관계인에 대한 부당한 이익제공 등 금지) 제1항 또는 제4항을 위반한 자
⑪ 제48조(보복조치의 금지)를 위반한 자
⑫ 제51조(사업자단체의 금지행위) 제1항 제1호를 위반하여 사업자단체의 금지행위를 한 자
⑬ 제81조(위반행위의 조사 등) 제2항에 따른 조사 시 폭언·폭행, 고의적인 현장진입

15) 탈법행위의 유형은 미리 예상하기 어렵고 해당 여부의 최종판단은 사법부에 달려 있게 되는데, 이러한 탈법행위에 대해 3년 이하의 징역 또는 2억원 이하의 벌금을 도입하여 처벌하도록 규정하면서, 탈법행위의 구체적 유형을 시행령에 포괄적으로 위임하도록 규정한 것은 포괄위임 금지에 위반될 여지가 높다는 지적으로, 이상현, "공정거래법상 형벌규정에 대한 형법이론적 분석과 개정법의 방향", 숭실대 법학논총 제47집(2020), 851면.

저지 · 지연 등을 통하여 조사를 거부 · 방해 또는 기피한 자

2. 법 제125조의 죄

다음에 해당하는 자는 2년 이하의 징역 또는 1억 5천만원 이하의 벌금에 처한다. 법 제124조의 죄와 달리 징역형과 벌금형은 병과할 수 없다.

① 제7조(시정조치) 제1항, 제14조(시정조치 등) 제1항, 제37조(시정조치 등) 제1항, 제42조(시정조치) 제1항, 제49조(시정조치) 제1항 및 제52조(시정조치) 제1항에 따른 시정조치에 따르지 아니한 자

② 제31조(상호출자제한기업집단 등의 지정 등) 제4항에 따른 자료제출 요청에 대하여 정당한 이유 없이 자료 제출을 거부하거나 거짓의 자료를 제출한 자

③ 제31조(상호출자제한기업집단 등의 지정 등) 제5항을 위반하여 공인회계사의 회계감사를 받지 아니한 자

④ 제45조(불공정거래행위의 금지) 제1항(제1호 · 제2호 · 제3호 · 제7호 및 제9호는 제외한다)을 위반하여 불공정거래행위를 한 자[16)]

⑤ 제51조(사업자단체의 금지행위) 제1항 제3호를 위반하여 사업자단체의 금지행위를 한 자[17)]

⑥ 제81조(위반행위의 조사 등) 제1항 제3호 또는 같은 조 제6항에 따른 보고 또는 필요한 자료나 물건을 제출하지 아니하거나 거짓의 보고 또는 자료나 물건을 제출한 자

⑦ 제81조(위반행위의 조사 등) 제2항에 따른 조사 시 자료의 은닉 · 폐기, 접근 거부 또는 위조 · 변조 등을 통하여 조사를 거부 · 방해 또는 기피한 자

■ 계열회사 또는 다른 사업자로 하여금 불공정거래행위를 하도록 한 자를 형사 처벌하는지 여부

법 제45조 제1항은 "사업자는 다음 각 호의 어느 하나에 해당하는 행위로서 공정한 거래를 저해할 우려가 있는 행위(이하 "불공정거래행위"라 한다)를 하거나, 계열회사 또는 다른 사업자로 하여금 이를 행하도록 하여서는 아니된다."라고 규정하고 있다. 그리고 법 제125조는 "다음 각 호의 어느 하나에 해당하는 자는 2년 이하의 징역 또는 1억 5천만 원 이하의 벌금에 처

16) 2020년 법 개정에서 불공정거래행위 중에서 부당하게 거래를 거절하는 행위(제1호), 부당하게 거래의 상대방을 차별하여 취급하는 행위(제2호), 부당하게 경쟁자를 배제하는 행위(제3호), 거래의 상대방의 사업활동을 부당하게 구속하는 조건으로 거래하는 행위(제7호)는 형사처벌의 대상에서 제외되었다.

17) 2020년 법 개정에서 사업자단체 금지행위 중에서 제2호, 제4호 위반행위에 대한 형벌조항은 폐지되었다.

한다."라고 하면서, 같은 조 제4호에서 그 처벌대상자를 "제45조(불공정거래행위의 금지) 제1항(제1호・제2호・제3호・제7호 및 제9호는 제외한다)을 위반하여 불공정거래행위를 한 자"라고 정하고 있다. 위와 같이 금지규정인 제45조 제1항은 "불공정거래행위를 하거나 계열회사 또는 다른 사업자로 하여금 이를 행하도록 하여서는 아니된다."라고 정하고 있는 반면, 처벌규정인 제125조 제4호는 제45조 제1항을 위반하여 "불공정거래행위를 한 자"라고 정하고 있을 뿐이다. 따라서 위 처벌규정이 불공정거래행위인 거래상 지위남용행위를 직접 한 자만을 처벌하는지, 아니면 계열회사 또는 다른 사업자로 하여금 이를 하도록 한 자도 처벌하는지 여부가 문제가 되었다.

대법원은 관련 법률조항 문언의 해석, 입법취지와 개정 경위, 형벌법규는 문언에 따라 엄격하게 해석・적용하는 것이 원칙인 점, 법 제45조 제1항 위반에 대한 벌칙규정인 제125조 제4호는 사업자를 위해 그 위반행위를 한 자연인만이 처벌대상이 되고 법인인 사업자는 양벌규정인 제128조에 따른 별도의 요건을 갖춘 때에만 처벌대상이 되는 등 과징금 부과에 관한 규정과는 규율의 대상자나 적용요건에서 구별되어 위 규정들의 해석이나 적용이 반드시 일치할 필요가 없다는 점 등을 종합하여, 사업자가 거래상대방에게 '직접 거래상 지위남용행위를 한 경우'가 아닌 '계열회사 또는 다른 사업자로 하여금 이를 하도록 한 경우'는 법 제45조 제1항 각 호의 금지규정을 위반한 것으로서 과징금부과 등 법이 정한 별도의 제재대상이 될 수 있음은 별론으로 하고, 이를 이유로 법 제125조 제4호에 따른 형사처벌의 대상이 되지는 않는다고 판단하였다.[18)]

Ⅱ. 전속고발권의 대상이 아닌 죄

1. 허위신고 등의 죄

다음에 해당하는 자는 1억원 이하의 벌금에 처한다(법 126조).

① 제17조(지주회사 설립・전환의 신고)를 위반하여 지주회사의 설립 또는 전환의 신고를 하지 아니하거나 거짓으로 신고한 자

② 제18조(지주회사 등의 행위제한 등) 제7항을 위반하여 해당 지주회사 등의 사업내용에 관한 보고서를 제출하지 아니하거나 거짓으로 보고서를 제출한 자

③ 제30조(주식소유 현황 등의 신고) 제1항 및 제2항을 위반하여 주식소유 현황 또는 채무보증 현황의 신고를 하지 아니하거나 거짓으로 신고한 자

④ 거짓으로 감정을 한 제81조(위반행위의 조사 등) 제1항 제2호에 따른 감정인

18) 대법원 2020.2.27. 선고 2016도9287 판결.

2. 비밀유지 위반의 죄

국내외에서 정당한 이유 없이 제112조(비밀유지명령) 제1항에 따른 비밀유지명령을 위반한 자는 2년 이하의 징역 또는 2천만원 이하의 벌금에 처한다(법 127조 1항). 다만, 위 죄는 친고죄로서 비밀유지명령을 신청한 자의 고소가 없으면 공소를 제기할 수 없다(법 127조 2항).

이 법에 따른 직무에 종사하거나 종사하였던 위원, 공무원 또는 협의회에서 분쟁조정 업무를 담당하거나 담당하였던 사람 또는 동의의결 이행관리 업무를 담당하거나 담당하였던 사람이 제119조(비밀엄수의 의무)를 위반한 경우에는 2년 이하의 징역 또는 200만원 이하의 벌금에 처한다(법 127조 3항).

Ⅲ. 양벌규정

법인(법인격이 없는 단체를 포함)의 대표자나 법인 또는 개인의 대리인, 사용인, 그 밖의 종업원이 그 법인 또는 개인의 업무에 관하여 법 제124조부터 제126조까지의 어느 하나에 해당하는 위반행위를 하면 그 행위자를 벌하는 외에 그 법인 또는 개인에게도 해당 조문의 벌금형을 과(科)한다. 다만, 법인 또는 개인이 그 위반행위를 방지하기 위하여 해당 업무에 관하여 상당한 주의와 감독을 게을리 하지 아니한 경우에는 그러하지 아니하다(법 128조).[19] 그런데 현재의 형벌규정은 금지규정의 수범자인 사업자가 아닌 자연인을 마치 행위주체인 것처럼 규정하고 막상 수범자인 법인은 자연인에 대한 과실이 있는 경우 예외적으로 양벌규정에 의해 벌금형으로 처벌할 수 있는 것처럼 규정함으로써,[20] 독점규제법위반 범죄의 행위주체를 혼동하고 있다는 지적이 있다.[21]

19) 일본 독점금지법상 양벌규정의 경우 소위 '부작위감독책임설'에 따라 종업원의 위반행위가 기관의 감독의무 해태로 인해 법인에게 귀속된다고 보고 있는 반면, 우리나라 독점규제법상 양벌규정의 경우 소위 '과실추정설'에 따라 법인에게 과실이 없었음을 증명하지 못하면 과실이 추정된다고 볼 수 있다. 이재상 외 2인, 형법총론, 박영사(2015), 99-100면.

20) 다만, 개인이 형사처벌 대상이 되려면 전제사항으로 적어도 그 개인이 소속된 법인인 사업자가 독점규제법 위반행위를 하여야 한다는 점에서 실제로 사업자의 주의감독 의무이행이 인정되는 경우는 거의 없을 것이다. 조혜신, "경쟁법상 부당한 공동행위의 형사처벌에 따르는 법리적 쟁점", 경쟁법연구 제39권(2019), 279-283면; 강우찬, "부당공동행위에 대한 형사법, 절차법 측면에서의 전면적 재고찰", 저스티스 제176호(2020), 117면.

21) 최정학, "기업의 담합행위에 대한 형사처벌에 관한 연구", 형사법연구 제33권 제2호(2021), 63-64면; 강수진, "공정거래법상 형벌규정에 관한 소고: 공정거래범죄의 실체법·절차법적 해석론을 중심으로", 경쟁저널 제212호(2022), 39면.

Ⅳ. 고의의 증명

독점규제법 위반죄는 고의범이므로 그 처벌을 위하여 주관적 요건인 고의가 입증되어야 할 것이다. 그리고 독점규제법 위반죄가 성립하기 위해서는 경쟁제한성이나 공정거래저해성 등과 같은 폐해요건이 존재하여야 한다. 그런데 경쟁제한성이나 공정거래저해성 등의 폐해요건은 행위자의 행위가 시장에 미치는 파급효과 등을 종합적으로 고려하여 판단하여야 하는 사항이고, 특히 해당 행위에 효율성 증대효과 등 부정적 영향을 상쇄하는 긍정적 영향도 존재할 경우에는 그 분석에 상당한 시간과 노력이 소요될 수 있다. 따라서 독점규제법 위반죄에서 폐해요건의 존재에 대한 고의까지 요구하게 되면 형사처벌의 범위가 지나치게 축소되는 것은 아닌지 하는 의문이 생길 수도 있다. 그러나 판례는 폐해요건도 행위자가 인식해야 할 대상으로서 고의의 내용을 구성한다고 보고, 특히 복잡한 규범적·경제적 분석과 판단이 필요한 행위[22]에 대해서는 고의의 인정에 신중해야 함을 지적하고 있다.

■ **대법원 2018.7.12. 선고 2017두51365 판결**

그런데 불공정거래행위에서의 '공정거래저해성' 역시 형벌의 객관적 구성요건에 해당하므로 행위자가 인식해야 할 대상으로서 '고의'의 내용을 구성한다. 따라서 불공정거래행위의 유형 중, 제반 사정의 형량과 분석을 거쳐 경쟁에 미치는 효과에 관한 판단까지도 요구되는 경우나 사용된 수단의 성격과 실질이 가격할인과 유사한 측면이 있어 경쟁질서 내지 거래질서 전반에 미치는 파급효과까지 종합적으로 고려해야 하는 경우 등 복잡한 규범적·경제적 분석과 판단이 필요한 경우에는, 행위자에게 범죄의 구성요건인 '공정거래저해성'에 관한 '고의'를 인정하는 데 신중해야 한다. 이처럼 고의의 증명이 제대로 되었는지 여부를 명확하게 심사함으로써 형사절차에서 수범자가 예측하기 어려운 처벌을 받을 우려를 제거할 수 있다.

제3절 전속고발권

Ⅰ. 의 의

독점규제법 제124조 및 제125조의 죄는 공정위의 고발이 있어야 공소를 제기할 수

22) 경쟁제한효과와 효율성 증대효과가 함께 존재하는 연성 공동행위나 가격할인적 성격을 겸유하는 가격 관련 단독행위 등이 주로 여기에 해당할 것이다.

있다(법 129조 1항). 고발에 관한 공정위의 권한을 통상 전속고발권이라고 부른다. 일반적으로 행정형법은 원래 목적이 되는 행정규제의 영역과 범죄 구성요건이 되는 행정형법의 영역을 구분한다. 반면, 독점규제법은 동일한 금지규정 위반행위에 대하여 행정제재와 형벌을 동시에 규정하고 있다. 이와 같은 경우에 어떠한 경우에 행정처분을 부과하고 어떠한 경우에 행사절차가가 개시될 것인지에 대한 기준이 없다면 수범자로서는 예측가능성이나 명확성을 보장받지 못하게 될 것이다. 독점규제법이 원래 형사특별법이 아닌 공정하고 자유로운 경쟁질서의 보호를 위한 예방과 규제를 내용으로 하는 행정법으로서의 성격을 가지고 있다는 점, 금지규정을 통하여 보호하고자 하는 보호법익이 경쟁질서라는 점, 그리고 형법의 최후수단성과 보충성 등을 고려한다면 동일한 법 위반행위에 대하여 행정법의 영역이 우선적으로 검토되어야 할 것이다.[23] 이러한 취지를 반영한 것이 전속고발권 제도이다.[24]

공정위에 전속고발권을 부여한 이유는 수사기관의 수사가 경제활동에 미치는 위축효과와 경쟁법 사건의 처리에 필요한 전문성에서 찾을 수 있다. 우선, 독점규제법 위반죄는 기업활동에서 발생하는 경제현상과 관련되어 있고 자유로운 사업활동을 보장하는 것이 시장경제질서의 요체이므로 경제활동에 형벌규정을 적용함에 있어서는 신중하게 접근할 필요가 있다.[25] 다음으로, 경쟁법 사건은 행위주체가 시장에서 차지하는 비중, 시장의 경쟁상황, 행위가 시장에 미치는 파급효과 등에 관하여 고도의 전문적 판단을 거쳐야만 최종적으로 행위의 위법 여부를 판단할 수 있는 경우가 많다. 따라서 형사소추 여부를 판단함에 있어서 전문기관인 공정위의 판단이 선행할 수 있도록 전속고발권을 인정하고 있다.

Ⅱ. 고발조치

공정위는 전원회의 또는 소회의의 심의절차를 거쳐 고발의 결정을 할 수 있다. 다만, 필요하다고 인정할 때에는 서면으로 심의·결정할 수 있다. 판례는 공정위의 고발조치는 사직 당국에 대하여 형벌권 행사를 요구하는 행정기관 상호 간의 행위에 불과하여 항고소송의 대상이 되는 행정처분이 아니라고 한다.[26] 공정위의 고발에 따라 공소가 제기된

23) 강수진, "공정거래법상 형벌규정에 관한 소고: 공정거래범죄의 실체법·절차법적 해석론을 중심으로", 경쟁저널 제212호(2022), 36-37면.

24) 전속고발제도는 독점규제법 등 공정위 유관 법률 이외에 「조세범 처벌법」, 「관세법」, 「출입국관리법」, 「석탄산업법」, 「항공사업법」, 「물가안정에 관한 법률」 등 다른 법률들에도 마련되어 있다.

25) 검찰이 기업수사를 하면서 공정거래 관련 범죄수사를 발판으로 이른바 '별건수사'를 하는 것이 사실상 불가능하였기에 전속고발제도가 기본권 보장과 수사권 남용통제라는 기능을 수행하였다는 주장이 있다. 강우찬, "부당공동행위에 대한 형사법, 절차법 측면에서의 전면적 재고찰", 저스티스 제176호(2020), 137면 참조.

26) 대법원 1995.5.12. 선고 94누13794 판결.

후에는 공정위는 그 고발을 취소하지 못한다(법 129조 6항).

고발은 제3자가 수사기관에 대하여 범죄사실을 신고하여 범인의 처벌을 희망하는 의사표시로서 수사의 단서 중의 하나이다.[27] 그러나 법이 고발을 공소제기의 요건으로 규정한 경우에는 고발이 단순한 수사의 단서에 그치는 것이 아니라 소송조건이 된다. 법 제124조 및 제125조의 죄에 대하여 공정위의 고발이 없이 공소가 제기된 경우에는 법원은 공소기각의 판결을 하게 된다(형사소송법 327조 2호). '3개 설탕 제조·판매업체들의 부당공동행위 사건' 및 '8개 고밀도폴리에틸렌 제조·판매사업자들의 부당공동행위 사건'에서 공정위는 자진신고자 및 그 임원들을 고발대상에서 제외하였다. 그러나 검사는 고발에서 제외된 회사와 임원에 대하여도 기소를 하였는데, 그 근거로 고발의 경우에도 고소불가분의 원칙을 준용할 수 있다는 주장을 하였다. 그러나 대법원은 위반행위자 중 일부에 대하여 공정위의 고발이 있다고 하여 나머지 위반행위자에 대하여도 위 고발의 효력이 미친다고 볼 수 없다고 판결하였다.[28] 위 판결들은 그 논거로서, 독점규제법이 "고발의 주관적 불가분 원칙의 적용 여부에 관하여는 아무런 명시적 규정을 두지 않고 있고, 친고죄에 관한 고소의 주관적 불가분 원칙을 규정한 형사소송법 제233조도 공정거래법 [제129조] 제1항의 고발에 준용된다고 볼 아무런 명문의 근거가 없으며, 죄형법정주의의 원칙에 비추어 그 유추적용을 통하여 공정거래위원회의 고발이 없는 위반행위자에 대해서까지 형사처벌의 범위를 확장하는 것도 허용될 수 없[다]."는 점을 들었다. 나아가 법 제128조의 양벌규정에 따라 처벌되는 법인이나 개인에 대한 고발의 효력이 그 대표자나 대리인, 사용인 등으로서 행위자인 사람에게까지 미친다고 볼 수도 없을 것이다.[29]

Ⅲ. 고발권 불행사에 대한 제한

공정위는 고발을 할 것인지 여부와 고발의 범위에 관하여 원칙적으로 재량을 가지고 있다고 할 것이다. 공정위는 고발의 대상이 되는 사건의 유형 및 기준을 제시하기 위하여 「독점규제 및 공정거래에 관한 법률 등의 위반행위의 고발에 관한 공정거래위원회의 지침」(이하 "고발지침"이라 함)을 제정하여 운용하고 있다. 그렇지만, 종래 공정위가 고발권을 적극적으로 행사하지 않는다는 비판이 있었고,[30] 이에 대한 대응으로서 공정위의

27) 신동운, 형사소송법(I), 법문사(1997), 113면.

28) 대법원 2010.9.30. 선고 2008도4762 판결; 대법원 2011.7.28. 선고 2008도5757 판결. 이 판결들에 관한 평석으로서 이상현, "공정거래법상 전속고발권에 대한 '고소불가분원칙'의 적용가능성", 법조 제650호(2010), 246-250면; 김양섭, "독점규제 및 공정거래에 관한 법률 제71조 제1항이 소추조건으로 명시하고 있는 공정거래위원회의 '고발'에 '고소불가분의 원칙'을 규정한 형사소송법 제233조를 유추적용 할 수 있는지 여부", 대법원판례해설 제86호(2011), 771-773면 참조.

29) 대법원 2011.7.28. 선고 2008도5757 판결.

30) 그러나 검찰이 고발요청권을 행사한 사례가 적고, 공정위의 고발건수가 상당히 많다는 지적도 있다. 신영수,

고발권 행사에 관하여 일정한 통제 장치가 마련되어 있다.

1. 고발의무

공정위는 법 제124조, 제125조의 죄 중에서 그 위반의 정도가 객관적으로 명백하고 중대하여 경쟁질서를 현저히 해친다고 인정하는 경우에는 검찰총장에게 고발하여야 한다(법 129조 2항). 공정위가 이러한 의무에 위반하여 고발권을 행사하지 아니하는 경우, 그 피해자의 평등권과 재판절차진술권을 침해한 것이 되므로 피해자는 헌법소원을 제기할 수 있다.[31)]

2. 고발요청권

검찰총장은 그 위반의 정도가 객관적으로 명백하고 중대하여 경쟁질서를 현저히 해친다고 인정되는 사실이 있음을 공정위에 통보하여 고발을 요청할 수 있다(법 129조 3항). 그리고 공정위가 고발의무 사항에 해당하지 아니한다고 결정하더라도 감사원장, 중소벤처기업부장관, 조달청장은 사회적 파급효과, 국가재정에 끼친 영향, 중소기업에 미친 피해 정도 등 다른 사정을 이유로 공정위에 고발을 요청할 수 있다(법 129조 4항). 즉, 검찰총장은 위반행위가 경쟁질서를 현저히 해친 경우에 고발을 요청할 수 있다는 점에서 공정위와 동일한 기준을 적용받지만, 감사원장 등은 사회적 파급효과, 국가재정에 끼친 영향, 중소기업에 미친 피해 정도 등 공정위의 고발의무와는 다른 기준에 따라 고발요청권을 행사할 수 있다. 위와 같은 고발요청이 있을 때에는 공정위는 검찰총장에게 고발하여야 한다(법 129조 5항).

3. 자진신고자에 대한 고발면제와 고발요청권의 관계

공정위는 자진신고자 등에 대해서 고발을 면제할 수 있다(법 44조 1항). 이 규정은 2013년에 추가되었는데, 법에 규정된 고발제도의 취지 및 적법성·명확성의 원칙, 평등의 원칙, 부당한 공동행위에 대한 집행력 제고 등 여러 요소를 감안할 때, 법에 직접 고발면제 조항을 규정하는 것이 타당하다는 지적[32)]을 수용한 것이다. 공정위의 실무는 자진신고를 활성화하기 위한 취지에서 원칙적으로 검찰에 고발하지 않는다. 그런데 자진신고자에 대하여 검찰총장 등이 고발요청을 한 경우에는 어떻게 되는가? 고발에 관하여 법 제129조는 일반규정이고, 법 제44조 제1항은 특별규정인 점, 법 제44조 제1항에서 고발을 면제할 수 있다고 명시하고 있는 점 등에 비추어, 고발요청권이 행사된 경우라고 하

"공정거래법상 형사사건 처리절차의 개편방안에 대한 재고", 경쟁저널 201호(2019), 56-58면.

31) 헌법재판소 1995.7.21. 선고 94헌마136.

32) 황태희, "현행 카르텔 자진신고자 감면제도의 문제점과 개선방안", 경쟁법연구 제16권(2007), 83-84면.

더라도 공정위는 자진신고자에 대해서 고발을 면제할 수 있다고 해야 할 것이다.

Ⅳ. 전속고발권 존치에 관한 논쟁

전속고발권이 검사의 공소권 행사를 제한함으로써 독점규제법상 형벌권의 행사에 장애가 되고 있다는 이유로 이를 폐지하자는 주장이 있다. 또한, 전속고발권 제도가 소비자 기본권과 행복추구권, 평등권, 소비자인 피해자의 재판절차진술권을 침해하는 위헌적 규정이라는 견해도 있다.[33] 그러나 현재 독점규제법상 형사처벌의 범위가 지나치게 넓다는 점, 독점규제법 위반행위에 대한 판단을 하기 위해서는 시장분석 등 전문적인 심사가 필요한 경우가 많다는 점, 수사기관의 형사사법권 남용으로 인하여 기업활동이 위축될 우려가 있다는 점 등도 함께 고려할 필요가 있다. 전속고발권과 관련하여 경성담합을 포함한 중대한 위반행위에 대해서 선별적으로 폐지하자는 의견과 현 제도를 보완·유지하자는 의견이 진지하게 논의되었다. 전자의 논거로는 공정위가 정보를 독점하고 있어 고발요청제에 근본적인 한계가 있다는 점, 경성담합은 합의 입증이 중요하고 경쟁제한성 입증에 엄격한 경제분석이 요구되지 않는 점, 공정위와 검찰의 중복조사 문제는 전속고발제 하에서도 발생한다는 점을 들 수 있다. 후자의 논거로는 전속고발제 폐지시 사업자들에게 중복조사의 부담이 있다는 점, 공정위의 과소고발 문제는 고발요청제를 통해 보완이 가능하다는 점, 경성담합에 대해서 형사집행을 우선하는 것은 부적절하다는 점을 들 수 있다.[34] 입법론으로는 형사처벌의 범위를 합리적인 범위로 대폭 좁히는 것을 전제로 하여 전속고발권 자체를 폐지하거나 경성 공동행위처럼 위법성 판단이 비교적 용이한 행위에 대해서만 폐지하는 방향으로 절차적인 개선을 도모할 필요가 있을 것이다.

---

33) 헌법재판소 1995.7.21. 선고 94헌마136 사건에서 재판관 조승형의 별도의견. 그러나 이 사건에서 헌법재판소는 전속고발권 제도가 합헌임을 전제로 판단하였다.

34) 김재신, "공정거래법 전면개편 방향 – 공정거래법제 개선 특별위원회 논의결과", 국회 토론회 자료집(2018. 7.9.), 18면.

제5장

민사적 구제

제1절 총 설

경쟁법 분야에서 민사적 구제 혹은 '사적 집행(private enforcement)'은 '공적 집행(public enforcement)'에 대비되는 개념이다. 우리나라에서 공적 집행은 공정위에 의한 행정적 집행과 검찰에 의한 형사적 집행을 의미한다. 이에 대하여 민사적 구제는 사인(私人)이 법원의 사법(司法)절차 등을 통하여 경쟁규범을 실현하는 것을 의미한다. 구체적으로 손해배상청구, 금지청구, 공정거래분쟁조정을 통한 구제를 말한다. 사적 집행 제도로서 손해배상청구는 금전적 구제수단이라는 점에서 공정위의 과징금 부과처분과 유사한 측면이 있고, 금지청구는 비금전적 구제수단이라는 점에서 공정위의 시정조치와 유사한 측면이 있다. 그런데 공정위의 과징금 부과처분은 위반행위자에 대한 제재에도 그 목적이 있기 때문에 손해의 발생을 전제로 하지 않는 반면에, 손해배상청구 제도는 피해자가 입은 '손해에 대한 배상(compensation)'에 그 목적이 있다. 또한 공정위의 시정조치는 경쟁질서 내지 거래질서의 침해를 방지한다는 공익적 관점을 추구하는 반면, 금지청구나 손해배상청구 제도는 사적 이익을 침해할 우려가 있는 위반행위를 중지하거나 그로 인한 피해를 배상한다는 사익 보호의 관점이 강조되는 점에서 차이가 있다.

우리나라에서 경쟁법 위반행위에 대한 민사적 구제는 여전히 미약한 상태이지만, 최근 들어 점차 증가하는 추세에 있다. 그것이 증가하는 원인은 다음 세 가지를 들 수 있다. 첫째, 대중의 주목을 끌만할 정도의 다액의 손해배상 사례가 나타나기 시작하였다. 특히 군납유류 담합 사건과 같이 1,000억원이 넘는 거액의 배상 사건이 언론을 통해 널리 알려지면서 손해배상 소송에 대한 관심이 크게 증가하였다. 둘째, 부당한 공동행위에 대한 자진신고가 활성화되면서, 잠재적 원고들이 갖는 소송에 대한 심리적 부담이 완화되었다. 담합을 하지 않았다고 적극적으로 다투는 사업자를 상대로 손해배상 청구를 하는 것보다 스스로 담합을 했다고 관계기관에 시인한 사업자를 상대로 손해배상 청구를 하는 것이 훨씬 수월할 것이기 때문이다. 셋째, 법개정을 통하여 손해배상청구가 종전보다 용이하게 되었고 금지청구 제도가 신설되었다. 고의·과실의 유무에 대한 입증책임을 피고의 부담으로 전환하고, 법원에 의한 손해액 인정제도를 도입하는 등의 일련의 조치는 원고의 입증부담을 어느 정도 경감시켜 주고 있다. 최근에 이른바 3배배상 제도가 담합과 보복조치를 한 사업자에 대하여 도입되었고, 금지청구 제도가 도입되었을 뿐만 아니라, 입법론으로 이를 확대하는 방안, 집단소송 제도를 도입하는 방안이 논의되고 있는데, 이러한 시대적 흐름도 사적 집행을 증가시키는 요인으로 작용하고 있는 것 같다.

민사적 구제에 관하여 굳이 '사적 집행'이라는 표현을 사용하고 있는 것은 '민간 활동을 통해서 위반행위를 예방하고 억지한다'는 공공정책적인 관점을 강조하려는 것으로 이해된다. 그러나 우리나라에서 실제로 사적 집행을 통해 위반행위의 적발과 처벌을 강화하기는 쉽지 않을 것으로 보인다. 미국과 달리 우리나라에서는 '디스커버리(discovery)' 제도가 없어서 피해자들이 독자적으로 증거를 확보하는 것이 쉽지 않기 때문이다. 따라서 우리나라에서 사적 집행은 공적 집행을 대체하기보다는 공적 집행에 의존하여 이를 보완하는 방향으로 전개될 가능성이 클 것으로 보인다. 따라서 공적 집행은 위반행위의 적발과 처벌에 초점을 맞추고, 사적 집행은 피해의 예방과 구제에 초점을 맞춰서 상호보완적 관계로 발전해 나갈 수 있도록 제도를 설계, 운용하는 것이 바람직할 것이다.

한편, 현행 제도 하에서는 손해배상 제도의 혜택이 국가기관이나 독점적 수요자 등 일부 피해자에게만 귀속되고, 소액 다수의 피해자들에게는 별다른 도움을 주지 못하는 한계가 나타나고 있다.[1] 피해구제의 측면에서 이러한 '빈익빈 부익부' 현상을 개선하기 위해서 소액 다수 피해자의 구제에 대한 제도적 배려가 필요하다. 그리고 동종 다수의 손해배상 사건이 중복적으로 제기되는 경우 피고의 응소상 불편함은 물론이고 법원의 사법자원의 낭비도 심화될 우려가 있으므로 집단소송 제도의 도입을 통해 이 문제를 해소할 필요가 있다.

제2절 손해배상책임

Ⅰ. 손해배상책임의 의의

1. 독점규제법상 손해배상책임

일반적으로, 불법행위에 대한 손해배상 제도는 교정적 정의, 즉 불법행위로 인해 발생한 피해의 회복 기능과 함께 손해의 공평한 분담 및 사회구성원 전체의 이익을 조정하는

1) 상세는 서정, "한국의 사적 집행 사례와 시사점", 경쟁법연구 제28권(2013), 141면 이하.

배분적 기능을 담당하는 것으로 이해된다. 발생한 손해가 단순한 재산손해에 그치기는 하지만 행위 자체의 반사회성이 전면에 드러나는 경우도 불법행위법의 규율대상에 포함될 수 있으며, 그러한 중요한 사례 중 하나가 시장왜곡행위인 독점규제법 위반행위이다.[2] 사업자 또는 사업자단체는 독점규제법을 위반함으로써 피해를 입은 자가 있는 경우에는 해당 피해자에 대하여 손해배상의 책임을 진다(법 109조 1항 본문). 독점규제법상 손해배상제도는 동법 위반행위로 인하여 피해를 입은 자가 가해자로부터 그 피해의 전보를 받을 수 있도록 하려는 데에 그 1차적 목적이 있다. 나아가, 손해배상 제도는 간접적으로는 동법 위반행위를 억제함으로써 경쟁법이나 경쟁정책의 실효성을 확보하기 위한 수단으로서의 의미도 가지고 있다.[3]

2. 민법상 불법행위책임과의 관계

독점규제법상 손해배상책임과 민법상 불법행위책임과의 관계가 문제된다. 구법 제57조 제1항 단서에서는 동법상 손해배상청구는 민법 제750조의 규정에 의한 손해배상청구의 소를 제한하지 아니한다고 함으로써 양자의 관계를 명문으로 규정하고 있었다. 그러나 2004년의 법 개정으로 위 규정과 무과실책임을 규정하고 있던 법 제56조 제2항이 삭제되고, 고의·과실의 입증책임이 사업자 또는 사업자단체에게 전환되었다. 현행법 하에서는 입증책임이 전환되었을 뿐 민법 제750조와 완전히 같은 손해배상청구제도가 된다는 이유로 양 청구권은 법조경합의 관계에 있다고 보는 견해도 있다.[4] 그러나 독점규제법상 손해배상청구권 행사의 대상이 되는 피고는 오로지 사업자 또는 사업자단체에 한정되고 사업자의 임직원 등은 피고로 할 수 없다는 점, 독점규제법상 손해배상책임의 원인이 되는 주의의무 위반은 민법과는 다른 특수한 주의의무 위반을 전제로 한다는 점 등을 고려할 때, 양자는 청구권 경합관계에 있다고 보는 것이 타당할 것이다.[5] 따라서 사업자가 독점규제법 위반행위로 인하여 피해자에게 손해를 입힌 경우에 그것이 민법상 불법행위도 구성하게 되면,[6] 피해자는 독점규제법상 손해배상청구권뿐만 아니라 민법상 손해배상청구권도 갖게 되고, 두 청구권을 모두 행사할 수 있다.

---

2) 양창수, 민법연구 제5권(1999), 222면.
3) 미국에서는 클레이튼법 제4조의 손해배상제도가 동법 위반행위를 억제하는 데 중요한 역할을 담당하고 있다고 한다. 미국 독점금지법 위반행위에 대한 구제의 95%가 사인의 제소에 의하여 이루어지고 있는데, 그 중 대부분을 손해배상청구가 차지할 정도로 손해배상청구가 매우 활발하게 이용되고 있다. 김두진, 공정거래법 집행제도의 개선방안, 한국법제연구원(2003), 65면.
4) 김차동, "공정거래법의 사적 집행제도의 변경 및 그 보완방안", 경쟁법연구 제11권(2005), 81면; 정호열, "2003년 공정거래법 개정안과 손해배상제도의 개편", 공정경쟁 제98호(2003), 5면.
5) 동지: 김구년, "독점규제법상 손해배상청구소송의 제문제", 비교사법 제14권 제1호(2007), 266면.
6) 대법원 2009.7.23. 선고 2008다40526 판결.

Ⅱ. 손해배상책임의 성립

손해배상청구권을 인정하기 위하여 ① 독점규제법 위반행위의 존재, ② 손해의 발생 및 손해액, ③ 해당 위반행위와 손해발생 사이의 인과관계가 모두 입증되어야 한다. 그리고 이러한 입증책임은 손해배상을 청구하는 피해자에게 있다. 한편, 독점규제법의 위반을 이유로 한 손해배상청구의 경우에 고의·과실에 관한 입증책임은 가해자인 사업자가 부담한다(법 109조 1항 단서). 따라서 주관적 요건에 관하여 사업자가 자신의 고의·과실이 없음을 입증하지 못할 경우에는 손해배상책임을 면할 수 없다.

1. 독점규제법 위반행위

독점규제법도 법질서의 일부를 구성하고 있으므로, 독점규제법에 위반하는 행위에 대한 위법성과 위법성 조각은 독점규제법이 추구하는 질서, 즉 공정한 경쟁질서와 관련해서 평가되어야 한다.[7] 판례는 법에 정해진 시정조치가 확정된 경우 곧바로 사업자 등의 행위에 위법성이 인정되는 것은 아니고 시정조치에 있어서 공정위가 인정한 사실은 시정조치에서 지적된 불공정거래행위에 의하여 입은 손해를 배상받고자 제기한 민사소송에서 법원을 구속하지는 못하지만, 사실상 추정을 받게 된다고 판시하였다.[8] 따라서 이미 공정위의 조사, 심결 과정에서 법 위반사실이 밝혀지고 관련증거가 확보되어 있다면, 피해자는 그 자료를 인용함으로써 그 주장·입증의 부담을 덜 수 있을 것이다.

2. 인과관계

가해행위와 손해의 발생 사이에는 인과관계가 있어야 한다. 원래 인과관계는 '선행사실이 없었다면 후행사실도 없을 것'이라는 논리학상의 사고형식으로 무한대로 확대될 수 있는 자연적 내지 사실적인 개념이다. 그런데 법 위반행위로 인한 피해는 하나의 시장이나 거래에 한정되는 것이 아니라, 경제의 순환과정을 따라 광범위하게 확산되어 나가게 된다. 원인·결과의 관계에 있는 모든 손해를 채무자가 배상해야 한다면 채무자가 배상하여야 할 손해의 범위는 무한히 확대될 수 있을 것이므로 위반행위와 인과관계 있는 여러 손해들 중에서 채무자가 배상하여야 할 손해를 한정하기 위한 획정규준이 필요하다.[9] 인과관계에 관하여 판례는 원칙적으로 상당인과관계설을 취하고 있으며, 그것은 독점규제법상 손해배상책임에도 그대로 적용될 수 있다. 따라서 법상의 손해는 경쟁규범의 보

7) 대법원 1990.4.10. 선고 89다카29075 판결에서 대법원은 불공정거래행위의 해당성(위법성)을 조각하기 위한 '정당한 이유'라 함은 전적으로 공정한 경쟁질서의 유지라는 관점에서 평가되어야 한다고 판시한 바 있다.

8) 대법원 1990.4.10. 선고 89다카29075 판결.

9) 김천수, "영미 불법행위법상 책임요건에 관한 연구", 성균관법학 제22권 제1호(2010. 4), 31면.

호목적 범위 내에서 발생한 손해(이른바 'antitrust injury')에 한정하여 그 성립이 인정된다.

인과관계의 입증은 원고가 해야 한다.[10] 피고 마이크로소프트의 메신저 결합판매 행위로 인하여 경쟁 메신저업체인 원고가 손해를 입었다고 그 배상청구를 한 사안에서, 법원은 피고의 위법한 결합판매 행위사실 및 원고의 사업포기 사실은 인정되지만, 양자 사이의 인과관계는 인정되지 않는다고 판단하였다.[11] 즉, 원고의 메신저사업 사업실패는 원고의 해외진출, 포털사업 실패 등 내부사정과, 2000년경 발생한 벤처기업 거품 붕괴 등 당시 경제사정으로 말미암아 원고가 2001년 상반기에 메신저 사업을 사실상 포기한 것으로 볼 수 있고, 원고가 이 사건 결합판매행위로 메신저 시장을 상실하였다고 볼 수 없다고 보았다.

3. 손해액의 산정

(1) 차액설

손해란 법 위반행위로 인하여 피해자에게 발생한 법익의 침해를 의미한다. 판례는 불법행위로 인한 재산상 손해의 산정방법에 관하여 차액설(差額說)을 채택하고 있다. 즉, 위법한 행위로 인하여 발생한 재산상 손해는 그 위법행위가 없었더라면 존재하였을 재산상태와 그 위법행위가 이루어진 이후의 재산상태의 차이이며, 여기에는 기존의 이익이 상실된 적극적 손해와 장차 얻을 수 있는 이익을 얻지 못하게 되는 소극적 손해가 포함된다. 부당한 공동행위의 경우에는 합의로 인한 초과가격(overcharge)의 산정이 중요하다. 예컨대 위법한 입찰 담합행위로 인한 손해는 담합행위로 인하여 형성된 낙찰가격과 담합행위가 없었을 경우에 형성되었을 가상의 경쟁가격 사이의 차액이 된다.[12] 배제적 행위(exclusionary conduct)의 경우에는 일실이익 산정이 핵심이 된다. 원고가 피고의 부당염매나 거래거절의 상대방인 경우 또는 끼워팔기의 대상이 되는 상품(부상품) 시장에서 경쟁자인 경우 등에는 원고가 피고의 법 위반행위로 인하여 얻지 못한 일실이익이 손해가 될 것이다.

(가) 가상 경쟁가격

차액설에 따르면, 부당한 공동행위 사건에서는 가상 경쟁가격의 산정이 필요하다. 가상 경쟁가격은 그 행위가 발생한 당해 시장의 다른 가격형성 요인을 그대로 유지한 상태에서 그 행위로 인한 가격상승분만을 제외하는 방식으로 산정하여야 한다.[13] 구체적으로

---

10) 다만, 법 위반행위가 시장에서의 경쟁질서와 관련된 비교적 새로운 유형의 불법행위라는 점에서, 환경오염소송, 의료과오소송, 제조물책임소송과 같은 특수소송에서 인과관계에 대한 입증책임을 완화하는 대법원 판례의 입장은 독점규제법 관련소송에도 적용될 수 있을 것이다. 홍대식, "공정거래법상 손해배상청구: 실무의 관점에서", 경영법률 제13집 제2호(2003), 263면 참조.

11) 대법원 2013.2.15. 선고 2012다79446 판결.

12) 대법원 2011.7.28. 선고 2010다18850 판결.

위법한 입찰담합행위 전후에 특정 상품의 가격형성에 영향을 미치는 경제조건, 시장구조, 거래조건 및 그 밖의 경제적 요인의 변동이 없다면 담합행위가 종료된 후의 거래가격을 기준으로 가상 경쟁가격을 산정하는 것이 합리적이라고 할 수 있다. 이러한 경우에는 전후비교법을 사용해도 좋을 것이다. 그러나 담합행위 종료 후 가격형성에 영향을 미치는 요인들이 현저하게 변동한 때에는 그와 같이 볼 수 없다. 이러한 경우에는 상품의 가격형성상의 특성, 경제조건, 시장구조, 거래조건 및 그 밖의 경제적 요인의 변동 내용 및 정도 등을 분석하여 그러한 변동 요인이 담합행위 후의 가격형성에 미친 영향을 제외하여 가상 경쟁가격을 산정함으로써 담합행위와 무관한 가격형성 요인으로 인한 가격변동분이 손해의 범위에 포함되지 않도록 하여야 한다.

■ 부당한 공동행위로 인한 손해의 규모

담합으로 인한 초과가격(overcharge)의 정도는 개개의 담합 및 산업분야 별로 차이가 있겠지만, 외국의 경우 10~40% 정도에 달한다는 연구보고가 있다. OECD 보고서는 '담합으로 인한 소비자 피해액이 평균적으로 관련매출액의 15~20% 정도로 볼 수 있다'고 한다.[14] 미국의 경우, 국내 카르텔은 평균 손해액률이 18%이고, 국제적인 카르텔은 평균 손해액률이 31%라고 한다.[15] 2009년 12월 Oxera 등이 EU 집행위원회를 위하여 작성한 '반독점 손해의 계량화: 법원을 위한 비구속적 지침'(Quantifying antitrust damages: Towards non-binding guidance for court)에 의하면, 이 연구에 고려된 114개의 카르텔 중 70% 이상이 10~40%의 초과가격을 야기하였고, 이러한 카르텔에서 관찰된 평균 초과가격은 대략 20%, 초과가격의 중간값(median)은 카르텔 가격의 18%였다고 한다. 영국 공정거래청의 보고서는 성공적인 담합의 경우에 경쟁가격의 10%를 초과하는 가격 수준을 유지할 수 있다고 보고 있다.[16] 그러나 우리나라의 경우에는 아직 손해규모에 관한 실증적 연구가 부족한 실정이다.

(나) 일실이익

사업자에 의한 배제행위로 피해를 입은 경쟁사업자 등의 손해는 일반적으로 일실이익이 될 것이다. 일실이익이란 법 위반행위로 인해 상실한 영업이익 등의 손실을 의미한다. 일실이익은, 먼저 위반행위 전 피해자의 영업 추이에서 위반행위가 없다고 가정할 경우에 상정되는 매출이나 이익을 추산하고, 그 상정 매출이나 이익과 위반행위 후 피해자의 현실적 매출이나 이익을 비교하는 방식으로 산정할 수 있다. 기준이 되는 피해자의 수익이 불분명한 경우에는 평균수입액에 관한 통계 등을 이용한 추상적 방법으로 소득을 산

13) 대법원 2011.7.28. 선고 2010다18850 판결.
14) OECD, "Hard Core Cartels: Recent Progress and Challenges Ahead"(2003), p. 4.
15) 이인권, 부당한 공동행위에 대한 실증연구고찰, 한국경제연구원(2008), 98면.
16) 홍대식, 부당한 공동행위로 인한 소비자피해액 규모의 측정에 관한 연구, 공정위용역보고서(2006), 155면.

정하는 방식도 허용된다.[17)]

(2) 손해액 산정의 방법

차액설은 그 위법행위가 없었더라면 존재하였을 가상의 재산상태와의 비교를 전제한다. 어떤 사건의 효과를 평가하기 위하여 그 사건이 없었을 경우(but for)의 상황을 설명하는 방법론을 가정적 상황 방법론(counterfactual method)이라고 한다. 그런데 구체적인 경우에 법 위반행위가 없는 경우의 가격(소위 but for price)이 어떻게 형성되었을지 또는 경쟁사업자가 이익을 얼마나 얻었을지를 확정하기는 매우 어렵다. 따라서 손해액은 추론을 통해서 얻을 수밖에 없는 불완전성을 내포하게 된다.[18)] 이 지점에서 손해액 산정이라는 사실인정의 문제는 역사적 사실에 대한 입증의 영역을 넘어 수긍할 수 있는 합리적 추론인지를 판별하는 작업으로 이전하게 된다. 추론의 합리성을 확보하기 위하여 '경제분석'이라고 하는 경제학적 논증을 사용하기도 하고, 손해액 인정 제도라는 법관의 합리적 재량판단에 의존하기도 한다.

(가) 경제분석

경제분석에서 법 위반행위가 없었을 가정적 상황에 대한 논증은 비교 측정에 의존할 수도 있고,[19)] 경제학적 모형 설정(economic modelling)에 의존할 수도 있다.[20)] 우리나라에서는 경제학적 추론방법으로 ① 전후비교법, ② 표준시장비교법, ③ 이중차분법, ④ 비용기반 접근법, ⑤ 표본적 · 평균적 · 통계적 방법 등이 많이 활용되고 있다.

1) 전후비교법

가정적인 상황을 위반행위 이전의 상황으로 설정하여 실제의 상황과 이를 비교하여 손해를 찾는 방법으로, 동일한 시장을 대상으로 하여 담합이 없었던 시기와 담합이 있었

---

17) 대법원 1988.4.12. 선고 87다카1129 판결; 대법원 1990.11.23. 선고 90다카21022 판결.

18) 미국 연방대법원은 원고가 피고의 배제적 행위에 관하여 셔먼법 위반으로 인한 손해배상을 청구하는 소송을 제기한 사건에서, 장래이익은 과거의 이익에서 추산될 수 있다는 점, 예상총이익에서 사업을 수행하는데 드는 비용을 공제하여 순이익을 구하는 것이 허용될 수 있다는 점, 손해는 절대적으로 정확하게 계산될 수 없기 때문에 결과가 추측에 불과하다고 해도 합리적인 계산법에 근거한 것이라면 충분하다는 점, 손해액에 관하여 원고가 제시한 증거들은 주로 정황적인 것이지만 배심이 손해의 범위를 정하기에는 충분하다는 점 등을 이유로 1, 2심 법원의 손해액 산정을 인용하였다. Eastman Kodak Co. v. Southern Photo Materials Co., 273 U.S. 359, 379, 47 S.Ct. 400, 408(1927).

19) 전후비교법, 표준시장비교법, 이중차분법은 비교 측정에 기초한 접근법에 해당된다.

20) 2009년 EU의 Oxera 보고서는 세부적으로 접근방법(approach), 가정적 상황(counterfactual)의 기초, 사용되는 손해액 산정방식(estimation technique)의 3단계를 구분하고, 이를 통해 각 손해액 산정방법에서 사용되는 가상적 상황의 기본요소와 구체적인 손해액 산정방법을 체계적으로 보여주고 있다. 위 분류는 손해액 산정방법이나 모델을 크게 비교 측정에 기초한 접근법(comparator-based approach), 재무적 분석에 기초한 접근법(financial-analysis-based approach), 시장구조에 기초한 접근법(market-structure-based approach)으로 대별한다. 각각의 산정방법은 원칙적으로 법 위반행위로 인한 손해액을 산정하는데 사용할 수 있으며, 상호 배타적인 것이 아니라 보완적이라고 볼 수 있다. 이에 관한 상세한 소개는 윤성운 · 강일, "공정거래법의 위반으로 인한 손해액의 산정방법과 주요 쟁점", 경쟁법연구 제25권(2012), 110면 이하 참조.

던 시기의 가격을 비교함으로써 담합으로 인한 가격인상분을 추정하는 방법이다.

2) 표준시장비교법

가정적인 상황을 경쟁업자의 상황으로 설정하여 이를 실제상황과 비교하여 손해를 찾는 방법으로, 동일한 상품의 다른 지역시장 중 담합이 없었던 시장이나 담합하지 않은 유사한 상품시장을 표준으로 삼아, 그 시장에서의 가격과 담합이 있었던 시장에서의 가격을 비교함으로써 담합으로 인한 가격인상분을 파악하여 손해액을 추정하는 방법이다. 표준시장비교법이 사용된 사례로서 서울지역 4개 약품도매상의 간염백신 가격담합사건을 들 수 있다. 이 사건에서 원고들은 위 담합행위가 없었더라면 공급받을 수 있었던 가격은 1㎖ 당 5,500원이고 위 담합기간 동안 실제로 공급받은 가격인 1㎖ 당 6,200원과의 차액에 상당하는 손해를 입었다고 주장하였다. 이에 서울고법은 이 사건의 경우 간염백신의 1㎖ 당 가격은 공급처에 따라 차이가 있지만 일단 5,500원에서 6,000원 사이로서 구체적인 공급가격의 예, 보건소와 일반 병의원 간의 공급물량의 비율, 경쟁입찰이 행하여진 시기, 물량, 피고들이 제약회사로부터 공급받은 단가 등을 종합적으로 고려하면 평균적으로 금 5,800원이라고 인정하여 그 손해배상액을 산정하였다.[21]

3) 이중차분법

비교시장방법이나 계량경제학적 방법을 사용한 후 담합기간의 가격 차이에서 비담합기간의 가격 차이를 차감하는 방법으로 전후 비교방법을 복합적으로 사용하는 방법이다. 담합 이전과 이후의 시장 간에 존재할 수 있는 구조적인 차이를 제거하고 오로지 담합으로 인한 영향만을 분리해 내는 것으로서 비교 가능한 담합시장이 존재하는 경우에 매우 유용한 방법이다.

■ **전후비교법, 표준시장비교법, 이중차분법의 예시**

아래 〈표 5-1〉과 같이 사업자들 사이에 담합이 이루어진 시장에서 담합기간 동안 상품 가격은 170원(A), 담합기간 이후 상품 가격은 100원(C), 비담합시장에서 담합기간 동안 상품 가격은 110원(B), 담합기간 이후 상품 가격은 80원(D)이었다고 가정하자.

〈표 5-1〉 시장별, 기간별 가격 예시

구 분	담합시장	비담합시장
담합기간	170원(A)	110원(B)
비담합기간	100원(C)	80원(D)

21) 서울고법 1998.5.20. 선고 97나4465 판결(확정).

위 사례에서 전후비교법은 담합시장에서 담합기간의 가격 170원과 비담합기간의 가격 100원 사이의 차이, 즉 70원을 손해액으로 산정한다. 표준시장비교법은 담합기간 중 담합시장의 가격 170원과 비담합시장의 가격 110원의 차이, 즉 60원을 손해액으로 산정한다. 이중차분법은 담합기간의 실제가격과 비담합기간의 가정적 경쟁가격의 차이, 즉 담합으로 인한 가격 상승분은 (A-B)-(C-D)가 되어, 40원을 손해액으로 산정한다. 즉, 담합기간 중 담합시장과 비담합시장의 가격 차이(A-B)를 우선 비교하되, 비담합기간 중 담합시장과 비담합시장에서 발생하는 가격 차이(C-D)는 담합으로 인한 것이라고 볼 수 없기 때문에 이를 손해액 산정에서 공제하는 것이다. 위 사례에서 알 수 있듯이 이중차분법이 이론적으로 보다 우수하지만, 이중차분법을 적용하기 위해서는 비담합기간과 비담합시장의 가격자료가 있어야 한다는 한계가 있다.

4) 비용기반접근법

이 방법은 생산비용이 가격에 영향을 미치는 효과에 착안하여 담합 참가기업들로부터 회계자료를 구해서 이를 토대로 단위당 평균 생산비용(총비용/생산량)을 계산한 후 이 비용에 담합이 없었다면 적절하다고 볼 수 있는 이윤 마진을 더하여 경쟁가격을 추정한 후 이것과 실제 가격을 비교함으로써 손해액을 추정하는 방식이다.

5) 표본적·평균적·통계적 방법

계량경제학적 방법으로는 통상 통계적인 추론방법인 회귀분석(regression analysis)[22]이 많이 사용되고 있다. 「증권관련 집단소송법」 제34조 제2항은 주가조작 사건에서 시세조종행위가 없었을 경우 형성되었을 정상적인 시장가격(but for price)을 추산함에 있어서 표본적 · 평균적 · 통계적 방법의 사용을 명문으로 인정하고 있다.[23] 이러한 방법은 비록 명문의 규정이 없더라도 독점규제법 위반에 대한 손해배상 사건에서도 마찬가지로 사용될 수 있다. 군납유류담합 손해배상 소송의 1심 법원 및 대법원에서 계량경제학적 방법에 의하여 손해액 산정을 인정하였고,[24] 밀가루 담합으로 인한 제빵회사 등의 손해액 산정이 문제된 사건에서도 계량경제학적 방법론이 채택되었으며, VAN 수수료 담합으로 인한 손해배상 사건에서도 계량경제학적 방법(중회귀분석방법)에 기초한 감정결과와 기타

22) 회귀분석은 둘 또는 그 이상의 변수 사이의 관계, 특히 변수 사이의 인과관계를 분석하는 추측통계의 한 분석방법이다. 회귀분석을 통해, 독립변수의 정보에 기초하여 설명대상이 되는 종속변수를 예측하고 변수 사이의 상관관계를 분석할 수 있다.

23) 동 조항은 "법원은 제1항에 따르거나 증거조사를 통하여도 정확한 손해액을 산정하기 곤란한 경우에는 여러 사정을 고려하여 표본적 · 평균적 · 통계적 방법 또는 그 밖의 합리적인 방법으로 손해액을 정할 수 있다."고 규정한다. 이에 따라서 대법원은 주가조작 사건에서, "시세조종행위가 없었더라면 매수 당시 형성되었으리라고 인정되는 주가(정상주가)와 시세조종행위로 인하여 형성된 주가로서 그 투자자가 실제로 매수한 주가(조작주가)와의 차액 상당을 손해로 볼 수 있고, 여기서 정상주가의 산정방법으로는, 전문가의 감정을 통하여 … 회귀방정식을 이용하여 … 정상주가를 추정하는 금융경제학적 방식 등의 합리적인 방법에 의할 수 있다."고 판시하였다. 대법원 2004.5.28. 선고 2003다69607 판결.

24) 서울중앙지법 2007.1.23. 선고 2001가합10682 판결 및 대법원 2011.7.28. 선고 2010다18850 판결.

사정을 종합하여 손해액이 산정되었다.

6) 경제분석에 관한 규범적 통제

손해액 산정과 관련하여 경제분석의 역할이 갈수록 커지고 있다. 이에 관해서 법률가들은 경제적 논증에 대한 규범적 통제의 어려움 등을 이유로 부정적 태도를 보이는 경우도 있고,[25] 반대로 이해의 어려움 등을 이유로 경제전문가들에게 모든 권한을 위임하는 경우도 있다. 그러나 위 두 가지 극단적 태도는 모두 바람직하지 않다. 경제분석을 위한 세부적 사항은 전문적·기술적 영역으로서 규범적 판단에 친숙하지 않은 문제이므로 경제전문가에게 맡기고, 법률가들은 타당한 방법이 채택되도록 절차를 운영하고 경제분석 결과의 올바른 해석에 집중하는 것이 바람직할 것이다.[26] 구체적으로, 경제분석을 설계, 적용, 검정의 3단계로 구분하여 법원의 역할을 정립할 필요가 있다. 첫째 단계인 설계 단계에서는 경제분석에서 사용할 방법론과 구성요소에 관하여 경제전문가의 제안과 당사자들의 의견을 듣고 구두 변론을 통하여 숙의한 다음, 법원이 그 사건의 특유한 상황에 맞는다고 판단되는 방법론과 구성요소를 선택한다. 둘째 단계인 적용 단계에서는 경제전문가에게 이를 적용한 분석 결과를 제출하게 한다. 셋째 단계인 검정 단계에서는 그 분석 결과에 대하여 당사자들로부터 추가적인 질문과 검토 의견을 제출 받고 구두 변론을 거쳐서 적절한 경우 결과에 대한 조정과 확인을 행한다.[27]

(나) 손해액 인정제도

1) 도입의 배경

법 위반행위가 없는 경우의 가격(소위 but for price) 또는 위반행위 피해사업자의 일실이익의 산정은 가상적 상황의 가격 또는 불확실한 장래의 예측 소득에 관한 것으로서 아무리 객관적 증거를 조사하고 통계자료 등 과학적 근거에 바탕을 두고 계산하더라도 어느 정도 가공적이고 추측적인 사실에 관한 전제가 개재될 수밖에 없고 의제적인 성격이 짙다. 따라서 손해액에 대해서 과거의 역사적 사실과 같은 수준의 입증을 요구하는 것은 피해자 구제라는 손해배상 제도의 목적에 비추어 타당하지 않다. 이러한 관점에서 2004년 법 개정시에 손해액 인정제도가 도입되었다. 손해액 인정제도는 일반 불법행위와 관련하여 손해발생 원인사실의 입증에 비하여 손해액의 입증 부담을 경감하려는 판례의 태도를 명문화한 것이다.[28] 즉, 법원은 법 위반행위로 손해가 발생한 것은 인정되나 그

---

25) 군납유류 입찰담합으로 인한 손해배상청구 사건에서 서울고법 2009.12.30. 선고 2007나25157 판결이 그러한 예이다.

26) 주진열, "카르텔 손해액 추정을 위한 계량경제분석의 규범적 통제", 법학연구 제22권 제1호(2012), 178면; 이봉의, "입찰담합에 따른 손해액의 산정에 관한 연구", 경쟁법연구 제41권(2020), 417면.

27) 이에 관한 상세는 홍대식, "가격담합으로 인한 공정거래 손해배상소송에서의 손해액 산정", 비교사법 제19권 제2호(2012), 738-739면.

28) 대법원 2004.6.24. 선고 2002다6951, 6968 판결(해외 구단으로 이적하면서 이적료를 분배받은 피고가 당초의

손해액을 입증하기 위하여 필요한 사실을 입증하는 것이 해당 사실의 성질상 매우 곤란한 경우에 변론 전체의 취지와 증거조사의 결과에 기초하여 상당한 손해액을 인정할 수 있다(법 115조).

■ **손해액 인정제도에 관한 비교법적 검토**

비교법적으로 우리나라의 손해액 인정제도와 유사한 규정은 일본과 독일에 존재한다. 우선 일본 민사소송법 제248조는 "손해가 발생된 것이 인정되는 경우에 있어, 손해의 성질상 그 액수를 입증하는 것이 극히 곤란한 경우에는, 재판소는 구두변론의 전취지 및 증거조사의 결과에 기해 상당한 손해액을 인정할 수 있다."고 규정하고 있다. 위 규정은 우리나라의 손해액 인정제도의 도입에도 영향을 미쳤다. 그런데 일본에서 위 규정이 신설된 배경에는 손해액의 입증에 관한 일본 법원의 도식적인 태도가 작용을 하였다. 1970년대 초 석유파동이 일어나자 일본 석유연맹이 가격카르텔을 형성하고 석유처리량을 제한하였다. 이로 인하여 손해를 입었다고 주장하는 일반소비자 98명이 독점금지법에 기하여 손해배상을 청구하였고,[29] 또 다른 일반소비자 1,600명이 민법상 불법행위를 이유로 손해배상청구를 하였다.[30] 그러나 두 사건 모두 손해액 산정의 기초가 되는 가상 경쟁가격의 입증이 없다는 이유로 원고들의 청구가 기각되었다. 이 판결을 계기로 1996(平成 8). 6. 18. 민사소송법이 개정되어 손해액 인정에 관한 민사소송법 제248조가 마련되었다고 한다.[31] 일본 민사소송법 제248조가 시행된 이후로는 최근 들어 입찰담합과 관련된 손해배상청구소송에서 동 조항을 적용하여 손해배상청구를 인용한 하급심 판례가 상당수 있으며, 이러한 경우 과징금의 산정률 및 낙찰가격의 하락률 등에 따라 대략 계약금액의 5% 내지 10% 정도가 손해액으로 인정되고 있다.[32]

한편, 독일 민사소송법 제287조 제1항은 "손해의 발생 여부와 그 손해의 액수 또는 배상되어야 할 이익의 액수에 관하여 당사자들 사이에 다툼이 있는 경우에는, 법관은 제반사정을 참작하여 자유로운 심증에 따라 판단한다. 신청된 증거조사 또는 직권에 의한 감정인의 감정을 명할 것인지 여부와 그 범위는 법원이 재량으로 정한다. 법원은 손해 또는 이익에 관하여 증거신청인을 신문할 수 있다."고 규정하고 있는데, 위 규정은 우리나라의 손해액 인정제도와 달리 손해의 발생 여부에 대하여 당사자 사이에 다툼이 있는 경우에도 적용될 수 있어 그 적용범위가 넓다. 비타민 카르텔의 손해배상사건에서 독일 도르트문트 지방법원은 민사소송법 제287조

약정에 위배하여 귀국 시 다른 구단에 입단하였음을 이유로 프로축구단 운영주인 원고가 피고를 상대로 이적료의 반환을 구한 사안에서, 피고의 원고 운영 구단으로의 복귀 대가에 해당하는 부분을 재산적 손해로 인정하되 그 구체적인 손해액의 입증이 곤란하므로 제반 경위를 참작하여 손해액을 3억원으로 산정한 원심의 판단을 수긍한 사례, 이른바 '서정원 선수' 판결). 유사취지의 후속판결들로서 대법원 2006.9.8. 선고 2006다21880 판결; 대법원 2009.8.20. 선고 2008다19355 판결; 대법원 2010.10.14. 선고 2010다40505 판결 등이 있다.

29) 東京燈油소송 판결, 最高裁 1987(昭和 62).7.2. 昭和 56(行(ツ) 178.

30) 鶴岡灯油소송 판결, 最高裁 1989(平成 元年).12.8. 昭和 60(オ) 933・1162.

31) 최우진, "구체적 액수로 증명 곤란한 재산적 손해의 조사 및 확정: 사실심 법원 권능의 내용과 한계", 사법논집 제51집(2011), 436면.

32) 白石忠志, 獨占禁止法(2006), 200면 참조.

를 적용하여 유럽연합의 결정에서 나타난 해당 품목 가격 인상률의 평균치와 담합 종료 이후 관련시장에서 가격인하율, 비타민의 직접구매자가 지불한 가격의 18~25%를 배상하기로 한 미국의 집단소송에서 사용된 증거를 참고하고, 카르텔 가격은 경쟁가격에 비하여 통상 높다는 사실상의 추정에 따라 카르텔 기간 동안 피고들이 부과한 가격과 카르텔이 종료한 이후 어떤 시점에서의 낮은 가격 간의 차이에 기초하여 손해를 산정하였다.[33)]

미국의 경우 손해액 인정 제도가 명문으로 규정되어 있지는 않지만, 법원은 손해의 발생사실에 관한 입증과 손해액에 대한 입증을 분명하게 구분하고 있다. 불법행위에 대한 손해배상청구에 있어서 손해의 발생(injury-in-fact)은 손해의 사실에 대하여 일정 수준의 확실성(some level of certainty)을 요구하지만, 손해액의 입증에 있어서는 손해발생의 증명보다 완화된 증명을 허용하는 것이 연방대법원의 확립된 입장이라고 한다. 즉, 책임성립요건인 'harm 또는 injury-in-fact'가 발생하였음은 증거의 우세(preponderance of the evidence)에 의하여 입증하여야 하지만, 재산상태의 차이에 의하여 구체적으로 산정된 손해액(damages)까지 증거의 우세에 의하여 입증해야 하는 것은 아니다. "피고의 잘못된 행위에 의하여 발생한 손해액 산정에 있어서 불확실성의 위험은 궁극적으로 피고 자신에게 돌아가야 한다."는 것이 미국 연방법원의 기본적 태도이다. 그리하여, 손해의 발생 사실이 입증되었다면, "손해액은 단지 추측만으로 결정될 수는 없지만 만일 증거가 손해액의 정도를 정당하고 합리적인 추론(just and reasonable inference)으로 보여준다면 비록 그 결과가 단지 근사치(approximate)에 불과하더라도 그것으로 충분하다"라든가, "원고가 손해를 입었다는 사실을 입증하는데 필요한 증거의 정도와 배심원으로 하여금 손해액을 확정할 수 있도록 하는데 필요한 증거의 정도 사이에는 명확한 차이가 있고, 후자는 전자보다 낮은 수준의 입증으로도 된다."고 하여 배심은 관련된 자료에 의거하여 손해액의 정당하고 합리적인 추산(estimation)을 할 수 있다고 판시하여 왔다.[34)]

2) 적용 범위

원고가 법 위반행위를 일반 불법행위로 구성하여 손해배상을 청구하는 경우에도 법원은 변론 전체의 취지와 증거조사의 결과에 기초하여 상당한 손해액을 인정할 수 있는가? 일반 불법행위와 관련하여 법원이 적극적으로 석명권을 행사하고 입증을 촉구하여야 하며, 경우에 따라서는 직권으로 손해액을 심리・판단할 필요가 있음을 천명해 온 점에 비추어 볼 때, 민법상 불법행위에 기한 손해배상청구를 한 경우에도 같은 결과를 인정할 수 있다고 보아야 할 것이다.[35)]

위법행위와 손해발생 간의 인과관계에 관한 입증에 있어서도 법 제115조가 적용될 수 있는가? 담합행위 및 가격인상 사실은 입증이 되었으나, 이들 간에 인과관계가 다투어

33) Landgericht Dortmund, Judgement of 2004.4.1., Case No. 13 O 55/02.
34) Hovenkamp(2005), pp. 668-669.
35) 동지: 이선희, "독점규제법의 사적 집행", 독점규제법 30년(2011), 595면.

지는 경우, 예를 들어 피고가 가격인상은 담합이 아니라 원자재 상승 등 다른 요소에 기인한 것이라고 주장하는 경우에도 법원이 상당한 손해액을 인정하여 손해배상을 명할 수 있는가 하는 점이다. 이에 관하여, 법원은 위 법 제115조의 규정이 위법행위와 손해 사이의 인과관계에 대한 입증책임까지 완화하는 취지로 해석할 수는 없고, 불법행위책임의 일반원칙에 따라 손해배상청구권을 행사하고자 하는 원고가 위법행위와 손해발생 사이의 인과관계를 입증하여야 한다고 판시하였다.[36)]

3) 구체적 사례

손해액 인정제도는 법관에게 손해액의 산정에 관한 자유재량을 부여한 것은 아니므로, 법원은 위와 같은 방법으로 구체적 손해액을 판단하면서 손해액 산정의 근거가 되는 간접사실들의 탐색에 최선의 노력을 다해야 하고, 그와 같이 탐색해 낸 간접사실들을 합리적으로 평가하여 객관적으로 수긍할 수 있는 손해액을 산정해야 한다. 학생복 제조·판매사업자의 가격담합에 대한 손해배상 사건은 손해액 인정제도가 도입되기 전의 판결이나, 법원이 변론 전체의 취지와 증거조사의 결과를 토대로 손해액을 인정한 사안이다. 서울고법은 적정가격은 나머지 원고들이 실제로 지급한 총 구입가격을 기준으로 여러 사정을 감안하여 판단하는 것이 상당하다는 전제 하에, 원고들이 실제로 지급한 총 구입가격에서 매출액, 제조원가 및 마진율, 최근 학생들의 브랜드 제품의 선호경향과 그에 따른 브랜드가치 상승 정도 등 여러 가지 사정을 고려하여 원고들이 실제로 지급한 총구입가격의 85% 정도가 적정가격이라고 판시하였다.[37)]

경질유 담합 사건에서 4개 정유사들은 경질유(휘발유, 등유, 경유 등) 제품의 판매가격을 안정적으로 운용하기로 하고, 그 중 경유가격을 2004년 4월 1일부터 6월 10일까지 높게 유지하기로 합의하였다. 화물차량운전자 등 원고들은 담합에 가담한 정유사들(이하 "피고들"이라고 함)을 상대로 손해배상을 청구하였는데, 손해액 산정의 기초로서 '원고별 경유 구매량'과 '초과가격'이 문제되었다. 원고들은, ① '원고별 경유 구매량'을 산정하기 위하여, 원고별 2004년 전반기(1. 1.~6. 30.) 경유매입금에서 '1일 평균 경유 매입금액'을 산정하고, '1일 평균 경유매입금액'에 담합기간(4. 1.~6. 10.)을 곱하여 '담합기간 동안의 원고별 경유 매입금액'을 산정한 다음, '담합기간 동안의 원고별 경유 매입금액'을 담합기간 동안의 경유 평균가격으로 나누어 원고별 경유 구매량을 산정하였고, ② '초과가격'을 산정하기 위하여, 싱가포르 현물시장의 경유 가격(MOPS 가격)에 수입품원가계산방식의 부대비용, 주유소의 이윤, 부가가치세 등을 더하여 '가상 경쟁가격'을 산정한 다음, 한국석유공사 공시자료의 주유소 기준 실제 경유 가격에서 위 '가상 경쟁가격'을 공제하여

---

36) 서울중앙지법 2009.6.11. 선고 2007가합90505 판결(항소 및 상고기각으로 확정).

37) 서울고법 2007.6.27. 선고 2005나109365 판결(확정). 반면 원심인 서울중앙지법 2005.6.17. 선고 2002가합590 판결은 가상 경쟁가격을 원고들의 총구입가격의 80%로 보았다.

'초과가격'을 산정하였다.

이에 대하여, 서울고법은 원고별 경유 구입량의 증명이 불가능하지 않으므로 법 제115조가 적용되지 않는다고 판단하였다.[38] 그러나 대법원은 원심 판결을 파기하였다. 대법원은, 원고들은 화물트럭, 덤프트럭 등의 운행자로서 담합기간 중 경유를 구매하였다고 보이고, 국내 경유시장의 유통구조에 비추어 정유사의 담합으로 인한 공급가격 인상은 소매가격 인상으로 이어지므로 원고들은 담합으로 손해를 입었고, 유가보조금 자료 등이 대부분 폐기되어 원고별 경유 구매량을 증명하는 것이 극히 곤란하므로 법 제115조가 적용될 수 있고, 원고들이 주장하는 원고별 경유 구매량은 법 제115조에 따른 합리적이고 객관적인 방법에 해당한다고 판단하였다.[39] 다만, 원고들이 주장하는 가상 경쟁가격이나 초과가격은 합리성과 객관성이 없으므로 법 제115조를 적용하더라도 담합행위로 인한 손해액을 산정할 수 없다고 판단하면서 동시에 원심은 적극적으로 석명권을 행사하거나 직권으로라도 가상 경쟁가격이나 초과가격을 심리 판단하였어야 한다고 판시하였다.

(3) 손해액 산정방법의 선택

(가) 일반적 원칙

손해배상 사건에서 실제 손해의 완벽한 산정은 불가능하며, 어떠한 산정방법을 선택하느냐에 따라 손해액의 액수가 달라질 수 있다. 그런데 손해액의 산정은 정확성과 실용성 사이의 상충관계에 직면하게 된다. 정교한 손해액을 산정하려면 그만큼 시간과 비용이 많이 소요된다. 이러한 사정을 고려하여 법원은 여러 가지 다양한 손해액 산정방법의 사용을 허용하고 그것이 논리와 경험의 법칙에 부합하는 이상 이를 수용하고 있다.[40] 대법원은 "상당한 가상 경쟁가격 또는 초과가격을 산정하는 방법으로는 계량경제학적 방법에 한하지 않고, 합리성과 객관성이 인정되는 한, 담합으로 인한 초과가격에 대한 통계자료, 유사사건에서 인정된 손해액의 규모, 사업자가 위반행위로 취득한 이익의 규모 등을

38) 서울고법 2014.10.24. 선고 2012나99336 판결. 서울고법은 ① 과세정보자료, 유류보조금 자료, 주유소협회에 대한 사실조회결과만으로는 원고들이 이 사건 담합기간에 피고들로부터 공급받은 경유량을 특정할 수 없어서 '원고별 경유 구매량'이 특정되지 않았고, ② 국내 경유시장은 과점시장이나, 싱가포르 현물시장은 완전경쟁시장으로 두 시장을 동일·유사 시장으로 볼 수 없고, 국내 정유사들은 경유 완제품을 수입·판매하는 것이 아니라 원유를 정제하여 생산한 경유를 판매하므로 원고가 주장하는 방법으로는 '초과가격'을 산출할 수 없다고 판단하였다.

39) 대법원 2016.11.24. 선고 2014다81511 판결.

40) 서울중앙지법 2007.1.23. 선고 2001가합10682 판결은 이 쟁점에 관하여 다음과 같이 명쾌하게 정리하고 있다. "피고들이 위법한 담합행위로 인하여 원고에게 손해를 가하였을 경우 피고들은 원고에게 그 손해를 배상할 책임이 있다. 그런데 담합행위로 인하여 원고가 입은 손해, 즉 담합이 없었을 경우 형성되었을 경쟁가격은 종종 정확하게 측정하기가 어려운 바, 그렇다고 하여 원고의 배상을 받을 권리가 침해되어서는 안 된다. 손해액을 단순한 추측에만 의존하여 계산할 수는 없고, 담합과 무관한 다른 요인에 의한 낙찰가격 상승분에 대하여서까지 피고들에게 배상책임을 부담하게 할 수도 없지만, 손해액이 이론적 근거와 자료의 뒷받침아래 과학적이고 합리적인 방법에 의하여 정당하게 추정되었다고 평가된다면 법원은 그와 같이 산정된 손해액을 기준으로 배상을 명하여야 할 것이다. 나아가 스스로 위법행위를 한 피고들이 그 위법행위에 따른 손해액이 확실하게 산정되지 않는다는 사정을 내세워 손해배상책임을 부정하는 것은 받아들일 수 없다."

고려하여 산정하는 방법, 담합기간 중에 담합에 가담하지 않은 정유사들의 공급가격과 담합 피고들의 공급가격을 비교하여 산정하는 방법, 국내 경유 소매가격이 MOPS 가격에 연동된다면 원고측 보고서의 산정결과에 일정한 조정을 하는 방법 등"도 선택할 수 있다고 판시하였다.[41] 다만, 산정방법을 적용하기 위한 전제조건이 충족되지 않은 경우 등에는 그 결과를 취신하기 어렵고, 이러한 경우에 법원은 손해액 인정제도를 활용하여야 할 것이다.

(나) 구체적 사례

적절한 손해액 산정방법의 선택이 쟁점이 되었던 대표적인 사례가 이른바 군납유류 입찰담합으로 인한 손해배상청구 사건이다. 공정위는 5개 정유사가 1998년에서 2000년까지 국방부 조달본부에서 실시하는 군납유류 입찰시 입찰물량을 나누어 낙찰받기로 담합하였다는 이유로 약 1,200억원의 과징금을 부과하였다. 대한민국(국방부)은 정유 5개사를 상대로 약 1,660억원의 손해배상청구를 하였다. 이에 대해 1심인 서울중앙지법은 이중차분법을 채택하여 약 810억원 및 지연손해금을 배상하라는 판결을 하였다.[42] 제1심 판결은 표준시장 비교방법을 적용하기 위해서는 두 시장이 담합행위를 제외하고는 전반적으로 비교 가능하다는 점, 즉 담합 여부 이외에 낙찰가에 영향을 미칠만한 차이가 체계적으로 존재하지 않는다는 점이 전제되어야 한다고 판시하면서, 군납 유류시장과 싱가포르 현물시장 및 국내 대량수요처 사이에는 입찰 주체별 특수성과 가격에 영향을 미치는 많은 변수들이 있으므로 이러한 효과를 적절히 감안하지 아니한 채 두 시장을 단순히 비교하는 표준시장 비교방법은 채택하지 않는다고 판단하였다. 그러나 항소심인 서울고법은 이중차분법을 배척하고 표준시장비교법을 채택하여 약 1,310억원 및 지연손해금을 배상하라는 판결을 하였다.[43] 항소심 법원은 "계량경제학상의 중회귀분석을 통한 손해액 산정의 방법이 그 자체로서 매우 합리적인 방법임에는 틀림이 없으나, 경제적 논증에 대한 규범적 통제의 어려움, 이 사건 각 모형에 의하여 추정된 각 손해액의 편차가 5.5배를 초과할 정도로 매우 큰 점, 우리의 손해배상제도가 3배 배상의 원칙을 인정하지 아니하는 점 등 이 사건 손해액의 산정방법으로 위의 방법을 채택하는 데에는 여러 가지 현실적 제약이 있는 점" 등을 근거로 표준시장비교법을 채택하였다. 그러나 대법원은 이 사건에서 표준시장비교법을 적용하기 위한 전제조건이 충족되지 않았다는 이유 등을 들어 위 항소심 판결을 파기·환송하였다.[44]

41) 대법원 2016.11.24. 선고 2014다81511 판결.
42) 서울중앙지법 2007.1.23. 선고 2001가합10682 판결.
43) 서울고법 2009.12.30. 선고 2007나25157 판결.
44) 대법원 2011.7.28. 선고 2010다18850 판결. 이 사건은 결국 쌍방 간의 화해로 종결되었다.

(4) 입증책임과 입증경감의 필요성

손해액에 대한 입증책임은 원고가 부담한다. 판례는 "담합행위 전후에 있어서 특정 상품의 가격형성에 영향을 미치는 요인들이 변동 없이 유지되고 있는지 여부가 다투어 지는 경우에는 그에 대한 증명책임은 담합행위 종료 후의 가격을 기준으로 담합행위 당시의 가상 경쟁가격을 산정하여야 한다고 주장하는 피해자가 부담한다."고 하였다.[45]

그러나 문제는 가상의 경쟁가격을 산출해내는 작업은 현실의 시장에서 포착할 수 없는 가격을 계산하는 것이어서 추론에 의존할 수밖에 없다는 점이다.[46] 또한, 피해액 산정을 위하여 필요한 기초적 자료들이 위반행위를 한 사업자의 지배하에 있는 경우가 많다. 특히 손해배상 사건에서 원고는 위반행위에 직접 가담한 것이 아니라서 그 내용을 상세히 파악하기가 어렵고,[47] 산업 및 시장에 대한 이해가 부족하고, 소액 다수의 피해자들의 경우에는 소송비용 조달의 측면에서 사업자들에 비하여 열세인 경우가 많다. 이러한 사정은 손해배상청구의 실효성을 저해하는 중요한 원인들로 지적되고 있다. 이러한 경우에도 손해액에 대해서 피해자 측에 엄격한 입증책임을 부과할 경우 자칫 실질적 피해구제에 소홀해질 우려가 있다. 이러한 이유로 구체적인 손해의 액수에 관해서 원고의 입증부담을 경감시킬 필요성이 제기된다.[48] 예컨대, 미국 법원의 경우에 손해의 입증정도와 손해액의 입증정도가 동일하지 않고, 원고의 입증부담을 어느 정도 완화하여 일응의 추정에 의한 손해액이면 일반적으로 인용될 수 있으며, 손해액 산정의 불확실성에 대한 위험은 손해를 야기한 측에서 부담한다는 법리를 발전시켜 왔는데,[49] 이는 우리나라에서도 마찬가지로 고려될 수 있다. 우리 대법원도 손해가 발생한 것이 인정되는 경우에 원고들이 주장하는 가상 경쟁가격이나 초과가격이 합리성과 객관성이 없는 경우라도 적극적으로 석명권을 행사하거나 직권으로라도 가상 경쟁가격이나 초과가격을 심리 판단하였어야 한다고 판시하였는데,[50] 이는 손해의 금전적 평가에 있어서 법관의 창조적 역할에 대한 기대가 반영된 것으로 보인다.

---

45) 대법원 2011.7.28. 선고 2010다18850 판결.

46) 이봉의, "입찰담합에 따른 손해액의 산정에 관한 연구", 경쟁법연구 제41권(2020), 405면.

47) 미국에서는 필수적 정보를 피고가 지배하고 있는 관계로 손해액의 불확실성이 발생하는 경우에 손해액에 관한 원고의 입증정도를 완화한다. 가격담합사건에서 피고의 비용과 카르텔 가격 간의 관계를 증명할 관련 자료는 피고 기업의 배타적 지배하에 있는 경우가 많다. 가격담합에 참여한 기업들이 이 자료를 왜곡하거나 파기한 경우에는 원고의 손해액에 대한 입증책임이 경감된다고 한다. Hovenkamp(2005), p. 669.

48) 미국 법원은 손해액의 금전적 환산과 관련하여서는 손해배상의 개산(estimate)을 허용하고 불법행위를 한 자가 그러한 불확실한 위험을 부담하는 것을 용인한다. Hovenkamp(2005), pp. 656-657. EU 위원회는 2008. 4. 공표한 EU 경쟁법 위반에 기한 손해배상에 관한 White Paper를 통하여 손해액의 계산에 현실적 피해자가 입은 정확한 피해액을 언제나 정확하게 계산해야 한다는 생각을 엄격히 적용할 경우, 매우 어렵거나 현실적으로 불가능한 일일 수 있다는 점을 지적하고 손해산정의 편의를 위하여 손해의 수량화(quantification)를 위한 실용적이며 구속력 없는 지침을 마련하고자 하는 계획을 밝혔다.

49) 이봉의, "입찰담합에 따른 손해액의 산정에 관한 연구", 경쟁법연구 제41권(2020), 414면.

50) 대법원 2016.11.24. 선고 2014다81511 판결.

4. 손해전가의 항변

위와 같은 손해액 산정방법은 직접구매자가 최종 소비자로서 부당한 공동행위로 인하여 초과가격을 지급하여 입게 된 손해의 전부를 자신이 부담하게 된다는 것을 전제로 한다. 그러나 직접구매자가 최종소비자가 아니라 중간단계의 유통업자이거나 원재료 구매자인 경우에는 그가 입은 손해의 전부 또는 일부를 그 하위 단계에 있는 구매자인 간접구매자에게 전가할 수 있을 것이다. 이 때 직접구매자가 입은 손해의 전부 또는 일부가 간접구매자에게 전가되었기 때문에 직접구매자가 주장하는 손해 중에서 간접구매자에게 전가된 부분은 공제해야 한다는 항변을 손해전가의 항변이라고 한다. 즉, 손해전가의 항변이란, 직접구매자가 자신이 입은 손해의 전부 또는 일부를 자신의 하위 단계 구매자인 간접구매자에게 전가하였기 때문에 직접구매자의 손해의 전부 또는 일부가 인정되지 않는다는 항변을 말한다. 손해전가의 항변이 받아들여지면 원고로서는 초과가격 지불로 인한 손해를 주장하는 데 제한을 받게 되므로, 결국 피고는 그 부분에 대한 책임을 면할 수 있게 된다.

손해전가 항변을 인정할 것인지, 그리고 이를 인정한다면 그 전가로 인한 영향을 어떻게 측정하여 반영할 것인지에 관한 논의가 있다. 대법원은 재화 등의 가격인상이 제품 등의 판매가격 상승으로 바로 이어지는 특별한 사정이 없는 한, 양자 사이에 직접적인 인과관계가 있다거나 제품 등의 인상된 가격 폭이 재화 등의 가격인상을 그대로 반영하고 있다고 단정할 수 없다고 보아, 이른바 손해전가의 항변을 인정하지 않는다. 다만, 제품 등의 가격인상을 통하여 부분적으로 손해가 감소되었을 가능성이 있는 경우에는 이러한 사정을 손해배상액을 정할 때에 참작하는 것이 공평의 원칙상 타당할 것이라고 판시하였다.[51] 결론적으로, 우리 판례는 손해전가의 항변은 원칙적으로 인정하지 않으나, 손해의 공평부담이라는 견지에서 전가 또는 감소된 부분의 공제를 허용함으로써 실질적으로는 손해전가의 항변을 인정하는 것과 유사한 결과를 도출하고 있다.

5. 3배 배상책임

사업자 또는 사업자단체는 부당한 공동행위(법 40조, 법 51조 1항 1호) 또는 공정위 신고 등을 이유로 보복조치(법 48조)를 함으로써 손해를 입은 자가 있는 경우에는 그 자에

---

51) 대법원 2012.11.29. 선고 2010다93790 판결. 한편, 미국 연방대법원은 직접구매자의 손해배상청구에 대하여 피고에게 손해전가 항변을 허용하지 않는 대신, 피고의 이중배상의 위험을 회피하기 위하여 간접구매자의 원고적격을 부정하는 법리를 확립하였다. 사적 집행이 반독점법 집행의 중핵을 이루는 미국제도의 특유성 때문에 신속하고 매력적인 사소제도를 마련하려는 목적 하에 손해전가 항변을 부정하게 되었다는 점을 간과할 수 없다. 장혜림, "손해의 전가와 독점규제법 제56조 제1항 '손해'의 개념 및 범위: passing on defense 문제를 중심으로", 비교사법 제14권 제4호(2007), 18면.

게 발생한 손해의 3배를 넘지 아니하는 범위에서 배상책임을 진다(법 109조 2항 본문). 징벌적 손해배상 제도에 관해서 피해자의 실질적 피해 구제를 강화하면서 위법행위에 따른 기대 비용을 높여 법 위반에 대한 억지력도 높일 필요가 있다는 취지에서 입법논의가 있었고,[52] 2018년 법 개정을 통하여 일부 위법행위에 대하여 재량적 3배배상 제도가 도입되었다. 3배 손해배상은 반경쟁적 행위의 억제(deterrence), 반경쟁적 행위로 얻은 이익의 환수(disgorgement), 위법행위자에 대한 처벌(punishment), 피해자에 대한 완전 보상(compensation) 제공의 4가지 일반적인 목적[53]을 가진 배액배상 제도[54]라고 설명된다. 다만, 사업자 또는 사업자단체가 고의 또는 과실이 없음을 입증한 경우에는 3배 배상책임은 물론 손해배상의 책임도 지지 않음은 물론이다(법 109조 2항 단서).

3배 배상책임의 대상이 되는 행위는 부당한 공동행위와 보복조치이다.[55] 다만, 부당한 공동행위에 대한 자진신고 사업자의 경우에는 3배 배상책임이 적용되지 아니하고, 해당 사업자가 부당한 공동행위를 함으로써 손해를 입은 자에게 발생한 손해를 초과하여서는 아니 된다(법 109조 2항 단서). 이는 3배 배상제도의 도입으로 인해 자진신고자 감면제도가 위축되는 것을 방지하기 위한 것이다.[56] 자진신고 사업자가 배상책임을 지는 경우에는 피해자의 실제 손해액 범위 내에서 다른 담합사업자와 공동으로 「민법」 제760조에 따른 공동불법행위자의 책임, 즉 부진정연대책임을 진다(법 109조 4항).

배상액의 산정은 실손해의 3배의 범위 내에서 법원에 재량이 부여된다.[57] 법원은 3배 이내의 배상액을 정할 때에는 ① 고의 또는 손해 발생의 우려를 인식한 정도, ② 위반행

---

52) 징벌적 손해배상 제도에 대해서 찬성론은 ① 기존의 손해배상제도로는 피해자의 권리구제 및 법 위반행위의 제재가 충분하지 못하다는 점, ② 소송을 제기할 유인을 제공함으로써 정부의 제한적인 조사·소추능력을 보완할 수 있다는 점, ③ 사전적 규제를 완화하고 시장참여자에 의한 자율적인 사후감시를 강화하겠다는 정부의 정책방향과도 부합할 수 있다는 점 등을 근거로 제시한 반면, 반대론은 ① 징벌적 손해배상제도는 헌법상의 과잉금지원칙 및 민법상의 손해배상책임법리에 위배된다는 점, ② 거액의 배상금 지급기대에 따른 남소 우려가 있다는 점, ③ 과중한 배상액으로 인하여 기업활동의 어려움을 가중시킬 수 있다는 점 등을 근거로 들었다. 이동원, "징벌적 손해배상제도의 도입 및 운용상의 법적 쟁점", 경제법연구 제20권 제1호(2021), 78-79면.

53) 홍대식, "민·상법과 독점규제법", 독점규제법 30년(2011), 49면.

54) 실손해액에 일정한 배수(3배 등)로 증액하여 손해배상을 명하는 것을 배액배상 방식의 손해배상 제도라고 한다.

55) 법 개정 전에 진행된 '공정거래 법집행체계 개선 TF'에서는 징벌적 손해배상제를 담합과 보복조치에 대해 도입할 것인지(1안), 이에 더하여 불공정거래행위까지 도입할 것인지(2안)가 논의되었는데, 최종적으로 1안이 개정 법률에 반영되었다. 전승재, "담합·불공정거래 손해배상 소송 현황 및 개선방안", 경쟁법연구 제41권(2020), 473-474면.

56) 미국은 부당한 공동행위에 참가한 사업자가 3배 배상제도로 인해 자진신고를 포기하는 것을 방지하기 위하여 2004년 '반독점 형사처벌 강화 및 개혁법(Antitrust Criminal Penalty Enhancement and Reform Act of 2004)'을 제정하여 자진신고자의 경우 피해자들에 대하여 만족스러운 협력을 제공할 것을 전제로 실손해 배상만 부담하도록 하였다.

57) 미국 클레이튼법 제4조가 일정한 예외를 제외하고 "반트러스트법상 금지된 행위로 인하여 자신의 사업 또는 재산에 손해를 입은 자는 … 소를 제기하여, 발생한 손해액의 3배액 및 합리적인 변호사비용을 포함한 소송비용의 배상을 청구할 수 있다."고 규정하여, 모든 반트러스트법 위반행위에 대하여 자동적인 3배 배상책임 제도를 인정하고 있는 것과 구분된다.

위로 인한 피해 규모, ③ 위법행위로 인하여 사업자 또는 사업자단체가 취득한 경제적 이익, ④ 위반행위에 따른 벌금 및 과징금, ⑤ 위반행위의 기간·횟수 등, ⑥ 사업자의 재산상태, ⑦ 사업자 또는 사업자단체의 피해구제 노력의 정도를 고려하여야 한다(법 109조 3항). 3배 배상책임 제도는 2019년 9월 19일 이후 최초로 발생하는 위법행위부터 적용된다.

Ⅲ. 소멸시효

1. 소멸시효 기간

독점규제법은 손해배상청구권의 소멸시효 기간 및 기산점에 관하여 아무런 규정을 두고 있지 않다. 독점규제법상 손해배상책임도 그 법적 성격은 기본적으로 불법행위책임이기 때문에, 민법상 불법행위로 인한 손해배상청구권의 소멸시효 규정이 적용된다. 즉, 피해자나 그 법정대리인이 그 손해 및 가해자를 안 날로부터 3년간 이를 행사하지 않거나 불법행위를 한 날로부터 10년이 경과하면 동법 위반으로 인한 손해배상청구권은 시효로 소멸하게 된다(민법 766조).

2. 시효의 기산점

(1) 손해 및 가해자를 안 날

손해 및 가해자를 안 날이란 손해의 발생, 위법한 가해행위의 존재, 가해행위와 손해의 발생 사이에 상당인과관계가 있다는 사실 등 불법행위의 요건사실에 대하여 현실적이고도 구체적으로 인식하였을 때를 의미하고, 피해자 등이 언제 불법행위 요건사실을 현실적이고도 구체적으로 인식하였다고 볼 것인지는 개별적 사건에서 여러 객관적 사정을 참작하고 손해배상청구가 사실상 가능하게 된 상황을 고려하여 합리적으로 인정하여야 한다.[58] 이와 관련하여 공정위의 시정명령 등이 있는 경우에 그러한 시정명령 등이 있음을 안 때를 기산점으로 삼을 것인지, 아니면 그러한 명령 등이 행정소송을 통하여 최종 확정된 때를 기산점으로 삼을 것인지가 다투어진다. 하급심 판결 중에는 시정명령 의결일을 기준으로 제시한 사례도 있었다.[59] 그러나 대법원은 "행정소송 판결이 확정된 때에 비로소 피고들의 공정거래법 위반으로 인한 손해의 발생을 현실적이고도 구체적으로 인식하였다고 보아야 할 것이나, 특별한 사정이 없는 한 공동행위자들 모두에 관한 행정소송 판결이 확정될 필요는 없고 그 중 1인에 의한 행정소송 판결이 확정됨으로써 관련 공

58) 대법원 2014.9.4. 선고 2013다215843 판결.
59) 서울중앙지법 2014.1.10. 선고 2011가합26204 판결.

동행위자들 전부의 불법행위를 현실적이고 구체적으로 인식하였다고 보아야 한다."고 판단하였다.[60]

(2) 불법행위를 한 날

부당한 공동행위가 합의만으로 성립한다는 점, 장기간 지속될 수 있다는 점에서 불법행위를 한 날을 언제로 볼 것인지가 문제될 수 있다. 입찰담합의 경우, 공동행위를 하기로 합의한 날, 그 후 입찰계약을 체결한 날, 그에 따른 대금지급의 이행이 있은 날 등 다양한 시점이 존재하는데, 입찰담합으로 인한 손해는 원고가 해당 공사금액을 실제로 각 지급한 시점에 비로소 손해가 현실화되고 소멸시효가 기산된다고 볼 것이다.[61] 한편, 불법행위가 계속적으로 행하여지는 결과 손해도 역시 계속적으로 발생하는 경우 그 손해는 날마다 새로운 불법행위에 기하여 발생하는 손해로서, 그 시효의 기산점은 각 불법행위를 한 날로부터 각별로 진행된다. 총괄계약[62]의 효력은 계약상대방의 결정, 계약이행 의사의 확정, 계약단가 등에만 미칠 뿐이고, 계약상대방이 이행할 급부의 구체적인 내용, 계약상대방에게 지급할 공사대금의 범위, 계약의 이행기간 등은 모두 연차별 계약을 통하여 구체적으로 확정된다고 보아야 하므로, 1차 계약과 동시에 총괄계약이 체결된 사정만으로는 국가의 손해배상채권 전부의 소멸시효가 그때부터 진행한다고 볼 수 없다.[63]

Ⅳ. 절차의 진행

1. 관할법원

독점규제법은 관할법원에 관한 규정을 두고 있지 않으므로 일반 민사소송에서와 같이 피고의 보통재판적 소재지의 지방법원, 또는 불법행위지를 관할하는 지방법원에 소를 제기하면 된다(민사소송법 2조 내지 6조, 18조).

2. 기록의 송부

법원은 손해배상청구의 소가 제기되었을 때 필요한 경우 공정위에 대하여 해당 사건

60) 대법원 2014.9.4. 선고 2013다215843 판결.

61) 가해행위와 그로 인한 현실적인 손해의 발생 사이에 시간적 간격이 있는 불법행위에 기한 손해배상청구권의 경우 소멸시효의 기산점이 되는 "불법행위를 한 날"의 의미는 단지 관념적이고 부동적인 상태에서 잠재적으로만 존재하고 있던 손해가 그 후 현실화되었다고 볼 수 있는 때, 다시 말하자면 손해의 결과 발생이 현실적인 것으로 되었다고 할 수 있는 때로 보아야 한다. 대법원 2012.8.30. 선고 2010다54566 판결 등 참조.

62) 구 국가계약법 제21조에 따른 장기계속공사계약은 총 공사금액 및 총 공사기간에 관하여 별도의 계약을 체결하고 다시 개개의 사업연도별로 계약을 체결하는 형태가 아니라, 우선 1차 년도의 제1차 공사에 관한 계약을 체결하면서 총 공사금액과 총 공사기간을 부기하는 형태로 이루어진다. 제1차 공사에 관한 계약 체결 당시 부기된 총 공사금액 및 총 공사기간에 관한 합의를 통상 '총괄계약'이라 칭한다.

63) 대법원 2019.8.29. 선고 2017다276679 판결.

기록의 송부를 요구할 수 있다. 여기서 말하는 기록에는 사건관계인, 참고인 또는 감정인에 대한 심문조서, 속기록 및 그 밖에 재판상 증거가 되는 모든 것을 포함한다(법 110조).

3. 자료의 제출

(1) 자료제출명령의 의의

미국과 같은 증거개시 제도(discovery)가 도입되지 않은 우리나라에서 당사자 간 증거편재로 인한 원고의 요증사실 입증의 곤란은 민사소송 전반에 걸쳐 지속적으로 제기되어 온 문제점이다. 특히 분쟁 당사자간 경제적 지위와 정보력의 격차로 인해 가해사업자에게 법 위반여부 및 손해액의 증명을 위한 핵심증거가 편재되어 있는 경우가 많은 공정거래 관련 손해배상청구 사건에서 이 문제는 종국적으로 소송의 승패와도 직결된다. 「민사소송법」에 '문서제출명령제'가 존재하기는 하나, 피고가 특정 문서를 제출하라는 법원의 명령에 응하지 않더라도 원고가 증명해야 하는 요증사실의 진실성이 인정되지 않고, 영업비밀 등을 이유로 문서의 제출을 거부하더라도 별도의 불복절차에 상당 시간이 소요되는 등 재판지연의 우려 때문에 실무상 그 활용도가 저조한 편이다.[64] 이러한 배경 하에 2020년 개정법에서는 「특허법」에 이미 도입되어 있는 법원의 자료제출명령 제도를 신설하여 증거의 구조적 편재를 시정하고 손해배상청구소송을 활성화하고자 하였다. 즉, 법원은 부당공동행위, 불공정거래행위(부당지원행위는 제외), 사업자단체에 의한 부당공동행위로 인한 손해배상청구소송에서 당사자의 신청에 따라 상대방 당사자에게 해당 손해의 증명 또는 손해액의 산정에 필요한 자료(자진신고 등과 관련된 자료는 제외)의 제출을 명할 수 있다(법 111조 1항 본문).[65]

자료제출명령 제도는 당사자의 신청이 있을 것을 요구하고 있으며, 자료제출명령의 객체는 상대방 당사자이다. 이는 민사소송법상의 문서제출명령이 문서를 가지고 있는 제3자에 대해서도 내려질 수 있는 것과는 구별된다. 자료제출명령의 범위는 자진신고 관련 자료를 제외한 해당 손해의 증명 또는 손해액의 산정에 필요한 자료이다. 법원은 민사소송법상 문서제출명령의 대상에는 문서가 아닌 동영상 파일이 포함되지 않는다고 판단하였으나,[66] 법에서는 자료제출명령의 범위를 '자료'라고 넓게 규정하고 있기 때문에 동영상 파일, 사진 등도 포함된다고 해석된다.

(2) 자료제출을 거절할 정당한 이유

당사자가 법원에 자료제출명령을 신청하더라도, 그 자료의 소지자가 자료의 제출을

64) 이미옥, "개정 특허법하에서 자료제출명령제도에 대한 소고", 지식재산연구 제11권 제3호(2016), 26-27면.
65) 손해배상청구소송에서의 자료의 제출 및 비밀유지 명령 등은 2021.12.30. 이후 손해배상청구의 소를 제기하는 경우부터 적용한다(부칙 6조 참조).
66) 대법원 2010.7.14. 자 2009마2105 결정.

거절할 정당한 이유가 있으면 법원은 자료제출을 명할 수 없다(법 111조 1항 단서). 그리고 자료제출을 거부할 정당한 사유가 있는지 여부를 판단함에 있어 이른바 비공개심리절차(이른바 in camera 제도)를 도입하였다. 즉, 법원은 자료의 소지자가 제출을 거부할 정당한 이유가 있다고 주장하는 경우에는 그러한 주장의 당부(當否)를 판단하기 위하여 자료의 제시를 명할 수 있다. 이 경우 법원은 그 자료를 다른 사람이 보게 하여서는 아니된다(법 111조 2항). 자료제출을 거절할 정당한 이유에 대해서는 구체적 규정을 두고 있지 않으므로, 그 인정 여부는 원칙적으로 법원의 판단에 맡겨져 있다. 다만, 법은 자료제출명령에 따라 제출되어야 할 자료가 영업비밀에 해당하나 손해의 증명 또는 손해액의 산정에 반드시 필요한 경우에는 자료의 제출을 거절할 정당한 이유로 보지 아니한다. 이 경우 법원은 제출명령의 목적 내에서 열람할 수 있는 범위 또는 열람할 수 있는 사람을 지정하여야 한다(법 111조 3항).

(3) 자료제출명령의 효과

법원은 당사자가 정당한 이유 없이 자료제출명령에 따르지 아니한 경우에는 자료의 기재에 대한 상대방의 주장을 진실한 것으로 인정할 수 있다(법 111조 4항). 자료의 기재에 대한 상대방의 주장을 진실한 것으로 인정한다는 의미에 대해서는 민사소송법 제349조에서 규정한 문서제출명령 불이행의 효과를 참고할 수 있을 것이다.[67] 또한, 법원은 당사자가 정당한 이유 없이 자료제출명령에 따르지 않는 경우 자료의 제출을 신청한 당사자가 자료의 기재에 관하여 구체적으로 주장하기에 현저히 곤란한 사정이 있고 자료로 증명할 사실을 다른 증거로 증명하는 것을 기대하기도 어려운 경우에는 그 당사자가 자료의 기재로 증명하려는 사실에 관한 주장을 진실한 것으로 인정할 수 있다(법 111조 5항). 이는 자료제출명령에 따르지 않을 경우 일정한 요건이 충족되는 경우에는 법원이 요증사실 자체를 진실한 것으로 인정할 수 있음을 의미한다.

한편, 자료의 기재에 대한 상대방의 주장을 진실한 것으로 인정하는 것과 자료의 기재로 증명하려는 사실에 관한 주장을 진실한 것으로 인정하는 것의 차이는 무엇인가? 전자는 자료의 기재사항의 존부에 관한 상대방의 주장, 예를 들어 해당 문서에 거래당사자들의 수수료율이 기재되어 있었다는 주장을 인정하는 것을 의미한다. 반면, 후자는 여기서 더 나아가 자료에 포함된 내용이 어떤 것인지에 관한 상대방의 주장, 예를 들어 해당 자료에 기재된 거래당사자들의 수수료율은 법위반사업자가 피해자를 차별 취급하기 위하여 수수료율을 다르게 적용토록 하였다는 주장까지 인정하는 것을 의미한다. 자료제출명

67) 판례는 문서제출명령을 받았음에도 그 명령에 따르지 아니한 때에는 법원은 상대방의 그 문서에 관한 주장, 즉 문서의 성질, 내용, 성립의 진정 등에 관한 주장을 진실한 것으로 인정할 수 있음은 별론으로 하고, 그 문서에 의하여 입증하려고 하는 상대방의 주장사실이 바로 증명되었다고 볼 수는 없으며, 그 주장사실의 인정 여부는 법원의 자유심증에 의한다고 한다. 대법원 1993.6.25. 선고 93다15991 판결 등 참조.

령을 이행하지 않을 경우 법원이 요증사실 자체를 인정할 수 있도록 함에 따라, 관련 손해배상청구소송에서 자료제출이 원활하게 이루어져 실체적 진실발견이 용이해질 것으로 기대된다.

4. 비밀유지명령

(1) 비밀유지명령의 의의

기록의 송부, 자료의 제출 등으로 사업자의 영업비밀이 공개될 가능성이 높아진 상황에서, 비밀유지명령 제도는 설령 영업비밀이 공개되더라도 그것이 피해를 입은 당사자의 손해배상청구 관련 증거확보의 목적으로만 이용되어야 하고, 그 외의 목적으로 사용하거나 제3자에게 공개되어서는 안 된다는 점을 반영하여 2020년 개정법에 새롭게 신설된 것이다.[68]

법원은 법 위반행위와 관련하여 제기된 손해배상청구소송에서 그 당사자가 보유한 영업비밀에 대하여 ① 이미 제출하였거나 제출하여야 할 준비서면, 이미 조사하였거나 조사하여야 할 증거 또는 법원의 자료제출명령에 따라 제출하였거나 제출하여야 할 자료에 영업비밀이 포함되어 있다는 것, ② 이러한 영업비밀이 해당 소송 수행 외의 목적으로 사용되거나 공개되면 당사자의 영업에 지장을 줄 우려가 있어 이를 방지하기 위하여 영업비밀의 사용 또는 공개를 제한할 필요가 있다는 것을 모두 소명한 경우에는, 그 당사자의 신청에 따라 결정으로 다른 당사자(법인인 경우에는 그 대표자), 당사자를 위하여 소송을 대리하는 자, 그 밖에 그 소송으로 영업비밀을 알게 된 자에게 그 영업비밀을 그 소송의 계속적인 수행 외의 목적으로 사용하거나 그 영업비밀에 관계된 비밀유지명령을 받은 자 외의 자에게 공개하지 아니할 것을 명할 수 있다(법 112조 1항 본문). 다만, 그 신청 시점까지 비밀유지명령 대상자들이 준비서면의 열람이나 증거조사 외의 방법으로 그 영업비밀을 이미 취득하고 있는 경우에는 그러하지 아니하다(법 112조 1항 단서). 비밀유지명령은 소송절차에서 개시된 영업비밀을 보호하기 위한 것이므로, 소송절차와 관계없이 취득한 영업비밀은 그러한 목적과 관계가 없기 때문에 비밀유지명령의 범위에서 제외한 것이다.

당사자는 비밀유지명령을 받을 자, 비밀유지명령의 대상이 될 영업비밀을 특정하기에 충분한 사실, 위 ①, ②의 사유에 해당하는 사실을 적은 서면으로 비밀유지명령을 신청하여야 한다(법 112조 2항). 법원은 비밀유지명령이 결정된 경우에는 그 결정서를 비밀유지명령을 받을 자에게 송달하여야 하며(법 112조 3항), 비밀유지명령은 결정서가 비밀유지명령을 받을 자에게 송달된 때부터 효력이 발생한다(법 112조 제4항). 비밀유지명령의

---

68) 부정경쟁방지법과 「특허법」 등에도 이미 유사한 제도가 도입되어 있다.

신청을 기각하거나 각하한 재판에 대해서는 즉시항고를 할 수 있다(법 112조 5항).

(2) 비밀유지명령의 효과

국내외에서 정당한 이유 없이 비밀유지명령을 위반한 자는 2년 이하의 징역 또는 2천만원 이하의 벌금에 처한다(법 127조 1항). 다만, 비밀유지명령 위반의 죄는 친고죄로서 비밀유지명령을 신청한 자의 고소가 없으면 공소를 제기할 수 없다(법 127조 2항).

(3) 비밀유지명령의 취소

비밀유지명령을 신청한 자 또는 비밀유지명령을 받은 자는 비밀유지명령의 요건을 갖추지 못하였거나 갖추지 못하게 된 경우 소송기록을 보관하고 있는 법원(소송기록을 보관하고 있는 법원이 없는 경우에는 비밀유지명령을 내린 법원)에 비밀유지명령의 취소를 신청할 수 있다(법 113조 1항). 법원은 비밀유지명령의 취소신청에 대한 재판이 있는 경우에는 그 결정서를 그 신청을 한 자 및 상대방에게 송달하여야 한다(법 113조 2항). 비밀유지명령의 취소신청에 대한 재판에 대해서는 즉시항고를 할 수 있다(법 113조 3항). 비밀유지명령을 취소하는 재판은 확정되어야 효력이 발생한다(법 113조 4항). 비밀유지명령을 취소하는 재판을 한 법원은 비밀유지명령의 취소신청을 한 자 또는 상대방 외에 해당 영업비밀에 관한 비밀유지명령을 받은 자가 있는 경우 그 자에게 즉시 취소 재판을 한 사실을 알려야 한다(법 113조 5항).

5. 소송기록 열람 등의 청구 통지 등

「민사소송법」 제163조에서는 비밀보호를 위해 소송기록 등의 제3자 열람을 제한하고 있는데, 당사자에 의한 열람은 금지되지 않는다. 그런데, 당사자가 법인인 경우에 비밀유지명령은 그 법인의 대표자가 받게 되므로, 비밀유지명령을 받지 않은 종업원 등이 법인으로부터 위임을 받아 소송기록의 열람 등의 청구절차를 통해 영업비밀을 사실상 자유롭게 알게 될 우려가 있다. 이를 방지하기 위하여, 비밀유지명령이 내려진 소송(모든 비밀유지명령이 취소된 소송은 제외)에 관한 소송기록에 대하여 「민사소송법」 제163조 제1항의 결정이 있었던 경우에, 당사자가 같은 항에서 규정하는 비밀 기재부분의 열람 등의 청구를 하였으나 그 청구 절차를 해당 소송에서 비밀유지명령을 받지 아니한 자가 밟는 경우에는 법원서기관, 법원사무관, 법원주사 또는 법원주사보(이하 "법원사무관 등")는 같은 항의 신청을 한 당사자(그 열람 등의 청구를 한 자는 제외)에게 그 청구 직후에 그 열람 등의 청구가 있었다는 사실을 알려야 한다(법 114조 1항). 소송기록 열람 등의 청구 사실을 통지함으로써 통지를 받은 당사자가 열람 등의 청구 절차를 수행한 자에 대해 비밀유지명령의 신청을 할 수 있는 기회를 부여하는 취지이다. 법원사무관 등은 열람 등의 청구가

인한 피해의 우려가 있다면 금지청구권의 행사는 가능하다. 금지청구의 대상행위를 불공정거래행위로 한정한 것[86]과 관련해서 속성이나 세부유형이 불공정거래행위와 상당 부분 유사·중첩되는 시장지배적 사업자의 배제남용 행위 등 다른 단독행위 유형들을 제외한 것을 논리적으로 설명하는데 한계가 있다.[87] 입법론으로는 금지청구의 대상을 불공정거래행위에만 한정할 이유는 없다고 생각된다.[88]

대상행위에 관한 제한적 입법형식으로 인하여 금지청구의 범위에 관한 해석상 쟁점이 발생한다. 우선 어떤 행위가 불공정거래행위에 해당함은 물론 독점규제법상 다른 위반행위에도 해당하는 경우를 생각해볼 수 있다. 예컨대, 배타조건부거래행위, 거래거절, 차별취급, 끼워팔기 등은 시장지배적 지위남용행위와 불공정거래행위 규정 모두에 포섭될 수 있다. 위와 같은 행위가 금지청구의 대상에 포함됨은 해석상 의문의 여지가 없고,[89] 단순히 불공정거래행위에만 해당하는 경우보다 금지의 필요성도 더 크다고 할 것이다.

다음으로, 불공정거래행위의 특수유형으로 하도급법, 대규모유통업법, 가맹사업법, 대리점법 등 거래공정화에 관한 특별법에 규정된 개별 위반행위도 금지청구의 대상이 되는가 하는 문제이다. 위와 같은 특별법들은 피해자를 보다 두텁게 보호하고 집행의 실효성을 높이기 위하여 독점규제법상 불공정거래행위 중 일부 유형에 관한 금지규범을 별도의 단행 법률로 떼어내 입법을 한 것이다. 따라서 1차적으로 위 법률들의 위반행위에 해당하지만 독점규제법상 불공정거래행위에도 포섭될 수 있다면 금지청구의 대상에 포함된다는 견해도 있다.[90] 다만, 이들 특별법률에서 불공정거래행위에 관한 규정의 적용을 명시적으로 배제하는 경우도 있고,[91] 이러한 경우에 대해서는 법상 불공정거래행위에 해당하지 않게 되어 금지청구가 허용되지 않는다고 해석된다. 이로 인한 피해자 구제의 공백은 조속히 입법적으로 보완되어야 할 것이다.[92]

---

85) 다만, 이하에서는 논의의 편의상 금지청구의 대상이 되는 행위를 불공정거래행위라고만 기술하기로 한다.

86) 입법 논의 과정에서 금지청구의 대상을 부당지원행위를 제외한 불공정거래행위로 한정하는 안과 모든 법 위반행위에 도입하는 안이 제시되었고, 전자의 방안이 채택되었다. 공정위, 공정거래 법집행체계 개선 TF 논의 결과 최종보고서(2018), 14-15면.

87) 강지원, "정보교환과 금지청구제를 중심으로 본 2020년 개정 공정거래법의 시사점과 향후 쟁점", 경제법연구 제20권 제1호(2021), 59면.

88) 이러한 입법 태도는 미국 클레이튼법이 금지청구의 대상을 반트러스트법 위반행위(a violation of the antitrust laws)로 하고 있고, 독일 경쟁제한방지법 역시 해당 법률 및 EU 경쟁법 위반행위 등에 대하여 금지청구권을 인정하는 태도와 대비된다.

89) 동지: 손동환, "공정거래법상 금지청구", 법조 제71권 제2호(2022), 150-151면.

90) 손동환, "공정거래법상 금지청구", 법조 제71권 제2호(2022), 148-150면.

91) 예를 들어, 하도급법은 하도급거래에 관하여 법 제45조 제1항 제6호를 적용하지 않고(하도급법 28조), 가맹사업법은 가맹사업거래에 관하여 법 제45조 제1항 제1호, 제4호, 제6호, 제7호를 적용하지 않고(가맹사업법 38조), 대규모유통업법은 대규모유통업자와 납품업자등 사이의 거래에 관하여 법 제45조 제1항 제6호, 제7호에 우선 적용하고(대규모유통업법 4조), 대리점법은 공급업자와 대리점 간의 거래에 관하여 법 제45조 제1항 제6호에 우선 적용한다(대리점법 4조).

92) 2017년 공정위 법집행체계 TF에서는 하도급법, 대규모유통업법, 가맹사업법, 대리점법상 금지청구의 도입범위를 두고 논의를 하였는데, 전체 법률에 함께 도입하는 것이 논리적으로 타당하다는 의견이었다. 정완, "독

2. 불공정거래행위로 인한 피해 등

금지청구가 인용되려면 불공정거래행위(단, 부당지원행위는 제외)등으로 피해를 입거나 피해를 입을 우려가 있어야 한다. 이때 피해와 불공정거래행위 사이에 상당인과관계에 있어야 함은 물론이다. 손해배상과 달리 금지청구를 위해서 실제 피해가 발생할 것을 요하지 않고, 피해를 입을 우려에 대한 입증만 있어도 족하다. 피해의 정도와 관련하여 입법 과정에서 피해자에게 회복할 수 없는 손해가 발생한 경우에만 금지청구를 허용할지에 관해서 논의가 있었는데,[93] 제도의 활성화를 위해서 별도의 제한 요건을 두지 않는 것으로 의견이 수렴되었다.[94] 피해의 요건을 충족하기만 하면 피해자가 경쟁사업자인지, 거래상대방인지, 소비자인지는 불문한다.[95] 간접구매자도 피해 또는 그 우려가 있는 경우에는 금지청구가 허용된다.[96] 그러나 피해의 요건을 갖추지 못한 제3자의 청구권은 인정되지 않는다.[97]

3. 가처분 재판의 경우

불공정거래행위로 인한 침해가 계속되면 될수록 피해자의 손해는 더 커지게 되는데, 금지청구의 소를 제기하여 본안판결을 받기까지는 오랜 기간이 소요될 수 있으므로, 신속하게 침해의 금지를 구하는 가처분신청이 활용될 수 있다. 가처분을 위해서는 피보전권리의 소명 외에 보전의 필요성을 밝혀야 하는데, 임시지위를 정하는 가처분은 계속하는 권리관계에 끼칠 현저한 손해를 피하거나 급박한 위험을 막기 위하여, 또는 그 밖의 필요한 이유가 있을 경우에 하여야 한다(민사집행법 300조 2항). 따라서 금지청구가 가처분 신청의 형태로 이루어지는 경우에는 현저한 손해 등에 관한 별도의 소명이 필요하게 된다. 현저한 손해 등으로 상정할 수 있는 것은 불공정거래행위 탓에 사업활동이 곤란해져 시장에서 퇴출되거나 신규진입이 어려워지거나 그러한 우려가 생기는 경우를 들 수 있다.[98]

점규제법상 금지청구제도의 개선방안에 관한 고찰“, 법학논총 제35권 제2호(2022), 476면.

93) 일본 독점금지법 제24조는 피해자에게 현저한 손해가 발생하거나 또는 발생할 우려가 있을 것을 금지청구권의 요건으로 한다.

94) 공정위, 공정거래 법집행체계 개선 TF 논의결과 최종보고서(2018), 15면.

95) 다만, 소비자를 상대로 하는 거래상 지위 남용행위에 관하여 판례는 다수의 피해 우려나 유사행위의 반복가능성이 있어야 거래질서와의 관련성이 있다고 하여 그 성립요건을 엄격하게 해석하고 있다. 대법원 2015.9.10. 선고 2012두18325 판결 참조.

96) ABA(2022), p.847.

97) 이에 대하여 입법론으로 독일 경쟁제한방지법(GWB)과 같이 소비자단체나 사업자단체의 제소권도 인정할 필요가 있다는 주장이 있다. 이선희, “독점규제법상 불공정거래행위에 대한 금지청구 – 단체소송에 의한 금지청구 입법론을 중심으로 –”, 경쟁법연구 제45권(2022), 296-306면.

98) 손동환, “공정거래법상 금지청구”, 법조 제71권 제2호(2022), 163면.

Ⅳ. 금지청구의 절차

1. 당사자

법상 금지청구를 할 수 있는 자는 불공정거래행위(단, 부당지원행위는 제외)등으로 피해를 입거나 피해를 입을 우려가 있는 자이다. 금지청구의 상대방은 불공정거래행위를 직접 한 사업자 및 사업자단체는 물론이고, 이를 교사 또는 방조한 사업자 및 사업자단체도 될 수 있다.

2. 재판의 절차

금지청구의 소를 제기하는 경우에는 「민사소송법」에 따라 관할권을 갖는 지방법원 또는 해당 지방법원 소재지를 관할하는 고등법원이 있는 곳의 지방법원에 제기할 수 있다(법 108조 2항). 이는 관할 집중을 통해 법원의 전문성을 강화하려는 취지로 이해된다. 그럼에도 불구하고, 평소 공정거래 사건을 접할 기회가 많지 않은 1심 법원 판사들이 이에 관한 고도의 전문성을 갖출 것을 기대하기 어려운 것이 현실이다. 또한 공정위의 입장에서 해당 사건에 관한 조사가 이미 진행 중일 수도 있고, 아직 조사가 착수되지 않은 경우라도 사회 전체적으로 파급효과를 가지는 사건이라면 직권으로 조사에 착수할 필요가 있고, 비록 사적 분쟁일지라도 해당 분쟁이 독점규제법의 해석이나 경쟁정책에 관하여 중요한 의미를 가지는 경우에는 공익적 관점에서 이에 대한 경쟁당국의 의견을 밝히는 것이 바람직할 수 있다. 이러한 측면에서 입법적으로 법원과 공정위 사이의 협조체계를 구축하는 것이 필요해 보인다.[99)]

법원은 금지청구의 소가 제기된 경우에 그로 인한 피고의 이익을 보호하기 위하여 필요하다고 인정하면 피고의 신청이나 직권으로 원고에게 상당한 담보의 제공을 명할 수 있다(법 108조 3항). 한편, 법은 손해배상소송과 달리 금지청구에 대해서는 자료제출명령 및 비밀유지명령에 관한 규정을 두고 있지 않다.[100)] 손해배상청구와 금지청구에서 있어서 실체적 진실 발견 및 영업비밀 보호의 필요성을 달리 취급할 이유는 없으므로, 이에 관해서도 입법적 보완이 필요하다.

---

99) 일본 독점금지법 제79조는 금지청구가 제기된 때에 법원은 그 취지를 공취위에 통지하고, 공취위에 대하여 해당 사건에 관한 의견을 요구할 수 있고, 공취위 역시 법원의 허가를 얻어 법원에 대하여 해당 사건에 관한 의견을 말할 수 있도록 규정하고 있다.

100) 일본 독점금지법은 금지청구에 대해서 자료제출명령 및 비밀유지명령 제도에 관한 규정을 두고 있다.

V. 금지명령의 내용

법원이 금지명령을 발하기 위해서는, ① 해당 행위가 불공정거래행위에 해당하고, ② 행위가 계속될 경우 금전배상을 명하는 것만으로는 피해자 구제의 실효성을 기대하기 어렵고, ③ 행위의 금지로 인하여 보호되는 피해자의 이익과 그로 인한 가해자의 불이익을 비교·교량할 때 피해자의 이익이 더 크다고 인정된다는 점이 입증되어야 할 것이다.[101] 그런데 재판 전 혹은 재판 도중에 피고가 불공정거래행위를 중단한 경우에 금지명령은 가능한가? 해당 종료가 금지명령을 면하기 위한 일시적 조치에 불과한 경우도 있을 수 있으므로 단지 문제된 위법행위가 중단되었다는 사정만으로 금지청구가 곧바로 기각될 것은 아니다. 그렇지만, 해당 위법행위의 중단이 진정성 있고, 피해구제에 효과적이고, 종료가 지속될 것으로 예상된다면 금지청구는 허용되지 않을 것이다.

법원은 금지명령으로 불공정거래행위에 대한 금지는 물론이고 그에 대한 예방도 명할 수 있다. 법원은 개별사건의 특성을 반영하여 금지명령의 내용을 정하는 데 광범위한 재량을 가진다고 할 것이다.[102] 이는 시정조치의 내용에 관하여 공정위가 광범위한 재량권을 행사하는 것과 같은 맥락이다. 이와 관련하여 금지청구제가 도입된 「특허법」, 부정경쟁방지법 등에는 침해행위를 조성한 물건의 폐기, 침해행위에 제공된 설비의 제거 등 적극적인 작위를 명하는 결과제거청구권이 명시적으로 규정되어 있는데 반해 독점규제법에는 그러한 규정이 없다. 따라서 법원이 침해행위를 '예방하기 위해 필요한 조치'로서 작위명령을 내리는 것이 가능한지가 쟁점이 된다. 불공정거래행위의 행위태양이 다양하고 거래거절과 같이 부작위에 의한 침해행위도 성립할 수 있으므로, 금지명령이 유효한 구제수단으로서 의미를 갖도록 하기 위해서는 해당 사안에서 불공정거래행위의 금지·예방에 필요한 한도 내에서 적극적 작위명령도 가능하다고 보아야 할 것이다.[103]

금지의 범위와 관련하여 입법 과정에서 사업자의 특정 피해자에 대한 침해행위만 금지할 것인지 아니면 위반행위 전체를 금지할 것인지에 관한 논의가 있었다. 예컨대, 핵심원료 공급자의 거래중단에 대해 특정 수급사업자가 금지청구를 할 때, 법원이 특정 수급사업자에 대한 중단행위만 금지할지 아니면 여타 수급업자에 대한 중단행위까지 함께 금지할지의 문제이다. 금지명령의 대상을 위반행위 전체로 할 경우에 제3자에게 불측의 효

---

101) 대법원 2010.8.25. 자 2008마1541 결정 참조.
102) ABA(2022), p.848.
103) 동지: 신현윤, "일본 독점금지법상의 위법행위 유지청구권", 경쟁법연구 제7권(2001), 131-132면; 강우찬, "공정거래법상 금지청구권과 가처분", 민사판례연구 제31권(2009), 904면; 홍대식, "공정거래법의 사적집행 제도로서의 사인의 금지청구제도", 경쟁법연구 제39권(2019), 57면; 이선희, "개정 공정거래법상 사인의 금지청구제에 대하여", 경쟁저널 제206호(2021), 12면.

과를 미칠 수 있다는 점을 고려하여 피해사업자 또는 피해사업자단체 '자신에 대한 침해행위'만을 금지의 대상으로 규정하였다.[104] 이와 같이 법원의 금지명령은 피해자의 피해구제를 주된 목적으로 한다는 점에서 공익적 관점에서 위법행위 전체의 금지를 명하는 공정위의 시정조치와는 구분된다.

법원은 금지명령의 범위를 판단함에 있어서 공정위의 시정조치에 관한 주문례를 참고할 수 있다. 예컨대, 사업활동 방해가 인정되는 경우 해당 판결을 받았다는 내용의 통지를 위반행위자의 다른 거래처에 보내도록 하는 명령, 부당염매가 인정되는 경우 최소가격을 정하여 그 가격 미만으로 판매하는 것을 금지하는 명령도 가능할 것이다.[105]

제 4 절 공정거래분쟁의 조정

Ⅰ. 한국공정거래조정원의 설립과 구성

한국공정거래조정원(이하 "조정원"이라 함)은 사적인 분쟁의 성격이 강한 불공정거래행위 등과 관련된 분쟁의 조정 등 업무를 수행하기 위하여 설립된 기관이다. 조정원은 법인으로 하고(법 72조 2항), 독점규제법에서 규정한 것 외에는「민법」중 재단법인에 관한 규정을 준용한다(법 72조 5항). 조정원장은 공정위 위원의 자격이 있는 자 중에서 공정위 위원장이 임명하며(법 72조 3항), 정부는 조정원의 설립과 운영에 필요한 경비를 예산의 범위 안에서 출연하거나 보조할 수 있다(법 72조 4항).

조정원의 주요 업무는 분쟁의 조정, 조사 및 연구 등 공정위로부터 위탁받은 사업으로 나뉜다(법 72조 1항). 구체적으로 분쟁의 조정업무에는 법 제45조 제1항을 위반한 혐의가 있는 행위와 관련된 분쟁의 조정, 다른 법률에서 조정원으로 하여금 담당하게 하는 분쟁의 조정이 해당된다. 조사 및 연구 업무에는 시장 또는 산업의 동향과 공정경쟁에 관한 조사 및 분석, 사업자의 거래 관행과 행태의 조사 및 분석, 공정거래와 관련된 제도와 정책의 연구 및 건의가 포함된다. 그리고 조정원은 공정위로부터 위탁받은 동의의결의 이행관리와 그 밖에 공정위로부터 위탁받은 사업도 수행한다.

---

104) 공정위, 공정거래 법집행체계 개선 TF 논의결과 최종보고서(2018), 15면.
105) 손동환, "공정거래법상 금지청구", 법조 제71권 제2호(2022), 178면.

Ⅱ. 공정거래분쟁조정협의회

1. 설치 및 구성

법 제45조(불공정거래행위의 금지) 제1항을 위반한 혐의가 있는 행위와 관련된 분쟁을 조정하기 위하여 조정원에 공정거래분쟁조정협의회(이하 "협의회"라 함)를 둔다(법 73조 1항). 협의회의 조직·운영·조정절차 등에 관하여 필요한 사항은 대통령령으로 정한다(법 79조). 협의회는 위원장 1명을 포함하여 7인 이내의 협의회 위원으로 구성한다(법 73조 2항). 협의회 위원장은 조정원의 장이 겸임한다(법 73조 3항). 협의회 위원장이 부득이한 사유로 직무를 수행할 수 없을 때에는 공정위 위원장이 지명하는 협의회 위원이 그 직무를 대행한다(법 74조 3항).

협의회 위원은 독점규제 및 공정거래 또는 소비자분야에 경험 또는 전문지식이 있는 사람으로서 ① 4급 이상의 공무원의 직에 있었던 사람, ② 판사·검사 또는 변호사의 직에 7년 이상 있었던 사람, ③ 법률·경제·경영 또는 소비자 관련 분야 학문을 전공하고 대학이나 공인된 연구기관에서 7년 이상 근무한 자로서 부교수 이상 또는 이에 상당하는 직에 있었던 사람, ④ 기업경영 및 소비자보호활동에 7년 이상 종사한 경력이 있는 사람 중에서 조정원장의 제청으로 공정거래위원장이 임명하거나 위촉한다. 이 경우 위 ① 내지 ④의 어느 하나에 해당하는 사람이 1명 이상 포함되어야 한다(법 73조 4항). 협의회 위원의 임기는 3년으로 한다(법 73조 5항). 공정위 위원장은 협의회 위원이 직무와 관련된 비위사실이 있거나 직무태만, 품위손상 또는 그 밖의 사유로 위원으로 적합하지 아니하다고 인정되는 경우 그 직에서 해임 또는 해촉할 수 있다(법 73조 7항). 협의회 위원 중 결원이 생긴 때에는 보궐위원을 위촉하여야 하며, 그 보궐위원의 임기는 전임자의 남은 임기로 한다(법 73조 6항).

2. 협의회의 회의

협의회의 위원장은 협의회의 회의를 소집하고 그 의장이 된다. 협의회는 재적위원 과반수의 출석으로 개의(開議)하고, 출석위원 과반수의 찬성으로 의결한다. 분쟁당사자는 협의회에 출석하여 의견을 진술할 수 있다(법 74조).

3. 위원의 제척·기피·회피

협의회 위원은 ① 자기나 배우자 또는 배우자였던 사람이 분쟁조정사항의 분쟁당사자이거나 공동권리자 또는 공동의무자인 경우, ② 자기가 분쟁조정사항의 분쟁당사자와 친족이거나 친족이었던 경우, ③ 자기 또는 자기가 속한 법인이 분쟁조정사항의 분쟁당사자의 법률·경영 등에 대하여 자문·고문 등으로 있는 경우, ④ 자기 또는 자기가 속한 법인이 증언이나 감정을 한 경우, ⑤ 자기 또는 자기가 속한 법인이 분쟁조정사항의 분쟁당사자의 대리인으로서 관여하거나 관여하였던 경우의 어느 하나에 해당하는 경우에는 해당 분쟁조정사항의 조정에서 제척된다. 그리고 분쟁당사자는 협의회 위원에게 협의회의 조정에 공정을 기하기 어려운 사정이 있을 때에는 협의회에 해당 위원에 대한 기피신청을 할 수 있다. 협의회 위원 본인이 제척 또는 기피 사유에 해당하는 경우에는 스스로 해당 분쟁조정사항의 조정에서 회피할 수 있다(법 75조).

4. 분쟁조정절차

(1) 조정의 신청 등

법 제45조(불공정거래행위의 금지) 제1항을 위반한 혐의가 있는 행위로 피해를 입은 사업자는 분쟁조정신청서를 협의회에 제출함으로써 분쟁조정을 신청할 수 있다(법 76조 1항). 공정위는 신고가 접수된 경우 협의회에 그 행위 또는 사건에 대한 분쟁조정을 의뢰할 수 있다(법 76조 2항). 종래에는 공정위가 신고사건에 대하여 직권으로 분쟁조정을 의뢰할 수 있는 근거가 없었는데,[106] 2018년 법 개정을 통하여 직권 의뢰의 근거조항을 신설하여 공정위에 신고된 불공정거래행위 사건 중 분쟁조정을 먼저 거치는 것이 피해자에게 더 적합하다고 판단되는 경우 공정위가 직권으로 분쟁조정을 의뢰할 수 있게 되었다. 협의회는 피해사업자로부터 분쟁조정 신청을 받거나 공정위로부터 분쟁조정 의뢰를 받았을 때에는 즉시 그 접수사실 등을 공정위 및 분쟁당사자에게 통지하여야 한다(법 76조 3항).

조정절차 진행 중에 채권 소멸시효 등이 도과하는 경우를 방지하기 위해 분쟁조정 신청 시점에서 시효가 중단된다. 다만, 조정신청이 취하·각하되면 시효가 진행된다(법 76조 4항). 조정신청의 취하 또는 각하의 경우에도 6개월 내 재판상 청구, 파산절차 참가, 압류 또는 가압류, 가처분을 하였을 때에는 시효는 최초의 분쟁조정의 신청으로 중단된 것으로 본다(법 76조 5항). 중단된 시효는 분쟁조정이 이루어져 조정조서를 작성한 때 또는 분쟁조정이 이루어지지 아니하고 조정절차가 종료된 때부터 새로이 진행한다(법 76조 6항).

(2) 조정신청의 각하

협의회는 ① 조정신청의 내용과 직접적인 이해관계가 없는 자가 조정신청을 한 경우,

106) 하도급법(제24조의4), 가맹사업법(제22조), 대규모유통업법(제25조), 대리점법(제19조), 약관법(제27조) 등에서는 공정위가 직권으로 분쟁조정을 의뢰할 수 있도록 규정하고 있다.

② 이 법의 적용대상이 아닌 사안에 관하여 조정신청을 한 경우, ③ 위반혐의가 있는 행위의 내용·성격 및 정도 등을 고려하여 공정위가 직접 처리하는 것이 적합한 경우로서 일정한 기준에 해당하는 행위, ④ 조정신청이 있기 전에 공정위가 조사를 개시한 사건에 대하여 조정신청을 한 경우[107]에 대해서는 조정신청을 각하하여야 한다. 이 경우 협의회는 분쟁조정이 신청된 행위 또는 사건이 위 ④에 해당하는지 여부에 대하여 공정위의 확인을 받아야 한다(법 77조 3항).

(3) 조정절차의 진행

협의회는 해당 분쟁조정사항에 관한 사실을 확인하기 위하여 필요한 경우 조사를 하거나 분쟁당사자에게 관련 자료의 제출이나 출석을 요구할 수 있다(법 77조 2항). 협의회는 분쟁당사자에게 분쟁조정사항에 대하여 스스로 합의하도록 권고하거나 조정안을 작성하여 제시할 수 있다(법 77조 1항). 공정위는 조정절차 개시 전에 시정조치 등의 처분을 하지 아니한 분쟁조정사항에 관하여 조정절차가 종료될 때까지 해당 분쟁당사자에게 시정조치 및 시정권고를 하여서는 아니 된다(법 77조 6항).

(4) 조정의 종료

협의회는 ① 분쟁당사자가 협의회의 권고 또는 조정안을 수락하거나 스스로 조정하는 등 조정이 성립된 경우, ② 분쟁조정의 신청을 받은 날 또는 공정위로부터 분쟁조정의 의뢰를 받은 날부터 60일(분쟁당사자 양쪽이 기간 연장에 동의한 경우에는 90일)이 지나도 조정이 성립하지 아니한 경우, ③ 분쟁당사자의 어느 한쪽이 조정을 거부하거나 해당 분쟁조정사항에 대하여 법원에 소를 제기하는 등 조정절차를 진행할 실익이 없는 경우에는 조정절차를 종료하여야 한다(법 77조 4항). 협의회는 조정신청을 각하하거나 조정절차를 종료한 경우에는 공정위에 조정의 경위, 조정신청 각하 또는 조정절차 종료의 사유 등을 관계 서류와 함께 지체 없이 서면으로 보고하여야 하고, 분쟁당사자에게 그 사실을 통보하여야 한다(법 77조 5항).

(5) 조정조서의 작성과 그 효력

협의회는 분쟁조정사항에 대하여 조정이 성립된 경우 조정에 참가한 위원과 분쟁당사자가 기명날인하거나 서명한 조정조서를 작성한다(법 78조 1항).[108] 협의회는 분쟁당사자가 조정절차를 개시하기 전에 분쟁조정사항을 스스로 조정하고 조정조서의 작성을 요청하는 경우에는 그 조정조서를 작성하여야 한다(법 78조 2항). 위와 같이 조정조서를 작성한 경우 조정조서는 재판상 화해와 동일한 효력을 갖는다(법 78조 5항). 조정조서에 재판

107) 다만, 공정위로부터 시정조치 등의 처분을 받은 후 분쟁조정을 신청한 경우에는 그러하지 아니하다.
108) 과거에는 기명날인만 인정하였으나 2018년 6월 법개정으로 서명도 가능하게 되었다.

상 화해의 효력을 부여하여 일방 당사자가 조정내용을 이행하지 않을 경우에는 상대 당사자는 별도의 소제기 없이 조정결과에 근거하여 강제집행이 가능하게 되었다. 기존에는 조정내용을 이행하지 않으면 조정조서만으로는 이행을 강제할 수 없어 민사소송을 별도로 제기해야 하는 번거로움이 있었는데, 2016년 법개정을 통하여 조정결과에 확정판결과 같은 효력을 부여하여 곧바로 강제집행이 가능하도록 한 것이다.

분쟁당사자는 조정에서 합의된 사항의 이행결과를 공정위에 제출하여야 한다(법 78조 3항). 공정위는 조정절차 개시 전에 시정조치 등의 처분을 하지 아니한 분쟁조정사항에 대하여 합의가 이루어지고, 그 합의된 사항을 이행한 경우에는 시정조치 및 시정권고를 하지 아니한다(법 78조 4항).

제6장

독점규제법의 역외적용

제1절 총 설

I. 역외적용의 개념

오늘날과 같이 국가 간의 경제교류가 점차 증가하고, 그에 따라 국경을 넘는 거래가 활발하게 이루어지고 있는 상황에서는 국내기업과 외국기업 간의 거래 또는 외국기업들 상호간의 거래에 의해서 국내 시장의 경쟁질서가 침해될 우려가 있는 경우가 자주 나타나고 있다. 따라서 미국과 EU 및 독일 등에서는 일찍이 이러한 문제를 해결하기 위하여 비록 외국 사업자가 외국에서 행한 행위라고 하더라도, 그것이 국내 시장에 영향을 미치는 경우에는 자국의 경쟁법을 외국기업들 상호간의 경쟁제한행위에 대하여도 적용할 수 있게 하는 이른바 '역외적용의 이론'을 개발하여 적용하기 시작하였고,[1] 우리나라에서도 2000년대에 들어와서 이 이론을 받아들여 독점규제법의 역외적용을 인정하고 있다.[2] 일반적으로 역외적용이란 자국의 영토 외에 소재하는 외국인(자연인 또는 법인)에 대해 자국의 법률을 적용하는 것을 말한다. 국가관할권이 국가의 주권이 미치는 영역 바깥에까지 미친다는 의미에서 '역외 관할권(extraterritorial jurisdiction)'이라고 부르기도 한다. 경쟁법의 역외적용이란 자국의 경쟁법을 자국의 주권이 미치는 영역을 넘어서 외국인이 외국에서 행한 행위에 대하여도 적용하는 것이다. 즉, 국제법상 속지주의 내지 속인주의의 일반원칙에 따르면 외국인이 외국에서 행한 행위에 대해서는 국내법인 독점규제법을 적용할 수 없지만, 예외적으로 일정한 요건을 갖춘 경우에는 이를 적용할 수 있게 하는 것이다 (법 3조).

---

1) 이 이론의 배경에는 경쟁논리 이외에 국제시장에서 자국의 이익을 최대한으로 실현하려는 동기가 깔려 있다는 점을 부인할 수 없다.

2) 독점규제법의 역외적용에 관하여 보다 자세한 사항은 권오승, "독점규제법의 역외적용", 학술원논문집 제56집 제2호(2017), 75면 이하 참조.

■ **국내에서의 행위가 외국 시장에도 영향을 미치는 경우**

국내에서 사업자들의 행위가 국내 시장은 물론 외국 시장에 영향을 미치는 경우도 있을 수 있다. 이 경우에 독점규제법의 역외적용 문제가 발생하는 것은 아니지만, 외국에서 자국의 경쟁법을 역외적용하는 경우에 국내 사업자들에 대한 이중규제의 문제가 발생할 수 있다. 이러한 경우, 공정위는 국내에서 이루어진 위반행위에 대해서 관할권은 행사하되, 사업자들에 대한 조치수준을 결정함에 있어 외국에서의 제재수준을 참작하고 있다. 예컨대, 주한미군용 유류 공급 시장에서 국내 정유사들이 물량과 납품지역을 배분하고 낙찰 예정자와 투찰 가격을 합의하여 이를 실행한 경우에 이들의 행위는 국내 시장보다는 수요자인 미국 정부에 더 직접적인 영향을 미치게 된다. 이 사건에서 공정위는 "비록 미군이 소비를 하고 미국 달러로 결제가 된다고 하더라도 주한미군 유류공급 시장은 우리나라 유류공급 시장의 일부를 구성하는 것으로 볼 수 있고, 따라서 이 사건 유류공급 입찰에서 담합이 발생하였다면 국내시장에 영향을 미쳤다고 인정할 수 있다. 또한, 이 사건에서 피심인들이 국내 유류시장에서의 점유율을 기준으로 낙찰비율을 합의한 이상, 이 사건 합의는 국내 유류시장에서의 피심인들의 점유율 고착화를 심화시킬 수 있다. 결국 국내 유류시장의 절대적인 점유율을 차지하는 국내 정유업체들이 모두 참여한 이 사건 담합은 국내 유류시장에 영향을 미쳤다고 봄이 상당하다."고 판단하였다. 그런데 공정위는 조치수준을 결정함에 있어서, 피심인들이 이 사건 공동행위와 관련하여 미국에서 이미 상당한 규모의 민사손해배상금 또는 형사벌금을 부과 받은 점, 주한미군 유류공급 시장에 공급된 물량은 국내 전체 물량의 1% 미만으로 경쟁제한효과와 그 파급효과가 크지는 아니한 점을 고려하여 시정조치만을 명하고 과징금과 고발조치는 취하지 아니하였다.[3)]

Ⅱ. 역외적용의 내용

국제법상 관할권은 견해에 따라 다양한 기준에 의하여 분류되고 있지만, 여기서는 크게 입법관할권[4)]과 절차관할권으로 나누어 설명하고자 한다.

1. 입법관할권

입법관할권은 국가가 일정한 사항 내지 행위에 대한 입법을 할 수 있는 권한을 의미한다. 경쟁법의 역외적용은 자국의 공법이 타국 및 타국에 소속된 개인과 기업에게 적용

3) 공정위 2021.1.26. 의결 제2021-023호.
4) 경쟁법의 역외적용 문제는 행정규제, 민사책임, 형사제재로 구분될 수 있다. 그런데 행정규제의 문제는 국제적 강행규정이 문제되므로 국제행정법 또는 섭외공법의 영역으로, 한 국가의 입법관할권에 관한 국제공법상 제한에 관한 문제이다. 반면, 민사책임에 관한 문제는 국제사법의 영역으로, 당사자 간에 어떤 거래에 관한 경쟁법 위반으로 인한 손해배상책임에 관하여 어느 국가의 법을 적용할 것인지에 관한 준거법 결정에 관한 문제가 된다. 이에 관한 상세한 내용은 석광현, "독점규제 및 공정거래에 관한 법률의 역외적용", 판례연구 제21집(2007), 20-21면 참조.

되기 때문에 전통적인 공법의 효력범위에 관한 수정을 의미한다. 따라서 자국 경쟁법의 관할영역을 어디까지 확대할 것인가 하는 문제는 이론적 뒷받침을 필요로 하는데, 이러한 이론적인 뒷받침으로서는 효과이론 내지 영향이론(effect doctrine),[5] 실행지이론, '경제적 단일체 이론(single economic entity doctrine)',[6] 이익형량이론(interest balancing theory)[7] 등이 제시되고 있다. 뒤에서 살펴보는 바와 같이 독점규제법은 그 중에서 영향이론을 명시적으로 수용하고 있다.

2. 절차관할권

절차관할권은 국가가 입법관할권을 전제로 하여 일정한 사항 내지 행위의 주체에 대하여 실제로 법을 적용하여 법률효과를 생기게 하는 절차적 권한을 의미한다. 절차관할권은 다시 대인관할권, 조사관할권, 집행관할권으로 구분된다. 대인관할권은 입법관할권을 전제로 경쟁당국 또는 법원이 공권력을 행사하여 법 위반행위를 한 자를 제재할 수 있는 권한을 의미한다. 조사관할권은 행위의 위법 여부를 판단하기 위하여 소환, 증거제출 등을 통하여 조사를 실시하는 권한을 의미한다. 집행관할권은 외국기업에 대하여 조사절차가 마무리되어 법위반사실이 확정되면 경쟁당국이나 법원이 그 위법상태를 제거하기 위하여 작위 또는 부작위를 명하거나 손해배상책임을 지도록 하는 등 행정적, 민사적 또는 형사적 제재를 가하는 권한을 의미한다.

제2절 국외에서의 행위에 대한 적용

독점규제법은 2004년 12월 법 개정을 통하여 역외적용에 관한 규정을 신설하였다. 그런데 공정위는 아직 역외적용에 관한 명문의 규정을 도입하기 전에 이미 외국사업자들이 외국에서 행한 가격담합행위에 대하여 우리 독점규제법을 적용하여 시정명령과 아울러

5) 영향이론은 자국시장에 영향을 미치는 외국에서의 법위반행위에 대해서 경쟁법의 적용을 인정하는 것으로서, 미국에서는 1945년 Alcoa 판결에서 확립되었다.

6) 유럽법원은 기본적으로 속지주의 입장을 견지하면서, 경제적 단일체 또는 실행지 이론 등을 매개로 하여 유럽경쟁법의 역외적용을 인정하고 있다. 권오승, "한국 독점규제법의 역외적용", 경쟁법연구 제24권(2011), 151면 참조. 이에 따르면, 해외 소재 회사의 경쟁법 위반행위도 경제적 단일체로 인정될 수 있는 자회사가 유럽 내에 위치하는 등의 사정이 있으면 유럽 경쟁법을 적용할 수 있다. Case 48/69 etc., ICI v. Commission (Dyestuffs) [1972] ECR 619.

7) 이익형량이론은 타국의 국가이익도 고려해야 한다는 견해이다. 미국의 Timberlane Lumber Co. v. Bank of America National Trust & Savings Ass'n, 549 F.2d 597 판결에서 연방항소법원은 미국 경쟁법의 역외적용을 위하여 당해 행위가 ① 미국의 대외 통상에 실제적 또는 의도된 영향(actual or intended effect)을 미쳐야 하고, ② 셔먼법의 위반으로 인지할 수 있는 종류와 정도이어야 하며, ③ 다양한 주변요소들을 국제예양과 공정성에 비추어 볼 때, 당해 행위에 관련된 미국의 이익이 다른 국가의 이익보다 커서 역외관할권을 인정하는 것이 정당하다고 판단되어야 한다는 기준을 설시하였다. 이 판결이 제시한 기준을 '이익형량이론' 또는 '관할권의 합리성의 법리(jurisdictional rule of reason)'라고 한다.

과징금 납부명령을 내렸다. 따라서 여기서는 명문의 규정을 도입하기 전과 후로 나누어서 살펴보고자 한다.

Ⅰ. 규정을 도입하기 전

1. 입법관할권의 근거에 관한 논의

공정위는 독점규제법에 아직 역외적용에 관한 명문의 규정을 도입하기 전인 2002년과 2003년에 각각 흑연전극봉 생산업자들의 국제카르텔사건[8]과 비타민 생산업자들의 국제카르텔사건[9]에서 외국사업자들이 외국에서 행한 가격담합행위에 대하여 독점규제법을 적용하여 시정명령과 아울러 과징금 납부명령을 내렸다. 공정위는 흑연전극봉 사건에서 실행지이론과 영향이론을 관할권 행사의 근거로 제시하였다. 즉, 공정위는 "피심인들이 비록 외국법에 의해 설립된 사업자들이고 외국에서 판매가격 등을 합의하였지만, … 부당한 공동행위의 실행행위가 대한민국에서 이루어졌고, … 피심인들의 합의 및 실행행위에 따른 영향이 대한민국 시장에 미쳤으므로 피심인들에 대해서는 법을 적용할 수 있다."고 판단하였다.[10] 이 사건에서 일부 외국 피심인들이 공정위의 처분에 불복하여 소송을 제기하였으나 법원이 이를 기각함으로써,[11] 독점규제법의 역외적용이 공식적으로 인정되었다. 대법원은 독점규제법이 부당한 공동행위의 주체를 국내사업자에 한정하지 않고 있으며, 외국사업자가 외국에서 부당한 공동행위를 함으로써 그 영향이 국내시장에 미치는 경우에도 동법의 목적을 달성하기 위하여 이를 적용할 필요성이 있다는 점 등을 들어 "그 합의가 국내시장에 영향을 미친 한도 내에서" 독점규제법이 적용된다고 판시하였다.[12] 이러한 대법원의 판시내용은 영향이론을 따른 것으로 볼 수 있다.[13]

---

8) 흑연전극봉을 생산하는 주요 업체인 유카(미국), 에스지엘(독일) 및 쇼와덴코, 니폰카본, 토카이카본 및 에스이씨(이상 일본) 등 외국사업자들이 1992. 5. 21. 영국 런던 소재 스카이라인 호텔에서 공동행위의 기본원칙에 관하여 합의한 것을 비롯하여, 1998. 2.까지 한국을 포함한 전 세계시장을 대상으로 흑연전극봉의 판매가격 및 시장분할 등에 대해 합의하고 이를 실행한 사안이다. 공정위 2002.4.4. 의결 제2002-77호.

9) 스위스의 에프 호프만 라 로슈 주식회사를 비롯하여 독일, 프랑스, 일본, 네덜란드 등 5개국의 6개 외국사업자들이 1989. 9.경부터 1998. 2.경까지 우리나라를 포함한 전 세계시장을 대상으로 비타민 판매에 대한 시장점유율을 할당하고 판매가격을 합의한 사안이다. 공정위 2003.4.29. 의결 제2003-98호. 스위스 법인인 라로슈는 공정위를 상대로 소를 제기하였는데, 서울고법 2004.11.24. 선고 2003누9000 판결은 원고의 청구를 모두 기각하였고 동 판결은 확정되었다.

10) 공정위 2002.4.4. 의결 제2002-77호.

11) 대법원 2006.3.23. 선고 2003두11124 등 판결. 다만, 위 대법원 판결의 선고는 역외적용에 관한 명문의 규정이 신설된 후에 이루어졌다.

12) 대법원 2006.3.23. 선고 2003두11124 등 판결.

13) 법원은 실행지 이론에 대해서 설시하지 않았는데, 그 이유가 실행지 이론에 반대하기 때문인지, 우리나라에서 실행행위가 없다고 본 것인지, 아니면 역외적용을 긍정하였으므로 굳이 이를 판단할 필요가 없다고 본 것인지는 분명하지 않다. 석광현, "독점규제 및 공정거래에 관한 법률의 역외적용", 판례연구 제21집(2007), 27면.

2. 절차관할권의 존부에 관한 논의

흑연전극봉 사건에서는 공정위의 문서송달의 적법성도 다투어졌다. 피고 공정위는 2000년 11월 13일 원고 쇼와 덴코 케이케이와 소외 회사들에게 관련 자료의 송부를 요청하는 등 서면조사표를 발송하였고, 조사 완결 후 2회에 걸쳐 국내 대리인의 선임을 요청하는 영문 통지서를 등기우편으로 발송하였으나, 원고는 그에 불응하였다. 피고는 사건을 전원회의 상정 후 2002년 2월 원고에게 심사보고서에 대한 의견요구와 회의개최를 알리는 내용의 영문 통지서 및 한국어 심사보고서를 독일에 있는 원고의 주소에 등기우편으로 발송하고, 정부과천청사 게시판 및 피고의 영문 인터넷 홈페이지에 게시하였다.[14] 위 문서송달의 적법성에 관해서 대법원은 독점규제법의 사건처리절차 규정 및 이에 근거한 공정위의 사건절차규칙에 의하여 준용되는 행정절차법에 비추어 공정위가 심사보고서에 대한 의견제출요구나 전원회의 개최통지서 등을 등기우편으로 송달한 것은 행정절차법 제14조 제1항에 따른 우편송달로서 적법하다고 보았다.[15]

Ⅱ. 규정을 도입한 후

1. 관련 규정의 내용

공정위가 역외적용 이론을 적용하여 사건을 처리하는 과정에서 실체법적 근거규정이 없다는 점과 아울러 문서송달 등에 관한 절차관할권에 관한 규정이 미비하다는 점 등이 지적되었기 때문에, 입법자는 2004년의 법 개정 시에 역외적용에 관한 규정을 신설하였다. 즉, 국외에서 이루어진 행위라도 그 행위가 국내 시장에 영향을 미치는 경우에는 이 법을 적용한다(법 3조). 이 규정은 이른바 영향이론을 명시적으로 수용한 것이다. 그리고 절차관할권의 행사와 관련하여 국외에 주소·영업소 또는 사무소를 둔 사업자 또는 사업자단체에 대한 송달방법으로서 국내에 대리인을 지정하도록 하여 그 대리인에게 송달하도록 하고 있다(법 98조 2항). 만약 국내에 대리인을 지정해야 하는 사업자 또는 사업자단체가 국내에 대리인을 지정하지 아니한 경우에는 국내 사업자와 동일한 방식으로 문서를 송달할 수 있도록 하였다(법 98조 3항). 역외적용의 실효성을 높이기 위하여 외국정부와의 협정 또는 상호주의에 입각한 외국정부의 법집행에 대한 지원근거를 마련하였다(법 56조). 현재 우리나라는 미국, 칠레, 싱가포르, EU 등과 자유무역협정(FTA)을 체결하였으

---

14) 그러나 원고는 2002년 3월 20일 피고의 전원회의에 불참하였다. 피고는 2002년 4월 4일 원고가 부당한 공동행위를 하였다는 이유로 시정명령 및 과징금 납부명령을 하는 내용의 의결을 한 뒤, 의결 요지서의 영문 번역과 한국어 의결서 정본을 원고의 일본 주소로 등기우편으로 발송하고, 정부 과천청사 게시판 및 피고의 영문 인터넷 홈페이지에 게시하였다.

15) 대법원 2006.3.23. 선고 2003두11124 등 판결.

며, 동 협정문에 경쟁법의 역외적용에 따른 집행력 보장조항을 두고 있다.

2. 국내시장에 대한 영향의 의미

(1) 정책적 고려요소

역외적용의 요건은 국외에서 이루어진 행위가 국내시장에 영향을 미치는 것이다. 법의 문언만 보면, 국외에서의 행위가 국내시장에 조금이라도 영향을 미치기만 하면 우리 독점규제법이 적용될 수 있는 것처럼 보이는데, 과연 그렇게 해석하는 것이 합당할까? 국가 간의 교역이 활발하게 이루어지고 있는 현대 사회에서는 비록 국외에서 이루어진 행위라고 하더라도 그 행위가 이루어진 국가와 직·간접적인 교역이 있는 이상 국내시장에도 어떠한 형태로든 어느 정도의 영향을 미칠 가능성이 있다. 만약 국외에서의 행위가 국내시장에 조금이라도 영향을 미치는 경우에는 그 모든 국외행위에 대하여 국내의 독점규제법을 적용할 수 있다고 해석할 경우에는 다른 나라의 주권을 침해하거나 다른 나라의 경쟁당국과 관할권의 충돌이나 갈등이 발생할 우려가 있다.[16] 특히, 역외적용이 논의되는 사안은 국제카르텔의 조사, 다국적기업들의 기업결합 심사, 시장지배적 지위남용의 경우와 같이 여러 국가의 경쟁당국이 하나의 사안 내지 행위에 대한 조사를 동시에 또는 중복적으로 진행하는 경우가 많을 것이기 때문에 국가 간 중복규제의 문제가 발생할 우려가 있으며,[17] 관할권의 문제와 타국의 주권침해의 우려도 지속적으로 제기되고 있다. 따라서 독점규제법의 역외적용을 국제법상 관할권에 관한 일반원칙과 조화롭게 해석, 운용하기 위해서는 역외적용의 요건을 엄격하게 해석할 필요가 있다. 입법론으로는 역외적용의 요건에 관한 세계적인 기준에 부합하고 판례의 취지에 맞게, "국내시장에 직접적이

16) 우리 공정위는 2014년 미국연방 제7항소법원에서 진행되던 TFT-LCD 국제카르텔 민사소송 사건 절차에 amicus brief를 제출하면서, 미국 셔먼법 제1조의 역외적용 범위를 정하는 FTAIA의 문구에 관하여 '미국 시장에 직접적 영향을 미치는 행위에 기하여 발생한 손해에 한정하여야 한다.'는 취지로 주장하였다. Korea Fair Trade Commission, 'Brief of the Korea Trade Commission as Amicus Curiae in Support of Appellees' Opposition to Rehearing En Banc'(2014. 5. 23.), In re AU Optronics, No. 14-8003, Document No. 42(7th Cir. 2015). 당해 사안에서 쟁점이 된 부분은 원고의 해외 법인이 중간재를 구매하여 해외 생산 시설에서 완제품 제조에 이용된 후 해당 완제품이 종국적으로는 미국 내에서 판매된 경우에 중간재에 대한 담합에 관하여 셔먼법의 적용 가부이었다. 공정위는 이러한 유형의 거래에까지 미국 경쟁법을 역외적용하게 되면 완제품이 종국적으로 미국 내에서 판매되기만 하면 모든 중간재에 대한 담합에 관하여 미국법이 역외적용된다는 결론에 이르게 되는데, 이는 한국을 비롯한 다른 국가들의 주권과 충돌하는 결과가 된다고 설명하였고, 국제적 규범에 의하면 이러한 청구는 원인이 되는 거래가 발생한 국가에서 제기되어 해당 국가의 법에 의하여 판단되어야 하고, 해당 거래가 미국 시장에 직접적인 영향을 미치지 않았는데도 미국 경쟁법의 적용을 받아서는 안 된다고 주장하였다. 둘째로, 이와 같이 미국 경쟁법의 역외적용 범위를 넓히게 되면, 한국을 비롯한 다른 국가에서 자진신고하여 책임을 면제받는다 해도 미국 내 민사소송에서 배상책임을 지게 되므로, 다른 국가의 자진신고 제도의 효용에 심대한 부정적인 영향을 미칠 수밖에 없다고 설명하였다.

17) 최근 개발도상국에서도 저마다 고유의 기준에 의한 경쟁법을 제정 내지 정비하고 활발히 역외적용을 시작하면서 이러한 국가별 규제의 중복적인 집행에서 오는 혼선은 가중되고 있으며 이에 대응해야 하는 다국적기업들의 비용이 점차 증가되고 있다. 상세는 신현윤, "경쟁법 역외적용의 최근 동향", 경쟁법연구 제20권(2009), 60-61면 참조.

고 상당하며 합리적으로 예측 가능한 영향을 미치는 경우"에 적용하는 것으로 개정할 필요가 있다.[18)]

(2) 판례의 태도

대법원은 "'국내시장에 영향을 미치는 경우'는 문제된 국외행위로 인하여 국내시장에 직접적이고 상당하며 합리적으로 예측 가능한 영향을 미치는 경우로 제한 해석"해야 하고, 그 해당 여부는 "문제된 행위의 내용·의도, 행위의 대상인 재화 또는 용역의 특성, 거래 구조 및 그로 인하여 국내시장에 미치는 영향의 내용과 정도 등을 종합적으로 고려하여 구체적·개별적으로 판단"해야 한다고 판시하였다.[19)] 다시 말하자면, 국내시장에 대한 영향이 ① 직접성,[20)] ② 상당성, ③ 합리적 예측가능성을 갖춘 경우에 한하여 국외에서의 행위에 대하여 독점규제법의 적용이 가능하다는 것이다.[21)]

3. 구체적 사례

(1) 국내시장에 대한 영향을 인정한 사례

판례는 국외에서 사업자들이 공동으로 한 경쟁을 제한하는 합의의 대상에 국내시장이 포함되어 있다면, 특별한 사정이 없는 한 그 합의가 국내시장에 영향을 미친다고 본다.[22)] 이하에서는 국내시장에 대한 영향이 인정된 주요 사례를 살펴보기로 한다.[23)]

(가) 복사용지 국제카르텔 사건

복사용지 국제카르텔 사건은 해외 4개 복사용지 제조·판매업체들이 2001년 2월부터 2004년 2월까지 '트리플에이 회의(AAA Club meeting)'라는 주기적인 회합을 통해 제지의 주원료인 펄프가격의 동향 및 전망, 각 사업자들의 복사용지 생산재고·판매·주문에 관한 동향, 각 사업자들의 국가별 복사용지 수출가격 동향 등에 관하여 서로 정보를 교환한 뒤, 한국을 포함한 아시아·태평양 지역의 각 국가별로 수출하는 목표가격('타겟 프라이스')을 합의한 사안이다. 이 사건에서 공정위는 피심인들이 명시적으로 한국시장을 대상으로 복사용지의 수출가격을 합의하고 실행한 사실이 있고, 담합기간 동안 피심인들로

---

18) 권오승, "한국 독점규제법의 역외적용", 경쟁법연구 제24권(2011), 149면 이하 참조.

19) 대법원 2014.5.16. 선고 2012두5466 판결; 대법원 2014.5.16. 선고 2012두13665 판결; 대법원 2014.12.24. 선고 2012두6216 판결.

20) 직접적 영향이란 사업자의 행동에 따른 직접적 결과를 의미한다. 직접성 요건에 대해서 하급심 판결은 필요설과 불요설로 의견이 나뉘었는데, 대법원은 직접성 요건이 필요하다고 보았다.

21) 미국의 Foreign Trade Antitrust Improvement Act of 1982(FTAIA)는 역외적용의 요건으로서 미국 시장에 대한 직접적이고 상당하며 합리적으로 예측 가능한 영향(direct, substantial and reasonably forseeable effect)을 미칠 것을 요구하고 있는데, 우리 대법원이 이러한 입법 사례를 참고한 것으로 보인다.

22) 대법원 2006.3.24. 선고 2004두11275 판결; 대법원 2014.5.16. 선고 2012두5466 판결; 대법원 2014.5.16. 선고 2012두13665 판결; 대법원 2014.12.24. 선고 2012두6216 판결.

23) 권오승, "한국 독점규제법의 역외적용", 경쟁법연구 제24권(2011), 154-157면 참조.

부터 국내에 수입된 복사용지 수입액의 전체 규모가 약 1,600억원에 이르러 국내시장에 상당한 정도의 영향을 미친 사실이 인정되므로, 공정위의 관할권이 인정된다고 의결하였다.[24)]

(나) 마린호스 국제카르텔 사건

마린호스 국제카르텔 사건은 브릿지스톤 등 6개 마린호스 제조판매업체들이 1999년 1월 4일부터 2006년 6월 9일까지 소위 '마린호스클럽'을 결성한 뒤 이른바 '코디네이터'를 통해 한국시장을 포함한 전 세계시장에서 발생하는 마린호스의 구매입찰 건에 대해 정보교환, 낙찰예정자 결정 및 합의 이행상황 점검 등 고도로 조직화된 카르텔을 실행한 사안이다. 위 사건에서 공정위는 피심인들은 한국시장을 대상으로 마린호스 입찰 건에 대해 담합한 사실이 있고, 담합기간 동안 한국 수요업체를 대상으로 적어도 총 29건의 마린호스 구매입찰에서 담합을 하였고, 담합에 따라 낙찰자가 결정된 건의 총규모는 약 22,794백만원으로 국내시장에 상당한 정도의 영향을 미친 사실이 인정되므로 관할권이 인정된다고 의결하였다.[25)]

(다) BHPB와 리오틴토(Rio-Tinto) 기업결합 사건

호주의 철광석 업체인 BHPB와 리오틴토(Rio-Tinto)는 세계 철광석 시장에서 2위와 3위의 점유율을 차지하고 있었다.[26)] 양사는 2009년 12월 5일 50:50의 지분비율로 조인트벤처(Joint Venture, JV)를 설립하여 호주 서부 필바라(Pilbara) 지역의 철광석 광산 및 철도, 항만 등 생산 기반시설을 결합하는 것을 내용으로 하는 생산 조인트벤처(JV)를 설립하는 계약을 체결하고 2009년 12월 28일 우리나라 공정위에 기업결합의 신고서를 제출하였다. 이러한 조인트벤처 설립에 대해 우리나라를 비롯하여 중국, 일본, EU 등 철광석을 수입하는 국가의 제철업체들은 두 회사의 합작사가 설립될 경우 철광석 시장의 과점화가 더욱 심화될 것을 우려하며 반대의 뜻을 표명하였다. 공정위는 위 기업결합에 대하여 국내 시장에서 경쟁제한성이 인정된다고 판단하고, 이를 금지하는 취지의 심사보고서를 작성하여 2010년 10월 1일 전원회의에 상정하였다. 그런데 여러 국가에서 반대에 부딪친 BHPB와 리오틴토는 그들이 계획하고 있던 생산 조인트벤처의 설립계획을 철회하였기 때문에 이 사건은 거기서 종결되었다.

(2) 국내시장에 대한 영향을 인정하지 않은 사례

D램 가격담합사건은 한국, 미국, 독일 국적의 4개 D램 제조 사업자들이 1999년 4월

24) 공정위 2009.1.30. 의결 제2009-47호.
25) 공정위 2009.7.3. 의결 제2009-152호.
26) 전 세계 철광석 시장은 호주의 BHPB와 리오틴토 및 브라질의 발레(Vale) 등 3사가 약 2/3의 점유율을 차지하고 있고, 나머지 수십 개의 군소 업체들이 각각 미미한 수준의 점유율을 나눠 갖고 있었다.

부터 2002년 6월까지 미국 내 Dell, HP, Apple 등 6개 수요업체에 대한 D램 고정거래가격을 합의하여 결정하였다는 혐의가 문제된 사안이다. 공정위는 ① 미국 6개 수요업체에 대한 피심인들의 행위가 한국시장을 담합대상에 포함시켰는지 여부와 ② 동 행위가 한국시장에 직접적인 영향을 미쳤는지 여부에 관하여 증거가 불충분하다는 이유로 심의절차종료결정을 내렸다.

S램 가격담합사건에서는 한국, 미국, 일본 국적의 10개 S램 제조업체가 전 세계시장을 대상으로 S램 가격담합을 한 혐의가 문제되었다. 공정위는 S램 제조업체들 간에 국내시장이나 국내고객을 대상으로 담합을 한 증거가 없고 국내시장에 영향을 미쳤다는 증거도 없다는 이유로 무혐의 결정을 내렸다.

그리고 플래시메모리 가격담합사건에서는 한국, 미국, 일본 국적의 4개 플래시 메모리 제조업체들이 한국을 포함한 전 세계시장을 대상으로 가격담합을 한 혐의가 문제되었는데, 공정위는 마찬가지로 국내시장이나 국내고객을 대상으로 담합한 증거가 없고, 국내시장이 영향을 받은 증거도 없다는 이유로 무혐의 결정을 내렸다.

4. 국내시장과 외국시장 모두에 영향이 발생한 경우

국제카르텔의 영향이 여러 국가에서 동시 다발적으로 발생하는 경우에 어느 국가에서 관할권을 행사할 것인가? 국가간 관계에서 주권침해의 우려가 있고, 사업자의 관점에서는 이중제재의 위험이 존재하기 때문에 신중하게 접근할 필요가 있다.

이 쟁점은 항공화물 국제카르텔 사건에서 다루어졌다. 항공화물 국제카르텔 사건은 전 세계 주요 항공사들이 항공사대표모임(BAR), BAR 화물분과회의, 인터라인 미팅, ICAJ 등 모임을 통해 ① 한국발 전세계행 노선, ② 홍콩발 한국행 노선, ③ 유럽발 한국행 노선, ④ 일본발 한국행 노선에서 유류할증료 등 도입 및 변경에 관하여 합의하고 이를 실행한 사안이다. 이 사건에서 위 ② 내지 ④ 노선의 경우에는 부당한 공동행위의 합의가 외국에서 이루어졌다는 점에서 우리나라 독점규제법의 역외적용이 문제되었다. 법원은 위 ② 내지 ④ 노선의 경우에 역외적용을 긍정하였다.[27] 그러나 위와 같은 법원의 판단에 대하여는 찬동하기 어려운 측면이 있다. 왜냐하면 외국의 경쟁당국이 동일한 논리로 위 ① 노선에 대하여 자국의 경쟁법을 적용하게 될 경우에는, 동일한 행위에 대하여 우리나라 독점규제법과 외국의 경쟁법이 중복 적용됨으로써 사업자들이 이중제재를 받게 될 우려가 있기 때문이다. 그리고 항공운송의 경우 행위의 영향은 출발지와 도착지 양쪽에서 모두 발생할 가능성이 있지만, 통상 항공화물운송계약이 출발지에서 운송주선인과 항공사 사이에 체결되는 경우가 많은 점에 비추어 볼 때 그 주된 효과는 출발지 시장에

27) 대법원 2014.5.16. 선고 2012두5466 판결; 대법원 2014.5.16. 선고 2012두13665 판결; 대법원 2014.12.24. 선고 2012두6216 판결.

서 발생하게 될 것이다. 이와 같이 그 행위의 효과가 한국에서도 발생했고 외국에서도 발생했다고 한다면, 그 주된 효과가 어디에서 발생했는지에 따라 주된 효과가 나타난 나라의 경쟁당국이 이를 책임지고 규율하도록 하고,[28] 다른 나라의 경쟁당국은 거기에 협력하는 것이 바람직할 것으로 생각된다.[29]

5. 외국 사업자의 행위가 외국 법률에 따른 행위인 경우

독점규제법은 사업자 또는 사업자단체가 다른 법령에 따라 하는 정당한 행위에 대해서는 적용하지 아니한다(법 116조). 그렇다면, 국내 시장에 영향을 미친 외국 사업자의 국외 행위가 외국 법률 또는 외국 정부의 정책에 따른 경우에 우리 독점규제법의 적용이 가능한가? 이에 대하여 판례는 법 제116조의 다른 법령에 외국의 법령은 포함되지 않으며, 다만 외국 법률 등을 존중해야 할 요청이 현저히 우월한 예외적인 경우에 한하여 독점규제법의 적용을 제한할 수 있다는 원칙적 긍정설의 입장을 취하고 있다. 즉, "국외에서 이루어진 외국 사업자의 행위가 국내시장에 영향을 미치는 경우에는 공정거래법 [제3조]의 요건을 충족하므로, 당해 행위에 대한 외국 법률 또는 외국 정부의 정책이 국내 법률과 상이하여 외국 법률 등에 따라 허용되는 행위라고 하더라도 그러한 사정만으로 당연히 공정거래법의 적용이 제한된다고 볼 수는 없다. 다만, 동일한 행위에 대하여 국내 법률과 외국의 법률 등이 충돌되어 사업자에게 적법한 행위를 선택할 수 없게 하는 정도에 이른다면 그러한 경우에도 국내 법률의 적용만을 강제할 수는 없으므로, 당해 행위에 대하여 공정거래법 적용에 의한 규제의 요청에 비하여 외국 법률 등을 존중해야 할 요청이 현저히 우월한 경우에는 공정거래법의 적용이 제한될 수 있다고 보아야 할 것이고, 그러한 경우에 해당하는지는 당해 행위가 국내시장에 미치는 영향, 당해 행위에 대한 외국 정부의 관여 정도, 국내 법률과 외국 법률 등이 상충되는 정도, 이로 인하여 당해 행위에 대하여 국내 법률을 적용할 경우 외국 사업자에게 미치는 불이익 및 외국 정부가 가지는 정당한 이익을 저해하는 정도 등을 종합적으로 고려하여 판단"하여야 한다.[30]

구체적으로 일본 항공법에 따른 행위가 우리나라 독점규제법에 위반되는지 여부가 쟁점이 되었다. 일본 국적사인 원고 등은 합의에 의한 유류할증료 도입에 관하여 일본국 항공법에 따라 일본국 국토교통성의 인가를 받았고, 일본국 국토교통성은 이 사건 합의

---

28) 항공화물 국제카르텔에 관한 미국 DOJ의 업무처리는 참고할 가치가 있다. DOJ는 당시 Quantas의 미국발 항로 관련 매출액 168백만 달러를 관련매출액으로 삼고, Quantas가 미국행 관련 공동행위에도 가담하였다는 점은 관련매출액에 반영하지 않되 50% 가중요소로 삼아 168백만 달러의 50%인 84백만 달러를 관련매출액에 추가한 후 총 252백만 달러의 금액에 다른 감경 요소를 적용하는 방법을 취하였다고 한다. 위 사건에서 Quantas는 미국행 운임은 관련매출액에 포함되어서는 안 된다고 주장하였다고 하는데, DOJ는 미국행 운임에 관할권이 미친다는 입장을 고수하면서도 형식적으로는 이 주장을 수용하였다. 최지현, "공정거래법 역외적용의 기준과 범위", 경제법판례연구 제10권(2017) 참조.

29) 권오승, "한국 독점규제법의 역외적용", 경쟁법연구 제24권(2011), 162-163면.

30) 대법원 2014.5.16. 선고 2012두13665 판결.

에 대하여 일본국 항공법 제110조에 의하여 일본국 독점금지법의 적용이 제외된다는 견해를 밝혔다.[31] 이를 근거로 하여 원고 등은 당해 행위에 대해서 우리나라 독점규제법이 적용되어서는 안 된다고 주장하였다. 그러나 대법원은 "① 일본발 국내행 항공화물운송 운임의 체계를 변경하고 그 운임 중 주요 구성부분에 관한 할인을 제한하는 내용의 이 사건 합의가 국내시장에 미치는 영향이 작다고 볼 수 없는 점, ② 이 사건 합의에 관하여 일본국 정부는 원고 등의 신청에 따라 그 결과를 인가하였을 뿐이어서 합의에 대한 관여 정도가 높다고 볼 수 없는 점, ③ 일본국 항공법 제110조가 국토교통성의 인가를 받은 운임협정 등에 대하여 일본국 독점금지법의 적용을 제외하고 있으나, 일정한 거래분야에서 경쟁을 실질적으로 제한하는 경우는 그 예외로 규정하고 있으므로 일본국 법률과 국내 법률 자체가 서로 충돌된다고 보기 어렵고, 원고가 일본국 법률과 국내 법률을 동시에 준수하는 것이 불가능하다고 볼 수도 없는 점" 등에 비추어 이 사건 합의가 독점규제법의 적용이 제한되어야 하는 경우에 해당되지 않는다고 판단하였다.[32]

31) 일본국 항공법 제110조는 '국내의 지점과 국외의 지점 간의 노선 또는 국외의 각지 간의 노선에서 공중의 편의의 증진을 위하여 국내항공사업자가 다른 항공운송사업자와 행하는 연락운수에 관한 계약, 운임협정 기타 운수에 관한 협정의 체결에 대하여는 일정한 거래분야에서 경쟁을 실질적으로 제한하게 되어 이용자의 이익을 부당하게 해하는 경우에 해당하지 아니하는 한 일본 독점금지법의 적용이 배제된다.'고 규정하고 있었다. 한편, 공정위는 일본과 홍콩의 관련 법규와의 충돌 가능성에 관하여 담합의 성립을 배제하거나 책임을 완전히 조각할 사유는 되지 않는다고 보았지만, 기본과징금 부과기준율을 다소 낮게 책정하는 방법으로 이를 고려하였다.

32) 대법원 2014.5.16. 선고 2012두13665 판결.

판례색인

사항색인

ㄱ

ㄹ

ㅁ

ㅂ

ㅅ

ㅇ

ㅊ

ㅋ

ㅌ

저자 약력

■ **권오승(權五乘)**

서울대학교 법과대학 법학사
서울대학교 대학원 법학석사, 법학박사
동아대학교와 경희대학교 법과대학 교수 역임
서울대학교 법과대학과 법학전문대학원 교수 역임
미국 Harvard 대학교, 독일 Freiburg 대학교, Mainz 대학교,
일본 와세다 대학, 중국 화동정법대, 연변대학 등 방문교수 역임
(사)한국경쟁법학회 회장 역임
제13대 공정거래위원회 위원장 역임

현재 서울대학교 법학전문대학원 명예교수
　　한동대학교 대학원 석좌교수
　　대한민국학술원 회원

〈저서〉
경제법, 민법의 쟁점, 기업결합규제법론, EC 경쟁법, 소비자보호법, 시장경제와 법, 제조물책임법(공저), 독점규제법(공저), 독점규제법 30년(편저), 독점규제법 기본판례(공저), 아세안 경쟁법(공저) 등 다수

■ **서　정(徐正)**

서울대학교 법과대학 법학사
미국 Stanford 대학교 법학석사
서울대학교 대학원 법학석사, 법학박사
36회 사법시험 합격 및 사법연수원 26기 수료
서울지법, 대전지법 판사
김&장, 창의 법률사무소 변호사
사법연수원, 서울대학교, 고려대학교, 이화여자대학교 강사 및 겸임교수 역임
사법시험, 변호사시험 출제위원
한국경쟁법학회 이사 역임

현재 법무법인 한누리 변호사
　　공정거래위원회 비상임위원
　　연세대학교 겸임교수

〈논문〉
부당한 지원행위 규제에 관한 연구, Who Will Control Frankenstein?: The Korean *Chaebol's* Corporate Governance 등 다수